Krings · Fremdsprachenlernen mit System

Hans P. Krings, Professor für Angewandte Linguistik an der Universität Bremen, studierte Romanische Philologie, Sozialwissenschaften, Pädagogik und Philosophie an der Ruhr-Universität Bochum und legte das Erste Staatsexamen für das Lehramt an Gymnasien in den Fächern Französisch und Italienisch ab. Er lehrte an den Universitäten Hildesheim, Bochum, Paris-Nanterre und Bremen, wo er zuletzt sieben Jahre lang Wissenschaftlicher Direktor des Fremdsprachenzentrums der Hochschulen im Land Bremen (FZHB) war. Er unterrichtete viele Jahre Französisch, Italienisch sowie Deutsch als Fremdsprache in verschiedenen Ländern und an verschiedenen Einrichtungen (Universitäten, Volkshochschulen, private Sprachschulen). Er hat zahlreiche Bücher und Fachartikel publiziert und ist auch Autor des Internetportals *Der Bremer Schreibcoach* (*www.bremer-schreibcoach.uni-bremen.de*).

HANS P. KRINGS

Fremdsprachenlernen mit System

Das große Handbuch der besten Strategien für Anfänger, Fortgeschrittene und Profis

BUSKE

Bibliografische Information der Deutschen Nationalbibliothek

Die Deutsche Nationalbibliothek verzeichnet diese Publikation in der Deutschen Nationalbibliografie; detaillierte bibliografische Daten sind im Internet über ‹http://portal.dnb.de› abrufbar.
ISBN 978-3-87548-783-1

www.buske.de

© 2016 Helmut Buske Verlag GmbH, Hamburg.
Alle Rechte vorbehalten. Dies gilt auch für Vervielfältigungen, Übertragungen, Mikroverfilmungen und die Einspeicherung und Verarbeitung in elektronischen Systemen, soweit es nicht §§ 53 und 54 UrhG ausdrücklich gestatten. Gedruckt auf chlorfrei gebleichtem Papier. Layout und Satz: Jens-Sören Mann
Druck und Bindung: Finidr s.r.o., Český Těšín
Printed in Czech Republic

INHALT

Vorwort 13

TEIL I: Good to know – Zur Einleitung und zur Einstimmung 15

1   Zur Einleitung – Was Sie von diesem Buch erwarten dürfen und wie Sie es benutzen können 15

2   Zur Einstimmung – Was Sie über Sprachen und Sprachenlernen wissen sollten 20

2|1   Fluch oder Segen? – Warum die Vielsprachigkeit der Menschheit beides ist .. 20
2|2   Wenig Vielfalt – Sprachen lernen in Deutschland 23
2|3   Unteres Mittelfeld – Sprachen können in Deutschland 25
2|4   I can English, and how! – Von den Gefahren der Selbstüberschätzung 26
2|5   Die Grenzen meiner Sprache sind die Grenzen meiner Welt – Was macht eigentlich das Sprachenlernen so mühsam? 33
2|6   Mezzofanti & Co. – Können wir von Sprachgenies lernen? 41
2|7   Die Big Five – Was zum erfolgreichen Fremdsprachenlernen unabdingbar ist . 47
2|8   Lernkatalysatoren – Was Fremdsprachenlernen effizient macht 60
2|9   Dabeisein ist nicht alles – Warum Sie die Möglichkeiten von Fremdsprachenunterricht kritisch einschätzen sollten 62
2|10 Die Basisstrategie: Werden Sie Ihr eigener Lernmanager 66

TEIL II: Lernziele klären und die richtigen Lernvoraussetzungen schaffen   69

3   Maßnahmen zum Maßnehmen – Wie Sie Ihren individuellen Sprachlernbedarf ermitteln und bedarfsgerechte Lernziele definieren 69

3|1   Denken Sie über Ihren Sprachlernbedarf nach 69
3|2   Machen Sie sich Ihre individuellen Lerngründe bewusst 71
3|3   Bestimmen Sie die Zielsprache und die benötigte Sprachvariante 74
3|4   Bestimmen Sie Ihren Sprachlernbedarf nach Grundkompetenzen und Anwendungssituationen 78
3|5   Bestimmen Sie Ihren fachsprachlichen Lernbedarf 84
3|6   Bestimmen Sie Ihr Zielniveau mithilfe des Gemeinsamen Europäischen Referenzrahmens für Sprachen (GeR) 87
3|7   Bestimmen Sie Ihre Lernziele anhand von Prüfungen und Zertifikaten 95

4	Bestandsaufnahme – Wie Sie sich realistisch einstufen	102
4|1	Verlassen Sie sich nicht auf subjektive Einschätzungen	102
4|2	Stufen Sie sich mit den Deskriptoren des Gemeinsamen Europäischen Referenzrahmens für Sprachen (GeR) ein	103
4|3	Machen Sie einen Einstufungstest im Internet	104
4|4	Nehmen Sie an institutionellen Einstufungstests teil	109
4|5	Stufen Sie sich durch Teilnahme an einer Zertifikatsprüfung ein	110
5	Auf den richtigen Mix kommt es an – Wie Sie ein Erfolg versprechendes Lernarrangement entwickeln	112
5|1	Erwägen Sie andere Unterrichtsformen als klassischen Großgruppenunterricht	112
5|2	Entwickeln Sie Ihre Fähigkeit zum Selbstlernen	117
5|3	Erwägen Sie Tutoring und Coaching	119
5|4	Erwägen Sie ein Präsenz-Sprachlerntandem	121
5|5	Erwägen Sie ein E-Mail- oder Videotelefonie-Sprachlerntandem	129
5|6	Bilanzieren Sie Ihre Lernvoraussetzungen und konzipieren Sie Ihr individuelles Lernarrangement	133
5|7	Ermitteln Sie die zur Verfügung stehenden Unterrichtsangebote	136
5|8	Prüfen Sie die zur Verfügung stehenden Unterrichtsangebote und wählen Sie das für Sie passende aus	147
5|9	Verschaffen Sie dem Fremdsprachenlernen einen Platz in Ihrem Leben	150
6	Treibstoff fürs Lernen – Wie Sie Motivation schaffen und erhalten	151
6|1	Betreiben Sie ein Motivationsressourcen-Management	151
6|2	Malen Sie sich das Ziel aus	153
6|3	Verschaffen Sie sich Erfolgserlebnisse in der Anwendung der Sprache	154
6|4	Visualisieren Sie Ihren Lernfortschritt	155
6|5	Führen Sie ein Lerntagebuch und nutzen Sie ein Sprachenportfolio	157
6|6	Verbinden Sie das Fremdsprachenlernen mit Hobbys und persönlichen Interessen	158
6|7	Unterrichten Sie die Fremdsprache	159
6|8	Stellen Sie die Ursachen einer Motivations-Erosion fest	160

TEIL III: Eine neue Sprache lernen – Strategien für Anfänger und Aufbauer 161

7	Fremdsprachenunterricht effizient nutzen	161
7|1	Prüfen und bewerten Sie die Unterrichtsbedingungen	161
7|2	Bewerten Sie Ihren Lehrer mithilfe einer Checkliste	164
7|3	Ziehen Sie aus Mängeln und Problemen die richtigen Konsequenzen	168

7|4	Beeinflussen Sie das Lernklima positiv	169
7|5	Seien Sie im Unterricht mental aktiv und nutzen Sie auch die impliziten Lernangebote	171
7|6	Entwickeln Sie ein konstruktives Verhältnis zum Lehrer und nutzen Sie seine Kompetenz	172
7|7	Verbinden Sie Unterricht mit begleitendem Selbstlernen	174
8	Selbstlernmaterialien richtig auswählen und einsetzen	175
8|1	Nehmen Sie die Auswahl von geeignetem Lernmaterial von Anfang an aktiv in die Hand	175
8|2	Machen Sie sich die Vor- und Nachteile elektronischer Lernmaterialien bewusst	178
8|3	Suchen und finden Sie geeignetes Lernmaterial	181
8|4	Nutzen Sie kostenloses Lernmaterial im Internet	185
8|5	Prüfen Sie Lernmaterial auf seine Eignung	192
8|6	Arbeiten Sie mit mehreren Lehrwerken	200
9	Ins Lesen einsteigen	201
9|1	Fangen Sie so früh wie möglich mit dem Lesen an	201
9|2	Lesen Sie didaktische oder didaktisierte Texte	203
9|3	Bevorzugen Sie Lehrwerke mit leicht zugänglichen Vokabelangaben	204
9|4	Lesen Sie Easy Readers	205
9|5	Lesen Sie Sprachlernzeitschriften	208
9|6	Lesen Sie Texte mit Übersetzung	210
9|7	Lesen Sie Comics und Cartoons	211
9|8	Klären Sie schon beim Lesen die richtige Aussprache	212
9|9	Bevorzugen Sie Lehrwerke mit Ausspracheinformationen	214
9|10	Klären Sie die Aussprache mithilfe von Wörterbüchern	216
9|11	Machen Sie sich mit den Symbolen der Internationalen Lautschrift IPA vertraut	218
9|12	Prägen Sie sich die Aussprache schon beim Lesen ein	221
9|13	Machen Sie sich mit fremden Schriftsystemen vertraut	222
9|14	Machen Sie sich Verständnisprobleme in Texten bewusst	233
9|15	Pflegen Sie die Kunst des intelligenten Ratens	234
9|16	Raten Sie auf der Grundlage Ihrer Muttersprache	236
9|17	Nutzen Sie schon vorhandene Kenntnisse in anderen Fremdsprachen	237
9|18	Aktivieren Sie Ihren potenziellen Wortschatz ohne Vokabellernen	239
9|19	Leiten Sie die Bedeutung von Wörtern aus Wortbildungsbestandteilen ab	242
9|20	Achten Sie bei zusammengesetzten Wörtern auf die Determinationsrichtung	244
9|21	Benutzen Sie zweisprachige Wörterbücher zur Erschließung fremdsprachiger Texte	246

9|22		Nutzen Sie die Vorteile elektronischer Wörterbücher	249
9|23		Nutzen Sie kostenlose Nachschlagewerke im Internet	258
9|24		Nutzen Sie Scan-and-translate-Stifte	264
9|25		Übersetzen Sie aus der Fremdsprache in die Muttersprache zur Bewusstmachung von schwierigen Inhalten	266
10		**Ins Hören einsteigen**	267
10|1		Fangen Sie so früh wie möglich mit dem Hörverstehen an	267
10|2		Achten Sie bei der Auswahl von Lehrmaterial auf Umfang und Art der Hörverstehensmaterialien	268
10|3		Nutzen Sie lehrwerkunabhängige Hörverstehens-Materialien für Anfänger	269
10|4		Nutzen Sie reine Hörkurse	271
10|5		Arbeiten Sie mit Hörverstehensmaterialien aus dem Internet	272
10|6		Üben Sie das Hörverstehen nur individuell und nach Ihren Bedürfnissen	276
10|7		Schöpfen Sie die Möglichkeiten des reinen Hörverstehens ohne Verständnishilfen aus	276
10|8		Sichern Sie das Hörverstehen durch mehrkanalige Verarbeitung	278
10|9		Lassen Sie sich entspannt berieseln	279
11		**Ins Sprechen einsteigen**	279
11|1		Bringen Sie Ihre Lernziele für das Sprechen in eine sinnvolle Reihenfolge	279
11|2		Machen Sie sich die Bedeutung der Aussprache klar	282
11|3		Klären Sie die Lautzusammensetzung von Wörtern	284
11|4		Machen Sie sich das Lautinventar Ihrer Fremdsprache bewusst und setzen Sie es zu Ihrer Muttersprache in Beziehung	287
11|5		Achten Sie besonders auf bedeutungsunterscheidende Lautpaare	289
11|6		Achten Sie auf die richtige Betonung	290
11|7		Trainieren Sie Ihre Sprechartikulatorik unabhängig von Texten	291
11|8		Klopfen Sie die Betonung schwieriger Wörter mit	293
11|9		Trainieren Sie Ihre Sprechartikulatorik im Textzusammenhang	294
11|10		Sorgen Sie vor dem freien Sprechen für ausreichenden Input	296
11|11		Bauen Sie Sprechhemmungen ab	297
11|12		Entwickeln Sie Strategien für die Bewältigung von Verstehens- und Ausdrucksproblemen	298
11|13		Bauen Sie einen Fundus an Routineformulierungen auf	301
11|14		Entwickeln Sie eigene Gesprächsbausteine	304
11|15		Üben Sie Manöverkritik	306
12		**Ins Schreiben einsteigen**	307
12|1		Bringen Sie Ihre Lernziele für das Schreiben in eine sinnvolle Reihenfolge	307

12|2	Fokussieren Sie gezielt Rechtschreibschwierigkeiten	309
12|3	Nutzen Sie Hörtexte für Diktate	310
12|4	Sammeln Sie erste eigene Schreiberfahrungen	311
13	Wortschatz aufbauen	312
13|1	Verabschieden Sie sich von traditionellen Vorstellungen vom Vokabellernen	312
13|2	Klären Sie Ihren Wortschatzbedarf qualitativ	317
13|3	Klären Sie Ihren Wortschatzbedarf quantitativ und ermitteln Sie Ihren Wunschwortschatz	319
13|4	Vertrauen Sie dem Prozess des impliziten Wortschatzerwerbs	322
13|5	Nutzen Sie Wortschatzlisten in Lehrwerken	324
13|6	Nutzen Sie Vokabelboxen	325
13|7	Nutzen Sie thematische Wortschatzzusammenstellungen	326
13|8	Nutzen Sie Audio-Vokabeltrainer	328
13|9	Nutzen Sie elektronische Wortschatztrainer	331
13|10	Nutzen Sie Lernmaterialien zum Wortschatz in Übungsform	336
13|11	Achten Sie auf die richtige Wortschatzauswahl	337
13|12	Kontextualisieren und personalisieren Sie Ihren Wortschatz	342
13|13	Achten Sie auf das richtige *Chunking*	343
13|14	Achten Sie auf die richtige Wiederholungstechnik	345
13|15	Setzen Sie zusätzliche Erinnerungshilfen sparsam ein	348
13|16	Benutzen Sie Lernwörterbücher	349
14	Grammatik lernen	352
14|1	Verabschieden Sie sich von traditionellen Vorstellungen von Grammatiklernen	352
14|2	Vertrauen Sie dem Prozess des impliziten Grammatiklernens	358
14|3	Setzen Sie Grammatikwissen zunächst nur als reines Verstehensinstrument ein	359
14|4	Analysieren Sie fremdsprachige Sätze, die Sie nicht verstehen	362
14|5	Analysieren Sie fremdsprachige Sätze, die Sie verstehen	364
14|6	Setzen Sie die richtigen grammatischen Nachschlagewerke ein	367
14|7	Prüfen Sie Grammatikübungen kritisch auf ihr Lernpotential	371
15	Richtig üben	377
15|1	Machen Sie sich die Möglichkeiten und Grenzen des Übens bewusst	377
15|2	Nutzen Sie alle verfügbaren Quellen für Übungen	379
15|3	Wählen Sie Übungen nach Qualitätskriterien aus	380
15|4	Schöpfen Sie das Lernpotential einer Übung voll aus	382

TEIL IV: Vorhandene Sprachkenntnisse systematisch ausbauen – Strategien für Fortgeschrittene 385

16	Lesen so weit das Auge reicht – Die Lesekompetenz ausbauen	385
16|1	Stimmen Sie Ihre Lernstrategien auf Ihre Lesekompetenzziele ab	385
16|2	Richten Sie Ihren Text-Input an Ihrem Anwendungsbedarf aus	386
16|3	Setzen Sie Strategien zur Vorentlastung des Verstehens ein	391
16|4	Beschaffen Sie sich fremdsprachige Bücher und Zeitschriften	396
16|5	Nutzen Sie das Internet als kostenlosen Zugang zu fremdsprachigen Texten .	398
16|6	Perfektionieren Sie Ihre Basis-Texterschließungsstrategien	400
16|7	Erweitern Sie Ihre Kenntnis von Wörterbuchtypen	402
16|8	Benutzen Sie auch enzyklopädische Nachschlagewerke und Internetquellen .	409
16|9	Setzen Sie fortgeschrittene Texterschließungsstrategien ein	410
17	Gehört, verstanden, gelernt – Die Hörverstehenskompetenz ausbauen	414
17|1	Stimmen Sie Ihre Lernstrategien auf Ihre Hörkompetenzziele ab	414
17|2	Machen Sie sich technisch fit für professionelles Hörverstehenstraining	416
17|3	Nutzen Sie didaktische Hörverstehensmaterialien für Fortgeschrittene	423
17|4	Nutzen Sie Audiobücher	425
17|5	Nutzen Sie fremdsprachige Filme auf DVD oder Blu-ray	427
17|6	Nutzen Sie Videoportale im Internet	429
17|7	Nutzen Sie fremdsprachiges Internet-Radio	432
17|8	Nutzen Sie fremdsprachige Podcasts	436
17|9	Nutzen Sie fremdsprachiges Fernsehen	438
17|10	Nutzen Sie Gelegenheiten zum Hörverstehen ›vor Ort‹	441
17|11	Nutzen Sie Songtexte zum Hörverstehen	442
17|12	Reduzieren Sie den Schwierigkeitsgrad von Hörtexten durch die richtige Textauswahl	444
17|13	Reduzieren Sie den Schwierigkeitsgrad von Hörtexten durch Vorentlastung .	445
17|14	Entwickeln Sie Ihre Hörverstehenskompetenz mit Textkontrolle	446
17|15	Entwickeln Sie Ihre Hörverstehenskompetenz ohne Textkontrolle	449
17|16	Nutzen Sie Ihren Tandempartner für Ihr Hörverstehen	451
17|17	Arbeiten Sie systematisch mit fremdsprachigen Filmen mit und ohne Untertitelung sowie mit Audiodeskription	453
18	The missing link – Aus Input Output machen	457
18|1	Bringen Sie die Input-Output-Spirale in Gang	457
18|2	Wenden Sie die *Spot-the-gap*-Strategie an	460
18|3	Wenden Sie die *Spot-the-difference*-Strategie an	464

18|4	Memorieren Sie den Wortlaut von Texten		468
18|5	Wenden Sie die *Customize*-Strategie an		469
18|6	Nutzen Sie Redemittelsammlungen		470
19	**Die Königsdisziplin – Gesprächskompetenz erweitern**		**474**
19|1	Machen Sie sich klar, was das Sprechen schwierig macht		474
19|2	Überprüfen Sie die Ergebnisse der Strategien für Anfänger		475
19|3	Praktizieren Sie »schriftliches Probesprechen«		476
19|4	Testen Sie systematisch Ihr fremdsprachiges Ausdruckspotential und ermitteln Sie Lücken		478
19|5	Machen Sie sich mit dem Aufbau Ihres zweisprachigen Wörterbuchs vertraut		480
19|6	Suchen und finden Sie im zweisprachigen Wörterbuch das richtige Äquivalent		483
19|7	Überprüfen Sie die Äquivalentangaben aus dem zweisprachigen im einsprachigen Wörterbuch		490
19|8	Reagieren Sie auf echte Lücken im Wörterbuch mit der richtigen Strategie		491
19|9	Verschaffen Sie sich Feedback von Ihrem Lehrer		500
19|10	Verschaffen Sie sich Feedback von Ihrem Tandempartner		501
19|11	Trainieren Sie Ihre Sprechartikulatorik anhand vorgegebener und eigener Texte		503
19|12	Führen Sie Selbstgespräche in der Fremdsprache		504
19|13	Schließen Sie sich einer fremdsprachigen Theatergruppe an		505
19|14	Nutzen Sie auch im Inland jede Gelegenheit, die Fremdsprache anzuwenden		506
19|15	Planen Sie einen längeren Auslandsaufenthalt		508
19|16	Bereiten Sie den Auslandsaufenthalt richtig vor		512
19|17	Nutzen Sie den Auslandsaufenthalt optimal für Ihren Spracherwerb		514
19|18	Bereiten Sie fremdsprachige Gespräche vor		517
19|19	Zeichnen Sie Ihre Gespräche in der Fremdsprache auf und bearbeiten Sie sie systematisch nach		518
20	**Die Spezialdisziplin – Schreibkompetenz erweitern**		**520**
20|1	Machen Sie sich klar, was Schreiben schwierig macht		520
20|2	Überprüfen Sie die Ergebnisse der Strategien aus dem Anfängerteil		524
20|3	Lernen Sie den Schreibprozess in Phasen zu zerlegen		525
20|4	Sorgen Sie für texttypspezifischen fremdsprachigen Input		526
20|5	Nutzen Sie Formulierungshilfen		529
20|6	Führen Sie eine gründliche Planungsphase durch		531
20|7	Führen Sie eine gründliche Materialsammlung in der Fremdsprache durch		533
20|8	Erstellen Sie zunächst nur eine Rohformulierung		535

20|9	Nutzen Sie fremdsprachliche Synonymwörterbücher und Thesauri	537
20|10	Nutzen Sie Kollokationswörterbücher	541
20|11	Revidieren Sie in mehreren Textdurchgängen und fokussieren Sie dabei jeweils einen Aspekt	546
20|12	Machen Sie sich Ihre fremdsprachlichen Realisierungsprobleme bewusst	547
20|13	Überprüfen Sie die Rechtschreibung Ihres Textes	550
20|14	Überprüfen Sie die Wortwahl Ihres Textes	551
20|15	Überprüfen Sie die Grammatik Ihres Textes	554
20|16	Nutzen Sie das Internet als Corpus	560
20|17	Sorgen Sie für viel Schreibpraxis	563
20|18	Sorgen Sie für ausreichendes Feedback auf Ihre Textentwürfe	565

Schlusswort ... 570

Anhang

Lösungen zu den Übungen ... 571

Testauswertung Wunschwortschatz (zu Abschnitt 13|3) ... 573

Anmerkungen ... 574

Danksagung ... 575

VORWORT

Liebe Leserinnen und Leser,

wenn Sie dieses Buch in der Hand halten, dann gehören Sie wahrscheinlich zu der großen Zahl von Menschen, die beabsichtigen, eine neue Fremdsprache zu lernen oder vorhandene Fremdsprachenkenntnisse aufzufrischen und zu erweitern. Oder Sie haben bereits damit begonnen.

Dafür kann es viele Gründe geben: Sie machen gern Urlaub im Ausland. Sie möchten Menschen aus anderen Ländern kennenlernen oder bereits bestehende Kontakte vertiefen. Sie wollen Ihre beruflichen Einstellungs- oder Aufstiegschancen verbessern. Sie möchten ein Praktikum, ein Studiensemester oder gar ein ganzes Studium im Ausland absolvieren. Sie möchten ein Fremdsprachenstudium aufnehmen oder einen Sprachenberuf ergreifen. Sie müssen Fremdsprachenkenntnisse in einer Prüfung nachweisen. Sie arbeiten im Export, im Flugverkehr, in der Tourismusbranche, in einer internationalen Organisation oder in einem international tätigen Unternehmen. Sie haben viele Kontakte mit Kunden, Geschäfts-, Projekt- oder Kooperationspartnern, Kollegen und Kolleginnen, die kein Deutsch sprechen. Sie sind oft auf internationalen Messen und Ausstellungen im Einsatz. Sie müssen viele fremdsprachige Fachtexte lesen oder selbst welche schreiben. Sie haben mit Kindern, Jugendlichen oder Erwachsenen aus Migrations- oder Flüchtlingsfamilien zu tun. Sie haben einen Partner mit einer anderen Muttersprache, wollen mit seiner Familie kommunizieren und gemeinsame Kinder zweisprachig erziehen. Sie wollen mit Menschen im Ausland in einer Fremdsprache mailen, simsen, chatten, skypen. Sie wollen mit dem Sprachtraining Ihre grauen Zellen fit halten, und dies bis ins hohe Alter. Vielleicht haben Sie einfach nur Spaß an neuen Herausforderungen und interessieren sich auch ohne äußeren Anlass für fremde Sprachen und Kulturen.

Doch was immer Sie motiviert, sich mit Fremdsprachen zu beschäftigen, Sie sind in guter Gesellschaft. Allein in Deutschland machen sich jedes Jahr Millionen Menschen auf, um Fremdsprachen zu lernen. Sie wenden oft viel Zeit und Energie auf. Die meisten träumen insgeheim von einem großen Ziel: sich in der Fremdsprache mühelos verständigen zu können. Doch nur wenige kommen an diesem Traumziel tatsächlich an. Viele bleiben unterwegs irgendwo stecken. Warum eigentlich? Liegt es nur an ihrem mangelnden Durchhaltevermögen?

Ein Grund ist zweifellos, dass Sprachen ziemlich komplexe Lerngegenstände sind. Um eine Sprache perfekt zu beherrschen, muss man nicht nur nach hunderten von Regeln tausende Wörter grammatisch zu richtigen Äußerungen kombinieren können, sondern auch noch für eine potenziell unendliche Menge von Situationen wissen, welche dieser Kombinationen jeweils die angemessene ist. Die Mühelos- und Turbotempo-

Versprechungen mancher Lehrwerke, Sprachschulen, Kursanbieter oder Internetseiten sind schon deshalb unrealistisch, wenn nicht gar unseriös. Lernabbrüche wegen nicht erfüllter Erwartungen sind eine typische Folge falscher Versprechungen.

Doch es gibt noch einen weiteren Grund, warum so viele Fremdsprachenlerner hinter ihren zweifellos vorhandenen Möglichkeiten zurückbleiben: Sie haben nicht die richtigen Strategien. Eine falsche Strategie ist besonders häufig zu beobachten: die Verantwortung für den Lernerfolg an einen Lehrer oder eine Lehrerin abzugeben. Das ist bequem, aber ineffizient. Lernprozesse kann man nicht delegieren. Lernen kann immer nur in unserem eigenen Kopf stattfinden. Nach individuellen Bedürfnissen und nach eigenen Regeln. Dieses Buch plädiert dafür, das Steuer des Lernens selbst in die Hand zu nehmen. Es lädt Sie ein, den intelligenten, selbstbestimmten Lerner in Ihnen zu entdecken. Den Lerner, für den Kursunterricht immer nur eine Option unter anderen ist. Den Lerner, der das Wissen und die pädagogische Kompetenz von Lehrern nutzt, dabei aber immer sein eigener Lernmanager bleibt.

Zu diesem Ziel stellt Ihnen das Buch einen umfassenden Werkzeugkasten erprobter, fundierter Strategien zur Verfügung. Und dies für alle Teilkompetenzen (Lesen, Hören, Sprechen, Schreiben) und für alle Lernniveaus (Anfänger, Fortgeschrittene, Profis). Für alle Lernertypen und für alle Lernmotivationen (Studium, Beruf, Reise, Kontakte). Für alle, die Prüfungen ablegen oder Zertifikate erwerben möchten. Für das Lernen im Inland und im Ausland. Für das Lernen in Kursen, Gruppen, Tandems und für das reine Selbststudium.

Das umfassende Ziel erklärt auch den Umfang des Buchs, der Sie auf den ersten Blick vielleicht ein wenig abschreckt. Aber natürlich müssen Sie dieses Buch nicht erst als Ganzes lesen, bevor Sie die darin enthaltenen Ratschläge anwenden können. Es ist so geschrieben, dass es sich auch zum Lesen in Etappen, zum Nachschlagen und zum Quereinsteigen eignet. Sprechende Überschriften machen es Ihnen leicht, schnell die Ratschläge zu finden, die Sie gerade für Ihr aktuelles Lernen brauchen. Ich empfehle ausdrücklich eine Nach-und-nach-Lektüre, kombiniert mit dem Ausprobieren der vorgestellten Strategien. Doch wie auch immer Sie die Lektüre anlegen, sie ist eine Investition in den Erfolg Ihres Fremdsprachenlernens, für jetzt und für die Zukunft.

Das Buch ist das Ergebnis meines eigenen langjährigen Lernens, Lehrens und Forschens rund um das Thema Fremdsprachen. Auch meine Tätigkeit als Direktor des Fremdsprachenzentrums der Hochschulen im Land Bremen (FZHB) hat ihre Spuren hinterlassen. Es war mir ein Anliegen, die gesammelten Erfahrungen weiterzugeben an alle, die die Leidenschaft für Fremdsprachen mit mir teilen.

Ich wünsche Ihnen, liebe Leserinnen und Leser, viel Freude bei der Lektüre, viele nützliche Einsichten und umfassenden Erfolg beim Anwenden der Strategien, die Ihnen dieses Buch in großer Zahl präsentiert.

Ihr Hans P. Krings

TEIL I
Good to know – Zur Einleitung und zur Einstimmung

1 Zur Einleitung – Was Sie von diesem Buch erwarten dürfen und wie Sie es benutzen können

Im Zeitalter der Internationalisierung und Globalisierung in fast allen Lebensbereichen benötigen immer mehr Menschen Fremdsprachenkenntnisse. Wer nicht das Glück hatte, bilingual aufzuwachsen, macht dabei in der praktischen Anwendung seiner Fremdsprachenkenntnisse oft die Erfahrung, dass seine Schulkenntnisse nicht ausreichen. Zu lückenhaft der Wortschatz, zu unsicher die Grammatik, zu stockend das Sprechen, zu fehlerhaft das Schreiben oder einfach nur: zu viel wieder vergessen. Andere wiederum benötigen Fremdsprachen, die an deutschen Schulen nicht oder nur sehr selten angeboten werden. Auf sprachliche Kontakte mit Schweden, Polen oder Portugiesen in deren Muttersprache hat uns die Schule nicht vorbereitet, von so wichtigen Sprachen wie Arabisch, Türkisch, Japanisch oder Chinesisch ganz zu schweigen.

Vor diesem Hintergrund wundert es nicht, dass in Deutschland jedes Jahr mehrere Millionen Menschen beschließen, vorhandene Sprachenkenntnisse aufzufrischen und auszubauen oder neue Sprachen zu lernen, an Volkshochschulen, Universitäten, privaten Sprachschulen oder anderen Einrichtungen. Für viele von ihnen ist dabei die Entscheidung, Fremdsprachen zu lernen, identisch mit der Entscheidung, einen Sprachkurs zu belegen. Es ist sozusagen ein Reflex. Warum eigentlich?

Eine naheliegende Erklärung ist, dass wir es aus der Schule so gewohnt sind: Sprachen bekommt man durch Unterricht »beigebracht« wie so ziemlich alles andere auch in der Schule. Ein zweiter Grund ist die Praxis der meisten Lehrer: Sie vermitteln durch ihre Art zu lehren oft bewusst oder unbewusst die Botschaft, dass es ohne Lehrer gar nicht geht. Das gilt oft in der Erwachsenenbildung noch genauso wie in der Schule. Zwar erwarten auch die Dozenten von Erwachsenen Engagement, vor allem in der Form von »Mitarbeit« und »Hausaufgaben«, aber die meisten von ihnen lassen doch die Fäden im Unterricht eindeutig bei sich zusammenlaufen. Sie determinieren mehr oder weniger den gesamten Unterrichtsablauf und entscheiden selbst, was für die Lerner gut ist. Die meisten Lehrer handeln auch heute noch nach dem Prinzip des »aufgeklärten Absolutismus«: Ich weiß, was für euch gut ist, also tut, was ich euch sage.

Ein dritter Grund, und vielleicht ist dies sogar der entscheidende, besteht in der Versuchung für den Lerner, durch das Belegen von Unterricht die Verantwortung für das Gelingen des Lernprozesses zumindest zu einem guten Teil abzugeben, und zwar an einen, der weiß, wie es geht, den Lehrer eben. Und damit liegt dann auch der nächste Schluss bereits in der Luft, nämlich die Erwartung, dass Unterricht, der doppelt so viel kostet, doppelt so gute Ergebnisse bringt oder – je nach Präferenz – nur halb so viel Mühe macht, ein Schluss, von dem so manch kommerzieller Anbieter lebt. Auf jeden Fall erwartet fast jeder, der an einem bestimmten Kurs teilnimmt, dass er das gewünschte Ziel damit erreicht, einfach nur deshalb, *weil* er am Kurs teilnimmt. Etwas pointiert gesagt: Lehrer und Lerner erliegen gemeinsam einer Art kunstvoll inszenierten Selbstbetrugs. Dieser Selbstbetrug lässt sich dabei auf die einfache, aber grundfalsche Formel zurückführen »gelehrt = gelernt«.

Wenn die internationale wissenschaftliche Forschung zum Lehren und Lernen von Fremdsprachen in den letzten Jahrzehnten ein Ergebnis klar herausgearbeitet hat, dann ist es dieses: Lernen ist kein Prozess, der spiegelsymmetrisch zum Lehren verläuft. Wenn Sie eine Stunde lang Spanischunterricht genommen haben, heißt das noch lange nicht, dass Sie wirklich eine Stunde lang Spanisch gelernt haben. Und das, was Sie gelernt haben, ist in keiner Weise das direkte Abbild dessen, was der Lehrer Sie lehren wollte. Lerner sind keine Gefäße, die mit fremdsprachlichem Können »gefüllt« werden und in denen es dann »drin« ist. Sprachenlernen ist im Kern ein aktiver Aneignungsprozess durch einen selbsttätigen Lerner, kein passiver Belehrt-werden-Prozess durch einen noch so engagierten und qualifizierten Lehrer. Lernen kann zwar meist durch äußere Umstände und durch eine gute »Lernorganisation« erleichtert und gefördert werden. Aber zustande kommt es immer nur in unserem eigenen Kopf nach den individuellen Regeln, die sich aus unseren individuellen Lernvoraussetzungen und Lernweisen ergeben.

Dieser Charakter des Lernens ist auch der Grund, warum die Delegation an einen Lehrer nicht vergleichbar ist mit der Delegation anderer Dienstleistungen. Wer also z. B. argumentiert, dass man im Alltag ja auch andere Aufgaben an Fachleute delegiert und ihnen die Verantwortung für die professionelle Durchführung dieser Aufgaben überträgt, der verkennt den entscheidenden Unterschied: Der Monteur kann für Sie die Heizung reparieren, der Steuerberater für Sie die Steuererklärung machen und die Rechtsanwältin für Sie den Prozess führen. Aber der Fremdsprachenlehrer kann nun einmal nicht für Sie die Fremdsprache lernen. Alles was beim Fremdsprachenlernen zu tun ist, muss letztlich in *Ihrem* Kopf stattfinden.

Vieles spricht dafür, dass der klassische Fremdsprachenunterricht in Großgruppen, wie er für die meisten Einrichtungen typisch ist, für diesen aktiven Aneignungsprozess keine optimalen Bedingungen bietet. Wer sich in einen Sprachkurs setzt, verbringt, ohne es zu wollen, oft mehr Zeit damit, dem Lehrer beim Lehren oder den anderen Teilnehmern beim Lernen *zuzusehen*, als *selbst zu lernen*.

Vor dem Hintergrund dieser Grundeinsicht, die ich noch näher begründen werde (s. Abschnitt 2|9 »Dabeisein ist nicht alles – Warum Sie die Möglichkeiten von Fremdsprachenunterricht kritisch einschätzen sollten«), ist das Ziel dieses Buches zu sehen:

Ich möchte Sie einladen, den aktiven, selbstbestimmten und selbstverantwortlichen Lerner in Ihnen zu entdecken. Die zentrale Botschaft des Buches lautet: Werden Sie Ihr eigener Lernmanager! Damit Sie dieses Ziel erreichen können, stelle ich Ihnen in diesem Buch das nötige Wissen für das optimale Management Ihrer fremdsprachlichen Lernprozesse zur Verfügung. Dabei geht es keineswegs darum, alles nur noch im Selbststudium zu machen. Fremdsprachenunterricht zu besuchen bleibt durchaus eine Option. Aber nicht als unreflektierter Reflex, wie oben beschrieben, sondern nur als Teil eines umfassenderen Lernkonzepts, zu dem auch andere Lernformate gehören. Vor allem aber geht es darum, Sie mit einem breiten Inventar von Strategien zum Erreichen Ihrer selbst gesetzten Lernziele unter Berücksichtigung Ihrer persönlichen Lernstile zu versorgen.

Ein wichtiger Leitgedanke dabei ist die Effizienz. Zeit ist heute ein knappes Gut. Nur für die wenigsten ist Fremdsprachenlernen reiner Zeitvertreib. Alle anderen müssen sich die Zeit zum Lernen nehmen, oft genug auf Kosten von Freizeit und Erholung. Ich gehe deshalb von einem Lerner aus, der schnell Erfolge sehen möchte und der Umwege nicht unbedingt als bereichernd empfindet.

Um dieses Ziel zu erreichen, fordert das Buch Sie aber auch auf, eigene Lerngewohnheiten in Frage zu stellen. Denn eine Erfahrung mache ich immer wieder: Fast alle, die eine Fremdsprache lernen, wenden bewusst oder unbewusst bestimmte Lernstrategien an; aber sie tun es oft, ohne sich ernsthaft zu fragen, ob es die richtigen für sie sind. Die einen belegen einen teuren Sprachkurs in einer Privatschule oder erwarten Wunder von einem zweiwöchigen Sprachkurs im Ausland. Die anderen pauken endlos lange Vokabellisten oder lernen Grammatikregeln auswendig. Und wiederum andere setzen ganz auf reine Anwendung im Gespräch und wundern sich später, wenn sie eine Zertifikatsprüfung nicht bestehen. Dieses Buch stellt demgegenüber so manche beliebte Lernstrategie in Frage und schlägt effizientere Alternativen vor.

Dennoch verspricht es aber weder einen Nürnberger Trichter noch die einzig wahre Methode. Es stellt Ihnen vielmehr einen umfassenden Werkzeugkoffer zur Verfügung, aus dem Sie diejenigen Strategien auswählen können, die Sie brauchen und die zu Ihnen passen.

Dabei machen wir uns einen entscheidenden Umstand unserer Zeit zunutze: Fremdsprachenlernen war, rein technisch gesehen, noch nie so einfach wie heute. Elektronische Sprachkurse bieten umfassende multimediale Lernumgebungen, die Text, Grafik, Ton und Film integrieren. Interaktive Lernsoftware erkennt und analysiert unsere Fehler, gibt individualisiertes Feedback und verwaltet zielstrebig beherrschte und nicht beherrschte Vokabeln. Elektronische Wörterbücher liefern in Bruchteilen von Sekunden die gewünschten Übersetzungen, teilweise sogar als Pop-up-Funktion direkt durch einen Klick auf das unbekannte Wort, und fügen beim Schreiben die Übersetzung durch einen weiteren Klick in den eigenen Text ein. DVDs bieten fast regelmäßig auch die fremdsprachigen Originalversionen aller internationalen Filme. Das Internet bietet praktisch unbegrenzten (und meist kostenlosen) Zugang zu fremdsprachigen Texten, fremdsprachigem Radio und Fernsehen, und dies selbst in seltenen Fremdsprachen, stellt mit seinen Podcast- und Videodatenbanken unbegrenztes Hörverstehensmaterial zur Verfügung und hält auf zahlreichen spezialisierten Portalen eine kaum noch zu überblickende Fülle an kostenlosem fremdsprachlichen Lernmaterial bereit. Außerdem eröffnet es neue Formen des kooperativen Lernens, das Raum- und Zeitgrenzen fast beliebig überschreitet. Wir können über E-Mail, Skype oder Videokonferenz mit anderen Lernern und auch Muttersprachlern in Kontakt treten und dabei unsere Fremdsprache mit Menschen trainieren, die sich am anderen Ende der Welt befinden. Selbst für Unterricht müssen wir heute das Haus nicht mehr unbedingt verlassen, der Lehrer kann im Rahmen eines Online-Sprachkurses direkt auf unseren Bildschirm kommen, mit uns sprechen und uns unterrichten, individuell oder auch in einem »virtuellen Klassenraum« zusammen mit anderen. Und all das können wir dank Smartphone auch an praktisch jedem beliebigen Ort tun und dabei noch auf eine große Bibliothek von Sprachlern-Apps zurückgreifen.

Natürlich ist es auch hier wie in anderen Bereichen des Lebens: Je mehr Optionen wir haben, desto schwieriger wird es, das Richtige zu tun. Es gilt deshalb zu wissen, wie wir von den Möglichkeiten, die uns die moderne Technik bietet, sinnvollen Gebrauch machen können, ohne dabei im Dickicht der schönen neuen Multimedia-Welt unser Ziel, das effiziente Lernen einer Fremdsprache, aus den Augen zu verlieren.

Dieser Ratgeber wendet sich an alle, die ihr Fremdsprachenlernen effizient und nachhaltig gestalten wollen. Er tut dies in allgemeinverständlicher Form, setzt also keine speziellen Vorkenntnisse voraus, verzichtet so weit wie möglich auf Fachterminologie und hält den Text der besseren Lesbarkeit zuliebe frei von Quellen- und Literaturangaben (bis auf einige begründete Ausnahmen). Die Empfehlungen, die ich in diesem Buch gebe, beruhen dennoch zu großen Teilen auf Erkenntnissen aus der Sprachlernforschung, der Fremdsprachendidaktik, der Linguistik und der Lernpsychologie. In diesen Disziplinen ist in den letzten Jahrzehnten dank einer großen Zahl empirischer Studien ein beachtliches Wissen über die Natur fremdsprachlicher Lernprozesse entstanden. Es bildet die Basis für meine Empfehlungen. Es sind an vielen Stellen aber auch meine persönlichen Erfahrungen aus rund vier Jahrzehnten als Fremdsprachenlehrer eingeflossen, der die Sprachen Italienisch, Französisch und Deutsch als Fremdsprache an Privatschulen, Volkshochschulen und Universitäten in verschiedenen Ländern unterrichtet hat. Und natürlich habe ich auch meine Erfahrungen als Fremdsprachen*lerner* eingebracht. Ich empfehle in diesem Buch keine Strategie, die ich nicht selbst schon einmal ausprobiert hätte.

Die Ratschläge, die Sie hier finden, sind zum ganz überwiegenden Teil nicht spezifisch für einzelne Fremdsprachen, sondern auf das Lernen aller Fremdsprachen anwendbar. Wo immer möglich, habe ich versucht, die Ratschläge durch konkrete Beispiele zu veranschaulichen. Diese stammen überwiegend aus den vier in Deutschland am häufigsten gelernten (lebenden) Fremdsprachen Englisch, Französisch, Spanisch und Italienisch. Wir unternehmen aber auch Ausflüge in andere Fremdsprachen. Da dieses Buch in Deutsch geschrieben ist, hatte ich beim Schreiben vor allem Leserinnen und Leser mit Deutsch als Muttersprache vor Augen. Das Deutsche dient hier deshalb vor allem zur Erklärung oder Veranschaulichung von Zusammenhängen, die man am besten am Beispiel der eigenen Muttersprache versteht. Trotzdem können die Ratschläge dieses Buchs natürlich auch auf den Erwerb des Deutschen als Fremdsprache angewandt werden.

Das Buch wendet sich zwar primär an die Lerner selbst, dürfte aber auch dann für Sie von Interesse sein, wenn Sie Fremdsprachen *lehren*. Zum einen, weil Sie darin Ratschläge finden, die Sie so an Ihre Lerner weitergeben können. Und zum anderen, weil jeder Lehrer gut beraten ist, sich auch immer wieder einmal in die Lernerperspektive zu begeben, sei es um seine eigenen Sprachkenntnisse als fortgeschrittener Lerner zu verbessern, oder aber auch, um sich durch das Lernen einer neuen Sprache noch einmal die typische Anfängerperspektive zu vergegenwärtigen. Auch alle, die mit Aufgaben in der Sprachlernberatung betraut sind, finden in diesem Buch viel Material für diese Beratungstätigkeit.

Schließlich noch der Hinweis, dass Sie dieses Buch keineswegs von vorne nach hinten lesen müssen. Es ist bewusst so aufgebaut, dass ein Quereinstieg an jeder beliebigen Stelle möglich ist. Jedes einzelne Ratschlagkapitel ist so geschrieben, dass es auch isoliert von den vorausgehenden und nachfolgenden in sich verständlich ist. Die Kapitelüberschrift gibt bereits in ganz knapper Form an, worin der jeweilige Ratschlag besteht. Außerdem erlaubt der Aufbau des Buches nach dem Lernstand (Ratschläge speziell für Anfänger in Teil III, für Fortgeschrittene in Teil IV) und nach den einzelnen wichtigen Grundfertigkeiten oder Grundkompetenzen (Lesen, Schreiben, Hören, Sprechen) ein leichtes Auffinden der für Sie besonders wichtigen Abschnitte. Wer es eilig hat, schnellen Rat zu finden, kann so gleich an die für ihn relevante Stelle im Buch springen.

Natürlich sollten auch ungeduldige Leser möglichst bald mithilfe von Teil II ihre individuellen Lernziele und Lernvoraussetzungen klären. Teil I gibt ein paar interessante Hintergrundinformationen zum Thema Sprachen und Sprachenlernen und konkretisiert die Grundidee des Buches. Sie können diesen Teil auch später noch lesen, wenn Sie gerade einmal keine neuen Ratschläge ausprobieren wollen.

Abschließend noch ein Hinweis zu den in diesem Buch zahlreich enthaltenen Internetquellen. Bei der Frage, ob man solche Internetquellen in ein gedrucktes Buch übernimmt, befindet man sich als Autor immer in einem Dilemma. Da ein Buch eine wesentlich längere Lebensdauer hat als das schnelllebige und oft flüchtige Internet, kann es immer geschehen, dass die erfassten Internetquellen zu dem Zeitpunkt, zu dem der Leser sie nutzen möchte, nicht mehr verfügbar sind oder andere Inhalte haben. Schlimmstenfalls ist sogar eine URL aufgekauft worden und aus einem seriösen Betreiber ist ein unseriöser geworden. Das ist für die Leser des Buches, das solche Internetquellen nennt, naturgemäß frustrierend. Verzichtet man als Autor aber auf die Angabe von Internetquellen, enthält man seinen Lesern viele nützliche und dazu noch kostenlose Quellen vor. Da für das Fremdsprachenlernen eine große Zahl wertvoller Quellen im Internet verfügbar ist, habe ich mich entschlossen, Ihnen diese trotz des geschilderten Risikos zu nennen. Sie finden deshalb an vielen Stellen in diesem Buch entsprechende Angaben. Ich habe aber versucht, späteren Ausfällen so weit wie möglich vorzubeugen. Zum einen habe ich nur solche Quellen aufgenommen, von denen ich durch längere Beobachtung den Eindruck gewonnen habe, dass sie konstant verfügbar sind. Und zum anderen habe ich alle Internetquellen unmittelbar vor Drucklegung des Buches noch einmal auf ihre Verfügbarkeit geprüft. Ich hoffe, dass sich die Zahl der Ausfälle auf diese Weise gering halten lässt. Falls Sie dennoch bei der Suche nach einer im Buch angegebenen Internetquelle nicht fündig werden, hier ein paar einfache Tipps, wie Sie überprüfen können, ob die Quelle wirklich nicht mehr existiert oder ob sie einfach nur an anderer Stelle zu finden ist:

- Geben Sie die angegebenen Adressen nicht nur direkt in das URL-Feld Ihres Browsers ein, sondern suchen Sie auch durch Eingabe in die Suchmaske verschiedener Suchmaschinen.
- Geben Sie die Adresse zunächst als String, d. h. in Anführungszeichen, in die Suchmaschinen ein, um die Treffermengen gering zu halten. Erst wenn Sie damit nicht fündig werden, sollten Sie ohne Anführungszeichen suchen.
- Wenn Sie nicht mit der ganzen Adresse fündig werden, dann lassen Sie sukzessive vom Ende her einzelne Teile der Internetadresse bei der Suche weg.
- Wenn der Betreiber der Internetseite angegeben ist, dann suchen Sie ggf. zunächst nach diesem und überprüfen Sie auf seiner Homepage, ob Sie über die seiteninterne Suche oder über die Site Map die gesuchte Unterseite finden können.

Der letzte Aufruf der in diesem Buch genannten Internetseiten erfolgte am 21. 4. 2016.

2 Zur Einstimmung – Was Sie über Sprachen und Sprachenlernen wissen sollten

2 | 1 Fluch oder Segen? – Warum die Vielsprachigkeit der Menschheit beides ist

Derzeit leben rund sieben Milliarden Menschen auf der Welt in rund 200 Staaten. Doch sie sprechen mehr als 6000 verschiedene Sprachen. Das macht im Durchschnitt 30 Sprachen pro Staat. Und darin sind Sprachvarianten, die eindeutig als Dialekte klassifiziert werden können, nicht einmal mitgerechnet. Sprachenvielfalt gehört zur Menschheit wie das Feuer oder der aufrechte Gang.

Natürlich sind unter den 6000 Sprachen einige wenige »große« Sprachen mit sehr hohen Sprecherzahlen und sehr viele »kleine«, die nur von einigen Zehntausend Menschen gesprochen werden. Doch selbst wer die am häufigsten gesprochene Sprache der Welt, nämlich das hochchinesische Mandarin, spricht, kann sich nur mit gut zwölf Prozent der Weltbevölkerung in deren Muttersprache verständigen. Um mit weiteren fünf Prozent zu sprechen müsste er schon Spanisch oder Englisch können. Um mit 50 Prozent der Weltbevölkerung in deren Muttersprache kommunizieren zu können, müsste er mindestens 20 Sprachen beherrschen, und zwar neben Mandarin, Spanisch und Englisch noch Hindi, Arabisch, Portugiesisch, Bengali, Russisch, Japanisch, Deutsch, Javanesisch, Vietnamesisch, Telugu, Marathi, Tamil, Französisch, Koreanisch, Urdu, Italienisch und Türkisch. Natürlich reduziert sich diese Zahl, wenn wir Zweit- und Fremdsprachenkenntnisse berücksichtigen. Aber selbst wenn wir die Zahlen für die meist gesprochene Fremdsprache Englisch berücksichtigen, etwa 450 Millionen Menschen weltweit, erhöht sich der Prozentsatz nur um rund sechs Prozent. Und wer umgekehrt eine der zahlreichen mittleren oder »kleinen« Sprachen lernt, wie z. B. Dänisch mit etwas fünf Millionen Sprechern, erweitert sein fremdsprachliches Kommunikationspotential damit nur noch im Promillebereich. Zugegeben: Das sind Zahlenspiele. Aber sie zeigen: Die Vielsprachigkeit der Menschheit impliziert gewaltige Sprachbarrieren.

Dass diese Vielsprachigkeit ein Fluch sein kann, weiß schon die Bibel mit ihrer Geschichte vom Turmbau zu Babel. Die Menschen hatten beschlossen einen Turm zu bauen, der bis in den Himmel reichen sollte. Laut der Bibel war Gott aber nicht einverstanden mit diesem ehrgeizigen Plan. Was hat er gemacht, um ihn zu vereiteln und um die Menschen für ihre Überheblichkeit zu bestrafen? Hat er ein Erdbeben geschickt, um den Turm einstürzen zu lassen? Oder hat er für leere öffentliche Kassen oder für Widerstand in der Bevölkerung gesorgt wie bei anderen großen Bauprojekten jüngerer Zeit? Nein, er stieg herab und verwirrte ihre Sprache, »daß keiner des anderen Sprache verstehe«, wie es wörtlich in der Bibel heißt (1. Mose 11,7), nachdem der Zustand zuvor noch mit den Worten beschrieben wurde: »Es hatte aber alle Welt einerlei Zunge und Sprache« (1. Mose 11.1).

Auch wenn wir den Turmbau zu Babel eher als Gleichnis verstehen und die Bibel Sprachverwirrung vor allem als Folge widergöttlicher menschlicher Selbstüberhebung verstanden wissen will, liefert sie uns so doch einen ganz frühen Hinweis darauf, dass die Vielsprachigkeit des Menschen in gewisser Hinsicht ein Fluch oder doch zumindest eine Last ist, die uns von Urzeiten an begleitet und die nicht nur unsere Fähigkeit zur Verständigung, sondern auch unsere Fähigkeit zum gegenseitigen Verständnis und damit zum gemeinsamen Handeln nachhaltig beeinträchtigt. Vielsprachigkeit als Quelle und als Ausdruck von Uneinigkeit also.

Wer ethnisch-politische Konflikte der Neuzeit betrachtet, erkennt schnell, dass sich diese Einschätzung in ihnen bewahrheitet. Denn fast immer, wenn sich innerhalb eines Staates verschiedene Bevölkerungsgruppen in schweren, manchmal bewaffneten Konflikten gegenüberstehen, sind damit auch sprachliche Konflikte verbunden. Serben und Kosovoalbaner, Basken und (andere) Spanier, Russen und Tschetschenen, Kurden und Türken, Israelis und Araber, Tamilen und Singhalesen, Tibeter, Uiguren und Chinesen – in vielen politischen Konflikten sprechen die Konfliktparteien unterschiedliche Sprachen, im wörtlichen wie im übertragenen Sinne. Und selbst in unserem Nachbarland Belgien hatte der Konflikt zwischen Flamen und Wallonen auch schon immer eine starke sprachenpolitische Dimension.

Den Fluch der Vielsprachigkeit bekommen einzelne Menschen manchmal mit fatalen Folgen zu spüren. Vor einigen Jahren ereignete sich just in Belgien ein schweres Zugunglück. Bei der Untersuchung stellte sich anhand eines Tonbands heraus, dass die Ursache sprachliche Verständigungsprobleme zwischen dem Französisch sprechenden Fahrdienstleiter und seinem flämischen Kollegen in Löwen waren, wie die belgische Bahn selbst berichtete.

Fast noch tragischer ist die Geschichte eines Fuhrunternehmers aus dem Kreis Siegburg, der in den 80er Jahren während der Besetzung Afghanistans durch die Sowjetunion von afghanischen Widerstandskämpfern ermordet wurde. Er war mit einem LKW mit dem Nummernschild SU für den Kreis Siegburg unterwegs. Die Widerstandskämpfer hatten SU als Abkürzung für Sowjetunion interpretiert und deshalb angenommen, dass es sich um einen Russen handelte. Hätte der Fahrer des LKW auch nur einen einzigen Satz in der Sprache der Widerstandskämpfer sagen können, z. B. »Ich bin kein Russe, ich bin Deutscher«, wäre es vielleicht nicht zu diesem tragischen Vorfall gekommen. Die Sprache der Widerstandskämpfer war übrigens mit hoher Wahrscheinlichkeit Paschtunisch.

Im Jahr 2006 testete der ADAC zahlreiche große Fähren, die im Mittelmeer verkehren. Ein Beurteilungskriterium waren die Verständigungsmöglichkeiten mit der Crew, ein Aspekt, der im Notfall lebenswichtig sein kann. Das Ergebnis: Auch auf Strecken, die von vielen Touristen genutzt werden, war die Verständigung nicht immer sichergestellt. Selbst das Personal am Informationsschalter oder im Servicebereich sprach häufig kaum Englisch. Beobachtet wurde z. B. eine Mutter, die erfolglos versuchte, Hilfe wegen zwei seekranker Kinder zu bekommen.

Glücklicherweise haben Sprachbarrieren nur selten solch schlimme Folgen. Aber jeder, der irgendwann einmal in einem Land, in dem er sich nicht verständigen kann, einen Autounfall gehabt hat oder ernsthaft erkrankt ist, wird sich vermutlich sehr lebhaft an dieses Gefühl der Ohnmacht erinnern, das mit dem Sich-nicht-verständigen-können verbunden ist. Und sobald man nicht rein Belangloses oder absolut Erwartbares ausdrücken will, kommt man auch mit der Verständigung mit Händen und Füßen sehr schnell an Grenzen. Versuchen Sie einmal, jemanden nur mit Händen und Füßen mitzuteilen, dass Sie dringend ein blutdrucksenkendes Mittel brauchen oder dass Sie mit einem Mitarbeiter der deutschen Botschaft verbunden werden wollen.

Doch ist die Vielsprachigkeit der Menschheit wirklich nur ein Fluch? Dass Übersetzer und Dolmetscher, Fremdsprachenlehrer und Sprachreiseveranstalter diese Frage spontan verneinen werden, wird nicht überraschen. Sie leben schließlich davon, Sprachbarrieren überwinden zu helfen. Doch auch jenseits aller finanziellen Interessen kann man die Sprachenvielfalt als ein Geschenk sehen, so wie die Vielfalt der Menschen selbst. Sprachliche Vielfalt ist auch unmittelbarer Ausdruck kultureller Vielfalt. Schon rein sprachlich ist »Vielfalt« das Gegenteil von »Einfalt«. Wer würde heute noch auf die Vielfalt der Medien oder die Vielfalt der internationalen Küche verzichten und sie durch nur eine Zeitung, ein Fernsehprogramm, eine Küche ersetzen wollen? Jede einzelne Sprache ist eine geglückte Lösung für eine der ältesten Aufgaben der Menschheit: differenzierte Kommunikation und damit gemeinsames Handeln möglich zu machen. Sprachenvielfalt ist deshalb nichts anderes als linguistischer Artenreichtum. Und genau wie es gilt, den biologischen Artenreichtum der Erde zu erhalten, gilt es auch, den Artenreichtum der Sprachen zu erhalten. Wäre unsere Sprache nicht so eng mit unserer individuellen und sozialen Identität verknüpft, würden weltweit sicher nicht so viele Menschen für das Recht kämpfen, ihre Sprache gleichermaßen im privaten wie im öffentlichen Raum sprechen und schreiben, lernen und lehren zu dürfen. Insofern zeigen gerade auch die sprachenpolitisch motivierten Konflikte weltweit, wie sehr Sprachenvielfalt unverbrüchliche Voraussetzung und unabwendbare Folge individueller und sozialer Identität ist. Deshalb meinte der amerikanische Schriftsteller Thornton Wilder zu Recht: »Wer eine Fremdsprache lernt, zieht den Hut vor einer anderen Nation«.

2 | 2   Wenig Vielfalt – Sprachen lernen in Deutschland

Wenn man alle verfügbaren statistischen Informationen zusammennimmt, dann lernen in Deutschland derzeit ca. 15 Millionen Menschen eine Fremdsprache in einer wie auch immer gearteten Form von Unterricht. Die meisten davon natürlich an den Schulen.

Nach Angaben des statistischen Bundesamtes[1] (Fußnoten finden Sie am Ende des Buches) lernten im Schuljahr 2013/2014 7,3 Mio. Schüler an allgemeinbildenden Schulen Englisch, das sind 87 Prozent aller Schüler an diesen Schulen. Damit ist Englisch mehr denn je die unangefochtene Nummer Eins unter den Schulfremdsprachen. Auf dem zweiten Platz rangiert Französisch mit 1,6 Mio. Schülern an allgemeinbildenden Schulen. Damit ist Französisch zwar weit abgeschlagen gegenüber Englisch, behauptet diesen Platz aber gänzlich unangefochten und ist, entgegen einer verbreiteten Behauptung, auch nicht rückläufig.

Auf Platz drei liegt, für viele sicher überraschend, wie seit Jahrzehnten immer noch Latein mit 709 Tsd. Schülern. Auch Latein ist keineswegs rückläufig. Es verzeichnete vielmehr einen Anstieg der Schülerzahl seit 1990 um rund 240 Tsd. Das Spanische befindet sich an den Schulen zwar seit Jahren in einem starken Aufwind, erreicht aber mit derzeit 392 Tsd. Schülern bei weitem noch nicht die Zahlen für Latein. Auch die anderen Sprachen sind überwiegend im Aufwind, spielen aber mit Prozentanteilen von einem Prozent oder weniger nur eine völlig untergeordnete Rolle. So mit 53 Tsd. Schülern das Italienische und mit 107 Tsd. selbst das Russische, das seit der Wende auf etwa ein Viertel der ursprünglichen Schülerzahl zusammengeschrumpft ist. Weder die hier und da unterrichteten Weltsprachen Chinesisch, Japanisch und Arabisch noch die vor allem in Grenzgebieten anzutreffenden Sprachen Dänisch, Niederländisch oder Polnisch erreichen nennenswerte Schülerzahlen.

Insgesamt ist Deutschland hinsichtlich der Schulfremdsprachen also immer noch ein relativ einseitig aufgestelltes Land, in dem die drei Hauptsprachen Englisch, Französisch und Latein nach wie vor die Sprachenlandschaft an den Schulen dominieren und nur langsam andere Sprachen wie Spanisch und Italienisch aufholen. Von echter Sprachenvielfalt ist somit an deutschen Schulen nicht allzu viel zu spüren. Als Argument gegen eine solche wird hier meist die notwendige »Durchlässigkeit« der Schulen ins Feld geführt, also die Möglichkeit zum Schulwechsel, ohne dass Unterschiede in den Sprachenangeboten diesen Wechsel erschweren. Dass dieses Argument nicht unbedingt in jedem Fall zwingend ist, zeigen andere europäische Staaten, die seit vielen Jahren eine pluralistischere Schulsprachenpolitik verfolgt haben, wie z. B. Frankreich.

Dabei ist der gesellschaftliche Bedarf an Fremdsprachen deutlich größer als das Angebot an den Schulen. Dies zeigen vor allem die Zahlen für die Erwachsenenbildung. Zwar liegt auch hier Englisch mit 487 Tsd. Kursbelegungen bundesweit im Jahr 2013 unangefochten an der Spitze (wenn man einmal von dem Sonderfall Deutsch als Fremdsprache absieht). Auffällig ist aber, dass Spanisch mit stolzen 185 Tsd. Kursbelegungen unangefochten auf dem zweiten Platz liegt, und auch, dass Italienisch mit 151 Tsd. Belegungen praktisch genauso häufig angewählt wird wie Französisch (150 Tsd. Belegungen). Hinter diesen vier Hauptsprachen folgen dann mit großem Abstand eine relativ große Zahl von »kleineren« Sprachen, darunter auch zahlreiche, die an Schulen keine oder nur eine sehr marginale Rolle spielen, wie z. B. Schwedisch (21 Tsd.), Niederländisch (19 Tsd.), Japanisch (13 Tsd.), Chinesisch (10 Tsd.), Dänisch (10 Tsd.), Arabisch (9 Tsd.) oder Norwegisch (8 Tsd.). Offensichtlich »holen« sich die Deutschen an den Volkshochschulen die Sprachen, die sie an den Schulen nicht angeboten bekommen haben. Da an den Volkshochschulen nicht die Personen, sondern die Kursbelegungen gezählt werden, kann man die Zahl der Lerner nur anhand der Belegungen hochrechnen. Sie dürfte bei insgesamt 1,9 Mio. Kursbelegungen innerhalb eines Jahres selbst unter Berücksichtigung der Belegung von Folgekursen bei mindestens einer Million liegen. Hinzu kommt eine unbekannte Zahl von Lernern, die an anderen Einrichtungen der Erwachsenenbildung in der Trägerschaft von kommunalen Einrichtungen, Kirchen, Verbänden, Gewerkschaften, Kulturvereinen usw. sowie an Privatschulen oder auch im Selbststudium Fremdsprachen lernen.

Rechnet man diese Zahlen zusammen, kommt man auf die oben genannte Zahl von rund 15 Mio. Menschen, die gerade eine Fremdsprache lernen. Das ist knapp ein Fünftel der deutschen Bevölkerung. Alle Kinder und Erwachsenen, die Deutsch ohne formellen Unterricht als Zweitsprache hier in Deutschland lernen, sind darin nicht einmal mitgerechnet.

2 | 3   Unteres Mittelfeld – Sprachen können in Deutschland

Wie viele Kinder und Jugendliche eine Fremdsprache lernen, sagt naturgemäß wenig darüber aus, wie gut sie diese später können. Jeder weiß, dass fünf Jahre Schulfranzösisch manchmal nicht einmal reichen, um zehn Jahre später ein einfaches Gespräch auf einem französischen Campingplatz zu führen. Deshalb ist es interessant, sich einige Zahlen anzusehen, in denen sich die Selbsteinschätzung der Deutschen in Sachen Fremdsprachenkenntnisse widerspiegelt, auch im Vergleich mit anderen Ländern.

Wer denkt, dass fast alle Deutschen irgendeine Fremdsprache sprechen, irrt. Nach einer Umfrage des Instituts für Demoskopie Allensbach aus dem Juli 2012 unter 26.063 Personen ab 14 Jahren antworteten auf die Frage »Sprechen oder lesen Sie irgendwelche Fremdsprachen« 42,6 Prozent der Befragten mit »Nein«. Hochgerechnet auf die Gesamtbevölkerung über 14 Jahren entspricht dies mehr als 27 Millionen Deutschen, die demzufolge keine Fremdsprache sprechen. Gegenüber 2007 hat sich das Verhältnis der Personen mit und ohne Fremdsprachenkenntnisse zwar zugunsten derjenigen mit Fremdsprachenkenntnissen verschoben, aber nur um zwei Prozent (von 55,3 zu 44,7 auf 57,4 zu 42,6 Prozent)[2].

Wenn eine Fremdsprache beherrscht wird, dann ist es natürlich am ehesten Englisch. Doch selbst für diese in Deutschland meist gelernte und vermutlich auch meist gesprochene Fremdsprache schätzen die Deutschen ihre Kenntnisse eher verhalten ein. Im Jahr 2014 bezeichneten 12,4 Prozent von 25.363 Befragten ihre Englischkenntnisse als »sehr gut« und 31,2 Prozent als »ziemlich gut«, aber 56,3 Prozent gaben an, nur »geringe oder keine Kenntnisse« im Englischen zu haben. Auch hier war in den letzten Jahren eine leichte Verbesserung zu beobachten. 2012 hatten noch rund zwei Prozent weniger (10,3 Prozent) angegeben, »sehr gute Kenntnisse« im Englischen zu haben[3].

Das Französische liegt bei den Fremdsprachenkenntnissen der Deutschen zwar nach wie vor auf dem zweiten Platz, aber offensichtlich auf einem sehr viel niedrigeren Niveau als das Englische. Nach den Ergebnissen der gleichen Umfrage gaben nur 2,0 Prozent an, im Französischen »sehr gute Kenntnisse« zu haben, 6,8 Prozent »ziemlich gute Kenntnisse«, 91,3 Prozent aber hatten »geringe oder keine Französischkenntnisse«[4].

Wie ein Vergleich mit den Ergebnissen ähnlicher Befragungen in den Ländern der EU zeigt, liegt Deutschland mit den vorhandenen Fremdsprachenkenntnissen außer bei Englisch höchstens im Mittelfeld. Das erinnert stark an die Ergebnisse der bekannten Bildungsvergleichsstudien, insbesondere der PISA-Studie. Insgesamt kann Deutschland also auch in Sachen Fremdsprachenkenntnisse nicht groß punkten. Einige Länder sind uns in ihren Bemühungen, möglichst mehrere Fremdsprachen zu lehren und zu lernen, weit voraus. Dies zeigt exemplarisch eine europaweite Befragung, die 2006 von Eurostat, dem Statistischen Amt der Europäischen Union durchgeführt wurde[5]. In ihr wurde in 24 europäischen Ländern die durchschnittliche Anzahl der Fremdsprachen ermittelt, in denen die Schüler der Sekundarstufe II unterricht wurden. In diesem Ranking landete Deutschland zusammen mit Irland auf dem 20. Platz mit 0,9 Fremdsprachen. Nur die Werte für Portugal (0,8), Malta (0,6) und Großbritannien (ebenfalls 0,6) waren schlechter. In den Ländern an der Spitze, nämlich Luxemburg und Estland, lag der Wert mit durchschnittlich 2,3 bzw. 2,2 gelernten Fremdsprachen ungefähr zweieinhalbmal so hoch. In Ländern wie Polen, Frankreich, Belgien, Rumänien, Slowenien, Schweden und Zypern mit 1,7 bzw. 1,6 lag er noch annähernd doppelt so hoch wie in Deutschland.

Der außergewöhnlich geringe Status der Fremdsprachen in der Sekundarstufe II ist also einer der Gründe, warum sich die Fremdsprachenkenntnisse der Deutschen in Grenzen halten. Doch auch dann, wenn man alle Schularten und Schulstufen berücksichtigt, ist Deutschland in Sachen Fremdsprachen immer noch unterdurchschnittlich. Während im europäischen Durchschnitt in der Schule 1,5 Fremdsprachen pro Schüler gelernt werden, sind es in Deutschland nur 1,3 Fremdsprachen. Und dieser Abstand ist über die letzten zehn Jahre praktisch unverändert geblieben[6]. Die Mittelmäßigkeit setzt sich im Übrigen an der Hochschule fort. Nur 16 Prozent der deutschen Studenten sprechen zwei Fremdsprachen fließend, während es in zahlreichen anderen europäischen Ländern deutlich mehr sind[7].

2 | 4 I can English, and how! – Von den Gefahren der Selbstüberschätzung

Zwei alte Schulkameraden treffen sich nach Jahren wieder und überbieten sich mit kleinen Angebereien. Einer behauptet, er könne sieben Fremdsprachen. Der andere will seine Behauptung überprüfen und fragt: Was heißt denn »Danke« auf Italienisch? Der erste antwortet »Muchas gracias«. »Aber das ist doch Spanisch«, entrüstet sich der Fragende. »Spanisch?«, stutzt der Gefragte kurz. »Okay, dann kann ich sogar acht.«

Dieser alte und zugegebenerweise ziemlich flache Witz entlarvt immerhin auf scherzhafte Weise, wie nichtssagend die Aussage »Ich kann X Sprachen« ist. Und folglich auch die zugehörige Frage »Wie viele Sprachen können Sie?« Man würde auch niemanden fragen, »Wie viele Sportarten können Sie?«. Denn wann »kann« man eine Sportart, sagen wir z. B. Tennis? Wenn man sich mit einem wohlwollenden Mitspieler die Bälle unter geringstmöglichem Aufwand regelgerecht über das Netz zuspielen kann oder wenn man mindestens einmal die Kreismeisterschaften in seiner Altersklasse gewonnen hat? Legt man die Messlatte niedrig, kommt man leicht auf ein Dutzend Sportarten, die man irgendwie »kann«. Aber wen wird das beeindrucken?

Bei den Sprachen ist es nicht anders. Solange man nicht über den Grad der Beherrschung einer Sprache spricht, sagt die Zahl nichts aus. Auf sieben verschiedenen Tasteninstrumenten »Hänschen klein« zu spielen ist ja auch leichter als auf einem einzigen eine Chopin-Etüde.

Statt eine befriedigende Antwort auf die Frage zu geben, wann man guten Gewissens von sich sagen kann, dass man eine Fremdsprache »kann«, scheint es manchmal einfacher zu entscheiden, wann man sie *nicht* kann. Und dies vor allem dann, wenn es dabei um andere Leute geht. Bestes Beispiel dafür sind die vielen Geschichten und Beobachtungen über die vermeintlich oder tatsächlich schlechten Sprachkenntnisse vieler Politiker. In den 60er Jahren war der ehemalige Bundespräsident Heinrich Lübke Hauptzielscheibe des Spotts (während seine Frau Wilhelmine gleich mehrere Fremdsprachen beherrschte). Zahlreiche Anekdoten kreisen um das offensichtlich grottenschlechte Englisch Lübkes. Dabei sind die schlimmsten Anekdoten in keiner Weise belegt, sondern nach allem, was man heute weiß, Erfindungen einzelner Journalisten. Dies gilt insbesondere für die auch heute noch oft zu hörende Behauptung, er habe »gleich geht's los« im Gespräch mit der englischen Königin mit »equal goes it loose« übersetzt. Jeder Englischlehrer wird bestätigen, dass es sich dabei um einen völlig unwahrscheinlichen Fehler handelt. Diese Erkenntnis verhinderte freilich nicht, dass das »Lübke-Englisch« zu einem festen Begriff wurde.

Später war es dann der Bundeskanzler Helmut Kohl, über den gern gelästert wurde, obwohl es wahrscheinlich auch hier erfundene Geschichten sind, dass er zu Margaret Thatcher einmal »You can say you to me« oder über seinen Duz-Freund Chirac »J'ai tué Chirac« gesagt haben soll. Auch der Rekordaußenminister Hans-Dietrich Genscher soll zumindest anfänglich eher Sächsisch als Angelsächsisch gesprochen haben. In jüngerer Zeit ist der ehemalige Außenminister Guido Westerwelle vor allem durch schlechte Englischkenntnisse aufgefallen, u. a. weil er in einer Pressekonferenz den Satz »Der Aufschwung ist da« nicht auf Englisch rausbrachte. Dabei spielte sicher auch eine Rolle, dass er sich kurz vorher geweigert hatte, auf einer anderen Pressekonferenz Fragen auf Englisch zu beantworten. Und auch der ehemalige baden-württembergische Ministerpräsident Günther Oettinger machte der Politikerzunft keine Ehre, als er sich bei der Bewerbung um den Posten eines EU-Kommissars in einem Englisch präsentierte, das eher nach einer schwäbischen Volksbühne klang als nach sprachlicher Fitness für einen Job in der EU-Zentrale in Brüssel.

Doch bevor wir uns allzu sehr über die Sprachkenntnisse unserer Politiker mokieren, sollten wir uns vielleicht einmal an die eigene Nase fassen. Was hätten wir denn spontan für »Der Aufschwung ist da« gesagt? Selbst dann, wenn wir eigentlich glauben, eine Fremdsprache zu »können«, sind wir meist noch meilenweit von dem entfernt, was jeder Muttersprachler wie selbstverständlich beherrscht. So ist Ihnen sicher auch schon aufgefallen, dass man selbst bei guten Kenntnissen die Texte fremdsprachiger Songs im Radio selten vollständig versteht, auch wenn sie noch so banal sind. In der Muttersprache hat man damit meist kein Problem, selbst bei den Texten eines Artikulationsakrobaten wie Herbert Grönemeyer nicht. Erst recht gilt dies für den Text eines schnell gesungenen Raps. Wenn eine Störung im Autoradio auftritt und jedes dritte oder vierte Wort von einem Störgeräusch überlagert wird, verstehen wir in der Muttersprache meist immer noch alles; was fehlt, können wir leicht ergänzen. In der Fremdsprache gelingt das eher weniger. Das Gleiche gilt für die gekrächzten Lautsprecherdurchsagen auf ausländischen Bahnhöfen oder Flughäfen. Und warten wir im Flugzeug nicht meistens doch auf die Durchsage auf Deutsch, wenn wir wirklich alles verstehen wollen? Haben Sie schon ein fremdsprachiges Comedy- oder Kabarettprogramm verfolgt? Wenn ja, kennen Sie vielleicht den Frust, den man oft auch als fortgeschrittener Fremdsprachenlerner empfindet, wenn sich die (muttersprachigen) Zuhörer vor Vergnügen auf die Schenkel klopfen, während man selbst nicht einmal jede zweite Pointe versteht.

Und wen das alles immer noch nicht überzeugt, der versetze sich in folgende Situation: Sie sind im Ausland und haben eine Autopanne oder einen Unfall und müssen nun am Telefon in der Fremdsprache detailliert beschreiben, was passiert ist und was an Ihrem Auto kaputt ist. Fällt Ihnen das auch nur annähernd so leicht wie in der Muttersprache? Haben Sie Ausdrücke wie »Der Abbiegende hat die Vorfahrt nicht beachtet«, »Der entgegenkommende Wagen hat mich in der Kurve geschnitten« oder »Ich habe beim Zurücksetzen die Stoßstange des hinter mir parkenden Autos leicht eingedellt« spontan abrufbereit im Kopf? Selbst wenn Sie sich überhaupt nicht für Autos interessieren, werden Sie mindestens 30 oder 40 Autoteile problemlos auf Deutsch benennen können (Stoßstange, Motorhaube, Kotflügel, Kofferraumklappe, Auspuff, Heckscheibe, Reifen, Felge, Radkappe, Tankdeckel, Schiebedach, Ersatzrad, Wagenheber, Scheibenwischer, Keilriemen, Kühler, Batterie, Vordersitz, Rücksitz, Mittelkonsole, Kopfstütze, Rückspiegel, Handschuhfach, Lenkrad, Blinker, Tacho, Kupplung, Gaspedal, Gangschaltung, Handbremse, Rückwärtsgang, Scheinwerfer, Standlicht, Warnblinkanlage, Nebelschlussleuchte usw.). Und wie viele dieser Gegenstände können Sie genauso zielsicher in der Fremdsprache richtig benennen? Und all das gilt nicht nur für Autos. Wer kann schon in der Fremdsprache mühelos erklären, was ein Fachwerkhaus ist oder was zu einer guten Feuerzangenbowle gehört?

Insbesondere wenn es um das Englische geht, überschätzen viele ihren tatsächlichen Kompetenzstand. Manche Deutsche behaupten von sich, mehr oder weniger fließend Englisch zu sprechen, nur halt mit ein paar Fehlern. Aber das sei ja nicht so schlimm, man werde ja schließlich verstanden. Mag sein. Aber dass man mit »broken English« heute an so vielen Stellen irgendwie durchkommt, sagt noch nichts darüber aus, wie gut man wirklich Englisch spricht. Die meisten Deutschen ahnen z. B. nicht, dass sie selbst so einfache Wörter wie *action, job, gag, foot, feedback, tablet* oder *display* falsch aussprechen (Näheres dazu in Abschnitt 11|3 »Klären Sie die Lautzusammensetzung von Wörtern«). Die Zahl der Falschaussprachen englischer Wörter durch uns Deutsche ist so groß, dass sie ein eigenes Wörterbuch im Umfang von mehr als 100 Seiten füllen, nämlich das »Wörterbuch der englischen Falschaussprachen durch Deutschsprachige«[8]. Viele werden das als Schönheitsfehler abtun und behaupten, es käme darauf an, sich in Alltagsgesprächen relativ mühelos ausdrücken zu können und dabei verstanden zu werden. Doch wenn wir uns tatsächlich so mühelos auf Englisch ausdrücken könnten, dann müssten wir einfache Aussagen, wie wir sie täglich zigfach in unserer Muttersprache machen, auch auf Englisch sagen können, und zwar ohne langes Nachdenken und selbstverständlich, ohne erst ein Wörterbuch zu Rate zu ziehen. Machen Sie einen kleinen Selbsttest und fragen Sie sich, ob Sie spontan die folgenden Alltagsäußerungen auch auf Englisch machen könnten. Die Lösung finden Sie im Anhang.

① Womit hab ich das verdient?
② Das lasse ich mir nicht bieten!
③ Ich hatte mich verhört.
④ Er versteht keinen Spaß.
⑤ Da haben wir die Bescherung!
⑥ Jetzt wir sind quitt.
⑦ Ich hätte beinahe meinen Kaffee verschüttet.
⑧ Ich zeig Sie an!
⑨ Und ob ich mich an dich erinnere!
⑩ Ich Dummkopf!
⑪ Wie steht es? – 2 : 0.
⑫ Er zuckte nur mit den Achseln.
⑬ Ich werde daraus nicht schlau.
⑭ Vorsicht! Stoß dir nicht den Kopf!
⑮ Auf wie viel Uhr soll ich den Wecker stellen?
⑯ Das war Pech.
⑰ Auf Deinen neuen Job! Prost!
⑱ Hau ab!

Die Erfahrung zeigt: Nur die wenigsten Deutschen können alle diese Äußerungen spontan richtig und richtig spontan auf Englisch formulieren.

Doch auch unter Lernern, die es besser wissen sollten, ist oft eine erstaunliche Tendenz zur Selbstüberschätzung festzustellen. Ich stelle meinen Studenten manchmal folgende Selbsteinschätzungsaufgabe: Nehmen wir einmal an, man würde die Sprachkompetenz eines Ihnen sozial, bildungsmäßig oder beruflich vergleichbaren Muttersprachlers mit 100 Prozent gleichsetzen, auf wie viel Prozent würden Sie dann Ihre momentanen Kenntnisse in Ihrer ersten (zweiten, dritten usw.) Fremdsprache für die verschiedenen Grundkompetenzen im Vergleich zu diesem Muttersprachler einschätzen? Die Studenten sollen dann die »gefühlten« Prozentzahlen in eine Tabelle eingetragen. Dabei kommen für die erste Fremdsprache, meist Englisch, Durchschnittswerte von rund 85 Prozent sowohl für das Leseverstehen wie für das Hörverstehen, 75 Prozent für das Schreiben und 73 Prozent für das Sprechen zustande. Einige geben gar Werte zwischen 95 und 100 Prozent an. Ich halte dies in den meisten Fällen für eine weitgehende Selbstüberschätzung, die keinem objektiven Test standhalten würde.

In einem Forschungsprojekt an der Universität Kassel wurden bereits vor längerer Zeit die sprachlichen Leistungen von weit fortgeschrittenen Fremdsprachenlernern (angehende Englisch- und Französischlehrer kurz vor Abschluss ihres Studiums) durch sog. »Performanztests« systematisch mit denen von Muttersprachlern verglichen. Die Aufgaben bestanden z. B. aus dem Nacherzählen einer gelesenen Geschichte, der Versprachlichung einer Bildergeschichte oder auch aus freien Erzählungen. Dabei wurden alle Sprachdaten auf Tonträger aufgezeichnet und systematisch ausgewertet. Das Ergebnis: Die Nichtmuttersprachler unterschieden sich praktisch hinsichtlich aller relevanten qualitativen und quantitativen Vergleichskriterien klar von den Muttersprachlern. Sie produzierten deutlich weniger Silben, Wörter und Sätze pro Zeiteinheit, wiesen signifikant mehr ungefüllte und gefüllte (»ähm«) Pausen auf, wiederholten sich häufiger, hatten einen weniger differenzierten Wortschatz und einen wesentlich simpleren Satzbau. Keiner der dabei erhobenen Durchschnittswerte der Lerner erreichte die Werte der oben genannten studentischen Selbsteinschätzung. Selbst kundige Fremdsprachenlerner scheinen also manchmal eine Tendenz zur Selbstüberschätzung zu entwickeln und als Konsequenz den Bedarf an entsprechend differenzierten Kenntnissen in der Fremdsprache zu unterschätzen. Immerhin handelte es sich bei den Probanden der Studie um angehende Gymnasiallehrer.

Natürlich gibt es auch immer Möglichkeiten, Dinge, die man nicht ausdrücken kann, mit anderen Worten zu umschreiben. Meist ist damit aber eine Reduktion der Differenziertheit des Ausdrucks verbunden. Ein typisches Beispiel dafür ist die häufige Umschreibung mit der Floskel *I have a problem with ...*, die wir als nicht so gute Sprecher des Englischen meist für alles und jedes verwenden, was wir nicht differenzierter ausdrücken können. So wird aus »Mein Auto springt nicht an« »I have a problem with my car«, aus »Die Toilettenspülung funktioniert nicht« »I have a problem with the toilet«, aus »Ich habe mir den Fußknöchel verstaucht« »I have a problem with my foot« usw. Natürlich ist keine dieser Umschreibungen falsches Englisch. Aber der Verlust an sprachlicher Differenziertheit und damit an Informationswert in einer realen Kommunikationssituation ist offensichtlich. Man kann dieses Phänomen mit der Auflösung eines Fotos vergleichen: Nur eine hohe Auflösung garantiert ein gutes Foto, das man gern anschaut, weil alle Details deutlich zu erkennen sind. Je mehr man die Auflösung reduziert, desto verschwommener wird das Foto, desto weniger Details erkennt man und desto weniger Spaß macht das Betrachten. Oft ähnelt unsere Kommunikation in einer Fremdsprache einem Bild mit geringer Auflösung: Man erkennt das Wesentliche, aber die Details gehen verloren und auf den Betrachter macht es keinen besonders guten Eindruck.

Nun gibt es immer noch sprachliche Minimalisten, die sagen, dass es in der Kommunikation doch oft gar nicht auf die Details ankomme, sondern nur auf die zentrale »message«. Wenn man z. B. nicht weiß, was »Wir haben einen Pudel« auf Englisch heißt, dann reiche es doch aus, einfach »Wir haben einen Hund« zu sagen oder statt »Ich spiele Saxophon und Klarinette« »Ich spiele zwei Instrumente«. Mag sein, dass das für manche Situationen ausreicht. Doch einmal abgesehen davon, dass es den meisten Menschen gerade in ihren persönlichen Angelegenheiten wichtig ist zu sagen, dass ihr Hund ein Pudel und kein Zwergpinscher und keine Dogge ist und dass sie Saxophon und Klarinette spielen und nicht Pauke und Trompete, kann jederzeit schnell die Situation entstehen, dass eben doch die präziseren Bezeichnungen benötigt werden. »Früher habe ich Klarinette gespielt, heute nur noch Saxophon« würde mit der beschriebenen Minimalstrategie zu der Äußerung führen: »Früher habe ich ein Instrument gespielt, heute spiele ich ein anderes«. Der Informationsverlust ist offenkundig.

Hinzu kommt, dass Muttersprachler dem Sprachgebrauch von Nichtmuttersprachlern keineswegs immer so tolerant begegnen, wie häufig angenommen wird. Muttersprachler können normalerweise relativ problemlos erkennen und verstehen, dass ein Nichtmuttersprachler oft Mühe hat, sich richtig und verständlich auszudrücken. Doch das bedeutet nicht automatisch, dass dies keine negativen Konsequenzen für den Gesprächsverlauf und manchmal sogar für die Einstellung gegenüber diesem Gesprächspartner haben kann. Bei vielen Muttersprachlern löst eine schwierige Kommunikation mit Nichtmuttersprachlern negative Emotionen aus, auch wenn sie dies nicht unbedingt offen zugeben würden. Diese Gefühle können von Irritation und Anspannung bis hin zu einer verdeckten oder sogar offenen Abwehrhaltung reichen und zur Folge haben, dass die Gespräche früher beendet werden oder dass das Anliegen des Nichtmuttersprachlers nicht mit der gleichen Aufmerksamkeit bedacht wird, wie es bei einem Gespräch mit Muttersprachlern der Fall wäre. Diese Reaktionen scheinen nach den vorliegenden Untersuchungen umso eher einzutreten, je formeller und wichtiger die Inhalte des Gesprächs sind.

So ließen in einem interessanten Experiment Forscher der Universität Michigan sechs Muttersprachler und sechs Nichtmuttersprachler Buchungshotlines von 22 verschiedenen Fluggesellschaften anrufen und um die gleichen Auskünfte bitten. Insgesamt wurden 120 Telefonate geführt und aufgezeichnet. Anschließend verglichen die Forscher die Telefonate der beiden Gruppen. Ein Ergebnis war, dass die Mitarbeiter der Telefongesellschaften zwar ihre Sprache für die Nichtmuttersprachler grammatisch vereinfachten, das Sprechtempo aber nur unwesentlich reduzierten (nämlich von 138,8 auf 130,2 Wörter pro Minute (6,2 Prozent). Dafür hielten sie aber die Gespräche insgesamt deutlich kürzer, und zwar um 39,6 Prozent. Die Forscher berichten weiter, dass sich zumindest einige der Airline-Mitarbeiter im Gespräch mit den Nichtmuttersprachlern hörbar unwohl fühlten, die Gespräche abrupter beendeten und in einigen Fällen sogar vergaßen zu fragen, ob die Anrufer nun ein Ticket kaufen wollten oder nicht[9].

Auch mit Blick auf die Kommunikation mit Muttersprachlern spricht also einiges dafür, dass wir uns nicht mit einem zu niedrigen Zielniveau in der Fremdsprache zufriedengeben sollten.

Dass es nicht einfach nur darum geht verstanden zu werden, sondern dass sprachliche Richtigkeit und vor allem situative Angemessenheit für den Gesamteindruck wichtig sind, zeigt sich besonders deutlich im schriftlichen Sprachgebrauch. Dazu ein authentisches Beispiel. Es handelt sich um einen Werbebrief, mit dem eine neu gegründete italienische Genossenschaft Kundeninteresse wecken will:

»*Sehr geehrte Herren,*
es freut uns Ihnen mitteilen zu koennen dass, es in diese Stadt, unten den Namen ›Expool‹, eine foerdernde Exporte Genossenschaft fuer die kleine und mittele Unternehmen in der Ascoli Piceno Provinz, gegruendet wurde. Sie versammelt ca 60 Firmen die in die Schuhe, Kleidungen und Lederwaren sich beschaeftigen. Ob Sie an diese Genossenschaft Interesse haben, weil die Erzeugung den Mitglieder so weit und assortiert ist, bitten wir Ihnen um ausfuehrliche Auskuenfte ueber die Artikeln die Sie Aufmerksamkeit erwecken uns zu senden. Einmal wir die genannte Auskuefte erhaltet haben, beschaffen Bilden und Informationen um Ihnen zu schicken oder, wie Sie wuenschen, wir werden Ihnen in direkte Verbindung mit den Firmen stellen. Ihrer geschaetzt Rueckaeusserung sehen wir entgegen und zeichen ...«

Für diesen Text gilt: Verständlichkeit gut, sprachlicher Gesamteindruck schlecht. Offensichtlich hat der Autor den Text für das Kommunikationsziel für ausreichend gehalten, um ihn so abzusenden. Möglicherweise hielt er ihn sogar für fehlerfrei. Dies wird wahrscheinlich täglich tausendfach geschehen. In vielen Fällen ein weiteres Indiz für die Tendenz zur Fehleinschätzung der eigenen Sprachbeherrschung.

Das vorausgehend Gesagte soll niemanden entmutigen. Es ging mir nur darum, für möglichst viel Bescheidenheit, um nicht zu sagen »Demut« zu werben, wenn es um die Frage geht, wie gut man eine Sprache »kann«. Eine Fremdsprache souverän zu beherrschen ist ein äußerst hoch gestecktes Ziel, das nur wenige in vollem Umfang erreichen, wenn sie nicht das Glück hatten, zweisprachig aufzuwachsen. Ein paar Sätze in einer Fremdsprache können ist wie einen Tennisschläger in die Hand nehmen; eine Fremdsprache perfekt beherrschen ist wie Wimbledon gewinnen. Dazwischen liegt ein weiter Weg, auf dem man auch immer wieder mit Rückschlägen oder Lernplateaus fertig werden muss, also mit Phasen, in denen man subjektiv das Gefühl hat, auf der Stelle zu treten. Fremdsprachenlernen kann eine lebenslange Herausforderung sein.

Wie Sie Ihre Sprachkenntnisse realistisch einschätzen können und wie Sie dazu ggf. objektive Testverfahren einsetzen, erfahren Sie in Kapitel 4. Welchen Wortschatzumfang Sie aus eigener Sicht benötigen, um sich in der Fremdsprache mit der gleichen Differenziertheit auszudrücken wie in der Muttersprache, können Sie mithilfe der Wortschatzbedarfstabelle in Abschnitt 13|3 ermitteln.

2|5 Die Grenzen meiner Sprache sind die Grenzen meiner Welt – Was macht eigentlich das Sprachenlernen so mühsam?

Wie wir gesehen haben, ist der Erwerb von echtem (und nicht nur auf Selbstüberschätzung beruhendem) Sprachenkönnen ein langwieriger und mühsamer Prozess, bei dem es nur wenige, die nicht zweisprachig aufgewachsen sind, zu echter Meisterschaft bringen. Warum eigentlich? Haben wir nicht unsere Muttersprache mühelos und quasi »im Vorbeigehen« oder besser gesagt »im Großwerden« gelernt?

Laien zerlegen eine Sprache gedanklich meist in zwei Hauptbestandteile: Vokabeln und Grammatik. Wer eine Fremdsprache sprechen will, muss dieser Sichtweise zufolge zwei Dinge lernen: erstens deutsche Wörter durch die entsprechenden fremdsprachigen zu ersetzen und zweitens diese dann nach den grammatischen Regeln der Fremdsprache zu korrekten Sätzen zusammenzufügen. Diese Vorstellung vom Fremdsprachenlernen ist nicht nur vereinfachend, sie ist vielmehr in einem entscheidenden Punkt falsch: Eine fremde Sprache ist nicht die gleiche Welt wie die der Muttersprache nur mit anderen Etiketten darauf. Sprachen etikettieren die Welt nicht, sondern sie strukturieren sie. Sie stellen Muster zur Verfügung, wie man aus der unendlichen Vielfalt des Phänomenischen der Welt einzelne Gegenstände, Zustände, Vorgänge, Ereignisse, Beziehungen, Zusammenhänge identifiziert, gegeneinander abgrenzt und sie dann in Sprache »gießt«. Bei diesem Prozess des »In-Sprache-Gießens« oder, wie ich es in diesem Buch nennen werde, der »Versprachlichung« von Welt, kommen die Sprachen manchmal zu gleichen, überraschend oft aber zu sehr unterschiedlichen Ergebnissen, zu unterschiedlichen »Versprachlichungsmustern«. Eine fremde Sprache zu lernen heißt deshalb vor allem eines: zu lernen, mit welchen Mustern diese Sprache Wirklichkeit »versprachlicht«. Die Vorstellung, dass andere Sprachen nur aus Grammatik und Vokabeln bestehen, ist deshalb genauso naiv wie die Vorstellung, dass Menschen nur aus Knochen und Haut bestehen. Die tatsächlichen Zusammenhänge sind um einiges komplizierter. Jeder, der Fremdsprachen lernt, ist von der ersten Minute an mit den Folgen dieses Grundtatbestandes konfrontiert. Nehmen wir ein paar einfache Beispiele.

Keine Ursache ist eine für die deutsche Sprache typische Formulierung, um auf ein *Dankeschön* zu reagieren. Doch in den meisten anderen Sprachen kann diese Äußerung nicht mit den gleichen Wörtern wiedergegeben werden. Im Französischen heißt es *de rien* oder *il n'y pas de quoi*, im Spanischen und Portugiesischen *de nada*, im Italienischen *di niente* oder *non c'è di che*. In keiner dieser Floskeln ist von einer »Ursache« die Rede. Selbst im Niederländischen, der dem Deutschen nächsten Fremdsprache, heißt es *niets te danken* oder auch *graag gedaan* und nicht etwa *geen oorzaak*.

Umgekehrt heißen uns Amerikaner nicht wirklich willkommen, wenn sie auf ein *Thank you* mit *You are welcome* reagieren und Briten fordern uns mit ihrer Reaktion *Don't mention it* auch nicht auf, über das, wofür wir ihnen gerade gedankt haben, Stillschweigen zu bewahren. Mit anderen Worten: Die sprachlich angemessene Reaktion auf einen Dank ist in keiner Weise durch wörtliche Übersetzung von einer Sprache in die andere zu ermitteln. Wir müssen vielmehr für jede Fremdsprache die spezielle Konvention kennen, wie die höfliche Reaktion auf einen Dank auszufallen hat. Und wenn wir dann feststellen, dass es manchmal eben doch die gleiche Formel ist wie das *ingen orsak* für *keine Ursache* im Schwedischen, dann sollten wir dies eher als die Ausnahme betrachten, die ja angeblich die Regel bestätigt.

Solche Floskeln gehören natürlich meist zum ersten, was man sich beim Fremdsprachenlernen aneignet. Sie sind uns deshalb vertraut. Da wir schon im Kindergarten *Happy birthday to you* gesungen haben, fällt uns nicht auf, dass der sonst so naheliegende Versuch, die Dinge wörtlich in die Fremdsprache zu übertragen, bei *Herzlichen Glückwunsch zum Geburtstag* zu einem eher merkwürdigen Ergebnis geführt hätte – wenn uns denn überhaupt ein Wort für »herzlich« und für »Glückwunsch« im Englischen so ohne Weiteres eingefallen wäre. *Hearty wishes to your birthday* wäre jedenfalls kein Englisch gewesen, obwohl jedes dieser Wörter im Englischen existiert.

Sobald wir weniger gängige Formulierungen betrachten, macht das beschriebene Phänomen schon deutlich mehr Schwierigkeiten. Schon der Satz *Er hat mir zum Geburtstag gratuliert* kann uns ins Grübeln bringen. Wir wissen vielleicht noch, dass *gratulieren* auf Englisch *congratulate* heißt, aber kann man wirklich sagen *He congratulated me to my birthday*? Das *to* hört sich auf jeden Fall falsch an und auch das *congratulate* klingt hier irgendwie komisch. Wenn die Formulierung gängig wäre, hätten wir sie vermutlich schon häufiger gehört. Und in der Tat würde man im Englischen eher sagen *He wished me a happy birthday*. *Congratulate* wird im Englischen eher verwendet, um zu echten Leistungen als zum bloßen Älterwerden zu gratulieren (obwohl es sicher auch manchmal eine Leistung ist, das auszuhalten). *I congratulate you on your excellent exam results* wäre deshalb eine wesentlich typischere Verwendung.

Schauen Sie sich noch einmal die Beispiele für Alltagsäußerungen im vorausgehenden Abschnitt 2|4 an. Auch hier können wir zu kaum einer der Äußerungen die richtige Entsprechung einfach dadurch herleiten, dass wir gelernte Vokabeln nach gelernten Grammatikregeln zu Sätzen zusammenbasteln. *Wie steht es?* heißt auf Englisch natürlich nicht *How does it stand? Er versteht keinen Spaß* heißt nicht *He doesn't understand a joke* und *Das lasse ich mir nicht bieten* heißt nicht *I won't let me offer this*. Manchmal reichen die einfachsten Äußerungen, um auf solche Unterschiede zu stoßen. Nicht einmal ein *Bis später!* kann man mit *Until later!* wiedergeben, wenn es einigermaßen nach vernünftigem Englisch klingen soll.

In vielen Fällen haben wir natürlich einen »Anfangsverdacht«, dass man einen deutschen Ausdruck nicht wörtlich in die Fremdsprache übertragen kann. Kein Deutscher käme auf die Idee, *Du bist mir ja vielleicht einer* oder *Lass doch mal was für mich springen* wörtlich ins Englische zu übertragen. Doch damit wissen wir noch längst nicht, wie es tatsächlich in der Fremdsprache heißt. Dies müssen wir vielmehr systematisch lernen, und zwar *zusätzlich* zu den einzelnen Vokabeln, die in den Ausdrücken vorkommen.

Manchmal erkennen wir jedoch erst gar nicht, dass die typische Versprachlichung in der Fremdsprache eine andere ist als im Deutschen. Das führt dann in der praktischen Kommunikation mit Muttersprachlern nicht nur zu einem kleinen Schönheitsfehler, der den Nichtmuttersprachler entlarvt, sondern oft auch zu inhaltlichen Missverständnissen.

Ein Klassiker ist der deutsche Zigarettenraucher, der einen englischen »Mitraucher« fragt: *Have you got fire?* Wenn er dabei fragend mit der unangezündeten Zigarette vor ihm steht, wird der Angesprochene zwar nicht mit einem verdutzten *What sort of fire?* antworten, sondern ihm wahrscheinlich die gewünschte Hilfe beim Anzünden zuteil werden lassen. Vermutlich wird er sich dabei aber im Stillen über die unangemessene Formulierung amüsieren. Wenn er schlagfertig wäre, könnte er aber auch antworten: *In my heart, not in my pocket*. Denn *Have you got fire* ist im Englischen keine angemessene Versprachlichung für den Wunsch nach »Anzündhilfe«. Angemessen wäre gewesen: *Could you give me a light please, Could you light my cigarette please* oder in bestimmten Situationen vielleicht auch *Have you got matches?* oder *Have you got a lighter?* Auch hier haben uns scheinbar ausreichende Vokabelkenntnisse (*to have* + *fire*) und Grammatikkenntnisse (keine Umschreibung mit *to do* bei *have got*) nicht davor bewahrt, in die Formulierungsfalle zu tappen.

Ungewollt folgenreich für das Gesprächsklima kann die Unkenntnis der richtigen Versprachlichung bei Kommunikationsabsichten sein, die besondere Höflichkeit erfordern. So ist immer wieder zu beobachten, dass Deutsche es im Umgang mit Englischsprachigen zur Äußerung einer Bitte für ausreichend halten, ein *please* anzuhängen. Die so zustande kommende Äußerung ist aber in den meisten Fällen eher eine Aufforderung als eine Bitte, manchmal sogar eine recht barsche (»Open the window, please«). Wenn wir ein *could you* davorsetzen, wird schon eher eine Bitte daraus. Doch wie eine Bitte zu formulieren ist, hängt ja auch immer davon ab, worum man bittet, bzw. davon, wie viel man dem anderen mit der Bitte zumutet. In der Muttersprache setzen wir meist ein ganzes Spektrum von Formulierungsmöglichkeiten ein, je nach dem, wie höflich wir sein wollen oder müssen oder wie viel wir dem Gegenüber zumuten (z. B. *würden Sie …, könnten Sie …, mögen Sie vielleicht …, wären Sie vielleicht so nett …, dürfte ich Sie vielleicht bitten …, könnten Sie sich vorstellen für mich …, darf ich Sie mal um etwas bitten …, ich hätte da mal eine Bitte …, könnten Sie mir den Gefallen tun …* usw.). Genau diese Fähigkeit geht uns aber in der Fremdsprache meist ab, wie auch Untersuchungen gezeigt haben. Ein *could you please* wird auch im Englischen in vielen Fällen nicht reichen, um eine weitgehende Bitte zu äußern. *Could you give me a lift to the station, please* als Bitte an einen anderen Partygast, auf dem Rückweg nach Hause mal eben einen Umweg von fünf Kilometern über den Bahnhof zu machen, wird in vielen Fällen unangemessen klingen. Angemessener könnte da schon die Formulierung sein *I wonder if you could possibly give me a lift to the station*. Ein Zuviel an Höflichkeit kann andererseits aber auch wiederum völlig seine Wirkung verfehlen und unfreiwillig komisch wirken. In einer deutschen Bäckerei seine Bestellung mit den Worten »sechs Baguettebrötchen bitte« aufzugeben ist sprachlich völlig unauffällig. Die höchst ähnliche Formulierung »Ich bitte Sie um sechs Baguettebrötchen« hingegen eher nicht. Paradoxerweise ist es wiederum ganz anders, wenn man in einer Mail schreibt »Ich bitte Sie um eine baldige Antwort«. Das wird man als klare, aber immer noch angemessen formulierte Bitte verstehen. Die Formulierung »Eine baldige Antwort, bitte!« hingegen klingt reichlich forsch, wenn nicht sogar schon frech. Zu jeder Versprachlichung gehört also auch das Wissen darum, in welchen Verwendungssituationen sie angemessen ist und in welchen nicht.

Alle genannten Beispiele haben eines gemeinsam: Die sprachlich angemessene Form einer Äußerung in einer gegebenen Kommunikationssituation ergibt sich nicht aus einer wörtlichen Übersetzung aus dem Deutschen, beruhend auf den Wortgleichungen, die wir im Kopf haben. Und auch die Kenntnis von Grammatikregeln führt noch nicht zur richtigen Lösung. Sprache ist also mehr als Vokabeln und Grammatik. Was wir lernen müssen, sind die typischen Muster, mit denen eine andere Sprache etwas ausdrückt. Und diese Muster sind häufig willkürliche, historisch gewachsene Konventionen, die in einer Sprache so und in einer anderen wiederum anders sind, ohne dass dies eine spezielle »Logik« hätte. Linguisten sprechen deshalb auch von der »Arbitrarität des sprachlichen Zeichens«, der mehr oder weniger willkürlichen Zuordnung sprachlicher Formen zu inhaltlichen Bedeutungen und sozialen Situationen. Genau diese »Willkür« ist es, die uns beim Fremdsprachenlernen so zu schaffen macht, denn die Zuordnungen von Form und Bedeutung, von Ausdruck und Inhalt sind von Sprache zu Sprache in hohem Maße unterschiedlich, selbst zwischen eng verwandten Sprachen wie dem Deutschen und dem Englischen. Dass die Äußerung »Könnten Sie mir den Gefallen tun und meinen Koffer die Bahnsteigtreppe hochtragen« eine höfliche Bitte ist, die Äußerung »Könnten Sie mir gefälligst den Koffer die Bahnsteigtreppe hochtragen« alles andere als eine solche, ist in diesem Sinne »Sprachwillkür«, die durch keine Regel und keine Vokabelgleichung zu erklären ist und deshalb jedem Fremdsprachenlerner, in diesem Fall dem Deutschlerner, Mühe macht.

Doch man muss gar nicht auf die Ebene von Sätzen und Äußerungen gehen, um auf Schritt und Tritt grundlegende Unterschiede zwischen Sprachen festzustellen. Bereits der Blick in ein Wörterbuch widerlegt die Vorstellung, dass Sprachen sich nur durch unterschiedliche »Etiketten« für die gleichen »Dinge« unterscheiden: Einem Wort der Sprache A entspricht fast nie genau ein Wort der Sprache B. Auf ein Wort, für das im Wörterbuch in der anderen Sprache tatsächlich nur eine Entsprechung angegeben ist, kommen hunderte, bei denen dies nicht der Fall ist. Nur bei Wörtern mit einer sehr spezifischen, meist konkreten Bedeutung ist dies häufiger einmal der Fall. So heißt dt. *Seife* auf Englisch praktisch immer *soap*, *Bleistift pencil*, *Bier beer* oder *Hexenschuss lumbago*. Aber bereits bei so scheinbar eindeutigen Begriffen wie *Haar* oder *Affe* ist dies in vielen Sprachen nicht mehr der Fall. So unterscheidet das Englische zwischen *ape* und *monkey* je nachdem, ob es sich um einen Menschenaffen (*ape*) oder eine Nicht-Menschenaffenart (*monkey*) handelt. Und das Französische unterscheidet bei *Haar* (wie zahlreiche andere Sprachen auch) konsequent danach, ob es sich um Kopfhaare (*cheveux*) oder um Körperhaare (*poils*) handelt. Ebenso ist *Himmel* im Englischen entweder *sky* (im örtlichen und meteorologischen Sinne) oder *heaven* (im emotionalen oder religiösen) Sinne. Wenn wir im Deutschen ein Spiel machen, dann kann das im Englischen entweder ein *play* oder ein *game* sein, je nach dem, ob es nach festen Regeln (z. B. Ballsportarten, Karten- oder Brettspiele, dann *game*) oder ohne Regeln stattfindet (z. B. beim Spielen der Kinder auf einem *playground*, dann *play*). Dass die Tätigkeit des Spielens nach Regeln dennoch mit *to play a game* bezeichnet wird, das einzelne nach Regeln gespielte, wettbewerbsorientierte Spiel vor allem im Sport dann aber wiederum eher ein *match* ist, verkompliziert die Sache noch ein wenig mehr. Und natürlich kann dann trotzdem für ein *match* die Grundregel des *fair play* gefordert werden.

Wenn die Sprache, die wir lernen möchten, eine bestimmte Unterscheidung macht, die wir vom Deutschen her nicht kennen oder zumindest nicht an der gegebenen Stelle vornehmen, dann ist damit immer eine Lernschwierigkeit und eine potenzielle Fehlerquelle verbunden. Wer etwa im Italienischen sagen will, dass er drei Kinder hat und dies mit dem Satz *Ho tre bambini* ausdrückt, tappt in eine solche Fehlerfalle, insbesondere dann, wenn seine Kinder bereits erwachsen sind. Denn während *bambini* sich nur auf das Lebensalter bezieht, wird das Verwandtschaftsverhältnis mit *figli* ausgedrückt. Was uns als Deutsche wiederum irritiert, da *figli* auch »Söhne« heißt und somit im Italienischen zwischen »Söhnen« und »Kindern« an dieser Stelle kein Unterschied gemacht wird, Töchter also mitgemeint sein können. Auch wer vorschnell das italienische Wort *ragazzo* mit dem deutschen Wort *Junge* gleichsetzt, was erfahrungsgemäß beim traditionellen Vokabellernen oft passiert, tappt leicht in eine Übersetzungsfalle. Wenn er sich etwa bei einer jungen Mutter erkundigen will, ob das Neugeborene ein Junge oder ein Mädchen ist, kann er hier nicht nach einem *ragazzo* oder einer *ragazza* fragen. Er muss vielmehr ähnlich wie bei Tieren nach einem *Männchen* oder *Weibchen* fragen: *È un maschio o una femmina?* Denn anders als die deutschen Wörter *Junge* und *Mädchen* kann man *ragazzo* und *ragazza* nicht auf Babys oder kleine Kinder beziehen. Die sind eher ein *bambino* oder eine *bambina*. Dafür sind der feste Freund und die feste Freundin später aber wiederum der *ragazzo* bzw. die *ragazza* und nicht der *amico* oder die *amica*; denn mit einem *amico* oder einer *amica* ist man befreundet, aber nicht »zusammen«.

Durch den Vergleich mit anderen Sprachen stoßen wir ständig auf solche Fälle unerwarteter Unterscheidungen. Was sie für die Kommunikation so unbequem macht, ist die Tatsache, dass wir diese Unterscheidung beachten *müssen*, egal ob wir uns gerade differenziert ausdrücken wollen oder können oder nicht. So können wir im Schwedischen nicht einfach von unserem »Großvater« sprechen, sondern müssen uns entscheiden, ob wir den Vater unseres Vaters (*farfar*) oder den Vater unserer Mutter (*morfar*) meinen. Es gibt also einen Entscheidungszwang, den wir so aus unserer Muttersprache nicht kennen. Entsprechendes gilt für die Großmutter mütterlicherseits (*mormor*) und die Großmutter väterlicherseits (*farmor*). Selbst wenn man den generalisierenden Begriff *Großeltern* verwendet, muss man sich noch entscheiden zwischen denen des Vaters (*farföräldrar*) und denen der Mutter (*morföräldrar*). Dies ist ein einschlägiges Beispiel für einen Grundtatbestand in der lexikalischen Struktur von Sprachen: Zu konkreten Begriffen kann es zusammenfassende Oberbegriffe geben – oder auch nicht. So können wir im Deutschen *Mütter* und *Väter* zu *Eltern* zusammenfassen, *Schwestern* und *Brüder* zu *Geschwistern*, *Söhne* und *Töchter* zu *Kindern*, aber für *Onkel* und *Tanten* haben wir keinen vergleichbaren Obergriff.

Noch schwieriger wird es in den meisten Sprachen, wenn von einem *Schwager* die Rede sein soll. Dass dies sowohl der Mann der Schwester als auch der Bruder der eigenen Frau sein kann, ist für die Sprecher vieler anderer Sprachen sozusagen unvorstellbar. Viele Sprachen (z. B. das Türkische) machen systematische Unterscheidungen bei allen Verwandtschaftsbezeichnungen, je nach dem, ob es sich um Verwandtschaft der »eigenen« oder der »angeheirateten« Seite handelt (so z. B. bei den Onkeln und Tanten).

Natürlich gibt es auch Fälle, wo es die Lerner des Deutschen sind, die sich wundern, weil sie Unterscheidungen lernen müssen, die in ihren Sprachen nicht zwingend sind. So müssen sowohl englische wie französische Muttersprachler lernen, dass wir einen Unterschied zwischen einer *Mauer* und einer *Wand* machen, während sie in ihren Sprachen für beides mit jeweils einem Wort auskommen (engl. *wall*, franz. *mur*). Auch dass wir systematisch zwischen dem Verb für die Nahrungsaufnahme bei Menschen und Tieren unterscheiden (*essen* vs. *fressen*), überrascht viele Deutschlerner. Vor allem wenn sie dann feststellen, dass *fressen*, bezogen auf Tiere, ganz normale Standardsprache ist, von Menschen gesagt aber eher ein Zeichen derben Sprachgebrauchs. Oft sind die Unterschiede einem Nichtmuttersprachler schwer zu vermitteln. Wann sagen wir beispielsweise im Deutschen *die See* und wann *das Meer* oder wann sagen wir *Obst* und wann *Früchte*? Franzosen z. B. kennen jeweils nur einen Begriff für beides: *mer* bzw. *fruits*.

Generell lässt sich feststellen, dass immer dann, wenn die Fremdsprache obligatorische Unterscheidungen macht, die wir im Deutschen nicht machen müssen, eine Lernschwierigkeit und potenzielle Fehlerquelle vorliegt (wie bei *figli* und *bambini*). Wenn wir hingegen im Deutschen eine obligatorische Unterscheidung machen, die die Fremdsprache nicht kennt, dann haben wir in der Regel kein Problem damit, sobald wir uns gemerkt haben, dass es für beides in der Fremdsprache nur ein Wort gibt (wie bei *mur* oder *wall* für *Mauer* und *Wand*).

Alle genannten Fälle sind Beispiele dafür, dass selbst nah verwandte Sprachen Dinge, die scheinbar klar strukturiert sind, dennoch anders versprachlichen können und dass wir all diese Fälle beim Lernen aufnehmen und beachten müssen. Dabei haben wir bisher nur sehr einfache Unterscheidungen mit nur zwei Entsprechungen betrachtet. Wir finden aber auch zahlreiche Wörter, die in einer Fremdsprache zehn, zwanzig oder noch mehr mögliche Entsprechungen haben. Und diese sind keineswegs untereinander austauschbar. Das englische Wort *tag* zum Beispiel kann schon als Substantiv so unterschiedliche Dinge bedeuten wie Zipfel, Fetzen, Lappen, Anhängsel, loses Ende, Quaste, Etikett, Anhänger, Schildchen, Abzeichen, Plakette, Schlaufe, Dorn, Lötklemme, Refrain, Kehrreim, Schlusswort, Pointe, Moral, Redensart, Beiname, Strafzettel, von den weiteren Bedeutungen, die *tag* als Verb hat, ganz zu schweigen. Nur die Graffiti-Sprayer diesseits und jenseits des Ärmelkanals bzw. des Atlantiks werden sich spontan einig sein, welche Bedeutung *tag* vor allem für sie hat.

Dass das »Etikettenmodell« vieler Laien nicht zutreffend ist und dass Sprachen sich in mehr als nur in Vokabeln und Grammatikregeln unterscheiden, wird besonders deutlich, wenn wir die zahlreichen Formen des nicht wörtlich zu verstehenden Sprechens vergleichen. Wer weiß, was *Kakao* und was *ziehen* in der Fremdsprache heißt, weiß deshalb noch lange nicht, was *jemanden durch den Kakao ziehen* heißt. Haben Sie schon einmal *die Kerze von beiden Seiten abgebrannt*, den *Löwenzahn von der Wurzel her gegessen* oder *in der Sonne geeidechst*? Oder sind Sie schon mal *wie der Hund im Kegelspiel empfangen* worden? Ein Blick in ein Wörterbuch der Redewendungen (das im Regal eines fortgeschrittenen Lerners nicht fehlen sollte, siehe Abschnitt 16|7), lässt uns auf tausende von Redewendungen stoßen, die wir im Deutschen entweder gar nicht kennen oder ganz anders ausdrücken. Bei den soeben genannten handelte es sich zum Beispiel um wörtliche Übersetzungen gängiger französischer Redewendungen (*brûler la chandelle par les deux bouts – manger les pissenlits par la racine – lézarder au soleil – comme un chien dans un jeu de quilles).*

Manche Wörter bilden Dutzende von Redewendungen, so z. B. das deutsche Wort *Kopf*, wie die folgende Auswahl zeigt: *sich den Kopf zerbrechen, sich die Köpfe einrennen, sich die Köpfe heiß reden, sich etwas aus dem Kopf schlagen, sich etwas durch den Kopf gehen lassen, sich etwas in den Kopf setzen, sich keinen Kopf machen, den Kopf verlieren, den Kopf kosten können, den Kopf für jemanden hinhalten, den Kopf in den Sand stecken, den Kopf voll haben von etwas, den Kopf aus der Schlinge ziehen, einen kühlen Kopf bewahren, etwas auf den Kopf stellen, etwas im Kopf nicht aushalten, jemandem auf dem Kopf herumtanzen, jemandem den Kopf verdrehen, jemandem den Kopf waschen, jemandem die Haare vom Kopf fressen, jemandem etwas an den Kopf werfen, jemandem etwas auf den Kopf zusagen, jemandem über den Kopf wachsen, jemanden vor den Kopf stoßen, keine Augen im Kopf haben, Kopf und Kragen riskieren, mit dem Kopf durch die Wand wollen, nicht auf den Kopf gefallen sein, nicht ganz richtig im Kopf sein, nicht mehr wissen, wo einem der Kopf steht.* Selbst für dem Deutschen nah verwandte Sprachen gilt, dass kaum einer dieser Ausdrücke wörtlich übertragen werden kann. Für das Englische z. B. ist dies bei der Wendung *den Kopf verlieren – to lose one's head* der Fall. Doch dies ist eher die Ausnahme. Typisch für Redewendungen ist, dass ihr genauer Wortlaut fast immer sprachspezifisch ist. Und was das Lernen von idiomatischen Redewendungen besonders schwierig macht: Ihre Wirkung beruht darauf, dass sie in genau diesem Wortlaut benutzt werden. Weicht man auch nur ein wenig von diesem Wortlaut ab, so wird es meist unfreiwillig komisch (*einen Wink mit dem Zaunpfeiler geben, jemandem etwas durch den Blumenstrauß sagen, das Kind mit der Badewanne auskippen, für jemanden durch den Brand gehen, jemanden warm und innerlich lieben* usw.).

Der Grad der Ähnlichkeit zwischen bedeutungsgleichen Wendungen in zwei Sprachen kann dabei unterschiedlich hoch sein. Manchmal gibt es Überschneidungen im verwendeten Wortmaterial. So brechen wir im Deutschen die Brücken hinter uns ab, während die Englischsprachigen sie verbrennen (*to burn one's bridges*). Wir bestehen die Feuerprobe, die anderen den Säuretest (*to pass the acid test*). Wir verwischen die Spuren, die anderen verdecken sie nur (*to cover one's track*). Wir raspeln Süßholz, die Englischsprachigen flüstern süße Nichtigkeiten (*to whisper sweet nothings*). Oft jedoch ist das zugrunde liegende Bild in der Fremdsprache ein ganz anderes. So treten wir im Deutschen in ein Fettnäpfchen und müssen dann die Suppe auslöffeln, während die Englischsprachigen einen Ziegel fallen lassen (*to drop a brick*) und dann der Musik ins Auge sehen müssen (*to have to face the music*).

Betrachten wir alle Arten von Unterschieden zwischen den Sprachen zusammen, die wenigen, für die wir im Vorausgehenden Beispiele gegeben haben, und die vielen anderen, die es darüber hinaus noch gibt, so lässt sich feststellen: Beim Fremdsprachenlernen geht es nicht einfach nur darum ein paar Dutzend Grammatikregeln und ein paar tausend Vokabeln zu lernen. Eher geht es darum von einigen zehntausend Wörtern einige hunderttausend für die Fremdsprache typische Verwendungsweisen zu kennen. Da sollte es uns nicht wundern, dass dies ein weiter Weg ist. Eher sollten wir dankbar sein, dass wir es zumindest in der Muttersprache so mühelos geschafft haben.

Wir haben die Unterschiede zwischen den Sprachen bisher nur als Ursache für die Anstrengungen und Mühen des Fremdsprachenlernens betrachtet. Ich möchte dieses Kapitel aber nicht beenden, ohne noch einmal aus einem anderen Blickwinkel auf die Verschiedenheit der Sprachen geschaut zu haben. »Wer fremde Sprachen nicht kennt, weiß nichts von seiner eigenen«, heißt es bei Goethe (in seiner posthum erschienenen Sammlung »Maximen und Reflexionen«). Er weist damit auf einen Effekt des Fremdsprachenlernens hin, der leicht übersehen wird: Fremdsprachen erweitern die Fähigkeit, unsere eigene Sprache zu reflektieren und zu relativieren, sie sozusagen »von außen« zu sehen und dadurch ihre Eigenheiten zu erkennen. Manchmal schaffen sie diese Fähigkeit überhaupt erst. Denn mit jedem Sprachunterschied, auf den wir stoßen, lernen wir nicht nur etwas über die Besonderheiten der jeweiligen Fremdsprache, sondern auch immer etwas über die der eigenen Muttersprache. Mit dem Fremdsprachenlernen ist geradezu zwangsläufig die Erkenntnis verbunden, dass die eigene Sprache nur eine Möglichkeit unter vielen ist, Gedanken sprachlichen Ausdruck zu verleihen. Das ständige, bewusste oder auch unbewusste Vergleichen von Fremd- und Muttersprache sensibilisiert uns dafür, wie menschliche Sprache »sonst noch« sein kann. Wer Fremdsprachen lernt, heilt sich damit sozusagen selbst von seiner »sprachlichen Eindimensionalität«, vom Gefangensein in der eigenen Sprache. Um es mit den Worten von Frank Harris, einem englischen Publizisten, zu sagen: »Jede neue Sprache ist wie ein offenes Fenster, das einen neuen Ausblick auf die Welt eröffnet und die Lebensauffassung weitet.« Noch plakativer bringt es ein tschechisches Sprichwort auf den Punkt: »Du hast so viele Leben, wie Du Sprachen sprichst.«

2 | 6   Mezzofanti & Co. – Können wir von Sprachgenies lernen?

Wenn Fremdsprachenlernen so umfassend und komplex ist, wie wir es im letzten Kapitel gesehen haben, dann stellt sich zwangsläufig die Frage, wie man es anstellen muss, um dabei möglichst erfolgreich zu sein. Eine naheliegende Antwort wäre: Wir müssen es einfach noch einmal so versuchen, wie es schon einmal geklappt hat, nämlich beim Muttersprachenerwerb. Manche Anbieter von Sprachunterricht oder von Lehrmaterialien versprechen in diesem Sinne ein Lernen so mühelos wie das der Muttersprache und sprechen in diesem Zusammenhang von der »direkten Methode«. Ist das realistisch?

Machen Sie sich zunächst noch einmal klar, wie Sie Ihre Muttersprache gelernt haben: Sie haben seit praktisch Ihrem ersten Lebensjahr jeden Tag mehrere Stunden diese Sprache gehört und selbst gesprochen im direkten Kontakt mit einer großen

Zahl anderer Muttersprachler. Sie haben tausende Stunden Fernsehen geschaut, Radio gehört, Zeitungen, Zeitschriften und Bücher gelesen. Sie haben mindestens zehn Jahre lang – wenn Sie Abitur haben sogar eher zwölf oder dreizehn Jahre – fast täglich Unterricht an der Schule erhalten und dabei die meisten Inhalte, egal in welchem Fach, in Ihrer Muttersprache vermittelt bekommen. Darunter waren sogar ca. 1000 bis 2000 Stunden Deutschunterricht, der speziell auf die Ausbildung Ihrer muttersprachlichen Kompetenz ausgerichtet war, bis hin zur Auseinandersetzung mit sprachlich anspruchsvoller deutschsprachiger Literatur. (Allein dieser Unterricht entspräche im Umfang 33 bis 66 VHS-Halbjahreskursen.) Sie haben ein Studium absolviert oder einen Beruf gelernt und dabei Fachsprachen kennengelernt. Und Sie haben täglich Stunden damit verbracht, mit Ihren Mitmenschen in Ihrer Muttersprache zu kommunizieren und damit tausende von Stimmen, Akzenten, Sprechstilen in noch mehr verschiedenen Situationen erlebt. Betrachtet man all das Lernen, das so stattgefunden hat, als Ganzes, dann besteht wohl kein Zweifel, dass dieser Prozess beim Fremdsprachenlernen nicht beliebig wiederholbar ist – es sei denn, man hat den Rest des Lebens nichts anderes mehr zu tun. Die Antwort auf die Frage nach der richtigen Lernmethode kann also schon aus diesem Grund nicht darin bestehen, beim Fremdsprachenlernen einfach den Erwerb der Muttersprache zu kopieren.

Versuchen wir es deshalb mit einem anderen Ansatz und schauen wir einmal nach, wie es diejenigen gemacht haben, die durch besonders beeindruckende Fremdsprachenkenntnisse aufgefallen sind, ohne selbst zweisprachig aufgewachsen zu sein.

Man hört oder liest immer wieder von sogenannten Sprachgenies, Menschen, die mehrere Dutzend Sprachen »können« oder besser gesagt »gekonnt haben«, denn die meisten, denen dieser Ruf vorauseilt, sind historische Persönlichkeiten. Die wahrscheinlich bekannteste ist der italienische Kardinal Giuseppe Mezzofanti, der von 1774 bis 1849 lebte. Einer Biografie zufolge, die 1858 aus der Feder des irischen Gelehrten Charles William Russell erschien, soll er neben seiner Muttersprache Italienisch noch rund 30 weitere Sprachen beherrscht haben. Russell nennt Latein, Altgriechisch, Neugriechisch, Hebräisch, Arabisch, Aramäisch, Amharisch, Koptisch, Armenisch, Persisch, Türkisch, Maltesisch, Illyrisch, Spanisch, Portugiesisch, Französisch, Englisch, Walisisch, Schottisch-Gälisch, Deutsch, Niederländisch, Schwedisch, Dänisch, Russisch, Polnisch, Tschechisch, Ungarisch, Albanisch und Chinesisch. Und dies sollen nur die Sprachen sein, die Mezzofanti auch mündlich fließend beherrschte. Die Zahl der Sprachen, die er lesen konnte, soll über hundert gelegen haben.

Diese Zahlen sind beeindruckend. So beeindruckend, dass Zweifel berechtigt sind. Selbst wenn man einmal unterstellt, dass Mezzofanti, der auch Custos der vatikanischen Bibliothek war, ausgesprochen wenig zu tun hatte und einen Großteil seiner Zeit zum Sprachenlernen nutzte und dass ihm dabei der leichte Zugang zu fremdsprachigen Texten in der vatikanischen Bibliothek möglicherweise zu Hilfe kam, erscheint es schon nach den Regeln des gesunden Menschenverstandes eher unwahrscheinlich, dass jemand im Laufe eines einzigen Menschenlebens eine solche Zahl von Sprachen aktiv lernen kann. Die Zweifel mehren sich, wenn man erfährt, dass Mezzofanti paradoxerweise Italien nie verlassen hat, vermutlich also auch wenig Gelegenheit hatte, Sprachen wie Chinesisch, Türkisch oder Arabisch in größerem Umfang mit Muttersprachlern zu üben. Auch die Tatsache, dass in der Liste die Sprache Illyrisch auftaucht, ist verdächtig. Denn das Illyrische, das in der Antike an der Westküste des Balkans gesprochen und dann schrittweise durch das Lateinische verdrängt wurde, starb spätestens im 7. Jahrhundert n. Chr. aus und ist nur in Form einer kleinen Zahl kurzer Inschriften auf Gräbern und Bauwerken überliefert.

Es sind also berechtigte Zweifel angebracht an den Zahlen, die über Mezzofantis Sprachenkenntnisse kursieren. Wie bei anderen tatsächlichen oder vermeintlichen Sprachgenies besteht auch hier das Grundproblem darin, dass die Zeitzeugen, die die Zahlen überliefert haben, die genannten Sprachen selbst meist nicht sprachen oder höchstens eine kleine Auswahl davon. Ihre Berichte beruhen also letztlich auf Selbstaussagen (oder vielleicht auch Selbstinszenierungen?) der »Sprachgenies«. Und dass die Frage, wie viele Sprachen jemand »kann«, ohnehin eine recht müßige ist, so lange man nicht das Niveau der Beherrschung genauer prüft, hatten wir schon in Abschnitt 2|4 festgestellt. Natürlich schließt dies in keiner Weise die Möglichkeit aus, dass der Kardinal über ganz außergewöhnliche Fremdsprachenkenntnisse verfügt haben kann, die weit über das übliche Maß hinausgingen. Zweifelsfrei nachprüfen lässt sich dies heute aber nicht mehr; sowohl Mezzofanti wie sein Biograf sind seit mehr als einem Jahrhundert tot. Ähnliches gilt für andere historische Sprachgenies, so den britischen Gelehrten Sir Richard Francis Burton (1821–1890) oder den Amerikaner William James Sidis (1898–1944), der bereits als achtjähriges Wunderkind acht und als Erwachsener 40 Fremdsprachen beherrscht haben soll. Über ihn kursierte sogar die Behauptung, er habe eine Fremdsprache an nur einem einzigen Tag lernen können, eine Behauptung, die ebenso wie der angebliche Intelligenzquotient von 254 von seiner Schwester Helena in die Welt gesetzt wurde – nach dem Tod des Bruders.

Umso interessanter ist der Fall des vermeintlich größten *lebenden* Sprachgenies: Der in Liberia geborene Libanese Ziad Fazah (geb. 1954), der heute in Brasilien lebt, behauptet von sich selbst, 59 Sprachen aktiv zu beherrschen. Damit fand er vorübergehend sogar Eingang in das Guinness Buch der Rekorde als vielsprachigster Mensch der Welt (so z. B. in der Ausgabe von 1998). Man muss kein Linguist sein, um auch hier spontane Zweifel zu hegen. In der Tat hat Fazah zwar bei verschiedenen Gelegenheiten Kostproben seiner hervorragenden Fremdsprachenkenntnisse (neben seiner Muttersprache Arabisch) gegeben, so in Spanisch, Englisch und Französisch, aber den unzweifelhaften Nachweis, dass er wirklich 59 Sprachen spricht (in älteren Interviews hatte er noch von 56 oder 58 gesprochen), ist er bis heute schuldig geblieben. In einer Fernsehshow des chilenischen Fernsehsenders Canal 13, in der er von Sprechern verschiedener Sprachen in deren jeweiliger Muttersprache unvorbereitet Fragen gestellt bekam, konnte er den Beweis jedenfalls nicht antreten. Er hatte bei mehreren Sprachen Schwierigkeiten, selbst relativ einfache Fragen zu verstehen (z. B. »Was für ein Tag ist heute« auf Russisch) und antwortete oft ausweichend. Inzwischen hat er Videos ins Internet gestellt, in denen man ihn zahlreiche verschiedene Sprachen sprechen hört, aber dies sind stets monologische Sprachproben, keine interaktiven Gespräche, er könnte sie also auch einfach auswendig gelernt haben. Natürlich ist auch bei ihm unzweifelhaft, dass er über sehr beeindruckende Sprachenkenntnisse verfügt. Aber sowohl die absolute Zahl wie auch der Grad der Beherrschung sind wohl nicht so gespenstisch groß, wie sie gern kolportiert werden.

Leider können wir weder von Mezzofanti noch von Ziad Fazah allzu viel lernen, wenn es um die Frage der Strategien geht, die sie zum Erwerb ihrer fantastischen Sprachenkenntnisse eingesetzt haben. Denn über die Strategien Mezzofantis ist nichts bekannt, außer dass er ein sehr fleißiger Leser fremdsprachiger Bücher war. Und auch Fazahs Empfehlungen zum erfolgreichen Fremdsprachenlernen gehen kaum über Allgemeinplätze hinaus: Man soll viel Wert auf das Hörverstehen legen und jeden Tag mindestens 15 Minuten lang fremdsprachiges Material laut nachsprechen. Ansonsten komme es darauf an, dass jeder Lerner seine eigene Methode entwickele.

Deutlich mehr wissen wir paradoxerweise über die Lernstrategien eines bereits vor langem verstorbenen anderen Sprachgenies, nämlich des Kaufmanns und Hobby-Archäologen Heinrich Schliemann (1822–1890). Schliemann ist uns vor allem als Wiederentdecker des alten Troja bekannt, um das nach den Epen Homers die Griechen und die Trojaner im Trojanischen Krieg erbittert gekämpft hatten. Schliemann war ein Kaufmann, der als Pfarrerssohn in einem Dorf in Mecklenburg aufwuchs, nach dem Tod seines Vaters aus Geldnot den Besuch des Gymnasiums in Neustrelitz abbrechen musste und eine Kaufmannslaufbahn einschlug. Durch den Handel mit Indigo und Gold kam er später zu beachtlichem Wohlstand. Mit 42 Jahren löste er sein erfolgreiches Handelsunternehmen in Sankt Petersburg auf, studierte an der Sorbonne Archäologie und nutzte sein Vermögen, um eigene Ausgrabungen zu unternehmen. Dabei entdeckte er dann 1868 Troja, 1871 begann er mit den systematischen Grabungen und 1873 fand er den berühmten Schatz des Priamos, des sechsten und letzten Königs von Troja. Damit hatte er einen Fund von unschätzbarem Wert für die europäische Geschichtsschreibung gemacht und den Beweis erbracht, dass die Epen Homers eine historische Grundlage hatten.

Doch Schliemann interessiert uns hier weniger als Archäologe denn als ein besonders erfolgreicher Fremdsprachenlerner. Die Zahl der Fremdsprachen, die er fließend beherrscht haben soll, liegt bei einem Dutzend, darunter vor allem wichtige europäische Sprachen wie Englisch, Französisch, Spanisch, Italienisch, Portugiesisch, Niederländisch und Russisch. Die meisten dieser Sprachen hatte Schliemann als junger Mann während einer Anstellung in einem Amsterdamer Handelskontor gelernt, davon mehrere gleichzeitig innerhalb nur eines Jahres. Dabei muss er zumindest in einigen Sprachen ein ausgesprochen hohes Niveau erreicht haben. So druckte z. B. die Times 1859 einen Aufsatz von ihm ab und in Paris erschien sein Buch »La Chine et le Japon au temps présent«, das von ihm selbst auf Französisch verfasst wurde.

Sein Lernerfolg macht es besonders interessant zu fragen, mit welchen Methoden er diese Fremdsprachen gelernt hat. Dies umso mehr, als Schliemann einsprachig aufgewachsen war und wegen des Schulabbruchs nicht einmal das Sprachenangebot des Gymnasiums voll ausschöpfen konnte. Außerdem hat er nie von sich selbst behauptet, er sei ein überdurchschnittlich begabter Fremdsprachenlerner oder gar ein Sprachgenie gewesen. Er sagt nur über sich selbst, er habe eine »furchtbare Passion für Sprachen, die mich Tag und Nacht quält«, was eher auf eine besonders hohe Lernmotivation hindeutet. Auch standen ihm natürlich keine Medien zur Verfügung, wie sie heute für uns beim Sprachenlernen selbstverständlich sind: kein Computer, keine Lernsoftware, kein Internet, kein MP3-Player, keine DVD, kein Fernsehen, kein Radio, nicht einmal eine Schallplatte oder eine Audiokassette. Insgesamt ist also zu vermuten, dass Schliemann, anders als die zuvor genannten von Zeitgenossen verklärten Fälle geheimnisumwitterter Genies, einfach nur ein zwar begabter und hoch motivierter, ansonsten aber ganz »normaler« Fremdsprachenlerner war. Was waren dann aber die Lernstrategien, die ihn so erfolgreich gemacht haben?

Offensichtlich hatte Schliemann im Laufe der Zeit eine ganz eigene Herangehensweise an das Sprachenlernen entwickelt, eine »Methode Schliemann« sozusagen. Die Basis seiner Methode war eine umfangreiche Beschäftigung mit fremdsprachigen Texten. Er las so viel er nur konnte in der Fremdsprache. Dabei erleichterte er sich das Lesen durch die geschickte Auswahl seiner Texte, indem er vor allem solche wählte, deren Inhalt er schon kannte, z. B. weil er sie vorab bereits in deutscher Übersetzung gelesen hatte. Er las sich dann die fremdsprachigen Texte in großem Umfang selbst laut vor, lernte sie auswendig und deklamierte sie vielfach. Wo immer möglich, ließ er sich fremdsprachige Texte von Muttersprachlern vorsprechen, hörte aufmerksam zu und sprach sie nach. Das Übersetzen von fremdsprachigen Texten ins Deutsche gehörte nicht zu seinen Strategien, wohl aber das systematische wortweise Vergleichen von fremdsprachigen Texten mit ihren deutschen Übersetzungen (oder umgekehrt von deutschen Texten mit ihren fremdsprachigen Übersetzungen). Dabei versuchte er sich Wörter und Wendungen einzuprägen. Besonders achtete er auf die Unterschiede zwischen den Sprachen, sowohl in grammatischer wie in lexikalischer Hinsicht. Er fertigte auch selbst übungsweise zahlreiche schriftliche Ausarbeitungen in der Fremdsprache an, die er anschließend von seinen Lehrern oder von Muttersprachlern korrigieren ließ und dann auswendig lernte. Auch das »Sprachbad« gehörte zu seinen Standardstrategien. Wo immer möglich, begab er sich in alltägliche Situationen und übte die praktische mündliche Kommunikation. Vor allem aber hielt er beim Fremdsprachenlernen immer selbst alle Fäden in der Hand. Er steuerte seinen Lernprozess selbst völlig autonom und überließ dies nicht seinen Lehrern. Er zog Lehrer zwar durchaus beim Lernen hinzu, übertrug diesen aber nicht die Aufgabe, ihn im üblichen Sinne zu unterrichten, sondern nutzte sie ausschließlich als Informanten und Korrektoren. Außerdem war er ein äußerst regelmäßiger und disziplinierter Lerner. Er lernte täglich und legte dabei viel Wert auf regelmäßiges Wiederholen des bereits Gelernten.

Wenn wir diese Strategien Schliemanns im Lichte des neueren Erkenntnisstandes in der Sprachlernforschung betrachten, so stellen sie sich als überraschend modern dar. Schliemann wendete vor mehr als anderthalb Jahrhunderten instinktiv eine Reihe von Strategien an, von denen wir mittlerweile wissen, dass sie für den Erwerb einer Fremdsprache von zentraler Bedeutung sind. So war Schliemann geradezu ein Musterbeispiel für das, was erst seit den 1990er Jahren zum großen Trend und Zauberwort der Fremdsprachendidaktik wurde, nämlich die »Lernerautonomie«. Schliemann übertrug die Verantwortung für sein Lernen nicht einfach blind an einen Lehrer, sondern fällte alle wichtigen Entscheidungen über Lernziele und Lernformen selbst. Er blieb ständig aktiv und nutzte, wie wir gesehen haben, Lehrer nur als Informanten und Korrektoren. Er sorgte in hohem Maße für fremdsprachigen Input und sorgte durch systematisches Hinzuziehen von Übersetzungen dafür, dass er diesen Input auch gründlich verstand. Er setzte bei der Produktion der Fremdsprache nicht einfach nur auf das Sprechen, sondern verfasste übungsweise Texte in der Fremdsprache und machte diese anschließend durch das bewusste Auswendiglernen für die Anwendung verfügbar. Er übte die Sprechartikulatorik durch umfangreiches lautes Lesen und auswendiges Aufsagen. Er suchte zielstrebig die Gelegenheit zum praktischen Einsatz seiner Sprachkenntnisse in authentischen Kommunikationssituationen. Und er beachtete das Prinzip des verteilten Lernens, demzufolge tägliches Üben und Wiederholen besser ist als stoßweises Lernen, unterbrochen von tagelangen Pausen. Und schließlich wusste er sich zu motivieren – indem er eine wahre Leidenschaft für Sprachen und Sprachenlernen entwickelte.

Das Beispiel Schliemann zeigt, dass wir also doch etwas von den »Sprachgenies« lernen können, und zwar gerade von denen, die eigentlich gar keine »Genies« im engeren Sinne sind, sondern deren Lernerfolg, wenn auch durch besondere Begabung zweifellos gefördert, vor allem auf exzellenten Lernstrategien beruht. Wir werden deshalb in diesem Buch auf die meisten dieser Strategien zurückkommen und sie in unser Strategieinventar integrieren, allerdings in einer an die heutigen technischen Möglichkeiten angepassten Weise. Das Strategieinventar, das wir aufbauen wollen, wird allerdings noch sehr viele andere Strategien umfassen als die des Autodidakten Schliemann, der bei der Entwicklung seiner Lerntechniken noch nicht auf wissenschaftliche Forschungsergebnisse zurückgreifen konnte, sondern ganz auf seine Intuition angewiesen war.

2 | 7 Die Big Five – Was zum erfolgreichen Fremdsprachenlernen unabdingbar ist

Aus der Forschung wissen wir, dass Lernerfolg von zahlreichen Faktoren beeinflusst wird. Das gilt auch für das Fremdsprachenlernen. Dabei sind es keineswegs nur die äußeren Faktoren des Lernarrangements wie die Art des Unterrichts, die Qualifikation des Lehrers oder die didaktische Eignung der Lehrmaterialien, die den Lernerfolg determinieren. Vielmehr gibt es zahlreiche Faktoren, die im Lerner selbst angelegt sind und die sich in ihrer Ausprägung markant von Lerner zu Lerner unterscheiden. Zu ihnen gehören so elementare Merkmale wie das biologische Alter, kognitive Merkmale wie Intelligenz, Auffassungsgabe, Gedächtnisfähigkeit und Präferenzen für unterschiedliche Lernstile, des Weiteren Persönlichkeitsmerkmale wie Leistungsorientierung, Durchhaltevermögen, Frustrationstoleranz, Sozialkompetenz, Kommunikativität, Aufgeschlossenheit gegenüber Neuem usw. Auch emotionale Faktoren wie Schüchternheit oder Versagensängste können nachhaltigen Einfluss auf den Lernerfolg nehmen. Dass sprachliche Faktoren wie Differenziertheit des Sprachbewusstseins, muttersprachliche Kompetenz, bisherige Sprachlernerfahrungen und Umfang der Kenntnisse in anderen Sprachen den Lernerfolg und das Lerntempo nachhaltig beeinflussen, versteht sich fast von selbst. Auch dass es so etwas wie »Sprachbegabung« gibt (in der Forschung meist als »Sprachlerneignung« bezeichnet), ist weitgehend unstrittig. Und schließlich wirken sich auch Einstellungen aus, so vor allem die Einstellung zur Zielsprache und zur Zielkultur selbst, aber auch zur Lerngruppe, zum Lehrer und zu bestimmten Arbeits- und Übungsformen. Die Forschung hat nicht nur gezeigt, dass alle diese Faktoren einen starken Einfluss auf den Lernverlauf und den Lernerfolg ausüben, sondern auch, dass sich Lerner hinsichtlich praktisch aller genannten Merkmale massiv unterscheiden können. Aus dieser Basiserkenntnis ergeben sich eine Reihe wichtiger Konsequenzen für die Frage nach der effizientesten Art, eine Fremdsprache zu lernen.

Zum einen kann man angesichts der Fülle der individuellen Unterschiede jede Behauptung, es gebe eine für alle Lerner gleichermaßen geeignete »richtige« oder »beste« Lernmethode, aus wissenschaftlicher Sicht als völlig unhaltbar zurückweisen. Wo immer Sie mit dieser Behauptung konfrontiert werden, sollten Sie ihr mit größter Skepsis begegnen. Gerade im Bereich der privaten Sprachanbieter gibt es immer wieder solche, die mit der Behauptung um Kunden werben, man praktiziere dort die ultimativ richtige und erfolgreiche Methode. Aber auch wenn ein einzelner Lehrer Ihnen seine Art der Fremdsprachenvermittlung als die einzig richtige verkaufen will und Ihre Zweifel mit dem Argument vom Tisch zu wischen versucht, er wisse schon, was gut für Sie ist, und Sie würden dies über kurz oder lang schon einsehen, ist große Vorsicht geboten. Zwar gibt es, wie wir im Folgenden sehen werden, eine Reihe von »Zutaten«, die zum erfolgreichen Lernen gehören, doch die Behauptung, dass diese Zutaten nur zu einem einzig wirksamen Lernrezept verarbeitet werden können, ist schlichtweg falsch. Dies zu wissen ist auch deshalb wichtig, weil es immer wieder Methodenkonzeptionen gibt, die explizit oder implizit mit dem Anspruch der letzten Weisheit auftreten, so z. B. in der Vergangenheit bestimmte Ausprägungen der sog. »audiovisuellen Methode« oder, in jüngerer Zeit, die sog. »Suggestopädie«. Auch manche Privatschulketten versuchen, ihren Unterricht mit genau diesem Anspruch zu verkaufen. Demgegenüber herrscht heute in der Sprachlernforschung weitgehende Einigkeit, dass es keine für alle Lernertypen gleichermaßen geeignete »beste« Lernmethode gibt. Lernen ist vielmehr ein hochgradig individueller Prozess. Schon die Vorstellung, dass Lerner immer genau das lernen und anschließend »können«, was der Lehrer oder das Lehrbuch lehren, ist eine naive und empirisch vielfach widerlegte Vorstellung. Die Idee, dass es für dieses Lehren nur einen einzigen richtigen Vermittlungsweg gibt, erscheint heute geradezu absurd. Die Zeit des Methodendogmatismus ist vorbei. Es gibt ja auch kein Werkzeug, mit dem sich alles bauen lässt, und keine Kleidergröße, die allen gleich gut passt.

Wenn man sich die genannten individuell unterschiedlich ausgeprägten Lernerfolgsfaktoren einmal näher anschaut, lässt sich aber noch ein anderer wichtiger Schluss ziehen: Die meisten sind vom Lerner selbst entweder gar nicht, nur in geringem Maße oder aber nur mit sehr viel Aufwand zu beeinflussen. So wird niemand, nur weil er eine Fremdsprache lernen möchte, seinen Intelligenzquotienten, seine Sprachlernbegabung oder seine Gedächtnisfähigkeiten nachhaltig verändern können. Wer eher schüchtern und zurückhaltend ist, wird auch beim Fremdsprachenlernen nicht zur Betriebsnudel und folglich keine Affinität zu Übungen empfinden, in der er beispielsweise vor 20 anderen Kursteilnehmern fremdsprachige Theaterszenen vorspielen muss. Und wer sich Dinge besser merken kann, wenn sie visualisiert werden, wird diese Präferenz auch auf das fremdsprachliche Lernen übertragen und nicht automatisch zum »akustischen« Lerntyp. Erst recht nicht zu beeinflussen ist die familiäre Prägung. Wer einsprachig aufgewachsen ist und sich auch sonst seit der Schule nicht mehr mit Fremdsprachen beschäftigt hat, wird natürlich ganz andere Lernvoraussetzungen haben als jemand, der bereits drei andere Fremdsprachen recht gut beherrscht.

Wenn wir uns deshalb im Folgenden fragen, was die entscheidenden »Zutaten« für erfolgreiches Fremdsprachenlernen sind, dann werden wir uns dabei auf solche Aspekte konzentrieren, die von jedem einzelnen Lerner bewusst und nachhaltig beeinflusst werden können, ganz gleich wie seine individuelle Konstellation von Lernvoraussetzungen aussieht. Wir fragen uns also im Folgenden, was die Zutaten sind, die jeder Lerner braucht, um seine individuellen Lernprozesse in Gang zu setzen, dabei kontinuierliche Fortschritte zu erzielen und letztlich sein Ziel zu erreichen. Ich stütze mich dabei auf die Ergebnisse jahrzehntelanger internationaler Forschungsbemühungen in diesem Bereich und auf eine große Zahl empirischer Studien.

Big Nr. 1: Fremdsprachiger Input

Viele Forschungsergebnisse haben gezeigt, dass einer der zentralen Faktoren für den Erfolg beim Fremdsprachenlernen die Art und der Umfang des fremdsprachigen »Inputs« ist. Unter »Input« ist dabei jede Art von fremdsprachigem Material zu verstehen, das man als Lerner hörend, lesend oder im Gespräch mit anderen, möglichst Muttersprachlern, bewusst aufnimmt und auch tatsächlich versteht. Vieles deutet sogar darauf hin, dass zumindest in der frühen Phase des Lernens die verstehende Aufnahme der Fremdsprache wichtiger ist als die eigene produktive Anwendung. Es muss sozusagen erst einmal das Tor zur Fremdsprache möglichst weit aufgestoßen und viel von ihr aufgenommen werden, bevor wir selbst aktiv erfolgreichen Gebrauch von ihr machen können. Warum ist das so?

Wir wissen heute, dass sich die Beherrschung einer Fremdsprache aus zwei unterschiedlichen Quellen speist. Da ist auf der einen Seite das *explizite* fremdsprachliche *Wissen*. Es umfasst alles, was wir bewusst gelernt haben, sei es als Regel oder als punktuelles Wissen über Wörter und Ausdrücke, und was wir bei der Anwendung der Fremdsprache kontrolliert einzusetzen versuchen, vor allem wenn wir uns um sprachliche Richtigkeit bemühen. Auf der anderen Seite steht das *implizite* Sprachwissen, das im Gegensatz zum expliziten Wissen eher unbewusst erworben wurde, eher auf einem Gefühl für Richtiges und Falsches beruht und mehr oder weniger automatisiert eingesetzt wird, im Grunde also mehr ein *Können* als ein *Wissen* ist.

Wenn es nun um die Frage geht, welche der beiden Wissensquellen die wichtigere für die Sprachanwendung ist, so kann man sicherlich sagen, dass das im Allgemeinen das implizite, schnell abrufbare, automatisierte Wissen ist. Dies ergibt sich zunächst schon daraus, dass implizites Wissen in *jeder* Anwendungssituation einsetzbar ist, explizites Wissen dagegen nur in Situationen, in denen genug Zeit zur Verfügung steht, um es ins Bewusstsein zu rufen und auf die jeweilige Situation anzuwenden. Sicher wissen auch Sie aus eigener Erfahrung, wie schwer, wenn nicht unmöglich es ist, in einer mündlichen Gesprächssituation fremdsprachige Äußerungen dadurch hervorzubringen, dass wir erst gelernte Vokabeln aus unserem Gedächtnis abrufen und diese dann mithilfe gelernter Regeln zu grammatisch richtigen Sätzen verknüpfen. Wenn wir nicht beim größten Teil dessen, was wir sagen, auf spontan verfügbare Formulierungen zurückgreifen können, die wir ebenso spontan zu grammatischen Sätzen verknüpfen, dann wird unsere Kommunikation äußerst stockend verlaufen, vielleicht sogar einfach stecken bleiben. Wir benötigen also möglichst viel implizites, automatisiertes Wissen, um erfolgreich kommunizieren zu können.

Und hier hat sich gezeigt, dass wir dieses implizite Sprachwissen nur erwerben, wenn wir in möglichst großem Unfang fremdsprachigen Input aufnehmen. Denn nur dann bilden sich in unseren Köpfen die nötigen Routinen aus, die wir brauchen, um möglichst schnell unsere Gedanken in flüssige Sprache umsetzen zu können. Umgekehrt führt der Versuch, eine Fremdsprache ausschließlich über den Aufbau von explizitem Wissen zu lernen, meist nur zu einer rudimentären Sprachkompetenz. Das hat schon die Grammatik-Übersetzungs-Methode früherer Zeiten gezeigt, die zwar zu sehr viel explizitem Sprachwissen, aber zu vergleichsweise wenig spontaner Sprachbeherrschung geführt hat.

Natürlich muss der fremdsprachige Input eine Reihe von Bedingungen erfüllen, damit er seine Trigger-Funktion für den Erwerb von implizitem Sprachwissen erfüllen kann. Die wichtigste ist: Er muss verständlich sein. Nur wenn wir die Verbindung herstellen zwischen der fremdsprachigen Form einer Äußerung und ihrer Bedeutung, kommt implizites Lernen zustande. Wäre es nicht so, würde es reichen, sich als Anfänger ein paar hundert Stunden vor ein fremdsprachiges Fernsehprogramm zu setzen, um genug Input zu erhalten.

Doch Verstehen alleine reicht noch nicht. Der fremdsprachige Input muss auch auf unser aktuelles Verstehensniveau abgestimmt sein und ggf. Hilfen für das Verstehen geben. Es hat keinen Sinn, sich als Anfänger mit Basiskenntnissen gleich an die Lektüre einer Zeitung oder eines Romans heranzuwagen, wenn wir jedes dritte Wort nachschlagen müssen. Aber es ist auch nicht effizient, wenn wir nur Input aufnehmen, der unter unseren Möglichkeiten bleibt. Am besten geeignet ist Input, der leicht oberhalb unseres aktuellen Niveaus liegt. Denn dieser macht es möglich, ohne Überforderung von bekanntem auf neues Sprachmaterial zu schließen und so den Prozess des impliziten Lernens voranzubringen. Dabei ist natürlich fremdsprachiger Input, der uns auch inhaltlich interessiert, motivierender und deshalb effizienter als solcher, bei dem das nicht der Fall ist. Denn erst dann werden wir ihn mit der nötigen Aufmerksamkeit verarbeiten.

Wichtig ist auch, dass der Input uns integrale, authentische Sprachverwendung zeigt. Es geht also keineswegs um isolierte Wörter und Sätze, sondern möglichst um zusammenhängende Texte oder Gespräche, wie wir sie z.B. in Romanen lesen, in Radiosendungen hören oder in Gesprächen mit Muttersprachlern selbst erfahren. Je näher der Input dabei an unseren späteren Anwendungen der Fremdsprache liegt, desto nützlicher wird er sein. Wir sollten uns also möglichst genau jene Art von Input verschaffen, die wir später selbst als eigenen »Output« in der Fremdsprache hervorbringen wollen. Wer vor allem gesprochene Alltagssprache benutzen wird, z.B. im Rahmen eines Auslandsaufenthaltes, der muss für einen Input mit möglichst vielen Alltagsgesprächen sorgen. Wer selbst später vor allem geschäftliche Kontakte über E-Mail abwickeln will, der muss schauen, dass er genau solche als Input bekommt. Und bevor man ein eigenes Bewerbungsschreiben in der Fremdsprache verfasst, sollte man eine möglichst große Zahl fremdsprachiger (möglichst von Muttersprachlern verfasster) Bewerbungsschreiben gelesen und sprachlich gründlich verarbeitet haben.

Input muss aber vor allem eines sein: viel. Implizites Sprachwissen wird nur langsam aufgebaut. Es bedarf also einer »kritischen Masse« an Input, damit sich seine positive Wirkung auf die spontane Sprachanwendung entfalten kann. Fremdsprachenunterricht alleine kann diese Wirkung in der Regel genauso wenig sicherstellen wie das Durcharbeiten eines Lehrbuchs im Selbststudium. Es ist deshalb unerlässlich, sich in möglichst großem Umfang selbst Zugang zu fremdsprachigem Input zu verschaffen. Studien haben gezeigt, dass erfolgreiche Fremdsprachenlerner in diesem Sinne fast immer »high input generators« sind: Sie »generieren« Situationen, in denen sie viel lernrelevanten Input erhalten. Ich werde in diesem Ratgeber an vielen Stellen auf diese Notwendigkeit zurückkommen und dabei zahlreiche Strategien vorstellen, wie auch Sie ein solcher »high input generator« werden (beginnend mit Abschnitt 9|1).

Big Nr. 2: Kognitive Verarbeitung

Obwohl einige radikale lerntheoretische Positionen die Ansicht vertreten, dass umfangreicher verständlicher Input alleine bereits ausreicht, um eine Fremdsprache zu lernen, vertritt man in der Forschung heute überwiegend die Ansicht, dass noch ein paar weitere Faktoren hinzukommen müssen. Dass dies so ist, zeigen indirekt bereits diejenigen Lerner, die praktisch unbegrenzten Zugang zu fremdsprachigem Input haben, z. B. weil sie in einem Land der Zielsprache leben oder weil sie einen Muttersprachler als Partner haben. Trotz dieser günstigen Bedingungen kommt es auch bei ihnen nicht automatisch zu einer perfekten Beherrschung der Fremdsprache auf muttersprachlichem Niveau. Typisch für sie ist vielmehr in den meisten Fällen, dass sich im Laufe der Zeit ein Lernplateau herausbildet, auf dem kaum noch Fortschritte zu verzeichnen sind und sich bestimmte Fehler und Defizite sowie ein bestimmter sprachlicher Akzent dauerhaft festgesetzt haben. Auch eine andere Erfahrung belegt, dass es mit ausreichendem Input alleine nicht getan ist: Viele Lerner berichten, dass es ihnen oft schwerfällt, einen Gedanken in der Fremdsprache auszudrücken, obwohl sie den Gedanken fremdsprachig formuliert schon oft gehört oder gelesen haben. Dabei ist es nicht einfach nur die mangelnde Erinnerung an einzelne Wörter, die das Problem auslöst. Oft wissen wir einfach nicht mehr, wie man eigentlich bekannte Wörter nach eigentlich bekannten Regeln zum Ausdruck eines gegebenen Gedanken verbindet – trotz ausreichenden Inputs. Was also fehlt hier?

Eine der wichtigsten weiteren »Zutaten« zum Lernen ist die »kognitive Verarbeitung« der Fremdsprache, also das bewusste Durchschauen ihrer Strukturen. Viele werden dabei zunächst an Grammatikregeln denken. Und es ist richtig, dass das grammatische Durchschauen des fremdsprachigen Inputs eine wichtige Voraussetzung für das Lernen dieser Strukturen ist. Doch bei der kognitiven Verarbeitung geht es um mehr. Im

Zentrum der bewussten Verarbeitung muss die Wahrnehmung beider Seiten von Sprache stehen, nämlich von Form und Bedeutung, und dies möglichst gleichzeitig und in ihrem Bezug aufeinander. Betrachten wir zur Veranschaulichung ein einfaches Beispiel.

Sie lesen in einem englischen Roman den Satz: »How did you know that he is unhappy?« Selbst mit sehr bescheidenen Englischkenntnissen werden Sie diesen Satz problemlos verstehen und sich keine weiteren Gedanken darüber machen, sondern einfach weiterlesen. Und doch gibt es in diesem Satz etwas zu lernen, nämlich, dass man die Frage, woher jemand etwas weiß, im Englischen anders als im Deutschen nicht mit *woher* stellt, sondern mit *how* und dass folglich die Frage *From where did you know that...* im Englischen genauso unpassend ist wie im Deutschen die Frage *Wie wussten Sie, dass...* . Die Wahrscheinlichkeit, dass wir diesen kleinen, aber feinen Unterschied in der eigenen Sprachproduktion beachten, ist sicher größer, wenn wir ihn einmal bewusst als solchen wahrgenommen und verarbeitet haben.

Nun mag man in diesem Fall einwenden, dass dieser kleine Lernschritt auch von selbst, also ohne bewusste Wahrnehmung stattfinden könnte. Das mag sein, vor allem dann, wenn die für das Englische typische Formulierung häufig genug im aufgenommenen sprachlichen Input vorkommt. Doch dies gilt möglicherweise bereits nicht mehr, wenn wir uns folgende Frage stellen: Was ändert sich am Sinn des Satzes, wenn es nicht heißt *How did you know that he is unhappy?*, sondern *How do you know that he is unhappy?* Auf den ersten Blick sieht es so aus, als sei die Frage die gleiche, nur im Präsens gestellt. Doch der englische Satz im Präsens impliziert eine gewisse Bedeutungsverschiebung. Während die Frage *How did you know?* im Englischen meist impliziert, dass das, was darauf folgt, sich mittlerweile als Fakt herausgestellt hat (im vorliegenden Fall, dass jemand unzufrieden oder unglücklich ist), schwingt bei der gleichen Frage im Präsens der potenzielle Zweifel mit. Die Frage geht jetzt eher in Richtung *Woher weißt du denn überhaupt, dass er unglücklich ist?* oder *Wie kommst du darauf, dass er unglücklich ist?* Diese Nuance nur durch den sprachlichen Input selbst zu entdecken mag zwar grundsätzlich möglich sein, doch der explizite Hinweis auf diese Nuance ist zumindest eine Abkürzung auf diesem Weg.

Nehmen wir noch ein Beispiel aus einem etwas komplexeren englischen Satz: *We have owned our house for almost 10 years now and we have been moving the furniture around for almost as long.*[10] Auch dieser Satz ist mit mäßigen Englischkenntnissen relativ leicht zu verstehen. Entsprechend groß ist die Wahrscheinlichkeit, dass man ihn beim Lesen schnell als verstanden abhakt und weiterliest. Dabei birgt auch dieser Satz ein beachtliches Lernpotential. Das wird spätestens dann klar, wenn man sich fragt, wie man den in ihm ausgedrückten Gedanken typischerweise auf Deutsch in Worte gekleidet hätte. Wahrscheinliche Formulierungen für den ersten Teil des Satzes sind: *Wir haben das Haus jetzt schon seit fast zehn Jahren* oder *Wir besitzen das Haus jetzt schon seit fast zehn Jahren* oder *Das Haus gehört uns jetzt schon seit fast zehn Jahren*. Auf keinen Fall aber hätten wir im Deutschen gesagt: *Wir haben das Haus jetzt schon seit fast zehn Jahren besessen.* Hätten wir einen der drei ersten deutschen Sätze im Kopf gehabt, hätten wir den Sprung auf die richtige englische Formulierung wahrscheinlich nur bei bewusster Anwendung der Regeln für den Gebrauch des sog. *present perfect* geschafft. Denn anders als im Deutschen muss diese Zeitform im Englischen auch dann verwendet werden, wenn ein Zeitadverb wie *now* die Aussage auf den gegenwärtigen Zeitpunkt bezieht.

Auch im zweiten Teil des Satzes gibt es einiges zu entdecken, auf das wir zumindest als durchschnittliche Englischlerner nicht unbedingt automatisch gekommen wären: dass *umräumen* mit *move around* wiedergegeben werden kann. Oder dass man die Anhäufung der Adverbien *fast genauso lange* im Englischen mit *almost as long* und nicht etwa mit *almost equally long* oder so ähnlich ausdrücken sollte. Und auch wenn man gelernt hat, dass die Zeitdauer im Englischen meist mit der Präposition *for* verbunden wird, ist es aufschlussreich, sich diesen Satz genauer anzusehen. Denn offensichtlich gilt die Regel »Zeitdauer mit *for* ausdrücken« nicht nur für konkrete Zeitdauerangaben wie *seit fast zehn Jahren* (*for almost ten years*), sondern auch für eine rein vergleichende Zeitangabe mithilfe der Adverbien *genauso lange* (*for almost as long*). Kurzum: Es gibt in diesem Satz einiges zu entdecken, was für uns als Lerner entweder neu ist oder was uns etwas bereits grundsätzlich Bekanntes in einem neuen Anwendungsfall vor Augen führt.

Wie die genannten einfachen Beispiele zeigen, reicht es nicht, einmal den Weg von der Form einer fremdsprachigen Äußerung bis zu ihrem Verständnis zu gehen, wenn man das Lernpotential des Inputs ausschöpfen möchte. Man muss vielmehr nach dem vollständigen Verstehen auch noch einmal den umgekehrten Weg von der Bedeutung zur fremdsprachigen Form gehen und sich dabei bewusst machen, wie genau das nunmehr Verstandene in der Fremdsprache ausgedrückt wird. Es muss sozusagen zu ständigen Aha-Effekten kommen von der Art »Ach, so sagt man das in der Fremdsprache«.

Dies ist auch deshalb so wichtig, weil wir dies in der Alltagskommunikation meist gerade nicht tun. Alltagskommunikation ist zu ganz überwiegenden Teilen inhaltsbezogen und nicht formbezogen. Wir verarbeiten die genaue sprachliche Form in der Regel nur in dem Maße, wie wir sie brauchen, um ihren kommunikativen Gehalt zu extrahieren. Nur in speziellen Situationen wie z. B. bei Missverständnissen, bei Wortspielen, beim Korrekturlesen eines Textes, beim gefürchteten »Kleingedruckten« und seinen juristischen Nebenwirkungen oder auch beim nachträglichen Streit über eine als herabsetzend empfundene Äußerung rückt die genaue sprachliche Form in den Mittelpunkt. Ansonsten konzentrieren wir uns auf den Inhalt von Äußerungen.

Dieses Verhalten übertragen wir instinktiv so weit wie möglich auch auf die Verarbeitung fremdsprachigen Inputs: Sobald wir den Sinn verstanden haben, merken wir uns nicht mehr, wie die genaue sprachliche Realisierung war. Genau dieses Muster müssen wir aber beim Fremdsprachenlernen durchbrechen und uns immer wieder bewusst mit der Frage beschäftigen, wie ein ganz bestimmter kommunikativer Inhalt in der Fremdsprache ausgedrückt wird. Das gilt insbesondere dort, wo die *Versprachlichungsmuster* der Fremdsprache von denen der Muttersprache abweichen. Und dass dies eher die Regel als die Ausnahme ist, haben wir bereits in Abschnitt 2.5 gesehen. Auch bei sehr nah verwandten Sprachen wie z. B. Deutsch und Englisch, treffen wir auf Schritt und Tritt auf Abweichungen an Stellen, an denen wir mit weitgehender Parallelität gerechnet haben. Solange wir diese Abweichungen nicht bewusst wahrnehmen und verarbeiten, ist die Chance gering, sie später in der eigenen Sprachproduktion zu beachten. Fremdsprachige Strukturen in ihrer typischen Art, wie sie Form und Bedeutung einander zuordnen, bewusst zu verarbeiten, ist eine weitere zentrale Voraussetzung für effizientes erfolgreiches Fremdsprachenlernen.

Die kognitive Verarbeitung der fremdsprachigen Strukturen entspricht aber zumindest bei Erwachsenen meist auch einem elementaren Bedürfnis. Erwachsene wollen und sollen ihre kognitiven Fähigkeiten beim Fremdsprachenlernen einsetzen. Methodenkonzeptionen, bei denen Erwachsene in eine rein imitative Lernerrolle gedrängt werden, sind nicht nur ineffizient, weil sie die kognitiven Ressourcen von intelligenten Erwachsenen nicht nutzen, sondern sie werden von den meisten auch als »mentale Vergewaltigung« empfunden. Als Fremdsprachenlerner haben wir immer auch ein »Recht auf Erklärung«.

Allerdings bedeutet dies im Umkehrschluss keineswegs, dass die kognitive Verarbeitung fremdsprachiger Strukturen ein Selbstzweck werden darf. Dies ist spätestens dann der Fall, wenn nicht mehr die Frage »Wie sagt man etwas in der Fremdsprache«, sondern nur noch die Frage »Warum sagt man es so« im Vordergrund steht. Begründende Regeln können die kognitive Verarbeitung des fremdsprachigen Inputs verbessern, indem sie ihn transparenter machen und so das Behalten fördern. Im Mittelpunkt muss aber immer die Struktur des Inputs selbst stehen. In diesem Sinne werde ich Sie in diesem Buch an vielen Stellen ermutigen, Ihre kognitiven Fähigkeiten zielstrebig zum Verstehen fremdsprachigen Inputs einzusetzen – jedoch ohne sich im grammatischen Regelgewusel der Fremdsprache zu verlieren.

Big Nr. 3: Fremdsprachiger Output

Auch Input und Bewusstmachung sind noch keine hinreichenden Bedingungen für effizientes Fremdsprachenlernen. Was weiter hinzukommen muss, ist die Produktion von fremdsprachigem »Output«. Damit ist jede Art von schriftlicher oder mündlicher Umsetzung eigener kommunikativer Absichten in fremdsprachige Formulierungen gemeint, sei es in Übungs- oder in echten Anwendungssituationen. Die Betonung liegt hier auf »*eigene* Kommunikationsbedürfnisse«. Denn Sprachanwendung ist nie einfach nur das Reproduzieren von fertigen Versatzstücken. Es ist der eigene produktive

Gebrauch eines sehr umfangreichen Inventars an sprachlichen Elementen unter Beachtung komplizierter Verwendungsregeln. Und dieser produktive Gebrauch muss auch dann noch geübt werden, wenn man bereits die Elemente und auch die Verwendungsregeln gut kennt.

Wenn Sie z. B. zum ersten Mal in Ihrer Fremdsprache den Inhalt Ihres Lieblingsfilms, Ihren beruflichen Werdegang oder Ihre aktuelle Wohnsituation beschreiben, dann fällt Ihnen das in der Regel deutlich schwerer als in der Muttersprache. Und dies meist auch dann noch, wenn Sie eigentlich alle Vokabeln und grammatischen Strukturen beherrschen, die Sie zur Lösung dieser Aufgabe brauchen. Dies ist kein Wunder: Sie haben diese Versprachlichungsaufgabe in der Muttersprache sicher schon x-mal erfolgreich gelöst. Das Abrufen der sprachlichen Mittel erfolgt in der Muttersprache in der Regel reibungslos. In der Fremdsprache ist dieser Ablauf aber unter Umständen noch stockend. Sie müssen erst einmal die fremdsprachigen Elemente, die Sie brauchen, aus Ihrem Gedächtnis abrufen und sie dann sinnvoll miteinander verknüpfen. Während Sie in der Muttersprache sozusagen einen ausgetretenen Pfad beschreiten, müssen Sie diesen Pfad in der Fremdsprache erst neu anlegen. Und dies gilt ja nicht nur für die genannten Beispielsituationen. Es gilt für alles, was Sie in der Fremdsprache zum ersten Mal sagen. Sie müssen somit potenziell alles, was Sie je in der Muttersprache gesagt haben und nun in der Fremdsprache ausdrücken wollen, neu »kodieren«. Diese Neukodierung ist ein zentraler Bestandteil des Fremdsprachenlernens.

Es gibt gute Gründe dafür, dieses Neukodieren nicht ausschließlich authentischen mündlichen Anwendungssituationen zu überlassen, also z. B. realen Gesprächen mit Muttersprachlern. Denn wenn wir einem Muttersprachler gegenüberstehen, der uns erwartungsvoll und vielleicht sogar ein wenig ungeduldig anschaut, dann ist der »Kommunikationsdruck« meist so groß, dass wir uns nicht auf die Aufgabe der Versprachlichung konzentrieren, sondern einfach nur das Erstbeste sagen, was wir gerade noch einigermaßen fließend hervorbringen können.

Ich werde in diesem Buch deshalb eine ganze Reihe von Techniken und Strategien vorstellen, wie man das Versprachlichen in der Fremdsprache übt, ohne dabei gleich den »Ernstfall« spontaner mündlicher Kommunikation mit Muttersprachlern im Auge zu haben. In den Ratschlägen des Kapitels 18 (»The missing link – Aus Input Output machen«) werden wir uns ganz auf diese Aufgabe konzentrieren. Dabei spielt natürlich auch das bewusste Erkennen und systematische Schließen von Lücken in der eigenen Versprachlichungskompetenz eine große Rolle.

Später, wenn wir bereits über ein ausreichendes Repertoire an Versprachlichungsmustern verfügen, wird es natürlich auch darum gehen, diese möglichst flüssig einzusetzen. Dazu bedarf es dann auch des Einübens durch häufiges Wiederholen in immer neuen Zusammenhängen. Darauf gehe ich in den Ratschlägen in Kapitel 19 ein (insbesondere in den Abschnitten ab 19|11).

Big Nr. 4: Hypothesentesten und Feedback

Wenn wir fremdsprachigen Output produzieren, egal ob schriftlich oder mündlich, werden wir oft nicht sicher sein, ob dieser sprachlich richtig ist oder (und dieser Fall ist fast noch wichtiger) ob er die richtige Versprachlichung unserer Kommunikationsabsicht ist. Sie kennen alle das Gefühl, das uns beim Schreiben oder Reden in der Fremdsprache an manchen Stellen regelmäßig erfasst: Kann man das so sagen? Dass sich diese Frage immer wieder stellt, liegt daran, dass unser Wissen über die Fremdsprache nicht binär ist. Es gibt nicht einfach nur die Zustände gelernt / noch nicht gelernt und damit auch nicht einfach nur die Zustände gewusst / nicht gewusst. Unser Wissen über die Fremdsprache ist eher auf einem Kontinuum angesiedelt. Zwischen den Endpunkten »geht ganz sicher« und »geht ganz sicher nicht« gibt es auf dieser Skala auch immer ein weites Feld von Zwischenstufen wie »geht höchstwahrscheinlich«, »geht möglicherweise«, »geht vermutlich nicht« usw.

Manche Lerner versuchen, dem Problem des nicht sicheren Wissens dadurch zu begegnen, dass sie beim Schreiben oder Reden unsicheres Wissen konsequent umschiffen und nur auf solche Ausdrucksmittel der Fremdsprache zurückgreifen, die sie sicher beherrschen. Sie sind »risk avoider«. Zahlreiche Untersuchungen haben aber gezeigt, dass erfolgreiche Lerner meist »risk taker« sind, d.h., sie gehen bewusst das »Risiko« ein, etwas Falsches, Unpassendes oder Missverständliches in der Fremdsprache zu produzieren. Und sie schließen dann aus den Reaktionen der muttersprachigen Kommunikationspartner, ob es wirklich falsch, unpassend oder missverständlich war. Sie testen sozusagen Hypothesen darüber, was in der Fremdsprache geht und was nicht.

In der Sprachlernforschung gibt es viele Indizien dafür, dass genau dieses Hypothesentesten ein zentraler Bestandteil sprachlicher Lernprozesse ist (und dies übrigens nicht nur beim Fremdsprachenlernen, sondern auch schon im Muttersprachenerwerb). Damit dieses Hypothesentesten funktioniert, müssen wir als Lerner aber eine Antwort auf die Frage bekommen, ob unsere Hypothese stimmt oder nicht. Wir brauchen also ein Feedback. Im Fall einer richtigen Hypothese reicht die Information, dass dies eine solche war. Ist die Hypothese falsch, brauchen wir die Information, was genau nicht gestimmt hat und wie es richtig oder zumindest besser gewesen wäre. Dabei geht es keineswegs nur um die Frage der grammatischen Richtigkeit, sondern oft auch um die Frage, ob die Wortwahl angemessen war, ob der richtige Stil getroffen wurde, ob die eigene Kommunikationsabsicht optimal vermittelt wurde, ob die Äußerung der Situation angemessen war, kurz: ob ein Muttersprachler das Gleiche auch so oder zumindest so ähnlich versprachlicht hätte. Für das Fortschreiten des Lernprozesses ist es von zentraler Bedeutung, dass wir als Lerner auf möglichst große Teile unseres sprachlichen Outputs ein klärendes Feedback bekommen. Das gilt ganz besonders für diejenigen Teile unseres Outputs, in denen wir etwas »riskiert« haben, sprich: in denen wir Hypothesen über die richtige Realisierung einer eigenen Kommunikationsabsicht in der Fremdsprache testen wollten.

Bei dem Stichwort »Feedback« denken viele Fremdsprachenlerner zunächst nur an die Korrektur von Fehlern durch einen Lehrer. Doch diese Sichtweise ist deutlich zu eng. Es geht vielmehr um ein umfassendes, sozusagen »ganzheitliches« und lernrelevantes Feedback. Wo der Unterschied zwischen reiner Fehlerkorrektur und »ganzheitlichem« Feedback liegt, können wir gut im Spracherwerb kleiner Kinder beobachten. Eltern korrigieren ihre Kinder nämlich nur ausgesprochen wenig. Sie denken sich vielmehr in das hinein, was ihre Kinder sagen wollen und formulieren es dann vor oder um. Wenn ein Kleinkind beispielsweise sagt *Flasche umkippt*, dann erklären Erwachsene ihren Kindern nicht den Gebrauch des Artikels oder die Bildung des Perfekts, sondern sie reformulieren eher die Aussage des Kindes mit einem Satz wie *Oh ja, die Flasche ist umgekippt*. Solche für den Erstsprachenerwerb typischen Kommunikationssequenzen heißen in der Fachsprache »recasts« und sind erwiesenermaßen besonders wertvoll für den Erwerb der Muttersprache.

Was wir in der Fremdsprache als Feedback benötigen, ist im Grunde nichts anderes. Wir brauchen »recasts« als Reaktion auf unsere Formulierungsversuche, also praktisch nichts anderes als eine Antwort auf die Frage: »Wie hättest du als Muttersprachler es ausgedrückt, wenn du das Gleiche hättest sagen wollen?« Diese Art von Feedback ist für unseren Spracherwerb wesentlich wertvoller als eine bloße Fehlerkorrektur. Denn die betrifft nur die sprachliche Oberfläche unserer Äußerung und nicht das Eigentliche der Kommunikation, nämlich die Beziehung zwischen Äußerungsabsicht und sprachlicher Realisierung.

In der Praxis des Fremdsprachenlernens ist dieses ganzheitliche Feedback aber eher die Ausnahme. Im Fremdsprachenunterricht neigen die meisten Lehrer dazu, Feedback vor allem in Form von Fehlerkorrekturen zu geben und dies häufig sogar noch mit einer Konzentration auf bestimmte Fehlertypen, z. B. Grammatikfehler. Für ein vertieftes Hineindenken in die Äußerungsabsichten der einzelnen Lerners mit anschließendem »recast«, also einem konkreten Vorschlag für eine bessere Formulierung des jeweils Gemeinten, ist insbesondere in großen Lerngruppen meist keine Zeit. Bei der Korrektur schriftlicher Arbeiten wäre dies zwar grundsätzlich möglich. Aber auch hier scheuen viele Lehrer den damit verbundenen Aufwand und beschränken sich weitgehend auf die Korrektur offensichtlicher Fehler.

Selbst die mündliche Kommunikation mit einem Muttersprachler bietet nicht automatisch ideale Bedingungen für das richtige Feedback. Erfahrungsgemäß korrigieren die meisten Muttersprachler in Gesprächen mit Lernern fast gar nicht, sondern fragen höchstens nach, wenn sie etwas nicht verstanden haben. Zwar wird manche der sprachlichen Reaktionen auf unsere Äußerungen (ähnlich dem Gespräch zwischen Eltern und Kind) ein »recast« sein, das zumindest potenziell für uns ein wertvolles Feedback enthält. Aber unsere Konzentration auf den Inhalt des Gesprächs und seinen Verlauf sowie der Druck, schnell zu reagieren, hindern uns oft daran, dieses Potential wahrzunehmen und zu nutzen. Was folgt aus den geschilderten Schwierigkeiten?

Zum einen folgt daraus, dass wir Strategien entwickeln müssen, wie wir das benötigte ganzheitliche Feedback erhalten. Dabei werden wir uns nicht einfach nur auf unsere Lehrer verlassen können. Wir brauchen vielmehr zusätzlich Strategien, wie wir uns das benötigte Feedback selbst holen. Zum zweiten folgt, dass wir auch von jenem Feedback, das diesem hohen Anspruch nicht voll genügt, so viel wie möglich sammeln sollten. Denn natürlich birgt jede Art von Feedback ein Lernpotential, auch die klassische Fehlerkorrektur, versteht sich. Und zum dritten folgt, dass wir aus dem Feedback die richtigen Konsequenzen für das weitere Lernen ziehen müssen.

In diesem Buch werde ich zu allen drei Aspekten konkrete Ratschläge geben: zur Frage, wie Sie eigene Kommunikationsbedürfnisse in der Fremdsprache »probeweise« versprachlichen (s. Abschnitte 19|3 u. 19|4), wie Sie dazu ein ganzheitliches, lernrelevantes Feedback einholen und wie Sie dieses zur Förderung Ihres Lernprozesses nutzen (s. Abschnitte 19|9 u. 19|11 sowie 20|18).

Big Nr. 5: Kommunikative Routinenbildung

Was als letzte unverzichtbare Bedingung für erfolgreiches Fremdsprachenlernen hinzukommen muss, ist das nachhaltige Verfügbarmachen des Gelernten für die spontane Anwendung in realen Situationen. Manche würden hier von »Automatisierung durch Übung« sprechen. Ich vermeide dennoch bewusst den Begriff »Automatisierung«, denn dieser wird meist in Zusammenhang mit Handlungen gebraucht, die weitgehend unbewusst ablaufen. Beim Autofahren z. B. kann man in diesem Sinne davon sprechen, dass wir durch Übung das Fahren weitgehend automatisieren. Anders als zu Fahrschulzeiten nehmen wir uns nicht mehr bewusst vor, die Kupplung oder das Gaspedal zu treten, den Gang zu wechseln oder zu bremsen. Den dabei zu beobachtenden Grad der Automatisierung erreicht das Fremdsprachenlernen eher selten. Sprachanwendung ist praktisch immer mit einem Bewusstsein zumindest für die kommunikativen Absichten verbunden, angefangen von der Entscheidung, ob wir mit jemandem überhaupt in eine Kommunikation eintreten, über die Entscheidung, was wir sagen wollen, bis hin zu der Entscheidung, wie gewählt oder salopp wir uns ausdrücken. Was uns in der Muttersprache auszeichnet, ist die Fähigkeit, die meisten dieser Entscheidungen ohne großes Nachdenken zu treffen und sprachlich flüssig umzusetzen. Wir verfügen über ein großes Maß an »kommunikativen Routinen«, die wir über viele Jahre Kommunikationspraxis ausgebildet haben.

Ein einfaches Beispiel: Wenn wir plötzlich einen alten Bekannten an einem Ort wiedertreffen, an dem wir überhaupt nicht mit ihm gerechnet haben, z. B. in einem Urlaubsort fern des Wohnortes, dann können wir in der Regel in der Muttersprache schnell bestimmte Sprachroutinen aktivieren, die dieser Situation angemessen sind. Wir äußern vielleicht zunächst unsere Überraschung (»Na so was«, »Menschenskinder«, »Das is ja ein Ding« oder Ähnliches), konkretisieren dann vielleicht den Grund der Überraschung (»Das hätte ich ja nicht gedacht, dass ich dich hier treffe«), äußern anschließend Vermutungen über den Grund des zufälligen Treffens (»Du machst bestimmt auch Urlaub hier oder?«), machen Vorschläge, wie es mit dem Treffen weitergehen soll (»Wollen wir einen Kaffee trinken gehen?«) oder begründen, warum das Treffen nicht weitergehen kann (»Du, tut mir leid, aber ich muss meinen Zug noch kriegen. Ich ruf dich an, wenn ich wieder zu Hause bin.«). Alle diese Äußerungen sind nicht wirklich »automatisiert«, denn wir haben eine weitgehend bewusste Kontrolle über das, was wir sagen. Doch sie beruhen in hohem Maße auf Sprachroutinen. Wir ringen in der Regel nicht um jedes einzelne Wort.

Wenn wir uns jetzt einmal in die gleiche Situation mit jemandem hineindenken, den wir in einer Fremdsprache ansprechen wollen oder müssen, dann spüren wir schnell, dass die benötigten Routinen in der Fremdsprache nicht genauso reibungslos funktionieren würden wie in der Muttersprache. Gerade dann, wenn wir nicht in der Fremdsprache »drin« sind, ihre Anwendung für uns überraschend kommt und vielleicht sogar noch ein gewisses Maß an Emotionalität ins Spiel kommt, fällt es uns oft schwer, die Situation sprachlich genauso souverän zu meistern, wie wir es in der Muttersprache gewohnt sind. Und dies gilt oft auch dann noch, wenn wir durchaus alle sprachlichen Mittel zur Verfügung haben. Es zeigt sich, dass wir in der Fremdsprache noch Rückstände in der Bildung kommunikativer Routinen haben. Dies ist auch der Grund, warum es uns oft schwer fällt, in der Fremdsprache spontanen Smalltalk in lockerer Runde zu betreiben. Denn gerade beim Smalltalk kommt es stark auf die Verfügbarkeit solcher Routinen an.

»Übung macht den Meister«, sagt der Volksmund und weist damit auf den bekannten Umstand, dass der Prozess der Routinenbildung vor allem dadurch in Gang kommt, dass man die für eine Aufgabe benötigten Routinen immer wieder von neuem durchspielt und sie so für ihren praktischen Einsatz in realen Anwendungssituationen festigt. Prinzipiell gilt dies auch für das Fremdsprachenlernen. Doch wie Erkenntnisse der Sprachlernforschung zeigen, gibt es eine entscheidende Einschränkung. Die weit verbreitete Auffassung, dass alles, was man noch nicht kann, einfach nur »mehr Übung« braucht, ist so nicht richtig. Insbesondere die im Fremdsprachenunterricht weit verbreitete Praxis, fremdsprachige Strukturen zunächst durch Regeln zu erklären und diese Strukturen dann in Form von Übungen, die genau darauf zugeschnitten sind, zur aktiven »Beherrschung« zu bringen, ist in den meisten Fällen zum Scheitern verurteilt. Denn in diesem Fall wird nur auf zwei der insgesamt fünf »Bigs« gesetzt, die ich in diesem Kapitel vorgestellt habe: Bewusstmachung (Big Nr. 2) und eben Routinenbildung (Big Nr. 5). Doch nur wenn auch ausreichend verarbeiteter Input (Big Nr. 1), umfangreicher eigener Output (Big Nr. 3) mit ausreichend Gelegenheit zum Hypothesentesten einschließlich ganzheitlichem Feedback (Big Nr. 4) gewährleistet sind, sind alle »Zutaten« für einen dynamisch voranschreitenden Lernprozess gegeben. Wenn etwas »geübt« werden muss, dann die wiederholte und immer wieder variierende Anwendung der »Versprachlichungsmuster« der Fremdsprache zur Realisierung eigener kommunikativer Inhalte.

Zahlreiche Ratschläge in diesem Buch beschäftigen sich direkt oder indirekt mit der Frage, wie wir kommunikative Routinenbildung betreiben (s. z. B. Abschnitte 11|13 u. 11|14).

2|8 Lernkatalysatoren – Was Fremdsprachenlernen effizient macht

Die im vorausgehenden Abschnitt genannten fünf »Bigs« des Fremdsprachenlernens verstehen sich als die absoluten »Musts«, ohne die kein nachhaltiges Lernen stattfindet. Das heißt natürlich nicht, dass es nicht weitere Faktoren gibt, die das Lernen positiv beeinflussen können. Ich unterscheide sie dennoch von den »Bigs«, weil sie keine absolute Notwendigkeit sind, wohl aber so etwas wie »Katalysatoren« des Lernprozesses. Sie können diesen wesentlich beschleunigen und damit effizienter machen. Ich möchte hier nur die aus meiner Sicht vier wichtigsten nennen:

Motivation

Der wichtigste »Lernkatalysator« ist zweifellos Motivation. Sie ist sozusagen der Treibstoff, der den Lernprozess startet und am Laufen hält. Und auch wenn die eigene Motivation nicht beliebig manipuliert werden kann, sondern zumindest teilweise mit eher statischen Merkmalen unserer Persönlichkeit zusammenhängt, ist ein sinnvolles »Motivationsmanagement« eine große Hilfe, um einen so langwierigen Prozess wie das Erlernen einer Fremdsprache bis zu einem hohen Niveau zu begleiten. Ich habe dem Faktor Motivation deshalb ein eigenes Kapitel mit verschiedenen bewährten Ratschlägen gewidmet (s. Kap. 6).

Bedarfsorientierung

Ein weiterer wichtiger Faktor für die Effizienz des Lernprozesses ist die Orientierung aller Lernbemühungen am eigenen Lernbedarf. Viele Lerner machen sich zu wenig Gedanken darüber, für welche Anwendungssituationen sie welche fremdsprachlichen Grundkompetenzen auf welchem Niveau benötigen und welche Lernziele sich daraus ableiten. Wer sich ein Auto für einen Umzug leihen möchte und dann mit einem Cabrio zurückkommt, hat an seinem Bedarf vorbeigeplant. Ganz so einfach ist die Lage beim Fremdsprachenlernen zugegebenermaßen nicht. Doch auch hier gilt: Wer an seinem Bedarf vorbei Kurse belegt, Lernmaterialien auswählt oder Vokabeln paukt, der handelt ähnlich ineffizient. In Kapitel 3 lade ich Sie deshalb ein, sich intensiv mit den Gründen und den Zielen Ihres Fremdsprachenlernens auseinanderzusetzen.

Lernsetting

Für den Lernerfolg von großer Bedeutung ist auch das »Lernsetting«. Das ist die Gesamtheit aller Umstände, unter denen das Lernen stattfindet, angefangen von den räumlichen und zeitlichen Rahmenbedingungen über die technische Ausstattung des Lernortes bis hin zu den am Lernen Beteiligten (Lehrer, Mitlerner, Tandempartner, mögliche muttersprachige Gesprächspartner usw.). All diese Faktoren haben einen Einfluss auf den Lernprozess und sollten diesen optimal unterstützen. Ein besonders wichtiger Aspekt des Lernsettings ist die Organisationsform des Lernens. Wie ich schon im Einleitungskapitel dargestellt habe, ist für die meisten Menschen die Entscheidung, eine Fremdsprache zu lernen, gleichbedeutend mit der Entscheidung, einen Kurs zu belegen. Sie landen dann meist zwangsläufig in einem Gruppenkurs. Alternative Lernformate wie Einzelunterricht, Selbstlernen, Lerntandems und Lerngruppen werden nicht systematisch als Alternativen in Erwägung gezogen. Demgegenüber werde ich in diesem Buch ausgiebig auf die Frage eingehen, welche Vor- und Nachteile die einzelnen Lernorganisationsformen haben (natürlich einschließlich des klassischen Formats *Unterricht in Großgruppen*) und wie Sie den für Sie individuell besten Mix aus den verschiedenen Typen zusammenstellen. Diesem Thema ist Kapitel 5 gewidmet (»Auf den richtigen Mix kommt es an – Wie Sie ein Erfolg versprechendes Lernarrangement entwickeln«).

Lernstrategien

Schließlich ist der erfolgreiche Lerner einer, der über ein breites Repertoire von Lernstrategien verfügt, die sich auf praktisch alle Aspekte des Lernens beziehen, von der Auswahl geeigneten Lernmaterials über die Planung und Überwachung sinnvoller Lernaktivitäten und den Einsatz von Lerntechniken für alle Teilaspekte der Fremdsprache (Aussprache, Wortschatz, Grammatik, Leseverstehen, Hörverstehen, Schreiben, Sprechen) bis hin zur geschickten Nutzung der neuen Medien und des Internets. Dieses Buch steht ganz im Zeichen dieses wichtigen Lernkatalysators. Es will Sie mit einem breiten Inventar von Strategien zum Erreichen Ihrer selbst gesetzten Lernziele versorgen. Insofern beziehen sich praktisch alle Ratschläge in diesem Buch direkt oder indirekt auf die Vermittlung von Strategien.

2 | 9 Dabeisein ist nicht alles – Warum Sie die Möglichkeiten von Fremdsprachenunterricht kritisch einschätzen sollten

Im Einleitungskapitel habe ich schon auf den Reflex hingewiesen, mit dem die meisten Menschen auf die Notwendigkeit oder den Wunsch reagieren, eine Fremdsprache neu zu lernen oder vorhandene Kenntnisse aufzufrischen oder auszubauen: Sie belegen einen Kurs. Bloße Gewohnheit, indirekte Bestätigung durch Lehrer und Mitschüler, aber auch das Gefühl, damit die Verantwortung für das Gelingen des Lernens bequemerweise an einen Vermittler, eben den Lehrer, abgeben zu können, sind einige der Gründe. Dieses Verhalten ist naheliegend und verständlich. Aber ist es auch immer zweckdienlich?

Bei näherer Betrachtung gibt es eine ganze Reihe von Gründen, die dafür sprechen, dass der klassische Fremdsprachenunterricht in Großgruppen, wie er für die meisten Einrichtungen typisch ist (und den ich deshalb im Folgenden »Standard-Fremdsprachenunterricht« nenne), nicht unbedingt das optimale Lernarrangement darstellt; vor allem dann nicht, wenn Lerner *ausschließlich* Unterricht nutzen, um eine Fremdsprache zu lernen. Im Folgenden einige der wichtigsten dieser Gründe:

▶ Standard-Fremdsprachenunterricht berücksichtigt kaum individuelle Lernbedarfe.
Die Gründe, warum jemand eine Fremdsprache neu lernen oder die Kenntnisse in einer schon gelernten vertiefen möchte, können sehr unterschiedlich sein und dementsprechend auch die Anforderungen an den Unterricht, die sich daraus ergeben. Da sind vielleicht Teilnehmer, die sich mit einem Sprachkurs nur auf den nächsten Urlaub einstimmen, solche, die ihre beruflichen Aufstiegschancen verbessern wollen, solche, die einen Sprachtest als Teil der Aufnahmeprüfung für einen Studiengang an der Universität bestehen müssen, solche, die die Sprache ihres neuen Partners verstehen möchten, und solche, die sich einfach nur geistig fit halten wollen. Hinzu kommen u. U. unterschiedliche Bedarfe in der Gewichtung der Grundkompetenzen Lesen, Hören, Sprechen und Schreiben oder unterschiedliche fachliche Ausrichtungen. Ihnen allen das gleiche Sprachlernangebot zu machen heißt an ihren individuellen Bedarfen vorbei zu liefern. Natürlich gibt es auch Schnittmengen im Lernbedarf, aber ein auf die individuellen Lernbedarfe ausgerichtetes Angebot ist im Standard-Fremdsprachenunterricht so gut wie unmöglich.

▶ Standard-Fremdsprachenunterricht berücksichtigt kaum individuelle Lernstile.
Lerner unterscheiden sich in vielfacher Hinsicht: wie viel Erklärung sie brauchen, welche Korrekturen ihnen helfen, durch welche Arbeits- und Übungsformen sie am besten zu motivieren sind, welche Medien ihre Lernprozesse am besten fördern, wie viel Wiederholung ihre Gedächtnisleistung erfordert, und hinsichtlich vieler anderer Merkmale mehr. Zwar gibt es in der Fremdsprachendidaktik eine Reihe pädagogi-

scher Konzepte, wie man als Lehrer solchen individuellen Unterschieden zumindest teilweise Rechnung tragen kann. Sie werden unter dem Fachbegriff der »inneren (d. h. lerngruppeninternen) Differenzierung« gehandelt. Doch die Erfahrung lehrt: Die meisten Lehrer sind eher »Lockstep-Lehrer«. Sie gehen von einer Klasse im Gleichschritt aus und planen ihren Unterricht entsprechend. Alle Schüler sind im Buch bei der gleichen Lektion, machen die gleichen Übungen, bekommen die gleichen Erklärungen. Individuelle Lernstile werden so nicht bedient. Außerdem hängt damit der Unterrichtserfolg nicht nur stark vom Lehrer, sondern oft in noch stärkerem Maße von den anderen Teilnehmern ab – eine Abhängigkeit, die meist nicht im Sinne von Effizienz ist.

- Standard-Fremdsprachenunterricht berücksichtigt kaum individuelle Lerngeschwindigkeiten.

Jeder Lehrer weiß, dass sich selbst in einem Anfängerkurs schon nach wenigen Wochen deutliche Kompetenzunterschiede zwischen den einzelnen Lernern bemerkbar machen, und das, obwohl sie alle den gleichen Unterricht bekommen. Einige könnten ein höheres Lerntempo vertragen, andere benötigen eigentlich ein geringeres. In den meisten Kursen pendelt sich dann ein mittleres Tempo ein, das immer nur für einen Teil der Teilnehmer das richtige ist. Manchmal ist dieses mittlere Tempo aber auch einfach nur ein fauler Kompromiss, der keinem Lerner voll gerecht wird. Dies gilt vor allem dann, wenn in Kursen echte und »falsche« Anfänger vereint sind, also auch solche, die eigentlich eher Wiederholer oder Auffrischer sind. Rein äußerlich werden diese Unterschiede oft gar nicht richtig sichtbar. Schwächere Lerner versuchen, ihre Überforderung so lange wie möglich zu verbergen. Oder – noch absurder – leistungsstarke Lerner versuchen, ihre eigentliche Leistungsfähigkeit nicht voll zu zeigen, um sich nicht zu sehr vom Rest der Gruppe abzuheben. Die Angst, in eine »Streber«-Rolle hineinzurutschen, treibt manchmal auch erwachsene Lerner noch um.

- Im Standard-Fremdsprachenunterricht wird der einzelne Lerner nur in einem geringen Maße individuell aktiviert.

Im Fremdsprachenunterricht in großen Gruppen erreichen viele lernrelevante Unterrichtsaktivitäten den einzelnen Lerner nur in homöopathischen Dosen. Nehmen wir als eine der wichtigsten die aktive Redezeit der einzelnen Teilnehmer. Dazu eine einfache Rechnung.

Nehmen wir an, Sie belegen einen VHS-Kurs mit 20 Teilnehmern, der einmal pro Woche in Form einer Doppelstunde von 90 Minuten stattfindet. Unterrichtsbeobachtungen (z. B. im Rahmen der bekannten DESI-Studie) haben ergeben, dass die meisten Lehrer zwischen der Hälfte und zwei Dritteln der für mündliche Kommunikation genutzten Zeit selbst reden. Selbst wenn wir nur von der Hälfte ausgehen, entfallen auf die 20 Teilnehmer insgesamt nur noch 45 Minuten Redezeit. Das macht pro Teilnehmer rund 2 Minuten pro Doppelstunde.

Wenn Sie pro Jahr zwei VHS-Kurse mit je 15 Sitzungen à 90 Minuten belegen, dann haben Sie nach drei Jahren zwar an 135 Stunden Unterricht teilgenommen, davon aber selbst günstigstenfalls gerade einmal drei Stunden in der Fremdsprache gesprochen. Das ist weniger, als Sie bei einem gemütlichen Sonntagsausflug mit Freunden in der Muttersprache an einem einzigen Tag sprechen würden.

Natürlich kann dieser Anteil durch Gruppenarbeitsphasen erhöht werden. Aber er dürfte trotzdem immer noch für den aktiven Erwerb der Sprache extrem gering sein. Sie können auch nicht Tennis oder Trompete lernen, wenn Sie nur einige wenige Stunden im Jahr üben, dafür aber hunderte Stunden anderen beim Spielen zuschauen.

Die Bröselanteile am Unterricht sind dabei keineswegs auf die Gelegenheit zum Sprechen begrenzt, sie betreffen auch andere Unterrichtsaspekte: Auf jeden einzelnen Teilnehmer entfällt nur ein Bruchteil der Lehreraufmerksamkeit, der aktiven Korrekturen, des individuellen Feedbacks usw.

▶ Fremdsprachenunterricht verführt viele Lerner zu einer passiven Grundhaltung.

Die vorausgehenden Punkte haben gezeigt, dass Unterricht es den Lernern oft gar nicht möglich macht, so aktiv zu sein, wie es nötig wäre. Doch es kommt noch hinzu, dass umgekehrt Lerner auch dort, wo sie aktiv sein könnten, es oft nicht sind. Im Unterricht fallen wir alle auch als erwachsene Teilnehmer leicht in eine passive Grundhaltung: Wir gehen hin, setzen uns an einen Tisch, strecken sozusagen Arme und Beine von uns und geben uns dem hin, was der Lehrer sich für uns ausgedacht hat. Schlimmer noch: Manche fallen sogar wieder in Verhaltensweisen aus der eigenen Schulzeit zurück: Man passt nur dann konzentriert auf, wenn man »dran« ist oder damit rechnet »dranzukommen«. Oder man »schwatzt« mit den Banknachbarn, macht Hausarbeiten nur, wenn der Lehrer einen gewissen Druck ausübt, oder man lässt sich ablenken durch das soziale Treiben des Unterrichts: Wie verhalten sich die anderen, wie geschickt oder ungeschickt stellen sie sich an, wer sitzt heute neben wem und warum eigentlich usw. Stellen sich dann in der Unterrichtssituation auch noch affektiv ungünstige Konstellationen ein wie z. B. unsympathische Mitlerner, Konkurrenzdruck, Angst vor Gesichtsverlust, angestrengtes Bemühen eine gute Figur zu machen usw. kann der Lernprozess fast ganz zum Erliegen kommen.

Ich habe die kritischen Aspekte des klassischen Fremdsprachenunterrichts in Gruppen hier deshalb so betont, weil ich den verbreiteten Reflex »Fremdsprachlernen = Fremdsprachenunterricht besuchen« durchbrechen und offener für Alternativen machen möchte. Bevor ich nun diese Alternativen vorstelle, will ich aber auch, sozusagen als

»Wiedergutmachung«, ein paar Worte zu den unzweifelhaft positiven Seiten des klassischen Fremdsprachenunterrichts in Gruppen sagen.

Ein wichtiges Argument für Gruppenunterricht ist zweifellos, dass sich der Mensch als soziales Wesen bei der Lösung schwieriger oder größerer Aufgaben in Gesellschaft oft einfach wohler fühlt. »Einzelkämpfertum« ist nicht jedermanns Sache. Viele Lerner genießen vielmehr die soziale Situation »Unterricht« und ziehen sie dem Lernen im stillen Kämmerlein klar vor. Dies kommt vor allem dann zum Tragen, wenn ein gutes Lernklima herrscht und wenn der Zusammenhalt in der Lerngruppe zu Formen des sozialen Lernens führt. Dann kann die Gruppe zu einer Stütze der Lernmotivation werden. Und natürlich schafft ein regelmäßig stattfindender Unterricht auch eine gewisse Verbindlichkeit, nicht zuletzt deshalb, weil er Geld kostet.

Das Lernen in der Gruppe macht auch einen Vergleich mit anderen Lernern möglich. Das kann zum einen eine Quelle von sozialen Erfolgserlebnissen und damit von Motivation sein (»Meine Aussprache klingt im Vergleich zu den meisten anderen schon ganz gut.«), es kann aber auch Misserfolgserlebnisse oder Frustrationen abmildern (»Die anderen haben es auch noch nicht verstanden.«).

Wichtiger aus didaktischer Sicht ist das Argument, dass bestimmte Arbeitsformen erst in Situationen möglich werden, in denen auch andere Lerner vorhanden sind, z. B. die Simulation von Dialogen mit wechselnden Gesprächspartnern oder größer angelegte Rollenspiele. Und natürlich kann man von den Fehlern, den Fragen und den Lernerfahrungen der anderen Kursteilnehmer profitieren. Qualifizierte Lehrer sind zudem in der Lage, Lernern unterschiedliche Aufgaben zu stellen und sie dann von den Arbeitsergebnissen der anderen profitieren zu lassen. So können z. B. verschiedene Gruppen verschiedene Texte bearbeiten und jeweils zum eigenen Text Verständnishilfen in Form von Vokabelerklärungen erarbeiten. Diese Hilfen können anschließend unter den Gruppen ausgetauscht werden, sodass jede Gruppe von den Verständnishilfen der anderen Gruppen profitiert.

Solche und andere Überlegungen zeigen, dass der Fremdsprachenunterricht in Gruppen durchaus auch Vorteile hat. Allerdings sollte man gleich hinzufügen, dass die meisten dieser Argumente auch für kleine Gruppen mit nur wenigen Lernern gelten und keineswegs Belege für die Notwendigkeit oder gar die Lernförderlichkeit großer Gruppen mit 20 oder mehr Teilnehmern sind.

Insgesamt geht es mir also keineswegs darum, Ihnen vom klassischen Fremdsprachenunterricht in der Gruppe abzuraten. Wichtig ist aber, ihn nur als eine Option unter anderen zu sehen und ihm den richtigen Platz in einem Gesamtlernkonzept zuzuweisen. Wie Sie dabei am besten vorgehen, ist Gegenstand der Ratschläge in Kapitel 5 (»Auf den richtigen Mix kommt es an – Wie Sie ein Erfolg versprechendes Lernarrangement entwickeln«).

2 | 10 Die Basisstrategie: Werden Sie Ihr eigener Lernmanager

Wenn wir als Lerner die Verantwortung für das Gelingen des Lernprozesses nicht einfach blind an andere abgeben wollen, dann ergibt sich daraus zwangsläufig das, was Kernaussage und Basisratschlag dieses Buches ist: Werden Sie Ihr eigener Lernmanager!

Der Begriff des »Managers« ist dabei ganz bewusst gewählt. Ein guter Manager zeichnet sich dadurch aus, dass er die ihm übertragenen oder die selbst gesetzten Ziele aktiv unter Berücksichtigung der verfügbaren Ressourcen auf möglichst effiziente Weise verfolgt. Dabei unternimmt er die zum Erreichen der Ziele notwendigen Schritte keineswegs alle selbst. Er delegiert auch vieles. Doch die Entscheidung, was er delegiert und an wen er delegiert, behält er sich vor. Und er überprüft sorgfältig, ob die Ergebnisse der delegierten Aufgaben mit den gewünschten Ergebnissen übereinstimmen und ob diese dem übergeordneten Ziel dienlich waren. Und er zieht Konsequenzen, wenn die Ergebnisse nicht dem entsprechen, was er braucht.

Genau so könnte man auch die Rolle eines autonomen Fremdsprachenlerners beschreiben: Er legt die Ziele seines Lernens fest, verfolgt diese Ziele aktiv und selbstverantwortlich, achtet dabei auf die ihm zur Verfügung stehenden Ressourcen (Zeit, finanzielle Mittel, aber z. B. auch die Motivation). Dem autonomen Lerner ist bewusst, dass das Lernen nur in seinem Kopf selbst stattfinden kann. Dennoch wird er Aufgaben, die seinem Lernprozess zuträglich sind, auch bewusst delegieren, z. B. an einen kompetenten Fremdsprachlehrer, der ihm hilft, seine Ziele zu erreichen. Aber er wird sich diesem Lehrer und seiner Art, Fremdsprachen zu vermitteln, nicht ausliefern und ihm die Verantwortung für das Erreichen seiner Ziele nicht einfach übertragen. Er wird vielmehr selbst aktiv bleiben, alles, was er schneller oder effizienter selbst lernen kann, auch möglichst im Selbststudium lernen. Und er wird jede Form von Unterricht nur in dem Maße nutzen, in dem dieser ihm einen »Mehrwert« gegenüber anderen Lernformaten vermittelt, z. B. durch Hilfen bei der Auswahl von geeignetem Lernmaterial, durch detaillierte individuelle Korrekturen, durch Gelegenheit zur interaktiven Anwendung der Fremdsprache, wenn anderweitig keine Gelegenheit dazu besteht. Oder auch als Gerüst für die Aufrechterhaltung der eigenen Motivation, sei es durch die eingegangene Verpflichtung zum Besuch des Kurses oder durch die positiven Wirkungen der sozialen Dimension des Lernens in der Gruppe. Doch auch dabei überprüft er regelmäßig kritisch, ob die Voraussetzungen für den »Mehrwert« noch gegeben sind. Ist dies nicht mehr der Fall, ist der autonome Lerner jederzeit bereit, seinen Kurs und seinen Lehrer abzuwählen. Dabeisein ist eben nicht alles, jedenfalls nicht beim Fremdsprachenlernen.

Was bedeutet es nun konkret, wenn Sie die Rolle des Managers der eigenen Lernprozesse übernehmen wollen? Im Folgenden liste ich die wichtigsten Entscheidungen auf, die Sie in diesem Falle möglichst selbst treffen sollten.

1. Entscheiden Sie selbst, was für Sie sinnvolle Lernziele sind (welche Fremdsprache, welches Zielniveau, welche Grundkompetenzen, welche fachliche Ausrichtung usw.).
2. Klären Sie Ihre Lernvoraussetzungen, indem Sie sich selbst einstufen oder einstufen lassen, sich Ihre früheren Lernerfahrungen und Ihre bevorzugten Lernstile bewusst machen und Ihre zeitlichen, finanziellen und motivationalen Ressourcen klären, die Sie für das Fremdsprachenlernen einsetzen können oder wollen.
3. Entscheiden Sie selbst, ob Sie Fremdsprachenunterricht besuchen und, wenn ja, welchen Fremdsprachenunterricht in welchem Umfang.
4. Nehmen Sie Unterricht nicht einfach so hin, wie er Ihnen angeboten wird, sondern wirken Sie aktiv an seiner Gestaltung mit, z.B. indem Sie Wünsche äußern, auf die Themenauswahl, die Arbeits- und Übungsformen, das Lehrtempo usw. Einfluss nehmen und ggf. Änderungsbedarf anmelden oder konstruktive Kritik üben.
5. Beziehen Sie andere Lernarrangements als klassischen Gruppenunterricht (Einzelunterricht, Lerntandems, Lerngruppen, Selbststudium) in Ihr Gesamtlernkonzept ein.
6. Sehen Sie unabhängig von den anderen Lernformaten auch immer Selbstlernen vor, um die Wirkung der anderen Maßnahmen zu stützen, zu ergänzen und zu intensivieren, und wählen Sie dabei Methoden, Materialien, Arbeitstechniken und Lernstrategien unter Berücksichtigung Ihrer persönlichen Lernziele und Lernstile aus.
7. Bestimmen Sie möglichst selbst Ihren Lernrhythmus, Ihre Lernzeiten und Ihr Lerntempo.
8. Gestalten Sie Ihre persönliche Lernumgebung unter Berücksichtigung Ihrer persönlichen Bedürfnisse so, dass Sie sich einerseits darin wohlfühlen und andererseits alle benötigten technischen und sonstigen Hilfsmittel (Radio, Computer mit Internetzugang, Lernsoftware, Wörterbücher, Filme, Smartphone, Voice-Recorder usw.) einsatzbereit zur Verfügung haben. Achten Sie auch bei der Wahl anderer Lernorte, z.B. für Treffen mit dem Tandempartner, auf den »Wohlfühleffekt« der Umgebung.
9. Passen Sie Ihr Lernen Ihren persönlichen Ressourcen an (verfügbare Zeit, verfügbare finanzielle Mittel usw.). Überfordern Sie sich nicht. Setzen Sie eher auf Konstanz als auf kurzfristige »Knalleffekte«.
10. Betreiben Sie ein aktives Motivationsmanagement, indem Sie Ihre Motivation als eine endliche Ressource behandeln, sie nicht durch Selbstüberforderung unnötig strapazieren und Ihren Lernprozess so gestalten, dass er möglichst viel Spaß macht und zu Erfolgserlebnissen führt. Erkunden Sie verschiedene Selbstmotivierungstechniken und lernen Sie, auch mit Lernplateaus und »Durchhängern« umzugehen.
11. Bemühen Sie sich aktiv um die Anwendung Ihrer Fremdsprachenkenntnisse durch Kontakt zu Muttersprachlern, Mitwirkung in Sprachclubs, Nutzung von Internetforen, Auslandsaufenthalte, Sprachreisen usw.

12. Erwerben Sie ein möglichst breites Repertoire an Lernstrategien. Reproduzieren Sie dabei nicht einfach nur die Lernstrategien, die Sie noch aus der Schule kennen oder die Ihr Lehrer Ihnen vorgibt. Probieren Sie vielmehr auch neue Strategien unvoreingenommen aus und stellen Sie fest, welche zu Ihren Lernzielen und zu Ihrem Lernstil passen.

13. Evaluieren und überwachen Sie Ihre Lernfortschritte und setzen Sie dazu von Zeit zu Zeit auch objektive Verfahren ein (z. B. standardisierte Tests). Suchen Sie bei ausbleibenden oder unbefriedigenden Lernfortschritten nach möglichen Ursachen und versuchen Sie diese abzustellen oder ihnen durch Strategieänderungen entgegenzuwirken.

14. Lassen Sie sich bei möglichst vielen genannten Entscheidungen von kompetenten Fachleuten beraten, ohne ihnen ungeprüft die Entscheidungen zu überlassen.

Das zentrale Anliegen dieses Buches ist es, Ihnen dabei zu helfen, ein selbstbestimmter Fremdsprachenlerner zu werden, der möglichst viele der vorausgehend genannten Entscheidungen nach eigenen Bedürfnissen und unter Berücksichtigung seiner eigenen Lernerpersönlichkeit trifft. Dies schließt weder aus, dass Sie sich umfassend beraten lassen (s. Nr. 14), noch dass Sie einen Teil der Entscheidungen an einen Lehrer delegieren (s. Nr. 3), sei es, um seine Kompetenzvorsprünge zu nutzen oder auch um sich selbst, vor allem in frühen Lernphasen, von zu viel eigenem Entscheidungsdruck zu befreien. Aber auch in diesem Fall sollten Sie sich verhalten wie ein Fahrgast im Taxi: Auch wenn Sie sich fahren lassen, bestimmen Sie, wohin die Fahrt geht. Und Umwege lassen Sie sich begründen.

TEIL II

Lernziele klären und die richtigen Lernvoraussetzungen schaffen

3 Maßnahmen zum Maßnehmen – Wie Sie Ihren individuellen Sprachlernbedarf ermitteln und bedarfsgerechte Lernziele definieren

3 | 1 Denken Sie über Ihren Sprachlernbedarf nach

»Ich will jetzt Spanisch lernen«. Ein Satz, der uns als Ausdruck eines guten Vorsatzes leicht über die Lippen kommt. Dass wir damit ein ungeheuer ehrgeiziges Ziel beschreiben, haben wir oben schon gesehen (s. Abschnitt 2.4 »I can English, and how! – Von den Gefahren der Selbstüberschätzung«). Denn er impliziert immer irgendwie, dass man danach Spanisch »kann«. Ein bisschen klingt er deshalb wie »Ich werd Prinzessin« oder »Ich werd allwissend« – ein schöner Vorsatz, aber auch immer ein bisschen unrealistisch.

Doch selbst wenn wir voraussetzen, dass unser Ehrgeiz ausreicht, diesem Fernziel entgegenzuarbeiten, kann man fragen: Ist dieses Fernziel eigentlich so unmissverständlich klar, wie es klingt? Wollen wir wirklich Spanisch so lernen, dass wir uns gleichermaßen in Spanien wie in jedem südamerikanischen Land verständigen können? Dass wir gleichermaßen eine spanische Tageszeitung wie auch Cervantes im Original oder den Kaufvertrag für die Finca auf Mallorca problemlos lesen und verstehen können? Gleichermaßen im Restaurant bestellen wie eine feierliche Rede auf Spanisch für Geschäftsfreunde halten können? Gleichmaßen gut über unsere Familie wie über die Ursachen der letzten Finanzkrise oder die emotionalen Begleiterscheinungen unserer letzten Trennung diskutieren können?

Wer immer beginnt eine Fremdsprache zu lernen, sollte sich vorher klarmachen, dass es kaum möglich ist, sie in all ihren Facetten zu beherrschen. Da die Ressourcen *Zeit* und *Motivation* endlich sind, gilt es deshalb zunächst zu klären, wozu man die Fremdsprache überhaupt braucht. »Wer nicht weiß, in welchen Hafen er segeln will, für den ist jeder Wind der falsche«, sagt der römische Gelehrte Seneca der Ältere. Oder etwas weniger poetisch ausgedrückt: Wer einfach drauflos lernt, läuft Gefahr, an seinem eigenen Bedarf vorbei zu lernen. Und wenn er es endlich merkt, ist seine Motivation vielleicht schon ein Stück weit verbraucht.

Besonders wichtig ist das Ermitteln des eigenen Sprachlernbedarfs für alle, die aus beruflichen Gründen eine Fremdsprache neu lernen oder vertiefen möchten. Ihr Sprachlernbedarf ist fast immer individuell. Wer in Italien Medizin studiert, um den deutschen

Numerus clausus zu umgehen, braucht ein anderes Italienisch als der Kunsthistoriker, der italienische Texte über die großen Renaissance-Maler auf Italienisch lesen will, als der deutsche Berufssänger, der sich auf italienische Opernrollen vorbereiten möchte, als die Besitzerin einer Modeboutique, die bei italienischen Textilfirmen einkauft, oder als der Importeur von Espresso-Maschinen. Wer einen internationalen Studiengang belegen möchte, in dem Englisch die Unterrichtssprache ist, muss Fachliteratur und Fachvorträge auf Englisch verstehen und wissenschaftliche Texte auf Englisch verfassen können. Aber er muss sich nicht unbedingt in der Bronx verständigen können. Auch der deutsche Sozialarbeiter, der mit ausländischen Jugendlichen arbeitet, braucht ein anderes Russisch als der Literaturliebhaber, der davon träumt, Dostojewski im Original lesen zu können.

Natürlich gibt es zwischen den genannten Bedarfen auch immer deutliche Schnittmengen, insbesondere im Bereich des Basiswortschatzes und der Basisgrammatik. Aber oft bestehen gerade in dem Bereich, der für den einzelnen Lerner besonders wichtig ist, markante Unterschiede im Lernbedarf. Und dieser kann deshalb mit einem Null-Acht-Fünfzehn-Lernangebot oft nicht optimal bedient werden.

Wenn Sie Schüler, Student oder Auszubildender sind, werden Sie vielleicht einwenden, dass Sie Ihren späteren Bedarf noch nicht so richtig vorhersehen können und dass im Übrigen das Lernangebot Ihrer Schule oder Hochschule ohnehin weitestgehend feststeht. Das mag in der Tendenz so zutreffen. Trotzdem ist es auch in diesem Fall nicht überflüssig, sich ein paar Gedanken darüber zu machen, wie das, was Ihnen angeboten wird, zu dem passt, was Sie später vielleicht brauchen könnten oder was Sie jetzt schon interessiert. Denn zum einen können Sie vielleicht auf den Fremdsprachenunterricht in gewissen Grenzen Einfluss nehmen (z. B. bei der Auswahl der behandelten Themen); zum anderen aber können Sie ganz sicher Ihre eigenen Lernbemühungen stärker an Ihren persönlichen Interessen ausrichten. Und im Übrigen sollten Sie ohnehin rechtzeitig lernen, als Lerner nicht einfach zu schlucken, was eine bestimmte Lernsituation Ihnen als Standardlösung vorsetzt.

In den nachfolgenden Abschnitten erfahren Sie, wie Sie Ihren individuellen Lernbedarf ermitteln und wie Sie daraus für Sie sinnvolle Lernziele ableiten. Beginnen wir mit der Bewusstmachung der individuellen Lerngründe.

3 | 2 Machen Sie sich Ihre individuellen Lerngründe bewusst

»Wer eine Fremdsprache lernt, zieht den Hut vor einer anderen Nation«, soll der amerikanische Schriftsteller Thornton Wilder gesagt haben. Andere bringen es eher auf die pragmatische Formel: Die wichtigste Fremdsprache ist immer die Sprache des Kunden. Doch damit sind nur zwei mögliche Gründe genannt, die in uns den Wunsch nach der Beherrschung einer fremden Sprache wecken. Es gibt zahlreiche andere. Die Übernahme der Firma durch einen ausländischen Konzern, der Montageeinsatz in Dubai, das vorgeschriebene C1-Niveau für den internationalen Masterstudiengang und der fünfzigprozentige Anteil von Kindern aus Migrationsfamilien in der unterrichteten Klasse gehören genauso dazu wie das Ferienhaus an der Algarve, die französische Austauschschülerin der Tochter oder der Wunsch, auch im Alter die grauen Zellen durch die besonderen Herausforderungen des Fremdsprachenlernens funktionstüchtig zu halten. Andere wiederum lernen Sprachen auch oder ausschließlich aus purem Interesse an fremden Ländern, fremden Kulturen, fremden Menschen oder – nicht zu unterschätzen – aus Freude am Sprachenlernen und Sprachenkönnen selbst. Jedes Motiv hat seine Berechtigung. Aber es ist sinnvoll, es sich bewusst zu machen und bei der Lernzielsetzung später zu berücksichtigen.

Ich habe für Sie eine Checkliste mit den am häufigsten genannten Gründen zusammengestellt. Sie soll Ihnen helfen, sich Ihre spezielle Ausgangsmotivation noch einmal ganz bewusst zu machen. Gehen Sie die Liste durch und halten Sie jeweils in dem grünen Kasten der nachfolgenden Tabellen fest, in welchem Maße die Aussagen in der linken Spalte für Sie zutreffen. Verwenden Sie dabei am besten folgende Kennzeichnungen: ein Minuszeichen für »trifft für mich nicht zu«, ein Pluszeichen für »trifft für mich teilweise zu« und zwei Pluszeichen für »trifft für mich in hohem Maße zu«.

Das Bearbeiten der Liste ist nicht nur ein sinnvoller Bewusstmachungsprozess für den Augenblick, sondern Sie können das Ergebnis auch später noch als Checkliste nutzen. So z. B. für die Auswahl des Lehrmaterials oder eines bestimmten Kurses. Außerdem können Sie die ausgefüllte Liste auch einem Kursanbieter (z. B. einer privaten Sprachschule) oder einem Lehrer vorlegen, um dann im Gespräch festzustellen, ob der angebotene Kurs für Sie wirklich »bedarfsgerecht« ist.

Lernziele klären und die richtigen Lernvoraussetzungen schaffen

Checkliste Lerngründe

Schule, Studium, Ausbildung

- Ich lerne die Fremdsprache, weil mir das durch meine aktuelle Ausbildungssituation (Schule, Studium, Lehre u. Ä.) so vorgegeben ist.
- Ich habe die Fremdsprache als Leistungskurs und/oder Prüfungsfach gewählt (z. B. im Abitur oder einem anderen Examen) und möchte mich entsprechend gut vorbereiten.
- Ich beabsichtige, im Rahmen meiner Ausbildung einen Auslandsaufenthalt zu machen (Schüleraustausch, Auslandsschuljahr, Auslandssemester).
- Ich möchte ein Praktikum im Ausland machen (Berufspraktikum, *au-pair*, *Work & travel* o. Ä.).
- Für die Aufnahme einer zukünftigen Ausbildung (Studium im In- oder Ausland, Berufsausbildung, Fort- und Weiterbildung) sind bestimmte Sprachkenntnisse zwingend notwendig oder dringend angeraten und ich muss einen entsprechenden Nachweis (z. B. durch ein Sprachenzertifikat) erbringen.
- Ich möchte einen Beruf ergreifen, für den Fremdsprachenkenntnisse zwingend notwendig oder dringend angeraten sind (z. B. im Hotelfachgewerbe).
- Andere Gründe:

Berufliche Gründe

- Ich lerne die Fremdsprache, weil mir das durch meinen Arbeitgeber so vorgegeben wird oder weil ich bei Aufnahme meiner Tätigkeit eine entsprechende Verpflichtung eingegangen bin.
- Ich habe berufliche Kontakte (mündlich oder schriftlich) mit Ausländern (Kollegen, Kunden, Patienten, Klienten, ausländische Mitbürger, Kinder mit Migrationshintergrund, Asylbewerber usw.).
- Ich muss in der Fremdsprache Vorträge, Präsentationen, Schulungen o. Ä. abhalten.
- Ich möchte Lehrer werden und diese Fremdsprache unterrichten.
- Ich unterrichte jetzt bereits die Fremdsprache und muss sie deshalb so gut wie möglich selbst beherrschen.

☐ Ich übe meine berufliche Tätigkeit derzeit ganz oder zeitweise im fremdsprachigen Ausland aus.

☐ Bei mir steht ein längerer beruflich bedingter Auslandsaufenthalt oder eine Versetzung ins Ausland an.

☐ Ich habe beruflich mit fremdsprachigen Texten zu tun (z. B. fremdsprachigen Fachpublikationen oder fremdsprachiger E-Mail-Korrespondenz).

☐ Ich möchte die Fremdsprache lernen, um mich auf Stellen bewerben zu können, auf denen Fremdsprachenkenntnisse vorausgesetzt werden.

☐ Ich möchte mit der Fremdsprache ganz allgemein meine beruflichen Aufstiegsmöglichkeiten verbessern.

☐ Andere Gründe:

Familiäre Gründe

☐ Ich möchte die Fremdsprache lernen, weil sie die Muttersprache meiner Partnerin/meines Partners und/oder ihrer/seiner Familie ist.

☐ Ich möchte die Fremdsprache lernen, weil meine Familie (Eltern, Großeltern, Vorfahren) ursprünglich mal aus einem Land kommt, in dem diese Sprache gesprochen wird.

☐ Ich möchte die Fremdsprache lernen, weil wir unsere Kinder bilingual erziehen wollen.

☐ Ich habe private Kontakte mit Ausländern (Verwandte, Nachbarn, Freunde).

☐ Ich möchte den eigenen Kindern helfen können, die diese Fremdsprache in der Schule lernen.

☐ Wir werden aus familiären Gründen für längere Zeit im Ausland leben.

☐ Wir beabsichtigen, in ein fremdsprachiges Land auszuwandern.

☐ Andere Gründe:

Persönliche Gründe

- Ich will im Urlaub oder auf privaten Auslandsreisen mehr verstehen und mich nach Möglichkeit in der Sprache des Landes verständigen können.

- Ich möchte die Fremdsprache als Zugang zur Kultur des Landes, in dem man diese Sprache spricht, nutzen, z. B. als Zugang zu seiner Geschichte, seiner Literatur, seinen Traditionen usw.

- Ich lerne gern Sprachen, weil ich in Sprachkursen in Kontakt mit anderen Menschen komme.

- Ich möchte die Sprache lernen, weil viele meiner Freunde/Bekannten diese Sprache auch sprechen können.

- Fremdsprachenlernen ist für mich so etwas wie ein Hobby.

- Ich lerne Fremdsprachen, um mein Gedächtnis zu trainieren und geistig fit zu bleiben.

- Mich reizt die intellektuelle Herausforderung, diese Fremdsprache zu lernen und möglichst gut zu beherrschen.

- Ich genieße die Anerkennung anderer, die mir zuteil wird, wenn man diese Sprache spricht.

- Andere Gründe:

3 | 3 Bestimmen Sie die Zielsprache und die benötigte Sprachvariante

Es klingt zunächst vielleicht wie ein schlechter Witz, aber sind Sie sicher, dass Sie wirklich die Sprache lernen, die Sie brauchen? Es soll schon vorgekommen sein, dass Mitarbeiter von Firmen sich durch einen Spanischkurs für einen Südamerika-Einsatz vorbereitet haben und anschließend erfuhren, dass sie nach Brasilien geschickt werden. Wen es zufällig einmal in den mittelamerikanischen Staat Belize verschlägt, der wundert sich vielleicht, dass die offizielle Amtssprache dort keineswegs Spanisch wie in allen umliegenden Staaten, sondern Englisch ist. Auch mancher Mallorca-Urlauber musste schon feststellen, dass er den einheimischen Urlaubsbekanntschaften mit Katalanisch-Kenntnissen vielleicht eine größere Freude gemacht hätte als mit seinem Volkshochschul-Spanisch. Eine deutsche Bionikstudentin, die ein Praktikum in einer Affenbeobachtungsstation in Nord-Uganda machte, lernte vor dem Abflug fleißig Kiswahili, weil ihr dies in einem Reiseführer empfohlen worden war. Vor Ort angekommen, musste sie jedoch feststellen, dass Kiswahili fast nur als Verkehrssprache in den größeren Städten verbreitet ist und ihr bei der Kommunikation mit den Bewohnern in ihrem Dorf wenig half. Ein Frisörlehrling, der im Rahmen eines Austauschprogramms ein längeres Praktikum in Schweden absolvieren wollte, begann zwei Monate vor der Abreise Schwedisch zu lernen. Wie abzusehen, schaffte er es nicht mehr, in dieser Sprache so weit zu kommen, dass er ein richtiges Kundengespräch auf Schwedisch hätte führen können. Wahrscheinlich hätte er besser daran getan, sein Englisch aufzufrischen und dieses um die benötigten fachsprachlichen Komponenten zu erweitern. Dann hätte er sich gerade in einem Land wie Schweden zumindest mit einem Teil seiner Kunden und Kundinnen verständigen können.

Die Beispiele zeigen, dass es durchaus sinnvoll sein kann, sich beim Sprachenlernen im Zusammenhang mit einer Auslandsreise vorab Gedanken zu machen, mit welcher Sprache man in welchen Situationen am ehesten weiterkommt. Bei Ländern und Regionen abseits der großen Touristenströme kann das linguistische Internetportal <www.ethnologue.com> erste Hinweise geben. Wenn man hier auf den Länderindex (»Ethnologue country index«) geht, kann man sich für jedes Land der Erde anzeigen lassen, welche Sprachen von wie vielen Sprechern in diesem Land gesprochen werden, häufig mit Angaben zu den einzelnen Regionen. Als zusätzliche Informationsquelle sollten aber auf jeden Fall Menschen befragt werden, die schon einmal in diesem Land waren. Sie werden noch am ehesten sagen können, mit welcher Sprache man dort am besten zurechtkommt.

Solche Fälle betreffen zugegebenerweise nicht den Durchschnitts-Fremdsprachenlerner. Sehr wohl betroffen sind aber viele Lerner von der Frage, welche *Variante* einer bestimmten Sprache sie benötigen. Denn eine Sprache ist nichts Monolithisches, kein Gebilde aus einem einzigen Guss, sondern eher ein Konglomerat von Varianten mit einem gemeinsamen Kern. Machen wir uns das am Beispiel einiger deutscher Wörter kurz klar.

Wer im Ausland Deutsch als Fremdsprache mit einem ganz normalen Lehrwerk lernt, kennt nur Grüße und Verabschiedungen wie *Guten Morgen, Guten Tag, Guten Abend, Hallo, Auf Wiedersehen* und vielleicht noch *Tschüss*. Sobald er den deutschen Sprachraum betritt, muss er jedoch lernen, dass die Menschen je nach Region noch ganz andere Gruß- und Verabschiedungsformeln verwenden wie *Moin, Grüß Gott, Grüezi, Tschö, Servus* oder *Uf Wiederluege*. Auch das Lesen einer Speisekarte kann ihm je nach Region Probleme bereiten. Was er als *Sahne* kennt, heißt plötzlich *Rahm* oder *Obers*, aus *Kartoffeln* werden *Erdäpfel*, aus *Rotkohl Blaukraut*, aus *Tomaten Paradeiser*. Auch wird er sich fragen, was für merkwürdige Speisen wohl *Palatschinken mit Marillenmarmelade, Tafelspitz mit Kren* oder *Schäufele mit Brägele* sein könnten. Doch man muss keineswegs ein Ausländer sein, um durch den regionalen Variantenreichtum der deutschen Sprache vor Verständnisschwierigkeiten gestellt zu werden. Dass Brötchen in München *Semmeln* heißen, in Stuttgart *Wecken*, in Berlin *Schrippen* und in Hamburg gerne auch mal *Rundstücke*, bekommt man spätestens auf Reisen beim Betreten einer Bäckerei mit. Schwieriger wird es aber bei spezielleren Begriffen. Wenn ein Süddeutscher mal wieder seine *Godl* besuchen möchte, runzelt mancher Norddeutsche nachdenklich die Stirn, während der Münchner irritiert schaut, wenn sich ein Rheinländer mit der Frage *Kommt Ihnen das aus?* mit ihm verabreden will. Und spätestens wenn in der Schweiz ein *Bürolist* beim *Zügeln verunfallt*, setzt bei allen Nicht-Schweizern das Verständnis aus. Standardsprachlich aufgelöst, wollte der erste nur seine Taufpatin besuchen, der andere fragt freundlich, ob es zeitlich passt, und in der Schweiz hat ein Büroangestellter beim Umzug einen Unfall gehabt.

Die lexikalischen Varianten des Deutschen sind so zahlreich, dass sie ein eigenes »Variantenwörterbuch« im Umfang von knapp tausend Seiten füllen (erschienen 2004 im Verlag de Gruyter). Bei den genannten Varianten handelt es sich dabei nicht um Dialekte. Diese würden noch einmal ganz anders klingen und wären für den größten Teil der anderen Sprecher erst recht unverständlich. Es handelt sich vielmehr um regionale Varianten (*Brötchen* vs. *Semmel*; *Klempner* vs. *Spengler*; *Fleischer* vs. *Metzger*; *Viertel nach 6* vs. *Viertel 7*) bzw. nationale Varianten (*Jänner* vs. *Januar*; *Tomate* vs. *Paradeiser*; *Bartwisch* vs. *Handfeger*; *verunfallen* vs. *verunglücken*). Beide Arten von Varianten werden oft als Abweichung vom »guten« oder »richtigen« Sprachgebrauch empfunden. Aus linguistischer Sicht ist dies völlig unbegründet. *Marille* ist nicht »falsches« Deutsch für *Aprikose*, und *verunfallen* nicht falsches Deutsch für *verunglücken*, nur weil es die österreichische bzw. schweizerische Variante ist. Es ist einfach nur anders. In Großbritannien fahren die Autos ja auch nicht auf der »falschen« Straßenseite, sondern nur auf der anderen. Welche Variante einer Sprache die jeweilige Norm ist und deshalb das höhere Prestige hat, hat meist nur historische und politische (oft machtpolitische) Ursachen. Eine echte Überlegenheit einer Variante über eine andere ist aus sprachwissenschaftlicher Sicht praktisch nie zu begründen.

Was in Sachen Variantenreichtum für das Deutsche gilt, gilt für die großen Weltsprachen in noch viel stärkerem Maße. Man denke nur an britisches und amerikanisches Englisch, an europäisches oder südamerikanisches Spanisch, an europäisches oder brasilianisches Portugiesisch oder an das Französisch unseres Nachbarlandes im Vergleich zum kanadischen Französisch, von den Unterschieden zu den zahlreichen anderen Ländern, in denen die genannten Sprachen gesprochen werden, ganz zu schweigen. Die Unterschiede können dabei die Aussprache, die Rechtschreibung, den Wortschatz oder die Grammatik betreffen.

Was folgt nun aus dem Variantenreichtum von Sprachen für den Fremdsprachenlerner? Zunächst einmal mag man als Lerner geneigt sein zu sagen: Ich lerne einfach die Standardvariante der Zielsprache, damit bin ich immer auf der sicheren Seite. Dies ist eine verständliche Grundhaltung, löst aber keineswegs alle Probleme. Einmal abgesehen davon, dass es zumindest bei den großen nationalen Varianten grundsätzlich fraglich ist, welche denn die »Standardvariante« ist (amerikanisches oder britisches Englisch? europäisches oder südamerikanisches Spanisch?), liegt man damit meistens nur für den Bereich der *produktiven* Kompetenz (Schreiben und auch eigenes Sprechen) richtig. Grund dafür ist, dass die meisten Sprecher von Varianten die Standardsprache verstehen. Auch die Tatsache, dass die Standardsprache meist die größte Verbreitung hat und vor allem in der überregionalen Kommunikation wie z. B. in den Medien eingesetzt wird, spricht für diese Lösung. Für die eigenen *rezeptiven* Fähigkeiten gilt aber: Je nach Umgebung kann es sehr wichtig sein, die jeweilige nationale, regionale oder dialektale Variante zumindest zu verstehen. Wer im Goethe-Institut München Deutsch gelernt hat und anschließend in einem Altenpflegeheim in einer oberbayrischen Kleinstadt arbeitet, wird dies bestätigen können. Und wer in Deutschland Französisch lernt und dann in Quebec arbeitet, wird mit seinem Schulfranzösisch sicher verstanden, hat aber selbst zumindest in manchen Situationen und mit manchen Gesprächspartnern Verständnisschwierigkeiten. Und auch wer geschäftlich in Indien unterwegs ist, wundert sich möglicherweise nicht wenig, dass er das Englisch, das dort gesprochen wird, anfänglich nur mit großer Mühe versteht. Die Erkenntnis, dass man eigentlich ein anderes Englisch (Französisch, Spanisch) gebraucht hätte, ist für viele Fremdsprachenanwender eine nachträgliche, manchmal frustrierende Erfahrung. Es lohnt sich also, sich rechtzeitig Gedanken zu machen, wo man seine Fremdsprachenkenntnisse voraussichtlich einsetzen wird.

Ein Problem, dass sich dabei stellt, liegt sicherlich im lückenhaften Angebot an Lehrmaterialien, die diese speziellen Bedürfnisse berücksichtigen. Denn die Lehrbücher tun fast immer so, als gäbe es nur ein Englisch, ein Französisch oder ein Deutsch. Erst in jüngster Zeit zeichnet sich ein vorsichtiger Trend ab, auch regionale Varianten systematisch zu berücksichtigen. So lassen mittlerweile einige Englisch-Lehrwerke ihre Hörverstehensmaterialien nicht nur von englischen oder amerikanischen, sondern auch einmal aus dem Munde von australischen, neuseeländischen oder indischen Sprechern aufzeichnen. Wir haben aber als Lerner grundsätzlich auch die Möglichkeit, uns selbst zusätzlich zu dem Standardlehrmaterial aus dem Unterricht ergänzendes Material zu beschaffen, im dem auch die jeweilige Sprachvariante vertreten ist, z. B. indem wir uns ein Wörterbuch speziell zu dieser Sprachvariante zulegen oder indem wir mit Hörverstehensmaterial arbeiten, in dem die benötigte Variante der Zielsprache vertreten ist.

Halten wir also fest, dass Sie vorab klären sollten, ob Sie eine bestimmte regionale Variante Ihrer Zielsprache zumindest rezeptiv benötigen. Wenn ja, dann sollten Sie dies so weit wie möglich bei der Auswahl von Kursen, Lehrern, Lehrmaterial und Nachschlagewerken berücksichtigen. Bei Auslandsreisen in weniger vertraute Länder sollten Sie sich vorab nach den Sprachen erkundigen, die Ihnen dort die höchsten Verständigungschancen bieten.

3 | 4 Bestimmen Sie Ihren Sprachlernbedarf nach Grundkompetenzen und Anwendungssituationen

Bei der Beherrschung einer Fremdsprache wird traditionell zwischen vier Grundkompetenzen (auch »Fertigkeiten« oder »skills« genannt) unterschieden:

1. Leseverstehen: geschriebene Sprache verstehen, vom Hinweisschild über die Speisekarte bis zum Roman oder Fachbuch.

2. Hörverstehen: gesprochene Sprache verstehen, von der Durchsage am Bahnhof über Gespräche mit oder ohne eigene Beteiligung bis hin zu Radio, Film oder Fernsehen.

3. Schreiben: selbst Texte verfassen, von einer kurzen E-Mail an Freunde oder Bekannte über Lebensläufe und Bewerbungsschreiben bis hin zu Studienabschlussarbeiten oder Artikeln in fremdsprachigen Fachzeitschriften.

4. Sprechen: sich selbst mündlich ausdrücken können, vom Grüßen und Verabschieden und dem einfachen Smalltalk über den Erlebnisbericht vom letzten Urlaub bis hin zum Vortragen und argumentativen Vertreten eines eigenen Standpunktes in einer kontroversen Diskussion.

Beim genaueren Hinsehen zeigt sich allerdings, dass die genannten vier Grundkompetenzen nicht immer so klar zu trennen sind, sondern oft auch kombiniert auftreten. Schon die wahrscheinlich häufigste Anwendung der Fremdsprache, nämlich das mündliche Gespräch mit anderen, ist in der Regel eine Kombinationsform aus Hörverstehen und Sprechen. Eine weitere häufig vorkommende Kombination ist die von Lesen und Schreiben, z. B. beim Beantworten von Mails, beim Ausfüllen von Formularen und Fragebögen, beim Zusammenfassen oder Kommentieren von Texten. Speziell in Unterrichtssituationen treten Sonderformen auf wie Texte laut vorlesen, nach Diktat schreiben, nachsprechen oder auswendig lernen, Sprachanwendungen also, in denen verschiedene Bestandteile der vier Grundkompetenzen ebenfalls in kombinierter Form auftreten. Ferner gelten Übersetzen und Dolmetschen als eigene Kompetenzen, weil in beiden nicht nur je eine rezeptive und eine produktive Grundkompetenz, sondern zusätzlich eine sog. »Sprachmittlungsfähigkeit« vorhanden sein muss, ohne die eine sinnwahrende Übertragung von der einen in die andere Sprache nicht möglich wäre.

Das Gesagte macht eines sicherlich schon hinreichend deutlich: Statt eine Sprache »können« zu wollen, ist es wesentlich sinnvoller, sich Gedanken darüber zu machen, welche der genannten Grundkompetenzen man in welcher Gewichtung wirklich braucht. Denn die Erfahrung zeigt, dass mit dem Training einer bestimmten Grundkompetenz nicht automatisch auch die anderen entwickelt werden. Wer jahrelang täglich *Le Monde* oder *Corriere della Sera* liest, wird deshalb nicht automatisch in der Lage sein, ein fließendes Alltagsgespräch auf Französisch bzw. Italienisch zu führen. Und umgekehrt ist die fließende Beherrschung der französischen oder italienischen Alltagssprache kein Garant dafür, einen überzeugenden Text für den Internetauftritt des eigenen Arbeitgebers verfassen zu können.

Zunächst sollten Sie deshalb einmal darüber nachdenken, welche der vier Grundkompetenzen für Sie eigentlich im Vordergrund steht. Die meisten Fremdsprachenanwender lassen sich dabei erfahrungsgemäß einer der folgenden vier Hauptgruppen zuordnen:

1. Anwender, die nur *Lesekompetenz* benötigen

Diese Gruppe besteht aus Personen, die aus bestimmten (meist beruflichen) Gründen zunächst einmal nur in der Lage sein müssen, Texte in der Fremdsprache zu lesen und selbstständig zu erschließen, die aber nicht in die Situation kommen, selbst Texte in der Fremdsprache zu verfassen oder die Fremdsprache aktiv in Gesprächen anzuwenden. Zu dieser Gruppe gehören z. B. Wissenschaftler, die Fachtexte in mehreren Sprachen lesen müssen, um den Überblick über ihr Fachgebiet zu behalten, Juristen, die fremdsprachige Gesetze oder Verträge verstehen müssen, IT-Anwender, die ohne rezeptive Englischkenntnisse bestimmte Programme nicht bedienen könnten, aber auch literarisch Interessierte, die gern Literatur im Original lesen. Für solche Gruppen wäre es ineffizient, sich um eine vollständige produktive und rezeptive Beherrschung der Fremdsprache in Wort und Schrift zu bemühen. Wer sich stattdessen ganz auf den Erwerb der Lesekompetenz konzentriert, spart sehr viel Zeit, Zeit, die z. B. ausreichen würde, um Lesekompetenz in mindestens einer weiteren Sprache zu erwerben. Dabei braucht niemand Angst zu haben, dass er etwas verpasst oder seine Zeit fehlinvestiert. Denn wie wir später noch sehen werden (s. insbes. Abschnitt 9|1), ist die Lesekompetenz eine sehr gute Ausgangsbasis für eine spätere »Aktivierung« in Richtung schriftliche oder mündliche Sprachproduktion.

2. Anwender, die mündliche Kommunikationskompetenz benötigen

Dies ist in der Regel die größte Gruppe. Sie schließt alle ein, die sich im Ausland zurechtfinden müssen, egal ob in beruflichen, privaten oder rein touristischen Situationen, aber auch die, die im Inland intensiven Kontakt mit Ausländern, z. B. Kunden, Kollegen oder Kommilitonen haben und deren Sprache benutzen müssen oder wollen. Für diese Gruppe steht das dialogische Hören und Sprechen im Vordergrund. Lesekompetenz wird dabei in den meisten Fällen vorausgesetzt, wenn auch vielleicht nicht auf einem so hohen Niveau wie bei den unter Gruppe 1 genannten Anwendern. Das Schreiben spielt hier meist eine eher untergeordnete Rolle und kommt höchstens in Form von Notizen, E-Mails, dem Ausfüllen von Formularen oder anderen vorstrukturierten Texten wie Bestellformularen, Hotelbuchungen oder Ähnlichem vor.

3. Anwender, die eine umfassende mündliche und schriftliche Kommunikationskompetenz benötigen

Dies trifft z. B. auf Studenten zu, die ein Auslandsstudium machen und sich nicht nur in Alltagssituationen zurechtfinden, sondern auch typisch akademische sprachliche Tätigkeiten ausführen müssen wie Fachtexte verstehen, Vorlesungen folgen, eigene Präsentationen und Referate halten sowie eigene Texte mit fachlichem Inhalt in der Fremdsprache verfassen. Natürlich gilt dies auch für alle, die im Ausland berufstätig sind und vollwertige Arbeit wie die muttersprachigen Kollegen leisten müssen. Inzwischen steigt aber auch die Zahl der Unternehmen, in denen die Unternehmenssprache durchgängig Englisch ist, und zwar auch an den Standorten außerhalb englischsprachiger Länder. Hier benötigen dann auch an den deutschen Standorten alle Mitarbeiter eine umfassende mündliche und schriftliche Kommunikationskompetenz. Und natürlich sollten zu dieser Gruppe auch alle Lehrer gehören, die selbst die Fremdsprache an deutschen Schulen und Hochschulen unterrichten, egal auf welcher Stufe.

4. Anwender, die zusätzlich eine Übersetzungs- und Dolmetschkompetenz aufbauen möchten

Sie bilden eine spezielle Gruppe. Denn im Gegensatz zu einer landläufigen Ansicht ist Übersetzungskompetenz nicht automatisch gegeben, wenn man zwei Sprachen gut beherrscht. Sie erfordert vielmehr noch eine weitere, ganz spezielle Kompetenz, die »Sprachmittlungskompetenz« (fachsprachlich auch »translatorische Kompetenz« genannt). Dass das so ist, kann man u. a. auch daran erkennen, dass Bilinguale keineswegs automatisch gute Übersetzer sind, wie empirische Untersuchungen gezeigt haben. Eine solche Sprachmittlungskompetenz erwirbt man am besten im Rahmen einer speziellen Übersetzer- oder Dolmetscherausbildung. Allerdings ist zu berücksichtigen, dass von jemandem, der eine Fremdsprache spricht, meist erwartet wird, dass er zumindest Grundlegendes auch übersetzen und dolmetschen kann. Man tut also als Fremdsprachenlerner gut daran, dies bei der individuellen Lernzielbestimmung ein wenig im Hinterkopf zu behalten.

Versuchen Sie jetzt zunächst, sich demjenigen der vier Haupttypen zuzuordnen, der Ihrer Anwendungssituation am nächsten kommt. Ihr individueller Bedarf ist aber wahrscheinlich noch durch eine Reihe von Besonderheiten gekennzeichnet. Deshalb biete ich Ihnen im Folgenden eine detaillierte Checkliste an, mit deren Hilfe Sie Ihren Bedarf noch genauer nach Anwendungssituationen bestimmen können. Selbst wenn Sie derzeit noch nicht von allen Anwendungssituationen sagen können, wie wichtig sie für Sie sind, sollten Sie versuchen, eine Wahrscheinlichkeitseinschätzung vorzunehmen. Grundsätzlich gilt: Je genauer Sie Ihre Anwendungssituationen bestimmen können, desto zielstrebiger können Sie Ihre Lernschritte darauf abstimmen.

Ermitteln Sie also Ihr individuelles Fremdsprachenbedarfsprofil, indem Sie in den Tabellen 1 bis 4 für jede Anwendungsform eine Gewichtung zwischen **1 (selten/unwichtig)** bis **5 (häufig/sehr wichtig)** in die rechte Spalte eintragen.

Tabelle 1: Anwendungssituationen, die Leseverstehenskompetenz erfordern

Hinweisschilder	
Speisekarten	
Veranstaltungsankündigungen und -programme (Kino, Theater, Fernsehen etc.)	
Computerprogramme mit fremdsprachiger Benutzeroberfläche	
Nachschlagewerke (Wörterbücher, Enzyklopädien)	
Flyer, Prospekte, Kataloge, Werbeschriften	
Briefe und Mails	
Internetseiten	
Sitzungsunterlagen (Tagesordnungen, Handouts, Protokolle)	
Gesetze, Richtlinien, Ordnungen, Satzungen etc.	
Koch- und Backrezepte	
Bedienungs- und Gebrauchsanleitungen	
Hard- und Softwarehandbücher	
Beipackzettel zu Medikamenten	
Tageszeitungen, Publikumszeitschriften	
Fachliteratur	
Unterhaltungsliteratur	
Literarische Werke	
Weitere:	

Tabelle 2: Anwendungssituationen, die Hörverstehenskompetenz erfordern

Durchsagen an öffentlichen Orten (Bahnhof, Flugplatz, Kaufhaus etc.)	
Besucherführungen (Stadtführungen, Museumsführungen etc.)	
Radiosendungen	
Fernsehsendungen	

Lernziele klären und die richtigen Lernvoraussetzungen schaffen

Filme im Kino	
Filme von Datenträgern (DVD, Blu-ray, Stream)	
Theateraufführungen	
Hörbücher	
Vorträge und Präsentationen	
Versammlungen (berufliche, politische, religiöse usw.)	
Unterricht, Kurse, Seminare, Fortbildungen	
Gesungene Texte (Songtexte, Musical, Oper etc.)	
Weitere:	

Tabelle 3: Anwendungssituationen, die Schreibkompetenz erfordern

SMS	
Formulare (ausfüllen)	
Informelle Briefe und Mails (z. B. an Freunde)	
Formelle Briefe und Mails (z. B. an Kunden)	
Postings in Chats, Foren, sozialen Netzwerken	
Bewerbungen	
Kleinanzeigen	
Sitzungsprotokolle	
Geschäftskorrespondenz	
Manuskripte von Reden und Ansprachen	
Vertragstexte	
Pressemitteilungen	
Zusammenfassungen	
Berichte	
Seminararbeiten, Studienabschlussarbeiten	
Praktikumsberichte	
Exposés	
Fachartikel	
Förderanträge	
Weitere:	

Wie Sie Ihren Sprachlernbedarf ermitteln und Lernziele definieren | 83

Tabelle 4: Anwendungssituationen, die Gesprächskompetenz erfordern

Situation	
Kontaktaufnahme und -pflege durch Smalltalk im privaten oder beruflichen Bereich	
Unterrichtsbezogene Gespräche mit Lehrern, Dozenten, Mitlernenden, Kommilitonen usw.	
Private Gespräche mit Verwandten, Bekannten, Freunden, Mitbewohnern, Gastfamilien usw.	
Private Verkaufsgespräche in der Rolle des Käufers (auf Märkten, in Geschäften, Kaufhäusern usw.)	
Berufsbezogene Gespräche am Arbeitsplatz mit Vorgesetzten, Mitarbeitern, Kollegen	
Berufsbezogene Gespräche mit Personen im weiteren Umfeld (Kunden, Geschäftspartner, externe Dienstleister usw.)	
Gespräche in Behörden, Ämtern, öffentlichen Einrichtungen	
Sitzungen, Meetings, Besprechungen	
Berufliche Telefonate	
Private Telefonate	
Vertragsverhandlungen	
Öffentliche Diskussionen	
Gespräche mit Medienvertretern (z. B. Presseinterviews)	
Weitere:	

Versuchen Sie nun, ausgehend von den Überlegungen in diesem Abschnitt und Ihren quantitativen Angaben in den Checklisten, Ihren Gesamtanwendungsbedarf (diesen mit 100 Prozent gleichsetzend) prozentual auf diese vier Grundkompetenzen zu verteilen und tragen Sie diesen in Tabelle 5 ein.

Tabelle 5: Verteilung Ihres Gesamtanwendungsbedarfs auf die vier Grundkompetenzen

Gesamtbedarf	100 %
davon für Lesen	%
davon für Schreiben	%
davon für reines Hörverstehen	%
davon für Gesprächskompetenz	%

3 | 5 Bestimmen Sie Ihren fachsprachlichen Lernbedarf

Ein weiteres wichtiges Instrument zur Präzisierung des Kompetenzbedarfs ergibt sich aus den thematischen Inhalten, über die Sie voraussichtlich in der Fremdsprache kommunizieren werden. Zu diesen gehören vor allem auch Ihre beruflichen Bedarfe. Fachsprachen benötigt man aber nicht nur im Beruf, sondern auch in zahlreichen anderen Zusammenhängen, z. B. bei Sportarten oder Hobbys. Doch auch im Bereich der nichtfachlichen Inhalte werden wir kaum das Ziel verfolgen, uns zu allen denkbaren Themen gleichermaßen differenziert äußern zu können. Dazu sind wir nicht einmal in der Muttersprache einschränkungslos in der Lage. Es ist deshalb sinnvoll, sich schon rechtzeitig Gedanken über die Themen zu machen, die in der eigenen Sprachanwendung voraussichtlich vorkommen werden.

Bei der Abgrenzung von fachlicher und nichtfachlicher Kommunikation können wir uns ganz grob an einer einfachen Grundfrage orientieren: Kommunizieren die Teilnehmer in ihrer Eigenschaft als Laien oder in ihrer Eigenschaft als Fachleute? Ausgehend von diesem Kriterium können wir vier Grundsituationen unterscheiden:

1. Wir kommunizieren als Laien mit anderen Laien.
2. Wir kommunizieren als Laien mit Fachleuten.
3. Wir sind selbst die Fachleute und kommunizieren als solche mit Laien.
4. Wir sind Fachleute und kommunizieren mit anderen Fachleuten über fachliche Inhalte.

Anhand dieser einfachen Einteilung lässt sich auch der fachsprachliche Lernbedarf in einer Fremdsprache näher bestimmen. Dabei zeigt sich in der Regel, dass die meisten Fremdsprachenlerner einen Bedarf für alle vier Situationen haben, dass dieser aber quantitativ und qualitativ sehr unterschiedlich ist.

Am häufigsten geraten wir vermutlich in Situationen des ersten Typs. Wir möchten uns auch als Laien ohne spezielle berufliche oder sonstige Veranlassung über Themen unterhalten können, die ein gewisses Spezialvokabular erfordern. Wenn Sie beispielsweise einem ausländischen Gast beim gemeinsamen Abendessen von Ihrem letzten Urlaubserlebnissen berichten und dabei auf einen Unfall mit einem Leihwagen zu sprechen kommen, dann können seine interessierten Nachfragen Sie schnell in die Situation bringen, dass Sie bestimmte Kfz-technische Ausdrücke (wie *Stoßstange, Kotflügel, Motorhaube, Rückspiegel, Kupplung, Handbremse* usw.), verkehrsrechtliche Ausdrücke (wie *Vorfahrt, Überholverbot, Einbahnstraße, Einmündung, Gegenverkehr, Geschwindigkeitsbegrenzung*) wie auch versicherungswirtschaftliche Begriffe (*Haftpflicht, Vollkasko, Rechtsschutz, Selbstbeteiligung, Beitragssatz*) benötigen. Verfügen Sie über solche Ausdrücke nicht, wird sich Ihre Erzählung wahrscheinlich sehr holprig oder gar unverständlich anhören. Über viele technische Gebiete kann man sich praktisch gar nicht unterhalten, ohne ständig in gewissem Maße auf Fachsprache zurückzugreifen. Wie könnten wir uns je über

Computer unterhalten, ohne im Bedarfsfall in der Fremdsprache auch Begriffe wie *Datei, Laufwerk, Speicher, Betriebssystem, Menü, Sicherungskopie, Ausdruck, formatieren, Seitenränder, Blocksatz, Tintenstrahldrucker, Passwort, Lesezeichen, Rechtschreibprüfung* usw. zu verwenden?

Vielleicht diskutieren Sie anschließend mit dem Gast über die aktuelle wirtschaftliche Entwicklung in Deutschland, verglichen mit der in seinem Heimatland. Dann werden vielleicht genauso schnell Begriffe notwendig wie *Arbeitslosenquote, Wirtschaftswachstum, Mindestlohn, Inflationsrate* oder *Staatsverschuldung*. Das Gleiche gilt, wenn Sie als Student oder Studentin im Ausland mit Ihren Kommilitonen den dortigen mit dem deutschen Unialltag vergleichen und dabei Wörter benötigen wie *Vorlesungsverzeichnis, Semesterferien, Klausur, Schein, Bafög, Prüfungsamt, Studienordnung, Dekan* oder *Studentenwohnheim*.

Typische Themengebiete, in denen wir auch als Laien einen gewissen Grundbedarf an fachsprachlicher Ausdrucksfähigkeit haben im Sinne der vorausgehend genannten Beispiele sind: Schule und Ausbildung, Gesundheit und Ernährung, Haus und Wohnung, Politik und Gesellschaft, Kultur und Medien, Technik, Sport und Freizeit.

Etwas anders hingegen ist die Lage bei Situation zwei, in der wir selbst als Laien schriftliche oder mündliche Ausführungen von Experten über ein fachliches Thema verstehen müssen: der Klempner, der uns die Bedienung der neuen Heizungsanlage erklärt, der Computerexperte, der uns mögliche Gründe für die dauernden Programmabstürze des Rechners nennt, die Wohnungsmaklerin, die uns die Vertragsbedingungen für den Kauf oder die Anmietung einer Wohnung darlegt, die Ärztin, die uns die Ergebnisse des letzten Gesundheitschecks präsentiert usw. Spätestens wenn wir eine Zeitlang im Ausland leben, werden wir uns mit solchen oder ähnlichen Kommunikationssituationen auch in der Fremdsprache auseinandersetzen müssen. Auch hier ist die Kenntnis zumindest eines Grundstocks von Fachausdrücken sinnvoll. Hinzu kommt die Fähigkeit, ggf. unbekannte Fachausdrücke entweder selbst zu erschließen oder ihre Bedeutung im Gespräch mit den Fachleuten zu klären. Denn während es bei der Kommunikation unter Laien meist nicht so genau darauf ankommt, ob die Fachsprache richtig verwendet wird und was die genaue Bedeutung einzelner Ausdrücke ist, kann dies bei der Kommunikation zwischen einem Fachmann und einem Laien wichtig werden. Wenn wir z. B. im normalen Sprachgebrauch keinen Unterschied zwischen *Fortbildung* und *Weiterbildung* machen, sind wir gut beraten, auf diesen Unterschied zu achten, wenn wir bei unserer Personalabteilung oder unserem Finanzamt nach der Übernahme oder der steuerlichen Absetzbarkeit entsprechender Kosten fragen. Typische Kommunikationspartner, mit deren Fachsprache wir auch als Laien im Ausland in Kontakt kommen, sind z. B. Behörden, Banken, Versicherungen, Arbeitsagenturen, Makler, Handwerker, Telekommunikationsanbieter, Einzelhändler, Ärzte und anderes medizinisches Personal.

Die umgekehrte Rollenverteilung begründet den dritten Situationstyp: Wir selbst agieren in der Fremdsprache als Experten in der Kommunikation mit Laien. Die deutsche Ärztin, die in einem schwedischen Krankenhaus anheuert, wird sich ebenso mit breiter fachsprachlicher Kompetenz für ihr Tätigkeitsfeld ausstatten müssen wie der Kundenberater, der die Hotline eines deutschen Unternehmens mit vielen internationalen Kunden betreuen soll. Das Gleiche gilt für die Mitarbeiterin im International Office einer deutschen Universität, die ausländischen Studienbewerbern die Zugangsvoraussetzungen und Einschreibemodalitäten für die Aufnahme eines Studiums an ihrer Hochschule erklären muss. Auch der deutsche Tauchlehrer, der in einem Ferienclub in irgendeinem Urlaubsparadies tätig wird, wird ohne ein gewisses Maß an fachsprachlicher Kompetenz in der Fremdsprache seine Tauchschülergruppe nicht unterrichten können. Und selbst der Student, der sich nebenher ein paar Euro als Fremdenführer verdient, kann es sich nicht leisten, die wichtigste Kirche, das älteste Baudenkmal oder den größten Künstler der Stadt nur mit fremdsprachigen Allerweltsvokabeln zu beschreiben.

Von den bisher besprochenen drei Situationstypen ist schließlich noch eine vierte zu unterscheiden, in der wir selbst als Fachleute in einem fachlichen Zusammenhang mit anderen Fachleuten kommunizieren. Der Flugzeugkapitän, der mit der Flugsicherung eines ausländischen Flughafens die Landebedingungen klärt, wird dies (hoffentlich) in unmissverständlich richtiger Fachsprache tun. Genauso die deutsche Exportkauffrau, die mit einem ausländischen Kunden die Liefer- und Zahlungsbedingungen für einen Großauftrag aushandelt. Und natürlich begründet auch jede berufliche oder akademische Ausbildung, die in einer anderen Sprache als der Muttersprache stattfindet, einen starken Bedarf an fachsprachlicher Kompetenz. Diese kann dabei noch einmal in sich vielfach gestaffelt sein. Ein Ingenieurwissenschaftler, der sich zum Beispiel auf elektrische Nachrichtentechnik spezialisiert hat, benötigt fachsprachliche Kompetenz in allgemein ingenieurwissenschaftlicher Terminologie, innerhalb dieser speziell in elektrotechnischer Terminologie, innerhalb dieser wiederum speziell in Nachrichtentechnik und innerhalb dieser vielleicht sogar noch einmal ganz speziell im Bereich einer bestimmten Form von Nachrichtentechnik, z. B. der Satellitentechnik.

Die vorausgehenden Ausführungen sollten Sie dazu anregen, sich Gedanken über den eigenen fachsprachlichen Lernbedarf in der Fremdsprache zu machen. Versuchen Sie nun, das Ergebnis in zweifacher Form festzuhalten. Zum einen sollten Sie eine Liste der Themen und Fachgebiete machen, zu denen Sie einen fachsprachlichen Lernbedarf bei sich sehen. Berücksichtigen Sie dabei z. B. Ihren gelernten Beruf, Ihren aktuell ausgeübten Beruf, Ihre Studienfächer, Ihre Hobbys, Ihre Hauptinteressengebiete und alle Themen, über die Sie jetzt schon oder später mit Muttersprachlern kommunizieren möchten.

Zum zweiten können Sie noch einmal einen Blick auf die prozentuale Gewichtung der Grundkompetenzen werfen, die Sie in Tabelle 5 festgehalten haben, und sich nun fragen, wie sich Ihr Prozentwert für jede einzelne der vier Grundkompetenzen auf fachliche und nichtfachliche Anteile verteilt. Tragen Sie die Werte in Tabelle 6 ein. Natürlich werden Sie dabei nur »gefühlte« Werte angeben können. Aber schon damit sensibilisieren Sie sich für die Wahrnehmung Ihres Lernbedarfs und schaffen so eine weitere gute Voraussetzung für bedarfsgerechtes, effizientes Lernen. Wir werden auf die Ergebnisse Ihrer Bedarfsanalysen noch an mehreren Stellen in diesem Buch zurückgreifen.

Tabelle 6: Verteilung Ihres Anwendungsbedarfs nach Grundkompetenzen auf fachliche und nichtfachliche Anteile

	Gewichtung laut Tabelle 5	nichtfachlicher Anteil	fachlicher Anteil
Leseverstehen	%	%	%
reines Hörverstehen	%	%	%
Gesprächskompetenz	%	%	%
Schreiben	%	%	%

3 | 6 Bestimmen Sie Ihr Zielniveau mithilfe des Gemeinsamen Europäischen Referenzrahmens für Sprachen (GeR)

Wer sich mit Fremdsprachen beschäftigt, wird oft gefragt: Wie viele Sprachen können Sie eigentlich? Ich habe schon in Abschnitt 2|4 versucht zu zeigen, wie nichtssagend das Wörtchen »können« in diesem Zusammenhang ist. Hier geht es nun um die Frage, wie man das eigene Kompetenzniveau genauer einstufen kann, und zwar sowohl das Niveau, das man in einer bestimmten Sprache bereits hat, als auch das Niveau, das man gern erreichen möchte. Und hier hat sich in den letzten Jahren einiges getan.

Die wichtigste Entwicklung ist die Schaffung des »Gemeinsamen Europäischen Referenzrahmens für Sprachen«. (Im Folgenden verwende ich das verbreitete Kürzel »GeR«.) Dieses neue Instrument wurde nach jahrelangen Vorbereitungsarbeiten durch Experten im Jahr 2000 vom Europarat in Straßburg verabschiedet. Ziel des GeR ist es, vergleichbare Sprachkompetenzstufen unabhängig von Einzelsprachen zu definieren und möglichst genau zu beschreiben, was man auf den einzelnen Stufen in der Fremdsprache typischerweise können muss. Insgesamt wurden so sechs Sprachniveaus festgelegt und mit den Bezeichnungen A1, A2, B1, B2, C1 und C2 gekennzeichnet. A1 steht für das niedrigste und C2 für das höchste Niveau.

Die Einstufung nach dem GeR bietet viele Vorteile. Zum einen ist sie unabhängig von Einzelsprachen, erlaubt also eine Einstufung für jede beliebige Sprache. Zum zweiten sind die Deskriptoren, also die Beschreibungen dessen, was man auf einer bestimmten Stufe können sollte, so gehalten, dass jeder sie problemlos anwenden kann. Man kommt so leicht zu einer schnellen Selbsteinstufung. Wie die Erfahrung zeigt, sind solche Selbsteinstufungen ziemlich zuverlässig und kommen den Ergebnissen objektiver Einstufungstests relativ nahe (vorausgesetzt natürlich, man führt die Selbsteinstufung nach bestem Wissen und Gewissen durch).

Zum dritten differenziert der GeR fünf verschiedene Grundkompetenzen der Sprachbeherrschung, nämlich »Hören«, »Lesen«, »Schreiben«, »Zusammenhängend sprechen« und »An Gesprächen teilnehmen«. Die Differenzierung des GeR zwischen »Zusammenhängend sprechen« und »An Gesprächen teilnehmen« soll berücksichtigen, dass längere zusammenhängende mündliche Äußerungen, z. B. Präsentationen oder differenzierte Argumentationen, teilweise andere Anforderungen stellen als das Sprechen in interaktiven Kommunikationssituationen, die sich durch einen raschen Wechsel von kürzeren Äußerungen der verschiedenen Gesprächsteilnehmer auszeichnen. Bei der Bestimmung Ihres Lernbedarfs in Abschnitt 3|4 haben wir zunächst nur die dialogische Gesprächskompetenz berücksichtigt. Nehmen Sie die zusätzliche Differenzierung, die der Referenzrahmen an dieser Stelle macht, jetzt zum Anlass, darüber nachzudenken, ob Sie auch einen speziellen Bedarf in Bezug auf das »zusammenhängende Sprechen« haben.

Insgesamt ermöglicht der GeR mit seinen Kategorien eine differenzierte Einschätzung der eigenen Sprachkompetenz. Man kann z. B. zu dem Ergebnis kommen, dass man in der Grundkompetenz Leseverstehen im Englischen bereits bei C1 angekommen ist, beim Hörverstehen und Teilnahme an Gesprächen aber erst Niveau B2 erreicht hat.

Zunehmend dringen die Niveaubezeichnungen des GeR, ausgehend von den Unis und der Erwachsenenbildung, auch in Schulen und in die Wirtschaft ein. Sie ersetzen damit auch immer mehr die alten Formulierungen, wie man sie aus Bewerbungsschreiben kennt: »Englisch fließend in Wort und Schrift«, »Französisch verhandlungssicher«, »Spanisch Grundkenntnisse«. Solche Formulierungen waren stets vage und beruhten nicht selten auch auf einer sehr wohlwollenden Selbsteinschätzung, mehr auf Wunschdenken als auf realen Einstufungen. Das professionelle Bewerbungsschreiben von heute sollte stattdessen zu allen Fremdsprachen die Angabe der GeR-Stufe enthalten und diese Angaben möglichst durch Zertifikate und die dabei erreichten Ergebnisse (z. B. in Form von Noten oder Punktzahlen) belegen. Es sollte also z. B. so aussehen:

Englisch: C1 (Certificate in Advanced English)
Französisch: B2 (DELF)
Spanisch: A1 (Diploma de Español, Nivel inicial)

Ein weiterer Vorteil des GeR ist, dass er nicht nur zur differenzierten Angabe bereits vorhandener Sprachkenntnisse eingesetzt werden kann, sondern auch zur Festlegung von Zielniveaus. Dazu werden wir den Referenzrahmen jetzt nutzen. Grundlage ist das GeR-Raster in Tabelle 7. Sie finden das Raster auch an vielen Stellen im Internet, z. B. auf der Seite <www.uni-marburg.de/sprachenzentrum/lehrangebot/selbsteinschaetzung>.

Tabelle 7: Selbsteinstufungsraster nach den Kategorien des Gemeinsamen Europäischen Referenzrahmens für Sprachen

		A1	A2	B1
VERSTEHEN	Hören	Ich kann vertraute Wörter und ganz einfache Sätze verstehen, die sich auf mich selbst, meine Familie oder auf konkrete Dinge um mich herum beziehen, vorausgesetzt es wird langsam und deutlich gesprochen.	Ich kann einzelne Sätze und die gebräuchlichsten Wörter verstehen, wenn es um für mich wichtige Dinge geht (z. B. sehr einfache Informationen zur Person und zur Familie, Einkaufen, Arbeit, nähere Umgebung). Ich verstehe das Wesentliche von kurzen, klaren und einfachen Mitteilungen und Durchsagen.	Ich kann die Hauptpunkte verstehen, wenn klare Standardsprache verwendet wird und wenn es um vertraute Dinge aus Arbeit, Schule, Freizeit usw. geht. Ich kann vielen Radio- oder Fernsehsendungen über aktuelle Ereignisse und über Themen aus meinem Berufs- oder Interessengebiet die Hauptinformation entnehmen, wenn relativ langsam und deutlich gesprochen wird.
	Lesen	Ich kann einzelne vertraute Namen, Wörter und ganz einfache Sätze verstehen, z. B. auf Schildern, Plakaten oder in Katalogen.	Ich kann ganz kurze, einfache Texte lesen. Ich kann in einfachen Alltagstexten (z. B. Anzeigen, Prospekten, Speisekarten oder Fahrplänen) konkrete, vorhersehbare Informationen auffinden und ich kann kurze, einfache persönliche Briefe verstehen.	Ich kann Texte verstehen, in denen vor allem sehr gebräuchliche Alltags- oder Berufssprache vorkommt. Ich kann private Briefe verstehen, in denen von Ereignissen, Gefühlen und Wünschen berichtet wird.
SPRECHEN	An Gesprächen teilnehmen	Ich kann mich auf einfache Art verständigen, wenn mein Gesprächspartner bereit ist, etwas langsamer zu wiederholen oder anders zu sagen, und mir dabei hilft zu formulieren, was ich zu sagen versuche. Ich kann einfache Fragen stellen und beantworten, sofern es sich um unmittelbar notwendige Dinge und um sehr vertraute Themen handelt.	Ich kann mich in einfachen, routinemäßigen Situationen verständigen, in denen es um einen einfachen, direkten Austausch von Informationen und um vertraute Themen und Tätigkeiten geht. Ich kann ein sehr kurzes Kontaktgespräch führen, verstehe aber normalerweise nicht genug, um selbst das Gespräch in Gang zu halten.	Ich kann die meisten Situationen bewältigen, denen man auf Reisen im Sprachgebiet begegnet. Ich kann ohne Vorbereitung an Gesprächen über Themen teilnehmen, die mir vertraut sind, die mich persönlich interessieren oder die sich auf Themen des Alltags wie Familie, Hobbys, Arbeit, Reisen, aktuelle Ereignisse beziehen.
	Zusammenhängendes Sprechen	Ich kann einfache Wendungen und Sätze gebrauchen, um Leute, die ich kenne, zu beschreiben und um zu beschreiben, wo ich wohne.	Ich kann mit einer Reihe von Sätzen und mit einfachen Mitteln z. B. meine Familie, andere Leute, meine Wohnsituation meine Ausbildung und meine gegenwärtige oder letzte berufliche Tätigkeit beschreiben.	Ich kann in einfachen zusammenhängenden Sätzen sprechen, um Erfahrungen und Ereignisse oder meine Träume, Hoffnungen und Ziele zu beschreiben. Ich kann kurz meine Meinungen und Pläne erklären und begründen. Ich kann eine Geschichte erzählen oder die Handlung eines Buches oder Films wiedergeben und meine Reaktionen beschreiben.
SCHREIBEN	Schreiben	Ich kann eine kurze einfache Postkarte schreiben, z. B. Feriengrüsse. Ich kann auf Formularen, z. B. in Hotels, Namen, Adresse, Nationalität usw. eintragen.	Ich kann kurze, einfache Notizen und Mitteilungen schreiben. Ich kann einen ganz einfachen persönlichen Brief schreiben, z. B. um mich für etwas zu bedanken.	Ich kann über Themen, die mir vertraut sind oder mich persönlich interessieren, einfache zusammenhängende Texte schreiben. Ich kann persönliche Briefe schreiben und darin von Erfahrungen und Eindrücken berichten.

		B2	C1	C2
VERSTEHEN	Hören	Ich kann längere Redebeiträge und Vorträge verstehen und auch komplexer Argumentation folgen, wenn mir das Thema einigermassen vertraut ist. Ich kann am Fernsehen die meisten Nachrichtensendungen und aktuellen Reportagen verstehen. Ich kann die meisten Spielfilme verstehen, sofern Standardsprache gesprochen wird.	Ich kann längeren Redebeiträgen folgen, auch wenn diese nicht klar strukturiert sind und wenn Zusammenhänge nicht explizit ausgedrückt sind. Ich kann ohne allzu grosse Mühe Fernsehsendungen und Spielfilme verstehen.	Ich habe keinerlei Schwierigkeit, gesprochene Sprache zu verstehen, gleichgültig ob »live« oder in den Medien, und zwar auch, wenn schnell gesprochen wird. Ich brauche nur etwas Zeit, mich an einen besonderen Akzent zu gewöhnen.
	Lesen	Ich kann Artikel und Berichte über Probleme der Gegenwart lesen und verstehen, in denen die Schreibenden eine bestimmte Haltung oder einen bestimmten Standpunkt vertreten. Ich kann zeitgenössische literarische Prosatexte verstehen.	Ich kann lange, komplexe Sachtexte und literarische Texte verstehen und Stilunterschiede wahrnehmen. Ich kann Fachartikel und längere technische Anleitungen verstehen, auch wenn sie nicht in meinem Fachgebiet liegen.	Ich kann praktisch jede Art von geschriebenen Texten mühelos lesen, auch wenn sie abstrakt oder inhaltlich und sprachlich komplex sind, z. B. Handbücher, Fachartikel und literarische Werke.
SPRECHEN	An Gesprächen teilnehmen	Ich kann mich so spontan und fließend verständigen, dass ein normales Gespräch mit einem Muttersprachler recht gut möglich ist. Ich kann mich in vertrauten Situationen aktiv an einer Diskussion beteiligen und meine Ansichten begründen und verteidigen.	Ich kann mich spontan und fließend ausdrücken, ohne öfter deutlich erkennbar nach Worten suchen zu müssen. Ich kann die Sprache im gesellschaftlichen und beruflichen Leben wirksam und flexibel gebrauchen. Ich kann meine Gedanken und Meinungen präzise ausdrücken und meine eigenen Beiträge geschickt mit denen anderer verknüpfen.	Ich kann mich mühelos an allen Gesprächen und Diskussionen beteiligen und bin auch mit Redewendungen und umgangssprachlichen Wendungen gut vertraut. Ich kann fließend sprechen und auch feinere Bedeutungsnuancen genau ausdrücken. Bei Ausdrucksschwierigkeiten kann ich so reibungslos wieder ansetzen und umformulieren, dass man es kaum merkt.
	Zusammenhängendes Sprechen	Ich kann zu vielen Themen aus meinen Interessengebieten eine klare und detaillierte Darstellung geben. Ich kann einen Standpunkt zu einer aktuellen Frage erläutern und Vor- und Nachteile verschiedener Möglichkeiten angeben.	Ich kann komplexe Sachverhalte ausführlich darstellen und dabei Themenpunkte miteinander verbinden, bestimmte Aspekte besonders ausführen und meinen Beitrag angemessen abschliessen.	Ich kann Sachverhalte klar, flüssig und im Stil der jeweiligen Situation angemessen darstellen und erörtern; ich kann meine Darstellung logisch aufbauen und es so den Zuhörern erleichtern, wichtige Punkte zu erkennen und sich diese zu merken.
SCHREIBEN	Schreiben	Ich kann über eine Vielzahl von Themen, die mich interessieren, klare und detaillierte Texte schreiben. Ich kann in einem Aufsatz oder Bericht Informationen wiedergeben oder Argumente und Gegenargumente für oder gegen einen bestimmten Standpunkt darlegen. Ich kann Briefe schreiben und darin die persönliche Bedeutung von Ereignissen und Erfahrungen deutlich machen.	Ich kann mich schriftlich klar und gut strukturiert ausdrücken und meine Ansicht ausführlich darstellen. Ich kann in Briefen, Aufsätzen oder Berichten über komplexe Sachverhalte schreiben und die für mich wesentlichen Aspekte hervorheben. Ich kann in meinen schriftlichen Texten den Stil wählen, der für die jeweiligen Leser angemessen ist.	Ich kann klar, flüssig und stilistisch dem jeweiligen Zweck angemessen schreiben. Ich kann anspruchsvolle Briefe und komplexe Berichte oder Artikel verfassen, die einen Sachverhalt gut strukturiert darstellen und so dem Leser helfen, wichtige Punkte zu erkennen und sich diese zu merken. Ich kann Fachtexte und literarische Werke schriftlich zusammenfassen und besprechen.

Gehen Sie wie folgt vor:

1. Lesen Sie sich die einzelnen Niveau-Beschreibungen in der ersten Zeile »Hören« durch und markieren Sie die Tabellenzelle, die Ihr derzeitiges Sprachbeherrschungsniveau am besten beschreibt. Wenn Sie das Gefühl haben, dass Sie genau zwischen zwei Niveaus liegen, dann halten Sie auch diese Zwischenstufe durch eine Markierung fest.
2. Gehen Sie nun bei den anderen Grundkompetenzen Zeile für Zeile genauso vor. Nehmen Sie die Einstufung für jede Grundkompetenz separat vor. Die markierten Sprachniveaus müssen also für verschiedene Grundkompetenzen nicht die gleichen sein (d. h., sie müssen in der Tabelle keineswegs untereinander liegen).
3. Fragen Sie sich nun, was Ihr Zielniveau ist: Welche der Beschreibungen trifft am besten das, was Sie für sich persönlich für ein sinnvolles (und möglichst auch realistisches) Lernziel halten? Auch hier sollten Sie wiederum jede Grundkompetenz einzeln prüfen. Auch Ihre Zielniveaus müssen also nicht unbedingt für alle Grundkompetenzen auf der gleichen Niveaustufe liegen.

Eine naheliegende Frage ist natürlich stets: Wie lange braucht man, um von einer Stufe auf die nächst höhere zu gelangen? Darauf kann es keine Standardantwort geben. Da der Referenzrahmen sprachübergreifend ist, ist er auch unabhängig davon, wie schwer oder leicht eine Sprache für eine bestimmte Zielgruppe von Lernern ist. Die Niveaustufen sagen deshalb zunächst einmal nichts über notwendige Lernzeiten aus. Und natürlich wird ein deutscher Lerner ohne Vorkenntnisse zum Erreichen des Niveaus B2 im Chinesischen weit länger brauchen als beispielsweise im Niederländischen.

Hinzu kommt noch, dass die Niveaus nicht wie die Sprossen auf einer Leiter wirklich »äquidistant« sind, also exakt gleiche Abstände haben, obwohl die Nummerierung dies suggeriert. Erfahrungsgemäß ist z. B. der Weg von Null bis A1 deutlich schneller zurückzulegen als der Ausbau von C1 zu dem Fast-Native-Speaker-Niveau C2. Man sollte also nicht der Versuchung erliegen, den Stufen des Europäischen Referenzrahmens mathematikgleiche Präzision zu unterstellen.

Trotz dieser Einschränkungen gibt es natürlich Erfahrungswerte. Nach sieben Jahren Schulenglisch z. B. sind die meisten Schüler auf B2-Niveau, einzelne besonders engagierte mit Leistungskurs und eventuell Auslandserfahrung schaffen auch C1, das meist Eingangsniveau für ein Anglistik-Studium an Hochschulen ist. Nach fünf Jahren Schulfranzösisch schaffen die meisten Schüler aber meist nur B1, einige nicht einmal das, wie Zulassungstests für ein Romanistik-Studium an Universitäten zeigen. Nach einem Auslandssemester haben sich die meisten Studenten zumindest in den Grundkompetenzen Sprechen und Hören um mindestens eine, manchmal auch um zwei Niveaustufen verbessert. In der Grundkompetenz Schreiben hingegen sind die Zuwächse meist geringer, manchmal sogar so gut wie nicht feststellbar.

Weitere Anhaltspunkte liefern die Kursangebote von Universitäten, Volkshochschulen und anderen institutionellen Anbietern. Hier können Sie oft bereits aus der Zahl der aufeinander aufbauenden Kurse, die auf der gleichen Niveaustufe angeboten werden, Rückschlüsse darauf ziehen, wie viel Unterricht erforderlich ist, um von einer Stufe zur nächst höheren aufzusteigen. Kursbezeichnungen wie B1a, B1b, B1c, B2a z. B. sind ein Hinweis darauf, dass offensichtlich drei Kurse auf B1-Niveau erforderlich sind, bis ein Durchschnittslerner das Niveau B2 erreicht. Wenn Sie dann die Kursstunden zusammenrechnen (z. B. drei Kurse mit jeweils zwei Unterrichtsstunden wöchentlich über einen Zeitraum von jeweils 15 Wochen macht 90 Unterrichtsstunden) haben Sie einen ersten Anhaltspunkt für den zu erwartenden Aufwand.

Wie wir jedoch schon in Abschnitt 2|9 (»Dabeisein ist nicht alles – Warum Sie die Möglichkeiten von Fremdsprachenunterricht kritisch einschätzen sollten«) gesehen haben, kommt es letztlich nicht auf die Menge an Unterricht, sondern auf die tatsächlich stattfindenden Lernprozesse im Kopf des Lerners an. Wer nur die genannten 90 Stunden im Unterricht sitzt und tut, was der Lehrer ihm sagt, wird den Sprung auf das nächst höhere Niveau wahrscheinlich nicht in diesem Zeitraum schaffen. Kursstunden sind deshalb nur ein ganz grober Indikator für den erforderlichen Lernfortschritt. So setzen wir z. B. am Fremdsprachenzentrum der Bremer Hochschulen zum Erreichen des Niveaus A1 in Chinesisch nicht nur 120 Unterrichtsstunden, sondern zusätzlich 240 Zeitstunden Selbstlernen (inkl. Lernberatung) an. Im Übrigen gilt: Wirkliche Klarheit, ob man das anvisierte Zielniveau tatsächlich erreicht hat, lässt sich nur durch die Teilnahme an zertifizierten Tests schaffen (dazu mehr in den Abschnitten 4|4 und 4|5).

Um die verschiedenen GeR-Niveaus zu veranschaulichen, habe ich im Folgenden einige Demotexte zur Grundkompetenz Schreiben wiedergegeben. Es handelt sich um authentische Schreibprodukte von Deutsch-als-Fremdsprache-Lernern, die an entsprechenden Tests teilgenommen haben und deren Schreibprodukte von GeR-kundigen Experten bewertet wurden. Insofern Sie Muttersprachler des Deutschen sind, werden Sie die Unterschiede zwischen den Texten der verschiedenen Niveaus hinsichtlich der sprachlichen Differenziertheit leicht bemerken. Die Texte können naturgemäß auch Fehler enthalten. Sie wurden von Lernern verschiedener Muttersprachen verfasst und sind einem gemeinsamen Dokument der großen Testanbieter entnommen, in dem diese ihre Prüfungsanforderungen für die Grundkompetenz Schreiben auf die Niveaus des GeR abstimmen[11].

A 1

Ich komme vom 14. – 21. August nach Berlin. Ich möchte Informationen über Film, Theater, Museen bekommen. Bitte geben Sie mir auch Hoteladressen. Bitte informieren zu meine Adresse: Sonnenstr. 21, München. Vielen Dank.

A 2

Liebe Paola,
zuerst gratuliere ich dir zur Hochzeit. Natürlich möchte ich gern an deine Hochzeit teilnehmen. Aber ich habe zwei kleine Kinder. Ich möchte wissen, ob jemand seine Kinder mitbringen kann. Ich will ein schönes Geschenk einkaufen. Ich möchte auch wissen, was du gern hast. Wir wollen in ein Hotel in Berlin übernachten. Welches Hotel empfiehlst du mir?
Mit freundlichen Grüßen
Y.Y.

B 1

Liebe Jutta,
es freut mich sehr, wieder von dir zu hören. Ich denke, dass die beste Zeit im Sommer ist, weil ich lange Ferien nur im Sommer habe. Obwohl es bei uns im Sommer sehr heiß ist, gibt es oft schönes Wetter auch. Wir könnten zum Strand fahren, um im Meer zu schwimmen, deshalb fühlst du dich nicht so heiß. Oder wir könnten in die Berge fahren, denn es ist kälter auf dem Berg. Du brauchst nur die Kleidung für Sommer, und es ist 28–35 Grad C hier. Die Vorbereitung für die Reise ist leicht für dich, du bringst nämlich einfach Geld und ein fröhliches Herz. Ich mach jede Dinge in Ordnung für dich! Bis bald!
Alles Gute
Deine L.

B 2

Liebe Silvia,
ich bedanke mich für deinen Brief. Mir geht es gut, obwohl ich auch viel zu tun habe. Ich besuche einen Deutschkurs vormittags und nachmittags muss ich weitermachen mit meinem normalen Programm.
Grundsätzlich denke ich, dass das Verhalten des Lehrers korrekt ist. Ein Vater hat auch das Recht, zu Hause zu bleiben, um auf sein Baby aufzupassen. Es ist klar, dass es für deine Schule nicht der beste Moment ist, aber wenn er eine Frau wäre, würdet ihr euch keine Gedanken machen.
Selbstverständlich ist, dass ein Kind Betreuung braucht. Es gibt hier in Deutschland sehr wenige Kinderkrippenplätze, und die Omas sind nicht in der Lage, die Eltern zu vertreten. Die Elternzeit ist tatsächlich eine große Vorteile für die Familie. Im Gegensatz ist es meistens eine Nachteile für den Arbeitnehmer und für die Kollegen, wie bei euch jetzt. Man braucht viel Organisation und Sozialbewusstsein, damit alles funktionieren kann. In meiner eigenen Familie hat mein Mann immer voll

gearbeitet, und ich immer halbtags. Babysitter und Oma haben auf meine kleine Kinder aufgepasst. Für uns war das ideal, und ich kann mir schwer vorstellen, dass ich den ganzen Tag arbeiten müsste.

Ich wünsche dir, dass wenn du in die selbe Situation eures Englischlehrer kommst, dir die gleiche Chance zur Verfügung steht.

Mit lieben Grüßen P.

C 1

Ein längerer Aufenthalt in einem fremden Land hat sowohl positive als auch negative Wirkungen auf die Person selbst sowie auf deren Verhältnis zu ihrer Heimatland.

Wenn man eine längere Zeit in einem fremden Land verbringt, dann kann man viele Dinge in verschiedenen Bereichen lernen und kann dann auch die Erfahrungen, die man gesammelt hat, an den Landsleuten weitergeben und damit einen Beitrag zum wirtschaftlichen sowie wissenschaftlichen Fortschritt des Heimatlandes leisten. Wenn man in einem der großen Industrieländern arbeitet, dann kann man z. B. Ideen aus der Wirtschaft im Heimatland in die Tat umsetzen, was zu einer Verbesserung der Wirtschaftslage im Heimatland führen kann. Oder man kann das Bildungssystem im Heimatland verbessern, indem man die Bildungsmethoden des fremden Landes im eigenen Land weiterführt. Außerdem wird man einen weiteren Horizont haben, wenn man für eine längere Zeit mit Leuten lebt, die anders denken und sich anders verhalten. Man lernt, andere Meinungen zu akzeptieren, die der eigenen Meinung oft widersprechen. Wenn z. B. zwei Länder die Studenten austauschen, dann lernen diese Studenten andere Kulturen kennen. Man baut die Vorurteile ab, die man hat und damit kann eine neue Generation entstehen, die tolerant, zivilisiert und offen für andere Meinungen ist, was meiner Meinung nach wichtig für den Fortschritt eines Landes ist. […]

C 2

Die Kriminalität nimmt nicht nur in den Industrieländern sondern weltweit stetig zu, und die Motiven und Ursachen sind meistens von Region zu Region unterschiedlich, aber auch zum Teil identisch. Die Gründe dafür könnten unter anderem sein: Not, der Wunsch Macht auszuüben, Langeweile oder auch politische Motive.

Kriminalität aus Not: Es wird aus blanker Not kriminell gehandelt, wenn keine sozialen Bindungen mehr vorhanden sind, es keine Arbeit gibt, und für das tägliche Überleben gekämpft wird. Das ist natürlich keine Entschuldigung, aber die Not treibt einen Menschen zu Taten, die er unter normalen Bedingungen niemals machen würde. Die physische Not, wenn man z. B. Tage lang nichts gegessen hat, die finanzielle Not, wenn man keinen Ausweg mehr sieht und deshalb eine Bank ausraubt, sind nur zwei Beispiele, um das zu verdeutlichen.

Kriminalität, um Macht auszuüben: Mittlerweile herrschen fast weltweit, vor allem in USA und Lateinamerika, die so genannten Bandenkriege in den Ghettos. Das eigene Revier wird mit allen erdenklichen Waffen verteidigt und Drogen und Waffen werden unter das Volk gebracht. Man beweist sich täglich, wer das Sagen und die Macht hat. Das schnelle Geld und die Anerkennung in der Bande sind die wichtigsten Faktoren für diese Art von Kriminalität. […]

Wenn Sie einen unmittelbaren Eindruck auch von der Grundkompetenz *Sprechen* auf den verschiedenen Niveaustufen erhalten wollen, finden Sie Videoaufzeichnungen von Lernern der Fremdsprachen Deutsch, Englisch, Französisch, Italienisch und Spanisch auf allen Niveaustufen des GeR auf der Internetseite <*www.ciep.fr/de/publi_evalcert/ dvd-productions-orales-cecrl/index.php*>. Nutzen Sie die Demos, um sich mit ihrer Hilfe die unterschiedlichen Kompetenzstufen des GeR praktisch vor Augen zu führen und vergleichen Sie Ihren Eindruck mit den Ergebnissen Ihrer Selbsteinstufungen.

3 | 7 Bestimmen Sie Ihre Lernziele anhand von Prüfungen und Zertifikaten

Für viele Zwecke ist es heute notwendig, vorhandene Sprachkenntnisse nicht nur zu behaupten, sondern sie objektiv nachzuweisen. Dies kann zum einen natürlich wie eh und je durch Schulzeugnisse (»Sieben Jahre Schulenglisch, Abschlussnote gut«) oder durch Teilnahmebestätigungen aus Sprachkursen, Fortbildungen, Studienaufenthalten im Ausland und dergleichen geschehen. Es gibt jedoch einen starken Trend, den Nachweis von Fremdsprachenkenntnissen nicht mehr primär über Schulzeugnisse, sondern über Sprachenzertifikate zu führen. Zertifikate sind Nachweise über ein bestimmtes Sprachniveau nach den Stufen des GeR, meist noch differenziert durch die Angabe einer Punktzahl oder einer Note. Sie beruhen auf objektiven, standardisierten Tests durch spezialisierte Testorganisationen oder Fremdsprachenzentren. Zertifikate haben zudem den Vorteil, dass sie meist länderübergreifend bekannt und anerkannt sind. Die vielleicht bekanntesten sind die an der Universität Cambridge entwickelten Zertifikate für Englisch, namentlich das »First Certificate in English« (B2-Niveau), das »Certificate in Advanced English« (C1-Niveau) und das ausgesprochen anspruchsvolle »Certificate of Proficiency in English« (C2-Niveau). Sie können weltweit als Nachweis von Englischkenntnissen genutzt werden, z. B. bei der Aufnahme eines Studiums, das Englischkenntnisse auf einem bestimmten Niveau voraussetzt.

Es ist durchaus sinnvoll, sich das Lernziel zu setzen, nicht nur ein bestimmtes Niveau zu erreichen, sondern dieses auch durch eine Prüfung als tatsächlich erreichtes Niveau »zertifizieren« zu lassen. Dies gilt auch dann, wenn man zunächst noch keinen konkreten Anlass hat, ein Zertifikat zu erwerben. Denn zum einen kann man nie wissen, ob sich ein solcher Anlass nicht doch später noch ergibt, z. B. im Rahmen einer Bewerbung. Und zum anderen kann auch schon die reine Selbstverpflichtung, den Erfolg der eigenen Lernbemühungen durch eine standardisierte Prüfung zu dokumentieren, für mehr Motivation, mehr Verbindlichkeit bei den eigenen Lernbemühungen und letztlich für ein Erfolgserlebnis sorgen.

Bevor Sie sich einer Prüfung stellen, sollten Sie eine Reihe von Informationen beachten. Hier sind die wichtigsten:

1. Die Teilnahme an einem Test zum Erwerb eines Zertifikats ist in der Regel kostenpflichtig, und zwar unabhängig davon, ob man den Test besteht oder nicht. Die Kosten sind z. T. nicht unerheblich. So kostet z. B. der TOEFL (»Test of English as a Foreign Language«, Näheres dazu in Tab. 8) derzeit ca. 180 Euro. Der Test kann zwar beliebig oft wiederholt werden, aber dann fallen auch die Kosten erneut an. Man wird sich also in der Regel nur dann verbindlich zu einem Test anmelden, wenn man sich ziemlich sicher ist, ihn auch bestehen zu können.

2. Nicht alle Einrichtungen erkennen alle Zertifikate an. Wenn man für den Zugang zu einer bestimmten Einrichtung wie einer Universität im In- oder Ausland, für eine Berufstätigkeit, eine Behörde oder ein Unternehmen ein bestimmtes Sprachniveau nachweisen muss, sollte man sich vorher gründlich erkundigen, welche Prüfungen und Zertifikate mit welchem Ergebnis anerkannt werden. Insbesondere bei Sprachnachweisen, die von privaten Einrichtungen ausgestellt werden, ist Vorsicht geboten. Auch die hoch offiziell aussehende Bescheinigung irgendeiner privaten Sprachschule in London, dass man nach der Teilnahme an einem bestimmten Sommercamp das Niveau C1 erreicht hat, wird kaum einer Universität als Nachweis für den Zugang zu einem Studiengang mit C1 als Eingangsniveau reichen. Viele Einrichtungen erkennen nur Zertifikate von großen international verbreiteten Testorganisationen an. Und die Prüfungen dafür müssen in lizensierten Testzentren abgelegt werden. Grundsätzlich gilt also: erst erkundigen, was gefordert ist, dann erst prüfen lassen.

3. Zertifikate haben oft ein Verfallsdatum. Auch Fremdsprachenkenntnisse »halten« nicht ewig. Der Nachweis, dass man ein bestimmtes Sprachniveau zu einem Zeitpunkt X hatte, gilt in den meisten Fällen nur für eine bestimmte Zeit, meist für zwei Jahre. Es gibt aber auch Zertifikate, die von Seiten des Testanbieters keine beschränkte Gültigkeit haben, so die Cambridge-Zertifikate. Dies bedeutet aber im Umkehrschluss nicht, dass jede Institution, die einen entsprechenden Nachweis verlangt, auch ein beliebig altes Zertifikat noch anerkennt. Auch hier gilt es also wieder, sich über die genauen Anerkennungsmodalitäten rechtzeitig zu informieren.

4. Die großen international anerkannten Tests werden meist nur an speziell zugelassenen Testzentren in größeren Städten oder an Universitäten angeboten, sodass die Teilnahme am Test mit einer längeren Anreise verbunden sein kann. Auch internetbasierte Tests wie z. B. der TOEFL iBT können nur an Testzentren zu vorgegebenen Sammelterminen abgelegt werden.

Tabelle 8 gibt einen Überblick über die wichtigsten Zertifikate für die in Deutschland am häufigsten gelernten Sprachen. Außerdem habe ich am Anfang der Tabelle drei Zertifizierungssysteme aufgeführt, die Zertifikate für mehrere Sprachen nach dem gleichen Grundkonzept ausstellen (TELC, BULATS und UNIcert). Die Tabelle gibt auch an, welche Zertifikate welchen Niveaustufen des GeR entsprechen. Hier ist allerdings zu berücksichtigen, dass es keineswegs zu jeder Niveaustufe ein passendes Zertifikat gibt. Insbesondere die unteren Stufen A1 und A2 und die höchste Niveaustufe C2 sind nicht immer durch ein Zertifikat abgedeckt. Zu berücksichtigen ist auch, dass die Abstimmung der Zertifikate auf den GeR oft erst nachträglich erfolgte. Die Testformate in den einzelnen Sprachen stehen deshalb z. T. in sehr unterschiedlichen Testtraditionen und unterscheiden sich folglich erheblich.

Weiterführende Informationen zu den einzelnen Zertifikaten finden Sie auf den in der Tabelle angegebenen Internetseiten. Hinweise zu weiteren Zertifikaten, insbesondere für die in der Tabelle nicht aufgeführten Sprachen, finden Sie bei Wikipedia unter dem Schlagwort »Sprachdiplom« (<http://de.wikipedia.org/wiki/Sprachdiplom>).

Tabelle 8: Gängige Zertifikate für die in Deutschland am häufigsten gelernten Fremdsprachen

Sprache	Bezeichnung	Die wichtigsten Infos auf einen Blick
Arabisch Deutsch Englisch Französisch Italienisch Portugiesisch Russisch Spanisch Tschechisch Türkisch	**TELC** The European Language Certificates	▷ Anbieter: Telc GmbH (gemeinnütziges Tochterunternehmen des Deutschen Volkshochschul-Verbands) ▷ 60 verschiedene Prüfungen in zehn Sprachen ▷ für einige Sprachen werden die Niveaus A1 bis C1 angeboten (Englisch, Deutsch, Türkisch), für andere derzeit nur A1 bis B2 (Spanisch, Italienisch, Französisch, Russisch), für andere nur einzelne Niveaustufen (Arabisch, Tschechisch und Portugiesisch: derzeit nur B1) ▷ zahlreiche Sonderprüfungen, insbesondere in Deutsch und Englisch (Business English, Technical English, Deutsch für Zuwanderer, Deutsch für Jugendliche, Deutsch für den Hochschulzugang usw.) ▷ zahlreiche Prüfungszentren an Volkshochschulen ▷ weitere Infos: <www.telc.net>
Deutsch Englisch Französisch Spanisch	**BULATS** Business Language Testing Service	▷ für die Sprachen Englisch, Deutsch, Französisch und Spanisch ▷ alle Niveaus ▷ Anbieter: Kooperation von Cambridge ESOL, Goethe-Institut, Institut Français und Universidad de Salamanca ▷ besteht aus drei Teiltests, die getrennt abgelegt werden können: dem Standardtest (Leseverstehen, Hörverstehen, Grammatik, Wortschatz), dem Schreibtest (Schreibkompetenz, Grammatik, Wortschatz) sowie dem Sprechtest (mündliche Ausdrucksfähigkeit in Interview, Vortrag und Gruppendiskussion) ▷ auf den Fremdsprachenbedarf am Arbeitsplatz in Unternehmen ausgerichtet, spezielle Berufskenntnisse werden nicht vorausgesetzt ▷ als Papier- oder Online-Test verfügbar; für die Testteile Schreiben und Hören ist die Online-Variante bisher nur für Englisch verfügbar ▷ Test kann bei Vorliegen der notwendigen Prüfungsbedingungen direkt im Unternehmen stattfinden ▷ Zuordnung zu den Niveaus des GeR durch die erreichte Punktzahl ▷ weitere Infos: <www.bulats.org>

Sprache	Bezeichnung	Die wichtigsten Infos auf einen Blick
derzeit 28 Sprachen	**UNIcert** Fremdsprachen-zertifikat des Arbeitskreises der Sprachenzentren an deutschen Hochschulen	▷ Anbieter: Sprachenzentren an Universitäten, die dem UNIcert-Verbund angehören, derzeit ca. 50 Hochschulen in Deutschland ▷ Ausbildungs- und Zertifikationssystem speziell für den Hochschulbereich. Abweichend von den meisten anderen Zertifikatstypen dokumentieren die UNIcert-Zertifikate keinen isoliert betrachteten Sprachstand, sondern eine in sich geschlossene fremdsprachliche Ausbildung. Sie setzen deshalb die Teilnahme an den entsprechenden Kursen voraus. ▷ fünf Niveaustufen (Unicert Basis und Stufe I bis IV) ▷ Zuordnung zu den Niveaustufen des GeR (A2 bis C2), aber mit hochschulspezifischem Kompetenzprofil (z. B. Vorbereitung eines Auslandsstudiums) ▷ Zertifikate für mehr als 28 Sprachen (lt. Imagefilm auf der Homepage) ▷ Die Prüfung kann nur dezentral an den vom Verbund *akkreditierten* Sprachenzentren abgelegt werden. Wo für welche Sprachen und welche Stufen Zertifikate erworben werden können, ist der Liste der akkreditierten Hochschulen zu entnehmen (<*www.unicert-online.org/de/akkreditierte*>). ▷ UNIcert-Zertifikate werden von den Mitgliedsinstitutionen gegenseitig anerkannt. Die Anerkennung an anderen Einrichtungen ist jeweils zu erfragen. ▷ weitere Infos: <*www.unicert-online.org*>
Englisch	**IELTS** International English Language Testing System	▷ Anbieter (im deutschsprachigen Raum): British Council ▷ weltweit verbreiteter und bekannter Test; wird von Schulen, Universitäten, internationalen Organisationen, multinationalen Unternehmen usw. sowie in einigen Ländern von Einwanderungsbehörden als Zugangstest anerkannt ▷ wird in den Varianten »Academic« und »General Training« angeboten; für den Hochschulzugang ist meist die Variante »Academic« vorgeschrieben ▷ für alle Niveaustufen des GeR (A1 bis C2) ▷ weitere Infos: <*www.ielts.org*>, <*www.britishcouncil.de/pruefung/ielts*>
	Cambridge English	▷ Anbieter: University of Cambridge ESOL Examinations (ESOL = English for Speakers of Other Languages) ▷ weltweit verbreiteter und bekannter Test; Anerkennung ähnlich wie bei IELTS (s. o.) ▷ Zertifikate für die Niveaustufen A2 bis C2: »Key English Test« (A2), »Preliminary English Test« (B1), »First Certificate in English« (B2), »Certificate in Advanced English« (C1), »Certificate of Proficiency in English« (C2) ▷ Fachzertifikate: »Business English« für B1 bis C1 ▷ Fachzertifikat »International Legal English« für B2/C1 ▷ Fachzertifikat »Financial English« für B2/C1 ▷ weitere Infos: <*www.cambridgeesol.org*>, <*www.cambridgeenglish.org/de*>
	TOEFL Test of English as a Foreign Language	▷ Anbieter: ETS (Educational Testing Service, ein gemeinnütziges Testservice-Unternehmen in den USA) ▷ auf »Academic English« ausgerichtet, aber nicht auf einzelne Fächer ▷ Zulassungsvoraussetzung für viele Universitäten im englischsprachigen Raum (v.a. USA) ▷ Testergebnis wird in der erreichten Punktzahl von maximal 120 ausgewiesen ▷ wird in Deutschland nur noch internetbasiert angeboten (sog. »TOEFL iBT«) ▷ keine direkte Abbildung auf die Stufen des GeR; Zuordnung wird meist durch die erreichte Punktzahl vorgenommen ▷ weitere Infos: <*www.de.toefl.eu*>, <*www.ets.org/toefl*>

Sprache	Bezeichnung	Die wichtigsten Infos auf einen Blick
	TOEIC Test of English for International Communication	▷ Anbieter: ETS (Educational Testing Service, ein gemeinnütziges Testservice-Unternehmen in den USA) ▷ im Gegensatz zum TOEFL auf ein berufliches Anwendungsfeld des Englischen ausgerichtet, Schwerpunkt: English am Arbeitsplatz ▷ mehrere kompetenzbezogene Teiltests (Hörverstehen und Lesen; Sprechen und Schreiben) ▷ Testergebnis wird in Form der erreichten Punktzahl zertifiziert ▷ keine direkte Abbildung auf die Stufen des GeR; Zuordnung wird meist durch die erreichte Punktzahl vorgenommen ▷ weitere Infos: <*www.ets.org/toeic*>; guided tour: <*www.ets.org/s/toeic/tour/index.html*>
Französisch	**DELF** Diplôme d'Études en Langue Française; **DALF** Diplôme Approfondi de Langue Française	▷ Anbieter: Institut Français ▷ offizielle Sprachenzertifikate des französischen Bildungsministeriums ▷ DELF: A1 bis B2, DALF: C1 bis C2 ▷ DALF befreit von weiteren Sprachtests zur Aufnahme eines Studiums an einer französischen Universität ▷ neben der Hauptform des DELF/DALF für alle Gruppen (»tous publics«) gibt es eine spezielle Variante für Schüler (»DELF junior/scolaire«), die sich nicht in der Struktur, wohl aber in den Inhalten von der »tous publics«-Version unterscheidet ▷ weitere Infos: <*www.institutfrancais.de/franzoesisch-lernen/delf-dalf*>
	DFP Diplôme de Français professionnel	▷ Anbieter: CCIP = Chambre de commerce et d'industrie de Paris (Pariser Industrie- und Handelskammer) ▷ an der Arbeitswelt orientiert und vor allem für Personen geeignet, die im französischsprachigen Ausland arbeiten wollen ▷ folgende fachliche Ausrichtungen sind möglich: »Secrétariat« (B1 bis B2), »Tourisme et Hôtellerie« (B1), »Scientifique et Technique« (B1), »Juridique« (B2), »Médical« (B2), »Affaires« (B2 bis C2) ▷ weitere Infos: <*www.francais.ciep.fr*> <*www.ciep.fr/de*>
	TCF Test de connaissance du français	▷ Anbieter: Centre International d'Études Pédagogiques (CIEP) ▷ erlaubt die Einstufung in eines der sechs Kompetenzniveaus des GeR (A1 bis C2) ▷ von zahlreichen Institutionen in französischsprachigen Ländern anerkannt ▷ erreichtes Sprachniveau wird mit einer Bescheinigung attestiert, die 2 Jahre gültig ist ▷ weitere Infos: <*www.ciep.fr/tcf*>
	TEF Test d'évaluation du français	▷ Anbieter: CCIP = Chambre de commerce et d'industrie de Paris (Pariser Industrie- und Handelskammer) ▷ erlaubt die Einstufung in eines der sechs Kompetenzniveaus des GeR (A1 bis C2), aber z. B. auch nach den 12 »Niveaux de compétence linguistique canadiens«, die von kanadischen Institutionen zur Einstufung verwendet werden ▷ von zahlreichen Institutionen in französischsprachigen Ländern anerkannt ▷ erreichtes Sprachniveau wird mit einer Bescheinigung attestiert, die 1 Jahr gültig ist ▷ wird auch als Online-Test angeboten (»e-tef«) ▷ weitere Infos: <*www.francais.cci-paris-idf.fr/tef-et-etef*>

Sprache	Bezeichnung	Die wichtigsten Infos auf einen Blick
Spanisch	**DELE** Diplomas de Español como Lengua Extranjera	▷ Anbieter: Instituto Cervantes in Zusammenarbeit mit der Universität Salamanca ▷ »Diploma de Español« für alle sechs Niveaus des GeR ▷ von zahlreichen Institutionen in spanischsprachigen Ländern anerkannt ▷ weitere Infos: <*http://dele.cervantes.es*>
Italienisch	**CILS** Certificazione di Italiano come Lingua Straniera	▷ Anbieter: Università per stranieri di Siena ▷ alle sechs Niveaus des GeR; die unteren Stufen heißen CILS A1 und CILS A2; die Prüfungen CILS 1, 2, 3, 4 entsprechen den Stufen B1, B2, C1 und C2 ▷ Spezialzertifikate für Kinder, Jugendliche und Einwanderer ▷ weitere Infos: <*http://cils.unistrasi.it*>
	CELI Certificazione di conoscenza della lingua italiana	▷ Anbieter: Università per stranieri di Perugia ▷ alle sechs Niveaus des GeR; die unterste Stufe heißt »CELI Impatto« und entspricht A1; die fünf weiteren Niveaus CELI 1 bis 5 entsprechen den Niveaus A2 bis C2 ▷ Spezialzertifikate für Jugendliche, Einwanderer und Lehrer ▷ weitere Infos: <*www.cvcl.it*> (dort auf CELI klicken)

Wenn Sie nach Möglichkeiten suchen, Zertifikate in anderen Sprachen als den in Tabelle 8 genannten zu erwerben, helfen die Internetseiten der ALTE (»The Association of Language Testers in Europe«) weiter (<*www.alte.org*>). Wenn Sie hier auf die Liste der »ALTE members and affiliates« klicken (<*www.alte.org/membership*>), finden Sie ein Verzeichnis praktisch aller großen europäischen Testentwickler und Zertifikateanbieter jeweils mit Verlinkung zu deren eigenen Internetseiten.

Möglicherweise sind Sie noch unsicher, wie Sie mit dem Thema Zertifikate umgehen sollten. In der nachfolgenden Übersicht habe ich deshalb eine Reihe von Empfehlungen zusammengestellt. Schauen Sie in der linken Spalte nach, welche Situationsbeschreibung am ehesten auf Sie zutrifft, und überprüfen Sie dann, ob die in der rechten Spalte stehende Empfehlung für Sie eine Option ist.

Ihre Situation	Empfehlung
Sie fangen mit einer Fremdsprache neu an und fragen sich, ob Sie schon über Zertifikate nachdenken sollten.	Erwägen Sie grundsätzlich, ein Zertifikat zu erwerben oder das Erreichen eines bestimmten Zielniveaus durch einen Test zu dokumentieren, insbesondere wenn Fremdsprachenkenntnisse für Ihren weiteren Werdegang wichtig werden könnten. Für mehrere Sprachen ist bereits ein Zertifikat auf der Stufe A1 erwerbbar. Ist dies nicht der Fall, sollten Sie prüfen, ob die Institution, an der Sie lernen, zumindest eine Bescheinigung über die Teilnahme und das erreichte Niveau ausstellen kann, auch wenn diese nicht überall als formaler Nachweis anerkannt wird.

Sie haben Vorkenntnisse, wissen aber nicht, welchem Niveau diese entsprechen, und fragen sich deshalb, welches Zertifikat Sie ablegen könnten.	Versuchen Sie, sich zunächst selbst einzustufen (s. Abschnitt 3|6) oder lassen Sie sich einstufen (s. Abschnitte 4|2 u. 4|3). Suchen Sie dann in der Tabelle 8 (für Englisch, Französisch, Spanisch, Italienisch) oder auf der Seite <*http://de.wikipedia.org/wiki/Sprachdiplom*> (für andere Sprachen) nach einem geeigneten Test, über den sich Ihr Niveau nachweisen lässt. Lesen Sie dazu auch den Abschnitt 4|5 (»Stufen Sie sich durch Teilnahme an einer Zertifikatsprüfung ein«).
Sie haben erfahren, dass Sie für ein Studium, eine Auslandstätigkeit oder eine Stellenbewerbung ein bestimmtes Sprachniveau nachweisen müssen und fragen sich, wie Sie das am besten machen.	Klären Sie, welche Tests bzw. Zertifikate mit welchen Ergebnissen zum Nachweis des Sprachniveaus von der Zieleinrichtung akzeptiert werden. Dies können mehrere sein (z. B. IELTS, Cambridge, TOEIC) oder nur ganz bestimmte (z. B. TOEFL). Klären Sie auch, wie lange der Test maximal zurückliegen darf. Beachten Sie, dass manche Tests ihre Gültigkeit verlieren (z. B. IELTS), andere hingegen nicht (Cambridge-Zertifikate). Beachten Sie ferner, dass oft das erfolgreiche Bestehen des Tests bzw. der Erwerb des Zertifikats nicht ausreicht, sondern eine bestimmte Mindestpunktzahl oder Mindestnote vorgeschrieben ist.
Sie wissen schon, welches Zertifikat Sie benötigen, und fragen sich, wo Sie die entsprechende Prüfung ablegen können und wie der organisatorische Ablauf ist.	In der Übersichtstabelle 8 weiter oben finden Sie die Internetadressen der Testanbieter. Auf diesen werden die Testzentren und die bevorstehenden Testtermine meist angegeben (siehe z. B. die Abfragefunktion »Find my nearest test center« auf den Internetseiten des IELTS-Tests). Falls dies nicht der Fall ist, fragen Sie am besten direkt beim Testanbieter nach.
Für Ihre Sprache und Ihr Niveau stehen mehrere Zertifikate zur Auswahl und Sie sind sich nicht sicher, welches Sie anstreben sollten.	Bevorzugen Sie bei Zertifikaten solche von international tätigen Institutionen oder Testorganisationen. Berücksichtigen Sie, dass Zertifikate, die von einzelnen Institutionen (wie z. B. Privatschulen) in Eigenregie verliehen werden, oft von anderen Institutionen nicht anerkannt werden.
Sie haben derzeit keine Gelegenheit, ein offizielles Zertifikat zu erwerben, möchten aber trotzdem »etwas in der Hand haben«.	Lassen Sie sich die Teilnahme an Kursen immer bescheinigen. Wenn mit dem Kurs eine Prüfung verbunden ist, sollten Sie sich im Falle des Bestehens auch diese bescheinigen lassen, und zwar möglichst unter Angabe des erreichten Niveaus nach dem Europäischen Referenzrahmen.

4 Bestandsaufnahme – Wie Sie sich realistisch einstufen

4 | 1 Verlassen Sie sich nicht auf subjektive Einschätzungen

Sich selbst einzuschätzen bezüglich der eigenen Fähigkeiten und Grundkompetenzen ist oft nicht einfach. Die Alltagserfahrung zeigt: Manche überschätzen sich notorisch, andere machen sich stets kleiner, als sie sind. Dies gilt auch für die Einschätzung von Fremdsprachenkenntnissen.

Ich hatte schon in Abschnitt 2|4 (»I can English, and how! – Von den Gefahren der Selbstüberschätzung«) davor gewarnt, sich ausschließlich auf das eigene Selbstbild zu verlassen, wenn es um die Einschätzung von Fremdsprachenkenntnissen geht. Häufig werden dabei die eigenen Ausdrucksmöglichkeiten überschätzt und gleichzeitig der Bedarf an differenzierten Fremdsprachenkenntnissen unterschätzt. Wenn es darauf ankommt, wünschen sich die meisten Menschen auch in der Fremdsprache einen ähnlichen kommunikativen Aktionsradius wie in der Muttersprache – zumindest als Fernziel. Es sei denn, sie gehören zu den Zeitgenossen, die vorgeben, sich prima in der Fremdsprache verständigen zu können, nur weil sie im Urlaub im Restaurant genau das auf den Teller bekamen, was sie vorher bei der Bestellung stotternd und in falscher Aussprache von der Speisekarte abgelesen hatten.

Ein besonderes Ärgernis für mich als Romanist sind übrigens Italienurlauber, die behaupten, dass man in Italien kein Italienisch braucht, wenn man Latein kann. Ich frage dann schon mal gern, was »Mein Handy hat kein Netz« auf Latein heißt oder oft noch etwas entlarvender: Was heißt denn »Ja« auf Latein?

Ein anderes naheliegendes Verfahren neben der reinen Selbsteinschätzung ist die Frage an einen Muttersprachler: Wie findest du mein Englisch (Französisch, Spanisch etc.)? Es ist verständlich, dass wir spontan dem Urteil von Muttersprachlern großes Gewicht beimessen. Letztlich wollen wir doch gerade mit diesen kommunizieren und gerade von ihnen als möglichst kompetent wahrgenommen werden. Und der Traum jedes Sprachenlerners ist es sicher, einmal von einem Muttersprachler gar nicht als Nichtmuttersprachler erkannt zu werden.

Doch die Einschätzung durch Muttersprachler hat ihre Tücken. Es ist nicht nur die Tatsache, dass ein solches Urteil sicher immer stark beeinflusst wird von der persönlichen Beziehung, die zwischen Ihnen und dem Muttersprachler besteht. Vielleicht möchte er Ihnen etwas Gutes tun und bewertet Ihren Sprachstand völlig über; vielleicht aber ist es auch genau umgekehrt und er zieht es vor, Sie durch eine eher kritische Einschätzung zu mehr Bescheidenheit zu erziehen, als Sie eigentlich zeigen müssten.

Der Hauptgrund dafür, dass Muttersprachler keine guten Einschätzer sind, ist aber die Tatsache, dass sie die einzelnen Grundkompetenzen der Sprachbeherrschung sehr unterschiedlich gewichten. So ist im Urteil von Muttersprachlern die Aussprache und die Redeflüssigkeit meist stark übergewichtet, während zum Beispiel Ihre Lesekompetenz oder auch Ihr Wortschatz, vor allem der rezeptive, meist stark untergewichtet sind oder überhaupt nicht beachtet werden. Wenn Sie also einen deutlich wahrnehmbaren Akzent haben (was uns als erwachsenen Lernern fast automatisch widerfährt), werden Muttersprachler Ihre Sprachkompetenz häufig unterschätzen, selbst wenn Sie bereits sehr gut lesen und hörverstehen können.

Auch bewerten Muttersprachler Fehler ganz anders, als es im Sinne des Lernprozesses sinnvoll wäre. Artikelfehler wie z. B. »die Tisch« statt »der Tisch« sind für Muttersprachler oft »schwere Fehler«, die auf geringe Sprachbeherrschung hindeuten, obwohl es sich nur um einen ganz punktuellen Genusfehler bei einer einzelnen Vokabel handelt. Satzstellungsfehler, die die Kommunikation nicht behindern, nehmen Muttersprachler meist weniger wichtig, obwohl hinter ihnen oft die Verletzung einer grundlegenden Grammatikregel steht (*morgen ich habe keine Zeit* statt *morgen habe ich keine Zeit, he plays often football* statt *he often plays football*).

Hinzu kommen schließlich auch noch interkulturelle Unterschiede: Jeder erfahrene Fremdsprachenlerner hat schon einmal festgestellt, dass man in manchen Ländern für recht gute Fremdsprachenkenntnisse so gut wie nie gelobt wird, in anderen hingegen für sehr viel geringere Kenntnisse sehr viel eher.

Halten wir also fest, dass Muttersprachler in der Regel keine gute Adresse sind, um eine objektive Einschätzung zu bekommen. Manchmal sind sie sogar regelrecht gefährlich. Nichts ist demotivierender als ein Muttersprachler, der keine Fortschritte bei uns feststellt, nachdem wir monatelang Anstrengungen unternommen haben, durch Selbststudium oder Kursbesuche unser Niveau zu verbessern. In diesem Fall wäre ein objektiver Test wesentlich motivierender, denn die Wahrscheinlichkeit, dass dieser uns unsere Fortschritte bescheinigt, ist deutlich größer.

In den folgenden Abschnitten habe ich deshalb einige bessere Möglichkeiten zusammengestellt. Sie finden dort sowohl einfache Verfahren zur schnellen Selbsteinstufung als auch Hinweise, wie Sie durch einen objektiven Test zu einer möglichst präzisen Standortbestimmung Ihrer Fremdsprachenkenntnisse gelangen. Wählen Sie das für Sie passende Verfahren aus.

4 | 2 Stufen Sie sich mit den Deskriptoren des Gemeinsamen Europäischen Referenzrahmens für Sprachen (GeR) ein

Die einfachste und schnellste Art der Selbsteinstufung ist die mithilfe der »Ich kann«-Beschreibungen (»Deskriptoren«) nach den sechs Niveaustufen des Europäischen Referenzrahmens für Sprachen. Wenn Sie die Ratschläge in Abschnitt 3 | 6 (»Bestimmen Sie

Ihr Zielniveau mithilfe des Gemeinsamen Europäischen Referenzrahmens für Sprachen«) befolgt haben, haben Sie dies bereits getan und gleichzeitig das angestrebte Zielniveau definiert. Wenn Sie dies noch nicht getan haben, sollten Sie es jetzt nachholen. Sie können dazu auch ein Selbsteinstufungsangebot der VHS Essen nutzen, das Sie auf folgender Internetseite finden: <www.vhs-essen.de/sprachen-selbstschaetzung.htm>.

Natürlich ist diese Einschätzung noch sehr grob und beruht auf einer Selbsteinstufung ohne objektive Testdaten. Die Erfahrung zeigt dennoch, dass die meisten Fremdsprachenlerner es anhand der Deskriptoren schaffen, sich relativ realistisch einzustufen. Dies stellt sich heraus, wenn man anschließend objektive Einstufungstests durchführt. Ein großer Vorteil der Selbsteinstufung ist, dass sie die psychische Hürde umgeht, die mit einer Prüfung oder einem Test durch andere in den meisten Fällen verbunden ist. Auch wenn man noch gar keine Vorstellung davon hat, auf welchem Niveau man sich sprachlich bewegt, sollte man mit diesem Verfahren beginnen.

4 | 3   Machen Sie einen Einstufungstest im Internet

Eine ergiebige Quelle, um sich mithilfe eines objektiven Tests einzustufen, ist wieder einmal das Internet, wo sich mittlerweile zahlreiche Angebote für solche Einstufungstests finden. Das derzeit wohl wertvollste Angebot ist der sog. DIALANG-Test (<http://dialangweb.lancaster.ac.uk>). Er wurde wie der Gemeinsame Europäische Referenzrahmen für Sprachen selbst (GeR) von Testspezialisten im Auftrag des Europarates entwickelt und ist unmittelbar auf diesen und dessen Kompetenzstufen bezogen (zum GeR s. Abschnitte 3|6 u. 4|2). Er wird derzeit auf der genannten Internetseite für nicht weniger als 14 Sprachen angeboten: Finnisch, Griechisch, Englisch, Französisch, Dänisch, Spanisch, Isländisch, Norwegisch, Portugiesisch, Niederländisch, Irisch, Schwedisch, Italienisch und Deutsch. Weitere EU-Sprachen sind geplant. Nicht-EU-Sprachen wie Russisch, Arabisch oder Chinesisch sind nicht enthalten.

Für jede Sprache können insgesamt fünf separate Tests durchgeführt werden. Zum einen für die Grundkompetenzen Lesen, Hören und Schreiben und zum anderen für die Hauptsprachbausteine Grammatik und Wortschatz. Das Sprechen kann naturgemäß im Rahmen eines computergestützten Einstufungstests nicht geprüft und bewertet werden, denn es setzt in jedem Fall menschliche Prüfer voraus. Streng genommen gilt dies auch für die andere produktive Grundkompetenz, nämlich das Schreiben. Die hier praktizierten Testformate sehen deshalb auch nicht die freie Produktion von Texten vor, sondern lediglich Testfragen zu einzelnen Sequenzen in bereits ausformulierten Texten. So ist meist aus einer Liste möglicher Antworten (Multiple-Choice-Format) zu wählen, welche Formulierung an einer gegebenen Stelle im Text die angemessene ist oder es müssen fehlerhafte Formulierungen gefunden werden.

Jeder Testteil besteht aus einer größeren Zahl von Test-Items, sodass für die Bearbeitung je Testteil mindestens 15 bis 20 Minuten einzukalkulieren sind. Anders als bei den meisten formellen Zertifikatsprüfungen gibt es aber kein Zeitlimit, man kann sich also beim Ausfüllen beliebig viel Zeit nehmen und die einzelnen Aufgaben z. B. mehrmals in Ruhe durchlesen. Man kann jeden Test auch beliebig oft wiederholen, allerdings erscheinen dann auch wieder die gleichen Aufgaben. Um die Aussagekraft der Einstufung zu erhöhen, sind dem eigentlichen Test zwei weitere Einstufungstools vorangestellt. Das erste ist eine Selbsteinstufung mithilfe von Can-do-Deskriptoren, wie ich sie schon in den Abschnitten 3|6 und 4|2 vorgestellt habe. Für die Grundkompetenz Schreiben finden sich hier z. B. Deskriptoren wie »Ich kann eine kurze, einfache Postkarte schreiben« oder »Ich kann über meine Familie, mein Umfeld, meinen schulischen Werdegang sowie meine gegenwärtige oder letzte berufliche Tätigkeit schreiben« oder auch »Ich kann Standpunkte durch zusätzliche Argumente, Begründungen und sinnvolle Beispiele weiter ausführen und untermauern«. Für jede dieser Aussagen ist anzuklicken, ob man sie für sich selbst als zutreffend einschätzt oder nicht. Die zweite Einstufungshilfe ist eine Liste von 75 Verben, die teilweise in der Zielsprache existieren und teilweise frei erfunden sind, aber von ihrer sprachlichen Gestalt her durchaus in der Sprache existieren könnten. Der Testnehmer muss mit einem einfachen Klick entscheiden, ob das Verb existiert oder nicht. Es handelt sich also um einen vereinfachten Wortschatztest. Beide Vorabtools sind fakultativ, verbessern nach Angaben der Testanbieter aber die Treffsicherheit der Einstufung.

Besonders wichtig für die Nützlichkeit eines Selbsteinstufungstests ist die Art des Feedbacks. Hier lässt DIALANG wenig zu wünschen übrig. Er liefert im Einzelnen folgende Arten von Feedback:

▶ eine Einstufung nach den sechs GeR-Niveaustufen, aufgeschlüsselt nach den drei Grundkompetenzen Lesen, Hören, Schreiben und den beiden Hauptsprachbausteinen Grammatik und Wortschatz

▶ eine »Aufgabenkontrolle«, die für jedes einzelne Test-Item angibt, was die richtige Antwort gewesen wäre, optisch hervorgehoben in einem Pop-up-Fenster, das auch die tatsächlich gegebene Antwort enthält und so einen leichten Vergleich von richtig und falsch ermöglicht

▶ eine weitere Aufschlüsselung der richtigen und der falschen Antworten innerhalb der Grundkompetenzen nach Teilaspekten, z. B. für das Lesen die vier Aspekte »Genaues Lesen«, »Schlussfolgerungen ziehen«, »Globales Lesen« und »Das Wesentliche erfassen«

▶ die Möglichkeit, zwischen einem Sofort-Feedback nach jedem Item und einem Feedback am Ende des Tests zu wählen (wobei das Einstufungsergebnis selbst nur bei Wahl dieser zweiten Option ausgeworfen wird)

- ein gesondertes Feedback für den o. g. Worterkennungstest, z. B. bei 65 Prozent richtigen Antworten: »Auf dieser Niveaustufe verfügt man bereits über einen umfangreichen Wortschatz. Man kann alle Situationen sprachlich bewältigen und hat nur geringe Schwierigkeiten, Texte in der Fremdsprache zu lesen. Allerdings kann es noch Probleme geben, gesprochene Sprache zu verstehen.«

Außerdem – und dieses Feature ist eine Rarität – vergleicht DIALANG die Ergebnisse des Tests mit der vorausgehenden Selbsteinstufung der Lerner anhand der Can-Do-Deskriptoren und stellt Abweichungen fest. Dazu erhält der Testnehmer eine Rückmeldung wie die folgende: »In der Selbsteinschätzung haben Sie Aussagen getroffen, die einem Lerner auf dem Niveau B1 entsprechen. Ihr Testergebnis dagegen legt nahe, dass Sie sich auf dem Niveau A1 befinden«. Das Programm beschränkt sich aber nicht darauf, die Abweichung festzustellen, sondern gibt auch mögliche Erklärungen dafür, und zwar sowohl für den Fall der Selbst*über*schätzung als auch der Selbst*unter*schätzung hinsichtlich der eigenen Niveaustufe.

Insgesamt handelt es sich also bei DIALANG um ein ausgesprochen mächtiges und hilfreiches Selbsteinstufungsangebot. Da es kein Zeitlimit für das Bearbeiten der Tests gibt und zu allen Items auch die Lösungen angeboten werden, kann man DIALANG nicht nur zur Einstufung, sondern auch als Lernmaterial benutzen. Außerdem trainiert die Arbeit mit DIALANG den Umgang mit typischen Testformaten. Wer also beabsichtigt, in absehbarer Zeit einen Sprachtest zu absolvieren, kann hier Testerfahrung sammeln und so seine Chancen verbessern, im Ernstfall schnell zu erkennen, worauf es ankommt.

Eine weitere gute Quelle für die Selbsteinstufung im Internet ist <*www.sprachtest.de*>. Hier finden Sie kostenlose Einstufungstests für die Sprachen Englisch, Französisch, Spanisch, Italienisch, Deutsch (als Fremdsprache) und auch speziell für *Business English*. Die Tests dauern ca. 15 Minuten und testen die Grundkompetenzen Lese- und Hörverstehen sowie Wortschatz (und implizit auch die Grammatik). Nicht getestet werden Sprechen und Schreiben, weil dies im Rahmen einer automatisierten Auswertung nicht möglich ist. Dafür wird jedoch das Hörverstehen systematisch berücksichtigt, was bei vielen Online-Tests nicht der Fall ist. Die Audiodateien werden direkt aus dem Test heraus abgespielt. Lautsprecher oder Kopfhörer sollten also vorab einsatzbereit gemacht werden. Alle Aufgaben sind mit einem Zeitlimit in Form eines Countdowns versehen, sodass die Testbedingungen ähnlich wie in realen Zertifikatstests nicht durch langes Überlegen oder gar Nachschlagen verfälscht werden können.

Sobald man alle Testaufgaben bearbeitet hat, gibt das Programm eine Einschätzung Ihres Sprachniveaus nach dem GeR ab. Um eine detailliertere Einschätzung mit einer genaueren Analyse des Testergebnisses zu erhalten, muss man seine E-Mail-Adresse angeben.

Die Tests sind von Spezialisten entwickelt worden und weisen eine gute Qualität auf. Das Portal ist das Ergebnis einer Kooperation zwischen der telc GmbH, einem auf Testen spezialisierten gemeinnützigen Tochterunternehmen des Deutschen Volkshochschul-Verbands, und dem Spotlight-Verlag, der die Sprachlernzeitschriften »Spotlight«, »Écoute«, »Ecos«, »Adesso« usw. herausgibt (s. Abschnitt 9|5). Wer seine E-Mail-Adresse hinterlässt, wird also möglicherweise mit Werbung rechnen müssen, was man angesichts der interessanten Sprachlernprodukte des Verlages aber vielleicht in Kauf nehmen kann.

Darüber hinaus findet sich eine große Zahl weiterer Einstufungsmöglichkeiten im Internet. Solche kann man natürlich am schnellsten über die Eingabe entsprechender Begriffe in die Suchmaschinen aufspüren. Als Suchbegriffe bieten sich hier an: »Sprachtest«, »Einstufungstest«, »Online-Test« oder »Englischtest«, »Französisch-Test«, »Spanischtest« usw. bzw. die fremdsprachigen Entsprechungen »placement test«, »test de niveau«, »test de nivel«, »test di valutazione« usw. Besonders aussichtsreich ist auch die Suche auf den Internetseiten von Zertifikateanbietern (▷ Abschnitt 3|7, Tabelle 8), von Sprachschulen und Sprachreiseveranstaltern sowie von Verlagen, die sich auf fremdsprachige Lehrmaterialien spezialisiert haben.

In Tabelle 9 (s.u.) habe ich neben den beiden bereits besprochenen Quellen einige weitere derzeit im Internet verfügbare Quellen für solche Einstufungstests zusammengestellt. Aufgenommen wurden ausschließlich kostenlose Angebote. Die meisten dieser weiteren Tests erlauben nur eine ungefähre Einschätzung des Niveaus. Außerdem ist zu berücksichtigen, dass auch diese Tests neben Wortschatz und Grammatik nur die rezeptiven Grundkompetenzen Lesen und Hörverstehen testen, aber naturgemäß nicht die produktiven des freien Schreibens und Sprechens.

Natürlich finden sich im Internet auch zahlreiche Tests, die von sehr geringer Qualität und Aussagekraft sind. Deshalb hier einige Kriterien, anhand derer Sie die Qualität grob beurteilen können:

▶ Die Einstufungstests sollten möglichst alle Aspekte umfassen, die online erfasst werden können, also Leseverstehen, Hörverstehen, Wortschatz und Grammatik. Tests, die beispielsweise nur Grammatikkenntnisse abtesten, sind von wesentlich geringerer Aussagekraft.

▶ Die Testaufgaben sollten überwiegend kommunikativ realistische Anwendungsaufgaben umfassen, also z. B. das Lesen ganzer zusammenhängender Texte oder das Hören von zusammenhängenden Gesprächen mehrerer Sprecher und nicht nur einzelne aus dem Kontext gerissene Sätze oder gar Satzteile.

▶ Der Test sollte möglichst »autoadaptiv« sein, d. h. sich automatisch Ihrem Sprachniveau anpassen. Dies geschieht dadurch, dass der Test mit leichten Aufgaben beginnt und je nach Zahl der richtigen Antworten, die Sie geben, ggf. weitere leichte Fragen überspringt und stattdessen schnell zu schwereren Fragen übergeht, die Ihrem aktuellen Sprachniveau entsprechen. Sie können feststellen, ob der Test autoadaptiv ist, wenn Sie bei bewusst falsch beantworteten Aufgaben im weiteren Verlauf andere, speziell leichtere Aufgaben präsentiert bekommen als bei richtiger Beantwortung. Autoadaptive Tests sind aber zugegebenermaßen eher selten zu finden.

Schließlich noch ein Tipp: Wenn der Einstufungstest auch in Ihrer Muttersprache verfügbar ist, können Sie ihn vielleicht zunächst einmal in dieser Sprache machen (z. B. den telc-Test in Deutsch). Zum einen verschaffen Sie sich so einen Endruck von den Aufgabentypen und vom Testverfahren, das hier praktiziert wird, und zum anderen testen Sie auf diese Weise den Test: Wenn Ihnen ein Einstufungstest für Ihre Muttersprache nicht bedenkenlos ein GeR-Niveau C2 bescheinigt, sind Zweifel an der Aussagekraft des Tests anzumelden, jedenfalls solange Sie den Test mit voller Konzentration (und in nüchternem Zustand) bearbeitet haben.

Nicht unerwähnt bleiben soll hier, dass es auch Testangebote im Internet gibt, die ohne jeden Wert für den Benutzer sind und nur der Kundenakquisition dienen. Besonders unangenehm ist mir hier das Unternehmen Wallstreetenglish aufgefallen, das nach Bearbeitung eines Tests mit Multiple-Choice-Einsetzaufgaben auf seiner Internetseite eine nichtssagende Punktzahl vermeldet und dann fragt: »Wäre es nicht viel besser, Ihr Englisch direkt von einem professionellen Sprachberater analysieren zu lassen und dann eine neue Lernmethode auszuprobieren?«

Tabelle 9: Ausgewählte Quellen für Online-Einstufungstests

Sprachen	Anbieter	Internetadresse
Dänisch, Deutsch, Englisch, Finnisch, Französisch, Griechisch, Irisch, Isländisch, Italienisch, Niederländisch, Norwegisch, Portugiesisch, Schwedisch, Spanisch (weitere EU-Sprachen in Vorbereitung)	Europarat / Universität Lancaster	*http://dialangweb.lancaster.ac.uk*
Deutsch, Englisch, Französisch, Italienisch, Spanisch und auch speziell *Business English*	Spotlight Verlag	*www.sprachtest.de*
Deutsch, Englisch, Französisch, Spanisch	Cornelsen Verlag	*http://sprachtest.cornelsen.de/einstufung*
Deutsch, Englisch, Französisch, Italienisch, Niederländisch, Russisch, Schwedisch, Spanisch	Ernst Klett Verlag	*www.klett-sprachen.de/downloads/einstufungstests/c-681*
Englisch	University of Cambridge	*www.cambridgeenglish.org/test-your-english*
Deutsch, Englisch, Französisch, Italienisch, Spanisch	Testpodium, Online-Testing-Unternehmen in der Schweiz	*www.testpodium.com*

Sprachen	Anbieter	Internetadresse
Englisch, Französisch, Italienisch, Portugiesisch, Russisch, Spanisch	Dialog Sprachreisen, Sprachreisenanbieter	<www.dialog.de/service/einstufungstests>
Arabisch, Chinesisch, Deutsch, Englisch, Französisch, Italienisch, Russisch, Spanisch	ESL Language Studies Abroad, Sprachreiseunternehmen, Schweiz	www.esl-languages.com/en/study-abroad/adults/online-tests
Englisch	Internetportal eines ehemaligen Berlitz-Lehrers	www.english-test.net
Französisch	Intitut Français	https://federal.institutfrancais.de/ressource/online-einstufungstest
Französisch	SNED, Centre National d'Enseignement à Distance, Staatliche Französische Bildungseinrichtung für Fernunterricht	www.campus-electronique.tm.fr/TestFle
Spanisch	Instituto Cervantes	http://pruebadenivel.cervantes.es/exam.php?id=17

4 | 4 Nehmen Sie an institutionellen Einstufungstests teil

Jede professionell arbeitende Sprachlehreinrichtung, ob privat oder öffentlich, sollte für Lerner mit Vorkenntnissen heute die Möglichkeit eines Einstufungstests bieten, bevor man einem Kurs zugeteilt wird. Ich würde sogar so weit gehen zu sagen, dass es ein Qualitätsmerkmal ist. Bietet beispielsweise eine private Sprachschule keine solche Möglichkeit, sondern nimmt die Einstufung nur nach organisatorischen Gesichtspunkten wie den laufenden Kursangeboten oder der Zahl der verfügbaren Plätze vor, sollte man sich fragen, ob man nicht lieber Ausschau nach einer anderen Einrichtung hält.

Gute Chancen hat man in der Regel an den Sprachenzentren der Universitäten und Hochschulen. Diese nehmen heute in großem Umfang Einstufungsaufgaben wahr, weil für viele Studiengänge Fremdsprachenkenntnisse auf einem bestimmten GeR-Niveau Zulassungsvoraussetzung sind. Oft kann dieser Service auch von Externen genutzt werden, eventuell gegen eine geringe Teilnahmegebühr. Ansonsten hilft vielleicht die Einschreibung als Gasthörer, um Anspruch auf eine Testteilnahme zu erwerben. Eine Liste der Sprachenzentren mit Adressen finden Sie auf der Internetseite des Dachverbandes AKS (»Arbeitskreis der Sprachenzentren, Sprachlehrinstitute und Fremdspracheninstitute«, <www.aks-web.de>) unter »institutionelle Mitglieder« (<www.aks-sprachen.de/ueber-uns/mitgliederliste>). Einen guten Überblick über die Sprachenzentren an deutschsprachigen Hochschulen bietet auch die private Seite <http://home.arcor.de/bwinter/sz-inter.html>.

Auch die Volkshochschulen und andere große Akteure in der Erwachsenenbildung bieten heute Einstufungstests an, meist zu Beginn der neuen Halbjahres-, Trimester- oder Quartalskurse. Manche Tests können vorab bereits über das Online-Portal der jeweiligen Einrichtung absolviert werden.

Die Einrichtungen setzen meist sog. Quick-Placement-Tests ein. Das sind Testformate, mit denen man in relativ kurzer Zeit (20–30 Minuten) anhand einer Serie von geschickt konstruierten Testaufgaben (meist im Multiple-Choice-Format) das Sprachniveau relativ zuverlässig abschätzen kann.

Allerdings überprüfen solche Quick-Placement-Tests in der Regel weder das Schreiben noch das Sprechen und oft nicht einmal das Hörverstehen, sondern sie basieren vor allem auf Leseverständnis-, Wortschatz- und Grammatikaufgaben. Die Einstufung ist deshalb insgesamt gesehen immer nur so etwas wie ein »good guess«. Ein zuverlässiger Nachweis ist damit nicht erbracht. Für eine erste Orientierung, vor allem im Hinblick auf die angemessene Wahl eines passenden Kurses, sind sie aber meist ausreichend.

4 | 5 Stufen Sie sich durch Teilnahme an einer Zertifikatsprüfung ein

Diese Empfehlung klingt zunächst zugegebenermaßen ein wenig paradox. Sollte man sich nicht eingestuft haben, *bevor* man eine Zertifikatsprüfung für ein bestimmtes Niveau ablegt? Das ist zwar richtig, aber man kann die Beziehung auch umgekehrt sehen: Wer sich einer Zertifikatsprüfung unterzieht, wird durch das Ergebnis automatisch auch eingestuft. Und dies meist auf eine sehr objektive Weise.

Um diese Sichtweise besser zu verstehen, müssen wir uns frei machen von der üblichen Vorstellung, die wir von Prüfungen haben. Die meisten Prüfungen, die wir in unserem Leben ablegen müssen, insbesondere in der Schulzeit, sind mit eher negativen Gefühlen belegt. Man verbindet mit ihnen die Vorstellung, dass man eigentlich etwas können müsste, z. B. in einer Abiturprüfung, und dass nun überprüft wird, ob das auch tatsächlich der Fall ist. Und dies natürlich mit der Folge, dass die Gefahr des Scheiterns im Raum steht und damit die Zuweisung von Persönlichkeitsurteilen wie »war nicht gut genug«. Hinzu kommt, dass man viele Prüfungen nur ein- oder zweimal wiederholen darf, danach ist die Chance für immer vertan.

Im Zusammenhang mit Sprachenzertifikaten machen Sie sich von diesen vorbelasteten Vorstellungen von Prüfungen am besten frei. Zum ersten geht es bei den Zertifikatsprüfungen nur darum festzustellen, *ob* Sie ein bestimmtes Sprachniveau haben, ganz unabhängig davon, *wie* Sie es erworben haben. Es geht als nicht darum, ob Sie etwas »geschafft« haben oder nicht, sondern einfach nur darum, wie weit Sie mit Ihrem Lernprozess schon sind. Zum zweiten können praktisch alle Zertifikatsprüfungen beliebig oft wiederholt werden. Wenn Sie also Ihr Wunschniveau nicht erreicht haben, hat das keine weiteren Konsequenzen für Ihre zukünftige Teilnahme an weiteren Prüfungen (außer der Tatsache natürlich, dass Sie die Prüfungsgebühr erneut zahlen müssen). Und zum dritten, und das ist vielleicht der wichtigste Aspekt, geht es bei den meisten Prüfungen der großen Testanbieter nicht nur darum, das Bestehen oder Nichtbestehen festzustellen, sondern um eine objektive Feststellung des Lernstandes. Sie geben das Testergebnis deshalb auch immer in Form einer Punktzahl, Prozentzahl oder eines Grades an. Die Festlegung, ob damit ein bestimmtes Zielniveau erreicht wurde oder nicht, erfolgt meist erst in einem zweiten Schritt auf der Grundlage der Punktzahl bzw. des erreichten Grades. Wenn also die Punktzahl für ein bestimmtes Niveau nicht ausreicht, hat man damit nicht automatisch die Prüfung »verhauen«, sondern man hat (bei entsprechendem Prüfungsergebnis) den positiven Nachweis erbracht, dass man das nächst niedrigere Niveau sehr wohl schon erreicht hat. Auch gibt die erreichte Punktzahl konkret Auskunft darüber, wo genau man zwischen dem bereits vorhandenen und dem anvisierten Niveau steht. Das Prüfungsergebnis ist deshalb so etwas wie eine »GPS-Peilung« Ihres »Lernortes«.

Neben diesen grundsätzlichen Überlegungen sprechen auch didaktische Argumente für eine Einstufung via Zertifikatsprüfungen. Im Gegensatz zu vielen Quick-Placement-Tests umfassen diese nämlich in der Regel alle Grundkompetenzen, auch das Sprechen und Schreiben. Sie geben deshalb eine wesentlich gründlichere und umfassendere Einschätzung Ihres aktuellen Sprachstandes.

Wenn Sie sich durch eine Zertifikatsprüfung objektiv einstufen lassen wollen, gehen Sie am besten wie folgt vor:

1. Stellen Sie zunächst mit den anderen Einstufungsverfahren (s. Abschnitte 4|2 bis 4|4) fest, auf welchem Lernniveau Sie sich derzeit ungefähr befinden.
2. Suchen Sie sich anhand der verschiedenen Zertifikateanbieter einen aus, der für Ihre Sprache und Ihre Zielvorstellungen passt.
3. Entscheiden Sie dann, für welche Niveaustufe Sie einen Test absolvieren wollen.

Dabei haben Sie zwei strategische Grundoptionen: Entweder Sie steuern eine Prüfung für die Niveaustufe an, von der Sie glauben, dass Sie sie bereits erreicht haben. Dies hätte im Falle des Bestehens den Vorteil, dass Ihnen Ihr Niveau zertifiziert wird. Oder aber Sie versuchen, den Test für die nächst höhere Stufe und erfahren bei dieser Gelegenheit, wie weit Sie noch von dieser entfernt sind. Dabei kann sich u. U. herausstellen, dass Sie bei einigen Grundkompetenzen (wie z. B. dem Leseverstehen) das höhere Niveau schon haben, bei anderen (z. B. dem Hörverstehen oder dem Sprechen) hingegen noch nicht. Das wiederum gibt Ihnen Hinweise darauf, worauf Sie Ihre Lernbemühungen in Zukunft konzentrieren müssen.

5 Auf den richtigen Mix kommt es an – Wie Sie ein Erfolg versprechendes Lernarrangement entwickeln

5 | 1 Erwägen Sie andere Unterrichtsformen als klassischen Großgruppenunterricht

Bei der Besprechung der Nachteile von klassischem Fremdsprachenunterricht in Großgruppen (s. Abschnitt 2|9) ist bereits deutlich geworden, dass viele der Nachteile bei diesem Format mit der Gruppengröße zusammenhängen, z. B. die begrenzte Gelegenheit zum freien Sprechen und der geringe Umfang individuellen Feedbacks. Folglich reduzieren sich diese Nachteile, wenn man statt in Groß- in Kleingruppen lernt. Mit »Kleingruppe« meine ich eine Teilnehmerzahl bis etwa sechs Personen. Bei einer solchen Gruppenstärke ist jeder Einzelne automatisch sehr viel stärker in die Unterrichtsabläufe eingebunden. Nicht nur rein rechnerisch entfallen dabei auf jeden Teilnehmer größere Unterrichtsanteile, sondern die Teilnehmer werden durch das dichtere Unterrichtsgeschehen auch schon auf der reinen Aufmerksamkeitsebene stärker gefordert; die Gefahr des »Wegdriftens« der Aufmerksamkeit ist wesentlich geringer, der Input und die mentale Aktivierung entsprechend größer. Trotzdem bietet eine solche Gruppengröße immer noch alle Vorteile des sozialen Lernens. Durch die stärkere Integration in kleinen Gruppen sind der Zusammenhalt und die gegenseitige Unterstützung u. U. sogar größer. Dies gilt insbesondere dann, wenn die Gruppe sich selbst zusammengestellt hat (s. u.). Auch die Berücksichtigung individueller Lernbedarfe und Lernstile ist in einer Kleingruppe naturgemäß leichter als in einer Großgruppe, vorausgesetzt natürlich, der Lehrer verfügt über die dazu notwendige professionelle Kompetenz.

Wer Glück hat, kommt auch in einem als Großgruppenkurs angelegten Unterricht einmal in den Genuss einer Kleingruppenkonstellation, z. B. weil in einem Fortsetzungskurs auf höherem Niveau nur wenige Anmeldungen zustande gekommen sind. In öffentlichen Einrichtungen ist dies jedoch die große Ausnahme, da hier fast immer Mindestteilnehmerzahlen vorgeschrieben sind, sodass der Kurs gestrichen wird, wenn diese nicht erreicht werden. Sie liegen oft bei 10, 12 oder 15 Teilnehmern, manchmal auch noch darüber.

Wer sicher ist, dass er in einer Kleingruppe lernen möchte, muss nach Kursen Ausschau halten, die ausdrücklich als solche gekennzeichnet sind. Einige Volkshochschulen machen inzwischen solche Angebote zu entsprechend höheren Preisen.

Private Sprachschulen hingegen werben fast immer mit dem Argument, dass sie kleine Lerngruppen haben. Der Preis liegt auch hier meist höher. Bei den Preisen der privaten Sprachschulen ist zu bedenken, dass diese nicht durch öffentliche Gelder subventioniert werden, sondern sich ausschließlich aus ihren Kurseinnahmen finanzieren müssen.

Doch es gibt noch eine andere Möglichkeit, in einem Kleingruppenkurs zu lernen. Fremdsprachenlehrer in der Erwachsenenbildung, sowohl im privaten wie im öffentlichen Bereich, sind meistens neben- oder freiberuflich als solche tätig und daher in der Regel bereit, auch für private Gruppen tätig zu werden. Wenn es Ihnen also gelingt, eine Kleingruppe von Personen zusammenzubringen, die an einer bestimmten Fremdsprache interessiert sind und das gleiche Lernniveau haben, können Sie einen Lehrer auch privat »buchen«. Dass dies nicht unbedingt unbezahlbar sein muss, zeigt folgende einfache Rechnung: Der Honorarsatz für eine Unterrichtsstunde (45 Min.) liegt für die meisten in der Erwachsenenbildung tätigen Fremdsprachendozenten irgendwo zwischen 15 und 25 Euro. (Einen interessanten Überblick über Honorarsätze für freiberuflich Lehrende an unterschiedlichen privaten und öffentlichen Einrichtungen findet man auf der Seite <www.mediafon.net> unter »Honorare«.). Ab 20 bis 25 Euro werden Sie also in der Regel einen qualifizierten Lehrer finden, der für dieses Honorar eine private Gruppe unterrichtet. Eine Doppelstunde (90 Min.) kostet somit 40 bis 50 Euro. Wenn Sie eine Gruppe von sechs Interessierten zusammenbringen, wären das für einen Kurs mit zwölf Treffen 80 bis 100 Euro pro Person. Dies liegt nur wenig über den Kosten, die Sie auch bei den meisten Volkshochschulen zahlen würden und eher unter dem Preis an einer Privatschule. Und selbst wenn Sie den Kurs an einer öffentlichen Einrichtung günstiger bekommen würden, wiegen die Vorteile der Kleingruppe diesen Nachteil meist klar auf.

Auch die Zusammenstellung einer Gruppe von Interessierten muss nicht unbedingt schwierig sein. Sie können in Ihrem Bekannten- oder Kollegenkreis herumfragen oder eine Kleinanzeige in der Zeitung oder in einem geeigneten Internetportal schalten. Die meisten Kleingruppen kommen aber vermutlich als »Abspaltung« von einem bereits bestehenden Großgruppenkurs zustande, sei es aus Unzufriedenheit mit diesem oder weil der Kurs ohnehin nicht mehr zustande kommt. Oft wird der Dozent des Ursprungskurses dabei gleich »mit eingekauft«. Dies ist nicht einmal unlauter, wenn dieser freiberuflich tätig ist. Die Erfahrung zeigt im Übrigen, dass solche privat organisierten Kurse häufig stabiler laufen als die anonymeren Großgruppenkurse. Als Unterrichtsort dient entweder eine Privatwohnung (dann am besten reihum), ein abends nicht mehr genutzter Büroraum im beruflichen Umfeld oder ein kleiner Sitzungsraum in einer Schule, Universität, einem Gemeindezentrum oder einfach im Vereinszimmer einer Gaststätte. Die Kosten dafür können also auch hier meist gering gehalten oder ganz umgangen werden.

Eine weitergehende Alternative ist Einzelunterricht. Bei diesem Stichwort zuckt man meist automatisch zusammen, weil man an den zwangsläufig sehr viel höheren Preis denkt. Dies ist sicherlich nicht unbegründet. Doch wenn man Effizienzgesichtspunkte einbezieht, kann Einzelunterricht durchaus eine Überlegung wert sein.

Nehmen wir zur Veranschaulichung noch einmal das Kriterium der Sprechzeit aus Abschnitt 2|9 auf. Wenn wir von der gleichen Verteilung der Sprechzeit zwischen Lehrer und Lerner ausgehen, dann hat der Lerner im Einzelunterricht gegenüber einer Lerngruppe von 20 Teilnehmern die 20fache Redezeit zur Verfügung. Auch seine Chancen, individuelles Feedback auf Fehler oder Fragen zu erhalten, ist 20mal so groß. Der Unterricht wird aber zweifellos nicht das 20fache kosten.

Bereits diese zugegebenerweise etwas pointierte Überlegung zeigt immerhin, dass Einzelunterricht zwar teurer ist, möglicherweise aber trotzdem die bessere Investition sein kann. Die Effizienzbilanz von Einzelunterricht verbessert sich vor allem dann entscheidend, wenn man diesen Unterricht systematisch mit autonomem Lernen verbindet und den Unterricht zielstrebig nur für solche Aktivitäten nutzt, die man nicht gut in Eigenregie ausführen kann. Wie Sie Unterricht in diesem Sinne am besten mit Selbstlernen kombinieren, erfahren Sie im nächsten Abschnitt (5|2 »Entwickeln Sie Ihre Fähigkeit zum Selbstlernen«). Dort werde ich auch für eine Relation von autonomem Lernen und Unterricht von mindestens 2:1 plädieren, d. h., auf eine Stunde Unterricht sollten mindestens 2 Stunden autonomes Lernen kommen, eventuell auch deutlich mehr. Damit wird die Effizienz noch einmal deutlich gesteigert und entsprechend die Kosten, gemessen am tatsächlichen Lernfortschritt, gesenkt. Es ist u. U. bereits ausreichend, nur alle zwei Wochen eine Stunde Unterricht zu nehmen, als Fortgeschrittener vielleicht sogar noch weniger. Und damit rückt der finanzielle Aufwand schnell in den Bereich des Machbaren.

Wer trotzdem die Kosten noch senken will, der sucht sich einen Lernpartner, der zusammen mit ihm den Unterricht bucht. Dies halbiert die Kosten und tut der Effizienz wenig Abbruch. Außerdem ermöglicht es interaktive Arbeitsformen unter Lernern, die im Einzelunterricht nur mit dem Lehrer möglich gewesen wären.

Besonders sinnvoll kann Einzelunterricht sein, wenn man spezielle Lernbedarfe hat (z. B. die Vorbereitung einer Präsentation oder eines Fachartikels in der Fremdsprache), wenn man in sehr kurzer Zeit ein bestimmtes Lernniveau erreichen muss (z. B. um eine Aufnahmeprüfung zu bestehen) oder wenn ein wichtiger Auslandsaufenthalt kurzfristig bevorsteht. Im Falle von beruflich veranlasstem Fremdsprachenunterricht sollte man im Übrigen klären, ob sich der Arbeitgeber nicht an den Kosten beteiligen oder sie sogar ganz übernehmen könnte.

Natürlich kommt man beim Einzelunterricht nur dann in den Genuss seiner Vorzüge gegenüber dem Großgruppenunterricht, wenn der Lehrer das darin steckende Potential für ein sehr individuelles Lehren und Lernen auch tatsächlich nutzt. Spult er hingegen nur sein übliches Programm herunter, das er so auch in einem Großgruppenkurs geboten hätte, bleibt dieses Potential weitgehend ungenutzt. Bei Einzelunterricht wird man also besonders auf die Qualität achten. Wie Sie Unterricht einschließlich der Qualifikation des Lehrers fundiert beurteilen, behandele ich in den Abschnitten 7|1 (»Prüfen und bewerten Sie die Unterrichtsbedingungen«) und 7|2 (»Bewerten Sie Ihren Lehrer mithilfe einer Checkliste«).

Wer Einzelunterricht zu teuer findet, aber dennoch auf die Vorteile individuellen Lernens nicht verzichten möchte, sollte ein Lerntandem erwägen (s. Abschnitte 5|4 u. 5|5).

Eine weitere Form des Fremdsprachenlernens, die in letzter Zeit immer mehr an Bedeutung gewinnt, ist der Online-Unterricht. Wie bei der Bildtelefonie (z. B. mittels des Programms *Skype*) oder einer Videokonferenz trifft man dabei den Lehrer im Internet und kommuniziert mit ihm im Rahmen eines »virtuellen Klassenraums« mittels Bild und Ton. Zentrales Element des Online-Unterrichts ist meist eine virtuelle Tafel, auf der das multimediale Lernmaterial präsentiert wird, und zwar je nach Lerninhalt in Form von Texten, interaktiven Übungen, animierten Präsentationen, Videos usw. Gleichzeitig wird über die zur Verfügung stehenden Kommunikationswerkzeuge eine virtuelle Unterrichtssituation hergestellt. Sowohl der Lehrer als auch die anderen Kursteilnehmer können über Webcams sichtbar gemacht werden und über Audiokanäle direkt angesprochen werden. Außerdem können parallel zur mündlichen Kommunikation auch Texte und andere Dokumente verschickt und bearbeitet werden. Und in einem integrierten *Instant Messenger* können schriftliche Zusatzinformationen, z. B. zur Schreibung von Wörtern, dargestellt werden. Aufgrund der multimedialen interaktiven Gestaltung kommt der Online-Unterricht so insgesamt den Möglichkeiten des Präsenzunterrichts erstaunlich nahe.

Die technischen Voraussetzungen auf Seiten der Benutzer sind dabei geringer, als viele vermuten würden. In der Regel reicht ein schneller Internetanschluss (DSL) und ein Standard-PC oder ein Notebook mit Headset und Webcam. Der virtuelle Klassenraum ist bei den meisten Anbietern browserbasiert, d. h., die Installation einer speziellen Software ist nicht erforderlich.

Ein großer Vorteil von Online-Unterricht ist die Aufhebung räumlicher Zwänge. Lehrer und Lerner können sich an ganz verschiedenen Orten auf dieser Welt befinden. Weder der Lehrer noch die Lerner müssen für den Unterricht ihren Arbeitsplatz oder den heimischen Computer verlassen, der Unterricht kann jederzeit und überall stattfinden. Das spart Zeit und Mühe. Die meisten Online-Anbieter von Fremdsprachenunterricht werben deshalb vor allem mit dieser Flexibilität (»Anytime, anywhere«). Bei größeren Anbietern kann tatsächlich fast rund um die Uhr Unterricht gebucht werden. Insbesondere wenn man Einzelunterricht bucht, kommt man in den Genuss dieser Flexibilität, natürlich zu entsprechend höheren Preisen.

Zu den führenden Anbietern auf dem Markt gehören derzeit das Portal <www.learnship.de> des Kölner Unternehmens Learnship Networks GmbH (»erste Internetsprachschule Deutschlands«) sowie das Portal <*www.speexx.com/de*>, das von dem Münchener Lernsoftware-Unternehmen Digital Publishing betrieben wird. Bevor man bei diesen oder anderen Anbietern Kurse bucht, wird man sich natürlich gründlich informieren. Die angebotenen Demo-Videos können dabei helfen. Auch die Möglichkeit eines kostenlosen Probe-Abos oder einer kostenlosen Probestunde sollte man nutzen. Das

Angebot ist erkennbar auf Unternehmen als Hauptkunden zugeschnitten. Dies hat den Vorteil, dass hier vor allem Lerner mit beruflichem Fremdsprachenbedarf auf ihre Kosten kommen. Neben Standardangeboten wie allgemeinem Gesprächstraining finden sich hier auch zahlreiche speziellere Angebote für verschiedene Business-Bereiche wie *Human Resources*, Banken und Finanzwesen, Automobilindustrie u. a. Dafür ist das Sprachenangebot meist auf die gängigsten Fremdsprachen begrenzt. (Bei <www.speexx.com/de> derzeit z. B. auf Englisch, Französisch, Spanisch, Italienisch und Deutsch als Fremdsprache; bei <www.learnship.de> ist das Angebot etwas breiter.)

Einige Online-Sprachenschulen bieten nicht nur Online-Unterricht, sondern auch andere Lernformate an, die einen geringeren Lehranteil und dafür mehr autonomes Lernen vorsehen (und deshalb in der Regel kostengünstiger sind). So können beispielsweise alle Übungen offline von den Lernern bearbeitet werden, bevor sie später online mit einem Tutor oder Coach besprochen werden. Der Tutor oder Coach kann über ein Forum oder einen Chatroom direkt kontaktiert werden. Er macht Vorschläge zum Lernprogramm, stellt Aufgaben, gibt Feedback und steht für Fragen und Erklärungen bereit. Es werden entweder feste Treffen im Netz vereinbart oder es wird über Mail kommuniziert. Meist wird zugesagt, dass jede Anfrage innerhalb von 24 Stunden beantwortet wird.

Dieses Lernformat ermöglicht in der Regel noch mehr Flexibilität für die Lerner bei geringeren Kosten. Interessant daran ist auch die Perspektive, auf die umfangreiche Lernmaterialbasis der Anbieter zurückgreifen zu können. So umfasst z. B. die Materialbasis des Portals <www.speexx.com/de> nach eigenen Angaben einen Fundus von 30.000 interaktiven Übungen in 40 verschiedenen Übungsformaten.

Insgesamt tun sich mit den neuen Angeboten an Online-Unterricht, Online-Coaching und an online-basiertem, tutoriertem Selbstlernen neue Möglichkeiten für das Fremdsprachenlernen auf. Noch sind diese neuen Lernformen den meisten Fremdsprachenlernern nicht vertraut und vielleicht auch noch ein wenig »unheimlich«. Es bedarf aber keiner besonderen Seherfähigkeiten, um vorauszusagen, dass der Markt und damit das Angebot an Fremdsprachenunterricht via Internet in den nächsten Jahren rasch wachsen werden. Möglicherweise ist die typische Sprachenschule der Zukunft überwiegend eine Online-Schule. Wer sich diesen neuen Kommunikationsformen von vornherein verschließt, nutzt wichtige Potentiale nicht, die die elektronischen Medien heute bieten. Sie sind insbesondere für Lerner mit Zeitknappheit und mit beruflicher Lernmotivation von Interesse, sollten zunehmend aber auch von anderen Lernern, die an Effizienz interessiert sind, als Option innerhalb eines Gesamtlernkonzeptes erwogen werden. Prüfen Sie deshalb, ob für Sie diese neuen Angebote in Frage kommen. Denjenigen unter Ihnen, die auch sonst viel über das Internet kommunizieren, insbesondere in Form von Videokommunikation, wird der Einstieg besonders leicht fallen.

5 | 2 Entwickeln Sie Ihre Fähigkeit zum Selbstlernen

Die radikalste Alternative zum klassischen Fremdsprachenunterricht ist das reine, individuelle Selbstlernen.

Wenn wir zunächst noch einmal einen Blick auf die Hauptargumente werfen, die die Wirkung von Standard-Fremdsprachenunterricht in großen Gruppen in Frage stellen (s. Abschnitt 2|9), so stellen wir gleich fest, dass diese für das Selbstlernen nicht gelten, sondern leicht aufhebbar sind:

- Individuelle Lernbedarfe können beim Selbstlernen naturgemäß jeder Zeit berücksichtigt werden.
- Dem eigenen Lernstil kann jederzeit Rechnung getragen werden.
- Die Ausrichtung an individuellen Lerngeschwindigkeiten geschieht im Grund automatisch.
- Aktives Selbstlernen ist sozusagen der Inbegriff der Aufhebung der passiven Grundhaltung, die sich in unterrichts- und lehrerzentrierten Lernformaten so leicht einstellt.

Hinzu kommen natürlich auch die ganz praktischen Argumente: Beim Selbstlernen ist man räumlich und zeitlich komplett von anderen unabhängig. Das spart Zeit und Energie. Außerdem ist Selbstlernen eine kostengünstige Lösung, denn außer für Lehrmaterial fallen ja erst einmal keine Kosten an.

Und eigentlich entspricht die Selbstorganisation des Lernprozesses durchaus auch unserem Grundbedürfnis nach Selbstbestimmung und Autonomie.

Wenn dennoch so viele Lerner dem reinen Selbstlernen mit so viel Skepsis begegnen, dann hat dies meist zwei Hauptgründe: Zum einen überschätzen sie die Zahl der Lernaktivitäten, für die die Anleitung und das Feedback eines Lehrers tatsächlich unabdingbar sind, und zum anderen glauben sie nicht daran, sich selbst ausreichend motivieren zu können, wenn sie ganz auf sich allein gestellt sind. Wenden wir uns zunächst dem ersten Aspekt zu.

Wenn man sich einmal typische Aktivitäten, die man zum Fremdsprachenlernen unternimmt, genauer ansieht, stellt man fest, dass man zahlreiche davon auch ohne Lehrer ausführen kann. So kann man zum Beispiel praktisch alle rezeptiven Fähigkeiten, also das Leseverstehen und das Hörverstehen, auch im Selbstlernmodus erwerben. Man braucht dazu lediglich bestimmte Strategien, wie man geeignete Materialien auswählt und wie man die dabei auftretenden Verständnisprobleme systematisch lösen kann. Diese Basisstrategien, die auch schon von Anfängern erfolgreich eingesetzt werden können, werde ich Ihnen in den einzelnen Abschnitten der Kapitel 9 und 10 präsentieren. Auch die meisten Übungen lassen sich im Selbststudium bearbeiten, zumindest alle mit einer geschlossenen Menge von Lösungen. Voraussetzung ist hier lediglich, dass die Lehrmaterialien entsprechende Lösungsschlüssel bereitstellen. Wortschatz lässt sich hervorragend durch eine Kombination aus viel Input und systematischem Wortschatztraining erwerben (s. die einzelnen Abschnitte in Kap. 13). Grammatikwissen hat zumindest mit Blick auf das Sprachverstehen nur eine dienende Funktion und sollte gar kein selbstständiger Lerngegenstand sein (s. Abschnitt 14|1). Selbst die richtige Aussprache kann mithilfe von Tonträgern zumindest imitativ geübt werden, schließlich wird im Fremdsprachenunterricht meist nicht viel anderes gemacht.

Bleibt als letzte Domäne natürlich der Bereich der produktiven Grundkompetenzen. Wie ich in Abschnitt 18|1 ausführlich begründen werde, besteht fremdsprachige Sprachproduktion sowohl beim Schreiben wie auch beim Sprechen aus zwei Hauptkomponenten: dem »Versprachlichen«, also dem Wissen darum, wie man Gedanken überhaupt mit den Mitteln der Fremdsprache ausdrückt, und der Fähigkeit, diese in konkreten Kommunikationssituationen anzuwenden. Zumindest die erste Komponente kann sehr gut auch im Selbststudium erworben werden. So können wir durch geschickte Auswertung des fremdsprachigen Inputs durch Strategien wie *Spot-the-gap*, *Spot-the-difference* und *Customize* (s. Abschnitte 18|2 bis 18|4) lernen, unsere eigenen Ausdrucksbedürfnisse in eine fremdsprachige Form zu bringen und dabei sowohl die schriftliche wie die mündliche Anwendung optimal vorzubereiten.

Wenn man all diese Möglichkeiten zusammennimmt, dann kann man guten Gewissens die Faustregel formulieren, dass mindestens drei Viertel aller Lernaktivitäten, die zur Beherrschung einer Fremdsprache führen, auch im Selbstlernmodus durchgeführt werden können.

Das einzige, was uns zum Schluss noch fehlt, ist zum einen das Feedback eines kompetenten Sprechers der Fremdsprache, ob unsere Sprachproduktion, egal ob schriftlich oder mündlich, in allen Punkten sprachlich richtig und unseren kommunikativen Absichten angemessen ist, und natürlich die Anwendungserfahrung des spontanen interaktiven Sprechens.

Da viele der genannten Aktivitäten im Selbststudium nicht nur möglich, sondern durch den Zuschnitt auf unsere individuellen Lernbedarfe, Lernstile und Lernpräferenzen oft auch effizienter sind, ergibt sich schon daraus, dass Selbstlernen eine zentrale Komponente jedes Lernarrangements sein sollte.

Das mit Abstand am häufigsten vorgebrachte Argument für die Skepsis gegenüber dem Selbstlernen ist weniger inhaltlicher als motivationaler Art: Beim Selbstlernen bestehe einfach nicht der nötige »Druck«, den man brauche, um den berühmt-berüchtigten »inneren Schweinehund« zu überlisten. Natürlich ist nicht abzustreiten, dass Selbstlernen ein gewisses Maß an Selbstdisziplin voraussetzt und dass umgekehrt ein fester Unterrichtstermin in einer Gruppe eine Verbindlichkeit schaffen kann, mit der es einem gelingt, das menschliche Trägheitsmoment zu überwinden. Doch wenn sich die Alternative tatsächlich in der Form stellt »Entweder ich besuche Unterricht oder ich tue gar nichts«, dann sagt dieses Argument mehr über die Motivation desjenigen aus, der es vorbringt, als über die Effizienz von Unterricht. Denn wer sich nur durch die Teilnahme an Unterricht motivieren kann, muss sich fragen, ob seine Motivation dauerhaft ausreicht oder ob sie nicht früher oder später in Folge der zu erwartenden eher mäßigen Lernfortschritte Schaden erleiden wird. Auch Unterricht ist auf Dauer kein »motivationaler Selbstläufer«. Ganz gleich welches Lernformat man wählt, für etwas so Langwieriges wie den Erwerb einer Fremdsprache ist immer ein gutes »Motivationsmanagement« notwendig (s. Abschnitt 6|1). Wer mit dem beliebten »Druck durch Unterricht«-Argument kommt, muss sich im Übrigen aber auch fragen lassen, ob er wirklich daran interessiert ist, aus seiner verfügbaren Zeit das Beste zu machen. Möglicherweise erliegt er nur dem bereits in Abschnitt 2|9 beschriebenen verbreiteten Irrtum, dass, wer eine Stunde Unterricht genommen hat, auch eine Stunde tatsächlich gelernt hat, und verkennt, dass man Lernen nicht delegieren kann.

Dennoch ist das Selbstlernen natürlich nicht *automatisch* die bessere Alternative zum Unterricht. Eine zentrale Bedingung ist neben Motivation zweifellos auch ein gewisses Maß an Selbstdisziplin. Vor allem aber benötigt man ein breites Inventar an Strategien zur Organisation eigener Lernprozesse, von der Auswahl geeigneter Lernmaterialien über die Festlegung einer Lernreihenfolge bis hin zur Kontrolle von Lernergebnissen. Diese Strategien zu vermitteln ist das zentrale Anliegen dieses Buches. Je mehr Strategien aus dem Angebot des Buches Sie ausprobieren, desto leichter wird es Ihnen fallen, Ihre Lernprozesse effizient zu gestalten, sei es mit oder ohne Unterricht.

5|3 Erwägen Sie Tutoring und Coaching

Selbstlernen ist keine Frage von ganz oder gar nicht. In den letzten Jahren haben sich deshalb, insbesondere an Universitäten, eine Reihe von neuartigen Formaten entwickelt, die zwar das Selbstlernen als zentrale Kompetenz beinhalten, die Lerner aber durch begleitende Angebote darin unterstützen. Für diese neuen Angebote hat sich noch keine einheitliche Terminologie herausgebildet. Aber die Begriffe, denen man hier am häufigsten begegnet, sind Tutoring und Coaching.

Das »Tutoring« oder »tutorierte Selbstlernen« ist ein Format, bei dem der Lerner zwar alle Lernaktivitäten selbst durchführt, dabei aber auf die Hilfe eines Tutors zurückgreifen kann, der ihm bei allen Fragen der Lernorganisation hilft, und zwar insbesondere bei der Einstufung des aktuellen Lernstandes, bei der Festlegung sinnvoller und realistischer Lernziele, bei der Auswahl geeigneter Lernmaterialien und bei der sinnvollen Anwendung von Lernstrategien.

Der Tutor ist vor allem zu Beginn des Lernprozesses für den Lerner aktiv und steht danach nur noch in größeren Zeitabständen oder nach Bedarf zur Verfügung. Man kann jedoch auch einen festen zeitlichen Rhythmus für Treffen vereinbaren (z. B. einmal im Monat oder alle zwei Wochen) und über die Lernfortschritte berichten. Dabei kann der Tutor auch die Funktion eines »Supervisors« übernehmen, der dem Lerner bei Schwierigkeiten und Problemen im Lernprozess hilft, Ursachen zu erkennen und Lösungen zu erarbeiten.

Der wichtigste Vorteil des tutorierten Lernens ist, dass der Tutor den Lerner gerade von den Tätigkeiten befreit, die beim Selbstlernen als Zusatzaufgaben hinzukommen, sodass sich der Lerner ganz auf das Lernen selbst konzentrieren kann. Insbesondere für Lerner, die keine oder wenig Erfahrung mit dem Selbstlernen von Fremdsprachen haben, kann dies hilfreich sein.

Damit der Tutor seine Funktion als Lernbegleiter wahrnehmen kann, muss er über die notwendigen Qualifikationen verfügen. Er muss also z. B. einen Überblick über verfügbare Lernmaterialien haben und ein Inventar von Lernstrategien kennen, aus denen er dann geeignete auswählt und dem Lerner vorschlägt.

Ein »Sprachcoaching« unterscheidet sich in der Grundidee nicht wesentlich vom Tutoring. Auch ein Coach hilft dem Lerner, selbst gesetzte Ziele zu erreichen. So wie der Begriff derzeit verwendet wird, hebt er aber stärker auf eine projektgebundene Anwendung der Fremdsprache als auf das reine Lernen ab. Ein typischer Fall wäre die Vorbereitung eines Vortrags oder einer Publikation in der Fremdsprache. Der Fremdsprachencoach würde in diesem Fall dem Experten, der dieses konkrete Projekt vorbereitet, dabei helfen, es in der Fremdsprache optimal zu realisieren. Dazu würde er Manuskripte lesen, diese sprachlich kommentieren, Feedback zur Wirkung auf Muttersprachler geben oder bei der Einübung der mündlichen Präsentation helfen. Im Gegensatz zum Tutor muss der Coach also in jedem Fall die jeweilige Sprache sicher beherrschen, am besten auf muttersprachlichem Niveau. Das reine Korrekturlesen (proofreading) fremdsprachiger Texte kann, muss aber nicht Teil eines Coachings sein. In der Regel braucht man dafür auch keinen Coach, sondern nur einen erfahrenen muttersprachigen Korrekturleser.

Leider sind die Angebote im Bereich dieser neuen Formate noch sehr dünn gesät. Sie finden sich derzeit vor allem an Sprachenzentren von Hochschulen und stehen dann meist nur Studenten oder anderen Hochschulangehörigen offen. Über einen Gasthörerstatus kann man sich aber möglicherweise einklinken. Andere Einrichtungen bieten das Format meist nur in Ergänzung zu gebuchten Kursen an.

Wenn Sie an diesem Format interessiert sind, sollten Sie dennoch bei Ihrer Institution einmal nachfragen, ob es ein entsprechendes Angebot gibt. Manchmal wird es unter alternativen Benennungen (wie z. B. »Lernwerkstatt«) geführt. Wenn Sie in keiner Institution fündig werden, können Sie versuchen, einen Fremdsprachenlehrer zu finden, der bereit ist, die Rolle als Tutor zu übernehmen. Dies wird in der Regel allerdings einige Überredungskünste erfordern. Zum einen, weil das Format sich noch nicht etabliert hat, und zum anderen, weil für ihn damit natürlich deutlich weniger Geld zu verdienen ist als mit regelmäßigem Einzelunterricht. Wenn Sie aber ganz klar machen, dass Sie nur Tutoring, auf keinen Fall aber normalen Einzelunterricht buchen werden, können Sie vielleicht erfolgreich sein. Die Chancen, einen Coach für ein konkretes Projekt zu finden, sind hingegen besser, weil für den erfolgreichen Abschluss meist ein bestimmtes Stundenkontingent fest gebucht werden muss.

Wenn Sie keinerlei Angebote für tutoriertes Selbstlernen oder Coaching auftun können, dann halten Sie wenigstens Ausschau nach Sprachlernberatungsangeboten. Diese sind meist häufiger zu finden, z. B. in Form von offenen Sprechstunden an Volkshochschulen oder auch in konzentrierter Form zu Beginn neuer Halbjahres- oder Quartalskurse. Sie bekommen hier zwar nicht alle Angebote, die zu einem richtigen lernbegleitenden Tutoring gehören, aber doch zumindest einige. Überlegen Sie sich vorher, welche Fragen Sie stellen wollen und versuchen Sie, so viele praktische Tipps zu erhalten wie möglich. Zumindest eine Orientierung über die an der Institution vorhandenen Selbstlernmaterialien sollte jede Sprachberatung bieten können.

5 | 4 Erwägen Sie ein Präsenz-Sprachlerntandem

It takes two to tango. Ganz im Sinne dieses englischen Mottos kann man ein Lernformat verstehen, das auch heute noch vielen Lernern unvertraut ist und das dennoch zahlreiche Vorteile bietet: das Lerntandem. Es beruht auf einem einfachen Grundgedanken: Ein Muttersprachler der Sprache A, der Sprache B lernen möchte, sucht sich einen Muttersprachler der Sprache B, der Sprache A lernen möchte, und dann helfen sich beide beim Erreichen des jeweiligen Ziels. Wenn Sie also z. B. als Deutscher oder Deutsche Spanisch lernen wollen, suchen Sie sich einen Spanier oder eine Spanierin, der oder die Deutsch lernen will. Nun vereinbaren Sie einen möglichst festen Turnus für Ihre Treffen und teilen jedes Treffen in zwei gleich lange Teile. In der einen Hälfte der Zeit helfen Sie Ihrem Tandempartner, Deutsch zu lernen, in der anderen hilft Ihr Tandempartner Ihnen, Spanisch zu lernen. Die Reihenfolge ist beliebig und kann auch von Treffen zu Treffen variiert werden.

Die Reihe der Aktivitäten, die Sie als Lerntandem durchführen können, ist fast unbegrenzt. Sie können zusammen Texte lesen, Radio hören, Filme schauen und sich dabei gegenseitig erklären, was Sie nicht verstanden haben. Sie können aber natürlich auch nur miteinander reden und dabei abwechselnd die eine und die andere Sprache sprechen, sodass jeder die gleiche Chance zum Üben seiner Sprechkompetenz hat. Durch gegenseitiges Feedback und durch Fehlerkorrektur verbessern Sie dabei den Lerneffekt. Besonders attraktiv ist beim Lerntandem die Möglichkeit, das Lernen mit anderen Aktivitäten zu verbinden, z. B. indem man gemeinsam ins Kino geht, Sport treibt, Gesellschaftsspiele spielt oder einfach nur durch die Stadt schlendert und auch dabei abwechselnd die jeweilige Fremdsprache spricht.

Das Lerntandem bietet als Lernformat eine Reihe von Vorzügen, hier die wichtigsten:

▶ Jeder Tandempartner hat Zugriff auf die volle muttersprachliche Kompetenz des anderen.

Dieses Grundprinzip des Lerntandems macht es möglich, nicht nur Fehler und Defizite mit muttersprachlicher Sicherheit zu erkennen und zu korrigieren, sondern vor allem auch, ständig als Modell für muttersprachlichen Sprachgebrauch zu fungieren, also wertvollen Input zu liefern (zur zentralen Rolle des Inputs s. Abschnitt 2|7 »Die Big Five – Was zum erfolgreichen Fremdsprachenlernen unabdingbar ist«). Außerdem kann Ihnen der Muttersprachler bei der Aufbereitung von Selbstlernmaterialien helfen, z. B. indem er Wörter für Ausspracheübungen oder ganze Texte für das Hörverstehenstraining auf Tonträger spricht. Ich werde an zahlreichen Stellen in diesem Buch auf den Tandempartner als muttersprachigen Lernhelfer zurückkommen und weitere konkrete Vorschläge für seinen Einsatz machen.

▶ Die Tandemsituation ermöglicht ein hohes Maß an Individualisierung des Lernprozesses.

Da jeder Tandempartner selbst über die Auswahl der Lernziele, Lernmaterialien und Lernaktivitäten entscheidet, können alle Aspekte des Lernprozesses auf seine individuellen Bedürfnisse ausgerichtet werden. Dass die zur Verfügung stehende Zeit genau hälftig geteilt wird, bedeutet dabei in keiner Weise, dass auch die Aktivitäten symmetrisch sein müssen. Während der eine Partner vielleicht vor allem eigene Texte korrigiert bekommen möchte, ist der andere möglicherweise gerade besonders an einem Aussprachetraining interessiert. Natürlich funktioniert das Tandem besonders gut, wenn man möglichst viele gemeinsame Themen und Interessen findet.

▶ Das Gegenseitigkeitsprinzip sorgt für Motivation und Engagement.

Da jeder Tandempartner weiß, dass die Rollen des Lerners und des Lernhelfers regelmäßig getauscht werden, engagiert er sich auch immer im eigenen Interesse. Man kann also im Normalfall von einer hohen Motivation nicht nur für das eigene Lernen ausgehen, sondern auch hinsichtlich der Bereitschaft, dem anderen beim Lernen wirksam zu helfen.

▶ Es ist jederzeit ein Rückgriff auf die Muttersprache möglich.

Da beide Partner jeweils auch Kenntnisse in der Sprache des anderen haben, besteht bei allen Aktivitäten auch immer die Möglichkeit, im Notfall auf die eigene Muttersprache zurückzugreifen. Darin unterscheidet sich die Tandemsituation z. B. von einem Gespräch mit einem beliebigen anderen Muttersprachler.

▶ Die Tandemsituation kombiniert Lernen mit natürlicher Anwendung.

Während man im Standard-Fremdsprachenunterricht normalerweise kaum authentische Anwendungssituationen hat, sondern diese eher simulieren muss (allein schon deshalb, weil die Lerner meist die gleiche Muttersprache haben), ergeben sich Anwendungssituationen in einem Tandem von selbst. Schon die Absprachen über Ort, Zeit und Inhalte der einzelnen Treffen sind authentische Kommunikation. Erst recht gilt dies für das Gespräch über den Film, den man gerade zusammen im Kino gesehen hat, oder über die Eindrücke, die man beim gemeinsamen Ausflug austauscht. Lernen und Anwenden fließen also beim Tandemlernen perfekt ineinander.

▶ Tandemlerner tauschen auch Kulturwissen aus.
Beim Tandemlernen ergibt es sich erfahrungsgemäß von selbst, dass man auch über kulturelle Unterschiede zwischen den Ländern spricht, aus denen man kommt. Tandemlernen ermöglicht also nicht nur sprachliches, sondern auch kulturelles Lernen. Zwar besteht in der Regel die Asymmetrie, dass man sich gerade nur in einem der beiden Länder befindet (Treffen abwechselnd in den beiden Ländern werden höchstens in Grenznähe einmal möglich sein), aber das kulturelle Wissen trägt ja jeder Partner in sich. Außerdem sind spätere Treffen oder Besuche im anderen Land ja keineswegs ausgeschlossen und oft die Folge einer gut funktionierenden Tandempartnerschaft.

▶ Tandemlernen trainiert auch andere sprachliche Kompetenzen.
Die Notwendigkeit, dem Tandempartner die eigene Muttersprache näher zu bringen, zwingt auch zu einer vertieften Beschäftigung mit dieser. Seine Fragen machen uns auf grammatische Besonderheiten unserer Muttersprache aufmerksam oder lassen uns über Bedeutungsunterschiede nachdenken, die wir sonst kaum beachtet hätten. Außerdem schulen wir unsere Fähigkeiten, anderen etwas zu erklären. Dies kann ein klarer Zusatznutzen des Tandems sein, z. B. für angehende Lehrer. Aber auch wer keine großen didaktischen Ambitionen hat, trainiert immerhin noch seine Fähigkeit zur Kommunikation mit Nichtmuttersprachlern, eine Fähigkeit, der im Zuge der wachsenden Internationalisierung immer mehr Bedeutung zukommt.

▶ Tandemlernen ist kostenlos.
Last but not least spricht für das Tandemlernen, dass es aufgrund des Gegenseitigkeitsprinzips kostenlos ist. Das macht es besonders für diejenigen interessant, die für das Fremdsprachenlernen wenig Geld ausgeben wollen oder können. Das eingesparte Geld kann dabei vielleicht gut für gemeinsame Aktivitäten mit dem Tandempartner genutzt werden.

Damit die genannten Vorteile des Tandemlernens voll zum Zuge kommen können, müssen jedoch auch eine Reihe von Voraussetzungen erfüllt sein bzw. auch einige möglicherweise auftretende Schwierigkeiten überwunden werden. Auch diese sollen im Folgenden genannt werden.

- Beide Tandempartner müssen in der jeweiligen Fremdsprache ein Mindestniveau haben. Lerntandems sind nichts für reine Anfänger. Man muss mindestens in der Lage sein, die notwendige Kommunikation zur Organisation des Tandems in der Fremdsprache zu bewältigen. Es ist aber keineswegs notwendig, dass beide Partner das gleiche Sprachniveau haben. Entscheidend ist nur, dass die Kommunikation so gestaltet werden kann, dass beide Partner auf ihre Kosten kommen. Für Tandempartner mit unterschiedlichen Sprachniveaus gilt die Faustregel: Je geringer die fremdsprachlichen Kenntnisse des einen sind, desto besser müssen die des anderen sein, um dies in der Kommunikation auszugleichen. Sind die Kenntnisse beider Partner eher gering, kann man immerhin noch versuchen, auf das Modell der »rezeptiven Mehrsprachigkeit« zurückzugreifen: Jeder spricht seine Muttersprache. Der andere kann sich dann ganz auf das Verstehen konzentrieren, ohne selbst die Fremdsprache bereits sprechen zu müssen, was die Kommunikation in der Regel erleichtert. Diese Praxis ist zwar ungewöhnlich, kann aber bei Tandempartnern mit eher geringen Fremdsprachenkenntnissen helfen, Anfangsschwierigkeiten zu überwinden.

- Die Tandemregeln müssen eingehalten werden.
  Alle Grundsätze des Tandemlernens, insbesondere das Gegenseitigkeitsprinzip und die symmetrische Aufteilung der Zeit, müssen eingehalten werden. Darüber hinaus aber auch alle weiteren Absprachen, z. B. vereinbarte Termine, vereinbarte Lerninhalte usw. Verstöße, vor allem wenn sie nur von einem der beiden Partner ausgehen, gefährden die Stimmung und damit die Fortsetzung des Tandems.

- Die Tandempartner müssen gern miteinander arbeiten.
  Tandempartner müssen sich weder richtig lieb haben noch beste Freunde sein. Aber ein gewisses Maß an Sympathie ist schon hilfreich. Wer sich in der Gegenwart des Tandempartners nicht wohlfühlt, wird die Zusammenarbeit eher früher als später aufkündigen, auch wenn die inhaltliche Arbeit okay war. So kann es z. B. passieren, dass manche Tandempartner plötzlich in die Rolle eines Lehrers verfallen, der alles entscheiden und kontrollieren will. Dies widerspricht aber dem Tandemprinzip. Gefragt ist der Muttersprachler als kompetenter Informant, Feedbackgeber und Lernhelfer, nicht als »Belehrer« oder gar als autoritärer »Lehrmeister«. Zu dieser Voraussetzung gehört auch, dass jeder Tandempartner den Lernstil des anderen akzeptieren kann, auch wenn dieser nicht seinem eigenen entspricht. Keiner darf dem anderen seinen Lernstil aufzwingen. Hilfreich sind deshalb Eigenschaften wie Toleranz, Empathie, Kooperativität und Hilfsbereitschaft.

- Es muss klare Absprachen über Ziele und Lerninhalte geben.
  Tandempartner müssen keineswegs die gleichen Lernziele haben. Es ist völlig okay, wenn z. B. ein Partner mit Blick auf eine bevorstehende Prüfung die grammatische

Korrektheit in seinen Texten verbessern will und der andere sich durch viel mündliche Praxis auf einen Auslandsaufenthalt vorbereitet. Gerade deshalb ist es aber sehr wichtig, die Grundregel der paritätischen Verteilung der Lernaktivitäten zu beachten und klare Absprachen über die Inhalte zu treffen. Je klarer die Absprachen sind, desto geringer ist die Gefahr, dass Erwartungen enttäuscht werden. Treffen Sie deshalb mit Ihrem Partner nicht nur Absprachen über die Lernziele und Lerninhalte, sondern verständigen Sie sich z. B. auch über die Art des Korrekturverhaltens, also darüber, bei welchen Lernaktivitäten Sie überhaupt Korrekturen erwarten, wie detailliert diese sein sollten und ob sie sofort (z. B. im Gespräch) oder später (nach dem Gespräch, z. B. anhand einer Gesprächsaufnahme mit Tonträger) erfolgen sollen.

▶ Es muss ein gewisses Maß an Normtoleranz bestehen.
Manche begegnen dem Tandemlernen mit Bedenken, weil sie Angst haben, etwas Falsches zu lernen. In der Tat ist der Tandempartner ja in der Regel nur ein ganz normaler Sprachbenutzer und kein Lehrer und kein Sprachspezialist. Es kann durchaus sein, dass er eine regionale oder sogar dialektale Variante der Sprache spricht, einen starken Akzent hat oder auch den einen oder anderen Fehler in seiner Muttersprache macht. Tandemlernen setzt deshalb auch immer eine gewisse Toleranz gegenüber Abweichungen von der Norm voraus. Dennoch sollte man solche Abweichungen nicht überbewerten. Allein schon deshalb nicht, weil wir auch bei einem Auslandsaufenthalt jederzeit mit solchen Varianten der Norm konfrontiert werden können. Es kann aber sinnvoll sein, solche Abweichungen im Gespräch mit dem Partner zu thematisieren, um sie besser einschätzen zu können. Die Erfahrung zeigt im Übrigen, dass sich Muttersprachler gegenüber Nichtmuttersprachlern, also auch gegenüber Tandempartnern, in der Regel bemühen, eine möglichst normgerechte Variante ihrer Sprache zu benutzen. Übertriebene Bedenken sind also meistens unbegründet.

▶ Die Tandempartner müssen mit der autonomen Lernsituation fertig werden können.
Nach allen Erfahrungen ist dies die schwierigste Voraussetzung. Wenn Lerntandems nicht funktionieren, vorzeitig aufgelöst werden oder einfach »versanden«, liegt es oft daran, dass die Lerner mit der Aufgabe, die eigenen Lernprozesse zu organisieren, überfordert waren. Dafür kann es durchaus objektive Gründe geben, z. B. das Fehlen von Materialien, mangelnde Beratung oder einfach auch nur mangelnde Erfahrung mit dem Selbstlernen. Hilfreich sind deshalb auf jeden Fall klare Vorstellungen von den eigenen Lernbedarfen, vom eigenen Lernstil, aber möglichst auch Erfahrungen mit dem Selbstlernen als solchem. Wer bisher die Verantwortung für das Sprachenlernen ausschließlich an Lehrer abgegeben hat, wird möglicherweise in einer Tandemsituation Schwierigkeiten haben. Aber selbst in diesem Fall besteht immer noch die Möglichkeit, dass man die Aufgabe der Lernorganisation im Zusammenspiel mit dem Tandempartner löst. Allerdings gilt es auch, falsche Erwartungen zu vermeiden.

Kein Tandempartner kann ein vollwertiger Ersatz für einen professionell ausgebildeten Lehrer sein. Ein Beispiel dafür ist die Fehlerkorrektur. Als Muttersprachler trägt der Tandempartner seine Sprache mit all ihren Regeln in sich. Er wird deshalb meist problemlos sagen können, ob etwas in seiner Sprache richtig oder falsch ist, gut klingt oder eher nicht so gut. Aber er muss keineswegs dazu in der Lage sein, dies auch begründen zu können, z. B. durch Angabe einer Regel oder durch eine didaktisch wohldurchdachte Erklärung. Die braucht man in den meisten Fällen auch gar nicht. Das reine Feedback reicht in der Regel aus. Deshalb sollte man auch keineswegs versuchen, seinen Tandempartner in »Erklärungsnot« zu bringen. Die Frage an ihn »Kann man das so sagen?« ist immer sinnvoll, die Frage »Warum ist das so und nicht so?« häufig nicht.

▶ Die Tandemarbeit muss lernorientiert sein
Eine naheliegende Gefahr des Tandemlernens ist, dass der Zweck des Lernens schnell aus dem Blickfeld gerät. Solange man die Tandempartnerschaft als zwischenmenschliche Kontaktsituation genießt, fällt dies nicht weiter auf. Nach einer gewissen Zeit erinnern sich aber die Tandempartner doch daran, dass das Ziel des Kontaktes ein Lernzuwachs in der Fremdsprache war. Ist dieser auch nach etlichen Tandemtreffen nicht spürbar, setzt meistens doch irgendwann die Enttäuschung darüber ein und das Tandem wird früher oder später beendet. Aus diesem Grund sollte man immer versuchen, das Angenehme des Kontaktes mit dem Nützlichen des Lernens zu verbinden. Der häufigste Fehler besteht darin, dass die Tandemtreffen ausschließlich auf das Verstehen der fremdsprachigen Äußerungen des Partners ausgerichtet werden und nicht auf die systematische Arbeit mit diesen Äußerungen als sprachlicher Input. Mindestvoraussetzung für eine vertiefte Verarbeitung sind dabei Notizen während der Treffen, besser noch Aufzeichnungen der Gespräche mit anschließender individueller Nachbereitung außerhalb der Treffen (zu dieser Technik siehe auch Abschnitt 19|19 »Zeichnen Sie Ihre Gespräche in der Fremdsprache auf und bearbeiten Sie sie systematisch nach«). Dabei sollten dann auch ganz gezielt die verschiedenen Strategien der Input-Verarbeitung zum Einsatz kommen, die in Kapitel 18 (»The missing link – Aus Input Output machen«) vorgestellt werden. Die wertvollste Information, die der Tandempartner geben kann, ist die Antwort auf die Frage: Wie hättest du das als Muttersprachler ausgedrückt? Sie sollte so oft wie möglich in beide Sprachrichtungen gestellt und beantwortet werden.

▶ Die Vorteile des Tandemlernens müssen gegen den zusätzlichen Zeitaufwand abgewogen werden.
Wer sehr auf sein Zeitbudget achten muss, kommt nicht umhin, den erhöhten zeitlichen Aufwand beim Tandemlernen zu berücksichtigen. Denn es fließt ja stets nur die Hälfte der aufgewendeten Zeit in den eigenen Lernprozess, die andere kommt

primär dem Tandempartner zugute. Wer das Potential, das im Tandemlernen steckt, optimal nutzt und es dabei geschickt mit anderen Lernformaten, insbesondere dem reinen Selbstlernen (s. Abschnitt 5|2) kombiniert, macht nach meiner Einschätzung dennoch guten Gebrauch von seiner Zeit. Dies gilt besonders dann, wenn er Tandemtreffen gründlich vorbereitet und die darin stattfindenden Lernaktivitäten vor allem dazu nutzt, die Ergebnisse des zusätzlichen Selbstlernens zu überprüfen (z. B. Fehler korrigieren lassen in eigenen Texten) oder die Gelegenheit zum Anwenden nutzt (z. B. in Form von thematisch anspruchsvollen Gesprächen). Die naheliegende Überlegung, die eigene Lernzeit dadurch auszudehnen, dass während der Treffen beide durchgehend die jeweilige Fremdsprache sprechen, ist demgegenüber meist keine gute Idee. Zwar sieht es auf den ersten Blick so aus, als würde die Effizienz so gesteigert. Was aber verloren geht, ist der wertvolle muttersprachliche Input des Tandempartners, der das besondere Potential der Tandemsituation ausmacht. In der Regel ist dies also die falsche Strategie. Sehr wohl kann man aber zur Abwechslung einmal das bereits erwähnte Prinzip der »rezeptiven Mehrsprachigkeit« praktizieren, bei der jeder seine Muttersprache spricht. Denn dabei werden die rezeptiven Fähigkeiten beider Partner gleichzeitig trainiert. Ungeachtet dieser Varianten dürfte aber die Standardsituation mit dem systematischen Sprachenwechsel nach der ersten Hälfte jedes einzelnen Treffens die lernintensivste Arbeitsform sein.

Auch wenn die genannten Voraussetzungen allesamt erfüllt sind, ist dies noch nicht zwangsläufig die Garantie für ein langfristig gut laufendes Lerntandem. Zu Beginn mag die Situation an sich noch so neu und spannend sein, dass es fast egal ist, was man macht, um es interessant zu finden. Die Erfahrung zeigt aber, dass mittel- und langfristig auf jeden Fall Variation erforderlich ist. Es kann deshalb sinnvoll sein, dass man zunächst eine Staffel von Treffen verabredet, z. B. zehn Wochen lang je ein Treffen von zwei Stunden, und dafür dann die Lerninhalte zumindest grob abspricht. Dabei sollte man im Sinne der Motivationserhaltung sicher auch auf eine abwechslungsreiche Gestaltung der Treffen achten.

Spätestens am Ende dieser Staffel sollte man dann Bilanz ziehen und sich neue Ziele setzen und dabei die Erfahrungen aus der ersten Staffel berücksichtigen. Wer nicht so lange im Voraus planen möchte, der sollte wenigstens die Inhalte des nächsten Treffens klar absprechen. Es sei noch einmal daran erinnert, dass die Inhalte der beiden Teile des Treffens keineswegs gleich sein müssen. Absprachen über Inhalte müssen also jeweils für beide Teile getrennt vorgenommen werden.

Im Übrigen gilt, dass eine Tandempartnerschaft keine eheähnliche Beziehung ist. Wenn man das Gefühl hat, dass das Potential einer Tandempartnerschaft erschöpft ist, man aber weiterlernen möchte, ist ein Partnerwechsel (ohne Gewissensbisse) sinnvoll. Es ist auch keineswegs notwendig, sich immer nur auf einen Tandempartner zu beschränken. Wenn es zeitlich möglich und inhaltlich sinnvoll ist, z. B. weil man mit verschiedenen Partnern verschiedene Lernziele am besten verfolgen kann, spricht nichts dagegen, zwei oder sogar noch mehr Tandempartner zu nutzen. Allerdings schaffen es nach meinen Beobachtungen die wenigsten Lerner, mehrere Tandempartnerschaften über längere Zeiträume gewinnbringend für beide Seiten aufrechtzuerhalten (worin diese dann doch wieder ein wenig den Verhältnissen in echten Lebenspartnerschaften ähneln).

Wenn Sie noch keine Tandem-Erfahrung haben, werden Sie sich wahrscheinlich beim Lesen dieses Kapitels gefragt haben, wie Sie denn überhaupt an einen Tandempartner gelangen. Dies ist in der Tat nicht immer ganz einfach, aber es gibt mehrere Erfolg versprechende Wege.

Viele größere Einrichtungen, die professionelle Fremdsprachenkurse im Programm haben, bieten auch eine Tandemvermittlung an. Fragen Sie also als erstes bei der Institution nach, bei der Sie bisher die Fremdsprache gelernt haben. Gute Chancen haben Sie an den Sprachenzentren der Universitäten und Hochschulen. Aber auch manche Volkshochschulen oder Privatschulen verfügen mittlerweile über entsprechende Angebote. Gehen Sie auf die entsprechenden Internetseiten der Einrichtung oder fragen Sie direkt dort nach.

Wie immer ist auch das Internet eine ergiebige Quelle. Die Eingabe des Suchbegriffs »Tandemvermittlung« in Google zeigt derzeit weit über 10.000 Treffer an. Es gibt mittlerweile eine Reihe von Internetportalen, die sich auf die Vermittlung von Tandempartnerschaften spezialisiert haben oder diese zumindest als einen Teil ihrer Dienstleistung bieten.

Manche Portale bieten auch die Vermittlung von Lernpartnerschaften an, ohne Bezug auf den Begriff »Tandem« zu nehmen. Auf dem Portal <*www.sprachtausch.net*> z. B. kann man Inserate finden, in denen Sprecher einer Sprache X einen Lernpartner suchen, der ihnen hilft, die Sprache Y zu lernen. Und natürlich kann man auch selbst eine entsprechende Suchanzeige für die eigene Sprachenkombination nach dem Prinzip Biete/Wünsche einstellen. Man kann direkten Kontakt zu den Inserenten aufnehmen und muss nicht auf die Vermittlung des Portalbetreibers warten. Man kann auch direkt nach Lernpartnern in der eigenen Stadt oder Region suchen. Allerdings grenzt das die Trefferquoten sehr stark ein. Es wird also in der Regel auf einen Kontakt über Telekommunikation (Telefon, E-Mail, Bildtelefonie via Internet, Instant Messenger etc.) hinauslaufen. Mit etwas Glück findet man aber vielleicht auch einen Lernpartner vor Ort, mit dem man persönliche Treffen vereinbaren kann. Der Dienst enthält derzeit keinerlei Werbung und bezeichnet sich selbst als »nichtkommerziell«.

Natürlich ist bei den Anzeigen auf Internetportalen nicht automatisch sichergestellt, dass es sich um Muttersprachler handelt und auch nicht unbedingt, dass allen Inserenten die Grundideen des Tandemlernens vertraut sind. Dies muss man also ggf. im Rahmen der Kontaktaufnahme klären.

Wer gleich lokal nach einem Tandempartner suchen möchte, kann in der Lokalzeitung inserieren oder Aushänge machen. Aushänge sind überall dort sinnvoll, wo man Sprecher der gesuchten Fremdsprache vermuten kann. Also z. B. am Schwarzen Brett einer Sprachschule oder Volkshochschule, an der Deutsch als Fremdsprache unterrichtet wird (oder am besten gleich an der Tür der Veranstaltungsräume), an Treffpunkten von Kulturvereinen und Ausländergesellschaften, in Bars und Restaurants, die die entsprechende ausländische Küche anbieten oder in der Nähe des Ausländeramtes (heute meist »International Office«) einer Hochschule. Eine gute Adresse sind auch Goethe-Institute, denn hier werden praktisch ausschließlich Menschen unterrichtet, die Deutsch lernen wollen und deshalb von sich aus ein großes Interesse an einem Lerntandem haben müssten.

Manchmal gelingt es auch, Ausländer, die selbst noch gar nicht an die Möglichkeit eines Tandems gedacht haben, zu einem solchen einzuladen. Selbst solche, die schon lange in Deutschland leben, haben manchmal durchaus noch ein Interesse daran, ihre Deutschkenntnisse zu perfektionieren und finden die informelle Art des Lerntandems dann spontan attraktiv.

5 | 5   Erwägen Sie ein E-Mail- oder Videotelefonie-Sprachlerntandem

Im vorausgehenden Abschnitt sind wir von der klassischen Situation des Tandemlernens, nämlich einem »Präsenztandem« ausgegangen, bei dem sich beide Lernpartner persönlich begegnen. Diese Art des Tandems bietet zweifellos die meisten Möglichkeiten für das gemeinsame Lernen. Es wird aber trotz der beschriebenen Vermittlungsangebote nicht immer gelingen, einen geeigneten Tandempartner vor Ort zu finden. Eine interessante Alternative sind dann Tandemformen, die die elektronischen Kommunikationsmedien nutzen, um das gemeinsame Lernen zu organisieren. Sie werden meist unter dem Begriff »Distanztandem« zusammengefasst. Grundsätzlich sind für Distanztandems alle Medien denkbar, die Kommunikation über räumliche Grenzen hinweg ermöglichen, angefangen vom normalen Telefon über die mittlerweile veralternde Fax-Technik bis hin zu SMS, Chats und Instant Messaging Diensten wie *WhatsApp*. Etabliert haben sich aber vor allem das E-Mail-Tandem und das Tandem via Internet-Telefonie (mit Programmen wie z. B. Skype). In diesen Fällen treffen sich die Tandempartner nicht mehr real, sondern nur noch virtuell, was den Vorteil hat, dass räumliche Distanz keine Rolle mehr spielt. Ihr spanischsprachiger Tandem-Partner z. B. muss nicht mehr in Ihrer Nähe wohnen, sondern kann auch in Madrid, Bogotá oder Feuerland sitzen. Damit wachsen natürlich auch deutlich die Chancen, einen Tandempartner zu finden.

Für die praktische Arbeit gelten die gleichen Grundregeln wie beim Präsenztandem: Alles beruht auf Gegenseitigkeit und auf freier Absprache. Jeder Tandempartner sollte in der Zielsprache des anderen muttersprachliche Kompetenz besitzen und diese einsetzen, um den Lernprozess des Partners optimal zu fördern, dies aber ganz nach dessen Lernzielen und Lernwünschen. Und auch bei einem E-Mail-Tandem muss die Fifty-fifty-Regel beachtet werden, entweder in jeder einzelnen Mail (eine Hälfte in der Muttersprache, eine in der Fremdsprache) oder von Mail zu Mail (eine Mail in der Muttersprache, die nächste wieder in der Fremdsprache).

Das E-Mail-Tandem ist eine mittlerweile besonders erprobte Art des medienbasierten Tandemlernens. Auf den ersten Blick scheint die Beschränkung auf schriftliche und dazu noch zeitversetzte Kommunikation vielleicht wenig attraktiv. Mancher fühlt sich unter Umständen an die »Brieffreundschaften« erinnert, die früher oft in Schulen vermittelt wurden. Man schrieb irgendwelchen gleichaltrigen, aber völlig unbekannten Schülern in England oder Frankreich einen Brief auf Papier, indem man etwas über seine Familie, seine Schule oder seine Hobbys erzählte, und bekam Entsprechendes nach ein paar Wochen zurück. Doch es bestehen entscheidende Unterschiede. Zum einen ist die Kommunikation via E-Mail wesentlich schneller und bietet ganz andere technische Möglichkeiten (z. B. das Einbinden von Links auf Internetseiten oder das Anhängen von Fotos, Filmen oder Musikdateien). Zum anderen besteht die Möglichkeit, alle vom Tandempartner produzierten Texte elektronisch weiterzuverarbeiten, z. B. durch die Nutzung der Antwortfunktion, mit der man gleich in die Mail des anderen hineinschreiben kann, oder durch die Kommentar- oder Korrekturfunktion eines Textverarbeitungssystems, mit der man einen Text übersichtlich korrigieren oder kommentieren kann. Dass E-Mails heute längst nicht mehr die steife Förmlichkeit früherer Briefkorrespondenzen haben, sondern meist im Stil geschriebener Umgangssprache gehalten sind, kann dabei durchaus ein Vorteil sein, wenn dieses Sprachregister Ziel des Lernens ist. Außerdem ist heute das Schreiben von E-Mails ohnehin eine der häufigsten Anwendungen von Fremdsprache. Auch die zeitversetzte Kommunikation muss kein Nachteil sein. Im Gegenteil: Man muss keine gemeinsamen Termine finden, jeder schreibt, wann er Zeit und Lust hat, und kann die empfangenen Mails in Ruhe lesen und bearbeiten, wenn es ihm passt. Das Prinzip der Gegenseitigkeit muss dabei natürlich trotzdem gewahrt bleiben. Man sollte also auf eine gewisse Balance achten, sowohl was die Häufigkeit des Mailens als auch die Länge der einzelnen Mails betrifft. Außerdem sollte jeder Tandempartner bei den Mails in seiner Muttersprache Wert auf Fehlerfreiheit legen, damit der Partner nicht unnötig irritiert wird. Der im alltäglichen Mailverkehr sonst oft zu beobachtende nachlässige Umgang mit Rechtschreibung und Interpunktion ist in einem Lerntandem unangebracht. Vor dem Abschicken gilt es also immer gründlich Korrektur zu lesen.

In den fremdsprachigen Mails lassen sich Fehler natürlich nicht vermeiden und es geht ja auch gerade darum, sich sprachlich auszuprobieren und dann ein Feedback zu bekommen. Allerdings hat es in den meisten Fällen auch wenig Sinn, jeden noch so kleinen Fehler korrigieren zu wollen. Das kann für den einen mühsam und für den anderen verwirrend sein. Die Tandempartner sollten deshalb vorab für ihre fremdsprachigen Textproduktionen jeweils einen Korrekturschwerpunkt verabreden. Der könnte z. B. lauten: nur Fehler, die das Verständnis behindern, nur Fehler, die grob oder unhöflich klingen, nur Fehler in der Wortwahl oder auch nur Fehler, die einen grammatischen Teilaspekt betreffen wie Verbformen, Satzstellung oder Tempusgebrauch. Beim nächsten Mailaustausch kann dann wieder ein anderer Schwerpunkt gewählt werden. Die sinnvollste Frage ist aber auch hier wieder die nach dem »recast« (s. Abschnitt 2|7): Wie hättest du das als Muttersprachler ausgedrückt?

Das E-Mail-Tandem fördert zwar in erster Linie die Lese- und die Schreibkompetenz, das Hörverstehen muss dabei aber keineswegs komplett ausgeschlossen bleiben. So kann man z. B. den Text der Mail (oder auch andere Texte) einfach mit dem Handy, einem Diktiergerät, einem Voice-Recorder oder einem anderen technischen Hilfsmittel als Audiodatei aufzeichnen und anschließend als Mail-Anhang versenden. Der Tandem-Partner kann dann den Mail-Text zunächst hören und anschließend die geschriebene Mail zur Verständniskontrolle einsetzen. Lediglich das spontane interaktive Sprechen ist via E-Mail-Tandem nicht darstellbar.

Hier bietet die neuste und modernste Form des Tandems die passende Ergänzung bzw. Alternative: die Internet-Telefonie, insbesondere in Form der Videotelefonie mithilfe von Webcams, mit deren Hilfe man sich auch sieht (z. B. mit dem Programm Skype). Da die Internet-Telefonie mittlerweile auch unabhängig vom Fremdsprachenlernen viel genutzt wird, dürfte sie vielen bereits vertraut sein. Sicher ist das virtuelle Treffen im Netz nicht mit einer Face-to-face-Gesprächssituation mit physischer Präsenz vergleichbar. Aber überall, wo ein reales Treffen nicht möglich ist, ist sie eine Option. Wenn die Leistungsfähigkeit der Rechner stimmt und die Internetverbindung schnell genug ist, ist eine fast verzögerungsfreie mündliche Kommunikation möglich. Dass man sich dabei meist auch parallel Textnachrichten (»Instant Messaging«) zukommen lassen kann, erweitert dabei das Spektrum der Möglichkeiten, z. B. wenn es um die Klärung der richtigen Schreibung eines Wortes geht.

Nur der Vollständigkeit halber sei erwähnt, dass es auch noch andere technische Formate für Lerntandems gibt. So kann man statt asynchron per E-Mail auch nahezu synchron in einem Chatroom miteinander kommunizieren oder einen gemeinsamen *Blog* anlegen, um darin abwechselnd Texte zu verfassen und gegenseitig zu kommentieren. Auch soziale Netze wie *Facebook* bieten viele technische Möglichkeiten, die man als Basis für ein elektronisch basiertes Distanz-Lerntandem nutzen kann.

Im Übrigen gilt, dass all diese technisch basierten Tandemformen keineswegs nur als Ersatz, sondern genauso gut als Ergänzung zum Präsenztandem dienen können. So kann man sie z. B. nutzen, um ein begonnenes erfolgreiches Präsenztandem fortzusetzen, wenn einer der beiden Partner vorübergehend oder dauerhaft wieder zurück in sein Heimatland reist (z. B. weil das Auslandssemester vorbei ist). Oder umgekehrt kann man einen via E-Mail-Tandem begonnenen und durch Internet-Telefonie intensivierten Kontakt zum Anlass nehmen, sich auch einmal persönlich zu besuchen und das gemeinsame Lernen so in Präsenzform weiterzuführen.

Für die Vermittlung von Distanztandems gibt es mittlerweile zahlreiche Angebote im Internet. Pionierarbeit hat hier das Seminar für Sprachlehrforschung an der Universität Bochum geleistet, das seit vielen Jahren den Bochumer »Tandemserver« betreibt. Er ist aus einem EU-geförderten Projekt hervorgegangen, an dem Partner-Universitäten in ganz Europa mitgewirkt haben. Dieser Server vermittelt Tandempartner nicht nur für besonders viele Sprachen (darunter zahlreiche in Deutschland selten gelernte wie z. B. Irisch, Slowenisch, Persisch, Kurdisch, Vietnamesisch, Tamil usw.), sondern er versucht auch, Tandempartner zu finden, die aufgrund ihres Sprachniveaus und ihrer Interessen besonders gut zueinander passen. Dazu werden bei der Registrierung nicht nur Ihre Muttersprache und Ihre Zielsprache abgefragt, sondern die Altersgruppe (6–13, 14–17, 18–99), Ihr Beruf, Ihr Lernniveau und Ihr bevorzugtes Medium. So lassen sich nicht nur für Schüler und Studenten, sondern auch für Berufstätige, Auslandsreisende, Kulturinteressierte und andere Gruppen Partner finden. Natürlich sind die Chancen, einen passenden Tandempartner zu finden, nicht für jedes Sprachenpaar gleich gut. Mit etwas Geduld dürfte es aber in den meisten Fällen klappen.

Auf den Seiten des Bochumer Tandemservers gibt es außerdem Tipps zu allen Fragen rund um das Thema Tandemlernen, angefangen von der Frage, wie man nach der Vermittlung den Kontakt aufbaut, über mögliche Inhalte des gemeinsamen Lernens, bis hin zum Umgang mit Problemen. Sie finden diese Vermittlungsstelle sofort, wenn Sie in eine Suchmaschine den Suchbegriff »Tandem Server Bochum« eingeben (derzeit direkt über <www.slf.ruhr-uni-bochum.de/etandem/etindex-de.html>).

Eine interessante Alternative zum Bochumer Tandemserver ist die Webseite »The Mixxer«, die von Mitarbeitern des Dickinson College, einer privaten Hochschule in Carlisle im amerikanischen Bundesstaat Pennsylvania betreut wird (<www.language-exchanges.org/de>). Der Begriff des Lerntandems wird hier zwar nicht explizit verwendet, sondern es ist nur von »language partners« die Rede, die Grundidee ist aber die gleiche. Auch hier wird empfohlen, die gemeinsame Lernzeit in zwei gleich lange Phasen zu teilen und die Sprache bei Halbzeit zu wechseln, nicht aber innerhalb der beiden Phasen (»Stick to the language«). Technisch ist die Seite ganz auf den Einsatz des Internet-Telefonie-Dienstes Skype abgestellt, die Anlage eines Skype-Accounts ist also in jedem Fall notwendig. Ob man allerdings die Videovariante nutzt oder sich auf die Audio- oder gar auf die Messenger-Funktion beschränkt, bleibt der Absprache der Partner überlassen.

Die Seite ist nach dem Foren-Prinzip organisiert, d. h., nachdem man sich registriert hat, muss man sich selbst durch Postings auf die Suche nach einem entsprechenden Partner begeben. Wer auf keiner der genannten Seiten fündig wird, sollte es einmal auf der Seite <www.mylanguageexchange.com> versuchen. Hier kann man nach Lernpartnern in über 150 Ländern suchen. Die Zahl der Sprachen, für die man Partner suchen kann, ist nicht begrenzt, aber es ist ein deutlicher Schwerpunkt für die Sprachen Englisch, Französisch, Deutsch, Spanisch und Chinesisch zu erkennen. Da auch sehr viele amerikanische Muttersprachler registriert sind, sind die Chancen für Deutsche, die Englisch lernen wollen, hier vermutlich ziemlich gut. Hilfreich ist auch, dass auf den Mixxer-Seiten zahlreiche Materialien für gemeinsame Lernaktivitäten verfügbar sind, und zwar zu allen vier Grundkompetenzen (Hören, Sprechen, Lesen, Schreiben), dazu noch Links zu weiteren Quellen für Lernmaterial im Internet. Da für die Nutzung dieser Materialien keine Anmeldung erforderlich ist, lohnt der Besuch auf diesen Seiten auch, wenn man nicht die Absicht hat, einen Lernpartner zu suchen. »The Mixxer« ist übrigens auch mit einer eigenen Seite bei Facebook vertreten.

5 | 6 Bilanzieren Sie Ihre Lernvoraussetzungen und konzipieren Sie Ihr individuelles Lernarrangement

Nachdem Sie in den vorausgehenden Abschnitten dieses Buches Ihren Lernbedarf ermittelt, Ihre Lernziele festgelegt, sich eingestuft und die Eignung unterschiedlicher Lernformate für Ihre Zwecke abgewogen haben, gilt es nun, die Ergebnisse dieser Überlegungen zu bilanzieren und daraus Ihr ganz persönliches Lernarrangement zu entwickeln, mit dem Sie in Zukunft arbeiten wollen. Dieses Lernarrangement muss nicht nur die gerade genannten Aspekte berücksichtigen, sondern auch Ihren zeitlichen, räumlichen und finanziellen Rahmenbedingungen Rechnung tragen. Außerdem sollten Sie Ihre früheren Lernerfahrungen berücksichtigen, die positiven wie die negativen.

Um Ihnen die Entwicklung des richtigen Lernarrangements zu erleichtern, habe ich im Folgenden noch einmal die wichtigsten Entscheidungskriterien in Frageform zusammengestellt. Gehen Sie diese nun der Reihe nach durch und notieren Sie Ihre Antworten auf die Fragen stichpunktartig. Ihre Antworten ergeben sich entweder aus den bereits bearbeiteten Abschnitten dieses Buches oder aus den individuellen Rahmenbedingungen Ihres Lernens.

- Welche Sprache und welche Variante dieser Sprache möchten Sie lernen/vertiefen? (s. Abschnitt 3|3)
- Was sind Ihre wichtigsten individuellen Lerngründe? (s. Abschnitt 3|2)
- Welche Grundkompetenzen benötigen Sie in welcher Gewichtung und für welche Anwendungssituationen? (s. Abschnitt 3|4)
- Umfasst Ihr Lernbedarf auch fachsprachliche Anteile? Wenn ja, in welchem Umfang und für welche Fachgebiete? (s. Abschnitt 3|5)

Lernziele klären und die richtigen Lernvoraussetzungen schaffen

- Auf welchem Niveau des GeR befinden sich derzeit Ihre Fremdsprachenkenntnisse? (s. Abschnitte in Kap. 4)
- Welches Niveau nach dem GeR möchten Sie bis zu welchem Zeitpunkt erreichen? (s. Abschnitt 3|6)
- Möchten Sie ein Sprachenzertifikat erwerben und wenn ja welches? (s. Abschnitt 3-7)
- Mit welchen Alternativen zum Standard-Fremdsprachenunterricht in Großgruppen haben Sie bereits Erfahrungen gesammelt und welche der Formate haben sich dabei für Sie als geeignet und welche als eher ungeeignet erwiesen? (s. Abschnitte 5|1 bis 5|5)
- Was ist für Sie persönlich eine Ihrem Lernstil angemessene Verteilung von sozialen Lernformaten (Unterricht, Tandem, Lerngruppe) und individuellen Lernformaten (reines Selbstlernen)? Wenn Sie die insgesamt zur Verfügung stehende Lernzeit mit 100 Prozent gleichsetzen, wie würden Sie diese dann prozentual auf soziale Lernformate einerseits und reines Selbstlernen andererseits verteilen?
- Wie hoch schätzen Sie Ihre aktuelle Lernmotivation ein? Für welchen Zeitraum glauben Sie diese aufrechterhalten zu können?
- Was waren in der Vergangenheit für Sie die häufigsten Gründe, Lernbemühungen abzubrechen? Gibt es für Sie typische »Motivationskiller«?
- Bis wann wollen bzw. müssen Sie die gesteckten Ziele (s. o.) erreichen?
- Wie viel Zeit können Sie sich selbst im Sinne einer Selbstverpflichtung realistischerweise pro Tag bzw. Woche für welchen Zeitraum fest für das Fremdsprachenlernen zusagen?
- Welche Tage und welche Uhrzeiten können Sie für das Fremdsprachenlernen reservieren und wann finden dann die Tätigkeiten statt, die Sie bisher zu diesen Uhrzeiten ausgeführt haben?
- Wie viel Geld wollen bzw. können Sie pro Monat für das Fremdsprachenlernen ausgeben (einschließlich für Lehrmaterial)?
- Gibt es Möglichkeiten, dass die Kosten von Dritten ganz oder teilweise übernommen werden (z. B. vom Arbeitgeber) oder können die Kosten wenigstens steuerlich geltend gemacht werden (z. B. als Arbeitsmittel oder als Fortbildungskosten)?

Wenn Sie die vorausgehenden Fragen reflektiert beantwortet haben, dann verfügen Sie jetzt über alle wichtigen Bestimmungsgrößen, die Sie brauchen, um das für Sie optimale Lernarrangement festzulegen. Dieses können wir durchaus mit einem Rezept vergleichen: Damit ein Gericht schmeckt, brauchen wir die geeigneten Zutaten, und zwar im richtigen Mengenverhältnis zueinander. Ein Gericht, das nur aus ein oder zwei Zutaten besteht, wird in der Regel genauso wenig schmecken wie ein Gericht, in dem eine Zutat überrepräsentiert ist. Genauso sollte Ihr fremdsprachlicher Lernprozess aus verschiedenen Zutaten bestehen und diese sollten in einem Mengenverhältnis stehen, das Ihrem persönlichen Geschmack entspricht.

Versuchen Sie nun, anhand Ihrer Antworten auf die obigen Fragen, aus den vorgestellten Lernformaten einen Mix herzustellen, der einerseits Ihren Lernvoraussetzungen Rechnung trägt und andererseits Ihrem »Geschmack«, also Ihren Lernstilen entspricht. Dieses Arrangement sollte im Wesentlichen aus zwei Komponenten bestehen: der Festlegung eines (in der Regel wöchentlichen) Zeitkontingentes für das Fremdsprachenlernen und einer ungefähren Verteilung dieses Zeitkontingentes auf die verschiedenen Lernformate im Sinne der Abschnitte 5|1 bis 5|5. Probieren Sie aus, ob sich das Lernarrangement, das so entsteht, als praktikabel erweist. Und passen Sie es an, wenn sich dabei herausstellt, dass es noch nicht den richtigen Zuschnitt hat.

Für alle, die sich mit der Festlegung eines solchen individuellen Lernarrangements noch etwas schwer tun, hier abschließend noch ein Tipp. Wenn Sie nicht wissen, welches Format für Sie das geeignete ist, dann beginnen Sie mit der Formel »Fremdsprachenunterricht + begleitendes Selbstlernen«. Belegen Sie Fremdsprachenunterricht mit höchstens der Hälfte der Ihnen zur Verfügung stehenden Zeit. Betrachten Sie den Unterricht als eine Art roten Faden, der Ihnen zeigt, was es in welcher Reihenfolge mit welchen Materialien zu lernen gilt. Die Begegnung mit dem Lehrer und den anderen Lernern, mit denen Sie das gemeinsame Ziel verbindet, wird Sie voraussichtlich zumindest anfänglich inspirieren und motivieren. Beginnen Sie aber dennoch möglichst früh, die andere Hälfte der Ihnen zur Verfügung stehenden Zeit in aktives Selbstlernen zu investieren. Dieses sollte dabei zunächst aus der systematischen Nach- und Vorbereitung des Unterrichts bestehen, sich aber keineswegs darauf beschränken. Arbeiten Sie z. B. einfach parallel mit einem Selbstlernkurs. (Sie müssen im Unterricht ja nichts davon erzählen, wenn Sie nicht in den Ruf eines »Strebers« kommen wollen.) Nutzen Sie in dieser Phase den Unterricht vor allem, um sich auf die Aspekte zu konzentrieren, die Sie im Selbststudium nicht so gut leisten können: Beseitigung von Unklarheiten, Aussprachekorrekturen, Sensibilisierung für typische Fehler usw.

Nach einiger Zeit werden Sie merken, dass Ihnen das Lerntempo im Kurs nicht mehr reicht und dass Ihr Lernprozess »abhebt«. In dieser Phase können Sie entweder in einen anderen Kurs mit höherem Lernniveau wechseln oder auf ein anderes Format umsteigen, z. B. auf Kleingruppenunterricht mit anderen Lernern, die auch an einem schnellen Lerntempo interessiert sind oder auf tutoriertes Selbstlernen (wenn es ein entsprechendes Angebot gibt). Auf jeden Fall sollten Sie in dieser Phase den Anteil des Selbstlernens erhöhen. Durch massiven Medieneinsatz (Radio, Internet, Hörbücher, Fernsehen) bauen Sie vor allem Ihre rezeptiven Kompetenzen stark aus. Unterricht beziehen Sie nur noch dann in Ihren Lernformatemix ein, wenn er in hohem Maße den Qualitätsmerkmalen entspricht, die ich in Abschnitt 7|1 (»Prüfen und bewerten Sie die Unterrichtsbedingungen«) und 7|2 (»Bewerten Sie Ihren Lehrer mithilfe einer Checkliste«) vorstellen werde. Gleichzeitig sollten Sie nach einem Muttersprachler Ausschau halten, der bereit ist, Ihnen als Korrektor, Feedbackgeber und Trainingspartner für die Entwicklung Ihrer Gesprächskompetenz zur Verfügung zu stehen. Dies ist idealerweise ein Tandempartner, ersatzweise vielleicht aber auch ein anderer Muttersprachler, der Ihnen gegen ein angemessenes Honorar (oder eine andere Gegenleistung) zur Verfügung steht. Vielleicht gönnen Sie sich schließlich zur Belohnung ab und an eine Reise in ein Land der Zielsprache, falls Ihre finanzielle Situation das erlaubt.

5 | 7 Ermitteln Sie die zur Verfügung stehenden Unterrichtsangebote

Wenn Sie bei der Erstellung Ihres persönlichen Gesamtlernkonzepts zu der Einschätzung gekommen sind, dass die Teilnahme an regulärem Fremdsprachenunterricht eine Komponente darin sein sollte, dann stellt sich als nächstes die Frage, wie Sie geeignete Kursangebote finden und wie Sie aus dem vorhandenen Angebot auswählen. Mit diesen beiden Fragen beschäftigen wir uns im Folgenden. Zunächst eine Aufstellung der wichtigsten Anbieter von Fremdsprachenunterricht mit einigen Hinweisen zu den zu bedenkenden Aspekten. Berücksichtigt werden hier nur Anbieter mit frei wählbarem Unterricht für Externe. Fremdsprachenunterricht als verpflichtender Teil einer Schul- oder Berufsausbildung bleibt hier naturgemäß unberücksichtigt, da für Externe nicht frei wählbar. Wer sich speziell für Berufsausbildungen mit integrierter Fremdsprachenausbildung interessiert, der sei auf das Buch »Traumberufe mit Fremdsprachen« von Ulrike Beyler verwiesen (Redline Verlag), das einen guten Überblick über Ausbildungsgänge mit hohen Fremdsprachenanteilen gibt.

▶ Volkshochschulen
Sie sind zweifellos der wichtigste Anbieter von Fremdsprachenunterricht im Bereich der Erwachsenenbildung. Jedes Jahr nehmen rund zwei Millionen Menschen an VHS-Sprachkursen teil, rund 80 Prozent davon an Englisch-, Spanisch-, Französisch-, Italienisch- und Deutsch-als-Fremdsprache-Kursen. Die restlichen 20 Prozent verteilen sich auf mehrere Dutzend andere Sprachen.

Volkshochschulen sind in jeder Stadt und in jedem Landkreis zu finden, haben deshalb gut erreichbare Veranstaltungsorte, sind relativ preisgünstig, weil sie in den meisten Fällen öffentlich subventioniert werden, und bieten ein breites Sprachenangebot. Die Kurse werden meist in einem Semester-, Trimester- oder Quartalsrhythmus angeboten. Der klassische VHS-Kurs findet einmal pro Woche statt und umfasst zwei Unterrichtsstunden, insgesamt also 90 Minuten. Das ist für viele Lerner ein sinnvoller Rhythmus, insbesondere wenn man die Teilnahme am Kurs durch regelmäßiges Selbstlernen ergänzt. Mittlerweile bieten viele Volkshochschulen aber auch Intensivkurse oder Wochenendseminare an.

Die Qualität des Unterrichts ist allein schon wegen der Breite des Angebotes zwangsläufig heterogen. Die hauptamtlichen pädagogischen Mitarbeiter (HPM) der Volkshochschulen, die für das Kursangebot verantwortlich sind, sind überwiegend mit dessen Organisation ausgelastet und können oft wenig für die Qualitätssicherung in den Kursen tun. Die regelmäßige Teilnahme an Fortbildungsveranstaltungen ist für die Dozenten meist rein freiwillig. Unter den Lehrkräften sind Lehrer aus dem öffentlichen Schulbereich, die sich ein Zubrot verdienen oder ihre Pension aufbessern wollen, fortgeschrittene Studenten und vor allem Muttersprachler der jeweiligen Unterrichtssprache stark vertreten, wobei letztere oft ohne spezielle fremdsprachendidaktische Qualifikation engagiert werden müssen, weil der Bedarf da ist und es vor Ort keine personellen Alternativen gibt. Als Kurteilnehmer sollte man wissen, dass so gut wie alle Kurse von nebenamtlichen Honorarkräften angeboten werden und dass die Honorare nicht gerade üppig sind. Jeder Maler oder Klempner rechnet deutlich höhere Stundensätze ab. Da auch die Vorbereitungszeit mit dem Honorar abgegolten ist, ist es immer eine Frage des persönlichen Engagements des einzelnen Dozenten, ob er sich gut vorbereitet und damit sein Honorar gemessen am Zeitaufwand weiter schmälert.

Ein weiteres Problem bei VHS-Kursen ist neben der eher geringen Qualitätssicherung die Größe der Gruppen und die damit verbundene Heterogenität der Teilnehmer. Sehr erfahrene und gänzlich unerfahrene Fremdsprachenlerner finden sich in der Regel im gleichen Kurs wieder. Rein touristische Lerngründe sind genauso anzutreffen wie berufliche. Für manche Teilnehmer hat der Kurs eher den Charakter eines sozialen Events, um mal »rauszukommen«, andere wollen sich auf eine Prüfung vorbereiten. Vom Schüler, der Nachhilfe sucht, bis zum Rentner, der sich geistig fit halten will, können alle Teilnahmegründe vertreten sein. Die klassischen Nachteile des Standard-Fremdsprachenunterrichts in großen Gruppen, die ich in Abschnitt 2|9 (»Dabeisein ist nicht alles – Warum Sie die Möglichkeiten von Fremdsprachenunterricht kritisch einschätzen sollten«) beschrieben habe, schlagen in diesem Fall voll zu. Wenn dann noch ein relativ unerfahrener Lehrer hinzukommt, der keine Konzepte hat, um mit der Heterogenität in seiner Gruppe umzugehen, sondern sich aus der Not heraus einfach nur an den Lektionen und Übungen des Lehrbuchs entlanghangelt, kann der Lernertrag für die Teilnehmer sehr gering ausfallen. Allerdings versuchen manche Volkshochschulen mittlerweile, die drastischsten Formen von Heterogenität durch spezielle Kursangebote aufzufangen, z. B. für echte Anfänger (»English for absolute beginners«), für Wiedereinsteiger und Auffrischer (»Brush up your English«), für Kinder und Jugendliche (»English for Kids & Teens«), für berufsorientierte Lerner (»Business English«, »Office English«, »Telephoning in English«) oder für ältere Teilnehmer, die ein langsameres Lerntempo wünschen (»Englisch für Senioren«). Solche Differenzierungen sind aber, wenn überhaupt, nur an den großen Volkshochschulen und dort auch nur für die »großen« Sprachen wie Englisch, Spanisch oder Französisch zu finden. An kleineren Volkshochschulen und bei den kleineren Sprachen lässt die Gesamtzahl der Teilnehmer eine solche Differenzierung meist nicht zu.

Wenn bereits Vorkenntnisse vorliegen, bleibt es meist den Kursteilnehmern selbst überlassen, den für sie richtigen Kurs auszuwählen, was häufig zu falschen Belegungen führt und die Inhomogenität der Kurse noch steigert. Insbesondere die sog. »falschen Anfänger«, also Lerner, die faktisch Vorkenntnisse haben, sich »sicherheitshalber« aber doch noch einmal in einen Anfängerkurs einschreiben und dann dort mit ihren Vorkenntnissen glänzen, sind ein Ärgernis. Viele Volkshochschulen bieten deshalb die Möglichkeit, an einem freiwilligen Einstufungstest teilzunehmen, um solche Fehlbelegungen zu vermeiden. Nutzen Sie unbedingt dieses Angebot, auch wenn andere es nicht tun.

Über das genaue Kursangebot der nächsten Volkshochschule kann man sich leicht informieren. Alle Volkshochschulen geben entweder regelmäßig Programmhefte heraus oder stellen ihr Programm komplett ins Internet, heute meist verbunden mit der Möglichkeit, die Kurse gleich online zu buchen. Bei der Suche nach einem passenden Kurs hilft die Web-Seite des Deutschen Volkshochschulverbandes (<www.dvv-vhs.de>). Hier können Sie sich nicht nur für jedes Bundesland alle Volkshochschulen mit Kontaktdaten anzeigen lassen, sondern auch nach Kursangeboten für rund 40 Sprachen suchen.

▶ Andere Bildungseinrichtungen

Neben den Volkshochschulen gibt es zahlreiche andere öffentliche oder zumindest öffentlich zugängliche Bildungseinrichtungen, die Fremdsprachenunterricht anbieten. Sie werden von kommunalen, kirchlichen oder Verbandseinrichtungen angeboten. Zu ihnen gehören z. B. die Familienbildungsstätten, die Bildungswerke der Arbeitnehmer- und Arbeitgeberverbände, die Industrie- und Handelskammern usw. Die Angebote sind von Einrichtung zu Einrichtung sehr unterschiedlich, sodass wenig generalisierende Aussagen gemacht werden können. Im Allgemeinen ist das Sprachenangebot deutlich geringer als an den Volkshochschulen, dafür manchmal aber spezifischer. So finden sich im Angebot der Industrie- und Handelskammern auch Kurse wie *English for Human Resources, Business Law, English for Accounting* oder sogar so spezielle Seminare wie *Hosting Customers*. Das Weiterbildungs-Informations-System (WIS) der Industrie- und Handelskammern (<http://wis.ihk.de/seminare/seminarsuche>) erlaubt die bundesweite Suche nach solchen Angeboten. Sie kann durch Eingabe einer Postleitzahl auf eine Stadt oder eine Region eingegrenzt werden. Das Angebot umfasst keineswegs nur Englisch, sondern auch zahlreiche andere Sprachen.

▶ Private Sprachschulen

Trotz des breiten öffentlichen Angebots an Fremdsprachenkursen gibt es fast überall auch ein ähnliches Angebot von privaten Sprachschulen. Sie sind entweder Mitglied einer Sprachschulenkette wie z. B. die *Berlitz-*, *Inlingua-* oder *Bénédict*-Schulen. In diesem Fall funktionieren sie wirtschaftlich nach dem Franchise-System. Oder sie sind selbstständige kleine Unternehmen im Besitz einzelner Personen, z. B. von Sprachlehrern, die sich auf diese Weise selbstständig gemacht haben.

Die Kurspreise sind meist deutlich höher als an öffentlichen Einrichtungen, was nicht verwundert, da private Sprachschulen nicht subventioniert werden, sondern sich komplett selbst tragen müssen. Als Gegenleistung bieten sie dafür aber fast immer deutlich kleinere Lerngruppen. Dass das klare Vorteile für die Lerner bringen kann, liegt auf der Hand. Im Gegensatz zu den meisten öffentlichen Anbietern bieten Privatschulen meist auch Einzelunterricht und Unterricht für und in Firmen an. Dafür beschränkt sich das Angebot an Sprachen meist auf die vier oder fünf am häufigsten nachgefragten.

Die Qualität des Unterrichts ist auch in privaten Sprachschulen sehr heterogen. Sie können es sich meist nicht leisten, hochqualifizierte Lehrkräfte fest anzustellen, sondern rekrutieren stattdessen ihr Personal mehr oder weniger aus dem gleichen Kreis wie die öffentlichen Einrichtungen, ebenfalls auf Honorarbasis, wobei die Honorare hier oft noch unter denen an öffentlichen Einrichtungen liegen. Ob ein Qualitätsmanagement stattfindet, hängt stark von den pädagogischen Ansprüchen der Leitung ab. Man kann vermuten, dass auch in Privatschulen in der Regel wenig für die Fortbildung der Dozenten getan wird. Solange die Kunden nicht weglaufen, ist möglicherweise auch kein entsprechender Druck da. Die meisten Schulen werden eindeutig mehr nach kaufmännischen als nach pädagogisch-didaktischen Gesichtspunkten geführt.

Ein Blick in die örtliche Ausgabe der Gelben Seiten unter dem Stichwort »Sprachenunterricht« (oder auf <www.gelbe-seiten.de>) gibt uns schnell einen Überblick über das regionale Angebot an privaten Sprachkursanbietern. Zumindest die größeren Schulen geben weitere Informationen auf eigenen Internetseiten.

Schauen Sie sich die Schule auf jeden Fall zunächst an, führen Sie Gespräche mit den Verantwortlichen und vereinbaren Sie möglichst zunächst Probeunterricht, bevor Sie einen ganzen Kurs buchen. Fragen Sie auch nach den Qualifikationen des für Ihren Kurs vorgesehenen Lehrers.

▶ Universitäten und Hochschulen

Eine Alternative zu Volkshochschulen und privaten Sprachschulen, die die meisten Fremdsprachenlerner nicht auf dem Schirm haben, wenn sie nach Kursangeboten suchen, sind die Universitäten und Hochschulen. In Deutschland gibt es mehr als

400 davon und fast alle bieten auch Fremdsprachenunterricht an. Dieser ist zwar normalerweise erst einmal nur für Studenten gedacht. Aber es gibt meistens auch für Externe die Möglichkeit, in den Genuss dieses Unterrichts zu kommen. Die einfachste ist, sich an der Hochschule als Gasthörer einzuschreiben. Das ist zwar mit einer Gasthörergebühr verbunden, die semesterweise gezahlt werden muss. Dafür darf man in der Regel aber an allen Lehrangeboten der entsprechenden Hochschule teilhaben, es sei denn, Gasthörer sind ausdrücklich nicht zugelassen, was eher selten der Fall ist. Manche Hochschulen stellen auch eigene Programme für Externe zusammen, die im Vorlesungsverzeichnis separat ausgewiesen werden, z. B. in einer Rubrik »Studium Generale«.

Angeboten werden die Kurse entweder zentral vom Sprachenzentrum der jeweiligen Universität oder Hochschule oder von dezentralen Einrichtungen wie Fachbereichen oder Instituten. Im Seminar für Romanistik an einer größeren Universität wird man z. B. mindestens Angebote für Französisch, Spanisch und Italienisch finden, wahrscheinlich aber auch für Portugiesisch, Katalanisch und Rumänisch, im Institut für Skandinavistik Angebote für Schwedisch, Dänisch, Norwegisch und Isländisch. Insbesondere wer aus welchen Gründen auch immer eine seltener gelernte Sprache benötigt, wird an Universitäten am ehesten fündig. So bietet das Fremdsprachenzentrum der Hochschulen im Land Bremen (FZHB) derzeit über 20 Fremdsprachen an, darunter auch Kurdisch, modernes Hebräisch und Hindi.

Ein Vorteil der Kurse an den Hochschulen ist, dass das Lerntempo meist höher ist, weil die Teilnehmer junge, lernerfahrene Menschen mit höherer Bildung sind, die auch sonst noch voll in der Lernroutine stecken. Außerdem gibt es meist ein wesentlich besseres Angebot an *fachlich* ausgerichteten Sprachkursen, was diese besonders interessant macht für Lerner, die selbst auch einen entsprechenden fachlichen Bedarf haben, z. B. Englisch für Elektroingenieure, Französisch für Juristen oder Italienisch für Sänger.

Ein weiterer Vorteil ist, dass die meisten Sprachenzentren heute über ein umfassendes Angebot von Selbstlernmöglichkeiten verfügen, sei es in Form von Lehrmaterial, Software oder auch speziellen Lernangeboten wie z. B. Lernwerkstätten, E-Mail-Tandem-Vermittlung, Lerngruppen, Tutorenprogramme usw. Dies erleichtert es, Erfahrungen mit anderen Formaten als dem klassischen Gruppenunterricht zu sammeln. Die Selbstlernzentren sind übrigens gegen eine entsprechende Gebühr oft auch ohne Besuch eines Kurses nutzbar. Das Selbstlernzentrum des Bremer Fremdsprachenzentrums FZHB z. B. bietet Selbstlernmaterialien für rund 50 Sprachen.

Da die Vorlesungsverzeichnisse aller Hochschulen heute auch im Internet veröffentlicht werden, kann man durch eine einfache Recherche leicht herausfinden, welche Sprachkurse dort gerade angeboten werden. Eine Liste der Sprachenzentren finden Sie auf der Internetseite des Dachverbandes AKS (»Arbeitskreis der Sprachenzentren, Sprachlehrinstitute und Fremdspracheninstitute«, <www.aks-web.de>) unter »institutionelle Mitglieder« (<www.aks-sprachen.de/ueber-uns/mitgliederliste>). Hier findet sich auch für jedes Sprachenzentrum ein Link zur Homepage, auf der man dann schnell das jeweilige Sprachenangebot findet.

Lesen Sie, bevor Sie sich für einen Kurs entscheiden, die Kursbeschreibung durch und fragen Sie ggf. auch bei der anbietenden Institution oder dem Dozenten nach, ob der Kurs für Sie geeignet ist. Wenn die Möglichkeit besteht, sollten Sie vorab einen objektiven Einstufungstest ablegen, um eine gute Entscheidungsgrundlage für die Kurswahl zu haben. Dass die anderen Lerner meist alle Studenten sind, sollte Sie nicht schocken, auch wenn Sie sich zunächst ein wenig als Außenseiter vorkommen. Meistens kann man sich durch die verschiedenen Unterrichtsaktivitäten und das gemeinsame Ziel leicht integrieren und die meisten Dozenten empfinden die Anwesenheit älterer Erwachsener im Kurs als Bereicherung.

▶ Kulturinstitute

Einen interessanten Sonderstatus unter den Einrichtungen, die Fremdsprachenunterricht bieten, nehmen die ausländischen Kulturinstitute ein. Die bekanntesten sind das Institut Français (für Französisch), das Instituto Cervantes (für Spanisch), das Istituto di Cultura Italiana (für Italienisch) und neuerdings die Konfuzius-Institute (für Chinesisch), deren Zahl sich in den letzten Jahren stark erhöht hat. Für Deutsch als Fremdsprache sind natürlich auch die Goethe-Institute von Interesse. Das Besondere der Kulturinstitute ist ihre spezielle Mission, nämlich nicht nur die Sprache, sondern die Kultur des Herkunftslandes in ihrer ganzen Breite zu vermitteln. Entsprechend breit sind auch die Angebote. Sie umfassen nicht nur Sprachkurse, sondern auch Vorträge, Theateraufführungen, Musikdarbietungen, Filmvorführungen, Lesungen, Ausstellungen, Diskussionen, Feste und vieles mehr. Sie bieten damit nicht nur die Möglichkeit, ein Stück weit in die Kultur des jeweiligen Landes einzutauchen, ohne sich dorthin begeben zu müssen, sondern auch die Gelegenheit, das in den Kursen Gelernte sofort in authentischen Kommunikationssituationen anzuwenden. Da auch das Personal in den Kulturinstituten überwiegend aus Muttersprachlern besteht, ist dort ein wenig »Auslandsfeeling« garantiert.

Was viele nicht wissen: Manche Kulturinstitute bieten nicht nur Kurse in der offiziellen Landessprache, sondern auch in Minderheitensprachen mit offiziellem Status. So bietet das Instituto Cervantes (was politisch überraschen mag) auch Katalanisch- und Baskischkurse an.

Als Lehrende werden in den Kulturinstituten ausschließlich Muttersprachler eingesetzt, meist mit einer Spezialausbildung oder doch zumindest viel Erfahrung in der Vermittlung ihrer Sprache. Sie stammen oft direkt aus dem Herkunftsland und haben deshalb manchmal keine oder nur geringe Deutschkenntnisse, was für die

Lerner einen durchaus heilsamen »Kommunikationsdruck« in der Fremdsprache mit sich bringt. Es kann allerdings auch den Nachteil haben, dass ihnen die typischen Schwierigkeiten, die gerade deutsche Lerner mit der Zielsprache haben, nicht vertraut sind.

Natürlich sind die Kulturinstitute in Deutschland nur in einigen großen Städten vertreten. Mit rund zwanzig Standorten in der Bundesrepublik sowie einem weiteren in Österreich (Innsbruck) ist das staatliche französische *Institut Français* präsent. Die einzelnen deutschen Standorte sind auf der Seite <www.institutfrancais.de> zu finden (die weltweiten auf der Seite <www.ifmapp.institutfrancais.com/les-if-dans-le-monde>). Das spanische *Instituto Cervantes* ist derzeit nur sechsmal im deutschen Sprachraum vertreten (in Berlin, Bremen, Frankfurt, Hamburg, München und Wien). Hingegen sind die Konfuzius-Institute, die sich der Vermittlung der chinesischen Sprache und Kultur widmen, in den letzten Jahren wie Pilze aus dem Boden geschossen. Ihre Zahl beläuft sich derzeit bereits auf 16 in der Bundesrepublik und je zwei in Österreich (Graz und Wien) und in der Schweiz (Zürich und Genf), Tendenz steigend. Die einzelnen Standorte sind der Seite <www.konfuzius-institute.de> zu entnehmen. Italienischkurse bieten die *Italienischen Kulturinstitute* (derzeit in Berlin, Frankfurt, Hamburg, Köln, Luxemburg, München, Stuttgart, Wien, Wolfsburg und Zürich). Weniger zentralistisch organisiert ist die *Società Dante Alighieri*, die eine ganze Reihe von lokalen Standorten auch im deutschsprachigen Raum hat, an denen teilweise auch Italienischkurse angeboten werden.

Wer Kulturinstitute für andere Sprachen sucht, findet eine Liste für rund dreißig Länder auf der Seite <http://de.wikipedia.org/wiki/Liste_nationaler_Kulturinstitute>. Allerdings sind längst nicht alle diese Kulturinstitute im deutschen Sprachraum vertreten und auch dann, wenn sie es sind, bleibt zu prüfen, ob sie Sprachkurse anbieten. Wer eine Fremdsprache lernt, ist aber in der Regel nicht nur an Sprachkursen, sondern auch an den kulturellen Angeboten der Kulturinstitute (Vorträge, Filme, Ausstellungen, Musikveranstaltungen usw.) interessiert. Es lohnt sich also allemal zu überprüfen, ob in der Nähe des Wohnortes ein solches Kulturinstitut vertreten ist.

▶ Betrieblicher Fremdsprachenunterricht

Manche Unternehmen, Behörden, Organisationen, Verbände und ähnliche Einrichtungen bieten ihren Mitarbeitern von sich aus Fremdsprachunterricht im Zuge der innerbetrieblichen Bildung an. Diese sind dann meist auf die Belange des Unternehmens oder der jeweiligen Einrichtung ausgerichtet. Manchmal handelt es sich aber auch um ganz normale Sprachkurse, die einfach nur dazu dienen, die Mitarbeiterzufriedenheit zu steigern. Die Lehrkräfte werden meist von den Personalabteilungen auf dem freien Markt »eingekauft«. Da diese bei Unzufriedenheit der Kursteilnehmer auch leicht wieder abgewählt werden können, kann man einen engagierten Unterricht mit guter Vorbereitung erwarten. Aber auch bei den Teilnehmern kann man von einer relativ hohen Motivation ausgehen (insbesondere wenn die Kurse außerhalb der regulären Arbeitszeit liegen). Ein Problem ist eher die oft sehr heterogene Zusammensetzung der Lerngruppen, die ja zunächst nicht mehr verbindet als das Interesse an der Fremdsprache und die Zugehörigkeit zum gleichen Unternehmen. Und für eine Ausdifferenzierung des Kursangebotes nach Niveaustufen fehlen in einem einzelnen Unternehmen meist die Ressourcen. Da die Angebote für Mitarbeiter in der Regel kostenlos sind, handelt es sich aber insgesamt um ein attraktives Lernangebot, das man unbedingt nutzen sollte, wenn die Rahmenbedingungen für ein effizientes Lernen gegeben sind (s. Abschnitt 7|1 »Prüfen und bewerten Sie die Unterrichtsbedingungen«). Dass die Qualifikation des Lehrers (s. Abschnitt 7|2 »Bewerten Sie Ihren Lehrer mithilfe einer Checkliste«) auch bei betrieblichem Fremdsprachenunterricht von zentraler Bedeutung ist, versteht sich von selbst. Oft kommen hier Trainer zum Einsatz, die sich auf Fremdsprachenunterricht in Unternehmen spezialisiert haben, was hilfreich sein kann. Wenn allerdings der im Unternehmen arbeitende Übersetzer mal eben so zum Fremdsprachenlehrer umfunktioniert wird, ohne über entsprechende didaktische Erfahrungen zu verfügen, dann kann auch kostenloser betrieblicher Fremdsprachenunterricht schnell zur Zeitverschwendung werden.

Wenn Ihr Unternehmen oder Ihre Einrichtung kein entsprechendes Angebot bereithält, kann man vielleicht versuchen, ein solches anzuregen. Wenn es Ihnen gelingt, eine Reihe von weiteren interessierten Mitarbeitern zusammenzubringen, können Sie vielleicht gemeinsam mit dem Wunsch nach einem solchen Angebot an den Betriebs- oder Personalrat oder gleich an die Unternehmensleitung herantreten. Den Nutzen für das Unternehmen sollte man dabei naturgemäß besonders herausstellen.

Eine immer noch wenig bekannte und nur von einem Bruchteil der Arbeitnehmer genutzte Möglichkeit ist der sog. »Bildungsurlaub« (auch »Bildungsfreistellung«). Dies ist der gesetzlich verankerte Anspruch von Arbeitnehmern auf Weiterbildung während der Arbeitszeit bei voller Fortzahlung der Bezüge. Dieser Anspruch ist durch Ländergesetze geregelt und unterliegt deshalb von Bundesland zu Bundesland leicht abweichenden Bestimmungen. In der Regel umfasst er aber fünf Arbeitstage pro Jahr. Diese können somit hervorragend genutzt werden, um beispielsweise einen fremdsprachlichen Intensivkurs zu belegen. Einzige Voraussetzung ist, dass das Kursangebot als Bildungsurlaub anerkannt ist. Die Anerkennung muss vom Bildungsträger beantragt werden. Dies ist in der Regel kein Problem, wenn die im Kurs zu erwerbenden Fremdsprachenkenntnisse beruflich relevant sind. Nähere Informationen zum Bildungsurlaub einschließlich der gesetzlichen Regelungen finden Sie auf der Internetseite <*www.bildungsurlaub.de*>. Hier finden sich auch zahlreiche

Kursangebote für verschiedene Fremdsprachen, die im Rahmen eines Bildungsurlaubs genutzt werden können und bereits anerkannt sind. Wenn kein Angebot in Ihrer Nähe dabei ist, sollten Sie im Programm Ihrer örtlichen Volkshochschule unter dem Stichwort »Bildungsurlaub« nachschauen oder bei anderen Sprachkursanbietern. Wenn Sie kein Angebot finden, wäre zu überlegen, ob Sie nicht die Einrichtung eines solchen anregen. Wenn Sie gleich mehrere Teilnehmer zusammenbringen, dürfte auch jede private Sprachschule interessiert sein. Die Kosten der Kurse muss der Arbeitnehmer selbst tragen. Dafür stellt Ihr Arbeitgeber Sie immerhin fünf Tage lang auf seine Kosten frei.

▶ Sprachkurse im Ausland

Eine besonders attraktive Möglichkeit, Fremdsprachenkenntnisse zu erwerben bzw. zu vertiefen, ist ein Sprachkurs im Ausland. Der naheliegende Nachteil, dass dies meist mit erheblichen Kosten verbunden ist, wird zumindest teilweise durch die Vorteile aufgewogen. Durch die Einbettung des Sprachkurses in die Zielkultur hat dieser von vornherein eine andere Qualität. Spracherwerb und Eintauchen in die Zielkultur fallen zusammen, Lernen und Anwenden liegen so dicht beieinander wie bei keinem anderen Kursangebot. Da die Lerngruppen meist multinational zusammengesetzt sind, besteht bereits im Kurs ständig die Notwendigkeit, die Zielsprache nicht nur für die formelle Unterrichtskommunikation einzusetzen, sondern auch in der informellen Kommunikation mit den anderen Teilnehmern. Wer dann noch die Unterbringung in einer Familie statt in einem Hotel wählt, sorgt für ein regelrechtes Sprachbad rund um die Uhr.

Auch wer es gern weniger intensiv hätte und den Sprachkurs z. B. mit einem Urlaub verbindet, findet leicht entsprechende Angebote. Die Sprachreiseveranstalter bieten meist einen Mix aus Sprachenlernen und Urlaubsaktivitäten, z. B. nach der Formel »morgens lernen – nachmittags und abends Urlaub machen«.

Den Lernfortschritt, den man in zwei oder drei Wochen erzielen kann, sollte man insbesondere in diesem letzten Fall nicht überschätzen. Wenn beispielsweise Eltern ihren in Französisch schwächelnden Sohn für zwei Wochen nach Frankreich auf Sprachreise schicken, wird er wahrscheinlich nicht als Französisch-Crack wiederkehren. Aber der konzentrierte sprachliche Input, die Summe der authentischen Sprachanwendungserfahrungen und das kulturelle Umfeld sorgen meist für einen starken Lernimpuls, auch und gerade in motivationaler Hinsicht, der noch lange über die eigentliche Reise hinaus anhalten kann.

Mittlerweile gibt es allein in Deutschland weit über 100 Anbieter von Sprachreisen. Sie sind im »Fachverband Deutscher Sprachreise-Veranstalter e. V.« (FDSV) zusammengeschlossen. Auf der Internetseite des Verbandes findet sich ein »Sprachreise-Finder«, ein Datenbankabfragetool, in dem man zielstrebig nach Sprachreiseangeboten suchen kann, und zwar differenziert nach Sprachen (derzeit 26), Kursart, Land und Zielort. Besonders interessant ist die Kategorie »Kursart«, weil hier nicht nur die üblichen Formen wie Gruppenkurse, Einzelunterricht, Intensivkurse abgefragt werden können, sondern auch Kurse mit einer spezielleren Ausrichtung, z. B. zur Vorbereitung von Prüfungen oder eines Auslandsstudiums, Einstiegskurse für »Work and Travel«-Programme oder »Freiwilligenarbeit/Volunteering« sowie Kurse speziell für junge Leute (16 bis 21) bzw. für Ältere (51+).

Bei den Angeboten handelt es sich meist um Pauschalreisen mit Flug, Unterbringung, Verpflegung usw. Es kann aber günstiger sein, einen Sprachkurs im Ausland unabhängig von einer Reise zu buchen und diese dann selbst zu organisieren. Dazu benötigt man einen Überblick über das Kursangebot. Mehrere Internetportale helfen dabei, z. B. <www.sprachkurse-weltweit.de>. Hier kann man sowohl nach Sprachreisen als auch nach Kursangeboten im Ausland ohne organisierte Unterbringung suchen. Die Suche nach dem richtigen Angebot wird durch eine einfache Abfrage der Datenbank sehr erleichtert. Außerdem gibt es Empfehlungen, Preisvergleiche, Tipps für die Reise und Erfahrungsberichte von Personen, die ein bestimmtes Angebot schon genutzt haben. Angenehm ist auch, dass für den Nutzer transparent ist, wer hinter dem Portal steckt, und dass das Team auch telefonisch berät. Andere Portale sind z. B. <www.languagecourse.net/de> oder das englischsprachige Portal <www.coursefinders.com>.

Als Anbieter kommen übrigens nicht nur private Sprachschulen, sondern auch Universitäten in Betracht, die entsprechende Sommerkurse anbieten. Einen Überblick darüber bietet eine Datenbank des *Deutschen Akademischen Austauschdienstes (DAAD)*. Sie finden solche Kurse auf der Seite <*www.daad.de/ausland/sprachen-lernen/sprachkurse/de*> oder durch Eingabe der Suchbegriff-Kombination »*DAAD Sommerkurse*«. Man kann nach Angeboten für mehrere Dutzend Sprachen suchen, darunter neben den gängigen wie Englisch, Französisch, Italienisch, Spanisch, Russisch auch viele in Deutschland selten gelernte Fremdsprachen wie Litauisch, Ukrainisch, Koreanisch, Swahili, Afrikaans oder Ewe. Man kann die Suche auch mit Ländern kombinieren und findet so z. B. Englisch als Fremdsprache an der *Australian National University* in Canberra, Schwedisch als Fremdsprache an der *Folkuniversitetet* in Stockholm, aber auch Ewe als Fremdsprache an der *University of Ghana*. Die Informationen beschränken sich allerdings auf die Nennung der jeweiligen Universität sowie eines Links und einer E-Mail-Adresse für die Abteilung, die das entsprechende Kursangebot organisiert. Alles andere muss man selbst in die Hand nehmen. Dafür findet man aber auf der gleichen Seite die Links zu den Informationen über mögliche Stipendien des DAAD, sodass man sofort klären kann, ob man sich in einem der DAAD-Programme bewerben kann.

Bei manchen Sprachen sind die Kulturinstitute eine gute alternative Informationsquelle (Näheres zu den Kulturinstituten weiter oben in diesem Abschnitt). Wer

z. B. Französisch-, Spanisch-, Italienisch- oder Chinesischkurse an ausländischen Universitäten sucht, sollte sich beim nächsten Institut Français, Instituto Cervantes, Istituto Italiano di Cultura oder Konfuzius-Institut erkundigen. Sie verfügen in der Regel über entsprechendes Informationsmaterial oder können dieses zumindest beschaffen. Dies gilt auch für die Kulturinstitute anderer Länder. Um Unterkunft muss man sich zwar bei Kursen an ausländischen Universitäten meist selbst kümmern, aber oft gibt es Hilfestellung in Form von Adressenlisten oder Wohnheimangeboten.

Das Hauptproblem mit Sprachkursen im Ausland ist die Einschätzung der Qualität. Wenn man einmal da ist und feststellt, dass die Qualität des Unterrichts unzureichend ist, z. B. weil die Lehrer schlecht qualifiziert, die Unterrichtsmaterialien veraltet, die technische Ausstattung unzureichend oder die Gruppen viel größer sind als im Prospekt versprochen, ist es meist zu spät, um noch zurückzutreten oder bessere Alternativen zu finden. Und natürlich gibt es unter den Anbietern auch immer wieder Geschäftemacher, die weder willens noch in der Lage sind, qualifizierten Fremdsprachenunterricht anzubieten. Folglich muss man versuchen, im Vorfeld alles zu tun, um eine Fehlbuchung zu vermeiden. Der Blick in die Prospekte der Reiseanbieter mit den Bildern von attraktiven, kopfhörerbewaffneten, glücklich lächelnden Lernern und den vielen Strand- oder Poolbildern reicht dafür nicht aus. Versuchen Sie auf jeden Fall, so viel wie möglich über die Schule, an der der Unterricht stattfinden soll, herauszubekommen. Wenn diese nicht einmal einen eigenen Internetauftritt hat, wäre das ein erstes Verdachtsmoment, dass es sich um eine »Klitsche« handeln könnte. Scheuen Sie sich nicht, direkten Kontakt zu der Sprachschule aufzunehmen, um detailliertes Informationsmaterial wie z. B. Unterrichtspläne zu erbitten und auch konkrete Fragen zu stellen. Anregungen dazu liefert Ihnen die Checkliste für die Kursauswahl im nachfolgenden Abschnitt.

Hilfe und Beratung in dieser Frage bietet die »Aktion Bildungsinformation e. V. (ABI), eine Einrichtung der Verbraucherverbände, die sich um Verbraucherschutz in Bildungsfragen kümmert. Auf der Internetseite dieser Einrichtungen findet man über den Link »Rat zu Sprachreisen« eine Reihe nützlicher Informationen und Checklisten rund um das Thema Sprachreisen unter Einschluss von Austauschprogrammen für Schüler und Studenten. Weitergehende Informationen sind den verschiedenen Broschüren dieser Einrichtung zu entnehmen, z. B. der Broschüre »Englisch lernen in Europa«. Hierin finden sich umfangreiche Informationen zu allen wichtigen Fragen, die sich stellen, wenn man eine Sprachreise unternehmen möchte, angefangen von den Inhalten der Angebote (Welche Arten von Sprachreisen gibt es? Welche Kurstypen werden angeboten? Wie findet man ein individuell passendes Angebot?) über finanzielle Aspekte (Welche Kosten sind angemessen? Welche Fördermöglichkeiten gibt es, z. B. im Rahmen von EU-Programmen? Wann sind die

Kosten steuerlich absetzbar?) bis hin zu den juristischen Aspekten, die man gerade bei Sprachreisen unbedingt im Auge behalten sollte (Woran erkenne ich unseriöse Anbieter? Worauf ist bei Vertragsabschluss zu achten? Welche Fallen können sich im »Kleingedruckten« verbergen? Wie muss ich mich verhalten, wenn die Leistungen vor Ort nicht den Versprechungen im Prospekt entsprechen? usw.). Wer eine der Broschüren erwirbt (zu einer Schutzgebühr von derzeit 13 Euro) hat laut Internetseite die Möglichkeit »offene Fragen telefonisch kostenlos mit der Verfasserin der Broschüre(n)« zu klären.

Die Steigerung eines Kurses im Ausland ist natürlich der längere Auslandsaufenthalt als umfassende Gelegenheit zum Lernen und Anwenden. Auf die damit verbundenen weitergehenden Möglichkeiten des Lernens und Anwendens von Fremdsprachen gehe ich in den Abschnitten 19|15 bis 19|17 ein.

5 | 8   Prüfen Sie die zur Verfügung stehenden Unterrichtsangebote und wählen Sie das für Sie passende aus

Nachdem Sie sich im vorausgehenden Abschnitt einen Überblick über mögliche Unterrichtsanbieter verschafft haben, geht es in diesem Abschnitt um die Auswahl des richtigen Kurses. Dazu habe ich für Sie eine Checkliste zusammengestellt, die Ihnen helfen soll, alles zu bedenken. Die meisten der genannten Checkpunkte können schon *vor* Belegung des Kurses ermittelt werden, sei es durch Prospektmaterial des Anbieters, seine Internetseiten, durch einen Besuch vor Ort oder durch gezieltes Nachfragen. Lediglich bei Sprachreisen ergeben sich Einschränkungen, zumindest was die Inaugenscheinnahme der räumlichen Bedingungen anbetrifft. Wie man den Kurs selbst bewertet, wenn man bereits teilnimmt, behandle ich in den Abschnitten 7|1 (»Prüfen und bewerten Sie die Unterrichtsbedingungen«) und 7|2 (»Bewerten Sie Ihren Lehrer mithilfe einer Checkliste«).

Rahmenbedingungen

- Zeitliche Rahmenbedingungen: Wann findet der Kurs statt? An welchen Wochentagen? Zu welchen Uhrzeiten? Wie lange dauert er? Handelt es sich um einen Intensivkurs oder einen zeitlich gestreckten Kurs (einen sog. »Streukurs«)? usw.

- Räumliche Rahmenbedingungen: Wo findet der Kurs statt? Ist das Gebäude gut zu erreichen? Ist mit Störungen, z. B. durch eine laute Straße, zu rechnen? Handelt es sich um einen für Unterricht geeigneten Raum? Schafft der Raum eine angenehme Lernatmosphäre? Ermöglicht die Möblierung soziales Lernen, z. B. durch eine U-Sitzform oder Gruppentische? usw.

- Kosten: Was kostet der Kurs? Sind die darin enthaltenen Leistungen klar definiert? Auch für Zusatzleistungen wie z. B. Einstufungstests, Lehrmaterial oder Nutzung des Selbstlernzentrums? Sind Sonderfälle wie Unterrichtsausfall oder Nichtteilnahme durch Erkrankung klar geregelt? Gibt es eine Probestunde, eventuelle Wechselmöglichkeiten oder ein Rücktrittsrecht? Ist eine Kündigung erforderlich? Mit welcher Frist? Enthalten die Vertragsbedingungen unerwartete oder unerwünschte Klauseln?

Pädagogische Kriterien, auf die Institution bezogen

- Äußere Differenzierung der Lerngruppen: Lässt das Gesamtprogramm des Anbieters eine ausreichende Strukturierung und Differenzierung der Kurse nach Zielgruppen erkennen, vor allem nach Lernniveaus (mit Angabe des jeweils vorausgesetzten und des anvisierten Niveaus nach den Kategorien des GeR), aber z. B. auch durch Spezialkurse für Zertifikatsvorbereitungen, durch Unterscheidungen zwischen Kursen für »echte Anfänger« und für »Auffrischer«, durch die Trennung von beruflichen und touristischen Lerngründen? usw.

- Ausstattung der Lernräume: Welche pädagogisch notwendigen oder sinnvollen Hilfsmittel sind vorhanden (Tafel, Overheadprojektor, Flipchart, Beamer, Leinwand, Audioanlage, Videoanlage, Lehrercomputer, Lerner-Computerarbeitsplätze usw.)?

- Beratungs- und Einstufungsangebote: Gibt es ausreichende Beratungsangebote zur richtigen Kurswahl einschließlich der Möglichkeit, einen Einstufungstest abzulegen? Gibt es eine kursunabhängige Lernberatung, in der man Anregungen zum autonomen Lernen bekommen kann?

- Zusatzleistungen: Bietet der Anbieter Unterstützungsmaßnahmen für das Selbstlernen, z. B. eine Bibliothek mit Selbstlernmaterialien, Computerräume für das elektronisch gestützte Lernen (*e-learning*), ausreichende Lernsoftware, Tutoren zur Unterstützung des Selbstlernens, Tandempartnervermittlung usw.?

- Qualitätsmanagement: Gibt es Anhaltspunkte, dass der Anbieter ein systematisches Qualitätsmanagement betreibt, zumindest in der Form, dass die Teilnehmer ihre Kurse am Ende regelmäßig anonym evaluieren können und diese Evaluationen ohne Umweg über den Lehrer bei der Leitung der Einrichtung landen? Wird die Qualität des Unterrichts durch die Leitung der Einrichtung geprüft, z. B. durch Hospitationen (Unterrichtsbesuche)? Gibt es Kommunikationsstrukturen innerhalb der Einrichtung, die einen Erfahrungsaustausch unter den Lehrenden möglich machen (z. B. regelmäßige Konferenzen)? Gibt es regelmäßige interne oder externe Fortbildungsangebote für die Lehrenden? Gibt es einen Ansprechpartner für eventuelle Beschwerden?

Pädagogische Kriterien, auf den Kurs bezogen

- Gruppengröße: Aus wie vielen Lernern wird die Lerngruppe voraussichtlich bestehen? Garantiert der Anbieter verbindlich eine Obergrenze für die Teilnehmerzahl? Gibt es eine Mindestteilnehmerzahl, die zur Streichung des Kurses führt, wenn sie unterschritten wird?

- Kursniveau: Sind sowohl das vorausgesetzte wie das Zielniveau klar nach den Stufen des GeR angegeben oder gibt es nur vage Beschreibungen wie »für Anfänger«, »für Fortgeschrittene«?

- Sprachvariante: Ist klar, auf welche Sprachvariante der Zielsprache der Kurs sich bezieht? (z. B. britisches oder amerikanisches Englisch)?

- Lernziele: Sind die Lernziele und Lernschwerpunkte klar angegeben, z. B. durch Schwerpunkte im Bereich einzelner Grundkompetenzen (Leseverstehen, Hörverstehen, Gesprächskompetenz usw.)?

- Fachliche Ausrichtung: Hat der Kurs explizit oder implizit eine fachliche Ausrichtung oder ist er allgemeinsprachlich ausgerichtet?

- Kursinhalte und Methoden: Finden sich aussagekräftige Angaben zu den Inhalten des Kurses und zu den Methoden, die zu ihrer Vermittlung eingesetzt werden? Gibt es Hinweise auf einen »Methodendogmatismus«, d. h. eine Festlegung auf eine eigene, »hausinterne« Methode, die als die einzig richtige verkauft wird?

- Qualifikation der Lehrer: Werden aussagekräftige Angaben zur Qualifikation der Lehrer gemacht, z. B. dass es sich durchgängig um Muttersprachler handelt, um ausgebildete Lehrer mit mehrjähriger Lehrerfahrung, um Lehrer mit Fachkompetenz in einem bestimmten Fachgebiet o. Ä.?

- Eignung des Lehrmaterials: Werden klare Angaben zum verwendeten Lehrmaterial gemacht? Ist die Wahl mit Blick auf Teilnehmer und Lernziele plausibel? Wird man gezwungen, schuleigene Lehrwerke zu verwenden, unabhängig davon, ob diese sich eignen? Bietet das eingesetzte Lehrwerk ausreichend Zusatzmaterial zum Selbstlernen (Hör-CDs, Textsammlungen, Übungssoftware usw.), durch die das unterrichtsbegleitende Selbstlernen angeregt wird?

Versuchen Sie, möglichst viele der vorausgehend genannten Checkpunkte zu klären. Nutzen Sie dazu alle verfügbaren Informationen in Programmheften, Prospekten, Vertragsbedingungen und auf Internetseiten. Scheuen Sie sich nicht, telefonisch oder per E-Mail Zusatzinformationen anzufordern. Wenn möglich, sollten Sie vorab in der Einrichtung vorbeischauen. Auch ein Blick in die Unterrichtsräume kann hilfreich sein. Vielleicht besteht sogar die Möglichkeit, direkten Kontakt zum Lehrer aufzunehmen.

Privatschulen werden bei diesem Wunsch allerdings sehr zurückhaltend reagieren, weil sie fürchten, Sie könnten den Lehrer privat buchen und sie damit um ihr Geschäft bringen. Fragen Sie dann wenigstens nach »Schnupper-« oder Probestunden.

Wenn Sie die genannten Checkpunkte für die Institution und den konkreten Kurs, den Sie ins Auge gefasst haben, befriedigend beantworten können, haben Sie eine gute Grundlage für Ihre Entscheidung, einen bestimmten Anbieter und einen bestimmten Kurs zu wählen oder aber – aus genauso guten Gründen – zu meiden. Insbesondere dann, wenn man Kurse im Ausland belegt, Sprachreisen unternimmt oder sich auch im Inland vertraglich für eine längere Zeit bindet, hilft die Checkliste, eine falsche Wahl und damit Enttäuschungen und eine Fehlinvestition von Zeit und Geld zu vermeiden.

5 | 9 Verschaffen Sie dem Fremdsprachenlernen einen Platz in Ihrem Leben

Egal welches Lernformat Sie letztlich wählen, einen Ratschlag sollten Sie auf jeden Fall beherzigen, denn sonst ist jedes Fremdsprachenlernen über kurz oder lang zum Scheitern verurteilt: Verschaffen Sie dem Fremdsprachenlernen einen Platz in Ihrem Leben!

Mal ganz ehrlich: Gibt es derzeit in Ihrem Leben an einem bestimmten Wochentag zu einer bestimmten Uhrzeit einen Zeitslot, zu dem Sie sich regelmäßig langweilen und den Sie immer schon mal mit etwas Sinnvollem füllen wollten? Wohl kaum. Das Leben der meisten Menschen, vor allem wenn sie berufstätig sind und dazu vielleicht noch eine Familie haben, ist heute zeitlich so eng getaktet, dass sie eher Phasen der regelmäßigen Erschöpfung kennen als Phasen der regelmäßigen Langeweile oder Muße. Im Zeitalter von Bachelor- und Masterstudiengängen gilt dies selbst für die meisten Studenten. Freie Zeitslots, die man einfach so mal eben mit Fremdsprachenlernen füllen könnte, haben heute also nur noch die wenigsten.

Daraus folgt geradezu zwingend, dass etwas anderes entweder wegfallen oder zu einem anderen Zeitpunkt erledigt werden muss, wenn man plötzlich pro Woche zwei, drei oder sogar noch mehr Stunden für Fremdsprachenlernen zur Verfügung haben will. Einer der häufigsten Fehler bei der Planung eines Lernarrangements ist deshalb, genau das nicht zu bedenken. Wenn man sich beispielsweise für das Format 3 Stunden pro Woche, davon anderthalb Stunden Kurs und noch einmal anderthalb Stunden Selbstlernen entscheidet, dabei aber nicht klärt, wie man diese Zeit »freischaufeln« kann, dann wird es nicht lange dauern, bis das Konzept scheitert. Zunächst fallen vielleicht nur die anderthalb Stunden Selbstlernen unter den Tisch mit der Folge, dass sich der Lernfortschritt deutlich reduziert. Doch dann hindern einen irgendwann notwendige Überstunden im Job, eine bevorstehende Prüfung oder ein krankes Kind daran, den Kurs regelmäßig zu besuchen, man kommt aus dem Tritt, verliert den Anschluss und gibt schließlich auf.

Beantworten Sie deshalb die bereits weiter oben gestellte Frage, wie viel Zeit Sie sich selbst *realistischerweise* und *auf längere Sicht* regelmäßig für das Fremdsprachenlernen zusichern können, ohne sich selbst etwas vorzumachen. Klären Sie dabei auch, was Sie dafür weglassen oder verlegen müssen und ob dieser Verzicht oder die Mehrbelastung an anderer Stelle für Sie tatsächlich langfristig tragbar ist. Auch wenn es ein wenig melodramatisch klingt: Wenn das Fremdsprachenlernen auf längere Sicht zu Ihnen gehören soll, dann müssen Sie ihm auch einen angemessenen Platz in Ihrem Leben einräumen.

6 Treibstoff fürs Lernen – Wie Sie Motivation schaffen und erhalten

6 | 1 Betreiben Sie ein Motivationsressourcen-Management

Wenn Sie die Ratschläge in den vorausgehenden Kapiteln befolgt haben, dann haben Sie Ihren individuellen Bedarf ermittelt, sich eingestuft und ein für Sie geeignetes Lernarrangement hergestellt. Eigentlich könnte es jetzt losgehen. Doch bevor wir ins Lernen selbst einsteigen, müssen wir noch über eine Voraussetzung reden, die für jeden, der seine Lernprozesse selbst managen möchte, die wahrscheinlich wichtigste ist: Motivation.

Das Lernen einer Fremdsprache ist mit einem Marathonlauf vergleichbar: Es braucht einen ziemlich langen Atem. Was beim Marathonlauf die Kraft ist, ist beim Sprachenlernen sozusagen die Motivation. Eine hohe Anfangsmotivation beim Fremdsprachenlernen ist genauso wenig ein Garant für das Erreichen des Ziels wie ein hoher Kraftaufwand beim Loslaufen auf einer Marathonstrecke. Denn Motivation ist keine unerschöpfliche Ressource; sie unterliegt einem natürlichen »Verbrauch«. Wer dauerhaft mehr Motivation verbraucht, als »nachwächst«, der gibt irgendwann auf. Was wir für den Marathonlauf wie für das Fremdsprachenlernen brauchen, ist somit ein »Ressourcen-Management«. Für das Fremdsprachenlernen heißt das konkret: Wir müssen auf der einen Seite die vorhandene Motivation so effizient wie möglich einsetzen und zum anderen dafür sorgen, dass sie »nachwachsen« kann. Wie kann das gelingen?

Machen wir uns zunächst einmal klar, was mögliche Ursachen für die »Erosion« von Motivation beim Fremdsprachenlernen sind. Sicher haben auch Sie schon einmal begonnen etwas neu zu lernen, sei es in einem Kurs oder im Selbststudium, und haben dann nach einiger Zeit nicht mehr weitergemacht. Vielleicht ging es dabei sogar schon einmal ums Sprachenlernen, vielleicht aber auch um einen anderen Lerngegenstand (einen Tanz- oder Malkurs, eine Sportart, ein Instrument, eine Programmiersprache, eine berufliche Zusatzqualifikation oder gar ein ganzes Studium). Denken Sie noch einmal daran zurück (auch wenn es ein bisschen unangenehm ist ...) und fragen Sie sich, was damals die Ursachen für den Abbruch oder das Nicht-Weitermachen waren.

Vielleicht war es einer dieser Gründe:

- Das gesteckte Ziel war nicht so leicht zu erreichen, der Weg erwies sich als beschwerlicher als anfänglich gedacht. Sie hatten Aufgabe und Anforderungen unterschätzt.
- Die Inhalte des Lernangebotes waren nicht so auf Ihre Vorkenntnisse, Bedürfnisse und Erwartungen abgestimmt, wie Sie sich das gewünscht oder vorgestellt hatten.
- Sie haben nach einiger Zeit trotz Lernbemühungen subjektiv keinen Lernfortschritt mehr empfunden. Sie hatten das Gefühl auf der Stelle zu treten.
- Sie haben in der Lerngruppe den Anschluss verpasst, z. B. weil Sie ein paarmal gefehlt haben und dann Schwierigkeiten bekamen, »mitzukommen«.
- Sie hatten ein Problem mit dem Lehrer.
- Sie fühlten sich in der Lerngruppe nicht wohl, aus welchen Gründen auch immer.
- Der Reiz des Neuen hatte sich nach einiger Zeit verflüchtigt und mit dem Wiederholungseffekt stellte sich eine gewisse Langeweile ein.
- Sie mussten oder wollten Ihre Zeit- und Kraftressourcen auf andere Lebensinhalte verschieben (Jobwechsel, Umzug, neue Hobbys, unvorhergesehene Probleme usw.).

Solche Erfahrungen haben wir sicher schon alle in der einen oder anderen Form gemacht. Sie zeigen, wie kostbar die Ressource »Motivation« ist und wie wichtig es ist, sorgsam mit ihr umzugehen. Halten wir also zunächst fest, dass man zum Fremdsprachenlernen eine solide Ausgangsmotivation *und* einen langen Atem benötigt. Gehen Sie nicht davon aus, dass Ihre Motivation automatisch auf dem Ausgangsniveau bleibt, sondern kalkulieren Sie ein, dass Sie Ihre Motivation immer wieder »auftanken« müssen.

Viele der Tipps und Empfehlungen, die Sie in diesem Buch finden, sind unmittelbare Gegenmaßnahmen gegen die genannten typischen Motivationskiller:

- Indem Sie Ihren Sprachlernbedarf ermitteln und Ihre individuellen Lernziele festlegen (s. Kap. 3), vermeiden Sie Motivationsverlust durch falsche oder für Sie wenig relevante Lerninhalte.
- Indem Sie sich realistisch einstufen (s. Kap. 4), vermeiden Sie Motivationsverlust durch Über- oder Unterforderung und falsche Kurswahl.
- Indem Sie einen Mix unterschiedlicher Lernformate zusammenstellen und dabei sowohl auf frühere Erfahrungen wie auf persönliche Präferenzen achten (s. Kap. 5), vermeiden Sie Motivationsverlust durch eine einseitige Abhängigkeit von einem Format, insbesondere von Unterricht und dem damit immer verbundenen Grad an Fremdbestimmtheit.
- Und indem Sie später die Bedingungen, die Sie im Unterricht vorfinden, kritisch prüfen (s. Abschnitte 7|1 u. 7|2), vermeiden Sie Motivationsverlust durch eine ungeeignete Lerngruppe oder einen schlechten Lehrer.

Trotzdem bleibt natürlich die Frage, was man sonst noch aktiv tun kann, um die eigene Motivation zu stärken oder zu erhalten. Oder, um in der Terminologie des Ressourcen-Managements zu bleiben: wie man den ganz normalen »Motivationsverbrauch« durch eine möglichst effiziente »Motivationsnutzung« in Grenzen halten und durch »nachwachsende Motivation« immer wieder ausgleichen kann.

Über das Thema Selbstmotivierung ist bereits sehr viel geschrieben worden. Es gibt viele Ratgeber dazu. Sie erinnern immer ein wenig an die Geschichten von Baron Münchhausen, der sich an den eigenen Haaren aus dem Sumpf zieht. Selbstmotivierung ist immer auch ein wenig die Frage, wie man sich dazu bringt, hinter einer Wurst herzurennen, die man sich selbst vor die Nase hält. Vor diesem Hintergrund wundert es nicht, dass manche sagen, dass der »Tritt«, den sie brauchen, von anderen kommen muss. Vielleicht ist da etwas dran. Nach meinen Erfahrungen ist es jedoch nicht die ganze Wahrheit. Was stimmt: Wenn man zutiefst unmotiviert ist etwas zu tun, dann sind die Möglichkeiten zur Selbstmotivierung sehr begrenzt. Wer aber durchaus eine gewisse Motivation in sich verspürt etwas zu tun, der kann diese Motivation sicher durch die richtigen Techniken fördern oder doch zumindest immer wieder auffüllen, die Erosion verhindern. Welche Techniken aber wirken, hängt sehr von der Persönlichkeit des Einzelnen, seinen früheren Erfahrungen, seinem aktuellen Umfeld und vielen anderen Faktoren ab.

Im Folgenden habe ich einige bewährte Techniken zusammengetragen, die sich speziell beim Fremdsprachenlernen als wirksam erwiesen haben – nicht alle Techniken bei allen Lernern, aber doch bei vielen. Ich möchte Sie ermutigen, möglichst viele Techniken selbst auszuprobieren und die für Sie wirksamsten herauszufinden. Probieren Sie dabei auch ganz bewusst solche Techniken aus, mit denen Sie bisher noch keine Erfahrungen gesammelt haben. Und natürlich sollten Sie nicht aufhören, auch auf eigene Faust aktiv nach weiteren Techniken zu suchen, die bei Ihnen Wirkung zeigen.

6 | 2   Malen Sie sich das Ziel aus

Eines der schönsten Zitate, die wir Antoine de Saint-Exupéry, dem Autor des »Kleinen Prinzen« verdanken, ist dieses: »Wenn Du ein Schiff bauen willst, so trommle nicht Männer zusammen, um Holz zu beschaffen, Werkzeuge vorzubereiten und um Aufgaben zu vergeben, sondern lehre die Männer die Sehnsucht nach dem weiten, herrlichen Meer.« (»Quand tu veux construire un bateau, ne commence pas par rassembler du bois, couper des planches et distribuer du travail, mais réveille au sein des hommes le désir de la mer grande et belle.«) Es fasst in poetischen Worten einen wichtigen Befund der Motivationsforschung zusammen: Was uns im Alltag besonders motiviert, ist die Strahlkraft des Ziels. Sich das Erreichen dieses Zieles und die damit verbundenen

Gefühle auszumalen, kann starke Kräfte freisetzen. Stellen Sie sich also konkret vor, wie es sich anfühlen wird, wenn Sie das selbst gesteckte Ziel Ihres Sprachenlernens erreicht haben werden: Wenn Sie in Italien in Zukunft nicht mehr mit Händen und Füßen oder gebrochenem Englisch kommunizieren müssen, sondern sich in der Landessprache verständigen können. Wenn Sie in Ihrem Unternehmen automatisch hinzugezogen werden, wenn Kunden aus Brasilien zu Besuch kommen, weil sonst niemand die Gäste auf Portugiesisch begrüßen kann. Wenn die Wirkung Ihres Fachvortrags durch eine souveräne Beherrschung mündlicher Präsentationstechniken im Englischen gesteigert wird. Wenn Sie das Erstaunen oder gar die heimliche Bewunderung Ihrer Freunde und Bekannten darüber spüren, dass Sie als einziger eine einfache Unterhaltung auf Polnisch zustande bringen. Oder wenn Sie in Zukunft auch auf Spanisch flirten können.

Auch wenn das offene Streben nach Anerkennung und Selbstbestätigung oder das Auskosten von Wissens- oder Könnensvorsprüngen sozial meist als Tabu gelten, wissen wir doch alle, dass sie mächtige Triebfedern sind, auch wenn wir es nie zugeben würden. Wir sollten diese Energiequelle deshalb nicht ungenutzt lassen. Die mentale Repräsentation des Zieles einschließlich der damit verbundenen positiven Emotionen ist meist eine hilfreiche, vielleicht sogar eine notwendige Voraussetzung für das Auslösen einer starken Anfangsmotivation. Setzen Sie also diese Energie in sich frei, indem Sie sich vorstellen und ausmalen, wie es sich für Sie in den zu erwartenden Situationen ganz konkret anfühlen wird, wenn Sie Ihr Lernziel erreicht haben werden. Machen Sie diese Gedanken möglichst an konkreten, erwartbaren Situationen in Ihrem Leben fest.

6 | 3 Verschaffen Sie sich Erfolgserlebnisse in der Anwendung der Sprache

Nicht nur für den Lernprozess selbst ist es sinnvoll, die Fremdsprache früh anzuwenden (s. dazu in Abschnitt 2|7 »Die Big Five – Was zum erfolgreichen Fremdsprachenlernen unabdingbar ist« das Stichwort »Output«), sondern auch für die Erhaltung der Motivation. Die unmittelbare Erfahrung, dass man plötzlich etwas kann, was man bisher nicht konnte, verschafft per se wichtige Erfolgserlebnisse. (Die Psychologen sprechen hier von »resultativer Motivation«.) Warten Sie also nicht, bis Sie tief in eine Fremdsprache eingedrungen sind, sondern genießen Sie schon vorher Ihren Kompetenzzuwachs. Vielleicht beginnen Sie mit der einfachsten aller Anwendungserfahrungen, nämlich der, jemanden in der Fremdsprache begrüßen und verabschieden zu können. Es ist immer wieder erstaunlich, was es mit den Menschen ausländischer Herkunft um uns herum, Kollegen, Bekannten, Nachbarn, Kommilitonen, Sportsfreunden usw. macht, wenn wir sie plötzlich in ihrer Muttersprache begrüßen. Vielleicht sind als nächstes die Bestellung und der Austausch von ein paar Freundlichkeiten im Spezialitäten-Restaurant Ihrer Zielsprache möglich. Erst recht motivierend ist die Erfahrung, dass in einer Zeitung oder einem Buch, das bisher nur eine Ansammlung unverständlicher Wörter war, immer mehr »Verständnisfenster« aufgehen. Und auch die Anwahl des ausländischen Fernsehsenders, den Ihnen Ihr Satelliten-Receiver seit Jahren anbietet, ohne dass Sie etwas mit ihm anfangen konnten, hat eine andere Wirkung, wenn Sie nun plötzlich etwas verstehen, wenn auch sicher längst noch nicht alles.

Nehmen Sie also die Erweiterung Ihres sprachlichen Aktionsradius bewusst wahr und genießen Sie sie.

6 | 4 Visualisieren Sie Ihren Lernfortschritt

Wenn man neu beginnt, eine Sprache zu lernen, ist der Lernfortschritt subjektiv meist leichter greifbar als zu einem späteren Zeitpunkt. Da man vorher gar nichts wusste, ist alles, was man jetzt weiß oder versteht, ein direkter Nachweis des Lernfortschritts. Je tiefer man in eine Fremdsprache eindringt, desto schwieriger wird es, den Fortschritt auch subjektiv erfahrbar zu machen. Man sieht sozusagen vor lauter Bäumen den Wald nicht mehr.

Viele Lerner brauchen deshalb etwas, woran sie ihren Lernfortschritt gedanklich messen können. Dies ist einer der Gründe, warum für viele Lerner das Lehrbuch so wichtig ist: Es ist für sie nicht nur Kristallisationspunkt und roter Faden des Lernprozesses, sondern auch Gradmesser des Fortschritts: Wir sind bei Lektion 10, letzten Monat waren wir noch bei Lektion 7, also sind wir jetzt drei Lektionen »weiter«. Auch wenn solche Zahlen kaum den tatsächlichen Lernfortschritt widerspiegeln, sind sie für viele Lerner doch ein wichtiges motivationales Element. »Ich will wenigstens den ersten Band durchbekommen« oder »Ich hab alle Aufgaben im Arbeitsbuch durchgearbeitet« sind Sätze, die man so oder ähnlich nicht selten von Lernern hört.

Wer von sich weiß, dass er auf die motivationale Kraft solcher Quantifizierungen reagiert, der sollte diese Kraft auch nutzen, wenn auch vielleicht in einer etwas differenzierteren Form als nur durch die Nummer der aktuell bearbeiteten Lektion im Lehrwerk.

Viele elektronische Lernprogramme bieten z. B. Lernstatistiken. Diese zeigen nicht nur an, welche Lektionen man bereits bearbeitet hat und welche Übungen innerhalb der einzelnen Lektionen, sondern auch, wie viele Fehler man dabei gemacht hat und ob es einem gelungen ist, die Fehlerrate von Übungsdurchgang zu Übungsdurchgang zu reduzieren.

Vokabeltrainingsprogramme bieten ähnliche Funktionen: Sie zeigen oft nicht nur den Prozentsatz der bereits bearbeiteten Vokabeln, sondern auch den der »sicher beherrschten« und der »noch nicht ganz sicher beherrschten« Vokabeln an, gemessen an der Zahl der richtigen und falschen Antworten, die man bei der Abfrage gegeben hat.

Meist gilt die dreimalige, aufeinander folgende Angabe der richtigen Übersetzung als »sicher beherrscht«. Dies kann einen motivationalen Reiz auslösen, den Prozentsatz der sicher beherrschten Vokabeln zu erhöhen bzw. den der noch nicht sicher beherrschten zu senken.

Doch auch wer nicht mit elektronischen Lernmaterialien arbeitet, kann seinen Fortschritt quantifizieren oder zumindest visualisieren. Besonders leicht geht das beim Lesen fremdsprachiger Texte. Hier einige einfache Verfahren:

- Markieren Sie in einem längeren fremdsprachigen Text alles, was Sie noch nicht verstehen, mit einem roten Marker. Wenn Ihnen das Markieren so zu lästig ist, können Sie Markierungen auch restriktiver einsetzen, z. B. nur für Sätze, deren Sinn Sie insgesamt nicht verstehen oder für Wörter, die Ihnen völlig unbekannt sind und deren Bedeutung Sie auch nach intensivem Nachdenken nicht erraten können. Blättern Sie nun nach einiger Zeit den Text durch und achten Sie auf die Menge der Markierungen. Dabei werden Sie feststellen, dass die roten Markierungen immer weniger werden.

- Lesen Sie einen fremdsprachigen Text und setzen Sie dabei bei Bedarf ein Wörterbuch mit gleich bleibender Strategie ein (z. B. nur Wörter nachschlagen, die Sie für das Verständnis als absolut notwendig erachten). Führen Sie auf jeder Seite eine einfache Strichliste über die Zahl der Wörterbuchbenutzungen. Beobachten Sie dann über einen längeren Zeitpunkt, wie Ihre Strichlisten kürzer werden.

- Lesen Sie jeden Tag eine bestimmte festgelegte Zeitspanne (z. B. 15 Minuten). Lesen Sie dabei mit gleich bleibender Lesestrategie (d. h. nicht einmal gründlicher und einmal oberflächlicher). Markieren Sie jeweils den Anfang und das Ende des Textabschnitts mit dem jeweiligen Datum. Beobachten Sie nun über längere Zeiträume, wie Ihre Leseleistung pro Zeiteinheit zunimmt.

Solche einfachen Techniken visualisieren Lernfortschritt und machen ihn dadurch greifbarer. Zahlenjunkies gehen noch einen Schritt weiter und berechnen den Prozentsatz der nicht verstandenen Wörter pro Seite oder pro Buchabschnitt, setzen diesen in eine Excel-Tabelle ein und erfreuen sich anschließend an der fallenden Kurve.

Wenn Sie kein Freund solcher Techniken sind, können Sie sich natürlich auch ganz einfach darauf verlassen, dass Ihr Lernprozess voranschreitet, ganz gleich, ob Sie darüber Statistik führen oder nicht. Entscheidend ist letztlich nur, dass Sie beim Lernen subjektive Befriedigung empfinden und dadurch die Motivation zum Weiterlernen erhalten bleibt. Trotzdem sollten Sie vielleicht einmal mit verschiedenen Techniken der Visualisierung von Lernfortschritten experimentieren. Dass es viele Menschen gibt, die darauf reagieren, ist unzweifelhaft. Warum haben sonst so viele, die nur wegen der Fitness Fahrrad fahren, einen Tacho mit Kilometerzähler an ihrem Rad? Wahrscheinlich nicht aus Angst vor Geschwindigkeitsüberschreitungen in geschlossenen Ortschaften.

6 | 5   Führen Sie ein Lerntagebuch und nutzen Sie ein Sprachenportfolio

Wer sich von einer rein quantitativen Demonstration des eigenen Lernfortschritts nicht so angezogen fühlt, für den ist möglicherweise das Lerntagebuch eine Alternative. Darin kann man in freier, selbstbestimmter Form alles festhalten, was mit dem fremdsprachlichen Lernprozess zu tun hat. Angefangen von einer einfachen Notiz darüber, wie viel Zeit man an einem Tag in welche Lernaktivitäten gesteckt hat, bis hin zu einer detaillierten Dokumentation von Lernschwierigkeiten und Lernerfolgen. Führt man ein solches Tagebuch mit einiger Regelmäßigkeit, so kann man den persönlichen Lernfortschritt für sich gut erfahrbar und nachvollziehbar machen, was durchaus motivieren kann, gerade in Phasen, in denen ein Lernfortschritt nicht mehr richtig fühlbar ist. Eine gute Maßnahme kann auch darin bestehen, Erfolgserlebnisse in der Anwendung der Fremdsprache festzuhalten, z. B. bei einem Auslandsaufenthalt. Damit lenkt man die eigene Aufmerksamkeit auf das, was man schon kann, und schafft gleichzeitig Lust auf mehr.

Ein Lerntagebuch kann auch dazu dienen, sich über den persönlichen Motivationsverlauf klar zu werden. Wer beispielsweise nach jeder Kursstunde stichpunktartig festhält, welche Unterrichtssequenz ihn besonders motiviert hat, welche weniger und welche Auswirkungen das auf seine aktuelle Gesamtmotivation hat, lernt sich als Lerner besser kennen, kann einen Motivationsverlust früher diagnostizieren und ggf. gegensteuern. Dass das Lerntagebuch über seine motivationale Funktion hinaus auch eine Rolle bei der Steuerung der Lernprozesse selbst übernehmen kann, werde ich in Abschnitt 11 | 15 (»Machen Sie eine Manöverkritik«) und 19 | 17 (»Nutzen Sie den Auslandsaufenthalt optimal für Ihren Spracherwerb«) zeigen.

Wichtig beim Führen eines Lerntagebuchs ist jedoch, dass es nicht zu einer lästigen Pflicht wird, denn dann zehrt es selbst an der Motivation. Man sollte also nur so viel Aufwand betreiben, wie man mühelos und gern investiert.

Eine weitergehende Form der Dokumentation von Lernbemühungen und Lernergebnissen sind sog. Sprachenportfolios. Sie gehen auf eine Grundidee des Europarates zurück. Ein Sprachenportfolio ist eine Dokumentensammlung eines einzelnen Lerners. Sie dokumentiert zum einen alle erworbenen Sprachkenntnisse, sei es in Form von Zeugnissen oder Zertifikaten oder in Form reiner Selbsteinstufungen nach den Kriterien des Gemeinsamen Europäischen Referenzrahmens für Sprachen (s. Abschnitt 3 | 6). Zum anderen enthält sie aber auch Materialien zur Reflexion eigener fremdsprachlicher Lernprozesse. Sie soll helfen, die eigene Lernbiografie besser zu verstehen, zukünftige Lernziele zu definieren, Lernstrategien zur Erreichung dieser Ziele zu entwickeln und ein individuelles Lernprogramm zu entwickeln, letztlich also all das tun, wozu Sie auch dieses Buch systematisch anleiten möchte.

Mittlerweile gibt es auch elektronische Sprachenportfolios. Diese werden meist von Bildungseinrichtungen wie Universitäten oder Volkshochschulen als Internetportale zur Verfügung gestellt. Sie bieten nicht nur eine Möglichkeit, alle individuellen fremdsprachenbezogenen Daten zusammenzuführen und elektronisch zu verwalten, sondern sie verfügen meist auch über eine Lerntagebuchfunktion, die man im oben beschriebenen Sinne nutzen kann, um die eigenen fremdsprachlichen Lernprozesse reflexiv zu begleiten. Natürlich kann man ein elektronisches Lerntagebuch auch einfach nur mit der Textverarbeitung auf dem eigenen Rechner führen, aber Sprachenportfolios stellen durch die in ihnen enthaltenen Materialien zusätzliche Hilfen zur Verfügung. Fragen Sie bei Interesse in Ihrer Institution nach, ob sie ein Sprachenportfolio anbietet, wenn nicht in elektronischer, so doch zumindest in Papierform. Ist dies nicht der Fall, können Sie auf der Seite <http://epos-demo.informatik.uni-bremen.de> einen Zugang zum elektronischen Sprachenportfolio des Fremdsprachenzentrums der Hochschulen im Land Bremen beantragen.

6 | 6   Verbinden Sie das Fremdsprachenlernen mit Hobbys und persönlichen Interessen

Eine der sichersten Motivierungstechniken besteht darin, das Fremdsprachenlernen mit Dingen zu verbinden, für die Sie sich gar nicht motivieren müssen, weil sie Ihnen auch so Spaß machen. Das sind zum Beispiel Ihre Hobbys und Lieblingsbeschäftigungen. Sobald diese etwas mit Sprache zu tun haben, können sie leicht auch mit der Fremdsprache in Verbindung gebracht werden. Sie können z. B. Zeitschriften oder Bücher über die eigenen Hobbys statt in der Muttersprache in der Fremdsprache lesen. Sich im Urlaub statt der deutschsprachigen einer fremdsprachigen Animationsgruppe oder Stadtführung anschließen. Neue Rezepte aus einem fremdsprachigen Kochbuch entnehmen. Den neuen Hollywood-Film gleich in der Originalsprache anschauen. Monopoly, Trivial Persuit oder auch jedes andere Gesellschaftsspiel in einer fremdsprachigen Fassung kaufen und spielen. Sich im Internet einer fremdsprachigen Spielergemeinde anschließen. Die Möglichkeiten sind praktisch unbegrenzt.

Gehen Sie mental einmal alle Ihre typischen Freizeitbeschäftigungen durch und prüfen Sie, wo es Anknüpfungspunkte für die Verbindung von Hobby und Sprachenlernen gibt. Dass man in der Regel diese Möglichkeit noch nicht genutzt hat, liegt erfahrungsgemäß eher daran, dass man es nie ernsthaft erwogen hat, als daran, dass es nicht möglich wäre.

Besonders leicht ist eine Verknüpfung des Fremdsprachenlernens mit eigenen Interessen durch die Auswahl des Lesestoffes. Wenn sich Ihre Lesekompetenz schon ein Stück weit entwickelt hat, können Sie zunehmend Texte für die Lektüre auswählen, von denen für Sie eine hohe Lesemotivation ausgeht. Dies ist typischerweise bei Themen der Fall, die Sie entweder persönlich betreffen (Liebe, Partnerschaft, Geld, Karriere usw.) oder bei Themen, die Sie aus welchen Gründen auch immer faszinieren (egal, ob Astronomie oder Esoterik, Prominentenbiografien oder alternative Lebensentwürfe).

Wem die Verbindung von Fremdsprachenlernen und angenehmer Freizeitbeschäftigung im Alltag nicht gelingt, der hat immer noch die Möglichkeit, seinen Urlaub in einem Land der Zielsprache zu verbringen, vielleicht in Verbindung mit einer Sprachreise. Die meisten Sprachreiseanbieter wissen, dass ihre Kunden nicht den ganzen Tag in Lernräumen verbringen wollen und haben ausreichend Freizeitangebote oder touristische Extras in ihre Programme eingebaut. Auch so können Sie vielleicht die wichtige Erfahrung machen, dass Fremdsprachenlernen mit angenehmen Dingen in Verbindung gebracht werden kann (Näheres zu Sprachreisen in Abschnitt 5|7).

Trotz der Nachteile von Standard-Fremdsprachenunterricht in Gruppen (s. Abschnitte 2|9 u. 5|1) entscheiden sich viele Menschen für einen Sprachkurs, weil sie Lernbemühungen in der Gruppe länger durchhalten als im Selbststudium. Menschen sind gesellige Wesen, die meisten jedenfalls. Doch auch außerhalb des reinen Sprachkurses ist es möglich, das Sprachenlernen mit geselligen Kontakten zu verbinden. Hier ist vor allem an Sprachclubs und Kulturvereine zu denken, in denen man Sprachen zusammen mit anderen lernen, aber auch anwenden kann. Näheres dazu finden Sie im Abschnitt 19|14 (»Nutzen Sie auch im Inland jede Gelegenheit, die Fremdsprache anzuwenden«)

6|7 Unterrichten Sie die Fremdsprache

Wenn Sie bereits Fortgeschrittener sind, steht Ihnen eine exzellente Selbstmotivierungsstrategie offen. Sie besteht darin, die Fremdsprache selbst zu unterrichten. Dies klingt zunächst ein wenig paradox. Aber jeder, der schon einmal als älterer Schüler jüngeren Schülern Nachhilfe gegeben hat, weiß aus eigener Erfahrung, dass man beim Vermitteln auch selbst eine Menge lernt. Denn man kann nur das erfolgreich vermitteln, was man selbst verstanden hat und sicher beherrscht. Und automatisch bemüht man sich darum, diesen notwendigen Wissensvorsprung aufzubauen. Dies gilt gerade für das Vermitteln von Fremdsprachen. Und dass dabei u. U. auch noch ein wenig Geld abfällt, wird kaum jemanden stören.

Anfangen kann man z. B. mit Nachhilfestunden oder mit Privatunterricht für Anfänger. Vielleicht finden sich im Bekannten- oder Freundeskreis Personen, die gern Ihre Fremdsprache lernen möchten und denen Sie einfach beim Einstieg helfen. An einen richtigen Sprachkurs mit zahlenden Teilnehmern an einer Volkshochschule oder privaten Sprachschule sollte man sich natürlich erst als weit fortgeschrittener Lerner heranwagen, wenn man sicher ist, professionellen Unterricht bieten zu können, der auch die entsprechenden didaktischen Qualifikationen einschließt. Dies ist aber zumindest für Studenten der Fremdsprache in einem Lehramtsstudium eine sinnvolle Perspektive.

Und auch hier werden viele die Erfahrung machen, dass Fremdsprachen lehren fast immer zum eigenen intensiven Weiterlernen motiviert.

6 | 8 Stellen Sie die Ursachen einer Motivations-Erosion fest

Trotz aller Selbstmotivierungs-Strategien wird es den meisten Lernern früher oder später so gehen, dass die Motivation zum Weiterlernen allmählich nachlässt. Wie für jedes Ressourcen-Management gilt auch für das Motivationsmanagement, dass man über Strategien verfügen sollte, wie man auf knapper werdende Ressourcen reagieren kann.

Tritt diese Situation ein, so sollte der logische erste Schritt darin bestehen, die Ursache festzustellen. Einige der häufigsten Ursachen waren bereits weiter oben (s. Abschnitt 6 | 1) genannt worden. Sobald Sie merken, dass Ihre Motivation nachlässt, sollten Sie prüfen, welche der genannten möglichen Ursachen zutrifft und was Sie ändern können. Hier einige Beispiele für mögliche Gegenmaßnahmen: Sie fühlen sich in Ihrer Lerngruppe dauerhaft unter- oder überfordert? Dann wechseln Sie den Kurs. Sie zweifeln, dass Sie Fortschritte machen? Dann machen Sie von Zeit zu Zeit objektive Einstufungstests, um diesen Eindruck zu überprüfen, wahrscheinlich ist er falsch. Sie fühlen sich zu sehr als »Einzelkämpfer«, weil Sie ganz auf Selbstlernen gesetzt haben? Dann schließen Sie sich einer Lerngruppe an oder gründen Sie eine. Sie haben das Gefühl, Ihre Kenntnisse nicht anwenden zu können? Sorgen Sie für zusätzliche Anwendungsmöglichkeiten, z. B. in Form eines Lerntandems, eines Auslandsaufenthalts oder durch Engagement in einem Sprachclub oder einem Kulturverein.

Überhaupt ist eine Änderung des Lernsettings oft die Rettung: Ein anderer Kurs, ein anderer Lehrer, andere Mitlernende, ein anderes Lehrbuch, eine andere Sprachschule: Veränderung setzt oft neue Kräfte frei.

Natürlich können die Gründe für nachlassende Motivation auch außerhalb der Lernbedingungen liegen, z. B. in Form einer besonders hohen beruflichen oder privaten Belastung, die Ihnen keine Luft mehr lässt für solche Extras wie das Fremdsprachenlernen. Dann sollten Sie zunächst versuchen, den Aufwand für das Fremdsprachenlernen zu reduzieren, z. B. durch den Wechsel von einem vierstündigen in einen zweistündigen Kurs oder von einer Selbstverpflichtung wie »jeden Tag eine Stunde Selbstlernen« zu »jeden Tag eine halbe Stunde Selbstlernen« oder sogar nur »einmal pro Woche eine Stunde«. Selbst eine Regel wie »jeden Tag zehn Minuten fremdsprachliches Radio hören« ist immer noch ein sinnvoller Lernvorsatz.

Manchmal braucht man sicher auch eine Pause, damit sich der »Motivationsakku« wieder aufladen kann. Die Erfahrung zeigt allerdings, dass aus Pausen häufig Dauerzustände werden. Wählen Sie deshalb wann immer möglich die Option »Dranbleiben mit reduziertem Aufwand«.

TEIL III
Eine neue Sprache lernen – Strategien für Anfänger und Aufbauer

7 Fremdsprachenunterricht effizient nutzen

7|1 Prüfen und bewerten Sie die Unterrichtsbedingungen

Wie schon ausführlich begründet (s. vor allem die Abschnitte 2|9 u. 5|1), ist klassischer Fremdsprachenunterricht in Großgruppen für sich alleine in der Regel kein besonders effizientes Lernformat. Ich habe aber auch schon gezeigt, dass Fremdsprachenunterricht als eine Komponente eines umfassenderen Arrangements neben anderen Komponenten durchaus sinnvoll sein kann (s. Abschnitt 5|6). Dies gilt in besonderem Maße für Anfänger. Ein qualifizierter Lehrer kann uns Wege aufzeigen, wie wir lesend, hörend und vielleicht bald auch sprechend ersten Kontakt zur Fremdsprache aufnehmen. Ein didaktisch gut konzipiertes Lehrwerk für Anfänger kann uns mit interessantem Sprachmaterial versorgen, das uns weder über- noch unterfordert. Und die Gesellschaft anderer Anfänger, die in der gleichen Situation sind, kann das Gefühl, dass wir der neuen Sprache noch ziemlich unwissend und kommunikativ eher hilflos gegenüberstehen, auf angenehme Weise »abfedern«.

Solch positive Effekte von Unterricht beim Einstieg in eine neue Sprache sind zweifellos willkommen. Sie sollten uns aber dennoch nicht den Blick dafür verstellen, dass sie keineswegs in jedem Unterricht auftreten, dass sie nicht immer anhalten und dass sie auch nicht dauerhaft von gleicher Bedeutung für den Lernerfolg sind. Spätestens wenn der Einstieg geschafft, die affektiven Barrieren überwunden und der Reiz des absolut Neuen einer gewissen Routine gewichen ist, sollte man sich die Frage stellen, ob das Arrangement dauerhaft das richtige ist. Mit anderen Worten: Man sollte den Unterricht, an dem man gerade teilnimmt, auf den Prüfstand heben und sich fragen, ob er auch dauerhaft das hält, was man sich von ihm verspricht.

Sich diese Frage zu stellen scheint auf den ersten Blick selbstverständlich. Man investiert schließlich Zeit und Geld, um teilnehmen zu können, und kann dafür eine entsprechend gute Gegenleistung erwarten. Die Erfahrung lehrt aber, dass Kursteilnehmer sich diese Frage oft gar nicht stellen oder erst dann, wenn die Mängel durch äußere Merkmale wie Unterrichtsausfall, fehlendes Lehrmaterial oder nicht funktionierende Computer offen zutagetreten. Ein Unbehagen über mangelnde Lernfortschritte stellt sich oft erst viel später ein, zumal manche Lehrer es schaffen, die Kursteilnehmer mit Lob oder einem kurzweiligen Unterrichtsstil »bei Laune« zu halten. Insgesamt beobachtet man oft eine erstaunliche Langmut im Hinnehmen von ineffizientem Unterricht.

Vielleicht liegt es daran, dass man beim Eintritt in eine Lerngruppe zunächst einmal damit beschäftigt ist, sich auf den Lehrer und seinen Lehrstil einzustellen, sich in die Gruppe der Mitlernenden zu integrieren, die gestellten Aufgaben zu bewältigen, den Unterrichtsabläufen zu folgen und mit der eigenen Rolle als Lernender fertig zu werden, vor allem, wenn man ansonsten bereits mitten im Leben steht und nur noch selten oder gar nicht mehr die Rolle des »Belehrt-Werdenden« einnehmen muss. Und wenn man dies alles erst einmal geschafft hat und in einem Kurs »gelandet« ist, dann ist die Bereitschaft, noch einmal etwas zu ändern, oft gering.

Doch wie wir schon weiter oben festgestellt haben: Eine Stunde Fremdsprachenunterricht bekommen heißt noch lange nicht eine Stunde lang Lernfortschritte machen. Und schon gar nicht: den größtmöglichen Lernfortschritt machen. Wer also seine Zeit und sein Geld gut investiert sehen möchte, der fragt sich rechtzeitig, was ihm der Unterricht bringt. Doch woran lässt sich das ablesen? Woran merken wir als Lerner, dass wir den Unterricht bekommen, der uns so effizient wie möglich unserem Lernziel näherbringt?

Nachdem ich in Abschnitt 5|8 bereits Tipps gegeben habe, wie Sie die zur Verfügung stehenden Unterrichtsangebote *vor* der Buchung eines Kurses prüfen können, geht es jetzt um die »Innenansicht« von Unterricht. In den Abschnitten dieses Kapitels beschäftigen wir uns deshalb mit der Frage, anhand welcher Kriterien man die Effizienz von Unterricht bewerten kann, wie man die pädagogische Qualifikation des Lehrers feststellt, wann man Kurs oder Lehrer wechseln sollte, aber auch, wie man den Unterricht, an dem man teilnimmt, optimal nutzt, wenn man sich zum Bleiben entschlossen hat.

Beginnen wir mit einem Check der äußeren Unterrichtsbedingungen. Dazu habe ich im Folgenden eine Checkliste zusammengestellt. Aufgeführt sind nur solche Aspekte, die einen hohen Einfluss auf die Effizienz des Unterrichts haben können. Die Liste nimmt auch einige der Checkpunkte wieder auf, die ich bereits in Abschnitt 5|8 für die Vorabprüfung von Unterrichtsangeboten genannt habe. Denn was vorab aufgrund von Programmen, Prospekten oder mündlichen Auskünften versprochen wurde, muss nicht unbedingt das sein, was Sie im Kurs tatsächlich vorfinden.

Gehen Sie also diese Checkliste im Bedarfsfall durch und stellen Sie fest, wie das Ergebnis ausfällt. Auch wenn Sie im Moment keinen Fremdsprachenunterricht nehmen, können Sie dazu folgende Übung machen: Denken Sie an einen vergangenen Fremdsprachenunterricht zurück, versetzen Sie sich noch einmal ganz konkret in die Situation der Teilnahme, vergegenwärtigen Sie sich noch einmal Lehrer und Mitlernende und gehen Sie dann die Checkliste mit Blick auf diesen erlebten Kurs Punkt für Punkt durch.

▶ Gruppengröße
Liegt die Gruppengröße in dem angekündigten oder zugesagten Rahmen oder weicht sie erheblich nach oben ab?

▶ Räumliche Voraussetzungen
Entsprechen die räumlichen Bedingungen, die Sie vorfinden, nur dem Erwartbaren oder auch dem Wünschbaren? Erlauben sie nur ein störungsfreies Lernen oder schaffen sie durch die Raumausstattung eine angenehme Atmosphäre? Ermöglicht die Möblierung interaktive Lernformen, z. B. durch eine U-förmige Sitzordnung, durch ausreichend Platz für Bewegung im Raum, durch wechselnde Gruppenzusammenstellungen an verschiedenen Tischen usw.? Oder provoziert der Raum durch seinen Aufbau z. B. in Form von Bankreihen geradezu zwangsläufig Frontalunterricht?

▶ Technische Ausstattung
Entsprechen die technischen Voraussetzungen dem angekündigten oder zugesagten Rahmen? Sind z. B. ausreichend Computerarbeitsplätze mit entsprechenden Peripheriegeräten wie Bildschirmen, Kopfhörern usw. vorhanden? Sind die vorgesehenen Lernprogramme in ausreichender Zahl installiert? Sind alle für das Kursziel relevanten Medien und technischen Hilfsmittel vorhanden und einsatzbereit (Tafel, Overheadprojektor, Beamer, Whiteboard, Hifi-Geräte, Lautsprecher, Videotechnik usw.)?

▶ Lernniveau
Entspricht das Lernniveau im Kurs dem vorab angekündigten Niveau und passt es zu den eigenen Lernvoraussetzungen?

▶ Lehrmaterial
Entspricht das verwendete Lehrmaterial in Art und Umfang der Ankündigung und erweist es sich als geeignet für das Lernniveau, die Lernziele und die Lerngruppe? Wird es faktisch so eingesetzt, dass die in ihm enthaltenen Lernangebote optimal genutzt werden? Werden auch die zum Lehrwerk gehörenden Zusatzmaterialien zum Selbstlernen (Hör-CDs, Textsammlungen, Übungssoftware usw.) sinnvoll einbezogen? Werden bei Bedarf auch andere Lehrmaterialien hinzugezogen, um auf spezielle Interessen und Bedarfe der Lerngruppe einzugehen?

▶ Zielgruppenbezug
Entsprechen die Kursinhalte der ausgewiesenen Zielgruppe (z. B. die Ausrichtung auf ein bestimmtes Fach oder die Vorbereitung auf ein bestimmtes Zertifikat)? Gehören auch die anderen Teilnehmer zu der anvisierten Adressatengruppe oder ist aufgrund einer abweichenden Zusammensetzung damit zu rechnen, dass der Lehrer sich an dieser abweichenden Zielgruppe orientiert (z. B. den Fachbezug reduziert)?

▶ Homogenität der Lerngruppe
Ist die Lerngruppe ausreichend homogen bezüglich der Lernvoraussetzungen, der

Lernfähigkeit und der Lernbereitschaft? Oder wird es aufgrund der Zusammensetzung des Kurses zu einer Verschiebung der Anforderungen hinsichtlich Schwierigkeitsgrad, Lerntempo, Bereitschaft zur aktiven Mitwirkung, Zeitaufwand zur Vor- und Nachbereitung kommen, z. B. weil Lerner mit geringeren Vorkenntnissen oder mit weniger Lernerfahrung aufgefangen werden müssen?

▶ Lerngruppenklima
Ist das Lernklima in der Gruppe dem eigenen Lernen zuträglich oder eher nicht? Gibt es eine kooperative oder eher eine konkurrenzorientierte Grundstimmung? Kann sich jeder Teilnehmer jederzeit ungehemmt und ohne Angst vor Fehlern oder vor den Reaktionen der anderen frei äußern? Gibt es innerhalb der Gruppe »Cliquen«, die andere Teilnehmer an den Rand drängen? Wird besonderes Engagement von anderen als »streberhaftes« Verhalten abgestempelt? Sind starke Antipathien zwischen einzelnen Teilnehmern spürbar?

7 | 2 Bewerten Sie Ihren Lehrer mithilfe einer Checkliste

Nachdem wir im vorausgehenden Abschnitt die äußeren Unterrichtsbedingungen geprüft haben, wenden wir uns jetzt der zentralen Figur des Unterrichts zu, dem Lehrer.

Unterricht wird fast immer stark von der Person des Lehrers geprägt. Dies gilt für Fremdsprachenunterricht in ganz besonderem Maße. Lehrer sind auch heute noch in den meisten Fremdsprachenkursen Autor, Regisseur und Hauptdarsteller in einem. Die Lerner spielen meist die ihnen vom Lehrer zugedachten Rollen, müssen dabei seine Regieanweisungen umsetzen und anschließend wird ihre Performance bewertet und ggf. korrigiert. Fragen zur richtigen Interpretation ihrer Rolle sind erlaubt, eine Rollenumkehr oder -neuverteilung ist jedoch meist ausgeschlossen. Und in manchen Phasen des Unterrichts sind die Lerner sogar nur noch Komparsen, Staffage für den Alleindarsteller, der vorne steht und seine Vorsprünge in Sachen Sprachwissen und Sprachkönnen ungehindert in Szene setzt oder sich einfach nur in der Rolle des Erklärbärs gefällt.

Übertriebene Schlechtmacherei eines ganzen Berufsstandes? Vielleicht ein bisschen. Aber wenn Sie sich einmal bewusst an Ihre letzten Unterrichtserfahrungen zurückerinnern, wer hielt dann die Fäden in der Hand, gab den Ablauf vor und hatte bei den meisten Entscheidungen das letzte Wort?

Das konkrete Unterrichtshandeln vieler Lehrer ist auch heute noch von der Annahme eines simplen Wirkungszusammenhangs von Lehren und Lernen geprägt: Wenn etwas gelehrt wird, wird es auch gelernt, denn es wurde ja »durchgenommen«, es muss höchstens noch einmal »wiederholt« werden, weil es noch nicht »sitzt«, dies aber möglichst nicht zu oft, weil man sonst mit dem »Stoff« nicht »durchkommt«. Demgegenüber hat sich in den letzten Jahren das Bild von einer wirklich angemessenen Rolle des Lehrers beim Fremdsprachenlernen erheblich gewandelt. In dem Maße, in dem das Fremdsprachenlernen immer mehr und immer besser als ein komplizierter, individuell unterschiedlich verlaufender Prozess gesehen und verstanden wurde, wandelte sich das Bild des Lehrers zunehmend vom »instructor« zum »facilitator«, also von einer Instanz, die den Lernprozess unmittelbar steuert und die Schüler mit Sprachwissen und Sprachkönnen »befüllt«, zu einer Instanz, die die Bedingungen schafft, unter denen individuelles Lernen, seinen Eigengesetzlichkeiten folgend, überhaupt erst stattfinden kann. Oder pointiert gesagt: Ein guter Lehrer lehrt nicht, sondern er lässt lernen.

Diesem Bild entsprechend macht der Lehrer »neuen Typs« Lernangebote, gestaltet Lernumgebungen, animiert und motiviert, berät und coacht. Er sorgt für umfangreichen sprachlichen Input im Rahmen anregender Arbeits- und Übungsformen, lässt dabei aber immer Spielraum für individuelle Lernprozesse. Er lässt die Lerner Lernstrategien entdecken und ausprobieren und regt sie zum selbstständigen und selbstbestimmten Weiterlernen an. Er schafft Anlässe zum Anwenden der Fremdsprache in möglichst realitätsnahen Situationen. Vor allem aber hat er Konzepte für den Umgang mit den individuell verlaufenden Lernprozessen der Lerner und mit der Heterogenität von Lerngruppen. Und bei all dem versteht er sich als Dienstleister für die Ziele seiner Lerner und richtet seine Lernangebote deshalb an deren Bedürfnissen aus.

Bei der Bewertung eines Lehrers ist also zunächst einmal darauf zu achten, ob er zumindest im Ansatz ein Rollenverständnis erkennen lässt, dass der beschriebenen Grundhaltung entspricht. Wenn Sie selbst der Manager Ihrer Lernprozesse im Sinne der Grundempfehlung sind, die ich in Abschnitt 2|10 gegeben habe, dann kann Ihr Lehrer nur der externe Dienstleister, nicht der Chef und schon gar nicht der absolute Monarch sein, der über Ihr Lernen herrscht.

Natürlich hängt Ihr Lernerfolg nicht ausschließlich davon ab, dass der Lehrer ein solches modernes Rollenverständnis hat. Auch zahlreiche andere Faktoren spielen eine wichtige Rolle. Ich habe deshalb wiederum eine Auswahl der wichtigsten Kriterien in einer Checkliste zusammengestellt. Sie kann helfen, Lehrer besser einzuschätzen. Ich empfehle, die Checkliste einmal durchzugehen und vielleicht in Gedanken auf einen bekannten Lehrer aus einer selbst erlebten Unterrichtssituation anzuwenden, um sich so in der richtigen Einschätzung von Unterrichtsqualität weiter zu üben.

▶ Zielsprachenkompetenz
Beherrscht der Lehrer die Zielsprache souverän, möglichst auf muttersprachlichem Niveau?

▶ Ausgangssprachenkompetenz
Besitzt der Lehrer zumindest Grundkenntnisse in der Ausgangssprache der Lerner (falls es eine gemeinsame Ausgangssprache gibt), um muttersprachlich bedingte Lernschwierigkeiten der Lerner besser zu verstehen und behandeln zu können?

- Motiviertheit und Engagement
  Strahlt der Lehrer selbst Motiviertheit und Engagement aus oder spult er eher lustlos ein Routineprogramm ab, das kein Eingehen auf die speziellen Gegebenheiten des Kurses erkennen lässt?

- Bedarfs- und Anwendungsorientierung
  Berücksichtigt der Lehrer die Lernbedarfe, Lerninteressen und Lernwünsche der Teilnehmer, z. B. indem er möglichst anwendungsnahe Unterrichtsinhalte und Übungsformen wählt oder die fachlichen Interessen der Lerner berücksichtigt?

- Adressatengerechte Lehr- und Lernformen
  Sind die Lehr- und Lernformen auf die Zielgruppe abgestimmt? Sind sie z. B. erwachsenengemäß, wenn es sich um erwachsene Lerner handelt? Oder überträgt der Lehrer Lehrformen aus einem anderen institutionellen Kontext (z. B. der Schule), die nur dorthin gehören?

- Schaffung eines angenehmen Lernklimas
  Trägt der Lehrer zur Schaffung eines angenehmen Lernklimas bei, z. B. indem er kooperative Lernformen unterstützt, für einen respektvollen Umgang der Lerner untereinander sorgt (insbesondere auch gegenüber leistungsschwächeren Teilnehmern), einen freundlichen und wertschätzenden Umgang miteinander fördert und offen oder unterschwellig aggressives, rivalisierendes oder diskriminierendes Verhalten einzelner Kursmitglieder unterbindet oder zumindest eindämmt?

- Fähigkeit zur Differenzierung und Individualisierung
  Ist der Lehrer in der Lage, die Heterogenität in der Lerngruppe bezüglich der Vorkenntnisse, der Lernfähigkeiten, der Lernstile usw. zu erkennen und im Unterrichtsablauf so weit wie möglich zu berücksichtigen? Kann er unterschiedliche Lernangebote für verschiedene Lernergruppen machen und die Lerner individuell fördern, z. B. durch verschiedene Schwierigkeitsgrade bei Gruppenarbeiten, durch Zusatzangebote für leistungsstarke Lerner, durch Zusatzhilfen für lernschwächere, durch möglichst individuelles Fehler-Feedfack usw.? Fordert er ggf. auch einmal Lerner zum Wechsel des Kurses auf, wenn diese eindeutig nicht in die Lerngruppe passen?

- Lernzielangemessene Lehr- und Lerninhalte
  Sorgt der Lehrer dafür, dass alle sich aus dem Kursziel ergebenden Lerngegenstände in angemessenem Umfang im Kurs vorkommen? Kommen z. B. in einem Kurs, der nicht auf eine bestimmte Grundkompetenz, sondern auf eine umfassende Sprachbeherrschung ausgerichtet ist, die Grundkompetenzen Lesen, Hören, Schreiben, Sprechen in einem angemessenen Mix vor oder ist z. B. das Hörverstehen unterrepräsentiert, weil es technischen Zusatzaufwand verursacht? Oder das Schreiben, weil es zusätzlichen Korrekturaufwand impliziert? Orientiert sich ein prüfungsvorberei-

tender Kurs auch tatsächlich an der anvisierten Prüfung, z. B. durch Verwendung von Aufgaben aus früheren Prüfungsdurchgängen als Lernmaterial?

▶ Berücksichtigung aller Sprachebenen
Berücksichtigt der Lehrer im Lernprogramm alle Ebenen der Sprachbeherrschung, von der Aussprache und der Schreibung über den Wortschatz und die Grammatik bis hin zur situationsangemessenen kommunikativen Sprachverwendung in authentischen Anwendungssituationen einschließlich der damit verbundenen zielkulturellen Normen (z. B. in Form von Höflichkeitsregeln)? Oder wird ein Aspekt von Sprache überbetont, z. B. die Grammatik?

▶ Motivierende Wirkung
Ist der Lehrer in der Lage, die Lerner zu motivieren, z. B. durch abwechslungsreiche Unterrichtsgestaltung, interessante Inhalte, die Vermittlung von Erfolgserlebnissen, das Aufzeigen des praktischen Nutzens des Gelernten, kleine Überraschungen und Spannungselemente, Spaß und Humor usw.?

▶ Lerngerechte Aufbereitung der Lerninhalte
Ist der Lehrer in der Lage, die Lerninhalte so aufzubereiten, dass die Lerner sie verstehen, behalten und anwenden können? Kann er gut erklären? Schafft er ausreichend Übungs- und Anwendungsmöglichkeiten? Stehen Erklärungs- und Übungsphasen im richtigen zeitlichen Verhältnis?

▶ Methodenvielfalt
Ist der Lehrer in der Lage, den Unterricht durch den Einsatz unterschiedlicher Methoden und durch Wechsel der Arbeitsformen, der Übungsformen und der Sozialformen (Einzelarbeit, Partnerarbeit, möglichst mit wechselnden Partnern, Kleingruppenarbeit, Plenumsarbeit) methodisch abwechslungsreich zu gestalten? Oder macht er unangemessen hohen Gebrauch von einzelnen Arbeits- und Sozialformen (z. B. zunächst Lehrervortrag, dann Grammatikübung mit Schülerantworten reihum, dann wieder Lehrervortrag)? Setzt er unterschiedliche Medien (Lehrwerk, Zusatzmaterialien, Tafelbilder, Overheadfolie, Audio, Video, Computer, Internet) möglichst abwechslungsreich und lernzielbezogen ein?

▶ Unterrichtsvorbereitung
Kommt der Lehrer in der Regel gut vorbereitet, mit einem wohl überlegten Plan in den Unterricht oder wirkt er meist planlos? Sind die Unterrichtsmaterialien, die er einsetzt, für die Lerngruppe ausgewählt oder sind sie eher Zufallsprodukte und Schnellkopien, die kurz vor dem Unterricht entstanden sind?

▶ Strukturierter und transparenter Unterrichtsablauf
Ist der Unterricht klar gegliedert und in seinem Aufbau für die Lerner jederzeit nachvollziehbar? Ist der Bezug der Unterrichtsaktivitäten auf die damit verbundenen

Lernziele erkennbar? Sind Arbeitsaufträge und Übungsanweisungen klar formuliert? Ist das Zeitmanagement den Zielen und Inhalten der Unterrichtsaktivitäten angemessen?

▶ Lernförderndes Feedbackverhalten
Ist der Lehrer willens und in der Lage, ein »ganzheitliches« Feedback auf das mündliche oder schriftliche »sprachliche Probehandeln« der Lerner (i. S. v. Abschnitt 2|7, siehe hier vor allem die Ausführungen zu »Hypothesentesten und Feedback«) zu geben oder beschränkt er sich auf Einzelaspekte, z. B. die Grammatik oder die Aussprache? Korrigiert er Fehler nur oder denkt er sich in die jeweilige kommunikative Absicht der Lerneräußerungen hinein und macht Vorschläge für eine bessere Formulierung in der Zielsprache? Hat er ein Gespür dafür, wann die Lerner aufnahmefähig für Korrekturen und Reformulierungsvorschläge sind oder korrigiert er immer nach dem gleichen Muster? Ist er in der Lage, auch ein zeitversetztes Feedback zu geben, z. B. indem er Fehler notiert und später bespricht? Setzt er auch Techniken ein, um die Lerner zu Selbstkorrekturen zu befähigen und zu ermutigen? Ist er bereit, auch zusätzlichen Arbeitsaufwand für ein individuelles Feedback in Kauf zu nehmen, z. B. in Form von Korrekturen schriftlicher Arbeiten außerhalb des Unterrichts?

▶ Strategievermittlung und Anregungen zum Selbstlernen
Beschränkt sich der Lehrer darauf, die Fremdsprache selbst zu vermitteln oder vermittelt er auch Strategien zur aktiven Aneignung der Fremdsprache? Zeigt er z. B. Strategien zum Erschließen von Texten, zum Einprägen von Wortschatz, zur geschickten Benutzung von Nachschlagewerken usw. auf? Macht er (auch über traditionelle »Hausaufgaben« hinaus) konkrete Vorschläge zum selbstständigen Vertiefen und Weiterlernen? Empfiehlt er zusätzliche Lektüren, Übungsmaterialien, Internetquellen usw.?

7 | 3 Ziehen Sie aus Mängeln und Problemen die richtigen Konsequenzen

Die in den beiden vorausgehenden Abschnitten präsentierten Checklisten werden Ihnen helfen, sich besser über die Qualität des Unterrichts klar zu werden, den Sie gerade erhalten. Sie können Ihnen aber die letzte Entscheidung darüber, ob Sie Konsequenzen ziehen sollten, nicht abnehmen. Denn es wird in den meisten Fällen um ein Abwägen von Pro und Contra, von Stärken und Schwächen gehen. Es gibt aber eine Reihe von kritischen Konstellationen, in denen man meiner Meinung nach immer wechseln sollte, soweit dies organisatorisch möglich ist. Diese möchte ich hier kurz aufführen.

Den Unterricht tatsächlich wechseln und damit den jeweiligen Lehrer »abwählen« sollten Sie:

- Wenn Sie sich in der Lerngruppe und im bestehenden Lernklima insgesamt stark unwohl fühlen und nicht zu erwarten ist, dass dies sich kurzfristig ändern wird.
- Wenn es Ihnen nicht gelingt, ein positives oder zumindest neutrales emotionales Verhältnis zu Ihrem Lehrer aufzubauen oder wenn dieser Sie wiederholt zu bestimmten Aktivitäten zwingen will, bei denen Sie sich nicht wohlfühlen (z. B. singen, Theaterspielen, im Chor sprechen usw.) und auch nicht akzeptiert, dass Sie sich von manchen Aktivitäten ausschließen möchten.
- Wenn der Unterricht eindeutig andere Inhalte und Schwerpunkte hat als die, die Sie benötigen, und wenn Sie für die angebotenen Schwerpunkte auch keinen Bedarf haben (z. B. wenn Sie Ihre Fähigkeit verbessern wollen, englische Geschäftskorrespondenz zu erledigen, im Kurs aber überwiegend touristische Situationen behandelt werden).
- Wenn der Lehrer einen Aspekt von Sprache (z. B. die Grammatik) komplett in den Vordergrund stellt und darüber andere Aspekte der Sprachbeherrschung wie z. B. das aktive Sprechen stark vernachlässigt.
- Wenn die Lerngruppe sehr groß (über 20 Teilnehmer) oder sehr inhomogen ist und der Lehrer kein didaktisches Konzept hat, wie er trotz der Größe bzw. Inhomogenität der Gruppe jedem Lerner ein ausreichendes Lernangebot machen kann.
- Wenn das Lernniveau der meisten anderen Teilnehmer weit über oder weit unter Ihrem Niveau liegt.
- Wenn der Lehrer große Teile des Unterrichtsgeschehens alleine gestaltet und Sie als Lerner gar nicht oder nur in einem sehr geringen Maße sprachlich aktiv werden können.

Ansonsten sei an dieser Stelle noch einmal an das richtige Rollenverständnis des Lehrers erinnert: Er sollte eher Coach, Motivator, Animateur, Arrangeur und Berater sein als Lehrer im klassischen Sinne oder gar Be-Lehrer.

Haben Sie also den Mut, Unterricht und damit auch Lehrer abzuwählen, wenn sie nicht Ihren Vorstellungen entsprechen.

7 | 4 Beeinflussen Sie das Lernklima positiv

Im den letzten Abschnitten sind wir der Frage nachgegangen, woran man guten Unterricht und gute Lehrer erkennt und wann man Grund hat, einen Kurs zu verlassen und einen besser geeigneten zu suchen. In den nächsten Abschnitten geht es um die Frage, wie man das Beste aus dem Unterricht macht, den man erhält. Diese Frage ist nicht nur für diejenigen interessant, die bei der Qualitätsprüfung nach den Kriterien aus den letzten Abschnitten zu dem Ergebnis gekommen sind, dass sie in ihrem Kurs gut aufgehoben sind. Fast noch wichtiger sind die nachfolgenden Überlegungen für alle, die gar keine Wahlmöglichkeit haben, sei es, weil sie verpflichtend an einem ganz bestimmten Sprachkurs teilnehmen müssen (im Rahmen eines Ausbildungs- oder Studienprogramms) oder weil es keine Kursalternativen gibt (z. B. in seltenen Sprachen oder auf höheren Niveaus). Gerade auch für diese Gruppen stellt sich die Frage: Wie hole ich für mich das Beste aus dem besuchten Kurs heraus, auch wenn dieser einmal nicht allen oben genannten Qualitätsanforderungen entspricht?

Das erste und einfachste, was Sie selbst zu einem erfolgreichen Fremdsprachenunterricht beitragen können, ist Engagement beim Aufbau eines guten Lernklimas. Viele Studien belegen, dass ungünstige emotionale Faktoren das Lernen stark behindern können. Wer sich in einer Lerngruppe emotional nicht wohlfühlt, sondern Hemmungen oder Angst empfindet, wird Schwierigkeiten haben, schnelle Lernfortschritte zu machen.

Es ist immer wieder erstaunlich zu beobachten, wie verkrampft die Atmosphäre in den ersten Stunden eines neu zusammengestellten Kurses sein kann. Man grüßt wenn überhaupt nur die Sitznachbarn, blättert bis zum Erscheinen des Lehrers in seinem Unterlagen, heftet nach dessen Erscheinen seine Aufmerksamkeit ausschließlich auf diesen und reagiert angespannt oder offen desinteressiert, wenn dieser Unterrichtsaktivitäten vorsieht, die eine aktive Kontaktaufnahme zu den Mitlernern vorsehen. Es gibt Kurse, in denen die Teilnehmer selbst nach 10 oder 15 Kurssitzungen mit bestimmten anderen Teilnehmern noch nie ein Wort gewechselt haben, weder im Rahmen der Unterrichtsaktivitäten noch im informellen Umfeld.

Natürlich weiß ein guter Lehrer um diese typischen Probleme von Lerngruppen mit Mitgliedern, die sich nicht kennen, und hat Konzepte, die soziale Integration der Gruppe zu fördern, z. B. durch Vorstellungsrunden (eventuell eingebettet in eine lockere spielerische Aktivität, am besten gleich in der Fremdsprache) oder die Verwendung des Zufallsprinzips bei der Zusammenstellung von Paaren für Partnerübungen, sodass jeder Teilnehmer mit jedem anderen einmal in unmittelbaren Kontakt kommt. Aber warum warten, bis der Lehrer diese Arbeit übernimmt? Wenn man sich vorab klarmacht, wie wichtig eine gelöste Atmosphäre in der Lerngruppe für das Lernen ist, kann man auch gleich selbst aktiv werden.

Nehmen Sie deshalb so früh wie möglich Kontakt zu Ihren Mitlernern auf und versuchen Sie, durch eine offene und freundliche Ausstrahlung die anfängliche Reserviertheit abzubauen, so wie Sie es auch tun würden, wenn Sie an einen neuen Arbeitsplatz kommen oder in eine neue Nachbarschaft ziehen. Man muss auch nicht jedes Mal mit den gleichen Mitlernenden Smalltalk treiben auch nicht immer stur auf dem gleichen Platz sitzen. Versuchen Sie, mit möglichst vielen Kursteilnehmern ins Gespräch zu kommen. Oft lassen sich ja auch Aktivitäten außerhalb des Kurses vorschlagen, die mit dem Kursziel zusammenhängen, z. B. der Besuch eines fremdsprachigen Vortrags oder Kinofilms. Auch ein gemeinsames Kursessen kommt meist gut an. Wenn Sie das Soziale gleich mit dem Lernen verbinden wollen, können Sie sich in der Gruppe vielleicht auch nach einem Lernpartner zum gemeinsamen Vertiefen und Weiterlernen außerhalb des Unterrichts umsehen. Vielleicht folgen andere Ihrem Modell und es bilden sich so weitere soziale Bindungen innerhalb der Kursgruppe heraus.

Oft reicht es, den ersten Schritt zu tun, dann folgen die anderen Teilnehmer Ihrem Beispiel. Nehmen Sie also von Anfang an Einfluss auf die Gruppendynamik und tragen Sie Ihren Teil zur Herausbildung eines guten Lernklimas bei. Sie tun das nicht nur für die anderen, sondern letztlich vor allem für sich. Denn nur wenn Sie sich im Kurs sozial und emotional wohlfühlen, kann das eigentliche Lernen gedeihen.

7 | 5 Seien Sie im Unterricht mental aktiv und nutzen Sie auch die impliziten Lernangebote

Auch Erwachsene fallen bei der Teilnahme an Fremdsprachenunterricht in großen Gruppen nicht selten in ein beliebtes Schülerverhalten zurück: Sie sind nur dann voll »dabei«, wenn sie »dran« sind. Sind hingegen andere »dran« oder redet nur der Lehrer, dann lässt die Konzentration schnell nach und die Gedanken wandern ab, »ganz wie früher in der Schule«.

Dieser Versuchung sollte man bewusst widerstehen. Da Sprachenlernen ein stetiges Üben und Anwenden voraussetzt, sollten Sie nicht nur dann mental aktiv sein, wenn es gerade von Ihnen gefordert wird, sondern möglichst die ganze Kurszeit über. Hören Sie aktiv zu und denken Sie aktiv mit. Fragen Sie nach, wenn Sie etwas nicht verstanden haben. Weichen Sie dem Unterrichtsgespräch nicht aus, nur weil Sie nicht persönlich angesprochen werden, sondern beteiligen Sie sich auch aus eigenem Antrieb aktiv. Nutzen Sie jede Gelegenheit, Input zu erhalten.

Besonders wichtig im Fremdsprachenunterricht in Gruppen ist es, auch das Lernangebot und die Lernaktivitäten der Mitlerner für sich zu nutzen. Nehmen wir z. B. an, es wird gerade eine Übung gemacht, bei der jeder Teilnehmer eine Übungseinheit im Klassenplenum laut bearbeitet (einen Satz, ein Beispiel, eine Antwort usw.), eine Standardsituation in praktisch jedem Fremdsprachenunterricht. Wie verhalten Sie sich dann, wenn die anderen »dran« sind? Hören Sie sich ihre Antwort und die Reaktion des Lehrers darauf nur an, oder verarbeiten Sie die Aufgabe mental genauso aktiv, als wenn es Ihre gewesen wäre? Wenn Sie letzteres tun, multiplizieren Sie logischerweise Ihre mentale Aktivität um den Faktor »Zahl der Mitlerner«. Tun Sie es nicht, nutzen Sie nur Bruchteile des Lernangebotes, das insgesamt im Unterricht zur Verfügung steht. Besonders dann, wenn Lehrer Aufgaben reihum erledigen lassen, ist die Versuchung groß, nur wirklich aktiv mitzudenken, wenn man selbst eine Aufgabe lösen muss. Überwinden Sie dieses Trägheitsmoment und nutzen Sie das ganze Lernangebot.

Auch wenn Einzel- oder Gruppenarbeiten zu erledigen sind und Sie zu den ersten gehören, die fertig werden, ist es nicht nötig, mit verschränkten Armen in der typischen »Ich-bin-schon-fertig-und-ihr-noch-nicht«-Haltung an seinem Tisch zu sitzen und die Zeit totzuschlagen. Nichts gegen kleine Denkpausen, aber sicher lässt sich diese Zeit effizienter nutzen, z. B. durch wiederholendes Einprägen der gerade neu gelernten Wörter oder Strukturen, eine weitere Übung oder einfach durch Lesen im Lehrwerk.

Oft lassen sich sogar Unterrichtsaktivitäten anders und damit intensiver nutzen, als sie vom Lehrer intendiert sind. Wenn Ihr Lehrer beispielsweise einen längeren Vortrag in der Fremdsprache hält, sei es um eine komplizierte Grammatikregel zu erklären oder Ihnen das politische System des Ziellandes nahezubringen, dann können Sie dabei nur zuhören und verstehen (das wäre schon nicht schlecht); Sie können aber auch zusätzlich eine Produktionsübung daraus machen, indem Sie einfach innerlich mitsprechen (zur Rolle des Mitsprechens s. auch die Ausführungen in den Abschnitten 11|9 u. 19|11). Plötzlich kann so aus den eher langatmigen Ausführungen des Lehrers eine herausfordernde Aktivierungsübung werden (ohne dass Ihre Mitlerner das bemerken müssen).

Meist steht bei den Unterrichtsaktivitäten ein bestimmter Lerngegenstand im Vordergrund, z. B. eine Grammatikregel (»die Verneinung mit *ne pas* im Französischen«), eine Gruppe von neuen Vokabeln (»das Wortfeld Verwandtschaftsbezeichnungen«) oder eine typische Anwendungssituation (»an der Hotelrezeption«). Lehrbuch und Lehrer lenken dann die Aufmerksamkeit explizit auf diesen Lerngegenstand. Das dazu benutzte Material beschränkt sich aber in der Regel nicht auf diesen Gegenstand. Das Gespräch an der Hotelrezeption enthält naturgemäß auch Wortschatz und Grammatik und der Text über die Familie Dupont und ihre verwandtschaftlichen Beziehungen ebenso. Es gibt also auch immer ein »implizites« Lernangebot, das gerade nicht im Fokus steht. Auch dieses kann und sollte man nutzen. Es gilt den *ganzen* Input zu verarbeiten, den uns der Lehrer, die Lehrmaterialien und die gerade bearbeitete Übung anbieten. Schränken Sie Ihre Aufmerksamkeit also nicht unnötig auf das ein, was gerade »dran« ist, sondern verarbeiten Sie auch die impliziten Lernangebote. Spezielle Techniken zur Inputverarbeitung stelle ich dazu vor allem in den Abschnitten des Kapitels 18 (»The missing link – Aus Input Output machen«) vor.

7 | 6 Entwickeln Sie ein konstruktives Verhältnis zum Lehrer und nutzen Sie seine Kompetenz

Erwachsene, die wieder als Lernende in eine Unterrichtssituation geraten, neigen manchmal in erstaunlichem Maße dazu, ihrem Lehrer wie zu Schulzeiten zu begegnen: mit einer Mischung aus respektvoller Distanz und dem Bemühen, positiv aufzufallen, manchmal mit einem Schuss Widerspruchsgeist oder gar Trotz. Erinnern wir uns also daran, dass Fremdsprachenlehrer zumindest in der Erwachsenenbildung Menschen sind, die uns eine professionelle Dienstleistung zur Verfügung stellen sollen, die sich an unseren Bedürfnissen orientiert. Als Kursteilnehmer sollten wir uns insofern weniger als Schüler denn als Kunden sehen.

Begegnen Sie also Ihrem Fremdsprachenlehrer ähnlich wie Ihrem Rechtsanwalt, Ihrer Architektin oder Ihrem Zahnarzt: Sie schätzen das professionelle Können und möchten optimalen Gebrauch davon machen, aber Sie betrachten Ihren Lehrer oder Ihre Lehrerin weder als Halbgott noch als eine Vater- oder Mutterfigur, die man ab und zu mal vom Sockel holen muss.

Wie Sie feststellen, ob Ihr Lehrer in der Lage ist, qualifizierten Unterricht zu machen, haben wir bereits in Abschnitt 7|2 erörtert. Wenn Sie nun bei Ihrer Prüfung zu dem Ergebnis gekommen sind, dass dies der Fall ist und Sie ihm vertrauen wollen, dann sollten Sie seine Kompetenz als Dienstleister auch nutzen. Dazu hier einige Tipps:

▸ Bauen Sie nicht nur zu Ihren Mitlernern, sondern auch zu Ihrem Lehrer möglichst früh einen persönlichen Draht auf, der es Ihnen ermöglicht, jederzeit ungehemmt mit ihm zu kommunizieren, im Unterricht und auch außerhalb.

▸ Teilen Sie dem Lehrer in unaufdringlicher, aber trotzdem klarer Weise Ihre Ziele, Wünsche und Erwartungen mit, wenn diese nicht durch die Wahl des Kurses automatisch eindeutig sind. Nehmen Sie so Einfluss auf die Lernangebote, die der Lehrer macht.

▸ Lassen Sie sich auf den Stil des Lehrers ein und seien Sie dabei auch offen für Neues und Ungewohntes, auch wenn Sie vielleicht zunächst Skepsis verspüren. Nehmen Sie andererseits für sich in Anspruch, sich ggf. auch einmal von einer Unterrichtsaktivität auszuschließen, wenn Sie sich damit sehr unwohl fühlen. Diese Entscheidung sollten Sie dem Lehrer dann jedoch erklären.

▸ Lassen Sie dem Lehrer auch immer wieder einmal ein Feedback zu seinem Unterricht zukommen, und dies keineswegs nur in eine kritische Richtung. Wie alle Menschen freuen sich auch Lehrer über jede Art von Lob, wenn es aufrichtig und überzeugend ist. Und sie können wie die meisten Menschen auch Kritik ertragen, wenn sie wertschätzend und konstruktiv vorgetragen wird.

▸ Wenn Sie den Kurs vorzeitig verlassen, dann teilen Sie das dem Lehrer mit und nennen Sie ihm auch die Gründe.

Insbesondere diese letzte Empfehlung liegt mir am Herzen. Das immer wieder in Kursen zu beobachtende Verhalten, irgendwann einmal kommentarlos einfach wegzubleiben und nie wieder aufzutauchen, ist meiner Meinung nach ein starker Verstoß gegen das Prinzip des gegenseitigen Respekts und der Wertschätzung, auf die auch ein Lehrer Anspruch hat. Er kann nicht wissen, ob Ihr Wegbleiben nur mit Ihnen oder auch mit ihm zu tun hat, und wenn auch mit ihm, was genau es war, was Sie nicht zufriedengestellt, irritiert oder gar verärgert hat. Nicht nur Sie haben ein Recht, den Lehrer abzuwählen, auch er hat zumindest einen moralischen Anspruch zu erfahren, woran es lag. Zu einer in der Form verbindlichen Rückmeldung sollte jeder Erwachsene in der Lage sein, auch wenn sie in der Sache kritisch ist. Ganz nebenbei tragen Sie so auch zur professionellen Entwicklung des Lehrers bei, von der weitere Lerner profitieren werden.

7 | 7 Verbinden Sie Unterricht mit begleitendem Selbstlernen

Wir hatten schon in Abschnitt 5 | 2 (»Entwickeln Sie Ihre Fähigkeit zum Selbstlernen«) herausgearbeitet, dass die Formel Unterricht plus Selbstlernen wesentlich mehr Lernerfolg verspricht als Unterricht allein. Selbst wenn man alle im Unterricht verfügbaren Lernangebote so geschickt und so umfassend wie in den vorausgehenden Abschnitten empfohlen ausschöpft, wird sich schneller Lernerfolg erst einstellen, wenn man Unterricht durch eigene Lernbemühungen unterstützt.

Die nächstliegende Maßnahme ist hier natürlich das Vor- und Nachbereiten des Unterrichts, insbesondere in Form der Erledigung von »Hausarbeiten«. Viele Lehrer versuchen natürlich von sich aus, die Lernwirkung ihres Kurses durch Aufgaben, die außerhalb des Unterrichts erledigt werden sollen, zu intensivieren – meist mit eher geringem Erfolg, weil nur ein Teil der Lerner diese Aufgaben dauerhaft erledigt, während die anderen sich früher oder später meist unter Hinweis auf Zeitmangel aus der Affäre ziehen. Dies hat oft zur Folge, dass über kurz oder lang auch die anderen keine Hausarbeiten mehr machen und der Lehrer irgendwann aufgibt.

Wenn Sie an schnellem Lernfortschritt interessiert sind, sollten Sie völlig unabhängig davon, wie die Hausarbeitenfrage in Ihrem Kurs gehandhabt wird, den Unterricht aktiv vor- und nachbereiten und seine Wirkung durch Anschlussaktivitäten intensivieren. Hier einige Vorschläge, was Sie machen können:

- Lesen Sie die im Unterricht bearbeiteten Texte noch einmal und wenden Sie dabei die Techniken des Leseverstehens an, die ich in den Abschnitten des Kapitels 9 vorstelle.
- Machen Sie die im Unterricht bearbeiteten Übungen noch einmal und vergleichen Sie die Lösungen mit den im Unterricht notierten.
- Prägen Sie sich den im Unterricht neu eingeführten Wortschatz ein und verbinden Sie ihn mit eigenen Anwendungsbeispielen, möglichst in Form zusammenhängender Sätze oder Äußerungen.
- Spielen Sie Sprechsituationen, in denen Sie (oder andere Kursteilnehmer) waren, noch einmal so vollständig wie möglich sprachlich durch. Versuchen Sie, sich dabei an die richtigen fremdsprachigen Formulierungen zu erinnern und verbessern Sie diese nachträglich, insbesondere an den Stellen, wo Sie rückblickend mit der sprachlichen Bewältigung der Situation nicht zufrieden waren.

▶ Notieren Sie Fragen, die sich aus der Nachbereitung des Unterrichts ergeben und die Sie in der nächsten Unterrichtsstunde klären möchten.

Doch auch wer keine Lust hat, sich noch einmal gedanklich so intensiv mit der vergangenen Unterrichtsstunde auseinanderzusetzen, sollte Anschlussaktivitäten vorsehen. Wenn man aus einer guten Unterrichtsstunde kommt, in der man sich intensiv mit der Fremdsprache auseinandergesetzt hat, hat man oft das Gefühl, auf eine gewisse Weise in der Fremdsprache »drin« zu sein. Nutzen Sie dieses Gefühl für eine Anschlussaktivität wie fremdsprachige Texte lesen, fremdsprachiges Radio hören oder Filme schauen oder führen Sie einfach noch ein kleines gepflegtes Selbstgespräch in der Fremdsprache (s. Abschnitt 19|3). Oder bearbeiten Sie Selbstlernmaterialien, die die behandelten Unterrichtsinhalte ergänzen und vertiefen (Näheres dazu in den Abschnitten des nächsten Kapitels). Sie verlängern so die Wirkung des Unterrichts und intensivieren den Lerneffekt.

8 Selbstlernmaterialien richtig auswählen und einsetzen

8 | 1 Nehmen Sie die Auswahl von geeignetem Lernmaterial von Anfang an aktiv in die Hand

Wenn Sie einen bestimmten Kurs buchen, brauchen Sie sich in der Regel um die Auswahl der Lernmaterialien keine Gedanken zu machen – der Lehrer oder die hinter ihm stehende Institution nimmt Ihnen diese Entscheidung ab. Dabei steht nicht immer nur die Suche nach dem didaktisch Besten im Vordergrund. Ist z. B. ein Lehrbuch erst einmal eingeführt und haben Lehrer sich daran gewöhnt, mit ihm zu arbeiten, dann ist die Bereitschaft, das Lehrwerk zu wechseln, meist gering, auch wenn ein besseres erscheint. Denn den eigenen Unterricht auf ein neues Lehrwerk umzustellen bedeutet erhebliche Zusatzarbeit für die Dozenten. Auch der Zwang, innerhalb von Institutionen wie z. B. einer Volkshochschule den Wechsel von einem Kurs in einen anderen zu ermöglichen, ohne dass die Lerner sich ein neues Buch anschaffen müssen, ist ein Grund für ein bestimmtes Beharrungsvermögen. Und private Sprachschulketten haben meist eigene Lehrmaterialien, die man nehmen muss, ob man will oder nicht.

Doch auch da, wo der Lehrer die Materialien selbst in Form von Kopien, Übungsblättern und dgl. bereitstellt, wirken die Lerner selten an der Auswahl mit. Sie delegieren die Entscheidung bewusst oder unbewusst an den Lehrer nach dem Motto: Er wird schon wissen, was gut für uns ist.

Für den Anfang mag das Abtreten der Entscheidung über geeignetes Lehr- und Lernmaterial bequem sein. Es gibt aber auch gute Gründe, sich nicht mit dem zufriedenzugeben, was der Lehrer Ihnen vorsetzt, sondern selbst schon früh aktiv nach Lehrmaterial zu suchen, das Ihre individuellen Lernprozesse unterstützt. Der wichtigste ist der, dass Sie als Ihr eigener Lernmanager ohnehin früher oder später Lernmaterial selbst suchen und Entscheidungen über seine jeweilige Eignung treffen müssen. Da kann es nicht schaden, wenn Sie schon früh Ihren Blick dafür schulen, welche Lehrmaterialien sich für welche Zwecke eignen und wie man hier die Spreu vom Weizen trennt. Zum anderen ist aber auch nicht jedes Lernmaterial für jeden Lerner gleichermaßen geeignet, nicht einmal auf der gleichen Lernstufe. Es gibt individuelle Präferenzen, z. B. hinsichtlich des bevorzugten Mediums, der bevorzugten Inhalte oder der bevorzugten Arbeits- und Übungsformen. Auch deshalb sollte man früh versuchen herauszufinden, mit welchen Materialien man gern lernt und welche voraussichtlich eher unbearbeitet im Bücherschrank verschwinden werden.

Wer sich dazu entschließt, seinen Lernprozess von Anfang an als reines Selbstlernen anzulegen, steht erst recht vor der zugegebenermaßen nicht gerade leichten Aufgabe, sein Lehrmaterial selbst auszuwählen, z. B. in Form eines geeigneten Selbstlernkurses. Und dabei steht für ihn mehr auf dem Spiel als für den klassischen Unterrichtsbesucher. Denn im Gegensatz zu diesem hat er keinen Lehrer in der Hinterhand, der die Unklarheiten oder Schwächen des Lehrbuchs ausbügeln kann. Er hat erst einmal nur dieses Lehrwerk zur Verfügung und ist damit sehr auf dessen Eignung für das Selbststudium angewiesen.

Messen Sie also der Auswahl von geeignetem Lehrmaterial von Anfang an die nötige Bedeutung bei. Machen Sie sich dazu zunächst einmal klar, welche Arten von Lehrmaterialien es denn überhaupt gibt und welche für das Selbstlernen in Betracht kommen. Ich nenne im Folgenden die Haupttypen.

- Gedruckte Lernmaterialien
  Für viele Menschen ist das Buch immer noch die erste Wahl, wenn es um die Aufnahme von Informationen geht, gerade auch beim Sprachenlernen. Fast alle großen Fremdsprachenverlage bieten auch heute noch Sprachlernkurse an, bei denen ein gedrucktes Buch das Leitmedium ist. Es ist wie eh und je nach »Lektionen« aufgebaut, die sich jeweils aus den gleichen Grundbestandteilen zusammensetzen, und zwar vor allem aus Lektionstexten (zunächst meist in dialogischer Form, später auch andere Texte), aus Übungen (meist mit einem Schwerpunkt auf den grammatischen Strukturen) und aus erklärenden Textteilen. Dazu dann Fotos und/oder gezeichnete Illustrationen. Im Anhang finden sich oft Wortschatzlisten, elementare Grammatikerklärungen und evtl. ein Schlüssel mit den Lösungen zu den Übungen. Zu fast allen Lehrwerken werden heute ergänzende papierbasierte Lernmaterialien angeboten: Übungsbücher, Grammatikhefte, Textsammlungen für die erste Lektüre, Lernkarten, Vokabelkarteien, Liederhefte usw.

▶ Audiovisuelle Lernmaterialien

Fast alle papierbasierten Selbstlernkurse bieten auch audiovisuelle Zusatzmaterialien an, meist in Form von Hör-CDs (früher Kassetten), auf denen sich die Lektionstexte, andere Teile des Lehrbuchs oder auch zusätzliche Hörmaterialien befinden. Weiter gibt es eine beträchtliche Zahl von audiovisuellen Materialien, die lehrbuchunabhängig sind, z. B. Hörtexte verschiedener Schwierigkeitsgrade, Aussprachetrainer auf CD oder Videos mit typischen Kommunikationssituationen. Wesentlich seltener sind Kurse, bei denen das Leitmedium audiovisuell ist und die papierbasierten Bestandteile das Zusatzmaterial bilden wie z. B. die Reihe »Der neue Hörkurs« im Hueber-Verlag (Näheres zu Hörkursen in Abschnitt 10|4).

▶ Computerbasierte Lernmaterialien

Computerbasierte Materialien haben in den letzten Jahren zunehmend die Funktion der klassischen audiovisuellen Materialien übernommen und dringen nun auch immer stärker in den Markt der papierbasierten Materialien ein, diese langsam aber stetig zurückdrängend. Die meisten derzeit neu auf dem Markt erscheinenden Selbstlernkurse sind elektronischer Art. Sie werden als eigene Programmpakete von CD, DVD oder direkt aus dem Netz heraus auf einem lokalen Rechner installiert. Sie sind heute überwiegend multimedial, d. h., sie schließen Textmaterial, Bildmaterial, Audiomaterial und meist auch Videomaterial ein (so z. B. die meisten Produkte des Verlags Digital Publishing).

▶ Online-Materialien

Eine zunehmende Rolle spielen internetbasierte Lernmaterialien. Hier können wir zwei Gruppen unterscheiden: freie kostenlose Angebote, die von Verlagen, Institutionen und z. T. auch Liebhabern angeboten werden, sowie kostenpflichtige internetbasierte Kurse auf kommerziellen Portalen (wie z. B. <www.babbel.com>, <www.busuu.com>, <www.joinlingling.com>, <www.linguatv.com> oder <www.lingq.com>). Die kommerziellen Portale haben in der Regel den Vorteil, dass sie umfassendes, einheitlich strukturiertes Lernmaterial aus einer Hand anbieten, konstant verfügbar sind und auch gut auf dem Smartphone genutzt werden können. Die Nutzungsgebühren halten sich zumindest optisch in Grenzen. Sie werden aber meist in Form von Monats- oder Jahres-Abonnements erhoben. Bevor man einen Vertrag abschließt, sollte man sich deshalb kritisch fragen, wie oft man denn die Angebote realistischerweise nutzen wird und wie lange. Ich höre immer wieder von den Nutzern kostenpflichtiger Portale, dass sie diese letztlich nicht so intensiv und nicht so lange genutzt haben, wie sie es sich bei Vertragsabschluss vorgenommen hatten. Manche kennen dieses Phänomen auch vom Clubbeitrag im Fitness-Center. Auf jeden Fall sollte man die Möglichkeit nutzen, sich vorab kostenlose Probelektionen anzusehen.

In diesem Buch werde ich fast ausschließlich kostenlose Quellen im Internet empfehlen. Zum einen weil dies finanziell attraktiv ist, zum anderen aber auch, weil es mittlerweile eine ganze Reihe wirklich hochwertiger Angebote für fast alle Lernbedürfnisse gibt.

Um zur richtigen Entscheidung bei der Wahl des Lernmaterials zu kommen, sollten Sie sich zunächst einmal fragen, zu welchem Typ von Lernmaterialien Sie grundsätzlich neigen, womit Sie schon Erfahrungen gesammelt haben, wie diese Erfahrungen sich angefühlt haben und ob Sie vielleicht eher ein »pen-and-paper«-Lerner oder ein Computer- und Internet-affiner Lerner sind. Dieses Buch vermittelt Lernstrategien für alle Typen von Lernern.

8 | 2 Machen Sie sich die Vor- und Nachteile elektronischer Lernmaterialien bewusst

Wenn Sie zu den immer noch recht zahlreichen Fremdsprachenlernern gehören, die bisher wenig oder gar nicht mit elektronischen Lernmaterialien gearbeitet haben, sollten Sie sich an dieser Stelle einmal deren spezielle Vor- und Nachteile bewusst machen. Dies könnte Sie veranlassen, in Zukunft nicht einfach nur aus Gewohntheit auf papierbasierte Materialien zu setzen, sondern eine bessere Entscheidungsgrundlage für die Wahl zu haben. Elektronische Lernmaterialien bieten nämlich eine Reihe von Funktionen, die insbesondere in ihrer Kombination eine neue Qualität des Fremdsprachenlernens ermöglichen. Hier zunächst einmal die wichtigsten dieser Funktionsmerkmale:

▶ Multimedialität
Elektronische Lernprogramme sind multimediale Wundertüten. Sie integrieren die Datenarten Text, Bild, grafische Darstellung, Animation, Audio und Video und können diese funktional aufeinander beziehen. So können z. B. alle einzelnen Wörter oder Sätze mit einer Audiodatei verknüpft werden, auf der man die richtige Aussprache aus dem Mund eines Muttersprachlers hört. Erwähnte Orte, Personen, Ereignisse oder landestypische Besonderheiten können sofort mit einem Bild oder einer Videosequenz verknüpft werden, die das Erwähnte zeigen oder veranschaulichen. Dialoge können als kleine Filme eingespielt werden, sodass man auch Mimik und Gestik als Verständnishilfen nutzen kann. So werden mehrere Sinne des Lernenden angesprochen, was sich in der Regel positiv auf das Behalten der aufgenommenen Sprachinformationen auswirkt.

▶ Interaktivität
Elektronische Lernprogramme halten vielfältige Möglichkeiten bereit, auf Aktionen des Lerners zu reagieren. Schon bei der Erschließung von Texten können auf Klick Vokabeln erklärt, Übersetzungshilfen gegeben oder grammatische Besonderheiten

hervorgehoben werden. Interaktive Programme können Übungen nicht nur automatisch auswerten und die richtigen Lösungen anzeigen, sondern sie bieten u. U. auch Erklärungen, warum eine bestimmte Antwort falsch war und welche Regel damit verletzt wurde.

▶ Individualisierung
Ein weiterer wichtiger Vorteil von elektronischen Programmen besteht darin, dass sie alle Informationen (Vokabelerklärungen, Grammatikregeln, Übungslösungen) nicht nur schnell und ohne großen Suchaufwand zur Verfügung stellen können, sondern dass sie dies auch jeweils nach den individuellen Bedürfnissen des Lerners tun. Wenn z. B. in einem elektronischen Text alle Wörter mit den Worterklärungen oder Übersetzungen im elektronischen Wörterverzeichnis verlinkt sind, dann kann sich jeder Lerner genau die Wörter erklären lassen, die er braucht, ohne von Informationen gestört zu werden, die er nicht braucht. Er kann auch grundsätzlich alle anderen Hilfen und Informationen abrufen, wann und wie er sie braucht, ohne dass sie ihm (oder anderen Lernern) im Wege stehen, wenn sie nicht benötigt werden. Das gleiche gilt auch für jede Art von Feedback, das das Programm bereithält. Es kann auf individuelle Fehler und Fragen abgestellt werden. Weitere Möglichkeiten der Individualisierung ergeben sich durch individuelle Protokollierung: Das Programm kann sich merken, welche Vokabeln oft nachgeschlagen wurden, also geübt werden müssen, und diese als erste in einem integrierten Vokabeltrainer vorschlagen. Oder es kann protokollieren, welche Aufgaben in einer Übung richtig und welche falsch beantwortet wurden, und so Vorschläge für zu wiederholende Übungen machen. So ergeben sich in einem elektronischen Lehrwerk grundsätzlich wesentlich mehr Möglichkeiten für individuelle Lernwege. Die Bearbeitungsstände des jeweiligen Lerners können dabei jederzeit zahlenmäßig angezeigt und durch Grafiken visualisiert werden (z. B. der Prozentsatz der bisher bearbeiteten Übungen, der Anteil der richtigen Antworten usw.). Dies kann auch im Falle einer längeren Lernunterbrechung beim Wiedereinstieg hilfreich sein.

Insgesamt kann man also sagen, dass der Computer der Entwicklung von Lehr- und Übungsmaterialien ein ganz neues didaktisches Potential erschlossen hat.
Natürlich haben auch elektronische Selbstlernmaterialien ihre Grenzen. So ist ein intelligentes Feedback auf alle offenen, sprachproduktiven Aktivitäten der Lerner, also auf Sprechen und Schreiben, nicht zu erwarten. Einige Versuche in diese Richtung sind eher Augenwischerei. Manche Programme bieten z. B. die Möglichkeit, eigene Sprechäußerungen aufzunehmen und anschließend mit der Normaussprache durch einen geschulten Muttersprachler aus dem Programm zu vergleichen. Dabei wird am Bildschirm eine Art Oszillogramm dargestellt, das anzeigen soll, wie weit man sich der richtigen Aussprache angenähert hat, und zwar nach dem Prinzip »je ähnlicher die Kurve,

desto besser die Aussprache«. Wie wenig aussagekräftig diese Art von Feedback ist, zeigt sich aber schnell, wenn man einen Muttersprachler ins Mikrofon sprechen lässt und feststellt, dass die Unterschiede zum Normsprecher meist genauso gravierend sind wie beim Lerner.

Dies sind jedoch keine wirklichen Nachteile elektronischer Lernmaterialien, weil sie für gedruckte Werke genauso gelten. Sie sind nur Nachteile im Vergleich zur Verfügbarkeit eines menschlichen Lehrers, der in der Lage ist, die Sprachproduktion der Lerner zu bewerten und ein qualitativ wertvolles Feedback darauf zu geben. Hier zeigt sich wieder einmal, dass die Kombination der verschiedenen Lernformate im Sinne von Kapitel 5 (»Auf den richtigen Mix kommt es an – Wie Sie ein Erfolg versprechendes Lernarrangement entwickeln«) das Verfahren der Wahl ist.

Einzukalkulieren sind hingegen einige ganz praktische Beschränkungen elektronischer Lernmaterialien, die den einen mehr, den anderen weniger stören. So läuft nicht jedes Lernprogramm auf jedem Rechner, Kompatibilitätsprobleme sind häufig. Während ein Buch im Bücherschrank auch nach 10 Jahren wieder hervorgeholt und benutzt werden kann, sind Programme oft nach einigen Jahren schon auf neueren Betriebssystemen nicht mehr lauffähig. Kostenlose Programmupdates bieten die wenigsten Hersteller. Des Weiteren ist das Angebot auch heute noch nicht für jede Sprache und jede Plattform ausreichend. So ist das Angebot für die Apple-Welt deutlich kleiner als für die Windows-Welt. Bei Angeboten für Smartphones hingegen ist derzeit ein starkes Wachstum zu verzeichnen.

Manche Lerner stört nach wie vor der einschränkende Guckkasten-Effekt des Bildschirms, insbesondere beim Lesen von Texten. Andere fühlen sich durch den Zwang zur Nutzung der Tastatur und damit zum Tippen gegenüber dem normalen Schreiben auf Papier eingeschränkt.

Ein wichtiger und ganz praktischer Nachteil von elektronischen Medien liegt darin, dass der Erwerb eines elektronischen Lernprogramms auf CD oder DVD, aber auch der kostenpflichtige Download aus dem Internet häufig der sprichwörtliche Kauf der Katze im Sack ist. Denn die Tatsache, dass all das, was soeben als neues didaktisches Potential beschrieben wurde, nun technisch möglich ist, bedeutet noch lange nicht, dass es jedes Programm auch tatsächlich bietet. Genau das aber ist anders als beim Blick in ein Buch wesentlich schwerer festzustellen. Wer im Buchladen steht und einen attraktiven Karton mit einem elektronischen Selbstlernprogramm für die Sprache X in der Hand hält, hat in der Regel nur die Angaben auf dieser Verpackung als Kaufentscheidung zur Verfügung. Er wird die enthaltene CD oder DVD kaum im Laden installieren und das Programm ausprobieren können. Es kann also sein, dass er ein Programm in der Hand hält, das kaum mehr enthält als die elektronische Ausgabe eines traditionell konzipierten Buchs, in dem sich die Nutzung der elektronischen Möglichkeiten auf den Abruf der richtigen Lösungen zu den angebotenen Übungen beschränkt. In einem Buch hingegen kann man blättern und sich schnell ein Bild vom Inhalt machen. Meist ist der Verpackung nicht einmal der Umfang des Lernangebotes zu entnehmen, das das Programm bietet. Wenn es beispielsweise heißt, das Programm enthalte 20 Lektionen, dann weiß man deshalb immer noch nicht, ob pro Lektion 5, 10 oder 20 Übungen angeboten werden. Im letzten Fall wäre das Übungsangebot viermal so groß, ohne dass dies äußerlich erkennbar wäre, ein Umstand, der bei Druckwerken undenkbar ist. Auch die Zahl der enthaltenen CDs bzw. DVDs ist kein zuverlässiger Indikator für den Umfang des Lernangebots. Im Gegenteil: Die Angabe ihrer Zahl kann eine systematische Strategie der Hersteller sein, den potenziellen Käufer mehr Lernangebot erwarten zu lassen, als tatsächlich vorhanden ist.

Um das Risiko eines Fehlkaufs zu senken, können Sie aber trotzdem etwas tun. Lesen Sie vor dem Kauf Rezensionen und Erfahrungsberichte anderer Nutzer, wie sie heute im Internet zu vielen Produkten verfügbar sind. Nutzen Sie Demoversionen zum Ausprobieren, wenn solche von den Verlagen angeboten werden. Ganz auf der sicheren Seite sind Sie, wenn Sie das Lernprogramm nicht sofort kaufen, sondern zunächst entleihen. Viele Bibliotheken bieten heute einen Ausleihservice auch für elektronische Lernmaterialien an. Noch leichter wird es, wenn Sie Zugang zu einem Selbstlernzentrum haben (z. B. an der örtlichen Volkshochschule, Universität oder einer sonstigen Bildungseinrichtung), wo die Lernprogramme zur Benutzung verfügbar sind. Fragen Sie auch die Betreuer des Selbstlernzentrums vor Ort nach ihren Ratschlägen oder nach den am meisten genutzten Programmen. Probieren Sie also wann immer möglich die Programme aus. Möglicherweise erübrigt sich damit auch ein Kauf.

Insgesamt rate ich dazu, traditionelle nicht einfach komplett durch elektronische Lernmaterialien zu ersetzen, diese aber auf jeden Fall in die eigenen Lernbemühungen einzubeziehen. Dies gilt insbesondere für diejenigen Lerner, die bisher noch keine Erfahrungen damit gesammelt haben. Ein elektronisches Selbstlernprogramm zusätzlich zum Belegen eines Kurses durchzuarbeiten dürfte den Lernprozess nachhaltig beschleunigen. Die Erfahrung zeigt, dass die neuen technischen Möglichkeiten der elektronischen Lehrwerke, insbesondere ihre Interaktivität, das schnelle, individualisierte Feedback, die multimediale Aufmachung und auch die animierte Präsentation der Lerninhalte bei vielen Lernern einen zusätzlichen Motivationsschub auslösen können. Lassen Sie dieses Potential also nicht ungenutzt.

8 | 3   Suchen und finden Sie geeignetes Lernmaterial

Wie finden Sie nun geeignetes Lehrmaterial für Ihre Fremdsprache, Ihr Lernniveau, Ihr bevorzugtes Lernmedium und Ihren speziellen Lernbedarf? Dazu im Folgenden ein Überblick über die wichtigsten Quellen.

▶ Buchhandel

Beginnen wir mit der klassischen Quelle, dem Besuch im Buchladen. Fast jede etwas besser sortierte Buchhandlung hat eine Abteilung »Fremdsprachen«. Dort finden sich, meist alphabetisch nach Sprachen sortiert, zum einen Nachschlagewerke wie ein- und zweisprachige Wörterbücher und zum anderen Lehrwerke und andere Lehr- und Lernmaterialien. Ein besonders breites und differenziertes Angebot wird man in Buchhandlungen in der Nähe von Universitäten finden. Der größte Teil des Angebotes wird aber aus ganz normalen Lehrwerken bestehen, wie sie in einem Kurs eingesetzt werden. Wir müssen also zielstrebig Ausschau nach Lehrmaterialien halten, die ausdrücklich für das Selbststudium angeboten werden. Diese haben meist Stichwörter wie »Selbstlernkurs«, »für das Selbststudium« u. Ä. im Titel.

Der große Vorteil des Buchladens (auch und gerade gegenüber dem Internet-Versandbuchhandel) besteht darin, dass man sich die gedruckten Materialien meist anschauen kann. Selbst wenn sie eingeschweißt im Regal stehen, darf man sie mit Erlaubnis des Personals meist auspacken und darin schmökern. Das kann sehr helfen, einen Fehlkauf zu vermeiden. Ein möglicher Nachteil ist das beschränkte Angebot. Meist finden wir selbst in gut sortierten Buchhandlungen nur die marktgängigen Produkte der großen Fremdsprachenverlage. Sowohl das Angebot für seltenere Sprachen als auch das Angebot aus kleineren Verlagen ist in der Regel unterrepräsentiert. Und über elektronische Lernmaterialien erfährt man im Buchhandel noch weniger als im Internet. Denn selbst gut geschultes Personal kann nicht mehr über den Inhalt der CDs oder DVDs wissen als das, was auf der Verpackung steht.

▶ Bibliotheken

Stadt- und v. a. Universitätsbibliotheken sind ebenfalls eine gute Anlaufstation, denn sie bieten meist ein breites Angebot, auch für kleinere Sprachen und von kleineren Verlagen. Wenn die Bibliothek eine Mediathek einschließt, besteht u. U. die Möglichkeit, nicht nur Bücher, sondern auch audiovisuelle und elektronische Lehrmaterialien auszuleihen und zu Hause damit zu arbeiten, ohne sie erwerben zu müssen. Damit ist die Gefahr eines Fehlkaufs ausgeschlossen. Ein weiterer Vorteil ist natürlich die kostenlose oder kostengünstige Nutzung, die öffentliche Bibliotheken meist bieten.

Um zu sehen, was in einer Bibliothek vorhanden ist, müssen Sie heute in der Regel nicht mehr hingehen. Sie können von zu Hause über das Internet auf die Kataloge zugreifen und dort systematisch suchen. Dies setzt allerdings ein wenig Übung in der Benutzung von Bibliotheksdatenbanken voraus.

Allerdings können elektronische Lehrmaterialien meist nicht dauerhaft auf dem eigenen Rechner installiert werden, sondern nur von ausgeliehenen CDs oder DVDs aufgerufen werden, sodass mit der Rückgabe des Mediums die Möglichkeit des Zugriffs nicht mehr gegeben ist.

Zunehmend werden Lehrmaterialien online über das Netz angeboten. Als Nutzer erhält man dann einen Account, über den man sich einloggt und die Materialien nutzt. Der Account ist dabei oft zeitlich begrenzt und an eine bestimmte Berechtigung gebunden, z. B. durch Einschreibung als Studierender oder Gasthörer an einer Universität.

▶ Verlagsprospekte und Verlagsseiten im Internet

Wichtige Informationsquellen sind natürlich auch die Prospekte und Internetseiten der Verlage, insbesondere derjenigen Verlage, die sich auf Fremdsprachenliteratur spezialisiert haben. Im Gegensatz zu den Regalen in Buchhandlungen oder Bibliotheken lassen sich hier *alle* Produkte des jeweiligen Verlags finden, meist klar sortiert nach Sprachen und innerhalb dieser noch einmal nach bestimmten Typen wie Lehrwerke für Anfänger, Lehrwerke für Fortgeschrittene, Übungsmaterial zur Grammatik oder zum Wortschatz, Lektüren, Hörbücher usw. Hilfreich ist auch, dass Materialien zum Selbstlernen meist in einer eigenen Rubrik zusammengestellt werden, sodass sie nicht mit Lehrmaterial für den Unterricht verwechselt werden können. Außerdem sind die Materialien meist mit einem kurzen Beschreibungstext versehen, der weitere Informationen liefert. Auf den Internetseiten ist zudem manchmal auch ein elektronisches Blättern in der jeweiligen Publikation möglich (z. B. in manchen Produkten des Klett-Verlags mit der sog. »Livebook-Funktion«).

Wenn man auf diese Weise etwa die Kataloge der großen Fremdsprachenverlage Langenscheidt, Klett, Hueber und Cornelsen durchforstet, kann man schnell einen Überblick über einen wichtigen Teil des Lehrmaterialangebotes gewinnen.

Doch auch die Kataloge und Internetseiten kleinerer Verlage mit einem spezialisierten Angebot sind von Interesse. Wer z. B. auf den Seiten des Hamburger Verlages Buske (<*www.buske.de*>) blättert, findet zahlreiche Angebote auch für »kleinere« und selten gelernte Sprachen wie z. B. Isländisch, Estnisch, Baskisch, Persisch, Kroatisch oder Paschto. Und auf <http://egertverlag.de> findet man einige interessante Angebote, denen man im Buchhandel nur sehr selten begegnet, z. B. die Serie der »Praktischen Grammatiken«, auf die ich in Abschnitt 14|6 noch eingehe.

▶ Verzeichnis Lieferbarer Bücher (VLB)

Eine wichtige Quelle für die Suche nach aktueller Literatur ist auch das »Verzeichnis Lieferbarer Bücher« (VLB). Es erfasst alle im deutschen Sprachraum derzeit über den Buchhandel beziehbaren Bücher und auch einen beträchtlichen Teil anderer Medien (CDs, DVDs, Lernsoftware u. Ä.), in der Summe mehrere Millionen Titel. Es ist seit einigen Jahren im Internet frei verfügbar unter der Adresse <*www.buchhandel.de*>.

Wenn Sie die Option »Erweiterte Suche« anklicken, können Sie im Feld »Suchbegriff« Ihre Zielsprache angeben und die Suche ggf. durch ein weiteres Stichwort wie »Anfänger« oder »Selbstlern*« eingrenzen. Benutzen Sie das Stern-Zeichen, um alle Stichwörter zu erfassen, die mit »Selbstlern« beginnen, egal wie sie enden, also »Selbstlernen«, »Selbstlernkurs«, »Selbstlernmaterialien« usw. Außerdem können Sie im Feld »Medien« entweder »alle Medien« einstellen oder zielstrebig nach bestimmten Medien wie »E-Books«, »Hörbücher/Audio-CDs«, »DVD/Video« suchen. Außerdem können Sie sich durch Eingabe der Zielsprache im Feld »Suchbegriff« und eines Verlages im Feld »Verlag« (z. B. »Italienisch« und »Buske«) das gesamte Angebot einzelner Verlage zu einer Zielsprache anzeigen lassen.

Das VLB gibt auch Preise an und nennt Ihnen Partnerbuchhandlungen in Ihrem Umkreis, über die Sie die Bücher beziehen können, falls Sie nicht auf die großen Versandkonzerne im Internet (z. B. Amazon) zurückgreifen wollen, sondern lieber Buchhandlungen vor Ort unterstützen.

Mithilfe des VLB lässt sich ein Überblick über alle derzeit auf dem Buchmarkt verfügbaren Produkte gewinnen. Ältere Bücher und Software, die bei den Verlagen vergriffen sind und auch nicht mehr neu aufgelegt werden, finden Sie allerdings im VLB nicht. Dazu müssen Sie auf Bibliothekskataloge zurückgreifen (s. o.).

▶ Google Books

Eine hilfreiche Quelle im Internet ist auch die Spezialsuchmaschine Google Books (<www.google.de/books>). Sie greift auf die Inhalte von Millionen elektronisch erfasster Bücher aus zahlreichen Ländern (mit einem Schwerpunkt im angelsächsischen Raum) zurück. Sie erfasst auch Bücher, die über den Buchhandel nicht mehr zu beziehen sind. Der Inhalt der Bücher wird aus urheberrechtlichen Gründen natürlich nur selten vollständig angezeigt. Aber ein Inhaltsverzeichnis und Probeseiten finden sich häufig. Damit ist oft eine erste Einschätzung des Inhalts möglich. Der Erfolg der Suche hängt stark von der richtigen Suchstrategie ab. Gehen Sie nicht von der Hauptseite aus, sondern starten Sie die »Erweiterte Buchsuche«. Geben Sie dort im Feld »Ergebnisse finden mit allen Wörtern« eine aussagekräftige Kombination von Suchbegriffen vor, z. B. »Spanischkurs« und »Anfänger«, und wählen Sie die Option »Eingeschränkte Vorschau und vollständige Ansicht«. Sie erhalten dann nur solche Bücher, die Sie entweder ganz oder zumindest teilweise einsehen können. Wenn Sie die Suchbegriffe in einer anderen Sprache eingeben, z. B. »Spanish« und »beginners«, erhalten Sie fremdsprachige Bücher (in diesem Fall englische). Die Trefferquoten sind sehr hoch. Selbst für eine Suche wie »Vietnamesisch« und »Anfänger« finden sich noch über 800 Treffer. Allerdings können sich darunter auch Treffer befinden, die nichts mit Sprachenlernen zu tun haben, sondern nur zufällig die gleichen Stichwörter im Titel haben (z. B. »Vietnamesisch kochen für Anfänger«). Die Suche kann also etwas beschwerlich sein, liefert dafür aber auch Titel, die man auf anderem Wege niemals gefunden hätte.

▶ Lernmaterial-Datenbanken im Internet

Äußerst hilfreich sind bibliografische Datenbanken, die sich auf die Dokumentation von Lehr- und Lernmaterialien spezialisiert haben und diese nach didaktischen Kriterien strukturiert präsentieren. Dies ist in besonders gelungener Weise bei der Datenbank des Fremdsprachenzentrums der FU Berlin der Fall (<www.sprachenzentrum.fu-berlin.de/slz/wega/index.html>). Sie weist nicht nur Material für mehr als 30 Sprachen aus, sondern ermöglicht eine gezielte Abfrage nach Grundkompetenzen (Lesen, Hören, Schreiben, Sprechen), Lernniveaus (A1 bis C2), Medien (Audio, Film, Interaktiv, Text, Spiel) und sogar nach einzelnen Grammatikthemen. So können Sie z. B. nach Materialien zur Vermittlung von Schreibkompetenz Englisch auf der Stufe B2 suchen oder nach interaktivem Lernmaterial zur Aussprache des Französischen. Natürlich macht eine solch differenzierte Abfrage nur bei den »großen« Sprachen Sinn; bei den selten gelernten gibt es oft keine Treffer. Die genauen bibliografischen Angaben machen es möglich, schnell zu überprüfen, ob das gefundene Buch oder Medium auch in den örtlichen Bibliotheken vorhanden oder im Buchhandel zu erwerben ist. Dazu kopiert man am besten die ISBN-Nummer in der Datenbank und gibt sie anschließend in die Suchmaske der lokalen Bibliothek oder eines Internetbuchversands ein (z. B. <www.buecher.de> oder <www.amazon.de>). Das hat zusätzlich den Vorteil, dass man den Band auch optisch präsentiert bekommt und den Preis überprüfen kann. Eine antiquarische Anschaffung kann dabei der günstigste Weg sein.

Es gibt zahlreiche selten gelernte Sprachen, für die in Deutschland kein oder nur sehr wenig Lernmaterial verfügbar ist. Hier kann es nötig werden, auf den wesentlich größeren englischsprachigen Markt zurückzugreifen. Wer also kein Problem damit hat, ein Lehrwerk seiner Zielsprache mit englischem Erklärungstext oder englischen Bedeutungsangaben zu benutzen, kann auf der Seite <www.worldlanguage.com> danach suchen. Hier finden sich Lehrmaterialien für mehrere hundert Sprachen. Eine Abfrage ist nicht nur nach der Sprache, sondern auch nach verschiedenen Produkttypen möglich. So kann man nach traditionellen Lehrbüchern suchen, aber auch nach Wörterbüchern, Software und Rechtschreibprüfprogrammen für die ausgefallensten Sprachen.

8 | 4 Nutzen Sie kostenloses Lernmaterial im Internet

Die Zahl fremdsprachlicher Lernangebote im Internet ist schier unüberschaubar. Nichts liegt näher, als solche Angebote für das eigene Lernen zu nutzen. In diesem Abschnitt möchte ich dazu einige Empfehlungen geben. Dazu wollen wir zunächst einen kurzen Blick auf die wichtigsten Vorteile von Internetmaterialien werfen, gleich darauf aber auch auf einige der typischen Probleme bei ihrer Nutzung. Schließlich gibt es Tipps, worauf man bei der Auswahl achten sollte.

Der offensichtlichste Vorteil von Lernmaterialien im Internet ist die riesige Auswahl an kostenfreien Angeboten. Dabei macht nicht nur die Kostenfreiheit alleine die Attraktivität aus, sondern vor allem auch die Breite und die Vielfalt des Angebotes, das zum Teil deutlich über das hinausgeht, was wir auf dem kommerziellen Lehrwerkemarkt finden. Davon können wir insbesondere bei »kleinen« und selten gelernten Sprachen profitieren, für die sich das Angebot der kommerziellen Fremdsprachenverlage mangels großer Absatz- und damit Gewinnmöglichkeiten oft als eher spärlich erweist. Lernmaterialien im Internet bieten des Weiteren zumindest potenziell alle Vorzüge, die ich bereits in Abschnitt 8|2 generell für elektronisches Lernmaterial aufgezeigt habe: Multimedialität, insbesondere die Integration von Wort, Ton und bewegtem Bild, sowie Interaktivität, die aktive Eingaben mit sofortigem Feedback ermöglicht, Vernetzung der bereitgestellten Informationen in Hypertextform, sodass jeder Lerner benötigte Übersetzungen, grammatische Regeln, landeskundliches Hintergrundwissen individuell über Links abrufen kann, und so manches mehr. Die allgemeine Verbreitung des Internets ermöglicht zudem einen leichten Zugang zu solchen Materialien, zunehmend auch über Smartphones, und damit ein Lernen an jedem beliebigen Ort und zu jeder gewünschten Zeit (zumindest solange man Netzverbindung hat).

Dem stehen auf der anderen Seite eine Reihe von nicht zu übersehenden Nachteilen gegenüber. Dass die Kostenfreiheit oft mit der Allgegenwart von Werbung erkauft ist, ist ein Umstand, den viele vielleicht noch zähneknirschend in Kauf nehmen. Spätestens wenn man dann aber auf Seiten stößt, die sich trotz vollmundiger Versprechungen bei näherer Betrachtung als reine Lockangebote ohne viel Inhalt nur zum Platzieren von Werbung erweisen oder die durch den Zwang zur Registrierung sofort unsere persönlichen Daten abgreifen wollen, hat man Grund, enttäuscht oder verärgert zu sein. Überhaupt sind die extremen Qualitätsunterschiede der Angebote und die damit verbundenen Mühen, die Spreu vom Weizen zu trennen, eine fast unvermeidliche Begleiterscheinung der Internetnutzung, bekanntlich nicht nur, wenn es um Sprachlernangebote geht. Das Qualitätsspektrum reicht hier von irgendwelchen Zufallsprodukten didaktisch völlig unqualifizierter Einzelpersonen bis hin zu hochprofessionellen Kursen einschlägiger Hochschuleinrichtungen. Da oft aber nicht klar ersichtlich ist, wer hinter einem Angebot steckt und über welche Qualifikation die Anbieter verfügen, ist oft auch die Qualität des Angebots nicht ohne Weiteres einzuschätzen.

Doch auch die Art der Präsentation des Lernmaterials ist nicht immer optimal. Es mangelt häufig an Übersichtlichkeit und klarer Struktur. Im Vergleich zu Druckerzeugnissen, bei denen ein kurzer Blick ins Inhaltsverzeichnis und ein schnelles Durchblättern reichen, um sich einen ersten Eindruck von Quantität und Inhalt zu machen, ist auf Internetseiten dazu meist ein intensives Klicken notwendig, denn *site maps* mit einer anschaulichen Darstellung der Seitenstruktur sind eher die Ausnahme. Auch fehlt oft das, was in gedruckten Lehrwerken selbstverständlich ist: eine didaktische Progression vom Leichteren zum Schwereren. Denn die meisten kostenlosen Lernangebote im Internet sind entweder gar nicht oder nur sehr grob nach Schwierigkeitsgraden gestuft, was die Auswahl von Lernmaterial passend zum eigenen Lernniveau erheblich erschweren kann. Dieser Mangel hat dann häufig noch eine weitere Konsequenz: Anders als bei einem Lehrwerk, bei dem man sich brav von Lektion zu Lektion hangelt und dabei ein subjektives Gefühl des Vorankommens entwickelt, will sich dieses für die Lernmotivation so wichtige Gefühl bei der Bearbeitung von Internetmaterialien oft nicht so richtig einstellen. Man macht heute mal ein paar Übungen auf dieser Seite, morgen auf jener und übermorgen weiß man möglicherweise schon gar nicht mehr so genau, wo man schon überall war und was man dort gelernt hat. Der bekannte »Lost-in-hyperspace«-Effekt ist zumindest bei manchen Lerntypen motivationsschädlich.

Schließlich kann auch die große Fluktuation der Angebote im Internet zum Problem werden, denn sie erschwert manchmal das kontinuierliche Arbeiten mit dem angebotenen Lernmaterial. Täglich kommen neue Angebote hinzu, während andere plötzlich wieder verschwinden, ohne dass man etwas über den Grund erfährt. Das Herunterladen der Seiten ist nicht immer möglich oder, wenn doch, dann sehr mühsam, z. B. bei Seiten mit vielen Unterseiten und zahlreichen Verlinkungen. Ausdrucken ist zwar fast immer möglich, doch fallen damit gerade die interessanten multimedialen Elemente wie Audio- und Videoangebote flach, genauso wie eventuelle interaktive Funktionen wie z. B. ein automatisches Fehler-Feedback.

Wenn man die vorausgehend dargestellten Vor- und Nachteile von fremdsprachlichen Lernangeboten im Internet auf einen einfachen Nenner bringen möchte, so lässt sich sagen: Es kommt darauf an, gute Quellen zu finden und diese passend zu den eigenen Lernbedürfnissen einzusetzen. Um dieses nicht ganz einfache Ziel zu erreichen, im Folgenden einige Empfehlungen mit ausgewählten Beispielen zur Veranschaulichung.

▶ Setzen Sie insbesondere als Anfänger nicht ausschließlich auf Lernangebote im Internet, sondern nutzen Sie diese eher als Zusatzmaterial, sozusagen als »zweites Standbein«. Ein von Fachleuten sorgfältig konzipiertes, nach einer sinnvollen didaktischen Progression strukturiertes Lehrwerk für Anfänger ist nicht ohne Weiteres durch eine Sammlung von Internetmaterialien zu ersetzen, wohl aber sehr gut zu ergänzen. Je weiter Sie im Erwerb einer Fremdsprache voranschreiten, desto eher können Sie auch mit weniger konsequent didaktisiertem Material arbeiten und entsprechend mehr Internetmaterialien zum Lernen einsetzen.

▶ Halten Sie bei der Suche nach geeignetem Material zunächst Ausschau nach kommentierten Linksammlungen. Diese müssen selbst kein Lernmaterial enthalten, sondern Ihnen lediglich thematisch geordnete Links anbieten und kurz beschreiben, was Sie dort finden können. Ein gutes Beispiel für solche Linksammlungen finden Sie derzeit auf den bereits weiter oben erwähnten Seiten des Sprachenzentrums der FU Berlin (<*www.sprachenzentrum.fu-berlin.de/slz/sprachen-links*>). Dort finden Sie ausgewählte Links für Englisch, Französisch, Italienisch, Japanisch, Niederländisch, Polnisch, Portugiesisch, Russisch, Spanisch, Türkisch und zu Internetseiten mit mehrsprachigen Angeboten. Die meisten Links sind kurz beschrieben, was die Auswahl für individuelle Ziele erleichtert. Weitere Linksammlungen finden Sie auf den Seiten <*www.fredriley.org.uk/call/langsite*>, <*http://ilovelanguages.com*>, <*www.word2word.com*>, <*www.language-tutorial.org*> oder <*www.linguanet-worldwide.org*>. Alle genannten Seiten stellen Links zu einer Vielzahl von Fremdsprachen zusammen. Die verlinkten Seiten sind inhaltlich allerdings sehr heterogen und erfassen nicht nur didaktisches Material, sondern auch Wörterbücher, Online-Ausgaben von Zeitschriften, Foren und vieles andere. Wer ein wenig Zeit zum Surfen mitbringt, wird jedoch in der Regel etwas finden, was ihm beim Lernen seiner jeweiligen Zielsprache hilft (wenn auch nicht immer genau das, was er gerade sucht). Natürlich gibt es auch gute einzelsprachbezogene Linksammlungen. Als Beispiele können hier folgende Seiten genannt werden: <*www.englisch-lernen-im-internet.de*> oder <*www.bbc.co.uk/languages*> für Englisch; <*www.franzoesisch-lernen-online.de*>, <*www.lazaf.ca/activites_audios.php*> oder <*www.lepointdufle.net*> für Französisch; <*www.italienisch-lernen-online.de*> für Italienisch und <*www.russianforfree.com*> für Russisch.

▶ Wenn Sie auf eine Internetquelle mit Lernangeboten zu Ihrer Fremdsprache stoßen, sollten Sie, bevor Sie beginnen damit zu arbeiten, einen schnellen Qualitätscheck durchführen. Versuchen Sie als erstes, im Impressum der Internetseite herauszufinden, wer der Anbieter der Seite ist. Bei einer Universität, einer Fachorganisation oder einem Verlag ist eher ein gutes Angebot zu vermuten als bei einem Nickname oder einer beliebigen Dotcom-Adresse, von der man noch nie gehört hat und zu der auch kein Firmensitz oder dergleichen angezeigt wird. Als nächstes sollte man nach einer *site map* suchen. Das Vorhandensein einer solchen erleichtert nicht nur den schnellen Überblick, sondern ist auch fast immer ein Qualitätsmerkmal. Wenn die Seite User-Kommentare zulässt oder sogar ein Forum integriert hat, können auch die dort stehenden Einträge Anhaltspunkte für die Einschätzung der Qualität und der Nützlichkeit für die eigenen Lernzwecke liefern. Dass auch die Relation von echtem Lern-Content und Werbung Hinweise auf die Seriosität des Angebots gibt, versteht sich von selbst. Überwiegt die Werbung und finden sich eher kurze Lerneinheiten, dürften nicht gerade die didaktischen Interessen der Seitenanbieter im Vordergrund stehen. Je häufiger man mit Lernangeboten im Internet arbeitet, desto sicherer und schneller wird man in der Einschätzung ihrer Qualität. Ein wenig Lehrgeld wird man aber vermutlich immer zahlen müssen, bevor es gelingt, schnell die Spreu vom Weizen zu trennen. Das Prinzip »Einem geschenkten Gaul schaut man nicht ins Maul« ist dabei für die Auswahl zweifellos in der Regel nicht der geeignete Grundsatz, sondern eher die konsequente Suche nach Qualität.

▶ Hat man beim ersten Qualitätscheck den Eindruck gewonnen, dass sich ein Versuch lohnt, mit den Angeboten zu arbeiten, sollte man auf die weiteren Qualitätsanforderungen achten, die für die Auswahl von Übungen gelten. Zu ihnen gehören: ein angemessener Schwierigkeitsgrad, eine klare und verständliche Übungsanleitung, ein klares und sinnvolles Übungsziel, eine günstige Relation zwischen Eindenk-Aufwand und Übungseffekt, die Möglichkeit zur Lösungskontrolle usw. Genaueres dazu finden Sie in Abschnitt 15|3 (»Wählen Sie Übungen nach Qualitätskriterien aus«).

▶ Nutzen Sie v. a. solche Lernmaterialien im Internet, bei denen die generellen Vorzüge von elektronischem Lernmaterial zum Tragen kommen, die ich in Abschnitt 8|2 (»Machen Sie sich die Vor- und Nachteile elektronischen Lernmaterials bewusst«) beschrieben habe. Dies gilt insbesondere für die Multimedialität. Internetmaterialien sind besonders interessant, wenn sie Text, Ton und Bild so kombinieren, dass diese Medien sich gegenseitig ergänzen und möglichst sowohl die Lernmotivation wie auch die Lernergebnisse positiv beeinflussen. Besonders hilfreich können Internetangebote deshalb für die Entwicklung des Hörverstehens sein (Beispiele für solche Internetseiten nenne ich in Abschnitt 10|5).

▶ Wenn Sie zu den zahlreichen Lernern gehören, die zur Aufrechterhaltung der Motivation ihren Lernfortschritt gern in irgendeiner Weise visualisieren oder quantifizieren, so sollten Sie erwägen, alle systematisch bearbeiteten Seiten abzuspeichern oder auszudrucken. So können Sie möglicherweise Ihr Bedürfnis nach einem sichtbaren Indiz Ihres Lernfortschritts oder doch zumindest Ihrer faktischen Lernbemühungen besser befriedigen. Vielleicht tut es aber auch eine einfache Liste der genutzten Internetadressen. Wenn Sie eher dem »erlebnisorientierten« Lernertyp zuzurechnen sind, benötigen Sie eine solche »Buchführung« als Motivationshilfe vermutlich nicht, sondern werden sich eher assoziativ durch die Angebote klicken und Ausschau nach besonders unterhaltsamen Lernangeboten halten. Allerdings sollten Sie sich dann auch immer wieder kritisch fragen, wie viel Lern- bzw. Übungseffekt tatsächlich eintritt. Hier helfen vielleicht die verschiedenen Anregungen in den Abschnitten von Kapitel 15 zum Thema »Richtig üben«.

▶ Erwägen Sie auch die Nutzung kostenpflichtiger Angebote im Internet. Die Entwicklung guter Lernmaterialien ist zeit- und kostenintensiv. Es kann deshalb nicht verwundern, dass nicht alle Angebote im Internet kostenfrei sind, auch wenn wir das oft wie selbstverständlich erwarten. Wenn Ihr Hauptproblem mit den kostenfreien Angeboten darin besteht, mit ihrer Heterogenität, ihrer unzureichenden Strukturiertheit und dem fehlenden roten Faden fertig zu werden, können Sie die Nutzung kommerzieller

Angebote erwägen wie z. B. die von <www.babbel.com>, <www.busuu.com>, <www.jolnling-ling.com> oder <www.linguatv.com>. Klären Sie vorab aber nicht nur die Kosten, die auf Sie zukommen, und die Verpflichtungen, die Sie beim Abschluss eines Vertrags eingehen (insbesondere die Vertragsdauer und die Kündigungsfrist), sondern fragen Sie sich auch kritisch, ob Sie die Angebote wirklich dauerhaft in dem geplanten Umfang nutzen werden. Viele Lerner, die Abonnements auf solchen kostenpflichtigen Seiten eingegangen sind, berichten später etwas kleinlaut, dass dies bei ihnen letzten Endes nicht der Fall war. Schon alleine deshalb sollten Sie zunächst alle Möglichkeiten ausschöpfen, das jeweilige Portal im kostenlosen Probe- oder Demomodus zu testen.

Im Folgenden habe ich eine Reihe von Internetseiten mit Lernmaterialien zu verschiedenen Fremdsprachen zusammengestellt. Zwar entspricht keine dieser Seiten allen Anforderungen, die man aus fachlicher Sicht an didaktisch perfekt aufbereitetes Lernmaterial stellen müsste. Aber jede Seite ist auf die eine oder andere Weise interessant und nützlich. Insgesamt soll die folgende Auswahl eine Vorstellung davon vermitteln, was man im Internet an frei zugänglichem Sprachlernmaterial findet und welche Features dieses bietet. Klicken Sie einmal auf die genannten Seiten und machen Sie sich selbst ein Bild.

▶ <www.bbc.co.uk/learningenglish/english>
Vielfältige Englisch-Lernmaterialien für verschiedene Niveaus; schließt Lese- und Hörverstehen sowie Wortschatz und Grammatik ein; enthält auch fundierte Aussprachenformationen und -übungen (unter »features«).

▶ <www.open.edu/openlearn/languages/english-language>
Enthält u.a. den frei zugänglichen Kurs »English: skills for learning«, der in acht systematisch aufgebauten Units einige Grundelemente des gehobenen englischen Sprachgebrauchs vermittelt, wie man ihn beispielsweise für ein Studium benötigt; behandelt Aspekte des lexikalischen Ausdrucks, der grammatischen Korrektheit, der Interpunktion und der Strukturierung von Texten; persönliche Ansprache über Videos der Lehrenden.

▶ <http://legacy.australianetwork.com/learningenglish>
Enthält unter »Study English« einen kompletten Kurs zur Vorbereitung auf die weltweit anerkannte IELTS-Prüfung; umfasst drei Staffeln à 26 »Episoden«, bestehend jeweils aus einem Video mit Transkript, Übungen, Lernhinweisen usw.; erklärt auch den Aufbau der IELTS-Prüfung und gibt praktische Tipps zur Vorbereitung; auch unabhängig von der Prüfung nützlich für alle fortgeschrittenen Englischlerner.

▶ <www.bbc.co.uk/languages/spanish/mividaloca>
Multimedialer Spanischkurs für Anfänger in 22 Episoden mit vollständiger Transkription der Video-Dialoge; Grammatikerklärungen und Wortschatzlisten zum Herunterladen; interaktive Übungen.

- <www.learndutch.org>
  Niederländischer Wortschatz für Anfänger. 1000 Wörter Grundwortschatz, vermittelt durch Videos mit Animationen; Alphabet und Aussprache mit Audiobeispielen; auch auf *YouTube* verfügbar.

- <www.ntnu.edu/web/now/info>
  Norwegisch-Kurs für Anfänger, der zwar nicht vom Umfang, aber doch zumindest vom Aufbau und von seiner didaktischen Qualität einem guten Lehrwerk nahekommt.

- <www.bbc.co.uk/languages/chinese>
  Eine kurze multimediale Einführung ins Chinesische (Mandarin) in zehn Lektionen; jede Lektion mit kurzen Originalausschnitten aus dem chinesischen Fernsehen; vollständige Transkription in Pinyin; Audiobeispiele zur Erklärung der vier Grundtöne; Erklärung von 60 chinesischen Schriftzeichen einschließlich animierter Strichfolge; Aussprache, Wortschatz- und Grammatikerklärungen; kulturelle Hintergrundinformationen; insgesamt eine gute Seite, um ersten Kontakt zur chinesischen Sprache aufzunehmen.

- <www.russianforfree.com>
  Bunte Mischung von Lernmaterialien für Russisch; darunter einführende Kurse, Basisvokabular mit Audio und animierten Graphiken, Grammatik- und Wortschatzübungen, kyrillisches Alphabet mit Audiodateien zur Aussprache einzelner Laute und Beispielwörtern; viele weitere Links zu Videos, Spielen, Comics, Lehrwerken, Foren usw.

- <http://phonetique.free.fr/index.htm>
  Eine der seltenen Seiten, auf denen man die Phonetik einer Fremdsprache, in diesem Fall die des Französischen, systematisch üben kann; enthält u. a. zahlreiche Unterscheidungsübungen zu ähnlichen Lauten, ähnlichen Wörtern und ähnlichen Intonationsmustern; schafft durch die Anleitung zum richtigen Hören die Basis für die richtige Aussprache.

- <http://beckeraccentreduction.com/free-podcasts>
  Seite eines New Yorker Sprechtrainers mit Aussprachübungen zum American English; umfasst 93 Podcasts, in denen alle Laute und häufigen Lautkombinationen sowie eine Reihe von Wortbetonungsmustern durch *Listen-and-repeat*-Aufgaben geübt werden können; mit downloadbarem Transkript; lohnt sich auch für Fortgeschrittene noch, vor allem, wenn ein amerikanischer Akzent gewünscht wird.

- <www.memrise.com>
  Eine sehr übersichtlich gestaltete Seite mit Lernmaterial zu einer großen Zahl von Sprachen; v.a. zum Wortschatzlernen geeignet; überwiegend mit Audiofunktion;

präsentiert das Lernmaterial in kleinen Schritten und fragt es sofort mit einer Multiple-choice-Funktion wieder ab; motiviert durch integriertes Punktesystem und spielerische Elemente; Community-basiert, alle Kurse sind von Lernern für Lerner (Fehler deshalb nicht immer ausgeschlossen); auch als App gut nutzbar.

▶ <http://50sprachen.com>
Einfaches Hörverstehensmaterial für Anfänger in nicht weniger als 50 Sprachen mit Übersetzungen ins Deutsche, angeordnet in 100 Minilektionen zu elementaren Themen; eignet sich sehr gut für erstes Hörverstehenstraining, zum Nachsprechen und zum Einüben einfacher Sätze.

Wer nach Lernmaterialien für eine bestimmte Sprache sucht, sollte dies in den weiter oben bereits genannten Linksammlungen tun, z. B. auf der Seite <www.languagetutorial.org>. Hier finden sich Links zu Online-Kursen für ein gutes Dutzend Sprachen. Wer nach Material in besonders selten gelernten Sprachen sucht, kann auf die Datenbank <www.linguanet-worldwide.org> zurückgreifen, in der mehr als 150 Sprachen erfasst sind.

Im Übrigen lohnt sich meist auch ein Klick in das Regal »Sprachen« in *Wikibooks* (<https://de.wikibooks.org/wiki/Regal:Sprachen>). Auf diesen Seiten versucht die Wiki-Community eine umfassende Open-source-Plattform für das Sprachenlernen zu schaffen. Derzeit finden sich hier Lernmaterialien zu rund drei Dutzend Sprachen. Für einige Sprachen liegen bereits Kursmaterialien vor, die einem gedruckten Lehrwerk nahekommen, so z. B. für Portugiesisch. In den meisten Fällen handelt es sich allerdings um erklärende Texte zu den Grundlagen der jeweiligen Sprachen, insbesondere zur Grammatik. Auch ist die Einbindung von Multimedia-Elementen weitgehend auf Audiodateien beschränkt. Trotzdem findet sich fast immer das eine oder andere, was man als Lerner brauchen kann, so z. B. Einführungen in die Aussprache mit Tonbeispielen, Einführungen in nicht-lateinische Schriftsysteme, thematisch geordnete Wortschatzlisten oder Dialoge mit Übersetzungen. Ein genereller Vorteil ist, dass die Beschreibungs- und Erklärungssprache durchgehend Deutsch ist. Den weiteren Auf- und Ausbau dieser Plattform sollte man als Fremdsprachenlerner im Auge behalten.

8 | 5 Prüfen Sie Lernmaterial auf seine Eignung

Egal, ob man Papier- oder elektronisches Lernmaterial verwendet, ob offline oder online, ob frei verfügbar oder kostenpflichtig, ob Material für Anfänger oder für Fortgeschrittene, der autonome Lerner steht auf jeden Fall vor der Aufgabe, das Material auf seine Eignung zu prüfen, also Schlechtes zu vermeiden und Gutes zu suchen.

Zunächst einmal eine Warnung vor zwei möglichen Fallstricken bei der Auswahlentscheidung. Zum einen: Nehmen Sie die Versprechen auf dem Buchdeckel oder der

Software-Verpackung nicht als primäres Entscheidungskriterium. Titel wie »Französisch in 30 Tagen« oder »Spanisch mühelos« klingen verlockend, sagen aber nichts über die Qualität des Inhalts aus. Verlage schüren mit solchen Titeln häufig falsche Erwartungen. Ich rechne über kurz oder lang fest mit einem Titel »Chinesisch über Nacht«.

Und zum anderen: Lehrwerke, die beim Durchblättern durch eine besonders üppige visuelle Aufmachung (z. B. in Form von vielen großen Farbfotos) auffallen, sind nicht automatisch besser als solche, die durch weniger aufwändige Aufmachung und viel Text zunächst eher »trocken« wirken. Der motivationale Effekt von Bildern verfliegt bei der praktischen Arbeit mit dem Material schnell. Entscheidend für Ihr Lernen sind letztlich die sprachliche und die didaktische Substanz des Lehrwerks. Und da ist eine Seite mit didaktisch gut gestalteten Übungen für Sie wertvoller als ein großformatiges Foto, an dem Sie sich spätestens bis zum zehnten Hingucken satt gesehen haben.

Bei der folgenden Liste von Kriterien kann man drei Gruppen unterscheiden. Die erste betrifft Kriterien, die für *jede* Art von Lehrmaterial gelten, unabhängig davon, ob es im Unterricht oder für das Selbststudium genutzt wird (z. B. klare Angaben zum vorausgesetzten Lernniveau). Die zweite Gruppe umfasst Kriterien, die speziell für Selbstlernmaterialien gelten (z. B. die Verständlichkeit von Erklärungen und Übungsanweisungen), und die dritte solche, die noch hinzukommen, wenn es sich um elektronische Lehrmaterialien handelt (z. B. gutes Fehlerfeedback in Übungen). Wo immer möglich, gebe ich einige Hinweise, wie man mit einem relativ kurzen Blick in das jeweilige Lehrwerk feststellen kann, ob es den genannten Kriterien genügt. Zwar ist ein endgültiges Urteil meist erst möglich, wenn man mit dem jeweiligen Produkt praktisch gearbeitet hat. Wer aber anhand der Kriterienliste seinen Blick für die wesentlichen Qualitätskriterien schärft, hat gute Chancen, schnell zu einer einigermaßen verlässlichen Einschätzung zu kommen und so eventuelle Fehlkäufe oder unnötigen Zeitverlust durch eine falsche Auswahl zu verhindern.

- Passendes Lernniveau (GeR)
  Enthält das Lehrwerk eine klare Angabe des Lernniveaus, möglichst unter Bezug auf den GeR (für Anfänger also klar A0 als Ausgangsniveau)? Besondere Vorsicht ist bei Lehrwerken geboten, die »für Anfänger und Fortgeschrittene gleichermaßen geeignet« sein wollen. Dies ist didaktisch gesehen eigentlich die Quadratur des Kreises. Häufig legen Verlage aus wirtschaftlichen Gründen die Adressatengruppe sehr breit aus, oft zu breit. Die genannte Formulierung ist ein Indiz dafür.

  Auch sog. »Auffrischer« sollten eine eigene Adressatengruppe bilden. Das sind Lerner, die die Sprache schon einmal bis zu einem bestimmten Punkt gelernt haben (z. B. drei Jahre lang Französisch in der Schule) und insofern keine normalen Nullanfänger sind, sich zwischenzeitlich aber jahre- oder sogar jahrzehntelang nicht mehr mit der Sprache beschäftigt haben (und jetzt einen Urlaub in Frankreich verbringen

wollen). Für sie sollte es eigene Lehrmaterialien geben, die zwar noch einmal bei den Grundlagen beginnen, aber eine steilere Progression aufweisen, d. h. schneller als Lehrwerke für »normale« Anfänger zu anspruchsvolleren Aufgaben voranschreiten.

Auch Lehrwerke für Fortgeschrittene sollten klare Aussagen zum vorausgesetzten und zum angestrebten Sprachniveau machen (z. B. vorausgesetzt: A2; Zielniveau: B1 oder B2).

Prüfen Sie also die Angaben auf der Verpackung, im Impressum oder auch im Vorwort darauf, ob Sie solche klaren Angaben finden und ob die Zielgruppe unglaubwürdig breit ausgewiesen wird. Wenn es sich um ein Anfängerwerk handelt, hilft ein Blick auf die erste und die zweite Lektion. Fangen diese wirklich bei Null an, oder sind zum Verständnis bereits grammatische Vorkenntnisse sowie ein größerer Wortschatz erforderlich?

▶ Adressaten- und Lernzielangemessenheit
Stimmen die Inhalte des Buches mit der angegebenen Zielgruppe überein? Ist ein Lehrwerk für den Erwachsenenunterricht tatsächlich ein Buch für Erwachsene oder ist es ein verkapptes Schulbuch? Ist der fachliche oder thematische Bezug, der im Titel versprochen wird (»Englisch telefonieren«, »Spanisch für Hotelfachkräfte«), im Buch klar wiederzufinden? Um dies festzustellen, reicht meist ein Blick auf das Inhaltsverzeichnis und die darin aufgeführten Themen der einzelnen Lektionen in Verbindung mit einem Blick in eine Probelektion. Wenn es sich um ein fachsprachliches Lehrwerk handeln soll (»Englisch für Wirtschaftswissenschaftler«) wird das kursorische Durchsehen eines typischen Probetextes schnell Aufschluss geben, wie fachsprachlich das Werk tatsächlich ist.

Geben Sie die Suche nach einem Lehrwerk, das Ihren speziellen Bedarf berücksichtigt, nicht zu früh auf. Es gibt heute zumindest für Englisch ein relativ breites Angebot an spezialisiertem Lehrmaterial, insbesondere für einzelne Berufsgruppen. Die Reihe »Short Course Series« von Cornelsen z. B. bietet Lehrwerke für die Automobilindustrie (»English for the Automobile Industry«), für die Versicherungsbranche (»English for Insurance Professionals«), für Steuerberufe (»English for Tax Professionals«), für den Logistiksektor (»English for Logistics«), für IT-Fachleute (»English for IT Professionals«), für Immobilienfachleute (»English for Real Estate«) usw. Je spezifischer die Adressaten bereits im Titel eines Lehrwerks genannt werden, desto eher kann man davon ausgehen, dass der Inhalt auch wirklich adressatenspezifisch ist. Bei der Suche nach solchen spezialisierten Lehrwerken sollte man natürlich nicht nur auf den deutschen Büchermarkt schauen. Das Angebot für Lehrwerke aus dem Land der Zielsprache für ausländische Lerner dieser Zielsprache ist meist größer. So finden wir z. B. bei Oxford University Press so spezielle Lehrwerke wie »English for Aviation«, »English for the Fashion Industry« oder »English for Football«.

▶ Bezug auf die Muttersprache der Lerner

Ein wichtiges Kriterium ist auch die Frage, ob das Lehrwerk für Lerner mit einer bestimmten Muttersprache konzipiert ist oder ob es sich um ein Werk für eine multinationale und entsprechend multilinguale Zielgruppe handelt. Dies ist zumindest bei Lehrwerken für Fortgeschrittene nicht immer auf den ersten Blick erkennbar. Selbst wenn das Lehrwerk in einem deutschen Verlag erschienen ist, kann es sich um die Lizenzausgabe eines englischen oder amerikanischen Verlags handeln, konzipiert für Lerner aus aller Herren Länder, also für Deutsche genauso wie für Brasilianer oder Chinesen. Dass darin dann kein Platz mehr für die Berücksichtigung spezieller Lernprobleme und Lernbedürfnisse deutscher Lerner ist, liegt auf der Hand. Erst wenn Sie weit fortgeschritten sind, macht es didaktisch keinen großen Unterschied mehr, ob das Lehrwerk national oder international konzipiert ist.

Schauen Sie im Impressum nach, ob es sich um eine Lizenzausgabe aus einem anderen Land handelt. Finden sich im Buch nirgendwo (nicht einmal im Anhang oder im Vorwort) deutsche Hinweise, Erklärungen oder Bedeutungsangaben, handelt es sich mit großer Wahrscheinlichkeit um ein Produkt, das nicht speziell für deutsche Lerner konzipiert wurde.

▶ Motivationsförderung

Natürlich sollte ein Lehrwerk so motivierend wie möglich sein. Wieweit es das tatsächlich ist, ist meist erst bei der intensiven Arbeit damit sicher festzustellen. Bei einem eher flüchtigen Durchblättern verfällt man oft dem bereits oben genannten Trugschluss, dass eine aufwändige visuelle Gestaltung auf einen besonders motivierenden Charakter des Werkes insgesamt schließen lässt. Meist hat die visuelle Gestaltung eine geringere und kurzfristigere Motivationswirkung als man denkt. Fotos und Illustrationen entfalten eher einen motivationalen Strohfeuereffekt. Wichtiger ist da schon ein klares Schriftbild, ein funktionales Design, das den Aufbau des Lehrwerks und der einzelnen Lektionen unterstützt. Entscheidend ist aber, wie sich die Arbeit mit dem sprachlichen Material anfühlt. Dies ist natürlich auf den ersten Blick schwer zu beurteilen. Aber einen guten Anhaltspunkt bieten die Übungen, die das Lehrwerk bereithält. Schauen Sie sich die Übungen einer typischen Lektion an. Lesen Sie die Übungsanleitungen und vergegenwärtigen Sie sich die Aktivitäten, die darin von Ihnen erwartet werden. Ist das Angebot abwechslungsreich? Werden Sie Lust haben, diese Übungen zu machen? Sind Sie gespannt auf die Ergebnisse? Oder handelt es sich immer wieder um die gleichen, eher langweiligen Übungstypen? Ein Buch, bei dem die Hälfte aller Aktivitäten aus Einsetz- oder stupiden grammatischen Umformungsübungen bestehen, sollten Sie wahrscheinlich schnell beiseite legen, egal wie aufwändig es ansonsten gemacht ist. Aber auch eine Häufung von Übungen, die nur aus einer Anweisung bestehen und ansonsten die ganze kreative Umsetzung

Ihnen selbst überlassen (»Schreiben Sie jetzt einen Dialog zwischen zwei Spaniern, die sich über ihren Beruf unterhalten«), müssen Zweifel an der didaktischen Qualität nähren.

▶ Relevante Inhalte
Auch wenn es bei der Benutzung von Lehrwerken primär um das Erlernen der Fremdsprache geht, wird es Ihnen im Allgemeinen nicht egal sein, an welchen Inhalten Sie diese Sprache lernen und üben. Speziell dann, wenn Sie an dem Land oder verschiedenen Ländern der Zielsprache auch geschichtlich, kulturell oder politisch interessiert sind, werden Sie entsprechende Inhalte erwarten, auch schon als Anfänger. Vielleicht erwarten Sie sogar landeskundliche Hintergrundinformationen und kulturvergleichende Aussagen.

Hier hilft meist schon der Blick ins Inhaltsverzeichnis. Wenn dort nur von Hotelrezeptionen, Restaurantbesuchen und Sehenswürdigkeiten die Rede ist, werden sicher eher touristische Lernbedürfnisse befriedigt. Dies mag für viele Lerner ausreichend sein, kann aber alle anderen enttäuschen. Wenn Sie eine Sprache im Rahmen eines Studiums oder zur Vorbereitung einer Geschäftsreise machen, haben Sie wahrscheinlich einen wesentlich weitergehenden, kombiniert sprachlich-kulturellen Informationsbedarf.

Prüfen Sie also stichprobenartig die Themen und Inhalte des Lehrwerks unter dem Gesichtspunkt Ihrer Lernziele (so wie Sie sie in den Abschnitten von Kap. 3 definiert haben).

▶ Explizite Eignung für das Selbstlernen
Während die vorausgehend genannten Kriterien für jede Art von Lehrmaterial gelten, kommen wir nun zu den Kriterien, die speziell für Lernmaterialien für das Selbststudium gelten. Auch hier ist zunächst wieder ein Warnhinweis angebracht: Seien Sie skeptisch bei Materialien, die vorgeben »auch für das Selbststudium« geeignet zu sein. Das verräterische kleine Wort »auch« deutet nämlich meist darauf hin, dass sie es primär gerade nicht sind, sondern dass die Lehrbuchautoren konzeptionell eher von einer Nutzung in einer Unterrichtssituation ausgegangen sind, das Produkt aber auch gern an Selbstlerner verkaufen würden. Natürlich kann grundsätzlich jedes Unterrichtswerk zumindest in Teilen auch für das Selbststudium genutzt werden, und sei es auch nur durch Lesen der darin enthaltenen Texte. Aber es erscheint logisch, dass das Fehlen eines Lehrers, der den Lernprozess organisiert, der den Lerngegenstand für die Schüler didaktisch aufbereitet und bei allen Arten von Fragen und Unklarheiten als Informant zur Verfügung steht, für ein Lehrwerk nicht folgenlos bleibt. An ein Lehrwerk, das sich nicht nur teilweise, sondern rundum für das Selbststudium eignet, sind deshalb ganz andere Anforderungen zu stellen als an

ein Unterrichtswerk. Dies werden wir bei den nachfolgenden Kriterien noch genauer sehen. Mein Ratschlag vorweg: Setzen Sie insbesondere als Anfänger auf Lehrmaterialien, die für das Selbststudium *ausdrücklich konzipiert* und nicht einfach nur als dafür »*auch geeignet*« deklariert werden. Die im Folgenden genannten weiteren Kriterien sind für diese konzeptionelle Ausrichtung auf das Selbststudium besonders wichtig.

▶ Ansprache und Benutzerführung
Eine zentrale Voraussetzung für die Eignung zum Selbstlernen ist die klare und verständliche Ansprache des Lerners in allen Teilen. Der Lerner muss bei der Arbeit mit dem Buch oder Programm das Gefühl haben, an die Hand genommen und durch das Lehrwerk geführt zu werden. Kann das Lehrwerk in diesem Sinne den Lehrer so weit wie möglich ersetzen? Ist es klar aufgebaut und erlaubt es eine leichte Orientierung? Gibt es am Anfang des Buches eine Einführung mit aussagekräftigen Benutzungshinweisen? Ist jeder einzelne zu unternehmende Lernschritt transparent? Sind alle vom Lerner auszuführenden Aktivitäten klar definiert und mit unmissverständlichen Anweisungen versehen? Sind die Erklärungen, insbesondere die zur Grammatik, in allgemein verständlicher Sprache formuliert?

Bei elektronischen Lehrwerken sind vor allem eine übersichtliche Benutzerführung und eine leichte Navigation zu fordern. Der Lerner muss jederzeit wissen, an welcher Stelle des Programms er sich befindet und wie er an jede andere gewünschte Stelle kommt. Das Programm sollte ihm auch jederzeit anzeigen, welche Teile (vor allem welche Übungen) er bereits durchgearbeitet hat und welche noch nicht. Dass dies oft nicht der Fall ist, zeigt sich leider erst bei der Benutzung des Programms: wenig selbsterklärende Icons, Fehlen einer Schritt-Zurück-Funktion, überraschende Wirkungen beim Aktivieren der Blätterfunktion sind nur einige der Mängel, die ich in der Navigation elektronischer Selbstlernmaterialien beobachtet habe. Achten Sie beim Kauf elektronischer Produkte darauf, dass wenigstens ein ausreichendes Handbuch beiliegt (oder als PDF ausdruckbar ist), mit dem Sie auftretende Probleme lösen können. Eine gute Software spart nicht an einem gedruckten oder druckbaren Handbuch, auch wenn es eine in das Programm integrierte Online-Hilfe gibt.

▶ Verständnishilfen und Erklärungen
In Abschnitt 2|7 (»Die Big Five – Was zum erfolgreichen Fremdsprachenlernen unabdingbar ist«) haben wir gesehen, wie wichtig Quantität und Qualität des fremdsprachigen Inputs für den Erwerbsprozess sind. Qualitativ wertvoll ist fremdsprachiger Input dann, wenn er inhaltlich komplett verständlich und formal komplett transparent ist. Genau das muss ein Lehrwerk einschränkungslos bieten, wenn es für das Selbststudium geeignet sein will. Das bedeutet konkret: Der Lerner muss die Bedeutung jedes Satzes vollständig und richtig erschließen können und die gram-

matische Struktur so transparent wie möglich gemacht bekommen. Verständnishilfen sind somit von zentraler Bedeutung. Ein zweisprachiges Glossar am Ende des Buches ist somit das Mindeste, was ein solches Lehrwerk bieten muss. Das Glossar sollte nicht nur nach Lektionen aufgebaut sein, sondern zusätzlich auch ein alphabetisches Nachschlagen möglich machen, damit jedes im Buch vorkommende Wort zu jedem beliebigen Zeitpunkt im Kontext wieder aufgesucht und erschlossen werden kann. Die Verfügbarkeit von Worterklärungen in der Nähe ihres Vorkommens (z. B. hinter den Texten, am Textrand oder, im Falle von elektronischen Lehrwerken, in einem Pop-up-Fenster per Klick auf das unverstandene Wort) ist wünschenswert. Übersetzungen von ganzen Texten oder zumindest einzelnen schwierigen Sätzen oder Satzteilen sind in der Fremdsprachendidaktik heute weitgehend verpönt und kommen in neueren Lehrwerken nur noch selten vor. Einige spezielle Lehrwerkskonzepte wie *Linguaphone* oder *Assimil* bieten solche Übersetzungen jedoch regelmäßig an und zwar für alle Sätze bis zur letzten Lektion. Ich halte dies unter dem Gesichtspunkt der zentralen Bedeutung von inhaltlich verständlichem und formal transparentem Input (s. Abschnitt 2|7) eher für hilfreich als für schädlich.

Bei Lehrwerken für ein internationales und damit vielsprachiges Publikum, bei dem keine Verständnishilfen in den einzelnen Muttersprachen der Lerner möglich sind, sollte es zumindest sprachspezifische Begleitmaterialien für jede einzelne Sprachgruppe der Lerner (also z. B. auch für deutsche Muttersprachler) geben, in denen all jene Verständnishilfen gegeben werden, die im Hauptwerk wegen des Multiadressatenbezugs nicht möglich sind.

Besonders wichtig neben solchen *Bedeutungs*erklärungen sind schließlich auch alle anderen Arten von Erklärungen: zu grammatischen Strukturen, zu Gebrauchsregeln, zu Stilniveaus, zu regionalen Besonderheiten usw. All das, was im Unterricht an Erklärung, Transparentmachung und Hintergrundinformation vom Lehrer kommt, muss ein Lehrwerk für das Selbststudium bedenken und zumindest das Wichtigste davon selbst zur Verfügung stellen.

Suchen Sie also beim Durchblättern eines Lehrwerks für das Selbststudium nach Bedeutungsangaben, Glossaren, Übersetzungen und nach sprachlichen Erklärungen. Ihr Fehlen wird sich bei der praktischen Arbeit mit dem Werk negativ bemerkbar machen und ist daher eher ein Ausschlusskriterium, zumindest für Anfänger.

▶ Feedback

Eine weitere zentrale Voraussetzung für die Eignung eines Lehrwerks für das Selbststudium sind Art und Umfang der Feedbackangebote. Damit ist jede Art von Rückmeldung gemeint, die das Lehrwerk Ihnen auf die Aktivitäten gibt, die es Ihnen abverlangt, namentlich auf die Übungen. Ein Schlüssel mit den richtigen Lösungen ist hier das absolute Mindestmaß. Denn ein Feedback ist immer sinnvoll: Hat man eine Aufgabe oder Teilaufgabe richtig gelöst, so freut man sich darüber und zieht daraus Motivation. Hat man sie aber nicht richtig gelöst, braucht man das Feedback, um den Fehler zu verstehen und zukünftig zu vermeiden.

Doch ein Lösungsschlüssel mit jeweils einer Lösung für jede Einzelaufgabe ist nur bei geschlossenen Übungen möglich. Sobald eine Aufgabe offener ist (z. B. das Vervollständigen eines Dialogs mit ganzen Äußerungen oder das schriftliche Zusammenfassen eines Textes) braucht man ein differenzierteres Feedback, so wie wir es von einem Lehrer gewohnt sind. Das kann ein Lehrwerk oder ein Programm zwar nicht bieten, aber eine Musterlösung mit vielleicht ein oder zwei Varianten wäre schon leistbar. Allerdings bieten das die wenigsten Lehrwerke an. Offene Übungen bleiben für den Selbstlerner auch vom Ergebnis her »offen«, meist mit der Folge, dass die Motivation fehlt, solche Übungen überhaupt zu bearbeiten. Dabei stünden elektronischen Lehrwerken hier ganz neue Möglichkeiten zur Verfügung. So könnten z. B. die Eingaben des Lerners auf typische Fehler untersucht und diese mit entsprechenden Erklärungen und weiteren Übungsbeispielen verbunden werden – ein Potential, das in den meisten elektronischen Kursen leider ungenutzt bleibt.

Achten Sie also in gedruckten Werken wenigstens darauf, dass es Lösungsschlüssel gibt und schauen Sie einmal kurz hinein. Wenn dort schon an der Nummerierung zu erkennen ist, dass nur Lösungen zu jeder dritten oder vierten Übung zu finden sind, werden Sie mit einem eher dürftigen Feedback und vielen offen bleibenden Fragen beim Üben rechnen müssen. Auch die Bequemlichkeit der Nutzung des Lösungsschlüssels sollten Sie beachten. Oft enthalten die Schlüsselhefte nur die einzelnen Lösungswörter, dicht hintereinander gestellt und in Minischrift, mit der Folge, dass die Lösungskontrolle manchmal mühsamer ist als die Bearbeitung der Aufgabe selbst.

▶ Verfügbarkeit von Hörtexten

Da beim Selbststudium kein Lehrer zur Verfügung steht, der Ihnen die richtige Aussprache durch Vorsprechen demonstrieren kann, ist es bei Selbstlernmaterialien besonders wichtig, dass möglichst große Teile davon auch als Hörtexte verfügbar sind, egal ob auf separaten Kassetten, CDs, DVDs, als MP3-Dateien oder direkt integriert in die Software bei elektronischen Lehrwerken. Zwar können auch auf Papier Aussprachehilfen gegeben werden (z. B. durch Benutzung der phonetischen Umschrift, s. Abschnitt 9 | 11 »Machen Sie sich mit den Symbolen der Internationalen Lautschrift IPA vertraut«). Aber erst in Kombination mit dem Hören des gesprochenen Wortes entfalten diese ihre volle Wirkung. Dies gilt natürlich für Anfänger in besonderem Maße, aber auch Fortgeschrittene profitieren stark von der Möglichkeit, nicht nur den visuellen Kanal, sondern auch den auditiven zu aktivieren.

Machen Sie die Entscheidung für oder gegen ein Lehrwerk zum Selbststudium also auch von der Verfügbarkeit von Hörmaterialien abhängig. Je größer das Angebot an vertonten Bestandteilen ist, desto besser. Mindestanforderung ist die Vertonung der Lehrbuchtexte bzw. -dialoge. Wünschenswert wäre aber auch eine Vertonung der Übungen, denn sie machen in der Regel den größten Bestandteil des Lehrwerks aus. Bei elektronischen Lehrwerken sollte eigentlich jedes einzelne vorkommende Wort mit dem Glossar und dieses dort wiederum mit der Aussprache verlinkt sein, sodass man sich jedes Wort nicht nur im Textzusammenhang, sondern auch isoliert anhören kann. Obwohl technisch leicht realisierbar, bieten bisher nur wenige elektronische Lehrwerke diese sinnvolle Funktion.

Prüfen Sie also so weit wie nur möglich das mit einem Lehrwerk verbundene Hörmaterialangebot. Bei gedruckten Lehrwerken müssen die Hörtexte manchmal separat gekauft werden. Bei elektronischen Lehrwerken kann man davon ausgehen, dass sie nicht mehr an Vertonung enthalten, als auf der Verpackung steht. Nur wenn dort ausdrücklich »vollvertont« oder Ähnliches steht, können Sie davon ausgehen, dass mehr als nur die Lektionstexte als Audios verfügbar sind.

Die vorausgehend präsentierte Checkliste sollte Ihnen die kritische Bewertung und die zielstrebige Auswahl von Selbstlernmaterialien erleichtern. Zumindest kann sie Ihnen helfen, krasse Fehlentscheidungen zu vermeiden.

8 | 6 Arbeiten Sie mit mehreren Lehrwerken

Natürlich kann es trotz Beachtung der im vorausgehenden Abschnitt genannten Kriterien passieren, dass Sie mit einem Lehrwerk nicht gut zurechtkommen, z. B. weil Fragen offen bleiben, Übungen doch nicht so ergiebig sind wie vermutet oder weil es zu Hörmaterialien wider Erwarten keine schriftliche Kontrollmöglichkeit gibt. Wenn das so ist, hilft es, wenn Ihr Selbststudium nicht Ihr einziges Lernformat ist, sondern wenn Sie es (wie in den Abschnitten von Kapitel 5 empfohlen) frühzeitig mit anderen Lernformaten verbinden. Wenn Sie beispielsweise Ihr Selbstlernen mit dem Lernen im Präsenztandem verbinden (s. Abschnitt 5|4), steht Ihnen der Tandempartner für Fragen zur Verfügung, die sich aus der Arbeit mit dem Lehrwerk ergeben. Er kann Ihnen Texte vorlesen, Dialoge vorsprechen, Ihre Antworten auf offene Übungsaufgaben korrigieren und manches mehr. Auch ein Lernen in einer Lerngruppe hilft vielleicht, weil sich beim Austausch mit anderen Lernern manche Probleme sicher lösen lassen. Bei der Kombination mit Unterricht wird zumindest ein engagierter Lehrer bereit sein, Ihnen die eine oder andere offen gebliebene Frage aus Ihren Selbstlernbemühungen zu beantworten.

Wenn Sie weder auf Unterricht noch auf einen Tandempartner oder eine Lerngruppe zurückgreifen können und ganz auf sich allein gestellt sind, hilft manchmal die Arbeit mit mehreren Lehrwerken. Ich habe oft die Erfahrung gemacht, dass ein Lehrwerk, das sich bei der ersten Benutzung noch als ungeeignet erwiesen hat, plötzlich doch noch ergiebig wird, wenn man erst einmal den Einstieg in die Sprache mit einem anderen Lehrwerk geschafft hat. Die Stärken und Schwächen gleichen sich möglicherweise ein Stück weit aus. Was man in einem Lehrwerk nicht versteht, versteht man im anderen. Und die Unterschiede zwischen beiden können für zusätzliche Abwechslung sorgen. Dass sich auf diese Weise natürlich auch der fremdsprachige Input und das Übungsangebot verdoppeln, kann ebenfalls kein Nachteil sein. Kleben Sie also nicht an einem Lehrwerk, sondern seien Sie jederzeit bereit, auch weitere hinzuzuziehen. Sie müssen ja nicht alles gleich kaufen, sondern können die Lehrwerke kostengünstig in einer Bibliothek entleihen.

9 Ins Lesen einsteigen

9 | 1 Fangen Sie so früh wie möglich mit dem Lesen an

Das erste wichtige Etappenziel beim Erwerb einer neuen Fremdsprache ist dieses: so schnell wie möglich die Fähigkeit erwerben, Sprachmaterial in der Fremdsprache zu verstehen. Diese Forderung ergibt sich unmittelbar aus der zentralen Bedeutung des Inputs, die ich in Abschnitt 2|7 begründet habe. Der schnelle Erwerb der Verstehenskompetenz bedeutet: das Scheunentor weit aufmachen, um Platz für das Einfahren der Ernte zu schaffen. Erst wenn wir mit fremdsprachigem Material systematisch arbeiten können, können die zahlreichen speziellen Strategien angewendet werden, mit denen wir den Fremdsprachenerwerb vorantreiben.

Damit stellt sich die Frage, welche der beiden Möglichkeiten, fremdsprachigen Input aufzunehmen, die beste ist und um welche man sich zuerst und am intensivsten kümmern sollte: das Leseverstehen oder das Hörverstehen? Natürlich hängt dies zunächst von den Lernzielen ab. Wer ausdrücklich nur Lesekompetenz in der Fremdsprache benötigt, sollte sich natürlich ganz überwiegend auf schriftlichen Input konzentrieren. Doch wie ist es mit der wesentlich größeren Zahl von Lernern, die vor allem am Erwerb der Grundkompetenz Sprechen interessiert sind? Führt der Weg hier auch über das Lesen oder sollte das Ziel nicht sofort das Hören sein, weil es praktisch das passende Gegenstück zum Sprechen ist?

Über die Frage, in welcher Reihenfolge man die einzelnen Grundkompetenzen erwerben sollte, gibt es in der Fachdiskussion eine Jahrzehnte alte Kontroverse. Ich vertrete dezidiert eine Position, die sich auf folgende Formel bringen lässt: Das Ziel muss sein, so früh wie möglich hörend verstehen zu können, doch der schnellste Weg dahin führt über das Lesen. Warum?

Der Hauptgrund liegt einfach darin, dass die lernende Beschäftigung mit geschriebenem Sprachmaterial zumindest für uns als erwachsene Lerner den leichtesten Zugang zu dieser Fremdsprache darstellt. Denn wir können jeden geschriebenen Text ganz im eigenen Lese- und Verstehens-Rhythmus bearbeiten, jederzeit das Lesetempo beschleunigen oder reduzieren, jede Passage so oft lesen, wie wir wollen oder wie wir es brauchen, von jeder Textstelle problemlos an jede andere springen, die Lektüre jederzeit unterbrechen, um etwas nachzuschlagen, beliebige Hilfen, Kommentare oder Notizen in den Text oder an den Textrand schreiben und vieles andere mehr. Kaum etwas eignet sich so gut zur intensiven Beschäftigung mit Sprache wie ein vor uns liegender gedruckter (oder ausgedruckter) Text.

Doch es kommen auch konkrete sprachlich-didaktische Gründe hinzu: Ein geschriebener Text gibt einem Lerner in fast allen Sprachen mehr von der Struktur der Sprache preis als ein gesprochener. Sichtbarstes Zeichen: die Wortzwischenräume und die Interpunktion. Wortzwischenräume in gedruckten Texten erlauben es viel besser als ein gesprochener Text, die einzelnen Wörter, aus denen er aufgebaut ist, zu identifizieren und daraus auf den Gesamtsinn zu schließen. Wortendungen, auch wenn sie nicht gesprochen werden (wie z. B. oft im Französischen) verraten etwas über Singular und Plural oder bei Verben etwas über Gegenwart oder Vergangenheit. Die Groß- oder Kleinschreibung im Deutschen hilft dem Deutschlernenden beim Erkennen von Substantiven und Namen (Großschreibung) in Abgrenzung von anderen Wortarten (Kleinschreibung). Und Wortverwandtschaften von neuen Wörtern in der Fremdsprache mit bereits bekannten oder mit Wörtern in der Muttersprache werden in geschriebener Form häufig leichter erkannt. Nimmt man die genannten praktischen und didaktisch-sprachstrukturellen Gründe zusammen, so ist durchaus plausibel, warum fast alle Lerner so gut und auch so gern mit schriftlichem Material arbeiten.

Alle genannten Vorteile des geschriebenen Wortes können genutzt werden, um uns den Einstieg in die Beschäftigung mit der neuen Sprache zu erleichtern. Sobald wie möglich sollte dann jedoch das zweite Etappenziel anvisiert werden, nämlich das Herstellen der Verbindung zwischen dem Schriftbild und dem gesprochenen akustischen Eindruck. Denn zum einen wollen wir frühzeitig auch die Schleusen für den zweiten möglichen Inputkanal öffnen, eben den mündlichen, damit wir auch den Input aus Radio, Fernsehen, Filmen und vor allem aus Gesprächen mit Muttersprachlern nutzen können. Und zum anderen brauchen wir den akustischen Eindruck, um unser Imitationspotential zur Vorbereitung des Sprechens zu aktivieren. Und nicht zuletzt sollte der akustische Eindruck so bald wie möglich dem visuellen folgen, damit wir uns nicht vom Schriftbild ausgehend unbemerkt falsche Aussprachen, Betonungen oder sonstige Verzerrungen beim eigenen Sprechen angewöhnen.

Insgesamt lautet also die Devise: So früh wie möglich lernen Texte lesend zu verstehen, um sie daraufhin auch hörend verstehen zu können.

9 | 2   Lesen Sie didaktische oder didaktisierte Texte

Wenn ich empfehle, so früh wie möglich mit dem Lesen in der Fremdsprache anzufangen, so heißt dies natürlich nicht, dass Sie sich nach der dritten Unterrichtsstunde Italienisch mit einem Wörterbuch bewaffnet an die Lektüre des Corriere della Sera oder der Göttlichen Komödie machen sollen. Gemeint ist vielmehr, dass Sie mit Texten beginnen, denen Sie sprachlich gewachsen sind. Deshalb geht es zunächst einmal um die Suche nach besonders leichten Texten, die auch Lernanfänger schon bald lesen können.

Hier kommen als erstes Texte in Frage, die speziell für Lernanfänger geschrieben wurden, also rein »didaktische Texte«. Sie tragen der Tatsache Rechnung, dass Lerner, deren Kenntnisse in der Fremdsprache noch sehr begrenzt sind, keine »normalen« Texte lesen können. Sie zeichnen sich deshalb durch einen einfachen Wortschatz und einen einfachen Satzbau aus. Dafür wirken sie manchmal etwas künstlich und behandeln meist eher banale Alltagsthemen. Diese Art von Texten finden wir vor allem in Lehrwerken für Anfänger. Wenn sie schlecht gemacht sind, merkt man ihnen gleich an, welches sprachliche Phänomen mit ihrer Hilfe gelehrt werden soll.

Die meisten Lerner kennen nur ein Lehrwerk: das aus dem eigenen Unterricht. Dieses wird im Bewusstsein der Lerner meist zu einer Art Bibel. Zum einen, weil man sich monate- oder gar jahrelang damit beschäftigt, und zum anderen, weil es sozusagen die Fahrkarte zur Beherrschung der Fremdsprache ist. Das ist verständlich, aber nicht sehr effizient. Einzelne Lehrwerke sind immer Kompromisse zwischen vielen Anforderungen (didaktischen, verlegerischen, drucktechnischen usw.). Der autonome Fremdsprachenlerner liefert sich nicht einem einzigen Lehrwerk aus, sondern arbeitet mit mehreren und pickt sich aus diesen das heraus, was ihn weiterbringt.

Mit Bezug auf das Lesen heißt das: Lehrwerke sind hervorragende Quellen für einfache Lesetexte mit Verständnishilfen, die anderweitig sehr dünn gesät sind. Deshalb wäre es fast eine Art Verschwendung, nur mit einem von ihnen zu arbeiten. Verschaffen Sie sich zusätzlich zu dem Lehrwerk, mit dem Sie im Unterricht arbeiten, möglichst mehrere weitere Lehrwerke der gleichen Schwierigkeitsstufe (oder leicht darüber) und arbeiten Sie die dort enthaltenen Lesetexte in der Reihenfolge durch, wie sie im Buch stehen. Denn sie sind in der Regel nach einer sorgfältig geplanten Schwierigkeitsprogression angeordnet. Die meisten Lehrwerke bestehen aus mehreren Bänden. Das heißt, zum Lehrwerk für Anfänger gibt es in der Regel einen oder mehrere darauf aufbauende Bände für höhere Lernniveaus. Außerdem gibt es zu vielen Lehrwerken heute Zusatzmaterialien, z. B. Lektürehefte, die weitere Texte enthalten, zu denen meist ebenfalls Verständnishilfen angeboten werden.

Bei der Suche nach geeigneten Texten werden Sie schnell feststellen, dass der Schwierigkeitsgrad für Sie eher höher sein darf, als es Ihrem sonstigen Sprachniveau entspricht. Wenn Sie also z. B. mit Ihrem normalen Kurslehrbuch Mitte Band 1 arbeiten, werden

Sie möglicherweise bereits Texte aus Band 2 mit den entsprechenden Hilfen verstehen können. Der Grund: Lesekompetenz ist meist die am besten ausgebildete Grundkompetenz der Sprachbeherrschung, ein Umstand, dem viele Lehrwerke nur unzureichend Rechnung tragen.

Um mit mehreren Lehrwerken zu arbeiten, brauchen Sie sie nicht unbedingt alle zu kaufen. Das wäre für diesen Zweck viel zu teuer. Nutzen Sie Bibliotheken, um die Bücher auszuleihen. Ein paar Tage reichen sicher aus, um die Texte eines Lehrwerkes zu lesen. Wenn Sie die Texte behalten wollen, können Sie sie einfach kopieren. Sie machen in der Regel höchstens ein Viertel des gesamten Lehrwerks aus, der Rest sind Übungen, Glossare, Grammatikerklärungen usw. Für die Zwecke des Lesens können Sie diese erst einmal außer Acht lassen. Gebrauchte Lehrwerke lassen sich übrigens auch billig über Portale im Internet antiquarisch kaufen oder ersteigern.

9 | 3 Bevorzugen Sie Lehrwerke mit leicht zugänglichen Vokabelangaben

Für die Auswahl geeigneter Lehrwerke ist ein weiteres Kriterium von Interesse: Wie leicht oder wie mühsam ist während des Lesens der Zugang zu den Vokabelangaben? Hier können wir sehr unterschiedliche Arrangements beobachten:

- Die Verständnishilfen stehen am Ende des Buches in einem Glossar. Das ist sehr unbequem, weil man sehr viel blättern oder ständig Finger ins Buch halten muss.
- Die Verständnishilfen stehen am Ende des Textes. Das ist deutlich angenehmer, aber zumindest bei längeren Texten immer noch mit Blättern verbunden.
- Die Verständnishilfen stehen in Fußnoten auf der gleichen Seite. Das entbindet uns vom lästigen Blättern, zwingt aber immer noch dazu, mit größeren Blickbewegungen aus dem Text herauszugehen und dann wieder die Stelle zu suchen, an der wir zuletzt gelesen haben.
- Die Verständnishilfen stehen am Textrand und zwar jeweils auf der gleichen Höhe wie das Wort im Text. Dies ist bei einer Textpräsentation auf Papier klar die beste weil ergonomischste Anordnung. Leider ist diese Art der Präsentation in der Lehrwerkproduktion mittlerweile völlig zu Unrecht als »altmodisch« verpönt. Man findet sie nur noch selten, meist in älteren Lehrwerken.

Meine Empfehlung: Bevorzugen Sie bei der Auswahl gedruckter Lehrwerke solche, bei denen die Verständnishilfen bequem zugänglich sind, am besten dadurch, dass sie unmittelbar neben der Textstelle stehen, auf die sie sich beziehen. Diese Forderung ergibt sich aus der einfachen Überlegung, dass es die möglichst ungehinderte und ununterbrochene Sinnsuche und Sinnkonstruktion im fremdsprachigen Text ist, die den Lernprozess nährt, und nicht das stumpfe Blättern und Suchen von Vokabelangaben.

Nur bei einem elektronisch präsentierten Text ist noch eine Steigerung der Bequemlichkeit möglich: Die Vokabelangabe erscheint, sobald man auf das nicht bekannte Wort klickt, in einem kleinen Pop-up-Fenster in unmittelbarer Nähe des angeklickten Wortes und natürlich, ohne dieses zu überdecken.

Wenn Ihnen Vokabelangaben nicht reichen, sondern Sie Ihr Textverständnis durch eine Übersetzung ganzer Sätze überprüfen wollen, sind die Lehrwerke von *Assimil* für Sie von Interesse. Diese Kurse bieten Ihnen für alle Sätze in den Lektionstexten eine Übersetzung an, und dies nicht nur für die Einstiegslektionen, sondern für alle Lektionen im jeweiligen Lehrwerk. Diese kann in manchen Fällen natürlich eine große Verstehenshilfe sein. In der Regel ist eine komplette Übersetzung aber gar nicht notwendig, um einzelne Sätze oder auch ganze Texte zu verstehen. Umgekehrt ist eine Komplettübersetzung aber auch keine Garantie dafür, dass man die grammatische Struktur der fremdsprachigen Sätze vollständig durchschaut. In der Regel sind Bedeutungsangaben zu den neuen Wörtern in einem Text völlig ausreichend, vorausgesetzt, sie sind didaktisch sorgfältig ausgewählt. Dabei muss auch sichergestellt sein, dass nicht nur die Grundbedeutung der Wörter, sondern ggf. auch die spezielle Bedeutung im jeweiligen Textzusammenhang angegeben wird, wenn diese aus dem Textzusammenhang selbst nicht zu erschließen ist.

Wenn Sie mit einem Lehrwerk arbeiten wollen oder müssen, das Vokabeln zwar in der Reihenfolge des Vorkommens in den Lektionen, aber dies nur in einem separaten Glossar am Ende des Buches präsentiert, dann gibt es immer noch eine Möglichkeit, sich das lästige Nachschlagen zu erleichtern: Machen Sie sich einfach eine Kopie des Glossars und legen Sie diese bei der Arbeit mit den Lektionstexten zum schnellen Konsultieren neben das Lehrwerk.

9 | 4   Lesen Sie Easy Readers

Auch wenn Sie bereits die Texte in mehreren Lehrwerken durchgearbeitet haben, ist der Sprung zu »normalen« Texten, die für Muttersprachler geschrieben wurden, meist noch zu schwer. Sie brauchen in dieser Phase Texte, die didaktisch aufbereitet, sozusagen »entschärft« wurden, also Texte, die möglicherweise einen fremdsprachigen Originaltext als Grundlage haben, dessen Sprache aber nicht wörtlich übernehmen, sondern sowohl lexikalisch als auch grammatisch vereinfachen. Solche Texte finden wir manchmal als sog. *Easy Readers* (bzw. *Lectures faciles, Lecturas fáciles, Letture facili* etc.). Sie sind inhaltlich meist anspruchsvoller als reine Lehrbuchtexte und geben uns das Gefühl, dass wir einen »richtigen« Autor lesen, zumindest dem Inhalt nach. Aber mit der »didaktischen Entschärfung« kann natürlich auch immer ein Stück der Originalität und der Ausdruckskraft des ursprünglichen Textes verloren gehen.

Die Didaktisierung besteht dabei nicht primär aus Vokabelangaben, sondern darin, dass die Texte von vornherein in einem kontrollierten Wortschatz geschrieben bzw. umgeschrieben wurden. Dazu nimmt man in der Regel geeignete Originaltexte (oft Klassiker oder bekannte ältere Bestseller), kürzt sie und schreibt sie so um, dass sie mit einem begrenzten, vorher festgelegten Wortschatz auskommen. Wörter, die nicht zu diesem Wortschatz gehören, sich aber im Text nicht vermeiden lassen, werden in Fußnoten oder Glossaren erklärt, entweder in der Zielsprache oder in der Muttersprache der Lerner.

Das naheliegende Argument, dass durch die Vereinfachung und Kürzung eines Textes dessen Qualität verloren geht, mag für Texte, die große sprachliche Kunstwerke sind, zutreffen. Die Freude an der Lektüre eines bekannten Textes in der Originalsprache wiegt diesen Einwand aber auf. Außerdem muss ein Easy Reader keineswegs ein Primitiv-Text sein, wie der folgende Abschnitt aus einem Easy Reader für Lerner des Deutschen als Fremdsprache zeigt. Er stammt aus Erich Kästners »Mein Onkel Franz«, bearbeitet als Easy Reader mit einem kontrollierten Wortschatz von nur 600 Wörtern:

»Die kleine Ida Augustin, meine spätere Mutter, wohnte als Kind in einem Bauernhaus. Zu diesem Haus gehörten viele Dinge: eine Scheune, ein kleiner Vorgarten mit Blumen, ein Dutzend Kinder – Jungen und Mädchen –, ein alter Garten mit Pfirsich- und Pflaumenbäumen, ein Pferdestall, viel Arbeit und ein langer Schulweg. Denn die Schule lag in einem anderen Dorf. Und sehr viel gab es in der Schule nicht zu lernen. Denn sie hatte nur einen Lehrer und zwei Klassen. In der einen Klasse saßen die Kinder von sieben bis zehn Jahren, in der anderen die Kinder von elf bis vierzehn Jahren. Da gab es außer Lesen, Schreiben und Rechnen nichts zu lernen, und für die klugen Kinder wurde die Zeit schrecklich lang. Im Winter lag der Schnee manchmal so hoch, daß man die Haustür nicht öffnen konnte! Dann mußten die Kinder durchs Fenster klettern, wenn sie in die Schule wollten.«

In diesem Textabschnitt werden lediglich die Wörter Scheune, Pflaume und Pfirsich durch Zeichnungen sowie die Wörter Bauernhaus und Stall durch kurze sprachliche Angaben erklärt (Bauernhaus = Bauernhof, Stall = Raum für Kühe und Pferde). Der Rest ist durch den Wortschatz von rund 600 Wörtern abgedeckt.

Alle großen Fremdsprachenverlage haben Easy Readers in ihrem Programm, auch wenn sie sie nicht immer so nennen. Als Beispiel soll hier die auch für Erwachsene geeignete Reihe »MacMillan Readers« genannt werden, die in Deutschland vom Hueber Verlag vertrieben wird. Sie ist in Schwierigkeitsstufen aufgegliedert, die jeweils einen bestimmten Wortschatz voraussetzen. Wie Tabelle 10 zeigt, reicht dies aus, um einige weltbekannte Literaturtitel in vereinfachter Originalsprache lesen zu können.

Tabelle 10: Beispiele für Easy-Reader-Niveaustufen

Beginner Level	600	Mark Twain: *The Adventures of Huckleberry Finn*
Elementary Level	1100	Oscar Wilde: *The Canterville Ghost and Other Stories*
Pre-intermediate Level	1400	Ian Fleming: *Casino Royale*
Intermediate Level	1600	Jane Austen: *Emma*
Upper Intermediate Level	2200	Daphne du Maurier: *Rebecca*

Wenn Sie nicht genau wissen, wie groß Ihr Wortschatz ist, fangen Sie am besten mit der untersten Stufe an und steigern dann den Schwierigkeitsgrad. Auch bei den einfachsten Texten werden Sie zumindest Wortschatz wiederholen und festigen können.

Um Easy Readers zu finden, gehen Sie auf die Internetseiten der großen Fremdsprachenverlage (z. B. Cornelsen, Hueber, Klett, Langenscheidt), wählen dort die jeweilige Sprache und suchen dann im Angebot nach »Easy Readers« oder »Lektüren«. Um auch die Angebote anderer Verlage zu finden, rufen Sie im Internet <www.buchhandel.de> auf und geben im Feld »Suchbegriff« »Easy Reader(s)« oder die Entsprechung für diese englische Bezeichnung in Ihrer Zielsprache ein (z. B. »lecture facile« für Französisch, »lectura fácil« für Spanisch, »lettura facile« für Italienisch usw. oder auch ähnliche Formulierungen wie »lecturas fáciles«, »lecture en français facile«, »italiano facile« usw.). Werden Sie im VLB nicht fündig, können Sie es einmal auf <www.amazon.de> versuchen, denn dieser Anbieter erfasst in stärkerem Maße auch den internationalen Buchmarkt.

Eine interessante Reihe sind auch die im Compact-Verlag München in den letzten Jahren erschienenen »Lernkrimis«. Die Krimis enthalten zwar keine Verständnishilfen, sind aber durchweg in vereinfachter Sprache geschrieben und deshalb wesentlich leichter lesbar als normale Krimis. Es werden mehrere Niveaus unterschieden (»Lernziel Grundwortschatz«, »Lernziel Aufbauwortschatz« und »Lernziel Konversation«). Bisher sind bereit über 70 Titel erschienen, und zwar in Englisch, Französisch, Spanisch, Italienisch, Schwedisch, Deutsch als Fremdsprache und sogar Latein. Das Angebot für Englisch ist wie üblich am größten. Interessant ist hier, dass es auch Lernkrimis mit dem Schwerpunkt Business English und Amerikanisches Englisch gibt. Ich habe zwar keine Hinweise zum Umfang des jeweils vorausgesetzten Wortschatzes gefunden, aber auf der eigenen Homepage dieser Produktreihe (<www.lernkrimi.de>) kann man eine Zuordnung aller Lernkrimis zu den Niveaustufen des Gemeinsamen Europäischen Referenzrahmens für Sprachen (s. Abschnitte 3|6 u. 4|2) finden.

Die Lernkrimis bieten wie zahlreiche andere Lektüren auch Übungen. Sie unterbrechen den Text in relativ großer Zahl. Erfahrungsgemäß werden solche Übungen selten bearbeitet, weil sie den Lesefluss stören und stark an die schulische Art des Lesens (ein bisschen lesen und dann sofort wieder üben) erinnern. Ich halte sie für entbehrlich.

Wer Lust hat, sie zu bearbeiten, sollte dies vielleicht erst nach der Lektüre tun, um das Gelernte zu festigen.

Auch bei der Auswahl von Lektüren gilt wieder, dass die Verständnishilfen, wenn sie denn enthalten sind, möglichst nahe an der Textstelle stehen sollten, auf die sie sich beziehen. Glossare am Ende der Texte sind somit wesentlich unpraktischer als Fußnoten auf der gleichen Seite. Die eigentlich ideale Platzierung direkt am Seitenrand (als sog. »Marginalien«) habe ich in gängigen Lektürereihen bisher noch nicht gefunden.

9 | 5   Lesen Sie Sprachlernzeitschriften

Eine weitere wichtige Quelle für Texte mit Verständnishilfen sind Sprachlernzeitschriften. Die wichtigsten Anbieter auf dem deutschen Markt sind die Verlage Spotlight (<www.spotlight-verlag.de>) und Schünemann (<www.sprachzeitungen.de>).

Der Spotlight-Verlag bietet die Sprachlernzeitschriften *Spotlight* für Englisch, *écoute* für Französisch, *Ecos* für Spanisch und *Adesso* für Italienisch. Für Englisch gibt es zusätzlich die auf berufliche Bedarfe zugeschnittene *Business Spotlight*. Diese Sprachlernzeitschriften bestehen zum größten Teil aus vereinfachten Texten mit leicht zugänglichen Vokabelangaben neben oder unter dem Text, sodass man sich das lästige Nachschlagen im Wörterbuch weitgehend sparen kann und die Artikel fast wie in einer Zeitung der Muttersprache lesen kann. Diverse Tests, die ich mit meinen Studenten gemacht habe, ergaben für die Vokabelangaben in den Sprachlernzeitschriften eine hohe »Trefferquote«: Zwar brauchten die Lerner selten *alle* Vokabelangaben, die in den Heften zu den einzelnen Artikeln gemacht wurden; aber die Vokabelangaben, die sie tatsächlich brauchten, waren in den Listen fast immer dabei. Die Texte selbst zeichnen sich durch thematische Vielfalt aus und behandeln z. B. vor allem Aspekte der Zielkultur, die für Lerner der jeweiligen Sprache relevant sind, sei es aus touristischem oder auch aus tiefergehendem kulturellen Interesse heraus. Die einzelnen Ausgaben beinhalten neben den Texten meist auch eher lehrwerkartige Seiten mit grammatischen Erklärungen und Übungen. Außerdem finden sich häufig Lerntipps. Selbst die in den Heften enthaltene Werbung kann nützlich sein, da sie sich überwiegend auf Produkte rund um das Thema Fremdsprachenlernen bezieht. So werden z. B. oft andere Lernmaterialien oder auch Sprachreisen beworben.

Ein wichtiger Vorteil ist, dass es zu jeder Ausgabe auch separat erhältliches Audiomaterial gibt (als CD oder zum Download aus dem Internet). Das Material enthält ausgewählte Texte aus den einzelnen Heften als Hörtexte sowie weiteres Hörmaterial, zu dem sich in einem Begleitheft wiederum auch die schriftliche Fassung findet. Insgesamt bieten die Sprachlernzeitschriften somit auch reichliches Übungsmaterial für das Hörverstehen mit Textkontrolle (s. Abschnitt 17 | 14).

Ein gewisser Nachteil der Sprachlernzeitschriften ist der geringe Anteil von dialogischen Texten. Diese kommen wenn überhaupt nur in Form von Interviews vor. Für die meisten Lerner ist aber gerade der Erwerb dialogischer Gesprächskompetenz das dominierende Lernziel. Wenn dies auch für Sie zutrifft, sollten Sie die Beschäftigung mit Sprachlernzeitschriften in jedem Fall durch andere Textarten ergänzen, die mehr gesprochene Standardsprache in Dialogform enthalten (Näheres dazu in Abschnitt 16|2 »Richten Sie Ihren Text-Input an Ihrem Anwendungsbedarf aus«).

Die Produkte des Spotlight-Verlags sind in jeder größeren Buchhandlung oder in gut sortierten Zeitschriftenläden zu erhalten.

Weniger bekannt sind die Sprachlernzeitungen des Schünemann-Verlags (<*www.sprachzeitungen.de*>), der derzeit sieben solcher Produkte anbietet: *World and Press* (Englisch) *Business World and Press* (Wirtschaftsenglisch), *Read On* (in leichtem Englisch und vor allem für jugendliche Leser), *Revue de la Presse* (Französisch), *Revista de la Prensa* (Spanisch), *Presse und Sprache* (Deutsch als Fremdsprache) und *Leggere l'Italia* (Italienisch). Alle genannten Produkte präsentieren sich wie eine klassische Tageszeitung und bieten Originalartikel aus renommierten Publikationen der internationalen Presse. Auch hier werden zu jedem Artikel ausführliche Vokabelhilfen angeboten. Behandelt werden nach Angaben des Verlags »spezifisch landeskundliche Ereignisse aus Politik, Gesellschaft, Wirtschaft, Kultur, Umwelt, Technik und Freizeit« sowie »Themen, die in den jeweiligen Sprachregionen ein großes Echo gefunden haben«. Besonders interessant ist die digitale Ausgabe der Zeitschrift *Read On*, die auch als App verfügbar ist. Hier kann man sich mit einem Klick auf die kursiv markierten Wörter nicht nur ihre Übersetzung anzeigen lassen, sondern auch die richtige Aussprache auf Englisch anhören.

Auch bei den Produkten des Schünemann-Verlags gilt, dass der »Mitnahmeeffekt« des Lesens für den Erwerb von Gesprächskompetenz eher gering ist, weil praktisch keine dialogischen Texte vorkommen.

Wie motivierend die Lektüre von Sprachlernzeitschriften ist, hängt natürlich zum einen vom Thema des Artikels und zum anderen vom Schwierigkeitsgrad in Relation zum eigenen Kompetenzniveau des Lerners ab. Hier gilt wie für alle anderen Texte der Grundsatz, dass man sich mit ihnen beschäftigen sollte, sobald man subjektive Befriedigung dabei verspürt, sich die Texte trotz der Verständnishürden durch unbekannte Wörter und Ausdrücke zu erschließen. Dies dürfte für die Zeitschriften des Spotlight-Verlags bei den meisten Artikeln etwa ab dem Niveau B1 des GeR der Fall sein. Auf den Internetseiten des Verlags finden sich kostenlose Leseproben im PDF-Format, die eine erste Einschätzung des Schwierigkeitsgrades erlauben. Für die Originalpresseartikel des Schünemann-Verlags dürfte für die meisten Lerner ein höheres Einstiegsniveau sinnvoll sein. Die bequem zugänglichen Vokabelangaben erleichtern aber den Zugang zu den Texten bei allen Produkten erheblich.

9 | 6   Lesen Sie Texte mit Übersetzung

Eine dritte wichtige Quelle für fremdsprachige Texte mit vereinfachtem Zugang sind die Taschenbücher aus der Reihe *dtv zweisprachig*. Bei diesen Taschenbüchern steht der fremdsprachige Text immer auf der linken Seite und auf der rechten findet man eine komplette deutsche Übersetzung. Wann immer man etwas nicht verstanden hat, kann man also in der Übersetzung nachlesen, und zwar nicht nur einzelne Wörter, sondern auch ganze Sätze oder Textabschnitte.

Zwar ist es oft ein wenig mühsam, im deutschen Fließtext auf der rechten Seite die Übersetzung gerade der Wörter und Satzteile zu finden, zu denen man gern eine Verständnishilfe hätte. Denn sie finden sich nicht unbedingt genau auf der gleichen Zeilenhöhe, sondern auch schon mal einige Zeilen höher oder tiefer, je nach dem, wie stark der Platzbedarf für die Übersetzung von dem des fremdsprachigen Originaltextes abweicht. Auch ist aus der Übersetzung nicht immer die Grundbedeutung der einzelnen Wörter zu entnehmen, sondern es handelt sich um eine sinngemäße und an deutsche Sprachnormen angepasste Wiedergabe. Aber die Gewissheit, anhand der vollständigen Übersetzung das eigene Verstehen an jeder beliebigen Stelle überprüfen zu können, wiegt diese Nachteile zumindest teilweise auf.

In der Reihe gibt es mittlerweile über 130 Titel für 10 Sprachen (darunter auch Chinesisch, Neugriechisch, Polnisch, Portugiesisch und Türkisch). Einen vollständigen Überblick über das aktuelle Angebot können Sie sich leicht verschaffen, wenn Sie direkt auf die Verlagsseiten gehen (<*www.dtv.de*>) und dort dem Link »zweisprachig« folgen. Unter den vorhandenen Titeln sind zahlreiche literarische Werke, zu denen man durch die spezielle Konzeption der Reihe *dtv zweisprachig* sehr viel früher Zugang finden kann, als es ohne Übersetzung der Fall wäre. Einige der Bücher eignen sich aber aufgrund des geringen Schwierigkeitsgrades auch besonders für fremdsprachliche Leseanfänger. Man findet diese Angebote, wenn man auf der genannten Produktseite des Verlags im Suchfeld »Texte für Einsteiger« eingibt.

Wenn Sie kein Problem haben, die Übersetzungen statt in Deutsch in Englisch präsentiert zu bekommen, dann gibt es auf dem englischsprachigen Buchmarkt eine ganze Reihe weiterer Angebote, so z. B. die Reihe »New Penguin Parallel Texts«. Die Übersetzungen werden hier wie bei dtv zweisprachig seitenweise präsentiert. Auch *Polyglot Planet Publishing* bietet Paralleltexte für verschiedene Sprachen, z. B. den Band »English / Spanish Easy Stories« (2015). Hier werden die Übersetzungen nicht seitenweise, sondern satzweise präsentiert, d. h. hinter jedem spanischen Satz der in diesem Band (ca. 120 Seiten) enthaltenen Geschichten findet sich sofort und in übersichtlichem Layout die englische Übersetzung, was die Benutzung der Übersetzungen als Verständnishilfe sehr erleichtert. Gerade Anfängern mit geringen Spanischkenntnissen kann diese Präsentationsform deshalb ein frühes Leseerlebnis verschaffen. Sie finden solche

Angebote am schnellsten, wenn Sie in einer Buchdatenbank wie z. B. <www.amazon.com> den Suchbegriff »parallel text« oder »parallel texts« eingeben. Mehrere Angebote sind auch für den E-Book-Reader *Kindle* verfügbar.

9 | 7   Lesen Sie Comics und Cartoons

Verständnishilfen können auch nichtdidaktischer und nichtsprachlicher Art sein und aus einer rein visuellen Unterstützung bestehen. Die klassischen Vertreter dieser Kategorie sind Comics und Cartoons. Ein Bild sagt bekanntlich mehr als tausend Worte. Dies gilt zwar keineswegs immer (sonst würden wir die rein bildliche Anleitung zu unserem Funkwecker aus Fernost ja verstehen), aber eben doch häufig. Bilder können deshalb auch wesentlich dazu beitragen, einen fremdsprachigen Text zu entschlüsseln. Dies gilt ganz besonders für Bildgeschichten aller Art. Man sieht, wo die Szene stattfindet, man sieht, wer spricht, man kann aus der Mimik und der Gestik der Sprechenden Rückschlüsse auf den möglichen Inhalt ziehen usw. Bei Comics kommt meist noch hinzu, dass sie feste Figuren mit gleich bleibender Charakteristik haben (denken Sie an Asterix und Obelix) und so etwas wie eine gleich bleibende Grundthematik, die in jeder neuen Ausgabe lediglich in Form einer neuen Geschichte variiert wird (wie die Dauerrivalität der Gallier mit den Römern z. B.).

Die Bilder sind somit oft so etwas wie ein Ersatz für didaktische Verständnishilfen. Ein Vorteil von Cartoons und Comics ist, dass sie im Gegensatz zu didaktisierten Texten in fast unbegrenzter Zahl vorhanden sind. Sie bieten somit für jeden Geschmack etwas. Hat man erst einmal seine Lieblingsserie entdeckt, kann man vielleicht einen größeren Stoß alter Hefte erwerben. Am einfachsten geht das meist antiquarisch über ein Portal im Internet wie Ebay (<www.ebay.de> oder <www.ebay-kleinanzeigen.de>). Für gängige Fremdsprachen findet man mit etwas Glück Hefte auch in deutschen Portalen. Wird man nicht fündig, kann man es auf den jeweiligen nationalen Ebay-Seiten versuchen (<www.ebay.co.uk>, <www.ebay.fr>, <www.ebay.es>, <www.ebay.it>) oder aber auf andere Kleinanzeigenportale zurückgreifen (z. B. <www.gumtree.com>).

Ein weiterer, didaktisch sehr wichtiger Vorteil von Comics ist, dass sie in der Regel in gesprochener Umgangssprache verfasst sind, also in der Sprachform, die die meisten Lerner am ehesten lernen wollen, die aber in gedruckten Texten gar nicht so häufig anzutreffen ist (Weiteres dazu finden Sie im Abschnitt 16 | 2 »Richten Sie Ihren Text-Input an Ihrem Anwendungsbedarf aus«). Und schließlich noch ein dritter Vorteil: Die sprachlichen Äußerungen der Comicfiguren in den Sprechblasen sind häufig nicht in Standarddruckschrift, sondern in Schreibschrift oder doch zumindest in einer der Schreibschrift nachempfundenen Form geschrieben. Man übt also auch gleichzeitig das Lesen von handschriftlichen Texten, wozu man sonst häufig keine Gelegenheit hat.

Dass dies oft gar nicht so einfach ist und der Übung bedarf, bemerkt man meist erst, wenn man im Ausland ist und häufiger mit handschriftlichen Texten (Notizen, Briefen etc.) konfrontiert wird.

Längere Comics sind in der Regel einfacher als kürzere Cartoons, die nur aus wenigen Bildern bestehen. Denn diese sind meist stark verdichtet und ganz auf die Pointe im Schlussbild ausgerichtet, die zudem häufig auch noch ein Wortspiel enthält. Bei längeren Comics hingegen hat man mehr Gelegenheit, sich in eine Geschichte einzudenken.

Gelegentlich findet man beim Stöbern sogar Comics mit Verständnishilfen. In der Reihe *rororo Sprachen* ist z. B. eine Sammlung von Cartoons der bekannten französischen Karikaturistin Claire Bretécher erschienen. In diesem Taschenbuch werden zahlreiche weniger geläufige Wörter erklärt (insbesondere der reichlich vorhandene populäre Argot-Wortschatz) und zusätzlich landeskundliche Hintergrundinformationen gegeben. Leider ist das Buch nicht mehr im Handel, sondern nur noch antiquarisch oder über Bibliotheken zu beziehen (Claire Bretécher, Isabelle Jue, Nicole Zimmermann: Le français avec les frustrés. Ein Comic-Sprachhelfer, rororo Sprachen 890).

9 | 8   Klären Sie schon beim Lesen die richtige Aussprache

Dass die richtige Aussprache einer fremden Sprache eine eigene Lernaufgabe ist und dass kaum ein erwachsener Lerner diese Aufgabe bis zum vollständigen Verlust eines Akzentes meistert, ist den meisten Lernern bewusst. Wir werden uns deshalb mit dem Thema Aussprache ausführlich in Kapitel 11 beschäftigen, wenn es um die Grundkompetenz Sprechen geht (insbesondere in den Abschnitten 11 | 2 bis 11 | 9). Die Frage, die sich jedoch an dieser Stelle schon stellt, ist: Inwieweit sollte man die richtige Aussprache schon beim Lesen beachten?

Für Lerner, die sich absolut sicher sind, dass sie eine Sprache nie aktiv anwenden werden und dass sich ihr Lernbedarf immer nur auf das Lesen und Verstehen schriftlicher Texte beschränken wird, mag die Aussprache keine Rolle spielen. Dies dürfte jedoch nur eine kleine Minderheit von Lernern sein. Denn zum einen kann man nie ausschließen, dass man irgendwann doch noch den Wunsch verspürt, die Sprache aktiv zu beherrschen. Und zum anderen wird sicherlich auch derjenige, der zunächst nur liest, gelegentlich etwas vorlesen oder zumindest zitieren wollen. Und da wäre es doch komisch, wenn man eine Sprache zwar gut lesen könnte, aber nicht einmal von den einfachsten Wörtern sicher weiß, wie sie ausgesprochen werden. Es gibt also selbst für reine »Lesen-Lerner« einige Gründe, die dafür sprechen, die richtige Aussprache nicht komplett zu ignorieren.

Für alle anderen, für die das Lesen nur ein Einstieg in eine breitere Form der Sprachbeherrschung unter Einschluss von Hören und Sprechen darstellt, ist eine Berücksichtigung der Aussprache auch beim Lesen erst recht dringend anzuraten. Denn für sie kommt noch ein weiterer Grund hinzu: Auch wer nur liest, macht sich zwangsläufig bewusst oder unbewusst ein Bild von der Aussprache. Er hat die Wörter auch immer irgendwie »im Ohr«, selbst wenn er sie noch nie ausgesprochen gehört hat. Das liegt zum einen daran, dass wir in der Muttersprache Wörter schon jahrelang in ihrer akustischen Form benutzen, bevor wir ihre Schreibung kennenlernen. Wir lernen die meisten Wörter in der Schule nicht neu, sondern wir lernen, ein Schriftbild mit einem schon lange bekannten Lautbild zu verbinden. Diese feste Verbindung von Schriftbild und Lautbild in der Fremdsprache plötzlich aufzulösen und nur noch ein Schriftbild mit Bedeutung zu verbinden, ist fast unmöglich.

Ein zweiter Grund, warum wir auch beim reinen Lesen schlecht vom Lautklang abstrahieren können, ist das sogenannte »Subvokalisieren«: Beim Lesen, insbesondere an schwierigen Textstellen, neigen fast alle Menschen zum leisen Mitsprechen des Gelesenen, zwar meist ohne die Stimmbänder zum Schwingen zu bringen, aber unter zumindest angedeuteter motorischer Aktivierung der anderen Sprechwerkzeuge (Kehlkopf, Zunge, Gaumen usw.). Sie setzen es intuitiv als eine mögliche Strategie ein, um sich einen besseren Zugang zum Verständnis der Wörter und Sätze zu verschaffen, die sie gerade lesen. Dies gilt für fremdsprachige Texte natürlich erst recht.

Mit anderen Worten: Auch wenn wir eigentlich nur lesen wollen, setzen wir unbewusst einen Lernvorgang bezüglich der Aussprache des Gelesenen in Gang. Wenn wir dabei aber noch nichts über die Ausspracheregeln der Fremdsprache wissen, besteht die Gefahr des unbemerkten Einschleifens von Falschaussprachen. Da erscheint es wesentlich sinnvoller, gleich auf die richtige Aussprache zu achten, anstatt den Umweg über eine falsche zu gehen, die wir uns dann später wieder mühsam abtrainieren müssen. Wer sich z. B. im Englischen die Aussprache der Wörter *cushion* (Kissen) mit [ʌ] wie in *bus* [bʌs] eingeprägt hat, der wird Schwierigkeiten haben, später auf die richtige Aussprache mit [ʊ] wie etwa im deutschen Wort *Kuss* umzusteigen. Besonders »gefährlich« sind Wörter, deren Aussprache wir aufgrund ihrer Verwandtschaft mit anderen Wörtern ganz sicher zu kennen glauben – und bei denen wir dennoch falsch liegen. So wird der Wortbestandteil *-face* in *preface* (Vorwort) keineswegs so ausgesprochen wie das Wort *face* in der Bedeutung »Gesicht«. Und auch unser Reflex, das *pre-* wie in den meisten englischen Wörtern, die so beginnen, [pri] auszusprechen, leitet uns irre. Die richtige Aussprache lautet vielmehr [ˈprefɪs] mit Betonung auf der ersten Silbe. Gerade bei Wörtern, die wir gar nicht kennen, tendieren wir dazu, uns auch beim bloßen Lesen bereits eine Aussprache zurechtzulegen, die uns plausibel erscheint, z. B. für das englische Wort *realm* (Königreich) die Aussprache [riˈælm]. Umso überraschter werden wir sein, wenn wir vielleicht sehr viel später erfahren, dass die richtige Aussprache [relm] ist. Bei angewöhnten Falschaussprachen muss es sich aber keineswegs um seltene Wörter handeln. Wer sich einmal angewöhnt hat, die dritte Person Singular des Verbs *say*, also die Form *says*, genauso wie die Grundform *to say* mit einem hörbaren I hinter dem E [seiz] statt nur mit einem kurzen geschlossenen E auszusprechen [sez], der wird diesen unnötigen Aussprachefehler schwer wieder los. Da tröstet es vielleicht auch nicht, dass er sich in der Gesellschaft zahlloser anderer Deutscher befindet, die den gleichen Fehler machen.

Die frühzeitige Klärung der Aussprache ist somit beim Lesen keine überflüssige Zusatzarbeit, sondern eine sinnvolle Investition, die uns oft davor bewahrt, naheliegende Fehler zu machen und sie möglicherweise nie wieder loszuwerden.

Ich empfehle deshalb, den Erwerb der Aussprache gedanklich in zwei Teile zu zerlegen: zum einen in das Wissen, wie etwas ausgesprochen wird, und zum anderen in die aktive eigene Beherrschung dieser Aussprache. Der erste Schritt, die Klärung der richtigen Aussprache, sollte dabei bereits beim Lesen getan werden; der zweite kann aufgeschoben werden, bis das Sprechen im Mittelpunkt des Erwerbs steht. Entsprechend beschäftigen wir uns im Folgenden zunächst mit der Frage, mit welchen Quellen wir die richtige Aussprache schnell und zuverlässig in Erfahrung bringen können. Mit Fragen des aktiven Übens der richtigen Aussprache hingegen beschäftigen wir uns in den Abschnitten 11|2 bis 11|9.

9|9 Bevorzugen Sie Lehrwerke mit Ausspracheinformationen

Viele Lehrwerke, insbesondere solche für das Selbststudium, bieten auch Informationen zur Aussprache. Allerdings tun sie das meist eher beiläufig und wenig systematisch. Ein gängiges Verfahren besteht darin, diese Informationen aus dem Lektionsteil auszulagern und in einen voran- oder nachgestellten erklärenden Text im Umfang von einigen wenigen Seiten zu verbannen (»Hinweise zur Aussprache«). Die Informationen sind hier stark komprimiert und bestehen meist aus einer Liste von Zuordnungsregeln in der Richtung *Schreibung zu Aussprache*. Das heißt, wir sehen in der linken Spalte einzelne Buchstaben oder Buchstabenkombinationen und rechts die zugehörige Aussprache. Laute der Fremdsprache, die das Deutsche so nicht kennt, werden meist beschrieben mit Formulierungen wie »ähnlich einem deutschen Ä wie in Bären« oder mit Angaben zur Produktion des Lautes (»mit der Zunge am hinteren Gaumen«). Die Zuordnungsregeln in der Tabelle werden dann noch durch eine Reihe von Anmerkungen und Fußnoten zu Ausnahmen und Sonderfällen ergänzt. Manche Lehrwerke, insbesondere anspruchsvollere, greifen auf die Lautsymbole des »Internationalen Phonetischen Alphabets« (IPA) zurück (s. Abschnitt 9|11).

Solche tabellarischen Darstellungen von Ausspracheregeln eignen sich eher zum Nachschlagen als zum Lernen und Einprägen. Denn die darin enthaltenen Informationen sind in der Regel so kompakt, dass sie sich auch nach mehrmaligem Durchlesen nicht mühelos auf die vielen neuen Wörter anwenden lassen.

Ein zweites verbreitetes Informationsangebot zur Aussprache in Lehrwerken besteht darin, zu jedem neu auftretenden Wort in der Wortliste (typischerweise am Ende des Lehrwerks) die Aussprache anzugeben, meist mit den IPA-Symbolen. Dies macht dann beim Lesen ein häufiges Nachschlagen erforderlich.

Ein drittes mögliches Verfahren ist die Angabe der Transkription unter jeder einzelnen Textzeile der Lektionstexte, zumindest in den ersten Lektionen. Dieses Verfahren ermöglicht einen schnellen, bequemen und umfassenden Zugang zu den benötigten Ausspracheinformationen. Leider ist es heute kaum noch anzutreffen. Es fand sich z. B. in einigen alten Ausgaben der »Praktischen Lehrwerke« des Langenscheidt-Verlags.

Das heute am häufigsten praktizierte Verfahren besteht darin, das Lehrbuch mit Audio-Begleitmaterialien (heute in der Regel CDs oder DVDs) auszustatten, sodass parallel zum Lesen auch ein Hören der Texte (natürlich gesprochen von Muttersprachlern) möglich ist. Meist umfasst das Angebot nur die Hauptlektionstexte, seltener auch die Übungen. Auch die oben erwähnten Sprachlernzeitschriften *Spotlight*, *écoute*, *Ecos* und *Adesso* geben zu jeder Ausgabe separat erhältlich eine CD heraus, auf der die wichtigsten Texte als Hörtexte enthalten sind.

Audiodateien ermöglichen ein Ausspracheelernen durch Imitation. Zwar ist vor dem Trugschluss zu warnen, dass man durch pures Nachahmen automatisch zu einer guten Aussprache kommt (dazu Näheres in Abschnitt 11|3 »Klären Sie die Lautzusammensetzung von Wörtern«), aber eine große Hilfe sind sie natürlich allemal.

Wie wir bereits in Abschnitt 8|2 gesehen haben, bieten elektronische Lernmaterialien die mit Abstand weitestgehenden Möglichkeiten der Integration von Text- und Ausspracheinformationen. Jedes Wort, jeder Satz, jeder Textabschnitt und jedes andere geschriebene fremdsprachige Element kann nicht nur mit einer gesprochenen Version verlinkt werden, sondern auch mit phonetischer Umschrift oder sogar mit einer Animation, die die Produktion einzelner Laute durch eine grafische Längsschnittdarstellung des Mundraumes (einen sog. Sagittalschnitt) zeigt. Wie viele dieser großartigen technischen Möglichkeiten dann von einem elektronischen Lehrwerk tatsächlich genutzt werden, ist hingegen eine ganz andere Frage. In der Regel sind es leider nur wenige. Nur durch die konkrete Nutzung des Programms lässt sich dies jeweils feststellen.

Insgesamt ist also festzuhalten, dass sowohl gedruckte wie auch elektronische Lehrmaterialien quantitativ und qualitativ unterschiedliche Angebote zur Aussprache machen. Daraus leitet sich der Ratschlag ab, möglichst vor der konkreten Arbeit mit einem Lehrwerk (und erst recht vor dem Kauf) dieses Angebot zu prüfen und solche Lehrwerke zu bevorzugen, die ein möglichst reichhaltiges Angebot an Informationen zur richtigen Aussprache machen und diese Informationen auch so benutzungsfreundlich wie möglich integrieren. Eine Mindestanforderung wäre, dass es Hörfassungen der im Buch enthaltenen Texte gibt bzw. dass die Texte in elektronischen Lehrwerken vollvertont sind.

9 | 10   Klären Sie die Aussprache mithilfe von Wörterbüchern

Wenn die Lehrmaterialien selbst keine oder nur unzureichende Aussagen zur Aussprache machen, bleibt nur der Rückgriff auf ein Wörterbuch. Für Fremdsprachen mit starken Abweichungen der Aussprache von der Schreibung (wie Englisch oder Französisch, aber z. B. auch Dänisch) ist ein Wörterbuch mit Angaben zur Aussprache ein absolutes Muss. Dabei gibt es einen Wunschstandard: Das Wörterbuch sollte die Aussprache sowohl durch eine Transkription als auch durch die Möglichkeit, sich das Wort von einem Muttersprachler vorsprechen zu lassen, vermitteln. Die erste Variante ist typischerweise in guten Papierwörterbüchern zu finden. Die Transkription sollte dabei möglichst auf die Symbole der Internationalen Lautschrift IPA zurückgreifen. Deren besondere Bedeutung werde ich im nächsten Abschnitt (9 | 11) näher beleuchten. Die Einbindung von Audioaufnahmen mit der Musteraussprache ist dazu die ideale Ergänzung. Sie ist natürlich nur in elektronischen Wörterbüchern möglich. Denn erst in der Kombination aus dem visuellen Erkennen der Lautzusammensetzung und dem Hören der Laute im Wortzusammenhang wird die Aussprache für uns wirklich transparent. Sich nur auf den Höreindruck zu verlassen ist nach allen Erfahrungen mit dem Ausspracheleren genauso unzuverlässig wie die bloße Transkription mit Symbolen (zur näheren Begründung s. auch Abschnitt 11 | 3 »Klären Sie die Lautzusammensetzung von Wörtern«).

Unter den kostenlosen Angeboten kommt die Seite <http://de.pons.com> diesem Standard am nächsten. Sie bietet für alle Einträge sowohl die Transkription als auch eine Audioaufnahme der Aussprache, für Englisch sogar noch differenziert nach britischem und amerikanischem Aussprachestandard. Da dieses zweisprachige Online-Wörterbuch mittlerweile fast 20 Sprachen erfasst und eine gute Wortschatzabdeckung aufweist, sollten Sie sich für Ihre Fremdsprache gleich einen Link zu dieser Seite auf Ihren Desktop legen oder ihn in die Lesezeichen-Symbolleiste Ihres Browsers übernehmen.

Auch die bekannten »Crowd-Wörterbücher« im Internet wie <dict.leo.org> oder <www.dict.cc> sind wertvolle Quellen für die Aussprache, da die Vertonung der Wörter auch hier bei allen Sprachen ganz oder nahezu vollständig integriert ist. Allerdings machen diese Quellen anders als <http://de.pons.com> keine Angaben in Lautschrift.

Wenn es nur um die richtige Aussprache eines bereits bekannten fremdsprachigen Wortes geht, z. B. weil man diesem gerade in einem fremdsprachigen Text begegnet ist, und einfach nur wissen will, wie es ausgesprochen wird, kann man natürlich auch auf einsprachige Online-Wörterbücher zurückgreifen. Hier ist eindeutig das Wiki-basierte Wörterbuch *Wiktionary* die Quelle der Wahl (<http://de.wiktionary.org>). Es gibt mittlerweile Einträge für mehr als hundert Sprachen (<http://de.wiktionary.org/wiki/Wiktionary:Liste_der_Wiktionarys_in_anderen_Sprachen>). Auch wenn die einzelnen Einträge von sehr unterschiedlicher Quantität und Qualität sind, hat man zumindest bei den typischerweise in Deutschland gelernten Fremdsprachen, namentlich bei Englisch und Französisch, gute Chancen, sowohl eine Transkription in Lautschrift als auch ein Tondokument (oder sogar mehrere) mit einem Aussprachemuster zu finden. Da es eher von Zufällen abhängt, ob ein Wort mit Transkription und Aussprachedokument oder nur mit einem von beiden oder aber auch ohne jede Ausspracheinformation erfasst ist, muss man allerdings in Kauf nehmen, manchmal vergeblich zu suchen. Da Wiktionary auch andere sprachliche Informationen liefert (zur Bedeutung, zu Synonymen, zur Wortherkunft usw.), werde ich auf diese wertvolle Informationsquelle in anderen Zusammenhängen noch mehrmals zurückkommen.

Natürlich gibt es auch elektronische Wörterbücher, zweisprachige wie einsprachige, zur lokalen Nutzung mit integrierten Ausspracheinformationen, z. B. auf CD oder DVD. So gibt es z. B. die Klassiker *Longman Dictionary of Contemporary English* für Englisch oder *Petit Robert* für Französisch auch in einer solchen elektronischen Version auf Datenträger. Ein Vorteil kann sein, dass in diesem Fall kein Internetzugang erforderlich ist. Außerdem ist der Aufruf der Tondatei manchmal schneller. Beim Kauf sollte man allerdings unbedingt darauf achten, dass sowohl das Datenbankprogramm selbst als auch die Einträge lokal auf dem Rechner installiert werden können und die CD bzw. DVD dann weggelegt werden kann. Manche Produkte benötigen die CD bzw. DVD im Laufwerk, um die Tondateien abspielen zu können. Das spart zwar Speicherplatz auf der Festplatte, ist aber äußerst lästig, wenn man die CD bzw. DVD nicht ständig im Laufwerk liegen hat. Sowohl für das schnelle Nachschlagen im Wörterbuch wie für das Anhören der Musteraussprache sollten alle benötigten Dateien möglichst auf der Festplatte des lokalen Rechners installiert sein.

Ein weiterer möglicher Nachteil von lokalen Wörterbüchern ist, dass vor dem Kauf oft nicht eindeutig geklärt werden kann, ob wirklich alle Stichwörter vertont sind oder nur eine Auswahl, die z. B. besonders schwierige oder seltene Wörter umfasst. Zumindest für Lernanfänger ist eine Vollvertonung dringend erwünscht.

Gedruckte Wörterbücher können naturgemäß nur die Transkription der Aussprache und keine hörbaren Daten liefern. Allerdings sind die Verlage, sicher auch veranlasst durch den Druck, der von den kostenlosen Online-Wörterbüchern ausgeht, mittlerweile dazu übergegangen, Kombi-Produkte anzubieten, die gedruckte Wörterbücher mit elektronischen Informationen verbinden. So gibt es mittlerweile die Möglichkeit, die altbewährten Klassiker aus der Reihe »Langenscheidts Taschenwörterbuch« in der Version »Buch mit Online-Anbindung« zu erwerben. Bei dieser Version erhält man die traditionelle handliche Papierausgabe, die für die meisten Lernzwecke eine ausreichende Wortschatzabdeckung hat, plus einen im Buch enthaltenen Zugangscode zur Online-Version des Wörterbuchs im Internet. In diesem kann man dann zu allen Wörtern die Tondatei abrufen. Diese Kombiversion ist derzeit für die Sprachen Englisch, Italienisch, Spanisch, Französisch, Kroatisch, Polnisch, Arabisch, Griechisch, Tschechisch, Dänisch, Niederländisch und Schwedisch verfügbar. Weitere Sprachen wie Russisch, Portugiesisch, Chinesisch und Türkisch werden sicher bald folgen. (Informieren Sie sich bei Bedarf auf der Verlagsseite <*www.langenscheidt.de*> über den Erscheinungsstand.) Die gleiche Kombination aus Papier- und Online-Wörterbuch liegt der Reihe »Langenscheidt Schulwörterbücher Pro« zugrunde, die speziell auf den Wortschatz des Schul-Fremdsprachenunterrichts zugeschnitten ist.

Wenn keine elektronischen Quellen mit integrierter Aussprache verfügbar sind, bleibt immer noch die reine Benutzung eines gedruckten Wörterbuchs. Gute gedruckte Wörterbücher für Sprachen mit unregelmäßiger Aussprache geben diese in IPA-Transkription an. Manchmal ist hier die Benutzung eines reinen Aussprachewörterbuchs, das nur das Stichwort und dessen Umschrift enthält, aber keine Bedeutungsangaben oder Beispiele, effizienter als die Suche in einem einsprachigen Standardwörterbuch. Dies gilt natürlich nur, wenn es ausschließlich um die Klärung der Aussprache geht. Allerdings sind reine Aussprachewörterbücher längst nicht für alle Sprachen verfügbar. Hier eine Empfehlung zumindest für drei häufig gelernte Fremdsprachen:

- ▶ English Pronouncing Dictionary (Cambridge University Press)
- ▶ Dizionario di Pronuncia Italiana (Zanichelli)
- ▶ Dictionnaire de la prononciation (Larousse, nur noch antiquarisch erwerbbar).

9 | 11 Machen Sie sich mit den Symbolen der Internationalen Lautschrift IPA vertraut

Es ist schon mehrfach angeklungen, dass die Kenntnis der Symbole der Internationalen Lautschrift IPA (die Abkürzung steht für »International Phonetic Alphabet«) für Fremdsprachenlerner sehr hilfreich ist. In früheren Jahren war es durchaus üblich, dass im schulischen Fremdsprachenunterricht auch die IPA-Symbole gelernt wurden. Von diesem Verfahren ist man heute (eigentlich ohne fachlich einsichtige Begründung) ein Stück weit abgerückt. In gängigen Lehrwerken für die Erwachsenenbildung ist sie eher selten zu finden. Immer weniger Lerner kennen sie und da will man offensichtlich niemanden verschrecken. Die meisten Lehrwerke setzen daher entweder auf die Vermittlung der Aussprache im Unterricht oder auf die pure Imitation von Hörmaterialien.

Dass das Vertrauen auf die reine Imitation des Höreindrucks nicht funktioniert, zeigt die Erfahrung. Viele Wörter, die uns im Unterricht von Audioträgern richtig vorgesprochen werden, werden von uns dennoch falsch ausgesprochen (s. Abschnitt 11|3).

Demgegenüber sehe ich in der Lautschrift einen großen Nutzen für den Erwerb einer korrekten Aussprache. Ihr größter Vorteil besteht darin, dass sie ein fehlerfreies Identifizieren und Auseinanderhalten von Lauten ermöglicht. Machen wir uns das an einem einfachen Beispiel klar.

Selbst ein so einfaches französisches Wort wie *crème* (z. B. in *crème brûlée*) wird von deutschen Französischlernern oft falsch ausgesprochen, sicherlich auch bedingt durch die häufige Benutzung des gleichen Wortes als Lehnwort im Deutschen mit deutscher Aussprache. Der häufigste Aussprachefehler ist, dass das erste E wie ein langes geschlossenes E statt wie ein kurzes offenes ausgesprochen wird, also etwa so wie in dem Wort *Lehm* statt wie in *denn* oder *wenn*. Diese Falschaussprache kann man übrigens auch regelmäßig in den deutschen Medien hören, z. B. wenn es um den französischen Konzern *Elf Aquitaine* (heute zum *Total*-Konzern gehörend) geht, denn für die Aussprache von *Aquitaine* gilt das Gleiche: mit offenem und kurzem E. Die phonetische Transkription hingegen unterscheidet zum einen konsequent zwischen offenen und geschlossenen Vokalen durch die Verwendung unterschiedlicher Symbole: [e] für geschlossenes und [ɛ] für offenes E, [o] für geschlossenes und [ɔ] für offenes O usw. Sie unterscheidet des Weiteren aber auch zwischen langen und kurzen Vokalen. Lange Vokale werden durch einen nachgestellten Doppelkeil [ː] markiert, der einem Doppelpunkt sehr ähnlich sieht und manchmal einfachheitshalber auch durch diesen ersetzt wird (weil der Doppelpunkt im Gegensatz zum Doppelkeil auf jeder Tastatur verfügbar ist). Die phonetische Transkription der typisch deutschen Aussprache des Wortes sieht deshalb so aus: [kreːm]; die des französischen Wortes *crème* hingegen so: [krɛm]. Die Lautschrift gibt so verlässlich Auskunft über die richtige Aussprache.

Würde man nun versuchen, diese Aussprache mithilfe des deutschen Alphabets darzustellen, müsste man auf Hilfskonstruktionen wie ein doppeltes M am Ende zurückgreifen, weil dies im Deutschen ein verbreitetes grafisches Mittel ist, um die kurze Aussprache des vorausgehenden Vokals zu markieren: *krämm*, möglichst noch verbunden mit dem Warnhinweis, das Wort nicht so sprechen: *krehm*. Dieses Verfahren ist nicht nur umständlich, sondern hat seine Grenzen auch dort, wo es um Laute geht, die es im Deutschen gar nicht gibt, z. B. den französischen Nasalvokal [õ] wie in *pardon* oder das englische *th* [θ] wie in *thanks*. Vor diesem Hintergrund sind die Versuche einiger Anbieter von Selbstlernmethoden wie *Assimil*, sich im gedruckten Lernmaterial ausschließlich auf solche »Deutschschreibungen« zu stützen, kritisch zu sehen. Das mag besser sein als überhaupt keine Angabe zur Aussprache zu haben, aber fachlich sind sie eine sehr zweifelhafte Krückenlösung. Bei Benutzung der IPA hingegen sind solche Hilfskonstruktionen nicht nötig.

Vor diesem Hintergrund ist die Kenntnis der IPA-Symbole sinnvoll. Dies gilt insbesondere für Sprachen mit einem relativ unregelmäßigen Verhältnis von Schrift und Aussprache wie z. B. das Französische oder Dänische, für Sprachen, die zahlreiche Laute enthalten, die es so im Deutschen nicht gibt (wie z. B. Swahili) und für Sprachen mit einem anderen Schriftsystem (wie z. B. Arabisch, Russisch, Griechisch oder Japanisch), bei denen die Lautschrift einen wesentlich unmittelbareren Zugang zur richtigen Aussprache bietet als die noch fremde Schreib- oder Druckschrift.

Unabhängig davon lässt sich sagen, dass das Erlernen der Lautschrift immer eine gute Investition ist, denn die Lautsymbole sind universell, also zur phonetischen Beschreibung aller Sprachen konzipiert worden, und tun deshalb beim Lernen einer weiteren Fremdsprache erneut gute Dienste.

Doch um die Lautsymbole zu verstehen und anwendbar zu machen, muss man sie natürlich erst einmal kennen. Am zuverlässigsten finden Sie dieses Inventar in einem guten zweisprachigen Wörterbuch der Zielsprache (seltener in einsprachigen Wörterbüchern). Im allgemeinen Benutzungsteil werden meist alle Lautsymbole, die im Nachschlageteil zur Angabe der Aussprache benutzt werden, aufgelistet und auch erklärt. Kopieren Sie sich dieses Lautverzeichnis mit den entsprechenden IPA-Symbolen heraus und halten Sie es solange zum schnellen Konsultieren bereit, bis Sie die Symbole auch ohne Erklärung sicher beherrschen und damit jede phonetische Umschreibung in die richtige Aussprache umsetzen können.

Wer in einem zweisprachigen Wörterbuch nicht fündig wird, kann zusätzlich auf den allgemeinen Teil eines guten Fremdwörterbuchs, z. B. das aus der Duden-Reihe (Band 5) zurückgreifen oder besser noch (weil vollständiger) auf das Aussprachewörterbuch der Duden-Reihe (Band 6). Dieses Aussprachewörterbuch ist übrigens auch unter dem Gesichtspunkt der Allgemeinbildung interessant, denn es informiert über die richtige Aussprache und Betonung von rund 130.000 Wörtern und Namen. In beiden Werken finden wir einen Großteil des Inventars der Laute aus den gängigsten Fremdsprachen mit dem entsprechenden IPA-Symbol, einer Beschreibung und (wo es sich anbietet) einem Vergleich mit Lauten, die es auch im Deutschen gibt. Zwar werden Sie hier naturgemäß auch Laute finden, die in Ihrer jeweiligen Zielsprache keine Rolle spielen, aber diese können ja einfach ignoriert werden.

Zusammenfassende Informationen und Tabellen findet man auch unter dem Stichwort »Internationales Phonetisches Alphabet« bei Wikipedia. Besonders hilfreich ist die Seite »Liste der IPA-Zeichen« (<https://de.wikipedia.org/wiki/Liste_der_IPA-Zeichen>). Denn zum einen sind hier alle Lautsymbole in Anlehnung an das Alphabet angeordnet und deshalb leicht auffindbar. Und zum anderen kann man sich durch einen Klick auf die verknüpften Audiodateien die richtige Aussprache aller erfassten Laute anhören. Natürlich müssen Sie sich nicht mit der ganzen Liste beschäftigen. Es reicht, wenn Sie sich jeweils mit den Lautsymbolen vertraut machen, die für Ihre jeweilige Fremdsprache relevant sind, und sich dabei die betroffenen Laute einprägen, insbesondere natürlich diejenigen, die so im Deutschen nicht existieren.

Wer noch tiefer einsteigen möchte, der findet eine graphische Darstellung des IPA-Systems mit Audio-Verknüpfung und Übungsfunktion im kostenlosen Programm IPA Help (<www-01.sil.org/computing/ipahelp/index.htm>).

Halten wir aber an dieser Stelle noch einmal fest, dass es in dieser Phase des Spracherwerbs nicht darum geht, sich mit den Feinheiten der Aussprache zu beschäftigen, sondern es geht lediglich darum, sich keine elementaren Falschaussprachen anzueignen. Dazu gehört:

▶ keine Laute wegzulassen, die zur Aussprache gehören, auch wenn sie nicht geschrieben werden (z. B. das kurze [d] vor dem Laut [ʒ] in der italienischen Aussprache des Wortes *Germania*)

▶ umgekehrt Schriftzeichen, denen keine Laute entsprechen, auch tatsächlich nicht wie Laute zu sprechen (z. B. das H in französischen Wörtern und Namen wie *hôtel* oder *Hugues* oder das U in spanischen Wörtern und Namen wie *guerra* oder *Guillermo*).

▶ offene Vokale von geschlossenen zu unterscheiden (z. B. das offene E in dem französischen Wort *lait*, »Milch«, im Gegensatz zum geschlossenen E in der Pluralform des bestimmten Artikels *les*)

▶ lang gesprochene von kurz gesprochenen Vokalen zu unterscheiden (z. B. in dem französischen Wort *capitaine*, s.o.)

▶ stimmhafte von stimmlosen Konsonanten zu unterscheiden (z. B. das stimmhafte G im englischen Wort *bag* im Gegensatz zum stimmlosen K in *back*)

usw.

All diese elementaren Aussprachefehler lassen sich am leichtesten durch einen Blick in die phonetische Umschrift erkennen und vermeiden, am besten natürlich unterstützt durch einen unmittelbaren Höreindruck von einem Tonträger.

Ein wichtiger Aspekt der richtigen Aussprache ist übrigens auch die Betonung. Ein auf der falschen Silbe betontes Wort ist für einen Muttersprachler schnell unverständlich. Auch hier hilft die IPA-Umschrift, denn sie gibt den Wortakzent durch einen hochgestellten senkrechten Strich vor der betonten Silbe an. In Wörterbüchern werden teilweise auch abweichende Markierungen des Wortakzents verwendet, z. B. Fettdruck oder ein Punkt unter der betonten Silbe. Achten Sie auf jeden Fall darauf, sich gleich auch die richtige Wortbetonung zu merken. Für die richtige Satzbetonung gelten dann noch einige Besonderheiten, die erst beim aktiven Sprechen wirklich relevant werden und auf die ich deshalb auch erst in Abschnitt 11|9 »Trainieren Sie Ihre Sprechartikulatorik im Textzusammenhang« eingehe.

9 | 12 Prägen Sie sich die Aussprache schon beim Lesen ein

Was können Sie nun tun, um schon beim ersten Lesen von Texten die Aussprache nicht nur zu klären, sondern um sie sich möglichst auch schon einzuprägen? Ich empfehle folgendes Vorgehen:

1. Markieren Sie gleich beim ersten Lesen eines Textes alle Wörter, von denen Sie nicht ganz sicher sind, wie sie ausgesprochen werden.
2. Klären Sie die richtige Aussprache der fraglichen Wörter mithilfe einer zuverlässigen Quelle, z. B. eines Wörterbuchs, das Ausspracheinformationen enthält (s. Abschnitt 9|12).
3. Notieren Sie diese am Rande des Textes oder mithilfe von Fußnoten so, dass Sie auch später jederzeit darauf zurückgreifen können. Dabei ist es meist nicht nötig, die Aussprache des ganzen Wortes festzuhalten, sondern es reicht, für die kritischen Wortbestandteile die Aussprache zu notieren. Eine gute Technik ist auch der Bezug auf bekannte Wörter, z. B. bei dem englischen Wort »lounge« das Wort »couch«. Beide Wörter werden an der entscheidenden Stelle mit der gleichen Lautkombination ausgesprochen: [laʊndʃ] vs. [kaʊtʃ].
4. Wenn eine Hörfassung des Textes verfügbar ist, sollten Sie möglichst einen Hördurchgang speziell für die richtige Aussprache reservieren. Stellen Sie bewusst fest, welche Wörter Sie eindeutig anders ausgesprochen hätten, als es laut Hörfassung richtig ist. Markieren Sie diese Wörter noch zusätzlich zu den in Schritt 1 erfassten und halten Sie auch dazu die richtige Aussprache notizenartig fest. Achten Sie dabei auch auf die richtigen Wortbetonungen.

Wenn Sie dieses Verfahren zu Beginn Ihrer Beschäftigung mit fremdsprachigen Texten systematisch praktizieren, werden Sie schnell die Zahl der Unsicherheiten und der zugegebenerweise manchmal lästigen Aussprache-Checks reduzieren können, insbesondere bei Sprachen, die eine relativ klare Zuordnung von Schriftzeichen zu Lauten aufweisen (wie z. B. Spanisch oder Türkisch). Die Zahl der notwendigen Aussprache-Checks strebt dabei zwar gegen Null, erreicht diesen Wert aber wohl eher nicht: Selbst als weit fortgeschrittener Lerner des Englischen oder Französischen zum Beispiel wird man immer wieder auf einzelne Wörter stoßen, die ein Nachschlagen notwendig machen. Oder wissen Sie einhundertprozentig sicher, wie man im Englischen das Wort *feoffor* (Lehnsherr) oder im Französischen das Wort *aulne* (Erle) ausspricht oder auf welcher Silbe man das sechssilbige italienische Wort *diversificano* betont?

9 | 13   Machen Sie sich mit fremden Schriftsystemen vertraut

Unserem erklärten Ziel, möglichst schnell Lesekompetenz in unserer Fremdsprache zu erwerben, stellen einige Sprachen uns ein ganz besonderes zusätzliches Hindernis in den Weg: Sie verwenden ein anderes Schriftsystem als die uns vertraute lateinische Schrift. Ein Blick auf eine griechische, russische oder arabische Zeitung am Bahnhofskiosk macht klar, was das bedeutet. Wer in der Schule Altgriechisch gelernt hat (was heute allerdings nur noch 0,2 Prozent aller Schüler tun), hat bereits Erfahrungen mit einem solchen fremden Schriftsystem gemacht und dabei vielleicht auch festgestellt, dass dies eine lösbare Aufgabe ist. Alle anderen Lerner gehen meist davon aus, dass das Erlernen eines anderen Schriftsystems eine sehr Respekt einflößende Zusatzaufgabe beim Zugang zu einer Fremdsprache ist und haben entsprechend viel Achtung vor denjenigen, die das geschafft haben. Das ist sicherlich nicht ganz unbegründet, aber ein ganz entscheidender Unterschied wird dabei meist übersehen: der zwischen Alphabetschriften wie der griechischen, hebräischen, arabischen oder kyrillischen Schrift und den sog. logografischen Schriften wie der chinesischen.

Im ersten Fall ist die Zahl der fremden Schriftzeichen auf eine Zahl ähnlich dem Deutschen begrenzt, also auf zwei oder drei Dutzend. Diese stehen wie im Deutschen für bestimmte Laute, auch wenn die Zuordnung (ebenfalls wie im Deutschen) nicht immer eins-zu-eins ist. Sie können dennoch meist in Verbindung mit dem »normalen« Spracherwerb gelernt werden, auch wenn es natürlich eine Zeit dauert, bis man Texte in einem solchen Schriftsystem einigermaßen mühelos lesen kann. Dies ist zum Beispiel bei Sprachen, die das kyrillische Alphabet verwenden (wie Russisch oder Bulgarisch), der Fall. Selbst Sprachen wie Arabisch oder Persisch, die uns in geschriebener Form zunächst wie Hieroglyphen vorkommen, sind Alphabetschriften und lassen sich nach dem Erlernen der Schriftzeichen und der zugeordneten Laute relativ schnell entziffern. Dies ist zwar zugegebenermaßen eine Zusatzherausforderung beim Lernen, aber sie hält sich in Grenzen. Oft sind die Lerner dieser Sprachen selbst überrascht, wie schnell sie sich mit den ungewohnten Schriftzeichen arrangieren.

Ganz anders sieht es bei den logografischen Schriften wie der chinesischen aus. Hier beläuft sich die Zahl der Schriftzeichen nicht wie bei den Alphabetschriften auf zwei bis drei Dutzend, sondern auf mehrere tausend, und diese stehen auch nicht für ein begrenztes Lautinventar, sondern für ganze Wörter oder Wortbestandteile. Dies heißt in der Konsequenz, dass wir zu fast jeder Vokabel in dieser Sprache auch ein eigenes Schriftzeichen oder eine Kombination verschiedener Schriftzeichen lernen müssen. Erschwerend kommt hinzu, dass diese Schriftzeichen (im Gegensatz zu den Alphabetschriften) in der Regel keine Informationen über die Aussprache der Wörter enthalten. Während wir also bei einem unbekannten Wort in einer Alphabetschrift oft schon wissen, wie es ausgesprochen wird, müssen wir dies bei den unbekannten Wortzeichen einer logografischen Schrift zusätzlich lernen. Dieser Zusatzaufwand wird noch einmal verdoppelt, wenn wir diese Zeichen nicht nur lesen und verstehen, sondern auch selbst schreiben wollen. Während Kinder in deutschen Schulen alle Buchstaben des Alphabets spätestens am Ende der ersten Klasse beherrschen und sich ab dann vor allem mit der richtigen Schreibung der Wörter und der Steigerung des Lesetempos beschäftigen, sind chinesische Kinder noch jahrelang mit dem Erwerb der Schriftzeichen selbst beschäftigt. Insgesamt verfügt das Chinesische über mehrere zehntausend Schriftzeichen. Gebräuchlich sind allerdings nur noch etwa 3000. Und erste chinesische Texte kann man auch schon mit deutlich weniger Zeichenkenntnissen entziffern.

Angesichts des beschriebenen grundlegenden Unterschieds zwischen Alphabetschriften und logografischen Schriften liegt es auf der Hand, dass unsere Strategien zum Erlernen dieser Schrifttypen nicht in beiden Fällen die gleichen sein können. Deshalb gehe ich im Folgenden zunächst auf fremde Alphabetschriften und erst anschließend auf logografische Schriften ein.

Ein großes Problem beim Erlernen fremder Alphabetschriften sind die Lehrwerke. Denn diesen mangelt es fast immer an einem ausgereiften methodisch-didaktischen Konzept zur Vermittlung des fremden Schriftsystems. Die Vermittlung der Schriftzeichen wird meist in einen »Vorkurs« vor dem eigentlichen Lektionsprogramm verbannt und dort in extrem verdichteter Form präsentiert, so als gehöre das Schriftsystem gar nicht zum eigentlichen Lernprogramm, sondern könne mal eben so vorab aufgenommen werden, sozusagen als eine Art Gebrauchsanleitung für das Lesen der Texte im eigentlichen Lektionsteil des Lehrwerks, der dann meist komplett und schon ab der ersten Lektion im zielsprachigen Schriftsystem gehalten ist. Eine sinnvolle Progression im Erwerb des Schriftsystems ist oft nicht erkennbar, denn die Lektionstexte sind, wie in Lehrwerken üblich, nach lexikalischen, grammatischen und kommunikativen Gesichtspunkten, nicht aber nach Gesichtspunkten des Schrifterwerbs aufgebaut. Elementare Leseübungen in der neuen Schrift sind entweder gar nicht oder nur in sehr geringem Umfang vorhanden. Stattdessen wird das fremde Alphabet mit den Namen der Buchstaben präsentiert. Dabei ist weder die Reihenfolge der Buchstaben im Alphabet, noch sind deren Namen in dieser frühen Phase für den Lerner relevant. Und schon gar nicht die gleichzeitige Präsentation von Druck- und Schreibschrift, die in dieser frühen Phase restlos verwirren kann. Was Lerner in dieser Anfangsphase brauchen, sind zunächst ausschließlich klare Informationen darüber, welche Schriftzeichen in welchen Umgebungen welchen Lautwert haben, verbunden mit der Möglichkeit, diese Zuordnung an möglichst einfachem Sprachmaterial einzuüben. Genau das liefern die meisten Lehrwerke aber nicht, weil sie nicht auf die eindeutigen Symbole der internationalen Lautschrift IPA zurückgreifen (s. Abschnitt 9|11), sondern nur auf Transkriptionen mithilfe des deutschen Buchstabensystems. Das führt dann fast zwangsläufig zu Verwirrungen. Zum ersten weil viele Buchstaben oder Buchstabenkombinationen im Deutschen je nach Umfeld unterschiedlich ausgesprochen werden, z. B. das CH in *nicht* und in *Nacht*, das Y in *Baby*, *Physik* oder *Yacht*, das N in *Bank* und in *Band* usw. Zum zweiten weil umgekehrt zahlreiche Ausspracheunterschiede im Deutschen nicht eindeutig mit eigenen Buchstaben dargestellt werden können (z. B. der Unterschied zwischen dem geschlossenen vokalischen Laut [e] wie in der ersten Silbe von *Rede* und dem reduzierten vokalischen Laut [ə] in der zweiten Silbe von *Rede* oder der Unterschied in der Aussprache des Buchstabens J in *Journalist* im Gegensatz zu *Jubilar*. Und zum dritten weil es bestimmte Laute im Deutschen gar nicht gibt und folglich auch keine Buchstaben zu ihrer Darstellung zur Verfügung stehen (so z. B. für die französischen oder portugiesischen Nasalvokale, das russische [ɨ] wie in сын (Sohn) oder das spanische [θ] wie in *luz* (Licht) oder *arroz* (Reis).

Wie man sieht, ist es nicht ganz einfach für Selbstlerner, den Fuß in die Tür einer Sprache mit einem anderen Schriftsystem zu bekommen. Die Defizite der Lehrwerke können deshalb gerade in einem frühen Lernstadium sehr demotivierende Folgen haben. Im Folgenden deshalb einige Tipps, wie man die genannten Schwierigkeiten umgehen oder doch zumindest reduzieren kann und wie man Zugang zu einer Sprache mit einer fremden Alphabetschrift findet.

▶ Wählen Sie Lehrmaterialien kritisch aus.
Egal wie bunt und einladend das Russisch-, Arabisch- oder Neugriechisch-Lehrbuch auf den ersten Blick ist: Sehen Sie es sich vor allem unter dem Gesichtspunkt der Vermittlung von Schrift und Aussprache an. Wenn sich am Anfang des Buches lediglich eine vorgeschaltete »Einführung in die Schrift« mit einer Tabelle des Alphabets und den Namen der Buchstaben, ergänzt um ein paar Beispielwörter, findet, dann hat dieses Lehrwerk mit hoher Wahrscheinlichkeit kein methodisch-didaktisches Konzept zur Vermittlung des fremden Schriftsystems. Prüfen Sie deshalb vor allem Folgendes: Gibt es einen längeren Lehrbuchteil, der in die Schrift einführt? Enthält dieser auch Übungen, die bei den einfachsten Wörtern beginnen und den Schwierigkeitsgrad langsam steigern? Sind zu den fremden Schriftzeichen die möglichen Aussprachen klar und übersichtlich angegeben? Werden dabei auch unterschiedliche Aussprachen in verschiedenen Buchstabenkombinationen differenziert? Werden dabei die Symbole der Internationalen Lautschrift IPA verwendet? Sind auch in den Lektionstexten noch Erklärungen zur Schrift zu finden? Gibt es nicht nur zu den Lektionstexten, sondern auch schon zu den Erklärungen und Übungen zur Schrift Audiomaterial, mit dem Sie überprüfen können, ob Sie die Wörter richtig lesen und aussprechen können? Je mehr dieser Fragen Sie mit »Ja« beantworten können, desto größer sind die Chancen, dass das Lehrwerk Ihnen beim Zugang zum fremden Schriftsystem hilft.

▶ Lernen Sie immer von der Schrift zur Lautung.
Wie schon in Abschnitt 9|8 begründet, sollte man die richtige Aussprache neuer Wörter so früh wie möglich klären und einüben. Dies gilt auch dann, wenn diese Wörter in einem anderen Schriftsystem daherkommen. Die Grundstrategie beim Lernen der fremden Schrift sollte deshalb immer auf dieses Ziel hin ausgerichtet sein. Versuchen Sie also, schon beim ersten Kontakt mit einem neuen Wort in einem fremden Schriftsystem dessen Aussprache aus den Schriftzeichen, aus denen es

besteht, abzuleiten, und überprüfen Sie anschließend, ob Ihre Ableitung richtig war. Wie schon im letzten Absatz gefordert, sollte Ihr Lehrmaterial diese Überprüfung möglich machen, entweder durch die Angabe der richtigen Aussprache durch eine eindeutige Transkription oder durch deutlich gesprochenes Audiomaterial (besser noch: durch beides). Ist keine dieser Möglichkeiten gegeben, bleibt noch der Weg über ein Wörterbuch, das auch die Aussprache angibt. Diese ist in der Regel aber ziemlich aufwändig und setzt voraus, dass Sie die alphabetische Reihenfolge der fremden Schriftzeichen bereits verinnerlicht haben. Wesentlich angenehmer ist deshalb das Hinzuziehen eines Muttersprachlers, z. B. des Tandempartners, der in dieser Phase nichts anderes tun sollte, als Ihnen zu sagen, ob Sie die Aussprache richtig aus der Schreibung abgeleitet haben oder nicht. Für das Einprägen der fremden Schriftzeichen kann man auch auf Angebote im Internet zurückgreifen. Auf der Seite <www.memrise.com> z. B. findet man mit dem Suchbegriff »Alphabet« Trainingsmaterial zum Schriftsystem zahlreicher Sprachen (Russisch, Griechisch, Arabisch, Hebräisch, Koreanisch, Hindi, Thai usw.).

▶ Benutzen Sie elektronische Vokabeltrainer als Lesetrainer.
Ein besonders effizientes Verfahren, das Erkennen von Wörtern in fremden Schriftsystemen zu trainieren, ist die Benutzung von elektronischen Vokabeltrainern. Voraussetzung ist allerdings, dass diese über eine Audioausgabe der fremdsprachigen Vokabeln verfügen. In diesem Fall können Sie sich zunächst eine Vokabel in der Fremdsprache anzeigen lassen, dann aus den Schriftzeichen die Aussprache ableiten und diese anschließend anhand der Audioausgabe sofort überprüfen. Um möglichst schnelle Fortschritte in der Beherrschung des fremdsprachigen Schriftsystems zu machen, können Sie in dieser Phase noch komplett darauf verzichten, sich auch bereits die Bedeutungen der Wörter zu merken. Denn das erfordert einen erheblich höheren Lernaufwand. Stattdessen sollten Sie sich ganz darauf konzentrieren, die Wörter richtig lesen und aussprechen zu können. Durch den Verzicht auf das eigentliche Bedeutungslernen und durch die Konzentration auf die Aussprache, dies dafür aber bei sehr vielen Wörtern, erzielen Sie sehr schnelle Fortschritte bei der Worterkennung. Wer auf diese Weise jeden Tag auch nur 10 Minuten trainiert, der wird bei der anschließenden Beschäftigung mit den ersten Lektionstexten eine erhebliche Erleichterung verspüren. Was Ihnen in dieser Phase hingegen wenig bringt, ist das Buchstabieren der Wörter oder gar der Versuch, sich jetzt schon die Schreibung dieser Wörter einzuprägen. Das geht erfahrungsgemäß sehr viel leichter, wenn Sie erst einmal Ihre Fähigkeiten im Entziffern der fremden Schrift ein gutes Stück weit entwickelt haben.

▶ Nutzen Sie elektronische Wörterbücher als Lesetrainer.
Außer Vokabeltrainern können Sie auch elektronische Wörterbücher zum Worterkennungstraining einsetzen. Voraussetzung ist auch hier, dass die fremdsprachigen Wörter vertont sind. Das ist derzeit z. B. in den frei zugänglichen Internetwörterbüchern *dict.leo.org* oder *www.dict.cc* für Russisch der Fall. Geben Sie einfach deutsche Stichwörter in die Abfrage ein und lassen Sie sich die russischen Äquivalente anzeigen. Diese betrachten Sie nun einfach als Übungsstoff. Versuchen Sie, sie zu lesen und richtig auszusprechen. Durch einen Klick auf das jeweilige Symbol für die Audiodatei können Sie Ihr Ergebnis überprüfen. Da zumindest bei gängigen Wörtern aus dem Grundwortschatz mehrere Äquivalente und zudem auch häufige Wortverbindungen und feste Wendungen angezeigt werden, erhalten Sie bereits durch ein einzelnes Suchwort einiges an Übungsmaterial. Wenn Ihnen der Aufruf durch einzelne Suchwörter dennoch zu lästig oder zu beliebig erscheint, können Sie in *www.leo.org* zunächst eine Zusammenstellung von Vokabeln vornehmen und diese dann mithilfe des Vokabeltrainers dieses Portals im Zusammenhang als Trainingsmaterial zum Lesenlernen benutzen. Wie Sie das Portal als Vokabeltrainer nutzen, ist in Abschnitt 13|9 beschrieben. Allerdings ist in den genannten elektronischen Portalen aus dem Kreis der Sprachen mit nichtlateinischen Alphabetschriften derzeit nur Russisch vertreten und mit einer ausreichenden (wenn auch keineswegs vollständigen) Vertonung der einzelnen Wörter versehen.

▶ Nutzen Sie Papierwörterbücher als Lesetrainer.
Wenn Sie für Ihre Fremdsprache mit einer fremden Alphabetschrift weder einen Vokabeltrainer noch ein elektronisches Wörterbuch mit vertonten Einträgen finden können, bleibt immer noch die Möglichkeit, auf einen Muttersprachler, z. B. den Tandempartner, als Kontrollinstanz zurückzugreifen. Dies hat den Vorteil, dass man dann mit beliebigem Übungsmaterial arbeiten kann. Dennoch hier folgender Tipp: Nehmen Sie ein alphabetisch aufgebautes Wörterbuch der Zielsprache und nutzen Sie die darin enthaltenen Schlagwörter als Trainingsmaterial. Und dies in der Reihenfolge, wie sie im Wörterbuch als Einträge angeordnet sind. Auf den ersten Blick wirkt das vielleicht so spannend wie das Verlesen des örtlichen Telefonbuchs. Der Trick besteht aber darin, dass sich die alphabetische Anordnung als wirksame Lesehilfe entpuppt. Sie lesen Wörter hintereinander, die am Anfang mindestens einen, oft aber auch mehrere gleiche Buchstaben haben. Das erleichtert nicht nur die Worterkennung, sondern auch die phonetische Produktion. Deshalb werde ich diese Technik später auch zum Training der Aussprache bei allen Sprachen, unabhängig vom Schriftsystem, empfehlen (s. Abschnitt 11|7). Auch bei dieser Technik reicht ein tägliches Training von wenigen Minuten aus, um schnelle Fortschritte zu erzielen. Der Trainingsumfang könnte sich beispielsweise pro Tag auf die Stich-

wörter begrenzen, die man auf ein bis zwei Wörterbuchseiten findet. Die Kontrolle durch einen Muttersprachler erfolgt am besten unmittelbar nach dem Lesen jedes einzelnen Wortes. Wenn das nicht möglich ist, z. B. weil nur ein Distanztandempartner zur Verfügung steht, kann man die Einträge von diesem vorab auf eine Tondatei sprechen lassen und im Moment des Übens abhören.

An dieser Stelle sei noch einmal betont, dass die genannten Strategien speziell dazu da sind, den Einstieg in das fremdsprachige Schriftsystem zu erleichtern. Sobald man diesen geschafft hat, sollte man natürlich bald zum Lesen von richtigem Textmaterial übergehen, wie wir es in didaktisch aufbereiteter Form in den Lehrwerken vorfinden. Denn dies ist naturgemäß motivierender als reine Erkennungsübungen. Die vorab mit den genannten Strategien erzielten Lernfortschritte werden sich dabei aber positiv bemerkbar machen. Sobald man den Einstieg geschafft hat, kann man dann zunehmend die Lesestrategien anwenden, die ich in den einzelnen Abschnitten dieses Kapitels für alle Sprachen empfohlen habe.

Ganz andere Probleme stellen sich, wenn man es statt mit einer Alphabetschrift mit einer logografischen Schrift mit mehreren tausend Schriftzeichen zu tun hat. Unter den in Deutschland häufiger gelernten Sprachen gilt dies vor allem für das Chinesische. Auch wenn Chinesischlehrer gern etwas anderes behaupten, ist es für durchschnittliche deutsche Chinesischlerner in der Regel eine klare Überforderung, gleichzeitig die chinesischen Schriftzeichen, die sog. Hanzi, ihre verschiedenen Bedeutungen, ihre Aussprache und dann möglicherweise auch noch ihre handschriftliche Produktion zu lernen. Zwar ist es für fast jeden Chinesischlerner ein großes Erfolgserlebnis, wenn er seinen ersten chinesischen Satz in Hanzi-Zeichen geschrieben hat, aber die dafür investierte Lernzeit ist in der Regel besser an anderer Stelle investiert, z. B. in der Aussprache. Außerdem ist es für die Anwendungsbedarfe mancher Lerner gar nicht nötig, sich auch die chinesische Schrift anzueignen. Deshalb im Folgenden einige einfache Empfehlungen, wie Sie sich speziell der chinesischen Sprache und ihrer Schrift nähern können.

▶ Klären Sie zunächst noch einmal anhand der Abschnitte in Kapitel 3, was genau Ihre Beweggründe sind, Chinesisch zu lernen und wie der konkrete Lernbedarf beschaffen ist, der sich davon ableitet. Speziell mit Blick auf die Schrift kann dies zu verschiedenen Ergebnissen führen. Es kann sich z. B. herausstellen, dass Sie *keinen* Bedarf haben, die chinesische Schrift zu lernen, z. B. weil Sie mit Ihren chinesischen Freunden, Kollegen oder Geschäftspartnern nur mündlich kommunizieren. Es kann sich auch herausstellen, dass Sie nur einen Bedarf an *elementaren* Schriftzeichen haben, z. B. um sich bei Reisen nach China auch dort zurechtzufinden, wo Hinweisschilder nur in Hanzi geschrieben sind. Oder aber Sie erkennen, dass Sie einen Bedarf an umfangreichen Hanzi-Kenntnissen haben, weil Sie aus welchen Gründen auch immer chinesische

Zeitungen, Artikel oder Bücher lesen möchten. Klären Sie in diesem Zusammenhang auch, ob Sie die chinesische Schrift nur lesen oder auch selbst in ihr schreiben müssen.

- Wählen Sie dann Ihr Lehrmaterial und ggf. Ihren Sprachkurs unter dem Gesichtspunkt aus, dass er zu Ihren vorausgehend festgestellten Bedarfen passt. Haken Sie nach, wenn dies nicht aus der Lehrwerks- bzw. Kursbeschreibung eindeutig hervorgeht, z. B. indem Sie beim Kursanbieter nachfragen oder sich das Lehrbuch zunächst ausleihen, bevor Sie es kaufen.

- Lernen Sie Pinyin. Diese allgemein verbreitete Umschrift des Chinesischen in lateinischer Schrift erleichtert den Zugang zum Chinesischen erheblich. Denn im Gegensatz zu den logografischen Hanzi-Zeichen enthält Pinyin als Alphabetschrift die nötigen Ausspracheinformationen. Zwar erreicht auch Pinyin nicht die wissenschaftliche Präzision einer Umschreibung mit den Lautsymbolen der IPA, aber sie kommt dem doch relativ nahe. Die Verwendung von Zusatzzeichen über den silbentragenden Vokalen zeigt in Pinyin zudem an, auf welchem der vier Töne das Wort gesprochen werden muss, damit es die intendierte Bedeutung hat. Im Chinesischen sind die Tonhöhe und der Tonverlauf auch bei ansonsten gleichen Silben bedeutungsunterscheidend. Auch chinesische Kinder lernen in der Schule zunächst Pinyin. Es ist also kein Chinesischlernen »zweiter Klasse«, wenn man auf dieses zurückgreift.

- Wenn Sie zu dem Schluss kommen, dass Sie die chinesische Schrift lernen wollen oder müssen, dann sollten Sie dies als einen eigenen Lernvorgang begreifen, der zu dem, was das Fremdsprachenlernen ohnehin umfasst, noch hinzukommt und entsprechend zusätzliche Zeit und Mühe kostet. Nach den Erfahrungen vieler Lerner ist es besonders hilfreich, dazu einen Kurs zu belegen, der speziell auf die Vermittlung der Schriftzeichen hin konzipiert ist oder der den Schriftzeichen doch zumindest einen hohen Stellenwert einräumt. Allerdings hängt der Erfolg dabei stark vom Lehrer ab. Wenn dieser keine oder wenig Erfahrung in der Vermittlung des chinesischen Schriftsystems an Sprecher von Sprachen mit lateinischer Schrift hat, kann das Belegen eines solchen Kurses an Zeitverschwendung grenzen. Diese Situation kann sich ergeben, wenn Lehrer frisch aus China »importiert« sind. Klären Sie also vor der Buchung eines Kurses auf jeden Fall, über welche Erfahrungen der Lehrer verfügt.

- Während ich der Verwendung von »Eselsbrücken« und anderen Gedächtnistricks im Allgemeinen eher skeptisch gegenüberstehe (s. dazu meine Argumente in Abschnitt 13|15), scheint mir eine bestimmte Art von Gedächtnishilfen zum Einprägen der chinesischen Schriftzeichen hilfreich. Diese sind zu finden in dem erst kürzlich erschienenen Buch »Chineasy«, das von der Taiwanesin ShaoLan Hsueh entwickelt wurde, die sich als Tochter einer Kalligrafin und eines Keramikkünstlers vorstellt. Das Buch präsentiert auf knapp 200 Seiten eine Auswahl von rund 350 wichtigen Schriftzeichen. Das Besondere: Die Konturen jedes dieser Schriftzeichen werden in eine einfache farbige Zeichnung integriert, die einen inhaltlichen Bezug zur Bedeutung des Schriftzeichens hat. So bekommt beispielsweise das Schriftzeichen für *Mensch* Füße, das Zeichen für *Mund* Zähne, das Zeichen für *groß* ausgestreckte Hände usw. Diese ästhetisch sehr ansprechenden Zeichnungen in Verbindung mit ihrer Funktion als Gedächtnishilfen ermöglichen einen neuartigen, optisch sehr reizvollen Zugang zu den chinesischen Schriftzeichen. Prüfen Sie bei Interesse, ob für Sie persönlich die in diesem Buch vorgeschlagenen Gedächtnishilfen wirksam sind und zu einer besseren Behaltensleistung führen.

▸ Nutzen Sie das Wörterbuch-Portal <*www.leo.org*>. Dieses bereits mehrfach erwähnte Portal kann man nicht nur zum Lernen der kyrillischen Alphabetschrift einsetzen (s. o.), sondern mit gewissen Einschränkungen auch zum Einprägen chinesischer Schriftzeichen. Denn es gibt die chinesischen Äquivalente deutscher Wörter sowohl in Pinyin-Umschrift als auch in Hanzi an. Allerdings werden beide Schreibungen immer zusammen präsentiert, sodass es einer gewissen Selbstdisziplin bedarf, zunächst nur das chinesische Schriftzeichen zu betrachten und dann erst zur Kontrolle die Pinyin-Umschrift. Dafür kann man sich aber wie bei den anderen Sprachen auch mit einem Klick die Aussprache vorspielen lassen und die Bedeutung der einzelnen Schriftzeichen anhand der deutschen Übersetzung überprüfen.

▸ Benutzen Sie Schreiblehren. Wenn Sie die chinesische Schrift auch selbst schreiben wollen, dann sollten Sie Lehrmaterialien benutzen, die diese Fähigkeit ganz gezielt vermitteln. Sie erkennen dies daran, dass grafische Hilfsmittel eingesetzt werden wie z. B. quadratische Gitternetze, um die genaue Form der Zeichen zu veranschaulichen, oder Pfeile, um Bewegungsabläufe bei der Produktion der Zeichen aufzuzeigen. Ein reines Nachmalen der Zeichen aus dem Lehrbuch oder einer anderen Quelle kann zu untypischen Bewegungsabläufen und zu verzerrten Zeichendarstellungen führen. Ein möglicher Einstieg ist die mehrteilige Reihe »Chinesische Elementarzeichen« von Hefei Huang und Dieter Ziethen. Sie zeigen nicht nur die Strichfolge und die Strichrichtung bei der Produktion der Zeichen an, sondern bieten auch Platz zum Üben in Form eines Rasters zum Hineinschreiben. Um den Übungsplatz nicht zu schnell zu verbrauchen, empfiehlt es sich, die Raster im Buch nur als Kopiervorlage zu benutzen und dann auf den Kopien zu schreiben. Dies ermöglicht beliebig viele Wiederholungen.

Die genannten Ratschläge gelten im Wesentlichen auch für alle, die Japanisch lernen wollen. Auch bei dieser Sprache sollte man zunächst gründlich über den eigenen Lernbedarf nachdenken, um entscheiden zu können, wie tief man in das japanische Schriftsystem einsteigen möchte. In diesem Fall sind sogar drei Grundoptionen denkbar:

▶ Sie lernen Japanisch anhand eines der Transkriptionssysteme, die das Japanische in lateinischer Schrift (die Japaner sprechen von »Rōmaji«) wiedergeben. Die verbreitetste Transkriptionsart ist auch heute noch das sog. Hepburn-System, das schon 1867 von dem Amerikaner James Curtis Hepburn entwickelt wurde. Es liegt den meisten Lehrwerken zugrunde. Da praktisch alle Japaner diese Schrift lesen können, weil sie in der Schule die lateinische Schrift spätestens im Englischunterricht gelernt haben, ermöglicht die Beherrschung von Rōmaji eine problemlose schriftliche Kommunikation mit fast allen Japanern. Die Beschränkung auf Rōmaji erleichtert den Einstieg in das Japanische sehr, weil es praktisch alle Ausspracheinformationen enthält. Und da das japanische Lautsystem dem deutschen relativ ähnlich ist (was deutsche Lerner oft angenehm überrascht), kann man sich so relativ früh auf die eigentlichen Lernschwierigkeiten konzentrieren, die das Japanische mit sich bringt (insbesondere den Wortschatz und die Grammatik).

▶ Die zweite Möglichkeit besteht darin, neben dem Rōmaji die beiden japanischen Silbenschriften Hiragana und Katakana zu lernen. Bei Silbenschriften stehen, wie diese Bezeichnung schon aussagt, einzelne Zeichen nicht für einzelne Laute wie bei Alphabetschriften und auch nicht für Begriffe wie bei logografischen Schriften, sondern für einzelne Silben. Da das Japanische nur eine relativ begrenzte Zahl von Silben kennt, gibt es in Hiragana und in Katakana jeweils nur 46 solcher Grundzeichen, die in einem sog. Silbenalphabet zusammengefasst werden. (Einen guten ersten Eindruck vermitteln die großformatigen Darstellungen auf der Seite <http://commons.wikimedia.org/wiki/Hiragana?uselang=de>.) Japanisch kann komplett in Hiragana geschrieben werden und auch die japanischen Kinder lernen in der Schule zunächst nur in dieser Schrift zu schreiben. Die Katakana-Silbenschrift ist eine Parallelschrift für die gleichen Silben, wird aber für spezielle Zwecke genutzt, z. B. zur Schreibung von Fremdwörtern, fachsprachlichen Ausdrücken und Wörtern, die besonders ins Auge fallen sollen. Insgesamt kann man die zweimal 46 Zeichen und ihre silbische Lautung relativ schnell lernen. Viele Japanisch-Lehrwerke führen auch in diese beiden Schriften ein.

▶ Eine absolute Besonderheit der geschriebenen japanischen Sprache besteht darin, dass sie vier verschiedene Schriftsysteme verwendet. Denn zu den drei bereits genannten Schriften kommt in japanischen Originaltexten noch die logografische Kanji-Schrift hinzu, die aus dem Chinesischen entlehnt ist, deren Zeichen aber überwiegend eine andere Bedeutung haben als im Chinesischen. Auch im Japanischen gibt es mehrere zehntausend dieser Zeichen, aber für die meisten Alltagstexte ist eine wesentlich begrenztere Zahl ausreichend. Sie liegt bei rund 2000. Wer ohne Einschränkungen japanische Texte lesen möchte, der muss sich auch mit Kanji auseinandersetzen. Den Einstieg erleichtern kann z. B. der »Expresskurs Japanische Schriftzeichen« aus dem Langenscheidt-Verlag, der rund 300 der wichtigsten Kanji erklärt und durch die jeweilige Geschichte der einzelnen Schriftzeichen auf informativ-unterhaltsame Weise das Behalten fördert.

▶ Wie beim Chinesischen gilt auch beim Japanischen, dass die handschriftliche Produktion der Schriftzeichen noch einmal eine zusätzliche Anleitung erfordert, die die meisten Lehrwerke nicht oder doch nur in einer sehr rudimentären Form liefern. Man muss sich also nach speziellen Lehrmaterialien umschauen, die manchmal eher auf ausländischen Buchmärkten zu finden sind. Für das Japanische scheint mir z. B. das Taschenbuch von Wako Tawa »Japanese Stage-Step Course – The Writing Practice Book« aus dem Verlag Routledge Chapman & Hall besonders geeignet. Wer eine kostenlose Quelle im Internet sucht, kann auf die Seite <tangorin.com> gehen. Hier wird für jedes Kanji-Grundzeichen die Strichfolge durch eine entsprechende Folge von Graphiken Schritt für Schritt veranschaulicht. Der Ansatzpunkt für jeden Strich wird dabei zusätzlich durch einen roten Punkt markiert. Die Seite ist gleichzeitig ein japanisch-englisches Wörterbuch mit zahlreichen weiteren sprachlichen Informationen zu den gesuchten Zeichen oder Wörtern. Auch das Kanji-Lexikon der Internetseite <https://mpi-lingweb.shh.mpg.de/kanji> gibt neben der Bedeutung die richtige Strichfolge bei der handschriftlichen Produktion von Kanji an. Wer es gerne noch anschaulicher hätte, kann sich auf der Seite <http://kanji-lernen.de/html/kanjikaiser.html> den kostenlosen »Kanji-Kaiser« herunterladen, der die Produktion der Kanji auch in animierter Form zeigt. Wer bereits tiefer in die japanische Sprache eingestiegen ist und Hilfe beim Surfen auf japanischen Internetseiten benötigt, für den könnte das Browser-Add »Moji« von Interesse sein, das auf der Seite <http://moji.mozdev.org> heruntergeladen werden kann. Mit seiner Hilfe lässt sich die Bedeutung der japanischen Schriftzeichen unmittelbar aus dem Browser heraus abfragen.

Andere Sprachen mit eigenen Schriftsystemen werden in Deutschland kaum gelernt und sollen deshalb hier auch nicht näher behandelt werden. Nur der Vollständigkeit halber sei darauf hingewiesen, dass keine der anderen großen asiatischen Sprachen über ein dem Chinesischen vergleichbares logografisches Schriftsystem verfügt, sondern dass diese Sprachen im weitesten Sinne als Alphabetschriften (wenn auch mit gewissen Besonderheiten) betrachtet werden können. Dies gilt für das Koreanische, das Thailändische und das Devanagari, die Schrift, in der Hindi geschrieben wird. Diese Schriften verfügen nur über ein Zeicheninventar von ein paar Dutzend Zeichen (z. B. 40 Grundzeichen im Koreanischen). Der Lernaufwand ist somit, zumindest was die Schriftsysteme angeht, deutlich geringer als beim Chinesischen. Und wer sich der seltenen Aufgabe stellen möchte, Vietnamesisch zu lernen, darf sich darüber freuen, dass diese Sprache heute praktisch ausschließlich in lateinischer Schrift geschrieben wird.

9 | 14 Machen Sie sich Verständnisprobleme in Texten bewusst

Hauptziel der Beschäftigung mit fremdsprachigen Texten ist (wie bei solchen in der Muttersprache) letztlich immer das Verstehen. Auf dem Weg dorthin stellen sich naturgemäß oft Verständnisprobleme ein. Diese können vielfältige Ursachen haben, von unbekannten Vokabeln, undurchsichtigen grammatischen Strukturen bis hin zu unbekannten idiomatischen Wendungen. Die wichtigste Voraussetzung für das Lösen von Verständnisproblemen besteht darin, sie überhaupt erst einmal zu erkennen. Das ist nicht so selbstverständlich, wie es scheint, denn manchmal neigen wir dazu, ein Verstehen zu unterstellen, das sich im Nachhinein als ein Nicht-Verstehen darstellt. Dies ist z. B. vor allem dann der Fall, wenn wir die fremdsprachigen Wörter als Vokabeln bereits kennen, aber ihr Zusammenspiel in einer bestimmten Verbindung oder in einem bestimmten Kontext neu ist. Dazu ein Beispiel:

Sie lesen in einem französischen Text, in dem jemand von seiner Schulzeit erzählt, den Satz *La rédaction des petits mots était interdite.* Bei entsprechendem Schulfranzösisch werden Sie mit den einzelnen Wörtern in diesem Satz wahrscheinlich keine Schwierigkeiten haben und den Satz vielleicht schon deshalb schnell überlesen oder sich einfach sagen: »Da war es wohl verboten, irgendwelche Kleinigkeiten hinzuschreiben, was genau steht da nicht«. Sobald Sie gründlicher über den Satz nachdenken, wird Ihnen aber möglicherweise auffallen, dass Sie im Grunde nicht wissen, was »kleine Wörter« sind und sich auch nicht erklären können, warum von *rédaction* die Rede ist und nicht einfach von *écrire* oder einem davon abgeleiteten Wort. Die Verständniselemente, die Ihnen in diesem Fall fehlen würden, sind diese: Zum einen, dass *mot* vor allem in Verbindung mit *petit* nicht nur »Wort« bedeutet, sondern auch »Nachricht«, »Mitteilung«, »Notiz« usw. (*Je vais te laisser un petit mot* – »Ich lasse dir eine Nachricht zukommen«). Und zum anderen, dass *rédaction* keineswegs nur die Bedeutung hat, die wir im Deutschen mit den Wörtern *Redaktion* oder *Redigieren* verbinden, sondern für jede Art des Schreibens von Text steht (*la rédaction d'une lettre* – »das Schreiben eines Briefs«). Der fragliche Satz bedeutet also tatsächlich so viel wie: »Das Schreiben von Nachrichten war verboten«. Auch dieser Satz ist immer noch nicht ganz verständlich. Erst wenn wir den Kontext hinzunehmen, werden wir möglicherweise auf die richtige Bedeutung kommen, dass es nämlich in der Schule verboten war, die bekannten kleinen Zettel zu schreiben, die man sich während langweiliger Unterrichtsstunden schon mal zusteckte.

Echtes Verstehen ist also nur dann gegeben, wenn man sagen kann: *Ich verstehe jedes einzelne Wort und seine Bedeutung im Zusammenspiel mit den anderen Wörtern im Satz* plus *Ich verstehe jeden einzelnen Satz und seine Bedeutung im Zusammenspiel mit den anderen Sätzen im Text* plus *Ich verstehe die Funktion des Textes als Ganzes.*

Machen Sie sich deshalb Verständnisprobleme beim Lesen fremdsprachiger Texte gezielt bewusst. Machen Sie sich klar, dass Nicht-Verstehen oft auch dann noch auftritt, wenn alle beteiligten Vokabeln bekannt sind. – Hier eine kleine Checkliste zur näheren Bestimmung des Verständnisproblems:

- Ich kenne ein bestimmtes Wort nicht.
- Ich kenne das Wort zwar, es muss hier aber eine andere Bedeutung haben.
- Ich kenne zwar die Wörter einzeln, sie müssen im Zusammenspiel aber eine andere Bedeutung haben.
- Ich kenne zwar die Wörter eines Satzes oder Teilsatzes, verstehe aber die Struktur des Satzes nicht.
- Ich verstehe zwar die Bedeutung des einzelnen Satzes, weiß aber nicht, wie dieser in den Kontext passt.

Mithilfe dieser einfachen Checkliste lassen sich die meisten Verständnisprobleme beim Lesen fremdsprachiger Texte eingrenzen, was meist eine notwendige Voraussetzung für ihre Lösung ist.

Sobald man ein Verständnisproblem erkannt hat, sollte man es im Text sichtbar machen, z. B. durch Unterstreichen oder durch farbiges Markieren. Dies hat mehrere Effekte.

Erstens hält man damit ein erstes Arbeitsergebnis der Beschäftigung mit dem Text fest, nämlich die vorausgehend beschriebene Identifizierung von Verständnisproblemen, und kann bei weiteren Textdurchgängen immer wieder leicht auf das identifizierte Problem zurückkommen.

Zweitens zwingt man sich durch die Festlegung der Ausdehnung der Markierung (z. B. nur ein Wort, eine Wortgruppe, ein Satz usw.) zur Beschäftigung mit der Frage, an welchen Elementen des Textes das Verständnisproblem festzumachen ist.

Und drittens kann eine motivierende Wirkung hinzukommen, wenn beim weiteren Lesen in längeren Texten die Zahl der markierten Textstellen immer weiter abnimmt bzw. wenn man beim wiederholten Lesen feststellt, dass die ehemals als unverständlich markierten Textstellen inzwischen keine solchen mehr sind, offensichtlich also ein Lernzuwachs zu verzeichnen ist.

9 | 15 Pflegen Sie die Kunst des intelligenten Ratens

Für die aktive Auseinandersetzung mit dem Verständnisproblem stehen grundsätzlich zwei Grundstrategien zur Verfügung: Sie können versuchen, das Problem mit Hilfsmitteln zu lösen, z. B. mit ein- oder zweisprachigen Wörterbüchern, mit einer Grammatik oder anhand einer Übersetzung. Oder Sie setzen erst einmal auf das eigene Nachdenken. Dabei kommen Strategien wie Kombinieren, Ableiten aus dem Zusammenhang, Aktivieren von Vorwissen aus anderen Sprachen und vor allem geschicktes Raten zum

Zuge. Solche Strategien werden in der Fachsprache als »Inferenzen« (engl. *inferencing*) bezeichnet.

Inferenzen beruhen im Kern auf der Tatsache, dass wir in fremdsprachigen Texten praktisch immer etwas mehr verstehen, als wir eigentlich wissen – und umgekehrt auch immer schon etwas mehr wissen, als wir im ersten Moment verstehen. Am besten machen wir uns das durch einen Vergleich mit dem Lösen eines Kreuzworträtsels klar: Wenn wir nur die Aufgaben lesen, bleiben viele Antworten unklar. Wenn wir jedoch beginnen, gewusste Wörter als Lösung in das Kreuzworträtsel einzutragen, finden wir schrittweise auch zahlreiche Lösungswörter, die uns beim reinen Lesen der Aufgabe noch nicht eingefallen sind. So ist es im Prinzip auch bei fremdsprachigen Texten: Wenn der Satz S insgesamt die Bedeutung B hat, dann kann das unbekannte Wort X in diesem Satz nur diese Bedeutung Y haben.

Viele Lerner greifen trotzdem bei Verständnisproblemen sofort zum Wörterbuch. Es gibt jedoch gute Gründe, auch Strategien zur Bildung von Inferenzen systematisch zu entwickeln. Der vielleicht wichtigste ist, dass wir in vielen Situationen, insbesondere in der mündlichen Kommunikation, aber auch beim Radiohören oder Fernsehschauen, normalerweise nicht die Möglichkeit haben, sinnvoll Nachschlagewerke zu benutzen. Inferenzen bilden bedeutet sozusagen Problemlösen mit Bordmitteln, man braucht nur seinen Kopf dazu und das ist praktisch. Wer sich also darin übt, erweitert damit seinen strategischen Werkzeugkoffer und investiert auch schon in den Erwerb der anderen Grundkompetenzen, insbesondere das Verstehen in Gesprächssituationen.

Ein zweites Argument für den Einsatz von Inferenzen ist ein gedächtnispsychologisches: Oft (wenn auch nicht immer) behalten wir selbst gefundene Problemlösungen besser in Erinnerung als solche, die uns von außen vorgeschlagen wurden. Vielleicht ist das auch der Grund, warum sich in wissenschaftlichen Untersuchungen immer wieder gezeigt hat, dass erfolgreiche Fremdsprachenlerner meistens ausgiebige und gute »Inferenzierer« sind. Im Übrigen entspricht der Einsatz von Inferenzen gerade auch beim Lesen unseren normalen Rezeptionsgewohnheiten: Selbst wer eine anspruchsvolle Zeitung oder einen historischen Roman liest, hat in der Regel kein Wörterbuch neben sich liegen, sondern vertraut seiner Fähigkeit, eventuell auftretende Verständnisprobleme nur mit seinem Kopf zu lösen.

Widerstehen Sie also der Versuchung, immer gleich zum Wörterbuch zu greifen, und üben Sie sich in der Kunst des intelligenten Ratens. Die wichtigsten Strategien für erfolgreiches Raten stelle ich Ihnen in den nächsten Abschnitten vor.

9 | 16 Raten Sie auf der Grundlage Ihrer Muttersprache

Die nächstliegende Quelle für das intelligente Raten ist naturgemäß die Muttersprache. Assoziieren Sie also zu fremdsprachigen Wörtern solche Wörter in Ihrer Muttersprache, die ähnlich klingen oder ähnlich geschrieben werden und stellen Sie fest, ob sie im gegebenen Fall als Bedeutungen einen Sinn machen.

Wie ergiebig diese Quelle ist, hängt natürlich stark vom Grad der Verwandtschaft zwischen den Sprachen ab. So wird man logischerweise mehr Niederländisch-Wörter auf der Grundlage des Deutschen erraten als polnische oder portugiesische. Doch selbst bei weit entfernten Sprachen lohnt sich manchmal ein Rateversuch, wie beispielsweise die türkischen Wörter *balkon* (Balkon), *firma* (Firma), *kahve* (Kaffee), *enerji* (Energie), *bilet* (Fahrkarte), *e-posta* (E-Mail), *şef* (Chef) usw. zeigen.

Besonders ergiebig als Quelle sind Fremdwörter. Dies gilt z. B. für viele Wörter in den romanischen Sprachen, die im Deutschen als Fremdwörter aus dem Lateinischen verbreitet sind. Aus Verben wie *reduzieren, kommunizieren, favorisieren*, Substantiven wie *Ambition, Minorität, Postulat* oder Adjektiven wie *legal, eloquent, opportun* usw. lässt sich die Bedeutung der jeweiligen Wörter in den romanischen Sprachen oft leicht herleiten, auch wenn nicht immer völlige Deckungsgleichheit mit der Verwendung im Deutschen besteht. Aber auch die »halbromanische« Sprache Englisch hat sehr viele Wörter aus dem Lateinischen aufgenommen, die wir über deutsche Fremdwörter leicht erschließen können (z. B. *emigrate* aus *emigrieren*, *corruption* aus *Korruption* oder *vitality* aus *Vitalität*).

Der Grad der Ähnlichkeit kann unterschiedlich groß sein. Er reicht von Wörtern, die fast oder ganz identisch sind bis zu Wörtern, die nur eine versteckte Ähnlichkeit haben. So wird es kaum einem Deutschen schwer fallen, die Bedeutung der italienischen Wörter *tendenza, industria, periferia* oder *efficiente* zu erraten. Bei anderen ist die Ähnlichkeit nicht ganz so offensichtlich und man braucht die zündende Idee, um den Zusammenhang zu sehen: *omogeneo* (homogen), *arrangiarsi* (sich arrangieren) oder *ovest* (Westen). Dafür gibt es aber andere Fälle, in denen man richtig rät, obwohl die Wörter gar nicht unmittelbar verwandt sind (z. B. *sole* und *Sonne*).

Manchmal ist etwas Fantasie nötig, weil die wörtliche Übersetzung der beiden Bestandteile nicht dem gängigen deutschen Wort entspricht. Aber mit der einfachen Frage »Was könnte damit in diesem Zusammenhang gemeint sein?« kommt man oft zum Ziel. Das französische Wort *wagon-restaurant* ergibt im Deutschen wörtlich »Restaurant-Waggon«, aber jeder wird sofort weiter auf das übliche deutsche Wort *Speisewagen* schließen. Und genauso von *autostoppeur*, wörtlich »Autostopper« auf *Anhalter* oder von »*arc-en-ciel*«, wörtlich »Bogen im Himmel« auf *Regenbogen*.

Natürlich bedeutet Ähnlichkeit mit einem deutschen Wort selbst bei gleichem Ursprung noch lange nicht, dass die Bedeutung genau die gleiche ist. Wörter verändern ihre Bedeutung langsam, aber kontinuierlich, und das in verschiedenen Sprachen auch in verschiedene Richtungen. Das italienische Wort *campagna* z. B. erinnert offensichtlich an das deutsche Wort *Kampagne* (Wahlkampagne, Werbekampagne) und in der Tat deckt es dessen Verwendung auch im Italienischen ab: Die Wahlkampagne heißt auf Italienisch *campagna elettorale* und die Werbekampagne *campagna pubblicitaria*. Doch die Bedeutung ist im Italienischen viel weiter. Vor allem bedeutet *campagna* nämlich auch »Land« im Gegensatz zu »Stadt«. Um auf diese weitere Bedeutung zu kommen, müsste man schon über einen Gedankengang wie »Kampagne« = »Feldzug« = »Eroberung von fremdem Land« auf *Land* kommen, was aber den wenigsten spontan gelingen wird.

Wir müssen also immer damit rechnen, dass auch Wörter, die offensichtlich den gleichen Ursprung haben, in der Fremdsprache eine andere (z. B. engere, weitere, benachbarte, gelegentlich auch eine ganze andere) Bedeutung haben als in unserer Muttersprache. Betrachten Sie deshalb das Ergebnis des Ratevorgangs immer nur als eine Hypothese, die es anhand des Kontextes und – sozusagen »in letzter Instanz« – manchmal auch mithilfe von Wörterbüchern zu überprüfen gilt.

Das Raten auf der Grundlage der Muttersprache ist nicht auf die Erschließung von *Wörtern* begrenzt. Wenn wir es anwenden, aktivieren wir meist automatisch auch unser Wissen über Sprachen im Allgemeinen. Wenn wir uns z. B. in dem Satz *In Italia non splende sempre il sole* fragen, was das *il* bedeutet, werden wir über kurz oder lang auf die Idee kommen, dass das der bestimmte Artikel von Sonne ist: *die* Sonne. Und damit liegen wir auch richtig, obwohl uns die reine Form der deutschen Artikel (*der, die, das*) diesen Schluss keineswegs nahelegt. Was wir uns hier zunutze machen, ist unser Wissen über Sprachen allgemein: dass es nämlich in Sprachen bestimmte Artikel geben kann. Mehr noch: Wir wenden unbewusst sogar die Hypothese an, dass Artikel meist kurze Wörter sind (jedenfalls kürzere als die für die meisten konkreten Gegenstände), dass sie meist *vor* den Substantiven stehen und dass die Sonne ein Gegenstand ist, für den wir typischerweise den *bestimmten* Artikel zum Einsatz bringen (»Heute scheint *die* Sonne«) und nicht den *unbestimmten* Artikel (»Heute scheint *eine* Sonne«). Jedenfalls solange wir uns nicht als Hobbyastronom in Szene setzen wollen. Dieses Wissen ist zwar keineswegs universell für alle Sprachen gültig, denn es gibt viele Sprachen ohne Artikel, aber auf manche Sprachen trifft es eben doch zu. Und dass das Italienische eine solche Sprache ist, lässt sich eben bei der Lektüre eines Textes schnell erkennen.

9 | 17   Nutzen Sie schon vorhandene Kenntnisse in anderen Fremdsprachen

Wenn Sie als Erwachsener eine neue Fremdsprache lernen, ist dies meist nicht Ihre erste. Sie haben wahrscheinlich in der Schule bereits Englisch, vielleicht aber auch schon Französisch, Latein oder Russisch gelernt. Grundsätzlich gilt, dass es sich immer lohnt, Kenntnisse aus einer früher gelernten Fremdsprache beim Lernen einer weiteren

Fremdsprache auf ihre Übertragbarkeit zu testen, gerade auch beim intelligenten Raten. Suchen Sie also zu einem unbekannten Wort in Ihrer neuen Fremdsprache nach ähnlichen Wörtern in Ihren früher gelernten Fremdsprachen.

Natürlich funktioniert diese Strategie besonders gut zwischen Sprachen aus der gleichen Sprachenfamilie (z. B. für Spanisch, wenn man schon Französisch kann oder für Kroatisch, wenn man schon Russisch kann). Werfen Sie einen Blick auf Tabelle 11. Dort finden Sie für eine Reihe italienischer Wörter die Entsprechungen in Spanisch, Französisch und Englisch. Französisch und Spanisch sind wie das Italienische romanische Sprachen (d. h. Tochtersprachen des Lateinischen), Englisch ist zwar eine germanische Sprache, verfügt aber über einen hohen Anteil von Wörtern lateinischen Ursprungs. Die wenigen Beispiele in der Tabelle lassen bereits ahnen, dass es zwischen diesen vier Sprachen oft möglich ist, Wörter über lexikalische Ähnlichkeiten zu erschließen, z. B. wenn man Spanisch oder Italienisch lernt und bereits über Englisch- und/oder Französischkenntnisse verfügt. Interessanterweise passen die deutschen Wörter häufig nicht in dieses Schema.

Tabelle 11: Italienische Wörter und ihre Entsprechungen in Spanisch, Französisch, Englisch und Deutsch

Italienisch	Spanisch	Französisch	Englisch	Deutsch
aria	aire	air	air	Luft
bellezza	belleza	beauté	beauty	Schönheit
capitano	capitán	capitaine	captain	Kapitän
deserto	desierto	désert	desert	Wüste
errore	error	erreur	error	Fehler, Irrtum
faccia	faz	face	face	Gesicht
gesto	gesto	geste	gesture	Geste
imperatore	emperador	empereur	emperor	Feldherr, Kaiser
legge	ley	loi	law	Gesetz
maturo	maduro	mûr	mature	reif
necessità	necesidad	nécessité	necessity	Notwendigkeit
ufficiale	oficial	officier	officer	Offizier
povero	pobre	pauvre	poor	arm
ridicolo	ridículo	ridicule	ridiculous	lächerlich
suolo	suelo	sol	soil	Boden
trattare	tratar	traiter	treat	behandeln
uguale	igual	égal	equal	gleich
volontario	voluntario	volontaire	voluntary	freiwillig

Besonders hilfreich ist der Vergleich mit anderen Fremdsprachen, wenn er sich nicht nur auf einzelne Wörter, sondern auf wiederkehrende Wortbestandteile richtet. Wenn Sie z. B. erkannt haben, dass der in vielen französischen Substantiven anzutreffenden Endung *-ité* im Spanischen oft die Endung *-tad* bzw. *-dad* entspricht, dann können Sie die Bedeutung der spanischen Wörter sehr schnell von den französischen Äquivalenten ableiten: *libertad* aus *liberté* (Freiheit), *dificultad* aus *difficulté* (Schwierigkeit), *sociedad* aus *société* (Gesellschaft), *utilidad* aus *utilité* (Nützlichkeit) usw. (zur Nutzung von Wortbildungsregelmäßigkeiten *innerhalb* einer Sprache s. Abschnitt 9|18).

Natürlich kann es bei Inferenzen aus Drittsprachen genauso wie bei Inferenzen aus der Muttersprache zu »Bedeutungskurzschlüssen« kommen: Man vermutet eine Parallelität zu einer anderen Fremdsprache, die aber tatsächlich gar nicht vorliegt: Das italienische *c'è* (es gibt) ist nicht das gleiche wie das französische *c'est* (das ist) und das italienische *est* (Osten) ist nicht das gleiche wie das lateinische *est* (er, sie, es ist). Doch auch hier gilt: Durch geschicktes Kombinieren der verschiedenen Inferenz-Quellen untereinander können die Nachteile einer einzelnen fast immer ausgeglichen werden. Insbesondere der Kontext ist häufig ein Korrektiv.

Wenn es sich um seltenere Wörter handelt, wird Ihnen natürlich oft gar nicht einfallen, wie das fragliche Wort in der früher gelernten Fremdsprache heißt, sei es, weil Sie es zwischenzeitlich vergessen oder weil Sie es nie gelernt haben. In solchen Fällen sollte man normalerweise gleich zu einer anderen Ratestrategie übergehen (z. B. dem Raten aus dem Kontext). Wenn man sich allerdings sicher ist, dass es in der älteren Fremdsprache ein ähnliches Wort gibt, sich aber nicht mehr an dessen genaue Wortform erinnert, dann ist es meist besser, durch Nachschlagen zu klären, wie dieses Wort richtig lautete, um einem Durcheinander im Kopf vorzubeugen. Begegnet man z. B. dem spanischen Wort *novedad* und erinnert man sich, dass es im Französischen ein ähnliches Wort gibt, dessen genaue Form man aber inzwischen vergessen hat (*novité*? *nouvellité*?), dann ist es besser nachzuschlagen, um beide Wörter sicher zu kennen und auseinanderzuhalten. Im vorliegenden Beispiel entdeckt man dann, dass dem spanischen *novedad* auf Französisch *nouveauté* (im Sinne von »Neuheit«) oder *nouvelle* (im Sinne von »Neuigkeit«) entspricht. Das Erlernen einer neuen Fremdsprache kann man so durchaus auch einmal zum Anlass nehmen, das eine oder andere aus einer früher gelernten Fremdsprache aufzufrischen.

9 | 18   Aktivieren Sie Ihren potenziellen Wortschatz ohne Vokabellernen

Je mehr Sie beim Lernen vorankommen, desto wichtiger wird eine weitere Quelle für das intelligente Raten und Kombinieren: die Fremdsprache selbst. Die wichtigste Quelle für Inferenzen sind dabei Regelmäßigkeiten in der Bildung von Wörtern. Selbst wenn

Sie dem technischen Fachwort »Zahnradabgratmaschine« noch nie begegnet sind und auch sonst mit Technik nicht viel am Hut haben, können Sie doch allein aufgrund Ihres intuitiven Sprachwissens mit ziemlicher Sicherheit schließen, dass es sich um eine Maschine handelt, die überstehende Teile an Zahnrädern »abgratet«. Selbst von einem Donaudampfschifffahrtsgesellschaftskapitänswitwenrentenversicherungsantragsformular werden Sie sich nach mehrmaligem Lesen des Wortes erstaunlicherweise eine Vorstellung machen können.

Doch betrachten wir fremdsprachige Wörter, z. B. die bereits erwähnten spanischen Substantive mit der Endung -dad: *puntualidad, comodidad, seguridad* usw. Natürlich kann man diese Wörter wie andere Vokabeln einzeln lernen. Viel effizienter ist es aber sich zu fragen, was die Endung -*dad* (bzw. die Variante -*tad*) mit dem Grundwort, an das sie angehängt wird, macht. Wenn wir dieser Frage nachgehen, sei es durch systematischen Vergleich dieser Wörter oder durch Nachschlagen in einer Grammatik, finden wir Folgendes heraus: Wörter auf -*dad* oder -*tad* bezeichnen meist eine abstrakte Eigenschaft, die wir im Deutschen oft mit Wörtern auf -*keit* oder -*heit* wiedergeben: *puntualidad* – Pünktlichkeit, *utilidad* – Nützlichkeit, *seguridad* – Sicherheit usw. Wenn wir dieses Wortbildungswissen erst einmal haben, brauchen wir neue Wörter auf -*dad* nicht mehr als Vokabeln zu lernen, sondern können sie ableiten, wenn wir die jeweiligen Grundwörter kennen. Wenn *útil* »nützlich« heißt, heißt *utilidad* wahrscheinlich »Nützlichkeit«. Auf jedes Adjektiv, das Sie als Vokabel gelernt haben und zu dem sich ein solches abstraktes Hauptwort bilden lässt, kommt also ein weiteres Wort, das Sie nicht mehr zu lernen brauchen, sondern aus einer generellen Wortbildungsregel ableiten können. Man spricht hier vom »potenziellen Wortschatz«.

Gehen wir noch einen Schritt weiter und kombinieren wir die gerade genannte mit einer weiteren häufig vorkommenden Wortbildungsregel des Spanischen. Wie im Deutschen durch die Vorsilbe *un-* wird im Spanischen das Gegenteil eines Wortes häufig durch die Vorsilbe *in-* gebildet: *incómodo* – »unbequem«, *inútil* – »unnütz«. Auch mit dieser Regel verdoppeln wir unseren Wortschatz bei allen betroffenen Wörtern ohne Vokabellernen mit einer einzigen Regel.

Beide Regeln lassen sich nun aber auch kombinieren: Wenn Sie wissen, dass *puntual* »pünktlich« heißt, *puntualidad* »Pünktlichkeit« und *impuntual* »unpünktlich«, wissen Sie sozusagen automatisch auch, dass *impuntualidad* nur »Unpünktlichkeit« heißen kann. Ihr Wortschatz hat sich hier also sozusagen durch zwei Wortbildungsregeln vervierfacht.

Überprüfen Sie dies im Folgenden in Tabelle 12. Sie finden dort jeweils die Bedeutung von zehn spanischen Adjektiven angegeben, können aber durch Anwendung der beiden oben genannten Regeln die Bedeutung von 30 weiteren Wörtern erschließen. Probieren Sie es aus. Die Lösung zur Kontrolle finden Sie wie immer im Anhang. Die meisten Angaben zur Grundbedeutung hätten Sie dabei wahrscheinlich nicht einmal gebraucht. Denn durch Anwendung der Strategien aus den vorausgehenden Abschnitten, also durch intelligentes Raten über die Muttersprache, über Fremdwörter oder über gängige Wörter in anderen Sprachen, hätten Sie vielleicht auch die Bedeutung der Ausgangswörter schon erraten. Der Anteil Ihres potenziellen Wortschatzes an den insgesamt 40 spanischen Wörtern liegt also wahrscheinlich noch über 30.

Tabelle 12: Übung zur Aktivierung Ihres potenziellen Wortschatzes

puntual	*pünktlich*	impuntual	?
puntualidad	?	impuntualidad	?
creíble	*glaubwürdig*	increíble	?
credibilidad	?	incredibilidad	?
legal	*legal*	ilegal	?
legalidad	?	ilegalidad	?
útil	*nützlich*	inútil	?
utilidad	?	inutilidad	?
tranquilo	*ruhig*	intranquilo	?
tranquilidad	?	intranquilidad	?
parcial	*parteiisch*	imparcial	?
parcialidad	?	imparcialidad	?
permeable	*durchlässig*	impermeable	?
permeabilidad	?	impermeabilidad	?
moral	*moralisch*	inmoral	?
moralidad	?	inmoralidad	?
móvil	*beweglich*	inmóvil	?
movilidad	?	inmovilidad	?
cómodo	*bequem*	incómodo	?
comodidad	?	incomodidad	?

An der einen oder anderen Stelle leiten wir dabei möglicherweise im ersten Anlauf Wörter ab, die im Deutschen unüblich sind oder die so vielleicht gar nicht existieren, z. B. »Unbequemheit« für *incomodidad* oder »Unruhigheit« für *intranquilidad*. Aber sicher gelingt hier im nächsten Schritt leicht der Sprung zu den entsprechenden gängigen Wörtern wie *Unbequemlichkeit* bzw. *Ungemütlichkeit* oder *Unruhe*. Wortbildungsregeln sind (wie alle Sprachregeln) keine mathematischen Gesetze.

Machen Sie also die Beschäftigung mit den Wortbildungsmustern Ihrer Fremdsprache zu einem eigenen wichtigen Lernziel. Nehmen Sie sich vor, möglichst früh den Aufbau von Wörtern aus Wortbildungsbestandteilen zu durchschauen. Motivieren Sie sich dazu durch den Gedanken an tausende Vokabeln, die Sie so nicht lernen müssen, sondern mit einer Handvoll Wortbildungsregeln herleiten können.

Wenn Sie an Fremdsprachenunterricht teilnehmen, dann regen Sie an, dass Ihr Lehrer auch das Thema Wortbildung behandelt, wenn er es nicht von selbst tut.

9 | 19   Leiten Sie die Bedeutung von Wörtern aus Wortbildungsbestandteilen ab

Wir haben im vorausgehenden Abschnitt gesehen, wie nützlich es ist, Wörter in ihre Bestandteile zu zerlegen und aus der Bedeutung der Einzelteile auf die Gesamtbedeutung des Wortes zu schließen. Diese Technik wollen wir nun noch weiter ausbauen.

Wortbildungselemente, die dem Grundwort vorangestellt werden wie z. B. das *in-* in *incomodidad* nennt man Präfixe, solche, die an das Grundwort angehängt werden wie das *-dad* in *incomodidad*, nennt man Suffixe. Um in den vollen Genuss der Aktivierung eines potenziellen Wortschatzes zu kommen, sollte man möglichst viele Präfixe und Suffixe kennen und wissen, welche Bedeutung sie haben, oder besser gesagt: wie Sie aus der Bedeutung des Grundwortes eine neue Bedeutung ableiten. Wenn Sie z. B. wissen, dass das Präfix *un-* im Englischen bzw. *in-* im Französischen, Spanischen oder Italienischen eine verneinende oder Gegenteil-bildende Funktion hat, können Sie Ihren Wortschatz auf einen Schlag um mehrere hundert Wörter vergrößern, wie wir durch die Beispiele im letzten Abschnitt bereits gesehen haben.

Besonders hilfreich ist die Kenntnis von Wortbildungsregeln dort, wo keine Parallelität zum Deutschen besteht. Im Französischen ist es z. B. nützlich zu wissen, dass die Bezeichnungen der meisten fruchttragenden Bäume oder Sträucher durch das Suffix *-ier* gebildet werden. Wer also weiß, dass *pomme* »Apfel« heißt und die genannte Wortbildungsregel kennt, kann sofort schließen, dass *pommier* »Apfelbaum« bedeutet. Und da die Früchte meist bekannter sind als die Bäume, wird es auch nicht schwer fallen, die Bedeutung anderer Baum- und Strauchbezeichnungen abzuleiten. Selbst wenn Sie gar kein Französisch können, werden Sie so vermutlich die Bedeutung der folgenden Wörter erschließen können, vor allem, wenn Sie für den ersten Wortbestandteil zusätzlich die Strategie aus Abschnitt 9|16 (»Raten Sie auf der Grundlage Ihrer Muttersprache) einsetzen: *abricotier, bananier, cocotier, cacaotier, dattier, citronnier, marronnier* (Aprikosenbaum, Bananenstaude, Kokospalme, Kakaobaum, Dattelpalme, Zitronenbaum, Kastanienbaum). Und sobald Sie die französischen Wörter *fraise* (Erdbeere), *cerise* (Kirsche), *noix* (Nuss) und *amande* (Mandel) kennen, verstehen Sie auch *fraisier, cerisier, noisetier* und *amandier*.

Natürlich ist die Bedeutung eines solchen Wortbildungselementes nicht immer ganz so simpel wie in den bisher genannten Beispielen. Die Bedeutung des Präfixes *re-* im Englischen (und auch in den romanischen Sprachen) z. B. hat eine Reihe verschiedener Bedeutungsvarianten:

- »etwas nochmals tun«:
  retry = »nochmals versuchen«, *reaffirm* = »nochmals bestätigen«,
  reread = »nochmals lesen«

- »den alten Zustand wiederherstellen:
  refill = »wieder auffüllen«, *reconstruct* = »rekonstruieren«, *rebuild* = »wieder aufbauen«

- »durch Umorganisation einen neuen Zustand herstellen«:
  reissue = »eine Neuauflage herausgeben«, *regroup* = »umgruppieren«,
  readdress = »umadressieren«

- einen Vorgang als Umkehrung eines vorausgegangenen betrachten:
  revoke = »widerufen«, *resound* = »widerhallen«, *rescind* = »wieder aufheben, annullieren«.

Manchmal sind auch mehrere Bedeutungsvarianten beim gleichen Grundwort zu beobachten. So bedeutet *readdress* sowohl »umadressieren« (Variante 3) als auch »jemanden noch einmal ansprechen« (Variante 1). *React* heißt normalerweise »reagieren, rückwirken« (Variante 4), kann aber im Zusammenhang mit einem Theaterstück auch »noch einmal aufführen« bedeuten (Variante 1). In diesem letzten Fall wird es im Englischen allerdings mit Bindestrich geschrieben: *re-act*.

Das gleiche Wortbildungsmuster kann also verschiedene Bedeutungsvarianten haben, die zwar alle auf eine gemeinsame zurückgeführt werden können (in *re* steckt immer irgendwie ein Element der Wiederholung in gleicher oder anderer Form), die aber z. T. doch deutliche Bedeutungsunterschiede implizieren können. Es ist also auch hier wieder stets ein bisschen Fantasie gefragt, um auf die richtige Lösung zu kommen.

Im Folgenden habe ich eine Liste von Wörtern zusammengestellt, an denen Sie diese Fähigkeit üben können. Es handelt sich um englische Wörter mit dem zweiten Wortbestandteil *-proof*.

Sie wissen wahrscheinlich, dass *waterproof* »wasserdicht« bedeutet. Das Wort *heatproof* wird man aber nicht mit »hitzedicht« wiedergeben. Fragen wir uns also, was im Zusammenhang mit Hitze Sinn machen könnte. Es muss eine Eigenschaft sein, die darin besteht, dass die Hitze einer Sache nichts anhaben kann. Wie nennen wir diese Eigenschaft im Deutschen? Richtig, »hitzebeständig«. Versuchen Sie nun, nach diesem Prinzip die Entsprechungen der folgenden englischen Wörter zu finden und gehen Sie dabei von der Bedeutungsannahme *-proof* = »kann irgendeiner Sache nichts anhaben« aus. Die Lösung finden Sie wieder im Anhang.

rainproof:		fireproof:	
rustproof:		crease-proof:	
shockproof:		foolproof:	
airproof:		kissproof:	
bombproof:		lightproof:	
bulletproof:		shatterproof:	
burglarproof:		soundproof:	
childproof:		weatherproof:	
earthquake-proof:			

Wie die Beispiele dieses Abschnitts gezeigt haben, lohnt es sich, die Bedeutung von Präfixen, Suffixen und anderen wiederkehrenden Wortbestandteilen zu kennen. Um sich diese Kenntnis anzueignen, ist allerdings meist der Griff zu einer Grammatik notwendig, denn Lehrwerke gehen nur selten systematisch auf Wortbildungsregeln ein, und wenn, dann meist nur auf einige wenige elementare Regeln. In einer guten Grammatik hingegen sollten Sie weitergehende Informationen finden, insbesondere eine umfassende Liste der Suffixe und Präfixe mit einer Erklärung, welchen Bedeutungsaspekt diese dem jeweiligen Grundwort hinzufügen (also ungefähr so, wie ich es weiter oben für das englische Präfix *re* getan habe). Allerdings werden Sie eher in ausführlichen und neueren Grammatiken fündig, seltener in älteren und meist auch nicht in sog. Elementargrammatiken. Kopieren Sie sich die Listen der Präfixe und Suffixe, die in der jeweiligen Sprache als Wortbildungselemente dienen, mit der Angabe ihrer jeweiligen Bedeutung heraus und ziehen Sie sie beim intelligenten Raten zu Hilfe. Halten Sie dazu die Liste einfach bei der Beschäftigung mit neuen fremdsprachigen Texten griffbereit.

Suchen Sie auch in Wörterbüchern nach Einträgen, die Wortbildungselemente erklären. Achten Sie bereits beim Kauf eines Wörterbuchs darauf, dass dieses auch Wortbildungselemente aufführt und erklärt, z. B. indem Sie vor dem Kauf anhand einiger bekannter Präfixe oder Suffixe überprüfen, ob diese im alphabetischen Teil des Wörterbuchs zu finden sind.

9 | 20   Achten Sie bei zusammengesetzten Wörtern auf die Determinationsrichtung

Oft setzen sich Wörter nicht aus einem Grundwort mit Präfixen und Suffixen zusammen, sondern aus zwei oder mehreren Grundwörtern, die auch selbstständig vorkommen können. Schon Mark Twain machte sich darüber lustig, dass das Deutsche endlos lange Wortketten zu Substantiven verbinden kann und nannte diese »Wortprozessionen«. In der Tat gibt es im Deutschen keine rein sprachliche Obergrenze für die Länge eines Wortes. Selbst das o. g. Beispiel Donaudampfschifffahrtsgesellschaftskapitänswitwenrentenversicherungsantragsformular könnten wir problemlos noch durch weitere Wörter wie -ausgabe oder -ausgabeschalter, -ausgabeschalteröffnungszeiten usw.) verlängern. Faktisch besteht aber der weitaus größte Teil der zusammengesetzten Wörter nur aus zwei bis drei Grundwörtern.

Wenn wir die Bedeutung von zusammengesetzten Wörtern in einer Fremdsprache erraten wollen, ist es natürlich zunächst einmal sinnvoll, das Wort in seine Grundwörter zu zerlegen und sich deren Bedeutung bewusst zu machen. Wenn es aber dann im nächsten Schritt darum geht, aus der Bedeutung der Einzelwörter auf die Bedeutung des zusammengesetzten zu schließen, dann ist es in den meisten Sprachen nicht egal, welches Wort als erstes und welches als zweites kommt, wie wir schon im Deutschen erkennen: *Filterzigarette* ist nicht bedeutungsgleich mit *Zigarettenfilter*, *Bierfass* nicht mit *Fassbier*, *Torschloss* nicht mit *Schlosstor*, *Radsport* nicht mit *Sportrad*, *Arztfrau* nicht mit *Frauenarzt* und auch *Regensommer* nicht mit *Sommerregen*, obwohl der eine zugegebenermaßen relativ viel von dem anderen mit sich bringen kann.

Wie man an diesen Beispielen sieht, steht im Deutschen das Grundwort hinten und die nähere Bestimmung dieses Grundwortes vorne: Ein *Blumentopf* ist zunächst einmal ein *Topf*, der durch seine Funktion für Blumen näher bestimmt wird. Eine *Topfblume* hingegen ist zunächst eine *Blume*, die durch ihre Bestimmung, typischerweise in *Töpfe* gepflanzt zu werden, näher bestimmt wird. Die genauere Bestimmung findet im Deutschen also sozusagen links des Grundwortes statt. Genau das kann aber in anderen Sprachen genauso (wie im Englischen und in anderen germanischen Sprachen) oder auch umgekehrt sein (wie im Französischen und anderen romanischen Sprachen), wie die folgende Beispiele zeigen (das Grundwort ist jeweils grün gedruckt):

dt.	Filterzigarette	Zahnschmerz	Sicherheitsgurt	Segelboot
engl.	filter cigarette	toothache	safety belt	sailing boat
franz.	cigarette-filtre	mal de dent	ceinture de sécurité	bateau à voiles

Bei der Suche nach der Bedeutung zusammengesetzter Wörter lohnt es sich also oft, sich zunächst einmal die »Determinationsrichtung«, also die Richtung der näheren Bestimmung bewusst zu machen, die für diese Sprache typisch ist. Wenn wir also z. B. wissen, dass im Italienischen als romanischer Sprache das Grundwort vorne und das Bestimmungswort hinten steht, welcher der beiden italienischen Ausdrücke *vaso da fiori* bzw. *fiori da vaso* bedeutet dann »Blumentopf« und welcher »Topfblumen«? Die richtige Antwort lautet: Da die Determinationsrichtung im Italienischen im Vergleich zum Deutschen umgekehrt verläuft, bedeutet *vaso da fiori* »Blumenvase« und *fiori da vaso* »Topfblumen«.

Natürlich gibt es Ausnahmen, so das französische *auto-école* (wörtlich »Autoschule«, also »Fahrschule«), das der deutschen Determinationsrichtung folgt oder das englische *date of birth* (Geburtsdatum), das eher dem Modell der romanischen Sprachen folgt. Aber in der überwiegenden Zahl der Fälle führt die Kenntnis der Determinationsrichtung zur richtigen Bedeutung.

Finden Sie also heraus, was die für Ihre Fremdsprache typische Determinationsrichtung ist. Dazu schlagen Sie einfach im deutsch-fremdsprachigen Teil eines zweisprachigen Wörterbuchs eine Reihe gängiger zusammengesetzter Wörter wie *Arbeitstag*, *Krankenkasse* oder *Tanzschule* nach. Sie werden schon bald ein Gefühl dafür entwickeln, wie das typische Wortbildungsmuster für zusammengesetzte Wörter in der Fremdsprache aussieht.

9 | 21 Benutzen Sie zweisprachige Wörterbücher zur Erschließung fremdsprachiger Texte

Ein geflügeltes Wort sagt, dass man nicht immer alles wissen muss, außer wo man es nachschlagen kann. Diese Weisheit gilt auch und in ganz besonderem Maße für uns als Fremdsprachenlerner. Der Einsatz von Nachschlagewerken ist einer der wichtigsten Schlüssel für das Vorankommen. Auch Fremdsprachen-Profis wie Berufsübersetzer oder Auslandskorrespondenten kommen nicht ohne Nachschlagewerke aus, sondern gehören eher zu deren häufigsten Benutzern.

Trotzdem raten schon Fremdsprachenlehrer in der Schule häufig, möglichst wenig Gebrauch von Wörterbüchern zu machen und sich stattdessen mehr auf die Fähigkeit zur Sinnentnahme aus dem Zusammenhang zu konzentrieren. Insbesondere das zweisprachige Wörterbuch steht bei Lehrern in einem schlechten Ruf. Auf ihm müsste in vielen Fällen in dicken Lettern stehen: »Ich bin das Wörterbuch, vor dem Ihr Lehrer Sie schon immer gewarnt hat.« Der Grund: Lehrer wollen die mentale Anstrengung der Schüler bei der Suche nach der richtigen Bedeutung. Sie wollen die intellektuelle Spannung des Nicht-Verstehens möglichst lange aufrechterhalten, um diese zu einer vertieften Beschäftigung mit dem umgebenden Text zu nutzen. Der schnöde Griff zum zweisprachigen Wörterbuch und erst recht der schnelle Klick ins Online-Wörterbuch, aus dem man die Bedeutung leicht entnehmen kann, ist da oft unerwünscht. Zumal beides in einem ansonsten einsprachig geführten Unterricht einen Bruch darstellen würde. Lehrer üben deshalb nicht selten erheblichen Druck auf Schüler aus, das zweisprachige Wörterbuch nicht zu benutzen, sondern, wenn überhaupt ein Wörterbuch, dann nur das einsprachige.

Falls auch Sie in der Schule mit dieser negativen Einstellung zum zweisprachigen Wörterbuch konfrontiert wurden oder ihr sogar im Erwachsenenalter noch irgendwo begegnen: Vergessen Sie sie! Sie ist fachlich unbegründet. Entwickeln Sie vielmehr eine unverkrampfte Einstellung zu diesem nützlichen Instrument und machen Sie regen Gebrauch davon. Ein gutes zweisprachiges Wörterbuch ist das Konzentrat jahrzehntelanger linguistischer Arbeit beim Vergleich zweier Sprachen und damit (nach Ihrem Gehirn) das wertvollste Werkzeug zur Erschließung fremdsprachiger Texte. Es gibt keinen Grund, es nicht zu nutzen. Man würde ja auch nicht versuchen, einen Nagel mit der Faust in die Wand zu schlagen, wenn man einen Hammer zur Verfügung hat, nur mit dem Argument, dass sonst die Handmuskulatur verkümmert.

Es gibt eine Reihe gewichtiger Gründe, die für den Einsatz des zweisprachigen und gegen den Einsatz des einsprachigen Wörterbuchs zur Bedeutungserschließung sprechen. Zunächst einmal sind die Äquivalentangaben in einem zweisprachigen Wörterbuch der mit Abstand ökonomischste und effizienteste Weg zur Klärung der Bedeutung fremdsprachiger Wörter. Zwar finden sich im zweisprachigen Wörterbuch meist mehrere mögliche Äquivalente für das fremdsprachige Wort und das jeweils richtige, d. h. kontextuell passende, muss unter diesen herausgefunden werden. Aber das geht meist wesentlich schneller, als erst einmal Hypothesen über mögliche Bedeutungen aus dem Kontext zu entwickeln.

Die Benutzung des *einsprachigen* Wörterbuchs ist hingegen eine Art »Programmschleife«, die den eigentlichen Verstehensprozess unterbricht. Denn einsprachige Wörterbücher erklären die Bedeutung des fraglichen fremdsprachigen Wortes durch die Verwendung anderer fremdsprachiger Wörter, die sie zu Umschreibungen oder Definitionen verbinden und meist wiederum mit Beispielen anreichern. Das Lesen eines Stichwortartikels im einsprachigen Wörterbuch gleicht insofern meist dem eingeschobenen Lesen eines Nebentextes, mit dem eine zusätzliche Verstehensklammer aufgemacht wird, die oft neue Verständnisprobleme birgt. Zwar wird in einem guten einsprachigen Wörterbuch, insbesondere wenn es für Lerner konzipiert ist, darauf geachtet, dass schwerere Wörter durch leichtere erklärt werden. Aber oft lässt sich gar nicht sagen, welche Wörter denn die leichteren sind und wodurch man diese dann wiederum erklären sollte. Dies führt dazu, dass manchmal A durch B und B durch A erklärt wird, ohne dass die Unterschiede zwischen A und B deutlich werden.

Wenn Sie beispielsweise in einem französischen Text auf das Ihnen unbekannte Wort *éternuer* stoßen, dessen Bedeutung nicht aus dem Zusammenhang erschließen können und deshalb im *Petit Robert*, einem der einsprachigen Standardwörterbücher des Französischen, nachschlagen, finden Sie dort unter *éternuer* zunächst einmal die Angabe *faire un éternuement*, also sozusagen die Information »*éternuer* bedeutet ein *éternuement* machen«. Das hilft Ihnen natürlich keinen Deut weiter, denn wer *éternuer* nicht kennt, wird wohl kaum *éternuement* kennen. Also schlagen Sie weiter unter *éternuement* nach und finden dort folgende Definition: »*Expulsion réflexe, brusque et bruyante, d'air par le nez et la bouche, provoquée par une irritation de la muqueuse nasale.*« Zum Verständnis des einen gesuchten Wortes *éternuer* benötigen Sie jetzt das Verständnis einer Definition im Umfang von 21 Wörtern, darunter elf wirklich sinntragende Substantive und Adjektive und darunter wiederum Wörter, die eindeutig nicht zum Grundwortschatz gehören wie *muqueuse* (Schleimhaut). Hätten Sie im zweisprachigen Wörterbuch nachgeschaut, hätten Sie für *éternuer* die Übersetzung »niesen« gefunden, das Verständnisproblem wäre erledigt gewesen und Sie hätten sich sofort wieder Ihrem eigentlichen Verstehensziel, nämlich dem Haupttext zuwenden können.

Wie unökonomisch der Blick ins einsprachige Wörterbuch sein kann, wird besonders deutlich, wenn wir uns in die Perspektive eines Deutschlerners versetzen. Ein Englischsprachiger würde zum Beispiel in einem gängigen einsprachigen Wörterbuch des Deutschen (Wahrig Deutsches Wörterbuch) unter dem Eintrag *Spiegel* die Erklärung finden: »glatte Fläche, die den größten Teil der auftreffenden Lichtstrahlen zurückwirft u. dadurch ein Abbild des davor befindlichen Gegenstandes gibt, bes. Glas mit dünner Silberschicht«. Wäre es da nicht einfacher ihm zu sagen, dass *Spiegel* »mirror« bedeutet?

Doch die Benutzung des zweisprachigen Wörterbuchs ist für die Bedeutungserschließung nicht nur ökonomischer als die des einsprachigen, sie entspricht auch einem ganz natürlichen Bedürfnis der meisten Lerner. Wer bereits über eine ausgebildete Kompetenz in seiner Muttersprache verfügt und nicht zweisprachig aufgewachsen ist, verspürt meist ein klares Bedürfnis, sich die Bedeutung von unbekannten fremdsprachigen Wörtern oder Ausdrücken durch Rückgriff auf bekannte muttersprachliche Konzepte zu vergegenwärtigen, insbesondere, wenn es sich um abstrakte, differenzierte oder nuancierte Wörter und Ausdrücke handelt. Wenn wir beispielsweise die Bedeutung des englischen Wortes *flawless* im einsprachigen Longman Dictionary of Contemporary English erklärt finden als »having no mistakes or marks, or not lacking anything«, dann werden wir diese Erklärung zwar in der Regel verstehen. Aber reicht das aus, um eine zusammenhängende Bedeutungsrepräsentation in unserem Kopf aufzubauen? Wohl eher nicht, die Vorstellung von der Bedeutung des Wortes bleibt irgendwie verschwommen und damit die Chance, es dauerhaft in unseren rezeptiven Wortschatz zu übernehmen, nahe Null. Denn wer wird sich beim nächsten Vorkommen dieses Wortes schon darin erinnern, dass *flawless* »having no mistakes or marks, or not lacking anything« bedeutet? Sobald wir aber hören, dass *flawless* »makellos« oder »tadellos« heißt, macht es irgendwie Klick in unserem Kopf. Denn jetzt verbinden wir das Wort mit einem Konzept in unserer Muttersprache und mit einem Male erschließt sich der Bedeutungs- und damit auch der Verwendungsradius des Wortes in einem ganz anderen Maße.

Zweisprachige Wörterbücher bedienen unser Bedürfnis nach Bedeutungsvergewisserung in der Regel auf eine viel direktere und intensivere Weise als einsprachige Wörterbücher. Und vor allem: Sie tun dies mit Blick auf die uns vertrauten Konzepte aus der Muttersprache. Einsprachige Wörterbücher hingegen haben keine bestimmte Zielsprache im Auge, sondern versuchen Erklärungen anzubieten, die für Sprecher aller möglichen anderen Sprachen funktionieren. Sie können also gar nicht unser Bedürfnis nach muttersprachlicher Konzeptualisierung befriedigen.

Insgesamt gibt es somit gute Argumente für den Einsatz des zweisprachigen Wörterbuchs als Instrument des Zugangs zum Verstehen von fremdsprachigem Material. Auf zwei wichtige Einschränkungen muss hier aber hingewiesen werden: Zum einen bezieht sich mein Plädoyer für das zweisprachige und gegen das einsprachige Wörterbuch ausschließlich auf das ökonomische *Erschließen* fremdsprachiger Texte, also nur auf die *rezeptive* Dimension des Fremdsprachenlernens. Für die *produktive* Seite der Sprachbeherrschung ist das zweisprachige Wörterbuch ein wesentlich »gefährlicheres« Instrument und es bedarf weiterer Strategien, um es sinnvoll und erfolgreich zu nutzen. Darauf werde ich in den Abschnitten 19|5 bis 19|8 eingehen. Dabei kommt dann auch das einsprachige Wörterbuch wieder zu Ehren.

Und zum anderen gilt, dass wir parallel zur Benutzung von zweisprachigen Wörterbüchern auch immer unsere Fähigkeit zum intelligenten Raten entwickeln sollten, wie bereits in Abschnitt 9|15 begründet und in den Abschnitten 9|16 bis 9|20 durch konkrete Ratschläge zum richtigen Vorgehen demonstriert.

9|22   Nutzen Sie die Vorteile elektronischer Wörterbücher

Wenn Sie beim Lesen einen Computer, ein Tablet oder ein Smartphone in Ihrer Nähe haben oder diese Geräte selbst zum Lesen benutzen, dann sollten Sie unbedingt statt eines Papierwörterbuchs ein elektronisches Wörterbuch benutzen.

Elektronische Wörterbücher bieten gegenüber Papierwörterbüchern zahlreiche Vorteile. Im Folgenden nenne ich die wichtigsten. Dabei gehe ich zunächst von einem elektronischen Wörterbuch aus, das lokal auf einem Rechner (oder auf einem Server im Netz) installiert ist. Auf allgemein zugängliche Wörterbücher im Internet gehe ich im nächsten Abschnitt (9|23) ein. Ich gehe außerdem von dem aus, was elektronische Wörterbücher grundsätzlich können. Das bedeutet natürlich nicht, dass die auf dem Markt befindlichen Produkte auch tatsächlich alle genannten Funktionen bieten. Die meisten höherwertigen Produkte der führenden Verlage bieten aber die meisten der nachfolgend genannten Funktionen:

▶ Schnelligkeit

Die Benutzung eines elektronischen Wörterbuchs ist wie bei anderen elektronischen Suchprozessen unvergleichlich schneller als das Suchen in einer Papierquelle. Man gibt das gesuchte Wort ein, drückt die Return-Taste oder klickt auf »suchen« und sofort erscheint der entsprechende Wörterbucheintrag. Das lästige und unproduktive Hin- und Herblättern entfällt. Man braucht auch nicht mehr zwischen den beiden Teilen eines zweisprachigen Wörterbuchs (Fremdsprache – Deutsch / Deutsch – Fremdsprache) zu wechseln. Ein entsprechend programmiertes elektronisches Wörterbuch kann am eingegebenen Suchwort erkennen, ob die Suchrichtung Deutsch – Fremdsprache oder Fremdsprache – Deutsch ist, was die Nachschlagegeschwindigkeit weiter erhöht.

Natürlich muss man für die Benutzung eines elektronischen Wörterbuchs die zugrunde liegende Software erst starten. Die meisten elektronischen Wörterbücher sind aber darauf vorbereitet, als Programme automatisch in den Arbeitsspeicher geladen und dann über ein Symbol in der Statuszeile sofort aufgerufen zu werden. Wenn man über eine Maus verfügt, die freie Tastenbelegung ermöglicht, kann man sich das Wörterbuch auch auf eine freie Taste legen und so jederzeit mit einem einzigen Tastendruck aufrufen.

▶ History-Funktion

Wenn man mehrere Wörter nachgeschlagen hat und dann zu einem bereits früher nachgeschlagenen Suchwort zurückkehren möchte, muss man dieses nicht neu nachschlagen, sondern kann wie beim Surfen im Internet durch die Rück- und Vorwärtsfunktion beliebig in den bisherigen Suchergebnissen vor- und zurückblättern. Man kann sich auch die History-Liste als Ganzes anzeigen lassen und so direkt zu einer früheren Suchabfrage zurückkehren.

▶ Automatische Formenerkennung

Viele elektronische Wörterbücher verfügen über eine Formenerkennung. Das heißt, sie finden den richtigen Eintrag auch, wenn Sie nicht die Grundform eines Wortes (z. B. den Infinitiv bei Verben), sondern eine konjugierte Verbform oder eine unregelmäßige Pluralform eingeben. Diese Funktion ist z. B. bei unregelmäßigen Verben nützlich. So würde ein elektronisches Wörterbuch mit dieser Funktion Sie im Englischen auch bei Eingabe der Form *shone* zum richtigen Verb *shine* führen oder im Französischen auch bei der Eingabe von *ait*, *auront* oder *eussions* zum Verb *avoir*.

▶ Volltextsuche

Einen weiteren »Quantensprung« in der Bereitstellung von Informationen vollziehen elektronische Wörterbücher durch die Volltextsuche. Während in einem Papierwörterbuch alle Informationen nur über die alphabetische Anordnung der Schlagwörter auffindbar sind, können Sie ein elektronisches Wörterbuch komplett nach allen Vorkommen eines bestimmten Wortes oder einer Wortgruppe durchsuchen lassen und finden so Informationen, die in einem Papierwörterbuch nur über viele Artikel verstreut enthalten sind. Wenn Sie z. B. wissen wollen, wie genau die französische Präposition *auprès* verwendet werden kann, finden Sie in der elektronischen Fassung von Langenscheidts Handwörterbuch Französisch unter dem Schlagwort *auprès* fünf Verwendungsbeispiele. Wenn Sie aber die Volltextsuche einsetzen, finden Sie 42 weitere Verwendungsbeispiele unter anderen Schlagwörtern.

Besonders hilfreich ist die Volltextsuche auch und gerade bei der Suche nach Nicht-Standardübersetzungen eines Wortes. Wenn Sie zum Beispiel in das genannte französische Wörterbuch nach möglichen Wiedergaben des sehr speziellen deutschen Wortes *eigentlich* suchen, finden Sie nur sieben Verwendungsbeispiele mit französischen Wiedergabemöglichkeiten. Über die Volltextsuche finden Sie 32 Einträge mit jeweils mindestens einem weiteren Verwendungsbeispiel und französischen Wiedergabemöglichkeiten, die im Haupteintrag zu *eigentlich* gar nicht aufgeführt waren.

▶ Phrasensuche

Eine andere nachhaltige Erleichterung, die elektronische Wörterbücher beim Suchen bieten, ist die Phrasensuche. Da Wörterbücher in der Regel nach alphabetisch geordneten Einzelwörtern aufgebaut sind, werden dort alle festen Verbindungen von mehreren Wörtern unter den entsprechenden Einzelwörtern eingeordnet. Deshalb führt fast jeder Wörterbuchartikel neben den verschiedenen Bedeutungen des jeweiligen Schlagwortes auch alle festen Verbindungen auf, die dieses Wort eingehen kann. So finden Sie z. B. im Eintrag *Wort* dutzendweise Wendungen, die man mit *Wort* bilden kann: *in Worte fassen, ins Wort fallen, zu Wort kommen, sein Wort geben, sich zu Wort melden, mit keinem Wort erwähnen, ein ernstes Wort mit jemandem reden, ein gutes Wort für jemanden einlegen, das letzte Wort haben, kein Wort herausbringen, aufs Wort glauben, mir fehlen die Worte, im wahrsten Sinne des Wortes, in Wort und Bild* usw. Wenn Sie nun aber nur wissen wollen, was *zu seinem Wort stehen* auf Englisch heißt, müssen Sie diese spezielle Wendung unter den vielen anderen suchen. Das kann sehr mühsam sein, denn das Prinzip, nach dem die einzelnen Wendungen angeordnet sind, ist oft nicht leicht zu durchschauen und die komprimierte Druckanordnung sorgt zusätzlich für Unübersichtlichkeit. Selbst wenn sich die Wörterbuchautoren um eine alphabetische Anordnung bemüht haben, stellt sich oft noch die Frage, welches Wort in der Wendung dafür als maßgeblich genommen wurde. Die Phrasensuche hingegen macht es möglich, sofort nach der festen Wortverbindung zu suchen. Dazu müssen Sie im Suchmenü einfach nur die entsprechende Option »Phrasensuche« (oder eine ähnliche Bezeichnung) aktivieren. Dann finden Sie die deutsche Entsprechung der Wendung mit dem gleichen geringen Aufwand wie einen Haupteintrag. Und stellen vielleicht fest, dass es gut war nachzuschauen. Denn anders als bei *sein Wort halten* (»to keep one's word«) kann man *zu seinem Wort stehen* nicht eins zu eins ins Englische übertragen: Es muss heißen *to stick by one's word*.

▶ Verlinkung von Volltext und Schlagwörtern

In einem elektronischen Wörterbuch mit einer Vollverlinkung können Sie von jedem beliebigen Wort innerhalb eines Artikels zu diesem Wort als eigenem Eintrag gelangen. Sie haben beispielsweise in einem französisch-deutschen Wörterbuch das eher seltene französische Wort *brouhaha* nachgeschlagen und finden die Angabe »Lärm«, »Durcheinander«. Sie haben das Gefühl, dass *brouhaha* nicht das übliche Wort für »Lärm« oder »Durcheinander« ist und wollen wissen, welches das denn wäre. Sie brauchen jetzt nicht wie bei einem Papierwörterbuch in den deutsch-französischen Teil zu gehen und dort die Wörter *Lärm* und *Durcheinander* zu suchen (und vorher möglicherweise bei *brouhaha* noch den Daumen einzuklemmen, damit Sie wieder dorthin zurückfinden). Sie klicken stattdessen im Artikel *brouhaha* einfach auf die Übersetzung »Lärm« und gelangen so mit einem Klick in den Artikel *Lärm* im deutsch-französischen Teil. Nachdem dieser Ihnen die gängigen Übersetzungen *bruit*, *vacarme* genannt hat, kommen Sie wie beim Surfen im Internet durch die Rück-Taste wieder auf den Artikel *brouhaha* zurück und können den Vorgang nun durch Klicken auf *Durcheinander* wiederholen. So können Sie schnell und effizient Anschlussfragen beim Nachschlagen klären und dabei gleichzeitig Wortschatz wiederholen oder neu aufbauen.

In einem guten elektronischen Wörterbuch sind nicht nur die Wörter verlinkt, sondern diese auch mit allen verfügbaren Zusatzinformationen, z. B. den Konjugationstabellen für unregelmäßige Verben. Sie müssen diese dann nicht durch Blättern im Anhang suchen, sondern rufen sie durch einen Klick direkt aus dem Eintrag des fraglichen Verbs auf. Auch alle verwendeten Symbole und Abkürzungen sind mit den entsprechenden Verzeichnissen im Erklärungsteil des Wörterbuchs bzw. im Abkürzungs- und Symbolverzeichnis verlinkt, was oft nützlich ist, weil man selten die Bedeutung aller Symbole und Abkürzungen im Kopf behält.

▶ Pop-up-Aufruf aus Anwendungsprogrammen

Eine der praktischsten Funktionen elektronischer Wörterbücher ist die sog. Pop-up-Funktion. Programme, die über diese Funktion verfügen, machen es möglich, die Übersetzungen aus dem zweisprachigen Wörterbuch unmittelbar aus einem Anwendungsprogramm heraus aufzurufen, also z. B. aus einer Textverarbeitung wie Microsoft Word oder einem Präsentationsprogramm wie Microsoft Powerpoint. Dazu reicht es, das fragliche Wort in der Anwendung zu markieren und dann eine Funktionstaste zu drücken. Je nach Einstellung erscheint die Übersetzung auch schon bei einem Doppelklick auf das unbekannte Wort. Zwar bieten auch viele elektronische Lernmaterialien eine solche Pop-up-Funktion, aber dort ist sie immer nur auf die vorgegebenen Texte beschränkt. Mit dieser Funktion in elektronischen Wörterbüchern hingegen kann nach der Übersetzung beliebiger Wörter in eigenen

Dateien gesucht werden. Hinzu kommt, dass die meisten Produkte auch beim Surfen im Internet funktionieren. Ein bequemeres Nachschlagen beim Lesen oder Surfen ist schwer vorstellbar.

Da längst nicht alle elektronischen Wörterbücher diese Funktion bieten, sollte man vor dem Kauf versuchen herauszufinden, ob die Software dieses Feature beinhaltet. Dazu sucht man am besten in der Produktbeschreibung das Stichwort »Pop-up-Funktion« oder eine Formulierung wie »Aufruf auch direkt aus Anwendungsprogrammen«. Pons z. B. bietet derzeit mehrere Produkte, die diese Funktion einschließen, z. B. das »PONS Wörterbuch Englisch – Deutsch Schule für Windows« bzw. das umfangreichere »PONS Wörterbuch Englisch – Deutsch Premium für Windows«. Beide Wörterbücher können nach dem Kauf direkt aus dem Netz heruntergeladen werden. Wer die Pop-up-Funktion gleichzeitig in mehreren Wörterbüchern nutzen möchte, kann sich über das Angebot der Firma ifinger informieren (<*www.ifinger.com*>), die eine Software anbietet, die online und offline als eigene Wörterbuchsuchmaschine funktioniert und in die man über 100 verschiedene elektronische Wörterbücher verschiedener Verlage einbinden kann, sodass die Pop-up-Funktion parallel für verschiedene Wörterbücher genutzt werden kann. Auch die Paragon Software Group (<*www.penreader.com*>) vermarktet die Wörterbücher anderer Verlage als Software für verschiedene Plattformen (MS Windows, Mac, Windows Mobile, Android, Apple iPhone und iPad, Blackberry u. a.). Hier findet man neben zahlreichen einsprachigen englischen Wörterbüchern u. a. auch zweisprachige Wörterbücher von Langenscheidt, die über die genannte Pop-up-Funktion verfügen und dazu noch auf Smartphones, Tablets oder den diversen Apple-Produkten laufen.

Bei manchen Programmen ist es nicht nur möglich, die Abfrage direkt aus dem Anwendungsprogramm heraus zu starten, sondern anschließend die passende Übersetzung auf Klick direkt in die Anwendung zu übernehmen. Diese Funktion ist vor allem bei der Produktion fremdsprachiger Texte nützlich: Man schreibt zunächst das Wort, dessen fremdsprachige Entsprechung man nicht kennt, auf Deutsch in den Text, ruft von diesem aus den entsprechenden Artikel im zweisprachigen Wörterbuch auf, wählt aus den angebotenen Übersetzungen die passende aus und ersetzt mit einem Klick im eigenen Text das deutsche durch das gesuchte fremdsprachige Wort.

Eine einfache Möglichkeit, die Übersetzung unbekannter fremdsprachiger Wörter anzuzeigen, ist auch immer dann gegeben, wenn die Übersetzungsfunktion als eigenes Feature in die Anwendungsprogramme integriert ist. So bietet z. B. Microsoft Office eine integrierte Übersetzungsfunktion, die man aus den meisten Programmversionen mit einem einfachen Klick der rechten Maustaste auf das unbekannte Wort aktivieren kann. Dieses wird dann in einem eigenen Fenster angezeigt. Voraussetzung ist, dass das entsprechende Wörterbuch auf dem Rechner verfügbar ist. Wenn es bei der Installation der Anwendungsprogramme nicht mitinstalliert wurde, muss es nachinstalliert werden. Dazu benötigt man in der Regel die Original-CD oder den Lizenzschlüssel des Anwendungsprogramms. Allerdings ist nach meinen Erfahrungen die sprachliche Basis dieser Wörterbücher, insbesondere bei Sprachenpaaren, an denen Englisch nicht beteiligt ist, eher begrenzt. Ich empfehle Ihnen dennoch zu überprüfen, ob eine solche Funktion in den Programmen auf Ihrem Rechner verfügbar ist. Für manche Zwecke ist sie eine bequeme Alternative zur Wörterbuchbenutzung.

Wer sich nicht auf die eher magere Datenbasis der Microsoft-Wörterbücher verlassen, sondern lieber auf den Gesamtwörterbuchbestand des Portals <*www.dict.cc*> (s. Abschnitt 9|23) zugreifen möchte, kann die Software LingoClick erwerben (<*http://lingo.click/de*>). Sie kann vier Wochen kostenlos getestet werden, danach ist eine jährliche Lizenzgebühr zu entrichten. Dafür hat man dann aber ein universales Pop-up-Wörterbuch zur Verfügung für alle in <*www.dict.cc*> enthaltenen Sprachenpaare. Mithilfe dieses Programms muss man Suchwörter nicht mehr jedes Mal in das Wörterbuchportal eingeben, sondern kann die Übersetzung mit einem Klick direkt in seinem Anwendungsprogramm erscheinen lassen.

Es gibt auch die Möglichkeit eines kostenlosen Pop-up-Zugriffs auf die Bestände von <*www.dict.cc*> mithilfe eines Add-on zum Internet-Browser Firefox (<*https://addons.mozilla.org/de/firefox/addon/dictcc-translation*>). Wenn man dieses Add-on installiert, hat man die Möglichkeit, alle Wörter auf beliebigen Internetseiten mit einer einfachen Tastendruck-Mausklick-Kombination übersetzen zu lassen. Unmittelbar neben dem angeklickten Wort erscheint ein kleines Fenster mit den Top-Einträgen im Wörterbuch. In den meisten Fällen helfen diese schon weiter. Ist dies nicht der Fall, kann man mit einem weiteren Mausklick die Gesamtliste der möglichen Äquivalente in <*www.dict.cc*> einsehen, ohne das Wort eingeben oder mit *copy & paste* einfügen zu müssen. Die benötigten Sprachenpaare kann man dabei individuell zusammenstellen. Das Programm erkennt die Sprache des unbekannten Wortes von selbst und gibt ohne die Notwendigkeit einer weiteren Auswahl die deutsche Übersetzung an. Ein sehr praktisches Tool für die Arbeit mit fremdsprachigen Texten im Internet.

Wer ähnliche Funktionen auf seinem Smartphone nutzen will, sucht in den App-Stores die entsprechende Software mithilfe des Begriffs »dict.cc«, muss dabei aber wie üblich auf die Eignung für das Betriebssystem des eigenen Smartphones achten.

Wer den zu erschließenden fremdsprachigen Text nur in ausgedruckter Form vor sich hat, muss nicht automatisch auf die vorgestellten elektronischen Hilfen verzichten. Wer über einen Scanner und über eine entsprechende Texterkennungs-Software verfügt (OCR = optical character recognition), kann den Text zunächst digitalisieren und anschließend die beschriebenen elektronischen Funktionen nutzen. Ob sich der Aufwand lohnt, hängt natürlich vom Einzelfall ab. Viele Multifunktionsdrucker verfügen heute über eine Scan-Funktion mit automatischem Einzelblatteinzug, was zumindest bei losen A4-Blättern eine schnelle Digitalisierung ermöglicht. Auch haben die verfügbaren Softwareprodukte (z. B. Omnipage) heute eine hohe Erkennungsgenauigkeit. Wenn der Text viele nachzuschlagende unbekannte Wörter enthält, kann sich der zusätzliche Aufwand schnell amortisieren.

▶ Abfrage nach Wortbestandteilen
In elektronischen Wörterbüchern können Sie nicht nur nach vollständigen Wörtern suchen, sondern durch eine sog. »trunkierte« Abfrage auch nach einzelnen Wortbestandteilen. Dazu wird meist ein »Jokerzeichen« wie der Asterisk (*) verwendet. Wenn Sie beispielsweise in der Stichwortliste eines französischen Wörterbuchs die Suchabfrage *amment eingeben, finden Sie alle Wörter die auf -amment enden, egal wie sie beginnen. Damit können Sie leicht mehrere Dutzend Beispiele für gängige französische Adverbien finden. Kombinieren Sie die Abfrage mit der Volltextsuche, so finden Sie mehrere Dutzend Beispiele für die Verwendung solcher Adverbien in verschiedenen Kontexten.

Insbesondere in Kombination mit der Strategie, Wörter in ihre Bestandteile zu zerlegen und daraus ihre Bedeutung abzuleiten (s. Abschnitt 9|19), können Sie so Ihr Verständnis des Aufbaus fremdsprachiger Wörter und damit Ihren rezeptiven Wortschatz systematisch erweitern. Ich hatte dort beispielsweise gezeigt, das sich aus der Kenntnis des Wortes *puntual* (pünktlich) das Verständnis der Wörter *impuntual* (unpünktlich), *puntualidad* (Pünktlichkeit) und *impuntualidad* (Unpünktlichkeit) ableiten lässt. Wenn Sie nun beispielsweise in der elektronischen Ausgabe von Langenscheidts Taschenwörterbuch Spanisch – Deutsch (Vers. 4.0) die trunkierte Abfrage *dad eingeben, finden Sie 574 Wörter, die wie *puntualidad* auf -dad enden. Wenn Sie nach *ual suchen, finden Sie 46 Wörter, die wie *puntual* auf -ual enden. Sie können sogar mit der in der Wortmitte trunkierten Abfrage im*ad nach Wörtern suchen, die wie *impuntualidad* mit dem Präfix im- beginnen und auf das Suffix -dad enden, und bekommen immerhin noch 14 Treffer, für die durchweg gilt, dass ihre Bedeutung mit der in Abschnitt 9|19 besprochenen Strategie ableitbar ist. Und natürlich können Sie nicht nur nach Suffixen und Präfixen suchen, sondern auch nach Wortbestandteilen, die auch als selbstständige Wörter vorkommen, z. B. nach allen englischen Wörtern, deren zweiter Bestandteil -woman ist (68 im Muret-Sanders: *alderwoman, almswoman, ambulancewoman, anchorwoman, businesswoman, camerawoman, chairwoman, churchwoman, clanswoman* usw.), oder deren zweiter Bestandteil -like ist (*birdlike, businesslike, catlike, childlike, courtlike, deathlike, dreamlike, gentlemanlike, ghostlike* usw.). Diese Funktion elektronischer Wörterbücher eignet sich also hervorragend zur Wortschatzarbeit, insbesondere für fortgeschrittene Lerner, die ihr Verständnis des fremdsprachigen Wortschatzes intelligent erweitern, indem sie seine Struktur durchschauen.

▶ Gleichzeitiges Abfragen in mehreren Wörterbüchern
Wer gerade mit mehr als nur einer Fremdsprache zu tun hat, für den ist vielleicht eine weitere Funktion mancher elektronischer Wörterbücher von Interesse. Produkte vom gleichen Hersteller können meist in einer einzigen Benutzeroberfläche zusammengeführt und von dort bequem abwechselnd oder auch parallel benutzt werden (z. B. als sog. »Büchertisch«). Wenn Sie z. B. sowohl mit Englisch als auch mit Spanisch zu tun haben, können Sie sich beide Wörterbücher installieren und dann im gleichen Fenster Ihre Suchanfrage eingeben. Die Software erkennt die eingegebene Sprache und bietet Ihnen z. B. für ein deutsches Suchwort den entsprechenden Artikel sowohl im englischen wie im spanischen Wörterbuch zur Auswahl an. Sie können aber auch einzelne Wörterbücher deaktivieren, um nicht durcheinanderzukommen.

▶ Sammelabfragen nach Sachgebieten und Stilniveaus
Eine Information, die ein gutes Wörterbuch immer liefert, ist die Kennzeichnung von fachsprachlichen Wörtern nach ihrer Sachgebietszugehörigkeit. So weisen z. B. Abkürzungen wie »tech«, »med« oder »mus« darauf hin, dass es sich um fachsprachliche Wörter aus der Technik, der Medizin oder der Musik handelt. Manchmal sind die Kennzeichnungen auch deutlich spezieller, z. B. »Bgb« für »Bergbau«, »Kfz« für »Kfz-Technik« oder »Thea« für »Theater«. Eine weitere Information, die man von einem guten Wörterbuch erwarten kann, ist die Kennzeichnung von Wörtern, die nicht allgemein- oder standardsprachlich sind, sondern die zu einer bestimmten nationalen, regionalen oder dialektalen Variante gehören. So sollte z. B. ein Wörterbuch der englischen Sprache, ganz gleich ob ein- oder zweisprachig, alle Wörter, die nicht im gesamten englischsprachigen Raum verbreitet sind, entsprechend als »britisches«, »amerikanisches«, »australisches«, »neuseeländisches«, »irisches« usw. Englisch kennzeichnen. Noch wichtiger für uns als Lerner ist schließlich eine dritte Art der Kennzeichnung des fremdsprachigen Wortschatzes, nämlich die nach dem Stilniveau. Dazu dienen Markierungen wie »umgangssprachlich«, »familiär«, »vulgär«, aber auch »gehoben« oder »veraltet«.

Wenn nun das Wörterbuch über eine entsprechende Funktion für die Suche nach solchen Kennzeichnungen verfügt, was bei guten elektronischen Wörterbüchern in der Regel der Fall ist, so ergeben sich weitere Nutzungsmöglichkeiten. Man kann dann z. B. durch die Suche nach »med« oder »thea« alle Fachausdrücke der Medizin oder des Theaters abrufen. So ist ein erster Zugang zum Fachwortschatz eines bestimmten Fachgebietes möglich. Und ähnlich kann man speziell nach »umgangssprachlichen« oder »familiären« Ausdrücken suchen. Auch diese Funktion kann bei der systematischen Wortschatzarbeit hilfreich sein.

▶ Multimedialität

Ein besonders großes Potential bieten elektronische Wörterbücher wegen ihrer grundsätzlichen Möglichkeit, multimediale Informationen mit Sprachinformationen zu verbinden. So können Wörterbuchartikel nicht nur mit passenden Bildern (ähnlich einem Bildwörterbuch) angereichert werden, sondern auch mit Ton- und Filmdokumenten oder bewegten Grafiken oder Animationen. Während dies bei enzyklopädischen Nachschlagewerken bereits in erheblichem Umfang der Fall ist, findet man bisher kaum zweisprachige Wörterbücher, die von dieser Möglichkeit Gebrauch machen. Sie ist vielleicht auch nicht unbedingt immer erforderlich. Eine multimediale Ergänzung, die wir heute als Lerner aber unbedingt einfordern sollten, ist die Integration der Aussprache. Ein qualitativ hochwertiges Wörterbuch sollte eine Vollvertonung aller Schlagwörter, gesprochen von Muttersprachlern enthalten, sodass wir uns die richtige Aussprache nicht selbst erschließen müssen, sondern unmittelbar anhören können. Dass dies eine wichtige Informationsquelle gerade auch für Anfänger ist, habe ich schon im Abschnitt 9|10 (»Klären Sie die Aussprache mithilfe von Wörterbüchern«) begründet. Leider gilt nach wie vor, dass die meisten Wörterbücher diese Komponente nicht enthalten. Klären Sie daher vor dem Kauf eines elektronischen Wörterbuchs, egal ob einsprachig oder zweisprachig, ob diese Funktion integriert ist. Wenn Sie für Ihre Sprache nicht fündig werden, bleibt immer noch die parallele Benutzung eines Wörterbuchs im Internet, das diese Funktion bietet (z. B. <http://de.pons.com>, <dict.leo.org> oder <www.dict.cc>; Näheres dazu in Abschnitt 9|10).

▶ Benutzerfreundlichkeit und Adaptivität

Eine weitere Gruppe von Vorteilen betrifft die vielfältigen Möglichkeiten, sich die Benutzung durch Anpassung an die eigenen Bedürfnisse so bequem wie möglich zu machen. Zu den Funktionen, die wir hier finden, gehören: Verstellbarkeit der Schriftgrößen bei der Anzeige der Artikel, Wechsel zwischen reiner Schlagwortansicht und Volltextansicht, verstellbare Fenstergrößen, verstellbare Farben, frei setzbare Lesezeichen, Kommentarfunktion zur Nutzung in allen Artikeln oder auch die Möglichkeit, das Wörterbuch durch eigene Einträge zu erweitern bzw. eigene Benutzer- oder Projekt-Wörterbücher anzulegen, für die dann dennoch die ganze Funktionalität des Programms zur Verfügung steht.

Angesichts der vorausgehenden langen Liste von Vorteilen elektronischer Wörterbücher ist Ihnen sicher klar geworden, dass diese für ein effizientes Nachschlagen unerlässlich sind. Zwei potenzielle Nachteile lokaler elektronischer Wörterbücher sollen hier aber nicht unerwähnt bleiben: Die Möglichkeiten, Teile des Wörterbuchs auszudrucken oder in weiterverarbeitbare Dateien wie Textverarbeitungen oder Datenbanken zu exportieren, sind bei den meisten Anbietern aus urheberrechtlichen Gründen begrenzt. Meist ist es nur möglich, einzelne Wörterbuchartikel auszudrucken oder zu exportieren.

Einen anderen Nachteil bemerkt man oft erst nach Jahren: Wie jede Software sind auch elektronische Wörterbücher auf die Computer-Betriebssysteme hin ausgelegt, die zum Zeitpunkt der Programmierung gängig waren. Wenn diese im Laufe der Jahre verschwinden, ist nicht automatisch sichergestellt, dass das Wörterbuch dann noch lauffähig ist. So laufen manche Wörterbücher, die für ältere Windows-Versionen konzipiert wurden, unter neueren nicht mehr. Es lohnt sich also ggf. vor dem Kauf eines teuren Produktes zu prüfen, ob der Verlag ein kostenloses Software-Update für neuere Betriebssysteme anbietet. Updates für den Inhalt des Wörterbuchs selbst hingegen sind ein Service, den höchstens die Fachverlage anbieten, wenn auch keineswegs bei jedem elektronischen Wörterbuch.

9 | 23 Nutzen Sie kostenlose Nachschlagewerke im Internet

Vor dem Siegeszug des Internets musste man Wörterbücher entweder kaufen oder leihen. Heute hingegen gibt es ein kaum noch zu überblickendes Angebot von kostenlos nutzbaren Online-Wörterbüchern im Internet für praktisch alle gängigen Sprachen. Wie immer bei solchen Angeboten im Internet stellen sich zwei Probleme: zum einen die oft auf den ersten Blick nicht einzuschätzende Qualitätsfrage und zum anderen die Allgegenwart der Werbung. Während manche Online-Wörterbücher nichts als ein Lockangebot für die eigentliche Funktion der jeweiligen Seite sind, nämlich die Werbung für diverse Sprachanbieter wie Sprachschulen oder Übersetzungsbüros, gibt es auf der anderen Seite sehr seriöse Angebote, die man guten Gewissens als Alternative zum gekauften Wörterbuch benutzen kann. Es gilt also wie immer im Internet die Spreu vom Weizen zu trennen, eine nicht immer leichte Aufgabe.

Bevor ich einige Quellen empfehle, sollten wir uns kurz die besonderen Vorzüge, aber auch die Grenzen der derzeit verfügbaren Online-Wörterbücher vor Augen führen.

Im Zusammenhang mit dem Aussprachelernen hatte ich in Abschnitt 9 | 10 bereits die Integration von Audiodateien mit einer Musteraussprache als einen großen Vorteil von Online-Wörterbüchern wie <dict.leo.org>, <www.dict.cc> oder <www.pons.de> herausgestrichen. Ein weiterer Vorteil ist die Aktualität ihrer Einträge. Dies gilt insbesondere dann, wenn sie von einer Community getragen werden, die sie ständig pflegt und erweitert. So finden wir hier auch für neue oder seltene Wörter, die durch aktuelle Ereignisse plötzlich in aller Munde sind wie z. B. *Bankenkrise*, *Stresstest*, *Abwrackprämie*, *Politikverdrossenheit* oft einen Übersetzungsvorschlag. Und wenn nicht, haben wir meist die Möglichkeit, über die zugehörigen Diskussionsforen die Community nach Vorschlägen für eine Übersetzung zu fragen und so die »Schwarmintelligenz« der Community zu nutzen (Näheres dazu in Abschnitt 19|8 »Reagieren Sie auf echte Lücken im Wörterbuch mit der richtigen Strategie«). Auch die Möglichkeit, genauso schnell und einfach wie nach einzelnen Wörtern nach Wortverbindungen (»Pro-Kopf-Einkommen«) und zusammenhängenden Wendungen (»mit allen Wassern gewaschen sein«) zu suchen, kann als große Arbeitserleichterung verbucht werden. Auch die leichte Nutzung von Online-Wörterbüchern für Sprachen mit anderen Schriftsystemen fällt positiv ins Gewicht. So kann man beispielsweise in dem japanischen Online-Wörterbuch auf der Seite <www.wadoku.de> in die Suchmaske sowohl deutsche Suchbegriffe in lateinischer als auch japanische in Kanji, Hiragana oder Katakana eingeben.

Für uns als Lerner kann zudem noch das einfache Übernehmen von gesuchten Wörtern in einen personalisierten Vokabeltrainer von Interesse sein (Genaueres dazu in Abschnitt 13|9 »Nutzen Sie elektronische Wortschatztrainer«).

Online-Wörterbücher haben aber auch einen verbreiteten Nachteil: das Fehlen einer Artikelstruktur, die ein Wort in seine diversen Bedeutungen aufschlüsselt und diese dann mit den passenden Übersetzungen versieht. Die Einträge sind eher wie Vokabellisten aufgebaut, in denen es für jedes Suchwort nur ein oder zwei Äquivalente in der Zielsprache gibt. Bei Wörtern mit vielen Bedeutungen und dementsprechend vielen Äquivalenten sind diese wiederum oft wie Haupteinträge in einzelnen Tabellenzeilen erfasst, ohne das die einzelnen Bedeutungen durch erklärende Zusätze gegeneinander abgegrenzt werden. So gibt z.B. <dict.leo.org> für das deutsche Wort *Fehler* 30 potenzielle englische Äquivalente an (Abfrage am 16.3.2016): *mistake, flaw, fault, error, blunder, defect, vice, bug, lapse, faults, mistakes, incident, blemish, stumble, slip, nonconformance, imperfection, rap, uncertainty, errors, deficiency, bobble, booboo, demerit, bad, blue, ricket, boo-boo, non-conformance, nonconformity*. Nicht einmal bei der Hälfte dieser Einträge finden sich Angaben, die bei der Auswahl des richtigen Äquivalentes für die vielen Bedeutungen des deutschen Wortes *Fehler* helfen könnten. Und wenn Angaben vorhanden sind, dann finden diese sich eher wahllos mal als Zusatz beim deutschen Suchwort *Fehler* (z.B. »Irrtum, Unrichtigkeit« oder »Nichterfüllung einer Anforderung«), mal bei den angegebenen englischen Äquivalenten (z.B. »mistake« oder »negative quality«). Es fällt auch auf, dass einige Wörter im Singular und im Plural unkommentiert als eigene Einträge aufgeführt werden (mistake / mistakes, error / errors, fault / faults). Das gleiche gilt für Wörter in unterschiedlichen Schreibweisen (nonconformance / non-conformance, booboo / boo-boo). Besonders irritierend ist, dass bei meiner Abfrage gut ein Jahr zuvor (3.12.2015) zahlreiche der genannten Äquivalente nicht angeführt wurden, dafür aber 12 andere, die mittlerweile wieder verschwunden sind, nämlich *failure, failing, shortcoming, slip-up, trouble, boob, goof-up, miscue, exception, malfunction, human error* und *technical failure*. Insgesamt kann man sich also des Eindrucks einer gewissen Beliebigkeit der Trefferlisten nicht erwehren. Vor allem aber fällt die sprachliche Unstrukturiertheit der Angaben auf. Die elektronische Version des Muret-Sanders (Vers. 4.0) hingegen differenziert die verschiedenen Verwendungen des Wortes *Fehler* durchgehend durch Zusätze (Glossen) wie: »beim Rechnen, Schreiben etc.«, »Versehen, Irrtum«, »Lapsus«, »Fehltritt«, »Schuld«, »charakterlich«, »am Material etc.«, »Nachteil«, »schlechte Seite«, »Haken«, »Computerprogramm«, »Springreiten, Tennis etc.« und hilft dem Wörterbuchbenutzer so erheblich dabei, das für den gesuchten Kontext richtige Äquivalent zu finden. Das Fehlen solcher Glossen birgt ein größeres Risiko von Fehlverwendungen der angegebenen Äquivalente.

Besonders deutlich wird das Fehlen eines linguistisch fundierten Artikelaufbaus bei Wörtern mit zwei grundverschiedenen Bedeutungen. Diese werden nämlich in den meisten Online-Wörterbüchern völlig miteinander vermischt. So finden wir z. B. bei <*dict.leo.org*> die englischen Äquivalente für das deutsche Verb *warten* im Sinne von »instandhalten« mitten unter den Äquivalenten für *warten* im zeitlichen Sinne. Das Gleiche gilt für *kosten* im Sinne von »etwas Essbares probieren« und *kosten* im Sinne von »einen Preis haben« oder *aufheben* im Sinne von »aufbewahren« bzw. »vom Boden hochheben«. Von einem linguistisch fundierten Aufbau der Äquivalentangaben, wie wir ihn aus traditionellen Papierwörterbüchern kennen, kann also keine Rede sein. Diesem Standard am nächsten kommt noch <*www.pons.de*>. In <*www.dict.cc*> sind hier und da erklärende Zusätze vorhanden, die die Unterscheidung der einzelnen Bedeutungen erleichtern (z. B. »keep a machine in good condition« bei *warten* im technischen Sinne). Andere Online-Wörterbücher hingegen sind kaum mehr als ein umfangreiches Vokabelheft.

Ein weiterer Nachteil von Online-Wörterbüchern kann darin bestehen, dass das Fehlen eines Eintrags nie klar angezeigt wird, sondern dass statt einer entsprechenden Meldung immer Teiläquivalente angezeigt werden. Wenn Sie z. B. den englischen Ausdruck *desire lines* in <*dict.leo.org*> nachschlagen, bekommen Sie zwar mehrere Dutzend Treffer zu allen möglichen Bedeutungen von *desire* und von *line* angezeigt, der gesuchte ist aber nicht dabei. Wenn Sie hingegen in der elektronischen Version des Muret-Sanders mithilfe der Phrasensuche (s. Abschnitt 9|22) nach *desire lines* suchen, bekommen Sie sofort die Auskunft, dass dieser Begriff dem Wörterbuch unbekannt ist. Das hilft Ihnen zwar nicht weiter, vermeidet aber zumindest unnötiges Lesen von Pseudotreffern. Dass *desire lines* hier genauso wie in den Online-Wörterbüchern fehlt, ist im Übrigen kein Wunder, denn er hat im Deutschen keine lexikalisierte Entsprechung. Es handelt sich um einen Trampelpfad, der dort entsteht, wo es zwar auch einen anderen Weg gegeben hätte, dieser aber als zu umständlich empfunden und deshalb durch einen neuen ersetzt wird, der einfach durch das Bedürfnis (*desire*) nach seiner Benutzung entsteht. Wie fest verankert der Begriff im englischen Sprachgebrauch ist, zeigen übrigens die eindeutigen Treffer, die man erhält, wenn man ihn in die Bildersuche einer Suchmaschine eingibt (zur Nutzung der Bildersuche einer Suchmaschine zur Klärung von Wortbedeutungen, s. u.).

Ungeachtet dieser Beschränkungen in der linguistischen Qualität sind Online-Wörterbücher wegen der weiter oben genannten grundsätzlichen Vorzüge eine wertvolle Hilfe beim Fremdsprachenlernen, insbesondere für die schnelle Erschließung von fremdsprachigen Texten. Für die produktive Sprachverwendung bergen sie einige Gefahren und setzen deshalb eine gewisse Erfahrung voraus. Anfänger sollten lieber auf ein professionelles Wörterbuch aus einem Sprachenverlag zurückgreifen. Wer sich dabei für die elektronische Fassung entscheidet (s. Abschnitt 9|22), kommt in den Genuss sowohl des strukturierten Artikelaufbaus als auch der Bequemlichkeiten eines elektronischen Mediums.

Auf die zu Recht besonders beliebten Online-Wörterbücher der Portale <dict.leo.org>, <www.dict.cc> und <www.pons.de> wurde im Vorausgehenden bereits mehrfach Bezug genommen. Sie decken praktisch alle in Deutschland häufiger gelernten Fremdsprachen ab, auch wenn der erfasste Wortschatz keineswegs für alle Sprachen gleich umfangreich ist und man bei den »kleineren« Sprachen häufiger auf Lücken stößt. Wer ein besonders einfaches und übersichtliches Online-Wörterbuch für eine der vier Sprachen Englisch, Französisch, Spanisch und Italienisch sucht, kann auf die Seite <www.woerterbuch.info> zurückgreifen, die von einer Hamburger Medienagentur betrieben wird. Zwar ist insbesondere für die drei romanischen Sprachen die Wortschatzabdeckung nicht die beste, aber für die meisten Zwecke reichen die Angaben aus. Ein leichtes Wechseln von einem Sprachenpaar in ein anderes ist zudem für alle interessant, die mit zwei der genannten Sprachen gleichzeitig zu tun haben.

Eine qualitativ hochwertige Quelle ist <http://iate.europa.eu>. Es handelt sich um eine terminologische Datenbank der Übersetzungsdienste der Europäischen Union. Deshalb sind hier die Chancen ziemlich gut, auch Fachbegriffe zu finden, die man sonst in Online-Wörterbüchern vergeblich sucht. So findet man z. B. nicht nur ein Alltagswort wie *Lebensmittel*, sondern auch ein spezielleres Wort wie *Lebensmittelvergiftung* und sogar einen so hoch spezialisierten Terminus wie *lebensmittelbedingte Antibiotikaresistenz*. Die Datenbank ermöglicht die Abfrage aus allen 24 Sprachen der EU in alle Sprachen der EU, insgesamt also 576 Sprachrichtungen. Da in den EU-Behörden aus allen und in alle Sprachen übersetzt wird, findet man hier auch für die »kleinen« Sprachen oft Äquivalente für speziellere Begriffe, während in anderen Online-Wörterbüchern die Trefferquoten für kleinere Sprachen stark abfallen. So gibt es Äquivalente für *Abwrackprämie* nicht nur für Englisch, sondern beispielsweise auch für Finnisch (*romutuskorvaus*) oder Dänisch (*ophugningspræmie*). Wer also erzählen will, dass er seinerzeit die Abwrackprämie der Bundesregierung genutzt hat, um sich ein neues Auto zu kaufen und dabei an dem Wort *Abwrackprämie* scheitert, hat hier gute Chancen, Hilfe selbst für selten gelernte Sprachen zu finden. Trotzdem wird man auch hier keineswegs bei allen Fachbegriffen fündig. In der Tendenz lässt sich sagen, dass alles, was irgendwie von der EU geregelt wird, gute Chancen hat, terminologisch erfasst zu sein, alles andere eher nicht. Wahrscheinlich ist das auch der Grund, warum man die *Elferlochung* (was immer das sein mag) findet, den *Elfmeter* aber nicht.

Wer seine Fremdsprache in keiner der bisher genannten Quellen finden kann, der sollte auf Wörterbuch-Linksammlungen zurückgreifen. Die meines Wissens umfangreichste findet sich derzeit auf der Seite <www.word2word.com/dictionary.html>. Hier sind Links zu zweisprachigen Online-Wörterbüchern für rund 250 Sprachen zusammengestellt. Anders als auf vielen anderen Internetseiten findet man hier auch Wörterbücher für Sprachenpaare, an denen Englisch nicht beteiligt ist (z.B. Deutsch – Kroatisch, Deutsch – Litauisch oder Deutsch – Indonesisch). Die Qualität der Online-Wörterbücher ist zwar sehr unterschiedlich, aber für ein schnelles Nachschlagen einfacher Wörter reichen die meisten erfassten Quellen aus.

Eine ähnliche Quelle ist <www.dicts.info>. Sie macht derzeit zwar »nur« für 80 Sprachen Angebote, bietet dafür aber auch eine Reihe anderer nützlicher Links für das Fremdsprachenlernen, so zu Wörterbüchern, die downloadbar sind, zu Wörterbüchern für Smartphones, zu Bildwörterbüchern, Grammatiken, Thesauri, Vokabeltrainern u. a. Auch wenn vieles eher einfach gestrickt ist, gibt es hier für Sprachenlerner das eine oder andere nützliche Tool zu entdecken, solange man kein Material mit einer echten didaktischen Konzeption erwartet.

Ich habe den Schwerpunkt in diesem Kapitel auf *zweisprachige* Online-Wörterbücher gelegt. Das hat vor allem den Grund, dass diese eine zentrale Rolle in der Erschließung von fremdsprachigem Input spielen (zur Begründung s. Abschnitt 9|21). An anderen Stellen werde ich auch den Einsatz einsprachiger Wörterbücher empfehlen, allerdings zu speziellen Zwecken (s. Abschnitte 13|16 u. 19|7). In Abschnitt 13|16 werde ich dabei auch die wichtigsten *einsprachigen* Online-Wörterbücher nennen. Die folgenden Hinweise verstehen sich deshalb als Vorgriff auf den Fortgeschrittenenteil dieses Buches (Teil IV).

Einsprachige Wörterbücher sind im Internet naturgemäß genauso als kostenlose Online-Angebote vertreten wie zweisprachige. Da es aber immer nur um eine Sprache geht, sind sie wesentlich verstreuter als die Quellen für zwei- oder mehrsprachige Wörterbücher. Dafür treten sie häufig in Kombination mit anderen einsprachigen Nachschlagewerken wie Thesauri oder Fachglossaren auf. Als Beispiel sei hier die Online-Version des amerikanischen Wörterbuch-Klassikers Merriam-Webster's genannt (<www.m-w.com>). Sie bietet nicht nur ein einsprachiges Wörterbuch, sondern auch einen Thesaurus (s. dazu die näheren Erklärungen in Abschnitt 20|9), ein medizinisches Fachwörterbuch sowie ein enzyklopädisches Sachlexikon, in dem man praktischerweise auch gleich alle landeskundlichen Begriffe nachschlagen kann, auf die man bei der Beschäftigung mit fremdsprachigen Texten stößt (geografische Namen, Persönlichkeiten, historische Ereignisse, Institutionen usw.).

Besonders attraktiv für Englischlerner ist die Seite <http://dictionary.cambridge.org>. Denn sie enthält das für Nichtmuttersprachler konzipierte *Cambridge Advanced Learner's Dictionary*, eine vereinfachte Vorstufe von diesem, mehrere zweisprachige Wörterbücher (darunter auch das Sprachenpaar Englisch – Deutsch), ein Wörterbuch für amerikanisches Englisch, ein Fachwörterbuch *Business English* sowie einen Thesaurus. Das Portal <www.thefreedictionary.com/dictionary.htm> wiederum ist besonders hilfreich, wenn man auch mit medizinischen, juristischen und finanzwirtschaftlichen Fachbegriffen zu tun hat. Außerdem gibt es hier eine eigene Suchfunktion für idiomatische Ausdrücke.

Auch einsprachige Wörterbücher bieten häufig Audioaufnahmen mit Aussprachemustern, so z. B. <http://dictionary.reference.com>. Die hier vorzufindende Lautschrift entspricht allerdings nicht den Normen der IPA (s. Abschnitt 9|11). Erfreulich ist auch, dass renommierte einsprachige Wörterbücher, die früher nur käuflich zu erwerben waren, mittlerweile im Netz stehen; so z. B. das *Longman Dictionary of Contemporary English* (<www.ldoceonline.com>).

Interessant ist ferner die Möglichkeit, Meta-Suchmaschinen zu benutzen, die nicht nur in einem, sondern in mehreren Wörterbüchern gleichzeitig suchen. So durchsucht eine Anfrage auf der Internetseite <www.alphadictionary.com> z. B. nach eigenen Angaben derzeit 1065 verschiedene einsprachige Wörterbücher und Glossare des Englischen. Entsprechend hoch ist die Treffermenge. Die Vielfachabfrage kann dabei insbesondere bei seltenen Wörtern sinnvoll sein, bei denen man in einem einzelnen Wörterbuch nicht weiterkommt.

Besondere Erwähnung verdient hier natürlich auch das Wiki-basierte Wörterbuch *Wiktionary* (<http://de.wiktionary.org>), in dem mittlerweile über einhundert Sprachen vertreten sind (<http://de.wiktionary.org/wiki/Wiktionary:Liste_der_Wiktionarys_in_anderen_Sprachen>). Ich habe es bereits für die Zwecke des Aussprachelernens empfohlen (s. Abschnitt 9|10). Hier sei nur ergänzt, dass es sich immer mehr auch zu einem Multifunktionswörterbuch weiterentwickelt, in dem wir neben dem Grundbestandteil einsprachiger Wörterbücher, nämlich der Erklärung von Wortbedeutungen, auch Angaben zu grammatischen Eigenschaften, zu Synonymen oder auch zur Wortherkunft finden, aber auch die Entsprechungen in zahlreichen anderen Sprachen. Auch wenn in den »kleineren« Sprachen z. T. noch erhebliche Lücken im erfassten Wortschatz bestehen, ist es damit auf dem besten Wege, das erste umfassende, multilinguale kombinierte Definitions- und Übersetzungswörterbuch zu werden. Der Link auf die Sie betreffende fremdsprachige Hauptseite von Wiktionary verdient deshalb sicher einen Ehrenplatz auf Ihrem Desktop oder in der Lesezeichenmenüleiste Ihres Browsers.

Zum Abschluss dieses Abschnitts über Wörterbücher im Internet möchte ich noch auf eine alternative Nachschlagstrategie hinweisen, nämlich die Benutzung der Bildersuche in Suchmaschinen wie <*www.google.de*>. Sie kann zum einen eingesetzt werden, wenn das zweisprachige Wörterbuch unanschauliche oder verwirrende Übersetzungen anbietet. Zum anderen kann sie aber auch dazu dienen, eine Vokabel mit einem visuellen Eindruck zu verbinden, um das Behalten zu erleichtern. Natürlich funktioniert diese Strategie am besten bei Wörtern für konkrete Gegenstände. Und dass man bei der Bildersuche auch immer auf zahlreiche Bilder stößt, die nichts mit dem gesuchten Begriff zu tun haben, versteht sich bei einer Suchmaschine von selbst. Trotzdem lohnt oft ein Versuch, zumal der Aufwand meist nicht größer ist als die Suche in einem Wörterbuch. Geben Sie zum Beispiel einmal das französische Wort *étau* in die Google-Bildersuche ein. Sie erhalten eine aussagekräftige visuelle »Übersetzung«. Im Falle des weiter oben bereits besprochenen Beispiels der *desire lines* im Englischen kann die Bildersuche sogar eine weit verbreitete Lücke in den Wörterbüchern schließen.

Wenn Sie das Risiko, falsche Bilder zu erhalten, minimieren wollen, können Sie auf ein Bildwörterbuch zurückgreifen. Auf der Seite <*www.dicts.info/picture-dictionary.php*> finden Sie ein thematisch geordnetes Bildwörterbuch mit Beschriftungen in 40 wählbaren Sprachen. Allerdings kann nur vom Englischen aus direkt gesucht werden. Für Sprecher anderer Sprachen empfiehlt es sich eher, aus den 50 Themenfeldern nacheinander verschiedene auszuwählen und die angebotenen Bilder mit der Beschriftung in der jeweiligen Zielsprache zum Wortschatzlernen zu nutzen.

9 | 24 Nutzen Sie Scan-and-translate-Stifte

Alle in Abschnitt 9|22 genannten Vorteile elektronischer Wörterbücher setzen naturgemäß das Vorhandensein eines Computers voraus. Die in Abschnitt 9|23 empfohlene Nutzung von Online-Wörterbüchern erfordert zusätzlich einen Internetzugang. Durch den Trend der Computer zu immer kleineren Geräten in Form von Notebooks, Netbooks, Tablets und insbesondere auch durch die Weiterentwicklung des Handys zum Smartphone, das immer mehr Funktionen eines normalen Computers übernimmt, ist auch die Nutzung elektronischer Hilfen immer leichter und mobiler geworden. Auch wer nicht im Büro oder zu Hause am PC sitzt, kann an fast jedem beliebigen Ort über sein Smartphone auf Online-Wörterbücher zugreifen oder auch Wörterbücher als App herunterladen. Doch auch in diesem Fall müssen die gesuchten Wörter in der Regel immer noch in das jeweilige Gerät eingetippt werden. Wem auch diese Mühe noch zu groß ist und wer ohne die Benutzung von Tablet, Smartphone und Internet Wörter nachschlagen möchte, die ihm in einem gedruckten Text begegnen, der kann auf Scan-and-translate-Stifte zurückgreifen. Diese Produkte werden von der amerikanischen Softwarefirma Wizcom entwickelt und in Deutschland von Hexaglot (<*www.hexaglot.com*>) unter dem Produktnamen »Quicktionary« vertrieben.

Dabei handelt es sich um ein nur ca. 100 Gramm schweres elektronisches Gerät, das man bequem wie einen Stift in die Hand nehmen kann. An der Spitze ist ein Mini-Scanner eingebaut, mit dem man wie mit einem Markierstift über die Zeilen eines Textes fahren und einzelne Wörter oder Wortgruppen einlesen kann. Das Gerät gibt daraufhin in einem kleinen Display (ca. 6 x 2 cm) die Übersetzung des Wortes bzw. der Wortgruppe in der gewünschten Sprache aus. Das lästige Blättern in einem gedruckten Wörterbuch entfällt, aber auch das Eintippen der Wörter in einen Computer oder ein Smartphone. Sobald Sie beim Lesen des fremdsprachigen Textes in einem Buch, einer Zeitschrift oder in einem Dokument auf eine unbekannte Vokabel stoßen, fahren Sie kurz mit dem Scanner darüber und erhalten prompt die Übersetzung im Display. Damit wird der Lesevorgang im fremdsprachigen Text so wenig unterbrochen wie mit keinem anderen Hilfsmittel oder technischen Gerät. Scan-and-translate-Stifte sind deshalb vor allem für die Lektüre auf Reisen, in Zügen und Flugzeugen oder auch für die gemütliche Lektüre im Sessel oder im Bett ein interessantes Hilfsmittel.

Je nach Modell sind die Wörterbücher für die gängigsten Sprachenpaare (Englisch – Deutsch, Französisch – Deutsch, Spanisch – Deutsch, jeweils in beiden Richtungen) bereits im Produktumfang enthalten oder können nachgekauft und nachinstalliert werden. Die neueren Modelle enthalten teilweise auch eine Sprachausgabe, die zusätzlich zur Ausgabe im Display eingeschaltet werden kann. Das gescannte Wort kann also nicht nur nachgeschlagen, sondern auch angehört werden. Allerdings steht diese Funktion im Moment noch nicht für alle angebotenen Sprachen zur Verfügung.

Natürlich verfügt die Software auch über eine automatische Formenerkennung. Das heißt, sie kann das Wort auch analysieren und übersetzen, wenn es im Text als konjugierte Verbform oder Pluralform auftritt. Andernfalls wäre ja auch ein sinnvoller Einsatz kaum denkbar.

Ob man den Einsatz eines solchen Stiftes im praktischen Gebrauch tatsächlich als hilfreich und angenehm empfindet, hängt indes stark von den jeweiligen Gegebenheiten der Anwendungssituation ab. Der Hersteller gibt an, dass Schriftgrößen von 6 bis 22 typografischen Punkten (pt) erkannt werden. Das deckt das Spektrum praktisch aller gängigen Schriftgrößen in Druckwerken ab, insbesondere in Büchern und Zeitschriften. Je kleiner jedoch die Schrift ist, desto schwieriger wird es, den Stift genau auf der jeweiligen Zeile anzusetzen. Insbesondere kann es dann schwierig werden, ein einzelnes Wort genau anhand der Wortzwischenräume vor und nach diesem anzusteuern. Schwierig wird es auch bei welligem oder zerknittertem Papier (z. B. älteren Zeitungen) oder bei Texten mit besonders geringem Zeilenabstand. Hier kann es passieren, dass mehrere Scanversuche notwendig sind, um die gewünschte Erkennung und damit die Übersetzung zu erhalten. Fett- und Kursivdruck hingegen sind in der Regel kein Problem, genauso wenig wie farbige Schriften.

Ist das Wort oder die Wortgruppe erst einmal gescannt, ist die Chance auf eine brauchbare Übersetzung sehr gut. Der Hersteller gibt den Umfang der einzelnen Wörterbücher mit 300.000 »Wörtern und Ausdrücken« an, wobei allerdings unklar bleibt, was genau mit »Ausdrücken« gemeint ist. Ich selbst besitze ein älteres Modell mit dem Sprachenpaar Spanisch – Deutsch und habe durchaus eine Reihe von Lücken bei weniger gängigen Wörtern festgestellt. Es besteht aber kein Zweifel, dass der Wörterbuchinhalt sowohl für Anfänger wie auch für die meisten fortgeschrittenen Lerner ausreicht. Außerdem werden die Wörterbücher ständig erweitert und aktualisiert.

Wegen des begrenzten Displays gibt die Übersetzungssoftware keine längeren und nach Teilbedeutungen differenzierten Wörterbuchartikel aus, wie wir sie aus großen zweisprachigen Wörterbüchern kennen. Auch erklärende Zusätze (Glossen) zur Unterscheidung der einzelnen Bedeutungen eines Wortes sowie Differenzierungen nach Stilniveaus, fachsprachlichen Verwendungen usw. fehlen weitgehend. Typische Wortverbindungen, idiomatische Wendungen und dgl. werden nur in geringer Auswahl angegeben. Dafür können bei den Premiummodellen aber die eingelesenen Wörter oder Zeilen als editierbarer Text an eine Textverarbeitung (z. B. Word) weitergegeben werden.

Insgesamt lässt sich sagen, dass das Quicktionary ein interessantes Hilfsmittel für schnelles und bequemes Nachschlagen fremdsprachiger Vokabeln in Situationen ist, in denen man keinen Zugriff auf einen PC hat und man auch die manuelle Eingabe in ein Smartphone als zu lästig empfindet. Die technische Raffinesse dieser Geräte hat aber ihren Preis. Dieser liegt nämlich je nach Modell derzeit zwischen 150 und 220 Euro. Vor einer Anschaffung sollten Sie sich also auf den Internetseiten des Herstellers über die neusten Produktmerkmale informieren und anhand der Ausführungen in diesem Abschnitt überlegen, ob sich die Anschaffung für Sie lohnt.

9 | 25 Übersetzen Sie aus der Fremdsprache in die Muttersprache zur Bewusstmachung von schwierigen Inhalten

Das Übersetzen ganzer Sätze oder gar Texte gehört heute in den meisten fremdsprachendidaktischen Konzeptionen zu den »No-gos«. Es gilt als Relikt aus der Zeit der sog. »Grammatik-Übersetzungs-Methode«, die schon seit mindestens einem halben Jahrhundert als überwunden betrachtet wird. Mit der völligen Verbannung der Übersetzung aus dem Fremdsprachenlernen wird jedoch das Kind mit dem Bade ausgeschüttet. Für bestimmte Zwecke ist sie nicht nur hilfreich, sondern entspricht geradezu einem tiefsitzenden Bedürfnis der meisten Fremdsprachenlerner. Insbesondere beim Verstehen schwieriger Passagen in einem fremdsprachigen Text ist sie ein probates Mittel zur Sinnerschließung und Sinnvergewisserung.

Wenn Sie also auf eine Passage in einem fremdsprachigen Text stoßen, die Sie nicht richtig verstehen, sei es ein Teilsatz, ein ganzer Satz oder auch mehrere zusammenhängende Sätze, dann versuchen Sie es doch einmal mit einer Übersetzung in Ihre Muttersprache. Dabei geht es nicht darum, druckfertige Formulierungen zu produzieren, sondern lediglich um eine Art »Arbeits-« oder »Rohübersetzung«, die ausschließlich Ihrem »persönlichen Bedarf«, d. h. der Erleichterung Ihres Textverstehens dient. Dazu ist in der Regel eine rein mündliche Übersetzung ausreichend, die man vor sich hin spricht.

Oft erschließt sich dann der Sinn leichter. Der Grund dafür ist einfach: Wir können in der Muttersprache wesentlich mehr sprachliches Material gleichzeitig in unserem Arbeitsgedächtnis verarbeiten als in der Fremdsprache. Haben wir also erst einmal eine Übersetzung zur Hand, überblicken wir gerade bei längeren und komplexeren Sätzen den Sinn leichter. Und das, obwohl dieser ja eigentlich der gleiche ist (vorausgesetzt natürlich, wir haben richtig übersetzt).

Viele Lerner wenden diese Strategie fast automatisch an. Man sollte aber darauf achten, dass ihr Einsatz auf Verständnisschwierigkeiten begrenzt bleibt und nicht zum Regelverhalten beim Lesen fremdsprachiger Texte wird. Denn dann wird sie den Lese- und damit den Verstehensfluss eher stören.

10 Ins Hören einsteigen

10 | 1 Fangen Sie so früh wie möglich mit dem Hörverstehen an

Vielleicht ist es Ihnen auch schon einmal unangenehm aufgefallen, dass Sie in Ihrer Fremdsprache deutlich weniger verstehen, wenn Sie einen Text nicht lesen, sondern nur hören können: der schnell gesprochene Dialog im Film, die hitzige Fernsehdiskussion oder auch der schnelle Sprechgesang eines Rapsongs reichen oft schon, um uns das Gefühl zu geben, dass wir kaum mehr als »Bahnhof« verstehen. Die gleichen Texte in gedruckter Form würden uns deutlich weniger Probleme bereiten. Die meisten Fremdsprachenlerner geben an, dass ihnen das Hörverstehen schwerer fällt als das Lesen und auch bei den großen Sprachtests, bei denen alle Grundkompetenzen abgeprüft werden, wie z. B. bei den Cambridge Certificates, haben die meisten mehr »Manschetten« vor dem Hör- als vor dem Lesetest.

Dafür gibt es eine Reihe von objektiven Gründen: Beim Hören kann, anders als beim Lesen, die Bearbeitungsgeschwindigkeit nicht flexibel auf die eigene Verstehensgeschwindigkeit abgestimmt werden. Wir können unverstandene Passagen nicht ohne Einsatz technischer Aufzeichnungsmöglichkeiten wiederholen. Wir können das Verstehen nicht unterbrechen, um etwas nachzuschlagen. Wir haben keine Wortgrenzen und Satzzeichen zur Unterstützung des Strukturverstehens vor Augen und wir müssen uns schließlich auch noch auf verschiedene Stimmen, Artikulationsweisen und Akzente der jeweiligen Sprecher einstellen, während gedruckte Texte doch immer gleich oder zumindest sehr ähnlich aussehen.

Ein weiterer Grund aber ist sozusagen »hausgemacht«: Meist haben wir das Hörverstehen von Beginn des Lernprozesses an schlicht und einfach zu wenig geübt. Und das liegt häufig wiederum daran, dass unsere Lehrer uns zu wenig Gelegenheit gegeben haben, es zu üben. Das Hörverstehen ist in vielen Unterrichtsformen die am stärksten vernachlässigte Grundkompetenz.

Schon diese Aspekte wären Grund genug, sich als autonomer Lerner dem Hörverstehen besonders zu widmen. Hinzu kommt aber noch seine Schlüsselrolle für den Lernprozess selbst: Das Hörverstehen ist das wichtigste Tor für den fremdsprachigen Input, den wir brauchen, um Lernfortschritte zu erzielen. Zwar ist es für die meisten Lerner ganz zu Beginn leichter, ersten Zugang zur Fremdsprache über schriftliches Lernmaterial zu finden (zu den Gründen s. Abschnitt 9|1). Aber ist dieser Schritt erst einmal vollzogen, muss das Hörverstehen ganz oben auf der Agenda stehen.

Um dieses Ziel von Anfang an zu verfolgen, lautet die erste Grundregel: Versuchen Sie, alle Texte, die Sie lesend bearbeiten, wenn möglich auch zu hören und so von Anfang an jedes Schriftbild auch immer gleich mit einem akustischen Eindruck zu verbinden. Wie Sie das möglich machen und wie Sie dabei konkret vorgehen, zeige ich in den nächsten Abschnitten. Mit den wesentlich komplizierteren Formen des Hörverstehens von *beliebigem* fremdsprachigem Material, das nur akustisch verfügbar ist, beschäftigen wir uns hingegen im Teil IV dieses Buches, in dem Strategien für Fortgeschrittene vorgestellt werden.

10 | 2   Achten Sie bei der Auswahl von Lehrmaterial auf Umfang und Art der Hörverstehensmaterialien

Bei der Auswahl von Lehrmaterial für das Hörverstehen sind es vor allem zwei Grundfragen, die Sie vor dem Kauf klären sollten:

1. Welche Teile des Lehrwerks sind in auditiver Form verfügbar?
Mindestanforderung ist die Vertonung aller Lehrbuchtexte und -dialoge. Wünschenswert ist aber auch eine Vertonung der Übungen, denn sie machen in der Regel den größten Bestandteil des Lehrwerks aus. Dies gilt natürlich auch für elektronische Lehrwerke. Bei gedruckten Lehrwerken müssen die Hörtexte manchmal separat gekauft werden. Bei elektronischen Lehrwerken kann man davon ausgehen, dass sie nicht mehr an Vertonung enthalten, als auf der Verpackung steht. Nur wenn dort ausdrücklich »vollvertont« oder Ähnliches steht, können Sie davon ausgehen, dass mehr als nur die Lektionstexte als Audios verfügbar sind.

2. In welcher medialen Form sind die Hörmaterialien verfügbar?
Dies kann in Form von separaten Audio-Kassetten, CDs oder DVDs der Fall sein. Verlage bieten heute aber auch zunehmend einen Download an, meist im MP3-Format. Bei elektronischen Lehrwerken sind die Audiodateien meist direkt in die Software integriert und können nur aus dem Programm heraus aufgerufen werden. Wenn Sie noch Audio-

Kassetten haben, aber lieber mit Audiodateien auf Ihrem Computer arbeiten, dann sollten Sie Ihre Kassettenaufnahmen digitalisieren. Näheres dazu in Abschnitt 17|2 (»Machen Sie sich technisch fit für professionelles Hörverstehenstraining«).

Neben den genannten Grundanforderungen sollten die Hörverstehensmaterialien jedoch auch möglichst viele der Funktionsmerkmale aufweisen, die heute mithilfe elektronischer Medien möglich sind. Hier sind die wichtigsten dieser Funktionen:

- Hörverstehensmaterialien sollten die Möglichkeit bieten, nicht nur ganze Texte, sondern auch einzelne Textausschnitte (z. B. Sätze oder Wörter) gezielt mit einem Klick auditiv wiederzugeben, sodass man sie gezielt auswählen und beliebig häufig anhören kann.
- Die Hörtexte sollten in verschiedenen Sprechgeschwindigkeiten abspielbar sein (mindestens »normal« und »langsam«, besser noch stufenweise Geschwindigkeitseinstellung ohne akustische Verzerrung).
- Die Hörtexte sollten von mindestens zwei verschiedenen Stimmen gesprochen werden (z. B. eine männliche und eine weibliche, oder einmal mit einem englischen und einmal mit einem amerikanischen Akzent).
- Bei Hörsehtexten (also z. B. Filmen und Videos), sollte der gesprochene Text als Untertitel ein- und ausblendbar sein.
- Jedes in den Materialien vorkommende gedruckte Wort sollte auch im Glossar vorkommen oder besser noch direkt aus den Texten heraus mit diesem verlinkt sein. Zu allen Wörtern im Glossar sollte es wiederum eine Audiofassung geben, sodass man sich jedes Wort nicht nur im Textzusammenhang, sondern auch isoliert anhören und sich ganz auf seine Aussprache konzentrieren kann.

Kaum ein Lehrwerk wird all diese Funktionen bieten. Manche Lehrwerke bieten aber nicht einmal die grundlegenden Funktionen. Umso wichtiger ist es, vor dem Kauf zu überprüfen, was das Produkt tatsächlich bietet, und ggf. weiterzusuchen, wenn ein Produkt das Hörverstehen nicht ausreichend unterstützt.

10|3 Nutzen Sie lehrwerkunabhängige Hörverstehens-Materialien für Anfänger

Neben den lehrwerkbegleitenden Hörverstehensmaterialien gibt es auch ein beachtliches Angebot an lehrwerkunabhängigem Übungsmaterial, und zwar für alle Lernstufen. Sie können auf die gleiche Weise nach solchen Angeboten suchen wie generell nach Lehrwerken (s. dazu die Tipps in Abschnitt 8|3). Besonders effizient dürfte hier die Suche über die Internetseiten der einschlägigen Verlage sein. Wenn Sie beispielsweise auf den Seiten des Hueber-Verlags (<www.hueber.de>) zunächst die Rubrik »Selbstständig Sprachen lernen«, dort Ihre Zielsprache und in dem dann erscheinenden Menü »Hörkurs« oder »Hörbuch« auswählen, finden Sie (zumindest für die gängigen Fremdsprachen) ein nach Lernstufen differenziertes Angebot an Materialien, die sich speziell zum Hörverstehenstraining eignen. Auf anderen Verlagsseiten führt die Eingabe von Suchwörtern wie »Hörverstehen«, »Audiomaterial«, »Audiokurs« u. Ä. zu den entsprechenden Angeboten. Insgesamt ist allerdings festzustellen, dass das Angebot an Hörverstehensmaterialien bedauerlicherweise meist deutlich geringer ist als das für andere Grundkompetenzen.

Natürlich sind für Sie als Anfänger nur solche Materialien von Interesse, die auch tatsächlich für Anfänger konzipiert wurden. Achten Sie deshalb darauf, dass dies ausdrücklich so angegeben wird. Falls die Angabe der Zielgruppe in den Kategorien des Europäischen Referenzrahmens erfolgt, sollten Sie als Anfänger nur Material für das Niveau A1 wählen. Niveauübergreifende Materialien, z. B. solche mit der Angabe »für A1 bis B1« setzen Vorkenntnisse voraus.

Für die Auswahl des richtigen Materials ist neben dem richtigen Schwierigkeitsgrad noch ein zweites Kriterium entscheidend: die Verfügbarkeit der Hörmaterialien in schriftlicher Form. Nur wenn die Möglichkeit besteht, den Erfolg des Hörverstehens durch die Schriftform kontrollieren zu können, macht die Arbeit damit richtig Sinn (s. dazu die Ratschläge zum genauen Vorgehen in den nachfolgenden Abschnitten). Achten Sie bei der Auswahl also darauf, dass es eine komplette Textfassung aller Hörverstehenstexte gibt. Bei CDs und DVDs müsste diese also entweder als Heft beiliegen oder als ausdruckbare Datei (z. B. im PDF-Format) auf der CD bzw. DVD verfügbar sein. Bei elektronischen Lehrmaterialien müsste sichergestellt sein, dass alle Hörtexte nicht nur als Audiodatei, sondern auch lesbar am Bildschirm bearbeitet werden können und darüber hinaus ausdruckbar sind.

Wenn diese beiden Bedingungen (Eignung für Anfänger und Verfügbarkeit einer vollständigen schriftlichen Fassung) gegeben sind, kann man sinnvoll mit dem Material arbeiten. Da die Empfehlung hier lautet, solche Materialien *zusätzlich* zu einem vollwertigen Selbstlernkurs und ausschließlich zur Schulung des Hörverstehens zu bearbeiten, müssen sie nicht einmal eigene Übungen enthalten. Höchstens Testfragen zum Verstehen können sinnvoll sein, um sich zu vergewissern, ob man tatsächlich richtig verstanden hat. Aber im Grunde sind selbst diese entbehrlich. Denn wenn wir gründlich mit den Texten arbeiten, haben wir meist selbst einen ziemlich verlässlichen Eindruck davon, ob wir verstanden haben oder nicht. Verstehenshilfen in Form von Vokabelangaben hingegen sind willkommen, weil sie den Verstehensprozess erleichtern. Sie sollten dann möglichst in die schriftliche Fassung des Textes integriert sein, und zwar so, wie es für geschriebene Texte generell wünschenswert ist (s. dazu die Ausführungen unter den Stichwörtern »Verständnishilfen und Erklärungen« im Abschnitt 8|5 (»Prüfen Sie Lehrmaterial auf seine Eignung«).

Auch bei den Hörverstehensmaterialien bieten elektronische Fassungen eine Reihe von nützlichen Funktionen, die analoge Materialien (z. B. Kassetten) technisch nicht bieten können. Ein gutes Beispiel dafür sind die interaktiven Hörbücher von Digital Publishing. Diese bieten nicht nur die Möglichkeit, die Texte zu hören, sondern man kann sie sich gleichzeitig am Bildschirm anzeigen lassen. Dabei wandert eine Markierung genau im Tempo des Sprechers über die Zeilen, sodass die Aufmerksamkeit automatisch auf die gerade zu hörende Textstelle gelenkt wird. Mehr noch: Man kann die Sprechgeschwindigkeit stufenlos um bis zu 50 Prozent erhöhen und reduzieren, ohne dass die Sprachqualität nachhaltig leidet. Diese Funktion macht es möglich, mit einer sehr langsamen Geschwindigkeit zu beginnen und diese mit wachsendem Verständnis beim zweiten, dritten oder vierten Hören sukzessive zu steigern. Im Übrigen reicht ein einfacher Klick, um zu einer früheren Textstelle zurückzukehren oder um einen Satz mehrmals zu hören. Eine Auswahl weniger bekannter Wörter im Text wird erklärt, wenn man auf sie klickt und so ein kleines Pop-up-Fenster mit der Übersetzung aufruft. Diese Funktionen bieten in ihrem Zusammenspiel ausgezeichnete Voraussetzungen für ein intensives und effizientes Hörverstehenstraining.

Derzeit bietet Digital Publishing interaktive Hörbücher für die Sprachen Englisch, Französisch, Spanisch, Italienisch sowie Deutsch als Fremdsprache an, jeweils bereits ab dem Lernniveau A1. Alle Texte sind fremdsprachige Originaltexte, meist von zeitgenössischen Autoren. Die Angabe des Lernniveaus ist meiner Meinung nach aber etwas zu tief angesetzt. Hörbücher für das Niveau A1 setzen bereits einen relativ breiten Wortschatz voraus. In Kombination mit der schriftlichen Fassung, den Übersetzungshilfen und der variablen Sprechtempoeinstellung dürften die meisten Lerner aber wohl in der Lage sein, sinnvoll mit den Hörtexten zu arbeiten, sobald sie mindestens ein Grundlagenlehrwerk selbst durchgearbeitet oder ein bis zwei Präsenzkurse absolviert haben. Auf den Internetseiten des Verlags (<www.digitalpublishing.de>) gibt es zu jedem Hörbuch eine Hörprobe, die eine schnelle Einschätzung des Schwierigkeitsgrades ermöglicht.

10 | 4 Nutzen Sie reine Hörkurse

Auf dem Lehrmaterialmarkt gibt es einige Angebote, die sich als selbstständige Lehrwerke verstehen, aber nicht das gedruckte Lehrwerk als Leitmedium einsetzen, sondern eine eigens dazu konzipierte Hörfassung. Sie finden sie auf den Verlagsseiten (z. B. bei Hueber oder bei Digital Publishing), im Verzeichnis lieferbarer Bücher (VLB, s. Abschnitt 8|3) oder bei Internetbuchhändlern wie <www.buch.de>, <www.buecher.de> oder <www.amazon.de> unter dem Schlagwort »Hörkurs« oder »Audiokurs«.

Sie sind so konzipiert, dass man das zu hörende Sprachmaterial aufnehmen kann, ohne es zu lesen. Dies wird zum einen wie in einem gedruckten Lehrwerk durch Texte mit kontrolliertem Schwierigkeitsgrad erreicht, der nach und nach ansteigt. Zum anderen werden meist aber auch Übersetzungen zur Verständniskontrolle angeboten. Sinnvoll ist auch eine Funktion, die sich in den Hörkursen des Hueber-Verlags findet: Die Haupttexte werden zunächst durch eine Vorab-Präsentation einzelner, besonders schwieriger Ausdrücke »vorentlastet«. Diese werden zunächst vorgesprochen, dann folgt eine Pause zum Nachsprechen und anschließend die Übersetzung. Auch die grammatischen Erklärungen werden rein auditiv dargeboten. Und schließlich ist auch das Übungsangebot so aufgebaut, dass es nur hörend und sprechend bearbeitet werden kann. Es müssen z. B. Sätze nach einem bestimmten Muster umformuliert oder Fragen beantwortet werden. Auch Übersetzungsübungen vom Deutschen in die Fremdsprache kommen vor.

Natürlich enthalten alle Hörkurse auch eine Druckfassung der Hörtexte (und meist auch der Übungen), sodass auch die spätere Beschäftigung mit dem Schriftbild des Hörmaterials möglich ist.

Ich empfehle solche Hörkurse nicht zur ausschließlichen Benutzung als Alternative zu einem gedruckten Lehrwerk, sehr wohl aber als zusätzliches Übungsmaterial, um frühzeitig das Hörverstehen zu entwickeln. Gerade dadurch, dass die Materialien didaktisch auf das Hörverstehen abgestimmt sind, lassen sie sich besonders gut zum Üben einsetzen. Die häufig zu beobachtende Vernachlässigung des Hörverstehens bereits in der Anfangsphase des Lernens kann so vermieden werden.

Ein Vorteil von reinen Hörkursen ist auch, dass sie gut unterwegs einsetzbar sind, wenn die Arbeit mit einem Buch lästig oder nicht möglich ist. Wenn es die Dateien nur auf CD gibt und man keinen CD-Player mitschleppen möchte, kann man die einzelnen Tracks mit geeigneter Software (z. B. dem kostenlosen Programm »Free Audio CD to MP3 Converter«) von CD auslesen, in das MP3-Format konvertieren und dann über einen wesentlich handlicheren MP3-Player oder das Handy wiedergeben. Das ist natürlich nur dann notwendig, wenn ihr jeweiliger Mediaplayer dies nicht automatisch tut.

10 | 5 Arbeiten Sie mit Hörverstehensmaterialien aus dem Internet

Das Internet ist eine schier unerschöpfliche Quelle für das Fremdsprachenlernen. Dies gilt auch für das Hörverstehen. Wir werden in den verschiedenen Abschnitten des Fortgeschrittenen-Kapitels zeigen, wie wir Internetradio, Internetfernsehen, fremdsprachige Podcasts, Videoportale wie *YouTube* und andere Internetressourcen systematisch für das Hörverstehen nutzen können. In diesem Kapitel geht es zunächst einmal um solche Quellen für das Hörverstehenstraining, die wir auch schon in einem relativ frühen Lernstadium einsetzen können. Dazu stelle ich drei Grundtypen solcher Materialien vor und nenne jeweils eine empfehlenswerte Quelle im Internet als Beispiel.

Die elementarste Form des Hörverstehenstrainings ist das Erkennen einzelner Wörter. Dazu können wir zum Beispiel jeden Vokabeltrainer einsetzen, der eine Audiofunktion hat, mit der wir Wörter zunächst hören und uns anschließend die schriftliche Form anzeigen lassen können. Solche Trainer finden wir auch im Internet. Wie ich in Abschnitt 13|9 noch ausführlicher darstellen werde, verfügt das bekannte Wörterbuchportal <www.leo.org> auch über eine solche Vokabeltrainerfunktion. Eine der wählbaren Abfragevarianten ist die Audioabfrage. Die Vokabel wird vorgesprochen, ohne dass ein Schriftbild erscheint. Dann kann man die Entsprechung schriftlich eingeben und anschließend überprüfen lassen. Es folgt entweder die Bestätigung, dass die Entsprechung richtig geschrieben wurde, oder die richtige Lösung mit einer optischen Anzeige einer eventuellen Falschschreibung (ähnlich wie bei Anwendung der »Überarbeitenfunktion« in einer Textverarbeitung). Diese Funktion kann man zum einen als Hördiktat zum Erlernen der fremdsprachigen Schreibung einsetzen (s. dazu auch Abschnitt 12|3 »Nutzen Sie Hörtexte für Diktate«). Man kann jedoch auch komplett auf die schriftliche Eingabe verzichten und sich mit einem Klick sofort die richtige Lösung anzeigen lassen. Dies wiederum ist dann eine reine Hörverstehensübung auf Wortbasis, eine Funktion, die in der Anfangsphase des Lernens sehr hilfreich sein kann. Da das Portal immer mehr Wörterbucheinträge auch im Audioformat bereitstellt, sind der Zusammenstellung des Lernmaterials kaum Grenzen gesetzt. Am Anfang wird man sich natürlich sinnvollerweise auf Wörter aus dem Grundwortschatz konzentrieren oder auf Wörter aus dem Lehrbuch, mit dem man gerade arbeitet (insofern dieses diese Funktion nicht selbst anbietet).

Sobald man im Erkennen einzelner Wörter eine gewisse Sicherheit erlangt hat, kann man zu längeren sprachlichen Einheiten übergehen. Eine interessante Quelle ist hier <http://50sprachen.com>. Dieses Portal bietet derzeit einfaches Hörverstehensmaterial für Anfänger in nicht weniger als 50 Sprachen mit Übersetzungen aus all diesen in alle diese Sprachen (also in knapp 2500 Sprachenkombinationen)! Das sprachliche Material ist dabei in 100 Minilektionen angeordnet, die von einigen wenigen Wörtern zu Themen wie »Personen«, »Familie«, »Kennenlernen« bis hin zu grammatischen Themen wie »Vergangenheit«, »Imperativ« oder »Nebensätze mit dass« reichen. Alle Lektionen umfassen nur einige wenige Sätze. Aber diese kann man sich zunächst anhören und dann am Bildschirm anzeigen lassen. Alle Audioaufnahmen werden jeweils von einer Muttersprachlerin und einem Muttersprachler gesprochen. Derzeit ist die Nutzung zumindest anfänglich kostenlos. Ab einer gewissen Nutzungsintensität wird man zum Anmelden aufgefordert, die dauerhafte volle Nutzung kostet eine geringe Jahresgebühr. Besonders erfreulich ist, dass man auch das Hörverstehen in Sprachen trainieren kann, zu denen sich im Internet eher selten Material mit deutschen Erklärungen findet, von Afrikaans bis Vietnamesisch. Die Seite eignet sich auch hervorragend, um in neue Sprachen, die man möglicherweise lernen möchte, akustisch »hineinzuschnuppern«.

Die nächst höhere Stufe des Hörverstehens ist die Beschäftigung mit zusammenhängenden Dialogen. Auch hier kommt es darauf an, eine Schriftfassung zur Kontrolle zur Verfügung zu haben. Wenn wir unsere Lehrbücher richtig ausgewählt haben (s. Abschnitt 10|2 »Achten Sie bei der Auswahl von Lehrmaterial auf Umfang und Art der Hörverstehensmaterialien«), finden wir darin entsprechendes Material in Schrift- und Hörfassung. Doch dieses ist meist nicht sonderlich umfangreich und oft auf die relativ kurzen Lektionstexte beschränkt. Hier können wir das Internet nutzen, um die Materialbasis deutlich zu erweitern.

Eine interessante Quelle ist die Seite <http://projects.ael.uni-tuebingen.de/backbone/moodle>, die aus einem EU-Projekt von Kollegen aus verschiedenen europäischen Universitäten hervorgegangen ist. Sie beruht auf einem originellen Konzept. Zunächst wurden Interviews mit Muttersprachlern zu verschiedenen Alltagsthemen wie Beruf, Familie, Wohnen, Freizeit usw. geführt und mit Videotechnik aufgezeichnet. Diese Gespräche wurden dann anschließend transkribiert und zusammen mit den Videoaufzeichnungen und diversen didaktischen Zusatzmaterialien auf der genannten Plattform zum Lernen zur Verfügung gestellt. Die Aufzeichnungen kann man sich als Videos ansehen oder als Tondatei herunterladen. Die Transkripte können ausgedruckt und systematisch zur Hörverstehenskontrolle herangezogen werden. Der besondere Reiz besteht hier darin, dass es sich nicht um didaktisch konstruierte, sondern um authentische Tondokumente von ganz »normalen« Muttersprachlern handelt. Um sie zu verstehen, benötigt man deshalb bereits einen gewissen Wortschatz. Wer die Dialoge für das reine Hörverstehenstraining noch als zu schwer empfindet, kann trotzdem etwas für sein Hörverstehen tun, indem er einfach beim Hören in den Transkripten mitliest. Denn auch so verbinden sich bereits optische mit akustischen Eindrücken. Das Portal enthält Audiomaterial zu den Sprachen Englisch, Französisch, Polnisch, Türkisch, Spanisch und Deutsch.

Natürlich finden sich im Internet viele weitere Quellen zum Hörverstehen. Um sie aufzuspüren, können Sie zum einen auf Linksammlungen zurückgreifen, wie ich sie bereits in Abschnitt 8|4 (»Nutzen Sie kostenloses Lernmaterial im Internet«) als Ausgangspunkt für die Recherche von Internetquellen empfohlen habe. Sie können sich natürlich auch selbst mithilfe der Suchmaschinen umsehen. Allerdings ist es nicht ganz einfach, Seiten zu finden, die zum einen den Anforderungen genügen, die ich in Abschnitt 10|2 genannt habe (also z.B. dass sie ein Transkript zur Verständniskontrolle enthalten) und die sich andererseits bereits für Anfänger eignen.

Als Modell für das, was Sie suchen, kann die Seite <www.esl-lab.com> für Englisch gelten. Hier werden rund 200 relativ kurze Audioaufnahmen im Umfang von rund zwei Minuten auf drei verschiedenen Schwierigkeitsstufen angeboten, zu denen jeweils auch ein Transkript verfügbar ist. Die Aufnahmen wurden von einem amerikanischen Englisch-als-Fremdsprache-Lehrer gemacht und behandeln ein weites Spektrum von

Alltagssituationen. Die Sprecher sind in keiner Weise geschult, sondern sprechen so, »wie ihnen der Schnabel gewachsen ist« – insgesamt also gutes alltagsnahes Trainingsmaterial. Ähnliches Material für Englisch findet sich auf den Seiten <www.elllo.org> oder <www.englishlistening.com/index.php/explore-passages>. Bei der letztgenannten Seite ist allerdings ab einer bestimmten Zahl genutzter Audiodialoge eine Anmeldung erforderlich. Wer BBC-Nachrichten mit Worterklärungen und vollständigem Transkript hören möchte, geht auf die Seite <www.bbc.co.uk/learningenglish/english/features/lingohack>. Wer den Schwerpunkt des Hörverstehenstrainings auf *English for Academic Purposes* legen möchte, z. B. um sich auf ein Auslandssemester vorzubereiten, der findet auf der Seite »Academic listening« der BBC zehn Lektionen zu einschlägigen Themen mit Transkript (<www.bbc.co.uk/worldservice/learningenglish/general/talkaboutenglish/2009/04/090427_tae_al.shtml>). Auf der gleichen Domain findet man unter dem Stichwort »Business Language to go« auch ein parallel aufgebautes Trainingsprogramm für *Business English*. Besondere Erwähnung verdient die Seite <www.ted.com>. Hier findet sich eine große Anzahl von kurzweiligen Vorträgen von Experten vor Publikum im Stile der *Science Slams*, die sich seit einiger Zeit auch in Deutschland wachsender Beliebtheit erfreuen. Das Besondere: Zu jedem Vortrag ist nicht nur ein Transkript des Vortragstextes, sondern auch eine Übersetzung verfügbar, die als Untertitel eingeblendet werden kann, und das sogar für Dutzende von Sprachen, darunter natürlich auch Deutsch. Auf dieser Seite lässt sich somit wie auf kaum einer anderen Infotainment mit Hörverstehenstraining verbinden. Videos mit durchgängig eingeblendeten Untertiteln bietet auch die Youtube-Playlist »Learning English with Misterduncan«. Wer die bewusst schräge Art der Präsentation durch den Moderator mag, wird Spaß an den 90 Lektionen haben, die insgesamt mehr als zehn Stunden Hörverstehenstraining mit Textkontrolle ermöglichen und dabei noch unmittelbar auf das Thema Englischlernen bezogen sind.

Für die Sprachen Französisch, Spanisch und Italienisch können als Beispiel die Seiten <www.franzoesisch-lehrbuch.de>, <www.spanisch-lehrbuch.de> und <www.italienisch-lehrbuch.de> genannt werden, die alle analog zur Seite <www.englisch-lehrbuch.de> aufgebaut sind. Hier finden sich zum einen umfangreiche grammatische Erklärungen zur jeweiligen Sprache mit Übungen, die auch eine Audioversion einschließen. Zum anderen gibt es unter den Links »promenade«, »paseo«, »passegiata« Bilder und Videos aus den Zielländern, zu denen Muttersprachler im Stile von Fremdenführern touristische Informationen geben. Diese gesprochenen Erklärungen können auch als Transkript angezeigt werden und ermöglichen damit ein gezieltes Hörverstehenstraining. Wer es einmal ohne die Möglichkeit zur Kontrolle durch ein Transkript versuchen möchte, kann dies auf der Seite <www.audio-lingua.eu> tun. Hier finden sich über 4000 Tondokumente für zwölf verschiedene Sprachen.

10 | 6 Üben Sie das Hörverstehen nur individuell und nach Ihren Bedürfnissen

Das Hörverstehen ist eine Fähigkeit, die man am besten individuell trainiert. Ein Training in großen Gruppen, etwa indem der Lehrer Hörtexte vorspielt und die Lerner diese dann verstehen sollen, mit oder ohne Hilfe des Lehrers, ist kein besonders effizientes Verfahren. Zu unterschiedlich sind die Verstehensprobleme und die Verstehensgeschwindigkeiten der Lerner. Der eine würde gern den letzten Satz noch einmal hören, der nächste an einer bestimmten Stelle am liebsten kurz stoppen, um das gerade Gehörte in Ruhe verarbeiten zu können, dem dritten fehlt eine sinntragende Vokabel, die ihn daran hindert, zu verstehen, worum es gerade geht, und der vierte hat den Faden ganz verloren und würde am liebsten wieder von vorne anfangen. Hörverstehen im Gleichschritt ist noch weniger möglich als Leseverstehen im Gleichschritt. Setzen Sie deshalb gerade beim Hörverstehen von Anfang an auf sich selbst als Lernmanager. Trainieren Sie das Hörverstehen so oft wie möglich individuell. Wählen Sie die Texte dabei so aus, dass sie den für Sie individuell angemessenen Schwierigkeitsgrad haben. Und bearbeiten Sie sie dann mit den Techniken, die ich in den folgenden Abschnitten vorstelle, individuell so, wie es Ihrem Lernprozess gut tut.

Wenn Sie Unterricht belegen und in diesem Rahmen Hörverstehen geübt wird, dann sollten Sie darauf dringen, dass auch das individuell geschieht. Dies ist z. B. möglich, wenn der Unterricht in einem Computerraum stattfindet und jeder Lerner in den Übungsphasen an seinem Computer individuell mit den Hörtexten arbeiten kann. Hörverstehen in der Gruppe macht nur in speziellen Situationen Sinn, z. B. wenn der Lehrer die Hörverstehensanforderungen für eine bevorstehende Prüfung demonstrieren möchte. Ansonsten sollten Sie Ihren Lehrer lieber fragen, ob er Ihnen das Hörverstehensmaterial, das er nutzt, vielleicht für Ihre individuelle Arbeit zu Hause ausleihen kann.

10 | 7 Schöpfen Sie die Möglichkeiten des reinen Hörverstehens ohne Verständnishilfen aus

Wenn wir versuchen, einen fremdsprachigen Hörtext zu verstehen und dabei immer wieder auf einzelne Wörter, Wortgruppen oder auch längere Textpassagen stoßen, die wir nicht oder nicht richtig verstehen, so kann dieses Nicht-Verstehen meist zwei verschiedene Formen annehmen: Entweder es ist ein *Nicht kennen* oder ein *Nicht Wiedererkennen*. Im ersten Fall handelt es sich um sprachliches Material, das tatsächlich neu für uns ist und dessen Bedeutung wir erst noch erschließen müssen, also um ein echtes Nicht-Verstehen. Im zweiten Fall jedoch handelt es sich um den oft anzutreffenden Fall, dass wir etwas hörend nicht verstehen, was wir in geschriebener Form verstanden hätten. Wir erkennen einfach im Gewand der Schallwellen nicht wieder, was uns in Form von Druckerschwärze schon längst vertraut ist. In diesem Fall hinkt also unsere Hörverstehenskompetenz im Vergleich zur Lesekompetenz hinterher.

Der erste Schritt in der Bearbeitung von Hörtexten sollte deshalb der Versuch sein, das Wiedererkennen zu üben und so die Möglichkeiten des reinen Hörverstehens ohne den Erwerb neuer Vokabeln auszuschöpfen. Dafür stehen uns im Wesentlichen zwei Strategien zur Verfügung: das mehrmalige Hören und das Hören mit Zwischenstopps.

Das Hören mit Zwischenstopps hilft deshalb beim Hörverstehen, weil es uns die nötige Zeit geben kann, die wir brauchen, um das Gehörte zu verarbeiten, also genau den Zustand herzustellen, der uns das Lesen in der Regel so viel leichter macht. Wenn Sie Hörverstehenstexte bearbeiten, sollten Sie sie zwar zunächst einmal als Ganzes hören, um sich einen ersten vollständigen Eindruck von ihnen zu verschaffen, danach aber den Finger beim Hören immer auf der Pausentaste oder der Maustaste halten, mit denen Sie die akustische Präsentation anhalten und so Zeit für die Verarbeitung gewinnen können. Allein diese Maßnahme kann schon ein Zugewinn an Verstehen bringen. Indem Sie mehr Zeit haben, den akustischen Input zu verarbeiten, verstehen Sie mehr und können damit auch oft sehr viel besser vom Verstandenen auf Unverstandenes schließen, sodass sich dieses manchmal allein dadurch erschließt.

Die zweite Maßnahme ist das mehrmalige Hören. Es ist eine einfache Erfahrung, die Sie sicher auch schon gemacht haben: Beim zweiten Hören versteht man meist mehr als beim ersten und beim dritten noch einmal mehr als beim zweiten. Allerdings scheint es eine Art Grenzwert für diesen Prozess zu geben: Beim sechsten Hören werden Sie kaum mehr verstehen als beim fünften. Die Fortschritte beim Verstehen werden von Mal zu Mal geringer und meist gibt es in jedem Text einen »unverstandenen Rest«, den man so oft hören kann, wie man will, und den man dennoch nicht entschlüsselt. Beim mehrfachen Hören kommt es also darauf an, es nur so lange zu praktizieren, bis der »Grenznutzen« des Mehrfachhörens erreicht ist, also kein nennenswerter Verständniszuwachs mehr eintritt.

Ich habe gemeinsam mit meinen Studenten schon oft praktische Versuche zu diesem Phänomen gemacht und dabei festgestellt, dass der Punkt, ab dem kein nennenswerter Zuwachs beim Verstehen mehr zu verzeichnen ist, meist mit dem dritten oder spätestens vierten Hören erreicht ist. Aber natürlich hängt es auch vom einzelnen Text, seinem Schwierigkeitsgrad und manchmal auch von unserer Tagesform ab. Experimentieren Sie also selbst ein wenig herum und stellen Sie fest, wie oft es sich lohnt, einen Text zu hören.

Mit diesen beiden sehr einfachen Techniken kommen Sie dem Ziel, möglichst viel von dem wiederzuerkennen, was Sie eigentlich schon verstehen, ziemlich nahe. Sobald Sie jedoch keinen Verständniszuwachs mehr erzielen, sollten Sie zum Einsatz der nächsten Gruppe von Strategien übergehen.

10 | 8 Sichern Sie das Hörverstehen durch mehrkanalige Verarbeitung

Wenn die Möglichkeiten des reinen Hörverstehens ausgeschöpft sind, ist es an der Zeit, Verständnishilfen hinzuzuziehen. Die wichtigste Verständnishilfe ist in der Regel die schriftliche Fassung des Hörtextes. Ich hatte schon weiter oben empfohlen, im Anfangsstadium des Lernens zunächst nur mit solchen Hörtexten zu arbeiten, zu denen Sie eine solche Schriftfassung zur Verfügung haben. Damit tut sich die Möglichkeit auf, das fremdsprachige Lernmaterial sowohl über den auditiven wie über den visuellen Lernkanal zu bearbeiten, was sich in der Regel positiv auf das Behalten auswirkt.

Grundsätzlich stehen uns für den Einsatz der Schriftfassung drei Grund-Kombinationen zur Verfügung:

- erst hören, dann lesen
- erst lesen, dann hören
- hören und gleichzeitig mitlesen.

Ich empfehle, mit allen drei genannten Möglichkeiten zu experimentieren und diese geschickt zu kombinieren. Ein Leitsatz dabei könnte lauten: so viel hören wie möglich, so viel lesen wie nötig.

Hier ein paar Vorschläge für bewährte Arbeitsformen:

1. Hören Sie den Text als Ganzes mehrfach und mit Stopps, bis das damit verbundene Verstehenspotential ausgeschöpft ist (im Sinne des vorausgehenden Abschnitts 10|7). Hören Sie dann den Text und lesen Sie ihn gleichzeitig mit. An den Stellen, an denen es beim reinen Hören Verstehensprobleme gab, stoppen Sie jetzt kurz, lesen die fragliche Textstelle nach und markieren sie. Wenn diese auch in der schriftlichen Fassung nicht verständlich ist, stellen Sie das Verständnis durch den Einsatz von Hilfsmitteln her. So arbeiten Sie den ganzen Text durch.

2. Hören Sie den Text satzweise und vergleichen Sie Ihren Höreindruck sofort anschließend mit der schriftlichen Fassung. Richten Sie Ihre Aufmerksamkeit dabei besonders auf solche Stellen, die lesend verstanden wurden, hörend aber nicht bzw. bei denen Sie hörend etwas anders verstanden haben, als Sie im Text wiederfinden.

3 Bearbeiten Sie den Text zunächst schriftlich und beseitigen Sie alle enthaltenen Verständnisschwierigkeiten durch Hilfsmittel. Hören Sie dann den Text und versuchen Sie, ihn als ganzen rein hörend »wiederzuerkennen«.

Sammeln Sie Erfahrung mit allen drei Techniken und finden Sie heraus, welche Sie bevorzugen und welche Ihnen den größten Lernerfolg beschert.

10 | 9 Lassen Sie sich entspannt berieseln

Hören muss nicht immer im Zustand äußerster Konzentration erfolgen. Eine wirkungsvolle Strategie kann auch das Hören im entspannten Zustand sein, z. B. im Lieblingssessel, im Liegestuhl, im Bett oder in der Badewanne (dann aber alle Elektrogeräte in sicherem Abstand zur Badewanne aufstellen!). Im entspannten Zustand arbeitet unser Gehirn anders als im vollen Konzentrationsmodus. Wir nehmen deshalb akustische Reize auch etwas anders wahr.

Vielleicht haben Sie auch schon einmal beobachtet, dass Kinder aus den Texten, die wir ihnen abends unmittelbar vor dem Zubettgehen vorlesen, am nächsten Morgen oft erstaunlich viel im genauen Wortlaut wiedergeben können. Und ein alter Trick beim Auswendiglernen besteht ja gerade darin, sich den Text kurz vor dem Schlafengehen noch einmal zu Gemüte zu führen. Am nächsten Morgen beherrscht man ihn dann erstaunlicherweise meist besser als am Vortag. Dieses oft als »Lernen im Schlaf« bezeichnete Phänomen hängt ganz wesentlich mit dem Entspannungszustand vor und während des Schlafens zusammen. Was wir in entspanntem Zustand aufnehmen, scheint besonders tief in uns einzusinken.

Machen Sie sich diesen Effekt zunutze, indem Sie öfter mal in entspanntem Zustand hören, z. B. auf längeren Zugreisen. Schauen Sie einfach aus dem Fenster und lassen Sie sich von dem fremdsprachigen Input berieseln. Hören Sie zu, aber versuchen Sie nicht verbissen, jedes Wort zu verstehen. Lassen Sie einfach nur den Klang und den Sinn der Worte an sich heran und in sich hinein.

11 Ins Sprechen einsteigen

11 | 1 Bringen Sie Ihre Lernziele für das Sprechen in eine sinnvolle Reihenfolge

Für viele Lerner ist das Sprechen Hauptziel und Hauptmotivation für den Erwerb einer Fremdsprache. Sie wollen ihren eigenen Worten nach meist »vor allem sprechen lernen«. Was heißt das eigentlich genau? Wir haben guten Grund, den Begriff etwas genauer aufzuschlüsseln und darauf eine Reihenfolge der Ziele für den Erwerb dieser Fähigkeit aufzubauen. Dazu unterscheide ich zunächst drei mögliche Bedeutungen von »Sprechen«:

1. Sprechen im Sinne von »aussprechen können«
   Wer weiß, wie ein Wort oder ein Satz in einer Fremdsprache ausgesprochen wird und dies auch praktisch anwenden kann, sodass ein Muttersprachler versteht, was

er sagt, kann in einem gewissen Sinne diese Sprache »sprechen«. Opernsänger sind so z. B. oft in der Lage, ellenlange Rollentexte aus Opernlibretti auszusprechen bzw. zu singen, ohne deshalb tatsächlich die jeweilige Sprache zu beherrschen. Manchmal verstehen sie nicht einmal die einzelnen Wörter genau, die sie da singen. Man kann also paradoxerweise eine Sprache sprechen, ohne sie zu verstehen. Natürlich ist dies normalerweise nicht unser Ziel, aber es zeigt, dass das reine Aussprechen-Können ein selbstständiger Teilaspekt von Sprache ist. Für bestimmte eingegrenzte Anwendungen kann dieser Aspekt des Sprechens schon ausreichend sein. Wenn Sie beispielsweise ausländische Gäste als Höflichkeitsgeste mit ein paar Worten in ihrer Muttersprache begrüßen wollen, können Sie sich diese zunächst von jemandem, der die Sprache beherrscht, aufschreiben und die richtige Aussprache erklären lassen und diese Worte dann zur Begrüßung ablesen oder sogar auswendig aufsagen. Kennedys berühmter Satz »Ich bin ein Berliner« kam so zustande. Er hatte ihn vorher lange mit seinem deutschen Dolmetscher geübt.

2. Sprechen im Sinne von »Nachsprechen«
Wer einen fremdsprachigen Hörtext versteht und ihn nachsprechen kann, der kann schon wesentlich mehr als der, der ihn nur aussprechen kann. Das Verständnis ermöglicht nämlich ein Nachsprechen wesentlich größerer Einheiten als das reine Imitieren von Lauten. Ohne Russisch-Kenntnisse sind wir kaum in der Lage, auch nur einige wenige Wörter fehlerfrei nachzusprechen. Mit guten Russischkenntnissen können wir ganze Sätze nachsprechen oder sogar längere Texte auswendig lernen. Trotzdem bedeutet dies noch in keiner Weise, dass es uns möglich gewesen wäre, diese Texte selbst zu verfassen.

3. Sprechen im Sinne von »freiem Sprechen«
Das ist die Fähigkeit, die meistens mit dem Wort »Sprechen« gemeint ist: in einer offenen Kommunikationssituation selbstständigen mündlichen Gebrauch von dieser Sprache machen und dabei nicht nur wissen, wie man etwas in der Fremdsprache »spricht«, sondern wie man etwas in der Fremdsprache »sagt«. Oder anders formuliert: die Fähigkeit, eigene Gedanken so schnell in die Form der fremden Sprache zu bringen, dass wir erfolgreich an einer mündlichen Kommunikationssituation teilhaben können, idealerweise mit Muttersprachlern, ohne dass diese ihre mündliche Sprachproduktion eigens für uns verlangsamen oder vereinfachen müssen – eine Fähigkeit, von der wir alle wissen, wie schwer sie zu erwerben ist.

Beim freien Sprechen können wir, so wie es auch der Gemeinsame Europäische Referenzrahmen für Sprachen tut (s. Abschnitt 3|6), noch weiter unterscheiden zwischen dem monologischen und dem dialogischen Sprechen. Das monologische Sprechen wäre etwa dann gegeben, wenn wir eine Rede, einen Vortrag oder eine längere Ausführung in der Fremdsprache vortragen (die wir nicht ablesen). Das dialogische Sprechen liegt vor, wenn wir interaktiv mit einem (oder auch mehreren Gesprächspartnern) mündlich kommunizieren. Der Referenzrahmen spricht hier von den Grundkompetenzen »zusammenhängendes Sprechen« und »an Gesprächen teilnehmen« und beschreibt diese Fähigkeiten z. B. auf dem Niveau C1 so:

Zusammenhängendes Sprechen: »Ich kann komplexe Sachverhalte ausführlich darstellen und dabei Themenpunkte miteinander verbinden, bestimmte Aspekte besonders ausführen und meinen Beitrag angemessen abschliessen.«

An Gesprächen teilnehmen: »Ich kann mich spontan und fließend ausdrücken, ohne öfter deutlich erkennbar nach Worten suchen zu müssen. Ich kann die Sprache im gesellschaftlichen und beruflichen Leben wirksam und flexibel gebrauchen. Ich kann meine Gedanken und Meinungen präzise ausdrücken und meine eigenen Beiträge geschickt mit denen anderer verknüpfen.«

Die vorausgehend vorgestellten Unterscheidungen implizieren eine Schwierigkeitshierarchie: Das »Aussprechen« ist leichter als das »Nachsprechen« und das »Nachsprechen« leichter als das »freie Sprechen«. Denn die jeweils höhere Form setzt die jeweils niedrigere voraus, geht aber immer auch über sie hinaus. Nachsprechen setzt voraus, dass man das Aussprechen beherrscht, zusätzlich aber auch versteht. Und freies Sprechen setzt voraus, dass man etwas aussprechen kann, das Ausgesprochene auch versteht, zusätzlich aber in der Lage ist, überhaupt etwas in der Fremdsprache auszudrücken. Beim freien Sprechen wiederum empfinden die meisten Lerner das monologische Sprechen schwieriger als die Teilnahme an Gesprächen. Denn zum einen übernimmt in Gesprächen der Gesprächspartner einen Teil der Redezeit und gewährt uns so eine »Sprachproduktionspause«, die wir nutzen können, um unsere nächsten Äußerungen vorzuplanen. Und zum anderen enthalten die Äußerungen des Gesprächspartners sprachliches Material, das wir für unsere eigenen Äußerungen verwerten können. Selbst manche Wortschatzlücke füllt sich so im Gespräch von selbst.

Ich rate, beim Erwerb der Sprechfähigkeit die genannten Aspekte des Sprechens zu trennen, sie einzeln zu üben und sich dabei an die beschriebene Schwierigkeits-Reihenfolge zu halten. Ich werde deshalb in den nächsten Ratschlägen zunächst das Aussprechen behandeln, dann das Nachsprechen und dann schließlich erste Tipps zum freien Sprechen in dialogischen Situationen geben. Das Gros der Ratschläge zum freien Sprechen finden Sie dann aber in Kapitel 19, das sich mit den Strategien für fortgeschrittenes Sprechenlernen beschäftigt.

11 | 2   Machen Sie sich die Bedeutung der Aussprache klar

Im dem bekannten Musical *My fair lady* nach dem Schauspiel *Pygmalion* von George Bernhard Shaw wettet Professor Higgens mit einem Freund, dass es ihm gelingt, einem Blumenmädchen den typischen Londoner Cockney-Akzent abzugewöhnen und ihr stattdessen einen perfekten Oxford-Akzent beizubringen. Das arme Blumenmädchen muss daraufhin Tag und Nacht Phonetikübungen machen: »Es grünt so grün, wenn Spaniens Blüten blühen«. Im amerikanischen Original heißt der Satz übrigens »The rain in Spain stays mainly in the plain«.

Im Musical ist die Phonetikdressur erfolgreich. Auch beim Fremdsprachenlernen gilt es vielen als höchste Erfüllung, von Muttersprachlern beim Sprechen nicht an der Aussprache als Lerner erkannt zu werden. Gleichzeitig wissen wir, dass dieses Ziel äußerst selten erreicht wird, wenn man nicht zweisprachig aufgewachsen ist oder doch zumindest im frühen Kindesalter mit dem Fremdsprachenlernen begonnen hat und die Sprache auch danach noch durch häufigen Kontakt pflegen konnte. Lohnt sich also der Aufwand? Ist nicht die Aussprache gerade der Aspekt des Fremdsprachenlernens, bei dem die meisten Lerner erfahrungsgemäß die geringsten Chancen auf kontinuierliche Fortschritte haben? Zeigt nicht die Erfahrung, dass die meisten Lerner von Anfang an einen bestimmten Akzent haben, je nach Talent, einen kleineren oder einen stärkeren, und diesen dann mehr oder weniger behalten, auch wenn sie später bereits weit fortgeschritten sind? Und kennen wir nicht selbst viele Ausländer, die seit Jahrzehnten in Deutschland leben und trotzdem schon nach wenigen Worten als Franzosen, Briten, Italiener oder Türken identifizierbar sind? Oder noch anders gefragt: Hätte Rudi Carrell je Nachrichtensprecher der Tagesschau werden können?

Manche Lerner ziehen aus solchen Überlegungen den Schluss, dass es nicht lohnt, sich um die Aussprache besonders zu bemühen. Sie werden in dieser Einschätzung oft indirekt durch Lehrer, Lehrmaterialien und auch durch ihre muttersprachigen Gesprächspartner bestärkt. Viele Lehrer z. B. korrigieren, wenn überhaupt, nur drastische Aussprachefehler. Sie wissen, dass Korrekturen im Ausprachebereich oft nicht »durchschlagen« und dass man viel Zeit mit Ausspracheübungen verbringen kann, ohne dass sich ein fühlbarer Lernfortschritt einstellt. Außerdem haben sie oft keine Ausbildung in Sachen Aussprachetraining und wissen nichts anderes zu tun, als den Lernern die richtige Aussprache immer wieder vorzusprechen und darauf zu hoffen, dass es durch pure Imitation zu Verbesserungen kommt, ein Trugschluss, wie wir aus der Forschung wissen.

Im Unterricht kann man zudem oft beobachten, dass Lerner, insbesondere Erwachsene, Aussprachekorrekturen nur unwillig annehmen, jedenfalls deutlich unwilliger als Grammatikkorrekturen. Die affektiven Hürden scheinen bei Aussprachekorrekturen größer zu sein als bei anderen Korrekturen, vielleicht weil wir Aussprachefehler als einen eher »kindlichen Defekt« empfinden, dessen Korrektur uns folglich ein wenig »infantilisiert«.

In vielen Lehrwerken wiederum spielt die Aussprache eine untergeordnete Rolle, auch in Lehrwerken, die für das Selbststudium geeignet sein sollen. Zwar sind die Texte dort meist auch als Hörfassung enthalten, doch spezielle Ausspracheübungen und -erklärungen sind rar. Oft wird das Thema Aussprache mit einer Auflistung der fremdsprachigen Laute, einer mehr oder weniger einleuchtenden Beschreibung (»ähnlich wie ein deutsches *ä*«) im einführenden Teil oder im Anhang abgetan.

Bevor auch Sie das Thema Aussprache vorschnell beiseite schieben, hier zunächst einmal die wichtigsten Gründe, warum es sinnvoll und lohnend ist, sich um eine gute Aussprache zu bemühen:

1. Eine gute Aussprache fördert die Verständlichkeit.
   Wir wissen alle aus eigenen Gesprächserfahrungen mit Nichtmuttersprachlern des Deutschen, dass eine schlechte Aussprache die Verständlichkeit erheblich beeinträchtigen kann, selbst dann, wenn die Äußerung ansonsten grammatisch fehlerfrei ist. Das gilt natürlich umgekehrt genauso. Es ist frustrierend, wenn wir Sätze oder Satzteile ständig wiederholen müssen, nur weil wir nicht verstanden worden sind.

2. Eine gute Aussprache fördert den Kommunikationserfolg.
   Wir haben alle schon einmal in den Zügen der Deutschen Bundesbahn über die englischen Ansagen à la »Sänk ju for träwelling wis Deutsche Bahn« geschmunzelt, und das, obwohl wir gar keine englischen Muttersprachler sind. Legendär ist auch der Wutausbruch des ehemaligen Fußballtrainers von Bayern München, Giovanni Trappatoni (»hatä gespielt wie Flasche lähr«). Wer als Fremdsprachenlerner ernst genommen werden will, muss ein Mindestmaß an Aussprachekorrektheit erreichen. Doch es geht nicht nur um das Ernstgenommenwerden. Die Kommunikation mit Nichtmuttersprachlern, die eine schlechte Aussprache haben, ist für Muttersprachler oft auch schlichtweg anstrengend. Sie verlieren schneller die Lust, sich mit ihnen zu unterhalten. Das frustriert und erschwert im Übrigen auch den Zugang zum so wichtigen Lerninput. Einer bereits in Abschnitt 2|4 erwähnten Studie der Universität Michigan zufolge verwandten die Mitarbeiter verschiedener Airlines bei einer Telefonberatung im Vergleich zu Muttersprachlern in Schnitt rund 40 Prozent weniger Zeit darauf, Anrufer mit ausländischem Akzent zu beraten.

3. Die Aussprache ist ein Hauptkriterium für die Einschätzung unserer Fremdsprachenkompetenz durch Muttersprachler.
   Wenn sprachdidaktisch unvorbelastete Muttersprachler den Grad der Sprachkompetenz von Nichtmuttersprachlern einschätzen sollen, lassen sie sich dabei vor allem von der Aussprache leiten. Bei guter Aussprache schätzen sie die Gesamtkompetenz

wesentlich höher ein als bei schlechter – und das bei einer ansonsten gleich guten Sprachbeherrschung in allen anderen Aspekten. Und natürlich ist es motivierender, gut eingeschätzt zu werden, von den Folgen in mündlichen Prüfungen einmal ganz zu schweigen. Das Schlimmste, was einem als Fremdsprachenlerner passieren kann, ist wohl, nur wegen einer schlechten Aussprache von einem Muttersprachler in typischem Ausländer-Pidgin angesprochen zu werden (»du haben verstanden?«).

Es gibt also genug Gründe, sich um eine gute Aussprache zu bemühen. Ein Grund scheint mir allerdings mit Abstand der wichtigste zu sein: Fast alle Lerner könnten eine wesentlich bessere Aussprache haben als ihre jetzige, wenn sie dem Thema mehr Aufmerksamkeit widmen würden und wenn sie die richtigen Strategien hätten. In den nächsten Abschnitten geht es deshalb um genau diese Strategien.

11 | 3 Klären Sie die Lautzusammensetzung von Wörtern

Eine wichtige Unterscheidung für das Ausspracheerlernen ist die zwischen Akzent und echter Falschaussprache. Versuchen wir zunächst, diesen Unterschied genauer zu verstehen.

Ein Hauptgrund für den oft unvermeidlichen Akzent, den wir in der Fremdsprache haben, ist die Tatsache, dass es kaum Laute gibt, die in zwei Sprachen wirklich genau gleich sind. Die französischen Vokale [a] [i] und [u] z. B. werden deutlich weiter vorne im Mund und mit einer höheren Spannung artikuliert als ihre deutschen Pendants. Wir neigen jedoch als Lerner dazu, unsere deutsche Art, diese Vokale auszusprechen, nämlich dunkler und mit weniger Spannung, automatisch auf das Französische zu übertragen.

Ein anderes phonetisches Merkmal, an dem wir für Franzosen leicht als Deutsche zu erkennen sind, ist unsere Eigenart, Vokale am Wortanfang mit einem leichten Knacklaut (einen sog. »Glottisverschlusslaut« oder engl. »glottal stop«) beginnen zu lassen. Dieser Laut entsteht durch die schlagartige stimmlose Lösung der Stimmlippen in unserem Kehlkopf. Es ist der Laut, der den phonetischen Unterschied zwischen den Wörtern *vereisen* und *verreisen* ausmacht. Bei *vereisen* machen wir vor der Silbe *ei* einen solchen Glottisverschlusslaut, bei *verreisen* vor der Silbe *rei* nicht, denn diese beginnt nicht mit einem Vokal, sondern einem Konsonanten. Der gleiche Unterschied besteht an den Schnittstellen der beiden Silben der Wörter *Uran* und *Urahn*.

Natürlich machen wir das völlig unbewusst. Und genauso unbewusst übertragen wir diese Eigenart der deutschen Sprache auf das Französische mit der Folge, dass wir praktisch vor alle französischen Wörter, die mit einem Vokal beginnen, unbewusst noch einen solchen Knacklaut setzen. So bekommen wir einen wesentlichen Teil der »harten«

Aussprache, an denen die Franzosen uns als Deutsche erkennen. Denn das Französische kennt diese Eigenart nicht; alle Vokale am Wortanfang beginnen mit einem gleichmäßig anschwellenden Luftstrom. Ein wenig trösten kann hier vielleicht die Tatsache, dass wir diesen phonetischen Effekt in anderen Sprachen, z. B. im Arabischen, Hebräischen oder im Dänischen sehr wohl brauchen können und sogar lernen müssen, ihn ganz bewusst hervorzubringen.

Die genannten Beispiele stehen für das, was in die Kategorie »Akzent« fällt. Einen solchen abzustellen ist ausgesprochen schwierig und erfordert zumindest für erwachsene Lerner spezielles Training in Form von Kursen in sog. »korrektiver Phonetik«, wie sie selbst an Universitäten selten angeboten wird. Dabei spielt zweifellos eine gewisse Begabung eine Rolle, wie wir auch in unserer Muttersprache beobachten können. Sicher kennen auch Sie Personen, die schon im Deutschen verschiedene dialektale Akzente, z. B. einen rheinischen, schwäbischen oder sächsischen mühelos imitieren können, ohne dies je gelernt zu haben, während anderen diese Fähigkeit völlig abgeht. Manche Unterhaltungskünstler bringen es dabei auf eine zweistellige Zahl von überraschend echt klingenden Akzenten wie z. B. der Kabarettist Matthias Riechling, der Stimmenimitator Elmar Brandt oder früher der Fernsehunterhalter Peter Frankenfeld.

Etwas ganz anderes hingegen ist eine glatte Falschaussprache. Diese liegt dann vor, wenn schlichtweg falsche Laute oder falsche Lautlängen produziert werden, wenn wir also zum Beispiel im Französischen das Wort *capitaine* mit langem E oder gar geschlossenem E aussprechen, also [kapitɛ:n] oder [kapite:n], statt mit kurzem offenen E, also [kapitɛn]. Oder wenn wir im Englischen das Wort *job* auf ein P statt auf ein B enden lassen und zudem am Anfang noch das D weglassen, das zwingend dazugehört, also [ʒɔp] statt [dʒɔb] sagen. Oder wenn wir im Italienischen *scherzo* mit einem deutschen SCH [ʃ] vor dem E sprechen statt mit SK und vielleicht außerdem noch mit Rachen-R statt mit Zungen-R. Solche Falschaussprachen abzustellen ist dabei ein deutlich realistischeres Lernziel als das Ablegen eines Akzents. Mehr noch: Ich empfehle, dieses Lernziel bereits als Anfänger oder fortgeschrittener Anfänger anzuvisieren. Doch hier schließt sich gleich ein weiterer wichtiger Ratschlag an: Verlassen Sie sich beim Verfolgen dieses Ziels nicht nur auf die Technik des imitierenden Nachsprechens, denn diese allein wird in der Regel nicht zum gewünschten Ergebnis führen. Warum das nicht ausreicht, sei zunächst an ein paar Beispielen illustriert.

Obwohl Englisch uns als Fremdsprache so nahe liegt und obwohl wir mit authentischem Input in dieser Sprache so viel konfrontiert sind wie in keiner anderen, produzieren die Deutschen so viele Falsch-Aussprachen des Englischen, dass diese in einem »Wörterbuch der englischen Falschaussprachen durch Deutschsprachige« im Umfang von mehr als 100 Seiten zusammengetragen werden konnten (s. Anmerkung 8 [S. 575] zu Abschnitt 2|4). Der Grund dafür ist in der Fachwissenschaft seit langem bekannt: Wir können fremde Laute nicht einfach nur durch Imitation lernen, jedenfalls als

Erwachsene nicht mehr. Wie anders wäre es zu erklären, dass fast alle Deutschen, auch solche, die schon viele Male aus dem Munde von Muttersprachlern des Englischen die Aussprache des Wortes *action* richtig gehört haben, es dennoch fast ausnahmslos falsch aussprechen, nämlich als »äktschen« [ɛktʃən], also mit einem [t] mittendrin, obwohl dieses [t] in diesem Wort absolut nichts zu suchen hat? Und dass sie dies nicht nur bei *action* auf diese Weise falsch machen, sondern bei praktisch allen englischen Wörtern, die auf *-tion* enden, also z. B. auch bei *direction, selection, attraction, reduction* usw.? Nehmen wir gleich noch ein paar weitere Klassiker von Falschaussprachen des Englischen hinzu: Deutsche machen in einem Wort wie *feedback* meist gleich drei Aussprachefehler: Sie sprechen das *d* am Ende des ersten Wortbestandteils als [t] statt als [d], sprechen das *a* im zweiten Wortbestandteil als [ɛ] statt als noch offeneres [æ] aus und betonen dazu noch den zweiten Wortbestandteil statt des ersten: feed*back* statt *feed*back. Des Weiteren sprechen Deutsche *foot* meistens genauso aus wie *food*, und damit gleich beide Wörter falsch, denn der Laut [ʊ] in *foot* ist ein kurzer Vokal, kein langer, und das *d* am Ende von *food* muss als stimmhaftes [d], nicht als stimmloses [t] gesprochen werden. Aus dem gleichen Grund machen Deutsche aus dem einfachen englischen Wörtchen *and* meistens eine Ameise: *ant*. Und sie sprechen die vier englischen Wörter *bet, bed*, bat und *bad* häufig alle gleich aus, obwohl alle vier nicht nur sehr verschiedene Bedeutungen, sondern auch verschiedene Aussprachen haben, nämlich [bet], [bed], [bæt] und [bæd]. Wenn Deutsche sagen wollen, dass sie ins Bett gehen (*bed*), klingt es deshalb für Englischsprachige oft ein bisschen so, als wollten sie zum Wetten gehen (*bet*). Und wenn Deutsche etwas als richtig schlecht abstempeln wollen (*bad*), machen sie oft eine Fledermaus daraus (*bat*). Ähnliches gilt für die Wörter *beg* (bitten), *bag* (Tasche), *back* (Rücken) und *beck* (Wink). Die richtigen Aussprachen hier sind [beg], [bæg], [bæk] und [bek]. Wenn Deutsche um eine Tasche bitten wollen, bitten sie deshalb nicht selten um den Rücken.

All diese verbreiteten Falschaussprachen zeigen, dass wir ab einem bestimmten Alter die Lautung einer Fremdsprache nicht mehr »unvoreingenommen«, sondern nur noch durch den Filter unserer Muttersprache wahrnehmen. Wir hören sozusagen, worauf wir durch unsere Muttersprache geprägt sind, weil es in ihr wichtig ist. Und wir hören nicht mehr, was in ihr nicht wichtig ist. So werden im Deutschen z. B. viele Laute im Auslaut stimmlos gesprochen, im Wortinneren aber stimmhaft: Wir schreiben *Hund*, sprechen aber *Hunt*, wir schreiben *Berg*, sprechen aber *Berk*, wir schreiben *Sieb*, sprechen aber *Siep*. Im Plural sind die Laute an dieser Stelle wieder die stimmhaften [d], [g] und [b]: *Hunde, Berge, Siebe*. In vielen Fremdsprachen ist dies jedoch anders, so im Englischen. Hier sind ein [d], ein [g] und ein [b] auch im Auslaut immer stimmhaft: *and* (nicht *ant*), *dog* (nicht *dok*), *job* (nicht *jop*). Unsere deutsche Aussprachegewohnheit ist uns aber so in Fleisch und Blut übergegangen, dass wir sie einfach auf das Englische übertragen, und zwar meist auch dann noch, wenn wir die richtige englische Aussprache schon viele Male gehört haben. Offensichtlich reicht also das reine Imitieren nicht, um zu einer richtigen Aussprache zu kommen. Nicht einmal bei solchen Allerweltswörtern wie *and*, *dog* oder *job*.

Der erste Schritt zur richtigen Aussprache ist deshalb das *faktische Wissen*, wie etwas richtig ausgesprochen wird. Und das heißt konkret: aus welchen Lauten ein Wort aufgebaut ist. Klären Sie also die Lautzusammensetzung der Wörter nicht nur imitativ, sondern auch kognitiv, d. h. durch bewusste Aufnahme der nötigen Aussprache-Informationen.

In Kapitel 9, das sich mit dem Lesen beschäftigte, habe ich Ihnen bereits eine Reihe von Empfehlungen gegeben, wie Sie sich frühzeitig dem Thema Aussprache nähern (s. Abschnitte 9|8 bis 9|12). Wenn Sie diese Ratschläge beachten, tun Sie die ersten Schritte zu einer besseren Aussprache. Doch weitere sind erforderlich.

11 | 4   Machen Sie sich das Lautinventar Ihrer Fremdsprache bewusst und setzen Sie es zu Ihrer Muttersprache in Beziehung

Wenn wir uns mithilfe der vorausgehend genannten Ratschläge Zugang zu Ausspracheinformationen verschafft haben, heißt das natürlich noch lange nicht, dass wir diese Informationen bei jedem Wort problemlos beim eigenen Sprechen in die richtige Aussprache umsetzen können. Denn Muttersprache und Zielsprache können sich in ihrem Lautinventar und seiner Verwendung erheblich unterscheiden. Wir können vier Typen von fremdsprachigen Lauten unterscheiden:

▶ Laute, die es auch in unserer Muttersprache gibt, auch wenn sie dort meist ein wenig anders ausgesprochen werden als in der Fremdsprache. Dies ist z. B. beim Französischen der Fall bei den schon erwähnten Vokalen [a], [i], [u] oder den meisten Konsonanten, z. B. [b], [d], [f], [g], [k], [l], [m], [n], [p], [s] und [t].

▶ Laute, die es auch in unserer Muttersprache gibt, die aber in der Fremdsprache an anderen Stellen und in anderen Kombinationen mit anderen Lauten vorkommen. Ein gutes Beispiel ist hier der Laut [x] wie am Ende der deutschen Wörter *ach*, *noch* oder *Buch*. Er kommt auch im Spanischen vor, hier aber auch am Wortanfang und im Gegensatz zum Deutschen auch vor dem Vokal [e], z. B. in dem Namen *Jorge* [xɔrxe], was uns erfahrungsgemäß fast wie ein Zungenbrecher vorkommt. Ein weiteres Beispiel ist der Unterschied zwischen der stimmlosen und der stimmhaften Aussprache von S: *Straße* mit stimmlosem [s] im Gegensatz zu *Nase* mit stimmhaftem [z]. Außer in Fremdwörtern und in einigen Dialekten (wie z. B. dem Schwäbischen) kommt im Deutschen am Wortanfang nur die stimmhafte Variante vor: See, Sahne, Sonne, alle mit [z]. In vielen anderen Sprachen hingegen kommt am Wortanfang auch oder sogar ausschließlich die stimmlose Variante vor, z. B. im Englischen: *son* – [sʌn], im Italienischen: *sole* – [sole] oder im Russischen: сýмма [sumə].

▶ Laute, die es in unserer Muttersprache nicht gibt, wie z. B. die französischen Nasalvokale, das englische th [θ] bzw. [ð] für das geschriebene *th* oder das türkische [ɨ] für den Buchstaben ı, das eben nicht identisch ist mit dem deutschen Laut [i] usw.

Wenn es nun um die Frage der richtigen phonetischen Lernstrategie geht, so sollte diese sich danach richten, welchen der drei Fälle wir vorliegen haben. Während bei der ersten Gruppe keine besonderen Lernanstrengungen notwendig sind, solange wir nicht nach einer akzentfreien Aussprache streben, setzt die zweite bereits ein gewisses Training voraus, um die an sich vertrauten Laute in ihren ungewöhnlichen Umgebungen flüssig aussprechen zu können.

Naturgemäß bereitet uns die dritte Gruppe die größten Schwierigkeiten. An das englische *th* [θ] wie in *thank* oder *think* haben wir uns vielleicht noch einigermaßen gewöhnt, weil wir schon früh damit konfrontiert worden sind. Aber bereits die saubere Unterscheidung von seiner stimmhaften Variante, nämlich dem Laut [ð] in Wörtern wie *that, father* oder *clothes* gelingt im spontanen Sprachgebrauch oft nicht. Und kaum ein Französischlerner ist in der Lage, die vier verschiedenen Nasalvokale in *un bon vin blanc* auch tatsächlich verschieden auszusprechen. Das Erlernen von Lauten, die uns aus der Muttersprache nicht vertraut sind, erfordert meist sowohl eine Anleitung zur richtigen Lautproduktion als auch ein entsprechendes Training.

Wegen dieser unterschiedlichen Anforderungen an die Lernbemühungen empfehle ich, die drei Gruppen deutlich auseinanderzuhalten. Gehen Sie dazu das Lautinventar Ihrer Fremdsprache anhand einer Liste in Ihrem Lehrwerk oder in einem einschlägigen Wörterbuch durch und markieren Sie anhand der Beschreibung und der angeführten Beispiele zumindest, ob es sich um einen Laut handelt, der auch in Ihrer Muttersprache vorkommt oder nicht. Im weiteren Verlauf des Lernprozesses werden Sie dann natürlich den in Ihrer Muttersprache nicht vorkommenden Lauten besondere Beachtung schenken müssen.

Die mittlere Kategorie ist auf den ersten Blick nicht so leicht zu identifizieren. Wann immer Sie sich aber mit der Aussprache eines Wortes beschäftigen (z. B. durch Nachschlagen oder durch Hören), sollten Sie auf diesen Fall achten. Es reicht, wenn Sie sich dabei auf Ihre Intuition verlassen. Sobald Sie auf eine Aussprache stoßen, bei der Sie das Gefühl haben, dass zwar alle Laute auch im Deutschen vorkommen, die Zusammenstellung aber von einer typisch deutschen Reihenfolge abweicht, sollten Sie das Wort als auffällig markieren und besonders üben. Denn erfahrungsgemäß sind gerade solche Wörter anfällig für unbemerkte Aussprachefehler, wie die oben genannten Beispiele für typisch deutsche Falschaussprachen des Englischen zeigen. Kandidaten für diese Kategorie wären also z. B. alle englischen Wörter, die auf einen der stimmhaften

Konsonanten [b], [d] oder [g] enden und eben nicht wie im Deutschen mit [p], [t] oder [k] ausgesprochen werden dürfen: *job, club, pub, old, mad, ride, big, drug, egg* usw.

11 | 5   Achten Sie besonders auf bedeutungsunterscheidende Lautpaare

Nicht jede Falschaussprache hat die gleichen Folgen. Wir können die Laute jeder Sprache in bedeutungsunterscheidende und nicht bedeutungsunterscheidende einteilen. Festgestellt wird dies in der Linguistik durch sog. »Minimalpaare«. Was wie eine Bezeichnung für alte Eheleute klingt, die sich nicht mehr viel zu sagen haben, ist in der Linguistik die Bezeichnung für zwei Wörter mit verschiedener Bedeutung, die sich nur durch einen einzigen Laut unterscheiden, z. B. Beeren und Bären. Unabhängig von der Schreibung (die in der Phonetik zunächst einmal nicht weiter interessiert), ist es in diesem Beispiel der Unterschied zwischen einem geschlossenen [e] in *Beeren* und einem offenen [ɛ] in *Bären*, das hier den Bedeutungsunterschied auslöst. Die Verwechslung solcher Laute kann zu weitgehenden Bedeutungsunterschieden in ganzen Sätzen führen: »Ich lebe in einem Haus mit mehreren Haustieren« vs. »Ich lebe in einem Haus mit mehreren Haustüren«. Zwei Sätze mit einem markanten Bedeutungsunterschied, der nur durch das Minimalpaar *Tier* mit [i] und *Tür* mit [y] ausgelöst wird. In vielen Sprachen (wie z. B. dem Spanischen oder Italienischen) gibt es hingegen den Laut [y] gar nicht und Sprecher dieser Sprachen haben deshalb Schwierigkeiten zu verstehen, wie wichtig es ist, diesen Laut in deutlichem Kontrast zu [i] auszusprechen. Nicht bedeutungsunterscheidend hingegen ist im Deutschen der Unterschied zwischen dem Rachen-R, wie es überwiegend in Nord-, Mittel- und Westdeutschland gesprochen wird, und dem gerollten Zungen-R, wie wir es in Franken, Bayern, Österreich und der Schweiz finden.

Während wir in unserer Muttersprache gewohnt sind, auf bedeutungsunterscheidende Laute besonders zu achten, tun wir dies in der Fremdsprache meist nur dort, wo es die gleichen Laute sind, die einen Bedeutungsunterschied auslösen. Was wir hingegen lernen müssen, ist, dass in der Fremdsprache auch andere Laute einen Bedeutungsunterschied auslösen können, die wir vom Deutschen her nicht besonders beachten würden. So wird beispielsweise der Bedeutungsunterschied zwischen den beiden französischen Wörtern *beauté* (Schönheit) und *botté* (gestiefelt) ausschließlich durch den Öffnungsgrad des O ausgelöst: in *beauté* ist das O geschlossen wie im deutschen Wort *Ofen*, in *botté* ist es offen wie im deutschen Wort *Norden*.

Wie wichtig die Beachtung solcher bedeutungsunterscheidenden Laute in der Fremdsprache ist, zeigt uns die anekdotenträchtige Verwechslung der Laute [l] und [r] bei Chinesen oder Japanern (»dlei Losinenblödchen bitte«), die wir vom Deutschen genauso wenig nachvollziehen können wie etwa Franzosen die Verwechslung von nasalen und nicht nasalen Vokalen wie etwa in *fait* [fɛ] (Tatsache) und *faim* [fɛ̃] (Hunger).

Halten wir also fest: Beim Lernen einer Fremdsprache sollten wir besonderes Augenmerk auf solche Laute richten, die einen Bedeutungsunterschied auslösen können. Dass das nicht nur von abstrakter Bedeutung ist, zeigt die Reaktion von Muttersprachlern, wenn wir bedeutungsunterscheidende Laute verwechseln. Sie ist nämlich in der Regel heftiger als bei Falschaussprachen anderer Art. Die Folgen reichen von irritierten Nachfragen bis hin zu offenkundiger Belustigung. Ihnen würde es nicht anders gehen, wenn eine Ausländerin Ihnen eröffnete, dass sie gern »mit Männchen« zusammen ist, aber »mit Menschen« meint. Der weitreichende Unterschied in der zugrunde liegenden Botschaft beruht nur auf der bedeutungsunterscheidenden Wirkung der Laute [ç] (wie in *ich*) und [ʃ] (wie in *Schiff*).

11 | 6   Achten Sie auf die richtige Betonung

Auch eine falsche Betonung ist oft irritierend oder gar verständnishemmend in der Kommunikation mit Muttersprachlern. Es gibt in vielen Sprachen Wörter, die sich nur durch die Betonung unterscheiden, auch im Deutschen: *über**setzen*** ist bekanntlich etwas anderes als ***über**setzen*, ***um**fahren* etwas anderes als *um**fahren***, *Te**nor*** etwas anderes als ***Te**nor* und *mo**dern*** etwas anders als ***mo**dern*. Doch auch wenn die Betonung nicht solche Bedeutungsunterschiede auslöst, ist eine falsche Betonung verständnishemmend.

Solche Verständnisprobleme hat z. B. ein Italiener, der Wörter wie *mobile*, *fragile*, *visita* oder *scandalo* von einem Deutschen auf der vorletzten Silbe ausgesprochen hört, obwohl sie im Italienischen auf der drittletzten betont werden. Im Italienischen heißt es also nicht *tele**fo**no*, *vi**si**ta*, *scan**da**lo*, *pira**mi**de*, *mo**bi**le*, *chi**lo**metro*, *cata**lo**go*, *foto**gra**fo*, *ca**rat**tere*, sondern *te**le**fono*, ***vi**sita*, ***scan**dalo*, *pi**ra**mide*, ***mo**bile*, *chi**lo**metro*, *ca**ta**logo*, *fo**to**grafo*, *ca**rat**tere* usw. (Dies gilt übrigens auch für die italienischen Städte ***Ge**nova*, ***Man**tova* oder ***Mo**dena*.) Diese Beispiele zeigen im Übrigen wieder einmal den Einfluss der Muttersprache: Wir übertragen die Betonung der deutschen Wörter auf das Italienische und begehen damit einen sog. phonetischen Interferenzfehler, d. h., wir nehmen eine unzulässige phonetische Übertragung aus der Muttersprache vor.

Selbst im Englischen verstoßen Deutsche häufig gegen Betonungsregeln: So betonen sie Wörter wie *feedback* oder *fallout* fälschlicherweise auf der zweiten Silbe, obwohl sie auf der ersten Silbe betont werden müssen: ***feed**back*, ***fall**out*. Noch wesentlich häufiger ist aber der umgekehrte Fall. Wörter wie *fulltime*, *frontpage* oder *bestseller* werden im Englischen auf der zweiten Silbe betont, also *full**time***, *front**page***, *best**seller*** – zur Überraschung vieler, die dies schon seit eh und je falsch machen. Nicht einmal bei der Aussprache der einfachen Zahlen von 13 bis 19 liegen alle richtig. Denn auch diese englischen Zahlwörter werden auf der zweiten und nicht, wie oft zu hören, auf der ersten Silbe betont: *thir**teen*** (nicht: ***thir**teen*), *four**teen*** (nicht: ***four**teen*), *fif**teen*** (nicht: ***fif**teen*) usw. Dass bei komplizierten Wörtern wie *hypothesis* zur falschen Betonung auch noch eine falsche Aussprache kommt, kann dann kaum noch überraschen. Oder sind Sie sich absolut sicher, wie die Pluralformen *hypotheses* (Hypothesen) oder *analyses* (Analysen) ausgesprochen und betont werden? Beide Wörter müssen auf der zweiten Silbe betont werden (*hypotheses*, *analyses*], am Ende mit langem I und stimmhaftem S ausgesprochen werden [-si:z] und das Y in *analyses* ist ein [ə], kein [ɪ].

Mein Rat somit: Beziehen Sie beim Lernen der Aussprache immer bewusst die Betonung mit ein. Achten Sie sowohl beim Hören wie beim Nachschlagen neuer Wörter darauf, auf welcher Silbe der Wortakzent liegt. Im Wörterbuch wird dies meist durch ein besonderes Zeichen, z. B. einen Punkt unter der betonten Silbe oder einen Apostroph vor dieser Silbe angezeigt. Am besten prägt sich die Betonung ein, wenn Sie sich das Wort gleich beim ersten Nachschlagen zusätzlich vorsprechen lassen, was natürlich nur bei vollvertonten elektronischen Wörterbüchern möglich ist, die ich bereits in Abschnitt 9|22 empfohlen habe.

11 | 7   Trainieren Sie Ihre Sprechartikulatorik unabhängig von Texten

Wenn Sie die Ratschläge aus den Abschnitten 9|8 bis 9|12 zur Klärung der Aussprache beim Lesen beachtet und dieses Wissen anhand der Ratschläge in den vorausgehenden Abschnitten vertieft haben, dann verfügen Sie jetzt über die nötige Wissensgrundlage für eine gute Aussprache. Wenn Sie ferner die Ratschläge in Kapitel 10 zum Hörverstehen beachtet haben, dann wissen Sie auch schon, wie die richtige Aussprache aus dem Mund von Muttersprachlern klingt. Jetzt geht es darum, den Schritt zum eigenen Sprechen mit der richtigen Aussprache zu tun – in vielen Sprachen kein leichter, wie man zugeben muss. Denn an der Produktion von Lauten sind zahlreiche Körperteile und Organe beteiligt (Nasenhöhle, Lippen, Zähne, Zahndamm, weicher Gaumen, harter Gaumen, Mundhöhle, Zungenspitze, Zungenrücken, Zungenwurzel, Zäpfchen, Kehlkopfdeckel, Luftröhre, Stimmbänder, Lunge, Zwerchfell u. a.). Beim normalen spontanen Sprechen im Alltag fällt uns das meist nicht mehr auf. Denken wir aber einmal daran, wie viele Jahre es dauert, bis ein Kind die Laute seiner Muttersprache so klar und differenziert artikulieren kann, bis nicht nur seine Eltern es verstehen, sondern auch jeder Fremde, der sich mit dem Kind unterhält. Dass selbst Erwachsene Schwierigkeiten mit der reinen Produktion von Lauten haben können, zeigen die berühmten Zungenbrecher. Versuchen Sie einmal, den Satz *Brautkleid bleibt Brautkleid und Blaukraut bleibt Blaukraut* mehrfach hintereinander so schnell wie möglich richtig auszusprechen. Sie werden wahrscheinlich schon bei normalem Sprechtempo mehrmals hängen bleiben und dabei typischerweise das L und das R gegeneinander verdrehen. Dieses Beispiel zeigt, dass Artikulationsschwierigkeiten nicht nur von den einzelnen Lauten abhängen, sondern auch von deren Lautumgebung. Denn natürlich haben wir normalerweise keine Schwierigkeiten ein L oder ein R auszusprechen. Auch bei dem Zungenbrecher *Testtexte texten Testtexter, Testtexter texten Testtexte* sind es nicht die Laute an sich, die uns Schwierigkeiten bereiten, sondern es ist eher die schnelle Aufeinanderfolge verschiedener ähnlicher Lautfolgen.

Das Gefühl, sich bei manchen Wörtern fast den Mund zu verrenken, begegnet uns auch beim Fremdsprachenlernen, vor allem als Anfänger. Auch hier sind es oft nicht nur die einzelnen Laute, die uns Schwierigkeiten machen, sondern deren Kombination, also die Lautketten. Ein gutes Beispiel ist der bereits erwähnte spanische Name *Jorge*, gesprochen [xɔrxe]. Obwohl wir den Laut [x] aus dem Deutschen in Wörtern wie *noch*, *Bach* oder *Buch* kennen, tun wir uns schwer, ihn in der Lautkette [xɔrxe] auszusprechen.

Es geht also beim fremdsprachlichen Ausspracheelernen nicht nur um das Lernen fremder Laute, sondern auch (und meist sogar überwiegend) um das möglichst flüssige Artikulieren ungewohnter Laut*ketten*.

Um diese Hürde zu nehmen, braucht man Übung, und zwar in einer Schwierigkeitsstufung, bei der man sich möglichst nicht zu früh durch zu lange Einheiten überfordert. Beginnen sollte man deshalb, insbesondere bei Sprachen mit schwieriger Aussprache, mit einzelnen Wörtern oder sehr kurzen Sätzen. Dazu können wir natürlich die Dialoge oder Texte aus unseren Anfängerlehrwerken nehmen.

Eine interessante Alternative ist jedoch folgende, zunächst etwas skurril anmutende Technik: Üben Sie das Artikulieren von Wörtern anhand der Wortlisten in Ihrem ein- oder zweisprachigen Wörterbuch. Gemeint sind hier die alphabetisch angeordneten Stichwörter, nicht die Übersetzungen oder Worterklärungen dahinter. Durch die alphabetische Anordnung stehen hier ähnliche Wörter hintereinander, was die Aussprache erleichtert und gleichzeitig zu einem zusätzlichen Trainingseffekt führt. So stehen z. B. im Langenscheidts Taschenwörterbuch Französisch-Deutsch folgende Wörter hintereinander: *blanchâtre, blanche, Blanche-Neige, blancheur, blanchi, blanchiment, blanchir, blanchissage, blanchissant, blanchissement, blanchisserie, blanchisseur, blanchisseuse*. Wenn Sie diese Wörter hintereinander aussprechen, trainieren Sie nicht nur den Nasalvokal [ã], sondern auch dessen Einbettung in eine bestimmte Lautkette, in diesem Fall [blã:ʃ].

Gehen Sie beim Trainieren wie folgt vor:

1. Wählen Sie zunächst ein geeignetes Wörterbuch. Es kann ein einsprachiges oder ein zweisprachiges sein, sollte aber nicht zu umfangreich sein, da sonst zu viele Spezial- oder Fremdwörter in ihm auftauchen. Ideal sind einsprachige Lernwörterbücher wie z. B. das *Oxford Advanced Learner's Dictionary*. Wichtig ist, dass das Wörterbuch hinter den Stichwörtern möglichst auch deren Aussprache angibt, damit Sie diese jederzeit überprüfen können. Dies ist besonders wichtig bei Sprachen mit unregelmäßiger Aussprache wie Französisch oder Englisch.

2. Legen Sie den Umfang Ihrer Trainingseinheit fest. Ein tägliches Training von wenigen Minuten mit dieser Technik reicht schon, um nach kurzer Zeit deutliche Fortschritte zu erzielen. Dafür reichen zwischen zwei und fünf Seiten im ausgewählten Wörterbuch.
3. Gehen Sie nun die Liste der Wörter einmal der Reihe nach durch. Fragen Sie sich zunächst, wie Sie das Wort ohne Ausspracheerklärung ausgesprochen hätten und vergleichen Sie diese dann mit der richtigen Aussprache. Versehen Sie die Wörter, die Sie spontan falsch ausgesprochen hätten, mit einer Markierung, um beim Üben besonders auf sie zu achten.
4. Artikulieren Sie nun die Wörter der Reihe nach klar und deutlich, bei Schwierigkeiten auch mehrmals. Versuchen Sie, das Tempo dabei langsam zu steigern. Sie brauchen dabei nicht auf die Bedeutung dieser Wörter zu achten, es geht nur um Artikulatorik, nicht um Vokabellernen.

Sie werden nicht nur feststellen, dass Ihnen mit dieser Technik schwierige Wörter wesentlich leichter über die Lippen kommen als bei einem isolierten Vorkommen in einem Text, sondern auch, dass Sie mit einem täglichen Training von wenigen Minuten nach einigen Wochen deutliche Fortschritte erzielen. Ich habe ausgerechnet, dass in der Summe 10 Stunden reichen, um jedes Stichwort eines 25.000 Einträge umfassenden Wörterbuchs einmal klar und deutlich zu artikulieren. Sie hätten damit nach nur 10 Stunden jedes gängige Wort der Fremdsprache bereits einmal im Mund gehabt!

Wenn Sie dieses Wortartikulationstraining zunächst auf die Wörter aus Ihrem Lehrbuch beschränken möchten, können Sie statt eines Wörterbuchs auch die alphabetischen Wortlisten verwenden, die sich häufig als Wortregister am Ende von Lehrwerken finden. Dies sollten Sie aber nur dann tun, wenn dort entweder die Aussprache in Form der Lautschrift angegeben ist oder wenn Sie sich bereits ganz sicher sind, wie die Wörter ausgesprochen werden. Andernfalls ist die Gefahr, dass Sie sich eine Falschaussprache einprägen, zu groß.

11 | 8   Klopfen Sie die Betonung schwieriger Wörter mit

Wie schon in Abschnitt 11|6 gezeigt, ist ein wichtiger Aspekt der Aussprache von Wörtern ihre Betonung. Manche Lerner haben auch dann Schwierigkeiten, die richtige Silbe eines Wortes zu betonen, wenn sie es mehrmals richtig vorgesprochen bekommen. Hier hilft eine einfache Übung. Nehmen wir als Beispiel die bereits in 11|6 erwähnten italienischen Wörter *telefono, fenomeno, piramide* und *fotografo*. Sie haben, wie zu erwarten, die gleiche Bedeutung wie die deutschen Wörter *Telefon, Phänomen, Pyramide* und *Fotograf*, werden aber statt auf der zweitletzten auf der drittletzten Silbe betont. Die Betonung auf der drittletzten Silbe fällt deutschen Lernern erfahrungsgemäß schwer, was ich während meiner Tätigkeit als Italienischlehrer oft beobachtet habe. Ich konnte meinen Lernern aber praktisch immer mit einer einfachen Rhythmisierungsübung helfen, sich die richtige Betonung einzuprägen. Klopfen Sie für jede Silbe mit der flachen Hand einmal auf den Tisch, für die betonte dabei jedoch deutlich lauter. Sobald Sie den Wortrhythmus klopfen können, sprechen Sie das Wort in der entsprechenden Betonung mit. Das Betonen der richtigen Silbe fällt so mit dem stärkeren Klopfzeichen zusammen. Tun Sie das zunächst langsam und dann immer schneller, bis Sie das Wort mühelos richtig betonen. Lassen Sie dann die Klopfzeichen weg und sprechen Sie das Wort auch ohne diese Hilfe richtig betont aus. Die rhythmische Unterstützung hilft nach meinen Erfahrungen nicht nur dabei, die Betonungsschwierigkeit zu überwinden, sondern auch dabei, sich die richtige Betonung einzuprägen. Hier noch ein besonders schwieriges italienisches Wort zum Ausprobieren: *dattilografano* heißt »sie schreiben mit der Schreibmaschine« (vgl. *daktylografieren*) und wird auf der viertletzten Silbe betont, also *dat-ti-lo-gra-fa-no*.

Wenn Sie Aussprache einmal mehr zum Spaß üben wollen, können Sie sich an fremdsprachigen Zungenbrechern (engl. *tongue twisters*, franz. *virelangues*, ital. *scioglilingua*, spanisch: *trabalenguas*) ausprobieren, wie zum Beispiel den folgenden:

How can a clam cram in a clean cream can?
Un chasseur sachant chasser sait chasser sans son chien de chasse.
Poquito a poquito Paquito empaca poquitas copitas en pocos paquetes.
Trentatré Trentini entrarono a Trento, tutti e trentatré, trotterellando.

Die meines Wissens derzeit größte Sammlung von Zungenbrechern finden Sie auf der Seite <www.uebersetzung.at/twister/index.htm>. Sie listet mehrere tausend Zungenbrecher für rund 120 Sprachen auf.

11 | 9 Trainieren Sie Ihre Sprechartikulatorik im Textzusammenhang

Sobald Sie soweit sind, dass Ihnen die Aussprache einzelner Wörter oder zusammenhängender Wortgruppen keine Schwierigkeiten mehr macht, legen Sie die Messlatte höher und wagen sich zum Üben der Artikulation an ganze Texte heran. Bei der Auswahl des Textmaterials gehen Sie wiederum streng von Ihren Lernzielen aus (s. die Abschnitte in Kap. 3). Wenn bei Ihnen also die Beherrschung der gesprochenen Alltagssprache als Ziel im Vordergrund steht, dann sollten Sie dialogische Texte verwenden, also z. B. entsprechende Texte aus Lehrwerken oder Hörverstehensmaterialien, später auch in Alltagssprache verfasste Romane (z. B. Krimis) mit viel direkter Rede. Werden Sie eher in die Situation kommen, Fachvorträge in der Fremdsprache zu halten, dann sollten Sie als Übungsmaterial vor allem solche verwenden. Ferner ist wichtig, dass Sie von den Texten möglichst auch eine Hörfassung haben. Das ermöglicht nicht nur eine Kontrolle Ihrer Aussprache, sondern auch variantenreicheres Üben.

Im Folgenden ein Überblick über die möglichen Arbeitstechniken, vorgestellt in der Reihenfolge, in der Sie sie am besten anwenden sollten.

▶ Text erschließen

Es ist sinnvoll, zunächst nur mit solchen Texten zu arbeiten, die Sie auch komplett verstehen. Denn nur dann werden Sie zu einer dem Sinn angemessenen Artikulation kommen (z. B. bei der Betonung der sinntragenden Wörter). Stellen Sie also zunächst sicher, dass Sie die Texte so weit bearbeitet haben, dass Ihnen der Sinn jedes Satzes klar ist.

▶ Hören und mitlesen

Hören Sie sich nun den ausgewählten Übungstext ein oder mehrere Male an und lesen Sie dabei mit. Achten Sie bewusst auf die richtige Aussprache und die richtige Intonation, also die »Satzmelodie«.

▶ Hören, lesen und leises Mitsprechen

Im nächsten Durchgang sprechen Sie leise, aber dennoch bewusst artikulierend mit. Sie sollten den Text aus der Tonquelle dabei noch deutlich hören können. Synchronisieren Sie sich dabei so weit wie möglich mit der Tonquelle. Schwingen Sie mit der Tonquelle mit.

▶ Hören und Nachsprechen mit Stopps

Die nächste Schwierigkeitsstufe ist erreicht, wenn Sie die schriftliche Textfassung zur Seite legen und den Hörtext abschnittsweise nachsprechen. Denn jetzt müssen Sie die Textteile in Ihrem Arbeitsgedächtnis »zwischenspeichern« und dann aus der Erinnerung heraus wiedergeben. Beginnen Sie mit ganz kurzen Textabschnitten von wenigen Wörtern und versuchen Sie dann, die wiederzugebende Textmenge langsam zu steigern. Dehnen Sie diese aber nur so weit aus, wie Sie sie anschließend noch ohne großes Stocken und vor allem ohne Aussprachefehler wiedergeben können.

▶ Hören und zeitversetztes Nachsprechen

Dies ist die schwierigste Arbeitstechnik, denn jetzt wird der Rhythmus Ihrer Artikulation ganz vom Hörtext vorgegeben und es gibt keine Zwischenstopps mehr zum »Luftholen«. Wie viele Wörter »Vorsprung« Sie der Tonquelle lassen, um beim Nachsprechen noch hinterherzukommen, finden Sie am besten selbst heraus. In der Regel sind es drei bis fünf. Als Anfänger steht einem bei dieser Technik meist schon nach wenigen Minuten der Schweiß auf der Stirn. Denken Sie in diesem Moment einmal an Simultandolmetscher, die dies ständig tun und dabei noch in eine andere Sprache übersetzen! Allerdings wechseln diese sich in der Regel nach 10 Minuten ab. Und 10 Minuten sind auch für Sie bei dieser Technik bereits eine gute Trainingseinheit.

Experimentieren Sie mit den vorgestellten Techniken und finden Sie heraus, welche sich für Ihr Lernniveau und für die Texte, mit denen Sie arbeiten, am besten eignen. Wenn Ihnen keine Hörfassung eines Textes zur Verfügung steht, bleibt Ihnen natürlich immer noch die Möglichkeit, den Text laut vorzulesen. In diesem Fall sollten Sie wenigstens versuchen, in einem zweiten Durchgang, den Text satzweise zu lesen und dann das Gelesene ohne Blick in den Text deutlich artikulierend zu memorieren. Wenn Sie einen Tandempartner oder einen anderen hilfsbereiten Muttersprachler zur Verfügung haben, können Sie diesen bitten, Ihnen Ihre Übungstexte auf Tonträger aufzusprechen (mit einem Kassettenrecorder, einem Handy, einem Diktiergerät, einem Voice-Recorder oder mit Mikrofon an der Soundkarte des Computers).

Übrigens muss man Texte nicht immer nur sprechen. Auch das Mitsingen von fremdsprachigen Texten, ganz gleich ob es sich um einen Pop-Song oder eine Opernarie handelt, schult die Artikulation. Sie werden dabei sogar feststellen, dass beim Singen manches leichter über die Lippen kommt als beim Sprechen. Das erinnert an das Phänomen des Stotterns, das bei den meisten davon Betroffenen beim Singen völlig verschwindet.

11 | 10   Sorgen Sie vor dem freien Sprechen für ausreichenden Input

Das wichtigste Ziel der meisten Fremdsprachenlerner ist natürlich das freie Sprechen, also die Fähigkeit, eigene Gedanken in der Fremdsprache möglichst spontan ausdrücken zu können. Dies ist in vielerlei Hinsicht die schwierigste »Disziplin« im fremdsprachlichen »Vierkampf« (Lesen, Hören, Schreiben, Sprechen). Ich habe deshalb die meisten Tipps zum freien Sprechen im Fortgeschrittenenteil des Buches platziert. Das, was Sie aber schon von Anfang an für das Sprechen tun können, finden Sie in diesem und den nächsten Ratschlägen.

Wir hatten schon in Abschnitt 2 | 7 (»Die Big Five – Was zum erfolgreichen Fremdsprachenlernen unabdingbar ist«) festgestellt, wie wichtig der fremdsprachige Input für den Spracherwerb insgesamt und auch speziell für das Sprechen ist. Auch wenn die oft zu hörende Behauptung »Sprechen lernt man nur durch Sprechen« noch so einleuchtend ist, so legen die verfügbaren Forschungsergebnisse eher den Schluss nahe, dass man Sprechen vor allem dadurch lernt, dass man zunächst einmal in möglichst großem Umfang fremdsprachigen Input aufnimmt und verarbeitet, lesend oder besser noch hörend. Deshalb haben wir uns in diesem Buch in den Kapiteln 9 und 10 zunächst intensiv mit dem Lesen und dem Hören auseinandergesetzt.

Wenn Sie die dort gegebenen Ratschläge noch nicht befolgt haben, dann rate ich Ihnen, dorthin zurückzukehren und sich intensiv mit der Verarbeitung von Input auseinanderzusetzen. Auch wenn Ihnen dies zunächst wie ein Umweg auf dem Weg zum freien Sprechen erscheint, ist es eine Investition, die sich lohnt. Denn wer zu früh anfängt, sich das freie Sprechen abzuverlangen, der vergeudet meistens Zeit. Das Sprechenlernen funktioniert wesentlich besser, wenn es auf der Grundlage bereits gut ausgeprägter rezeptiver Fähigkeiten erfolgt. Oder anders formuliert: Eine gewisse Zeitverschiebung zwischen Verstehen und Sprechen ist dem Lernprozess durchaus förderlich. Nicht, dass wir uns falsch verstehen: Sie sollten sich das Sprechen nicht »verkneifen«. Natürlich kann es Spaß machen, schon früh die ersten Sätze in der Fremdsprache zusammenzubasteln und damit erste »Verständigungserfolge« zu erzielen. Doch wer effizient lernen will, wird den Schwerpunkt zunächst auf die Verarbeitung von möglichst viel Input legen und dann umso leichter und intuitiver fremdsprachigen Output produzieren.

Dabei sollte der Input möglichst nah an dem liegen, was Sie selbst als Ziel für Ihre Sprechfähigkeit festgelegt haben. Wenn dies wie in den meisten Fällen Gespräche über Alltagsthemen sind, muss natürlich auch der Input möglichst viele solcher Alltagsgespräche enthalten. Wenn Sie aber beispielsweise eher geschäftliche Kontakte mit Kunden bewältigen müssen, dann sollten Sie auch für entsprechenden Input sorgen. Mit der Frage, wie Sie diese Strategie des »bedarfsgerechten Inputs« mit Blick auf das Leseverstehen und das Hörverstehen umsetzen, werden wir uns in den Abschnitten 16|1 und 17|1 beschäftigen.

11 | 11   Bauen Sie Sprechhemmungen ab

Natürlich wollen Sie fremdsprachigen Input nicht nur aus Lese- und Hörtexten aufnehmen, sondern auch aus direkten Interaktionen mit Muttersprachlern oder zumindest mit anderen Personen, die Ihre Zielsprache sprechen und mit denen Sie sie praktizieren können. Doch das ist oft gar nicht so einfach, wie es zunächst scheint. Denn einmal abgesehen davon, dass man außerhalb des Ziellandes Muttersprachler zum Üben ja erst einmal finden muss (s. dazu aber die Ratschläge in Abschnitt 19|14 »Nutzen Sie auch im Inland jede Gelegenheit, die Fremdsprache anzuwenden«), hat man gerade als Anfänger oft eine affektive Barriere, die Fremdsprache mit Muttersprachlern zu sprechen. Durch die begrenzten Ausdrucksmöglichkeiten fühlt man sich in seiner Persönlichkeit so reduziert und eingeschränkt, dass man sich manchmal schlicht nicht traut. Natürlich hängt es stark von den Persönlichkeitsmerkmalen des jeweiligen Lerners ab, wie stark er von solchen Hemmungen betroffen ist. Aber selbst sehr extrovertierte Personen berichten, dass sie in der Fremdsprache längst nicht immer so »hemmungslos draufloskommunizieren« wie in der Muttersprache.

Um dennoch in den Genuss des wertvollen Inputs von Muttersprachlern zu kommen, ist es deshalb sehr wichtig, dass man ein paar Strategien zur Verfügung hat, wie man die affektiven Barrieren abbaut. Im Folgenden einige der bewährtesten:

▶ Sprechen Sie zunächst mit Nichtmuttersprachlern.
Fast jeder kennt das Phänomen, dass es leichter ist, mit seinen fremdsprachlichen Unvollkommenheiten klarzukommen, wenn man sie mit anderen teilt. Oft fällt jede Hemmung zu sprechen wie von Zauberhand weg, wenn wir als Gesprächspartner zum Üben einen anderen Lerner haben. Zwar ist der Input, den wir so erhalten, meist nicht so differenziert und enthält u. U. auch Fehler. Aber dieser Nachteil wird dadurch ausgeglichen, dass wir uns einfach eher trauen zu sprechen. Auf den Fluren und in den Aufzügen in meinem Uni-Gebäude bekomme ich oft mit, wie unbeschwert die Lerner des bei uns untergebrachten Bremer Goethe-Instituts sich trotz begrenzter Ausdrucksmöglichkeiten miteinander auf Deutsch unterhalten und dabei spielerisch ihr Ausdruckspotential ausloten. Eine solche *lingua franca*-Situation, in der die Zielsprache gesprochen werden *muss*, weil die Lerner verschiedene Muttersprachen haben, senkt die Sprachbarrieren besonders stark.

▶ Sprechen Sie mit Kindern.
Auch mit Kindern fallen oft die affektiven Barrieren weg, die wir bei erwachsenen Muttersprachlern haben. Dies berichten z. B. auch fast alle, die einmal auf einer Au-pair-Stelle im Ausland gearbeitet haben. Zwar wird man sich mit Kindern naturgemäß nicht über jedes Thema unterhalten können, aber schon Fünf- oder Sechsjährige beherrschen ihre Muttersprache auf einem Niveau, das uns wertvollen Input bereitstellt. Aber auch wer im Inland die Möglichkeit hat, mit Kindern zu sprechen, die die Zielsprache als Muttersprache haben (oder zweisprachig aufgewachsen sind), sollte diese Chance nutzen.

▶ Suchen Sie »den Muttersprachler Ihres Vertrauens«.
Die aussichtsreichste Strategie besteht sicher darin, einen Muttersprachler zu suchen, den man so gut kennt bzw. kennenlernt, dass sich aufgrund der persönlichen Beziehung Sprechhemmungen verlieren. Ideal ist hier sicherlich der Tandempartner (s. Abschnitt 5|4), denn dieser ist in der gleichen Lage wie Sie und durch den ständigen Rollentausch zwischen Muttersprachler und Nichtmuttersprachler sicherlich der verständigste Sparringspartner.

11 | 12 Entwickeln Sie Strategien für die Bewältigung von Verstehens- und Ausdrucksproblemen

Wer immer sich auf das »Abenteuer« einer freien mündlichen Kommunikation mit einem Muttersprachler einlässt, solange er noch sehr begrenzte Ausdrucksmittel in der Fremdsprache hat, stößt eher früher als später auf Verständigungsprobleme. Entweder man versteht den Muttersprachler nicht oder man wird selbst nicht von ihm verstanden oder es gelingt nicht auszudrücken, was man ausdrücken möchte. Natürlich gibt es für solche Situationen keine Patentlösung. Ein paar einfache Strategien können jedoch helfen, mit solchen Situationen fertig zu werden. Hier eine Auswahl der wichtigsten:

▶ Lernen Sie rechtzeitig Routineformeln, mit denen Sie Verständigungsprobleme thematisieren und nach Lösungen suchen können.
Gemeint sind hier vor allem Formulierungen, mit denen Sie dem Gesprächspartner signalisieren, dass Sie nicht verstanden haben, mit denen Sie nach der Bedeutung einzelner Wörter oder Ausdrücke fragen, mit denen Sie um Wiederholung von bereits Gesagtem, langsameres Sprechen oder einfachere Ausdrucksweise bitten usw. Auch Formulierungen, mit denen Sie sich selbst als Sprachenlerner mit noch geringen Kenntnissen beschreiben und um Verständnis bitten, sollten früh zu Ihrem Repertoire gehören. Auch für die freundliche Aufforderung, Ihnen an bestimmten Stellen in Ihrer Äußerung zu helfen, z.B. beim Benennen von Gegenständen oder Vorgängen, sollten Sie eine leicht abrufbare Formulierung im Kopf haben (*How do you call the thing you need for ...*). Sie finden solche Formulierungen meist schon in Ihren Lehrwerken, u. U. aber in größerer Zahl und besser gruppiert in Redemittelsammlungen und Konversationshilfen (Näheres dazu in Abschnitt 11|13). Wenn nicht: Stellen Sie sich eine Sammlung solcher Formulierungen nach Ihren Bedürfnissen zusammen und prägen Sie sich diese so gut ein, dass Sie jederzeit im Bedarfsfall ohne großes Überlegen darauf zurückgreifen können. Sie können damit nicht nur das sprachliche Verhalten von Muttersprachlern ein Stück weit in Ihrem Sinne beeinflussen, sondern auch die eine oder andere angespannte Kommunikationssituation entkrampfen.

▶ Lernen Sie Floskeln und Routineformeln zur Zeitgewinnung.
Schon in der Muttersprache setzen wir beim Sprechen oft Floskeln ein, um Zeit zum Formulieren oder Nachdenken zu gewinnen, seien es einzelne Wörter wie *also, irgendwie, sozusagen, praktisch* oder solch überflüssige Wendungen wie *also was ich sagen möchte ist ..., wenn ich so drüber nachdenke ..., letztendlich ist es doch so dass ..., um es mal auf den Punkt zu bringen ...* usw. So unerwünscht solche Floskeln in geschriebenen Texten sind, so nützlich können sie beim Sprechen einer Fremdsprache sein, um Zeit zu gewinnen. Eignen Sie sich also ruhig ein paar solcher Floskeln auch in der Fremdsprache an, Sie werden sie brauchen können (*I wonder if you know what I mean, what I wanted to say is, let me say it in other words* etc.).

▶ Formulieren Sie einfach.
Einer der häufigsten Gründe für das Steckenbleiben beim eigenen Formulieren in der Fremdsprache bei Anfängern besteht darin, dass man zu kompliziert formuliert. Man geht von der Differenziertheit des Ausdrucks in der Muttersprache aus und kann diese in der Fremdsprache natürlich nicht aufrechterhalten. Also muss man

versuchen, in möglichst einfachen Sätzen und Wörtern zu sprechen. Das erfordert einige Übung und vielleicht auch ein wenig Überwindung. Aber im Umgang mit kleinen Kindern sind wir in der Regel auch mühelos in der Lage, unsere Sprache zu vereinfachen. Wenn wir dies auch auf die ersten Sprechversuche in der Fremdsprache übertragen, werden wir uns nicht so leicht »festreden«.

▶ Lernen Sie Dinge zu umschreiben.
Sie kennen sicher Gesellschaftsspiele, bei denen man Dinge beschreiben muss, ohne sie selbst beim Namen nennen zu dürfen. Wer das gut kann, hat auch Vorteile beim Sprechen in der Fremdsprache. Denn man kommt selbst als fortgeschrittener Lerner noch häufig in die Situation, dass uns Wörter in der Fremdsprache fehlen, die in einer gegebenen Situation gebraucht werden. Wenn Sie beispielsweise sagen wollen, dass Ihre Schwester von Beruf Hebamme ist, dann kommen Sie auch in der Fremdsprache irgendwie nicht um dieses Wort herum. Ihre Schwester nur wegen Ihrer Vokabellücke zur Ärztin zu befördern wäre genauso unbefriedigend wie einfach nur zu sagen, dass sie im Krankenhaus arbeitet. Aber mit einer einfachen Formulierung wie »sie arbeitet im Krankenhaus und hilft Frauen, Kinder zu bekommen« wird man in den meisten Fällen weiterkommen. Und wenn man im Gespräch mit einem Muttersprachler gleich die Frage anschließt, wie das gesuchte Wort in der Fremdsprache lautet, dann besteht sogar die Gelegenheit, den eigenen Wortschatz zu erweitern. Mit etwas Fantasie lässt sich zu vielen, wenn auch vielleicht nicht allen gesuchten Wörtern eine Umschreibung finden, die den Zuhörer auf die richtige Spur bringt. Zwar ist im Einzelfall schwer vorhersehbar, welche Wörter man wiederum für die Umschreibung braucht, sodass das Umschreiben kaum im Voraus zu üben ist. Aber man kann sich eine Reihe von Formulierungen zurechtlegen, die eine hohe Wahrscheinlichkeit haben, in solchen Umschreibungen aufzutreten, z. B. Gattungsnamen für Gruppen von Gegenständen oder Abstrakta wie *ein Teil von ..., ein Gegenstand, der ..., eine Institution, die ..., ein Organ, das ... , ein Geschäft, in dem man ..., ein Werkzeug, mit dem man ...* usw. So kann dann aus der *Niere* ein *Organ* werden, *das das Blut reinigt*, und aus dem *Arbeitsamt* eine *Institution, die hilft, dass Menschen einen Job finden.* Und ansonsten kann es nicht schaden, wenn man die nächste Runde *Tabu* einfach mal in der Fremdsprache spielt und so seine Fähigkeiten zum Umschreiben spielerisch trainiert. (Die Regeln dafür, falls unbekannt, finden Sie z. B. hier: <http://de.wikipedia.org/wiki/Tabu>).

▶ Nehmen Sie Einfluss auf den Gesprächsverlauf.
Eine weitere Möglichkeit, Kommunikationsprobleme zu vermeiden oder doch zumindest zu reduzieren, besteht darin, das Gespräch so zu steuern, dass Themen vorkommen, auf die Sie sprachlich schon besser vorbereitet sind. Vermeiden Sie also zunächst komplizierte Themen, die einen speziellen Wortschatz erfordern. Natürlich

wird dies bei einem wichtigen beruflichen Gespräch über ein vorgegebenes Thema nicht möglich sein. Aber in vielen anderen Situationen, insbesondere auch beim Smalltalk hat man oft die Option, das Gespräch auf ganz verschiedene Themen zu lenken. Es macht wahrscheinlich wenig Sinn mit Ihrem Muttersprachler über das letzte Champions-League-Spiel zu diskutieren, wenn Sie keine Ahnung haben, wie *Elfmeter, Schiedsrichter, köpfen, nachspielen lassen, Einwurf, Doppelpass, Mittelfeldspieler, Finale* usw. in der Fremdsprache heißen. Vielleicht fällt es Ihnen leichter, über Ihre Familie oder den letzten Urlaub zu sprechen. Eine gute Strategie besteht auch immer darin, im Gespräch mit dem Muttersprachler möglichst viele Fragen zu stellen. Denn so bekommen Sie viel Input, gewinnen Zeit für die Planung Ihrer nächsten Äußerung und können die Antworten des Muttersprachlers wieder als sprachlichen Steinbruch für neue Fragen nutzen. Den großen eigenen Vortrag über Ihre Sicht der Welt heben Sie sich vielleicht noch für später auf.

Auch wenn die vorausgehend genannten Strategien sicherlich nicht jedes Kommunikationsproblem zwischen Ihnen als Anfänger und Ihrem muttersprachigen Gesprächspartner lösen oder vermeiden helfen, so doch bestimmt einige. Ansonsten gilt auch für den Kontakt mit Muttersprachlern, was für jede zwischenmenschliche Kontaktaufnahme gilt: Die kürzeste Verbindung zwischen zwei Menschen ist ein Lächeln.

11 | 13 Bauen Sie einen Fundus an Routineformulierungen auf

Ein wesentliches Merkmal von Sprechkompetenz besteht darin, dass man für viele Situationen Standardformulierungen parat hat, die man jederzeit ohne großes Nachdenken und ohne nach Worten zu ringen abrufen kann. Das gilt auch und gerade für unsere Muttersprache. Wir sagen nicht nur spontan *bitte* und *danke*, *Guten Tag* und *Auf Wiedersehen*, *Herzlichen Glückwunsch* und *Tut mir leid*, sondern z. B. auch *Entschuldigen Sie, könnten Sie mich mal eben vorbeilassen*, wenn uns jemand im Weg steht, oder *Ich bin gerade im Gespräch, kann ich Sie zurückrufen*, wenn wir einen Anrufer am Arbeitsplatz auf später vertrösten müssen. Viele Alltagssituationen sind wiederkehrend und deshalb auch mit Routineformeln zu bewältigen. Genau diese fehlen uns aber in der Fremdsprache zunächst. Es gilt deshalb, auch in der Fremdsprache einen Fundus an solchen Routineformeln aufzubauen, und zwar nicht nur für kommunikative Problemfälle, wie bereits im letzten Abschnitt vorgeschlagen, sondern für möglichst viele wiederkehrende Situationen.

Die benötigten Formulierungen sind dabei entweder an typischen Situationen festzumachen (an der Hotelrezeption, im Restaurant, am Ticketschalter, am Telefon, auf der Bank, beim Arzt, in der Autowerkstatt, im Tagungsbüro, an der Kundenrezeption usw.) oder an bestimmten Kommunikationsabsichten, die nicht an bestimmte Orte gebunden sind, sondern in praktisch jedem Gespräch auftreten können (eine Information erfragen, um etwas bitten, sich für etwas bedanken, sich entschuldigen, zu etwas auffordern, sich vorstellen, eine Meinung äußern, ein Problem ansprechen, um einen Rat bitten, einen Vorschlag machen, vor etwas warnen, eine Kritik äußern, positive oder negative Überraschung ausdrücken usw.).

Wo finden wir nun die jeweiligen Formulierungen, die wir zur Bewältigung solch häufig wiederkehrender kommunikativer Aufgaben benötigen? Hier die wichtigsten Quellen:

- Lehrwerke
  Im Gegensatz zu älteren Lehrwerken sind die meisten Lehrwerke heute nicht mehr nach grammatischen Gesichtspunkten (der Artikel, das Substantiv, das Präsens, der Konjunktiv usw.) aufgebaut, sondern nach kommunikativen Funktionen. Sie enthalten also bereits viele der benötigten Formulierungen. Achten Sie auf solche Formulierungen und markieren Sie sich diejenigen darunter, die breite Anwendungsmöglichkeiten haben bzw. die Sie mit hoher Wahrscheinlichkeit brauchen werden. Fündig werden Sie allerdings nur in den dialogischen Lehrwerktexten. Rein darstellende (»expositorische«) Texte sind dafür weniger oder gar nicht als Quelle geeignet.

- Reisesprachführer
  Sie sind besonders ergiebig für die Suche nach Routineformeln und dies nicht nur für rein touristische Zwecke. So werden z. B. in den Pons Reisewörterbüchern aus dem Klett-Verlag nicht nur Formulierungsroutinen für die typischen Auslandssituationen zur Verfügung gestellt (wie Unterkunft, Sehenswürdigkeiten, Ausflüge, Essen und Trinken, Geschäfte, Verkehrsmittel usw.), sondern auch für Kommunikationsabsichten und Alltagsthemen, die jederzeit in einem fremdsprachigen Gespräch auftreten können (Begrüßung, Bekanntschaft, Besuch, Glückwünsche, Wetter, Zeitangaben, Datum und Alter, Beruf, Studium, Ausbildung usw.). Auch wenn Sie z. B. viele Jahre Schulenglisch aufzuweisen haben, werden Sie bei der Durchsicht solcher Routineformeln feststellen, dass Sie viele davon nicht automatisch präsent haben.

- Wortschatzsammlungen mit Beispielsätzen
  Viele Lernmaterialien zum fremdsprachigen Wortschatz, die eigentlich zum Vokabellernen gedacht sind, enthalten auch Beispielsätze, die man gut als Quelle für Routineformulierungen einsetzen kann. Dies gilt z. B. für die Reihen »Langenscheidt Grundwortschatz« oder »Die 1000 wichtigsten Wörter Englisch« (bzw. Französisch, Spanisch, Italienisch), die der Klett-Verlag unter dem PONS-Label herausgibt. Gehen Sie diese Beispielsätze durch und markieren Sie diejenigen, die Sie sich als erste merken wollen. Natürlich können Sie diese Beispielsätze dabei bereits ein wenig abändern und auf Ihre Kommunikationsbedürfnisse zuschneiden. (Auf die Strategie

des individuellen Zuschneidens gehe ich in Abschnitt 18|5 »Wenden Sie die Customize-Strategie an« näher ein.) Die wesentlich breiter angelegten Wortschatzzusammenstellungen, die der Hueber-Verlag unter dem Titel »Großer Lernwortschatz« veröffentlicht, führen zwar nur zu ausgewählten Wörtern Beispielsätze an, haben dafür aber den Vorteil, dass sie den Wortschatz nicht alphabetisch, sondern nach Themengruppen sortiert präsentieren.

▶ Redemittelsammlungen
Als Redemittelsammlungen bezeichnen Fremdsprachendidaktiker Listen von fertigen sprachlichen Formulierungen (meist auf Satzebene), die bereits nach Situationen oder Kommunikationsabsichten vorsortiert sind und die ebenfalls versuchen, mögliche Anwendungssituationen vorwegzunehmen. Sie sind meist für Fortgeschrittene konzipiert. (Deshalb bespreche ich sie erst in Abschnitt 18|6 ausführlicher; dort dann auch bibliografische Hinweise.) Sie enthalten aber meist auch fertige Formulierungen für sprachliche Standardsituationen wie Begrüßen, Vorstellen, die wichtigsten Angaben zur eigenen Person machen usw., die man schon als Anfänger brauchen kann. Wer vorhat, sich länger mit einer Fremdsprache zu beschäftigen, kann sich eine solche Redemittelsammlung zulegen und daraus zunächst einmal die Routineformulierungen entnehmen, die ihm am wichtigsten erscheinen.

Bei der Arbeit mit solchen Routineformeln gehen Sie am besten wie folgt vor:

1. Wählen Sie aus den oben genannten Quellen Formulierungen aus, die Sie brauchen können, und markieren Sie diese. Tragen Sie diese ggf. in einer Datei oder in einem Heft zusammen, um sie leichter bearbeiten zu können.

2. Klären Sie die richtige Aussprache (s. Abschnitte 9|8 bis 9|12) und prägen Sie sich diese ein (s. Abschnitte 11|6 bis 11|9).

3. Sprechen Sie die ausgewählten Formulierungen auf Tonträger auf (mit einem Kassettenrecorder, einem Handy, einem Diktiergerät, einem Voice-Recorder oder auch mit Mikrofon direkt in den Computer) oder (besser noch) lassen Sie sie von einem Muttersprachler aufsprechen (z. B. Ihrem Tandempartner).

4. Hören Sie sich die Aufnahme dann immer wieder einmal an, bis Sie sie im Ohr haben. Nutzen Sie Ihre Aufzeichnung vor allem dann, wenn Sie sich auf Gespräche mit Muttersprachlern vorbereiten.

Wenn Sie auf diese Weise einen gewissen Fundus an Routineformulierungen aufgebaut und durch häufiges Hören verfügbar gemacht haben, werden diese im »Ernstfall« des spontanen Sprechens Ihre Ausdrucksmöglichkeiten verbessern und Ihre Äußerungen bereits ein wenig flüssiger machen. Weitere Anregungen zur Arbeit mit Redemitteln finden Sie im Abschnitt 18|6.

11 | 14   Entwickeln Sie eigene Gesprächsbausteine

Bestimmte Gesprächsinhalte sind vorhersehbar. So werden Sie sicher immer wieder in die Situation kommen, über sich, Ihre Familie, Ihre Herkunft, Ihren Beruf, Ihre Stadt, Ihre Hobbys oder Ihre wichtigsten Erlebnisse zu berichten. Bereiten Sie sich auf diese Situationen vor, indem Sie zu diesen Themen bereits vorab kleine »Textbausteine« vorbereiten. Diese Textbausteine sollten dabei so formuliert sein, wie Sie sie jederzeit in einem Gespräch in der Fremdsprache vortragen könnten, also sozusagen als »Ich-Erzählungen« in ganz normaler gesprochener Sprache.

Im Folgenden einige Beispiele für mögliche Themen. Die meisten sind Themen, die von Teilnehmern meiner Seminare und Schulungen beim Ausprobieren dieser Lernstrategie gewählt wurden:

- Ihre wichtigsten biografischen Daten
- Ihre Familie
- Ihre Haustiere
- Ihre aktuelle Wohnsituation
- Ihre liebste Freizeitbeschäftigung
- Ihr letzter/interessantester Urlaub
- Ihre Lieblingsanekdote
- Ihr erster/schwerster Unfall
- Ihr aufregendstes Erlebnis
- Ihre bisherigen Erfahrungen mit dem Land der Zielsprache
- Ihre aktuelle berufliche Situation
- Ihr vorheriger Arbeitsplatz
- Ihr Studium oder Ihre Ausbildung
- Ihr erster Job
- Ihre letzte Tagung/Fortbildung
- Ihre beruflichen Grundsätze
- Ihre Kollegen
- Ihr nächstes Projekt
- Ihre Meinung zum Thema X
- Ihre wichtigsten Überzeugungen
- Ihre wichtigste Lebensentscheidung
- Ihr größtes Erfolgserlebnis
- Ihr nächstes Lebensziel
- usw.

Gehen Sie bei der Erarbeitung solcher Gesprächsbausteine wie folgt vor:

▶ Material sammeln
Tragen Sie zunächst stichpunktartig alles zusammen, was im Gesprächsbaustein vorkommen soll, möglichst schon in der Fremdsprache, und bringen Sie das Material in die Reihenfolge, in der es erzählt werden soll.

▶ Ausformulieren
Formulieren Sie jetzt den Gesprächsbaustein aus. Tun Sie das im gesprochenen Erzählstil, also so, als würden Sie es gerade einem Gesprächspartner in der Fremdsprache erzählen (und nicht etwa im Stile eines Aufsatzes!). Die Differenziertheit der Formulierungen sollte ungefähr auf dem Niveau Ihres aktuellen Kompetenzstandes oder leicht darüber liegen, damit sie sich später im praktischen Einsatz nicht wie ein Fremdkörper anhören.

▶ Wortschatzlücken schließen
Schließen Sie während des Ausformulierens Wortschatzlücken durch Benutzung von Nachschlagewerken und anderen Hilfsmitteln (Strategien dazu in Abschnitt 19|6 »Suchen und finden Sie im zweisprachigen Wörterbuch das richtige Äquivalent«).

▶ Auf sprachliche Richtigkeit überprüfen
Lassen Sie Ihren Gesprächsbaustein möglichst von einem kompetenten Sprecher der Zielsprache, z. B. Ihrem Lehrer oder Tandempartner, auf sprachliche Richtigkeit prüfen und ggf. korrigieren.

▶ Einprägen
Prägen Sie sich dann den Gesprächsbaustein ein, möglichst unter Einbeziehung einer Tonaufzeichnung ähnlich wie bei den Routineformeln (s. Abschnitt 11|13).

▶ Einsetzen
Setzen Sie den Gesprächsbaustein dann bei nächster Gelegenheit ein und sammeln Sie Erfahrungen damit. Natürlich werden Sie ihn nicht immer ganz oder nicht immer in genau der gleichen Form einsetzen wollen oder können. Sie können ihn natürlich von Mal zu Mal variieren oder sukzessive erweitern. Sie haben auf jeden Fall eine Formulierungsbasis, die Ihnen im Gespräch hilft.

Das Erarbeiten solcher Gesprächsbausteine nach diesem Verfahren hat nicht nur die Funktion, im Gespräch eine bessere Figur zu machen. Die Erarbeitung selbst ist bereits eine intensive Lerntätigkeit, die sich so oder so auszahlt. Insbesondere die Tatsache, dass sie hier nicht irgendetwas Vorgegebenes aus einem Lehrwerk oder einer anderen Quelle *nach*sprechen, sondern eigene Ausdrucksbedürfnisse formulieren, erhöht nicht nur die Motivation, sondern auch die Wahrscheinlichkeit, dass Sie diese tatsächlich schon bald einsetzen können.

11 | 15   Üben Sie Manöverkritik

Nach dem Spiel ist vor dem Spiel – diese alte Fußballweisheit gilt auch für das Fremdsprachenlernen. Das nächste Gespräch in der Fremdsprache kommt bestimmt. Warum also nicht aus dem letzten lernen? Das tut man am besten durch eine Manöverkritik unmittelbar nach dem Gespräch, wenn der Verlauf noch im Gedächtnis ist. Nehmen Sie sich also wann immer möglich die Zeit, sich rückblickend zu fragen, wo Sie im Gespräch sprachliche Probleme hatten, was die Ursachen dafür waren und was Sie tun können, um diese zu beheben. Welche fremdsprachigen Vokabeln haben gefehlt, welche eigenen Gedanken konnten Sie nicht zu Ihrer Zufriedenheit ausdrücken, an welchen Stellen haben Sie stark gezweifelt, ob Sie grammatisch korrekt formuliert haben usw. Machen Sie ein paar kurze Notizen dazu in Ihrem Lerntagebuch (s. Abschnitt 6 | 5) gleich nach dem Gespräch und gehen Sie den Fragen dann in der nächsten längeren Selbstlernsitzung etwas gründlicher nach. Die Wahrscheinlichkeit, dass Sie über kurz oder lang wieder auf die gleichen Probleme stoßen, ist relativ groß.

Noch effizienter können Sie aus den bereits gemachten Gesprächserfahrungen lernen, wenn Sie die Gespräche aufzeichnen (z. B. mit einem Diktiergerät oder Ihrem Handy). Dann können Sie zu jedem späteren Zeitpunkt das Gespräch noch einmal systematisch nachbearbeiten. Dabei können Sie sich zum einen noch einmal in Ruhe alles anhören, was Ihr Gesprächspartner gesagt hat, und die Verständnisprobleme nachträglich lösen, die im Eifer des Gesprächs unbeachtet geblieben sind, und so die Äußerungen des Muttersprachlers als Input für das eigene Lernen verwenden. Zum anderen werden Sie sich aber anhand der Tonaufzeichnung auch besonders gut an Ihre eigenen Ausdrucksprobleme erinnern und können diese jetzt systematisch nachbearbeiten, z. B. durch das Klären von Wortschatzlücken anhand von Nachschlagewerken. Insgesamt handelt es sich also um ein sehr nützliches Vorgehen, das überraschend wenig praktiziert wird. Natürlich sollte Ihr Gesprächspartner über den Mitschnitt informiert sein. Aber wenn Sie den Grund Ihres Mitschnitts, nämlich Ihr eigenes Fremdsprachenlernen, glaubhaft vermitteln können, werden viele Gesprächspartner sicher nichts dagegen haben, Ihr Tandempartner wohl am wenigsten, wenn Sie ihm im Gegenzug ebenfalls erlauben, die Gespräche mit Ihnen zum gleichen Zweck aufzuzeichnen.

12 Ins Schreiben einsteigen

12 | 1 Bringen Sie Ihre Lernziele für das Schreiben in eine sinnvolle Reihenfolge

Beim Schreiben in der Fremdsprache müssen wir drei grundlegende Dinge auseinanderhalten, die in der Praxis allzu oft durcheinander geworfen werden:

1. Schreiben als »das Schriftsystem der Fremdsprache beherrschen«
   Wie schon in Abschnitt 9|13 (»Machen Sie sich mit fremden Schriftsystemen vertraut«) dargestellt, hängt es sehr von der Art des Schriftsystems der Fremdsprache ab, was genau mit diesem Lernziel verbunden ist. Im Fall von Alphabetschriften (wie beim Russischen, Griechischen, Arabischen oder Hebräischen) geht es um eine sehr begrenzte Zahl von Schriftzeichen, vergleichbar dem deutschen Alphabet, also etwa zwei bis drei Dutzend. Ganz anders sieht es bei den logografischen Schriften aus, die z. B. im Chinesischen oder Japanischen (Kanji) verwendet werden. Hier beläuft sich die Zahl der Schriftzeichen auf mehrere tausend. Die Folgen dieses grundlegenden Unterschieds sind nicht nur rezeptiv beim Erwerb von Lesekompetenz deutlich spürbar, sondern mindestens ebenso stark, wenn es um die eigene Produktion der jeweiligen Schriftzeichen geht. Ohne eigene Schreibschulung wird man insbesondere bei logografischen Schriften kaum das Lernziel der aktiven Beherrschung der Schrift realisieren können.

2. Schreiben als »Rechtschreibung«
   Die zweite Bedeutung von »schreiben lernen« bzw. »schreiben können« bezieht sich auf die Rechtschreibung. Auch wenn wir Sprachen lernen, die das gleiche Schriftsystem verwenden wie das Deutsche, haben wir u. U. Probleme mit der richtigen Schreibung. Ähnlich wie das Deutsche haben z. B. auch das Französische und das Englische eine Rechtschreibung, die stark von der historischen Entwicklung der Sprachen geprägt ist und uns deshalb häufig unlogisch oder zumindest unregelhaft erscheint. Manche Sprachen hingegen wie z. B. das Spanische haben eine eher klare Zuordnung von Lauten zu Schriftzeichen, was das Erlernen der Rechtschreibung sehr erleichtert.

3. Schreiben als »Texte verfassen können«
   Dies ist die dritte und komplexeste Bedeutung des Wortes »schreiben«. Auch wenn wir alle Schriftzeichen einer Fremdsprache kennen und auch die Rechtschreibung der meisten Wörter beherrschen, sind wir deshalb noch lange nicht in der Lage, ein gutes Bewerbungsschreiben auf Französisch oder einen Fachartikel auf Englisch zu schreiben. Der Hauptgrund besteht darin, dass die meisten Texttypen noch einmal spezielle Anforderungen bezüglich des Sprachgebrauchs stellen. Das Protokoll einer Sitzung ist nicht das Gleiche wie eine mündliche Erzählung dessen, was auf der Sit-

zung gesagt und entschieden wurde. Texte setzen in der Regel die Beherrschung der sog. Schriftsprache voraus, zusätzlich aber noch die Beherrschung bestimmter Konventionen, die in der jeweiligen Sprache für die einzelnen Texttypen oder »Textsorten« gelten (sog. »Textsortenkonventionen«). So sind Bewerbungsschreiben im englischsprachigen Raum anders aufgebaut als im deutschen und auch ein spanischer Kaufvertrag sieht anders aus als ein deutscher.

Aus der Unterscheidung dieser drei Bedeutungen von Schreibkompetenz ergibt sich zwangsläufig auch eine Reihenfolge beim Erwerb. Wenn eine Fremdsprache über ein anderes Schriftsystem verfügt als das Deutsche, müssen wir natürlich zunächst dieses lernen, um überhaupt Zugang zu dieser Fremdsprache zu bekommen. Wegen der grundsätzlichen Vorteile des mehrkanaligen Lernens (s. Abschnitt 10|8) gilt zumindest für Sprachen mit Alphabetschriften (also z. B. Russisch, Griechisch, Arabisch oder Hebräisch), dass es unklug wäre, das Schriftsystem zunächst auszublenden und ausschließlich mit Hörmaterialien zu arbeiten. Dies mag kurzfristig den Eindruck eines leichteren Einstiegs vermitteln, für das Behalten des fremdsprachigen Materials ist der zusätzliche visuelle Eindruck für die meisten Lerner jedoch die bessere Variante.

Für Sprachen mit logografischen Schriften kann dieses Argument allerdings nicht das gleiche Gewicht haben. Denn für diese Sprachen gilt oft, dass der gleichzeitige Erwerb des Schriftsystems und der Sprache (Lexik und Grammatik) selbst den motiviertesten Lerner überfordern kann, erst recht, wenn man gleichzeitig auch noch die Produktion der Schriftzeichen per Hand lernen soll. Hier kann es sinnvoll sein, zunächst mit einer phonetischen Transkription oder mit einer Umsetzung in unser lateinisches Alphabet zu arbeiten, so z. B. für Chinesisch mit Pinyin. Der Erwerb der Schriftzeichen sollte hier erst zeitversetzt und in wohldosierter Form erfolgen. Hat der Lerner erst einmal ein Einführungswerk durchgearbeitet, das mit der Pinyin-Umschrift in lateinischen Buchstaben arbeitet, ist er anschließend vielleicht auch für den Einstieg in den sehr lernintensiven Erwerb der chinesischen Schriftzeichen bereit. Dies gilt insbesondere dann, wenn vorher schon klar ist, dass die Sprache nur mündlich verwendet werden soll, z. B. um als Geschäftsreisender in China wenigstens eine elementare Kommunikation hinzubekommen. Dann kann das sehr zeitaufwändige Schreibenlernen der chinesischen Schriftzeichen eine wenig sinnvolle Nutzung der zur Verfügung stehenden Lernzeit sein.

Klären Sie also anhand Ihrer individuellen Bedarfsermittlung, die Sie in Kapitel 3 durchgeführt haben, welche der drei genannten Aspekte des Schreibens (fremdes Schriftsystem lesen und selbst schreiben können, Rechtschreibung beherrschen, Texte in der Fremdsprache verfassen können) für Sie sinnvoll ist, und bringen Sie diese Ziele dann in eine sinnvolle Reihenfolge im Rahmen Ihres Gesamtlernarrangements (s. Kap. 5).

In den nachfolgenden Abschnitten werden wir uns nur mit den ersten beiden Aspekten des Schreibens beschäftigen. Tipps zum Erwerb eines fremden Schriftsystems habe ich bereits in Abschnitt 9|13 gegeben. Das Thema Schreiben im Sinne von »fremdsprachige Texte verfassen können« wird im Fortgeschrittenen-Teil IV behandelt.

12|2   Fokussieren Sie gezielt Rechtschreibschwierigkeiten

Die spezielle Beschäftigung mit der Rechtschreibung einer Fremdsprache macht eigentlich nur dann Sinn, wenn zwei Bedingungen erfüllt sind. Zum einen müssen Sie bei Ihrer Lernzielbestimmung für das Schreiben (s. Abschnitt 12|1) zu dem Ergebnis gekommen sein, dass die Beherrschung der Rechtschreibung Ihrer Zielsprache für Sie persönlich wichtig ist, z. B. weil Sie viele Texte schreiben werden, in denen es auf Fehlerfreiheit ankommt, oder weil Sie eine Prüfung mit schriftlichen Prüfungsteilen absolvieren wollen. Und zum anderen, wenn es sich um eine Fremdsprache handelt, in der die Rechtschreibung tatsächlich schwierig ist. Dies ist erfahrungsgemäß bei Sprachen wie Englisch und Französisch (und natürlich Deutsch) weit mehr der Fall als bei Sprachen wie Spanisch oder Italienisch.

Aber selbst wenn Ihre Zielsprache eine schwierige Rechtschreibung aufweist, werden Sie kaum bei allen Wörtern Probleme haben und auch nicht an jeder Stelle im Wort. Es ist deshalb wie immer beim Lernen sinnvoll, sich vor allem auf das zu konzentrieren, was besondere Schwierigkeiten macht.

Eine einfache, aber effektive Technik, diesen Grundsatz auch auf das Lernen der fremdsprachigen Rechtschreibung anzuwenden, besteht darin, sich die Wörter bzw. Wortbestandteile bewusst zu machen, die potenziell Rechtschreibprobleme auslösen. Gehen Sie dazu geeignete Texte, z. B. die in Ihrem Lehrbuch, einmal Wort für Wort durch, fragen Sie sich bei jedem Wort, welches Sie anders geschrieben hätten und markieren Sie diese Wörter. Schreiben Sie diese Wörter dann isoliert ab und sprechen Sie sie dabei laut aus. Durch die Gleichzeitigkeit des Hörens und Sprechens auf der einen und der motorischen Schreibbewegung auf der anderen Seite besteht eine gute Chance, dass sich die Schreibung einprägt. Das selektive Üben der Wörter, die für Sie persönlich schwierig sind, macht diese Technik besonders effizient.

Natürlich können Sie statt einzelner Wörter auch ganze Texte abschreiben. Dies hat aber nur dann einen nennenswerten Trainingseffekt, wenn das Material über eine entsprechende »Dichte« an Rechtschreibproblemen verfügt. Ansonsten werden Sie vieles üben, was nicht der Übung bedarf. Es sei denn, Sie kombinieren das Ziel der Rechtschreibübung mit einem anderen Ziel, nämlich dem Einprägen grammatischer Strukturen. Dazu sollten Sie versuchen, möglichst lange Wortsequenzen zu lesen, im Gedächtnis zu behalten und dann aufzuschreiben. Dann üben Sie nicht nur die Rechtschreibung leichter und weniger leichter Wörter, sondern müssen gleichzeitig auch auf die grammatische Struktur der Sätze achten, was einen zusätzlichen Lerneffekt bedeutet. Diese Technik kann man dabei als eine Vorstufe des Diktats betrachten.

12 | 3 Nutzen Sie Hörtexte für Diktate

Das Mittel der Wahl zum Erlernen der Rechtschreibung ist auch bei den Fremdsprachen das Üben durch Diktat. Dazu brauchen wir aber keineswegs einen Lehrer wie früher in der Grundschule. Im Gegenteil: Diktate im Fremdsprachenunterricht sind schlecht genutzte Lernzeit. Wenn Ihr Lehrer dazu neigt, im Unterricht häufig Diktate schreiben zu lassen, dann vielleicht vor allem deshalb, weil das keine großen didaktischen Ansprüche an ihn stellt und auch keine Vorbereitung erfordert, also schlicht bequem ist. Sie sollten deshalb versuchen, ihn davon abzubringen und stattdessen andere Unterrichtsaktivitäten anzuregen, bei denen sein Input wertvoller ist.

Diktate können Sie leicht selbst durchführen. Sie brauchen dazu nur geeignete Hörtexte, die Sie sich von einem Tonträger vorsprechen lassen können, sowie die zugehörige schriftliche Textfassung. Jedes Lehrbuch, das seine Texte auch als Hörfassung auf CD oder als Audiodateien zum Download zur Verfügung stellt, kann hier als Quelle genutzt werden. Suchen Sie Texte aus, die Ihrem Sprachniveau angemessen sind, lassen Sie sich diese vom Tonträger vorspielen, stoppen Sie nach jedem Satz oder Teilsatz und schreiben Sie den gehörten Text auf. Zum Schluss kontrollieren Sie Ihren Text anhand der schriftlichen Fassung.

Diese Lerntechnik trainiert dabei nicht nur die Rechtschreibung, sondern auch das genaue Hörverstehen und das Strukturverstehen. Denn während man beim bloßen Hörverstehen manches aus dem Zusammenhang rät, müssen Sie beim Diktat jedes Wort und jeden Satz genau erkennen, um ihn wortgetreu aufschreiben zu können. Und ohne die Satzstruktur zu durchschauen, können Sie Wörter, die gleich klingen, aber unterschiedliche Bedeutungen haben, nicht richtig entschlüsseln. In den beiden französischen Sätzen *Il nous prête sa voiture* (»Er leiht uns sein Auto«) und *Ils nous prêtent leur voiture* (»Sie leihen uns ihr Auto«) werden sowohl *il* und *ils* als auch *prête* und *prêtent* jeweils gleich ausgesprochen und nur an den Wörtern »*sa*« und »*leur*« erkennt man, dass im ersten Satz von einer Person, im zweiten aber von mehreren Personen die Rede ist, was dann zu den verschiedenen Schreibungen bei *il/ils* und *prête/prêtent* führt. Im Französischen ist die Zahl von Wörtern, die bei gleicher Lautung unterschiedlich geschrieben werden, weil sie unterschiedliche grammatische Funktionen haben oder weil es sich einfach um verschiedene Wörter handelt, besonders hoch. So werden *étais*, *était* und *étaient* gleich ausgesprochen, es sind aber drei verschiedene Verbformen des Grundverbs *être* (sein) und bei den Wörtern *sceau* (Siegel) – *sot* (dumm) – *seau* (Eimer) – *saut* (Sprung) oder *vers* (Vers) – *ver* (Wurm) – *verre* (Glas) – *vert* (grün) sind es sogar vier Wörter, die bei gleicher Aussprache grundverschiedene Bedeutungen haben.

Diktate sind für die meisten Lerner sicher nicht gerade die spannendste Lernaktivität. Sie werden sie deshalb auch nur durchführen, wenn die aktive Beherrschung der Rechtschreibung für Sie wichtig ist (z. B. weil Sie die Sprache studieren oder beruflich viele Mails in dieser Sprache schreiben müssen). Strapazieren Sie Ihre Motivation nicht durch lange Diktate, sondern üben Sie lieber häufiger und dafür anhand kurzer Texte.

Ein Nachteil des klassischen Diktats mit ganzen Texten ist, dass darin auch immer viele Wörter vorkommen werden, die Sie automatisch richtig schreiben. Das kann die Effizienz des Übens einschränken. Experimentieren Sie deshalb auch einmal mit der Technik des selektiven Diktats: Schreiben Sie nur die Wörter und Ausdrücke auf, bei denen Sie Fehlerquellen vermuten. Das geht schneller und ist problembezogener. Natürlich riskieren Sie dabei auch, das eine oder andere Wort nicht zu üben, das diese Übung benötigt hätte. Dieser Nachteil wird aber dadurch ausgeglichen, dass Sie sich mehr auf Ihre tatsächlichen Schwierigkeiten konzentrieren.

12 | 4   Sammeln Sie erste eigene Schreiberfahrungen

Wie schon in Abschnitt 12 | 1 angekündigt, werden wir uns mit dem »eigentlichen« Schreiben, also dem Verfassen längerer Texte mit einer echten kommunikativen Funktion, erst im Fortgeschrittenen-Kapitel zum Schreiben (Kap. 20) beschäftigen. Natürlich ist es trotzdem sinnvoll, schon früh erste einfache Schreiberfahrungen zu sammeln. Wer seine ersten Wörter oder Sätze in der Fremdsprache schreibt, der spürt gleich, dass sich das Scheiben anders anfühlt als in der Muttersprache. Man hat die Fremdsprache vielleicht schon ein wenig »im Ohr« und »im Auge«, aber noch nicht »in der Hand« oder »in den Fingern«. Gerade hier liegt ein Grund dafür, warum auch die einfachsten Schreibformen in der Fremdsprache wirksam sind: Die Kombination der lesenden, hörenden oder sprechenden Benutzung der Fremdsprache mit einer motorischen Bewegung kann einen gedächtnisfördernden Effekt haben. Die Wörter werden durch das Schreiben sozusagen zusätzlich »motorisch kodiert«, die Wortbilder prägen sich nachhaltiger ein. Dass wir uns dabei zusätzlich Stück für Stück mit dem fremdsprachigen Schriftsystem und der Orthografie vertraut machen, ist naturgemäß ein weiterer wichtiger Grund.

Deshalb im Folgenden ein paar einfache Ideen, wie man auch als Anfänger schon erste Schreiberfahrungen sammeln kann. Genannt werden hier nur solche Arten des Schreibens, die keine oder nur geringe Anforderungen an die Schreibkompetenz im Sinne des Texte-Verfassens stellen (s. Abschnitt 12 | 1).

Zum Einstieg geeignet sind alle Arten von handschriftlichen Notizen. Beginnen Sie einfach, immer dann, wenn Sie sich etwas notieren wollen, es in der Fremdsprache zu tun, vorausgesetzt natürlich, Ihr Wortschatz reicht schon dafür aus. Ist das nicht der Fall, notieren Sie weiter in Ihrer Muttersprache. Es kann motivierend sein zu sehen, wie im Laufe der Zeit der Anteil der fremdsprachigen Notizen immer größer wird.

Auch Einkaufszettel oder Randbemerkungen und Kommentare in gelesenen Texten könnten sukzessive fremdsprachiger werden. Erste einfache SMS oder Mails bilden die nächst höhere Stufe. Sie setzen natürlich einen Empfänger voraus, der die Fremdsprache spricht. Idealerweise ist dies wiederum der Tandempartner. Vielleicht vereinbaren Sie aber auch einfach mit einem anderen Teilnehmer Ihres Kurses, dass Sie sich regelmäßig SMS oder Mails in der Fremdsprache zusenden. Und möglicherweise gibt es ja auch in Ihrem privaten oder beruflichen Umfeld jemanden, der dafür in Frage kommt.

Wenn Sie Ihre ersten Gehversuche in der schriftlichen Benutzung der Fremdsprache lieber für sich behalten möchten, können Sie vielleicht ein Minitagebuch in der Fremdsprache führen, in dem Sie in Stichpunkten festhalten, was der Tag Ihnen beschert hat. Oder Sie beginnen, erste Teile Ihres Lebenslaufs in die Fremdsprache zu übertragen. Es muss ja noch nicht gerade bewerbungsreif klingen. Oder Sie versehen die Fotosammlung auf Ihrem Computer oder Handy mit fremdsprachigen Bildunterschriften. Sie können aber auch einfach nur stichwortartig und in eigenen Worten zusammenfassen, was Sie gerade in den Texten Ihres Lehrbuchs lesend bearbeitet haben.

Wie man sieht, braucht es nur wenig Fantasie, um selbst erste Schreibanlässe zu schaffen. Fügen Sie das Schreiben Ihren Lernbemühungen einfach in mäßigen, aber regelmäßigen Dosen hinzu.

13 Wortschatz aufbauen

13 | 1 Verabschieden Sie sich von traditionellen Vorstellungen vom Vokabellernen

Kaum ein anderer Begriff ist in den Köpfen der meisten Menschen so eng mit der Vorstellung vom Fremdsprachenlernen verbunden wie das »Vokabellernen«. Die meisten Menschen sind fest davon überzeugt, dass man eine Fremdsprache nicht wirklich lernen kann, ohne »Vokabeln zu pauken«. Diese Vorstellung haben sie von Kindesbeinen an in der Schule von ihren Lehrern vermittelt bekommen und für nicht wenige von ihnen wurde dabei gerade das sture Pauken von Vokabeln zum Motivationskiller Nr. 1 für das Fremdsprachenlernen. Vokabelabfragerituale in der Schule und nicht selten auch im Elternhaus haben dabei ihren Teil zu dieser verheerenden Wirkung beigetragen.

Auch heute noch findet man an Schulen zumindest in den unteren Jahrgangsstufen fast durchgehend das klassische Lernmuster: In sog. »Vokabelheften«, also Heften im A6-Format mit zwei gleich breiten, vormarkierten Spalten, werden zeilenweise

Wortpaare eingetragen, in der linken Spalte die fremdsprachigen, in der rechten die deutschen Entsprechungen. Diese müssen dann durch spaltenweises Zudecken gelernt und zu vorgegebenen Zeiten abfragebereit zur Verfügung stehen. Die Abfrage erfolgt zunächst entweder von der Fremdsprache zur Muttersprache hin, meist aber in der (schwierigeren) umgekehrten Richtung. Der Grad der Beherrschung wird in Form von Vokabeltests überprüft, deren Ergebnisse dann in die Schulnoten eingerechnet werden (und dabei so manchem Schüler die Noten verhageln).

Im Lichte der Erkenntnisse zum Fremdsprachenlernen sind sowohl die zugrunde liegende Annahme, dass man ohne systematisches Vokabellernen die Fremdsprache nicht richtig lernen kann, als auch die soeben beschriebene klassische Lerntechnik mehr als fragwürdig. Unstrittig ist natürlich, dass zum Erwerb einer Fremdsprache auch der Wortschatzerwerb gehört. Und wer eine Fremdsprache richtig gut lernen will, der muss in der Tat viele tausend Wörter kennen. Aber die Annahme, dass das am besten durch das isolierte Lernen in Listen gelingt, kann man als wissenschaftlich widerlegt bezeichnen. Hier einige Gründe, warum gerade das klassische Listenlernen nicht besonders effizient ist:

1. Vokabelgleichungen vermitteln ein verzerrtes Bild des fremdsprachigen Wortschatzes. Ich hatte bereits in Abschnitt 2|5 (»Die Grenzen meiner Sprache sind die Grenzen meiner Welt – Was macht eigentlich das Sprachenlernen so mühsam?«) anhand vieler Beispiele gezeigt, dass die Unterschiede zwischen Sprachen nicht auf Vokabelgleichungen reduziert werden können. Schon der Blick in ein Wörterbuch zeigt, dass einem Wort der Sprache A fast nie genau ein Wort der Sprache B entspricht. Auf ein Wort, für das im Wörterbuch tatsächlich nur eine Entsprechung angegeben ist, kommen hunderte, bei denen dies nicht der Fall ist. Eine einfache Vokabelgleichung verfälscht also fast immer die tatsächliche Komplexität des Wortschatzes und vermittelt uns damit oft indirekt eine falsche Vorstellung vom Gebrauch des Wortes. Eine Vokabelangabe wie *to dash – schlagen, stoßen* beispielsweise ist durchaus sinnvoll, wenn es um das Verstehen des Wortes *dash* in einem konkreten Text geht, in dem dieses Verb tatsächlich in diesem Zusammenhang gebraucht wird. Die Vokabelgleichung *to dash – schlagen, stoßen* systematisch zu lernen, egal ob in der Richtung Englisch – Deutsch oder Deutsch – Englisch, ist schlichtweg sinnlos. Denn in anderen Kontexten kann *to dash* auch »zerschlagen«, »zerstören«, »zerschmettern«, »schleudern«, »schmeißen«, »knallen«, »zunichte machen«, »überschütten«, »begießen«, »spritzen«, »anspritzen«, »bespritzen«, »klatschen«, »gießen«, »schütten«, »mischen«, »vermischen«, »niederdrücken«, »runterziehen«, »deprimieren«, »verwirren«, »aus der Fassung bringen«, »durch Gedankenstriche ersetzen«, »kennzeichnen«, »stürmen«, »sich stürzen«, »jagen«, »rasen«, »aufschlagen«, »prallen«, »zerspringen« oder noch anderes bedeuten. Und umgekehrt ist *to dash* nur eine in

bestimmten Kontexten angemessene Wiedergabe der deutschen Wörter *schlagen* oder *stoßen*. In den meisten Fällen werden es sogar andere englische Wörter sein, die wir brauchen (z. B. *to hit, to beat, to whack, to slap, to bang, to slam, to strike, to throb, to flap, to bump, to knock, to push*, um nur die wichtigsten zu nennen). Dass Vokabelgleichungen die tatsächliche sprachliche Beziehung zwischen den in der Gleichung erfassten Vokabeln nicht abbilden können, ist dabei keineswegs auf Wörter mit vielen möglichen Entsprechungen beschränkt. Wenn Sie z. B. der elementaren italienisch-deutschen Vokabelgleichung *buongiorno – guten Tag* oder *buonasera – guten Abend* begegnen, wissen Sie deshalb immer noch nicht, bis wann man in Italien *buongiorno* sagt und ab wann *buonasera* und welche der Formeln man sowohl beim Kommen als auch beim Gehen benutzen kann; in beiderlei Hinsicht unterscheiden sich nämlich die italienischen von den deutschen Grußformeln.

2. Vokabelgleichungen sagen nichts über die Stellung des fremdsprachigen Wortes im Wortschatz der Zielsprache aus.

Die Wörter einer Sprache sind keine isolierten Einheiten. Sie haben vielmehr im gesamten System einer Sprache eine bestimmte Stellung und nehmen darin eine bestimmte Funktion wahr. So gibt es zu fast allen Wörtern Synonyme, bedeutungsähnliche oder bedeutungsverwandte Wörter, die es ermöglichen, kleine, aber wichtige Bedeutungsunterschiede zu markieren. Die Wörter *leuchten, scheinen, glänzen, funkeln, strahlen, flackern, flimmern, flirren, glimmen, glühen, blitzen, schillern, lodern, gleißen, glitzern* sind erkennbar bedeutungsverwandt. Sie bezeichnen alle möglichen Erscheinungsformen von Licht. Trotzdem sind sie nicht beliebig austauschbar. Der Mond *lodert* nicht, die Straßenlaterne *funkelt* nicht und frisch geputzte Schuhe *glitzern* nicht, normalerweise jedenfalls. Keine Vokabelgleichung könnte solche Unterschiede in Bedeutung und Gebrauch der genannten Verben einem Deutschlerner nur durch Vokabelgleichungen mit seiner Muttersprache vermitteln.

Andere Wörter unterscheiden sich weniger in der Bedeutung als in der Zugehörigkeit zu einer bestimmten Stilebene oder durch einen speziellen »Beigeschmack« (in der Fachsprache auch »Konnotation« genannt). Auch das lässt sich in einer Vokabelgleichung oft nicht angemessen darstellen. Die Information, dass *Visage* und *Fresse* nur in sehr derber Sprache ein Ersatz für *Gesicht* sind, dass man stattdessen aber auch nicht in jeder Situation angemessen von *Antlitz* sprechen kann, passt nur schwer in die Zeile eines Vokabelheftes. Und ebenso, dass *mampfen, mümmeln, spachteln* und *schnabulieren* zwar scherzhafte, aber durchaus noch gesellschaftsfähige Synonyme für *essen* sind, *fressen* hingegen nicht, während *speisen* besonders gewählt klingt, *dinieren* nach *Snob, schlemmen* nach Gourmet und *jausen* nach Süddeutschland.

Eine Vokabelgleichung kann all diese Bedeutungsbeziehungen nicht abbilden. Sie erlaubt deshalb nur ein atomistisches Vokabellernen, aber kein zusammenhängendes Wortschatzlernen. Dies gilt keineswegs erst, wenn es um die Feinheiten der Fremdsprache geht. Auch wenn wir die Vokabelgleichungen *sagen = say, nächste(r) = next* und *Tankstelle = petrol station* gelernt haben, können wir daraus noch nicht die richtige englische Fassung der einfachen Frage *Können Sie mir sagen, wo hier die nächste Tankstelle ist?* formulieren. Denn in diesem Satz kann nicht nur *sagen* nicht mit *say* wiedergegeben werden (sondern es muss *tell* heißen), sondern auch *nächste* nicht mit *next*. Denn *next* ist nur der oder die nächste in einer definierten Reihenfolge. Die *nächstgelegene*, die hier gemeint ist, ist *the nearest petrol station*.

Vokabelgleichungen produzieren oft zwangsläufig solche Interferenzfehler (Übertragungsfehler) aus der Muttersprache.

3. Die Anordnung von Vokabeln in einem Vokabelheft ist lernhinderlich.
Die einzige Lerntechnik, die ein Vokabelheft zulässt, ist das sture Listenlernen mit der Zudecktechnik. Die Vokabeln werden dabei immer wieder in der gleichen Reihenfolge durchgearbeitet, meist sogar sowohl die bereits beherrschten als auch die noch nicht beherrschten. Dies ist nicht nur äußerst ineffizient, sondern läuft auch der allgemeinen lernpsychologischen Erkenntnis zuwider, dass gerade die Einbettung des Lernstoffs in immer wieder neue Zusammenhänge für das Behalten und die aktive Aneignung besonders wichtig ist. Die starre Anordnung macht jede Art der Neusortierung oder -gruppierung unmöglich.

Außerdem kommt es oft zum sog. Positionseffekt. Man beherrscht eine Vokabelgleichung oft nur deshalb, weil man unbewusst ihre Position mitgelernt hat. Man weiß also z. B., das dritte Wort oben links oder das kurze Wort zwischen den beiden langen unten rechts bedeutet dies oder jenes. Verändern wir die Reihenfolge, erinnern wir uns bei einigen vermeintlich beherrschten Vokabeln plötzlich nicht mehr daran, was sie bedeuten. Sie können diesen Effekt leicht überprüfen, wenn Sie sich nach einer Sitzung mit dieser Technik fragen, wo eine bestimmte Vokabel ungefähr stand. Sie werden in der Regel diese Frage beantworten können. Dies hat oft die absurde Folge, dass wir uns manchmal zwar noch an die Position einer Vokabel auf der Seite, aber nicht mehr an ihre Bedeutung erinnern.

4. Das rein schriftbasierte Memorieren ist wenig behaltensfördernd.
Im Allgemeinen gilt, dass alles, was wir über mehrere Sinneskanäle verarbeitet haben, besser behalten wird als das, was wir nur über einen Kanal wahrgenommen haben. Traditionelles Vokabellernen findet in der Regel ausschließlich lesend statt, ohne gleichzeitiges Hören. Ich habe schon in Abschnitt 10|1 betont, wie wichtig es ist, das fremdsprachliche Hörverstehen zu schulen und dabei zunächst gleichzeitig zu lesen und zu hören. Wenn wir beim Vokabellernen nur den optischen Eindruck der Vokabel aktivieren, nicht aber den akustischen, verzichten wir nicht nur auf den zusätz-

lichen Behaltenseffekt des mehrkanaligen Lernens, sondern wir tun auch nichts für die akustische Wiedererkennung der Vokabel in einem Hörtext.

5. Das Abschreiben von Vokabeln ist zumindest teilweise Zeitverschwendung.
Manchmal lassen Lehrer Vokabeln abschreiben, obwohl sie bereits in genau der gleichen Listenform im Lehrbuch stehen. Sie begründen dies damit, dass sich die Vokabeln so besser einprägen. Lernpsychologische Forschungsergebnisse zeigen, dass wir bei mentalen Aufgaben meist nach einem Minimax-Prinzip vorgehen, d. h., wir wenden in der Regel nur so viel mentale Energie auf, wie notwendig ist, um eine Aufgabe erfolgreich zu lösen. Für das Abschreiben von Vokabelgleichungen ist keinerlei bewusste Verarbeitung der inhaltlichen Beziehung zwischen dem fremdsprachigen Wort und seiner Entsprechung in der anderen Sprache notwendig. Es wird höchstens ein gewisser Behaltenseffekt für die *Schreibung* des fremdsprachigen Wortes erzielt, der aber meist dadurch sehr eingeschränkt wird, dass wir ja beliebig oft in die Vorlage schauen können, wenn wir uns die Schreibung nicht gemerkt haben. Außerdem schreiben wir so in der Regel auch zahlreiche Wörter ab, die uns gar kein Problem beim Schreiben gemacht hätten. Und wenn dann auch noch der deutsche Teil der Vokabelgleichung abgeschrieben wird, dann verschwenden wir regelrecht unsere Zeit, denn das Schreiben deutscher Wörter zu üben ist für die Beherrschung der Fremdsprache komplett nutzlos.

Insgesamt kann man also sagen, dass das Abschreiben fremdsprachiger Vokabeln, gemessen an dem damit verbundenen Aufwand an Zeit, eine ausgesprochen ineffiziente Praxis ist. (Dass hingegen das bewusste Abschreiben einzelner, lernschwieriger Wörter der Zielsprache ohne ihre deutschen Entsprechungen zur Einübung der Orthografie sinnvoll sein kann, hatten wir bereits in Abschnitt 12|2 »Fokussieren Sie gezielt Rechtschreibschwierigkeiten« festgestellt.)

Aus all den genannten Gründen ist das klassische Vokabellernen in Listenform keine effiziente Lernstrategie. Diese Erkenntnis hat sich in der Fremdsprachendidaktik schon seit längerem durchgesetzt. Deshalb gibt es mittlerweile eine Reihe von Ansätzen, wie die genannten Nachteile ausgeglichen werden können. So werden z. B. heute oft statt Vokabellisten Vokabelkarteien eingesetzt, wodurch zumindest der Positionseffekt (s. o.) und das ineffiziente Wiederholen bereits beherrschter Vokabeln vermieden werden. Außerdem wird heute stärker auf die Einbindung einer Vokabel in den jeweiligen kommunikativen Kontext geachtet. Wir finden deshalb in den Wortschatzlisten in Lehrbüchern, vor allem aber auch in Lehrmaterialien zum Wortschatzlernen heute zunehmend zusammenhängende Minikontexte, Beispielsätze, typische Wortverbindungen usw. In den folgenden Ratschlägen werde ich Techniken der Wortschatzarbeit vorstellen, die heute als Alternativen zum klassischen Listenlernen gelten. Ich werde trotzdem bei jeder Technik nicht nur die Möglichkeiten, sondern auch die Grenzen aufzeigen und schließlich für ein ganzheitliches Vokabellernen aus dem Sprachgebrauch heraus plädieren. Zuvor wollen wir aber noch ein paar Überlegungen zur richtigen Zieldefinition beim Wortschatzerwerb anstellen.

13 | 2   Klären Sie Ihren Wortschatzbedarf qualitativ

Bevor wir über Strategien zur Aneignung des Wortschatzes reden, sollten Sie sich ein paar Gedanken zu den Zielen machen. Wenn Sie Kapitel 3 durchgearbeitet haben, haben Sie Ihre Ziele für den Erwerb des Fremdsprachenlernens bereits eingehend reflektiert und zwar unter dem Gesichtspunkt der benötigten Sprachvariante (s. Abschnitt 3|3), der benötigten Grundkompetenzen (s. Abschnitt 3|4), der benötigten Fachanteile (s. Abschnitt 3|5) und des angestrebten Zielniveaus (s. Abschnitt 3|6). Alle vier Entscheidungsfelder haben unmittelbaren Einfluss auf Art und Umfang Ihres Zielwortschatzes. Machen Sie sich zunächst noch einmal bewusst, wie Sie in den genannten Abschnitten Ihren individuellen Sprachlernbedarf definiert haben und ermitteln Sie dann die Konsequenzen für Ihren Wortschatzbedarf anhand der folgenden Fragen:

1. Welche regionalen Wortschatzvarianten der Zielsprache benötigen Sie?
   Zumindest bei den großen Weltsprachen gibt es verschiedene regionale Varianten, die sich vor allem im Wortschatz unterscheiden. Wenn Sie beispielsweise Spanisch mit Blick auf eine Anwendung in Südamerika lernen, sollten Sie von Anfang an auf Unterschiede zwischen dem europäischen und dem amerikanischen Spanisch achten. Die Wortschatzunterschiede sind häufig in sog. »Amerikanismen«-Listen festgehalten. So enthält z. B. der »Grund- und Aufbauwortschatz Spanisch« des Verlags Klett (1. Aufl.) insgesamt 5245 Stichwörter, davon 2547 zum Grundwortschatz und 2562 zum Aufbauwortschatz. 136 sind in einer separaten Liste als gebräuchliche »Amerikanismen« zusammengestellt, das entspricht immerhin 2,6 Prozent. Dass es natürlich auch noch einmal Unterschiede zwischen einzelnen spanischsprachigen Ländern in Südamerika gibt, wird in den genannten Sammlungen allerdings nicht weiter berücksichtigt.
   Achten Sie bei der Auswahl von Lehrmaterialien zum Wortschatzlernen darauf, dass solche regionalen Unterschiede berücksichtigt werden. Das gilt nicht nur für das europäische und das südamerikanische Spanisch, sondern z. B. auch für das europäische und das brasilianische Portugiesisch und insbesondere natürlich für die britische, die amerikanische und weitere Varianten des Englischen. Wenn Sie sich bereits im Zusammenhang mit der Definition Ihrer Lernziele Gedanken darüber gemacht haben, welche Variante Ihrer Zielsprache Sie lernen müssen oder wollen

(s. Abschnitt 3|3), dann ergeben sich daraus auch die entsprechenden Konsequenzen für die Bestimmung Ihres Wortschatzbedarfs.

2. In welchem Verhältnis stehen bei Ihnen rezeptiver und produktiver Wortschatz?

Der Erwerb der rezeptiven Kompetenz in einer Fremdsprache ist in der Regel deutlich leichter als der Erwerb produktiver Kompetenz. Dies gilt auch und gerade für die Beherrschung des Wortschatzes. Es ist deshalb sinnvoll sich zu überlegen, welche fremdsprachigen Wörter und Ausdrücke man nur verstehen können möchte, wenn sie in einem gegebenen Zusammenhang vorkommen, und welche man bei Bedarf auch spontan für die eigene Sprachproduktion zur Verfügung haben möchte. Beide Aspekte sind schon in unserer Muttersprache nicht identisch, warum sollten sie es bei der Fremdsprache sein?

Die Antwort auf diese Frage nach dem Verhältnis von rezeptivem und produktivem Wortschatz ergibt sich aus dem Bedarf, den Sie für sich hinsichtlich der verschiedenen Grundkompetenzen definiert haben (s. Abschnitt 3|4). Wenn Sie nur rezeptive Kompetenzen wie Lesen und Hörverstehen benötigen, können Sie den Wortschatzerwerb auf die Richtung Fremdsprache – Muttersprache beschränken. Steht aber das spontane Sprechen im Vordergrund, ist auch das aktive Bemühen um die Sprachrichtung Muttersprache – Fremdsprache gefordert.

Trotzdem werden Sie auch im letzten Fall nicht jedes Wort, das Ihnen in Ihrem Lernmaterial begegnet, aktiv beherrschen müssen. Es empfiehlt sich deshalb, bei der Wortschatzarbeit gleich einen bewussten Unterschied zu machen zwischen dem gewünschten rezeptiven und dem gewünschten produktiven Wortschatz. Sie können das z. B. dadurch tun, dass Sie beim Wortschatzlernen die Wörter entsprechend markieren. Legen Sie ein Zeichen für solche Wörter fest, die Sie sich nur in der Sprachrichtung Fremdsprache – Muttersprache einprägen wollen, und solche, die Sie auch in der umgekehrten Richtung beherrschen möchten.

3. Benötigen Sie auch fach- und themenspezifischen sprachlichen Wortschatz?

Die Antwort auf diese Frage ist für fast alle Lerner ein klares »Ja«. Das ergibt sich bereits aus der einfachen Tatsache, dass wir auch in der Fremdsprache über Themen sprechen möchten, die uns persönlich besonders betreffen, z. B. unseren Beruf, unsere Hobbys, unsere speziellen Interessen usw. Egal ob wir Kunstliebhaber, Computerfreaks, Hobbyköche, Opernfans oder Kitesurfer sind, wir werden immer einen bestimmten Bedarf an Fachwörtern haben. Dies gilt natürlich erst recht, wenn wir die Fremdsprache beruflich nutzen.

Planen Sie also von Anfang an auch den Erwerb von Spezialwortschatz für Ihre individuellen Kommunikationsbedürfnisse ein. Solange es sich um große Fachgebiete wie Wirtschaft, Recht oder Medizin handelt, können wir auf umfangreiches

Lernmaterial der Verlage zurückgreifen. Bei spezielleren Themen kann es nötig werden, dass wir uns selbst Glossare der benötigten Wörter aus Wörterbüchern oder aus themenspezifischer Fachliteratur in der Fremdsprache zusammenstellen. Auf jeden Fall ist es immer eine gute Idee, Wörter, die uns in Vokabellisten oder auch in Texten begegnen und die für unseren individuellen Kommunikationsbedarf besonders wichtig sind, mit einem eigenen Symbol zu kennzeichnen, damit wir sie leicht wiederfinden und besonders gründlich lernen können.

13 | 3   Klären Sie Ihren Wortschatzbedarf quantitativ und ermitteln Sie Ihren Wunschwortschatz

Wesentlich schwieriger als diese qualitativen Überlegungen zu Ihrem Zielwortschatz sind die quantitativen: Über wie viele Wörter bzw. Ausdrücke reden wir hier eigentlich? Und: Aus wie vielen Wörtern besteht eigentlich eine Sprache, wie viele davon beherrscht ein durchschnittlicher Muttersprachler und wie viele davon brauche ich auch in der Fremdsprache?

Jede Sprache verfügt mindestens über einige zehntausend Wörter. Wenn man seltenere Wörter und Wörter aus den Fachsprachen hinzunimmt, sind es sogar mehrere hunderttausend. Manche Schätzungen gehen sogar soweit, dass der Wortschatz einer voll entwickelten Sprache unter Berücksichtigung aller Fach- und Sondersprachen im Millionenbereich liegt. Ein durchschnittlicher Sprecher beherrscht natürlich immer nur Teile dieses Wortschatzes, wobei wir bei gängigen Wörtern der Allgemeinsprache eine sehr hohe, bei selteneren und fachlichen Wörtern eine eher geringe Überschneidung feststellen. Der allgemeinsprachliche Wortschatz erlaubt es uns z. B., problemlos ein Alltagsgespräch zu führen oder die Tageszeitung zu lesen, ohne dabei nennenswerte lexikalische Verständnis- oder Ausdrucksprobleme zu haben.

Ich habe einen Ad-hoc-Test entwickelt, der eine ungefähre Schätzung der unteren Grenze des Wortschatzumfangs erlaubt, und habe diesen Test des öfteren mit meinen Studenten durchgeführt. Das Ergebnis war, dass der Wert bei den deutschen Muttersprachlern unter den Studenten meist in der Größenordnung von 40.000 bis 60.000 lag. Einzelne Studenten erreichten aber auch Werte bis zu 90.000. Bei diesen Zahlen handelt es sich um den *rezeptiven* Wortschatz, also um jene Wörter, die man versteht, aber nicht unbedingt selbst benutzt.

Es ist unmittelbar einleuchtend, dass wir uns als Lerner einer Fremdsprache realistischerweise nur kleinere Teile ihres Wortschatzes aneignen können. Im schulischen Fremdsprachenunterricht geht man davon aus, dass zumindest in den ersten Lernjahren nicht mehr als 200 bis 400 Vokabeln pro Lernjahr aktiv vermittelt werden können. So sehen z. B. die Lehrpläne für das Gymnasium in Bayern als Lernziel für die fünfte Klasse mit Englisch als erster Fremdsprache einen produktiven Wortschatz von 200 lexikalischen Einheiten vor. Für die nachfolgenden Klassen werden keine quantitativen Angaben mehr gemacht. Selbst wenn man von 500 Vokabeln pro Lernjahr ausgeht, wären dies bis zur mittleren Reife nach sechs Jahren Englischunterricht maximal 3000 Wörter. Wohlgemerkt als Lernziel, was ja bekanntlich keineswegs heißt, dass alle Lerner dieses Lernziel auch erreichen. Wer bis zum Abitur weiterlernt, z. B. in einem Leistungskurs, baut diesen Wortschatz natürlich noch kräftig aus, wenn auch mit einem zunehmenden Ungleichgewicht zwischen rezeptiver und produktiver Beherrschung, d. h., die Zahl der verstandenen Wörter wächst schneller als die der aktiv beherrschten.

Auch wer später als Erwachsener eine Fremdsprache neu zu lernen beginnt, schafft nicht ohne Weiteres sehr viel höhere Werte pro Lernjahr. Der Umfang des Wortschatzes, den gängige Lehrwerke für die Erwachsenenbildung in Sprachen wie Spanisch, Italienisch, Französisch, Schwedisch oder Griechisch verwenden, liegt meist in der Größenordnung von 1500 bis 2000 Wörtern für den jeweils ersten Band einer Lehrbuchserie. Das für die Erwachsenenbildung konzipierte Lehrwerk *Voyages neu A1* des Klett-Verlags beispielsweise soll in 90 Unterrichtsstunden zum Niveau A1 führen. Das Wortschatzverzeichnis an Ende des Buches umfasst ca. 1950 Wörter. Ein Standard-VHS-Kurs mit einer Doppelstunde pro Woche würde also drei Halbjahreskurse von je 15 Doppelstunden und somit anderthalb Jahre brauchen, um diesen Wortschatz zu vermitteln. Selbst ein für die Universität konzipiertes Lehrwerk wie *Con dinámica* (für Spanisch), das in 180 Unterrichtsstunden zum Niveau B1 führen möchte, hat nur einen Wortschatz von ca. 2700 Wörtern. Man kann auch hier davon ausgehen, dass nur einige hundert dieser Wörter in den aktiven Wortschatz der Kursteilnehmer übergehen.

Lehrwerke und auch Wortschatzsammlungen wählen den zu vermittelnden Wortschatz nicht beliebig aus, sondern versuchen meist, sich dabei am sog. Grund- und Aufbauwortschatz zu orientieren. Beiden liegt die Erkenntnis zugrunde, dass die zahlreichen Wörter einer Sprache weder gleich häufig noch gleich wichtig für die praktische Verständigung sind. Ausgehend von dieser Überlegung liegen mittlerweile für fast alle wichtigen Sprachen Zusammenstellungen der häufigsten und wichtigsten Wörter vor, meist in Form von Frequenzlisten. So haben beispielsweise Untersuchungen für das Englische ergeben, dass selbst in wissenschaftlichen Texten die 1000 häufigsten Wörter rund 70 Prozent der Texte ausmachen und die nächst häufigen 1000 Wörter noch einmal 5 Prozent. Danach steigt der Bedarf an Wörtern, die man kennen muss, um auch die restlichen 25 Prozent zu verstehen, exponentiell an. Aus diesem Grundtatbestand der unterschiedlichen Häufigkeit und damit »Nützlichkeit« von Wörtern wurde die Idee abgeleitet, dass beim Fremdsprachenlernen zunächst der besonders nützliche Grund- und Aufbauwortschatz als Lernziel anvisiert werden sollte.

Der Umfang des Grund- und des Aufbauwortschatzes wird meist mit je 2000 bis 3000 angegeben, zusammen also ca. 5000 Wörter. Häufig wird gesagt, dass man damit zwischen 80 und 90 Prozent des Wortschatzes eines normalen Gesprächs oder eines einfachen Textes verstehen kann. Es erscheint also sinnvoll, mit dem Lernen dieses Wortschatzes zu beginnen.

Die Frage ist allerdings, ob unsere individuellen Verständigungs- und Ausdruckswünsche in der Fremdsprache damit wirklich abgedeckt sind. Um dieser Frage nachzugehen, habe ich ein Verfahren entwickelt, das eine Schätzung des Umfangs Ihres »Wunschwortschatzes« erlaubt, also des Wortschatzes, über den Sie in der Endphase Ihres Lernprozesses verfügen wollen.

In der folgenden Tabelle 13 finden Sie eine Zufallsauswahl von Wörtern der deutschen Sprache aus einem sehr umfassenden Wörterbuch. Die Liste enthält sowohl sehr gängige wie auch sehr seltene oder Ihnen gar unbekannte Wörter. Kreuzen Sie in der schmalen rechten Spalte alle Wörter an, deren fremdsprachige Entsprechungen Sie bis zum Erreichen Ihres selbst gesteckten Zielniveaus in der Fremdsprache gelernt haben möchten. Gehen Sie dabei ausschließlich von Ihren Zielen aus und lassen Sie sich nicht davon beeinflussen, wie viele dieser Entsprechungen Sie im Moment bereits kennen! Zählen Sie dann zum Schluss die Kreuze, die Sie gemacht haben, zusammen. Die Auswertung Ihres Ergebnisses finden Sie im Anhang.

Tabelle 13: Ermittlung des Wunschwortschatzes
Kreuzen Sie dazu in der grünen Spalte alle Wörter an, deren fremdsprachige Entsprechungen Sie bis zum Erreichen Ihres selbst gesteckten Zielniveaus in der Fremdsprache gelernt haben möchten.

abkühlen		Bügelbrett	
Absteigen, das		Café	
Ähnlichkeit		dazubuttern	
anbaufähig		Diskant	
ankörnen		durchfahren	
anstoßen		Einbetonierung	
artfremd		Einsturzgefahr	
aufkreuzen		Entfernung	
äugeln		erfreulicherweise	
Auskunftei		Etamin	
Austräger/in		faustdick	
Bauer		Flächenbelastung	
Bey		Frauenkleid	
berufen		Futternapf	
betupfen		Gefäß	
blätternarbig		Gemeindeabgaben	
Bregen		Geschmortes	

Glanzgarn	
Griebenschmalz	
Haftanstalt	
Haubenadler	
Hemmungslosigkeit	
herwärts	
Hinterbliebene(r)	
Höllenangst	
Immersion	
Irrsinnige/r	
Kalibermaß	
Kaufmannsberuf	
Kleckserei	
Kommende, die	
korporativ	
krumpfecht	
Landabtretung	
Ledigenheim	
Liebhabertheater	
Lungenrauchen	
Maschinenbau	
Mieteinnahme	
Monumentalfilm	
Nachlassschulden	
Nervenknoten	
Oase	
ovidisch	
periphrastisch	
pochen	
Protokollant	
Rahmenabkommen	
regelrecht	
Richtigbefund	

ruhigstellen	
säumig	
Schiedsmann	
schlucken	
Schonungslosigkeit	
Schwache(r), der/ein	
Seeverkehr	
sichtbar	
sonstwie	
spöttisch	
Stau	
Stimmenanteil	
Studio	
Taschenspielerei	
Tituskopf	
Trinkgeld	
überheblich	
umquartieren	
ungleichmäßig	
untreu	
Verblendklinker	
verherrlichen	
verschaffen	
Vervielfältigungsverfahren	
vorausgehen	
Wagenladung	
weghängen	
Werkbank	
Wirkungsbereich	
zack	
Zieher	
zuleiten	
Zuwiderhandlung	

13 | 4 Vertrauen Sie dem Prozess des impliziten Wortschatzerwerbs

Wenn Sie den Test zur Schätzung Ihres Wunschwortschatzes im vorausgehenden Abschnitt gemacht haben, sind Sie vermutlich auf eine ziemlich hohe Zahl gekommen. In meinen Seminaren kommen meine Studenten jedenfalls meist auf Werte zwischen 30.000 und 40.000 Wörter. Diese Zahlen überraschen, ja erschrecken viele. Offensichtlich sind wir auch in der Fremdsprache keineswegs bereit, allzu viele Abstriche von der differenzierten Ausdrucksfähigkeit zu machen, über die wir in der Muttersprache verfügen. Aber bedeutet diese hohe Zahl nun, dass wir den Rest des Lebens mit Vokabellernen verbringen sollten? Ich meine, nein. Und dies nicht nur, weil das sture Vokabellernen für viele ein Motivationskiller ist, sondern auch, weil es objektiv nicht unbedingt nötig ist. Warum? Weil wir den Prozessen des *impliziten Wortschatzlernens* vertrauen können. Was ist darunter zu verstehen?

Wenn wir uns mit fremdsprachigen Texten beschäftigen, egal ob geschriebenen oder gesprochenen, und uns aktiv um deren Verständnis bemühen, lernen wir implizit immer auch eine Menge über den Wortschatz. Ich hatte schon in den Abschnitten 9|15 bis 9|20 Techniken vorgestellt, wie man durch intelligentes Raten Verständnislücken schließen kann. Und ich hatte in den Abschnitten 9|21 bis 9|24 dafür plädiert, möglichst systematisch und effizient Nachschlagewerke einzusetzen, um alle Verstehensprobleme zu lösen, die wir nicht durch Raten oder durch Schließen aus dem Kontext klären können. Alle empfohlenen Strategien zielten auf das Lösen von Verständnisproblemen im jeweiligen kommunikativen Zusammenhang des Textes ab. Wann immer wir Gebrauch von solchen Strategien machen, lernen wir auch Vokabeln, nur eben nicht isoliert, sondern auf einen gegebenen Kontext bezogen. Und der hilft uns nicht nur, das jeweilige neue Wort oder den neuen Ausdruck zu verstehen und zu behalten, sondern auch gleich etwas über seine typischen Verwendungsweisen zu erfahren.

Diese verständnisorientierte Beschäftigung mit Texten sorgt auch dafür, dass wir gleichermaßen etwas über neue und unbekannte Wörter lernen wie auch über alle, die wir schon kennen. Denn mit jedem weiteren Auftreten eines Wortes im gleichen oder einem späteren Text reaktivieren wir automatisch die Erinnerung an dieses Wort, egal ob wir es noch einmal nachschlagen müssen oder bereits behalten haben. Hinzu kommt, dass wir auch bei jedem weiteren Auftreten wieder etwas über seine Verwendungsmöglichkeiten lernen. Je mehr fremdsprachiges Material wir so aufnehmen und verstehen, desto mehr erweitern wir auch unseren Wortschatz, und zwar nicht in Form isolierten Vokabelwissens, sondern in Form echten Wortverwendungswissens. Selbst über die Auswahl der richtigen Wörter brauchen wir uns keine Gedanken zu machen. Denn natürlich werden wichtige Wörter in den Texten häufiger vorkommen als unwichtige.

Damit diese Strategie des Wortschatzlernens durch Verstehen nicht mühsam wird, muss der Schwierigkeitsgrad der Texte, die wir bearbeiten, natürlich unserem Kompetenzstand angemessen sein. Sie sollten immer nur so viele Wörter und Ausdrücke enthalten, dass uns das Nachschlagen nicht zu lästig wird und der Verstehensfluss nicht zu sehr gehemmt wird. Durch die richtige Auswahl der Texte lässt sich dieses Ziel aber gut realisieren. Entsprechende Ratschläge zur Auswahl von Texten mit passendem Schwierigkeitsgrad hatte ich in den Abschnitten 9|2 bis 9|7 gegeben.

Wichtig ist auch eine effiziente Nachschlagetechnik. Die Hürde für das Nachschlagen muss so gering wie möglich sein. Dies ist am besten gewährleistet, wenn wir elektronische Wörterbücher mit einer Pop-up-Funktion verwenden und uns die Bedeutung jedes unbekannten Wortes mit einem einzigen Klick anzeigen lassen können. Erinnert sei hier auch noch einmal an die Empfehlung aus Abschnitt 9|21, dass wir dabei ohne »Gewissensbisse« das zweisprachige Wörterbuch verwenden können, auch wenn die Lehrer uns dringend raten, möglichst mit dem einsprachigen zu arbeiten.

Der wichtigste Rat zum Thema Wortschatzlernen für Anfänger ist also, durch möglichst umfangreiches Lesen und Hören einfacher fremdsprachiger Texte einen Prozess in Gang zu setzen, durch den wir implizit auch fremdsprachigen Wortschatz erwerben. Beachten Sie, dass dieser Prozess sich zunächst nur auf die Sprachrichtung Fremdsprache – Muttersprache bezieht. Wie wir die Verwendung des Wortschatzes in der umgekehrten Richtung erwerben, werde ich an verschiedenen Stellen in den Kapiteln 19 und 20 behandeln, wenn es um die systematische Erweiterung der produktiven Sprachbeherrschung auf Fortgeschrittenenniveau geht.

Außerdem bedeutet mein Rat, auf das implizite Wortschatzlernen zu vertrauen, nur, dass Vokabellernen nicht sein *muss*. Er bedeutet nicht im Umkehrschluss, dass Vokabellernen grundsätzlich zwecklos oder gar schädlich ist. Wer also Lust auf Vokabellernen hat, der soll keineswegs davon abgehalten werden. Wenn er allerdings Vokabeln lernt, dann sollte er es mit den richtigen Techniken tun. Deshalb werden wir uns in den nächsten Abschnitten mit unterschiedlichen Quellen, die uns dafür zur Verfügung stehen, und den richtigen Lerntechniken beschäftigen. Dabei werden wir uns auch ihre jeweiligen Vor- und Nachteile genauer ansehen.

13|5   Nutzen Sie Wortschatzlisten in Lehrwerken

In manchen Lehrwerken finden wir im hinteren Teil ein Wortschatzverzeichnis in Listenform. Wenn dieses nur in alphabetischer Form die fremdsprachigen Wörter umfasst, die im Buch vorkommen (evtl. noch versehen mit der Angabe der entsprechenden Lektion des ersten Vorkommens), sind sie für das Lernen praktisch wertlos. Leider ist dies heute in vielen Lehrwerken der Fall. Wenn die Listen jedoch auch die jeweiligen Entsprechungen in der Muttersprache angeben und dies möglichst nicht alphabetisch, sondern nach Lektionen geordnet, dann haben sie praktisch den Charakter eines fertigen Vokabelheftes und sind zumindest für die klassische Form des Listenlernens geeignet. Dieses hat zwar viele Nachteile, wie wir in Abschnitt 13|1 gesehen haben. Wenn keine anderen Wortschatzmaterialien zur Verfügung stehen (was bei selteneren Sprachen vorkommen kann), ist eine solche Liste aber u. U. die einzige Möglichkeit zum Wortschatztraining mit fertigem Material, d. h., ohne dass man vorab aufwändig eigene Wortschatzlisten erstellen muss. Man sollte jedoch nur dann mit solchen Listen arbeiten, wenn die Wörter nicht nur isoliert, sondern zumindest auch in ihren typischen Kombinationen aufgeführt sind, besser noch mit einem anschaulichen Anwendungsbeispiel. Die Vokabelangabe *bother – belästigen, Mühe machen, sich abgeben* ist nicht nur ausgesprochen unanschaulich, sondern sie lässt uns auch völlig im Unklaren, wie im Englischen Sätze mit *bother* konstruiert werden könnten. Die deutschen Äquivalente jedenfalls erfordern ganz verschiedene Satzkonstruktionen. Brauchbar wären hingegen konkrete Anwendungsbeispiele wie *don't bother me with that – lass mich damit in Ruhe, don't bother cleaning now – mach dir nicht die Mühe jetzt sauber zu machen*. Wer wird nach einer Vokabelangabe wie *to glance – flüchtig blicken* schon in der Lage sein, dieses Wort angemessen zu verwenden? Die Angabe *to glance through a paper – einen Blick in die Zeitung werfen* oder *to glance over a letter – einen Brief überfliegen* hingegen lässt unsere Vorstellung von der Verwendung schon deutlich konkreter werden. Und zusätzliche Beispiele zur substantivischen Verwendung können diese Vorstellung weiter verbessern: *you can see it at a glance – man sieht es auf den ersten Blick*.

13 | 6   Nutzen Sie Vokabelboxen

Dass die Vokabelbox (auch Vokabelkarteikasten genannt) die bessere Alternative zum traditionellen Vokabelheft ist, gehört heute zum Grundwissen jedes Fremdsprachenlehrers. Die Vokabelbox ist nichts anderes als eine materielle Hilfe zum richtigen Wiederholen von Vokabeln. Diese werden einzeln auf Karteikarten geschrieben, eine Sprache auf die Vorderseite, die andere auf die Rückseite. In der Vokabelbox bildet man (z. B. durch Trennkarten) meist fünf Abschnitte. In den ersten stellt man alle Vokabeln, die man demnächst lernen will (Abschnitt Lernmaterial). Sobald sie erstmals bearbeitet worden sind und man versucht hat, sich ihre jeweilige Entsprechung einzuprägen, rücken sie in den Abschnitt »bearbeitet« weiter. Wenn man nun anfängt zu wiederholen und zu überprüfen, was man behalten hat, rückt jede beherrschte Vokabel einen Abschnitt weiter (Wiederholungsabschnitte 1 bis 3), jede noch nicht beherrschte wird wieder in den Abschnitt »bearbeitet« zurückgesteckt. Damit also eine Vokabel bis in den letzten Abschnitt wandert, muss sie mehrfach hintereinander »gekonnt« worden sein (bei dem beschriebenen Aufbau dreimal). Dabei sollten die Wiederholungsabstände zwischen den einzelnen Abschnitten immer größer werden. Beispiel: Die erste Wiederholung findet am nächsten Tag statt, die zweite nach drei bis vier Tagen und die dritte nach zwei Wochen. Was die besten Wiederholungsabstände sind, hängt vom Schwierigkeitsgrad des Lernmaterials und von der individuellen Vergessenskurve ab (s. Abschnitt 13 | 14).

Mit dieser Technik soll zum einen erreicht werden, dass Vokabeln, die schwerer zu behalten sind, häufiger wiederholt werden als leicht zu behaltende, und zum anderen, dass die Wiederholung planmäßig erfolgt, ohne dass man sich immer wieder fragen müsste, welche Vokabeln man noch wie oft wiederholen muss.

Vokabelboxen kann man fertig kaufen (z. B. die »Lernboxen« des Verlags *compact* oder die »Vokabelboxen« des Verlags *Langenscheidt*). Viele Lehrer schwören aber darauf, sie die Lerner selbst anfertigen zu lassen, weil durch das Abschreiben ein zusätzlicher Einprägeeffekt entstehen soll und dabei gleichzeitig auch die Schreibung geübt wird.

Der Vokabelkarteikasten bietet in der Tat eine Reihe von Vorteilen gegenüber dem Vokabelheft. Einer ist zweifellos die beschriebene Systematik der Wiederholung, die so erreicht wird. Auch ist die manuelle Handlung des In-die-Hand-Nehmens und Weiterbewegens der einzelnen Karteikarten offensichtlich für viele Lerner motivierender als das immer wieder neue Durchgehen der gleichen Vokabellisten. Des Weiteren werden so die Starrheit und der Positionseffekt der Vokabelliste vermieden, zumindest wenn man die Karteikarten innerhalb eines Abschnitts nicht immer in der gleichen Reihenfolge belässt, sondern sie wie die Karten eines Kartenspiels von Zeit zu Zeit durchmischt. Wenn man die Karteikarten selbst beschriftet, ist man zudem ganz frei in der Auswahl des zu lernenden Materials. Es können einzelne Wörter, Ausdrücke, idiomatische Wendungen oder auch ganze Sätze sein. Auch kann das Lernmaterial z. B. auf bestimmte Texte oder Prüfungsstoffe bezogen werden.

Dies ermöglicht es, den Lernstoff den jeweiligen Lernzielen, individuellen Lerngewohnheiten und Lernschwierigkeiten anzupassen. Außerdem kann eine Lernkartei ohne Zusatzaufwand in beiden Lernrichtungen genutzt werden, indem man einfach die Karten alle andersherum aufstellt.

Trotz dieser Vorzüge wird auch der Vokabelkarteikasten nicht jeden Lerner zum Vokabellernen motivieren können, weil es sich letztlich doch immer noch um ein Lernprozedere handelt, das von kommunikativen Anwendungen der Fremdsprache relativ weit entfernt ist. Eine thematische Gruppierung der einzelnen Vokabeln wird durch die Technik des Weiterbewegens der Karten nicht unterstützt, es sei denn, man legt für jedes Thema eine eigene Vokabelbox an.

Bei selbst erstellten Vokabelkarteien kommt als Aspekt noch der relativ große Zeitaufwand bei der Erstellung hinzu. Allerdings kann man diesen Aufwand erheblich reduzieren, wenn man in einer Lerngruppe arbeitsteilig vorgeht und z. B. jeder Lerner nur einen Teil der Karteikarten beisteuert, man anschließend alle zusammenfügt und die Vokabelbox dann zum Lernen in der Gruppe rotieren lässt, ein Verfahren, dass in Klassen und Kursen, die länger zusammen sind, gut funktionieren kann.

13 | 7 Nutzen Sie thematische Wortschatzzusammenstellungen

Fast alle großen Verlage bieten Bücher mit thematisch zusammengestellten Wortschatzlisten an. Nehmen wir als Beispiel die Bände der Reihe »Thematischer Grund- und Aufbauwortschatz« des Klett-Verlags. Sie sind derzeit für die Sprachen Englisch, Französisch, Spanisch, Italienisch und Russisch erhältlich. Die Ausgabe für Englisch z. B. hat einen Umfang von rund 400 Seiten. Erfasst werden lt. den Angaben in der Einleitung 3800 Wörter »Grundwortschatz« und 2900 Wörter »Aufbauwortschatz« (also deutlich mehr als sonst in diesen Kategorien, s. Abschnitt 13|3). Sie sind optisch gegeneinander abgegrenzt, sodass man sie getrennt bearbeiten kann. Hinzu kommen noch mehr als 3300 Anwendungsbeispiele, meist in Form kurzer Sätze (z. B. zu *Welsh* der Beispielsatz *I didn't know Ed was Welsh*). Der Wortschatz ist in 25 Themenbereichen mit 92 Unterthemen gegliedert, angefangen von »Persönliche Daten«, »Land, Sprache, Nationalität« über »Köperteile, Organe«, »Charakter, Verhalten«, »Wohnung, Einrichtung«, »Freizeit, Hobby, Spiel« bis hin zu »Politische Systeme und Institutionen«, »Gesetze, Rechtsprechung«, »Computer, Multimedia«, »Geld, Banken, Versicherungen« usw.). Innerhalb der einzelnen Themenbereiche ist die Anordnung nicht etwa alphabetisch, sondern ausgerichtet am inhaltlichen Bezug der Wörter zueinander. So werden z. B. *single, married, separated, divorced* und *widowed* oder *old, age, birth* und *birthday* zusammengestellt, eine zweifellos sinnvolle Anordnung, da sie dem kommunikativen Zusammenhang dieser Wörter Rechnung trägt. Fremdsprachige und deutsche Teile sind dabei jeweils in getrennten Spalten aufgeführt. Der Band verfügt aber auch über ein alphabetisches Register, sodass man einzelne Wörter bei Bedarf gezielt auffinden kann.

Eine solche Präsentationsweise erlaubt eine Reihe unterschiedlicher Lerntechniken. Durch den Spaltendruck können wir zunächst das klassische Listenlernen durchführen, und zwar in beide Sprachrichtungen. Die Trennung von Grund- und Aufbauwortschatz erlaubt eine Stufung des Lernens nach Wichtigkeit. Wer sich zunächst ausschließlich mit dem Grundwortschatz beschäftigt und innerhalb dessen in der Sprachrichtung Fremdsprache – Muttersprache die fremdsprachigen Wörter ansieht und sich ihre Bedeutung und ihre Verwendung anhand der Übersetzung und der Beispielsätze vergegenwärtigt, der beschleunigt auf diese Weise seine Verstehenskompetenz beim Lesen oder Hören. Er schaltet sozusagen auf dem Weg zum Verständnis fremdsprachiger Texte den Turbo ein.

Die thematische Gruppierung ermöglicht es ferner, sich gezielt auf ein bestimmtes Thema zu konzentrieren. Die Beispielsätze veranschaulichen dabei nicht nur den Gebrauch des Wortes durch einen Minikontext, sondern sie können auch selbst Lernmaterial sein. Wer statt der Wörter die Beispielsätze spaltenweise zudeckt, übt nicht einfach nur Vokabeln, sondern das Versprachlichen ganzer Satzinhalte in der Fremdsprache.

Natürlich gibt es auch zahlreiche thematische Wortschätze, die über den Grund- und Aufbauwortschatz weit hinausgehen oder die auf spezielle Themen ausgerichtet sind. Zur ersten Gruppe gehören zum Beispiel die Bände der Reihe »Großer Lernwortschatz« des Hueber-Verlags. Die Bände sind ähnlich aufgebaut wie die soeben beschriebenen von Klett, gehen dabei aber weit über den Grund- und Aufbauwortschatz hinaus.

Der erfasste Wortschatz liegt nach eigenen Angaben bei 15.000 Wörtern, gruppiert nach etwa 150 Themengebieten. Sie sind naturgemäß eher für fortgeschrittene Lerner gedacht. Doch auch in frühen Lernphasen kann es praktisch sein, auf die Zusammenstellung des Wortschatzes zu Themen zurückgreifen zu können, die für uns persönlich wichtig sind. Wer etwa nicht jahrelange warten will, bis er auch auf Englisch über Umweltschutz mitdiskutieren kann und dazu Wörter wie *Ozonschicht*, *Treibhauseffekt*, *Überdüngung* oder *Altglascontainer* braucht, wird hier fündig und muss sich die Begriffe nicht mühsam aus einem Wörterbuch zusammenstellen.

Speziell für die Textarbeit in den gymnasialen Oberstufen gedacht, aber auch in vielen anderen Zusammenhängen nutzbar sind die Bände der Klett-Reihe »Thematischer Oberstufenwortschatz« (»Word in context«, »Mots et contexte«, »Palabras en contexto«, »Slowa w kontekste«). Hier ist das Auswahlkriterium nicht nur die Häufigkeit der Wörter, sondern ihre Bedeutung in einem gegebenen thematischen Zusammenhang. Die ausgewählten Themen berücksichtigen dabei typische Schwerpunktsetzungen in der gymnasialen Oberstufe. Diese Sammlungen zeichnen sich außerdem dadurch aus, dass sie nicht nur Wortgleichungen auflisten, sondern zusätzlich versuchen, sie durch kurze Texte in einen Kontext einzubetten.

Zur zweiten Gruppe gehören thematische Wortschätze zu einzelnen Themen, Fachgebieten oder Berufsfeldern. Studenten und Dozenten an Hochschulen finden sicher den Band von Richard Humphrey »Your words, your world« (Klett) interessant, weil er ihnen zu 28 Themenfeldern ausgewählten Wortschatz zur Verfügung stellt, der z.T. weit über den Grund- und Aufbauwortschatz hinausgeht, dafür aber mit ihrem Studienfach zu tun hat, z.B. »Literature, Literary Criticism and Literary History«, »Film, Broadcasting and Film Studies«, »School, University, Didactics and Education« oder »The Computer World and Informatics«. Hier finden z.B. angehende Lehrer die englischen Äquivalente für *Ganztagsschule*, *integrierte Gesamtschule*, *Kernfächer*, *Referendar* oder *Gemeinschaftskunde*, Begriffe, die sie sicher gut brauchen können.

13 | 8   Nutzen Sie Audio-Vokabeltrainer

Unter »Audio-Vokabeltrainern« sind Tonträger (Kassetten, Audio-CDs oder Audiodateien) zu verstehen, die fremdsprachigen Wortschatz mit der Lückentechnik präsentieren, die aus der Zeit der Sprachlabore stammt: Wir hören zunächst ein deutsches Wort, dann gibt es eine Pause, in der wir die Entsprechung in der Fremdsprache angeben können, dann hören wir die richtige Übersetzung von Band und dann können wir diese in einer weiteren Pause noch einmal in der Fremdsprache nachsprechen.

Die meisten Audiovokabeltrainer sind lehrwerkgebunden. So enthalten viele Komplett-Sprachkurse des Langenscheidt-Verlags (z.B. die Produkte der Reihe »Englisch mit System«, »Französisch mit System«, »Russisch mit System« usw.) auch einen Audiovokabeltrainer auf CD. Darauf sind die Vokabeln in der Reihenfolge zu finden, in der sie auch in den Lektionen des Lehrbuchs vorkommen. Das macht es leicht, den Vokabeltrainer Lektion für Lektion begleitend zur Arbeit mit dem Lehrbuch einzusetzen. Er ist sicher auch separat nutzbar, wenn man nicht mit dem Lehrbuch arbeiten will, sondern wenn man bereits Kenntnisse anderweitig erworben hat und diese mithilfe des Vokabeltrainers festigen will. Die CDs sind aber zumindest im regulären Handel nicht separat zu erwerben.

Mehrere Verlage bieten auch lehrbuchunabhängige Audiovokabeltrainer. Diese sind dann statt nach Lektionen thematisch gegliedert. Ein Beispiel für dieses Vokabellernformat sind die Vokabeltrainer des Verlags *dnf*. Dieser Verlag bietet für die Sprachen Englisch, Französisch, Spanisch und Italienisch Pakete im Unfang von jeweils vier CDs mit dem Grundwortschatz, dem Aufbauwortschatz, dem Business-Wortschatz und einem »Reisewortschatz«. Jedes Paket hat einen Umfang von ca. 2000 Wörtern. Der Großteil des Trainingsmaterials sind einzelne Wörter, aber es gibt auch Wortverbindungen und gelegentlich auch ganze Wendungen (dann natürlich mit entsprechend längeren Pausen zum Nachsprechen). Die Hörproben auf der Internetseite des Verlags (<www.dnf-verlag.de>) vermitteln einen aussagekräftigen Eindruck von diesem sehr einfach aufgebauten Material. Wichtig ist, dass sich der Inhalt aller CDs auch in schriftlicher Form in den Begleitheften findet. Dies ermöglicht jederzeit eine Kontrolle der Schreibung der Wörter. Die Produkte des Verlags Ademo, eines Partnerverlags von *dnf* mit gleichem Firmensitz, sind übrigens in der gleichen Weise aufgebaut, bieten aber vor allem Audiotrainer für den Schulbereich mit geringerem Wortschatzumfang. Über das Angebot informiert auch die Webseite (<www.ademo-verlag.de>). Ein vergleichbares Angebot im Hueber-Verlag, das unter dem Reihentitel »Endlich Zeit für Englisch« (bzw. Französisch, Spanisch, Italienisch usw.) – Die 1000 wichtigsten Wörter hören, sprechen und verstehen« vertrieben wurde, ist nur noch antiquarisch zu erwerben.

Obwohl die Lerntechnik, die den Audiotrainern zugrunde liegt, grundsätzlich für beide Lernrichtungen (Fremdsprache-Muttersprache wie Muttersprache – Fremdsprache) einsetzbar ist, überwiegen auf dem Markt eindeutig die Produkte mit der Sprachrichtung Deutsch – Fremdsprache. Ich habe bisher noch kein Produkt entdeckt, das beide Sprachrichtungen anbietet.

Ein unbestreitbarer praktischer Vorteil von Audiovokabeltrainern besteht darin, dass wir sie auch in Situationen anwenden können, in denen ein Arbeiten mit schriftlichem Material nicht möglich ist, z. B. beim Fitnesstraining. Sie können dabei zum einen genutzt werden, um nach dem Durcharbeiten von Lektionen den dort vorkommenden Wortschatz nachträglich akustisch zu trainieren, ohne dass man dabei ein Buch oder ein Vokabelheft in der Hand haben muss. Sie eignen sich aber auch sehr gut, um sich mit Vokabeln »berieseln« zu lassen, sei es zur Vorbereitung auf den Wortschatz der nächsten Lektion oder auch ganz zu Beginn des Lernprozesses, um einen ersten akustischen Kontakt zur Sprache aufzunehmen. Gerade diese letzte Funktion wirkt auf den ersten Blick irritierend, denn man könnte fragen, warum man einen Vokabeltrainer benutzen soll, bevor man überhaupt Vokabeln gelernt hat. Die Antwort liegt in der Besonderheit von Vokabeltrainern. Dadurch, dass sie einzelne Wörter (oder höchstens einmal kurze Wortverbindungen) präsentieren, sind diese akustisch leicht zu isolieren. Bei Aufnahmen von ganzen Texten ist dies meist nicht der Fall. Das fördert den Wiedererkennungseffekt, wenn man diesen Wörtern später im Textzusammenhang begegnet. Natürlich sollte man bei dieser »Berieselungstechnik« noch nicht den Anspruch haben, sich alle Wörter bereits zu merken. Der Wiedererkennungseffekt später ist dennoch deutlich spürbar.

Den genannten Vorteilen steht jedoch als großer Nachteil die Starrheit des Lernmaterials gegenüber: Wir können beim Wiederholen keine Auswahl treffen, sondern müssen uns immer alles wieder ganz von vorne anhören. Auch die Tatsache, dass die Pausenlänge vorgegeben ist und unser Gedächtnis so in einen bestimmten »Abrufrhythmus« zwingt, ist eher unangenehm.

Aber auch bei dieser Technik gilt: Machen Sie Ihre eigenen Erfahrungen und probieren Sie diese einmal aus, wenn Sie sich vorstellen können, dass diese Art des Lernens für Sie in Frage kommt.

An dieser Stelle haben wir nur über Audiovokabeltrainer in eben dieser Funktion als Vokabeltrainer gesprochen. Deshalb sei hier noch einmal daran erinnert, dass wir sie beim Fremdsprachenlernen noch für zwei andere Zwecke nutzen können, die paradoxerweise nie mit ihnen in Verbindung gebracht werden. Wie schon in Abschnitt 9|13 (»Machen Sie sich mit fremden Schriftsystemen vertraut«) gezeigt, sind sie ein wichtiges Hilfsmittel beim Lernen fremder Schriften wie Kyrillisch, Griechisch oder Arabisch. Und zum zweiten können wir sie als Einstiegsniveau für Diktate zum Lernen der Orthografie nutzen, wie wir in Abschnitt 12|3 (»Nutzen Sie Hörtexte für Diktate«) gesehen haben.

Übrigens können Sie Audiovokabeltrainer auch selbst erstellen. Sie brauchen dazu nur ein entsprechendes Aufnahmemedium (Kassettenrecorder, Voice-Recorder, MP3-Player oder auch nur ein Handy mit Aufnahmefunktion). Dies ist zwar mit einigem Aufwand verbunden, hat aber immerhin den Vorteil, dass Sie das Sprachmaterial selbst nach individuellen Bedürfnissen zusammenstellen können (z. B. nur Wortschatz, den Sie für eine Prüfung benötigen). Wenn Sie einen oder mehrere Lernpartner haben, lässt sich im Übrigen der Aufwand für den Einzelnen erheblich reduzieren, wenn jeder Aufnahmen beisteuert und diese auch den anderen zur Benutzung zur Verfügung stellt.

13 | 9   Nutzen Sie elektronische Wortschatztrainer

Wortschatztrainer für den Computer sind Programme, die die Aufgabe des Vokabelpräsentierens und -abfragens übernehmen, dies aber aufgrund der Möglichkeiten, die ein Computer bietet, mit zahlreichen Zusatzfunktionen tun. Gemessen an seinen grundsätzlichen Möglichkeiten ist der Wortschatztrainer dem klassischen Listenlernen aus einem Vokabelheft in fast jeder Hinsicht überlegen. Die wichtigsten Vorteile sind folgende:

- Er kann eine potenziell unbegrenzte Menge von Wortschatz in unterschiedlichen Zusammenstellungen (nach Themen, Grund- und Aufbauwortschatz, grammatischen Klassen wie Substantive, Adjektive, Verben usw.) zum Lernen anbieten.
- Er kann die Abfragerichtung auf Klick von der einen in die andere ändern.
- Er kann den Wortschatz multimedial präsentieren, d.h. zur geschriebenen Fassung der Wörter und Ausdrücke auch immer gleich via Tondatei die richtige Aussprache präsentieren und die Wörter ggf. sogar durch Bilder, Grafiken, Animationen oder gar Videos ergänzen.
- Er kann Wörter wahlweise isoliert oder in Kontextbeispielen präsentieren und abfragen.
- Er kann den Positionseffekt durch die Präsentation in einer Zufallsreihenfolge vermeiden.
- Er kann verschiedene Antwortformate anbieten. Darunter sollte sich nicht nur die Eingabe des Lösungswortes befinden, sondern für das beschleunigte Abfragen auch ein Format ohne Tastatureingaben, bei dem man nur klicken muss (z. B. ein Multiple-Choice-Format).
- Er kann im Falle des Nichtwissens, statt gleich die richtige Antwort anzubieten, zunächst eine Hilfe geben, z. B. den Anfangsbuchstaben oder einen Beispielsatz, in dem das Zielwort durch eine Lücke ersetzt wird.
- Er kann falsche Antworten erkennen, die Möglichkeit zur Korrektur bieten und anschließend jeweils die richtige Antwort präsentieren.
- Er kann anhand falscher oder nicht gegebener Antworten gelernten von noch nicht gelerntem Wortschatz unterscheiden und den noch nicht gelernten automatisch so lange abfragen, bis auch dieser sicher beherrscht wird, wobei die Zahl der richtigen Antworten, die als Indikator für »gelernt« gelten soll, einstellbar sein kann.
- Er kann den Lernfortschritt anhand von Lernstatistiken dokumentieren und optisch anzeigen (z. B. in Prozentwerten, veranschaulicht durch Balken- oder Säulendiagramme).
- Er bietet die Möglichkeit, beliebig ausgewählte Teile des Inhalts auszudrucken, sodass jederzeit auch ein Lernen von Papier stattfinden kann.

- Er kann die Eingabe von eigenem Wortschatz ermöglichen, der anschließend mit den gleichen Funktionen wie der mitgelieferte bearbeitbar ist.
- Er bietet möglicherweise zusätzlich zu den Präsentations- und Abfragefunktionen abwechslungsreiche Übungsformen sowie zusammenhängende Tests an.

Dies sind jedoch nur die Funktionen, die ein Wortschatztrainer haben *könnte* oder haben *sollte*. Obwohl mittlerweile ein breites Angebot solcher Wortschatztrainer auf dem Markt ist, bieten sie keineswegs alle genannten Features. Einige Produkte sind erkennbar von Personen oder Firmen hergestellt worden, die nichts von Sprachen und Sprachenlernen verstehen und deshalb einfach nur undifferenzierte Wortlisten mit einer Abfragefunktion versehen haben. Man muss bei der Anschaffung also die Spreu vom Weizen trennen, was ähnlich schwierig ist wie bei Computerlernprogrammen, weil man die Programme meist vor dem Kauf keinem Praxistest unterziehen kann. Man sollte deshalb, wo immer möglich, zunächst eine Demoversion anfordern oder im Internet ausprobieren und sich möglichst genau über den Leistungsumfang des Wortschatztrainers informieren, ggf. auch durch Nachfragen beim Anbieter. Die oben wiedergegebene Liste möglicher Funktionen kann dabei helfen.

Das Angebot an kommerziellen Produkten ist riesig, insbesondere natürlich für Englisch. Aktuelle Produkte sucht man am schnellsten über die Datenbanken des Buchhandels (<www.buchhandel.de>, <www.buecher.de> oder <www.amazon.de>). Allerdings sind hier die Trefferquoten so hoch, dass man Schwierigkeiten hat, sich einen Überblick über geeignete Produkte zu verschaffen. Eine erste Hilfe können hier die Rezensionen anderer Käufer bieten. Statt eines Neukaufs sollte man auch immer den Kauf eines gebrauchten Produktes erwägen. CDs mit der Software werden in Kleinanzeigen-Portalen im Internet oft für Preise um einen oder zwei Euro angeboten, sodass man kaum ein großes Risiko eingeht. Allerdings sollte man immer versuchen vorab zu klären, ob das Programm auf dem eigenen Computer noch lauffähig ist, insbesondere wenn die Software älteren Datums und das Betriebssystem des eigenen Computers neueren Datums ist. Eine andere Auswahlstrategie kann darin bestehen, Produkte von bekannten Fremdsprachenverlagen wie Klett, Langenscheidt, Hueber oder Cornelsen zu bevorzugen, weil die Wahrscheinlichkeit, dass es sich um didaktisch sinnvoll konzipierte Produkte handelt, größer ist als bei No-name-Produkten. Natürlich ist dies nur eine sehr grobe Entscheidungshilfe, mit der man im Einzelfall auch einmal komplett danebenliegen kann.

Auch im Internet gibt es ein kaum zu überschauendes Angebot an Vokabeltrainern, darunter zahlreiche zum kostenlosen Download oder zur kostenlosen Online-Nutzung. Im Gegensatz zu den kostenpflichtigen Produkten auf CD oder einem anderen Datenträger geht man hier also kein finanzielles Risiko ein und kann leicht auf ein anderes Produkt umsteigen, wenn das gewählte nicht den eigenen Erwartungen oder Bedürfnissen entspricht.

Stellvertretend für zahlreiche andere Angebote möchte ich hier kurz den Vokabeltrainer des Wörterbuchportals <www.leo.org> vorstellen. Er bietet sich zur Benutzung besonders an, zum einen, weil viele dieses kostenlose Portal ohnehin kennen und nutzen, und zum anderen, weil man für die Auswahl der zu lernenden Wörter auf den gesamten Bestand an Wörterbucheinträgen (derzeit etwa 800.000 allein für das Sprachenpaar Deutsch/Englisch) zurückgreifen kann. Außerdem bietet der Trainer fast alle Funktionen, die weiter oben als sinnvolle Komponenten elektronischer Vokabeltools genannt wurden, so z. B.:

- Aufnahme beliebiger Wörter aus dem Bestand der Datenbank in den Lernwortschatz
- Möglichkeit, sich mit anderen Nutzern zu einer Lerngruppe zusammenzuschließen und dann Vokabelbestände arbeitsteilig anzulegen, aber gemeinsam für das Training zu nutzen
- Freie Gruppierung der Lernwörter durch den Nutzer (z. B. nach Themen oder Verwendungszwecken)
- Wahl der Abfragerichtung, der Abfragemenge und der notwendigen Wiederholungsrate, ab der eine Vokabel als gelernt eingestuft wird
- Notizfunktion für Anmerkungen zu jedem Vokabelpaar
- Reichhaltiges Angebot an Einpräge- und Abfragefunktionen (Vokabeldiashow, Vokabelkarten zum Umdrehen, Vokabelmemory, paarweises Zuordnen, Audioabfrage usw.)
- Präsentation in verschiedenen Reihenfolgen, darunter auch in Zufallsreihenfolge
- Automatische Karteikastenfunktion (s. dazu die Erklärungen in Abschnitt 13|6)
- Möglichkeit des Ausdrucks, und zwar sowohl in der klassischen Listenform als auch in Form von Vokabellernkarten mit doppelseitigem Druck (auf einer Seite die Aufgabe und auf der anderen die Lösung)
- Leichtes Löschen nicht mehr benötigter Wortpaare.

Für besonders wertvoll halte ich die Funktion der Audioabfrage. Die Vokabel wird vorgesprochen, ohne dass ein Schriftbild erscheint. Dann kann man die Entsprechung schriftlich eingeben und anschließend überprüfen lassen. Es folgt entweder die Bestätigung, dass die Entsprechung richtig geschrieben wurde, oder die richtige Lösung mit einer optischen Anzeige einer eventuellen Falschschreibung (ähnlich wie bei Anwendung der »Überarbeitenfunktion« in einer Textverarbeitung). Diese Funktion kann man also auch sehr gut als Hördiktat zum Erlernen der fremdsprachigen Schreibung einsetzen (s. dazu auch Abschnitt 12|3). Man kann jedoch auch komplett auf die schriftliche Eingabe verzichten und sich mit einem Klick sofort die richtige Lösung anzeigen lassen. Dies wiederum wäre dann eine reine Hörverstehensübung auf Wortbasis, eine Funktion, die in der Anfangsphase des Lernens sehr hilfreich sein kann.

Weitere Möglichkeiten ergeben sich für Sprachen mit anderem Schriftsystem, also für die derzeit in Leo enthaltenen Sprachen Russisch und Chinesisch. Hier kann man den Vokabeltrainer kombiniert zur Lese- und Ausspracheschulung einsetzen, indem man sich die Vokabeln zunächst in geschriebener Form anzeigen lässt und sich fragt, wie sie gelesen und ausgesprochen werden. Anschließend nutzt man die Audiofunktion, um seine Lösung zu überprüfen. Dies ist insbesondere für Russisch sinnvoll, da hier die Wörter nur in Kyrillisch erscheinen. In der Wortdatenbank für Chinesisch werden die Wörter sowohl mit chinesischen Schriftzeichen als auch in Pinyin-Umschrift präsentiert. Dies macht aber immerhin noch eine Kontrolle der Aussprache möglich (zum Lernen fremder Schriftsysteme s. Abschnitt 9|13).

Alle auf der Audiofunktion beruhenden Nutzungsmöglichkeiten setzen natürlich voraus, dass eine Audioausgabe zum jeweiligen Wort in der Datenbank enthalten ist, was keineswegs für alle Einträge der Fall ist. Da man aber bei der Auswahl der Wörter, die in den Trainer übernommen werden sollen, bereits sieht, ob das der Fall ist, kann man die Auswahl von vornherein zielstrebig auf Wörter mit Audioausgabe beschränken.

Trotz aller geschilderten Vorteile des Leo-Vokabeltrainers muss allerdings auch ein gewichtiger Nachteil genannt werden. Alle Abfragen basieren auf den Wortpaaren, wie man sie bei der Benutzung als Wörterbuch vorfindet. Wer Leo häufiger als Wörterbuch benutzt, weiß, dass hier (anders als in Papierwörterbüchern) alle möglichen Entsprechungen immer in einer eigenen Tabellenzeile präsentiert werden. Wenn man also z. B. nach den englischen Entsprechungen des deutschen Wortes *Leistung* sucht, erhält man eine Tabelle, in der ein Dutzend mal rechts das Wort *Leistung* aufgelistet ist und links jeweils eine der zahlreichen englischen Entsprechungen (*performance, achievement, accomplishment, effort, activity, benefit, merit, output, power, demand, feat, service, efficiency*). Was bei der Wörterbuchbenutzung vielleicht noch ein Vorteil im Sinne der Übersichtlichkeit ist, entpuppt sich im Vokabeltrainer als Nachteil. Denn sobald man mehr als eine dieser Entsprechungen für den Vokabeltrainer auswählt, behandelt er diese Entsprechungen für das deutsche Wort *Leistung* als zwei verschiedene Wortpaare und akzeptiert immer nur eine Entsprechung als richtig. Wenn man also bei der Abfrage des Wortpaares *Leistung – performance* die Lösung *achievement* eingibt oder umgekehrt bei der Abfrage des Wortpaares *Leistung – achievement* die Lösung *performance*, sind dies für das Programm jeweils falsche Lösungen, was lerntechnisch ziemlich unsinnig ist. Hier zeigt sich, dass ein didaktisch wohl durchdachter Vokabeltrainer doch nicht so ohne Weiteres automatisch aus einem Wörterbuch generiert werden kann.

Man kann den Effekt dieses Nachteils jedoch auf zwei Arten reduzieren. Entweder man nimmt bei Wörtern mit mehreren Entsprechungen nur jeweils eines in den Trainer auf, z. B. dasjenige, das man sich als erstes merken möchte oder das man bisher noch nicht kannte. Oder man wählt statt einzelner Wörter gleich eine Wortverbindung aus dem unteren Bereich der tabellarischen Anzeige in Leo als Lerneinheit aus (bei *Leistung*

z. B. *Leistung erbringen – to effect performance, die Leistung drosseln – to reduce the output, eine Leistung gewähren – to provide a benefit* usw.). Denn diese Wortverbindungen kommen meistens nur einmal vor und führen deshalb auch zu eindeutigen Lösungen bei der Abfrage.

Abschließend noch einige Tipps für die effiziente Nutzung des Leo-Vokabeltrainers.

- Lesen Sie zunächst die Anleitung durch, damit Sie unnötigen Zeitverlust durch ein *trial and error*-Vorgehen vermeiden.
- Wenn Sie Leo auch als Wörterbuch nutzen, dann klicken Sie schon jetzt auf das Symbol für die Übernahme in den Vokabeltrainer, wenn Sie das Wort für lernenswert halten, auch wenn Sie im Moment nur nachschlagen und gar nicht lernen wollen. So sammeln Sie individuellen Input für den Vokabeltrainer und müssen die Lernlisten später nicht ab Null zusammenstellen.
- Wenn der Wortschatz, den Sie in den Vokabeltrainer übernehmen wollen, aus dem gleichen Text stammt, dann nutzen Sie zur schnelleren Erfassung die Funktion »in einem Text suchen«. Kopieren Sie den Text in das Eingabefenster und klicken Sie dann auf die Wörter, die Sie in den Vokabeltrainer übernehmen wollen. Diese erscheinen nun wie bei der normalen Abfrage in tabellarischer Form und Sie können die Übernahme in den Vokabeltrainer veranlassen, indem Sie auf das Diskettensymbol klicken.
- Sortieren und gruppieren Sie Ihr Trainingsmaterial rechtzeitig, bevor Sie den Überblick verlieren. Legen Sie dabei Vokabelgruppen von nicht mehr als 30 Vokabeln an, weil sonst die Bearbeitung am Bildschirm mit viel Scrollen verbunden sein kann, insbesondere wenn Sie mit visuellen Abfrageformen wie z. B. den Vokabelkarten üben wollen.
- Schließen Sie sich mit anderen Lernern zu Gruppen zusammen, erstellen Sie arbeitsteilig verschiedene Vokabelpakete und geben Sie diese anschließend füreinander frei. So reduzieren Sie den individuellen Aufwand.

Natürlich gibt es zahlreiche andere Online-Vokabeltrainer im Netz. Um Ihnen Vergleichs- und Auswahlmöglichkeiten zu bieten, hier einige weitere Quellen.

Der Vokabeltrainer von <www.dict.cc> ähnelt dem von <www.leo.org>. Der große Vorteil ist auch hier die schnelle Übernahme aus dem Wörterbuch. Beim Üben kommt ein virtuelles 5-stufiges Karteikartensystem zum Einsatz und man kann grafisch sehr gut nachverfolgen, wie viele Karteikarten jeweils in welcher Box sind, also mit anderen Worten, welchen Grad der Beherrschung man erreicht hat. Interessant ist auch die Möglichkeit, sich bei Abrufschwierigkeiten statt der richtigen Lösung erst einmal mit einzelnen Buchstaben helfen zu lassen. Auch Features wie die Integration der Aussprache, die Möglichkeit, eigene Vokabellisten anzulegen, sowie die Gruppierung nach Fachgebieten sind verfügbar. Das Angebot an Lern- und Abfrageformaten ist jedoch deutlich begrenzter als bei <www.leo.org>.

Das Portal <www.onlinevokabeltrainer.de> bietet zwar nur einen kleinen Bestand und auch nur für Englisch, Französisch, Italienisch und Spanisch, ist aber sehr einfach zu bedienen und erfordert keine Anmeldung. Man kann also sofort loslegen. Es ist deshalb besonders gut geeignet für das Sammeln erster Erfahrungen mit Online-Vokabeltrainern.

Die Seite <www.memrise.com> wurde schon in Abschnitt 8|4 beschrieben. Sie bietet fertig zusammengestellte Lernpakete für zahlreiche Sprachen, so dass man sofort mit dem Lernen beginnen kann. Das Lernmaterial wird in kleine Portionen eingeteilt und sofort wieder abgefragt. Die Seite motiviert durch ein integriertes Punktesystem und durch spielerische Elemente.

Wer speziell an Wirtschaftsenglisch interessiert ist, kann sich auf <http://wirtschafts-englisch.de> umsehen. Diese Seite enthält zwar nur rund 5000 Wortpaare, aber diese sind thematisch gruppiert und können so für bestimmte Zwecke recht nützlich sein, z. B. die Zusammenstellungen zu Themen wie Geschäftsreisen oder Vorstellungsgesprächen.

Weitere Angebote kann man leicht über die Suchmaschinen finden. Im Einzelfall ist aber immer zu prüfen, ob die Angebote den eigenen Ansprüchen genügen. Die hier vorgestellten Beispiele helfen Ihnen sicher dabei, besser und schneller zu erkennen, was Online-Vokabeltrainer leisten können und wie man sie am besten nutzt.

13 | 10   Nutzen Sie Lernmaterialien zum Wortschatz in Übungsform

Neben den thematischen Wortschatzzusammenstellungen (s. Abschnitt 13|7) gibt es eine Vielzahl von Lernmaterialien rund um das Thema Wortschatz. Sie haben sehr unterschiedliche Formen. Gemeinsam ist ihnen, dass Wortschatz nicht einfach nur präsentiert und mit Beispielen versehen wird, sondern dass zusätzlich Übungen angeboten werden, in denen der Wortschatz richtig verwendet werden muss. Ein beliebtes Übungsformat ist z. B. die Zuordnungsübung, bei der Wörter zu Abbildungen, Umschreibungen, Definitionen, Oberbegriffen, Gegenteilen o. Ä. zugeordnet werden müssen. Ein Vorteil solcher Übungsformate ist, dass Wörter und Ausdrücke hier nicht isoliert dargestellt werden, sondern in einem inhaltlichen Zusammenhang stehen, z. B. als thematische Wortfelder (z. B. Haustiere, Fahrzeuge, Berufsbezeichnungen, Wirtschaftszweige etc.), als Gruppen von bedeutungsähnlichen Wörtern (z. B. alle Wörter, die eine menschliche Fortbewegungsart bezeichnen), als Wörter mit gegenteiligen Bedeutungen (*offen – geschlossen, voll – leer, hell – dunkel, schön – hässlich* etc.), als Wörter, die in einer Oberbegriff-Unterbegriff-Beziehung stehen (*Zange – Werkzeug, Hose – Kleidungsstück, Konzert – Veranstaltung*) usw. Solche Übungen regen damit auf unterschiedliche Weise zur Beschäftigung mit der Struktur des fremdsprachigen Wortschatzes an und kompensieren damit das oft sehr grammatiklastige Übungsangebot in vielen Lehrwerken.

Das bedeutungsorientierte In-Bezug-Setzen kann hier möglicherweise helfen, in der Benutzung der Wörter sicherer zu werden.

Der wahrscheinlich am häufigsten anzutreffende Übungstyp im Bereich der Wortschatzvermittlung sind Einsetzübungen. Mit einzelnen, oft zusammenhanglosen Sätzen wird ein Minikontext geschaffen, an dem an einer Stelle eine Lücke gelassen wird, die dann vom Lerner mit dem richtigen Wort zu füllen ist. Dies geschieht meist anhand einer Auswahl von vorgegebenen Wörtern, manchmal aber auch ganz ohne Hilfe. In diesem Fall muss man die Lücke rein aus dem Zusammenhang schließen.

Spätestens dieser letzte Übungstyp macht auf einen gravierenden Nachteil der meisten Wortschatzübungen aufmerksam: Man kann sie meist nur dann sinnvoll bearbeiten bzw. lösen, wenn man die Wörter bereits kennt. Dann hat aber die Übung höchstens noch festigende Funktion. Kennt man die Wörter hingegen nicht, muss man sie wiederum zunächst lernen oder nachschlagen, um die Übung absolvieren zu können. Wortschatzübungen sind insofern oft verkappte Wortschatztests. Hier liegt ein entscheidender Unterschied zur Grammatikübung, bei der es oft darum geht, eine Grammatikregel auf immer neue Beispiele anwenden zu können, was meist möglich ist, sobald man die Grammatikregel einmal verstanden hat.

Vor diesem Hintergrund finde ich es nicht überraschend, dass solche Übungsbücher bei den meisten Lernern nicht besonders beliebt zu sein scheinen und dass diese es meist vorziehen, Wortschatz eher im Zusammenhang mit interessanten Texten zu lernen als im Rahmen solcher eigens zusammengestellter Wortschatzübungen. Probieren Sie es einfach selbst einmal aus und finden Sie heraus, wie motivierend die Arbeit mit solchen Materialien für Sie persönlich ist. Falls Sie keinen Gefallen daran finden, ist dies kein Beinbruch. Die systematische Beschäftigung mit dem fremdsprachigen Wortschatz im Zusammenhang mit Texten ist immer auch eine Form des Wortschatzerwerbs. Die entsprechenden Ratschläge dazu habe ich bereits in Kapitel 9 (»Ins Lesen einsteigen«) gegeben. Wir werden sie in Kapitel 16 (»Lesen so weit das Auge reicht – Die Lesekompetenz ausbauen«) vertiefen.

13 | 11   Achten Sie auf die richtige Wortschatzauswahl

Nachdem wir uns in den vorausgehenden Ratschlägen mit den unterschiedlichen Hilfsmitteln für das Wortschatzlernen beschäftigt haben, wollen wir in den nächsten Abschnitten klären, wie wir den zu lernenden Wortschatz auswählen und welche Techniken des Wortschatzlernens sinnvoll sind.

Parallel zu den sprachlichen Grundkompetenzen Leseverstehen, Hörverstehen, Sprechen und Schreiben können wir auch bei der Beherrschung einer Vokabel vier Grundarten der Beherrschung und damit auch der Übungsarten unterscheiden:

1. die Vokabel in der Sprachrichtung Fremdsprache – Muttersprache lesend erkennen und verstehen
2. die Vokabel in der Sprachrichtung Fremdsprache – Muttersprache hörend erkennen und verstehen
3. die Vokabel in der Sprachrichtung Muttersprache – Fremdsprache ausgehend von einem ihrer deutschen Äquivalente mündlich produzieren
4. die Vokabel in der Sprachrichtung Muttersprache – Fremdsprache ausgehend von einem ihrer deutschen Äquivalente schriftlich produzieren.

In welcher Reihenfolge sollten wir nun beim Lernen vorgehen? Vieles spricht für folgende Reihenfolge: zunächst lesen und gleichzeitig hören, dann sprechen, dann schreiben.

Besonders wichtig bei dieser Reihenfolge ist die Gleichzeitigkeit von Lesen und Hören, möglichst schon bei den ersten Kontakten mit dem fremdsprachigen Wort oder Ausdruck, und zwar aus mehreren Gründen: Zum einen wird möglichen Falschaussprachen damit von vornherein ein Riegel vorgeschoben. Wie schon in Abschnitt 9|8 (»Klären Sie schon beim Lesen die richtige Aussprache«) dargelegt, neigen wir beim Lesen, insbesondere von neuen Wörtern, zum sog. Subvokalisieren, also zum leisen, innerlichen Mitsprechen. Aus diesem Grund machen wir uns auch dann bewusst oder unbewusst eine Vorstellung von der Lautung eines Wortes, wenn wir es nur lesen. Diese Vorstellung kann richtig sein; oft genug wird sie aber auch falsch sein, insbesondere bei Sprachen, bei denen Lautung und Schreibung stark auseinanderklaffen können (wie Französisch oder Englisch). Also heißt die Devise: Lieber von Anfang an gleich die richtige Aussprache hören und einprägen als später umlernen müssen. Diesen Grundgedanken hatte ich schon in Abschnitt 9|8 (»Klären Sie schon beim Lesen die richtige Aussprache«) weiter ausgeführt.

Zum zweiten spricht das gleichzeitige Hören und Lesen gleich zwei Sinneskanäle an und meist ist mehrkanaliges Lernen eine bessere Voraussetzung für das Behalten als das einkanalige (s. auch Abschnitt 10|8). Und schließlich fördert das frühe Einbeziehen des Hörens die Fähigkeit, das Wort möglichst bald auch in Kontexten wiederzuerkennen, in denen uns nur der Hörtext zur Verfügung steht, eine Fähigkeit, die unter Input-Gesichtspunkten besonders wichtig ist (s. Abschnitt 10|1 »Fangen Sie so früh wie möglich mit dem Hörverstehen an«).

Dass wir wiederum die produktive Beherrschung der Vokabel (sprechend oder hörend) erst im zweiten Schritt anpeilen sollten, hängt mit der großen Bedeutung des impliziten Lernens und des Inputs zusammen (s. Abschnitt 2|7 »Die Big Five – Was zum erfolgreichen Fremdsprachenlernen unabdingbar ist«). Je mehr Wortschatz wir rezeptiv verarbeiten können, desto besser verstehen wir fremdsprachigen Input, desto mehr implizites Lernen findet statt und desto besser werden auch die Voraussetzungen für die produktive Sprachbeherrschung. Es kann also durchaus sinnvoll sein, Vokabeln auch in der Richtung Fremdsprache – Muttersprache zu trainieren. Allerdings sollte dies explizit mit dem Ziel geschehen, die Aufnahme von zusammenhängendem fremdsprachigen Input, also das Lesen und Hören von Texten, zu erleichtern, keineswegs aber als Ersatz für diese.

Aus diesen Grundüberlegungen lassen sich einige konkrete Empfehlungen für sinnvolles Vokabellernen ableiten. Zunächst für die Sprachrichtung Fremdsprache – Muttersprache:

▶ Lektionsbegleitendes Vokabellernen
Wenn Sie ein fremdsprachiges Lehrwerk durcharbeiten, ist es meist sinnvoll, sich den Wortschatz der einzelnen Lektionen zusätzlich zum Lesen der Lektionstexte einzuprägen. Dies gilt insbesondere dann, wenn Sie Anfänger sind und versuchen, überhaupt erst einmal einen »Fuß in die Tür« der Fremdsprache zu bekommen. Einen ersten Blick auf die Vokabellisten können Sie dabei sogar schon vor der Bearbeitung der Lektionstexte werfen, um sich erste Wörter zu merken und das Lesen zu erleichtern. Beim Durcharbeiten der Lektionstexte klären Sie dann die Bedeutung aller Wörter, die Sie noch nicht behalten haben. Und nach der Durcharbeitung festigen Sie das Verstehen der neuen Vokabeln dadurch, dass Sie die Lektionstexte von Zeit zu Zeit erneut durchlesen. Sie können zum Zweck der Wiederholung und Festigung aber auch immer wieder einmal die Vokabellisten der einzelnen Lektionen durchgehen und dabei zwischenzeitlich entstandene Behaltenslücken schließen. Dies ist schon deshalb sinnvoll, weil die meisten Lehrwerke den Wortschatz früherer Lektionen in späteren als bekannt voraussetzen. Sie beugen mit dieser Wiederholungstechnik deshalb auch einem möglichen Überforderungsgefühl bei späteren Lektionen vor.

▶ Überprüfen und Vervollständigen des Grund- und Aufbauwortschatzes
Wenn Sie schon etwas weiter fortgeschritten sind, kann es sinnvoll sein, Ihre Kenntnisse des Grund- und Aufbauwortschatzes zu vervollständigen. Benutzen Sie dazu eines der zahlreichen auf dem Markt befindlichen Printprodukte im Listen- oder Karteikastenformat, das folgende Bedingungen erfüllt: Es sollte tatsächlich nur den Grund- und Aufbauwortschatz erfassen (jeweils etwa 2000 bis 3000 Wörter), beide Wortschätze getrennt und in sich thematisch gruppiert präsentieren, damit Sie mit den für Sie wichtigsten Themen beginnen können, und es sollte aus den weiter oben genannten Gründen möglichst auch eine komplette Audioaufnahme enthalten. Die letzte Bedingung findet man allerdings eher selten realisiert (aber z. B. in der Reihe »Thematischer Grund- und Aufbauwortschatz« bei Klett, zumindest für die gängigen Sprachen). Gehen Sie in diesen Wortschatzsammlungen nun zuerst den Grundwortschatz durch, spüren Sie Lücken im Verstehen der erfassten fremdsprachigen

Wörter auf, markieren Sie diese und versuchen Sie, sich die Wörter einzuprägen. In der Regel reicht es, sie von Zeit zu Zeit zu wiederholen. Aber natürlich können Sie die Beschäftigung mit ihnen auch intensivieren, indem Sie sie in einen Vokabeltrainer übernehmen (z. B. bequem mit <*www.leo.org*>, siehe Abschnitt 13|9 »Nutzen Sie elektronische Wortschatztrainer«) und mithilfe der dort angebotenen Funktionen trainieren. Sie werden feststellen, dass Ihnen die auf diese Weise fokussierten Wörter schon bald bei der Beschäftigung mit Texten wieder begegnen werden.

▶ Leseprozessentlastendes Vokabellernen
Wenn Sie absehen können, dass Sie sich verstärkt mit fremdsprachigen Texten beschäftigen wollen oder müssen, die in ein bestimmtes Themenfeld fallen, kann es sinnvoll sein, das Lesen zu entlasten, indem man sich zunächst einen rezeptiven Wortschatz zu diesem Themengebiet aneignet. Wer also z. B. in Zusammenhang mit Schule, Studium oder Beruf ein Referat über italienische Kunstgeschichte oder US-amerikanische Umweltpolitik halten muss, tut meist gut daran, sich zunächst mit allen Begriffen aus diesen Fachgebieten vertraut zu machen, die er dazu in den thematischen Wortschätzen für diese Sprachen finden kann. Er wird in den zu lesenden fremdsprachigen Texten sicher noch auf genug andere unbekannte Wörter stoßen und entsprechend dankbar sein für jedes, dass er nicht nachschlagen muss.

Wie die genannten Beispiele zeigen, sollte das Vokabellernen immer an spezielle, eng begrenzte Funktionen und Situationen gebunden sein. Es sollte nie einfach nur zum Selbstzweck erfolgen und auch nie Ersatz für das »Eigentliche« des Fremdsprachenlernens, nämlich die Beschäftigung mit echter, zusammenhängender Kommunikation sein. Das gilt auch für das Vokabellernen in der Richtung Muttersprache – Fremdsprache. Da dieses in der Regel pro Wortpaar mehr Erinnerungsleistung und damit Zeitaufwand beim Einprägen erfordert als die Sprachrichtung Fremdsprache – Muttersprache, sollte man hier noch bewusster auf einen strikt funktionalen Einsatz achten. Vergewissern Sie sich deshalb zunächst noch einmal anhand Ihrer Lernzieldefinitionen (s. Kap. 3, insbesondere Abschnitt 3|4), ob für Ihre Zwecke überhaupt ein Wortschatzlernen in der Richtung Muttersprache – Fremdsprache sinnvoll ist. Aber selbst dann, wenn Sie diese Frage bejahen, sollten Sie sich auf einige wenige sinnvolle Strategien beschränken. Für die Auswahl kommen dabei vor allem folgende Bereiche in Frage:

▶ Personalisierter Wortschatz
Damit sind alle Wörter und Ausdrücke gemeint, die für Sie persönlich eine Rolle spielen und die deshalb jederzeit im Gespräch mit Muttersprachlern vorkommen können. Hierzu gehört alles, was Ihre persönliche Lebenssituation (biografische Fakten, Familie, Wohnen), Ihre berufliche Situation (Ausbildung, Studium, eigener Beruf, die wichtigsten beruflichen Tätigkeiten, Geschäftsfelder Ihrer Firma,

zukünftige berufliche Pläne) oder Ihre Hobbys und Interessen betrifft. Der für die kommunikative Bewältigung dieser Themen notwendige Wortschatz sollte immer leicht abrufbar sein. Hier lohnt sich oft das bewusste Einüben ausgehend von der Muttersprache.

▶ Grund- und Aufbauwortschatz
Wie schon für die rezeptive Sprachrichtung gilt auch für die produktive Sprachrichtung, dass dem Grund- und Aufbauwortschatz besondere Bedeutung zukommt. Der Grund ist allerdings noch ein spezieller: Während man seltenere und komplexere Wörter oft durch einfachere und allgemeinere ersetzen oder umschreiben kann, lassen sich diese meist nicht mehr durch andere ersetzen oder umschreiben. Während man *Erderwärmung* bei Unkenntnis der fremdsprachigen Entsprechung im Zweifelfalls mit *dass die Erde immer wärmer wird* umschreiben kann, lassen sich *Erde* und *warm* nicht mehr gut auf andere Wörter zurückführen. Insbesondere der Grundwortschatz ist deshalb so etwas wie ein elementarer Werkzeugkasten, ohne den man auch kompliziertere sprachliche Aufgaben nicht lösen kann. Es kann also nicht schaden, sich diesen parallel zur Arbeit mit Texten aktiv anzueignen, um Lücken so früh wie möglich zu schließen.

▶ Kommunikationsvorbereitung
Wann immer absehbar ist, dass in einem anstehenden Gespräch oder in einer anderen kommunikativen Situation ein bestimmter themengebundener Wortschatz benötigt wird, kann es natürlich Sinn machen, sich diesen »präventiv« auch in der Richtung Muttersprache – Fremdsprache anzueignen, egal ob es dabei um eine Diskussion im Kollegenkreis über die Einführung einer neuen Firmensoftware geht oder um ein informelles Gespräch mit den ausländischen Gastgebern einer Party, die schon angekündigt haben, Sie intensiv zu Ihren Erfahrungen bei der Hausrenovierung auszufragen.

Insgesamt gilt also auch für das produktive Einüben von Wortschatz in der Richtung Muttersprache – Fremdsprache, dass Vokabeln möglichst immer im Zusammenhang mit konkreten Verwendungssituationen gelernt werden sollen (s. dazu auch Abschnitt 19|18 »Bereiten Sie fremdsprachige Gespräche vor«). Ein Lernen »auf Vorrat«, d.h. auf den vagen Verdacht hin, das Wort irgendwann einmal zu benötigen, ist meist nicht sinnvoll. Wer also von Beruf Steuerberater ist, einen Pudel hat und Sonnenblumen liebt, der sollte natürlich unbedingt wissen, wie *Steuerberater*, *Pudel* und *Sonnenblume* in seiner Fremdsprache heißen. Aber er muss deshalb nicht unbedingt alle Wörter der Fremdsprache für Berufe, Hunderassen und Pflanzenarten lernen.

13 | 12   Kontextualisieren und personalisieren Sie Ihren Wortschatz

Ein Grundprinzip des Behaltens ist, dass wir Dinge, die in einem Zusammenhang stehen, besser behalten als isolierte Fakten und dass dies ganz besonders dann gilt, wenn dieser Zusammenhang uns selbst betrifft. Wir erleben die Welt nun einmal aus einer Ich-Perspektive heraus und das können wir uns auch beim Vokabellernen zunutze machen, indem wir den zu lernenden Wortschatz möglichst in einen Kontext stellen, der mit uns zu tun hat. Ein paar einfache Beispiele.

Sie wollen die Verwandtschaftsbeziehungen lernen. Anstatt die Wörter isoliert zu lernen, d. h. in Form von Vokabelgleichungen mit den fremdsprachigen Entsprechungen der deutschen Wörter für *Vater, Mutter, Großvater, Großmutter, Bruder, Schwester, Onkel, Tante, Schwager, Schwägerin, Vetter, Kusine, Neffe, Nichte* usw., sollten Sie sie auf Ihre eigene Familie beziehen: *A es mi padre, B es mi madre, C es mi tío, D es mi prima, E es la hija de mi colega* usw. Beim Einprägen können Sie dann als Stimulus statt der deutschen Wörter *Vater, Mutter, Onkel, Kusine, Tochter* etc. gleich mit den Namen arbeiten. Besser noch: Gehen Sie die Anwesenden des letzten Familienfestes durch und bezeichnen Sie sie der Reihe nach mit den fremdsprachigen Bezeichnungen. Wenn aus Ihrem Schwager Heinrich auf diese Weise der *cuñado Heinrich* (bzw. »Enrique«) wird, bekommt das fremdsprachige Wort im wahrsten Sinne des Wortes ein Gesicht, das beim Behalten hilft.

Ähnlich gehen Sie vor, wenn Sie die Adjektive für Personeneigenschaften lernen (z. B. im Englischen *brave, broad-minded, charming, cooperative, coward, cunning, fussy, generous, gloomy, honest, lazy, mean, outgoing, pleasant, polite, patient, reliable, self-confident, self-conscious, selfish, sensitive, sincere, stingy, stubborn, thick, timid* usw.). Ergänzen Sie auch hier das deutsche Wort durch eine Person, die Sie kennen, auf die diese Eigenschaft zutrifft. Durch diese Personalisierung bekommt das fremdsprachige Wort sofort mehr Kontur.

Diese Technik ist nicht nur auf einzelne Wörter, sondern auch auf zusammenhängende Ausdrücke anwendbar. Sie wollen sich den Wortschatz rund um das Thema Bewerbung erschließen. Statt Einzelvokabeln wie *sich bewerben, Stellenausschreibung, Bewerbungsschreiben, Eingangsbestätigung, Vorstellungsgespräch* usw. zu lernen, kontextualisieren Sie diese Wörter durch Beispielsätze, die Sie auf sich selbst beziehen, z. B. Ihre letzte Bewerbung um eine Stelle, einen Praktikumsplatz oder was auch immer:

- Ich habe die Stellenausschreibung im Internet gesehen.
- Ich habe mich sofort beworben.
- Ich habe mein Bewerbungsschreiben an Fr. X geschickt.
- Ich habe nach einer Woche eine Eingangsbestätigung bekommen.
- Ich bin zu einem Bewerbungsgespräch eingeladen worden.
- Ich war unter den letzten drei Bewerbern.
- usw.

Durch die Zusammenstellung des Wortschatzmaterials in Form eines konkreten Kontextes erhöhen Sie die Behaltenswahrscheinlichkeit.

Die Technik des Kontextualisierens und Personalisierens setzt in der Regel voraus, dass man die Wörter, Ausdrücke oder Wendungen noch einmal selbst schriftlich fixiert, sei es handschriftlich oder am Computer. Dies ist natürlich mit einem Zusatzaufwand verbunden. Manchmal reicht es aber auch, wenn Sie in der Wortschatzquelle, mit der Sie lernen, hinter dem deutschen Wort einfach die Personalisierung notieren, z. B. hinter *Schwager* den Namen Ihres eigenen Schwagers. Oder indem Sie Beispielsätze so abändern, dass sie auf Sie selbst zutreffen, also z. B. in dem Satz *My chief interests are music and tennis* für *music* and *tennis* Ihre eigenen Hobbys einsetzen. Neben dem positiven Behaltenseffekt rücken Sie damit auch ein Stück näher an die Anwendung des Gelernten heran. Denn die Wahrscheinlichkeit, dass Sie von Ihrem eigenen Schwager oder von Ihren eigenen Hobbys erzählen, ist zweifellos größer als die, dass Sie von irgendeinem Schwager oder irgendeinem Hobby erzählen. Wir werden diese Technik der Personalisierung in Abschnitt 18|5 (»Wenden Sie die *Customize*-Strategie an) noch systematisch ausbauen.

13 | 13 Achten Sie auf das richtige *Chunking*

Ein zentraler Aspekt bei der Anlage von eigenem Material zum Wortschatzlernen ist das richtige Chunking. Wörter fügen sich in jeder Sprache zu typischen Wortverbindungen, festen Redewendungen, Sentenzen, Sprichwörtern usw. zusammen. Jedem ist deshalb klar, dass es für die richtige Wiedergabe eines Ausdrucks wie *jemanden durch den Kakao ziehen* in einer anderen Sprache nicht reicht, die Vokabeln für *ziehen* und *Kakao* in dieser Sprache gelernt zu haben. Was wir brauchen, ist ein Äquivalent für den Ausdruck *jemanden durch den Kakao ziehen* als Ganzes. Das wäre im Englischen am ehesten *to pull someone's leg* oder auch *to make fun of someone*. Ein *Chunk* ist in diesem Sinne die Verbindung von mehreren Wörtern, die einen zusammenhängenden Sinn ergeben. Wenn wir den *Chunk* zu klein wählen, also im Beispiel nur die Begriffe *ziehen* und *Kakao* betrachten, laufen wir Gefahr, Wort- und Bedeutungszusammenhänge zu verfehlen und als Folge davon falsche Vokabelgleichsetzungen zwischen den Sprachen zu konstruieren. Es gilt also immer, das richtige Chunking im Auge zu behalten.

Bei festen Redewendungen, insbesondere wenn sie so anschaulich sind wie *durch den Kakao ziehen*, ist dies sehr offensichtlich. In vielen anderen Fällen hingegen sehr viel weniger. Wenn wir uns beispielsweise mit einer Vokabelgleichung einprägen wollen, wie man auf Englisch *sich auf etwas freuen* sagt, dann liegt es nahe, sich als Äquivalent nur *to look forward to s.th.* zu notieren. Wenn wir dann aber eine Mail mit dem Satz *Ich freue mich von Ihnen zu hören* beenden wollen, könnte es leicht passieren, dass wir diesen mit

I'm looking forward to hear from you wiedergeben, statt, wie es richtig wäre, den Satz mit der Gerundialform von *hear* zu konstruieren: *I'm looking forward to hearing from you*. Diesem Fehler würden wir vorbeugen, wenn wir die fragliche Vokabelgleichung wie folgt formuliert hätten: *sich auf etwas freuen – looking forward to doing s.th.* Dass man natürlich auch Sätze mit einem Substantiv hinter *to look forward* konstruieren kann (*I'm looking forward to the concert*) brauchen wir dabei nicht speziell festzuhalten, denn hier werden wir kaum eine falsche Konstruktion wählen.

Ähnliches gilt für typische Wortverbindungen. Wenn sie von unseren muttersprachlichen Erwartungen eher abweichen, sollten wir sie als Verbindung notieren, wenn sie diesen eher entsprechen, bedarf es keiner besonderen Markierung. In diesem Sinne wäre es wichtiger, die Vokabelgleichung *zum Arzt gehen – to see a doctor* als Wortverbindung festzuhalten als die Verbindung einen *Arzt rufen – to call a doctor*. In der Formulierung *It's time to start* steckt wenig, was uns vom Deutschen her Probleme bereiten könnte. In der Formulierung *It's time to get to work* hingegen könnte es sinnvoll sein, die Entsprechung von *to get to work* und *sich an die Arbeit machen* festzuhalten. Denn ohne die Kenntnis des Ausdrucks *to get to work* wären wir möglicherweise vom Deutschen her nicht auf diesen Ausdruck gekommen. In der Formulierung *It's high time to get to work* wiederum ist zusätzlich auch noch der Ausdruck *it's high time* beachtenswert, denn anders als im Deutschen, wo es immer *höchste Zeit* ist, ist im Englischen nur »hohe Zeit«, eine Formulierung, die im Deutschen genauso unpassend klingt wie im Englischen die Formulierung *it's highest time*. Und stoßen wir wiederum im Englischen auf die Formulierung *it's past bedtime*, dann ist es erst recht sinnvoll, diese als ganze wahrzunehmen und zu notieren, denn nur in dieser Verbindung wird die Bedeutung »es ist höchste Zeit ins Bett zu gehen« mit der darin enthaltenen Betonung der Dringlichkeit dieses Vorgangs transportiert, eine Ausdrucksmöglichkeit, für die wir im Deutschen erst recht kein wörtliches Äquivalent haben.

Diese einfachen Beispiele zeigen, dass das richtige Chunking eine wichtige Voraussetzung für sinnvolles Wortschatzlernen ist, insbesondere bei selbst erstelltem Material. Die Grundregel lautet: So viel Kontext wie nötig, um das Wort in seiner typischen Bedeutung, seiner typischen Umgebung und seiner typischen Satzeinbindung erkennen und behalten zu können und dabei mögliche Unterschiede zur Muttersprache als Fehlerquelle zu berücksichtigen. Im Zweifelsfall ist mehr Kontext besser als zu wenig Kontext. Natürlich sollte man den Chunk aber auch nicht unnötig groß wählen, denn dann fehlt vielleicht die nötige Fokussierung auf das zu Lernende. So brauchen wir keinen Beispielsatz mit 30 Wörtern, um uns den Ausdruck *in the heat of the moment* für »im Eifer des Gefechts« einzuprägen.

Die freie Bestimmung des Chunk-Umfangs ist übrigens ein wichtiger Vorteil von selbst erstelltem Wortschatzmaterial. Denn bei gekauftem Material können wir nur hoffen, dass die Entwickler genug von Sprachen verstehen, um von sich aus das richtige Chunking vorzunehmen. Bei professionell erstellten Lernmaterialien ist dies in der Regel der Fall. Wenn wir Zweifel haben, reicht manchmal bereits ein Blick in das Glossar mit den Vokabelerklärungen. Materialien, bei denen in den Spalten überwiegend nur einzelne Wörter stehen, werden mit hoher Wahrscheinlichkeit dem Kriterium des richtigen Chunkings nicht gerecht.

13 | 14 Achten Sie auf die richtige Wiederholungstechnik

Kaum etwas ist rund um das Thema Lernen so gut erforscht wie das Vergessen. Es gibt eine kaum zu überblickende Fülle von Forschungsergebnissen. Sie haben z. B. gezeigt, dass das Vergessen gewissen Regelmäßigkeiten unterliegt. So scheint der Prozess des Vergessens stark davon beeinflusst zu sein, ob wir etwas zum ersten oder zum wiederholten Male lernen oder behalten wollen. Je öfter wir eine Information bewusst verarbeitet haben, desto länger dauert es in der Regel, bis wir sie vergessen. Und ab einer bestimmten Frequenz der Wiederholung scheinen wir die Information mit hoher Wahrscheinlichkeit zumindest für lange Zeit gar nicht mehr zu vergessen. Man spricht hier auch von einer »Vergessenskurve«. Viele Tipps zum Vokabellernen laufen deshalb darauf hinaus, die optimale Wiederholungstechnik zu entwickeln. Im Folgenden habe ich die wichtigsten Ratschläge zu diesem Thema zusammengefasst.

▶ **Vermeiden Sie das Wiederholen von Vokabeln, die Sie schon sicher beherrschen.**
Das erneute Lernen von Vokabeln, die man schon sicher beherrscht, ist vergeudete Lernzeit. Dieser unerwünschte Effekt tritt vor allem ein, wenn man immer wieder die gleichen Vokabellisten vollständig durchgeht, nur weil sich darin noch Vokabeln befinden, die man noch nicht sicher beherrscht. Sie vermeiden diesen Effekt am besten mit der Vokabellernbox-Technik (s. Abschnitt 13 | 6), bei der nur nicht sicher beherrschte Vokabeln wiederholt werden. Wenn Sie keine Vokabelbox, sondern nur Vokabeln in Listenform haben, dann simulieren Sie wenigstens den Vokabelboxeffekt. Dabei gehen Sie wie folgt vor: Zunächst legen Sie fest, wie oft Sie eine Vokabel richtig wiedergeben können wollen, bevor Sie sie (zumindest vorerst) als »beherrscht« betrachten wollen. Dreimal ist hier eine sinnvolle Quote. Dann prägen Sie sich die Vokabeln zunächst wie gewohnt ein. Bei den nachfolgenden Wiederholungen versehen Sie dann alle Vokabeln, die Sie behalten haben, mit einem Häkchen (oder einem anderen Zeichen für »behalten«). Beim zweiten und dritten Wiederholen beziehen Sie alle Vokabeln, die bereits beim ersten Wiederholen ein Häkchen bekommen haben, weiterhin ein. Sobald eine Vokabel drei Häkchen angesammelt hat, also dreimal richtig beherrscht wurde, betrachten Sie sie als gelernt und beziehen sie dementsprechend nicht mehr in die Wiederholung ein, sondern übersprin-

gen sie. Dies setzen Sie solange fort, bis jede Vokabel drei Häkchen hat. Wenn eine Vokabel bei einem Wiederholungsdurchgang nicht beherrscht wird, setzen Sie statt des Häkchens ein anderes Zeichen, z. B. eine Null, und der Prozess des »Häkchensammelns« beginnt für diese Vokabel wieder von vorne. Mit dieser Technik können Sie die Vokabelboxmethode zumindest teilweise simulieren. Es bleibt allerdings der Positionseffekt.

▶ Vermeiden Sie möglichst den Positionseffekt.
Dieser unerwünschte Effekt, den ich bereits beschrieben habe (s. Abschnitt 13|1), tritt dann auf, wenn wir das Lernmaterial immer wieder in der gleichen Reihenfolge und der gleichen optischen Form bearbeiten. Man sollte ihn möglichst vermeiden. Inwieweit das möglich ist, hängt von der Struktur des Lernmaterials ab. Gute Vokabeltrainer arbeiten bei der Abfrage mit Zufallsgeneratoren, die den Positionseffekt weitestgehend ausschalten. In Vokabelkarteiboxen ist der Effekt bereits reduziert. Es kann aber sein, dass die einzelnen Karten sich zumindest teilweise in der gleichen Reihenfolge durch die einzelnen Abschnitte bewegen. Dem kann man vorbeugen, indem man die Karten innerhalb des gleichen Abschnitts vor jeder neuen Wiederholung ordentlich durchmischt. Am stärksten ist der Positionseffekt beim Listenlernen. Hier sollte man wenigstens das Mindestmaß an Variation einsetzen, das ohne weitere Eingriffe möglich ist: die Liste mal von oben und mal von unten durchgehen, mal nur jede zweite Vokabel beginnend mit der ersten, später dann wiederum die andere Hälfte beginnend mit der zweiten, mal nur die Wörter, die mit Buchstaben aus der ersten Hälfte des Alphabets anfangen, später dann die mit einem Anfangsbuchstaben aus der zweiten Hälfte usw. Auch ein Kopieren des Materials mit anschließendem Zerschnibbeln, wenn nicht in Einzelvokabeln, dann doch wenigstens in kleinere Gruppen kann helfen, denn dann kann man zumindest die Gruppenreihenfolge beim Wiederholen variieren.

▶ Wählen Sie einen Wiederholungszeitpunkt möglichst kurz vor dem Vergessen.
Dieser Ratschlag wirkt sicher auf den ersten Blick ein wenig kurios, so als wäre das Vergessen ein fester Zeitpunkt, der im Terminkalender steht. Das ist natürlich nicht der Fall. Trotzdem entwickelt jeder Lerner sicher im Laufe der Zeit ein Gefühl dafür, wie lange er sich Vokabeln merken kann. Diese Zeitspanne hängt von einer Vielzahl von Faktoren ab: subjektiven (wie Alter und generelle Funktionstüchtigkeit des Gedächtnisses), sprachlichen (Schwierigkeitsgrad der Vokabeln, Grad der Ähnlichkeit mit der Muttersprache), situationsspezifischen (Konzentrationsfähigkeit, Ablenkungsfaktoren) usw. Beim Wiederholen entwickelt man oft ein subjektives Empfinden dafür, ob man die Vokabel noch mühelos beherrscht oder ob es sozusagen Zeit wurde, sie mal wieder aufzufrischen. Die Zahl der Vokabeln, die man tatsächlich vergessen hat, ist dann auch ein objektiver Anhaltspunkt dafür, wie nah

man dem Ziel der Wiederholung kurz vor dem Vergessen gekommen ist. Hat man bereits ein Drittel der Vokabeln vergessen, kommt die Wiederholung sicher zu spät. Kann man hingegen noch alle Vokabeln ohne großes Nachdenken aus dem Effeff, wäre eine Wiederholung vielleicht noch nicht nötig gewesen. Eine Faustregel könnte sein: Wenn nicht viel mehr als zehn Prozent der Vokabeln vergessen wurden, könnte dies ein guter Zeitpunkt für die Wiederholung sein.

▶ Sorgen Sie dafür, dass Vokabeln sich Ihnen von selbst zur Wiederholung anbieten. Eine oft empfohlene Technik ist hier die Vokabelzettel-Technik: Sie beschriften z. B. alle Gegenstände in Ihrer Wohnung, zu denen Sie sich die fremdsprachigen Entsprechungen merken wollen, mit kleinen Haftzetteln, auf denen das fremdsprachige Wort steht, z. B. Ihre Möbel, Ihre Gebrauchsgegenstände oder den Inhalt Ihrer Küchenschränke. Freaks bringen es hier leicht auf einige hundert Zettel. Sie begegnen auf diese Weise ständig Ihrem Lernwortschatz. Nehmen Sie jeden einzelnen Zettel erst ab, wenn Sie das Gefühl haben, Sie wissen auch so, wie der entsprechende Gegenstand in der Fremdsprache heißt.

Für alle, die ihre Wohnung nicht auf diese Weise »vervokabeln« möchten (z. B. um den Partner nicht auf Trennungsgedanken zu bringen), hier eine gemäßigtere Variante: Eine größere Pinnwand einrichten, auf der Sie Zettel mit einem wöchentlich wechselnden Lernwortschatz aufpinnen. Zwar setzt die Begegnung mit dem Wortschatz dann regelmäßige Blicke auf die Pinnwand voraus, dafür können Sie so aber auch Vokabeln für Gegenstände einbinden, die sich normalerweise nicht in Ihrer Wohnung befinden (wie z. B. *Segelboot*, *Straßenbahn* oder *Rakete*) und natürlich können so auch Abstrakta eingebunden werden. Die richtige Entsprechung zum Kontrollieren notieren Sie entweder auf der Rückseite des Zettels oder auf der Vorderseite in deutlich kleinerer Schrift, sodass Sie im Vorbeigehen eine Vokabel abfragen können und bei Nichtbehalten durch näheres Herantreten die richtige Lösung wieder abrufen können. Diese Technik lässt sich auch gut mit den Karteikarten aus der Vokabelkartei praktizieren, denn bei entsprechend großer Beschriftung können diese selbst an die Pinnwand geheftet werden. Eine sehr einprägsame Variante besteht darin, sich für den Abruf der Vokabeln Bilder auszudrucken. Diese kann man mit der Bildersuchfunktion gängiger Suchmaschinen im Internet (z. B. Google) praktisch unbegrenzt finden. Wenn man auf eine A4-Seite mehrere Bilder einfügt und in Schwarz-weiß ausdruckt, halten sich die Kosten in Grenzen. Im Handel gab es zeitweise auch fertige Klebezettel mit aufgedrucktem Lernwortschatz für verschiedene Sprachen (z. B. das Produkt *Eurostixx*). Sie sind nach meinen Recherchen nur noch gebraucht zu erhalten.

13 | 15 Setzen Sie zusätzliche Erinnerungshilfen sparsam ein

Das Problem beim Vokabellernen ist bekanntlich weniger das Lernen als das Behalten. Kein Wunder also, dass bereits viel darüber gesagt und geschrieben wurde, mit welchen Tipps und Tricks man sich Vokabeln besser merken kann. Viele dieser Tipps und Tricks halte ich unter Effizienzgesichtspunkten jedoch für fragwürdig.

Nehmen wir dazu als Beispiel die Technik der sog.»Eselsbrücken«. Sie sollen helfen, beim Abruf leichter vom deutschen auf das fremdsprachige Wort zu kommen. Wenn wir uns also z. B. die englische Entsprechung für das deutsche Wort *Ziegelstein*, nämlich *brick*, merken wollen, dann könnten wir das Wort *Brikett* dabei als Eselsbrücke benutzen. Die Assoziationskette wäre dann folgende: Die Vorstellung von einem Ziegelstein aktiviert aufgrund der Ähnlichkeit der äußeren Form die Vorstellung von einem Brikett und das Wort *Brikett* aktiviert dann aufgrund seiner phonetischen Ähnlichkeit wiederum das gesuchte englische Wort *brick*. Die Assoziationen müssen dabei keineswegs besonders naheliegend oder logisch sein. Das französische Wort *glisser* (gleiten, rutschen) kann man sich vielleicht merken, indem man an eine Straße denkt, die von Raureif *glitzert* (phonetische Ähnlichkeit: *glitzern – glisser*) und auf der man deshalb leicht ins Rutschen gerät. Beide Beispiele stammen übrigens von der Internetseite eines niedersächsischen Gymnasiallehrers, der zahlreiche solcher Eselsbrücken vorschlägt (<*www.pohlw.de*>, 18. 03. 2014).

Die Technik der Eselsbrücken wirkt auf den ersten Blick sinnvoll. Wir setzen sie ja oft auch in anderen Zusammenhängen ein; z. B. verbinden wir Telefonnummern mit Geburtstagen, Jahreszahlen, Hausnummern, Autokennzeichen usw. Beim Vokabellernen hat die Eselsbrücke aber zwei wichtige Nachteile. Zum einen haben Eselsbrücken (wenn sie denn überhaupt funktionieren) die Tendenz sich zu verselbstständigen. Sie helfen zwar beim Abrufen der Vokabel in einer Lernsituation; wir werden sie aber oft auch dann nicht mehr los, wenn wir sie gar nicht mehr brauchen. Wir können das zielsprachliche Wort gar nicht mehr abrufen, ohne dabei gleichzeitig an die Eselsbrücke zu denken, denn die haben wir ja ganz bewusst immer wieder mitgelernt. Eselsbrücken können deshalb die Spontaneität des natürlichen Sprachgebrauchs stören, vor allem beim Sprechen. Und zum anderen: Die höhere Behaltensleistung, die wir mithilfe von Eselsbrücken vielleicht erzielen können, ist nur scheinbar eine Effizienzsteigerung. Denn sie ist durch einen höheren Anfangsaufwand erkauft. Sie muss ja erst gefunden oder entwickelt, möglicherweise sogar notiert, zumindest aber mit eingeprägt werden. Dieser Zusatzaufwand amortisiert sich keineswegs immer. Dies gilt insbesondere dann, wenn sich eine Eselsbrücke nicht von selbst anbietet, sondern mit viel Fantasie gesucht werden muss, was bei der ganz überwiegenden Zahl der Vokabeln der Fall ist. Dies zeigen auch die weiteren Beispiele auf der eben genannten Internetseite. Um sich das französische Wort *retard* (Verspätung) zu merken, wird als Beispiel die Assoziationskette genannt *Verspätung – Ritter – retard* – mit der verbindenden Vorstellung »Der Ritter kam mit Verspätung an« oder für *lundi* (Montag) die Assoziationskette *Montag – Lunte – lundi* mit der verbindenden Vorstellung »Als ich an diesem Montag aufstand, habe ich gleich Lunte gerochen«. Solche Vorstellungen sind nicht nur weit hergeholt, sie müssen vor allem erst einmal gefunden und mental verankert werden. Es wäre ausgesprochen aufwändig, für hunderte oder tausende Vokabeln solche Eselsbrücken zu entwickeln. Selbst wenn einzelne gut funktionieren, bleiben doch angesichts des damit verbundenen Zusatzaufwandes erhebliche Zweifel an der Effizienz dieser Lernstrategie. Wenn jemand bei einer Arbeit doppelt so viel schafft wie ein anderer, dafür aber dreimal so viel Zeit aufwendet, würden wir auch nicht sagen, dass er besonders effizient arbeitet.

Dieser letzte Einwand gilt auch für zahlreiche andere Techniken, die in Sprachratgebern zum besseren Behalten von Vokabeln empfohlen werden. Natürlich können wir zu jeder Vokabel eine kleine Zeichnung anfertigen, die uns hilft, die Vokabel zu behalten. Aber hätten wir in dieser Zeit nicht auch eine Menge fremdsprachigen Textinput verarbeiten und so unser implizites Vokabellernen pushen können und das sogar für jedes einzelne Wort, dass in diesem Input vorkam?

Diese Ausführungen sollten Sie natürlich nicht grundsätzlich daran hindern, mit Eselsbrücken oder anderen Erinnerungshilfen zu arbeiten, wenn Sie gute Erfahrungen damit gemacht haben. Vor allem wenn es gilt, ganz bestimmte Vokabeln zu einem vorgegebenen Zeitpunkt, z. B. für eine Prüfung parat zu haben, mag diese Technik helfen. Auch für Vokabeln, die sich dem Behalten hartnäckig widersetzen, können diese Techniken eine Option sein. Wer aber auf ganz natürlichem Wege seinen Wortschatz für seine eigenen Bedürfnisse erweitern möchte, der sei eher auf die anderen Ratschläge in diesem Kapitel verwiesen.

13 | 16   Benutzen Sie Lernwörterbücher

In Abschnitt 9|21 hatte ich explizit zweisprachige Wörterbücher für das Erschließen fremdsprachiger Texte empfohlen und ihnen eindeutig den Vorzug vor einsprachigen Wörterbüchern gegeben und dies begründet. Gleichzeitig hatte ich den von Lehrern oft zu hörenden pauschalen Rat, das einsprachige Wörterbuch dem zweisprachigen vorzuziehen, als fachlich nicht begründet dargestellt. Denn in der Anfangsphase des Lernprozesses geht es darum, möglichst schnell eine rezeptive Kompetenz in der Fremdsprache aufzubauen, und das geht mit dem zweisprachigen Wörterbuch deutlich effizienter als mit dem einsprachigen.

Wenn es jedoch wie in diesem Kapitel um ein anderes Ziel geht, nämlich die systematische Erweiterung des Wortschatzes, dann bekommt das einsprachige Wörterbuch seinen berechtigten Platz im Lernprozess. Für seinen Einsatz zur Festigung und Erweiterung des Wortschatzes sprechen verschiedene Gründe.

Ein erster besteht darin, dass die einzelnen Artikel im einsprachigen Wörterbuch die Bedeutung der beschriebenen Wörter mit den Mitteln der Zielsprache darstellen. Damit unterscheidet es sich grundlegend vom zweisprachigen Wörterbuch, das die fremdsprachigen Wörter immer durch die Brille der jeweils anderen Sprache betrachtet. Wenn wir beispielsweise das englische Verb *to resume* in einem zweisprachigen Wörterbuch (hier in der elektronischen Version des Muret-Sanders, Vers. 4.0) nachschlagen, finden wir folgende Aufzählung von möglichen Äquivalenten: »seine Tätigkeit aufnehmen«, »wieder anfangen«, »fortsetzen«, »fortführen«, »die Freiheit wiedererlangen«, »seinen Platz wieder einnehmen«, »seinen Mädchennamen wieder annehmen«, »ein Amt oder das Kommando wieder übernehmen«, »weitermachen«, »fortfahren«, »wieder beginnen«. Das wirkt notgedrungen wie ein ziemlicher Gemischtwarenladen. Denn je nach Bezugswort (Name, Amt, Platz, Kommando usw.) muss *resume* im Deutschen durch sehr unterschiedliche Wörter wiedergegeben werden. Der Blick für die Grundbedeutung des englischen Wortes verschwimmt dabei leicht, zumal sich in diesem Artikel nur ein konkretes Anwendungsbeispiel findet: *he resumed painting – er begann wieder zu malen, er malte wieder.*

Im *Cambridge Advanced Learner's Dictionary* hingegen (auch online zu finden auf der Internetseite <http://dictionary.cambridge.org>) finden wir zwei auf das Wesentliche verdichtete Bedeutungsdefinitionen zu *resume*, nämlich: *If an activity resumes, or if you resume it, it starts again after a pause* und *If you resume a place or position that you have left for a period of time, you return to it.* Beide sind mit Minikontexten in Form vollständiger Sätze veranschaulicht: *Normal services will be resumed in the spring. He stopped to take a sip of water and then resumed speaking. The talks are due to resume today. Please resume your seats as the performance will continue in two minutes.*

Wie bereits dieses einfache Beispiel zeigt, sind die Perspektiven der beiden Wörterbuchtypen deutlich verschieden. Aber die sprachlichen Informationen, die wir so erhalten, sind komplementär: Das zweisprachige Wörterbuch gibt uns primär Äquivalentinformationen, das einsprachige Kernbedeutungsinformationen und Anwendungsbeispiele. Beide sind für uns als Lerner wertvoll. Insbesondere wenn wir sie nacheinander und im unmittelbaren Bezug aufeinander benutzen, steckt hier ein besonderes Lernpotenzial. Dies gilt vor allem für Wörterbücher, die eigens für Lerner konzipiert worden sind, wie das gerade benutzte *Cambridge Advanced Learner's Dictionary*. Denn in solchen Lernwörterbüchern legt man ganz besonderen Wert darauf, die Bedeutungsstruktur der darin aufgeführten Wörter für Lerner so transparent wie möglich zu machen.

Ein zweiter Vorzug einsprachiger Wörterbücher besteht darin, dass sie oft wesentlich mehr Anwendungsbeispiele enthalten als zweisprachige. Diese sind so ausgewählt oder konstruiert, dass sie die Verwendungsmöglichkeiten des jeweiligen Schlagwortes besonders anschaulich in Minikontexten dokumentieren (s. die Beispiele zu *resume* weiter oben). Sie haben deshalb für uns als Lerner einen hohen Aufschlusswert.

Und zum dritten spricht für die Benutzung des einsprachigen Wörterbuchs, dass wir uns dabei nicht nur mit dem jeweils nachgeschlagenen Wort beschäftigen, sondern durch das Lesen der Definitionen auch bereits bekannte Wörter wiederholen und neue hinzulernen.

Diese Vorteile des einsprachigen Wörterbuchs kommen am besten zum Tragen, wenn wir solche einsprachigen Wörterbücher verwenden, die speziell für Lerner konzipiert worden sind, sog. Lernwörterbücher. Wahrscheinlich haben Sie im Fremdsprachenunterricht in der Schule bereits mit solchen gearbeitet. Zu den bekanntesten gehören das *Oxford Advanced Learner's Dictionary* (online auf <www.oxfordlearnersdictionaries.com>), das auch als App für Smartphones erhältlich ist, und das bereits weiter oben zitierte *Cambridge Advanced Learner's Dictionary* (online auf <http://dictionary.cambridge.org>). Vergleichbare Produkte für andere Sprachen sind der *Dictionnaire du français langue étrangère* (Verlag Clé International) oder der *Dizionario italiano per stranieri* (Verlag Giunti Demetra). Der *Diccionario Salamanca de la lengua española* (Verlag Santillana, in Deutschland auch als Lizenzausgabe bei Hueber zu erhalten) ist zwar nicht speziell für Lerner konzipiert, gilt aber als das am besten für Lerner geeignete einsprachige Wörterbuch. In Sprachen, die weniger häufig als Fremdsprachen gelernt werden, gibt es meist keine speziellen Lernwörterbücher. Hier muss man ersatzweise auf Schulwörterbücher für den muttersprachigen Lerner zurückgreifen.

Spezielle Lernwörterbücher bieten zusätzlich zu den bereits genannten Eigenschaften einsprachiger Wörterbücher folgende Vorteile für Lerner:

▶ Sie nehmen nur eine reduzierte Zahl von Stichwörtern auf, die bereits unter dem Gesichtspunkt ihrer Häufigkeit und ihrer Nützlichkeit ausgewählt werden. Seltene, veraltete, nur regional gebrauchte oder sehr fachliche Wörter werden von vornherein ausgeschlossen.

▶ Sie verwenden auch in den Worterklärungen und in den Beispielsätzen einen reduzierten Wortschatz und vermeiden damit die sonst häufig anzutreffende Erscheinung, dass in der Erklärung eines unbekannten Wortes selbst wiederum mehrfach unbekannte Wörter auftreten.

▶ Sie bieten meist auch alle grammatischen Zusatzinformationen, die man als Lerner benötigt, z. B. Hinweise auf unregelmäßige Deklination oder Pluralbildung, Anschlüsse durch Präpositionen, Modusgebrauch usw.

Diese Eigenschaften machen Lernwörterbücher zu einer guten Quelle für die Pflege und Erweiterung des eigenen Wortschatzes. Wenden Sie im praktischen Gebrauch folgende Strategien an:

▶ Benutzen Sie einsprachige Lernwörterbücher dann, wenn Sie Zeit und Lust zur gezielten Wortschatzarbeit haben.

▶ Gehen Sie von einem nicht zu leichten fremdsprachigen Text aus (egal ob Lese- oder Hörtext) und bearbeiten Sie diesen zunächst mit den Verfahren, die ich in den Kapiteln 9 und 10 zur vollständigen Erschließung von Texten beschrieben habe. Setzen Sie dabei durchaus auch zweisprachige Wörterbücher ein.

▶ Treffen Sie dann eine Auswahl interessanter Wörter aus dem Text, mit denen Sie sich vertieft beschäftigen wollen. Von Interesse sind hier vor allem solche Wörter, die gänzlich neu für Sie waren, für die im zweisprachigen Wörterbuch besonders viele verschiedene Bedeutungen angegeben waren oder von denen Sie wissen, dass Sie sie nicht aktiv verwenden würden, weil Sie gar nicht wüssten wie.

▶ Lesen Sie dann den entsprechenden Wörterbuchartikel durch. Achten Sie dabei vor allem auf die verschiedenen Bedeutungen des Wortes und auf die Verwendungsbeispiele. Wenn Synonyme angegeben sind, sollten Sie diese ebenfalls nachschlagen und auf die Bedeutungsunterschiede zwischen diesen achten.

▶ Lassen Sie sich von den Querverweisen im Wörterbuch leiten und »schmökern« Sie an verschiedenen Stellen im Wörterbuch. Sie erhalten so strukturierten lexikalischen Input.

▶ Benutzen Sie auch bei Lernwörterbüchern, wenn verfügbar, die elektronische Form (sei es als Software oder als freies Angebot im Internet). Diese erleichtert gerade das Springen von einem Stichwort zu einem damit in Zusammenhang stehenden anderen (z. B. einem Synonym). Wenn Sie im Erklärungswortschatz einmal ein Wort nicht kennen, können Sie sich durch einen Klick wiederum die Erklärung dieses Wortes anzeigen lassen und anschließend zurückspringen.

14 Grammatik lernen

14 | 1 Verabschieden Sie sich von traditionellen Vorstellungen von Grammatiklernen

Laien zerlegen eine Sprache gedanklich meist in zwei Hauptbestandteile: Vokabeln und Grammatik. Und entsprechend besteht Sprachenlernen für sie vor allem aus Vokabellernen und Grammatiklernen. Und entsprechend groß ist dann auch die Bedeutung, die sie diesen beiden Aspekten beimessen. Sie werden in dieser Einschätzung oft durch ihre Lehrer bestärkt. Denn viele Lehrer verwenden auch heute noch beträchtliche Mühe darauf, ihre Lerner mit der Grammatik der Fremdsprache vertraut zu machen, sei es in

Form von Erklärungen, Regeln oder Übungen zu einzelnen grammatischen Aspekten. Sie begründen dies meist mit der Behauptung, dass ohne Grammatik kein korrekter Gebrauch der Fremdsprache möglich sei. Und obwohl Grammatikunterricht bei vielen Lernen nicht sonderlich beliebt ist, akzeptieren die meisten Lerner diese Einschätzung fraglos. Unter anderem auch deshalb, weil sie es aus der Schule oft nicht anders kennen, vor allem dann nicht, wenn sie dort noch eine alte Sprache wie Latein gelernt haben.

Für die Lehrer wiederum ist Grammatikunterricht oft eine attraktive Unterrichtsaktivität. Die Regeln geben auch dem Lehrer, der Nichtmuttersprachler ist, Sicherheit und Halt, man kann die Lerner mit Grammatikübungen leicht beschäftigen und dabei auf ein großes Angebot an gebrauchsfertigem Übungsmaterial zurückgreifen. Fehler sind meist klar benennbar und korrigierbar und Grammatikaufgaben eignen sich deshalb auch noch besonders gut für Prüfungen.

Im Gegensatz zu dieser unhinterfragt zentralen Bedeutung, die dem Grammatikunterricht in der Unterrichtspraxis oft beigemessen wird, besteht in der Forschung keineswegs Gewissheit darüber, dass dies gerechtfertigt ist. Betrachten wir einige Gründe, die die zentrale Rolle der Grammatik zumindest in Frage stellen.

Da ist zunächst einmal die Beobachtung, dass in vielen Situationen die Beherrschung einer Regel nicht zu einer angemessenen Sprachverwendung führt. Wenn ein unbekannter Ausländer Sie auf dem Bahnhof mit dem Satz *Ich wünsche, dass Sie meinen Koffer aus dem Zug heben* anspricht, werden Sie dies in der Regel als eine völlig unpassende Formulierung empfinden – obwohl der Ausländer mit diesem Satz eine geradezu beeindruckende Kostprobe seiner Beherrschung der deutschen Grammatik abliefert, z. B. indem er *wünschen* richtig konjugiert, die Präposition *aus* mit dem Dativ verbindet, einen wohlgeformten *dass*-Nebensatz bildet mit der für das Deutsche typischen, für viele Lerner aber schwer nachzuvollziehenden Stellung des Verbs am Satzende statt hinter dem Subjekt *Sie* usw. Er wendet so mindestens ein halbes Dutzend Regeln richtig an – und verfehlt dennoch die intendierte Wirkung einer höflichen Bitte. Diese hätte er mit dem grammatisch wesentlich einfacheren Satz *Könnten Sie das für mich machen?* sogar besser erreicht. Zwar kommen auch in dieser Äußerung grammatische Regeln zur Anwendung (z. B. zur Verwendung des Infinitiv nach Modalverben wie *können* und Bildung des Konjunktivs *könnten*), aber für den entscheidenden Punkt, dass nämlich *Könnten Sie das für mich machen* höflicher und der Situation angemessener ist als *Ich wünsche, dass Sie den Koffer für mich aus dem Zug heben* gibt es gerade keine grammatische Regel. Und natürlich erst recht nicht dafür (wie wir schon in Abschnitt 1|5 gesehen haben), dass *Würden Sie mir den Gefallen tun und das für mich machen?* eine höfliche Bitte ist, *Könnten Sie das gefälligst für mich machen?* aber das genaue Gegenteil einer solchen.

Vieles an Sprache beruht auf sozialer Konvention. Grammatische Wohlgeformtheit ist deshalb immer nur eine sinnvolle, aber oft keine hinreichende Bedingung dafür, dass Kommunikation angemessen funktioniert.

Ein zweiter Umstand, der die Bedeutung von explizitem Grammatikwissen beschränkt, ist die Beobachtung, dass dieses oft gar nicht nötig ist, um die Struktur einer Sprache zu durchschauen. Man kann relativ leicht Zugang zu einer Fremdsprache finden, ohne sich allzu viele Gedanken über ihre Grammatik machen zu müssen. Jedenfalls so lange, wie man sich auf das Verstehen und nicht auf das Produzieren fremdsprachiger Äußerungen konzentriert. Dafür gibt es einen einfachen Grund: Wenn Sie einen fremdsprachigen Text lesen, wissen Sie immer schon, dass die darin enthaltenen Sätze grammatisch korrekt, wohlgeformt und sinnvoll sind. Jedenfalls dann, wenn es sich um sorgfältig redigierte Texte von Muttersprachlern handelt, wie wir sie in Lehrwerken, Büchern, Zeitschriften usw. vorfinden. In der Sprach*produktion* hingegen müssen Sie diese Aufgabe selbst übernehmen. Dabei begegnen Sie als Lerner zahlreichen Ungewissheiten und machen naturgemäß Fehler. Oder um es in ein einfaches Bild zu packen: Der Weg an einen fremden Ort ist meist schwerer zu finden als der Weg nach Hause.

Betrachten wir ein paar einfache Beispiele. Einen Satz wie *If I had enough money, I would go on a holiday* verstehen wir, lange bevor wir die Regeln zur richtigen Bildung von Wenn-Sätzen im Englischen erworben haben. Das Gleiche gilt für den spanischen Satz *El libro está en la borsa*, bei dessen Verständnis wir uns keine großen Gedanken über die relativ komplizierten Regeln zur Unterscheidung von *ser* und *estar* im Spanischen machen müssen. Erst wenn wir auf einen der ausgesprochen seltenen Fälle stoßen, in denen die Verwendung von *ser* und *estar* im gleichen Kontext einen Bedeutungsunterschied macht (z. B. *ser nuevo* – »neu sein«; *estar nuevo* – »wie neu sein«, »neuwertig sein«), benötigen wir genaueres Wissen darüber. Zumindest für die Sprachrezeption reichen also oft minimale Grammatikkenntnisse, um die Bedeutung zu erschließen.

Doch auch im produktiven Gebrauch der Sprache brauchen wir keineswegs für jeden Satz Grammatikwissen. Welchen französischen Satz würden Sie aus den fünf französischen Wörtern *aime enfant la mère son* bilden? Wahrscheinlich nur den Satz *La mère aime son enfant*. Rein kombinatorisch wären aus diesen fünf Wörtern aber nicht weniger als 120 verschiedene Sätze möglich (nämlich $5 \times 4 \times 3 \times 2 = 120$). Davon scheiden wir aber 119 gleich als unmöglich oder zumindest unwahrscheinlich aus, z. B. Sätze wie *Son mère aime enfant la* oder *Aime enfant la son mère* oder *Son la aime mère enfant* usw. Warum? Weil wir aufgrund unserer menschlichen Sprachfähigkeit ein Gefühl dafür haben, was in einer Sprache, und zwar auch in einer, die wir noch gar nicht kennen, möglich oder zumindest wahrscheinlich ist. Das reduziert den Lernaufwand gewaltig. Wir brauchen also Grammatik keineswegs zur Bildung jedes Satzes, sondern immer nur für einen Teil der Sätze, die wir faktisch verwenden. Das sind zwar immer noch viele, wie die Fehler zeigen, die wir dabei machen. Aber die Zahl der Fehler täuscht in vielen Fällen völlig darüber hinweg, wie viel wir falsch machen *könnten*, wenn wir keinerlei sprachliche Intuition im Kopf hätten, die es uns erlaubt, die Zahl der rein theoretisch möglichen Satzbauarten radikal auf einige wenige zu reduzieren. Eine Fähigkeit übrigens, die uns bereits beim

Erwerb der Muttersprache unglaublich geholfen hat und ohne die wir nicht in der Lage wären, von beliebigen Sätzen zu entscheiden, ob sie richtig oder falsch sind, und das sogar auch dann, wenn wir diese Sätze noch nie gehört haben oder wenn sie sinnlose Wörter enthalten. So erkennen wir spontan, dass der Nonsens-Satz *Der Huser hatte das Pliem gläulich geschmirkt* ein wohlgeformter Satz der deutschen Sprache sein könnte, der Satz *Der Huser das gläulich hatte geschmirkt Pliem* jedoch nicht.

Der wichtigste Einwand gegen eine Übergewichtung der Grammatik ist jedoch folgender: Die Annahme, dass man zunächst eine Grammatikregel lernt, diese dann intensiv übt und dadurch schließlich in die Lage versetzt wird, sie im spontanen Sprachgebrauch automatisch richtig anzuwenden, ist in der Forschung stark umstritten.

Eine Reihe von Forschern geht davon aus, dass explizites Regelwissen uns nur in solchen Situationen für die Sprachanwendung zur Verfügung steht, in denen die Umstände den Abruf dieses Wissens erlauben oder nahelegen. Dies ist z. B. dann der Fall, wenn wir einen Zweifel hinsichtlich einer Formulierung bewusst erleben, uns dann fragen, ob wir auf eine Regel zur Lösung dieses Zweifels zurückgreifen können und dann auch noch die nötige Zeit haben, diese Regel aus dem Kopf abzurufen und auf den Problemfall anzuwenden. Beim Schreiben fremdsprachiger Texte ohne Zeitdruck können diese Bedingungen erfüllt sein. Beim spontanen Sprechen hingegen, bei dem der Fokus ganz auf der Bewältigung der Kommunikationssituation und den in ihr vorkommenden Inhalten liegt, werden wir dieses Regelwissen gerade nicht aktivieren und in Ruhe anwenden können. In solchen Situationen wird uns vielmehr nur das zur Verfügung stehen, was wir implizit gelernt und verinnerlicht haben und was wir mehr oder weniger automatisch anwenden können.

Diese Behauptung deckt sich mit der Beobachtung, dass wir beim spontanen Sprechen in der Tat oft Fehler machen, die wir bei längerem Nachdenken nicht gemacht hätten. Mehr noch: Es gibt die berühmten »dummen« Fehler, die wir beim Sprechen oft auch noch als weit fortgeschrittene Lerner machen, obwohl wir schon seit Jahren die Regel kennen, die uns sagt, dass hier etwas falsch ist. So z. B., wenn wir als Deutsche im Französischen parallel zu dem bejahten Satz *J'ai des enfants* die verneinte Aussage formulieren *Je n'ai pas des enfants*, obwohl wir gelernt haben, dass in verneinten Sätzen der Artikel wegfallen muss, von dem Wort *des* (= *de* + *les*) also nur noch die Präposition *de* übrigbleiben darf: *Je n'ai pas d'enfants*. Oder wenn wir in englischen *If*-Sätzen *would*-Formen verwenden (*If I would know him better, I would invite him*), obwohl wir alle schon in der Schule gelernt haben, dass in *If*-Sätzen kein Konditional stehen darf, sondern ein Past Tense zu benutzen ist: *If I knew him better, I would invite him*. Oder wenn Ausländer, die fließend Deutsch sprechen, nach vorangestellten Umstandsbestimmungen wie *heute* oder *hier* die normale Wortabfolge von Subjekt und Prädikat beibehalten statt sie umzudrehen: *Heute ich habe keine Zeit zu kommen*. In der Fachwissenschaft spricht man in solchen Fällen von »Fossilisierungen«, d. h. von Fehlern, die sich sozusagen in unserem

Sprachgebrauch »abgelagert« haben und die nur noch sehr schwer wegzubekommen sind.

Regellernen ist also in vielen Fällen auch nach Jahren keine Garantie für richtigen Sprachgebrauch. Viele Forschungsergebnisse sprechen dafür, dass dieser Effekt keine Folge von mangelndem Üben ist, sondern dass vielmehr das Lernen einer Regel und das Anwenden einer Regel im spontanen Sprachgebrauch einfach zwei verschiedene Paar Schuhe sind, die verschiedene Lernprozesse voraussetzen. Oder anders ausgedrückt: dass aus explizitem Regellernen oft nicht sichere Sprachbeherrschung wird. Mehr noch: Der Versuch, beim Sprechen in der Fremdsprache Fehler planmäßig durch den Abruf von Regeln zu vermeiden, behindert oft mehr, als dass er hilft. Besonders augenfällig wird dies, wenn Lerner sich erst auswendig gelernte Regeln oder Konjugationsmuster aufsagen müssen, bevor sie die richtige Form produzieren können. Und im Übrigen gilt: Wäre die Beherrschung von Regeln wirklich für die Sprachbeherrschung so wichtig, wie man denkt, dann müssten alle, die einmal Latein gelernt haben, zumindest in Ansätzen Latein auch sprechen können. Denn kaum ein Unterricht schließt so viel Grammatiklernen ein wie der Lateinunterricht.

Nach so viel Negativem über die Bedeutung der Grammatik wird es Zeit, auch ein paar Vorteile von Grammatikwissen zu nennen. Wie schon im Vorausgehenden angedeutet, kann Grammatikwissen in bestimmten Situationen helfen, Fehler zu erkennen und sie entweder von vornherein zu vermeiden oder sie nachträglich selbst zu korrigieren. Dies gilt vor allem für das Schreiben, weil hier genug Zeit zum Abruf von Grammatikwissen ist. Und natürlich gelingt es uns gelegentlich auch beim Sprechen, einen Fehler, der uns aufgrund unseres Grammatikwissens aufgefallen ist, noch schnell selbst zu korrigieren. In der Fremdsprachendidaktik spricht man in solchen Fällen von »Autokorrekturen« im Gegensatz zu Korrekturen durch einen Lehrer oder einen Muttersprachler. Grammatikwissen kann also die Fähigkeit zu solchen Autokorrekturen verbessern, was zumindest in Situationen, in denen die Vermeidung von Fehlern besonders wichtig ist, z. B. in schriftlichen Prüfungen, eine willkommene Gabe ist. Allerdings hat auch diese Fähigkeit ihre kommunikativen Grenzen. Einen Fremdsprachenlerner, der sich ständig selbst korrigiert und auf der Suche nach der richtigen grammatischen Form ist, wird wohl kein Muttersprachler als besonders unterhaltsamen Gesprächspartner empfinden.

Ein weiterer unbestreitbarer Vorteil von Grammatikwissen ist das Ökonomieprinzip. In manchen Fällen kann eine Regel eine Fülle von sprachlichen Phänomenen auf ökonomische Weise behaltbar machen, die wir uns ansonsten alle einzeln hätten merken müssen. Ein gutes Beispiel ist hier das Genus im Deutschen. Deutschlerner schlagen sich regelmäßig mit der nicht gerade einfachen Aufgabe herum, sich zu jedem deutschen Nomen merken zu müssen, ob es maskulin, feminin oder neutral ist und welchen der drei Artikel *der*, *die* oder *das* es folglich bekommt. Der damit verbundene Lernaufwand erscheint ihnen oft ziemlich lästig, vor allem wenn ihre Muttersprachen keine vergleichbaren Genusunterscheidungen bei Nomen kennen, wie z. B. das Englische oder das Türkische (außer für belebte Wesen). Hier ist jede Hilfe in Form einer Regel willkommen, z. B. dass Substantive auf -*keit* oder -*ung* immer feminin sind, Wörter mit den Verkleinerungsformen -*chen* oder -*lein* immer neutral und Wörter auf -*er*, die eine Person oder ein Gerät bezeichnen, immer maskulin (*der Fahrer, der Mieter, der Besitzer, der Wecker, der Mäher, der Brenner, der Kühler* usw.). Zwar bleiben auch ohne diese Regeln noch zahlreiche Unregelmäßigkeiten, aber eine Hilfe sind sie allemal. Im Vergleich dazu ist der Italienischlerner recht gut dran, der von der Endung -*a* fast immer auf ein feminines und von der Endung -*o* fast immer auf ein maskulines Nomen schließen kann (mit sehr wenigen Ausnahmen). Und auch wer die relativ komplexen Regeln zur Stellung des Adverbs im englischen Satz einmal verstanden hat (*He quickly opened the door*, aber nicht *He opened quickly the door*), wird diese Regeln auf eine fast unbegrenzte Zahl von Fällen anwenden können.

Die Kenntnis von Regeln kann also ökonomischer sein als das Merken von vielen Einzelfällen. Voraussetzung ist allerdings, dass die Regel leicht durchschaubar und einfach anzuwenden ist, und vor allem, dass es nicht so viele Ausnahmen gibt, dass die Vorteile der Regel schon dadurch wieder aufgezehrt werden.

Eine dritte wichtige Funktion von Grammatik ist die der Sensibilisierung für sprachliche Strukturen der Fremdsprache. Ich habe bereits mehrfach auf die zentrale Funktion des fremdsprachigen Inputs als Motor des Lernprozesses hingewiesen. Doch der Input entfaltet nur dann seine volle Wirkung, wenn er bewusst verarbeitet wird. Und das bedeutet auch: wenn die grammatischen Strukturen der Fremdsprache bewusst wahrgenommen werden, vor allem dort, wo sie von der Muttersprache abweichen. Zwar können wir vieles in der Fremdsprache verstehen, ohne uns allzu viel Gedanken über ihre Grammatik machen zu müssen. Sobald wir aber die Fremdsprache selbst aktiv beherrschen wollen, müssen wir ein Gefühl dafür entwickeln, wie man in der Fremdsprache Gedanken nicht nur mit den richtigen Worten, sondern auch mit den richtigen grammatischen Strukturen ausdrückt. Und in dieser Phase kann die Beschäftigung mit der Grammatik der Zielsprache helfen, den fremdsprachigen Input tiefer zu verarbeiten und damit die Grundlage für die impliziten Lernprozesse zu schaffen, auf die wir so stark setzen.

Fassen wir die Bedeutung von Grammatik noch einmal kurz zusammen: Die Beherrschung der Zielsprache setzt zwar die Beherrschung ihrer grammatischen Regeln voraus; daraus folgt aber dennoch nicht, dass wir in großem Umfang Grammatikregeln pauken müssen. Für die rezeptiven Grundkompetenzen Lesen und Hören ist Grammatikwissen nur in kleinen Dosen notwendig. Bei den produktiven Grundkompetenzen ist explizites Grammatikwissen nur dann uneingeschränkt nützlich, wenn wir genug Zeit zum Abruf der Grammatikregeln haben, also meist nur für das Schreiben. Beim spontanen Sprechen hilft Grammatikwissen manchmal bei der Vermeidung oder der Selbstkorrektur von Fehlern. Sobald wir uns aber intensiv auf den Inhalt unserer Äußerungen konzentrieren, müssen wir uns ganz auf automatisiertes Sprachkönnen verlassen und haben kaum die Möglichkeit, bewusst Regeln zur Anwendung zu bringen. Versucht man es dennoch, kann dies die freie mündliche Kommunikation sogar behindern. Die Vorstellung, dass man grammatische Regeln nur besonders intensiv einüben müsse, um sie dann irgendwann automatisiert und spontan anwenden zu können, funktioniert häufig nicht, wie die Forschung zeigt. Die Hauptfunktion der Grammatik besteht darin, für die grammatischen Strukturen der Fremdsprache zu sensibilisieren und so zu einer vertieften Verarbeitung des fremdsprachigen Inputs zu gelangen. Die Ratschläge, die ich in den folgenden Abschnitten geben werde, konzentrieren sich deshalb auf diese Funktion. Wie wir Grammatik für den produktiven Sprachgebrauch sinnvoll einsetzen können, behandle ich an verschiedenen Stellen der Fortgeschrittenen-Kapitel zum Sprechen (Kap. 19) und Schreiben (Kap. 20), insbesondere in Abschnitt 20|15 (»Überprüfen Sie die Grammatik Ihres Textes«). Auch die Abschnitte des Kapitel 18 (»The missing link – Aus Input Output machen«) beschäftigen sich implizit mit der Verarbeitung grammatischer Strukturen der Fremdsprache, beschränken die Perspektive aber nicht auf diese, sondern zielen auf eine ganzheitliche Verarbeitung des Inputs unter Einschluss von Wortschatz und kommunikativer Funktion ab.

14 | 2   Vertrauen Sie dem Prozess des impliziten Grammatiklernens

Nachdem wir im vorausgehenden Abschnitt unsere Vorstellungen von den Möglichkeiten und den Grenzen der Grammatik beim Fremdsprachenlernen geschärft haben, werden wir uns in den folgenden Abschnitten mit der Frage beschäftigen, welche Strategien im Umgang mit Grammatik als Konsequenz aus dem Gesagten sinnvoll sind.

Die erste Konsequenz ist eine ganz ähnliche wie jene, die ich schon in Abschnitt 13|4 für den Wortschatzerwerb genannt habe, nämlich die Empfehlung, dem Prozess des impliziten Lernens zu vertrauen. Implizites Lernen findet immer dann statt, wenn wir uns intensiv mit fremdsprachigem Material auseinandersetzen, es sprachlich und inhaltlich erschließen und aktiv verarbeiten. Dieser Prozess ist nicht nur im Wortschatzerwerb wirksam, sondern mindestens im gleichen Maße auch im Erwerb grammatischer Strukturen. Denn während die Zahl der zu erwerbenden Wortschatzeinheiten in die Tausende oder gar Zehntausende geht (s. Abschnitt 13|3), handelt es sich bei der Grammatik höchstens um einige hundert Strukturen, die zudem noch mit einer hohen Wiederholungsrate auftreten. Ihnen immer wieder zu begegnen baut in uns ganz automatisch ein Grundverständnis davon auf, was ein wohlgeformter Satz der Fremdsprache ist und was nicht. Und dieses Grundverständnis ist die Voraussetzung dafür, dass wir ein »Gefühl« für Richtiges und Falsches in der Fremdsprache entwickeln. Ohne dieses Gefühl würden wir zahllose Regeln brauchen, um die Fremdsprache grammatisch korrekt anzuwenden – und das auch nur in einem Tempo, das jeden Zuhörer einschlafen ließe.

Um einem möglichen Missverständnis vorzubeugen, sei Folgendes betont: Hier wird nicht behauptet, dass implizites Grammatiklernen ausreicht, um eine Sprache in allen Kompetenzfeldern fehlerfrei anwenden zu können. Aber es wird sehr wohl behauptet, dass implizites Lernen die Basisvoraussetzung für den Erwerb grammatischer Kompetenz ist und diese Kompetenz durch explizites Grammatiklernen nur ergänzt, aber nicht ersetzt werden kann. Wie beim Wortschatzerwerb ist aber auch beim Grammatikerwerb die zentrale Voraussetzung für das Ingangbringen des impliziten Lernprozesses die Aufnahme und aktive Verarbeitung von fremdsprachigem Input, also das frühe Lesen, Hören und natürlich Verstehen von möglichst viel fremdsprachigem Sprachmaterial. Wie wir dabei im einzelnen vorgehen, sehen wir in den nächsten Ratschlägen.

14 | 3 Setzen Sie Grammatikwissen zunächst nur als reines Verstehensinstrument ein

Eine Grundstrategie im Umgang mit Grammatik ergibt sich aus der Tatsache, dass ihre Rolle für das Verstehen von Fremdsprachen eine ganz andere ist als für das eigene Produzieren von Fremdsprache – obwohl gerade dieser Unterschied sowohl in den Lehrwerken als auch in der Art der Grammatikvermittlung der meisten Lehrer oft ignoriert wird. Ich hatte das in Abschnitt 14 | 1 bereits anhand der hypothetischen *wenn*-Sätze (*If I had enough money I would go on a holiday*) im Englischen oder der Verwendung von *ser* und *estar* im Spanischen gezeigt. Nehmen wir noch ein weiteres Beispiel.

Sie treffen in einem Italienisch-Lehrwerk auf die beiden Sätze *Questo è il mio libro* und später auf *Questo è mio padre*. Schon mit sehr wenig Italienisch werden Sie verstehen, dass der erste Satz »Das ist mein Buch« und der zweite »Das ist mein Vater« bedeutet. Möglicherweise fällt Ihnen auf, dass im ersten Fall vor dem besitzanzeigenden *mio* noch *il*, der italienische Artikel für maskuline Substantive steht, vor *padre* aber nicht, obwohl auch *padre* maskulin ist. Dies wird Ihr Verständnis aber kaum beeinträchtigen, erst recht nicht, wenn der restliche Kontext eindeutig ist. Hinter dem einfachen Wörtchen *il* steckt aber eine relativ komplizierte Grammatikregel, deren aktive Beherrschung die Kenntnis mehrerer Teilregeln voraussetzt, die ich hier nur andeute: Im Italienischen steht nämlich vor den Possessivpronomen *mio, tuo, suo, nostro, vostro, loro* (mein, dein, sein usw.) im Normalfall der Artikel: *il mio libro* (»mein Buch«, wörtlich: »das meine Buch«) oder *la mia tazza* (»meine Tasse«, wörtlich: »die meine Tasse«). Aber nun kommen die Ausnahmen: Wenn es sich um Verwandtschaftsbeziehungen handelt (*padre, madre, figlio, figlia* usw.), wird – wie im Deutschen – kein Artikel vorangestellt: *mio padre, mio figlio*. Dies gilt aber wiederum nur für den Singular, nicht für den Plural: *i miei figli* (meine Kinder). Auch bei Kosewörtern steht der Artikel: *mio padre* aber *il mio papà, mia madre*, aber *la mia mamma*. Die feste Freundin oder der Verlobte hingegen werden nicht als Verwandte betrachtet, also steht der Artikel auch wieder in der Grundform: *la mia ragazza, il mio fidanzato*. Wird jedoch wiederum eine Verkleinerungsform verwendet, dann wird auch bei normalen Verwandtschaftsbeziehungen der Artikel eingesetzt: *il mio figliolo* (»mein Söhnchen«), *la mia nonnina* (»mein Großmütterchen«) usw. Als Anrede benutzt, z. B. in einem Brief, fällt der Artikel jedoch wieder flach: *Mia cara nonnina*. In der dritten Person Plural steht schließlich immer der Artikel, egal ob verwandt oder nicht, Verkleinerungsform oder Grundform: *il loro padre* (»ihr Vater« im Sinne von »der Vater mehrerer Kinder«). Hinzu kommt noch eine lange Liste von Ausnahmen in Anredeformen wie *Vostra Maestà* (»Ihre Majestät«) oder *Vostra Altezza* (»Eure Hoheit«) sowie in festen Wendungen und Ausdrücken wie *a mio parere* (»meiner Ansicht nach«) oder *a suo rischio* (»auf Ihre Gefahr«). Bei den Schwägern und Schwägerinnen schließlich sind sich die Italiener selbst nicht ganz einig. Man hört Formen mit und ohne Artikel: *(il) mio cognato, (la) mia cognata*.

Solange wir italienische Texte nur lesen oder hören, werden uns diese komplexen Regeln kaum belästigen, beim Bemühen um den eigenen korrekten Sprachgebrauch hingegen schon. Dies gilt für viele grammatische Erscheinungen, z. B. auch für Wortstellungsregeln, die uns ja z. B. im Englischen oft Schwierigkeiten machen, oder der Gebrauch der Zeiten unter Einschluss der Verlaufsformen: Heißt es *I lived in Germany all my live* oder *I have lived in Germany all my life* oder *I have been living in Germany all my life*? Diese Frage kann einen durchschnittlichen Englischlerner durchaus ins Grübeln bringen, beim Verständnis der Sätze hingegen tritt kein Problem auf. (Die Variante 1 ist falsch, 2 und 3 hingegen sind beide möglich.)

In den französischen Sätzen *C'est le meilleur vin que j'aie jamais bu* (»Das ist der beste Wein, den ich je getrunken habe«), *Claire était triste que Bernard ne soit plus là* (»Anne ist traurig, dass Bernard nicht mehr da ist«) und *Connaissez-vous un homme politique à qui on puisse se fier?* (»Kennen Sie einen Politiker, dem man trauen kann?«) steht aus drei unterschiedlichen grammatischen Gründen das Verb nicht im Indikativ, sondern im Konjunktiv (*aie* statt *ai*, *soit* statt *est*, *puisse* statt *peut*). Die grammatischen Regeln für den Gebrauch des Konjunktivs im Französischen sind ausgesprochen komplex und beschäftigen fortgeschrittene Lerner in der Schule oder im Studium eine ganze Weile. Man muss aber keine dieser Regeln kennen, um auch mit eher bescheidenen Französischkenntnissen die genannten Sätze richtig zu verstehen.

Wenn wir genauer hinschauen, stellen wir fest, dass es beachtliche Teile der Grammatik sind, die erst dann richtig relevant werden, wenn wir die Sprache aktiv sprechen oder schreiben wollen. Diesen Unterschied zwischen dem Umfang der benötigten Grammatikkenntnisse für das Verstehen und das eigene Produzieren können wir uns nun zunutze machen, indem wir uns zu Beginn des Lernprozesses ausschließlich auf solches Grammatikwissen konzentrieren, das wir benötigen, um den sprachlichen Input richtig zu verarbeiten. Durch diese Konzentration auf das Verstehen sparen wir Zeit und Mühe und können diese investieren, um *mehr* fremdsprachigen Input zu verarbeiten und so unsere impliziten Lernprozesse zu forcieren (s. Abschnitt 14|3). Machen Sie also beim Grammatiklernen einen bewussten Unterschied zwischen einer »Rezeptionsgrammatik« und einer »Produktionsgrammatik« und konzentrieren Sie sich in frühen Lernphasen auf die erstgenannte. Eine zu frühe Beschäftigung mit der letztgenannten ist in der Regel ineffizient. Ihr Erwerb in einer späteren Lernphase wird umso leichter, je mehr Gefühl für die fremdsprachigen Strukturen Sie bereits durch rezeptives Lernen entwickelt haben.

Welche sprachlichen Erscheinungen sind es nun aber, bei denen auch in frühen Phasen schon Grammatikwissen zum Verstehen notwendig ist? Nachdem wir weiter oben Beispiele für Erscheinungen gegeben haben, bei denen dies *nicht* der Fall ist, hier nun einige Beispiele für Erscheinungen, für die dies gilt. Zu ihnen gehört in vielen Sprachen das Unterscheidenkönnen verschiedener Verbformen nach Person, Tempus und Modus. Die italienischen Sätze *il cliente pagherà, il cliente ha pagato, il cliente pagherebbe* und *il cliente avrebbe pagato* unterscheiden sich nur in der Verbform von *pagare* (bezahlen), doch natürlich macht es einen großen Unterschied ob der Kunde bezahlen *wird* (*pagherà*), bereits bezahlt *hat* (*ha pagato*), bezahlen *würde* (*pagherebbe*) oder bezahlt *hätte* (*avrebbe pagato*). Wenn wir nicht in der Lage sind, anhand der Verbformen verschiedene Zeiten (Gegenwart, Zukunft, Vergangenheit) oder verschiedene Modi (Indikativ, Konditional) zu unterscheiden, wird das richtige Verständnis stark beeinträchtigt sein.

Aber es geht nicht nur um die grammatische Form einzelner Wörter, sondern in bestimmten Fällen auch um die Satzstruktur als Ganzes. Wenn die Verbform *avrebbe pagato* zum Beispiel in den Satz *Ha detto che avrebbe pagato* eingebettet ist, dann steht die Verbform plötzlich nicht mehr für die *hypothetische Möglichkeit* des Bezahlens (»hätte bezahlt«), die an Bedingungen geknüpft ist, sondern sie steht plötzlich für die *feste Ankündigung*, dass die betreffende Person bezahlen wird. Der Grund ist eine spezielle Grammatikregel im Italienischen für die indirekte Rede: Wenn die betreffende Handlung (das Bezahlen) aus der Vergangenheit heraus angekündigt wird (*ha detto* – »er hat gesagt«), dann muss im Italienischen plötzlich statt des Futurs (*pagherà* – »er wird bezahlen«) der Konditional II (*avrebbe pagato*) stehen, ohne dass diese Form noch die typische Konditionalbedeutung der bloßen Möglichkeit hätte.

Für die rezeptive Beschäftigung mit der Fremdsprache sollten Sie also immer nur so viel Grammatik zu Rate ziehen, wie Sie brauchen, um die Texte gründlich zu verstehen. Insbesondere in gut strukturierten Lehrwerken für die ersten Lernstufen werden das nur wenige Regeln sein, denn die Texte sind eigens für Lerner geschrieben und in eine Schwierigkeitsprogression gebracht worden. Die Grundregel in dieser Phase lautet somit: So viel Grammatik wie nötig, so wenig wie möglich. Die ganze Brandbreite der fremdsprachigen Grammatik bringen wir erst später ins Spiel, wenn wir uns mit der *Produktion* korrekter Sätze und Texte beschäftigen (s. Kap. 19 und 20, insbesondere Abschnitt 20|15 »Überprüfen Sie die Grammatik Ihres Textes«). Dann aber sollten wir den impliziten Lernprozessen im Sinne von Abschnitt 14|2 bereits ausreichend Gelegenheit gegeben haben, sich zu entwickeln.

14 | 4   Analysieren Sie fremdsprachige Sätze, die Sie nicht verstehen

Natürlich werden Sie früher oder später auf Sätze stoßen, die Sie nicht verstehen, weil Sie ihren Aufbau nicht durchschauen. Während Sie beispielsweise den englischen Satz *Snow fell everywhere, but here it stayed dry* problemlos verstehen, lässt Sie der Satz *Snow fell everywhere but here* vielleicht stutzen und Sie fragen sich, ob hier vielleicht ein Wort fehlt. In diesem Fall ist die Struktur des Satzes für Sie nicht transparent. Die Information, die Ihnen in diesem Fall fehlt, ist eine grammatische hinsichtlich der Verwendung des Wortes *but*. Dieses ist im Englischen nicht nur eine Konjunktion zur Verbindung von Sätzen mit der Bedeutung »aber« wie im ersten Beispiel, sondern auch eine Präposition mit der Bedeutung »außer«, »bis auf« wie im zweiten. Nur wenn man das weiß, kann man die Struktur des zweiten Satzes durchschauen. Die fehlende Information kann man natürlich einem Wörterbuch unter dem Stichwort *but* entnehmen, aber auch einer Grammatik, in der die Verwendung der einzelnen Präpositionen erklärt wird. Hier werden Sie auch weitere Beispiele finden, die Ihnen helfen, diese Struktur dauerhaft zu durchschauen. So finden Sie z. B. in der »Praktischen Grammatik der englischen Sprache« aus dem Gottfried Egert Verlag weitere Beispiele: *All but one of my colleagues were present at the meeting. Who but you could do it? He claims that he tells nothing but the truth* und *She refuses to speak in any other language but Italian with me.*

In einem Lehrwerk, insbesondere wenn es zum Selbststudium vorgesehen ist, werden Sie die fehlenden grammatischen Erklärungen normalerweise an genau den Stellen angeboten bekommen, an denen solche Sätze auftraten. Wenn Sie bereits in einer Originalquelle lesen und keine grammatischen Erklärungen angeboten bekommen, sind Sie auf sich allein gestellt und müssen nun versuchen, den Sinn des Satzes selbst aus seiner Struktur abzuleiten. Wenn es sich um ein grammatisches Phänomen handelt, das Sie klar identifizieren können, haben Sie die Möglichkeit, in einer Grammatik nachzuschlagen. Meist jedoch werden Sie das Phänomen gar nicht so genau benennen können, Sie haben einfach nur ein Gefühl des Nicht-Durchschauens der Satzstruktur. Hier ein paar Tipps, wie Sie in diesen Fällen vorgehen können:

▶ Wenn Sie eine Hörversion des Textes haben, die von einem professionellen Sprecher gesprochen wird, dann hören Sie sich diese zunächst einmal an. Achten Sie besonders darauf, welche Wörter oder Satzteile der Sprecher betont und wie er beim Vorlesen die einzelnen Satzbestandteile akustisch durch minimale Pausen gruppiert. Beides kann eine erste Hilfe sein, um die Satzstruktur besser zu verstehen.

▶ Schlagen Sie alle im Satz vorkommenden Wörter nach, die Ihnen noch unbekannt sind.

▶ Versuchen Sie, zu jedem unbekannten Wort zu klären, um welche Wortklasse es sich handelt (Substantiv, Adjektiv, Verb, Adverb, Präposition, Konjunktion usw.). Rechnen Sie dabei auch damit, dass manche Wörter zu mehreren Wortklassen gehören können (ein besonders im Englischen sehr häufiger Fall bei den Wortklassen Substantiv und Verb wie z. B. *run* – »Lauf« und »laufen«, *air* – »Luft« und »lüften«, *mother* – »Mutter« und »bemuttern« usw.).

▶ Versuchen Sie bei jedem Wort, das nicht in seiner lexikalischen Grundform vorkommt, zu bestimmen, in welcher Form es verwendet wird (z. B. Singular oder Plural, feminine oder maskuline Form, *du*- oder *Sie*-Form, Dativ oder Akkusativ, Adjektiv oder Adverb, Gegenwart oder Vergangenheit, Indikativ oder Konjunktiv usw.).

▶ Versuchen Sie, den Hauptsatz zu identifizieren und ihn gegen alle Nebensätze, Einschübe, Ergänzungen usw. abzugrenzen. Heben Sie ihn dazu mit einem Marker oder durch Unterstreichen optisch hervor. Versuchen Sie erst dann, seine Ergänzungen schrittweise in das Verständnis einzubinden.

▶ Entschlüsseln Sie die Bedeutung von Wörtern, die auf andere, früher oder später genannte Wörter verweisen. Ersetzen Sie z. B. Personalpronomen (wie im Deutschen *er*, *sie*, *es*, *ihm*, *ihn*, *ihr* usw.) wieder durch die Person oder den Gegenstand, auf den sie sich beziehen, und Verweiswörter wie *das*, *dies*, *jenes* usw. wieder durch die Begriffe, auf die sie zurückverweisen. Klären Sie bei besitzanzeigenden Wörtern wie *sein* oder *ihr*, wer die »Besitzer« sind. Schreiben Sie die Auflösung in solchen Fällen einfach an den Rand oder malen Sie einen Pfeil in den Text, der von dem erklärungsbedürftigen Wort zu dem Wort führt, auf das es sich bezieht.

▶ Achten Sie besonders auf Wörter am Anfang des Satzes, da diese oft seine Bedeutung im Textzusammenhang maßgeblich beeinflussen (im Englischen z. B. Wörter wie *therefore*, *however*, *nevertheless*, *yet*, *for*, *nor* usw.).

▶ Gliedern Sie den Satz in zusammenhängende Wortgruppen oder Sinneinheiten und markieren Sie die festgestellten Grenzen zwischen den einzelnen Wortgruppen durch senkrechte Striche.

▶ Führen Sie eine Interlinearübersetzung des Satzes durch. Dies ist eine Übersetzungstechnik, bei der man jedes einzelne Wort wörtlich übersetzt, ohne darauf zu achten, ob dies im Deutschen einen grammatisch akzeptablen Satz ergibt. In der Regel reicht es aus, dies nur gedanklich zu tun, bei besonders komplexen Sätzen kann es ggf. auch einmal schriftlich geschehen, indem man die deutschen Wörter einzeln unter oder über die fremdsprachigen schreibt. Insbesondere in Kombination mit der Bestimmung der Wortarten (s. o.) kann man manchmal mit dieser Technik besser erkennen, wie sich die Bedeutung des Satzes aus seiner grammatischen Grundstruktur aufbaut.

▶ Schließen Sie aus der Bedeutung auf die grammatische Struktur. Wie wir in Abschnitt 16|9 noch sehen werden, sollten beim Textverstehen *bottom-up-* und *top-down*-Strategien möglichst ineinandergreifen. Das bedeutet, dass wir sowohl von der Struktur und der Bedeutung kleinerer Einheiten wie Wörter und Wortgruppen auf die größeren Bedeutungszusammenhänge auf Satz- und Textebene schließen sollten (bottom up) als auch umgekehrt (top down). Da normalerweise kein Satz in einem Text isoliert steht, sondern immer in einem Bedeutungszusammenhang mit den vorausgehenden und den nachfolgenden Sätzen, können wir auch immer aus dem bereits Verstandenen auf das noch nicht Verstandene schließen und damit auf seine mögliche grammatische Struktur. Wenn wir z. B. aus dem Zusammenhang bereits ahnen, dass ein Satz indirekte Rede enthält oder dass er eine hypothetische Annahme enthält (»wenn etwas so oder so wäre«), dann hilft uns das meist dabei, den Satz auch in seinem Aufbau leichter zu durchschauen. Wir sollten uns also auch bei der strukturellen Analyse von Sätzen nicht in der rein grammatischen Betrachtung stecken bleiben, sondern auch immer fragen, ob wir aus der vermuteten oder bereits bekannten Bedeutung auf seine grammatische Struktur schließen können. (Näheres zu den bedeutungsorientierten Texterschließungsstrategien in Abschnitt 16|9.)

Wenn Sie mit keiner der genannten Strategien Ihr Ziel, die Struktur des Satzes zu durchschauen, erreichen können, sollten Sie sich nicht an diesem Satz festbeißen. Ein einzelner nicht vollständig verstandener Satz wird das Verstehen des ganzen Textes in der Regel nicht komplett blockieren. Ein gewisses Maß an Toleranz für das Nicht-Verstehen ist beim Fremdsprachenlernen unentbehrlich (und dies später ja sogar in noch größerem Maße, z. B. beim Hörverstehen in Gesprächen mit Muttersprachlern).

14|5 Analysieren Sie fremdsprachige Sätze, die Sie verstehen

Je weiter Sie im Erwerbsprozess voranschreiten und je weniger Ihnen das Verstehen fremdsprachiger Sätze Probleme bereitet, desto mehr sollten Sie dazu übergehen, auch Sätze zu analysieren, die Sie verstehen. In dieser Phase lautet das Ziel, den Aufbau der Sätze möglichst vollständig zu durchdringen, und zwar unabhängig davon, ob die einzelnen grammatischen Phänomene für das Verständnis relevant sind oder nicht. Damit bleiben wir zwar immer noch in der rein rezeptiven Phase der Beschäftigung mit Grammatik, aber wir tun einen Schritt von der Frage »Was bedeutet das?« hin zur Frage »Warum muss es so heißen?«. Wir gehen damit von der Phase der rein bedeutungsorientierten Grammatikarbeit zur Phase des vertieften Strukturverstehens über. Einmal abgesehen davon, dass wir beim Fremdsprachenlernen dafür früher oder später ohnehin ein Bedürfnis entwickeln, nehmen wir damit auch Kurs auf die spätere aktive Anwendung grammatischer Regeln in der Sprachproduktion. Betrachten wir zwei einfache Beispiele.

▸ Sie wundern sich über die Präposition *a* in spanischen Sätzen wie *El empleado pregunta a su colega* oder *El jefe ha informado a sus empleados*, obwohl aus dem Kontext die Bedeutung der Sätze klar hervorgeht (»Der Angestellte hat seinen Kollegen gefragt« bzw. »Der Chef hat die Mitarbeiter informiert«). Spätestens wenn Sie merken, dass diese Präposition häufiger nach Verben verwendet wird, bei denen wir vom Deutschen her überhaupt keine Präposition erwarten würden, wird es Zeit, dem Phänomen nachzugehen. Die Information, die Ihnen hier zum Strukturverständnis fehlt, ist die Regel, dass im Spanischen Verben, die ein direktes Objekt (»Akkusativobjekt«) nach sich ziehen, mit diesem durch die Präposition *a* verbunden werden, wenn dieses direkte Objekt eine durch den Kontext näher bestimmte Person oder Personengruppe ist, eine Regel, die für Deutschsprachige zweifellos überraschend ist. Umso mehr wenn wir erfahren, dass diese Regel auch für Tiere gilt: *no veo a mi perro* (»Ich sehe meinen Hund nicht).

▸ Sie treffen beim Chinesischlernen am Ende vieler Sätze auf das Wörtchen *ma* und fragen sich, warum es da steht (*Nǐ shi Zhōngguórén ma?* – »Sind Sie Chinese/Chinesin?«). Hier hilft die Information, dass es sich um eine sog. »Fragepartikel« handelt, die die Funktion hat, aus einem Aussagesatz einen Fragesatz zu machen. Genauer gesagt bildet sie eine Entscheidungsfrage, also eine Frage, die man mit Ja oder Nein beantworten kann, im Gegensatz zur Ergänzungsfrage, die mit Fragewörtern wie *wer? was? wo? wie?* usw. gebildet wird und die ganz offene Antworten zulässt. Es macht somit auch keinen Sinn nach der »Übersetzung« dieser Partikel zu suchen. Denn *ma* bedeutet im Kern nur: »das, was davor steht, ist eine Entscheidungsfrage«.

Unseren Bedarf an solchen grammatischen Erklärungen erkennen wir beim Lesen meist spontan, und zwar daran, dass wir uns über bestimmte grammatische Merkmale eines Satzes wundern. Gehen Sie also der sprachlichen Erscheinung, die Ihre Verwunderung auslöst, nach und versuchen Sie zu klären, was dahintersteckt. Tun Sie dies allerdings in dieser Phase noch nicht mit der Absicht, in die letzten grammatischen Geheimnisse der Fremdsprache einzudringen oder sich an Ausnahmen von den Ausnahmen festzubeißen. Wenn Sie sich also beispielsweise über die Verwendung des bestimmten Artikels in Ausdrücken wie *il mio libro* oder *la mia tazza* wundern, dann reicht in dieser Phase noch die Information, dass im Italienischen vor Possessivpronomen der bestimmte Artikel steht, vielleicht noch ergänzt um die Hauptausnahme, dass dies nicht bei Verwandtschaftsbezeichnungen gilt. Sich mithilfe einer Grammatik in die verästelten Sonderfälle einzudenken (s. Abschnitt 14|3) hieße jetzt noch sich zu verzetteln.

Nun tut sich natürlich als nächstes die Frage auf, woher wir die grammatischen Informationen bekommen, die wir für das Durchschauen fremdsprachiger Satzstrukturen benötigen. Hier gibt es nur eine befriedigende Lösung: Das Lehrwerk muss uns diese liefern. Damit dies auf möglichst effiziente Weise geschieht, muss das Lehrwerk eine Reihe von Bedingungen erfüllen:

▶ Die grammatischen Erklärungen müssen unmittelbar auf die sprachlichen Erscheinungen bezogen sein, die in den Lektionstexten vorkommen.
▶ Das Lehrwerk muss diese Erscheinungen einfach, verständlich und möglichst anhand weiterer Beispiele erklären.
▶ Es muss das grammatische Wissen dabei häppchenweise vermitteln, ohne ganze Regelwerke aufzutürmen, und dabei nach einer Schwierigkeitsprogression vorgehen, also von leichten zu schwereren Erscheinungen übergehen.
▶ Es darf uns als Lerner nicht mit zuviel Detailinformation überfordern.

Bei der Auswahl von Lehrwerken sollten wir darauf achten, dass möglichst viele der genannten Bedingungen erfüllt sind. Das gilt insbesondere für Lehrmaterialien, die ausdrücklich für das Selbstlernen bestimmt sind. Den genannten Bedingungen relativ nahe kommt die Lehrbuchreihe »Englisch (Französisch, Spanisch, Italienisch, Russisch, Türkisch, Norwegisch usw.) mit System« aus dem Langenscheidt-Verlag. Hier enthält jede Lektion ein Grammatikkapitel, dessen Erklärungen sich an den grammatischen Erscheinungen in den Lesetexten orientieren. Noch konsequenter setzen aber die Bücher des Assimil-Verlages die geforderte Texterschließungsfunktion grammatischer Erklärungen um. Denn hier sind alle erklärungsbedürftigen Erscheinungen in den Texten, die über das reine Vokabelwissen hinausgehen, mit einer fortlaufenden Nummerierung markiert und werden anschließend einzeln mit Erklärungen versehen. Im Zusammenspiel mit den Übersetzungen der Dialoge, die ebenfalls zum Grundprinzip der Assimil-Methode gehören, stellen die Erklärungen dem Selbstlerner alle nötigen Informationen zur Verfügung, um das fremdsprachige Textmaterial nicht nur inhaltlich, sondern auch strukturell zu verarbeiten.

Hat ein Lehrwerk nur einen thematisch aufgebauten Grammatikteil, der nicht auf die einzelnen Lektionen bezogen ist, ist es kaum noch in effizienter Weise möglich, die grammatischen Informationen unmittelbar auf das Textverstehen zu beziehen. In diesem Fall eignet sich das Lehrwerk im Grunde nicht mehr zum Selbststudium. Denn es kann nicht Aufgabe des Lerners sein, sich aus einem Anhang mühsam die grammatischen Informationen zusammenzusuchen, die er für das Verstehen fremdsprachiger Satzstrukturen benötigt.

14 | 6   Setzen Sie die richtigen grammatischen Nachschlagewerke ein

Als Anfänger braucht man nicht unbedingt eine Grammatik. Wenn man mit einem Lehrbuch arbeitet, das die im vorausgehenden Abschnitt genannten Bedingungen erfüllt, reicht dies in der Regel für den Anfang völlig aus. Viele Lerner entwickeln aber dennoch ein Bedürfnis, auch einmal etwas in einer Grammatik nachschlagen zu können, sei es, um sich einen Regelkomplex im Zusammenhang vor Augen zu führen oder um einer konkreten grammatischen Erscheinung, der sie bei der Beschäftigung mit der Fremdsprache begegnet sind, auf den Grund zu gehen. Wenn man sich aber entschließt, eine Grammatik zu benutzen oder sogar anzuschaffen, sollte man auf einiges achten. Dazu in diesem Abschnitt ein paar Hilfen.

Ähnlich wie bei den Lehrwerken gibt es auch bei den Grammatiken mittlerweile zumindest für die gängigen Fremdsprachen ein reichhaltiges Angebot. Machen wir uns deshalb zunächst kurz die wichtigsten Unterschiede und Differenzierungskriterien bewusst:

▶ Thematische Breite

Der Begriff »Grammatik« wird oft unterschiedlich breit ausgelegt. Im engeren Sinne umfasst Grammatik nur die grammatischen Basiskategorien (wie Substantiv, Adjektiv, Artikel usw.), die Funktionen, die sie im Satz einnehmen können (Subjekt, Prädikat, Objekt, Adverb) und die Regeln, nach denen sie zu Satzteilen oder ganzen Sätzen verbunden werden (Partizipialkonstruktionen, Infinitivkonstruktionen, Nebensatztypen usw.). Viele Grammatiken gehen aber weit über diesen Kernbereich hinaus und geben auch Regeln zur richtigen Aussprache, zur richtigen Schreibung, zu bestimmten Stilebenen, zu häufigen kommunikativen Funktionen (wie z. B. zur Redewiedergabe in Form von direkter und indirekter Rede usw.). Ein gründlicher Blick ins Inhaltsverzeichnis reicht hier meist schon, um sich einen ersten Überblick über die abgedeckten Aspekte der Fremdsprache zu verschaffen.

▶ Thematische Tiefe

Unabhängig von der Breite der erfassten sprachlichen Erscheinungen können diese jedoch in unterschiedlichen Detailliertheitsgraden beschrieben werden. Sog. Elementar-, Basis oder Mindestgrammatiken beschränken sich auf die wichtigsten grammatischen Erscheinungen, während andere Grammatiken eher den Charakter von Handbüchern oder Kompendien haben, also versuchen, möglichst alle grammatischen Erscheinungen zu beschreiben, auch sehr spezielle oder seltene. Eine Einschätzung vermittelt hier der Titel (»Mindestgrammatik«, »Elementargrammatik«, »Basisgrammatik« im Gegensatz zu »Umfassende Grammatik«, »Grammatisches Handbuch« usw.), aber natürlich auch der Seitenumfang.

▶ Adressaten

Des Weiteren können Grammatiken für sehr unterschiedliche Adressatengruppen konzipiert werden, oft ohne dass dies im Titel immer deutlich signalisiert wird. So können die Grammatikverfasser eher einen muttersprachigen Benutzer im Auge gehabt haben (ähnlich der Deutschen Grammatik im Duden-Verlag) oder einen Fremdsprachenlerner. Im ersten Fall ist die Grammatik meist sehr viel detaillierter und für Lerner schwerer zu konsultieren, die Beispielsätze enthalten auch seltene Wörter und Wendungen, es sind literarische Beispiele als Belege angeführt usw. Eine Lernergrammatik hingegen ist meist auf wichtigere Grammatikerscheinungen hin ausgerichtet, achtet auf einen nicht zu komplizierten Wortschatz bei den Beispielen, konzentriert sich ganz auf die Gegenwartssprache und berücksichtigt oft die Erfahrungen aus dem Unterricht, ist also insgesamt »pädagogischer« aufgebaut.

▶ Expliziter Sprachbezug

In einer Grammatik kann die beschriebene Sprache mit der Beschreibungssprache zusammenfallen oder auch nicht. Eine Grammatik des Französischen kann also selbst auch auf Französisch verfasst sein oder in einer anderen Sprache. Lernergrammatiken sind z. B. häufig in der Sprache der Lerner verfasst, nicht in der zu lernenden Fremdsprache. Das erleichtert natürlich insbesondere in einem frühen Lernstadium die Nutzung bzw. ermöglicht sie überhaupt erst.

▶ Impliziter Sprachbezug

Der Unterschied zwischen beschriebener und Beschreibungssprache impliziert meist noch einen weiteren Aspekt, nämlich die Perspektive, unter der die fremdsprachigen Strukturen beschrieben werden. Wenn die Autoren z. B. Fremdsprachenlerner im Auge hatten, die eine ganz bestimmte Muttersprache sprechen (z. B. deutsche Französischlerner), dann behandelt die Grammatik meist die grammatischen Erscheinungen der Fremdsprache unter Berücksichtigung des speziellen Lern- und Erklärungsbedarfs deutscher Lerner und lässt dafür vielleicht eher weg, was in beiden Sprachen gleich oder sehr ähnlich ist. So muss z. B. das Kapitel über die Verwendung der Artikel in einer Französischgrammatik für Deutsche ganz anders aussehen als in einer Französischgrammatik für Lerner mit Russisch als Muttersprache, also einer Sprache, die gar keine Artikel in unserem Sinne kennt.

▶ Lehrwerksbezug

Eine Grammatik kann lehrwerkbezogen oder lehrwerkunabhängig sein. Im ersten Fall kann sie den grammatischen Inhalt wiederum nach Lektionen angeordnet präsentieren oder systematisiert, aber beschränkt auf das, was im Lehrwerk insgesamt vorkommt.

▶ Aufbauprinzip
Die meisten Grammatiken behandeln die grammatischen Erscheinungen nach einer sprachlichen Systematik, auch wenn diese oft nicht auf den ersten Blick erkennbar ist und man manchmal Mühe hat, ein bestimmtes Phänomen in ihnen zu finden. Ein beliebtes Aufbauprinzip ist z. B. das nach Wortarten (»Das Substantiv«, »Das Adjektiv«, »Das Verb« usw.). Es gibt aber auch Grammatiken, die alphabetisch aufgebaut sind, also z. B. den Abschnitt über die Stellung des Adjektivs unter A wie »Adjektiv« anbieten, das wieder in mehrere Unterabschnitte unterteilt ist, die dann »Adjektiv – Bildung«, »Adjektiv – Stellung« usw. heißen. Diese Anordnung hat den Vorteil, dass man manche grammatische Erscheinungen leichter findet, z. B. die Regeln zum Gebrauch der indirekten Rede unter I wie »Indirekte Rede«. Ein Beispiel für diesen Typus ist das »Taschenlexikon der französischen Grammatik« von Volker Fuchs (derzeit nur in Bibliotheken oder antiquarisch verfügbar). Hier finden sich neben Artikeln zu »klassischen« Grammatikthemen wie »indirekte Rede«, »Konditionalsatz«, »Fragepronomen« usw. auch Artikel zu einzelnen »grammatikintensiven« Wörtern wie *tout*, *chancun*, *même* usw. Dieser Typ grammatischer Nachschlagewerke eignet sich eher für fortgeschrittene Lerner.

▶ Integration von Übungen
Grammatiken können ausschließlich als Nachschlagewerke daherkommen oder aber bereits Übungsmaterialien integriert haben. Im letzten Fall gibt es den Vorteil, dass die Übungen meist unmittelbar auf die behandelten Grammatikthemen bezogen sind, was ein zielgerichtetes Üben derselben ermöglicht. Fast alle Verlage machen entsprechende Angebote. Internationale Klassiker für Englisch sind z. B. die Bände *English Grammar in Use* und *Advanced Grammar in Use* aus dem Verlag *Cambridge University Press*. Hier sind die grammatischen Erklärungen sehr knapp gehalten und die Übungen stehen im Vordergrund. Eher umgekehrt ist es im Fall des umfassenden Bandes »Die französische Grammatik« von Uwe Dethloff und Horst Wagner. Die Grammatik umfasst mehr als 700 Seiten. Die Übungen dazu finden sich komplett auf einer im Buch enthaltenen CD.

Welchen Typ von Grammatik sollte man nun als Anfänger benutzen? Im Folgenden einige Empfehlungen mit den entsprechenden Begründungen:

▶ Benutzen Sie eine Lerngrammatik speziell für Lerner mit Ihrer Muttersprache.
Die Grammatik, die Sie benutzen, sollte nicht für Muttersprachler geschrieben sein, sondern für Lerner, dies aber möglichst nicht für Lerner mit beliebiger Muttersprache, sondern ganz speziell mit Blick auf Lerner mit Ihrer Muttersprache, also z. B. eine englische Grammatik für Deutsche. Diese spezielle Ausrichtung führt in der Regel zu einer besseren Berücksichtigung typischer Lernschwierigkeiten deutscher

Englischlerner. Ein weiterer Vorteil ist, dass dann auch die Erklärungssprache meist Deutsch ist. Dies macht auch Übersetzungen der Beispielsätze möglich, was oft zum besseren Verständnis der präsentierten Regeln beiträgt. Insbesondere für die großen Weltsprachen gibt es zahlreiche einsprachige Grammatiken, die diesen Bezug nicht haben und folglich den spezifischen Lernbedarf von Lernern mit verschiedenen Ausgangssprachen nicht berücksichtigen. Es liegt auf der Hand, dass ein Hindi- oder Chinesisch-Sprecher teilweise andere Grammatikbedürfnisse hat, wenn er Englisch lernt, als ein deutscher Lerner.

▶ Arbeiten Sie zunächst mit einer Mindest- oder Elementargrammatik.
Mit einer solchen Mindest- oder Elementargrammatik (Umfang ca. 100–150 Seiten) stellen Sie sicher, dass Sie sich zunächst nur mit wichtigen oder häufigen Erscheinungen der Zielsprache beschäftigen und dass Sie sich nicht in Details, Sonderfällen und Ausnahmen von den Ausnahmen verlieren. Erst als Fortgeschrittener, der möglichst fehlerfreie Texte produzieren muss oder der eine Prüfung vorbereitet, ist die Benutzung einer umfassenden Grammatik sinnvoll.

▶ Achten Sie auf Beispielreichtum.
Am besten lernt man grammatische Erscheinungen durch eine gute Kombination aus verständlicher Regelformulierung und anschaulichen Beispielen. Beispiele sollten nicht einfach nur gelegentliches Beiwerk, sondern eher Hauptträger der Information sein. Achten Sie deshalb darauf, dass in der Grammatik möglichst jeder Erklärungstext mit einer ausreichenden Zahl anschaulicher Beispiele versehen ist.

▶ Achten Sie auf gute Benutzungshilfen.
Die Orientierung in einer thematisch aufgebauten Grammatik ist naturgemäß schwieriger als in einem alphabetisch aufgebauten Wörterbuch. Deshalb sind Orientierungs- und Benutzungshilfen besonders wichtig. Das Wichtigste ist ein klarer und übersichtlicher Aufbau, der sich in einem aussagekräftigen, möglichst detaillierten Inhaltsverzeichnis ausdrückt. Die einzelnen grammatischen Abschnitte müssen übersichtlich angeordnet und ihr jeweiliges Thema schon beim Blättern leicht zu erkennen sein. Wichtig ist auch ein detailliertes Schlagwortverzeichnis, in dem nicht nur grammatische Kategorien (wie »Adjektivstellung«, »indirekte Rede«, »Partizip« usw.) aufgeführt sind, sondern auch alle einzelnen Wörter, die eine grammatische Funktion übernehmen können (wie z. B. Präpositionen und Konjunktionen). Wünschenswert ist auch ein Glossar mit den wichtigsten verwendeten grammatischen Termini, in dem man diese bei Bedarf erklärt bekommt.

14 | 7   Prüfen Sie Grammatikübungen kritisch auf ihr Lernpotential

Das Angebot an grammatischem Übungsmaterial ist riesig. Es macht bereits in normalen Lehrwerken einen beträchtlichen Teil der einzelnen Lektionen aus, auch wenn sich der Anteil explizit grammatikbezogener Übungen zugunsten von stärker kommunikativ ausgerichteten Übungen mit impliziter Grammatik in jüngerer Zeit deutlich verringert hat. Das Angebot reicht von Einsetz- und Ergänzungsübungen über Umformungs-, Sortier- und Zuordnungsübungen bis hin zu grammatikzentrierten Übersetzungsaufgaben. In einer Unterrichtssituation entscheidet in der Regel der Lehrer, welche Übungen gemacht werden sollen, und bestimmt meist auch darüber, ob dies reihum im Klassenplenum, in Einzel- oder Gruppenarbeit, als Hausarbeit mit oder ohne anschließende Kontrolle im Unterricht oder einfach nur als freie Zusatzarbeit passiert. Der autonome Lerner hingegen entscheidet möglichst selbst, welche Übungen er macht. Doch dafür braucht er Auswahlkriterien. In diesem Abschnitt fragen wir uns deshalb, welche Übungsformen speziell für das Grammatiklernen sinnvoll sind.

Zunächst sei noch einmal darauf hingewiesen, dass wir das Grammatikwissen, das wir für die rein rezeptiven Grundkompetenzen benötigen, gar nicht durch spezielle Übungen bearbeiten müssen. Die Übung kommt hier ganz einfach dadurch zustande, dass wir möglichst viele fremdsprachige Texte bearbeiten, dabei zunehmend ein Gefühl für die grammatischen Strukturen der Fremdsprache entwickeln und nur dort, wo es für das Verstehen der Texte notwendig ist, auf grammatische Erklärungen zurückgreifen (s. Abschnitte 14|3 u. 14|4). Wenn wir speziell auf Übungen zurückgreifen, um Grammatik zu lernen, dann sollte es immer primär um die produktive Beherrschung der Fremdsprache gehen.

Bei der Auswahl von Übungen ganz gleich welcher Art sind generell einige wichtige Qualitätskriterien zu beachten. Diese werde ich in Kapitel 15 (»Richtig üben«) ausführlicher vorstellen. Hier möchte ich aber bereits einige Kriterien nennen, die speziell für Grammatikübungen gelten:

▶ Es muss für Sie als Lerner klar ersichtlich sein, welche grammatischen Erscheinungen in der jeweiligen Übung Gegenstand des Übens sind. Ist dies nicht der Fall, fehlt Ihnen die Entscheidungsgrundlage, ob die Bearbeitung der Übung überhaupt sinnvoll ist.

▶ Es muss im Hinblick auf Ihren aktuellen Lernstand ein sinnvolles Lernziel sein, sich um die aktive Beherrschung der grammatischen Erscheinung zu bemühen. So macht es beispielsweise wenig Sinn, sich mit den Feinheiten des französischen Konjunktivs zu beschäftigen, wenn Sie noch mit der einfachen Vergangenheit im Französischen kämpfen.

▶ Sie müssen den notwendigen grammatischen »Input« in Form von grammatischen Erklärungen bekommen haben, um diesen überhaupt üben zu können. Andernfalls wird die Übung zu einem Ratespiel.

▶ Sie müssen eine Rückmeldung auf die Bearbeitung der Übung bekommen können, z. B. in Form eines Lösungsschlüssels oder von Musterlösungen. Diese sollten möglichst auch noch einmal begründet oder an die Regeln rückgebunden werden. Ohne Auflösung sind Sie auf andere angewiesen (z. B. den Lehrer oder einen Tandempartner) oder Sie haben gar keine Möglichkeit, aus Ihren Fehlern zu lernen.

Die genannten Bedingungen sind jedoch nur Minimalbedingungen, damit es überhaupt einen Lerneffekt geben kann. Auch wenn diese Minimalbedingungen erfüllt sind, können Übungen noch von sehr unterschiedlichem Lernwert sein. Warum ist dies so?

Wir hatten schon im Grundlagenkapitel (insbesondere in Abschnitt 2|5) festgestellt, dass es beim Fremdsprachenlernen vor allem auf die Zuordnung neuer, nämlich fremdsprachiger Ausdrucksmittel zu gewohnten Denkinhalten und Kommunikationsabsichten geht. Grammatikübungen sind oft von diesem Grundgedanken besonders weit entfernt. Sie isolieren ein ganz bestimmtes grammatisches Phänomen und lenken unsere ganze Aufmerksamkeit auf dieses – statt auf seine Funktion in einem konkreten Kommunikationszusammenhang. Wenn wir beispielsweise eine Übung machen, in der an einer bestimmten Stelle die richtige Form eines unregelmäßigen Verbs eingesetzt werden muss, so werden wir uns nur auf diesen Aspekt konzentrieren. Dazu ist es bestenfalls nötig darauf zu achten, welche Person und eventuell noch welches Tempus die Verbform abdecken muss. Ansonsten aber werden wir dem Beispielsatz und seiner kommunikativen Funktion wenig Aufmerksamkeit schenken. Warum auch? Die gestellte Aufgabe wird in der Regel ohne diese Dimension lösbar sein.

Aus diesen Überlegungen folgt: Je näher die zur Lösung einer Grammatikaufgabe notwendigen Prozesse an einer möglichen Anwendungssituation sind, desto größer ist die Chance, dass wir sie im »Ernstfall« auch tatsächlich anwenden. Übungen, die grammatische Einzelphänomene auf den grammatischen »Seziertisch« legen, haben hingegen meist geringe Auswirkungen auf den tatsächlichen Sprachgebrauch.

Eine Übungsform, die den genannten Kriterien besonders gut entspricht, ist die Reproduktion von zusammenhängenden grammatischen Beispielsätzen anhand ihrer Übersetzungen ins Deutsche. Die »Praktischen Grammatiken« des Egert-Verlags zum Beispiel sind zwar hauptsächlich systematisch aufgebaute erklärende Regelgrammatiken, bestehen aber zu mehr als der Hälfte aus Beispielsätzen für die jeweils besprochenen grammatischen Erscheinungen, die in Spaltenform präsentiert werden, links der fremdsprachige Satz mit der jeweiligen grammatischen Erscheinung und rechts eine deutsche Übersetzung. Dabei handelt es sich fast durchweg um vollständige Sätze, die sozusagen einen kommunikativen Minikontext darstellen. Hier ein paar Beispiele aus der Praktischen Grammatik der englischen Sprache, und zwar aus dem Kapitel zum Gebrauch des *Present perfect progressive*, also der Verlaufsform des Perfekts:

It has been raining for days now. I don't think it will ever stop.	Es regnet jetzt schon seit Tagen. Ich glaube nicht, dass es jemals aufhören wird.
I have been waiting for the bus for almost an hour.	Ich warte jetzt schon seit fast einer Stunde auf den Bus.
What have you been doing lately?	Was hast du in letzter Zeit gemacht?
I have been working overtime for the last two months and now I am tired out.	Ich habe in den letzten zwei Monaten Überstunden gemacht und bin jetzt völlig erledigt.

Die Präsentation der Beispiele in Spaltenform macht ein systematisches Üben möglich. Dies geschieht am besten, indem wir uns zunächst die vorausgehenden grammatischen Erklärungen durchlesen und dann versuchen, ausgehend von den deutschen Übersetzungen, die englischen Beispielsätze selbst zu produzieren. Dazu decken wir den englischen Beispielsatz wie beim Vokabellernen zu und fragen uns, wie wir den in der deutschen Übersetzung ausgedrückten Gedanken selbst auf Englisch formuliert hätten. Dabei wäre uns aufgefallen, dass bestimmte vom Deutschen her vielleicht naheliegende Formulierungen im Englischen nicht möglich sind; im Fall des ersten Beispielsatzes z. B. ein Satz im Präsens oder die Wiedergabe von *seit* mit *since*. Und natürlich können wir Sätze, die wir nicht richtig in der Fremdsprache konstruieren, speziell analysieren, ggf. die Begründung für ihre genaue Form im vorausgehenden Erklärungsteil nachlesen und sie dann durch eine Markierung, ähnlich wie beim Vokabellernen, für das spätere Wiederholen und Überprüfen vormerken. Trotz der Fokussierung auf jeweils ein bestimmtes grammatisches Phänomen praktizieren wir so eine Übungsform, die einer Anwendungssituation relativ nahe kommt. Denn die Beispielsätze sind durchweg praxisnah und könnten so oder ähnlich in jedem Gespräch vorkommen.

Der Egert-Verlag bietet dieses Grammatikformat inzwischen immerhin für Englisch, Spanisch, Französisch, Italienisch, Portugiesisch, Katalanisch, Schwedisch, Norwegisch und Japanisch an. Ein ähnliches Format bietet auch die Reihe »Grammatik einfach praktisch« von Hueber. Inhaltlich handelt es sich hier aber eher um Basisgrammatiken. In anderen Verlagsproduktionen ist dieses Format eher selten zu finden.

Wenn man eine Grammatik also auch zum Üben verwenden will, sollte man durch einen Blick in den Aufbau vorab feststellen, ob zumindest die Beispielsätze in Spaltendruck angeordnet sind. Wenn nicht, wird die Grammatik nur zum Nachschlagen, aber nicht zum Üben zu verwenden sein.

Im Gegensatz zu den soeben empfohlenen Übungsformen gibt es eine große Zahl weiterer Übungsformate, die wesentlich anwendungsferner sind und deren Lerneffekt deshalb nur dann zum Tragen kommt, wenn eine bewusste Konzentration auf Grammatik möglich ist, z. B. beim Korrekturlesen eigener Texte oder in grammatikbezogenen Prüfungsaufgaben. Als Beispiel möchte ich hier grammatische Lücken- und Einsetzaufgaben nennen.

Lückenaufgaben gehören zu den häufigsten Übungs- und Testformaten. Und genau hier liegt bereits das erste Problem: Aus der Tatsache, dass Lückentests erwiesenermaßen ein gutes *Test*instrument sind (z. B. in Form des sehr gut erforschten C-Test-Formats, bei dem in jedem zweiten Wort die zweite Worthälfte getilgt wird und vom Lerner einzusetzen ist), folgt in keiner Weise, dass Lückentests auch ein gutes *Lern*instrument sind. Denn im ersten Fall geht es darum, festzustellen, ob ein bestimmter Grad der Sprachbeherrschung erreicht worden ist, im zweiten hingegen geht es darum, dafür zu sorgen, dass die Lernprozesse in Gang gesetzt werden, die überhaupt erst zu dieser Sprachbeherrschung hinführen sollen. Aber es kommen noch andere Aspekte hinzu.

Nehmen wir einen Beispielsatz aus einem Übungsbuch des Mentor-Verlags (»Vorsicht Fehler – 200 typische Englischfehler erkennen und vermeiden«). Die Übungsanweisung gibt vor: »Setze *hard* oder *hardly* ein«. Der erste Übungssatz lautet: »He was hit _____ on the head, but _____ felt any pain.« Anhand der vor der Übung stehenden kurzen Erklärung des Buches zur unterschiedlichen Bedeutung und Verwendung von *hard* als Adjektiv (hart, schwer, fleißig) und *hardly* als Adverb (kaum), gelingt es leicht, in der ersten Lücke *hard* und in der zweiten *hardly* einzusetzen. Doch machen wir uns klar, wie wenig diese Aufgabe mit der Sprachanwendung in einer realen Kommunikationssituation zu tun hat.

Zum einen: Wir lesen einen Satz und versuchen, uns trotz der Lücken dessen Bedeutung klar zu machen. Es kommt natürlich auch in der realen Anwendung vor, dass wir einen Satz nicht vollständig, sondern nur lückenhaft verstehen und dennoch den Sinn rekonstruieren müssen. Aber für das Füllen der Verständnislücken werden uns dabei keine vorgegebenen Lösungen zur Auswahl gestellt und die Lücken werden auch nicht ausgerechnet solche Wörter betreffen, die vom Deutschen her leicht zu verwechseln sind.

Zum anderen: Durch die Aufgabe wird unsere Aufmerksamkeit gezielt auf den Bedeutungsunterschied von *hard* und *hardly* gelenkt. Es ist jedoch äußerst unwahrscheinlich, dass beide Wörter in einer konkreten Kommunikationssituation in direktem Kontrast zueinander stehen. Wenn wir auf Englisch sagen müssen, dass jemand *hart getroffen wurde*, dann müssen wir zwar wissen, dass es in diesem Fall nicht *hardly*, sondern *hard* heißt. Aber es wäre ein ziemlicher Zufall, wenn im gleichen Zusammenhang ein *hardly* im Sinne von »kaum« vorkäme (höchstens als bewusstes Wortspiel: *he hardly worked hard*). Mit anderen Worten: Die Kontrastierung von *hard* und *hardly* ist rein didaktisch motiviert, zwischen ihnen besteht keine kommunikative Nähe. Kommunikative Nähe bestünde hingegen zwischen der Verwendung von *hard* oder *kaum* und jeweils benachbarten oder gegenteiligen Ausdrücken: *Er wurde hart am Kopf getroffen. Er wurde nur leicht im Kopf getroffen. Er wäre beinahe am Kopf getroffen worden* usw. Oder im Fall von *kaum*: *Ich habe kaum Schmerzen gehabt. Ich habe nur ein bisschen Schmerzen gehabt. Ich habe ziemlich heftige Schmerzen gehabt.*

Insgesamt zeichnet sich die Aufgabe also durch eine erhebliche Distanz zu einer realen Verwendungssituation von Sprache aus. Und genau das ist der Grund, warum ein Transfer auf solche Anwendungssituationen eher unwahrscheinlich ist. Wenn wir den Übungssatz irgendwann einmal bearbeitet haben und ein paar Wochen später zufällig sagen wollen, dass etwas kaum weh getan hat, werden wir dann wirklich spontan sagen *I hardly felt any pain*? Wahrscheinlich nicht. Denn wir haben in dieser Übung nicht darüber nachgedacht, wie man auf Englisch sagen kann, dass etwas kaum weggetan hat. Sondern wir haben nur darauf geachtet, wie wir *hard* und *hardly* auseinanderhalten können. Wenn wir erneut eine Aufgabe lösen müssen, in der wir *hard* und *hardly* auseinanderhalten müssen, z. B. im Rahmen eines Tests, werden wir möglicherweise von dieser Übung profitieren. In der spontanen Sprachanwendung hingegen eher nicht. Oder pointiert formuliert: In Grammatikübungen lernt man Grammatik, aber auch nicht viel mehr.

Während ich den praktischen Nutzen von Einsetzübungen also eher skeptisch beurteile, möchte ich von zwei weiteren beliebten Grammatiklernmustern regelrecht abraten. Dies sind zum einen Fehler-Erkennungs-Übungen und zum anderen Eselsbrücken zum Merken grammatischer Regeln.

Bei Fehler-Erkennungsübungen werden meist Sätze oder Texte präsentiert, die grammatische (oder auch sonstige) Fehler enthalten, die es zu erkennen und zu korrigieren gilt. Dabei wird meist der Anspruch erhoben, dass es sich um »typische« Fehler handelt und dass man diese durch das Üben »verlernt«. Hier ein Beispiel aus einem älteren Buch mit dem Titel »Speak you English? Programmierte Übung zum Verlernen typisch deutscher Englischfehler«: *Since I only learned the name of the man this morning, it was impossible for me to get in contact with him.* Enthält dieser Satz einen Fehler? Und wenn ja, welchen? Die richtige Antwort lautet: Es muss *the man's name* heißen, nicht *the name of the man*.

Solche Fehlererkennungsübungen sind bei vielen Lernern beliebt, weil sie sozusagen unsere Lust am Detektivischen ansprechen: Dem Fehler auf der Spur. Sie können vielleicht auch einen Beitrag dazu leisten, typische Fehler in eigenen Texten zu erkennen und zu vermeiden. Sie verstoßen aber gegen einen Grundsatz, der mindestens ebenso gewichtig ist: Man sollte sich nicht unnötigerweise mit falschem fremdsprachigen Input »umgeben«. Und das tut man natürlich zwangsläufig, wenn man sich mit solchen fehlerhaften Sätzen beschäftigt. Zumal viele Fehler trotz des Attributs »typisch« häufig dennoch individuell sind: Der eine macht sie regelmäßig, der andere schon nach der ersten Korrektur nicht mehr. Man wird deshalb in solchen Übungen auch immer mit einer beträchtlichen Zahl von Fehlern konfrontiert, die man vielleicht gar nicht gemacht hätte. Vielleicht hätten Sie gar nicht *The both dogs are black poodles* gesagt, sondern doch gleich richtig *Both dogs are black poodles* und auch nicht *Eat the meal in the kitchen there where you should*, sondern *Eat the meal in the kitchen where you should*, obwohl der genannte

Band davon ausgeht, dass diese Fehler »typisch« sind, also auch Sie sie »verlernen« müssen. Grundsätzlich bin ich der Meinung, dass Lernmaterialien den Schwerpunkt auf die Erweiterung Ihrer Ausdrucksmöglichkeiten in der Fremdsprache legen sollten. Die dabei auftretenden Fehler müssen natürlich korrigiert werden. Aber die reine Fixierung auf tatsächlich oder vermeintlich vorhersehbare typische Fehler steht dem mehr im Wege, als dass sie diesem Ziel dienlich wäre.

Fragwürdig ist auch das Lernen von Grammatikregeln mit Eselsbrücken, wie es in früheren Zeiten gang und gäbe war, auch im muttersprachlichen Deutschunterricht (»Wer nämlich mit H schreibt, ist dämlich«, »Wer brauchen ohne zu gebraucht, braucht brauchen gar nicht zu gebrauchen« u. Ä.). Ich hatte schon im Zusammenhang mit dem Vokabellernen die Argumente genannt, die gegen die Verwendung solcher Eselsbrücken sprechen (s. Abschnitt 13|15). Eselsbrücken sind Lernumwege, Bremsen für die spontane Sprachbenutzung und haben zudem die unangenehme Eigenschaft, dass man sie nie wieder loswird. Das gilt im Prinzip genauso für grammatische Eselsbrücken. Mag sein, dass in einzelnen Fällen eine Merkregel hilft, zwei leicht verwechselbare Dinge auseinanderzuhalten, z. B. in der Rechtschreibung, bei der man nicht wie beim Sprechen unter Zeitdruck steht. So etwa die Eselsbrücke »Auf der Oder schwimmt kein Graf« bzw. »Auf où gleich wo hüpft ein Floh«, um sich zu merken, dass im Französischen auf dem Wort *ou* für »oder« kein Akzent steht (»Graf« klingt wie »accent grave«), im Gegensatz zu dem Wort *où* für »wo«. Ich zweifele aber stark an der lernfördernden Wirkung von Merkregeln wie den folgenden: »à und le, oh welch ein Graus – mach au daraus«, um sich zu merken, dass im Französischen die Präposition *à* und der Artikel *le*, wenn beide aufeinanderfolgen, zu *au* verschmolzen werden. Und ich kann mir auch schlecht vorstellen, dass man den Gebrauch der englischen Zeiten besser versteht und mit weniger Fehlern in der aktiven Kommunikation anwendet, wenn man folgenden Spruch in der Hinterhand hat: »Present perfect wird gewählt, wenn einzig das Ergebnis zählt; Unwichtig ist das Wo und Wann Zustand oder Tat begann« (aus dem Buch »Joke your Way through English Grammar« von Robert Kleinschroth). Wie schon im Zusammenhang mit den Eselsbrücken beim Wortschatzlernen ausgeführt, besteht hier immer die Gefahr, dass sich die Eselsbrücke verselbstständigt, d. h. das Ziel, zu dem sie führt, gar nicht mehr ohne vorherige mentale Aktivierung der Eselsbrücke abgerufen werden kann, was einer spontanen Anwendung der Grammatikregel eindeutig entgegensteht. Und bei so komplexen Themen wie dem englischen Tempussystem gilt wahrscheinlich: Wer die Zusammenhänge noch nicht verstanden hat, dem wird auch ein solcher Merksatz nicht helfen. Und wer sie verstanden hat, der braucht ihn nicht mehr.

Zusammenfassend lässt sich sagen, dass Grammatikübungen nur in Maßen gemacht werden sollten; für die rezeptive Sprachanwendung sind sie gar nicht notwendig, für die produktive nur für Anwendungen, die über das rein spontane Sprechen hinausgehen (z. B. in Form des Schreibens ohne Zeitdruck) oder wenn sprachliche Korrektheit besonders wichtig ist (z. B. zur Vorbereitung einer Prüfung). Wenn Grammatikübungen, dann möglichst nur solche, die durch kommunikative Minikontexte und anschauliche Beispielsätze anwendungsnah gestaltet sind.

Wer immer an dieser Stelle einwenden mag, dass mit diesen Techniken der Vermeidung von Fehlern zu wenig Aufmerksamkeit geschenkt wird, der sei auf die verschiedenen Ratschläge in den Fortgeschrittenenkapiteln zum Sprechen (Kap. 19) und Schreiben (Kap. 20) verwiesen, insbesondere auf die Abschnitte 19|9 und 19|10 sowie 20|13 bis 20|16, in denen es um Strategien geht, sich systematisches Feedback zu verschaffen, allerdings in einem wesentlich breiteren und anwendungsnäheren Sinne, als es eine rein grammatikzentrierte Sichtweise tut.

15 Richtig üben

15 | 1 Machen Sie sich die Möglichkeiten und Grenzen des Übens bewusst

Von Benjamin Britten stammt der schöne Spruch: *Lernen ist wie Rudern gegen den Strom. Sobald man aufhört, treibt man zurück.* Oder im Originalton: *Learning is like rowing against the current. As soon as you stop, you drift back.* Der Volksmund drückt es prosaischer aus: *Übung macht den Meister.* Dieser Einsicht kann man sich kaum verschließen. Egal ob Autofahren oder Segeln, Kochen oder Programmieren, durch gezieltes Üben wird man meistens besser. Nicht ohne Grund habe ich die »kommunikative Routinenbildung« im Einleitungskapitel als einen der Big 5 dargestellt (s. Abschnitt 2|7).

Doch während bei so vergleichsweise einfachen Tätigkeiten wie Autofahren oder Schreibmaschine schreiben meist spontan klar ist, was Üben ist und in welcher Form es zu erfolgen hat, ist das Fremdsprachenlernen ein so komplexer Vorgang, dass es nicht annähernd so offensichtlich ist, mit welchen Übungsformen man eigentlich was am besten übt. Und erst recht ist oft nicht klar, was man eigentlich lernt, wenn man übt, oder umgekehrt gefragt, was man üben muss, um zu lernen.

Grundsätzlich können wir zwei Grundformen des Übens unterscheiden: ganzheitliches und isolierendes Üben. Wenn wir ins Ausland gehen oder für längere Zeit fremdsprachige Gäste zu Besuch haben und uns intensiv mit ihnen in der Fremdsprache unterhalten, tritt zweifellos nach einiger Zeit ein Übungseffekt ein, ohne dass wir im Einzelnen genau sagen können, was genau wir geübt oder gelernt hätten. Am ehesten fällt uns dann auf, dass wir allmählich flüssiger sprechen, schneller Wörter finden, mehr verstehen usw. Das Gleiche gilt, wenn wir über längere Zeiträume viel in der Fremdsprache lesen oder hören. In all diesen Fällen üben wir bewusst oder unbewusst ganzheitlich durch Anwenden der Fremdsprache.

Meist ist mit Üben aber weniger das ganzheitliche als vielmehr das isolierende Üben gemeint, d. h. die Konzentration auf einen Teilaspekt des Lerngegenstands Fremdsprache. Mal ist es die richtige Aussprache, mal eine grammatische Regel, mal das Erkennen der richtigen Bedeutung usw. Übungen filtern also aus dem großen Ganzen der Fremdsprache einzelne Aspekte heraus, um sie speziell in unser Bewusstsein zu heben und unser Augenmerk darauf zu lenken. Man kann hier von einer Zerlegung des Lerngegenstandes in kleinere Lerneinheiten sprechen.

Während es nun als gesichert gelten kann, dass die ganzheitliche kommunikative Anwendung von Sprache in authentischen Kommunikationssituationen, sei es rezeptiv oder produktiv, praktisch immer ein Lernpotential in sich birgt, also praktisch immer ein ganzheitliches Üben stattfindet, muss für das isolierende Üben in Form einzelner Übungen immer kritisch gefragt werden, ob sie zum Lernen beitragen und wenn ja, wie effizient sie dies tun.

Denn in der beschriebenen Zerlegung des Lerngegenstands liegen gleichzeitig die Chance und das Risiko des Übens: Auf der einen Seite brauchen wir die Konzentration auf Einzelaspekte, um diese erkennen und mental verarbeiten zu können, weil wir nicht alles auf einmal lernen können. Auf der anderen Seite entfernen wir uns mit der Konzentration auf diese Einzelaspekte von der Anwendung, in der wir sie ja wieder zu zusammenhängenden kommunikativen Handlungen verbinden müssen. Mit anderen Worten: Wenn wir beim Üben nicht ganzheitlich, sondern isolierend vorgehen, müssen wir immer darauf achten, dass wir den Transfer auf reale Anwendungssituationen im Auge behalten. Das kann je nach Übungstyp leichter oder schwerer sein. Wenn wir beispielsweise eines der beliebten Vokabel-Kreuzworträtsel bearbeiten, bei dem wir fremdsprachige Lösungswörter in ein Gitter aus Kästchen eintragen müssen, dann üben wir vielleicht das Memorieren einzelner Vokabeln, sind dafür aber meilenweit von einer Anwendung dieser Wörter in realistischen kommunikativen Zusammenhängen entfernt. Wenn wir hingegen im Rahmen einer Multiple-Choice-Aufgabe entscheiden müssen, welcher Satz eine sinnvolle Folgeäußerung auf eine Ausgangsäußerung ist, nähern wir uns solchen realistischen Kommunikationszusammenhängen deutlich mehr an. Wenn wir solche Äußerungen selbst formulieren müssen und darauf ein vernünftiges Feedback bekommen, sind wir schon fast in einer realen Anwendungssituation angekommen.

Zusammenfassend kann man also sagen: Setzen Sie beim Üben möglichst überwiegend auf den Lerneffekt des ganzheitlichen Übens, der durch kommunikative Sprachanwendung entsteht. Beim zusätzlichen isolierenden Üben hingegen ist es wichtig, dass Sie bei der Auswahl der Übungen auf Qualitätskriterien achten. Diese besprechen wir im übernächsten Ratschlag (s. Abschnitt 15|3). Zunächst wenden wir uns aber der Frage zu, wo wir geeignetes Übungsmaterial finden.

15 | 2   Nutzen Sie alle verfügbaren Quellen für Übungen

Im Folgenden stelle ich die wichtigsten Quellen für Übungsmaterial vor, zunächst die eher traditionellen, papierbasierten Quellen, dann die neueren, internetbasierten.

▶ Lehrwerke
Erste Quelle für Übungen sind natürlich die Lehrwerke. Sie bieten den Vorteil, dass die Übungen auf den Stoff der einzelnen Lerneinheiten (Lektionen, Units usw.) abgestimmt sind und sich damit gleich in einer richtigen Schwierigkeitsabfolge befinden. Zahlreiche Lehrwerke haben die Übungen aus dem Hauptbuch in ein »Arbeitsbuch« (Workbook, Cahier d'activités, Cuaderno de actividades usw.) ausgelagert. Bei Lehrwerken, die für den Präsenzunterricht in Lerngruppen vorgesehen sind, müssen wir damit rechnen, dass viele Übungen nur mit Lernpartnern durchführbar sind. Außerdem fehlen hier meist die Lösungsschlüssel. Nur in Lehrwerken, die ausdrücklich für das Selbstlernen konzipiert sind, können wir sicher sein, dass die Übungen auch sinnvoll im Selbststudium bearbeitbar sind und Lösungshilfen gegeben werden.

▶ Lehrbuchunabhängige Übungsmaterialien
Fast alle Verlage, die Fremdsprachenlehrwerke publiziert haben, bieten auch lehrwerkunabhängige Übungsmaterialien an. Diese sind meistens entweder auf eine bestimmte Grundkompetenz (Leseverstehen, Hörverstehen, Sprechen, Schreiben) oder auf einen Teilaspekt der Fremdsprachenbeherrschung (Grammatik, Wortschatz) ausgerichtet. Es gibt aber auch Materialien mit einem breiten Angebot unterschiedlicher Übungsangebote, z. B. die Reihe Pons Powersprachentraining (für rund ein Dutzend Sprachen). Auch Materialien, die speziell zur Vorbereitung auf Prüfungen angeboten werden, enthalten in der Regel ein breites Übungsangebot. Bei lehrbuchunabhängigen Lehrmaterialien ist grundsätzlich zu klären, ob sie für das Selbststudium konzipiert wurden oder eher als zusätzliche Arbeitsmaterialien für klassischen Fremdsprachenunterricht in Lerngruppen. Außerdem sollte man auf eine Niveauangabe nach den Stufen des Europäischen Referenzrahmens achten (s. Abschnitt 4|2). Andersfalls kann es leicht passieren, dass der Schwierigkeitsgrad der Übungen nicht Ihrem aktuellen Lernniveau entspricht.

▶ Übungsangebote in Sprachlernzeitschriften
Die Nützlichkeit von Sprachlernzeitschriften für den Erwerb von Lesekompetenz habe ich bereits in Abschnitt 9|5 betont. Viele dieser Zeitschriften enthalten aber auch Übungsmaterial, und zwar nicht nur zum Leseverstehen der präsentierten Texte, sondern oft auch darüber hinausgehend für die anderen Teilaspekte der Sprachbeherrschung. So enthält eine Ausgabe der *Spotlight* auch einen Teil »Language« mit Grammatik-, Wortschatz- und Idiomatikübungen, aber auch kommunikativen Aufgaben. Zu allen Aufgaben werden Lösungen gegeben.

▶ Übungsmaterialien im Internet
Es gibt mittlerweile ein riesiges Angebot von Übungsmaterialien im Internet, die oft auch als Apps für Smartphones zur Verfügung stehen. Allerdings sind die freien Angebote im Internet natürlich von extrem unterschiedlicher Qualität. Das Spektrum reicht hier von didaktisch sehr sinnvoll und motivierend bis hin zu reinem »Trash«. Damit Sie hier die Spreu vom Weizen trennen können, stelle ich im folgenden Abschnitt die wichtigsten Gütekriterien für Übungen vor.

15 | 3   Wählen Sie Übungen nach Qualitätskriterien aus

Wie im vorausgehenden Abschnitt angekündigt hier die wichtigsten Kriterien für eine sinnvolle Auswahl von Übungen für das Selbstlernen.

▶ Angemessener Schwierigkeitsgrad
Er lässt sich in der Regel durch einen kurzen Blick auf das Sprachmaterial der Übung und auf die Übungsanleitung ermitteln. Sowohl zu leichte als auch zu schwere Übungen sind Zeitverschwendung. Ähnlich wie beim Lesen gilt: Wenn der Schwierigkeitsgrad leicht über Ihrem aktuellen Lernstand liegt, ist die Wahrscheinlichkeit eines Lerneffekts am größten. Wenn Sie bei der Bearbeitung der Übung zum Nachdenken kommen und vielleicht auch das eine oder andere Übungs-Item nicht gleich richtig machen, dürfte das am ehesten der Fall sein.

▶ Klare und verständliche Übungsanleitung
Damit Sie eine Übung sinnvoll bearbeiten können, müssen Sie natürlich verstehen, was überhaupt von Ihnen verlangt wird. Dies herauszufinden sollte kein Ratespiel sein. Zu einer guten Übungsanleitung gehört in der Regel sowohl eine ausformulierte Arbeitsanweisung (»Write the information in brackets as a relative clause in an appropriate place in the sentence. Give alternative pronouns if possible.«) als auch ein Beispiel. Nur bei sehr einfachen Übungen reicht eines von beiden.

▶ Klares und sinnvolles Übungsziel
Aus einer klaren und verständlichen Anweisung kann zwar entnommen werden, was Sie tun sollen, doch das bedeutet nicht automatisch, dass das Ziel der Übung klar ist. Dieses sollte aber für Sie erkennbar und als solches dann auch sinnvoll sein. Da Übungen so gut wie nie explizit angeben, was in ihnen eigentlich geübt wird und welcher Lerneffekt angestrebt wird, ist eine Beurteilung dieses Kriteriums oft gar nicht so einfach. Um eine Antwort zu finden, fragen Sie sich am besten, welches Wissen, das nicht der Übung selbst entnommen werden kann, notwendig ist, um die Übung erfolgreich zu bearbeiten. Fragen Sie sich dann, ob das Vorhandensein dieses Wissens nur abgetestet wird oder ob Sie eine Chance haben, bereits vorhandenes Wissen in

dieser Übung wirklich anzuwenden, d. h. auf konkrete Fälle zu beziehen. Bearbeiten Sie die Übung nur, wenn Ihnen klar ist, was das Ziel der Übung ist und wenn Sie dieses Ziel im Rahmen Ihrer übergeordneten Lernziele als sinnvoll betrachten.

▶ Günstige Relation zwischen Eindenk-Aufwand und Übungseffekt
Jede Übung erfordert einen gewissen »Eindenk-Aufwand«. Sie müssen ja zunächst verstehen, was von Ihnen verlangt wird. Je komplizierter die Übung ist, desto größer ist dieser Eindenk-Aufwand. Er ist nur dann gerechtfertigt, wenn er in einem angemessenen Verhältnis zum Übungsumfang steht. Stellen Sie deshalb fest, ob sich das Eindenken lohnt. Bei sehr kurzen Übungen ist das manchmal nicht der Fall.

▶ Motivierende Aufgabe
Man hat als Lerner meist nicht die höchsten Ansprüche an den Motivationsgehalt einer Übung. Man sagt sich oft: Es ist halt nur eine Übung. Doch ein langweiliges Hantieren mit banalen Inhalten ist nicht motivierend. Sie werden über kurz oder lang die Lust am Üben verlieren. Man kann Übungen durch die Wahl inhaltlich interessanter Beispiele (z. B. überraschende oder verblüffende Informationen) oder durch pfiffige Zusatzeffekte (z. B. Einbettung in eine Minigeschichte oder Quiz-Format mit gesuchtem Lösungsbegriff) durchaus motivierend, abwechslungsreich und anregend gestalten. Lassen Sie Übungen, die Ihnen zu wenig motivierend erscheinen, einfach weg.

▶ Anwendungsnähe
Ich hatte schon im Abschnitt 14|7 auf die Bedeutung der Anwendungsnähe speziell bei Grammatikübungen hingewiesen. Dieses Kriterium gilt im Grunde für jede Übung. Das sprachliche Material, das in der Übung verarbeitet wird, sollte möglichst nah an realen kommunikativen Anwendungssituationen liegen (s. dazu auch die Gegenbeispiele in Abschnitt 15|1).

▶ Möglichkeit zur Lösungskontrolle
Sie ist im Grunde unabdingbar. Denn wenn Sie keine Rückmeldung darauf erhalten, ob Ihre Bearbeitung der Übung richtig oder falsch, gelungen oder nicht gelungen war, geht Ihr Lernversuch letztlich ins Leere. Es sollte also ein Lösungsschlüssel zur Verfügung stehen. Dieser sollte einerseits getrennt von der Übung selbst präsentiert werden, damit Sie nicht unnötig in Versuchung geraten, ihn schon während der Bearbeitung zu konsultieren. Er sollte aber auch leicht zu konsultieren und nicht etwa in einem klein gedruckten unübersichtlichen Anhang versteckt sein. Ideal sind elektronische Lernmaterialien, die die Lösung nach vollständiger Bearbeitung direkt in der Übung anzeigen, eventuell mit farblicher Hervorhebung (z. B. grün für richtig gelöst, rot für falsch gelöst). Bei schwierigeren Übungen ist zu wünschen, dass das Programm nicht sofort die richtige Lösung anzeigt, sondern dass man sich einen

Lösungstipp anzeigen lassen kann. Dies ist aber nur bei wenigen Programmen der Fall. Eine eindeutige Lösung ist naturgemäß nur bei Übungen mit einer geschlossenen Menge an Lösungsmöglichkeiten realisierbar. Bei offenen Übungen (z. B. der Formulierung von Antworten auf Fragen) sollte aber wenigstens eine Musterlösung vorgeschlagen werden, möglichst mit Kommentaren, warum gerade das eine gute Lösung gewesen wäre.

Mithilfe der vorausgehend präsentierten Kriterien können Sie sinnvolle von weniger sinnvollen Übungsangeboten unterscheiden. Achten Sie dabei auch immer darauf, dass Sie nur so viel üben und nur so üben, dass Ihre Motivation nicht »erodiert«. Wie wir bereits in Abschnitt 15|1 gesehen haben, ist das isolierende Üben sinnvoll, aber Ihr Lernerfolg steht und fällt nicht damit, wie viel Sie in diesem engeren Sinne üben.

15 | 4 Schöpfen Sie das Lernpotential einer Übung voll aus

Bei der Bearbeitung einer Übung setzen die meisten Lerner das Erreichen der richtigen Lösung mit dem Erreichen des gewünschten Lerneffekts gleich. Dies ist in den meisten Fällen aber falsch. Mehr noch: Oft wird damit der größtmögliche Lerneffekt gerade verspielt. Der Grund dafür ist folgender: Wir gehen beim Lösen einer Aufgabe (nicht nur einer sprachlichen) meist nach dem Prinzip des geringstmöglichen Aufwandes vor, d. h., wir aktivieren nur so viele mentale Ressourcen, wie für die Lösung notwendig sind. Alles was zur Aufgabe gehört, aber für die Lösung nicht relevant ist, ignorieren wir oder wir vergessen es gleich wieder. Betrachten wir ein einfaches Beispiel. In einem Englisch-Lehrwerk findet sich eine Einsetzübung, in der Verben im Infinitiv in die richtige Form der einfachen Vergangenheit (Simple Past) gesetzt werden sollen. Es findet sich (neben mehreren ähnlich aufgebauten) folgender Übungssatz: *The country now (know) as Myanmar (use) to be called Burma.* Die Übungsanleitung in diesem Fall lautet: »Setzen Sie die Verben in Klammern in die richtige Form des Simple Past«. Wenn wir dieser Übungsanweisung folgen, werden wir im Normalfall ohne großes Nachdenken die Formen *known* und *used* einsetzen und dann zum nächsten Satz der Übung übergehen. Die Bedeutung des Satzes würden wir vermutlich zwar verstehen, der genauen Formulierung des Satzes ansonsten aber keine weitere Aufmerksamkeit schenken. Nehmen wir nun an, der Satz in der Übung würde ohne die Infinitive, also in der folgenden Form präsentiert: *The country now .... as Myanmar .... to be called Burma.* Und nehmen wir ferner an, die Übung böte lediglich zu Beginn oder am Ende eine alphabetische Liste der in Frage kommenden Verben für alle Übungssätze zusammen an. Dann hätten wir zweifellos schon mehr damit zu tun, die richtigen Verben und Verbformen auszuwählen. Vermutlich würden wir mehrere Verben aus der Liste probeweise in den Satz einsetzen und schauen, ob sie dem Satz einen möglichen Sinn verleihen können. Wir würden uns also mehr Gedanken über die Bedeutung des Satzes machen und dies auch in Abgrenzung zu den Bedeutungen der anderen Sätze in der gleichen Übung, weil wir nur so die in Zufallsreihenfolge präsentierten Verben sinnvoll auf die einzelnen Sätze verteilen könnten. Trotzdem gilt auch bei dieser zweiten möglichen Form der Übung, dass wir weitergehen würden, sobald wir die richtigen Verben gefunden und diese in die richtige Verbform gesetzt hätten.

Was wir in beiden Fällen mit großer Wahrscheinlichkeit hingegen nicht tun: uns fragen, ob wir sonst noch etwas aus diesem Satz lernen oder etwas bereits Gelerntes vertiefen können, was gerade nicht Gegenstand der Übung ist. So wäre uns wahrscheinlich nicht weiter aufgefallen, dass hier *now* steht, während wir im Deutschen typischerweise *heute* gesagt hätten. Auch das *used to be* hätten wir nicht noch einmal bewusst unter dem Aspekt wahrgenommen, dass es oft die richtige Formulierung eines Gedankeninhalts ist, den wir im Deutschen eher mit *früher* ausgedrückt hätten, also z. B. »das Land wurde früher Burma genannt«.

Wie dieses einfache Beispiel bereits zeigt, verarbeiten wir in Übungen in der Regel nur das bewusst, was zur Lösung der gestellten Übungsaufgabe notwendig ist. Wir gehen sozusagen mit einer »kognitiven Minimalstrategie« vor: Problem erkannt, Problem gelöst, weiter geht's. Das ist einerseits verständlich und normal, andererseits für die Effizienz des Lernens nicht immer sinnvoll. Denn die Lerneffizienz hängt weniger von der Quantität des bearbeiteten Übungsmaterials ab als von der Tiefe der Verarbeitung. Und dies gilt nicht nur in so einfachen Beispielen wie dem oben genannten, sondern im Kern für jede Beschäftigung mit einer Übung. Mein Rat wäre deshalb folgender: Wenn Sie sich schon die Mühe machen, Übungen zu bearbeiten, dann sollten Sie das darin enthaltene Lernpotential auch ausschöpfen und im Zweifelsfall lieber weniger Übungen tief als viele oberflächlich bearbeiten. Hier einige Anregungen, wie Sie dies praktisch umsetzen können:

▶ Versuchen Sie, die einzelnen Übungs-Items (z. B. die einzelnen Sätze) nicht nur soweit zu verstehen, wie es zur richtigen Lösung der Aufgabe notwendig ist, sondern behandeln Sie sie wie Minitexte, die Sie als Ganzes verstehen sollten. Schlagen Sie unbekannte Wörter und Ausdrücke deshalb auch dann nach, wenn sie für die reine Lösungsfindung nicht relevant sind. Machen Sie sich die Bedeutung des ganzen Übungs-Items bewusst und nicht nur des für die Lösungsfindung notwendigen Teils.

▶ Notieren Sie bei der Bearbeitung der Übung nicht nur die Antwort oder Lösung, für die Sie sich letztlich entscheiden, sondern auch Zwischenschritte, Alternativlösungen oder bei der Bearbeitung auftauchende Fragen und nutzen Sie diese, um bei der späteren Auswertung anhand des Lösungsschlüssels die Gründe für Ihre Unsicherheit aufzuspüren und möglichst zu beseitigen.

- Verzichten Sie darauf, nur zu raten. Das ist eine gute Strategie in Tests, aber nicht beim Üben mit dem Ziel zu lernen. Markieren Sie lieber die Aufgabe mit einem dicken Fragezeichen, um sich später anhand des Lösungsschlüssels (bzw. des Lehrers oder Tandempartners) besonders intensiv mit ihr zu beschäftigen.
- Fragen Sie sich nach der Auswertung Ihrer Lösungen durch den Lösungsschlüssel nicht nur bei falschen Lösungen, ob Sie verstehen, warum sie falsch sind, sondern auch bei richtigen Lösungen, ob Ihnen klar ist, warum sie richtig sind, insbesondere wenn Sie sich bei der Bearbeitung nicht sicher waren. Auch positives Feedback sollte verstanden werden.
- Markieren Sie sich die Items, die Sie falsch beantwortet haben, und merken Sie sie für eine spätere Wiederholung vor (ähnlich wie beim Vokabellernen).
- Notieren Sie sich nach jeder Übung mit einem einfachen Zeichen, ob es sich lohnt, die Übung als Ganzes nach einer Weile zu wiederholen, oder ob Sie dies nicht für notwendig oder ergiebig halten.
- Setzen Sie auch in Übungen an allen Stellen, an denen es sinnvoll ist, die Strategien ein, die ich in Kapitel 18 vorstelle, namentlich die *Spot-the-gap*-Strategie (s. Abschnitt 18|2), die *Spot-the-difference*-Strategie (s. Abschnitt 18|3) und die *Customize*-Strategie (s. Abschnitt 18|5).

TEIL IV
Vorhandene Sprachkenntnisse systematisch ausbauen – Strategien für Fortgeschrittene

16 Lesen so weit das Auge reicht – Die Lesekompetenz ausbauen

16 | 1 Stimmen Sie Ihre Lernstrategien auf Ihre Lesekompetenzziele ab

Wenn Sie den Empfehlungen zum Erwerb von Lesekompetenz für Anfänger in Kapitel 9 gefolgt sind, haben Sie bereits eine ganze Reihe erprobter Strategien zur Auswahl von geeigneten Texten, zur Erschließung ihres Inhaltes, zum Umgang mit Verständnisschwierigkeiten und zur Nutzung von Hilfen wie elektronischen Wörterbüchern oder Internetquellen erworben. Wenn Sie sich noch nicht mit diesem Kapitel auseinandergesetzt haben, z. B. weil Sie sich als Fortgeschrittener einstufen und deshalb zunächst die Fortgeschrittenen-Strategien in diesem Kapitel hier studieren wollen, sollten Sie dennoch parallel dazu auch die Empfehlungen im Anfängerteil nachlesen. Denn die meisten dort empfohlenen Strategien können auch von Fortgeschrittenen eingesetzt werden.

Ziel dieses Kapitels ist es, unser Inventar an Lesestrategien systematisch um solche zu erweitern, die sich besonders für Fortgeschrittene eignen.

In Kapitel 9 haben wir uns mit dem Lesen vor allem beschäftigt, um einen besonders leichten ersten Zugang zur Fremdsprache zu finden, sozusagen um einen »Fuß in die Tür zu bekommen«. Der Weg über das Lesen hat sich dabei als besonders effektiv erwiesen, weil das geschriebene Wort für die meisten Lerner, insbesondere wenn sie Erwachsene sind, einen besonders guten Zugang zur Fremdsprache bietet. Wir haben also im gewissen Sinne das Lesen als Mittel zum Zweck genutzt, unabhängig davon, wo genau unsere späteren Hauptanwendungsgebiete der Fremdsprache liegen. Dabei hat sich gezeigt, dass wir auch mit geringen, noch im Aufbau befindlichen Fremdsprachenkenntnissen bereits eine ganze Reihe von Textarten gewinnbringend und motivierend lesen können.

Je weiter aber nun unser Fremdsprachenerwerbsprozess voranschreitet, desto wichtiger wird es, sich zu fragen, was genau die Ziele für die weitere Beschäftigung mit dem Lesen schriftlicher Texte ist. Drei mögliche Grundkonstellationen können wir hier schwerpunktmäßig differenzieren:

▶ Typ 1: Sie benötigen differenzierte Lesekompetenz in der Fremdsprache, weil Sie aus beruflichen oder sonstigen Gründen viel in der Fremdsprache lesen müssen und weil es sich dabei z. T. oder ganz überwiegend auch um Fachtexte handelt (z. B. juristische, wirtschaftliche, technische usw.).

▶ Typ 2: Sie benötigen zwar keine Lesekompetenz für spezielle Fachtexte, möchten aber in der Fremdsprache vor allem schneller und effizienter lesen lernen und unabhängiger von Hilfsmitteln wie Wörterbüchern werden.

▶ Typ 3: Für Sie ist das Lesen eigentlich gar kein wichtiges Lernziel. Ihr Schwerpunkt liegt eher auf der mündlichen Anwendung der Fremdsprache, also dem Hören und Sprechen.

Ich werde in den folgenden Ratschlägen auf diese drei Grundtypen mehrfach Bezug nehmen und für jeden entsprechende Tipps geben. Dabei wird sich zeigen, dass nicht nur für die ersten beiden Gruppen, sondern auch für die dritte Gruppe das Lesen eine sinnvolle Tätigkeit bleibt, allerdings nur bei Einsatz der richtigen Strategien. Bestimmen Sie also zunächst, welcher Gruppe Sie sich am ehesten zurechnen können, und achten Sie bei den folgenden Ratschlägen speziell auf Tipps für Ihren Lernzieltyp.

16 | 2   Richten Sie Ihren Text-Input an Ihrem Anwendungsbedarf aus

Ich habe schon vielfach die große Bedeutung des fremdsprachigen Inputs für die Lernprozesse betont. Dabei ist nicht nur die Menge des Inputs entscheidend, sondern auch die Nähe des Inputs zu Ihrem Anwendungsbedarf. Je besser der Input auf den fremdsprachigen Output abgestimmt ist, den Sie hervorbringen wollen, desto wertvoller ist er. Daraus ergibt sich geradezu zwingend der Ratschlag, vor allem Texte zu solchen Themen zu lesen, die in Ihrer Anwendung später vorkommen werden. Was bedeutet dies konkret für die drei im vorausgehenden Abschnitt differenzierten Lernzielgruppen?

Am nächstliegenden ist die Antwort für Gruppe 1: Wer mit einem bestimmten Fachgebiet zu tun haben wird, der sollte natürlich auch seine Lesetexte darauf abstimmen. Der Politikwissenschaftsstudent wird also vorzugsweise politikwissenschaftliche Texte in der Fremdsprache lesen, die Personalreferentin in einem internationalen Unternehmen Texte zum Personalmanagement und die Bankerin Texte, die sich mit bankspezifischen oder zumindest finanzwirtschaftlichen Themen beschäftigen. Dies erscheint banal, wird aber häufig in der Praxis nicht beachtet. So neigen viele fortgeschrittene Fremdsprachenlerner dazu, vor allem Tageszeitungen zu lesen. Natürlich kann man auch aus fremdsprachigen Presseprodukten vieles lernen, sowohl sprachlich wie kulturell. Aber der Grund, warum so viele Lerner zunächst zu Tageszeitungen greifen, scheint mir in der Mehrzahl der Fälle pure Gewohnheit bzw. mangelndes Nachdenken über

Alternativen zu sein. Einmal abgesehen davon, dass kaum jemand je in die Lage kommt, selbst journalistische Texte für eine fremdsprachige Tageszeitung zu produzieren, sind die tagesaktuellen Themen in einer Zeitung meist ziemlich weit entfernt von den eigenen fachlichen Anwendungsbedarfen. Ganz zu schweigen von dem speziellen journalistischen Stil, in dem Zeitungen geschrieben werden und der auf die wenigsten anderen Sprachverwendungen unmittelbar übertragbar ist.

Manchmal ist ein wenig Fantasie gefragt, wenn es um die Beschaffung von Texten geht, die der eigenen Sprachanwendung möglichst nahekommen. Wer z. B. als Berater im International Office einer deutschen Universität ausländische Studenten auf Englisch in die Geheimnisse des deutschen Studienalltags einführen muss, dem hilft in der Regel weder ein gängiges Englischlehrwerk noch die Lektüre des *Guardian* oder englischer Krimis entscheidend weiter. Er sollte sich vielmehr auf den Internetseiten englischsprachiger Universitäten nach Infobroschüren für dortige ausländische Studenten umsehen, nach englischsprachigen Studienführern suchen oder sich die Auslandssemester-Berichte von englischen Austauschstudenten beschaffen, die über ihre Erfahrungen an deutschen Universitäten berichten. Und wer in seinem Unternehmen für die Beantragung von Fördermitteln aus EU-Töpfen zuständig ist und die entsprechenden Anträge beispielsweise auf Englisch formulieren muss, tut natürlich gut daran, zunächst einmal möglichst viele Texte zu lesen, in denen es um die Beantragung und Bewilligung von Fördermitteln geht.

Die Lektüre solcher fachbezogenen Texte mag nicht immer die spannendste sein, für ein anwendungsorientiertes Lernen sind solche Texte aber unentbehrlicher Input. Und natürlich hindert auch den fachorientierten Leser nichts daran, sich abends bei der Lektüre eines fremdsprachigen Romans zu entspannen.

Wesentlich mehr Freiheitsgrade bei der Auswahl der Texte hat Lesekompetenztyp 2. Denn eine Verbesserung des Textverstehens und eine Steigerung der Lesegeschwindigkeit lassen sich natürlich grundsätzlich an jeder Art von Text üben. Trotzdem sollten Sie sich auch dann, wenn Sie zu dieser Gruppe gehören, fragen, mit welchen fremdsprachigen Texttypen Sie sich später wohl am ehesten auseinanderzusetzen haben, und die Auswahl entsprechend treffen. Gehen Sie noch einmal die Ratschläge in den Abschnitten 3|1 bis 3|7 durch und stellen Sie fest, ob sich Ihr Bedarf an Lesekompetenz nicht doch auf bestimmte Texttypen oder Themen eingrenzen lässt. Ansonsten haben Sie die Freiheit, Ihren Lesestoff im Sinne von Abschnitt 6|6 (»Verbinden Sie das Fremdsprachenlernen mit Hobbys und persönlichen Interessen«) vor allem unter dem Aspekt auszuwählen, dass er Ihre Lernmotivation pflegt.

Für Gruppe 3 wiederum trifft noch eine andere Überlegung zu. Hier wird man sich zunächst fragen, ob es nicht ein Widerspruch in sich ist: an gesprochener Umgangssprache interessiert zu sein und dafür zu lesen? Auf den ersten Blick ja. Gesprochene Umgangssprache lernt man natürlich am besten durch die Beschäftigung mit gesprochener Umgangssprache. Insofern ist das Hören (s. Kap. 10) hier eigentlich das Verfahren der Wahl. Doch wie wir schon in Abschnitt 9|1 gesehen haben, ist das Lesen für die meisten Lerner deutlich leichter als das Hören und deshalb eine wichtige Vorstufe des Hörens. Auch beim Erwerb von gesprochener Umgangssprache kann es deshalb sinnvoll sein, den Prozess durch Lesen zu unterstützen. Was wir dazu allerdings brauchen, ist sozusagen »geschriebene gesprochene Umgangssprache«. Und diese ist gar nicht so häufig anzutreffen. Betrachten wir ein Beispiel.

Ob Sie einen Zeitungsbericht über einen Verkehrsunfall lesen oder ob Sie jemandem mündlich von diesem Unfall erzählen, wird sich sprachlich deutlich unterscheiden. Im Zeitungsbericht heißt es vielleicht: »Auf der B-301 ereignete sich heute in den frühen Morgenstunden ein Verkehrsunfall mit drei Verletzten.« Sie werden vielleicht eher sagen: »Heute früh hat's auf der Bundesstraße nen Unfall gegeben. Da sollen drei Leute verletzt worden sein.« Die Zeitung schreibt: »Ein PKW mit drei Insassen prallte mit einem Baustellenfahrzeug zusammen, wobei ein Sachschaden von etwa 5.000 Euro entstand«. Sie werden möglicherweise sagen: »Da ist n PKW gegen nen Bagger gefahren. Ich schätz mal, dass da mindestens n Sachschaden von 5000 Euro entstanden is.« Die Zeitung: »Die Rettungskräfte trafen schon nach kurzer Zeit am Unfallort ein.« Sie hingegen sagen vielleicht: »Der Rettungswagen war direkt da.« Diese wenigen Beispiele mögen genügen, um auf die markanten Unterschiede zwischen gesprochener und geschriebener Sprache aufmerksam zu machen. Die Unterschiede beziehen sich dabei sowohl auf lexikalische Aspekte (z. B. *eintreffen* vs. *da sein*) als auch auf grammatische wie z. B. die Verwendung der Zeiten (*entstand* vs. *ist entstanden*). Hinzu kommen natürlich die für die Umgangssprache typischen Auslassungen, Wortverkürzungen und Wortverschleifungen (*gibt's, hat's, ne, nen* usw.) sowie eine Präferenz für sog. Abtönungspartikel wie *ja, doch, mal, eigentlich* usw. Die meisten dieser Unterschiede sind uns im Sprachgebrauch gar nicht bewusst. Aber als Muttersprachler können wir in der Regel ziemlich mühelos zwischen geschriebener und gesprochener Sprache hin- und herswitchen. Genau diese Fähigkeit müssen wir in der Fremdsprache erst einmal erwerben – eine typische Herausforderung für Fortgeschrittene. Denn als Anfänger praktizieren wir in der Regel noch einen weitgehenden »Monostilismus«. Das heißt, wir sprechen und schreiben mehr oder weniger gleich. Doch mit diesem weitergehenden Ziel auf Fortgeschrittenenebene stellt sich die Frage, wo wir Input in Form von gesprochener Umgangssprache in lesbarer Form herbekommen.

Nur linguistisch aufbereitete Transkripte von authentischer, gesprochener Sprache können den Anspruch erheben, echte gesprochene Sprache zu dokumentieren. Für den normalen Lerner sind sie aber nicht geeignet. Es gilt also Texte zu finden, die dieser authentischen gesprochenen Umgangssprache möglichst nahekommen, dabei aber noch ganz normal lesbar sind. Damit scheiden Sachtexte aller Art praktisch von vornherein aus. Es muss sich um Texte handeln, in denen viel gesprochen wird und dies möglichst in ganz normaler Alltagssprache. Dies sind erfahrungsgemäß eher Texte, die einen geringen oder gar keinen literarischen Anspruch haben. Besonders geeignet sind deshalb die folgenden Textarten:

- Trivialliteratur
Trivialliteratur (Allerwelts-Krimis, Groschenromane u. Ä.) ist zwar literarisch wertlos, enthält aber fast immer sehr viel gesprochene Standardsprache und das in dialogischer Form. Faustregel: Je weniger Anspruch, desto geeigneter. Am Fließband produzierte Groschenromane, so wie man sie am Bahnhofskiosk kaufen kann, enthalten oft beste Standard-Umgangssprache. Schrecken Sie nicht davor zurück, sich einmal in literarische Niederungen zu begeben, und lesen Sie einmal einen Groschenroman in einer Fremdsprache. Zum Lerneffekt kann hier sogar noch das Amüsement über den Inhalt kommen.

- Witze
Witze sind zwar immer auf eine Pointe hin konzipiert und diese ist vielleicht nicht immer leicht zu verstehen, vor allem wenn sie auf einem Wortspiel beruht. Aber Witze haben fast immer einen hohen Anteil an dialogischer Sprache und diese ist meist gängigste Umgangssprache. Außerdem sind Witze stets sehr prägnant formuliert, weil sie dann am besten wirken. Kaufen Sie sich ein fremdsprachiges Witzbuch und lesen Sie es abschnittsweise durch. Und wenn Sie einmal die Pointe nicht auf Anhieb verstehen, wird sich diese mithilfe der richtigen Nachschlagewerke in den meisten Fällen auflösen lassen. Im Zweifelsfall hilft die Nachfrage bei einem Muttersprachler. Witze sind manchmal auch sehr kulturspezifisch, sodass Sie auch eine Menge darüber lernen, worüber man im Land Ihrer Zielsprache lacht.

- Theaterstücke
Grundsätzlich sind auch Theaterstücke gut geeignet, wenn auch keineswegs alle. Ein Molière- oder Shakespeare-Stück wird zwar auf der Bühne gesprochen, ist aber trotzdem zu weit weg von unserem Bedarf an gesprochener Gegenwartssprache. Je moderner das Stück ist, desto eher ist es in der Regel geeignet. Die meisten Theaterstücke sind auch als Textausgaben zu bekommen. Für das Englische findet man z. B. eine größere Auswahl moderner Theaterstücke in der Reihe Methuen Drama Modern Classics im Verlag Bloomsbury. Besonders geeignet sind auch hier wieder die Texte mit dem geringsten Anspruch, nämlich Boulevard-Theaterstücke, z. B. der Boulevard-Klassiker What the Butler Saw von Joe Orten. E-Reader-Fans können die Texte der genannten Reihe im Kindle-Format kaufen und herunterladen.

- Comics und Cartoons
Beide wurden oben (s. Abschnitt 9|7) bereits unter dem Gesichtspunkt der Verständniserleichterung durch die zentrale Rolle der Zeichnungen als Lektüre empfohlen.

Hier kommt noch ein weiteres Argument hinzu: Fast alle Comics sind in Umgangssprache geschrieben, oft in noch ausgeprägterem Maße als z. B. Groschenromane. Hier finden wir auch oft Elemente der familiären, populären und manchmal auch vulgären Sprache. Natürlich ist darauf zu achten, dass wir diese nicht unwissend in den aktiven Gebrauch übernehmen (s. dazu auch die Ausführungen zu sog. »Substandardismen-Wörterbüchern« in Abschnitt 16|7, »Erweitern Sie Ihre Kenntnis von Wörterbuchtypen«).

▸ Filmskripts und Filmuntertitel
Eine Parallele zu Theaterstücken sind Filmskripts. Filmdialoge sind oft noch eher in normaler Umgangssprache geschrieben als Theaterstücke, weil meist der Unterhaltungswert und nicht der künstlerische Anspruch im Vordergrund steht. Sie sind deshalb eine wertvolle Quelle für gesprochene Standardsprache. Allerdings ist es nicht so leicht, an sie heranzukommen. Einige Filmskripts sind in der Reihe »Reclams Universalbibliothek« erschienen, die wir alle noch aus der Schule kennen, so zu den Filmen *Shakespeare in Love* und *Brassed Off* (dt. *Mit Pauken und Trompeten*). Weitere findet man zumindest für englischsprachige Filme, wenn man über die Suchmaschinen nach »film scripts online« sucht, so z. B. die Angebote des Verlags Alexander Street Press in der Reihe American film scripts. Wesentlich leichter ist der Zugang zu fremdsprachigen Filmuntertiteln. Sie sind fast auf jeder DVD mit einem fremdsprachigen Film vorhanden und über eine Videothek oder direkt aus dem Internet leicht zugänglich. Filmuntertitel sind meist relativ umgangssprachlich formuliert. Wie Sie fremdsprachige Filmuntertitel nutzen können, besprechen wir ausführlicher im Abschnitt 17|5 (»Nutzen Sie fremdsprachige Filme auf DVD oder Blu-ray«).

▸ Foren und Chats
Die Entwicklung im Bereich der neuen Medien hat neue Kommunikationsformen entstehen lassen, die sich zum Teil sehr gut für das Fremdsprachenlernen nutzen lassen. Foren und Chats sind solche neuen Kommunikationsformen, die sich trotz der Darstellung in Schriftform durch ein hohes Maß an typisch mündlichem Sprachgebrauch auszeichnen. Es lohnt sich deshalb, in fremdsprachigen Foren und Chats zu stöbern und sich ggf. auch zu beteiligen. Die dort verwendete Sprache ist in der Regel sehr nah am aktuellen gesprochenen Sprachgebrauch. Trotzdem ist hier Vorsicht geboten. Schon ein Blick in deutsche Foren und Chats zeigt, dass wenig Rücksicht auf Schreibkonventionen gelegt wird und dass es eine ganze Reihe von Konventionen zur Abkürzung bestimmter häufig vorkommender Wörter und Ausdrücke gibt, die bewusst gegen bestehende Schreibkonventionen verstoßen, z. B. das Ersetzen der Silbe *for* durch die Ziffer 4 (*un4gettable*). Bei gängigen Wörtern wird das keinen Lerner irritieren, bei selteneren oder unbekannten kann dies aber der Fall sein. Und natürlich muss man mit Netzjargon und Chat Slang rechnen. (Hier helfen die Infor-

mationen auf der Seite »Netzjargon« in Wikipedia, insbesondere die Links zu Listen mit Abkürzungen und ihren Bedeutungen.) Wenn wir von der Schreibung absehen, können wir aber sehr viel lernen über eine Sprachvariante, die wir sonst in geschriebener Form sehr selten antreffen. Die Verstöße sind übrigens in Foren meist geringer als in Chats, weil hier mehr Zeit zur Redaktion der eigenen Beiträge besteht.

16 | 3   Setzen Sie Strategien zur Vorentlastung des Verstehens ein

Auch wenn man die Anfangsgründe einer Fremdsprache hinter sich gelassen hat, ist man deshalb natürlich noch nicht unbedingt in der Lage, mühelos alle Texte zu verstehen. Und ein sehr häufiges Benutzen von Hilfsmitteln wie Wörterbüchern macht den Leseprozess nicht gerade attraktiver. Deshalb ist es gut, ein paar Strategien anzuwenden, mit denen man sich gerade in der Übergangsphase zwischen dem Anfänger- und dem Fortgeschrittenen-Stadium das Lesen erleichtern kann.

▶ Lesen Sie Texte mit Verständnishilfen
Zu dieser einfachen Grundstrategie waren im Anfängerteil bereits mehrere Empfehlungen gegeben worden (s. Abschnitte 9 | 2 bis 9 | 6). Aber auch als Fortgeschrittener findet man es meist praktisch, wenn man nicht jedes unbekannte Wort selbst recherchieren muss, sondern der Text selbst diese Hilfen zur Verfügung stellt. Zahlreiche Verlage bieten entsprechende Materialien an. Man findet sie in den Verlagsprospekten und auf den Internetseiten der Verlage meist unter »Lektüren«. Natürlich können wir als Fortgeschrittene dabei aus dem Angebot zunehmend die schwierigeren Texte auswählen. Für die darin enthaltenen Hilfen werden wir dennoch dankbar sein. Außerdem machen es diese mittelfristig vielleicht möglich, uns auch an den einen oder anderen Klassiker heranzutrauen, den wir immer schon mal im Original lesen wollten. Auf jeden Fall sollten wir vor der Anschaffung klären, welches Sprachniveau die Texte voraussetzen. Hier hilft es sehr, wenn die Verlage klare Angaben dazu unter Bezug auf die Niveaus des Europäischen Referenzrahmens für Sprachen machen (s. Abschnitt 4 | 2). Dies ist z. B. auf den Internetseiten des Klett-Verlags der Fall.

▶ Lesen Sie Paralleltexte
Eine weitere Strategie zur Erleichterung des Lesens fremdsprachiger Texte besteht darin, sich nicht einfach unvorbereitet an das Verstehen eines neuen schwierigen Textes zu wagen, sondern das Verstehen schon *vor* dem eigentlichen Lesen vorzubereiten. Dabei ist nicht etwa daran gedacht, sich mit einem Wörterbuch zu bewaffnen und serienweise die Bedeutung unbekannter Vokabeln an den Rand zu kritzeln. Es gibt andere Möglichkeiten.

Eine sehr wirkungsvolle Methode besteht darin, solche Texte in der Fremdsprache zu lesen, deren Inhalt uns schon ganz oder teilweise bekannt ist. Wenn Sie z. B. eine deutsche und eine englische überregionale Zeitung vom gleichen Tag kaufen, werden sich zahlreiche Artikel auf das gleiche aktuelle Geschehen beziehen, angefangen vom Treffen der europäischen Staatschefs über die Auslosung der nächsten Champions- League-Begegnungen bis hin zur Bekanntgabe der Oscar-Preisträger. In der Linguistik spricht man in solchen Fällen von Parallel-Texten. Wenn Sie zunächst den deutschen Artikel lesen, wird das Verstehen des englischen Artikels in der Regel erheblich leichter. Der Grund: Beim normalen Lesen verläuft Ihr Verstehen von der sprachlichen Form zum Inhalt. Dieser Weg ist beim fremdsprachlichen Lesen aber oft mühsam oder sogar versperrt, weil Sie die sprachliche Form nicht vollständig entschlüsseln können. Beim Lesen von Paralleltexten finden Sie zunächst beim muttersprachlichen Text problemlos zum Inhalt und nutzen diesen dann, um sich der sprachlichen Form in der Fremdsprache zu nähern. Sie haben jetzt zwei Zugangswege zum Text: von der Form zum Inhalt und vom Inhalt zur Form. Sie nehmen den fremdsprachigen Text sozusagen von zwei Seiten »in die Zange«.

Natürlich funktioniert diese Strategie umso besser, je ähnlicher sich die Texte sind. In der internationalen Presse findet man erstaunlich viele Texte, die sich ähnlich sind. Allein schon deshalb, weil sie oft auf den gleichen Meldungen der großen internationalen Presseagenturen (z. B. dpa, AFP, UPI, Reuters) beruhen. Manchmal sind sogar die deutschen Meldungen nur freie Übersetzungen der englischen. Um von diesem Entlastungseffekt zu profitieren, müssen die Texte aber keineswegs komplett parallel sein. Es reicht, wenn ähnliche Informationen über das gleiche Ereignis geschildert werden, um von diesem Effekt zu profitieren.

Nun hatte ich schon im vorausgehenden Abschnitt erwähnt, dass Zeitungstexte nicht für jeden Bedarfstyp den optimalen Input darstellen. Deshalb ist es wichtig darauf hinzuweisen, dass die Strategie der Paralleltexte nicht auf Zeitungsartikel beschränkt ist. Es gibt viele andere Texttypen, die häufig als Paralleltexte vorkommen. Ein Texttyp ist in Ihrem Haus sicherlich schon mehrfach vertreten: Gebrauchsanweisungen. Sicher nicht die ultimativ spannende Bettlektüre, aber ein Blick in die jeweilige fremdsprachige Version lohnt sich fast immer, vor allem, wenn man die Fremdsprache auch beruflich in technischen Zusammenhängen braucht. Allerdings sollte man hier vorab klären, dass es sich um Qualitätsübersetzungen handelt und nicht um das berühmte Gebrauchsanleitungs-Kauderwelsch, das uns vor allem bei Produkten aus nicht englischsprachigen Ländern häufig begegnet.

Wenn Ihnen schnöde Gebrauchsanweisungen für technische Geräte zu langweilig sind, sollten Sie sich einmal auf den Seiten von Wikihow umsehen <http://de.wikihow.com>. Dieses noch relativ neue Wiki-Portal bietet eine schnell wachsende Sammlung von Anleitungen zur Bewältigung aller möglichen Alltagssituationen von *Apps instal-*

lieren bis *Zucker karamellisieren*. Und wie immer bei den verschiedenen Wiki-Angeboten gibt es auch hier Paralleleinträge in einer großen Zahl von Sprachen. Wenn Sie beispielsweise wissen wollen, wie Sie Ihr Handy mit einem Bluetooth-Headset verbinden oder wie man am besten Kebabspieße grillt, finden Sie hier jeweils eine einfache Anleitung auf Deutsch, können sich diese Anleitung aber auch gleich auf Englisch, Italienisch, Portugiesisch, Russisch, Spanisch, Französisch, Niederländisch und Bahasa anzeigen lassen. Wikihow ist somit eine schier unerschöpfliche Quelle für Paralleltexte, die zudem noch nützliches Alltagswissen vermittelt.

Eine weitere ergiebige Quelle für Paralleltexte sind Reiseführer. Da Reiseführer zu einem gegebenen Land, einer Region oder einer Stadt in verschiedenen Sprachen meist die gleichen Sehenswürdigkeiten beschreiben und die gleichen Tipps für Unternehmungen, sind die Texte oft inhaltlich sehr ähnlich. Wir können also den Artikel über das London Eye, das Centre Pompidou oder die Engelsburg zunächst auf Deutsch und dann in der Fremdsprache lesen und werden dabei deutlich leichter verstehen als ohne die Vorbereitung durch einen deutschen Text.

Eine Fundgrube für Paralleltexte ist das Internet. Kaum eine große Firma, nationale oder internationale Organisation, die ihren Webauftritt nicht wenigstens zweisprachig gestaltet. Allerdings ist auch hier Vorsicht geboten: Wenn der Webdesigner gleich auch noch die Übersetzung ins Englische mit erledigt hat, kann der fremdsprachige Text Mängel haben. Am besten geht man so vor, dass man solche Webseiten aufsucht, bei denen die zu lernende Sprache die Originalsprache der Webseite ist und die deutsche Version eine Übersetzung. Wenn diese dann sprachliche Mängel enthält, wird das nicht unser Deutsch verderben. Für das Englisch einer deutschen Webseite würde ich dabei nicht immer die Hand ins Feuer legen wollen. Durchweg zuverlässig sind aber die mehrsprachigen Seiten der Europäischen Union (<*http://europa.eu*>). Kein Wunder, gibt doch die EU nach wie vor fast ein Drittel ihres Personalbudgets für Übersetzer und Dolmetscher aus. Ein Vorteil hier besteht darin, dass man nicht nur für die gängigen Fremdsprachen Paralleltexte findet, sondern auch zu allen anderen EU-Sprachen bis hin zu Slowenisch, Lettisch oder Maltesisch. Ähnliches gilt übrigens auch für Wikipedia: Häufig sind die Wikipedia-Seiten zum gleichen Schlagwort in verschiedenen Sprachen bestens als Paralleltexte geeignet.

▶ Lesen Sie Texte zunächst in der Muttersprache

Bei Büchern bieten sich noch wesentlich weiter gehende Möglichkeiten: Hier können wir die Tatsache nutzen, dass viele Bücher, vor allem Romane und erfolgreiche Sachbücher, häufig als Übersetzungen vorliegen. Die Strategie der Wahl besteht hier darin, das Buch zunächst in der Muttersprache und dann in der Fremdsprache zu lesen. Obwohl man sicherlich kaum einzelne Sätze eines gelesenen Buches im Gedächtnis behält, wird man bei dieser Strategie eine erhebliche Verständniserleichterung feststellen. Denn an große Teile des Inhalts wird man sich eben doch erinnern, vor allem wenn man die Lektüren unmittelbar aufeinander folgen lässt. Wer also z. B. den *Herr der Ringe* auf Englisch lesen möchte, dies aber noch als zu schwer empfindet, sollte ihn erst auf Deutsch und unmittelbar anschließend auf Englisch lesen.

Jetzt werden Sie vielleicht einwenden, dass es langweilig ist, ein Buch zweimal zu lesen. Dem kann man aber Einiges entgegenhalten. Erstens kann man viele Bücher (vor allem gute) durchaus zweimal lesen (und viele tun dies ja auch, sogar ohne Sprachwechsel). Bei Sachbüchern kann dies sogar sehr sinnvoll sein, um sich den Inhalt besser einzuprägen.

Zweitens ist das Buch durch den Sprachwechsel nicht das gleiche. Sie werden das Buch allein schon wegen der anderen Sprache als etwas Neues erleben. Kein gutes Buch lebt nur davon, was es sagt, sondern auch davon, wie es dies sagt. Ein guter Übersetzer gibt nicht einfach nur wieder, was im Originaltext steht, sondern schafft ein neues Sprachwerk.

Und zum dritten müssen Sie sich die Spannung ja keineswegs dadurch nehmen, dass Sie das Buch als Ganzes zuerst in Deutsch lesen und dann erst in der Fremdsprache. Sie können dies ja auch abschnittweise tun und sich so die Spannung bis zum Schluss, z. B. bei einem Krimi, erhalten. Das abschnittweise Lesen hat dabei sogar noch einen weiteren verständnisfördernden Effekt: Da Sie sich bei diesem Verfahren besser an Details erinnern, werden Sie noch größere Teile des fremdsprachigen Textes über den Inhalt des vorab gelesenen deutschen erschließen können.

Natürlich könnte man dieses Verfahren auch so weit treiben, dass man beide Texte nebeneinander legt und satzweise oder absatzweise vergleicht. Von diesem Verfahren rate ich aber ab. Es zerstört sehr schnell Ihr Lesevergnügen und ist auch didaktisch nicht sinnvoll. Übersetzer (vor allem gute!) produzieren häufig sehr freie Übersetzungen, um die Qualität des Originaltextes im Deutschen aufrechtzuerhalten. Das satzweise Vergleichen bringt deshalb für das Wortschatzlernen und auch für das Grammatiklernen keineswegs mehr als das normale Lesen. Vertrauen Sie dem Langzeit-Lerneffekt, der durch die Aufnahme von viel fremdsprachigem Input eintritt.

Deutsche Übersetzungen fremdsprachiger Bücher sind leicht zu finden, ein Blick in die Bestsellerlisten reicht hier meistens schon aus. Wer speziellere Wünsche hat, kann folgende einfache Suchtechnik anwenden: Geben Sie einfach auf der Internetseite eines Buchhandelportals (z. B. <*www.buchhandel.de*>, <*www.buecher.de*> oder <*www.amazon.de*>) als Suchkriterien den Namen des Autors ein, von dem Sie etwas lesen wollen, und zusätzlich das Stichwort »übersetzt«. Sie erhalten ziemlich zuverlässig alle übersetzten Titel dieses Autors. Wenn Sie deutsche Autoren in fremdsprachiger Übersetzung lesen wollen, dann werden Sie am leichtesten auf den entsprechenden englischen, französischen, spanischen oder italienischen Seiten von Amazon fündig (<www.amazon.com>, <www.amazon.fr>, <www.amazon.es>, <www.amazon.it>).

Für alle, die sich die Mühe des Suchens zunächst ersparen wollen, empfehle ich die Bände in der bereits weiter oben (Abschnitt 9|6) genannten Reihe *dtv zweisprachig*. Hier stehen die Originaltexte immer auf den linken und die Übersetzungen auf den rechten Seiten. Wer zunächst die rechten Seiten eines Buches liest und anschließend die linken, kann die hier empfohlene Strategie bequem anwenden.

▶ Lesen Sie konzentrisch – ausgehend von bekannten Themen
Eine weitere Hilfe bei der Auswahl von Texten ergibt sich aus der einfachen Überlegung, dass man Texte zu einem Thema, von dem man etwas versteht, naturgemäß besser versteht als Texte zu anderen Themen. Typische Beispiele sind Texte zu Ihrem eigenen Hobby oder zu Ihrem Beruf. Ihr Vorwissen wird Ihnen sehr häufig zu einem Aha-Effekt in der Fremdsprache verhelfen. Im beruflichen Bereich empfiehlt es sich dabei, zunächst wieder mit Einführungen zu beginnen. Wenn Sie z. B. eine gestandene Juristin sind und beruflich viel mit Frankreich zu tun haben, kann es lohnend sein, eine Einführung in das Jura-Studium auf Französisch zu lesen. Auch wenn das Rechtssystem in Frankreich in vielerlei Hinsicht anders strukturiert ist als das deutsche, kommen in Frankreich doch in der Tendenz die gleichen Straftatbestände vor und es werden die gleichen zivil- und strafrechtlichen Vorgänge juristisch bearbeitet wie in Deutschland. Sie wissen nur noch nicht, wie man diese auf Französisch bezeichnet. In einer entsprechenden Einführung werden Sie lernen, mit welchen sprachlichen Mitteln man auf Französisch über juristische Zusammenhänge redet, die Ihnen größtenteils vom deutschen Rechtssystem her bereits bekannt sind.

Vielleicht haben Sie beim Lesen ausländischer Zeitungen schon einmal bemerkt, dass Sie Artikel über politische, wirtschaftliche, kulturelle oder alltägliche Ereignisse in Deutschland leichter verstehen als vergleichbare Artikel über das Ausland. Dies ist auf den gleichen Effekt zurückzuführen: Sie profitieren einfach von Ihrem breiten Wissen über Ihr eigenes Land. Lesen Sie also zunächst vor allem ausländische Artikel über Ereignisse in Deutschland, bevor Sie vergleichbare Artikel über das Ausland lesen. Sie werden jetzt vielleicht einwenden, dass man so kein landeskundliches Wissen über Ihr Zielland aufbaut. Das stimmt nur bedingt. Denn wenn man Artikel über Deutschland in der ausländischen Presse liest, erfährt man viel darüber, wie man Deutschland und die Deutschen im Ausland sieht. Schon die Auswahl der Themen, über die berichtet wird, sagt viel darüber aus und die Art der Berichterstattung erst recht. Natürlich sollen Sie, sobald Ihre Lesekompetenz das zulässt, auch Texte über das jeweilige Ausland lesen. Aber zum Einstieg sind Artikel über Deutschland sehr hilfreich und manchmal sogar ausgesprochen amüsant.

Ähnliches gilt für Reiseführer. Lesen Sie einmal einen fremdsprachigen Reiseführer über Ihre Stadt oder Ihre Region. Die Lektüre ist in der Regel einfach und es kann sehr interessant sein, die vertraute Umgebung einmal mit den Augen eines ausländischen Touristen zu sehen.

Eine weitere Art, sich das Leseverständnis zu erleichtern, besteht im sog. konzentrischen Lesen. Anstatt nach der Lektüre eines Textes über Ihr Interessengebiet gleich zu einem ganz anderen Thema überzugehen, sollten Sie zunächst ähnliche Texte zu diesem Interessengebiet lesen, natürlich mit einem etwas anderen Inhalt. Wenn etwas wirklich Ihr Thema oder Hobby ist, wird Sie das nicht stören. Wenn Sie dafür sorgen, dass sich die Inhalte der Texte, die Sie lesen, immer ein wenig überlappen, werden Sie dies als Leseerleichterung empfinden. Dies ist bei den meisten Texten leicht machbar, bei Kochrezepten genauso gut wie bei Texten über Persönlichkeitspsychologie oder Umwelttechnik. Dehnen Sie Ihr Leseprogramm also thematisch sukzessive in konzentrischen Kreisen aus.

16 | 4   Beschaffen Sie sich fremdsprachige Bücher und Zeitschriften

Der Zugang zu fremdsprachigen Texten ist heute so leicht wie nie zuvor. Das Internet bietet eine praktisch unbegrenzte Zahl von Texten in jeder beliebigen Fremdsprache und dank Smartphones, Netbooks, Tablets usw. haben wir auf diese Texte an jedem beliebigen Ort Zugriff (sofern wir nicht gerade im Funkloch stecken). Mehr noch: Wir können auch eine immer größere Zahl von Büchern als E-Books direkt auf unsere Notebooks, Smartphones, E-Book-Reader usw. herunterladen und an jedem beliebigen Ort lesen.

Trotz all dieser technischen Fortschritte gibt es immer noch eine beträchtliche Zahl von Menschen, die statt Bits und Bytes in den Speichern lieber ein gedrucktes Buch in der Hand halten. Und auch das Blättern in Zeitschriften und Magazinen fühlt sich für viele immer noch besser an, wenn es nicht mit der Maus, sondern mit den Fingern passiert. Vielleicht ist es nur die Macht der Gewohnheit. Vielleicht aber passt der haptische Eindruck des materiellen Hantierens mit einem Buch oder Magazin, das man in die Hand nehmen kann, besser zum Gefühl der »Aneignung« einer Fremdsprache. Wie dem auch sei: Bevor ich auf die vielfältigen Möglichkeiten der Nutzung elektronischer Texte eingehe, hier zunächst ein paar Tipps, wie man auf ganz altmodische Weise an fremdsprachige Bücher und Zeitschriften in gedruckter Form herankommt.

Beginnen wir mit der Suche nach Büchern, wenn wir noch keinen bestimmten Titel im Kopf haben. Hier lohnt sich der Gang zur Bahnhofsbuchhandlung fast immer, vor allem wenn Sie in einer größeren Stadt leben. (Wenn nicht, planen Sie beim nächsten Umsteigen in einer größeren Stadt einfach mal eine Stunde ›Schmökerzeit‹ dort ein.)

Noch ergiebiger sind Buchläden an Flughäfen. Durch die Internationalisierung des Reiseverkehrs halten solche Buchhandlungen immer einen größeren Bestand an fremdsprachigen Büchern und Zeitschriften bereit. Zwar überwiegt auch hier wie immer das englischsprachige Angebot, aber zumindest ein Regal mit französischen, spanischen oder italienischen Büchern bzw. Zeitschriften ist in größeren Buchläden erwartbar. Für andere Sprachen wird es naturgemäß schwieriger. Hier werden wir aber zumindest an den Zeitungs- und Zeitschriftenständen fündig. Bücher in der Fremdsprache über Ihre eigene Stadt oder Region finden Sie übrigens ziemlich sicher in jedem Touristen- und Andenkenladen in den gängigen Fremdsprachen (zumindest dann, wenn Ihre Stadt auch ein Touristenziel ist).

Die meisten Stadtbibliotheken unterhalten fremdsprachige Abteilungen, die natürlich je nach Größe der Bibliothek unterschiedlich gut bestückt sind. Bevor Sie vergeblich hingehen: Schauen Sie im Internet nach, ob der Bestandskatalog Ihrer Bibliothek online ist. Dann können Sie schon zu Hause am Computer nachsehen, ob etwas Passendes dabei sein könnte. Wenn Sie in einer Universitätsstadt wohnen, haben Sie es noch einfacher. Schreiben Sie sich (wenn nötig) als Gasthörer an einer der Hochschulen ein (falls Sie nicht sowieso Student sind) und beschaffen Sie sich einen Bibliotheksausweis. Damit haben Sie Zugriff auf ein mit Sicherheit sehr breites Angebot fremdsprachiger Bücher. Insbesondere wenn Sie an fachlichen Büchern interessiert sind, kann das sinnvoll sein.

Wenn Sie Kinder haben: Klären Sie, ob es an der Schule Ihrer Kinder eine Schulbibliothek gibt. Wenn ja, ist die Wahrscheinlichkeit groß, dass zumindest auch englischsprachige Bücher vorhanden sind. Diese sollten wahrscheinlich eher Ihre Kinder lesen, aber wenn diese es nicht tun, können Sie es ja tun (und sie damit vielleicht sogar ein wenig zur Nachahmung anregen).

Wenn Sie ein bestimmtes Buch oder ein Buch zu einem bestimmten Thema suchen, können Sie zunächst auf das *Verzeichnis der Lieferbaren Bücher* (VLB) auf der Webseite <www.buchhandel.de> zurückgreifen, es enthält auch zahlreiche fremdsprachige Titel (vor allem englische). Leider gibt es bisher keine direkte Abfragemöglichkeit dafür. Wenn man ein fremdsprachiges Buch sucht, muss man deshalb im Feld »Suchbegriff« ein aussagekräftiges fremdsprachiges Suchwort eingeben (also z. B. *anatomy* oder *photography*, wenn man nach englischsprachiger Fachliteratur zu diesen Themen sucht). Wenn man einen Autorennamen eingibt, wie z. B. Georges Simenon oder Gabriel García Márquez, findet man auf Anhieb zumindest alle im deutschsprachigen Raum verlegten fremdsprachigen Bücher des jeweiligen Autors. Man wird im VLB aber immer mit einem erheblichen »Beifang« an deutschsprachigen Büchern rechnen müssen.

Wenn man bei der Suche nach einem fremdsprachigen Buch im VLB keinen Erfolg hat, empfiehlt sich als nächstes eine Abfrage über die Datenbanken der großen Internetbuchhändler, z. B. Amazon. Auch hier versucht man es dann am besten zunächst bei

<www.amazon.de> und anschließend auf der jeweiligen Länderseite von Amazon (also <www.amazon.com>, <www.amazon.fr>, <www.amazon.es>, <www.amazon.it>). Die Chancen, das Buch zu finden, sind hier ziemlich gut, weil ja auch gebrauchte Bücher angeboten werden. Besonders hilfreich ist hier die Funktion »Blick ins Buch«, die bei einer zunehmenden Zahl von Büchern angeboten wird. Sie zeigt meist die ersten und die letzten Seiten eines Buches, also z. B. das Inhaltsverzeichnis und das Register, manchmal auch einige Probeseiten. Die kann man gut nutzen, um sich einen ersten Eindruck vom Stil und insbesondere vom Schwierigkeitsgrad zu machen.

Natürlich müssen Sie nicht jedes Buch, das Sie in den Datenbanken des Buchhandels recherchiert haben, auch gleich neu kaufen. Prüfen Sie ggf., ob Sie das Buch nicht auch gebraucht oder antiquarisch erwerben oder ersteigern können, z. B. auf den bekannten Internetauktionsportalen wie Ebay. Ebay bietet innerhalb der Kategorie »Bücher« zahlreiche, gut gegliederte Unterkategorien, in denen man gezielt nach fremdsprachiger Literatur suchen kann. Allerdings garantiert auch hier nicht jedes fremdsprachige Suchwort fremdsprachige Ergebnisse.

16 | 5   Nutzen Sie das Internet als kostenlosen Zugang zu fremdsprachigen Texten

Auch wenn immer noch viele Menschen gern mit Textformaten arbeiten, die man anfassen kann, bieten elektronische Texte in der Tat eine Reihe unbestreitbarer Vorzüge, gerade auch für das Fremdsprachenlernen. Für die meisten Lerner wiegt natürlich am schwersten der kostenlose Zugang zu einem praktisch unbegrenzten Angebot an Texten zu jedem beliebigen Thema in fast allen Fremdsprachen, den das Internet bietet. Auch die multimediale Einbettung und Ergänzung der Texte durch Ton und Film, wie sie nur in elektronischen, nicht aber in gedruckten Medien möglich ist, macht das Lesen im Internet attraktiv. Hinzu kommt, dass eine Reihe von technischen Beschränkungen inzwischen weggefallen ist. Während man früher beim Lesen praktisch an den Standort des Computers und des Röhrenbildschirms gebunden war, erlauben heute kleine leichte Tablets, Netbooks, E-Book-Reader usw. ein bequemes Lesen auch im Café oder im Liegestuhl am Strand. Auch die optische Darstellung ist durch hochauflösende und weitgehend reflexfreie Bildschirme immer besser geworden. Dadurch, dass am Bildschirm Schriftgrößen und Schriftarten fast beliebig gewählt werden können, bieten elektronische Lesegeräte sogar gewisse ergonomische Vorteile gegenüber gedruckten Werken, deren Schriftgrößen und Schrifttypen man so hinnehmen muss, wie sie sind.

Hinzu kommen zwei weitere wichtige Vorteile speziell mit Blick auf das Fremdsprachenlernen. Elektronische Texte machen den Einsatz von elektronischen Wörterbüchern besonders leicht, eine Funktion, deren großen praktischen Nutzen ich bereits in Abschnitt 9|22 herausgestellt habe. Und zum zweiten ist das Einfügen von eigenen

Kommentaren, sowohl in geschriebener als auch in gesprochener Form (als sog. Audiokommentar) in elektronischen Texten meist leichter. Denn in Büchern müssen wir die nachgeschlagenen Vokabeln meist mühsam an viel zu schmale Ränder kritzeln (und können sie dann oft später nicht mehr lesen). In elektronischen Texten hingegen gibt es viele Möglichkeiten, Texte von beliebiger Länge so einzufügen, dass die Übersichtlichkeit noch gewahrt bleibt, z. B. in Form von Fußnoten oder Kommentaren, die vom Programm automatisch verwaltet und nach unseren Wünschen auf Klick ein- oder ausgeblendet werden. Selbst die meisten E-Book-Reader bieten heute eine Kommentarfunktion.

Sicherlich wissen Sie selbst bereits relativ gut, wie man fremdsprachige Webseiten im Internet nutzt. Deshalb hier nur einige wenige Tipps und Anregungen. Was man liest, ist natürlich eine Frage des Geschmacks. Mein Rat: Legen Sie einen Ordner mit fremdsprachigen Lesetexten an und laden Sie die Dokumente, die Sie interessieren, in diesen Ordner herunter, damit Sie jederzeit offline darauf zugreifen können. Das ist billiger (wenn Sie keine Flatrate nutzen), erleichtert den Zugriff und reduziert den *Getting-lost-in-hyperspace*-Effekt.

Die Benutzung von Suchmaschinen ist heute praktisch jedem Internetbenutzer in Fleisch und Blut übergegangen. Man »googelt« täglich dieses oder jenes (obwohl es noch eine ganze Reihe anderer Suchmaschinen gibt). Die schnelle Eingabe eines Suchbegriffs in die Standard-Suchmaske hat aber für Fremdsprachenlerner einen großen Nachteil. Einmal abgesehen davon, dass sie uns meist zu einer unübersichtlich großen Zahl von Treffern mit sehr disparaten Inhalten führt, stellt sich für uns als Fremdsprachenlerner auch die Frage nach der Qualität des Textmaterials, das wir so finden. Insbesondere bei Englisch können wir nie sicher sein, ob die englischsprachigen Seiten, die wir so finden, wirklich die sprachliche Qualität haben, die wir uns für den Input wünschen, oder ob sie nicht ein eher unidiomatisches oder gar falsches Englisch enthalten, was wir vielleicht nicht gleich bemerken. Diese Gefahr können wir nicht gänzlich ausschalten, aber reduzieren. Und zwar indem wir die *erweiterte Suche* der Suchmaschinen nutzen. Bei Google (<www.google.de/advanced_search>) können Sie hier z. B. die Suche von vornherein eingrenzen auf bestimmte Sprachen und vor allem auch bestimmte *Domains* und dadurch auf bestimmte einzelne Länder. Wenn Sie hier z. B. neben Ihrem thematischen Suchwort zusätzlich als Sprache *Englisch* und als Domain *.us* eingeben, steigert dies die Wahrscheinlichkeit, dass Sie nur original englischsprachige Webseiten aus den USA zu Ihrem Thema angeboten bekommen, erheblich. Natürlich können Sie alternativ auch landesspezifische Suchmaschinen einsetzen. Als Beispiel sei hier die Suchmaschine <www.trouver.fr> für Französisch erwähnt, die ihrerseits wieder auf zahlreiche andere Suchmaschinen verweist.

Von besonderem Interesse sind natürlich solche Quellen im Internet, in denen wir ganze Bücher kostenlos finden und (natürlich völlig legal) lesen und ggf. herunterladen können. Dabei denkt man sicher zunächst an Wikibooks. Hier findet man zumindest von der Zahl der Sprachen (über 100) das breiteste Angebot an kostenlosen Büchern. Allerdings ist nur Englisch mit derzeit rund 3000 Büchern in einer Breite vertreten, die es aussichtsreich macht, zu einem gegebenen Thema Bücher zu finden. In allen anderen Sprachen braucht man Glück, um etwas zu finden, was individuell interessiert. Es überwiegen Fachtexte. Eine weitere Quelle für freie englische Bücher ist <*http://digital.library. upenn.edu/books*>. Klassiker findet man auch auf <*www.classicreader.com*>. Rund 50.000 Bücher stehen auf der Open-Source-Plattform des sog. »Project Gutenberg« zum freien Download zur Verfügung (<*www.gutenberg.org*>).

Wesentlich einfacher ist die Suche nach fremdsprachigen Presseprodukten. Mittlerweile verfügt fast jede Tageszeitung und jedes Magazin auch über eine eigene Onlineausgabe, auf die man zumindest teilweise kostenlos zugreifen kann, z. B. die New York Times (<*www.nytimes.com*>), El País (<*elpais.com*>), Le Monde (<*www.lemonde.fr*>) oder der Corriere Della Sera (<*www.corriere.it*>). Man braucht im Grunde nur den Namen einer fremdsprachigen Zeitung in eine Suchmaschine einzugeben, um sofort fündig zu werden. Meist ist auch eine Suche im Archiv der Zeitung möglich, was die Wahrscheinlichkeit erhöht, individuell interessierende Artikel zu finden. Bei der Auswahl der Artikel sollten allerdings auch immer die eigenen Lernziele und der eigene Anwendungsbedarf im Auge behalten werden (s. Abschnitte 16|1 u. 16|2).

16 | 6   Perfektionieren Sie Ihre Basis-Texterschließungsstrategien

Auch als fortgeschrittener Lerner werden Sie beim Lesen fremdsprachiger Texte noch viele Verständnisprobleme haben. Erst recht, wenn Sie sich zunehmend an schwierige Texte, z. B. anspruchsvolle Belletristik oder hochspezialisierte Fachliteratur heranwagen. Ich hatte bereits im Anfängerteil dieses Buches eine ganze Reihe von Ratschlägen gegeben, wie man mit solchen Verständnisproblemen umgeht. Die meisten dieser Tipps gelten auch für das Fortgeschrittenen-Niveau. Lesen Sie diese also in Kapitel 9 dieses Buches (ab Abschnitt 9|15) noch einmal nach. Auf dem Fortgeschrittenen-Niveau geht es jetzt zunehmend darum, diese weiter auszubauen und zu perfektionieren. Für viele Strategien stehen Ihnen dabei mittlerweile mehr Möglichkeiten zur Verfügung. Hier einige Hinweise zu den Zielen, auf die die Perfektionierung der einzelnen Strategien hinführen sollte:

▶ Sicherheit im Erkennen und Eingrenzen von Verständnisproblemen (s. a. Abschnitt 9|15)
  Um ein Verständnisproblem bearbeiten zu können, muss man es zunächst einmal als solches erkennen und seine Ursachen so weit wie möglich eingrenzen. Wenn Sie also beim Lesen das dumpfe Gefühl beschleicht, dass Sie im gerade gelesenen Satz

oder Textabschnitt etwas nicht richtig verstanden haben, dann sollten Sie es nicht bei diesem dumpfen Gefühl belassen, sondern sich fragen, welche Wörter, Wortgruppen, Satzteile oder Textabschnitte das Verständnisproblem auslösen. Versuchen Sie, es zu lokalisieren und so weit wie möglich inhaltlich zu bestimmen (s. dazu auch die Checkliste in Abschnitt 9|15). Das Erkennen und Eingrenzen des Verständnisproblems ist die Voraussetzung für die Wahl der richtigen Strategie zu seiner Lösung.

▸ Wahl der erfolgversprechendsten Texterschließungsstrategie
Die verschiedenen Strategien zur Texterschließung lassen sich in zwei große Gruppen einteilen: solche mit Hilfsmitteleinsatz und solche ohne. Das Ziel muss hier sein, ein Gefühl dafür zu entwickeln, wann es sich lohnt, zunächst einmal mit der Strategie des intelligenten Ratens (geschicktes Kombinieren, Ableiten aus dem Zusammenhang, Aktivieren von Vorwissen aus anderen Sprachen usw., s. Abschnitt 9|15) zu operieren, und wann wahrscheinlich nur eine Hilfsmittelbenutzung weiterhilft. Schulen Sie dieses Gefühl ganz bewusst, indem Sie gelegentlich beim Erschließen eines Textes grundsätzlich beide Strategietypen anwenden, also zunächst raten und dann nachschlagen, und so feststellen, wann das intelligente Raten gereicht hätte und wann nur das Nachschlagen zum richtigen Ergebnis geführt hat.

▸ Systematischer Ausbau des Wortbildungswissens
Wir haben schon in den Abschnitten 9|19 und 9|20 gesehen, wie nützlich das Wissen über die Wortbildungsregelmäßigkeiten der Fremdsprache sein kann. Als Fortgeschrittener heißt das Ziel, noch mehr Wortbildungsregeln zu kennen und noch sicherer in der Anwendung zu werden. Dazu sollten Sie sich z. B. anhand einer Grammatik mit möglichst allen gängigen Wortbildungsmustern Ihrer Zielsprache vertraut machen, also z. B. mit allen Präfixen und Suffixen und deren typischer Bedeutung oder mit dem Aufbau komplexer Wörter aus einfachen Basiswörtern.

▸ Souveräner Einsatz des zweisprachigen Wörterbuchs
Der richtige Einsatz von Nachschlagewerken ist eine der wichtigsten Voraussetzungen für autonomes Fremdsprachenlernen. Ich habe in Abschnitt 9|21 bereits den frühen Einsatz eines zweisprachigen Wörterbuchs empfohlen. Spätestens jetzt sollten Sie in der Lage sein, nicht nur die Übersetzungen des gesuchten fremdsprachigen Wortes, sondern *alle* Informationsangebote Ihres zweisprachigen Wörterbuchs zu nutzen. Das setzt voraus, dass Sie sich mit seinem Aufbau, insbesondere dem Aufbau der einzelnen Wörterbuchartikel, vertraut gemacht haben und z. B. auch alle Abkürzungen und Symbole entschlüsseln können, egal ob es sich um ein elektronisches Wörterbuch oder eines auf Papier handelt. Wie Sie weitere Arten von Nachschlagewerken einsetzen können, erfahren Sie im nachfolgenden Ratschlag (s. Abschnitt 16|7).

▶ Funktionaler Einsatz des Übersetzens als Texterschließungsstrategie
Als Anfänger neigt man dazu, sich den Inhalt von praktisch jedem fremdsprachigen Satz, den man liest, in seiner Muttersprache zu vergegenwärtigen, also praktisch ständig innerlich zu übersetzen. Das ist durchaus eine sinnvolle Anfängerstrategie (s. Abschnitt 9|25). Als Fortgeschrittene sollten wir uns aber zunehmend von dieser Strategie freimachen, weil sie nicht mehr zum Ziel des flüssigen Lesens längerer Texte passt. Das schließt aber nicht aus, dass wir sie nach wie vor zielstrebig an solchen Stellen einsetzen, an denen wir Probleme mit dem Verstehen haben. Denn zur Bewusstmachung schwieriger Inhalte bleibt sie eine Option. Sie sollte also zum Strategieinventar gehören, aber nur dort eingesetzt werden, wo sie effizient zum Textverstehen beiträgt.

Neben der Vervollkommnung der bereits erworbenen Strategien aus der Anfängerphase wollen wir aber als Fortgeschrittene auch unser Strategieinventar erweitern. Dazu kommen wir nun in den nächsten Ratschlägen, und zwar in den Abschnitten 16|7 und 16|8 zur Erweiterung der Strategien *mit* Hilfsmitteln und in Abschnitt 16|9 zur Erweiterung der Strategien ohne Hilfsmittel.

16 | 7   Erweitern Sie Ihre Kenntnis von Wörterbuchtypen

Der richtige Einsatz von Nachschlagewerken ist eine der wichtigsten Voraussetzungen für autonomes Fremdsprachenlernen. In der Praxis lässt sich aber oft feststellen, dass der durchschnittliche Fremdsprachenlerner nur mit zwei Grundtypen von Nachschlagewerken operiert: einem zweisprachigen und einem einsprachigen Wörterbuch, wobei er sich das letztgenannte meist sogar eher auf Empfehlung von Lehrern zugelegt hat als aus eigenem Antrieb. Was viele Lerner nicht wissen oder zumindest nicht beachten, ist die Tatsache, dass es noch einige Dutzend anderer Wörterbuchtypen gibt, die umso wertvoller werden, je weiter man vom Anfänger zum Fortgeschrittenen voranschreitet. In diesem Abschnitt stelle ich Ihnen die nützlichsten dieser Nachschlagewerke vor.

Es gibt zwei Hauptgründe, warum wir einige davon als fortgeschrittene Lerner kennen und einsetzen sollten: Erstens, weil sich manche Wörter in zweisprachigen Standardwörterbüchern nicht finden. Und zweitens, weil die Benutzung eines Spezialwörterbuchs effizienter ist.

Der erste Grund ist z. B. bei fachsprachlichen Wörtern gegeben. Zwar erfassen umfangreichere zweisprachige Wörterbücher bereits einen nicht unerheblichen Teil an Fachwörtern, insbesondere aus wichtigen Fachgebieten wie Wirtschaft, Medizin oder EDV/IT. Aber wie ich schon in Abschnitt 3|5 dargestellt habe, geht die Zahl der Fachwörter in die Millionen. Was wir in einem normalen zweisprachigen Wörterbuch finden, ist sozusagen immer nur die Spitze des fachsprachlichen Eisbergs. Nehmen Sie zur Veranschaulichung ein Fachbuch aus Ihrem Wissensgebiet aus dem Bücherschrank, schauen Sie ins Schlagwortverzeichnis und suchen Sie eine Auswahl der dort aufgeführten Begriffe in einem normalen zweisprachigen Wörterbuch. Sie werden einige grundlegende Begriffe vermutlich finden, hochfachliche aber eher nicht.

Der zweite gute Grund, Spezialwörterbücher zu benutzen, besteht darin, dass wir Informationen hier oft schneller finden und systematischer präsentiert bekommen als in einem nicht spezialisierten zweisprachigen Wörterbuch.

Ein gutes Beispiel ist hier der Typ eines *Dictionary of Phrasal Verbs*, den mehrere große englische Wörterbuchverlage in ihrem Programm haben (z. B.: *Longman Dictionary of Phrasal Verbs* oder *Oxford Phrasal Verbs – Dictionary for Learners of English*). Wenn Sie Englischlerner sind, haben Sie sicher auch manchmal Probleme, die Bedeutungen der verschiedenen *phrasal verbs* auseinander zu halten, die vom gleichen Grundverb abgeleitet sind: *get up, get down, get in, get out, get on, get off, get through, get by* usw. Die Bedeutung dieser *phrasal verbs* (in der deutschen Fachsprache »Partikelverben« genannt) lässt sich manchmal aus der Grundbedeutung der beteiligten Wörter ableiten, aber längst nicht immer. Der Vorteil eines Phrasal-Verbs-Wörterbuchs besteht darin, dass es jede einzelne dieser Verbindungen als eigenen Eintrag erfasst und diesen dann wieder nach den verschiedenen Bedeutungen der einzelnen Verbindung untergliedert. So finde ich in meinem Phrasal-Verbs-Wörterbuch von Longman z. B. nicht weniger als 98 solcher *phrasal verbs* allein mit dem Grundwort *get*. Dabei werden für einzelne wie z. B. *to get into, to get of, to get off, to get on, to get onto, to get out, to get to, to get up* wiederum mehr als ein Dutzend verschiedene Bedeutungsnuancen dargestellt, alle jeweils mit anschaulichen Beispielen. Und natürlich sind auch die *phrasal verbs* erfasst, die aus mehr als nur zwei Wörtern bestehen wie *to get along with, to get round to, to get away from, to get through with, to get up against, to get up to, to get up with* usw. Alle diese Einträge und die darin enthaltenen Informationen, die zusammen mehr als zehn Seiten ausmachen, werden in den meisten Standardwörterbüchern in einem einzigen Artikel zum Verb *get* untergebracht. Es liegt auf der Hand, dass sie dort nicht nur stark verkürzt wiedergegeben werden, sondern auch viel schlechter aufzufinden sind und nur schwer von den ebenfalls sehr zahlreichen Bedeutungen des Verbs *get* selbst zu differenzieren sind. Dass es übrigens auch ein Internetwörterbuch wie <dict.leo.org> nicht mit einem richtigen Phrasal-Verbs-Wörterbuch aufnehmen kann, stellt man sofort fest, wenn man einmal die oben als Beispiele angeführten *phrasal verbs* abfragt. Man bekommt in der Regel ein ziemliches Durcheinander von Vokabelgleichungen, von denen viele gar nichts mit dem gesuchten *phrasal verb* zu tun haben.

Im Folgenden stelle ich für beide Zwecke (Informationen finden, die im zweisprachigen Wörterbuch fehlen, sowie besonders effizient nachschlagen) die wichtigsten Wörterbuchtypen vor und beschreibe kurz ihren Nutzen. Dabei gehe ich hier nur auf solche

Wörterbuchtypen ein, die vor allem für das *Verstehen* von fremdsprachigen Texten wichtig sind. Alle Wörterbuchtypen, die vor allem für das *Schreiben* fremdsprachiger Texte nützlich sind (wie Synonymwörterbücher, Kollokationswörterbücher, Valenzwörterbücher usw.) stelle ich in Kapitel 20 vor. Die meisten im Folgenden beschriebenen Wörterbuchtypen gibt es nur in einer einsprachigen Form, d. h., Sie müssen sie in der jeweiligen Fremdsprache benutzen. Dazu sind in der Regel bereits gute Fremdsprachenkenntnisse notwendig. Einige Wörterbücher gibt es zumindest für die großen Lernsprachen aber auch in zweisprachiger Form, d. h. mit Deutsch als Bezugs- und Erklärungssprache. Auf diese werde ich explizit hinweisen.

▶ Phraseologismen-Wörterbücher

Dieser linguistische Fachbegriff ist eine Sammelbezeichnung für alle Wörterbuchtypen, in denen nicht einzelne Wörter, sondern feste Wortverbindungen aufgeführt sind. Dazu gehören insbesondere die bekannten »idiomatischen Wendungen« (*jemanden um den kleinen Finger wickeln, lügen dass sich die Balken biegen*), aber auch Wortverbindungen mit spezieller Bedeutung wie *schwarzer Markt, leere Versprechungen, Tag der offenen Tür* sowie generell Wörter, die in einem übertragenen Sinne gebraucht werden wie *mit Hochdruck* in der Bedeutung »mit besonderer Eile« oder *umhauen* in der Bedeutung »völlig überraschen«, »sprachlos machen« usw. Auch verbreitete Redensarten (*Knapp daneben ist auch vorbei*), Sprichwörter (*Man soll den Tag nicht vor dem Abend loben*) und manchmal auch bekannte Zitate, Aphorismen und geflügelte Worte sind hier erfasst. In jeder Sprache gibt es tausende solcher Phraseologismen. Der *Duden der Redewendungen* weist z. B. für das Deutsche mehr als 10.000 aus. Solche Redewendungen sind sozusagen das »Salz in der Suppe« unserer Sprache. Sie machen Sprache anschaulich und lebensnah, sie lassen Abstraktes oft konkreter werden, sie pointieren unsere Kommunikationsabsichten. Entsprechend häufig sind sie im Sprachgebrauch anzutreffen, und zwar nicht nur in gesprochener Alltagssprache, sondern auch in den meisten geschriebenen Texten. Wir sollten sie deshalb von vornherein mit in unser Lernprogramm aufnehmen.

Wir können die meisten Phraseologismen zwar auch im zweisprachigen Wörterbuch nachschlagen, aber die Benutzung eines Spezialwörterbuchs ist meistens schneller, bequemer und informativer. Denn hier müssen wir sie nicht aus langen Wörterbuchartikeln mit zahlreichen anderen Informationen herausfiltern. Außerdem werden sie meist gründlicher erklärt und mit mehr Beispielen illustriert.

Sie finden solche Wörterbücher in Bibliotheken, den Datenbanken der Internetbuchhändler oder auch direkt im Internet, wenn Sie die Begriffe *Wörterbuch* (ersatzweise auch *Verzeichnis, Inventar* o. Ä.) mit Suchwörtern wie *Redensarten, Redewendungen, idiomatische Ausdrücke, Sprichwörter, Zitate* bzw. ihre fremdsprachigen Äquivalente eingeben (z. B. engl. *dictionary of idioms, dictionary of idiomatic expressions* oder *dictionary of phrases*; franz. *dictionnaire des expressions* oder *des locutions*, span. *diccionario de expresiones idiomáticas*, ital. *dizionario dei modi di dire* usw.). Für Englisch ist zum Beispiel <www.phrasen.com> eine ergiebige Quelle. Sie bietet für eine ziemlich große Zahl von englischen Phraseologismen deutsche Übersetzungen an und umgekehrt. Für Französisch kann man auf <www.expressio.fr> zurückgreifen. Zwar sind hier längst nicht alle französischen Phraseologismen erfasst, dafür findet man aber interessante Informationen zur Herkunft der Wendungen. Die Internetseite <www.dean-dictionaries.com> bietet Übersetzungen deutscher Phraseologismen ins Spanische. Dabei ist zu beachten, dass nicht jede Wiedergabe im Spanischen selbst ein Phraseologismus ist, sondern oft nur eine Umschreibung des deutschen Ausdrucks. Trotzdem kann sie auch in dieser Funktion hilfreich sein.

▸ Substandardismen-Wörterbücher
Ich hatte schon in Abschnitt 13|2 darauf hingewiesen, dass jede Sprache über ein Repertoire unterschiedlicher Stilebenen verfügt und dass wir uns deshalb rechtzeitig fragen müssen, mit welchem Stilniveau wir voraussichtlich zu tun haben werden, zumindest rezeptiv. In der Regel möchte man nämlich in der Fremdsprache nicht nur die gepflegte Standardsprache verstehen, sondern zumindest auch die gängigen Ausdrücke aus den unteren Stilniveaus, also die familiäre, populäre und vielleicht sogar die wichtigsten Ausdrücke der Vulgärsprache kennen. Sonst könnte es passieren, dass wir uns noch freundlich bei jemandem bedanken, der uns in Frankreich gerade als *con*, in Italien als *stronzo*, in Spanien als *zopenco* oder in Argentinien als *boludo* tituliert oder mit der landestypischen Variante des Götz-Zitates bedacht hat. Doch auch ohne selbst Adressat solch freundlicher Ansprache zu sein, begegnet man vielen Ausdrücken der unteren Sprachebenen im Alltag auf Schritt und Tritt, nicht nur in Gesprächen, sondern auch in Filmen und vielen Büchern der Unterhaltungsliteratur. Wer etwa als Ausländer deutsche Krimis liest, wird nicht nur das Wort *sterben* verstehen müssen, sondern möglicherweise auch substandardsprachliche Synonyme wie *abkratzen, abnicken, krepieren, verrecken, ins Gras beißen, den Löffel abgeben, das Zeitliche segnen* usw. Und er wird die Begriffe *Bullen, Knast* oder *einbuchten* möglicherweise genauso oft antreffen wie die Standardwörter *Polizei, Gefängnis* und *inhaftieren*. Es geht also keineswegs nur um Schimpfwörter. Relevant sind vielmehr alle Wörter, die nicht dem neutralen Sprachstandard angehören, sondern dem familiären, populären oder eben auch vulgären Sprachgebrauch. Sie werden in der Linguistik gern unter dem Begriff der »Substandardismen« zusammengefasst.

Zwar findet man etliche Substandardismen wiederum auch in einem normalen zweisprachigen oder einsprachigen Standardwörterbuch. Aber zum einen gilt dies längst nicht für alle Substandardismen, denen man möglicherweise begegnet. Auch heute gibt es noch viele Wörterbücher, die sich zieren, derbe Wörter in ihr Repertoire aufzunehmen. Und zum anderen sind sie in den gängigen Wörterbüchern natürlich nicht unter dem Gesichtspunkt ihrer Zugehörigkeit zu einer bestimmten Stilebene zusammengestellt, sondern gehen unter in der Menge der Standardlexik.

Hier helfen Wörterbücher, die auf spezielle Stilebenen ausgerichtet sind. Sie tragen unterschiedliche Bezeichnungen. Im Deutschen heißen sie meist »Wörterbuch der Umgangssprache«. Aber auch Wörterbücher der »Jugend-« bzw. der »Szenesprache« sind interessante Quellen, denn hier finden wir insbesondere Wörter, die gerade in Mode sind und die man deshalb plötzlich vermehrt antrifft, ohne dass sie schon in den gängigen Wörterbüchern anzutreffen wären. Auch manch ältere Deutsche können es gebrauchen, wenn Jugendliche mit ihrem Digger in einer coolen Location chillig harzen gehen und das voll lol finden. Allerdings sind solche Wörter meist schon lange wieder out, bevor Ältere sie überhaupt richtig wahrnehmen.

Substandardismen-Wörterbücher umfassen meist tausende von Ausdrücken und legen damit Zeugnis davon ab, wie kreativ auch die Substandard-Sprachvarianten sind. Zwar gibt es gerade unter den jugendsprachlichen Ausdrücken viele, die wie Moden kommen und wieder gehen, andere gehen aber in den allgemeinen Sprachgebrauch über.

Natürlich gilt dies alles auch für andere Sprachen. Abgesehen von Lernern, die sich ausschließlich mit geschriebenen Texten in gehobener Sprache beschäftigen (wissenschaftliche Texte, Fachtexte, Belletristik) wird jeder Lerner früher oder später mit Substandardismen konfrontiert. Wir sollten deshalb über das nötige Knowhow verfügen, wie wir auch Wörter und Ausdrücke finden, die nicht im Standardwörterbuch stehen.

Wenn wir uns ein entsprechendes Spezialwörterbuch zulegen wollen, brauchen wir aber etwas Geschick, denn die Benennungen in den verschiedenen Sprachen sind sehr unterschiedlich. Im Englischen suchen wir am besten unter dem Stichwort »Slang« und stoßen dabei z. B. auf das sehr umfassende *Cassell's Dictionary of Slang* mit nicht weniger als 1300 Seiten. Natürlich reicht für den Anfang auch ein weniger umfassendes Werk, z. B. *Langenscheidts Universal-Wörterbuch Englischer Slang*. Wer den Schwerpunkt mehr auf die Umgangssprache der USA legen möchte, kann auf den Band *American Slang* von Bernhard Schmid im Heyne-Verlag zurückgreifen. Beide Werke haben den Vorteil, deutsche Übersetzungen anzubieten, was die Benutzung besonders bequem macht. Dabei ist allerdings zu beachten, dass viele deutsche Übersetzungen nicht die gleiche Stilebene haben wie die englischen oder amerikanischen Schlagwörter, denn natürlich gibt es nicht zu jedem Substandardwort im Englischen oder Amerikanischen ein Substandardwort der gleichen Stilebene im Deutschen.

Im Französischen, das ebenfalls sehr reich an Substandardwörtern ist, sucht man am besten unter den Stichwörtern *argot, français argotique, français non conventionnel, français non standard*. So findet man beispielsweise den ziemlich aktuellen *Dictionnaire du français argotique et populaire*, der bei Larousse erschienen ist. Sehr hilfreich für deutsche Französischlerner ist auch das zweisprachige *Langenscheidts Wörterbuch der Umgangssprache Französisch*, denn hier finden sich wiederum deutsche Übersetzungen. Allerdings gilt auch hier, dass bei der Wiedergabe der französischen Substandard-Wörter im Deutschen teilweise auf andere Stilebenen oder neutrale Sprache zurückgegriffen werden muss, weil es kein vergleichbares Substandardwort gibt.

Im Italienischen gibt es ein *Dizionario dello slang italiano*, das sich zwar durch seinen Haupttitel *La mala lingua* selbst bezichtigt, »Die schlechte Sprache« zu präsentieren, dies aber ohne erhobenen Zeigefinger tut. Auch unter dem Stichwort *gergo giovanile* (wörtl.: »Jugendjargon«, also Jugendsprache) stößt man auf interessante Quellen.

In weiteren Sprachen wird man am ehesten fündig, wenn man mit den fremdsprachigen Äquivalenten für *Wörterbuch, Verzeichnis, Inventar, populäre Sprache, familiäre Sprache, Jugendsprache* usw. sucht. Manchmal findet man auch ganze Wörterbücher nur unter dem Äquivalent für *Schimpfwörter*, z. B. den französischen Band *Dictionnaire des gros mots – Insultes, grossièretés et autres noms d'oiseaux* von Marc Lemonier. Diese erfassen dabei aber meistens nicht nur Schimpfwörter im Sinne des deutschen Wortes, sondern sind letztlich ebenfalls Substandardismen-Wörterbücher.

Natürlich gibt es auch zahlreiche Verzeichnisse im Internet. Unter den Quellen für Englisch sind aufgrund der großen Zahl der Einträge <www.peevish.co.uk/slang> und <www.urbandictionary.com> besonders erwähnenswert. Alternativen, allerdings mit deutlich weniger Einträgen, sind <http://onlineslangdictionary.com> und <www.alternative-dictionaries.net>. Diese zuletzt genannte Seite enthält auch kleinere Sammlungen für andere Sprachen wie Französisch oder Spanisch, jeweils mit englischen Übersetzungen. Ein Blick in die Liste der erfassten deutschen Wörter zeigt allerdings, dass die Auswahl für andere Sprachen als Englisch eher Zufälligkeiten unterworfen ist.

Die genannten Quellen sind fast alle Crowd-Wörterbücher, das heißt, jeder, der sich anmeldet, kann Einträge einstellen. Entsprechend heterogen ist die Qualität. Zum Erschließen von Bedeutungen sind sie problemlos. Wenn es allerdings um die richtige Einschätzung des Stilniveaus geht, ist Vorsicht geboten, denn meist finden sich neben familiären und populären auch ohne weitere Kennzeichnung vulgäre Wörter und Ausdrücke. Auch der Verbreitungsgrad wird in der Regel nicht angegeben. Dafür bietet aber z. B. <www.urbandictionary.com> Synonyme und vor allem auch Audiodateien mit der Aussprache des jeweiligen Wortes, gesprochen von verschiedenen Sprechern.

▶ Fachwörterbücher

Die dritte große Gruppe von Wörterbüchern, die man als fortgeschrittene Lerner mit großer Wahrscheinlichkeit braucht, nämlich dann, wenn die Fremdsprache auch für berufliche Zwecke genutzt wird, sind Fachwörterbücher. Natürlich enthalten auch allgemeinsprachliche Wörterbücher immer einen gewissen Anteil von Fachwörtern, und zwar umso mehr, je umfangreicher die Zahl der erfassten Schlagwörter ist. Wenn Sie ein elektronisches Wörterbuch benutzen, das eine Abfrage nach Fachgebieten erlaubt, können Sie sich sogar alle enthaltenen Fachausdrücke eines bestimmten Fachgebietes anzeigen lassen. So weist die elektronische Fassung des Muret-Sanders (Vers. 4.0) 519 deutsche Wörter als Fachausdrücke der Elektrotechnik aus und gibt englische Äquivalente dazu, von *Abdeckleiste* bis *Zwischenstecker*. Aber die Präsentation ist auch hier nicht optimal. So verstecken sich zum einen die fachsprachlichen Verwendungen der Wörter meist irgendwo in den Wörterbuchartikeln und zum anderen lässt bereits die Liste der Sachgebiete, die für die Abfrage zur Auswahl stehen, vermuten, dass hier wenig systematisch mit dem Fachbezug umgegangen wurde. So gibt es in dem genannten elektronischen Wörterbuch zwar insgesamt 74 Fachgebiete (von *Anatomie* bis *Zoologie*) und darunter so spezielle wie »Ornithologie«, »Metallurgie« oder gar »Heraldik«. Andererseits fehlen so grundlegende wie Informatik und Betriebswirtschaft. Von einer echten Fachsystematik sind solche Klassifizierungen also weit entfernt.

Spätestens wenn es richtig fachlich wird, braucht man deshalb ein Fachwörterbuch. Dies gilt aber nicht nur für *Fach* im Sinne von »Wissenschaft« (z. B. Physik oder Soziologie) und von *Beruf* (z. B. Druckereiwesen oder Krankenpflege), sondern auch für alle anderen Gebiete des täglichen Lebens, an denen nicht alle teilhaben, also z. B. für alle Sportarten oder Hobbys und Freizeitbeschäftigungen. Ein gutes Beispiel für die Nützlichkeit eines solchen Fachwörterbuchs ist das vom Deutschen Akademischen Austauschdienst (DAAD) im Bertelsmann-Verlag herausgegebene Wörterbuch »Wissenschaft und Hochschule« für die Sprachenpaare Deutsch – Englisch, Deutsch – Französisch und Deutsch – Spanisch (jeweils in beide Sprachrichtungen). Wer sich mit der Übersetzung der speziellen Terminologie des deutschen Hochschulsystems in eine der genannten Sprachen herumschlägt, findet hier erprobte Übersetzungsvorschläge, angefangen von Bezeichnungen für Studiengänge wie *Mediävistik* (*medieval studies*) oder *marine Umweltwissenschaft* (*maritime environmental science*) bis hin zu spezifischen Einrichtungen oder Konzepten des deutschen Hochschulsystems wie *ASTA* (*students' union executive committee*), *akademisches Auslandsamt* (*foreign students' office* bzw. in den USA *Foreign Student Advisor*) oder *fachgebundene Hochschulreife* (*subject-restricted higher education entrance qualification*). Begriffe wie diese findet man in der Regel selbst in reichhaltigen allgemeinsprachlichen Wörterbüchern nicht.

Solche zweisprachigen Fachwörterbücher wird man allerdings nur für die »großen« Sprachen und die wichtigsten Fachgebiete finden (z. B. Fachwörterbücher der Wirtschaft, der Technik oder der Politik für Sprachenpaare wie Deutsch – Englisch, Deutsch – Französisch oder Deutsch – Russisch). Sobald das Fachgebiet spezieller und die Sprache weniger verbreitet ist, findet man fast nur noch einsprachige Wörterbücher. Diese sind dann in der Regel für Muttersprachler konzipiert, liefern dafür aber meist auch Definitionen und Erklärungen der aufgeführten Fachwörter. Wir können sie in der Muttersprache genauso gut brauchen wie in der Fremdsprache. Wer weiß schon, was genau Juristen unter *Deliktunfähigkeitsausschluss*, Nachrichtentechniker unter *Navigationsfunkpeiler* oder Mediziner unter *Schulterdystokie* verstehen?

Die Zahl der Fachwörterbücher ist wesentlich größer, als man es sich als Laie vorstellt. Dies zeigt ein Blick in das Angebot spezialisierter Verlage. So finden wir z. B. im Kater-Verlag Ulm Wörterbücher der Schweißtechnik, der Brauerei- und Abfülltechnik oder der Fleischwirtschaft. Allerdings liegt der Schwerpunkt des Angebotes an hochspezialisierten Fachwörterbüchern nicht nur in diesem Verlag, sondern generell eindeutig im Bereich der Technik und der Sprache Englisch.

Im Internet finden wir manchmal auch nur »Glossare«, d. h. Zusammenstellungen von Fachtermini in Listenform. Diese helfen uns natürlich nur, wenn sie entweder mit Übersetzungen oder Erklärungen versehen sind. Insbesondere für Spezialgebiete, für die es noch keine umfangreicheren Fachwörterbücher gibt, können sie hilfreich sein (z. B. das Glossar der Spezialbegriffe des Geocaching <www.geocaching.com/about/glossary.aspx>). Man findet sie über die Suchmaschinen z. B. durch Eingabe von Suchbegriffen wie »glossary of X terms«, wobei man für X das jeweilige Fachgebiet eingibt. Entsprechende Suchbegriffe für andere Sprachen sind *glossaire de X*, *glossario di X*, *glosario de X* usw.

16 | 8   Benutzen Sie auch enzyklopädische Nachschlagewerke und Internetquellen

Im vorausgehenden Ratschlag haben wir nur von sprachlichen Nachschlagewerken gesprochen. Natürlich sollten Sie als fortgeschrittener Lerner auch enzyklopädische Nachschlagewerke benutzen, also solche, die sich nicht auf Sprache, sondern auf alles andere Wissen beziehen. Das war noch nie so einfach wie heute. Denn mit Wikipedia haben wir mittlerweile ein sehr umfassendes, nützliches und wegen der Kostenfreiheit sehr soziales Instrument zum Nachschlagen von Informationen zur Verfügung. Wann immer wir in einem Text auf den Namen einer Person, einer Institution, eines Unternehmens, eines Ortes, eines historischen Ereignisses oder irgendein anderes Stichwort stoßen, von dem wir nicht genau wissen, wer oder was es ist, hilft meist der Klick auf die Seiten von Wikipedia.

Für uns als Fremdsprachenlerner kommt noch der große Vorteil hinzu, dass wir nicht nur auf den deutschen Seiten suchen können, sondern selbstverständlich auch auf den Seiten der jeweiligen fremdsprachigen Ausgabe von Wikipedia. Mittlerweile gibt es Wikipedia-Seiten in fast 300 Sprachen, davon in 52 Sprachen mit mehr als 100.000 Artikeln und in 9 Sprachen mit mehr als einer Million Artikeln. Spitzenreiter ist natürlich Englisch mit über vier Millionen Artikeln, aber auch für Niederländisch, Schwedisch, Französisch, Italienisch, Spanisch, Russisch und Polnisch gibt es ein sehr umfassendes Artikelangebot. Damit besteht nicht nur die Möglichkeit, spezielle Informationen zum Land der Zielsprache zu finden, die auf den deutschen Seiten nicht vorhanden sind, sondern wir tun gleichzeitig auch etwas für unsere fremdsprachliche Lesekompetenz. Insbesondere zur Entschlüsselung von speziellen landeskundlichen Inhalten in Texten ist Wikipedia also ein ideales Suchtool.

Legen Sie am besten gleich einen Link auf die entsprechende Homepage von Wiki in der Zielsprache und platzieren Sie diesen auf Ihrem Desktop oder in Ihrem Startmenü, sodass Sie jederzeit mit einem Klick darauf zugreifen können. Wenn Sie beispielsweise in einem französischen Text vom »retour des *Champs-Élysées* sur France 2« lesen und Ihnen plötzlich klar wird, dass damit nicht einfach nur der weltweit bekannte Pariser Boulevard gemeint sein kann, dann klärt Sie die französische Wiki-Ausgabe (nicht aber die deutsche) darüber auf, dass *Champs-Élysées* eine beliebte französische Samstagabend-Show war, die nach langer Pause 2010 noch einmal auf Sendung gegangen ist. Ganz nebenbei erfahren Sie dabei, dass *Champs-Élysées* auch noch für ein ganzes Stadtviertel, eine Metrostation und ein Filmfestival steht.

Natürlich gibt es außer Wikipedia eine unüberschaubar große Zahl anderer Wissensquellen im Internet. Hier ist jeder selbst gefordert, sich die Quellen zusammenzustellen, die er zum Nachschlagen für seine jeweiligen Interessensgebiete am hilfreichsten findet. Wer noch lieber mit traditionellen Büchern arbeitet, benutzt eine gedruckte Enzyklopädie. Gedruckte Enzyklopädien bieten meist den Vorteil einer stärkeren inhaltlichen Kontrolle durch ein Expertenteam, können dafür aber nicht immer so aktuell sein wie elektronische Werke.

16 | 9 Setzen Sie fortgeschrittene Texterschließungsstrategien ein

Die meisten Menschen sind erfahrene Leser, jedenfalls solange es um das Lesen in der Muttersprache geht. Wir verfügen über ein breites Repertoire an Lesestrategien, das wir je nach Lesezweck und dem Inhalt der Texte souverän einsetzen. Einen Roman im Liegestuhl lesen wir anders als einen komplizierten Fachtext und diesen wiederum anders als die Tageszeitung oder die Werbebroschüre für ein Urlaubsziel. Je weiter wir unsere Fremdsprachenkenntnisse ausbauen, desto mehr werden sich unsere Lesestrategien in der Fremdsprache denen in der Muttersprache annähern. Auf dem Weg dahin werden wir aber in der Regel immer wieder feststellen müssen, dass uns diese Fähigkeit nicht in den Schoß fällt, sondern dass wir sie uns erarbeiten müssen. Deshalb stelle ich im Folgenden eine Reihe von bewährten Strategien vor, wie wir auch mit schwierigen Texten in der Fremdsprache fertig werden können. Sie setzen die Beherrschung der Basisstrategien, wie ich sie in Abschnitt 16|6 noch einmal zusammengefasst habe, voraus. Sie kommen typischerweise bei längeren Informationstexten zu fachlichen, beruflichen oder wissenschaftlichen Inhalten zum Einsatz. Die meisten der genannten Strategien lassen sich übrigens auch auf schwierige Texte in der Muttersprache anwenden.

▶ Aktivieren Sie Ihr Vorwissen.
Texte sind Kommunikation. Es gibt immer einen Grund, *warum wer* für *wen was* geschrieben hat. Vor dem Einstieg in die Lektüre ist es deshalb oft hilfreich, sich genau das klar zu machen und die dem Text zugrunde liegende Kommunikationssituation ausleuchten. Dazu sollte man zunächst Antworten auf Fragen wie die folgenden suchen: Wer hat diesen Text geschrieben? Was weiß ich über diesen Autor oder diese Autorin? Kenne ich schon andere Texte von ihm oder ihr? Gibt es ein typisches Thema, eine zentrale Botschaft? Mit welchem Stil und welcher Herangehensweise, welchem Schwierigkeitsgrad muss ich rechnen? Für wen wurde der Text geschrieben? Wer sind die erklärten oder die impliziten Adressaten? Zu welchem Zweck oder Anlass wurde der Text geschrieben? Um welchen Texttyp handelt es sich? Wann wurde der Text geschrieben? Wie aktuell kann sein Inhalt sein? Was weiß ich selbst bereits über das Thema und welches neue Wissen oder welches tiefer gehende Verständnis erwarte ich von dem Text? Mit solchen und ähnlichen Fragen lässt sich oft schon im Vorfeld klären, was man von der Lektüre eines Textes sinnvollerweise erwarten kann und was nicht und wie man vor diesem Hintergrund die weiteren Leseschritte anlegen sollte.

▶ Variieren Sie die Lesetiefe.
Man kann Texte mit unterschiedlichen »Lesetiefen«, also sozusagen »Gründlichkeitsstufen« lesen. Zu unterscheiden sind mindestens die folgenden fünf Stufen: das *orientierende* Lesen, bei dem man den Text nur durchblättert und sich anhand von Überschriften oder optisch auffälligen Textbestandteilen wie Tabellen, Grafiken, Aufzählungen und dgl. eine ersten Überblick verschafft; das *kursorische* Lesen, bei dem man versucht, sich durch schnelles, überfliegendes Lesen erste Eindrücke vom Inhalt zu verschaffen; das *selektive* Lesen, bei dem man zwar nicht alles, besonders wichtige oder interessante Textteile aber ganz liest; das *vollständige* Lesen, bei dem man den Text als ganzen aufnimmt; das *einprägende* Lesen, bei dem man sich nicht nur bemüht, den Text genau zu verstehen, sondern zusätzlich auch möglichst viel von seinem Inhalt zu behalten. Oft ist es sinnvoll, die Lesetiefe zu variieren und dabei mit den eher überblicksorientierten Leseformen zu beginnen. Im Englischen gibt es dafür den treffenden Begriff des *skimming*. Wörtlich bedeutet dies »abschöpfen«. Man versucht mit möglichst geringem Zeitaufwand, das Wichtigste aus dem Text »abzuschöpfen«, um dann zu entscheiden, ob sich tiefer gehende Lesearten lohnen.

Setzen Sie also auch beim fremdsprachlichen Lesen unterschiedliche Lesetechniken ein und variieren Sie die Lesetiefe je nach Text und Textteil in Abhängigkeit von den Erwartungen, die Sie mit der Lektüre des Textes verbinden.

▶ Nutzen Sie die Metatextbestandteile.
Viele Texte, vor allem informationsorientierte, bestehen nicht nur aus dem Fließtext, sondern haben ein Inhaltsverzeichnis, ein Vorwort oder Geleitwort, ein Abstract oder eine Zusammenfassung, eine Bibliografie, ein Personen- oder Sachregister, biografische Angaben zum Autor oder zu den Autoren usw. Nutzen Sie auch diese, um schon vor der eigentlichen Lektüre Ihre Vorstellungen vom Inhalt des Textes zu konkretisieren. Vor der Lektüre eines Buches kann es auch sinnvoll sein, im Internet nach Rezensionen zu suchen, sei es durch andere Leser in Buchhandelsportalen und sozialen Netzen oder auch in Form von professionellen Buchrezensionen in den Online-Ausgaben von Publikums- oder Fachzeitschriften. Auch eine kurze Internetrecherche zum Autor vermittelt oft interessante Einblicke in die Hintergründe eines Textes. So wird man von einem Journalisten, der heute zu diesem Thema und morgen zu einem ganz anderen publiziert hat, kaum die gleiche fachliche Fundiertheit erwarten können wie von einem Experten, der sich seit Jahren mit dem gleichen Thema auseinandersetzt. Umgekehrt wird man bei einem Wissenschaftler meist mit einem anderen Schreibstil rechnen müssen als bei einem gelernten Journalisten.

▶ Reagieren Sie reflektiert auf Verständnisprobleme.
Früher oder später wird man beim Lesen auf Verständnisprobleme stoßen. Das gilt schon für anspruchsvolle Texte in der Muttersprache und folglich erst recht in der Fremdsprache. Die Schuld muss dabei nicht unbedingt bei uns als Leser liegen. Auch der Autor kann durch mangelnde Verständlichkeit seiner Formulierungen oder durch fehlende Erklärungen Verständnisprobleme verursachen. Was auch immer die Ursache ist, es gilt, bewusst mit solchen Verständnisproblemen umzugehen. Dabei muss man in der Regel die Grundsatzentscheidung fällen, ob man sie zunächst ignorieren oder gleich aktiv ihre Beseitigung in Angriff nehmen will. Manche Verständnisprobleme lösen sich von selbst, wenn man die problemauslösenden Textpassagen noch einmal liest oder auch einfach weiterliest und auf spätere Klärung hofft. Was aber immer Sinn macht, ist das Markieren der Textstelle, die das Verständnisproblem auslöst. Denn dies ermöglicht es zum einen, auf diese später zurückzukommen, um das Problem nachträglich noch aufzulösen. Zum anderen aber zwingt uns bereits der Vorsatz, Unverstandenes zu markieren, dazu, uns den Verlauf des Verstehensprozesses bewusst zu machen und Fehlentwicklungen rechtzeitig zu erkennen. Denn oft addieren sich Verständnisprobleme und führen irgendwann zum Verlust des roten Fadens, den man braucht, um überhaupt einen Text noch sinnvoll verarbeiten zu

können. Zu einer sinnvollen Texterschließung gehört also auch immer eine Selbstevaluation des Grades des eigenen Textverstehens.

Es kann aber auch sinnvoll sein, schon vorbeugend Passagen im Text zum Aufbau eines besseren Verständnisses zu markieren. Wenn man z. B. auf Definitionen von Fachbegriffen stößt, die man bisher nicht kannte oder in denen Begriffe fachlich anders verwendet werden, als man es aus der Alltagssprache gewohnt ist, kann es hilfreich sein, diese schon vorweg zu markieren, um sie bei Bedarf nachzuschlagen oder für das weitere Leseverständnis von Zeit zu Zeit bewusst zu memorieren. Zum reflektierten Umgang mit Verständnisproblemen gehört schließlich auch die bewusste Entscheidung, die Lektüre eines Textes als ineffizient abzubrechen, wenn diese sich so stark häufen, dass die Lektüre unergiebig wird.

▶ Explizieren Sie die gedankliche Struktur des Textes.

Wenn es darauf ankommt, einen Text besonders gründlich zu verstehen, z. B. zur Vorbereitung einer Prüfung oder weil er wichtiger Input für einen noch zu verfassenden eigenen Text darstellt, dann sind Strategien zur vertieften Verarbeitung des Inhalts gefragt. Dazu ist es nötig, den inneren Aufbau des Textes, also die Themenentwicklung oder den Gang der Argumentation möglichst genau zu verstehen. Das passiert zwar überwiegend mental, aber wir können diesen mentalen Prozess unterstützen. Eine Möglichkeit ist das *Indizieren* von Textinhalten. Mit einfachen Kürzeln wie z. B. D für »Definition«, T für »These«, B für »Beispiel«, A für »Argument«, GA für »Gegenargument«, F für »Fakten«, M für »Meinung des Autors«, Q für »Quelle«, ES für »empirische Studie«, Z für »Zitat«, ID für »interessantes Detail« usw. können wir den Text ein Stück weit transparenter machen. Auch dabei gilt wieder, dass uns das sowohl im Moment des Lesens nutzt, weil wir uns auf der Suche nach einer angemessenen Indizierung automatisch um ein vertieftes Textverständnis bemühen, als auch für die spätere Auswertung des Textes, bei der die Indizierungskürzel wie Hinweisschilder auf dem Weg durch den Text wirken. Versuchen Sie also einmal, bei der Lektüre eines wichtigen Textes selbst solche Indizierungen zu entwickeln. Legen Sie diese dabei nach Ihren persönlichen Leseinteressen fest. Ihre Zahl sollte ein Dutzend nicht überschreiten, sonst büßen sie möglicherweise ihre schnelle Orientierungsfunktion ein. Solange Sie sie noch nicht sicher im Griff haben, sollten Sie einen Zettel mit der Legende der Kürzel anlegen und beim Lesen zur Hand haben.

Eine ähnliche Möglichkeit besteht darin, den Text durch Querstriche in eigene gedankliche Abschnitte zu zerlegen (die nicht unbedingt mit den typografischen Absätzen, so wie der Autor sie festgelegt hat, übereinstimmen müssen, sondern die auch mal kürzer oder länger sein können). Fassen Sie dann die zentrale Aussage jedes Abschnitts in einem kurzen Statement zusammen und schreiben Sie dieses an den Rand des markierten Abschnitts. Ist dieser nicht breit genug, kann man auch einfach eine fortlaufende Nummerierung an den Rand schreiben und die Statements dort, wo Platz ist, oder ganz separat notieren. Auch mit dieser Technik erschließt man sich die gedankliche Struktur des Textes und fasst diese in wenigen Sätzen zusammen. Vor allem wenn man viele Texte lesen muss, um sie anschließend zusammenzufassen oder weiterzuverarbeiten (z. B. im Rahmen einer wissenschaftlichen Arbeit oder eines Literaturberichts), wird man später für solche Listen von zentralen Aussagen dankbar sein, denn sie geben uns in Bruchteilen der ursprünglichen Lesezeit den Überblick über den Gedankengang eines Textes zurück. Wichtig bei dieser Technik ist, dass man die gedanklichen Inhalte des Textes nicht nur in Form von Stichwörtern notiert (›Eurokrise‹, »EZB«), sondern in Form von textbasierten Aussagen (»EZB hat Mitschuld an Eurokrise« oder »EZB hat Eurokrise unterschätzt«). Denn im ersten Fall erfahren wir später aus der Notiz nur, *worüber* etwas im Text steht, im zweiten Fall aber, *was* im Text steht.

▶ Tauschen Sie sich mit anderen über den Textinhalt aus.

Grundsätzlich ist es auch immer eine gute Idee, den Inhalt von schriftlicher Kommunikation in Textform zum Gegenstand mündlicher Kommunikation in Gesprächsform zu machen. Das setzt natürlich voraus, dass andere den Text auch gelesen haben. Sobald dies der Fall ist, kann der Austausch darüber sehr gewinnbringend sein. Was haben andere gelesen, verstanden, behalten, als besonders bemerkenswert, grundlegend, informativ empfunden? Oder aber auch: Wo hatten sie Verständnisschwierigkeiten und zu welchen Ergebnissen sind sie bei dem Versuch gekommen, sie zu lösen? Vielleicht besteht sogar die Möglichkeit, sich diese Textpassagen gemeinsam anzusehen und einen gemeinsamen Lösungsversuch zu unternehmen. Dass dabei ein Muttersprachler und insbesondere der Tandempartner ein idealer Gesprächspartner ist, versteht sich von selbst (s. dazu auch Abschnitte 5|4 u. 5|5).

17 Gehört, verstanden, gelernt – Die Hörverstehenskompetenz ausbauen

17 | 1 Stimmen Sie Ihre Lernstrategien auf Ihre Hörkompetenzziele ab

In Abschnitt 3|6 hatten wir im Sinne des Gemeinsamen Europäischen Referenzrahmens für Sprachen (GeR) zwischen Hörverstehen im Rahmen von »Gesprächskompetenz« einerseits und dem sog. »monologischen Hörverstehen« andererseits unterschieden, bei dem es nur um das Verstehen ohne eigene Gesprächsbeteiligung geht, also um Situationen wie Radio hören, fernsehen, ins Kino gehen, Vorträge hören, Vorlesungen besuchen usw.

Fragen Sie sich zunächst noch einmal, welche Art des Hörverstehens für Sie im Vordergrund steht. Ziehen Sie dabei auch noch einmal Ihre Selbsteinschätzung sowie Ihre eigene Zielvorgabe für diese beiden Grundkompetenzen nach den Kategorien des GeR aus Abschnitt 3|6 zu Rate. Wenn Sie hier für das Hörverstehen eine höhere Zielkompetenz angekreuzt haben als für das Sprechen, dann hat das monologische Hörverstehen für Sie offensichtlich eine besondere Bedeutung. Wenn es die gleiche oder eine geringere Zielniveauangabe hat als das Sprechen, dann ist es für Sie wahrscheinlich eher Mittel zum Zweck und der Fokus liegt auf der Anwendung der Fremdsprache in Gesprächssituationen. Dieser Fall ist erfahrungsgemäß der häufigere. Zwar gibt es durchaus eine Reihe von Anwendungssituationen, in denen auch dieser Lernertyp mit dem nichtdialogischen Hörverstehen zu tun hat, z. B. beim Radiohören, beim Fernsehschauen oder beim Besuch eines Vortrags oder einer Vorlesung. Doch die meisten Lerner, die viel fremdsprachiges Radio hören oder Fernsehen schauen, tun dies auch oder sogar überwiegend, um ihre Kompetenz mit Blick auf die Anwendung in dialogischen Situationen zu verbessern. Das Ziel einer guten Hörverstehenskompetenz und das einer guten Sprechkompetenz gehen also oft Hand in Hand.

Die meisten Ratschläge in diesem Kapitel gehen deshalb von diesem Standardfall aus. Das Hörverstehen ist hier vor allem der eine Teil einer Gesprächssituation, der nicht vom anderen zu trennen ist. Beim Üben des Hörverstehens kommt es deshalb darauf an, dieses vor allem in seiner dialogischen Einbettung zu trainieren.

Wenn Sie demgegenüber einen deutlichen Bedarf an Hörkompetenz in solchen Anwendungssituationen haben, die ausschließlich monologisch sind, bei denen Sie also hörend verstehen, aber wenig selbst sprechen müssen, z. B. im Rahmen von Vorlesungen, Seminaren, Schulungen und dgl. zu speziellen Themen in der Fremdsprache, dann sollten Sie Ihre Hörverstehenskompetenz auch entsprechend diesen Präsentationsformen trainieren. Arbeiten Sie dann vor allem mit solchen Hörtexten, die monologisch und thematisch möglichst nahe an Ihrem Anwendungsbedarf sind. In den nachfolgenden Ratschlägen finden Sie auch für diesen konkreten Bedarf zahlreiche praktische Hinweise.

Einen Sonderfall bilden in gewissem Sinne alle, die besonders viel in der Fremdsprache telefonieren müssen. Zwar steht hier naturgemäß wiederum die dialogische Gesprächskompetenz im Vordergrund, aber das Medium Telefon erfordert durch seine Besonderheiten (Wegfall des Sichtkontaktes und damit von Mimik und Gestik als Verständnishilfe, akustische Veränderung des Lautbildes durch die technische Übertragung, Störgeräusche usw.) noch einmal ein besonderes Training. Arbeiten Sie in diesem Fall vor allem mit speziellem Hörverstehensmaterial zum Telefonieren. Ist solches für Ihre Sprache nicht verfügbar, kommt das Training mit gesprochener Radiosprache Ihrer Anwendung am nächsten, vor allem wenn im Radio selbst Telefoninterviews geführt werden. Eine andere Überlegung könnte sein, bei der Festlegung des Lernformats auch Online-Unterricht oder Telefontandems einzubeziehen, denn auch diese kommen dem Telefonieren als Anwendungssituation ziemlich nahe.

Grundsätzlich gilt also, dass Sie Ihren Hörverstehens-Input an Ihren Anwendungsbedürfnissen ausrichten sollten, ein Grundsatz, den viele Lerner nicht konsequent genug beachten.

17 | 2 Machen Sie sich technisch fit für professionelles Hörverstehenstraining

Wer das Hörverstehen systematisch trainieren und dazu die fast grenzenlosen Möglichkeiten nutzen will, die die modernen Medien bieten, der muss technisch ein wenig versiert sein. Wer nur in der Lage ist, eine CD abzuspielen, verpasst einiges. Ich habe deshalb an dieser Stelle einen eigenen Abschnitt über die vielfältigen technischen Hilfsmittel zusammengestellt, die wir als fortgeschrittene Fremdsprachenlerner einsetzen können. Sie sind für das Hörverstehen besonders wichtig, werden uns aber später auch im Zusammenhang mit anderen Lernstrategien (z. B. dem Aufnehmen eigener Gespräche in der Fremdsprache zwecks Nachbereitung, s. Abschnitt 19 | 19) gute Dienste tun. Es geht dabei zunächst um das einfache Abspielen, dann aber auch um das Aufnehmen und dauerhafte Verfügbarmachen von Tondokumenten (z. B. in Form von Dateien). Insbesondere dieser letzte Aspekt ist für das Hörverstehen von besonderer Bedeutung. Denn ein systematisches Arbeiten mit einem Hörverstehenstext setzt voraus, dass dieser beliebig oft reproduzierbar ist, an jeder beliebigen Stelle gestoppt und mit möglichst wenig Aufwand zurückgefahren werden kann, um einzelne Stellen noch einmal zu hören. Von besonderem Interesse ist dabei auch der Transfer von einem Medium auf ein anderes, z. B. vom Radio oder aus dem Internet auf ein mobiles Gerät, z. B. einen MP3-Player oder ein Smartphone, damit man möglichst bequem an jedem Ort Hörverstehenstraining betreiben kann.

Für ausgesprochene Technik-Freaks wird dieses Kapitel nichts Neues enthalten. Alle anderen Leser werden aber vermutlich die eine oder andere Technik kennenlernen, die sie bisher noch nicht systematisch zum Fremdsprachenlernen eingesetzt haben.

Wir beginnen ganz traditionell mit den »alten« Medien.

- Audiokassettenrecorder

    Zahlreiche Verlage bieten auch heute noch Hörverstehensmaterialien auf Kassetten an, auch wenn diese Angebote immer weiter zurückgehen. Es kann also von Vorteil sein, ein solches Gerät noch zu besitzen und zum Sprachenlernen einzusetzen. In den meisten Haushalten ist sicher irgendwo noch ein Exemplar vorhanden, meist in Form eines tragbaren Radiorecorders, d. h. mit integriertem Radio. Ein Radiorecorder hat den Vorteil, dass man Radiosendungen auch direkt auf Kassette mitschneiden kann. Wenn das Gerät zusätzlich über ein eingebautes Mikrofon verfügt, können wir es auch als Aufnahmegerät benutzen, z. B. um unsere Gespräche in der Fremdsprache aufzuzeichnen und später nachzubearbeiten.

Wer Angst hat, dass sein Kassettenrecorder bald kaputt geht, und keine Lust hat, sich dann für seine Sprachkassetten noch einmal ein Gerät dieser veraltenden Technik anzuschaffen, der sollte den Inhalt der Kassetten rechtzeitig retten, indem er sie digitalisiert. Wenn ein Line-Out-Ausgang am Kassettenrecorder und ein Line-In-Eingang am Computer vorhanden sind, kann man die Tonquelle mit einer entsprechenden Software (z. B. dem kostenlosen Programm *Audacity*) am Computer mitschneiden. Ist dies nicht möglich, muss man möglicherweise auf eine andere Lösung zurückgreifen. Schon ab ca. 25 Euro finden Sie im Internethandel Audio-Kassettengeräte, die sich über ein USB-Kabel an den Rechner anschließen lassen und die es Ihnen erlauben, den Inhalt jeder Audio-Kassette mithilfe der mitgelieferten Software in MP3-Dateien umzuwandeln. Diese können Sie dann mit der im Kaufumfang enthaltenen Software (oder einer anderen kostenlosen Software wie *Audacity*) so schneiden, zerlegen und wieder neu zusammensetzen, wie Sie sie benötigen. Mit diesem Verfahren können Sie natürlich nicht nur Sprachlernkassetten, sondern auch alle anderen Ton-Aufnahmen, die Ihnen lieb sind, aus der Kassetten-Ära ins elektronische Zeitalter hinüberretten. Ich selbst habe mir dafür schon vor längerem das Produkt *Auvisio Tape2PC* für ca. 30 Euro angeschafft und mittlerweile alle alten Sprachlernkassetten digitalisiert. Die Tondokumente können Sie natürlich anschließend wieder auf CD oder DVD brennen und so auch auf einem CD- oder DVD-Player abspielen.

▶ Videokassettenrecorder

Das visuelle Pendant zum Audiokassettenrecorder ist der Videokassettenrecorder, meist im VHS-Kassetten-Format. Auch er ist zwar in vielen Haushalten noch im Einsatz, wird aber kaum durch einen neuen ersetzt, wenn er kaputt geht. Zwar war das Angebot an Videokassetten speziell zum Fremdsprachenlernen auf dem Markt ziemlich gering, aber als Vertriebsmedium für Filme und damit auch für fremdsprachige Filme waren VHS-Kassetten viele Jahre das Leitmedium. Wenn Sie also Videokassetten mit Lernmaterial oder fremdsprachigen Filmen haben, die Sie noch zum Lernen benutzen wollen, dann gilt auch hier, dass Sie sie möglichst digitalisieren sollten, um sie dauerhaft verfügbar zu machen und bequem weiterverarbeiten zu können. Dafür gibt es entsprechende Paketlösungen, die sowohl die nötige Hardware als auch die Software enthalten. Die Hardware besteht meist aus einem Adapter, mit dem man entweder von den Cinch-, den S-VHS- oder den Skat-Ausgängen des Videorecorders die Daten auslesen und sie über die USB-Schnittstelle in den Computer einlesen kann. Gesteuert wird dieser Prozess durch eine entsprechende Software vom PC aus.

Der Preis für entsprechende Pakete (z. B. *Retten Sie Ihre Videokassetten* des Anbieters *Magix*) liegt unter 50 Euro. Dies ist vielleicht vertretbar, wenn man bedenkt, dass man so ggf. auch noch die alten Familienvideos und Lieblingsspielfilme retten kann und dass im Paket auch eine Videoschnittsoftware enthalten ist. Das Zielformat ist meist wählbar. Es empfiehlt sich, ein gängiges Videoformat wie mpg oder mp4 zu wählen. Hat man die Videos erst einmal auf dem Computer, kann man sie beliebig weiterverarbeiten, z. B. die lernrelevanten Passagen herauskopieren. Besonders interessant für das Fremdsprachenlernen ist die Funktion, die Tonspur auszulesen und so eine reine Hördatei aus dem Videomaterial zu machen. Wenn man den Film z. B. bereits gut kennt und nur mit dem fremdsprachigen Text arbeiten will, kann man den Ton als MP3-Datei herausfiltern und mit dieser bequem über den MP3-Player üben.

▶ CD-, DVD- und Blu-ray-Player

Die meisten Hörverstehensmaterialien, die mit gedruckten Lehrmaterialien ausgeliefert werden, befinden sich heute auf CD. Wenn es sich um Videos handelt, kommen wegen des Speicherbedarfs eher DVDs oder (zunehmend) auch Blu-ray-Discs zum Einsatz. Entsprechende Player finden sich heute in besseren Computern oder Notebooks. Auch für Audio-CDs gilt übrigens, dass Sie die darauf enthaltenen Tondokumente mit entsprechenden Programmen (z. B. CDex) extrahieren (»rippen«) und zu MP3-Dateien konvertieren (»encodieren«) können. Diese lassen sich dann wiederum auch mobil leicht nutzen, z. B. auf dem Handy oder auf dem MP3-Player. Man muss also nicht die wesentlich unhandlicheren tragbaren CD-Player mitschleppen, wenn man unterwegs lernen will. Beim Hören im Auto hingegen tun CDs sicherlich nach wie vor ihren Dienst.

▶ MP3-Player

Aufgrund der weiten Verbreitung des MP3-Formats und des geringen Platzbedarfs sind MP3-Player für die Arbeit mit Tondokumenten sehr nützlich. Unter anderem auch deshalb, weil die Verlage zunehmend dazu übergehen, ihre Hörverstehensmaterialien als Download von ihren Verlagsseiten anzubieten, und dies meist im MP3-Format. Wie wir schon in den vorausgehenden Abschnitten gesehen haben, können aber auch alle anderen Tondokumente in MP3-Dateien umgewandelt werden, sei es durch Dateiformat-Konvertierung, wenn sie bereits elektronisch vorliegen (z. B. auf CD) oder durch Digitalisierung, wenn sie nur analog verfügbar sind (z. B. auf Audio-Kassetten). Der MP3-Player erlaubt also praktisch ein Arbeiten mit allen für das Fremdsprachenlernen wichtigen Tonquellen.

▶ Handys und Smartphones
Sie sind heute die mit Abstand meist genutzten Kommunikationsgeräte und können auf vielfältige Weise für das Fremdsprachenlernen eingesetzt werden. Zum einen als Abspielgeräte. Selbst einfache Handys verfügen heute meist über einen Datenspeicher und bieten somit die Möglichkeit, Tondokumente zu speichern. Man kann also z. B. über USB-Kabel (oder eine Bluetooth-Verbindung) Dateien vom Computer auf das Handy übertragen. Voraussetzung ist in diesem Fall nur, dass das Handy eine USB-Schnittstelle hat. Damit wird es zu einem bequemen Player für Hörverstehensdateien und verbindet so die Funktionen des Telefons mit der des MP3-Players. Leistungsstarke Smartphones bieten die gleiche Funktion auch für Videodateien und Filme, wodurch sich weitere Möglichkeiten für das Hörverstehenstraining ergeben. Handys bieten außerdem meist auch eine Aufnahmefunktion per Mikro. Wir können sie also auch zum Aufnehmen von fremdsprachigen Tonquellen an jedem beliebigen Ort einsetzen, z. B. zur Aufnahme von Durchsagen auf Bahnhöfen und Flugplätzen, bei öffentlichen Veranstaltungen oder zum Aufnehmen unserer Gespräche in der Fremdsprache. Wenn das Gerät es technisch vorsieht, können wir ggf. auch unsere Telefonate aufzeichnen und anschließend nachbearbeiten (zum didaktisch sinnvollen Vorgehen dabei s. Abschnitt 19|19).

▶ Voice-Recorder
Ein Voice-Recorder ist praktisch nichts anderes als ein elektronisches Diktiergerät. Es erlaubt das Aufnehmen und Abspielen von Sprache. Beide Funktionen bietet ein Voice-Recorder aber meist in deutlich besserer Qualität und mit mehr Bedienungskomfort als ein Durchschnittshandy. Die Mikrofone filtern Störgeräusche sehr gut heraus und liefern auch dann noch eine gute Sprachqualität, wenn man sie zur Aufnahme eines Gesprächs einfach auf den Tisch legt. Die Aufnahmen werden als Dateien verwaltet und können in verschiedenen Ordnern abgelegt werden. Mit Ausnahme der ganz unteren Preisklasse haben Voice-Recorder eine USB-Schnittstelle, sodass man Dateien vom Gerät auf den Computer und in umgekehrter Richtung übertragen kann. Sie sind also gleichzeitig auch als MP3-Player zu benutzen. Wegen ihrer Handlichkeit und ihrer Ausrichtung auf bequemes Aufnehmen und Abspielen von Tonquellen vor Ort sind sie für das Fremdsprachenlernen ein sehr praktisches Hilfsmittel, auf dessen Einsatz wir noch mehrmals zurückkommen werden.

▶ Festplattenreceiver
Das Satellitenfernsehen macht es heute möglich, eine Vielzahl von fremdsprachigen Fernsehsendern zu empfangen. Wie eingangs schon gesagt, ist es für das Hörverstehen von besonderer Bedeutung, die Hörtexte aufzeichnen zu können, um sie beliebig verfügbar zu machen. Das geht heute am besten mit einem Festplattenreceiver,

wie er bereits in vielen Haushalten vorhanden ist. Die eingebaute Festplatte macht es möglich, Filme und Fernsehsendungen aufzuzeichnen und elektronisch zu speichern. Mithilfe der Fernbedienung lassen sich aufgezeichnete fremdsprachige Filme jederzeit stoppen und meist auch mit einem einzigen mehr oder weniger langen Tastendruck zurückspulen, was für das mehrfache Anhören von Textstellen recht bequem ist.

Wer mit diesen Aufzeichnungen nun nicht nur im Wohnzimmer am Fernsehapparat arbeiten möchte, sondern auch am Computer, der muss darauf achten, dass der Festplattenreceiver eine USB-Schnittstelle hat, über die man ihn mit dem Computer verbinden kann. Außerdem muss der Receiver die Sendungen in einem Video-Format aufzeichnen, das für gängige Videobearbeitungsprogramme lesbar oder zumindest mit gängiger Software konvertierbar ist. Natürlich gibt es mittlerweile auch Rechner mit einer integrierten TV-Karte, an die man den Satelliten-Receiver direkt anschließen kann. Dann benutzt man den Computer von vornherein auch als Fernsehmonitor. Vorausgesetzt, man verfügt über eine geeignete Software, wird ein Aufzeichnen direkt auf die Festplatte des Computers möglich, ohne den Umweg über die externe Festplatte eines Receivers.

▶ Computer

Das vielseitigste Medium für uns als Fremdsprachenlerner ist natürlich der Computer. Ich habe schon mehrere seiner vielfältigen Vorzüge und Einsatzmöglichkeiten beschrieben, z.B. im Zusammenhang mit der Nutzung von elektronischem Lernmaterial (s. Abschnitt 8|2) oder elektronischen Wörterbüchern (s. Abschnitt 9|22). Mit Blick auf das Hörverstehen ist hier vor allem das Soundsystem des Computers von Interesse. Heute verfügt praktisch jeder Computer über eine Soundkarte oder ein entsprechendes technisches Äquivalent, das die Wiedergabe von Tondokumenten direkt vom PC erlaubt. Der Computer ist also zunächst einmal ein Abspielgerät sowohl für fremdsprachiges Audio- wie Videomaterial (sei es online aus dem Internet oder offline als Datei von Festplatte bzw. über den integrierten CD-, DVD- oder Blu-ray-Player). Voraussetzung ist lediglich eine entsprechende Software, die meist bereits mit dem Betriebssystem ausgeliefert wird (z.B. der *Windows Media-Player* mit den verschiedenen Versionen des Betriebssystems Windows). Es ist aber auch sinnvoll, zusätzlich einen betriebssystemunabhängigen Media-Player zu installieren wie z.B. den *VLC Player*, der kostenlos aus dem Netz heruntergeladen werden kann (<*www.vlc.de*>). Denn zum einen können so alle gängigen Audio- und Videoformate abgespielt werden (und man vermeidet die lästige Meldung »Diese Datei konnte nicht geöffnet werden«). Zum anderen lassen sich diese Player häufig als sog. *Plug-ins* in die Internetbrowser integrieren und sind beim Surfen deshalb besonders bequem zu bedienen (z.B. der VLC Player in den ebenfalls freien Browser *Mozilla Firefox*).

Die Soundkarte des Computers ermöglicht zwar auch das Aufnehmen über Mikro. Dieses ist bei Notebooks integriert, liefert aber meist keine allzu gute Qualität. Wenn wir direkt am PC aufnehmen wollen, ist also meist ein externes Mikrofon erforderlich, das man schon ab fünf Euro bekommen kann.

Wer keine andere Möglichkeit hat, Radio oder Fernsehen aufzunehmen, oder wer bei der Digitalisierung alter Audiodateien von Kassette ohne Konvertierungstechnik (s. o.) auskommen will, der stellt das externe Mikro des Computers einfach vor die Tonquelle (z. B. vor die Lautsprecher des Radios oder des alten Kassettenrecorders) und nimmt den Ton so über den externen Mikrofonanschluss der Soundkarte auf. Technisch nicht gerade elegant und vermutlich mit Qualitätsverlust verbunden, aber ohne großen Aufwand und kostengünstig realisierbar.

▶ Soundkartenrecorder

Hierbei handelt es sich nicht um ein technisches Gerät, sondern um eine Funktion innerhalb einer Software. Es geht ganz einfach darum, alles aufzunehmen, was die Soundkarte gerade ausgibt. Diese Funktion ist deshalb zum Fremdsprachenlernen (und nicht nur dafür) äußerst nützlich, weil wir so zu allen Ton- und Videodokumenten, die wir am Computer hören können, bequem den Ton mitschneiden können. Das erspart das Herunterladen der Dateien, reduziert damit den Speicherplatz (vor allem bei Videos), macht das Konvertieren aus verschiedenen Audioformaten überflüssig und ermöglicht bei Videodateien ein bequemes Abtrennen des Tons, wenn nur dieser zum Üben gebraucht wird. Ein weiterer wichtiger Vorteil besteht darin, dass wir so auch den Ton von Quellen im Internet mitschneiden können, die nicht herunterladbar sind, z. B. fremdsprachiges Internetradio oder Internetfernsehen. Damit tun sich für die Herstellung eigener Hörverstehensmaterialien ganz neue Möglichkeiten auf.

Man braucht dazu ein Programm, das in der Lage ist, direkt von Soundkarte aufzunehmen. Dies kann z. B. das freie Programm *Audacity* (zu finden beispielsweise bei <www.chip.de/downloads>) oder der *Nr.23-Rekorder* (<www.no23.de>). Hier braucht man nur im Menü, in dem die Grundeinstellungen vorgenommen werden, als Audioquelle für Aufnahmen die jeweilige Soundkarte des Computers als Quelle anzugeben. Dann kann man das, was die Audiokarte gerade ausgibt, z. B. fremdsprachiges Radio, bequem mitschneiden. Über die Editorfunktion kann man später die Dateien so schneiden, wie man sie zum Lernen einsetzen möchte (z. B. unergiebige Passagen herausschneiden). Audacity ermöglicht ein Speichern als MP3-Datei, sodass das so erstellte Audiomaterial anschließend wieder bequem auf Handy, Voice-Recorder oder MP3-Player überspielt und von dort aus mit ihm gearbeitet werden kann.

Mit dieser Technik lässt sich auch die Tonspur von Filmen separat vom Film verfügbar machen, was für Übungszwecke manchmal hilfreich ist. Denn wir können so die Audiodatei weiterverarbeiten, z. B. indem wir einen Zusammenschnitt der ergiebigsten Passagen anfertigen oder einfach Passagen, in denen nicht gesprochen wird, herausschneiden. Dass dies aus Datenschutzgründen ausschließlich zur eigenen privaten Nutzung geschehen darf, dürfte bekannt sein.

▶ Screen-Recorder

Was Soundkartenrecorder für Audiodateien sind, sind Screen-Recorder für Videos: Sie erlauben das Abfilmen der Abläufe am Bildschirm völlig unabhängig davon, was dort gerade geschieht bzw. wiedergegeben wird. Wir können so also z. B. Internetfernsehen live mitschneiden, abspeichern und anschließend beliebig oft ansehen. Benötigt wird auch hier die entsprechende Screen-Recording-Software. Die meisten Programme sind kostenpflichtig (z. B. Camtasia: <www.camtasia.com>), es gibt aber auch freie Bildschirmaufzeichnungsprogramme (z. B. Camstudio <http://camstudio.org>). Mit diesen Programmen lassen sich der ganze Bildschirm oder auch nur Teile davon (z. B. das Videofenster eines Players) aufzeichnen und anschließend als Videodatei (z. B. im Format avi oder mp4) abspeichern. Ist dies gelungen, kann man lokal mit der Videodatei arbeiten, d. h., man kann sie beliebig oft abspielen, an beliebigen Stellen anhalten, zurückspulen und ggf. mit einem Videoschnittprogramm (z. B. vom Anbieter Magix, <www.magix.com>) weiterverarbeiten.

Wenn Sie solche Programme einsetzen wollen, sollten Sie sich aber zunächst mit der Funktionsweise vertraut machen. Beim Einsatz dieser Technik ist zu berücksichtigen, dass ein erheblicher Speicherbedarf für die Aufzeichnungen entsteht, je nach der eingestellten Auflösung mehrere GB pro Stunde. Bei der Installation solcher Programme sollte man eine gewisse Vorsicht walten lassen, bei einzelnen Systemkonfigurationen kann es u. U. zu Hardwarekonflikten kommen. Es empfiehlt sich also, vorher alle geöffneten Programme zu schließen und ggf. vorab eine Systemsicherung zu machen. Außerdem ist darauf zu achten, dass keine Datenschutzbestimmungen verletzt werden. Nicht jeder Inhalt im Internet darf beliebig mitgeschnitten werden. Funktioniert die Technik aber erst einmal, ist sie ein nützliches Tool, um Videoinhalte aus dem Internet lokal beliebig verfügbar zu machen.

▶ E-Book-Reader und Tablet-Computer

Wer einen sog. E-Book-Reader, also ein elektronisches Buchlesegerät besitzt, der sollte prüfen, ob dieses eine Vorlesefunktion hat. Dies ist bei einigen Modellen der Fall. Dann besteht grundsätzlich die Möglichkeit, sich den Text fremdsprachiger Bücher auch vorlesen zu lassen. Allerdings ist dies im Vergleich zu einem normalen Hörbuch in der Regel kein Genuss, da das Vorlesen mithilfe einer sog. TTS-Software (Text-to-speech) erfolgt und ungefähr so synthetisch klingt wie die Stimme aus einem Navigationsgerät. Außerdem sind keineswegs alle E-Books für diese Funktion freigegeben. Wer aber schon über ein solches Gerät verfügt, sollte diese Funktion zumindest einmal ausprobieren.

Sinnvoller erscheint aber die Nutzung eines Tablet-Computers, auf den man sich Bücher gleichermaßen als E-Book und als Hörbuch herunterladen und diese dann anschließend parallel hören und lesen kann. Dies ist zwar mit höheren Kosten verbunden, weil man zwei Versionen des gleichen Buchs erwerben muss, dafür hat man aber eine authentische Stimme mit geschulter Aussprache.

▶ Videotelefonie

Die Nutzung von Videotelefonie mithilfe von Anbietern wie Skype ist mittlerweile stark verbreitet. Während der normale Nutzer auf die Voice-over-IP-Technik zurückgreift, um Telefongebühren zu sparen, sind wir als Fremdsprachenlerner vor allem daran interessiert, unser Spektrum an Möglichkeiten zur Anwendung der Fremdsprache in authentischen Kommunikationssituationen zu erweitern. Obwohl dafür eigentlich nur der Tonkanal notwendig ist, bietet die Möglichkeit, unseren Gesprächspartner auch zu sehen, zweifellos einen zusätzlichen Reiz für die Kommunikation. Die meist integrierte Instant-Messaging-Funktion ist für uns als Lerner besonders hilfreich, z. B. wenn es um die Schreibung von Wörtern geht. Ich habe die Videotelefonie deshalb auch bereits im Zusammenhang mit der Tandemarbeit als technische Grundlage für Distanztandems empfohlen (s. Abschnitt 5|5). Wer aus Datenschutz- oder anderen Gründen nicht so gern auf Skype zurückgreifen möchte, kann den Einsatz einer der weniger bekannten werbefreien Open-Source-Alternativen wie z. B. Jitsi erwägen. Eine Übersicht über Videotelefonie-Anbieter bietet die Wikipedia-Seite *<http://de.wikipedia.org/wiki/Liste_von_VoIP-Software>*.

In den folgenden Kapiteln werden wir uns nun mit der Frage beschäftigen, wo wir fremdsprachiges Material zur Entwicklung unserer Hörverstehenskompetenz finden. Dabei werde ich auch jeweils angeben, mit welchen der in diesem Kapitel aufgeführten technischen Hilfsmittel wir diese Materialien für das Training verfügbar machen.

17 | 3   Nutzen Sie didaktische Hörverstehensmaterialien für Fortgeschrittene

Die Frage, welche Bedingungen Lehrmaterialien erfüllen müssen, damit sie effektiv für das Hörverstehenstraining eingesetzt werden können, habe ich in Abschnitt 10|2 bereits mit Blick auf Anfänger behandelt. Die meisten dort genannten Aspekte gelten auch für Fortgeschrittene. Grundsätzlich kommen solche Lehrwerke für Fortgeschrittene in Frage, bei denen möglichst große Teile, vor allem aber die Haupttexte, auch als Hörtexte zur Verfügung stehen, sowie lehrwerkunabhängige spezielle Hörverstehensmaterialien. Für beide gelten aber die gleichen Ansprüche. Diese hier noch einmal im Überblick:

▶ Die Hörverstehensmaterialien sollten eine klare Angabe zum vorausgesetzten Sprachniveau nach den Stufen des GeR machen. Stellen Sie mithilfe der in Kapitel 4 beschriebenen Einstufungsmöglichkeiten fest, auf welchem Niveau Sie sich derzeit befinden, und wählen Sie Materialien für dieses Niveau aus. Lehrmaterialien, die keine entsprechende Niveauangabe enthalten, sollten Sie nur anschaffen, wenn Sie die Möglichkeit haben, sie vorab auf ihre Eignung zu prüfen (z. B. in Form einer Demoversion bei elektronischen Materialien) oder wenn sie kostenlos sind (z. B. in Form von freien Angeboten im Internet).

▶ Die Hörverstehensmaterialien sollten komplett auch in schriftlicher Textform verfügbar sein. Bei CDs müssen diese also entweder als Heft beiliegen oder als druckbare Datei (z. B. im PDF-Format) auf der CD enthalten sein. Nur dann haben Sie die Möglichkeit, Ihr Hörverstehen zu kontrollieren und systematisch mit Text- und Hörfassung zu arbeiten (zu den dabei einzusetzenden Techniken s. Abschnitt 17|14 »Entwickeln Sie Ihre Hörverstehenskompetenz mit Textkontrolle«).

▶ Verstehenshilfen in Form von Vokabelangaben in der schriftlichen Fassung sind zwar nicht unabdingbar, aber doch wünschenswert, weil sie das Schließen der Verstehenslücken nach dem Hören komfortabler machen. Sie sollten möglichst so integriert sein, dass sie mit geringem Aufwand genutzt werden können. Bei Papiermedien also durch Platzierung auf der gleichen Seite, bei elektronischen Medien durch Aufruf mit einem einfachen Klick auf das unbekannte Wort.

▶ Zusätzliche Übungen zu den Hörtexten, z. B. in Form von Verständnisfragen zum Ankreuzen, sind nur dann notwendig, wenn Sie sich positiv auf Ihre Motivation auswirken, sich mit den Texten zu beschäftigen. Für den Lernprozess selbst sind sie nicht zwingend erforderlich.

Zur Frage, wie Sie effizient nach Lehrmaterial suchen, das die genannten Bedingungen erfüllt, habe ich bereits in den Abschnitten 10|3 und 10|4 eine Reihe von Tipps gegeben, die auch für Fortgeschrittene gelten. Besonders effizient dürfte auch hier wieder die Suche über die Internetseiten der einschlägigen Verlage sein. Als Beispiel seien hier noch einmal die interaktiven Hörbücher von *Digital Publishing* genannt, die bereits in Abschnitt 10|3 vorgestellt wurden. Es gibt zahlreiche Angebote auch auf den höheren Niveaustufen, leider nur für die besonders oft gelernten Fremdsprachen. Allerdings enthalten heute auch die meisten Lehrwerke zusätzliches Audiomaterial, das man unabhängig von den Lehrwerken zum Trainieren des Hörverstehens einsetzen kann. Wenn Sie beispielsweise Ihr Englisch-Hörverstehen vor allem für berufliche Anwendungssituationen trainieren wollen, können Sie auf die Begleit-CDs zurückgreifen, die zu den Lehrwerken der Reihe *Short Course Series – Business Skills* des Cornelsen-Verlags gehören.

Die CDs mit Dialogen in *English for Socializing and Small Talk*, *English for Presentations* oder *English for Telephoning* enthalten für viele berufliche Standardsituationen nützliches Übungsmaterial. Je nach Art der beruflichen Verwendung könnten auch die CDs zu den Bänden *English for Customer Care*, *English for Trade Fairs and Events*, *English for Sales and Purchasing*, *English for Human Resources*, *English for Marketing and Advertising* von Interesse sein.

17 | 4   Nutzen Sie Audiobücher

Unter den nicht speziell für das fremdsprachliche Lernen konzipierten Hörmaterialien sind Audiobücher die mit Abstand wichtigste Quelle. Da Audiobücher fast immer auch in gedruckter Form existieren, haben wir hier einen fast unerschöpflichen Fundus an Hörtexten mit schriftlicher Kontrollmöglichkeit, und das in hervorragender akustischer Qualität und von geschulten Muttersprachlern gesprochen. Dabei macht es das wachsende Angebot sogar möglich, die Auswahl direkt auf persönliche Interessen zuzuschneiden, sei es in Form von Unterhaltungsliteratur oder auch in Form von Sach- und Fachbüchern. Wer beispielsweise den Ratgeber *Getting Things Done: The Art of Stress-Free Productivity* des amerikanischen Self-Management-Gurus David Allen einmal als Hör-CD und einmal als Taschenbuch anschafft, hat nicht nur gut 250 Seiten englisches Hörverstehensmaterial, sondern erzielt dabei noch einen persönlichen Mehrwert in Form von zahlreichen praktischen Ratschlägen, wie man seine beruflichen und seine privaten Alltagstätigkeiten effizienter erledigen kann.

Zwar müssen wir uns bei dieser Technik das Buch für ein systematisches Training zweimal anschaffen, einmal als Hörbuch und einmal in der Druckfassung. Dafür haben wir aber meist schon mit einem einzigen Buch mehr Hörmaterial zum Üben zur Verfügung als mit einem typischen Lehrwerk.

Auf Verstehenshilfen in Form von Vokabelangaben oder Ähnlichem müssen wir bei allen nicht didaktisch aufbereiteten Texten natürlich verzichten. Mithilfe eines Online-Wörterbuchs (s. Abschnitt 9|23) oder auch eines Read-and-translate-Stiftes (s. Abschnitt 9|24) können wir den Nachschlageaufwand aber in Grenzen halten. Bei den ersten Hörversuchen sollten wir ohnehin noch nichts nachschlagen (s. Abschnitt 10|7 »Schöpfen Sie die Möglichkeiten des reinen Hörverstehens ohne Verständnishilfen aus«).

Wir finden Hörbücher am leichtesten in den Datenbanken der großen Internetversandbuchhändler. Das hat den Vorteil, dass man dort meist gleich sehen kann, welche Bücher es sowohl als Audiobuch als auch in gedruckter Form gibt. Die Recherche sollten wir aber nicht auf den deutschen Seiten, sondern am besten gleich auf den landesspezifischen durchführen (wo es solche gibt), also z.B. für französische Audiobücher auf <www.amazon.fr>, für spanische auf <www.amazon.es>, für italienische auf <www.amazon.it>, für englische auf <www.amazon.co.uk> oder <www.amazon.com>. Bei der Suche kann man dann aus den verschiedenen Rubriken die Rubrik *Bücher* und dort die Unterrubrik *Hörbücher* anwählen (bzw. englisch *Audiobooks*, franz. *Livres audio*, span. *audiolibros*, ital. *audiolibri*) oder diese Stichwörter gleich in das Suchfeld eingeben, zusammen mit einem zweiten Suchwort, das das gewünschte Thema umschreibt.

Natürlich gibt es auch einige Anbieter, die sich auf Hörbücher spezialisiert haben (z. B. <www.audible.com> oder speziell für Französisch <www.livraphone.com>). Dann müssen wir aber separat recherchieren, ob das Hörbuch auch in Druckfassung verfügbar ist.

Am praktischsten ist es für die meisten Anwendungen, die Audiodatei (wenn möglich) gleich im MP3-Format herunterzuladen. Meist handelt es sich dann ähnlich wie bei einem Musikalbum um mehrere Dateien, z. B. je eine pro Buchkapitel. Dabei müssen wir aber damit rechnen, dass wir die Dateien nach dem Download u. U. nicht wie andere Dateien beliebig handhaben können. Manche Anbieter beschränken zum Schutz des Copyrights die Möglichkeiten, die Dateien auf andere Medien zu übertragen oder zu bearbeiten. Hier hilft u. U. der Mitschnitt über einen Soundkartenrecorder (s. Abschnitt 17|2), um die Dateien für die eigene Nutzung beliebig verfügbar zu machen. Dabei sind natürlich grundsätzlich die Urheberrechtsbestimmungen zu beachten.

Wer noch überwiegend mit einem CD-Laufwerk oder einem CD-Player arbeitet, kann sich die Hörtexte auch auf diesem Medium zusenden lassen, dann vielleicht gleich mit der Druckfassung des Buchs. Wie in Abschnitt 17|2 bereits beschrieben, können wir in den meisten Fällen die Tondateien von CDs extrahieren, zu MP3-Dateien konvertieren und dann auf ein Medium unserer Wahl kopieren. Außerdem haben CDs den Vorteil, dass wir unsere Bestellung nicht unbedingt bei den großen Internetkonzernen als Download vornehmen müssen, sondern dass wir sie z. B. über einen kleinen Buchhändler in unserer Nähe erwerben können.

Wer kein Geld für Hörbücher ausgeben möchte und an englischen Hörbüchern interessiert ist, kann sich auf der Seite <www.librivox.org> umsehen. Das Konzept der Community, die diese Seite betreibt, besteht darin, copyrightfreie Bücher von Mitgliedern selbst vorlesen zu lassen und diese dann anschließend wieder als Hörbücher frei ins Netz zu stellen (»Our goal is to make all public domain books available as free audio books.«). Das Praktische ist, dass Tondatei und Text gleich beide heruntergeladen werden können. Hier wird allerdings nicht jeder einen ihn interessierenden Text finden.

Wie wir mit Audiobüchern arbeiten, besprechen wir in Abschnitt 17|14 (»Entwickeln Sie Ihre Hörverstehenskompetenz mit Textkontrolle«).

17 | 5   Nutzen Sie fremdsprachige Filme auf DVD oder Blu-ray

Eine besonders ergiebige Quelle für das Hörverstehen sind natürlich fremdsprachige Filme (oder auch Dokumentationen) auf DVD. Nicht nur die großen Hollywood-Filme, sondern auch viele kleinere Produktionen werden für die verschiedenen Märkte in mehreren Sprachen produziert. Welche das sind, ist in der Regel auf der DVD-Verpackung angegeben oder kann vorab schon im Internet gecheckt werden. Die DVD des Klassikers *Jenseits von Afrika* bietet z. B. neben dem englischen Originalton eine deutsche und eine französische Synchronisation sowie Untertitel in 14 Sprachen.

Für uns als Lerner ist dabei sowohl die Sprachauswahl für die Untertitel als auch für die Synchronfassungen interessant. Je mehr Kombinationsmöglichkeiten es zwischen beiden gibt, desto mehr Möglichkeiten tun sich für das Hörverstehenstraining auf.

Der Zugang zu DVDs ist bekanntlich sehr einfach. Man kann sie kaufen oder auch in privaten oder öffentlichen Videotheken ausleihen. Vermutlich sind in Ihrem Haus sogar schon DVDs mit fremdsprachigen Filmfassungen oder Untertiteln vorhanden, ohne dass Sie darauf geachtet hätten. Legen Sie die DVDs also noch mal ein und schauen Sie im Startmenü nach, welche Sprachangebote Ihnen gemacht werden. Wenn Sie weitere DVDs speziell unter dem Gesichtspunkt einer fremdsprachigen Synchronfassung oder fremdsprachiger Untertitel beschaffen wollen, ist es manchmal nötig, dies im Land der Zielsprache zu tun. So ist auf DVDs mit Filmen aus den USA, die man in Deutschland kauft, meist nur die deutsche, aber nicht die französische oder spanische Synchronfassung enthalten. Wenn Sie diese suchen, müssen Sie den gleichen Film aus Frankreich oder Spanien kommen lassen, was heute ja überhaupt kein Problem mehr ist. Eine Hilfe ist hier das deutschsprachige Portal <*www.roman-film.de*>, das für die Sprachen Spanisch, Italienisch und Französisch eine Auswahl an Filmen speziell mit Blick auf das Fremdsprachenlernen anbietet. Hier kann man nicht nur gezielt nach Titeln mit deutschem Ton bzw. deutschen Untertiteln suchen, sondern es gibt auch eine eigene Kategorie »leicht verständliche Filme«. Außerdem kann man sich eine Liste von Literaturverfilmungen anzeigen lassen.

In jüngster Zeit geht der Trend stark in die Richtung, Filme direkt aus dem Internet herunterzuladen oder sie von einem Internetserver aus zu Hause zu schauen (Pay-per-View-Verfahren, z. B. *Amazon Instant Video*). In diesem Fall muss man sich in der Regel vorher entscheiden, welche Sprachfassung man lädt. Fassungen mit Untertitel scheinen aber gerade deshalb seltener zu werden. Das alte Verfahren mit einer gekauften oder geliehenen DVD oder Blu-ray ist deshalb für das Sprachenlernen nach wie vor die flexiblere Variante.

Natürlich hat das Hörverstehens-Training mit DVDs auch einige Nachteile. Bei der Arbeit mit Synchronfassungen ist ein schnelles Hin- und Herspringen zwischen den Sprachen nicht möglich, sodass man die Fassung in der Muttersprache nicht bequem zur Lösung von Verständnisproblemen einsetzen kann. Das leisten Untertitel besser, obwohl sie den Wortlaut der Filmdialoge meist nicht vollständig, sondern komprimiert wiedergeben, vor allem wenn im Film viel und schnell gesprochen wird. Aber ein häufiges Hin- und Herspringen zwischen Film und Untertitel kann auch als anstrengend empfunden werden, zumal wir das in Deutschland, einem Land mit ausgeprägter »Synchronkultur« nicht gewohnt sind, im Gegensatz etwa zu den Niederlanden und den skandinavischen Ländern, in denen (außer bei Kinderfilmen) fast nur mit Untertiteln gearbeitet wird.

Eine Alternative ist hier die Auswahl von Filmen, zu denen ein Drehbuch mit allen Dialogen zugänglich ist. Diese finden sich manchmal frei zugänglich im Internet, so z. B. auf der Seite *Internet Movie Script Database* (<www.imsdb.com>), die sich selbst als »The web's largest movie script resource« bezeichnet und auf der sich zahlreiche Skripte für englische Film- und Fernsehproduktionen finden, von Klassikern wie *Anna Karenina* bis hin zu Serien wie *Futurama, Southfolk, Air Force No. One, Friends* usw. Von den zahlreichen anderen Quellen ist wegen des reichhaltigen Angebots noch <www.script-o-rama.com/table.shtml> zu nennen. Manchmal findet man die Drehbücher auch auf den Fan-Seiten der jeweiligen Produktionen, so z. B. für die Serie *Friends* unter <www.friends-transcripts.tk>.

Sobald es gelungen ist, sich ein Drehbuch herunterzuladen, kann man die Dialoge des Films vorab lesen und eventuelle Verständnisschwierigkeiten wie bei anderen geschriebenen Texten bearbeiten (s. dazu auch Abschnitt 16|6 »Perfektionieren Sie Ihre Basis-Texterschließungsstrategien«), um anschließend den Film ohne Untertitel genießen zu können. Voraussetzung ist natürlich, dass man sich die Filme oder Fernsehproduktionen beschaffen kann.

Wenn Sie den Ton eines Films separat verfügbar machen wollen, um mit diesem ohne die Bilder arbeiten zu können, setzen Sie am besten die in Abschnitt 17|2 beschriebene Technik des Soundkartenrecorders ein und erstellen so einen Mitschnitt. Wenn Ihnen das technisch zu aufwändig ist, können Sie auch einfach einen Mitschnitt über Mikrofon auf Ihren Voice-Recorder oder Ihr Handy machen.

In diesem Abschnitt habe ich zunächst nur die grundsätzlichen Möglichkeiten fremdsprachiger Filme und des Zugangs zu ihnen aufgezeigt. Wie wir mit diesem Material zielstrebig arbeiten, behandele ich in Abschnitt 17|17 (»Arbeiten Sie systematisch mit fremdsprachigen Filmen mit und ohne Untertitelung«).

17 | 6   Nutzen Sie Videoportale im Internet

Eine unerschöpfliche Quelle für Hörverstehensmaterialien sind auch die Videoportale im Internet. Das bekannteste ist zweifellos das zum Google-Imperium gehörende *YouTube,* das auch mehrere nationale Hauptseiten unterhält (z. B. *youtube.fr*, *youtube.it*, *youtube.es*, *youtube.cn*, *youtube.fi*, *youtube.co.jp*). Andere Portale sind *MyVideo, Clipfish, Dailymotion* oder *Vimeo.* Wie wir alle wissen, finden sich auf diesen Portalen eine Menge von Inhalten, die man eigentlich nur als »Trash« bezeichnen kann, insbesondere private Videoaufnahmen, die irgendwelche Zeitgenossen glauben mit dem Rest der Welt teilen zu müssen. Daneben natürlich auch so manch ethisch Bedenkliches, politisch Unverantwortliches oder schlichtweg Anstößiges. Hinzu kommen die vielen Ausschnitte aus Filmen, Fernsehprogrammen oder Musikveranstaltungen mit ungeklärtem urheberrechtlichem Status. Auch die vorgeschaltete Werbung kann sehr nervig sein. Als Fremdsprachenlerner können wir auch wenig anfangen mit sehr kurzen Videos oder solchen, in denen kaum gesprochen wird.

Diesen offensichtlichen Nachteilen stehen aber auch einige große Vorteile gegenüber. Neben der Kostenfreiheit ist es vor allem die Möglichkeit, Material aus sehr verschiedenen Ländern und damit in sehr verschiedenen Sprachen zu finden und dies in großer Reichhaltigkeit. Hinzu kommt der grundsätzliche Vorteil, dass die Verbindung von Ton und Bild eine Hilfe beim Verstehen sein kann. Bevor man jedoch in den Genuss dieser Vorteile kommt, muss man das Problem lösen, wie sich die Spreu vom Weizen trennen lässt. Dazu im Folgenden ein paar Tipps.

Zunächst sollte man wissen, dass die meisten Videodatenbanken ein paar Suchfilter anbieten. So bietet *YouTube* derzeit z. B. die Möglichkeit, ein Menü »Filter« zu öffnen und dort ein paar Sucheinstellungen festzulegen. Die vielleicht wichtigste für uns als Fremdsprachenlerner ist die Länge. Wenn wir hier die Einstellung »lang (~ 20 Minuten)« wählen, erhalten wir deutlich längere Videos als ohne diese Voreinstellung. Die Spanne reicht hier bis zu mehreren Stunden. Des Weiteren können wir hier auch durch den gewünschten Ergebnistyp (*Video, Kanal, Playlist, Film, Sendung*) die Treffer eingrenzen und auch die gewünschte technische Qualität der Videos einstellen (z. B. *HD* für höhere Auflösungen). Der Filter erscheint derzeit übrigens nicht gleich auf der Startseite, sondern erst, wenn wir bereits ein Suchwort eingegeben und eine Abfrage gestartet haben.

Natürlich ist die Wahl eines geeigneten Suchwortes von entscheidender Bedeutung. Am besten gibt man hier neben dem thematischen Suchwort zusätzlich ein weiteres Suchwort ein, das die Wahrscheinlichkeit von textreichen Beiträgen erhöht. Wenn wir z. B. etwas zum Thema Auslandsstudium suchen, dann sollten wir nicht nur dieses Stichwort eingeben, sondern zusätzlich Vortrag, Präsentation, Interview, Informationen bzw. die Äquivalente dieser Wörter in der jeweiligen Fremdsprache. Gerade das Suchwort *Vortrag* (bzw. englisch *lecture, talk, presentation*) führt zu vielen interessanten

Treffern. Auch *Mooc* ist inzwischen ein gutes Suchwort. *Mooc* ist die Abkürzung für *Massive Open Online Course* und steht für die derzeit zu beobachtende Tendenz, dass immer mehr Bildungseinrichtungen Seminare und Vorlesungen online im Netz anbieten, und dies damit für eine praktisch unbegrenzte Zahl von Teilnehmern. Sie umfassen oft nicht nur abgefilmte Vorlesungen, sondern auch interaktive Elemente wie online zu lösende Aufgaben oder Foren zum Austausch zwischen den Teilnehmern. Durch die Kombination des Suchwortes *Mooc* mit Ihrem jeweiligen Fach (z. B. *mooc + physics* oder *mooc + social psychology* bzw. die entsprechenden Fachbezeichnungen in Ihrer Zielsprache) stößt man bereits auf zahlreiche fachspezifische Angebote, zumindest auf Englisch. In *YouTube* finden wir allerdings manchmal nur die Trailer für diese Kurse. Um teilzunehmen, ist dann eine Anmeldung notwendig. Der Link dazu steht in der Regel im beschreibenden Text des Videos.

Bei der Eingabe der Suchwörter in Videodatenbanken sollte man darauf achten, zusammengehörende Suchwörter durch Anführungszeichen zu einem *String* zu verbinden, also z. B. »*studying in the USA*« und nicht *studying in the USA*. Denn im letzten Fall wird eine sog. Oder-Suche und keine Und-Suche durchgeführt. Das führt dazu, dass als Treffer alle Videos aufgelistet werden, in deren Titel irgendeines der Suchwörter vorkommt, statt nur solche, die genau diese Wortkombination im Titel haben. Die Wahrscheinlichkeit, thematisch relevante Treffer zu finden, ist wie meist in Datenbanken bei einer Und-Abfrage wesentlich höher.

YouTube bietet derzeit ganz unten auf der Startseite eine Option zur Auswahl einer Sprache und eines Landes. Leider handelt es sich bei der Sprache nur um die Benutzersprache des Videoportals und nicht um die Sprache, die in den Videos verwendet wird. Und die Angabe eines Landes hat nach meinem Eindruck kaum Auswirkungen auf die angebotenen Videos über das eingegebene Schlagwort hinaus. Beide Funktionen bringen für uns als Fremdsprachenlerner somit in der Regel keine nennenswerten Vorteile. Die Suche nach fremdsprachigen Videos kann also nur über die eingegebenen Suchwörter gesteuert werden. Dabei hilft manchmal ein kleiner Trick. Wenn bei einem Suchwort die Trefferquote aus anderen Sprachen als der gesuchten zu hoch ist, kann man den Suchbegriffen ein Wort hinzufügen, dass in der jeweiligen Sprache (aber möglichst auch nur in dieser) sehr häufig vorkommt, z. B. das fremdsprachige Äquivalent für *und*. Das wäre dann also ein *y* im Spanischen, ein *et* im Französischen, ein *och* im Schwedischen usw. Erfahrungsgemäß erhält man dann fast nur noch Treffer in der gesuchten Sprache.

Insgesamt sind also einiges Geschick und auch etwas Geduld erforderlich, bis man fündig wird. Hat man aber erst einmal eine ergiebige Quelle oder Suchtechnik gefunden, lassen sich über die Treffer oft weitere gute Treffer finden. Zum einen über die thematisch häufig verwandten Angebote anderer Videos am rechten Bildschirmrand, die bekanntermaßen auf der Grundlage des Such- und Klickverhaltens anderer Nutzer angeboten werden. Zum zweiten führt ein Klick auf den Namen der Person oder der

Institution, die das Video hochgeladen hat, zu weiteren Videos des gleichen Anbieters mit meist verwandtem Inhalt. Wenn Sie beispielsweise zunächst als Suchwort den Namen einer ausländischen Hochschule eingeben (z. B. *London Business School* oder *Università per Stranieri di Perugia*), dann unter den Treffern nach einem Video suchen, das von dieser Institution selbst hochgeladen wurde, und schließlich auf den Namen dieser Institution in den Daten zu diesem Video klicken, bekommen Sie alle Videos im Überblick, die von dieser Institution hochgeladen wurden. Diese sind unter Umständen wieder durch *Playlists* und *Channels* untereinander verlinkt.

Der mit Abstand größte Nutzen der Videodatenbank *YouTube* ist jedoch noch ein anderer: Die Datenbank enthält eine riesige Menge von untertitelten Videos. Diese findet man, wenn man mit einem Klick auf »Filter« zunächst die diversen Filterfunktionen aufruft und dann die Filterfunktion »CC (optionale Untertitel)« auswählt. Die Untertitel selbst blendet man dann durch einen Klick auf das entsprechende Symbol für Untertitel ein, das sich neben anderen Symbolen unmittelbar unterhalb des aufgerufenen Videos befindet. In der deutschen *YouTube*-Version ist es ein rechteckiges Kästchen mit zwei unterschiedlich langen schwarzen Linien in der Mitte. Sobald man es anklickt, kann man die Untertitelfunktion ein- und ausstellen, manchmal aber auch noch zwischen mehreren Sprachen der Untertitelung wählen. Der Regelfall ist hier aber eindeutig die Untertitelung in der Sprache, die im Video gesprochen wird. Videos, die Untertitel enthalten, werden übrigens auch bei einer normalen Abfrage durch die Buchstaben »CC« im Textteil der Trefferliste gefunden. CC steht übrigens für *closed captions* und ist praktisch ein Synonym für *subtitles*.

Auch wenn längst nicht jede Untertitelung den üblichen Qualitätsstandards entspricht, insbesondere bei den übersetzten Untertiteln nicht, die in vielen Fällen offensichtlich durch ein automatisches Übersetzungsprogramm geschickt worden sind mit entsprechenden Ergebnissen, so beinhaltet *YouTube* damit doch ein riesiges Reservoir an Hörverstehensmaterialien mit schriftlicher Kontrollmöglichkeit. Geben Sie beispielsweise den Suchbegriff »Mooc« ein und kombinieren Sie ihn mit den beschriebenen Filterfunktionen für Untertitel für eine Dauer von mehr als 20 Minuten. Sie erhalten eine Auswahl an Vorlesungen mit kompletter Transkription und damit der Möglichkeit zu einer vollständigen schriftlichen Verständniskontrolle. Auch komplette Filme lassen sich finden. Geben Sie dazu am besten bereits in die Suchabfrage »full movie« ein und grenzen Sie dann die Treffer mit der Filterfunktion auf untertitelte Filme ein.

Natürlich stehen alle genannten Funktionen nicht nur für Englisch zur Verfügung, auch wenn das Angebot für andere Sprachen entsprechend geringer ist. Wenn Sie beispielsweise als Suchbegriff »interview avec«, »entrevista con« oder »intervista con« eingeben und die Treffer dann mit dem Untertitelfilter einschränken, finden Sie tausende von Interviews, die auf Französisch, Spanisch oder Italienisch untertitelt sind. Aus diesen lassen sich dann leicht diejenigen Interviews herausfinden, in denen auch die interviewte Person Französisch, Spanisch oder Italienisch sprach, sodass wir wieder klassische Hörverstehensmaterialien zur Verfügung haben.

Da die Videos, solange sie nicht aus dem Netz genommen werden, beliebig oft abgespielt werden können, ist das Verfügbarmachen des Sprachmaterials zum intensiven Üben eigentlich kein Problem. Sie benötigen dabei in der Regel nur eine Programmerweiterung (ein sog. Plug-in) für Ihren Internetbrowser, die das Abspielen der Videos ermöglicht. Dies ist in den meisten Fällen das kostenlose *Adobe-Flash*.

Wer sich dennoch vom Internet unabhängig machen möchte, nimmt am besten mit der weiter oben beschriebenen Soundkartenrecorder-Technik den Ton auf, macht daraus eine Mp3-Datei und arbeitet damit unabhängig vom Internet weiter. Wer das ganze Video herunterladen und so dauerhaft verfügbar machen möchte, kann entweder auf die oben beschriebene Möglichkeit des Screen-Recorder-Einsatzes zurückgreifen oder einen Videokonverter benutzen, der darauf spezialisiert ist, Videos aus Videoportalen herunterzuladen, z. B. den Downloadhelper (<www.downloadhelper.net>), der sich gut in den Browser Mozilla Firefox einbinden lässt. Alternativen sind <www.2video.de> oder <www.share-tube.de> oder <http://germany.real.com/realplayer>. Allerdings ist auch hier wieder darauf zu achten, dass man nicht gegen Urheberrechts- oder Nutzungsbedingungen verstößt, denn einige Videoportale untersagen den Download (sicher vor allem deshalb, weil nur der Online-Besuch auf den Seiten Werbeeinnahmen ermöglicht).

Sobald Sie eine ergiebige Quelle gefunden haben, können Sie diese natürlich auch abonnieren. Sie werden dann automatisch über neu eingestellte Videos informiert. Allerdings müssen Sie sich dafür bei den jeweiligen Videoportalen wie *YouTube* anmelden und dazu Ihre E-Mail-Adresse angeben.

17 | 7   Nutzen Sie fremdsprachiges Internet-Radio

Der Zugang zu fremdsprachigem Radio war für ehrgeizige Fremdsprachenlerner immer schon ein Muss. Es war zuzusagen die einfachste Art, auch zu Hause unmittelbar an einer Zielkultur sprachlich und informativ teilzuhaben, ohne sich dorthin begeben zu müssen. Doch während dieser Zugang früher vor einem teuren »Weltempfänger« stattfand, aus dem der fremdsprachige Sender auf Mittelwelle herauskrächzte, sorgen die technischen Möglichkeiten des Internetzeitalters heute auch hier für einen ungleich bequemeren Zugang.

Wer eine SAT-Anlage hat, kann damit (je nach Satelliten-Ausrichtung) nicht nur Fernsehsender aus aller Herren Länder empfangen, sondern auch Radiosender. Sie sind meist über den SAT-Receiver genauso aufrufbar wie die Fernsehsender. Bei Ausrichtung auf den in Deutschland gängigen Satelliten Astra hat man derzeit bereits ein Angebot von mehreren hundert Radiosendern, darunter zahlreiche fremdsprachige, vor allem in Französisch, Spanisch, aber auch Niederländisch und Türkisch. Eine aktuelle Liste lässt sich auf der Homepage <www.astra.de> finden. Da viele Sender mittlerweile die Daten digital übertragen, ist die Tonqualität praktisch unabhängig von der Entfernung der Sendestation gleich gut. Wer nur einen Kabelzugang hat, hat in der Regel eine beschränktere Auswahl, wie die Senderliste auf <www.kabeldeutschland.de> zeigt. Wenn der SAT-Receiver ein Festplattenreceiver ist, können Radiosendungen genau wie Fernsehsendungen direkt auf die integrierte Festplatte aufgezeichnet und von dort immer wieder abgespielt werden. Besitzt der SAT-Receiver keine integrierte Festplatte, muss die Aufzeichnung auf einer externen Festplatte oder auf der Festplatte eines Computers erfolgen. Dies ist zumindest für Techniklaien in der Regel die deutlich schwerer zu lösende Aufgabe.

Wer noch ein altes Tapedeck, einen MD-Recorder oder einen CD-Recorder besitzt, der kann Radiosendungen problemlos auch mit diesen Medien aufzeichnen. Allerdings sind diese technischen Möglichkeiten mittlerweile dabei zu veralten und Ersatzbeschaffungen für defekte Geräte unter Umständen teuer. Eine Neuanschaffung lohnt deshalb wohl nicht mehr.

Das Medium der Wahl für den Zugang zu fremdsprachigem Radio mit dem Ziel, das Hörverstehen zu schulen, ist heute zweifellos das Internet. Es bietet auch ohne Hifi-Ausrüstung einen einfachen Zugang zu einer riesigen Menge von Radiosendern und dazu die Möglichkeit zum digitalen Mitschnitt und zur bequemen Verwaltung der aufgenommenen Dateien. Wir unterscheiden Angebote zum Live-Hören eines Senders (*Stream*) vom Aufruf bereits ausgestrahlter Sendungen oder Beiträge aus einer Datenbank (*Podcasts*). Manche Sender bieten beide, andere nur eine dieser beiden Möglichkeiten. Doch zunächst gilt es, überhaupt interessante fremdsprachige Radiosender zu finden. Wie geht man hier am besten vor?

Solange man diese vorwiegend im Hintergrund als Musikbeschallung laufen lassen möchte, bei der nur die Moderationen und vielleicht noch die Nachrichten gesprochene Hörtexte sind, ist das Angebot für alle Sprachen riesig. Denn Musiksender machen den mit Abstand größten Anteil der Sender aus, insbesondere in allen Ländern, in denen es viele kleine private Radiostationen gibt (wie z. B. in Italien).

Wesentlich dünner gesät sind Sender mit regelmäßigen längeren Wortbeiträgen, insbesondere wenn man dabei ein gewisses Niveau erwartet. Hier braucht es etwas Zeit und Geduld, bis man fündig wird.

Wenn Sie bereits einen interessanten Sender kennen, von dem Sie wissen oder vermuten, dass er als Internetradio verfügbar ist, suchen Sie am besten zunächst mithilfe von Google oder einer anderen Suchmaschine nach der Homepage des Senders und schauen sich dort um, ob man das Programm live hören kann. Das entsprechende Angebot heißt meistens *stream, live, en direct, en directo* oder so ähnlich. Wenn Sie beispielsweise auf die Seite von Radio France gehen (<www.radiofrance.fr>) können Sie von hier aus mehrere staatliche französische Sender live hören (*France Inter, France Info, France bleu, France culture, France Musique* u. a.). Entsprechende Angebote für andere Sprachen sind z. B. zu finden bei der BBC (<*www.bbc.co.uk*>), beim spanischen Radio- und Fernsehsender RTVE (<*www.rtve.es/radio*>), bei Radio Schweden (<*http://sverigesradio.se*>) beim staatlichen russischen Sender ВГТРК (<*www.vgtrk.com*>) usw. Manchmal ist ein wenig Geduld erforderlich, bis sich die Direktleitung aufbaut.

Wenn Sie noch keinen Sender im Auge haben, sollten Sie über eine der Internetseiten einsteigen, die Online-Radiosender zusammenstellen. Die Seite <*www.radio.de*> zum Beispiel bietet einen bequemen Zugang zu über 1000 Sendern (überwiegend als Livestream, z. T. auch als Podcasts). Besonders interessant ist hier die Möglichkeit, gezielt nach Ländern und Sprachen zu suchen. Mehr als 70 Sprachen aus 120 Ländern sind derzeit im Angebot, von Afrikaans bis Walisisch. Interessant ist auch die Möglichkeit, nach den Themen zu suchen, die in den Sendern vorkommen. Darunter finden sich Stichwörter wie »Nachrichten«, »Politik«, »Wirtschaft«, »Bildung«, »Wissenschaft«, »Gesundheit«, »Freizeit«, »Film« usw. Da sich die einzelnen Suchkriterien auch kombinieren lassen (z. B. »Französisch« & »Bildung«, »Spanisch« & »Sport« etc.), findet man wesentlich schneller die Sender, die interessieren könnten, auch wenn die Zuordnung der Schlagwörter zu Sendern, die *radio.de* vornimmt, nicht immer ganz nachvollziehbar ist. Die Nutzung von *radio.de* ist kostenlos, aber werbefinanziert, sodass man beim Start eines Senders immer zunächst einen akustischen Werbespot über sich ergehen lassen muss, ebenso wenn man den Sender wechselt.

Weitere Internetseiten, die Zugang zu weltweiten Radioprogrammen bieten, sind z. B. <*www.surfmusik.de*>, <*www.radiosender-online.de*> oder <*www.listenlive.eu*>.

Eine besonders interessante Seite ist das Portal <*www.phonostar.de*>. Es bietet über den reinen Zugang zu ausgewählten Sendern noch eine Reihe von Zusatzfunktionen, auf die man nach dem Herunterladen und Installieren des Phonostar-Players Zugriff hat. Dieser ermöglicht eine komfortable Sendersuche nach verschiedenen inhaltlichen Rubriken, das Speichern beliebter Sender als Favoriten, vor allem aber auch das Aufnehmen und Abspeichern der Sendungen (dazu weiter unten Näheres). Damit können die Sendungen für die Hörverstehensarbeit verfügbar gemacht werden. Die Grundversion des Players ist kostenlos, aber natürlich wiederum mit Werbung verbunden.

Im Folgenden noch einige technische Hinweise zum Hören, Speichern und Aufzeichnen von Internetradio. Das Abspielen von Radio im Livestream ist in der Regel kein Problem. Denn entweder ist der Sender auf seiner Quellseite bereits in einen Player (also das erforderliche Abspielprogramm) eingebettet oder auf unserem Rechner ist ein Player vorhanden, der den Stream wiedergeben kann, meist als Bestandteil des Betriebssystems, z. B. der Windows Media-Player als Bestandteil der verschiedenen Versionen des Betriebssystems Windows. Dieser öffnet sich bei Aufruf einer Tonquelle meist von selbst. Sollte es trotzdem Probleme mit der Wiedergabe geben, sollten Sie es zunächst mit einem anderen Player versuchen und z. B. dem weiter oben schon empfohlenen Player von <www.phonostar.de> oder dem *Real Player* (<http://de.real.com>). Bei manchen Radioprogrammen wird auch ein passender Player zum Download angeboten.

Um sich selbst zum häufigen Hören der Sender zu motivieren, sollten Sie die Hürde für das Einschalten so gering wie möglich machen. Legen Sie dazu am besten zunächst ein Lesezeichen in Ihrem Browser an, mit dem Sie den Sender aufrufen können, und legen Sie dann eine Verknüpfung direkt auf Ihren Desktop. So können Sie jederzeit mit einem einzigen Klick das fremdsprachige Radio einschalten und haben damit die gleiche Komfortstufe wie bei einem traditionellen Radiogerät erreicht.

Wie bei allen anderen Tonquellen ist auch im Falle des Internetradios die Aufzeichnungsmöglichkeit eine wichtige Voraussetzung für ein systematisches Arbeiten. Die technisch einfachste, wenn auch nicht gerade eleganteste Lösung ist auch hier das Mitschneiden über ein Mikrofon, z. B. das des Handys. Technisch anspruchsvoller, aber dafür ohne die Gefahr, ungewollt störende Raumgeräusche mit aufzuzeichnen, ist das Mitschneiden über Soundkartenrecorder (s. Abschnitt 17|2). Es gibt jedoch noch eine dritte, recht elegante Möglichkeit. Der Player des bereits oben erwähnten Radioportals <www.phonostar.de> verfügt über eine integrierte Aufnahmefunktion, mit der man nicht nur alle aufgerufenen Streams live mitschneiden, sondern Aufnahmen auch wie bei einem Videorecorder programmieren kann. Allerdings muss man dazu den Player herunterladen und lokal installieren.

Auch andere Programme bieten die Möglichkeit, Internetradio mitzuschneiden, z. T. mit noch weitergehenden Funktionen, z. B. der *Audials Radiotracker*, der von mehreren Computerzeitschriften empfohlen wird, allerdings nicht kostenlos ist. Er bietet nach Angabe einer Computerzeitschrift Zugang zu 80.000 integrierten Radiosendern. Weitere Software zum Aufnehmen von Internetradio, auch für Smartphones, findet man leicht im Internet mit Suchwörtern wie »Internetradio aufnehmen« oder »Internet-Audiorecorder«.

Schließlich sei noch erwähnt, dass man nicht unbedingt einen Computer oder ein Smartphone braucht, um Internetradio zu nutzen. Es gibt auch reine Internetradio-Empfänger, die unabhängig von einem PC sind und die ähnlich wie ein ganz normales Radio funktionieren. Sie müssen aber natürlich eine Internetverbindung haben. Diese kann wie bei einem Computer über ein Netzkabel (Ethernet) oder ein lokales Funknetz (WLAN) hergestellt werden. Ist die Verbindung vorhanden, hat man auch unabhängig vom PC Zugang zu zahllosen Radiosendern im Internet. Viele Digitalradios bieten heute bereits diese Funktion.

17 | 8 Nutzen Sie fremdsprachige Podcasts

Im Gegensatz zu *Livestreams* sind *Podcasts* (auch *Audio on demand* genannt) Audiodateien, die nicht live gesendet werden, sondern die in Datenbanken abgelegt sind und deshalb auch zu späteren Zeitpunkten abgerufen und angehört werden können. Der Begriff Podcast ist ein Kunstwort aus *Broadcast* für »Rundfunk« und *iPod* für das bekannte *Apple*-Produkt, insgesamt also sozusagen »Radio für den iPod«, wobei Podcasts natürlich nicht auf dieses spezielle Produkt begrenzt sind. *Pod* ist übrigens das englische Wort für »Hülse« oder »Schote«, der *iPod* ist also, wenn man so will, nichts anderes als eine »elektronische Schote«.

Vieles von dem, was wir im vorausgehenden Ratschlag bereits gesagt haben, gilt auch für Podcasts. Da sie einige Besonderheiten aufweisen, behandele ich sie hier aber in einem eigenen Abschnitt.

Podcasts haben gegenüber Livestreams für uns als Fremdsprachenlerner einige wichtige Vorteile:

- Podcasts sind nicht nur im Moment der Sendung verfügbar, sondern können auch später noch aufgerufen werden und dies beliebig oft (bis sie vom Anbieter entfernt werden).
- Podcasts sind in der Regel zusammenhängende Sendungen oder Teile von Sendungen, also kommunikative Einheiten, die von sich aus bereits einen inhaltlichen Zusammenhang aufweisen.
- Podcasts werden in Datenbanken gespeichert, die meist sehr umfangreich sind, sodass eine erhebliche Auswahl an Themen besteht.
- Podcasts können meist heruntergeladen und damit für uns beliebig verfügbar gemacht werden, ohne dass wir jedes Mal auf die Internetseiten des Anbieters gehen oder Sendungen mitschneiden müssen.
- Podcasts können oft abonniert werden, sodass man ohne Suchen mit thematisch vorsortiertem fremdsprachigen Material versorgt wird.

Im Folgenden ein paar Tipps, wie man Podcasts findet, wie man sie technisch verfügbar macht und wie man sie abonniert.

Fremdsprachige Podcasts zu finden ist nicht schwer. Praktisch jeder größere Sender bietet heute ein Archiv an, in dem Podcasts gesucht und anschließend zum Anhören aufgerufen werden können, so z. B. die BBC auf der Seite <www.bbc.co.uk/podcasts/series/tae>. Dort können Sie Podcasts nach einzelnen Sendern aus der BBC-Familie suchen, aber auch nach Genres. Besonders interessant ist das Genre *Learning*, denn hier finden wir auch Podcasts speziell zum Englischlernen. Die Podcast-Reihe *English at work* z. B. bietet englische Dialoge zu Themen rund um das Thema Arbeitsplatz, eingebettet in eine Soap-artige Hörspielserie, zu der jede Woche eine neue Episode erscheint. Die Reihe *6 Minute English* präsentiert Englisch für Alltagssituationen und umfasst auch Beispiele und Erklärungen. Auch hier erscheint wöchentlich eine neue Folge von jeweils sechs Minuten Länge, die man abonnieren und herunterladen kann.

Wer regelmäßig Suchmaschinen im Internet benutzt, wird keine Probleme haben, auch in den Archiven anderer Sender nach thematisch interessanten Podcasts zu suchen. Auch die weiter oben schon beschriebenen Radioportale wie z. B. <www.radio.de> bieten nicht nur Zugang zu Livestreams, sondern auch zu den Podcast-Archiven zahlreicher Sender (derzeit auf der Unterseite <www.radio.de/genre/podcast>).

Auch das Anhören der Podcasts ist normalerweise problemlos, weil die meisten Anbieter auf ihren Internetseiten einen eingebetteten Player zur Verfügung stellen, mit dem man unabhängig von der eigenen Computerkonfiguration die Podcasts anhören kann.

Will man Podcasts nicht nur hören, sondern auch herunterladen, geht man wie bei jedem anderen Herunterladen aus dem Internet vor: Klicken Sie mit der rechten Maustaste auf den Link zur Zieldatei und wählen Sie dann *Ziel speichern unter* aus. Dann bietet der Browser Ihnen die Möglichkeit, das Verzeichnis auszuwählen, in dem Sie die Audiodatei abspeichern können. Um die Podcast-Datei abspielen zu können, muss sie wiederum in einem Dateiformat vorliegen, dass Ihr jeweiliger Media-Player verarbeiten kann. Hier gilt das Gleiche wie weiter oben für das Abspielen von Streams (s. Abschnitt 17|7).

Um Podcasts zu abonnieren und automatisch herunterzuladen, brauchen Sie einen Browser oder einen Media-Player, der diese Funktion (den sogenannten *Podcast-Client* oder *Podcatcher*) unterstützt. Machen Sie sich deshalb am besten zunächst mit der Funktionsweise der *RSS-Feeds* in Ihrem Browser oder Media-Player vertraut (ggf. auch angewendet auf andere Quellen im Internet wie z. B. *tagesschau.de*). Sobald Sie dies im Griff haben, abonnieren Sie ein Podcast-Angebot, das Sie interessiert (z. B. das der BBC auf <www.bbc.co.uk/podcasts/series/tae>, unter dem Stichwort *Subscribe*). Die Links auf die einzelnen Podcasts lassen sich dann meist bequem über den Browser verwalten. Wenn weder Ihr Browser noch Ihr Media-Player beim Abonnieren von Feeds mitspielt, dann versuchen Sie es über einen separaten Podcatcher, z. B. den Podcatcher *Juice*, den man z. B. bei <www.chip.de> herunterladen kann. Auch manche E-Mail-Programme bieten die Möglichkeit, Feeds und damit auch Podcast-Feeds zu abonnieren.

Wenn Sie einen Podcast dauerhaft für sich verfügbar machen wollen, er aber nicht heruntergeladen werden kann und Sie befürchten, dass der Anbieter ihn aus dem Netz nehmen könnte, können Sie immer noch auf die bereits beschriebene Technik des Mitschnitts via Soundkartenrecorder zurückgreifen (s. Abschnitt 17|2).

Von besonderem Interesse für uns als Lerner sind Radiosendungen, zu denen man den Sendetext nachlesen kann. Dies ist natürlich nur ausnahmsweise der Fall. Eine Quelle ist jedoch folgende: CNN bietet auf <www.cnn.com/transcripts> Transkripte einer

Reihe von Sendungen an. Allerdings ist es etwas mühsam, die zugehörigen Podcasts zu finden, denn diese sind den Transkripten nicht direkt zugeordnet. Für Französischlerner ist das Angebot von *Radio France Internationale* von Interesse (<*www.rfi.fr*>). Dieser Sender präsentiert auf den Seiten »Apprendre le français« jeden Tag die Zwanzig-Uhr-Nachrichten in »français facile« und stellt den Text dazu jeweils auch als Transkript ins Netz. Zwar ist das Französisch, das hier gesprochen wird, weder vom verwendeten Wortschatz noch von der Sprechgeschwindigkeit besonders leicht, aber man kann intensiv mit Ton und Text arbeiten, da beides beliebig oft aufgerufen und auch heruntergeladen werden kann. Außerdem finden sich hier auch Hörverstehenstests und anderes Übungsmaterial für Französischlerner.

17 | 9   Nutzen Sie fremdsprachiges Fernsehen

Natürlich ist auch fremdsprachiges Fernsehen eine wichtige Quelle für den Auf- und Ausbau von Hörverstehenskompetenz. Wenn man nur auf das Lernpotential schaut, dann ist der Unterschied zum fremdsprachigen Radio keineswegs besonders groß. Es geht in beiden Fällen um das Verstehen von mündlicher Sprache ohne schriftliche Unterstützung. Dass beim Fernsehen das Bild als zusätzliche Informationsquelle hinzukommt, ist sicherlich oft (aber keineswegs immer) eine zusätzliche Verstehenshilfe. Außerdem ist in vielen Fällen das Fernsehen natürlich das attraktivere Medium. Der Unterschied zu Filmen auf DVD (s. Abschnitt 17 | 5) besteht vor allem in der Vielfalt der Hörverstehensangebote, die von Nachrichtensendungen über Magazine und Dokumentationen bis hin zu Spielshows und *daily soaps* reicht. Wir finden hier für das Trainieren unserer Hörverstehenskompetenz also eine Reihe von Formaten, die sonst schwer zugänglich sind. Bei Fernsehdiskussionen z. B. können wir Argumentationstechniken beobachten und üben und Sitcoms eignen sich meist gut, um gesprochene Umgangssprache mit viel Idiomatik und pointierter Ausdrucksweise zu trainieren. Außerdem führen uns die großen Fernsehsender meist ziemlich direkt in die Alltagskultur des jeweiligen Ziellandes, denn Fernsehen ist nach wie vor in fast allen Kulturen eine der beliebtesten Freizeitbeschäftigungen und erlaubt deshalb Einblicke in das, was in der Zielkultur angeboten und konsumiert wird.

Im Folgenden zunächst wieder ein paar Tipps, wie man Zugang zu fremdsprachigem Fernsehen findet und wie man es technisch verfügbar macht.

Für fremdsprachiges Fernsehen gibt es zunächst die gleichen Hauptzugangsmöglichkeiten wie für deutschsprachiges Fernsehen: über Antenne (heute fast nur noch DVB-T), über Kabel, über SAT-Receiver oder über das Internet. Sicherlich haben Sie bereits einen dieser Zugänge in Benutzung. Überprüfen Sie also zunächst einmal, zu welchen fremdsprachigen Fernsehprogrammen Sie jetzt bereits Zugang haben. Insbesondere beim Zugang über einen SAT-Receiver ist die Zahl der Programme so groß, dass man sich abgesehen von den oft angewählten noch gar keinen Überblick verschafft hat, welche Programme sonst noch enthalten sind. Es lohnt sich also, einmal alle Programme durchzuklicken und zu sehen, ob Programme in der gesuchten Fremdsprache dabei sind.

Erfahrungsgemäß ist die Ausbeute dennoch nicht die größte. Meist findet man nur für eine kleine Zahl von Sprachen Angebote, vor allem natürlich für Englisch und teilweise für Französisch, Spanisch, Italienisch, Türkisch und Russisch. Derzeit enthält Kabel Deutschland Sender in den Sprachen Englisch, Türkisch, Russisch, Polnisch, Italienisch, Spanisch, Portugiesisch und Griechisch. Um welche Sender es sich dabei im Einzelnen handelt, können Sie auf den Internetseiten von Kabel Deutschland nachschauen (<*www.kabeldeutschland.de/digital-fernsehen/tv-sender.html*>).

Beim Satlitenfernsehen hängt das Angebot davon ab, auf welchen Satliten die Empfangsanlage ausgerichtet ist. Die meisten Empfangsanlagen sind standardmäßig auf den Satliten Astra ausgerichtet, weil hier alle deutschen Sender enthalten sind. Astra bietet hunderte von Fernsehkanälen, darunter auch zahlreiche fremdsprachige, die allerdings nicht alle frei empfangbar sind, sondern in die Kategorie »Abo-TV« fallen. Auch hier überwiegen Spartenkanäle, die großen nationalen Fernsehsender anderer Länder sucht man meist vergeblich. Einen Überblick über das Angebot bietet die Internetseite von Astra (<*www.astra.de/724597/digital_tv_free_hdtv_192_name.pdf*>). Wer ein breiteres Angebot möchte, kann als erstes eine Ausrichtung auf den Satliten Eutel vornehmen lassen, der weit über tausend fremdsprachige Sender aus praktisch allen europäischen, aber auch zahlreichen anderen Ländern (insbesondere aus dem Nahen Osten und Nordafrika) enthält (<*www.eutelsat.com/products/pdf/tvlineup.pdf*>). Wer dennoch auf das Astra-Angebot nicht verzichten möchte, kann sich eine sog. Multifeed-Satlitenempfangsanlage installieren lassen und damit sowohl auf Astra als auch auf Eutelsat zugreifen. Dazu benötigt man allerdings zwei LNBs (die Kernstücke einer Parabolantenne).

Die Alternative zur Satlitenanlage ist das Internetfernsehen. Viele nutzen jetzt bereits die Möglichkeit, Fernsehen live als »Stream« im Internet zu schauen. Das Portal <*www.zattoo.de*> z. B. bietet nicht nur alle gängigen deutschen Fernsehsender, sondern z. B. auch ein Dutzend internationaler Sender, darunter die Info-Kanäle *CNN International* in Englisch, *France 24* in Französisch, *TVE Internacional* in Spanisch und *R1* in Russisch. Allerdings müssen Sie ein Nutzerkonto anlegen, den Zattoo-Player herunterladen und installieren und sich zum Schauen einloggen. Die kostenlose Variante ist werbefinanziert, sodass bei jedem Start und auch jedem Programmwechsel ein kleiner Werbefilm überstanden werden muss. Danach gibt es aber keine weiteren Werbeunterbrechungen mehr und man kann beliebig lange das Programm des jeweiligen Senders anschauen.

Ein wesentlich breiteres Angebot enthält das Portal <http://wwitv.com>. Hier werden Fernsehprogramme aus fast allen Ländern der Welt angeboten. Wählen Sie zunächst in der Liste auf der linken Seite ein Zielland aus und klicken Sie es an. Dann werden die verfügbaren Sender tabellarisch mit einer Kurzbeschreibung angezeigt. Zu den meisten Sendern wird ein Livestream (»Live«) angeboten, zu einigen nur aufgenommene Sendungen, also praktisch Video-Podcasts (»Rec«). Ein Klick auf den Sendernamen startet den Player und ein weiterer Klick stellt die Verbindung zum Livestream (oder zur letzten aufgenommenen Sendung im Falle von »Rec«) her. Auch das Portal <www.surfmusik.de>, das ich weiter oben schon für den Zugang zu fremdsprachigem Radio empfohlen habe, bietet Links zu etlichen fremdsprachigen Web-TV-Kanälen, die live senden. Am zuverlässigsten funktionieren dabei nach meinen Erfahrungen die Nachrichtenkanäle.

Eine weitere Alternative ist das Portal <http://onlinetv.flatserv.de>. Allerdings müssen Sie sich hier ähnlich wie bei <www.zattoo.de> anmelden und einen Player herunterladen. Dafür werden hier aber mehrere hundert Fernsehsender angeboten, darunter auch zahlreiche ausländische. Das Gleiche gilt für <www.emule.tv>, ein Portal, das nach eigenen Angaben mehr als 2000 Fernsehkanäle aus 120 Ländern anbietet.

Trotz des großen Angebots an Sendern, die man über die genannten Plattformen sehen kann, ist die Zahl der brauchbaren Sender begrenzt und es bedarf einiger Geduld, bis man etwas Passendes findet. Denn bei den meisten Angeboten handelt es sich um Lokal- oder Spartenprogramme (z. B. nur Nachrichten oder nur Sport). Die großen nationalen Hauptsender mit ihrem breiten Angebot an Informations- und Unterhaltungssendungen hingegen fehlen aus urheberrechtlichen Gründen. Reguliert wird der Zugang nämlich in der Regel durch die IP-Adresse des Rechners, über den man sich einloggt. Und liegt diese außerhalb des Bereichs, für den nationale Sender kostenfrei senden, ist oft kein Zugang möglich.

Trotzdem lohnt es sich, nach geeigneten Sendern zu suchen. Hat man solche gefunden, legt man am besten ein Lesezeichen im Browser oder auf dem Desktop an und klickt sich dann in Zukunft immer wieder direkt ein. Auf den Internetseiten der jeweiligen Sender kann man in der Regel den Sendeplan aufrufen und sich so einen Überblick verschaffen, was wann läuft. Und natürlich hat es einen Reiz, bequem am eigenen Rechner nicht nur deutsche, englische oder französische Fernsehsender zu sehen, sondern auch finnische, arabische oder brasilianische.

Wie bei allen anderen Tonquellen, die wir zum Hörverstehen nutzen wollen, ist die beliebige Verfügbarkeit auf dem eigenen Rechner eine Voraussetzung für ein systematisches Arbeiten mit dem Material. Dieses Verfügbarmachen ist bei fremdsprachigem Fernsehen technisch zwar meist möglich, aber nicht ganz einfach und deshalb vor allem etwas für IT-Erfahrene. Trotzdem hier ein paar Hinweise, wie es gehen kann.

Am leichtesten ist es dann, wenn das Portal selbst eine Aufzeichnungsmöglichkeit zur Verfügung stellt. Dies ist z. B. bei <http://onlinetv.flatserv.de> der Fall. Sobald Sie den

Player installiert und einen Sender aufgerufen haben, können Sie im Wiedergabefenster durch Klick auf den Aufnahme-Button die Aufzeichnung der Sendung starten. Ein weiterer Klick auf den gleichen Button stoppt die Aufzeichnung und ein Dialogfeld fragt nach dem Dateiformat und dem Speicherort. Wählen Sie als Format möglichst MP4, denn dieses können die meisten Player problemlos wiedergeben. Sie haben jetzt die Möglichkeit, die aufgezeichnete Videodatei von Ihrem Rechner aufzurufen, an beliebigen Stellen zu unterbrechen, zurückzuspulen und ggf. mit einem Videoschnittprogramm weiterzuverarbeiten (z. B. wenn Sie sie kürzen oder mit anderen Videodateien für Lern- oder andere Zwecke zusammenführen wollen).

Wenn Sie ein Fernsehprogramm aufzeichnen möchten, das Sie nicht über <http://onlinetv.flatserv.de> empfangen und aufzeichnen können, bleibt grundsätzlich noch die Möglichkeit, mit einem Bildschirmaufzeichnungsprogramm zu arbeiten wie Camtasia (<www.camtasia.com>) oder Camstudio (<http://camstudio.org>). Beachten Sie zur Benutzung dieser Programme die Hinweise, die ich unter dem Stichwort »Screen-Recorder« in Abschnitt 17|2 gegeben habe. Geht auch das nicht, filmen Sie mit einer Videokamera oder Ihrem Handy den Bildschirm ab. Sicher keine elegante, aber eine einfache Lösung für den Notfall. Sie müssen es ja keinem Technikfreak in Ihrer Umgebung erzählen, denn der würde sicher nur die Nase rümpfen.

Bevor man sich entschließt, in größerem Stil fremdsprachiges Fernsehen aufzuzeichnen, sollte man sich allerdings überlegen, ob das notwendig ist. Denn für Übungszwecke ist in vielen Fällen die Tonquelle des Videomaterials ausreichend. Wenn dies der Fall ist, kann man zur Aufzeichnung auf die wesentlich einfachere Technik des Audiomitschnitts zurückgreifen (s. auch dazu die Hinweise in Abschnitt 17|2).

17 | 10 Nutzen Sie Gelegenheiten zum Hörverstehen ›vor Ort‹

Während wir in den vorausgehenden Ratschlägen vor allem auf Technik gesetzt haben, um an Hörverstehensquellen heranzukommen, wollen wir nicht vergessen, dass es oft auch eine ganze Reihe von Möglichkeiten gibt, das Hörverstehen vor Ort auch ohne Technik zu trainieren, insbesondere dann, wenn Sie in einer größeren Stadt leben. Hier einige Hinweise, denen Sie nachgehen sollten.

In vielen Städten gibt es Kinos, die zumindest gelegentlich (z. B. einmal in der Woche oder im Monat) fremdsprachige Filme in Originalfassung zeigen. Das sind zwar meistens englische Filme, manchmal aber auch Filme in anderen Sprachen. Oft sind es nicht die großen Kinocenter, die das tun, sondern eher kleine Programmkinos. Schauen Sie sich unter diesem Gesichtspunkt noch einmal das Kinoprogramm in Ihrer Stadt an. Fragen Sie ggf. auch mal Muttersprachler Ihrer Zielsprache, die schon länger in Deutschland leben. Sie wissen am ehesten, wo man fündig wird. Auch die z. Zt. sehr beliebten *sneak previews* (Vorabpräsentationen von Filmen, die noch nicht offiziell im Kinoprogramm sind) sind manchmal in der Originalsprache.

Auch Kulturinstitute wie das Institut Français oder das Instituto Cervantes, Sprachclubs, Volkshochschulen und andere Bildungseinrichtungen führen von Zeit zu Zeit oder sogar regelmäßig Filme in Originalsprachen vor. Und wenn sie es noch nicht tun: Vielleicht regen Sie es einmal an.

Während man Filme meist auch entleihen kann, gilt dies nicht für Theaterstücke. Auch hier haben Sie zumindest in Universitätsstädten gute Chancen, fremdsprachiges Theater besuchen zu können, von Studenten oder auch von gastierenden Theatergruppen gespielt. Bevor Sie sich in die Vorstellung setzen, sollten Sie den Text möglichst schon einmal gelesen haben, um das Verstehen zu entlasten.

Ähnliches gilt für fremdsprachige Vorträge. Hier lohnt sich ein Blick auf die Veranstaltungsankündigungen der nächsten Universität, vielleicht aber auch in der Volkshochschule. Kulturinstitute bieten regelmäßig Vorträge in der Fremdsprache, die für ein größeres Publikum gedacht sind.

Ergiebig für das Hörverstehen kann auch sein, an touristischen Führungen in der Fremdsprache teilzunehmen. Mit etwas Glück ist der Guide ein Muttersprachler oder doch zumindest ein kompetenter Sprecher der Zielsprache. Über das historische, architektonische oder sonstige Fachvokabular für die Führung muss er allemal verfügen. Es gibt also so oder so etwas zu lernen. Besonders witzig kann es sein, eine fremdsprachige Führung durch die eigene Stadt mitzumachen. Dabei trifft man meist automatisch auf Ausländer, mit denen man vielleicht ganz nebenbei auch in der Fremdsprache ins Gespräch kommt.

Ansonsten gilt natürlich, dass die persönlichste und für viele auch motivierendste Art des Hörverstehenstrainings der unmittelbare Kontakt zu Muttersprachlern ist. Einige Tipps, wie man auch dann, wenn man nicht in einer fremdsprachigen Umgebung lebt, Kontakt zu Muttersprachlern aufbauen kann, gebe ich in Abschnitt 19|14 (»Nutzen Sie auch im Inland jede Gelegenheit, die Fremdsprache anzuwenden«).

17 | 11   Nutzen Sie Songtexte zum Hörverstehen

Audiobücher sind sicher die mit Abstand ergiebigste Quelle für das Hörverstehen mit Textkontrollmöglichkeit. Auf eine andere Quelle soll aber ebenfalls hingewiesen werden, weil sich hier das Angenehme (Musik hören) mit dem Nützlichen (Hörverstehen trainieren) besonders gut verbinden lässt. Gemeint ist die Beschäftigung mit fremdsprachigen Songtexten. Wie weiter oben schon festgestellt, versteht man die Songtexte, die man täglich im Radio hört oder von den eigenen Geräten abspielt, oft nur bruchstückhaft. Gesungen ist ein Text oft schlechter zu verstehen als gesprochen. Das ist ein guter Grund, sich einmal um das Verständnis des kompletten Textes zu kümmern, auch wenn dieser bei fremdsprachigen Songs natürlich häufig genauso belanglos ist wie bei deutschen.

Als erstes sollten wir also einmal in die Hüllen und Booklets der eigenen CD-Sammlung schauen. Wenn sich die Interpreten nicht allzu sehr für die Texte ihrer Lieder geschämt haben, werden wir diese dort abgedruckt finden.

Die Quelle der Wahl ist natürlich auch hier wieder das Internet. Die einfachste Art, Songtexte zu finden, besteht darin, in einer Videodatenbank wie *YouTube* den Titel des gesuchten Songs in das Suchfeld einzugeben, jedoch mit dem Zusatz »lyrics« (bzw. dem jeweiligen fremdsprachigen Pendant, s. u.). Bei erstaunlich vielen Songs wird man hier fündig, insbesondere natürlich bei den Hits von heute und gestern. Kommt man so nicht weiter, kann man es entweder auf der Homepage der Interpreten versuchen oder aber auf einem der zahlreichen Internetportale, die sich auf die Wiedergabe von Songtexten spezialisiert haben. Im deutschen Sprachraum sind dies z. B. <www.songtexte.com>, <www.songtexte-kostenlos.com>, <www.magistrix.de> oder <www.songtext-archiv.de>. Allerdings findet man auf den deutschen Portalen praktisch nur die Texte zu deutsch- und englischsprachigen Songs. Wer die Texte zu anderssprachigen Liedern sucht, kann es zunächst einmal auf der Seite <http://lyricstranslate.com> versuchen. Hier finden sich Songtexte aus zahlreichen Sprachen mit Übersetzungen in zahlreiche andere. Wird man hier nicht fündig, muss man nach Internetportalen in den entsprechenden Ländern suchen. Französischsprachige Texte findet man z. B. auf <www.paroles.net> oder <www.bestofparoles.com>, darunter sogar die Texte von alten Chanson-Legenden wie Edith Piaf, Jacques Brel, Georges Brassens, Yves Montand, Charles Trenet oder Boris Vian. Für italienische Texte ist <angolotesti.leonardo.it> eine relativ reichhaltige Quelle. Wer nach entsprechenden Internetseiten in anderen Zielsprachen suchen möchte, gibt am besten genau das als Frage in eine Suchmaschine ein, natürlich in der jeweiligen Zielsprache. Wenn Sie beispielsweise auf Spanisch die Frage *Dónde puedo buscar letras de canciones* eingeben, stoßen Sie sofort auf Foreneinträge, die Antwort geben. Mit dieser Frage fand ich z. B. auf Anhieb Hinweise von anderen Internetnutzern auf ein Dutzend Seiten mit spanischsprachigen Songtexten, z. B. <www.planetadeletras.com>, <www.letrasmania.com> oder <www.musica.com>. Bedenken Sie bei dieser Suchtechnik, dass die Texte von Songs in vielen Sprachen nicht »Texte« heißen, sondern mit anderen Wörtern wiederzugeben sind, z. B. mit *letras* im Spanischen, *paroles* im Französischen oder *parole* im Italienischen. Konsultieren Sie also im Zweifelsfall vorher ein Wörterbuch. Dass Sie auf allen Seiten mit Werbung überschwemmt werden und deshalb vorher möglichst alle verfügbaren Popup-Blocker aktivieren sollten, versteht sich fast von selbst.

Immerhin können Sie sich auf diesem Wege Zugang zu den Texten Ihrer fremdsprachigen Lieblingssongs verschaffen und dabei auch die lästigen Verständnislücken schließen, die beim normalen Hören fast immer bleiben. Und natürlich sollten Sie sich auch nicht davon abhalten lassen mitzusingen. Denn so tun Sie auch gleich etwas für Ihre fremdsprachige Sprechmotorik (Näheres zum Trainieren der Sprechmotorik in Abschnitt 19|11). Sie müssen es ja nicht unbedingt gleich im Großraumbüro oder im Bus tun.

Wer sich einmal auf andere Weise mit Songtexten beschäftigen will, kann auf die Seite <http://lyricstraining.com> gehen. Dort werden Videos von Songs über eine Verlinkung mit *YouTube* wiedergegeben, gleichzeitig aber erscheint unmittelbar darunter zeilenweise der Songtext. Die Seite ist speziell für das Sprachenlernen konzipiert. Deshalb sind im Songtext bewusst Lücken gelassen, die man entweder durch eine Eingabe mit der Tastatur oder durch Klick auf eine Multiple-Choice-Auswahl füllen muss. Schafft man das nicht, kann man sich die entsprechende Songpassage erneut anhören, ohne dass man wieder an den Anfang des Songs zurückgehen muss. Derzeit sind Songs in Englisch, Spanisch, Portugiesisch, Französisch, Italienisch, Niederländisch, Katalanisch und Japanisch verfügbar. (Für Japanisch wird der Text in Rōmaji angezeigt.) Für das Füllen der Lücken kann man vier verschiedene Schwierigkeitsstufen wählen. Wer den Song zunächst ohne Verständnisaufgaben am Stück hören will, kann die URL des Videos kopieren und dieses in einem zweiten Browser-Fenster als normales *YouTube*-Video aufrufen. Aus urheberrechtlichen Gründen werden nicht alle Videos angezeigt und wahrscheinlich findet auch nicht jeder seine Lieblingsinterpreten darunter. Aber die Benutzung dieses speziellen Angebotes kann beim Sprachenlernen eine willkommene Abwechslung oder Pausenbeschäftigung sein.

17 | 12   Reduzieren Sie den Schwierigkeitsgrad von Hörtexten durch die richtige Textauswahl

Um beim Hörverstehens-Training einerseits Frustrationen zu vermeiden, andererseits aber systematische Fortschritte zu erzielen, ist die Auswahl von Texten mit dem richtigen Schwierigkeitsgrad hilfreich. Wenn ein Text so einfach ist, dass wir jedes Wort verstehen, ist der Lerneffekt gering, denn wir festigen bestenfalls das, was wir schon können. Ist der Text aber so schwer, dass wir in jedem Satz nur einzelne Wörter verstehen, dann ist auch das ziemlich ineffektiv. Denn wenn wir nicht so viel verstehen, dass wir uns einen ungefähren Reim auf den Gesamtsinn von Sätzen machen können, dann können wir auch keine Strategien des intelligenten Ratens, also des Schließens von Verstandenem auf Unverstandenes einsetzen (s. Abschnitt 9|15). Wir sind dann zur Texterschließung ganz auf Hilfsmittel, Übersetzungen oder auf die geschriebene Textfassung angewiesen.

Am ehesten erkennt man den richtigen Schwierigkeitsgrad daran, dass folgende zwei Beobachtungen zutreffen: Wir verstehen beim zweiten oder dritten Hören deutlich mehr als beim ersten Hören bzw. beim verlangsamten Hören mit Zwischenstopps mehr als beim Hören ohne Zwischenstopps. Und wir können die Wörter oder Wortgruppen, die wir nicht verstehen, klar eingrenzen und heraushören, haben bereits eine Vorstellung davon, um wie viele Wörter es sich dabei handelt, und können auch bereits Hypothesen aufstellen über mögliche Bedeutungen dieser Wörter im gegebenen Kontext. Sind diese Bedingungen erfüllt, führt das Hörverstehenstraining mit diesen Texten voraussichtlich zu einem echten Zuwachs an Hörverstehenskompetenz.

Unabhängig von dieser Möglichkeit der »Feinjustierung« des Schwierigkeitsgrades gelten aber auch folgende Faustregeln:

- Texte mit einem Sprecher (z. B. Nachrichten) sind meist leichter zu verstehen als Texte mit mehreren Sprechern, insbesondere wenn diese teilweise parallel sprechen (z. B. Fernsehdiskussionen).
- Texte mit viel Nichtstandard-Sprache (z. B. ein Krimi, in dem manche Figuren mit Dialekteinfluss sprechen oder viele Jargon-Ausdrücke verwenden) sind schwerer zu verstehen als Texte, die praktisch komplett in Standardsprache gehalten sind (z. B. Unterhaltungssendungen im überregionalen Fernsehen).
- Und natürlich gilt grundsätzlich die banale Regel, dass Texte zu Themen, von denen Sie etwas verstehen (z. B. aus dem Umfeld des eigenen Berufs oder der eigenen Hobbys), leichter zu verstehen sind als Texte zu ganz fremden oder neuen Themen. Deshalb werden Sie in der Regel als Fußballfan den Livebericht von einem englischen Fußballspiel auch deutlich besser verstehen als den Livebericht von einem amerikanischen Baseballspiel.

Achten Sie also insgesamt auf den Schwierigkeitsgrad der Hörverstehenstexte, mit denen Sie arbeiten wollen, und bringen Sie diese so gut wie möglich in eine Progression mit kontinuierlich steigendem Schwierigkeitsgrad. Dabei kann es motivierend sein, Texte, die zunächst noch als zu schwierig empfunden wurden, zunächst beiseitezulegen und später auf sie zurückzukommen, um dann festzustellen, dass man Fortschritte im Verstehen erzielt hat.

17 | 13 Reduzieren Sie den Schwierigkeitsgrad von Hörtexten durch Vorentlastung

Neben der richtigen Auswahl der Texte gibt es eine zweite Möglichkeit, die Chancen des Verstehens bereits im Vorfeld zu verbessern. Sie können sich nämlich ähnlich wie beim Leseverstehen (s. Abschnitt 16|3) auch vorab bereits Informationen über den Inhalt des Hörtextes verschaffen. Bevor Sie sich zum Beispiel eine Romanverfilmung in der Fremdsprache als DVD in der Fremdsprache anschauen, können Sie Folgendes tun:

- den Roman vorab auf Deutsch lesen
- den Roman vorab in der Fremdsprache lesen
- das Audiobuch des Romans auf Deutsch hören
- das Audiobuch des Romans in der Fremdsprache hören
- den Film auf Deutsch schauen.

Selbst wenn keine Buchfassung zu einem Film vorhanden ist, können Sie immer noch Zusammenfassungen und Rezensionen zum Film lesen oder sich den Trailer in Ihrer Muttersprache anschauen.

Eine weitere gute Möglichkeit zur Vorentlastung ergibt sich aus der geschickten Nutzung gedruckter und audiovisueller Medien. Da zumindest die wichtigen Ereignisse meist in allen Medien behandelt werden, kann man sich oft sowohl in Zeitungen als auch in Radio- oder Fernsehsendungen darüber informieren. Wenn wir uns also zunächst in einer englischen Tageszeitung informieren, was gerade so los ist jenseits des Ärmelkanals, werden wir beim Verstehen der Informationssendungen meist bereits einen Informationsvorsprung haben, der das Verstehen erleichtert.

Machen Sie, wo immer es sich anbietet, Gebrauch von solchen Möglichkeiten, das Hörverstehen vorzuentlasten.

17 | 14 Entwickeln Sie Ihre Hörverstehenskompetenz mit Textkontrolle

Für das Hörverstehenstraining bei Anfängern hatte ich empfohlen, zunächst mit Materialien zu arbeiten, zu denen es auch eine Schriftfassung gibt. Denn dann haben wir eine einfache Möglichkeit, Hörverständnislücken schnell zu schließen. Außerdem tut sich so die Möglichkeit auf, das fremdsprachliche Lernmaterial sowohl über den auditiven wie auch über den visuellen Lernkanal zu bearbeiten, was sich in der Regel sehr positiv auf das Behalten auswirkt. Und schließlich trainieren wir so auch die Zuordnung von Schriftform und Höreindruck, vermeiden mögliche Aussprachefehler und leisten Vorarbeit für das spätere eigene Sprechen.

Im Grunde gelten diese Argumente auch noch, wenn wir fortgeschrittene Lerner sind. Insbesondere die Möglichkeit zur bequemen Textkontrolle ist ein guter Grund, auch als Fortgeschrittener mit Texten zu üben, über die wir in auditiver wie in Schriftform verfügen. Ein großes Reservoir bilden hier insbesondere Audiobücher (s. Abschnitt 17|4).

Bei der Arbeit mit den Hörverstehenstexten setzen wir die gleichen Strategien ein, die wir bereits als Anfänger kennengelernt haben (s. Abschnitte 10|7 bis 10|9). Nur dass wir sie auf zunehmend schwerer werdende Texte anwenden. Ich fasse die Strategien hier stichwortartig noch einmal zusammen. Lesen Sie dazu aber auch noch einmal die ausführlichere Darstellung in Kapitel 7.

▶ Hören mit Zwischenstopps
Zwischenstopps helfen beim Hörverstehen, weil sie uns zusätzliche Zeit zur Verarbeitung des Gehörten geben. Diese einfache Maßnahme reicht oft schon aus, um einen Verständniszuwachs zu erreichen. Setzen Sie zum Hören ein Medium ein, dass leichte Zwischenstopps an beliebigen Stellen ermöglicht, z. B. einen Kassettenrecorder, einen mobilen MP3-Player oder einen Mediaplayer auf Ihrem Rechner (zu technischen Fragen s. Abschnitt 17|2). Setzen Sie Zwischenstopps vorzugsweise an Einschnitten im Text (z. B. an Satz- oder Teilsatzgrenzen), wenn Sie das Gefühl haben, das Gehörte nicht so schnell verarbeiten zu können, wie es präsentiert wird. Auch ein Zwischenstopp unmittelbar nach einer unverstandenen Textstelle kann hilfreich sein. Vergegenwärtigen Sie sich den soeben aufgenommenen akustischen Eindruck noch einmal und versuchen Sie, ihn zu reproduzieren. Manchmal fällt dann nachträglich noch der Groschen.

▶ Mehrfaches Hören
Erfahrungsgemäß verstehen wir von Hördurchgang zu Hördurchgang etwas mehr. Der Grund dafür ist der altbekannte: Je mehr wir verstehen, desto mehr können wir uns von dem, was wir noch nicht verstehen, zusammenreimen (s. Abschnitt 9|4). Außerdem haben wir beim wiederholten Hören die Chance, unsere Aufmerksamkeit zielstrebig auf die Textteile zu richten, die noch Probleme machen. In der Regel wird aber nach dem dritten oder vierten Hören kein nennenswerter Zuwachs an Verstehen mehr eintreten. Dann spätestens sollte man zur nächsten Strategie übergehen.

▶ Hören mit Textkontrolle
Die beiden vorausgehend genannten Strategien dienen vor allem dazu, die Fälle von Nicht-Verstehen zu lösen, die auf einem Nicht-Wiedererkennen beruhen, d. h. auf Verständnisproblemen, die wir beim Hören haben, obwohl wir das zugrunde liegende Sprachmaterial eigentlich kennen und in geschriebener Form auch verstanden hätten. Wenn durch diese Strategien kein Verständniszuwachs mehr zu erreichen ist, wird es Zeit, die Textfassung als Verständnishilfe hinzuzuziehen. Dafür gibt es mehrere Möglichkeiten, die ich in Abschnitt 10|8 schon beschrieben habe. Ein für Fortgeschrittene sinnvolles Verfahren ist zum Beispiel das folgende: Sie hören den Text und achten dabei besonders auf die Stellen, an denen noch Verständnisprobleme bestehen, egal, ob sie an einzelnen Wörtern, Wortgruppen oder ganzen Sätzen festzumachen sind. An diesen Stellen stoppen Sie den Hörtext und versuchen, das Problem anhand der Schriftfassung zu lösen.

Die Ursache werden natürlich oft unbekannte Wörter, Ausdrücke oder Redewendungen usw. sein. Diese schlagen Sie jetzt am besten gleich in bereitgelegten Hilfsmitteln (oder online im Internet) nach. Ggf. notieren Sie sich die Bedeutung am Rand des Schrifttextes, um sie besser zu behalten und später nicht noch einmal nachschlagen zu müssen. Manchmal wird auch ein mangelndes Verstehen der grammatischen Struktur des Satzes die Ursache für das Nicht-Verstehen sein. Auch hier wird Ihnen in der Regel die Schriftform helfen, die Struktur besser zu erkennen und zu durchschauen. Wenn nicht, sollten Sie den Satz markieren und für eine spätere grammatische Nachbearbeitung vormerken. Schließlich wird es aber auch oft so sein, dass es sich beim Nicht-Verstehen doch noch um einen weiteren Fall von Nicht-Wiedererkennen handelt. Vor allem bei anspruchsvollen Hörtexten, wenn z. B. sehr schnell, nicht direkt ins Mikrofon, mit speziellen Akzenten und dgl. gesprochen wird, kommen wir oft nicht dahinter, was gesagt wurde, obwohl wir das Sprachmaterial eigentlich kennen. Hier hilft die Schriftfassung des Textes erst recht. Insgesamt führt der Vergleich mit der Schriftfassung fast immer zu einer regelrechten Serie von Aha-Erlebnissen. Wenn alle Verständnisprobleme gelöst sind, empfiehlt es sich, den Text noch einmal als Ganzes zu hören, um den Zuwachs an Hörverstehen zu festigen und dabei das Gefühl zu genießen, den Text nun auch akustisch komplett »geknackt« zu haben.

▶ Hören nach schriftlicher Bearbeitung
Natürlich gibt es auch grundsätzlich die Möglichkeit, die nach den ersten Hördurchgängen verbliebenen Verstehensprobleme zunächst rein lesend im geschriebenen Text zu bearbeiten und erst wieder zum Hören zurückzukehren, wenn alle Verständnisprobleme im Text gelöst sind. Dies ist u. U. dann praktischer, wenn Hören und Lesen nicht gut gleichzeitig erfolgen können (z. B. weil man vor allem unterwegs hören und kein Wörterbuch mitschleppen möchte).

▶ Hören als Wiedererkennen
Schließlich ist es auch möglich, einen Text zunächst ausschließlich in der schriftlichen Form zu bearbeiten und erst nach vollständiger Erschließung durch Lesen zum Hörverstehen überzugehen. In diesem Fall ist das Hörverstehen insgesamt ein reines Wiedererkennen. Dieses Verfahren hat den Vorteil, dass wir unsere Fähigkeit zur Vorhersage von Hörverstehensproblemen verbessern. Denn wo immer bei diesem Verfahren beim abschließenden Hören das Wiedererkennen nicht funktioniert, haben wir Hörverstehensprobleme nicht richtig vorhergesehen. Durch Anwendung dieser Technik können wir im Laufe der Zeit genau dafür sensibler werden und so schon im Vorfeld etwas für die Vermeidung von Hörverstehensproblemen tun.

Insgesamt empfehle ich, mit allen genannten Strategien zu experimentieren, diese geschickt zu kombinieren und ggf. auch weitere, ganz eigene Techniken zu entwickeln.

17 | 15   Entwickeln Sie Ihre Hörverstehenskompetenz ohne Textkontrolle

Im vorausgehenden Kapitel sind wir von dem günstigen Fall ausgegangen, dass wir eine schriftliche Textfassung zur Kontrolle zur Verfügung haben. Als Fortgeschrittener werden Sie aber natürlich in großem Umfang mit Hörverstehenstexten zu tun haben, bei denen dies nicht der Fall ist: Fernsehsendungen, Radioprogramme, Vorträge, spontane Gespräche zwischen Muttersprachlern, an denen Sie teilnehmen usw. Sie stellen sozusagen den Ernstfall des Hörverstehens dar, Hörverstehen ohne Netz und doppelten Boden, sprich ohne direkte Möglichkeit zur Verständniskontrolle. Natürlich müssen Sie sich auch dieser Aufgabe stellen. Deshalb hier ein paar Hinweise, was Sie tun können, um solche Situationen nicht nur zu meistern, sondern zusätzlich möglichst viel aus ihnen zu lernen.

Zunächst gilt es, wo immer möglich, den Hörtext aufzuzeichnen, um ihn in Ruhe bearbeiten zu können. Dazu habe ich in Abschnitt 17|2 umfangreiche Tipps gegeben, wie Sie das technisch bewerkstelligen. Im Prinzip kann jeder Hörtext, egal aus welchem Medium er stammt oder von wem er live gesprochen wird, so verfügbar gemacht werden. Sobald das der Fall ist, setzen Sie als erstes wiederum die Grundtechniken des wiederholten Hörens und des Hörens mit Zwischenstopp ein (s. Abschnitte 10|7 u. 17|4). Dabei werden sich in der Regel die Hörverstehensprobleme bereits deutlich reduzieren.

Als nächstes gilt es unbekannte Wörter zu identifizieren, um sie anschließend nachschlagen zu können. Dies ist im Falle des Hörverstehens ohne schriftliche Textfassung natürlich oft schwieriger als mit einer solchen. Zwei Bedingungen müssen erfüllt sein, damit wir ein Wort dennoch nachschlagen können: Wir müssen das einzelne Wort aus der gehörten Lautkette richtig herauslösen und wir müssen wissen, wie es geschrieben wird. Beides kann Probleme machen, insbesondere für Sprachen wie z. B. Französisch, bei denen Aussprache und Schreibung stark voneinander abweichen und zudem die einzelnen Wörter zu langen Lautketten verschmolzen werden. Jetzt macht es sich bezahlt, wenn Sie von Anfang an die Ratschläge zum Aussprachelernen beachtet haben, die ich in den Abschnitten 9|8 bis 9|12 und 11|3 bis 11|5 gegeben habe. Denn dann haben Sie immer schon beim Lesen die richtige Aussprache geklärt (s. Abschnitt 9|8) und durch den ständigen Vergleich der Schreibung mit der phonetischen Transkription mithilfe der internationalen Lautschrift (s. Abschnitt 9|11) ein Gefühl für die Beziehungen zwischen Schreibung und Lautung aufgebaut. Diesmal müssen wir diese Zuordnungen allerdings in umgekehrter Richtung lesen, d. h., wir müssen aus Lauten auf Schriftzeichen schließen. Um wiederum die Laute erkennen zu können, müssen wir uns des Lautinventars der Fremdsprache bewusst sein. Auch dazu hatte ich in Abschnitt 11|4 bereits geraten.

Einige elektronische Wörterbücher erlauben eine sog. phonetische Abfrage. Man gibt also bei der Suche nicht die Schreibung, sondern die Lautung ein. Dies hat den Vorteil, dass man auch Wörter finden kann, von denen man gar nicht weiß, wie sie geschrieben werden. Die elektronische Fassung des französischen Wörterbuch-Klassikers *Le Petit Robert* bietet diese Funktion. Wenn wir beispielsweise in einem Hörtext ein Wort identifiziert haben, das [so] ausgesprochen wird, der Kontext aber klar macht, dass nicht das gängige französische Wort *saut* (Sprung) gemeint sein kann, dann können wir in der *recherche avancée*, der erweiterten Suchfunktion, die Option *transcription phonétique* wählen und als Suchbegriff die Lautung *so* eingeben. Als Treffer werden uns dann nicht nur *saut* angezeigt, sondern auch alle anderen Wörter, die genauso ausgesprochen werden: *sceau* (Siegel), *sot* (dumm), *seau* (Eimer), *saut* (Sprung). Im Zusammenspiel mit dem Kontext wird sich dann schnell klären, welches dieser Wörter im Hörtext vorlag. Bevor wir diese Funktion nutzen können, müssen wir aber Laute unterscheiden können (s. Abschnitte 11|3 u. 11|4) und ihre phonetische Transkription kennen (s. Abschnitt 9|11).

Manchmal kommt beim Nachschlagen dennoch zum Frust des Nicht-Verstehens noch der Frust, dass wir das vermutete Wort gar nicht im Wörterbuch finden. Das muss nicht daran liegen, dass wir unter einer falschen Schreibung gesucht haben. Es kann sich z. B. auch um ein Wort unterer Stilebenen, ein Fachwort, ein ganz neues Wort (einen sog. Neologismus) oder einfach nur um ein sehr seltenes Wort handeln. Hier ist also auch eine gute Hilfsmittelkompetenz gefragt, um zu wissen, in welchen Spezialwörterbüchern man ggf. weitersuchen kann. Die wichtigsten solcher Spezialwörterbücher habe ich in Abschnitt 16|7 (»Erweitern Sie Ihre Kenntnis von Wörterbuchtypen«) vorgestellt.

Doch oft ist das sofortige Nachschlagen auch gar nicht der erfolgversprechendste Weg. Stattdessen sollten wir es erst einmal mit den Mitteln des intelligenten Ratens versuchen. Die wichtigsten Techniken dafür habe ich bereits in den Abschnitten 9|15 bis 9|20 vorgestellt. Zur Erinnerung: Wenn es darum geht, einen »good guess« über die Bedeutung des unverstandenen Wortes zu machen, kommen mehrere Quellen in Frage. Diese sind vor allem unser Wissen über die Fremdsprache und ihre Strukturen selbst, Parallelen zu anderen Sprachen, das Wissen über den Kontext und unser Weltwissen. Meist wirken alle Quellen zusammen. Wenn wir also beispielsweise in einem Kriminalhörspiel im Radio hören, dass der Hauptverdächtige vorher schon einmal wegen X ge-ypsilont worden war und in diesem Fall X und Y nicht verstehen, werden wir das Verständnisproblem möglicherweise auch ohne Wörterbuch lösen können, wenn wir uns aufgrund unseres Grammatikwissens klar machen, dass X ein Substantiv und Y ein Verb sein muss, wenn wir aufgrund unseres Weltwissens schließen, dass X eine Straftat war und dass man für Straftaten typischerweise angeklagt, verhaftet, vor Gericht gestellt oder verurteilt wird, und wenn wir aus dem Kontext, in dem vorher von Geld und Steuern die Rede war, die Straftat auf Steuerhinterziehung oder Unterschlagung eingrenzen können. Und spätestens wenn wir im nächsten Satz etwas von »Gericht« lesen, wissen wir, dass mit Y vermutlich die Verurteilung gemeint war. Auch wenn vielleicht keine hundertprozentige Gewissheit herzustellen ist, kommen wir so doch oft zu einem für die Zwecke des Weiterhörens ausreichenden Verständnis. Wenden Sie also auch beim Hörverstehen Ihr ganzes Repertoire an intelligenten Ratetechniken an.

Trotzdem wird es sicher nicht immer gelingen, alle Hörverstehensprobleme zu lösen, insbesondere dann nicht, wenn es sich um besonders schwierige Texte handelt, wenn besonders schnell oder sogar durcheinander gesprochen wird (z. B. bei Fernsehdiskussionen), wenn man mit sehr pointierter Sprache und vielen Wortspielen rechnen muss (z. B. bei Sitcoms oder Kabarett), wenn jemand mit einem ungewohnten Akzent spricht (z. B. bei einem wissenschaftlichen Fachvortrag, bei dem Englisch nur *lingua franca* für Wissenschaftler aus ganz unterschiedlichen nicht englischsprachigen Ländern ist). Hier bleibt als letzter Ausweg natürlich immer noch die Befragung eines Muttersprachlers (dazu im nächsten Abschnitt mehr). Steht dieser nicht zur Verfügung, bleiben nur noch der Mut zur Lücke und die Bereitschaft, zielstrebig weiter an der Verbesserung der eigenen Hörverstehenskompetenz zu arbeiten.

Ein Hinweis zum Abschluss: Die beste Art der Vorbereitung auf Hörverstehens-Ernstfälle aller Art besteht darin, das Hörverstehen so früh wie möglich zu trainieren. Ich habe in Abschnitt 10|1 schon ausführlich begründet, warum das Hörverstehen eine zentrale Komponente des Fremdsprachenlernens ist, auch und gerade wenn das Hauptziel Gesprächskompetenz in der Fremdsprache heißt. In den meisten Formen von klassischem Fremdsprachenunterricht wird das Hörverstehen vernachlässigt. Und auch im Selbststudium arbeiten die meisten Lerner vor allem mit schriftlichen Materialien. So ist ein Auseinanderklaffen von Lese- und Hörverstehenskompetenz programmiert. Legen Sie deshalb von Anfang an großen Wert darauf, dass das Hörverstehenstraining nicht zu kurz kommt. Mindestens ein Viertel Ihrer Lernzeit sollte speziell darauf verwendet werden. Setzen Sie dabei als Fortgeschrittener vor allem auch auf die Quellen und Techniken, die ich in den vorausgehenden Abschnitten empfohlen habe. Wenn Sie z. B. nur ein oder zwei überwiegend dialogisch aufgebaute Audiobücher systematisch als Hörverstehens-Materialien bearbeitet haben, werden Sie bereits einen deutlichen Fortschritt Ihrer Hörverstehenskompetenz auch in anderen dialogischen Situationen bemerken.

17 | 16   Nutzen Sie Ihren Tandempartner für Ihr Hörverstehen

Wenn Sie Zugang zu einem Muttersprachler haben (z. B. in Form Ihres Tandempartners, s. Abschnitt 5|4), ergeben sich noch weitere Möglichkeiten, das Hörverstehen zu trainieren. Zum einen können Sie den Muttersprachler zur systematischen Textkontrolle nutzen. Sie können z. B. einfach mit ihm zusammen fremdsprachige Hörtexte hören und ihn an allen Stellen, an denen Sie ein Verständnisproblem haben, einfach bitten, Ihnen die Passage, die Sie nicht verstanden haben, langsam und deutlich vorzusprechen. Allein mit dieser Maßnahme werden Sie bereits etliche Hörverstehensprobleme lösen können. Enthält das Hörmaterial Wörter oder Wendungen, die Sie noch nicht kennen, dann lassen Sie sich diese von Ihrem Muttersprachler erklären, in der Fremdsprache natürlich. Indem Sie versuchen, die Erklärungen des Muttersprachlers zu verstehen, trainieren Sie bereits weiter Ihr Hörverstehen. Diese Technik lässt sich im Grunde auf alle Hörtexte anwenden.

Wenn Sie einen Hörtext bereits bearbeitet haben und nur noch einzelne besonders hartnäckige Verständnisprobleme übrig geblieben sind, kann es ineffizient sein, sich den ganzen Hörtext noch einmal zusammen anzuhören. In diesem Fall sollte man sich auf die verbliebenen Probleme konzentrieren. Das schnelle Auffinden dieser Stellen kann man dabei technisch unterstützen. Wenn Sie mit einem Voice-Recorder arbeiten und dieser über eine Indexfunktion verfügt (was vor allem bei Geräten für den Einsatz im Büro als Diktiergerät der Fall ist), können Sie jeweils eine Indexmarke vor die Problemstelle setzen und dann bei der Bearbeitung zielstrebig von Indexmarke zu Indexmarke springen. Wenn Sie den Hörtext auf dem Computer mitgeschnitten haben, können Sie die Datei noch einmal unter einem anderen Namen abspeichern und dann alle Passagen, die keine Probleme enthalten, einfach herauslöschen, sodass Sie beim Bearbeiten nur noch die problembehafteten Passagen hintereinander abspielen können. Ein bisschen Text vor und nach der jeweiligen Problemstelle wird Ihr Muttersprachler allerdings meist brauchen, um die fragliche Passage richtig verstehen zu können.

Natürlich können Sie auch mit Ihrem Partner zusammen fremdsprachige Filme schauen und dabei Ihre Verstehenslücken systematisch mit seiner Hilfe schließen. Um damit das Sehvergnügen nicht gleich zu Beginn zu stören, wird man den Film vielleicht erst einmal gemeinsam am Stück anschauen. Das erleichtert auch die anschließende Bearbeitung der Verstehensprobleme beim zweiten Sehen.

Schließlich können Sie Ihren Tandempartner aber nicht nur zur Verständnissicherung bei fremdsprachigem Hörmaterial einsetzen, sondern auch zur Produktion desselben. So können Sie sich jeden beliebigen fremdsprachigen Text auch ganz einfach von Ihrem Tandempartner vorlesen lassen. Dies hat sogar noch den unschätzbaren Vorteil, dass Sie die Lesegeschwindigkeit auf Wunsch beliebig hoch- und runter-»regeln« und Wiederholungen erbitten können. Und ein einsprachiges Wörterbuch, das auf Wunsch unbekannte Wörter und Wendungen erklärt oder unverstande Textpassagen paraphrasiert, kann jeder Muttersprachler dabei auch noch sein.

Zusammenfassend also der Rat: Wenn Sie Zugang zu einem Tandempartner oder einem anderen Muttersprachler haben, der bereit ist, Ihnen beim Lernen zu helfen, dann nutzen Sie diesen unbedingt auch zum Trainieren des Hörverstehens und nicht nur (wie es die meisten Tandems machen) zum Korrigieren von Fehlern oder für Unterhaltungen in der Fremdsprache.

17 | 17   Arbeiten Sie systematisch mit fremdsprachigen Filmen mit und ohne Untertitelung sowie mit Audiodeskription

Das grundsätzliche Lernpotential fremdsprachiger Filme und die Möglichkeiten des Zugangs zu diesen habe ich bereits in Abschnitt 17|5 behandelt. Wegen des besonderen Lernpotentials, das fremdsprachige Filme bieten, gehe ich in diesem Abschnitt speziell auf Techniken ein, wie man mit fremdsprachigen Filmen lernt.

Nehmen wir an, wir haben einen englischen Film mit deutscher Synchronisation sowie deutschen und englischen Untertiteln gefunden. Dann stehen uns rein technisch gesehen folgende sechs Einsatzmöglichkeiten zur Verfügung. Wir können den Film

1. auf Deutsch anschauen.
2. auf Englisch anschauen.
3. auf Englisch mit englischen Untertiteln anschauen.
4. auf Englisch mit deutschen Untertiteln anschauen.
5. auf Deutsch mit englischen Untertiteln anschauen.
6. auf Deutsch mit deutschen Untertiteln anschauen.

Durch geschickte Kombination dieser Möglichkeiten kann man ganz unterschiedliche Lernarrangements herstellen mit jeweils speziellen Vorzügen. Betrachten wir die einzelnen Möglichkeiten:

▶ Variante *Verstehenstest*: Wir schauen den Film als erstes auf Englisch, um festzustellen, wie viel wir unter normalen Sehbedingungen verstehen. Dieses Verfahren hat den Vorteil, dass wir uns zwangsläufig zunächst einmal ganz auf die Fremdsprache konzentrieren und uns nicht von Untertiteln ablenken lassen. Wir erhalten so einen ziemlich ungeschminkten Eindruck von unserer momentanen Hörverstehenskompetenz im Vergleich zu einem Muttersprachler. Denn wir können davon ausgehen, dass dieser in der Regel die Filmdialoge komplett verstanden hätte. Der Zuwachs an Verständnis von neuem sprachlichen Material ist bei dieser Variante allerdings gering oder sogar gleich Null.

▶ Variante *Auflösung*: Wir schauen zunächst die englische Filmfassung und achten dabei besonders auf Passagen, die wir nicht verstehen. Anschließend schauen wir die deutsche Fassung und nutzen diese, um die unverstandenen Passagen besser zu verstehen. Wir könnten dann die englische Fassung ein weiteres Mal anschauen, um diesmal alles zu verstehen. Diese Arbeitsweise führt zu einem schnellen Verstehenszuwachs, ohne dass wir uns ständig der Untertitel bedienen müssen. Sie ist auch besonders gut kapitelweise durchführbar (s. u.).

▶ Variante *Vorentlastung*: Wir schauen den Film zunächst auf Deutsch, um ihn erst einmal ganz zu verstehen. Dabei achten wir bereits auf bestimmte Textstellen, die uns sprachlich besonders interessieren. Anschließend schauen wir die englische Fassung des Films und achten dabei wiederum besonders auf die sprachliche Umsetzung der ausgewählten Passagen in der Fremdsprache.

▶ Variante *Übersetzungshilfe*: Wir schauen den englischen Film mit eingeschalteten deutschen Untertiteln. Diese liefern uns vor allem zu unbekannten Wörtern die Übersetzung. Sie zeigen aber oft auch, was wir trotz bekannten Sprachmaterials nicht verstanden haben. Deutsche Untertitel helfen meist am besten, der Filmhandlung inhaltlich zu folgen, vor allem an schwierigen Stellen. Oft ist es aber nicht möglich, die Zuordnung der deutschen Übersetzung zum gesprochenen fremdsprachigen Text schnell genug vorzunehmen, sodass man anschließend zwar inhaltlich weiß, was gesagt wurde, aber nicht, in welchem fremdsprachigen Wortlaut dies geschah. Das kann dazu führen, dass man sich nach kurzer Zeit kaum noch auf den Originalton, sondern nur noch auf die deutsche Übersetzung verlässt. Der Lerneffekt ist dann nur noch gering.

▶ Variante *Listen & Read*: Wir schauen den englischen Film mit englischen Untertiteln. Diese geben zwar oft nicht den vollständigen Filmdialog wieder (vor allem dann nicht, wenn sehr schnell gesprochen wird), sie sind aber meist wörtliche Teile daraus. Sie helfen deshalb am unmittelbarsten beim Verstehen des fremdsprachigen Wortlauts. Auch prägt sich der fremdsprachige Wortlaut durch die doppelte Präsentation (optisch und akustisch) besonders gut ein. Unbekanntes Sprachmaterial können wir so aber meist nicht sofort erschließen.

Alle genannten Lernarrangements lassen sich weiter variieren, wenn man sie nicht gleich auf den ganzen Film, sondern auf einzelne Filmteile oder Szenen anwendet. Die meisten DVDs teilen den Gesamtfilm in Kapitel ein. Man kann also die vorgestellten Techniken auch jeweils nur auf ein Kapitel anwenden, also z. B. zunächst ein Kapitel auf Englisch sehen, dann auf Deutsch und dann erst das nächste Kapitel wieder auf Englisch. Man kann die Bearbeitungstechnik auch den Inhalten der jeweiligen Kapitel anpassen, also z. B. besonders schwierige Passagen mit deutschen Untertiteln, um überhaupt etwas zu verstehen, und leichtere mit fremdsprachigen Untertiteln, um möglichst auch den genauen Wortlaut zu verstehen. Und ganz unabhängig von der Bearbeitungstechnik stehen uns ja auch immer noch die Pausetaste und die Zurück-Taste zur Verfügung, um zusätzliche Bearbeitungszeit zu gewinnen oder eine bestimmte Szene noch einmal zu sehen. Die Fernbedienung sollte also immer griffbereit sein.

Insgesamt empfehle ich Ihnen, möglichst viele der genannten Möglichkeiten selbst auszuprobieren und so herauszufinden, welche Technik sich für Sie besonders eignet. Grundsätzlich hängt es auch von persönlichen Vorlieben und Sehgewohnheiten ab. Manche Lerner arbeiten z. B. nicht gern mit Untertiteln, weil diese bei ihnen zu einem Hin- und-her-gerissen-sein zwischen Text und Bild führen. Andere ziehen Untertitel vor, weil sie nicht gern den gleichen Film mehrmals schauen möchten, um ihn zu verstehen.

Natürlich ist der naheliegende Einwand, dass das systematische Lernen mit Filmen das reine Sehvergnügen schmälert, nicht von der Hand zu weisen. Aber uns hält ja nichts davon ab, dieses systematische Lernen auf einige wenige besonders ergiebige fremdsprachige Filme zu begrenzen und uns ansonsten durch ein ganz unbefangenes reines Schauen anderer Filme zu belohnen.

Erinnert sei an dieser Stelle auch noch einmal an die grundsätzliche technische Möglichkeit, den Ton vom Film zu trennen, z. B. durch Aufnahme über einen Soundkartenrecorder (s. Abschnitt 17|2). Damit erhalten wir die Möglichkeit, mit dem Ton eines Films unabhängig von den Bildern zu arbeiten. Dies macht aber in der Regel nur bei Filmen oder Filmsequenzen Sinn, bei denen viel gesprochen wird.

Fremdsprachige Filme mit oder ohne Untertitel zu nutzen, ist eine naheliegende und oft praktizierte Strategie beim Fremdsprachenlernen. Eine andere Möglichkeit, Filme zu nutzen, ist hingegen so gut wie unbekannt; ich habe sie noch nie als Tipp gefunden. Gemeint ist die Nutzung von Filmen, die eine fremdsprachige Hörfilmfassung für Blinde und Sehbehinderte enthalten.

Eine solche Hörfilmfassung besteht aus der Originalfassung des Filmes mit den entsprechenden Filmdialogen, enthält aber zusätzlich eine sog. »Audiodeskription« des sichtbaren, aber nicht hörbaren Filmgeschehens, die speziell dazu dient, blinden und sehbehinderten Menschen das Verfolgen der Filmhandlung zu ermöglichen. So werden die Schauplätze beschrieben, das Aussehen und die Handlungen der Figuren einschließlich Mimik und Gestik und alles andere, was zum Verstehen des Films notwendig ist. Die Audiodeskription wird natürlich nur in die Filmphasen hineingesprochen, in denen keine Dialoge im Film selbst zu hören sind. Es handelt sich also um eine Art kontinuierliche Bild- und Vorgangsbeschreibung, vergleichbar etwa dem Radiokommentar eines Fußballspiels, nur sehr viel komplexer, weil in einem Film natürlich sehr viel mehr passiert als in einem Fußballspiel.

Hörfilmfassungen werden in der Regel von spezialisierten Autorenteams erstellt, häufig unter Beteiligung von Blinden und Sehbehinderten, um deren Bedürfnisse optimal berücksichtigen zu können. Ein wichtiges Ziel dabei ist es, aus den fast grenzenlosen Möglichkeiten, Bildinhalte für die Versprachlichung vorzusehen, speziell diejenigen herauszufiltern, die für die Filmwirkung konstitutiv sind. Dies ist praktisch eine eigene künstlerische Leistung, die eine besondere Würdigung verdient. Nicht umsonst wird deshalb schon seit Jahren der *Deutsche Hörfilmpreis* verliehen. Wer genauere Informationen zu diesem Thema sucht, der sei auf die Internetseiten der *Vereinigung Deutscher Filmbeschreiber Hörfilm e. V.* (<www.hoerfilmev.de>) und der *Deutschen Hörfilm gGmbH*, einem Tochterunternehmen des Deutschen Blindenverbandes verwiesen (<www.hoerfilm.de>). Dort finden sich auch Tonbeispiele für Audiodeskriptionen, z. B. zum bekannten Trailer des Fernsehkrimi-Dauerbrenners *Tatort*. Vielleicht schauen Sie aber auch zunächst einmal auf den in Ihrer Umgebung verfügbaren DVDs und Blu-rays nach, ob sich auf diesen nicht auch eine solche Hörfilmfassung befindet. Ob dies der Fall ist, ist in der Regel auf der Hülle genauso vermerkt wie die verfügbaren Sprachfassungen und Untertitelungen.

Während wir solche Audiodeskriptionen in der Muttersprache nur benötigen, wenn wir selbst blind oder sehbehindert sind, können wir sie in der Fremdsprache systematisch zum Lernen nutzen. Denn Audiotranskriptionen führen uns in einem kontinuierlichen Strom vor, wie Gegenstände, Vorgänge und Ereignisse in der Fremdsprache versprachlicht werden. Sie versorgen uns dadurch mit genau jenen Basisinformationen, die wir bereits in Abschnitt 2|5 als Hauptgegenstand des Fremdsprachenlernens identifiziert haben. Während die Bedeutung des fremdsprachigen Lernmaterials in Lehrbüchern und auch im Unterricht immer erst durch Übersetzungen, Erklärungen oder Illustrationen vermittelt werden muss, fallen hier Versprachlichung und konkrete Anschauung unmittelbar zusammen. Und das in einem Umfang und in einer Bandbreite, die weit über das hinausgeht, was im Unterricht möglich ist. Die Audiodeskriptionen sind dabei in der Regel auch deutlich leichter zu verstehen als die Filmdialoge. Zum einen wegen der beschriebenen unmittelbaren Anschauung ihres Inhalts, zum anderen aber auch, weil sie nur Standardsprache benutzen, mit normalem Sprechtempo gesprochen und mit gleich bleibender Tonlage und Tonqualität aufgenommen werden, und schließlich auch, weil sie rein monologisch sind, kein Durcheinanderreden stattfindet usw. Insbesondere im Zusammenspiel mit den fremdsprachigen Filmdialogen und ggf. den fremdsprachigen Untertiteln sind sie also ein ausgezeichnetes Instrument, um schnelle Fortschritte im Verstehen der Fremdsprache zu machen.

Obwohl in den letzten Jahren die Zahl der Filme, die eine Audiodeskription enthalten, deutlich gestiegen ist, bedarf es einiger Anstrengungen, um diese zu finden. Denn wir benötigen ja Filmfassungen mit *fremdsprachiger* Audiodeskription. Auf dem deutschen Markt sind zwar zahlreiche Filme in fremdsprachiger Originalfassung oder mit fremdsprachigen Untertiteln zu finden; wenn sie aber auch eine Audiodeskription enthalten, ist dies praktisch immer die deutsche. Wir müssen deshalb nach Filmfassungen aus dem Ausland suchen, die eine entsprechende fremdsprachige Audiodeskription enthält. Dazu suchen wir in Filmdatenbanken oder bei Internethändlern in den Rubriken für DVDs oder Blu-rays mit dem jeweiligen fremdsprachigen Äquivalent für »Audiodeskription« als Suchbegriff, also z. B. für Englisch und Französisch z. B. mit *audio description* oder für Spanisch mit *audiodescripción*. Im größeren Umfang wird man allerdings nur für Englisch fündig. Auf den britischen Amazon-Seiten <www.amazon.co.uk> findet man mit dieser Abfrage derzeit rund 700 Titel. Man sollte aber jeweils bei den genauen Filmdaten überprüfen, ob hier tatsächlich die entsprechende Option »Audio description: English« angegeben ist.

Für die anderen Sprachen ist die Suche mühsamer und sind die Trefferquoten geringer. Außerdem werden oft Filme, die über die gesuchte Audiodeskription verfügen, bei der Abfrage nicht als solche angezeigt. Man braucht also etwas Geduld, um durch die Suche in verschiedenen Filmdatenbanken fündig zu werden. Manchmal hilft aber eine ganz normale Suchmaschinenabfrage à la »DVD mit Audiodeskription« in der jeweiligen Fremdsprache. Auch die Suche nach Filmempfehlungen von Blindenorganisationen oder Fachverbänden speziell für Audiodeskription kann helfen. So findet man z. B. auf den Seiten der französischen *Association française d'audiodescription* (AFA, <https://audiodescriptionfrance.wordpress.com>) eine Liste mit weit über 100 Filmen mit französischer Audiodeskription, darunter übrigens auch der bekannte Erfolgsfilm »Intouchables«, der auch in Deutschland unter dem Titel »Ziemlich beste Freunde« ein großer Kinoerfolg war. Natürlich sollte man auch die lokalen Möglichkeiten zur Suche in Bibliotheken und Mediatheken nutzen. Dort wird man aber sicher nur dann fündig, wenn es ein ausreichendes Angebot an fremdsprachigen Filmen neueren Datums gibt. Dies dürfte am ehesten in den Mediatheken der Kulturinstitute der Fall sein (zu den Kulturinstituten s. auch Abschnitt 5|7 »Ermitteln Sie die zur Verfügung stehenden Unterrichtsangebote«). Wer sich zufällig in Großbritannien aufhält, hat Zugriff auf das breiteste Angebot an Fernsehsendungen mit Audiodeskription weltweit, nämlich das der BBC (<www.bbc.co.uk/iplayer>, dort unter »Categories« die Option »Audio described« wählen). Leider steht dieses Angebot aus urheberrechtlichen Gründen nur innerhalb Großbritanniens zur Verfügung.

Die einfachste und schnellste Art, erste Angebote zu finden, sind schließlich die Videoportale wie *YouTube* im Internet (s. dazu auch Abschnitt 17|6). Zwar bieten diese keine eigene Abfragemöglichkeit nach Audiodeskriptionen, aber durch eine Standardabfrage mit den entsprechenden fremdsprachigen Schlagwörtern wie z. B. »movie with audio description«, »película con audiodescripción«, »film con audiodescrizione« usw. findet man hier zumindest kürzere Filmausschnitte der gesuchten Art sowie auch einiges andere verwertbare Material.

18 The missing link – Aus Input Output machen

18 | 1 Bringen Sie die Input-Output-Spirale in Gang

Vielleicht wundern Sie sich, dass zwischen den beiden Teilen mit Ratschlägen zum Lese- und zum Hörverstehen (Kap. 16 und 17) und den beiden Teilen zum Sprechen und zum Schreiben (Kap. 19 und 20) hier ein weiterer Teil steht, der nicht speziell einem dieser vier Grundkompetenzen gewidmet ist. Dabei halte ich das, was wir in diesem Teil besprechen werden, für den vielleicht wichtigsten Aspekt des Fremdsprachenlernens überhaupt. Das bedarf zugegebenermaßen einer Begründung.

Dass zwischen dem Verstehen der Fremdsprache und der eigenen aktiven Anwendung oft eine Kluft besteht, wissen die meisten Fremdsprachenlerner aus eigener Erfahrung. Aus der Tatsache, dass wir einen fremdsprachigen Text relativ mühelos verstehen können, folgt bekanntlich nicht, dass wir ihn selbst hätten schreiben können. Der Fachvortrag, dem wir hörend ganz gut folgen können, wäre uns nicht so ohne Weiteres selbst aus der Feder gekommen. Und auch im persönlichen Gespräch mit einem Muttersprachler hinkt unsere Fähigkeit, uns selbst differenziert auszudrücken, meist deutlich hinter dem Verstehen des Gesprächspartners hinterher. Woran liegt das eigentlich? Was hält uns davon ab, das, was wir ständig lesend oder hörend mehr oder weniger perfekt vorgeführt bekommen, selbst auch nur annähernd vergleichbar souverän aktiv anzuwenden? Oder anders formuliert: Warum wird aus fremdsprachigem Input bei Bedarf nicht »automatisch« fremdsprachiger Output?

Mit dieser Frage beschäftigt sich auch die Fremdsprachenforschung seit vielen Jahren, in jüngster Zeit sogar verstärkt. Dabei hat sich als eine der Hauptursachen der nachfolgend beschriebene Zusammenhang herausgestellt.

Alltagskommunikation ist zu ganz überwiegenden Teilen *inhaltsbezogen* und nicht *formbezogen*. Sie ist *Focus-on-message*-Kommunikation, nicht *Focus-on-form*-Kommunikation. Wir verarbeiten die genaue sprachliche Form in der Regel nur in dem Maße, wie wir sie brauchen, um den kommunikativen Gehalt zu extrahieren. Nur in speziellen Situationen wie z. B. bei Missverständnissen, Wortspielen, beim Korrekturlesen, bei Namensgebungen oder auch bei Rechtsstreitigkeiten, beim berüchtigten Kleingedruckten usw. rückt die genaue sprachliche Form in den Mittelpunkt. Ansonsten gehen wir beim Verstehen fast immer konsequent bedeutungsorientiert vor.

Dieses Verhalten übertragen wir instinktiv, soweit wir können, auch auf die Verarbeitung fremdsprachigen Inputs. Sobald wir den fremdsprachigen Input verstanden haben, neigen wir dazu, die genaue sprachliche Form relativ schnell aus unserem Arbeitsgedächtnis zu löschen. Dies gilt im Grunde für alle Arten von *Focus-on-message*-Kommunikation und ganz besonders dann, wenn der Inhalt wichtig oder interessant ist oder wenn wir unter Zeitdruck stehen und selbst reagieren müssen, wie es typischerweise in Gesprächen der Fall ist.

Aber selbst dann, wenn wir etwas nicht verstehen, achten wir meist nur so lange auf die genaue sprachliche Form, bis das Verständnisproblem gelöst und das Verstehen sichergestellt ist. Dabei greifen wir dann auch noch in erheblichem Umfang auf sog. *Top-down*-Verstehensprozesse zurück, d. h., wir schließen aus dem Kontext, aus dem Vorverständnis, aus dem Weltwissen usw. auf Inhalte und Bedeutungen, und das oft *ohne* eine vertiefte Analyse der Sprachform.

Empirische Untersuchungen legen nun aber den Schluss nahe, dass die Lernwirkung des Inputs vor allem dann eintritt, wenn wir beide Aspekte des Inputs, also Form und Inhalt, oder anders ausgedrückt das Was und das Wie der Kommunikation, gleichzeitig und in ihrem Bezug aufeinander wahrnehmen. Denn nur dann verzeichnen wir sowohl einen Zuwachs an Verstehens- als auch an Ausdruckskompetenz.

Der entscheidende Punkt ist also das sog. *form-function mapping*, also das Wissen darum, wie man in der Fremdsprache aus Kommunikationsabsichten konkrete sprachliche Formulierungen macht, die den Konventionen dieser Fremdsprache entsprechen und deshalb von den Sprechern dieser Sprache auch genau so verstanden werden, wie wir sie gemeint haben, ganz gleich, ob dies in geschriebener oder gesprochener Form geschieht. *Form-function mapping* ist das, was wir in der Überschrift dieses Teils als den *missing link* zwischen Input und Output bezeichnet haben. *Missing* deshalb, weil er sich nicht von selbst einstellt, sondern weil wir etwas dafür tun müssen, dass dieser Link zustande kommt. Andernfalls fehlt er dauerhaft oder bleibt eher bruchstückhaft, und die Kluft zwischen rezeptiven und produktiven Kompetenzen, zwischen verstehen und selbst ausdrücken können in der Fremdsprache bleibt entsprechend tief.

Doch was genau muss geschehen, damit diese Lücke zwischen Input und Output gefüllt wird? Es sind vier grundlegende Schritte:

1. Wir brauchen Strategien, mit denen wir dem fremdsprachigen Input so begegnen, dass wir ihn mit einem gleichzeitigen Fokus auf Form und Inhalt verarbeiten und uns dabei die Zuordnung dieser beiden komplementären Aspekte bewusst machen. Dabei müssen wir besonders auf solche Versprachlichungsmuster achten, die noch nicht Teil unserer Kompetenz sind, sondern die diese systematisch erweitern. Besonders häufig wird dies der Fall sein bei Versprachlichungsmustern, die von denen unserer Muttersprache abweichen (zum zentralen Konzept der Versprachlichungsmuster und den Unterschieden zwischen Sprachen hinsichtlich solcher Muster s. Abschnitt 2|5).

2. Wir müssen die identifizierten fremdsprachigen Versprachlichungsmuster aus dem Kontext ihres Vorkommens herauslösen und sie in unsere eigenen Kommunikationswelten integrieren, zunächst probeweise, dann aber auch zunehmend im »kommunikativen Ernstfall«. Wir müssen sie uns im wörtlichen Sinne »zu eigen« machen.

3. Wir müssen für ein Feedback sorgen, das uns sagt, ob wir die eigene Anwendung dieser Muster richtig umgesetzt haben.

4. Wir müssen uns durch die Schritte 1 bis 3 für die Aufnahme und bewusste Verarbeitung weiterer Inputs sensibilisieren.

Durch die genannten Schritte bringen wir das in Gang, was ich die *Input-Output-Spirale* nenne: Bewusste Input-Verarbeitung führt zu einer Verbesserung unserer Outputproduktion und das Feedback darauf führt wiederum zu einer verbesserten Input-Aufnahme.

In den folgenden Kapiteln werden wir die einzelnen Strategien erarbeiten, die Sie benötigen, um diese Input-Output-Spirale in Gang zu bringen. Der Grund, warum wir dies in einem eigenen Teil tun, ist neben der zentralen Bedeutung dieses Schritts noch ein weiterer: Das Wissen um die typischen Versprachlichungsmuster in der Fremdsprache ist weitgehend unabhängig von den Anwendungsformen Sprechen und Schreiben. Es ist für beide gleichermaßen absolute Vorbedingung. Zwar kommen bei der Anwendung in geschriebener und in gesprochener Form noch spezielle Anforderungen hinzu (z. B. Artikulationsfähigkeit beim Sprechen oder die Kenntnis spezieller Textkonventionen beim Schreiben), mit denen wir uns dann in den Kapiteln 19 und 20 beschäftigen. Doch ohne Kenntnis von Versprachlichungsmustern ist weder ein sinnvolles Sprechen noch ein wirkungsvolles Schreiben möglich. Wir werden uns deshalb hier zunächst mit dem Erwerb der Versprachlichungsmuster im Sinne der vorausgehenden Ausführungen beschäftigen und Strategien kennenlernen, wie wir dieses Wissen aufbauen und einüben, ohne dabei bereits unter dem kommunikativen Druck konkreter Anwendungssituationen zu stehen. Wer Theater spielt, der beginnt auch nicht mit dem Auftritt. Er lernt vielmehr zunächst seine Rolle ganz für sich im stillen Kämmerlein, probt dann das Zusammenspiel mit den anderen Darstellern unter immer aufführungsnäheren Bedingungen bis hin zur Generalprobe und tritt dann erst auf, wohl wissend, dass man bei der Aufführung selbst nichts mehr lernt (außer vielleicht den Umgang mit Krisensituationen), sondern nur noch »performt«. So wollen wir hier auch verfahren.

18 | 2   Wenden Sie die *Spot-the-gap*-Strategie an

Der erste Schritt, um die genannte Input-Output-Spirale in Gang zu setzen, ist also die bewusste Verarbeitung des Inputs und zwar mit dem Fokus auf das *form-function mapping*, also auf die spezifische Zuordnung des sprachlichen Wie auf das inhaltliche Was. Wie schon oben dargestellt, neigen wir dazu, uns beim Verstehen von sprachlichem Input ganz auf das Erfassen des Inhalts zu konzentrieren. Stattdessen müssen wir bewusst lernen, auch auf die Form zu achten und diese nicht einfach aus unserer Aufmerksamkeit zu löschen, sobald wir verstanden haben. Am Anfang des Lernprozesses, wenn alles an der Fremdsprache neu ist, ist das noch einfach. Unsere Wahrnehmung ist ein ständiges Klingeln im Ohr »Ach, so sagt man das auf X«. Mit fortschreitendem Lernprozess geht diese Unmittelbarkeit verloren und weicht einem Gewöhnungseffekt. Wir brauchen also eine spezielle Anweisung an uns selbst, auf das sprachliche Wie nicht nur bis zum Moment des Verstehens zu achten.

Eine mögliche Anweisung dieser Art an uns selbst lautet wie folgt: »Markiere im fremdsprachigen Input alle Textstellen, für die gilt: Wenn ich das hätte spontan sagen wollen, wäre ich nicht von alleine darauf gekommen, es so auszudrücken.«

Ich nenne diese Strategie Spot-the-gap. Denn sie soll uns bewusst auf die Stellen im Input fokussieren, an denen es ein *gap* gibt zwischen den Versprachlichungsmustern der Zielsprache und unserem derzeitigen Kompetenzstand. Dieses *gap* können wir zwangsläufig nur bemerken, wenn wir Form und Inhalt des jeweilgen Inputausschnitts bewusst verarbeiten, also bewusstes *form-function mapping* betreiben.

Nehmen wir als Beispiel einen kurzen Textausschnitt aus einer Kurzgeschichte des amerikanischen Autors David Sedaris, der darin in humoristischer Weise über seine Erfahrungen mit einem Französisch-Intensivkurs in Paris berichtet. Die Geschichte findet sich als Schrift- und als Hörtext auf der CD »Me Talk Pretty One Day« in der Reihe »Interaktives Hörbuch« des Verlags Digital Publishing. (Wie wir diese interessante Produktreihe beim Hörverstehenstraining einsetzen können, habe ich bereits in Abschnitt 10|3 besprochen.) Hier ist der Textausschnitt:

The first day of class was nerve-racking because I knew I'd be expected to perform. That's the way they do it here – it's everybody into the language pool, sink or swim. The teacher marched in, deeply tanned from a recent vacation, and proceeded to rattle off a series of administrative announcements. I've spent quite a few summers in Normandy, and I took a month long French class before leaving New York. I'm not completely in the dark, yet I understood only half of what this woman was saying.

Wenn wir als deutsche Lerner mit durchschnittlichen Englischkenntnissen das oben genannte Leitkriterium für die Spot-the-gap-Strategie, nämlich der spontane Eindruck »Ich wäre nicht darauf gekommen, es so auf Englisch auszudrücken«, auf diesen Textausschnitt anwenden, dann stoßen wir erfahrungsgemäß auf Textstellen wie die folgenden:

① I knew I'd be expected to perform
② to rattle off a series of administrative announcements
③ I took a month long French class
④ I'm not completely in the dark.

In ① überrascht uns meist das persönliche Passiv, also die direkte Art und Weise, wie das Verb *expect* auf das *I* bezogen ist. Denn die wörtliche deutsche Übersetzung »Ich wusste, Ich würde erwartet Leistung zu vollbringen« ist im Deutschen völlig ungrammatisch. Wir hätten typischerweise einen Satz mit *von mir wurde erwartet* konstruiert und deshalb wahrscheinlich in spontaner Rede auch im Englischen versucht, den Satz mit *they expected from me* zu konstruieren. Und auch wenn wir dabei bereits das ungute Gefühl gehabt hätten, dass das sehr deutsch klingt und möglicherweise im Englischen so nicht geht, hätte das keineswegs automatisch dazu geführt, dass uns spontan die Formulierung eingefallen wäre, die wir hier im englischen Text vorfinden.

In ② wäre es wahrscheinlich einfach die Vokabel *to rattle off* gewesen, die uns gefehlt hätte, um den auch im Deutschen geläufigen Ausdruck *etwas herunterrasseln* wiederzugeben.

In ③ wiederum ist es typischerweise das Wort *class*, das uns überrascht. Wir kennen es zwar bestens, aber wenn es darum gegangen wäre auszudrücken, dass wir schon einmal einen Monat lang Französischunterricht genommen haben, wäre uns zur Wiedergabe von *Unterricht* typischerweise eher das Wort *lesson* eingefallen und wir hätten versucht, den Gedanken irgendwie mit diesem Wort auszudrücken. Auch hier gilt wieder, dass die wörtliche Rückübersetzung ins Deutsche nicht zu einem akzeptablen Ausdruck führt: *Ich habe einen Monat lang Französisch-Klasse genommen.*

In ④ ist es eher die idiomatische Wendung *to be in the dark*, die wir zwar rezeptiv spontan verstehen, auf die wir aber selbst ohne Vorabkenntnis nicht gekommen wären. Und auch hier gilt wieder, dass man den dahinter stehenden Gedanken im Deutschen so nicht hätte ausdrücken können (*komplett im Dunkeln sein*), sondern dass man eine andere Formulierung gewählt hätte, wie zum Beispiel die umgangssprachlichen Wendungen *nur Bahnhof verstehen* oder *komplett auf dem Schlauch stehen*.

Diese wenigen Beispiele zeigen bereits, was die Spot-the-Gap-Strategie charakterisiert:

▶ Sie lenkt unsere Aufmerksamkeit auf Formulierungen in der Zielsprache, die wir bei einer rein rezeptiven Haltung dem Text gegenüber möglicherweise gar nicht weiter beachtet hätten, weil wir sie entweder sofort verstanden oder aus dem Kontext leicht erschlossen hätten.

▶ Sie macht uns typischerweise auf Formulierungen aufmerksam, die nicht parallel zu unserer Muttersprache sind und die gerade deshalb eine geringere Wahrscheinlichkeit haben, von uns spontan benutzt zu werden.

▶ Sie zeigt uns oft Ausdrucksmöglichkeiten gerade auch an solchen Stellen, wo eine wörtliche Übersetzung aus der Muttersprache zu einem Interferenzfehler geführt hätte oder doch zumindest von Unsicherheitsgefühlen begleitet gewesen wäre.

▶ Sie erweitert unser Ausdruckspotential in der Fremdsprache auch an den Stellen, an denen wir das Gewünschte durch Rückgriff auf eine andere Formulierung vielleicht hätten ausdrücken können.

Die praktische Anwendung der Spot-the-gap-Strategie beim Lernen erfordert dabei eine ganz andere Art der Verarbeitung als das normale Verstehen. Wir müssen nämlich den Text »abscannen« auf Stellen, in denen drei Bedingungen erfüllt sind:

1. Wir müssen die Stelle selbst richtig verstanden haben.
2. Wir müssen uns fragen, wie wir die extrahierte Bedeutung dieser Stelle selbst ungefähr ausgedrückt hätten.
3. Wir müssen diese mögliche eigene Formulierung mit derjenigen vergleichen, die wir im fremdsprachigen Input vorfinden.

Durch dieses Vorgehen springen wir mehrmals zwischen der Was- und der Wie-Perspektive hin und her, machen uns dabei typische Versprachlichungsmuster der Fremdsprache bewusst, bauen so Alternativen zu unseren vorhandenen Versprachlichungsmustern auf und erweitern damit unsere fremdsprachliche Ausdrucksfähigkeit. Dabei wird es uns oft spontan klar sein, dass die neue, dem fremdsprachigen Input entnommene Versprachlichung die bessere, weil schlichtweg idiomatischere ist, während unsere eigene oft stark durch ein Denken von unserer Muttersprache aus geprägt ist. Aber selbst dann, wenn dies nicht der Fall ist und unsere eigene, schon vorhandene Versprachlichung der neuen ebenbürtig ist, erzielen wir einen Lerneffekt, und zwar einfach dadurch, dass wir unser Ausdruckspotential durch eine neue Variante erweitern.

Die beschriebene Strategie ist grundsätzlich gleichermaßen auf Lesetexte wie auf Hörtexte anwendbar. Natürlich sollten die Texte, die Sie auf diese Weise systematisch bearbeiten, möglichst nahe an Ihrem fremdsprachlichen Anwendungsbedarf liegen, den Sie in den einzelnen Abschnitten des Kapitels 3 ermittelt haben. Wenn Sie also z. B. vor allem Ihr Ausdrucksrepertoire im Schreiben von englischen Fachtexten erweitern wollen, dann sollten Sie als Lernmaterial natürlich auch entsprechende englische Fachtexte wählen, und zwar solche, die thematisch möglichst nahe an Ihrem eigenen Fachgebiet liegen. Und wenn es Ihr Ziel ist, Ihre mündliche Ausdrucksfähigkeit in spanischer Umgangssprache zu verbessern, dann sollten Sie etwa mit spanischen Romanen arbeiten, die viele gesprochene Dialoge enthalten.

Gegenstand der Bewusstmachung mithilfe dieser Strategie können alle sprachlichen Erscheinungen sein, für die die Grundbedingung gilt, dass ein *gap* zwischen Ihrem derzeitigen Kompetenzstand und dem Inputangebot des untersuchten Textes besteht, z. B. einzelne Benennungen für Gegenstände oder Vorgänge, die Sie anders benannt hätten, Wortkombinationen, die Sie so nicht gebildet hätten, grammatische Konstruktionen, die Sie anders aufgebaut hätten, ganze Äußerungen, die Sie mit anderem Wortmaterial gebildet hätten, Formeln, die der Gliederung des Textes oder dem Aufbau der Argumentation dienen, mit denen etwas eingeleitet, näher ausgeführt, zusammengefasst, betont oder eingeschränkt wird, usw.

Die Anwendung dieser Technik erfordert ein erhebliches Umdenken im Vergleich zur üblichen Beschäftigung mit Texten. Deshalb hier noch ein paar zusätzliche Hinweise, wie Sie sich diese Technik am besten aneignen:

▶ Wählen Sie zunächst kurze Texte aus, also solche bis zu einer Länge von max. einer Seite, um die Technik einzuüben.

▶ Sorgen Sie in jedem Fall zunächst dafür, dass Sie die Texte möglichst vollständig verstehen. Lösen Sie dazu zunächst unter Einsatz aller Strategien, die wir in den Kapiteln 9 und 16 für Lesetexte sowie in den Kapiteln 10 und 17 für Hörtexte besprochen haben, alle Verständnisprobleme sowohl auf lexikalischer wie grammatischer wie textueller Ebene. In dieser Phase erweitern Sie auch Ihren Wortschatz um alle Wörter und Ausdrücke, die gänzlich neu für Sie sind. Die Spot-the-gap-Strategie selbst hebt nämlich nicht auf den Erwerb von neuem Sprachenmaterial ab, sondern auf die richtige Verwendung von bereits bekanntem Sprachmaterial.

- Nehmen Sie sich nicht vor, restlos alles, was der Text für die Spot-the-gap-Strategie zu bieten hat, auszuschöpfen. Jedes einzelne identifizierte Phänomen ist ein Gewinn. Konzentrieren Sie sich also auf solche Phänomene, die Ihnen besonders wichtig erscheinen und die Ihr Ausdrucksrepertoire besonders stark bereichern.
- Unterstützen Sie die Bewusstmachung durch grafische Verfahren, z. B. durch optische Markierungen der Textstellen, die Sie mithilfe der Spot-the-gap-Strategie identifiziert haben.
- Versuchen Sie, im Laufe der Zeit Übung im schnellen Identifizieren der ergiebigen Textstellen zu bekommen.

Sie können die identifizierten Versprachlichungsmuster in Form von Listen (ähnlich wie Vokabellisten) festhalten, um sie separat einzuüben. Dies ist aber mit einem nicht unerheblichen Zusatzaufwand verbunden. Meist reicht es aus, die Texte von Zeit zu Zeit noch einmal durchzugehen und sich die jeweilige Versprachlichung erneut bewusst zu machen. Die beste Weiterverarbeitung der identifizierten Muster ist aber die *Customize*-Strategie, die ich in Abschnitt 18|5 vorstelle.

18|3 Wenden Sie die *Spot-the-difference*-Strategie an

Ich hatte bereits im Abschnitt 2|5 an vielen Beispielen dargestellt, dass verschiedene Sprachen nicht einfach nur die gleichen Dinge mit anderen Wörtern bezeichnen, sondern dass verschiedene Sprachen die Welt und das, was in ihr passiert, unterschiedlich *versprachlichen*. Auf diese unterschiedlichen Versprachlichungen hebt eine zweite Inputverarbeitungsstrategie ab, die ich »Spot-the-difference-Strategie« nenne. Die Arbeitsanweisung hier ist ähnlich wie die für die zuvor besprochene Spot-the-gap-Strategie, nur dass diesmal der Fokus auf den Unterschieden zwischen Muttersprache und Fremdsprache liegt: »Markiere im Text alle Textstellen, für die gilt: Hier wird in der Fremdsprache in einer für mich überraschenden Weise etwas anders ausgedrückt (versprachlicht) als in meiner Muttersprache.«

Auch die Umsetzung dieser Strategie führt dazu, dass Form und Inhalt des Inputs gleichzeitig verarbeitet werden müssen. Der speziellen Fokussierung auf Versprachlichungsunterschiede liegt dabei die Beobachtung zugrunde, dass es gerade diese Unterschiede sind, die oft nicht den Sprung vom Input in den Output schaffen: Wenn wir etwas in der Fremdsprache ausdrücken wollen, greifen wir oft bewusst oder unbewusst auf die typischen Versprachlichungsmuster der Muttersprache zurück und übersetzen diese ungewollt in die Fremdsprache. Diesem Reflex beugt die Spot-the-difference-Strategie vor. Auch hierzu wieder ein paar einfache Beispielsätze[12].

① A politician must be open to criticism.
② We were trembling with cold.
③ We visited grandma in hospital every other day.
④ She put her hands over her ears.
⑤ At that time in the morning everybody is still fast asleep.

In allen fünf Beispielen sind es einfache Unterschiede zum Deutschen, die wir bemerken und durch die Spot-the-difference-Strategie in unser Bewusstsein heben können. In ① ist es die Verwendung der Präposition *to* in Verbindung mit *open*, die uns als Kontrast zum Deutschen auffällt, und in ② die Präposition *with*. In ③ erfahren wir, dass die Häufigkeitsangabe *jeden zweiten Tag* im Englischen nicht mit *second* ausgedrückt wird, sondern mit *other*. In ④ können wir lernen, dass wir das Wort *hold* nicht brauchen, wenn wir uns auf Englisch *die Ohren zuhalten*. Und in ⑤ stellen wir fest, dass man im Englischen »fest schlafend« ist (*fast asleep*) und nicht etwa »tief schläft« (*deeply sleep*). So einfach diese Unterschiede auch sind, sie markieren doch jeder für sich eine Mini-Lerneinheit, die wir hier bewusst und im Kontext eines Satzes (der im Idealfall wiederum in einen größeren Textzusammenhang eingebettet ist), aufnehmen und verarbeiten können.

Nehmen wir zur weiteren Veranschaulichung auch ein paar kurze Beispiele aus anderen Sprachen. Sie lesen in *Le Monde* folgenden Satz:

Vous avez plus de soixante ans et vous désirez partir en préretraite? Vous continuez à toucher cinquante pour cent (50 %) de votre dernier salaire à condition d'avoir cotisé plus de dix ans à la sécurité sociale.

In diesem Beispiel sind es vor allem folgende Elemente, die man als Französischlerner durch die Spot-the-difference-Strategie fokussieren könnte:

▶ *toucher un salaire*
  Toucher haben wir als normale Französischlerner meist nur in der Bedeutung »berühren« abgespeichert. Im vorliegenden Fall muss *toucher* in Verbindung mit *salaire* aber so etwas bedeuten wie »bekommen«, »erhalten«. Diese Information nehmen wir gern zur Kenntnis. Denn wenn wir schon etwas Erfahrung mit dem Französischen haben, wissen wir, dass es in dieser Sprache keine wirkliche Standardübersetzung für *bekommen* gibt und dass dieses deutsche Wort, wenn wir es in einem gegebenen Kontext im Französischen ausdrücken wollen, oft zu einem Ausdrucksproblem wird, anders als im Englischen, wo wir mit *to get* oft auf dem richtigen Weg sind. Wir halten also fest: *ein Gehalt bekommen* kann man gut mit *toucher un salaire* wiedergeben. Und folglich natürlich auch alle davon abgeleiteten Formulierungen wie im vorliegenden Fall: *50 Prozent des letzten Gehalts bekommen – toucher cinquante pour cent du dernier salaire*.

▶ *cotiser à la sécurité sociale*
  Was tut man im Deutschen mit der Sozialversicherung? Man zahlt in sie ein oder man leistet Beiträge zu ihr. Wären wir dafür spontan auf die richtige Wiedergabe in

Französisch gekommen? Hätten wir uns nicht ausgehend von dem Wort *payer* für *zahlen* den Kopf zerbrochen, wie man *einzahlen in etwas* im Französischen wiedergeben kann? Und auch wenn uns für *Beitrag* das Wort *contribution* eingefallen wäre, hätten wir vermutlich keine Idee gehabt, wie die spezielle Wortverbindung *Beiträge leisten* im Französischen wiederzugeben ist – einmal ganz abgesehen davon, dass *contribution* in diesem Fall gar nicht das richtige Wort gewesen wäre. Der vorliegende Input zeigt uns anschaulich die Lösung: Das Wort *cotiser* gibt genau das Konzept wieder, für das uns im Französischen die Versprachlichung fehlte.

▶ *continuer à toucher un salaire*
Auch die typisch französische Verbkonstruktion *continuer à faire quelque chose* ist es wert, mit der Spot-the-difference-Strategie noch einmal bewusst verarbeitet zu werden, auch wenn wir sie schon kennen. Denn wenn wir uns fragen, wie wir die Formulierung *Vous continuez à toucher cinquante pour cent de votre dernier salaire* im Deutschen wiedergegeben hätten, fällt uns auf, dass eine wörtliche Wiedergabe mit *weitermachen* oder *fortfahren* im Deutschen wohl kaum benutzt worden wäre: *Sie fahren fort 50 Prozent Ihres letzten Gehalts zu bekommen* klingt irgendwie merkwürdig und mit *weitermachen*, einer anderen Standardübersetzung von *continuer* geht es schon gar nicht. Wie hätte eine typisch deutsche Versprachlichung des gleichen Gedankens gelautet? Vermutlich so: *Sie erhalten weiterhin 50 Prozent Ihres letzten Gehalts*. Es lohnt sich also festzuhalten: *weiterhin ein Gehalt bekommen – continuer à toucher un salaire*.

Selbst in diesem kurzen Beispielsatz ist noch weiteres potenzielles Spot-the-difference-Material enthalten, z. B. dass *unter der Bedingung* im Französischen auch ohne Artikel wiedergegeben werden kann: *à condition que* und nicht nur *à la condition que*. Selbst wenn wir diese Einheit bereits explizit im Grammatikunterricht als Konjunktion gelernt haben, kann es nicht schaden, sie noch einmal bewusst zu fokussieren, festgemacht am gegebenen konkreten Kontext.

Nehmen wir zur Abrundung auch noch je ein italienisches und spanisches Beispiel. In dem Satz *Ma come fa il consumatore a controllare che il prodotto in vendita non sia vecchio o maltenuto?* sollten wir als Italienischlerner die interessante Konstruktion *Ma come fa il consumatore a controllare qualcosa* festhalten. Denn auch hier ergibt der Rückübersetzungstest, dass im Italienischen etwas anders versprachlicht wird als im Deutschen: *Wie macht es der Konsument zu kontrollieren, dass das angebotene Produkt nicht alt oder in schlechtem Zustand ist?* Das klingt im Deutschen reichlich schräg. Und wieder die entsprechende Gegenfrage: Wie hätten wir denn diesen Gedanken im Deutschen ausgedrückt? Vielleicht so: *Wie kann der Konsument nun aber feststellen, dass das angebotene Produkt nicht alt oder in schlechtem Zustand ist?* Das klingt deutlich idiomatischer, ohne dass damit behauptet werden soll, dass es die einzige Möglichkeit ist, den Gedanken des italienischen Satzes in idiomatischem Deutsch zu versprachlichen. Interessant an diesem Beispiel ist, dass wir hier für das *können* in *Wie kann der Konsument ...* eine Ausdrucksalternative erhalten, die wir vermutlich bisher noch gar nicht genutzt haben: *come fa X a fare qualcosa*. Wir hätten das *können* sicher standardmäßig mit dem Hilfsverb *potere* ausgedrückt: *il consumatore come può ...* Wenn wir auch auf die Nuancen dieses Satzes achten (wobei uns im realen Anwendungsfall das Umfeld des Satzes im Text helfen würde), dann fällt uns sicher auf, dass wir nicht von ungefähr nicht mit einem einfachen *wie*, sondern mit einem *wie denn nun* gefragt haben. Das heißt, immer dann, wenn in einer Frage mit *können* ein *wie bloß* oder ein *wie denn nun* mitschwingt, scheint die Formulierung mit *come fa X a fare qualcosa* angebracht. Man sieht hier sehr deutlich, dass die Spot-the-difference-Strategie gerade bei fortgeschrittenen Lernern Lernprozesse in Richtung auf einen differenzierten Sprachgebrauch initiieren kann.

Und schließlich ein spanisches Beispiel: *Más de 48 horas sin beber líquido alguno supone un grave riesgo para nuestra salud.* Hier könnten wir zum Beispiel fokussieren, dass *ein Risiko darstellen* im Spanischen offensichtlich mit *suponer un riesgo* wiedergegeben werden kann, während im Deutschen eine Verbindung von *Gefahr* mit den Standardübersetzungen von *suponer*, nämlich *voraussetzen, annehmen, vermuten* usw. eindeutig nicht möglich ist. Auch die Nachstellung von *alguno* in dem Ausdruck *sin líquido alguno* ist im Deutschen undenkbar: *ohne irgendeine Flüssigkeit* ist okay, aber nicht: *ohne Flüssigkeit irgendeine*. Der Kontext macht klar, dass die Nachstellung der besonderen Betonung von *alguno* dient, also gerade der Wiedergabe von *irgendeine*, denn man hätte im Deutschen ja auch einfach *ohne Flüssigkeit* sagen können, was die Aussage aber weniger markant gemacht hätte. Wir halten also fest: *ohne irgendeine Flüssigkeit – sin líquido alguno* und legen damit den Grundstein zu der Erkenntnis, dass wir auch in anderen Fällen die häufige Formulierung *ohne irgendein* durch Nachstellung von *alguno* ausdrücken können: *ohne irgendeine Erfahrung – sin experiencia alguna, ohne irgendeine Hilfe – sin ayuda alguna, ohne irgendeinen Grund – sin motivo alguno* usw.

Wie die Beispiele gezeigt haben, überschneiden sich die Ergebnisse der Anwendung der Spot-the-difference-Strategie auf einen bestimmten Text in der Regel teilweise mit den Ergebnissen der Spot-the-gap-Strategie. Das ist nicht verwunderlich, denn es sind ja gerade die mit der Spot-the-difference-Strategie aufgedeckten Versprachlichungsunterschiede zwischen Mutter- und Fremdsprache, die besonders lernbedürftig sind und deshalb auch bei der Spot-the-gap-Strategie auffallen. Durch den unterschiedlichen Fokus der beiden Strategien lassen sich mit ihnen aber oft auch unterschiedliche sprachliche Phänomene entdecken. Beide Strategien ergänzen sich somit sehr gut.

Auch die mit der Spot-the-difference-Strategie identifizierten Textstellen sollten optisch hervorgehoben werden. Ein separates Notieren kann sinnvoll sein, sollte aber auch hier auf besonders wichtige und anwendungsbezogene Fälle begrenzt werden.

18 | 4 Memorieren Sie den Wortlaut von Texten

Die beiden vorausgehend empfohlenen »Spot-Strategien« sind nach meiner Erfahrung am besten geeignet, um eine bewusste, gleichzeitige Verarbeitung von Form und Inhalt anzuregen und so die Input-Output-Spirale in Gang zu bringen. Der Vollständigkeit halber soll aber noch eine weitere Technik erwähnt werden, die Ähnliches leistet, wenn auch vielleicht nicht ganz so zielstrebig wie die genannten Spot-Strategien: das Memorieren von Texten.

Memorieren bedeutet hier: ausgehend von der Erinnerung an den Inhalt von Sätzen, Textabschnitten oder ganzen Texten die genaue sprachliche Form aus dem Gedächtnis abrufen. Ich spreche hier bewusst nicht von Auswendiglernen. Denn beim Auswendiglernen, z. B. eines Gedichtes, kommt es auf absolute Vollständigkeit, Worttreue und hilfsmittelfreies Aufsagenkönnen des Textes als ganzen an. Dies ist für das Memorieren nicht erforderlich. Es kann stückweise erfolgen, muss nicht unbedingt jedes einzelne Wort umfassen und darf auch durch Stichwörter oder andere Hilfen unterstützt werden. Entscheidend ist, dass der Weg von der Erinnerung an den Inhalt zur sprachlichen Form noch einmal bewusst durchschritten wird. Denn indem wir dies tun, zwingen wir uns, das *form-function mapping* des Textes noch einmal bewusst zu verarbeiten. Bei der Kontrolle anhand des Originaltextes werden wir feststellen, dass wir oft die genaue sprachliche Form nicht mehr präsent haben und sie stattdessen durch eigene Formulierungsanteile ersetzen. Dies ist in der Regel ein Hinweis darauf, dass wir das Versprachlichungsmuster der Fremdsprache an dieser Stelle noch nicht verinnerlicht haben. Indem wir dies bewusst wahrnehmen, tun wir etwas dafür, dies nachzuholen.

Am leichtesten ist diese Strategie anzuwenden, wenn wir eine Übersetzung des fremdsprachigen Textes zur Verfügung haben. Diese können wir dann als Gedächtnisstütze für das Memorieren der Formulierungen im fremdsprachigen Originaltext benutzen. Wichtig dabei ist, dass wir keine »Rückübersetzung« von der Muttersprache in die Fremdsprache vornehmen, sondern die muttersprachige Übersetzung nur als Gedächtnisstütze nutzen, um den genauen Wortlaut des fremdsprachigen Originaltextes zu rekonstruieren. Den müssen wir vorher natürlich sehr gründlich bearbeitet und komplett verstanden haben.

In den meisten Fällen wird man jedoch keine Übersetzung als Gedächtnisstütze zur Verfügung haben. In diesem Fall kann man sich aber eine eigene kleine Gedächtnisstütze bauen: Man nimmt aus jedem zu rekonstruierenden Satz zwei bis drei sinntragende Wörter heraus und schreibt diese auf einen Zettel, jeweils in eine eigene Zeile. Dieses bildet dann das Gerüst für die Rekonstruktion der sprachlichen Form des Originaltextes.

Die gewählten Textabschnitte, die man auf diese Weise bearbeitet, sollten nicht zu lang sein (max. 1 Seite). Der Mapping-Effekt tritt andererseits aber auch nur dann ein, wenn man wenigstens 10 oder 15 Sätze bearbeitet. Wenn man nämlich nur einen oder zwei Sätze auf diese Weise bearbeitet, dann hat man den genauen Wortlaut (ähnlich wie eine gerade gehörte Telefonnummer) noch im Arbeitsgedächtnis und wiederholt im Grunde nur den soeben erfolgten Lese- oder Höreindruck. Ein echtes *form-function mapping* findet nur statt, wenn wir den Wortlaut ausgehend vom Inhalt wirklich aus dem Gedächtnis rekonstruieren müssen.

18 | 5   Wenden Sie die *Customize*-Strategie an

Sobald man typische Versprachlichungsmuster aus dem fremdsprachigen Input herausgefiltert hat, kann eine Strategie zum Einsatz kommen, mit der ein entscheidender Schritt in Richtung Output getan wird. Diese Strategie nenne ich Customize-Strategie. Die Arbeitsanweisung hierfür lautet: »Formuliere mithilfe der herausgefilterten Sprachmittel eine neue Aussage, die in deiner persönlichen Sprachanwendung vorkommen könnte.« Sie nehmen also das identifizierte Versprachlichungsmuster als eine Art Formel mit Leerstellen und füllen diese Leerstellen aus, und zwar so, dass die entstehende Aussage den Bezug zu Ihrer Lebenswelt herstellt und somit später einmal in Ihrer realen Sprachanwendung vorkommen könnte. Nehmen wir zur Veranschaulichung wieder unser Standardbeispiel, den Ausschnitt aus der Kurzgeschichte »Me Talk Pretty one Day« von David Sedaris. Im Sinne dieser Strategie lesen wir in einem ersten Schritt diesen Ausschnitt einmal ganz bewusst unter dem Aspekt, welche der dort enthaltenen Formulierungen auch in unserer eigenen Kommunikationswelt vorkommen könnten. Ich persönlich würde zum Beispiel die fett markierten Wörter und Ausdrücke in Betracht ziehen:
*The first day of class was **nerve-racking** because I knew **I'd be expected to** perform. That's the way they do it here – it's everybody into the language pool, sink or swim. The teacher marched in, deeply tanned from a recent vacation, and proceeded **to rattle off** a **series of administrative announcements**. I've spent quite a few summers in Normandy, and I took a month long French class before leaving New York. **I'm not completely in the dark**, yet I understood only half of what this woman was saying.*

Im zweiten Schritt nun lösen wir die als relevant markierten Sprachelemente aus dem Inputtext heraus und füllen sie mit Inhalten aus unserer eigenen Kommunikationswelt zu vollständigen Äußerungen auf. Bei mir könnten dies z. B. die folgenden sein:

▶ My job sometimes is really **nerve-racking**.
▶ Every day I get **a series of administrative announcements** via E-Mail.
▶ I know that **I'm expected to** observe them in detail.
▶ As far as budgeting is concerned **I'm not completely in the dark**, yet I understand only half of what the budget department is saying about the recent cuts.

Andere Lerner würden sicher wieder ganz andere solcher *customizations* vornehmen.

Durch den persönlichen Bezug bekommt das Versprachlichungsmuster hier nicht nur eine höhere Relevanz für die Anwendung in individuellen Kommunikationssituationen, sondern auch eine zusätzliche *affektive* Dimension, was die Chancen auf eine längerfristige Abspeicherung erhöht.

Praktisch sollte man so vorgehen, dass man die personalisierte fremdsprachige Fassung schriftlich festhält. Dies ermöglicht eine spätere Kontrolle durch einen Muttersprachler. Denn während der Kernbestandteil, der dem Input entnommen wurde, ja sprachlich korrekt sein muss, gilt dies für die hinzugefügten,»personalisierten« Elemente natürlich nicht zwingend. Eine Kontrolle ist also sinnvoll. Sobald diese erfolgt ist und man sicher sein kann, dass das personalisierte Sprachmaterial korrekt ist, kann man es ablegen und bei Bedarf hervorholen. Wenn man größere Mengen aufbaut, empfiehlt sich eine Verteilung auf verschiedene thematische Bereiche oder Anwendungssituationen wie z. B.»Fachvortrag«,»Meeting«,»Smalltalk«,»E-Mail-Verkehr« usw. Das Sortieren nach Inhalten geht natürlich besonders gut, wenn wir die personalisierten Sätze gleich am Computer erfasst haben.

Je besser Sie Ihren individuellen Anwendungsbedarf definiert haben (s. Kap. 3), desto gezielter können Sie das fremdsprachige Material, das Sie mit der Personalisierungsstrategie bearbeiten, auf diesen Anwendungsbedarf ausrichten und desto höher ist die Chance, dass Sie die sprachlichen Versatzstücke so oder auch in leicht abgewandelter Form zum Einsatz bringen können.

18 | 6 Nutzen Sie Redemittelsammlungen

In den vorausgehenden drei Abschnitten haben wir ausgewählten Input selbst so weiterverarbeitet, dass aus diesem Input auf die eigenen Bedürfnisse zugeschnittener Output wurde. Dies ist sehr lernintensiv und behaltensfördernd, aber natürlich auch mit einem nicht unerheblichen Aufwand verbunden. Wir greifen deshalb auch gern auf Quellen zurück, die uns bereits fertige Versprachlichungen zur Verfügung stellen, sog. »Redemittelsammlungen«. Als Redemittelsammlungen bezeichnen Fremdsprachendidaktiker Listen von fertigen sprachlichen Formulierungen (meist auf Satzebene), die bereits nach Situationen oder Kommunikationsabsichten vorsortiert sind und ebenfalls versuchen, mögliche Anwendungssituationen vorwegzunehmen.

Solche Redemittelsammlungen findet man zumindest für die häufiger gelernten Sprachen im Angebot der Verlage. Ein Beispiel sind die Bände »Englisch fürs Gespräch«, »Französisch fürs Gespräch«, »Spanisch fürs Gespräch« und »Italienisch fürs Gespräch« des Langenscheidt-Verlags. Sie stellen auf mehr als 200 in Spaltenform bedruckten Seiten tausende von Satzbeispielen zu einer breiten Auswahl von Situationen und Themen zusammen, links jeweils in der Fremdsprache, rechts in der deutschen Übersetzung. Der entscheidende Unterschied zu den thematischen Wortschätzen (s. Abschnitt 13|7) ist dabei die durchgehende Einbindung in Beispielsätze. So findet man im Abschnitt zum Thema Alter nicht etwa isolierte Vokabeln wie *Kind, Jugendlicher, Erwachsener, minderjährig, volljährig, Seniorenalter* usw., sondern Sätze rund um das Thema Alter, wie sie jederzeit in einem Alltagsgespräch vorkommen könnten: *May I ask how old you are, I wonder how old he is, He must be about my age, She'll be twenty-five next month, She must be in her late thirties or early forties, I would have thought he was younger, She doesn't look her age, Our son is still under age, As a minor he still needs the consent of his parents* usw.

Noch deutlicher wird der Unterschied zu einer reinen Wortschatzsammlung, wenn man sich die Beispielsätze zu einem speziellen der rund 300 Themengebiete anschaut. So gibt es beispielsweise drei Seiten mit Beispielsätzen rund um das Thema Kino. Hier finden wir so relativ absehbare Äußerungen wie *The film has received good reviews, The film is very popular at the moment, We'll probably have to queue to get in* oder *I'm afraid I didn't understand the point of the film*, aber auch so spezielle Formulierungen wie *The film deals with a man who is unjustly accused of a murder and has to prove his innocence* oder *The main character's inner conflict is portrayed very sensitively*. Gerade bei Beispielen wie den letzten ist man natürlich versucht mit der Frage zu reagieren: Wann werde ich denn jemals im Leben genau diesen Satz sagen wollen? Diesem denkbaren Einwand sind jedoch zwei Überlegungen entgegenzuhalten. Zum einen hält uns natürlich nichts davon ab, unter den tausenden Beispielsätzen all jene einfach zu ignorieren, die wir für die eigene Sprachpraxis als irrelevant betrachten. Zum anderen kann man diese Sätze aber sehr wohl nutzen, indem man sie als fremdsprachigen Input betrachtet und eine der vorausgehend beschriebenen Strategien auf sie anwendet, insbesondere die Customize-Strategie (s. Abschnitt 18|5). Denn mit ein paar kleinen Änderungen kann fast jeder Satz so umformuliert werden, dass er sehr wohl etwas mit unseren eigenen Sprachbedürfnissen zu tun hat. Oder sind Sie selbst noch nie zu Unrecht einer Sache bezichtigt worden (*unjustly accused of s.th.*), mussten noch nie Ihre Unschuld beweisen (*to prove one's innocence*), hatten noch nie mit einem inneren Konflikt zu tun (*inner conflict*) oder fanden noch nie etwas sehr einfühlend beschrieben (*portrayed very sensitively*)? Wenn doch, dann wird es Ihnen leicht fallen, selbst aus dem oben genannten, auf den ersten Blick so speziellen Beispielsatz mithilfe der Customize-Strategie etwas für sich herauszuholen.

Während die beschriebene Langenscheidt-Reihe »fürs Gespräch« die Tradition der früheren »Konversationswörterbücher« fortsetzt und deshalb thematisch sehr breit gestreute Redemittel zusammenstellt, sind heute viele Redemittelsammlungen eher auf bestimmte spezielle Bedarfe zugeschnitten. Hier einige Beispiele für solche spezielleren Ausrichtungen, z. B. für das Telefonieren:

▷ Bernhard Stentenbach: Richtig Englisch sprechen: Im persönlichen Gespräch und am Telefon (Books on Demand).

Für Diskussionen und Verhandlungen:
▷ Verhandlungssicher in Englisch. Diskutieren und Argumentieren (Langenscheidt) (auch für Französisch verfügbar).
▷ Heinz-Otto Hohmann: Französisch diskutieren. Französisch-deutscher Diskussionswortschatz mit Satzbeispielen (Langenscheidt).

Für Tagungen und Konferenzen:
▷ Holger Mühlbauer: Konferenz-Englisch. Stichwörter und Wendungen für englischsprachige Sitzungen (Beuth).

Besonders für Lehrer und Lehramtsstudenten interessant sind Redemittelsammlungen, die auf Unterricht bezogen sind und alles auflisten, was hier vorkommen kann, von Ermahnungen über Hausaufgabenbesprechungen bis hin zur Organisation von Ausflügen und Klassenfahrten. Lehrer, die auch als deutsche Muttersprachler im Unterricht möglichst konsequent die Zielsprache benutzen möchten, werden kaum ohne solche Zusammenstellungen auskommen. Hier zwei Beispiele aus dem Gottfried Egert Verlag:
▷ Anne Boisson & Wolfgang Reumuth: Unterrichtssprache Französisch.
▷ Maria G. Chiaro & Wolfang Reumuth: Unterrichtssprache Deutsch – Italienisch.

Auch Redemittel, die speziell zum Interpretieren von Texten dienen, sind für diese Zielgruppe interessant:
▷ Joachim Haas & Danielle Tanc: Le commentaire de texte. Erläuterungen, Textbeispiele, Wortschatz (Diesterweg).

Für alle, die Englisch im Unternehmen benutzen, dürfte die Zusammenstellung von Obenaus und Weidacher hilfreich sein:
▷ Wolfgang Obenaus & Josef Weidacher: This is the manager speaking. Erfolgreich kommunizieren im Alltag und im Geschäftsleben (Linde Verlag).

Wer eher im naturwissenschaftlichen Bereich unterwegs ist, für den dürfte folgende Publikation interessant sein:
▷ Christian Hrdina & Robert Hrdina: Scientific English für Mediziner und Naturwissenschaftler. Formulierungshilfen für wissenschaftliche Arbeiten, Publikationen und Vorträge (Langenscheidt).

Obwohl etwa zwei Drittel dieses Bandes eher auf das Verfassen schriftlicher Texte ausgerichtet sind, finden sich hier auf rund 60 Seiten auch Redemittel für wissenschaftliche Vorträge, sortiert nach typischen Elementen, die in fast jedem Vortrag vorkommen: »Einleitung«, »Überleitungen«, »Dias, Folien und grafische Elemente«, »Hervorhebungen«, »Bezug nehmen auf andere Redner«, »Zusammenfassung / Schlusswort«, »Aufforderung zu Fragen«, »Antwort auf Fragen, Anmerkungen und Einwände«, »Fragen und

Kommentare anbringen«. Auch für die Moderation von Vorträgen, die andere halten, finden sich Formulierungshilfen. Anders als der Titel des Buches vermuten lässt, sind alle in diesem Teil des Bandes vorgestellten Redemittel fachübergreifend und können in Vorträgen aus praktisch allen Disziplinen und Themengebieten eingesetzt werden. Mit ihrer Hilfe lässt sich so schnell das rhetorische Grundgerüst eines eigenen Vortrags auf Englisch zusammenstellen. Die Formulierungshilfen in den anderen Teilen des Buches hingegen sind sehr speziell und überwiegend medizinbezogen.

Auch das eine oder andere Kuriosum findet sich unter den Redemittelsammlungen, so z. B. dieses zumindest für bestimmte Situationen hilfreiche Heftchen:

▷ Klaus Humann: Liebesschwüre Englisch. Komplimente, Koseworte, Schmeicheleien (Eichborn)

Wer sich in seinen amourösen Angelegenheiten lieber gen Süden orientiert, für den gibt es die Liebesschwüre im gleichen Verlag auch für Französisch, Italienisch und Spanisch.

Viele der in diesem Abschnitt genannten Titel sind übrigens im normalen Buchhandel nicht mehr lieferbar, was ihrer Nützlichkeit aber keinen Abbruch tut. Man kann sie leicht antiquarisch für kleines Geld erwerben.

Auch viele der Beispielsätze in der Reihe »Praktische Grammatik der englischen (bzw. französischen, spanischen, italienischen) Sprache« im Gottfried Egert Verlag, die ich bereits in Abschnitt 14|7 (»Prüfen Sie Grammatikübungen kritisch auf ihr Lernpotential«) aus anderen Gründen empfohlen hatte, sind mehr oder weniger vollständige Sätze und können wie Redemittel betrachtet werden. Sie sind allerdings nicht thematisch oder nach Anwendungssituationen, sondern nach grammatischen Gesichtspunkten angeordnet.

Wie man mit solchen Redemittelsammlungen lernt, hängt von deren Aufbau ab. Wenn sie in Spaltendruck mit einer deutschen Übersetzung angeboten werden (wie z. B. in der Langenscheidt-Reihe »Englisch«, »Französisch« etc. »fürs Gespräch« oder in den Unterrichtssprachensammlungen von Boisson/Reumuth oder Chiaro/Reumuth), dann können wir versuchen, sie uns wie Vokabeln einzuprägen. Sinnvoller ist aber wahrscheinlich auch hier der Versuch, sie mit der oben beschriebenen Customize-Strategie gleich weiterzuverarbeiten, indem wir sie abwandeln und auf mögliche persönliche Anwendungssituationen zuschneiden. Dieses Verfahren hat auch den Vorteil, dass es auf jede Redemittelsammlung anwendbar ist, unabhängig davon, wie sie die einzelnen Items präsentieren (mit oder ohne Übersetzung; in Listenform oder eher verschachtelt).

Manchmal haben Redemittelsammlungen die Eigenschaft, für jede mögliche Sprechabsicht mehrere Realisierungen zur Verfügung zu stellen. In diesem Fall sollten Sie sich auf eine oder zwei beschränken. Es ist auch für Fortgeschrittene nicht unbedingt primäres Lernziel, zwanzig verschiedene Redemittel zur Formulierung eines Einwandes oder eines Vorschlags zur Verfügung zu haben.

19 Die Königsdisziplin – Gesprächskompetenz erweitern

19 | 1 Machen Sie sich klar, was das Sprechen schwierig macht

Das höchste Ziel, das man in der Beherrschung einer Fremdsprache erreichen kann, ist für viele zweifellos die Fähigkeit, sich in dieser mühelos, fließend und differenziert mündlich ausdrücken zu können. Es ist sozusagen die Königsdisziplin der Fremdsprachenbeherrschung. Zwar kann auch in der Muttersprache gelegentlich einmal das Gefühl auftreten, dass uns »die Worte fehlen« oder wir »nach Worten ringen«. Doch dies ist auf wenige, besonders schwierige Fälle begrenzt, z. B. wenn wir jemandem am Telefon die Funktionsweise eines komplizierten Gerätes erklären oder wenn wir ein bestimmtes körperliches oder seelisches Gefühl beschreiben wollen, das nicht leicht in Worte zu fassen ist. Meist machen wir aber eher ziemlich automatischen Gebrauch von unserer Muttersprache, selbst um schwierige kommunikative Aufgaben zu bewältigen.

In der Fremdsprache fühlt sich das meist auch für Fortgeschrittene noch ganz anders an. Wir stoßen immer wieder auf Ausdrucksschwierigkeiten, die sich uns wie Straßensperren in den Weg stellen und die wir möglichst geschickt auf anderen Wegen umfahren müssen, auf denen dann häufig neue Hindernisse auftauchen.

Woran liegt das eigentlich? Es sind mehrere Faktoren, die beim spontanen Sprechen zusammenkommen.

1. Sprechen (in seiner dialogischen Form) setzt Hörverstehen voraus. Sie können sich nur dann erfolgreich an einem Gespräch beteiligen, wenn Sie auch die Äußerungen Ihrer Gesprächspartner möglichst vollständig verstehen, egal mit welcher Geschwindigkeit, welchem Grad an artikulatorischer Klarheit oder welchem Akzent diese sprechen.

2. Sie müssen beim Sprechen Prozesse der inhaltlichen Planung (das *Was* Ihrer Äußerung) und der sprachlichen Realisierung (das *Wie* Ihrer Äußerung) so koordinieren, dass Ihr Sprechfluss möglichst wenig durch diese Prozesse behindert wird. Und das (im Gegensatz zum Schreiben etwa) unter erheblichem Zeitdruck, denn die durchschnittliche Sprechgeschwindigkeit liegt etwa beim Zwanzig- bis Dreißigfachen der durchschnittlichen Schreibgeschwindigkeit, wie Untersuchungen gezeigt haben, nämlich bei etwa 150 bis 200 Wörtern pro Minute im Gegensatz zu etwa 5 bis 15 Wörtern pro Minute beim Schreiben. (Gemeint ist hier natürlich nicht die rein mechanische Schreibgeschwindigkeit, sondern die Geschwindigkeit, mit der ein geschriebener Text zu Papier gebracht wird, einschließlich aller Denkphasen, denn nur diese Größen sind vergleichbar. Das rein mechanische Schreiben wäre eher dem reinen Vorlesen vergleichbar, da in diesen beiden Fällen keine inhaltliche Planung stattfinden muss.)

3. Sie müssen die nötigen Versprachlichungsmuster (s. Abschnitt 2|5 und Kapitel 18) kennen, die Sie für die Formulierung Ihrer Äußerungsabsichten in der Fremdsprache benötigen, und diese schnell aus dem Gedächtnis abrufen können.

4. Sie müssen Ihre Sprechartikulatorik so sicher steuern können, dass Sie die Laute und Lautkombinationen der Fremdsprache flüssig und möglichst in einer muttersprachenähnlichen Weise hervorbringen.

In diesem Teil des Buches geht es um die Frage, wie wir diese schwierige Aufgabe bewältigen. Dabei werden wir uns zunächst fragen, wie wir unser Ausdruckspotential, ausgehend von unseren ganz individuellen Ausdrucksbedürfnissen, systematisch testen, die bestehenden Lücken feststellen und diese anschließend schließen können. Dann werden wir Techniken besprechen, mit denen wir unsere Gesprächskompetenz systematisch erweitern können. Dabei wird erstaunlicherweise das Schreiben eine große Rolle spielen. Und schließlich werde ich Empfehlungen für den »Ernstfall« geben, also für die Anwendung in realen Kommunikationssituationen.

19 | 2   Überprüfen Sie die Ergebnisse der Strategien für Anfänger

Ich hatte in Kapitel 11 bereits eine Reihe von Ratschlägen für erste Schritte in Richtung auf das freie Sprechen gegeben. Falls Sie sich als fortgeschritten einstufen und deshalb gleich in dieses Fortgeschrittenen-Kapitel zum Sprechen eingestiegen sind, hier zunächst eine Checkliste, mit deren Hilfe Sie feststellen können, ob Sie die im Anfängerkapitel empfohlenen Strategien erfolgreich angewendet haben, wo Sie ggf. noch nachbessern können und vor allem, wo Sie das Anwendungsfeld der einzelnen Strategien als Fortgeschrittener vertiefen können. Folgende Bedingungen sollten für Sie auf fortgeschrittenem Niveau erfüllt sein:

▶ Sie kennen das gesamte Lautinventar der Fremdsprache, insbesondere auch jene Laute, die es im Deutschen nicht gibt, und können diese isoliert und im Wortzusammenhang relativ problemlos artikulieren. (Wenn nicht: s. vor allem Abschnitt 11|4)

▶ Sie wissen von allen Wörtern, die Sie aktiv verwenden, wie sie richtig ausgesprochen und betont werden und von allen anderen, wo Sie die richtige Aussprache und Betonung nachschauen können. (Wenn nicht: s. vor allem die Abschnitte 9|10, 9|12 und 11|6)

▶ Sie können Texte in der Fremdsprache ohne großes Stocken vorlesen und selbst spontan einfache, aber zusammenhängende Sätze äußern, ohne ständig an einzelnen Wörtern »hängenzubleiben«. (Wenn nicht: s. vor allem die Abschnitte 9|8, 9|12, 11|7 und 11|9)

- Sie haben umfangreichen Zugang zu fremdsprachigem Input, insbesondere in gesprochener Form (Kassetten, CDs, Radio, Fernsehen, Gespräche mit Muttersprachlern) und machen auch regen Gebrauch von diesem Input. (Wenn nicht: s. vor allem die Abschnitte 10|1, 10|2, 10|7 und 10|8)
- Sie haben mögliche Sprechhemmungen so weit im Griff, dass Sie alle Gelegenheiten, die Fremdsprache aktiv zu sprechen, auch tatsächlich nutzen. (Wenn nicht: s. vor allem Abschnitt 11|11)
- Sie besitzen ein ausreichendes Repertoire an Routineformeln, mit denen Sie eventuelle Probleme mit der Fremdsprache während der aktiven Anwendung thematisieren und Lösungen ansteuern können, und zwar sowohl für den Fall, dass Sie etwas nicht verstehen, als auch für eigene Ausdrucksprobleme. (Wenn nicht: s. vor allem Abschnitt 11|12)
- Sie besitzen darüber hinaus aber auch bereits einen bestimmten Fundus an Routineformulierungen für häufig wiederkehrende Kommunikationssituationen, angefangen vom Grüßen oder Sich-nach-dem-Befinden-Erkundigen über den Smalltalk zum Thema Wetter oder das Kantinenessen bis hin zu beruflichen Situationen, in die Sie häufig kommen, wie in Sitzungen eigene Problemlösungsvorschläge formulieren oder die Problemlösungsvorschläge anderer kommentieren. (Wenn nicht: s. vor allem Abschnitt 11|13)
- Sie haben ferner bereits einen (vielleicht noch kleinen) Fundus an Gesprächsbausteinen erarbeitet, mit denen Sie auch schon erste längere Gesprächsbeiträge leisten können, ohne nach jedem einzelnen Satz erst einmal wieder eine geistige Verschnaufpause einlegen zu müssen, z. B. eine Kurzdarstellung Ihres beruflichen Werdegangs, das Wichtigste über Ihre Heimatstadt oder Ihren aktuellen Aufgabenbereich in der Firma. (Wenn nicht: s. Abschnitt 11|14)

19 | 3   Praktizieren Sie »schriftliches Probesprechen«

Dieser Ratschlag klingt zunächst zugegebenermaßen paradox. Schließlich trennen wir ja auch sonst klar zwischen Sprech- und Schreibkompetenz. Gemeint ist hier aber nicht das Schreiben im Sinne des Verfassens ganzer Texte, die als solche in entsprechenden Kommunikationssituationen eingesetzt werden (wie z. B. Geschäftsbriefe, Sitzungsprotokolle oder Artikel in Fachzeitschriften). Gemeint ist hier vielmehr das bloße schriftliche Festhalten von Äußerungen, die man mündlich machen könnte oder möchte, also ein Schreiben im Sinne eines *verlangsamten Probesprechens*. Dieses bietet uns nämlich beste Trainingsbedingungen für den Ernstfall des spontanen freien Sprechens in echten Gesprächssituationen mit Muttersprachlern. Hier seine wichtigsten Vorzüge:

- Schriftliches Probesprechen zwingt uns zur Festlegung auf Formulierungen. Formulieren kann man zwar theoretisch auch nur im Kopf, aber das bloße Hinschreiben führt durch seinen höheren Verbindlichkeitsgrad zu einem bewussteren Umgang mit konkreten Formulierungen. Und genau darum geht es uns ja, wenn wir die fremdsprachige Sprachproduktion üben wollen.
- Schriftliches Probesprechen lässt uns Zeit, um Formulierungsprobleme bewusst wahrzunehmen und systematisch zu bearbeiten. Beim spontanen Sprechen, insbesondere unter dem Druck realer Kommunikationssituationen, sagen wir oft das Erstbeste, das uns in den Sinn kommt, und umgehen dabei zwangsläufig alle Probleme. Mit der Folge, dass wir eigentlich nur das umwälzen, was wir schon können, anstatt unser Ausdruckspotential zu erweitern. Beim schriftlichen Probesprechen hingegen können wir in Ruhe über Alternativen nachdenken, Ausdrucksprobleme systematisch angehen und unser Repertoire an Ausdrucksmöglichkeiten so Stück für Stück erweitern.
- Schriftliches Probesprechen erleichtert das Feedback, sei es durch Lehrer, Tandempartner oder beliebige andere kompetente Sprecher der Zielsprache.
- Schriftliches Probesprechen kann dokumentiert, aufgehoben und später jederzeit nachbearbeitet, wiederverwendet und erweitert werden.
- In manchen Unterrichtssituationen, in denen Nachweise über fremdsprachliche Lernaktivitäten erbracht werden müssen, können mit den Produkten des schriftlichen Probesprechens Lernbemühungen dokumentiert werden, z. B. im Rahmen eines Portfolios (s. Abschnitt 6|5).

Damit das schriftliche Probesprechen all diese Funktionen entfaltet, ist aber zu beachten, dass die Art der Sprachverwendung die der mündlichen Rede ist und nicht die eines typisch schriftsprachlichen Textes. Das heißt konkret, dass Formulierungen, die nur in gesprochener Sprache, aber normalerweise nicht in Texten vorkommen, beim schriftlichen Probesprechen ausdrücklich erlaubt sind. Zwar werden wir selbstverständlich keine *Ähs* und *Öhs* in unser Material einbauen; die werden sich bei der späteren Anwendung schon von selbst ergeben. Wohl aber sind fremdsprachige Formulierungen erlaubt, die auf der gleichen informellen Sprachebene liegen wie im Deutschen z. B. »komm, lass uns losfahren, sonst kommen wir nachher noch zu spät« oder »ich hab irgendwie auch keine Ahnung was das soll« oder »sag bloß du hast den immer noch nicht angerufen«. Am besten orientieren Sie sich beim schriftlichen Probesprechen am Stil der eigenen mündlichen Rede, so wie er für Sie typisch ist. Oder etwas direkter gesagt: Schreiben Sie einfach so, wie Ihnen der Schnabel gewachsen ist.

19 | 4 Testen Sie systematisch Ihr fremdsprachiges Ausdruckspotential und ermitteln Sie Lücken

Damit Sie überhaupt eine Vorstellung davon entwickeln, was Gegenstand des *schriftlichen Probesprechens*, so wie ich es im vorausgehenden Abschnitt beschrieben habe, sein könnte, führen Sie zunächst eine Soll- und Haben-Analyse Ihres aktuellen Ausdruckspotentials durch.

Im Folgenden finden Sie eine Reihe von Vorschlägen, wie Sie, ausgehend von Ihren persönlichen Ausdrucksbedürfnissen, Material sammeln und es anschließend für das schriftliche Probesprechen in der Fremdsprache nutzen:

▶ Nehmen Sie Ihr Handy oder Ihren Voice-Recorder und zeichnen Sie ein typisches persönliches Gespräch in der Muttersprache auf, das so oder so ähnlich auch in Ihrer Fremdsprachenanwendung vorkommen könnte, egal, ob im privaten oder im beruflichen Bereich (natürlich nur mit Zustimmung der beteiligten Personen). Versuchen Sie dann, anhand der Aufzeichnung alles, was Sie in dem Gespräch gesagt haben, in der Fremdsprache auszudrücken, und halten Sie dies im Sinne des beschriebenen Probesprechens schriftlich fest. Es muss keine wortwörtliche Übersetzung sein, aber Sie sollten auch keine Abstriche inhaltlicher oder sprachlicher Art machen, sondern mit der gleichen Differenziertheit und möglichst auf der gleichen Stilebene formulieren wie im Originalgespräch. Notieren Sie alles, was Sie nicht oder nicht angemessen ausdrücken können, zunächst auf Deutsch.

▶ Gehen Sie den gestrigen oder heutigen Tag noch einmal systematisch durch und erstellen Sie so etwas wie einen *mentalen Tagebucheintrag*. Berichten Sie sich selbst dazu in der Fremdsprache möglichst detailliert, was Sie gesehen, gehört, getan und erlebt haben. Formulieren Sie dabei so, als würden Sie jemandem einen genauen Bericht erstatten.

▶ Gehen Sie noch einmal die wichtigsten beruflichen und privaten Stationen Ihres Lebens durch und stellen Sie sich vor, Sie müssten diese jemandem chronologisch erzählen.

▶ Versuchen Sie, sich an Ihr letztes Bewerbungsgespräch zu erinnern und rekonstruieren Sie Ihre Gesprächsbeiträge noch einmal möglichst genau, diesmal jedoch in der Fremdsprache.

▶ Denken Sie noch einmal an Ihr letztes »großes« Streitgespräch (egal, mit wem Sie es geführt haben) und streiten Sie sich in Gedanken noch einmal, aber dieses Mal in der Fremdsprache.

▶ Gehen Sie noch einmal gedanklich Ihren letzten Vortrag, Ihr letztes Referat oder Ihre letzte Präsentation durch, die Sie mehr oder weniger frei gehalten haben (vielleicht nur anhand von Notizen oder ausgehend von einer Powerpoint-Präsentation) und fragen Sie sich auch hier, wie Sie das Gleiche in der Fremdsprache gesagt hätten. Gehen Sie auch dabei von einer möglichst freien mündlichen Vortragsweise aus.

- Spielen Sie *Live-Reporter*. Wenn Sie das nächste Mal irgendwo warten müssen (z. B. auf einem Bahnsteig oder in einem Restaurant), beschreiben Sie ähnlich einem Radio-Reporter, der live von einem Fußballspiel berichtet, imaginären Zuhörern in der Fremdsprache, was um Sie herum passiert. Mithilfe Ihres Handys oder Voice-Recorders können Sie Ihre Formulierungen dokumentieren und später in Ruhe nachbearbeiten. Wenn Sie sich am gegebenen Ort zu sehr beobachtet fühlen, arbeiten Sie schriftlich mit einem Notizbuch.

- Spielen Sie Simultandolmetscher. Hören Sie einem Gespräch, an dem Sie selbst nicht direkt beteiligt sind, aufmerksam zu und versuchen Sie, es ähnlich einem Simultandolmetscher so gut wie möglich in die Fremdsprache zu übertragen. Es kann ein Gespräch in der Familie, am Arbeitsplatz, im Zugabteil, im Radio oder im Fernsehen sein. Kinderkassetten sind besonders gut als Trainingsmaterial geeignet, weil sie meist einfache, lebensnahe, dialogische Sprache enthalten.

Die vorgestellten Aktivitäten sind nur Beispiele und Anregungen. Entscheidend ist, dass Sie mit diesen oder anderen, selbst gewählten Techniken so nah wie möglich an Ihre eigene Kommunikationswirklichkeit herankommen und deren Bewältigung in der Zielsprache üben. Der Regelfall sollte dabei die vollständige Nutzung des Materials für das schriftliche Probesprechen sein, weil dieses die im vorausgehenden Abschnitt genannten Vorzüge bietet. Besonderes Augenmerk legen Sie dabei natürlich auf die *Ausdrucksdefizite*, die Sie noch haben. Ziel ist es, diese aufzudecken, um sie zielstrebig bearbeiten und beheben zu können.

Technisch gehen Sie dabei am besten so vor, dass Sie das, was Sie bereits in der Fremdsprache ausdrücken können, auch gleich in der Fremdsprache hinschreiben, die festgestellten Lücken aber noch stichpunktartig mit deutschen Wörtern füllen. Auch wenn es auf den ersten Blick ein wenig demotivierend zu sein scheint, sich auf diese Weise seine Defizite bewusst zu machen: Es ist allemal besser, sie beim Lernen und Üben aufzudecken als später im »Ernstfall«, also im Gespräch. Wir befinden uns noch in der Phase der Proben und nicht in der Aufführung. Diesen Vorteil gilt es im nächsten Schritt systematisch zu nutzen, in dem wir Strategien besprechen, wie wir die festgestellten Lücken (und das werden sicherlich noch ziemlich viele sein) schließen können.

19 | 5 Machen Sie sich mit dem Aufbau Ihres zweisprachigen Wörterbuchs vertraut

Nachdem Sie die Lücken wie im vorausgehenden Abschnitt besprochen identifiziert haben, ist der nächste Schritt natürlich das systematische Schließen dieser Lücken. Wann immer man nicht weiß, wie etwas in der Fremdsprache heißt oder wie man etwas in der Fremdsprache ausdrückt, ist der Griff zum zweisprachigen Wörterbuch fast ein Reflex. Nicht ganz zu Unrecht. Denn gute zweisprachige Wörterbücher sind wahre Wundertüten: Sie enthalten in sehr komprimierter Form sehr viele wertvolle Informationen über beide Sprachen und vor allem über das Verhältnis beider zueinander, also zu der Frage, mit welchen Wörtern man gleiche Inhalte in jeweils der einen oder der anderen ausdrücken kann.

Doch sie bergen auch einige Gefahren, speziell dann, wenn man sie statt zum Erschließen fremdsprachiger Texte (also in der Richtung Fremdsprache – Deutsch) zur Produktion fremdsprachiger Texte (also in der Richtung Deutsch – Fremdsprache) benutzt. Denn während wir im ersten Fall wissen, dass im fremdsprachigen Text Form und Bedeutung bereits in sinnvoller Weise aufeinander bezogen sind und wir diese Zuordnung nur richtig interpretieren müssen, muss genau diese Zuordnung beim Formulieren in der Fremdsprache erst noch gefunden werden, und das mit den Mitteln unserer noch sehr eingegrenzten fremdsprachlichen Urteilskompetenz.

Vor diesem Hintergrund kann es leicht zu Benutzungsfehlern kommen, sowohl beim Suchen als auch bei der Auswahl und Einordnung des richtigen Äquivalents aus dem Angebot, das die Wörterbücher für die deutschen Stichwörter machen. Schwierig wird es auch, wenn keine einzelnen Begriffe, sondern Wortkombinationen, Ausdrücke und Wendungen benötigt werden. Deshalb tun wir gut daran, einige Grundregeln im Umgang mit Wörterbüchern zu beachten. Sie helfen nicht nur Benutzungsfehler zu vermeiden, sondern erhöhen auch die Such-Effizienz. Dazu im Folgenden einige grundlegende Tipps.

- Machen Sie sich mit dem Makroaufbau des Wörterbuchs vertraut.
  Den Hauptteil jedes Wörterbuchs macht natürlich der alphabetische Teil aus. Trotzdem sollten Sie zunächst auch einmal schauen, was Ihr Wörterbuch davor und dahinter noch enthält, z.B. wo das Abkürzungs- und das Symbolverzeichnis steht, wo sich die Benutzungshinweise finden und welche Zusatzangebote Ihr Wörterbuch enthält (Konjugationstabellen, Deklinationsmuster, Verzeichnis geografischer Eigennamen, Aussprachehinweise, Verzeichnis der verwendeten Lautsymbole, Orthografieregeln, Verzeichnis regionaler Varianten z.B. zum amerikanischen Englisch oder Spanisch usw.). Insbesondere sollten Sie die Benutzungshinweise lesen und sich darin alles anstreichen, was für die effiziente Benutzung des Wörterbuchs wichtig ist, was für Sie aber nicht unbedingt selbstverständlich ist. Steht beispielsweise Kursivschrift für

Erklärungen oder für Anwendungsbeispiele? Was ist die Funktion eckiger Klammern im Kontrast zu runden oder gar geschweiften? Ersetzt das Tildenzeichen (~) das Stichwort in seiner Grundform oder auch in flektierter Form, z. B. seinen Plural oder Genitiv? Achten Sie auch bei der alphabetischen Anordnung auf eventuelle Besonderheiten, z. B. die Einordnung von deutschen Wörtern mit ß, die manchmal wie normales S, manchmal aber auch wie Doppel-S eingeordnet werden. Im fremdsprachlich-deutschen Teil ergeben sich zwangsläufig Besonderheiten bei Buchstaben, die es im Deutschen nicht gibt, also z. B. dem schwedischen Å, das im Alphabet hinter dem Z und keineswegs hinter dem A kommt oder das türkische ı, das nicht identisch ist mit dem i und im Alphabet vor diesem kommt. Auch die Behandlung von Wörtern, die im Spanischen mit doppeltem statt mit einfachem L anfangen (*llamar, llegar, llave, llano, lluvia* usw.) in einem eigenen Wörterbuch-Abschnitt zwischen L und M, wie man sie teilweise in spanischen Wörterbüchern findet, kann für den Benutzer zunächst überraschend sein und muss erkannt werden. Bei elektronischen Wörterbüchern gestaltet sich die Suche hingegen deutlich einfacher (s. Abschnitt 9|22). Allerdings sollte man auch hier die alphabetische Anordnung durchschauen, da man ja manchmal auch in elektronischen Wörterbüchern um den gesuchten Eintrag herum nach vorne oder zurückblättert (z. B. um Wortzusammensetzungen zu finden).

▶ Machen Sie sich mit dem Mikroaufbau der einzelnen Wörterbuchartikel vertraut. Mindestens ebenso wichtig wie der Überblick über den Makroaufbau des Wörterbuchs im Ganzen ist das Verständnis des Mikroaufbaus der einzelnen Wörterbuchartikel. Denn diese sind natürlich in sich weiter gegliedert und das häufig nicht alphabetisch. So kommen bei manchen Wörterbüchern die Grundbedeutungen vor den Spezialbedeutungen oder die Äquivalente auf Wortebene vor den Wendungen. Zur Klassifikation von Haupt- und Unterbedeutungen werden mal arabische, mal römische Ziffern, mal Groß- oder Kleinbuchstaben, mal Kommata und Semicola verwendet oder aber auch unterschiedliche Schriftgrößen oder Schrifttypen. Nehmen Sie einmal Ihr am häufigsten benutztes zweisprachiges Wörterbuch zur Hand und schlagen Sie einen längeren Artikel auf. Ist Ihnen das Anordnungsprinzip des Wörterbuchartikels wirklich komplett klar ist, so dass Sie angeben können, warum die Informationen in genau dieser Reihenfolge gegeben werden und nicht in einer anderen? Die Antwort heißt in den meisten Fällen wohl eher nein. Das sollte wiederum ein Anreiz sein, sich die Benutzungshinweise durchzulesen, denn dort wird genau dieses erklärt. Das erscheint zunächst lästig und nicht gerade spannend, hilft auf längere Sicht aber zumindest bei der Benutzung von Papierwörterbüchern, eine Menge Zeit zu sparen. Bei elektronischen Wörterbüchern entfällt zwar ein Teil dieser Mühe, weil man innerhalb jedes Wörterbuchartikels wiederum mit der Suchfunktion arbeiten kann. Aber auch dann sollte man den Aufbau des Artikels möglichst verstehen, z. B. um beurteilen zu können, ob man sich noch im Bereich der Grundbedeutungen des gesuchten Wortes befindet oder bereits im Bereich der Wendungen, wo das Wort nur noch in engen Kontexten so wiedergegeben werden kann. Finden wir z. B. in einem Wörterbuch eine fremdsprachige Entsprechung für *mitten ins Herz treffen*, dann sollten wir wissen, ob wir noch bei den Grundbedeutungen von *treffen* sind (*Der Schuss traf ihn mitten ins Herz*) oder bereits bei den eher bildlichen Wendungen (*Die Nachricht traf ihn mitten ins Herz*). Denn die Wiedergabe von *treffen* in der Fremdsprache ist in beiden Fällen nicht zwangsläufig die gleiche.

▶ Benutzen Sie das Abkürzungs- und Symbolverzeichnis.
Die Kenntnis beider ist für eine kompetente Benutzung unerlässlich. Mit Abkürzungsverzeichnis sind hier die Abkürzungen gemeint, die das Wörterbuch selbst regelmäßig verwendet, um Platz zu sparen. (Daneben gibt es in vielen Wörterbüchern auch noch ein Verzeichnis der in den jeweiligen Sprachen selbst verwendeten Abkürzungen wie *s. o.*, *u. a.*, *kg*, *km/h*, *GmbH*, *EDV*, *Kfz*, *LKW* usw.) Weder die Abkürzungen noch die verwendeten Symbole sind dabei immer vollständig selbsterklärend. Ihre Nichtbeachtung kann zu Missverständnissen führen. Wer denkt, »*f.*« stehe in seinem Französisch-Wörterbuch für die Grammatikinformation »*feminin*«, während es in Wirklichkeit für »*familiär*« steht, vergreift sich möglicherweise ahnungslos in der Stilebene. Und wer nach der Entsprechung des deutschen Wortes *Leistung* im Englischen sucht, muss die Äquivalente für »Leistung« im allgemeinsprachlichen Sinne, im physikalischen Sinne, im elektrotechnischen Sinne, im finanzwirtschaftlichen Sinne, im kaufmännischen Sinne usw. unterscheiden. Die fachsprachlichen Äquivalente (*performance*, *achievement*, *power*, *output*, *payment*, *service* usw.) sind dabei u. U. nur mit den Symbolen für die einzelnen Fachgebiete gekennzeichnet. Man muss sie also kennen, um dem Wörterbuch das jeweils richtige Äquivalent entnehmen zu können. In elektronischen Wörterbüchern reicht meist ein Klick auf das unbekannte Symbol, um die Erklärung dafür zu bekommen. Wer mit Papierwörterbüchern arbeitet und nicht ständig blättern möchte, lernt entweder die Symbole auswendig oder kopiert sich das Symbolverzeichnis und legt es zum einfachen Konsultieren griffbereit ins Wörterbuch oder unter die Schreibtischunterlage.

Wenn Sie die vorausgehend genannten Punkte beachten, dann bauen Sie Stück für Stück eine *Wörterbuchkompetenz* auf. Diese ist eine wichtige Voraussetzung, um auch als fortgeschrittener Fremdsprachenlerner noch Lernfortschritte zu erzielen. Es lohnt sich also, daran zu arbeiten.

19 | 6   Suchen und finden Sie im zweisprachigen Wörterbuch das
richtige Äquivalent

Auch wenn Sie sich mit dem Aufbau Ihres zweisprachigen Wörterbuchs, so wie im vorausgehenden Abschnitt beschrieben, vertraut gemacht haben, ist die Schließung Ihrer Ausdruckslücken mit seiner Hilfe noch kein Selbstläufer. Haben Sie schon einmal versucht, mithilfe eines Wörterbuchs einen fremdsprachigen Text komplett fehlerfrei zu formulieren? Wenn das Wörterbuch dabei alle notwendigen Informationen enthielte, dürfte Ihr Text höchstens noch Grammatikfehler, aber keine Ausdrucksfehler mehr aufweisen. Die Praxis zeigt, dass dies meist nicht der Fall ist. Die Suche nach dem richtigen Äquivalent im zweisprachigen Wörterbuch kann tricky sein. Denn es impliziert fast immer eine *Auswahlentscheidung*.

Wir hatten schon in Abschnitt 2|5 gesehen, dass lexikalische *Eins-zu-Eins-Entsprechungen* zwischen Sprachen die große Ausnahme sind und, wenn überhaupt, höchstens in normierten Fachsprachen auftreten. Der Regelfall ist die lexikalische *Eins-zu-Viele-Entsprechung*. Ein Blick auf eine beliebige Seite eines guten zweisprachigen Wörterbuchs bestätigt dies: Hier ist nur zu ganz wenigen deutschen Wörtern exakt eine fremdsprachige Entsprechung angegeben. Zu den meisten Wörtern werden mehrere, oft sogar sehr viele Entsprechungen angeboten. Jede einzelne von ihnen ist nur ein *Teiläquivalent* des deutschen Wortes, d. h., es ist ihm nur äquivalent im Fall einer bestimmten Bedeutung, eines bestimmten Verwendungszusammenhangs, einer bestimmten Wortkombination usw. Es gilt deshalb, als nächstes Strategien für die richtige Auswahl zu entwickeln. Dazu dienen die Tipps in diesem Abschnitt.

▶ Achten Sie auf Teiläquivalente
Dieser Ratschlag ergibt sich unmittelbar aus dem vorausgehend Gesagten. Es gilt herauszufinden, unter welchen Bedingungen die einzelnen angegebenen Wörter der Zielsprache als Äquivalente verwendet werden können und unter welchen nicht. Das Wörterbuch hilft Ihnen dabei in der Regel auf mehrfache Weise. Zum einen gruppiert es die Äquivalentangaben nach den verschiedenen Bedeutungen des jeweiligen Stichwortes, meist unterstützt durch eine fortlaufende Nummerierung der Hauptbedeutungen. So wird das Wörterbuch bei der Angabe von fremdsprachigen Äquivalenten zum deutschen Stichwort *Wurzel* in der Regel mindestens differenzieren zwischen der allgemein biologischen Bedeutung (die Wurzel einer Pflanze), der anatomischen Bedeutung (die Wurzel eines Zahns), der mathematischen Bedeutung (die Wurzel aus einer Zahl) sowie der übertragenen Bedeutung (die Wurzel allen Übels, ein Problem an der Wurzel anpacken usw.).

Zum anderen verwenden Wörterbücher erklärende Zusätze, die den Geltungsbereich der Äquivalentangaben abstecken sollen. Diese erklärenden Zusätze bestehen entweder aus Symbolen und Abkürzungen für einzelne Sach- und Fachgebiete, die im Abkürzungsverzeichnis bzw. Symbolverzeichnis erklärt werden (s. Abschnitt 19|5), oder aus Klammerzusätzen mit vereindeutigenden Erklärungen, sog. »Glossen«. Im Fall des Wortes *Zug* z. B. können die möglichen Äquivalente im Englischen mit den folgenden vereindeutigenden Glossen versehen sein: *(Verkehrsmittel) train, (Atem) breath, (Durchzug) draught, (Werkzeug) hoist, (Wanderung von Vögeln) migration, (feierlicher Umzug) procession, (Gummizug) elastic band* usw. Nutzen Sie auf der Suche nach dem richtigen Äquivalent möglichst alle Informationsquellen, Gruppierungen, Symbole, Glossen usw.

Es ist allerdings nicht zu übersehen, dass Wörterbücher gerade in dieser Hinsicht oft Mängel haben. Im Grunde genommen müsste immer dann, wenn zu einem deutschen Wort mehr als ein fremdsprachiges Äquivalent angegeben ist, zu jedem einzelnen dieser Äquivalente ein erklärender Zusatz gegeben werden, der präzisiert, unter welchen Bedingungen dieses das richtige Äquivalent ist. Eine kommentarlose Aufzählung dürfte nur dann erlaubt sein, wenn es sich um immer und überall gegeneinander austauschbare Synonyme handelt – ein eher seltener Fall. In allen anderen Fällen hingegen müsste ein ideales zweisprachiges Wörterbuch die Kriterien für die richtige Auswahl in einer für den Benutzer transparenten Form angeben. Daran mangelt es selbst in umfangreichen Qualitätswörterbüchern nicht selten. So macht z. B. der Muret-Sanders (in der elektronischen Fassung 4.0) zum deutschen Stichwort *Veranstaltung* folgende Angaben: »1. *nur Sg.* arrangement, organization; 2. *konkret*: event; *öffentliche*: (public) function; *UNIV. etc.* course«. Wenn Sie sich z. B. fragen, welches der Äquivalente Sie anhand dieser Angaben nehmen sollten, wenn Sie in einer Rundmail in Ihrem Unternehmen das nächste Meeting, die nächste Pressekonferenz, die nächste Betriebsversammlung oder die nächste Fortbildung als »Veranstaltung« bezeichnen möchten, kommen Sie wahrscheinlich ins Grübeln. Wäre eine Pressekonferenz eine *function*, weil sie öffentlich ist? Ist der Zusatz *public* vor *function* wegen der Klammer im Wörterbuch optional zu verstehen oder in manchen Fällen doch eher zwingend? Sind nicht alle genannten Veranstaltungen »konkret« und somit *events*? Kann eine Fortbildung nicht ähnlich wie eine Lehrveranstaltung an der Uni ein *course* sein? Und bedeutet der scheinbar grammatische Zusatz »nur Sg.« nicht im Grunde etwas ganz anderes, nämlich so viel wie »das Durchführen einer Veranstaltung als Handlung«? Insgesamt hat man den Eindruck, dass die für ein so umfangreiches Wörterbuch wie den Muret-Sanders äußerst knappen Angaben weder der Häufigkeit noch der Vielschichtigkeit des deutschen Wortes *Veranstaltung* gerecht werden.

Welche Auswirkungen fehlende Angaben zur genauen Bedeutung und Verwendung von Teiläquivalenten haben, wird besonders deutlich, wenn wir uns Beispiele in umgekehrter Sprachrichtung ansehen. Wenn z. B. ein italienischer Deutschlerner im italienisch-deutschen Teil eines Wörterbuchs für das italienische Wort *scomparsa* ohne weitere Erklärung die deutschen Äquivalente »Verschwinden« und »Schwund« findet (auch dies ein authentisches Beispiel), dann hat er keine wirkliche Chance, sicher das richtige Äquivalent auszuwählen. Als deutschen Muttersprachlern ist uns hingegen sofort klar, dass die beiden Begriffe *Verschwinden* und *Schwund* zwar bedeutungsmäßig eng verwandt sind, dass es aber kaum Verwendungen gibt, in denen man sie problemlos gegeneinander austauschen kann. So können Sie beispielsweise in die Situation kommen, der Polizei das »Verschwinden« Ihres Geldes melden müssen; aber dass die Polizei bereit ist, etwas gegen den »Schwund« Ihres Geldes zu unternehmen, ist eher unwahrscheinlich.

Besonders fehlerträchtig sind schließlich auch alle Fälle, in denen die Fremdsprache eine lexikalische Unterscheidung machen *muss*, die wir im Deutschen machen *können*, aber nicht machen müssen, z. B. weil wir einen gemeinsamen Oberbegriff haben. Zahlreiche Beispiele dafür hatte ich bereits in Abschnitt 2|5 gegeben. Gerade diese Fälle sind die Nagelprobe für ein Wörterbuch. Denn dieses taugt nur dann etwas, wenn es den Benutzer bei der Suche nach Äquivalenten in der Fremdsprache klar erkennen lässt, für welche Bedeutung des deutschen Wortes welches Äquivalent gilt, wann also z. B. *Spiel* im Englischen mit *play*, *match* oder *game* wiederzugeben ist, wann *Haar* im Französischen mit *poil* oder *cheveu*, wann *Junge* im Italienischen mit *maschio*, *bambino* oder *ragazzo* usw. (s. Abschnitt 2|5). Die Erfahrung zeigt, dass viele Wörterbücher auch hier dem Benutzer nicht die Entscheidungshilfen zukommen lassen, die er braucht, oder dies zumindest nicht in einer ausreichend klaren Weise tun.

Insgesamt gilt es also, den Wörterbüchern so viel Information zu Teiläquivalenten zu entnehmen, wie sie uns bieten, aber auch immer damit zu rechnen, dass diese Informationen unvollständig sind. Mögliche Strategien, wie Sie diese Unvollständigkeiten durch Rückgriff auf andere Wörterbuchtypen teilweise kompensieren können, zeigt Abschnitt 20|9 (»Nutzen Sie fremdsprachliche Synonymwörterbücher und Thesauri«).

▶ Achten Sie auf Angaben zur »Markiertheit«.
Unter »Markiertheit« versteht man in der Linguistik jede Art von Abweichung von der neutralen Standardsprache. Die wichtigste Markiertheit ist die nach dem Sprachniveau. Ich hatte schon in Abschnitt 13|2 darauf hingewiesen, dass jede Sprache neben den Wörtern der Standardsprache, die man in jedem Text und jedem Gespräch verwenden kann, auch über tausende von Wörtern des sog. »Substandards« verfügt, also Wörter, die wir nur im familiären, populären oder gar vulgären Sprachgebrauch verwenden. Umgekehrt können einzelne Wörter auch als besonders »gehoben«, »gewählt« oder »literarisch« empfunden werden. In der Muttersprache haben wir in

der Regel ein spontanes Empfinden dafür, welcher Stilebene ein Wort angehört. Wir würden bei der offiziellen Besprechung des Haushaltsplans in unserem Unternehmen normalerweise nicht von *Kohle, Knete, Kies, Asche, Schotter, Zaster, Mäusen, Kröten* oder *Piepen* sprechen, wo das neutrale Wort *Geld* angebracht wäre, umgekehrt aber auch nicht von *unzureichenden finanziellen Mitteln*, wenn sich beim Bäcker herausstellt, dass wir zu wenig Bares für die Brötchen dabeihaben.

In der Fremdsprache hingegen fehlt uns meist selbst als Fortgeschrittener noch das sichere Urteil darüber, welcher Stilebene ein Nicht-Standard-Wort angehört. Es ist deshalb besonders wichtig, dass wir diese Information bei Bedarf dem Wörterbuch entnehmen.

Neben den Fällen von Markiertheit im Sinne des Stilniveaus gibt es noch andere Arten von Markiertheit, die bei der Suche nach dem richtigen Äquivalent ggf. zu berücksichtigen sind. Dazu im Folgenden im Sinne der Anschaulichkeit für deutsche Leser jeweils ein paar deutsche Beispiele.

Regionale Markiertheit: Wörter und Ausdrücke, die nur in Teilgebieten eines Sprachgebietes verwendet werden oder die aus einem Dialekt in den regionalen Sprachgebrauch übergegangen sind: österreichisch *Schmarrn* für *Unsinn*, schweizerisch *verunfallen* für *verunglücken*, süddeutsch *Geiß* für *Ziege*, norddeutsch *plietsch* für *pfiffig* usw. (zur Rolle der regionalen Varianten bei der Bestimmung Ihrer Lernziele, siehe auch Abschnitt 3|3 »Bestimmen Sie die Zielsprache und die benötigte Sprachvariante«).

Historische Markiertheit: Wörter und Ausdrücke, die entweder gar nicht mehr oder nur noch scherzhaft oder in absichtlich antiquierter Sprache verwendet werden: *Maid* für *Mädchen*, *Bauersmann* für *Bauer*, *ehegestern* für *vorgestern*, *doktorieren* für *promovieren* usw.

Fachsprachliche Markiertheit: Wörter und Ausdrücke, die zwar in der Allgemeinsprache verstanden, aber als fachsprachlich wahrgenommen werden, und zu denen es »unmarkierte« Standardwörter als Alternative gibt: *Schraubendreher* für *Schraubenzieher*, *Postwertzeichen* für *Briefmarke*, *opak* für *undurchsichtig*, *Appendizitis* für *Blinddarmentzündung* usw.

Gruppensprachliche Markiertheit: Wörter und Ausdrücke, deren Verwendung die Zugehörigkeit zu einer sozialen Gruppe signalisieren und die häufig den Charakter eines Insider-Jargons haben: *Studi* für *Student* im Uni-Kontext, *Krautrock* für deutsche *Rockmusik* bei Musikinteressierten, *hartzen* für *von Arbeitslosengeld II leben* in der Gruppe der Betroffenen, *Greenback* für *Dollar* bei Börsenmaklern usw.

In allen Fällen ist es sinnvoll, auf die Markiertheit zu achten, und zwar sowohl bei dem deutschen Ausgangswort als auch bei den potenziellen fremdsprachigen Äquivalenten. Denn in der Regel suchen wir nach einem Äquivalent, das entweder genauso neutral ist wie das deutsche Ausgangswort (*der Mann da hinten – the man over there*) oder das auf die gleiche Weise markiert ist wie dieses (*der Typ da hinten – the guy over there*). Wenn wir nicht auf die Markierung achten, kann es leicht passieren, dass wir uns im Ton vergreifen, etwa durch ein unangemessen saloppes oder gar derbes Wort, oder aber dass wir ungewollt eine regionale, jugendsprachliche oder auch unnötig fachliche Variante wählen, wo eine solche nicht passt.

Ein gutes Wörterbuch macht auf jede Art von Markiertheit aufmerksam. Dies geschieht entweder durch Symbole (z. B. durch ein Kreuz für ausgestorbene oder veraltete Wörter) auch durch entsprechende Glossen (wie z. B. »umgangssprachlich«, »poetisch«, »süddeutsch« oder »Jargon«).

Wenn Sie das Gefühl haben, dass Ihr Wörterbuch unzureichende Angaben zur Markiertheit seiner Äquivalentangaben macht, sollten Sie dieses Wörterbuch entweder durch ein besseres ersetzen oder zur Kontrolle auf die in Abschnitt 16|7 beschriebenen Spezialwörterbücher zurückgreifen.

▶ Achten Sie auf den Umfang der sprachlichen Einheit, für die Sie ein Äquivalent in der Zielsprache suchen.

Es ist etwas anderes, ob Sie nach einem Äquivalent suchen für *sagen* in dem Satz *Mein Kollege sagt nicht viel* oder in dem Satz *Mein Kollege hatte zu dem Thema nicht viel zu sagen* oder aber in dem Satz *Mein Kollege hat in unserer Firma nicht viel zu sagen*. Im ersten Fall geht es nur um ein Äquivalent für das deutsche Verb *sagen*, also für das, was man tut, wenn man sich sprachlich äußert. Hier wird man also sinnvollerweise nach Äquivalenten unter den Grundbedeutungen von *sagen* suchen. Im dritten Fall ist *sagen* als Teil der Wendung *nichts zu sagen haben* im Sinne von *keine Entscheidungsbefugnisse haben* gemeint. Hier werden wir zwar auch im zweisprachigen Wörterbuch unter *sagen* nachschlagen, weil es das am stärksten sinntragende Wort in dieser Wendung ist (und nicht etwa unter *nichts* oder *haben*). Aber im Wörterbuchartikel *sagen* springen wir am besten gleich zu den Wendungen, in der Hoffnung, dort ein Äquivalent für den Ausdruck *nichts zu sagen haben* als ganzen zu finden. Hier machen sich übrigens wieder die Vorteile eines elektronischen Wörterbuchs bemerkbar. Denn statt den ziemlich langen Artikel *sagen* nach der gesuchten Wendung durchkämmen zu müssen, können wir diesen mithilfe der *Phrasensuche* (s. Abschnitt 9|22) direkt ansteuern. So finden wir für das Englische z. B. den Ausdruck *to have no say in s.th.*

Schwierig ist der mittlere Fall, denn hier stellt sich die Frage, ob die Wörterbuchautoren *sagen* in der Formulierung *zu einem Thema nichts zu sagen haben* als eine ganz normale Verwendung von *sagen* in seiner Grundbedeutung oder doch eher als eine Wendung mit *sagen* in übertragener Bedeutung betrachtet haben. Unabhängig davon, wie wir diese Frage für das Deutsche beantworten, kann es sein, dass in der Fremdsprache die Wiedergabe mit dem Äquivalent von *sagen* in der Grundbedeutung möglich ist oder aber dass ein anderes Wort verwendet werden muss, das eher in Richtung von *beitragen, einen Beitrag leisten* etc. geht. Bei der Wörterbuchbenutzung müssen wir auf beide Fälle vorbereitet sein. Wir werden hier also sowohl die Grundbedeutungen von *sagen* als auch die Wendungen und die Beispiele durchforsten.

Dieses einfache Beispiel zeigt, dass man sich bei der Suche nach dem richtigen Äquivalent zunächst immer fragen sollte, welche Wörter eine zusammenhängende Bedeutungseinheit bilden. Es zeigt aber auch, dass in der Beantwortung dieser Frage Ermessensspielräume für die Wörterbuchautoren bestehen bleiben, sodass nichts anderes übrig bleibt, als ganze Wörterbuchartikel nach einer brauchbaren Lösung zu durchsuchen. Wie gezeigt, können elektronische Wörterbücher diese Aufgabe erheblich erleichtern.

▶ Achten Sie auf Anwendungsbeispiele.

Es ist immer sinnvoll, sich die Anwendungsbeispiele in einem Wörterbuch anzusehen. Denn einmal ganz abgesehen davon, dass diese Beispiele wertvoller Mini-Input im Sinne von Abschnitt 2|5 sind, liefern sie oft Anhaltspunkte für die Auswahl des richtigen Äquivalents. Dies gilt insbesondere für die Einbindung des Äquivalents in die unmittelbare sprachliche Umgebung. So finden wir z. B. im Pons »Großwörterbuch Französisch« (Papierausgabe von 1999) als Standardäquivalente für das deutsche Wort *Zusammenhang* die Angaben *rapport* und *lien*. Die Anwendungsbeispiele zeigen aber, dass eine angemessene Übersetzung oft gerade nicht mit diesen beiden Wörtern konstruiert wird. So würde man die im Deutschen sehr beliebte Floskel *in diesem Zusammenhang* im Französischen eher mit *dans ce contexte* wiedergeben. Und auch das Anwendungsbeispiel *sie wurde verschiedentlich mit dieser Affäre in Zusammenhang gebracht* mit der französischen Wiedergabe *son nom a été cité à différentes reprises dans cette affaire* greift nicht auf die Standardäquivalente *rapport* und *lien* zurück. In anderen Wörterbüchern hätten wir für die Floskel *in diesem Zusammenhang* auch noch *à ce propos* und die sicher noch mehr überraschende Formulierung *dans cet ordre d'idées* gefunden, die ebenfalls kein *lien* oder *rapport* enthalten.

Anders als in einsprachigen Wörterbüchern (s. den nachfolgenden Abschnitt 19|7) finden wir in zweisprachigen meist nur kürzere Anwendungsbeispiele, selten längere Ausdrücke oder gar ganze Sätze. Dafür sind sie aber häufig unter dem Gesichtspunkt ausgewählt, dass die Wortzusammenstellungen vom Deutschen abweichen und man deshalb nicht ohne Weiteres von selbst auf sie gekommen wäre, wie das zuletzt zitierte Beispiel zeigt. Sie bieten oft ein Muster, das man ergänzen und variieren kann und das deshalb bei der Schließung von fremdsprachlichen Lücken hilft. So kann man das Muster *son nom a été cité à différentes reprises dans cette affaire* leicht für andere Formulierungen mit *in Zusammenhang bringen* adaptieren, wenn man aus dem Beispiel die grundsätzliche Wiedergabemöglichkeit mit *être cité* extrahiert und diese vielleicht sogar mit der weiter oben genannten Formel *dans ce contexte* kombiniert. Die Anwendungsbeispiele in einem möglichst ausführlichen zweisprachigen Wörterbuch sind also oft ein guter Ausgangspunkt für die Entwicklung eigener Formulierungen.

▶ Unterscheiden Sie echte Äquivalente von Paraphrasen.

Haben Sie bei der Benutzung eines zweisprachigen Wörterbuchs, sagen wir in einem deutsch-französischen, schon einmal den Hinweis gefunden »Dafür gibt es im Französischen kein Wort, Sie können es aber mit ... umschreiben«? Sicherlich nicht. Genau das müsste aber an manchen Stellen in zweisprachigen Wörterbüchern stehen. Wie wir schon in Abschnitt 2|5 gesehen haben, unterscheiden sich Sprachen erheblich in der Art und Weise, wie sie Wirklichkeit versprachlichen, »lexikalisieren«, also Wörter für Inhalte (Konzepte) festlegen. Und dabei kommt es immer wieder einmal vor, dass für ein bestimmtes Konzept in der einen Sprache ein fester Ausdruck existiert und für ein anderes nicht. Häufig sind kulturelle Unterschiede die Ursache.

Nehmen wir als Beispiel das deutsche Wort *bemuttern*. Während es im Englischen und Französischen mit den Verben *materner* bzw. *to mother* Wörter gibt, die der Bedeutung des deutschen Wortes zumindest sehr nahekommen und in den meisten Kontexten als Äquivalente verwendet werden können, finden wir in den deutsch-italienischen und deutsch-spanischen Wörterbüchern Angaben wie *fare da madre a qualcuno* (»jemandem eine Mutter sein«), *trattare qualcuno come un bambino* (»jemanden wie ein Kind behandeln«) bzw. *cuidar como una madre* (»wie eine Mutter versorgen, betreuen«). Dies sind zwar denkbare Übersetzungen für das deutsche Verb. Aber sie sind genauso wenig feste lexikalisierte Ausdrücke des Italienischen bzw. Spanischen wie die gerade in Klammern angegebenen deutschen Übersetzungen feste Lexikalisierungen des Deutschen sind. Es handelt sich vielmehr um Paraphrasen, das heißt um mögliche Umschreibungen. Solche Paraphrasen sollte man deutlich von echten Äquivalenten trennen, auch wenn die Unterscheidung für uns als Lerner nicht immer leicht ist. Denn die genannten Paraphrasen mögen im Einzelfall weiterhelfen, sie als echte Äquivalente zu betrachten oder gar als Vokabeln zu lernen, ist aber nicht sinnvoll.

Dazu ein weiteres Beispiel. Auch das deutsche Wort *Feierabend* scheint ein ziemlich deutsches Konzept zu sein. Jedenfalls hat es in vielen Sprachen kein lexikalisiertes Äquivalent. Die in Langenscheidts elektronischem Handwörterbuch des Italienischen (Ausgabe von 1999) angegebenen Übersetzungen belegen dies: Für *Feierabend* in der Bedeutung »Ruhezeit nach der Arbeit« wird *riposo serale* (wörtlich »Abendruhe«) vorgeschlagen und für *Feierabend* in der Bedeutung »Dienstschluss« *fine dell'orario di lavoro* und *chiusura* (wörtlich: »Ende der Arbeitszeit« und »Schließung«). Diese Wiedergaben sind erkennbar nur Paraphrasen. Ihre Verwendung als Äquivalent im Italienischen würde deshalb in vielen Fällen merkwürdig klingen. So ähnlich, als würde man im Deutschen statt *Gleich beginnt mein Feierabend* sagen: *Gleich beginnt das Ende meiner Arbeitszeit* oder noch irritierender: *Wenn ich Abendruhe habe, mache ich regelmäßig Judo.*

In allen Fällen, in denen wir den Verdacht haben, im Wörterbuch nur eine Paraphrase statt eines echten lexikalischen Äquivalents gefunden zu haben, sollten wir mit der Übernahme also eher vorsichtig umgehen, zunächst eine Prüfung im einsprachigen Wörterbuch durchführen (s. den folgenden Abschnitt 19|7) und ggf. unseren deutschen Ausgangssatz zunächst umformulieren, um einen neuen Formulierungsansatz in der Fremdsprache zu finden. Das hat dann zwar oft zur Folge, dass wir uns von typisch deutschen Konzepten verabschieden müssen, wir erhalten so aber die Chance, eine für die Zielsprache typischere Formulierung zu finden.

Mit den vorausgehend vorgestellten Strategien lässt sich zwar, wie wir gesehen haben, keineswegs in jedem Einzelfall das richtige Äquivalent in der Zielsprache finden und wir können auch nicht in jedem Fall die Lücke, die uns zum Nachschlagen motiviert hat, sicher schließen. Aber wir können so immerhin die Trefferquote deutlich erhöhen. Es sei auch noch einmal daran erinnert, dass dies umso leichter ist, je besser das verwendete zweisprachige Wörterbuch ist.

In den Fällen, in denen dennoch Zweifel bestehen bleiben, ob das gefundene Äquivalent das richtige ist, müssen dann die Teststrategien angewendet werden, die ich in Kapitel 20 im Zusammenhang mit dem Schreiben bespreche (s. insbesondere die Abschnitte 20|12, 20|14 u. 20|16). Eine Teststrategie möchte ich aber wegen ihrer besonderen Bedeutung bereits im nächsten Abschnitt vorstellen: den Check im einsprachigen Wörterbuch.

19 | 7 Überprüfen Sie die Äquivalentangaben aus dem zweisprachigen im einsprachigen Wörterbuch

Es ist immer eine gute Idee, die Wörter und Ausdrücke, die man im zweisprachigen Wörterbuch als Äquivalente zu einem deutschen Suchwort angeboten bekommen hat, selbst wiederum in einem einsprachigen Wörterbuch nachzuschlagen und zu sehen, was dort an Erklärungen steht. Das klingt vielleicht zunächst nach viel Blättern. Aber es sei daran erinnert, dass sowohl zwei- als auch einsprachige Wörterbücher heute häufig in elektronischer Form verfügbar sind. Der Wechsel von der Suche in einem Wörterbuchtyp zur Suche in einem anderen ist dann nur noch eine Sache von *copy and paste*.

Ich hatte bereits in Abschnitt 13|16 den Nutzen einsprachiger Wörterbücher dargestellt, insbesondere solcher, die speziell für Lerner konzipiert wurden. Ich hatte dies dort allerdings speziell unter dem Gesichtspunkt des Wortschatzlernens getan. Der

Hauptgrund war folgender: Der Aufbau des Artikels im einsprachigen Wörterbuch ist ausschließlich aus der Fremdsprache selbst heraus entwickelt und bildet die lexikalische Struktur des gesuchten Wortes deshalb besser ab als das zweisprachige Wörterbuch. Denn dieses betrachtet das fremdsprachige Wort unter dem Gesichtspunkt seiner möglichen Äquivalente in der jeweils anderen Sprache und damit sozusagen durch die Brille dieser Sprache. Hinzu kommt, dass einsprachige Wörterbücher in der Regel wesentlich mehr Anwendungsbeispiele als zweisprachige Wörterbücher in Form von sorgfältig ausgewählten Minikontexten enthalten und so die typischen Verwendungen des jeweiligen Stichwortes besonders gut dokumentieren.

Beide Merkmale zusammen genommen begründen nicht nur die Eignung des einsprachigen Wörterbuchs für das Wortschatzlernen, sondern auch seine Eignung für das Überprüfen von Äquivalentangaben aus einem zweisprachigen Wörterbuch. Denn wenn wir eine Äquivalentangabe aus dem zweisprachigen Wörterbuch im einsprachigen Wörterbuch nachschlagen, dann muss mindestens eine der dort gegebenen Erklärungen die Bedeutung jenes deutschen Wortes abdecken oder einschließen, das uns ganz zu Anfang veranlasst hat, überhaupt im zweisprachigen Wörterbuch nach fremdsprachigen Äquivalenten zu suchen. Ist dies nicht der Fall, dann ist Vorsicht geboten. Dies gilt erst recht, wenn das im zweisprachigen Wörterbuch angebotene Äquivalent als Stichwort im einsprachigen Wörterbuch gar nicht auftaucht. Dann kann es sich z. B. um ein sehr seltenes, ein veraltetes, ein nur in fachsprachlichen Kontexten verwendetes oder ein stilistisch unangemessenes Wort handeln, und die Autoren des zweisprachigen Wörterbuchs haben einfach nicht darauf geachtet, das Wort entsprechend zu kennzeichnen. Oder aber die Fälle, in denen es als Äquivalent fungieren kann, sind so begrenzt, dass das einsprachige Wörterbuch diesen Fall als untypisch betrachtet und deshalb nicht erfasst hat. In all diesen Fällen ist für uns als Nichtmuttersprachler die Gefahr einer Fehlverwendung des Wortes relativ groß. Folglich sollten wir in dieser Situation lieber nach Alternativen suchen. Dazu ziehen wir entweder andere im zweisprachigen Wörterbuch angegebene Äquivalente in Erwägung und überprüfen diese auf die gleiche Weise auf ihre Eignung. Oder wir formulieren das, was wir sagen wollen, auf Deutsch um, um so auf neue Wiedergabemöglichkeiten zu stoßen.

19 | 8   Reagieren Sie auf echte Lücken im Wörterbuch mit der richtigen Strategie

Als Fortgeschrittener, der die Fremdsprache sprechend oder schreibend aktiv auf hohem Niveau benutzen möchte, haben Sie sicher auch schon häufiger die Erfahrung gemacht, ein dringend benötigtes Wort oder einen Ausdruck in keinem Nachschlagewerk zu finden und auch online nicht fündig zu werden. Je seltener die Zielsprache ist, desto eher wird dies passieren. Was ist im Falle solcher Wörterbuchlücken zu tun?

Zunächst wollen wir drei Haupttypen solcher Lücken unterscheiden: die Eintragslücke, die Teilbedeutungslücke und die phraseologische Lücke. Fast immer, wenn ein Wörterbuch nicht weiterhilft, liegt einer dieser drei Fälle vor.

Die *Eintragslücke* liegt vor, wenn das gesuchte deutsche Wort im deutsch-fremdsprachigen Teil des Wörterbuchs nicht aufgeführt ist. In schlechten und in älteren Wörterbüchern ist dieser Fall ziemlich häufig. Ich habe schon früh die Angewohnheit entwickelt, jedes Wort, das ich in einem Wörterbuch gesucht, aber nicht gefunden habe, auf der entsprechenden Seite, wo es hätte stehen müssen, am Rande zu notieren. Fast alle meine Wörterbücher (rund 250) weisen in diesem Sinne Lücken auf. Allerdings sind es im Laufe der Zeit (d. h. in neueren Auflagen oder bei Neuerscheinungen) deutlich weniger geworden, ein Indiz, dass die Wörterbücher besser geworden sind, selbst innerhalb der gleichen Preisklasse. So fehlten in meinem Deutsch-Italienisch-Wörterbuch, mit dem ich als Student auf Empfehlung einer Dozentin gearbeitet habe (Bidoli / Cosciani) z. B. so vergleichsweise normale Wörter wie *Akupunktur, Allgemeinbildung, Bankräuber, Brotkasten, Ferienwohnung, Halbpension, Haushaltsgeld, Heiratsschwindler, Hochleistungssport, Intensivstation, Karate, Kinderbett, Lohnfortzahlung, Menüwahl, Modenschau, Mofa, Nachwuchs, Nagellack, Rechtspfleger, Skianzug, Skilanglauf, Sportgeschäft, Stromausfall, Studentenunruhen, Studentenwohnheim, Stummfilm, Tanzschule, Telefonverbindung, Umkleidekabine, Wellensittich*. Im Handwörterbuch Italienisch (elektronische Ausgabe von 1999) finden sich hingegen alle genannten Wörter bis auf *Menüwahl, Rechtspfleger* und *Studentenunruhe(n)*. Trotzdem können auch in aktuellen Wörterbüchern noch einzelne erstaunliche Lücken auftreten. So sind in der Papierausgabe von 2009 des sehr verbreiteten *Langenscheidts Taschenwörterbuch Deutsch – Englisch* zwar mehr als 70 Wortzusammensetzungen mit *Kinder-* aufgeführt, von *Kinderarbeit* bis *Kinderzimmer*, aber die *Kinderfrau* fehlt. Auch die etwas spezielleren, aber für manche Benutzer sicher wichtigen Wörter *Kulturinstitut, Kongressbüro, Stellenbesetzung, verschuldet* und *Vorstandsvorsitzende(r)* sucht man vergeblich. In der elektronischen Version des Großwörterbuchs Muret-Sanders (Vers. 4.0) fehlt erstaunlicherweise immerhin noch das *Kongressbüro* und auch ein Ausweichen auf *Tagungsbüro* führt nicht zum Erfolg. Und das, obwohl praktisch jeder, der auf eine Tagung fährt, mit dieser zentralen Anlaufstelle zu tun hat.

Die naheliegende Vermutung, dass die bekannten Wörterbücher im Internet wie <dict.leo.org> oder <dict.cc> weniger Lücken aufweisen, erweist sich nur für Englisch als in der Tendenz zutreffend. Zwar muss man bei den genannten Stichprobenwörtern in beiden Internetquellen bei *Kongressbüro* oder *Menüwahl* Fehlanzeige konstatieren (letzter Aufruf 21.04.16), aber immerhin bietet mindestens eines von beiden jeweils Vorschläge für *Vorstandsvorsitzende(r), Rechtspfleger(in), Stellenbesetzung, verschuldet* und *Kulturinstitut*. Für alle anderen Sprachen sind die Trefferquoten aber deutlich geringer. Für das Sprachenpaar Deutsch – Schwedisch auf der Seite *dict.cc* z. B. findet sich zum o. g. Abrufzeitpunkt für kein einziges der genannten Stichwörter ein Übersetzungsvorschlag.

Der zweite Fall ist die Teilbedeutungslücke: Für das gesuchte deutsche Wort findet sich zwar ein Eintrag, aber in diesem fehlt die Angabe eines Äquivalents für die gesuchte Teilbedeutung. Dies ist z. B. der Fall, wenn für ein Wort wie *Ausfall* zwar Äquivalente für *Ausfall* im finanziellen Sinne (*Ausfall von Zahlungen*) oder im technischen Sinne (*Ausfall einer Maschine oder Anlage*), aber nicht für *Ausfall* in einer personenbezogenen Bedeutung gegeben werden (z. B. *krankheitsbedingter Ausfall von Mitarbeitern*). Lücken dieser Art sind nicht immer leicht zu erkennen. Denn Teilbedeutungen von Wörtern sind keine mathematischen Größen, bei denen gleich und verschieden immer klar abzugrenzen sind. Zwischen den einzelnen Teilbedeutungen gibt es oft fließende Übergänge. Die Übergänge zwischen deutlich verschiedenen Bedeutungen (wie z. B. *Mutter* im familiären und *Mutter* im technischen Sinne) bis hin zu Detailunterschieden (z. B. in der Verwendung des Wortes *stehen*, je nach dem, ob es mit Bezug auf einen Menschen, ein Tier, eine Tasse, ein Möbelstück, ein Haus oder ein Komma gebraucht wird). Hier muss man als Wörterbuchbenutzer von Fall zu Fall entscheiden, ob tatsächlich eine Teilbedeutungslücke vorliegt oder ob die gesuchte Teilbedeutung unter eine der angegebenen Teilbedeutungen fällt und das dafür angegebene Äquivalent verwendet werden kann. So kann es sein, dass in einer bestimmten Sprache für den Ausfall von Personen das gleiche Wort verwendet wird wie für den Ausfall von Maschinen, während in einer anderen grundverschiedene Wörter verwendet werden müssen. Oder für das Stehen eines Gegenstands mit Füßen (wie bei einem Tisch oder Stuhl) kann möglicherweise das gleiche Wort wie für das Stehen eines Menschen oder Tieres benutzt werden, für das Stehen von Gegenständen oder Zeichen, die eindeutig keine Beine haben (wie Tassen und Teller oder Wörter und Satzzeichen in einem Text) hingegen nicht.

Der dritte häufige Fall ist die phraseologische Lücke: Unter dem deutschen Suchwort ist ein Eintrag vorhanden und in diesem sind auch für alle Teilbedeutungen fremdsprachige Äquivalente angegeben, aber die spezielle Wortverbindung, in der das Suchwort vorkommt, ist nicht erfasst. So findet man zum Beispiel im Langenscheidts Taschenwörterbuch Französisch (Ausgabe 2009) zwar für zahlreiche deutsche Wendungen, in denen das Wort *Kopf* vorkommt (s. die Aufzählung in Abschnitt 2|5), französische Entsprechungen oder zumindest Umschreibungsvorschläge, aber die Wendungen *wie vor den Kopf gestoßen sein, einen kühlen Kopf bewahren, etwas im Kopf nicht aushalten* oder *jemandem etwas an den Kopf werfen* (im übertragenen Sinne) fehlen.

Was kann man nun tun, wenn man auf einen dieser Lückentypen stößt? Im Folgenden dazu einige Vorschläge.

▶ Schließen Sie zunächst einen Benutzungsfehler aus.
Ich habe schon in Abschnitt 19|5 darauf hingewiesen, dass man den Aufbau eines Wörterbuchs sowohl als Ganzes als auch innerhalb der einzelnen Wörterbuchartikel durchschauen muss, um es optimal benutzen zu können. Wenn Sie beispielsweise ein

deutsches Wort nicht finden, das ein Ä, Ö oder Ü enthält, müssen Sie natürlich wissen, ob solche Wörter wie der entsprechende Grundbuchstabe (A, O, U) einsortiert wurden oder wie Ae, Oe oder Ue; andernfalls könnte es sein, dass Sie fälschlicherweise von einer Lücke ausgehen. Das Gleiche gilt für ß, wobei wir hier zusätzlich prüfen müssen, ob das Wörterbuch vielleicht zufällig noch in alter Rechtschreibung vorliegt. Und natürlich muss auch die Rechtschreibung des gesuchten Wortes stimmen. Ein Schlagwort *Zwergfell* werden Sie natürlich genauso vergeblich suchen wie einen Eintrag *Rückgrad* oder ein Wort *wiederrum*, und zwar in jedem Wörterbuch.

Auch die manchmal schwer zu durchschauende Logik des Aufbaus der einzelnen Artikel kann zum vorschnellen Aufgeben führen, besonders bei umfangreichen Artikeln. Sind z. B. phraseologische Wortverbindungen unter den einzelnen Teilbedeutungen eingeordnet oder allesamt am Schluss des Artikels? Beherzigen Sie also den Ratschlag aus Abschnitt 19|5, sich zumindest bei Ihrem Hauptnachschlagewerk anhand der einleitenden Erklärungen einen Überblick über den Aufbau der einzelnen Wörterbuchartikel zu verschaffen.

▶ Benutzen Sie ein umfangreicheres Wörterbuch.

Je umfangreicher ein Wörterbuch ist, desto größer sind naturgemäß die Chancen, auch seltenere Wörter darin zu finden. Der Umfang ist dabei allerdings weder an der Dicke des Bandes noch an der Seitenzahl sicher abzulesen. Ausschlaggebend ist allein die Zahl der Einträge. Diese sollte bei einem Qualitätswörterbuch immer angegeben sein, wenn nicht auf dem Buchdeckel oder im einleitenden Teil, dann wenigstens in den Verlagsprospekten oder auf den Internetseiten des Verlags. Was dabei gezählt wird, ist allerdings oft nicht vollständig transparent. Auf jeden Fall sind es nicht nur die alphabetisch angeordneten Artikel, sondern auch zahlreiche der darin enthaltenen Detailangaben (z. B. zusammengesetzte Wörter, Wendungen, Anwendungsbeispiele). So kommen die Verlage natürlich auf eine insgesamt wesentlich beeindruckendere Zahl.

▶ Benutzen Sie ein aktuelleres Wörterbuch.

Wenn Sie noch mit dem Wörterbuch aus Ihrer Schulzeit vor 30 Jahren arbeiten, kann es natürlich sein, dass Wörter schon aus diesem Grund fehlen. Sprachen entwickeln sich lexikalisch weiter, alte Wörter verschwinden und neue entstehen oder werden zumindest durch aktuelle Ereignisse und Entwicklungen plötzlich sehr viel häufiger im Gebrauch. Ein guter Test für die Aktualität Ihres Wörterbuchs sind die Wörter des Jahres, die regelmäßig von der Gesellschaft für deutsche Sprache gekürt werden. (Eine vollständige Liste einschließlich der weiteren Plätze bei der Wahl finden Sie hier: <www.gfds.de/aktionen/wort-des-jahres>. Das Wort des Jahres gilt nur für die Bundesrepublik. Über die Wörter des Jahres in Österreich, der Schweiz und in Liechtenstein informiert sehr übersichtlich der Wikipedia-Artikel »Wort des Jahres«.) Wenn Sie in Ihrem Wörterbuch also auch *Stresstest, Finanzkrise, Fanmeile, Abwrackprämie* oder *Bundeskanzlerin* finden, muss es sich um ein ziemlich aktuelles Werk handeln. Ein großer Vorteil der bekannten Online-Wörterbücher wie <*dict.leo.org*> oder <*dict.cc*> besteht in genau dieser Aktualität. Oft sind es gerade die Lücken in den traditionellen Wörterbüchern, die zu einer Diskussion in den Nutzer-Communities der Online-Wörterbücher und zu entsprechenden Übersetzungsvorschlägen führen. So finden wir bei <*dict.leo.org*> Vorschläge zur Übersetzung von *Abwrackprämie* für die wichtigsten Sprachen (z. B. engl. *car-scrap bonus,* franz. *prime à la casse,* span. *prima de desguace,* ital. *incentivi alla rottamazione,* russ. компенсáция за утилизáцию стáрых машин).

▶ Benutzen Sie das Verzeichnis von Eigennamen.
Die meisten zweisprachigen Wörterbücher erfassen keine Eigennamen. Wenn Sie also überprüfen wollen, wie man *Papst Franziskus* auf Französisch oder Englisch sagt, kann es sein, dass das Wörterbuch Sie selbst bei einer so elementaren Frage im Stich lässt und nur die Entsprechung zu *Papst* anbietet. Es geht jedoch nicht nur um Personennamen, sondern häufiger noch um Namen von Unternehmen, Institutionen, Organisationen, Parteien usw. So werden wir u. U. bei internationalen Organisationen wie der UNO oder der Weltgesundheitsorganisation noch fündig, nicht aber bei Organisationen, die national beschränkt sind (wie z. B. der GTZ, *Deutsche Gesellschaft für technische Zusammenarbeit,* einer der wichtigsten Einrichtungen für deutsche Entwicklungshilfe). Auch bei der Wiedergabe geografischer Namen ist die Behandlung uneinheitlich. So finden wir natürlich in jedem besseren Wörterbuch die Namen der Kontinente und der wichtigsten Länder, aber bei Städten, Regionen, Flüssen, Gebirgen usw. ist das Angebot oft schon recht dürftig. Und das selbst dann, wenn man sicher sein kann, dass in der Fremdsprache eigene Wörter dafür existieren, so wie es z. B. in mehreren Fremdsprachen für die meisten der 16 Bundesländer der Fall ist.

In solchen Fällen lohnt sich aber ein Blick in den Anhang der Wörterbücher. Denn hier finden sich manchmal Verzeichnisse von Eigennamen aller Art (Vornamen, historische Namenszusätze wie *Karl der Große*, geografische Namen, Parteinamen, Organisationsnamen usw.). Findet sich kein Namensverzeichnis und helfen auch die Online-Wörterbücher nicht weiter, so hilft manchmal Wikipedia. Man sucht dort zunächst auf den deutschen Seiten das entsprechende Suchwort und schaut dann, ob die Links zu einer fremdsprachigen Seite führen oder zumindest auf eine mehrsprachige Homepage. So enthält der Eintrag zu *Deutscher Alpenverein (DAV)* in der deutschen Wikipedia auch Links zu den Einträgen zum gleichen Stichwort in der englischen, französischen, italienischen, polnischen, russischen und tschechischen Ausgabe von Wikipedia, aus denen man leicht brauchbare Übersetzungsmöglichkeiten herauslesen kann. Wer sich im Übrigen schon im Deutschen oft darüber ärgert, dass er eine ihm unbekannte Abkürzung nicht auflösen kann, der sei auf den relativ unbekannten Duden-Band *Wörterbuch der Abkürzungen* verwiesen, der auf mehr als 300 Seiten nicht weniger als 40.000 nationale und internationale Abkürzungen aufschlüsselt.

▶ Benutzen Sie Fach- und Spezialwörterbücher.
Wenn Sie einen deutschen Suchbegriff in Ihrem Wörterbuch nicht finden, kann das auch daran liegen, dass dieser von den Wörterbuchautoren nicht der Standardsprache zugerechnet wurde. Ich hatte schon in Abschnitt 19|6 die wichtigsten Formen von Markiertheit, also der Abweichung von der allgemeinen Standardsprache genannt: Regionale Markiertheit (*Schmarrn, verunfallen, Geiß, plietsch*), historische Markiertheit (*Maid, Bauersmann, ehegestern, doktorieren*), fachsprachliche Markiertheit (*Schraubendreher, Postwertzeichen, Appendizitis*) und gruppensprachliche Markiertheit (*Studi, Krautrock, harzen, Greenback*). Und in Abschnitt 16|7 hatte ich bereits für die umgekehrte Sprachrichtung, also für das Verstehen fremdsprachiger Texte aus deutscher Sicht, eine Reihe von Spezialwörterbuchtypen empfohlen, die wir zur Erschließung von nicht zur Gemeinsprache gehörigen Wörtern einsetzen können, insbesondere Fachwörterbücher und Substandardismen-Wörterbücher. Auch wenn sich das Problem in umgekehrter Richtung stellt, wir also ein markiertes deutsches Wort nicht in unserem zweisprachigen Wörterbuch finden, können wir natürlich auf solche Spezialwörterbücher zurückgreifen. Allerdings stellt sich hier das Problem, dass es wesentlich weniger zweisprachige als einsprachige Spezialwörterbücher gibt. Am größten ist noch die Chance, ein zweisprachiges Fachwörterbuch zu finden, in dem wir den gesuchten Fachbegriff dann finden. Wer beruflich viel mit Fachsprachen zu tun hat, wird ohne ein solches zweisprachiges Fachwörterbuch nicht auskommen.

Zumindest für die häufig gelernten Sprachen gibt es daneben auch einzelne Wörterbücher, die sich auf bestimmte Stilebenen spezialisiert haben, namentlich auf die gesprochene Umgangssprache mit familiären und populären Ausdrücken oder auf die Jugend- und Szenesprache (s. Abschnitt 16|7). So ist unter dem Pons-Label des Klett-Verlags mehrfach ein Wörterbuch der Jugendsprache Deutsch-Englisch-Französisch-Spanisch erschienen. Hier finden wir Übersetzungen für tatsächliche oder auch vermeintliche jugendsprachliche Wörter und Ausdrücke (*Ey Digger, was geht? – Hi mate, wassup? Peace Alter! Ich wollte dich nicht dissen! – Peace Man! I didn't mean to dish you! Das ist mir doch Latte – I don't give a toss*). Die Angaben sind jedoch durchweg mit Vorsicht zu genießen. Denn zum einen ist auch dieses Wörterbuch der Jugendsprache (wie die meisten anderen auch) durchsetzt mit Ausdrücken, die nur geringe Verbreitung unter Jugendlichen haben dürften oder die vielen sogar völlig unbekannt sind, wie bei Befragungen oft festgestellt wurde. (Fragen Sie einmal Jugendliche in Ihrem

Umfeld, ob sie wissen, was ein *Kopfgärtner*, eine *Felleule* oder ein *Tussistrahler* ist und ob sie diese Wörter benutzen.) Dies gilt dann möglicherweise auch für die angebotenen Übersetzungen. Zum anderen sind in vielen Fällen Zweifel angebracht, ob diese eine vergleichbare stilistische Wirkung haben wie die deutschen. Wenn zum Beispiel für *hammermäßig* als Äquivalent *extremely* angeboten wird oder wenn *Nullchecker* einfach mit *someone who is completely useless or stupid* umschrieben wird, dann liegt es auf der Hand, dass der spezielle jugendsprachliche Effekt dieser Wörter bei der vorgeschlagenen Wiedergabe im Englischen komplett verlorengehen würde. Grundsätzlich empfiehlt es sich, bei Zweifeln die Angaben in einem vertrauenswürdigen einsprachigen Substandardismen-Wörterbuch auf ihre genaue Bedeutung und tatsächliche Verwendung zu überprüfen (zu Substandardismen-Wörterbüchern siehe Abschnitt 16|7 »Erweitern Sie Ihre Kenntnis von Wörterbuchtypen«). Hilfreich kann bei dieser Überprüfung auch ein Synonymwörterbuch sein, allerdings nur dann, wenn sich dieses nicht auf standardsprachliche Synonyme beschränkt, sondern eben auch Substandardismen aufführt und als solche in Stilebene und Verwendung näher beschreibt. Ob dies der Fall ist, kann man schnell überprüfen, indem man Wörter nachschlägt, zu denen es viele Substandard-Synonyme gibt, also zum Beispiel Wörter wie *sterben*, *dumm* oder *Geld* bzw. ihre fremdsprachigen Äquivalente.

▸ Benutzen Sie Übersetzungsdatenbanken.
Wenn Sie bei der Benutzung von Wörterbüchern auf eine Lücke stoßen, sind Sie garantiert nicht der erste. Eine Berufsgruppe, die ständig mit solchen Lücken zu kämpfen hat und sie dennoch schließen muss, sind die Übersetzer. Professionelle Übersetzer und Dolmetscher zeichnen sich nicht nur durch hervorragende Sprachenkenntnisse, sondern auch durch eine exzellente Fähigkeit in der Benutzung von Hilfsmitteln und im Auffinden von komplizierten Äquivalenten aus. Im Zweifelsfall müssen sie Äquivalente neu schaffen. Die Angabe »dafür habe ich leider kein Äquivalent gefunden« findet man in Übersetzungen jedenfalls eher selten. In den Millionen Seiten von Übersetzungen, die jedes Jahr weltweit produziert werden, findet sich deshalb ein ungeheurer Schatz an Ideen, wie man selbst die ausgefallensten Formulierungen in einer anderen Sprache wiedergeben kann. Das Problem ist nur: wie soll man diese in den Millionen Seiten finden?

Die praktisch unbegrenzten Speicher- und Suchmöglichkeiten des Computers haben hier mittlerweile jedoch ganz neue Perspektiven geschaffen. Texte können mitsamt ihren Übersetzungen in Datenbanken abgespeichert, satzweise zugeordnet und durch entsprechende Suchoptionen systematisch nach bereits gefundenen Übersetzungslösungen durchforstet werden. Da in diesen Übersetzungen sehr viel Knowhow (und damit Geld) steckt, werden sie selten der Öffentlichkeit zugänglich gemacht. Doch es gibt einige Ausnahmen. Die bekannteste und vielleicht wertvollste ist die im Internet verfügbare Datenbank und Übersetzungssuchmaschine <www.linguee.de>. Hier finden wir für mittlerweile rund 20 Sprachen eine riesige Menge von Übersetzungen. Die Datenbank baut in starkem Maße auf veröffentlichten Übersetzungen von EU-Institutionen auf. Dementsprechend finden sich Übersetzungen aus allen und in alle EU-Sprachen. Das sind insgesamt weit über 200 Sprachenkombinationen. So kann man nach Übersetzungen vom Deutschen in zweiundzwanzig andere Sprachen suchen, darunter auch zahlreiche selten gelernte wie Lettisch, Tschechisch oder Maltesisch. Nach Übersetzungen in die Nicht-EU-Sprachen Russisch, Japanisch und Chinesisch hingegen kann man derzeit jeweils nur vom Englischen aus suchen.

Neben zuverlässigen Quellen wie den EU-Veröffentlichungen wertet das Portal auch zahlreiche andere Quellen aus, vor allem mehrsprachige Internetseiten. Diese werden nach eigenen Angaben des Portalbetreibers, einer GmbH in Köln, nicht überprüft, können also Fehler enthalten. Um dem Benutzer die Einschätzung der Qualität zu erleichtern, findet sich bei vielen Übersetzungen ein Warndreieck als Hinweis auf fragliche Qualität. Die Qualitätseinschätzung einer Übersetzung scheint dabei nicht auf einer detaillierten Prüfung der Übersetzung zu beruhen, sondern eher auf einer groben Einschätzung der Seriosität der Quelle, aus der die Übersetzung stammt. In der Tat finden sich auch fehlerhafte wörtliche Übersetzungen wie *We are looking forward to hear from you and remain with friendly greetings from Wilderswil* für *Wir freuen uns auf Ihren Bescheid und verbleiben mit freundlichen Grüssen aus Wilderswil* (letzte Abfrage am 11.12.14). Es gibt zwar die Möglichkeit für die Nutzer der Seite, schlechte Übersetzungen mit einem einfachen Klick negativ zu bewerten (und auch gute positiv), aber ob dieses Feedback systematisch ausgewertet wird und irgendwelche Folgen für die Trefferanzeige hat, bleibt unklar. Trotz dieser Einschränkungen in der Qualitätskontrolle, die angesichts der riesigen Menge verarbeiteter Texte kaum vermeidbar sind, kann man nach meinen Erfahrungen zumindest bei den Einträgen ohne Warndreieck von einer relativ hohen Zuverlässigkeit ausgehen. Das bestätigen auch viele andere professionelle Nutzer des Portals. Die Tatsache, dass zu jedem Satzpaar der Link zur Textquelle angegeben ist, trägt im Übrigen nicht nur zur Transparenz der Daten bei, sondern erleichtert im Zweifelsfall auch eine Einschätzung der Qualität.

Wenn wir das Portal nun nutzen wollen, um Wiedergabeprobleme in der Fremdsprache zu lösen, ist ein wenig Erfahrung nötig. Dies liegt zum einen daran, dass fast jede Abfrage zu einer längeren Trefferliste führt. Wir müssen also die Treffer durchgehen und eine Auswahl aus den z. T. sehr unterschiedlichen Wiedergaben vornehmen, die die Übersetzer sich haben einfallen lassen. Zum zweiten handelt es sich bei diesen Wiedergaben meist nicht um Äquivalente im engeren Sinne, wie wir sie im Wörterbuch finden, sondern oft um kreative Umschreibungen, die sich

z. T. erheblich von der wörtlichen Bedeutung des Suchwortes entfernen und nur in ganz bestimmten Kontexten sinngemäße Übertragungen sind. Oft kommt man so auf eine ziemlich lange Liste möglicher Formulierungen in der Fremdsprache. Aber gerade darin liegt der große Vorteil des Portals: Es ist eine wahre Fundgrube bei der Suche nach Formulierungen, speziell in allen Fällen, in denen uns ein Wörterbuch nicht weitergeholfen hat. Besonders wertvoll ist hier die Tatsache, dass wir die Suche nach Formulierungen sowohl über die Fremdsprache als auch über die Muttersprache starten können und dass die Suchbegriffe immer in einen konkreten Kontext eingebettet sind. Das erleichtert die Einschätzung der Treffer für die eigenen Zwecke nachhaltig. Deshalb werde ich auf <*www.linguee.de*> in Abschnitt 20|16, wenn es um die Nutzung des Internets zur Überprüfung fremdsprachiger Formulierungen geht, noch einmal zurückkommen.

▶ Starten Sie eine Anfrage in Foren.
Wenn alle Stricke reißen und keine der vorausgehend genannten Strategien weiterhilft (was eher selten der Fall sein dürfte), können Sie immer noch eine Anfrage in einem Forum starten. Das beliebte Online-Wörterbuch <*dict.leo.org*> z. B. bietet eine solche Möglichkeit. Zum einen kann man mit den Suchfunktionen feststellen, ob das fragliche Wort schon einmal von anderen gesucht oder aus anderen Gründen im Forum diskutiert wurde. Dabei ist sowohl eine Suche im gesamten Forum als auch eine gezielte Suche in einer einzelnen Forumsrubrik möglich. Wie man die verschiedenen Suchoptionen nutzt, ist unter dem Link »Anleitung« auf der jeweiligen Hauptforumsseite zu erfahren. Man kann auch gezielt nach einem Wort fragen, in dem man einen Forumsbeitrag in die entsprechende Rubrik einstellt, im Falle der Suche nach der Übersetzung eines deutschen Wortes ins Englische z. B. in die Rubrik »Englisch gesucht«. Hat man bereits eine Übersetzung im Auge und möchte man hören, was andere dazu sagen, kann man auch die Rubrik »Übersetzung korrekt?« nutzen. Für solche Anfragen muss man im Forum einen Account anlegen, der jedoch kostenlos ist. Die Antwortfrequenz ist relativ hoch. Zumindest bei den gängigen Fremdsprachen bleibt kaum eine Anfrage unbeantwortet. Selbst für die weniger genutzten Sprachen wie Portugiesisch oder Polnisch finden sich fast täglich Forumseinträge. Natürlich sollte man nicht jedem Vorschlag von anderen gleich vertrauen. Wenn man ein wenig in den Forumsbeiträgen stöbert, stellt man aber schnell fest, dass unplausible oder falsche Vorschläge schnell Gegenreaktionen auslösen. Insgesamt bewährt sich also auch hier die »Schwarmintelligenz« der vielen Forumsmitglieder.

19 | 9 Verschaffen Sie sich Feedback von Ihrem Lehrer

Die Input-Output-Spirale, die wir anstreben (s. Abschnitt 18|1), würde nicht in Gang kommen, wenn wir nicht auf möglichst viele unserer Versuche, etwas in der Fremdsprache auszudrücken, ein Feedback erhalten würden. Nicht von ungefähr habe ich Feedback in Abschnitt 2|5 als einen der *Big Five* definiert, die für erfolgreiches Fremdsprachenlernen absolut unerlässlich sind. Feedback ist somit auch und ganz besonders notwendig, wenn es um die Produkte unseres *schriftlichen Probesprechens* geht (s. Abschnitt 19|3). Denn ein Grund für die Mühe, die wir uns mit der schriftlichen Fixierung gemacht haben, bestand ja gerade darin, das Feedback durch einen kompetenten Sprecher der Fremdsprache zu erleichtern.

Ich hatte schon im Abschnitt 2|9 Gründe genannt, warum wir oft im konventionellen Fremdsprachenunterricht wenig hochwertiges Feedback bekommen: Große Gruppen mit wenig Zeit für den einzelnen Kursteilnehmer, aber auch die Fixierung vieler Lehrer auf Fehler sind einige der Gründe. Dies müssen wir aber als Lerner nicht zwangsläufig so hinnehmen. Schließlich sind wir im Fremdsprachenunterricht in der Regel die Kunden und der Lehrer der Dienstleister. Wir sollten also doch zumindest die Möglichkeiten nutzen, die wir haben.

Eine Möglichkeit besteht darin, als Lerner häufig Fragen zu stellen. Wenn wir dies tun, dann aber möglichst solche, die uns wirklich gutes Feedback versprechen. Vermeiden sollten wir deshalb Fragen, mit denen wir den Lehrer zu langatmigen Begründungen veranlassen könnten, warum etwas in der Fremdsprache so oder so gesagt wird. Sinnvoll hingegen sind Fragen wie: *Was würde man in der Fremdsprache sagen, wenn man ausdrücken möchte, dass ...?* oder *Gibt es noch andere (ähnliche) Möglichkeiten, das in der Fremdsprache auszudrücken?*

Wenn der Lehrer Hausarbeiten aufgibt, ist dies natürlich eine Chance, Feedback zu erhalten. Fordern Sie dieses Feedback aber auch ein. Versuchen Sie, nicht einfach nur möglichst wenig Fehler zu machen, sondern nutzen Sie die Hausarbeiten auch, um zusätzliches Feedback zu bekommen z. B. durch Fragen wie *Hätte man auch ... sagen können?* oder *Wie hätte ich das besser ausdrücken können?* Wenn der Lehrer die Hausarbeiten individuell korrigiert, können Sie diese Fragen auch direkt in das Heft schreiben und Platz für die Antwort lassen.

Versuchen Sie, den Lehrer dazu zu motivieren, auch von Ihnen verfasste Texte durchzusehen und zu korrigieren, sofern dies von der Arbeitsbelastung des Lehrers her zumutbar ist. Lassen Sie bei Ihren Texten einen ausreichend breiten Rand, damit der Lehrer genug Platz hat, ggf. auch längere Kommentare aufzuschreiben. Scheuen Sie sich nicht, Fragen zu einzelnen Formulierungen einzubauen oder um bessere Alternativformulierungen zu bitten. Versuchen Sie auf jeden Fall, den Lehrer von einer rein fehlerzentrierten Korrekturweise abzubringen.

Wenn sich der Lehrer die Mühe macht, Ihnen das gewünschte detaillierte Feedback auf Ihre Hausarbeiten tatsächlich zu geben, dann sollten Sie natürlich Ihrerseits dieses Feedback auch nutzen. Konkret bedeutet dies: Gehen Sie die Korrekturen Ihres Lehrers der Reihe nach durch, versuchen Sie, den Grund der Korrektur wie auch die richtige Lösung nachzuvollziehen, und ziehen Sie im Bedarfsfall dazu auch Wörterbücher, Grammatiken oder andere Nachschlagewerke zu Rate. Wenn Sie sich gar keinen Reim auf die Korrekturen machen können, sollten Sie beim Lehrer noch einmal nachfragen. Nur durch eine solche aktive Nachbearbeitung der Korrekturen holen Sie für sich das Beste heraus. Und last but not least: Auch Lehrer freuen sich natürlich über Lob und Anerkennung, z. B. für die Mühen, die sie sich mit dem Korrigieren gemacht haben.

Wesentlich günstiger sind Ihre Chancen auf umfangreiches und wertvolles Feedback natürlich, wenn Sie in einer kleinen Gruppe lernen oder gar Einzelunterricht nehmen. Insbesondere im letzten Fall sollten Sie umfangreichen Gebrauch von der Möglichkeit machen, eigene Texte zu verfassen und zu diesen ein detailliertes Feedback einzuholen. Gehen Sie dazu Ihre Texte (vor allem die Produkte Ihres schriftlichen Probesprechens) satzweise durch und bitten Sie zu jedem einzelnen Satz um ein Feedback, und zwar nicht nur zu eventuellen Fehlern, sondern auch auf die Frage, wie es ein Muttersprachler typischerweise ausgedrückt hätte. Dies setzt allerdings voraus, dass Ihr Lehrer zu diesem Feedback auch tatsächlich in der Lage ist, idealerweise also Muttersprachler ist. Je weiter Sie in der Fremdsprache fortgeschritten sind, desto weniger können Sie sich mit einem Nichtmuttersprachler zufriedengeben. Denn der wird in der Regel nicht über das gleiche Ausdrucksvermögen verfügen wie ein Muttersprachler und dabei möglicherweise sogar genau die Formulierungen vorschlagen, auf die Sie auch selbst gekommen wären, insbesondere dann, wenn er die gleiche Muttersprache hat wie Sie.

19 | 10 Verschaffen Sie sich Feedback von Ihrem Tandempartner

Grundsätzlich sollte jeder Muttersprachler Ihrer Zielsprache in der Lage sein, Ihnen ein Feedback auf Ihre Probetexte zu geben, insofern es sich nicht um hochfachliche Inhalte handelt. Wenn Sie einen Muttersprachler zur Verfügung haben, der die nötige Zeit und das nötige Engagement aufbringt, das für Sie regelmäßig zu tun, ohne dafür Geld zu verlangen, können Sie sich glücklich schätzen. Denn der Muttersprachler hat in diesem Fall abgesehen von dem Gefühl, dass seine Kompetenz und seine Hilfsbereitschaft wertgeschätzt werden, auf Dauer nichts von seiner Rolle. Deshalb ist die Tandem-Situation, bei der man sich gegenseitig beim Sprachenlernen hilft (s. Abschnitt 5|4), meist die günstigere Konstellation. Und dies nicht nur, weil die Gegenseitigkeit dem Gefühl des Ausgenutztwerdens vorbeugt, sondern auch, weil der Tandempartner sich in der gleichen Situation wie Sie befindet und Ihre Lernbemühungen und Lernprobleme deshalb gut versteht. Besonders effektiv ist es, wenn Ihr Tandempartner die gleiche Strategie anwendet wie Sie und ebenfalls Probetexte produziert, auf die Sie ihm Rückmeldung geben. Denn dann werden Sie im ständigen Dialog über Gemeinsamkeiten und Unterschiede beim Versprachlichen in Ihren beiden Sprachen sein und so von beiden Phasen eines Tandemtreffens profitieren.

Gehen Sie dazu Ihre Probetexte satzweise durch und geben Sie sich ein ausführliches »ganzheitliches« Feedback (so wie in Abschnitt 2|7 beschrieben). Oft wird der Tandempartner nachfragen, was genau Sie mit einer bestimmten Formulierung gemeint haben. Die sich daraus ergebenden Gespräche über Inhalt und Form werden in der Forschung als »Bedeutungsaushandlungen« bezeichnet und gelten als besonders lernfördernd. Machen Sie es sich dabei zur Gewohnheit, den Tandempartner nicht nach Begründungen zu fragen, warum man etwas so oder so in der Fremdsprache sagt. Denn wenn Ihr Tandempartner nicht gerade Linguist oder Lehrer ist, werden Sie darauf günstigstenfalls ein ehrliches Achselzucken und ungünstigstenfalls eine herbeifantasierte Erklärung bekommen. Als Muttersprachler können wir in der Regel zwar mit geradezu traumwandlerischer Sicherheit entscheiden, was man in unserer Sprache sagen kann und was nicht, aber unsere Urteile beruhen auf der Intuition, die durch jahrzehntelangen Sprachgebrauch entstanden ist, nicht auf Regelwissen. Oder können Sie spontan erklären, warum das Partzip von *kommen GEkommen* lautet, von *vorkommen* aber *vorGEkommen* und nicht *GEvorkommen* und warum die gleiche Form von *bekommen* weder *GEbekommen* noch *beGEkommen,* sondern einfach nur *bekommen* lautet und sich damit nicht von der Grundform des Verbs (dem Infinitiv) unterscheidet wie bei fast jedem anderen Verb? Oder warum es *staubgesaugt,* aber nicht *rechtgefertigt* heißt? (Die Erklärung, dass es sich um unregelmäßige Verben handelt, ist dabei übrigens nicht ausreichend; es steckt vielmehr eine grundlegende Wortbildungsregel des Deutschen dahinter.)

Wenn Sie kein Präsenztandem, sondern ein E-Mail- oder Skype-Tandem praktizieren (s. Abschnitt 5|5), müssen Sie Ihre Arbeitstechniken natürlich den technischen Gegebenheiten anpassen. Beim Skype-Tandem sollte Ihrem Tandempartner der zu besprechende Text vorliegen. Sie senden ihn also am besten vorab per Mail zu.

Beim E-Mail-Tandem, bei dem kein direktes Gespräch möglich ist, ergeben sich für das Feedback deutliche Einschränkungen. Hier sollte man wenigstens mit der Korrektur- und der Kommentarfunktion eines Textverarbeitungsprogramms arbeiten. Denn dann werden nicht nur Fehler korrigiert, sondern es können zusätzlich auch Kommentare oder alternative Formulierungen eingebracht werden. Wenn es viel zu ändern gibt, kann es aber effizienter sein, die Kommentare mündlich aufzuzeichnen (mit Handy oder Voice-Recorder) und diese dann als Audiodatei mit dem überarbeiteten Text mitzuschicken. Auf jeden Fall gilt es, den Aufwand für den Feedbackgeber so gering wie möglich zu halten, damit er motiviert wird, ein möglichst aussagekräftiges Feedback zu geben und nicht nur oberflächliche Fehler zu korrigieren.

Wenn Sie mit einem Tandempartner gut eingespielt sind, können Sie natürlich nach und nach auch dazu übergehen, Ihre Probetexte nicht nur in schriftlicher Form, sondern ggf. auch mündlich in die Besprechung einzubringen, z. B. indem Sie einen aufgezeichneten deutschen Dialog spontan versuchen in der Fremdsprache nachzustellen und dabei ein ebenso spontanes Feedback des Tandempartners einholen. Dies hat den Vorteil, dass Sie Zeit für die Verschriftlichung Ihres Probesprechens sparen. Dieser Vorteil ist allerdings u. U. mit ein paar Nachteilen erkauft. Es kann z. B. sein, dass sich Ihr Tandempartner jetzt stärker von den deutschen Formulierungen beeinflussen lässt und diese nur übersetzt, anstatt nachzudenken, wie er es selbst formulieren würde. Außerdem wird er nicht jede Ihrer sprachlichen Lücken spontan füllen können. Dies lässt sich aber u. U. durch eine gemeinsame Wörterbuchnutzung ausgleichen.

Experimentieren Sie mit unterschiedlichen Arbeitsformen im Zusammenspiel mit dem Tandempartner und behalten Sie diejenigen bei, die Ihnen das wertvollste Feedback verschaffen.

Falls Sie keinen Tandempartner haben und keine Chance sehen, einen zu finden, aber ein Muttersprachler verfügbar ist, ist dieser natürlich immer noch die zweitbeste Wahl. Da in diesem Fall das Prinzip der Gegenseitigkeit nicht mehr gegeben ist (s. o.), sollten Sie u. U. sogar eine Bezahlung erwägen, wenn sich anderweitig nicht sicherstellen lässt, dass er Ihnen im gewünschten Umfang zur Verfügung steht. Wenn Sie die Sitzungen gut vorbereiten und die Gesprächszeit effizient nutzen, ist das Geld gut investiert, vielleicht besser als in einen Sprachkurs. Die Bezahlung muss dabei keineswegs in der Höhe von Einzelunterricht liegen, denn der Muttersprachler hat ja keinerlei Vorbereitungsaufwand, sondern muss Ihnen nur mit seiner muttersprachlichen Kompetenz Auskunft geben, was vom Aufwand her überhaupt nicht mit Unterricht vergleichbar ist.

19 | 11   Trainieren Sie Ihre Sprechartikulatorik anhand vorgegebener und eigener Texte

Ich hatte schon in Abschnitt 11|9 (»Trainieren Sie Ihre Sprechartikulatorik im Textzusammenhang«) dazu geraten, frühzeitig mit dem Einüben der artikulatorischen Seite des Sprechens zu beginnen. Dazu hatte ich Ihnen empfohlen, gesprochene Texte, vor allem dialogische, immer wieder zu hören und dann zu versuchen, sie nach- und mitzusprechen, zunächst zeitversetzt und mit Zwischenstopps, dann aber zunehmend im gleichen Sprechtempo wie der Originaltext. Als Fortgeschrittener sollten Sie diese Technik unbedingt beibehalten und zunehmend auf anspruchsvollere Texte ausdehnen. Als Trainingsmaterial für Fortgeschrittene eignen sich hier vor allem Hörbücher mit hohen dialogischen Anteilen, Spielfilme, in denen viel gesprochen wird, Mitschnitte von Radiosendungen oder Ähnliches.

Das Mitsprechen muss übrigens nicht zwangsläufig immer im stillen Kämmerlein stattfinden, wo Sie laut vor sich hin sprechen können. Wenn Sie beispielsweise auf einer Tagung sind und dort fremdsprachige Fachvorträge hören, können Sie diese auch nur rein innerlich mitsprechen (durch sog. *Subvokalisieren*, s. die nähere Erklärung dazu in Abschnitt 9|8). Die Sprechartikulatorik wird beim Subvokalisieren nur auf »stumm«, aber nicht abgestellt. Es kommt also immer noch zu einem Trainingseffekt, auch wenn dieser vielleicht nicht ganz so ausgeprägt ist wie beim lauten Sprechen. Aber dafür ist diese Technik auch jederzeit praktizierbar, wenn andere Menschen um Sie herum sind.

In der Fortgeschrittenen-Phase wollen Sie aber sicherlich Ihre Sprechartikulatorik nicht nur an vorgegebenen fremdsprachigen Texten üben, sondern sie zunehmend auch auf Ihre eigenen Texte anwenden, insbesondere auf die Produkte der Versprachlichungen, die Sie im Zuge des »schriftlichen Probesprechens« erstellt haben. Diese haben den Vorzug, dass sie näher an Ihren persönlichen Ausdrucksbedürfnissen sind und folglich mit einer höheren Wahrscheinlichkeit auch in Ihrer mündlichen Kommunikation mit Muttersprachlern vorkommen werden.

Das geht am einfachsten, wenn Sie Ihre eigenen Texte zunächst immer wieder laut aussprechen, sich dabei zunehmend von der schriftlichen Vorlage lösen und schrittweise zum freien Memorieren übergehen, höchstens noch gestützt durch einige Stichwörter (wie bei einer Rede, die Sie frei halten, bei der Sie aber nichts vergessen wollen). Wenn Sie die Möglichkeit haben, sich Ihre Texte von einem Muttersprachler vorlesen zu lassen, sollten Sie dies unbedingt nutzen. Der Tandempartner ist hier natürlich erste Wahl, aber auch ein beliebiger anderer Muttersprachler kommt in Frage. Bitten Sie den Muttersprachler, Ihre Texte in möglichst natürlicher Intonation und in normalem Sprechtempo auszusprechen und zwar so, als würde er sie selbst gerade spontan äußern. Eine schauspielerische Glanzleistung muss er dabei aber keineswegs vollbringen. Er darf sich z. B. selbstverständlich auch mal versprechen. Es ist erfahrungsgemäß witzig, eigene Formulierungen aus dem Mund eines akzentfrei sprechenden Muttersprachlers zu hören. Zeichnen Sie seine »Inszenierung« wie gewohnt mit Handy oder Voice-Recorder auf. Sie haben jetzt ein gutes Modell für das selbstständige Üben. Auf die Tonaufnahme können Sie dann wieder die Technik des Nach- und Mitsprechens anwenden.

19 | 12   Führen Sie Selbstgespräche in der Fremdsprache

Dieser Ratschlag wirkt auf den ersten Blick sicher ein wenig skurril. Sie haben als erstes vielleicht alte Menschen vor Augen, die in der Öffentlichkeit, ohne es zu merken, laut mit sich selbst reden. Aber denken Sie lieber an das gelegentlich zu hörende Bonmot: »Die angenehmste Art des Gesprächs ist das Selbstgespräch. Man fühlt sich sofort verstanden.«

Das Selbstgespräch ist sozusagen die freiste Art der Anwendung einer Fremdsprache. Sie ist unabhängig von Materialien sowie von Raum und Zeit einsetzbar. Da viele Menschen ohnehin zumindest in bestimmten Situationen Selbstgespräche führen, ist die Überwindung im Allgemeinen auch nicht besonders groß. Man muss sich einfach nur klarmachen, dass es eine sinnvolle Übungsstrategie ist. Ihrer Fantasie bezüglich der Inhalte sind keine Grenzen gesetzt. Sie können im Prinzip alle Techniken der Themenfindung, die ich bereits in Abschnitt 19|4 für das schriftliche Probesprechen vorgeschlagen habe, auch zum Gegenstand eines Selbstgesprächs machen. Besonders eignet sich der »Livekommentar«: Berichten Sie sich selbst mündlich, was Sie gerade tun, wie Sie es tun, warum Sie es tun, was Sie sehen, hören, empfinden, was sich um Sie herum gerade ereignet usw. Auch das Nachspielen von Situationen, die Sie gerade erlebt haben, eignet sich gut für Selbstgespräche in der Fremdsprache. Egal ob es die Dienstbesprechung mit einer Kollegin, der Smalltalk mit einem Bekannten oder das Verkaufsgespräch in einem Laden ist – spielen Sie Ihren Part in dem Gespräch noch einmal in Gedanken mit den Mitteln der Fremdsprache durch. Diese Technik hat nicht nur den Vorteil, dass sie für unerschöpfliches Übungsmaterial sorgt, sondern die Inhalte liegen in der Regel auch relativ nahe an Ihren typischen Kommunikationsbedürfnissen.

19 | 13 Schließen Sie sich einer fremdsprachigen Theatergruppe an

Selbst Theater zu spielen ist zweifellos nicht jedermanns Sache. Wer es jedoch bereits einmal getan hat, findet oft Freude daran. Und wer es noch nicht getan hat, kann eigentlich nicht wissen, wie es sich anfühlt. Fest steht jedenfalls: Theater spielen in der Fremdsprache ist eine hervorragende Form, die eigene Sprachkompetenz zu erweitern. Dazu trägt nicht nur das Lernen des Rollentextes bei. Auch die umfangreiche Kommunikation im Umfeld, also innerhalb der Theatergruppe beim Planen, Proben, Arrangieren, Organisieren und Auftreten schafft umfangreiche authentische Kommunikationsanlässe. Natürlich geht es nicht um perfekte Schauspielkunst, sondern um (mehr oder weniger engagiertes) Laientheater. Aber es ist immer wieder erstaunlich, was auch solche Laientheatergruppen in der Fremdsprache zustande bringen.

Sie finden solche Theatergruppen natürlich am ehesten an Universitäten und dort meist im Umfeld der fremdsprachigen Studiengänge. Meist sind aber Studenten aller Studiengänge und oft auch Externe willkommen. Schauen Sie sich einfach einmal auf den Homepages der Hochschulen in Ihrer Nähe um. Auch an Kulturinstituten und manchmal auch an Oberstufenschulen oder Volkshochschulen sind Theatergruppen zu finden, meist natürlich für Englisch. Der Leiter sollte möglichst ein Muttersprachler Ihrer Zielsprache sein. Wenn er darüber hinaus auch noch ein wenig Theatererfahrung hat, wird die Mitarbeit umso mehr Spaß machen. Mit etwas Glück ist nicht nur der

Leiter Muttersprachler, sondern sind es auch einige der Akteure.

Wenn Sie sich selbst unter keinen Umständen auf der Bühne sehen, ist dies übrigens noch kein Grund, einer Theatergruppe fernzubleiben: In Theatergruppen fallen auch viele Aufgaben an, die keinen Einsatz *auf* der Bühne, sondern *hinter* der Bühne oder bei organisatorischen Aufgaben erfordern (wie Werbung und Öffentlichkeitsarbeit, Programme und Plakate entwerfen und drucken, Requisiten bauen oder beschaffen usw.). Sie würden in diesem Fall immer noch von den umfassenden Möglichkeiten profitieren, die Fremdsprache in authentischen Kommunikationen anzuwenden, vorausgesetzt natürlich, in der Theatergruppe wird auch hinter den Kulissen konsequent die Fremdsprache benutzt.

19 | 14 Nutzen Sie auch im Inland jede Gelegenheit, die Fremdsprache anzuwenden

Viele Lerner machen den Fehler, ihre mündliche Sprachanwendung auf den Unterricht zu beschränken und ansonsten auf einen eventuellen späteren Auslandsaufenthalt zu setzen, um flüssiges Sprechen in der Fremdsprache zu lernen. Wer wirklich so schnell wie möglich auch Fortschritte in der mündlichen Sprachbeherrschung machen will, sollte von Anfang an aktiv nach Möglichkeiten suchen, die Sprache anzuwenden. Dass dazu auch im Inland oft Gelegenheit besteht, habe ich bereits in den verschiedenen Abschnitten in Kapitel 5 gezeigt (»Auf den richtigen Mix kommt es an – Wie Sie ein Erfolg versprechendes Lernarrangement entwickeln«). Im Folgenden nenne ich noch einmal die wichtigsten Möglichkeiten speziell mit Blick auf das Sprechen.

Die ergiebigste Möglichkeit, die Fremdsprache außerhalb des Unterrichts aktiv und lernfördernd mündlich anzuwenden, ist sicherlich das Sprachentandem. Wie man einen Tandempartner findet und für das gemeinsame Lernen nutzt, habe ich bereits in Abschnitt 5|4 beschrieben. Die auf Gegenseitigkeit beruhende Tandemsituation bietet ideale Bedingungen, das eigene Sprechen zu üben. Dabei ist es nicht einmal nötig, dass das Sprachenlernen selbst im Mittelpunkt steht. Sie können mit Ihrem Tandempartner jede beliebige gemeinsame Freizeitaktivität entfalten und dabei einfach abwechselnd die jeweilige Fremdsprache sprechen – eine unerschöpfliche Anwendungssituation.

Wenn Sie keinen Partner für ein Präsenztandem finden, können Sie sich zumindest um ein Online-Tandem via Internet-Telefonie bemühen (s. Abschnitt 5|4). Dann kann Ihr Gesprächspartner überall auf der Welt sitzen. Solange die Datenleitungen mitspielen, kommt Ihr Gespräch via Computer und Webcam einem Präsenzgespräch zumindest nahe.

Eine weitere Möglichkeit zum Anwenden der Fremdsprache sind Sprachclubs. Sie sind ein Zusammenschluss von Menschen, die das Interesse an einer bestimmten

Fremdsprache teilen und sich treffen, um ihre Kenntnisse zu vertiefen. Hier findet man zumindest andere Lerner, die bereits über gute Kenntnisse verfügen, oft aber auch Muttersprachler, die uneigennützig im Club mitwirken. Sprachclubs sind häufig als Folge der zahlreichen Städtepartnerschaften mit anderen europäischen Ländern entstanden.

Sie finden solche Clubs am schnellsten über die Telefonnummersuche im Internet (»deutsch-englisch(er)«, »deutsch-französisch(er)« etc. als Suchbegriff eingeben). Wo ausländische Kulturinstitute wie das Instituto Cervantes, das Institut Français oder das Konfuzius-Institut vertreten sind, lohnt sich eine Anfrage bei diesen. In kleineren Städten erscheint u. U. eine Nachfrage bei der örtlichen Volkshochschule und dort insbesondere bei den Dozenten, die die jeweilige Sprache unterrichten, aussichtsreich. Sie wissen am ehesten, wo »Nester« der jeweiligen Zielsprache mit entsprechenden Muttersprachlern sind. Und sollte es keinerlei Einrichtung dieser Art in Ihrer Umgebung geben, dann können Sie immer noch eine gründen: Ein Aushang im nächsten italienischen, brasilianischen, griechischen Restaurant oder eine »Suche«-Anzeige in der örtlichen Zeitung ist vielleicht der Startschuss dafür.

Wenn es keinen speziellen Sprachclub gibt, so doch vielleicht eine Ausländergesellschaft oder einen Kulturverein, die sich um die kulturellen Beziehungen zwischen dem Land der Zielsprache und Deutschland kümmern, so z. B. die *Deutsch-Italienische Gesellschaft Dante Alighieri*, die in vielen deutschen Städten vertreten ist, oder ähnliche, meist dezentral organisierte Gesellschaften wie die *Deutsch-Amerikanische Gesellschaft*, die *Deutsch-Türkische Gesellschaft*, die *Deutsch-Japanische Gesellschaft* usw. Solche Gesellschaften haben es sich ausdrücklich zum Ziel gemacht, die Kontakte zwischen Vertretern der jeweiligen Nationen zu fördern. Aber auch Gesellschaften, die dies nicht ausdrücklich im Titel tragen und sich nur »Kulturvereine« nennen (wie z. B. der *Portugiesische Kulturverein Aachen*, der *Arabische Kulturverein Kiel*, der *Chinesische Kulturverein Göttingen*, der *Russische Kulturverein Mannheim* usw.) verfolgen oft ähnliche Ziele und sind offen für deutsche Mitglieder, vor allem wenn sie die Bereitschaft zum Engagement im Vereinsleben mitbringen. Ein Blick oder ein Klick in das örtliche Telefonverzeichnis unter dem Stichwort Verein oder Gesellschaft mit dem jeweiligen Sprachennamen fördert hier oft Vereinigungen zutage, von deren Existenz man bis zu diesem Zeitpunkt keine Ahnung hatte.

Doch auch unabhängig von Clubs, Gesellschaften und Vereinen lassen sich oft Kontakte zu Muttersprachlern herstellen. Als Folge von Migration und weltweiter Mobilität leben in praktisch jeder etwas größeren deutschen Stadt Muttersprachler potenziell jeder Sprache, die uns interessiert. Man muss sie nur aufspüren. Eine gute Quelle dafür sind Restaurants mit ausländischer Küche, über die wir uns leicht anhand der »Gelben Seiten« einen Überblick verschaffen können. Zwar ist das Servicepersonal auch in den ausländischen Restaurants national sehr bunt zusammengesetzt; aber die Chancen, Muttersprachler anzutreffen, sind doch meist recht gut, wenn nicht bei den Kellnern, dann vielleicht bei den Inhabern oder den Stammgästen. Zumindest für einen kurzen Smalltalk in der Fremdsprache reicht es immer. Und wer ganz offen sagt, dass er kommt, um Gelegenheit zur Anwendung der Fremdsprache zu bekommen, wird selten enttäuscht. Ausländische Restaurants oder Bars sind übrigens auch ein guter Ort für einen Aushang, wenn man einen Tandempartner sucht. Außerdem weiß man hier in der Regel, was sonst noch in der Umgebung in Sachen Zielkultur los ist. Ich selbst habe z. B. schon zu Zeiten meines Studiums auf diese Weise als Persisch-Anfänger in kürzester Zeit intensive Kontakte zu persischen Muttersprachlern aufgebaut, aus denen sehr schnell Freundschaften wurden.

Eine weitere Quelle für Anwendungsmöglichkeiten ist u. U. Ihr eigenes Arbeitsumfeld. Möglicherweise gibt es sowohl unter Ihren Kollegen als auch unter Ihren Kunden Muttersprachler, die Sie bisher einfach nur noch nicht als solche wahrgenommen haben. Zumindest in größeren Unternehmen oder Institutionen sind in Zeiten der Globalisierung die Chancen, dass auch Ausländer dort arbeiten, ziemlich groß.

Natürlich muss man Muttersprachler unserer Zielsprache, die wie wir in Deutschland leben, erst einmal motivieren, ihre Muttersprache mit uns zu sprechen. Das ist erfahrungsgemäß manchmal nicht ganz so einfach. Wenn sie schon länger in Deutschland leben und arbeiten, sind ihre Deutschkenntnisse meist deutlich besser als unsere Fremdsprachenkenntnisse. Und natürlich neigt man in normalen Kommunikationssituationen immer dazu, die Sprache anzuwenden, die beide am besten beherrschen. Und manche Ausländer legen so viel Wert auf die Integration in die deutsche Lebenswelt, dass sie gar kein Interesse daran haben, ihre Muttersprache hier ins Spiel zu bringen. Auch hier hilft am ehesten das offene Bekenntnis, dass man gern seine Fremdsprache praktizieren würde. Im Arbeitsalltag z. B. Knall auf Fall in die Fremdsprache umzuschalten, klappt in den wenigsten Fällen. Die Einladung zu einem Kaffee nach der Arbeit ist da wahrscheinlich die bessere Idee.

Die Umsetzung der vorgeschlagenen Möglichkeiten fällt sicher kontaktfreudigen Menschen leichter als eher zurückhaltenden oder gar schüchternen. Aber für fast alle ist die affektive Barriere in der Fremdsprache höher als in der Muttersprache. Wie man die affektiven Hemmungen reduzieren kann, dazu habe ich in Abschnitt 11|11 bereits einige Vorschläge gemacht. Ansonsten gilt sicher für die Kontaktaufnahme zu Muttersprachlern das, was für jede Kontaktaufnahme gilt: Freundlichkeit, Unverkrampftheit und ein gutes Feeling für den richtigen Zeitpunkt erhöhen die Erfolgsaussichten.

19 | 15 Planen Sie einen längeren Auslandsaufenthalt

Natürlich sind Reisen einer der nächstliegenden Möglichkeiten, Fremdsprachen anzuwenden. Grundsätzlich können sich dabei zwei Situationen ergeben: Entweder wir sind im Land der Zielsprache und dort umgeben von Muttersprachlern. Oder wir sind in einem Drittland, wo unsere Zielsprache reine Verständigungssprache (sog. *lingua franca*) zwischen uns und den Menschen vor Ort ist, weil keiner die Muttersprache des anderen spricht.

Diese Lingua-franca-Situation ist heute angesichts des weltweiten Tourismus häufig gegeben, und dies natürlich meist mit Englisch als Verständigungssprache, egal ob wir gerade in Dänemark, Griechenland oder auf den Malediven sind. Höchstens in einigen Ländern Afrikas oder der Karibik übernimmt Französisch eine vergleichbare Verständigungsfunktion. Für ein vertieftes Anwenden der Fremdsprache bietet die Lingua-franca-Situation meist nicht die besten Voraussetzungen. Unsere Gesprächspartner sprechen die Fremdsprache u. U. genauso schlecht wie wir oder noch schlechter und die Gesprächsthemen sind oft auf touristische Belange beschränkt. Außerdem treffen wir die meisten potenziellen Gesprächspartner in Ausübung ihres Berufs als Servicepersonal in Hotels und Restaurants oder als Verkaufspersonal in Läden an. Trotzdem gelingt es kontaktfreudigen Lernern durchaus, auch aus solchen Situationen etwas für ihre Fremdsprachenanwendung herauszuholen. Mehr Glück hat natürlich, wer Reisende aus anderen Ländern kennenlernt. Ein sich daraus ergebender Kontakt in entspannter Urlaubsatmosphäre, der vielleicht zu gemeinsamen Unternehmungen führt, kann deutlich mehr Gelegenheit zum Anwenden der Fremdsprache bieten. Allerdings wird wohl kaum jemand, der im Urlaub nach Entspannung sucht, die »schönsten Wochen des Jahres« ausschließlich zur Jagd auf Muttersprachler nutzen wollen.

Realistischer ist da schon ein Auslandsaufenthalt, der ausdrücklich dem Ziel dient, die eigene Fremdsprachenkompetenz zu verbessern. Forschungen haben gezeigt, dass verschiedene Lerner unterschiedlich stark von einem Auslandsaufenthalt profitieren. Einige haben schon nach wenigen Monaten spektakuläre Fortschritte gemacht, andere erreichen selbst in einem Jahr nur einen mäßigen Zuwachs beim Sprechen und bei anderen Grundkompetenzen (insbesondere dem Schreiben) oft gar keinen. Man kann die Wirkungen eines Auslandsaufenthaltes jedoch nachhaltig beeinflussen, wenn man eine Reihe von grundlegenden Strategien beachtet. Im Folgenden eine Auswahl der wichtigsten Dinge, die man beachten sollte.

▶ Den richtigen Zeitpunkt wählen

Ein Auslandsaufenthalt ist nicht in jedem Stadium des Lernprozesses gleich wirksam. Wer zum Beispiel noch gar keine oder erst geringe Kenntnisse erworben hat, wird den spontanen fremdsprachigen Input, den das Ausland bietet, kaum nutzen können. Je mehr man versteht, desto mehr wird man profitieren. Die Fähigkeit, zumindest an einfachen Gesprächen teilnehmen zu können, ist deshalb eine wünschenswerte Voraussetzung. Nach meinem Eindruck profitieren Lerner am stärksten, wenn sie mindestens auf dem Niveau A2, besser noch B1 stehen (s. Abschnitt 4|2). Denn auf diesen Niveaustufen wird bereits ein Großteil des fremdsprachigen

Inputs verstanden und eine aktive Beteiligung an Gesprächen ist möglich. Dadurch werden vorhandene Kenntnisse schnell aktiviert und ausgebaut, die Lernfortschritte sind markant. Das heißt natürlich nicht, dass ein Auslandsaufenthalt in einem früheren Lernstadium sinnlos ist. Aber der Zusatznutzen gegenüber einem Lernen im eigenen Land ist in einer zu frühen Phase des Spracherwerbs oft deutlich geringer.

▶ Die richtige Dauer wählen

In den meisten Fällen ist die Dauer des Auslandsaufenthaltes natürlich durch äußere Zwänge vorgegeben. Kaum jemand kann es sich leisten, monatelang im Ausland Urlaub zu machen oder seine Dienstreisen beliebig auszudehnen. In manchen Fällen gibt es aber doch Einflussmöglichkeiten. Und da gilt natürlich die Regel: Je länger, desto besser.

In vielen Studiengängen (nicht nur in den philologischen) ist es heute Pflicht oder doch zumindest eine nachdrückliche Empfehlung, ein Auslandssemester zu absolvieren. Das hört sich meist nach mehr an, als es wirklich ist. Zum einen ist die reine Vorlesungszeit oft auf drei oder vier Monate beschränkt, und zum anderen dauert es natürlich einige Zeit, bis man am neuen Studienort Fuß gefasst und Kontakte geknüpft hat. Ich beobachte oft, dass die Studenten deshalb von einem einzigen Auslandssemester nicht in dem Maße profitieren, wie es eigentlich wünschenswert wäre, und empfehle deshalb, wo immer die Möglichkeit besteht, das Auslandsstudium auf zwei Semester auszudehnen. Die meisten Studenten profitieren von diesem zweiten Semester im Ausland ungleich mehr als vom ersten. Die Fördermöglichkeiten, die heute durch EU-Programme (z.B. das bekannte Austauschprogramm ERASMUS), durch Auslands-Bafög und Stipendien (z.B. über den DAAD) bestehen, können die finanziellen Lasten, die mit einem längeren Auslandsstudium verbunden sind, zumindest reduzieren. Noch effektiver ist es natürlich, von vornherein ein komplettes Auslandsstudium vorzusehen, wenn nicht schon auf der Bachelor-Stufe, dann vielleicht als anschließendes Master-Studium.

Doch auch wer bereits berufstätig ist, kann zumindest in einem international tätigen Unternehmen versuchen, sich für ein oder zwei Jahre in eine ausländische Niederlassung versetzen zu lassen. Er wird vermutlich lebenslang von der dabei erworbenen Fremdsprachenbeherrschung profitieren. Wer im öffentlichen Dienst arbeitet, hat in manchen Bundesländern die Möglichkeit, nach einer bestimmten Ansparzeit mit reduziertem Gehalt ein *Sabbatjahr* zu nehmen, das sich hervorragend für einen längeren Auslandsaufenthalt eignet, bei gleichzeitiger Fortzahlung des (reduzierten) Gehaltes und unter Fortbestand der Kranken- und Sozialversicherungen. Außerdem gibt es auch für Berufstätige Austauschprogramme, z.B. das Heinz-Nixdorf-Programm zur Förderung der Asien-Pazifik-Erfahrung deutscher Nachwuchsführungskräfte, das den Austausch mit Ländern wie China, Indien, Indonesien, Japan,

Malaysia, Südkorea, Taiwan und Vietnam fördert und auch entsprechende Sprachkurse zur Vorbereitung anbietet. Einen Überblick über solche Programme geben die Internetseiten der GIZ – Deutsche Gesellschaft für Internationale Zusammenarbeit (<www.giz.de>).

▶ Das richtige Format wählen

Neben der Dauer ist für den fremdsprachlichen Lerneffekt vor allem entscheidend, was wir während des Auslandsaufenthaltes überhaupt machen. Man kann natürlich monatelang durch ein fremdes Land reisen, ohne nennenswerte Fortschritte in der Beherrschung seiner Sprache zu erzielen, weil sich der Kontakt mit der Fremdsprache auf die Abwicklung von touristischen Standardsituationen wie Hotel-Check-ins oder Essensbestellungen in Restaurants beschränkt. Rein touristische Auslandsaufenthalte sind deshalb meist nicht sonderlich ergiebig für das Sprachenlernen, selbst dann nicht, wenn man den Kontakt zur Bevölkerung sucht. Die Kontakte sind meist oberflächlich und von Zufallsbekanntschaften geprägt.

Wesentlich intensiver, aber auch kostspieliger ist eine Sprachreise (s. Abschnitt 5|7). Hier ist zumindest ein regelmäßiges Lernen sichergestellt. Dieses motiviert meist dazu, das Gelernte auch gleich in authentischen Kommunikationssituationen außerhalb des Kurses auszuprobieren. Wenn die anderen Teilnehmer aus verschiedenen Ländern kommen, ergibt sich ein weiterer heilsamer Zwang, die Zielsprache auch in informellen Situationen rund um den Kurs anzuwenden. Durch gemeinsame Zusatzaktivitäten wie Kino- und Theaterbesuche, Stadtführungen, Besichtigungen von Sehenswürdigkeiten usw. lässt sich dieser Effekt deutlich steigern. Wer dann noch die Unterbringung in einer Familie statt in einem Hotel wählt, macht das »Sprachbad« in der Zielsprache perfekt. Der Nachteil dieser Art von Auslandsaufenthalt ist allerdings, dass er meist aus rein finanziellen Gründen nicht besonders lange ausgedehnt werden kann. Das Auslandsstudium hat da aufgrund seiner Dauer bereits eine deutlich größere Wirkung, vor allem wenn es auf mehr als ein Semester ausgedehnt wird (s. o.).

Der stärkste Lerneffekt tritt aber auf, wenn der Auslandsaufenthalt vom ersten Tag an ein komplettes Eintauchen in den kommunikativen Alltag der Zielsprache ermöglicht. Dies ist zum Beispiel bei einer beruflichen Tätigkeit, einem Praktikum oder einer Au-pair-Tätigkeit der Fall. Studenten, die die Wahl zwischen einem Auslandsstudium und einem Auslandspraktikum haben, empfehle ich stets, sich für das Praktikum zu entscheiden. Denn im Rahmen eines Studiums kommt es oft zu überraschend wenig interaktivem Kontakt mit Muttersprachlern. Die Teilnahme an Vorlesungen und Seminaren ist auch im Ausland häufig überwiegend rezeptiv. Und viele verbringen auch an ausländischen Hochschulen noch eine Menge Zeit mit anderen Austauschstudenten aus dem eigenen Heimatland mit der gleichen Muttersprache. In einem Praktikum hingegen muss meist vom ersten Tag an die Fremdsprache durchgehend aktiv und interaktiv angewendet werden. Neben den klassischen praktischen Tätigkeiten im Ausland für junge Leute wie Au-pair oder *work and travel* bieten zahlreiche Börsen im Internet Praktikumsplätze an. Allerdings befinden sich darunter auch schwarze Schafe, die nur billige Arbeitskräfte vermitteln wollen. Man sollte sich also vorab gut darüber informieren, worauf man sich im Zielland einlässt.

Für alle, die einen pädagogischen Beruf ergreifen wollen, ist eine Tätigkeit als Fremdsprachenassistent an einer ausländischen Schule besonders ertragreich, weil er sowohl pädagogische Praxiserfahrung vermittelt als auch umfassende Gelegenheit zum Fremdsprachenlernen bietet. Zwar geht es hier im Unterricht immer um Deutsch, aber außerhalb des Unterrichts wird naturgemäß die Fremdsprache gesprochen. Die Einbindung in die ausländische Schule bietet umfangreiche Anwendungsmöglichkeiten. Diese Art von Auslandsaufenthalt ist besonders für Studierende, die selbst Fremdsprachenlehrer werden wollen, nachdrücklich zu empfehlen. Die Vermittlung der Stellen erfolgt über den *Pädagogischen Austauschdienst* (PAD) in Bonn (<www.kmk-pad.org>). Wer hier nicht zum Zuge kommt, sollte es vielleicht einmal mit einer Spontanbewerbung bei größeren privaten Sprachschulen im Ausland versuchen. Assistenz durch einen Muttersprachler des Deutschen wird jeder Lehrer gern annehmen, wenn die Schulleitung bereit ist, die finanziellen Mittel dafür bereitzustellen. Auch an den Goethe-Instituten im Ausland gibt es interessante Praktikumsstellen, die meist allerdings stark umworben sind.

Auch für ältere Sprachenlerner, die bereits im Beruf stehen, gilt, dass die stärkste Lernwirkung von einer praktischen Einbindung in die berufliche Alltagswelt im Ausland ausgeht. Hier wird man sich natürlich nicht mehr mit einer Praktikantenstelle zufriedengeben, sondern sich eher um eine zeitweilige Entsendung ins Ausland bemühen.

Dass alle Menschen, die einen anderssprachigen Partner haben, besonders von einem Aufenthalt bei dessen Verwandten im Herkunftsland profitieren, versteht sich von selbst. Man kann es als ein besonderes Geschenk sehen, wenn man durch eine Partnerschaft unmittelbaren Zugang zu einem familiären Kreis im Ausland erhält und damit dieses Land sprachlich und kulturell auf eine ganz andere Weise als der Tourist »von innen« kennenlernt.

19 | 16 Bereiten Sie den Auslandsaufenthalt richtig vor

Empirische Untersuchungen haben gezeigt, dass der Ertrag eines Auslandsstudiums ganz erheblich von der Vorbereitung abhängt. Wer darauf hofft, dass der Auslandsaufenthalt seine sprachliche Wunderwirkung von selbst entfaltet, sobald man da ist, verliert zumindest kostbare Zeit. Durch eine gute Vorbereitung kann man seine Wirkung erheblich steigern. Dazu im Folgenden eine Reihe von Hinweisen mit Querverweisen auf die entsprechenden Ratschläge in diesem Buch, in denen diese jeweils genauer ausgeführt werden.

Die wichtigste Voraussetzung ist das »Warmlaufen«, d. h. die sprachliche Einstimmung auf den Auslandsaufenthalt durch möglichst frühzeitige intensive Beschäftigung mit der Fremdsprache. Schon in den Wochen und Monaten, bevor es losgeht, sollte man versuchen, die Fremdsprache möglichst täglich in seinem Alltag vorkommen zu lassen und sei es, bei Zeitmangel, auch nur für zehn oder zwanzig Minuten. Der Schwerpunkt sollte dabei ganz stark auf dem Hörverstehenstraining liegen, weil dieses von zentraler Bedeutung für die optimale Nutzung des fremdsprachigen Hör-Inputs ist, den wir im Ausland in größtmöglicher Breite und Vielfalt aufnehmen wollen (zur Bedeutung des Inputs generell s. Abschnitt 2|7; zu den Techniken des Hörverstehenstrainings s. die verschiedenen Ratschläge in den Kapiteln 10 und 17). Es empfiehlt sich also, zur Vorbereitung möglichst viel in der Fremdsprache zu hören: didaktische Hörverstehensmaterialien, wenn man noch auf den unteren Niveaustufen ist, Radio, Fernsehen, Hörbücher und dgl., wenn man bereits weiter fortgeschritten ist.

Auch für das Sprechen lassen sich Vorbereitungen treffen. Wenn man schon über gute Kenntnisse verfügt, aber bisher wenig Gelegenheit zum Sprechen hatte, sollte man vor allem die Sprechartikulatorik rechtzeitig üben (s. dazu die Abschnitte 11|7 bis 11|9 sowie 19|11). Dazu reicht es schon, jeden Tag ein paar Minuten laut fremdsprachige Texte vorzulesen und ihre flüssige Produktion einzuüben, am besten dialogische Texte, die möglichst nahe an der gesprochenen Umgangssprache liegen (z. B. aus Unterhaltungsromanen mit hohen dialogischen Anteilen).

Auch inhaltlich kann man sich auf das Sprechen vorbereiten, z. B. indem man einen Fundus an Routineformulierungen aufbaut, die mit hoher Wahrscheinlichkeit oft in den absehbaren Gesprächen während des Auslandsaufenthaltes vorkommen werden (s. Abschnitt 11|13). Hilfreich ist auch die Entwicklung eigener Gesprächsbausteine zu absehbaren Themen (z. B. zur eigenen Biografie, zum Grund und den näheren Umständen des Auslandsaufenthaltes, zur Heimatstadt, zu aktuellen Themen im Heimatland, auf die man möglicherweise angesprochen wird, zu Studium, Berufsausbildung oder aktueller Berufstätigkeit usw., s. Abschnitt 11|14). Natürlich kann es auch nicht schaden, präventiv seinen Wortschatz in den Bereichen zu erweitern, die während des Auslandsaufenthaltes relevant sein werden (s. Abschnitt 13|7). Den neu erworbenen Wortschatz sollte man dabei möglichst gleich kontextualisieren und personalisieren (s. Abschnitt 13|12).

Neben diesen Maßnahmen zur sprachlichen Vorbereitung des Auslandsaufenthaltes sollte man auch organisatorische und technische Vorbereitungen zur späteren Unterstützung des Lernens im Ausland treffen. Das betrifft zunächst die Verfügbarkeit von

Hilfsmitteln, insbesondere Nachschlagewerken, und das Wissen darüber, wie man sie effizient einsetzt. Selbstverständlich sollte der geübte Umgang mit einem guten zweisprachigen Wörterbuch sein, möglichst auch in elektronischer Form (s. Abschnitt 9|22). Hilfreiche Wörterbücher aus dem Internet sollten bekannt sein (s. Abschnitt 9|23). Am besten legen Sie auf Ihrem Handy gleich eine eigene Seite mit Links auf entsprechende Internetquellen an. Das wird es Ihnen ermöglichen, im Ausland Wortschatzlücken überall schnell zu schließen. Wenn absehbar ist, dass Sie mit Spezial- oder Fachwortschatz zu tun haben werden, sollten Sie dafür durch Kenntnis und ggf. Anschaffung geeigneter Nachschlagewerke gewappnet sein (s. Abschnitt 16|7).

Zur technischen Vorbereitung gehört u. U. auch, dass Sie sich schon vor dem Auslandsaufenthalt die Geräte zulegen, die für bestimmte Lernstrategien hilfreich sind. Ein Smartphone, mit dem Sie überall Internetzugang haben, habe ich gerade schon erwähnt (vorher Roaming-Gebühren klären oder am besten gleich einen Vertrag für das Zielland abschließen, dies ist meist günstiger als die Roaming-Gebühren beim heimischen Anbieter). Ein Smartphone ist aber auch sehr gut geeignet zum Aufzeichnen und späteren Nachbearbeiten von Gesprächen, die man in der Fremdsprache führt.

Schließlich kann man durchaus auch versuchen, bereits im Vorfeld Kontakte zu knüpfen. Vielleicht lässt sich vorab bereits ein E-Mail- oder Skype-Tandem bilden (s. Abschnitt 5|5), das bei Eintreffen im Ausland zu einem Präsenztandem wird. Vielleicht gibt es auch Freunde, Bekannte oder Kollegen, die im Ausland leben und über die man bereits vorab Kontakte knüpfen kann. Auch die sozialen Netze wie Facebook, Myspace, LinkedIn, Xing usw. können u. U. dazu genutzt werden.

Besonders hilfreich ist der Kontakt zu Menschen, die schon einmal am gleichen Ort in ähnlicher Funktion waren, also z. B. schon einmal an der gleichen ausländischen Universität studiert, ein Praktikum in der gleichen Firma oder Schule absolviert oder die gleiche Sprachreise gemacht haben. Sie werden in der Regel eine Menge Tipps geben können, wie man vor Ort schnell in Kontakt mit Menschen kommt und welche Fehler man vielleicht vermeiden sollte.

19 | 17 Nutzen Sie den Auslandsaufenthalt optimal für Ihren Spracherwerb

Entscheidend für den sprachlichen Erfolg Ihres Aufenthaltes ist natürlich Ihr Verhalten vor Ort. Seinen Lebensmittelpunkt für längere Zeit an einen Ort im Ausland zu verlegen ist in der Regel ein so weitreichendes Ereignis im eigenen Leben, dass man angesichts der Vielfalt der neuen Eindrücke, Erlebnisse und Herausforderungen manchmal das systematische Sprachenlernen aus den Augen verliert. Man lernt sozusagen nur noch *en passant*, während man sich in einer neuen Umgebung einrichtet, neue Menschen kennenlernt, einer neuen Tätigkeit nachgeht, die kulturelle Andersartigkeit erfährt oder auch einfach nur die vielen neuen Impressionen verarbeitet. Das ist zweifellos eine Erfahrung, die einen Wert an sich darstellt.

Wer sich aber das Ziel gesetzt hat, den Auslandsaufenthalt zielstrebig zur Verbesserung seiner Sprachkompetenz einzusetzen, der sollte sich bald wieder auf dieses Ziel besinnen und es bewusst in das neue Erleben integrieren. Dies ist im Grunde leicht möglich, wenn man einige Tipps beachtet. Ich gehe im Folgenden davon aus, dass der Auslandsaufenthalt vor allem der Verbesserung der mündlichen Sprachkompetenz dient. Dies ist zweifellos der Standardfall, denn die schriftliche Sprachkompetenz, also sowohl das Leseverstehen wie das Schreiben, lassen sich im Zweifelsfall auch im Heimatland gut entwickeln.

Eine der wichtigsten Voraussetzungen ist natürlich, dass man so schnell wie möglich dazu kommt, die Fremdsprache in Gesprächen mit Muttersprachlern interaktiv anzuwenden. Das Haupthindernis dafür liegt manchmal weniger in mangelnder Gelegenheit als in uns selbst begründet. Das Bewusstsein für die Beschränktheit der eigenen Ausdrucksfähigkeit in der Fremdsprache führt bei vielen Lernern zu Sprechhemmungen, sobald sie es statt des eigenen, wohl gesonnenen Fremdsprachenlehrers mit »echten« Kommunikationspartnern zu tun haben, z. B. mit Kollegen, Verkäufern, Vermietern oder Behördenvertretern. Denn diesen ist unser eigenes sprachliches Vorankommen natürlich ziemlich egal. Sie finden unsere beschränkte Ausdruckskompetenz, den fehlenden Wortschatz oder das verlangsamte Sprechtempo günstigstenfalls lästig. Ungünstigstenfalls nutzen sie dieses sogar zu ihrem eigenen Vorteil, z. B. wenn es gilt, unter Kollegen unbeliebte Arbeiten zu verteilen, oder wenn es zum Konflikt mit einem Vermieter über Mietnebenkosten kommt. Lerner geben bei Befragungen oft an, dass sie in der Fremdsprache nicht so selbstbewusst und forsch auftreten und ihre Interessen nicht so konsequent vertreten wie in der Muttersprache. Natürlich hängt dies auch in starkem Maße von der eigenen Persönlichkeitsstruktur ab. Aber nur wenigen Lernern ist es ganz egal, wie sie in der Fremdsprache »rüberkommen«. Mögliche Sprechhemmungen schnell abzubauen ist deshalb der erste Schritt, um Zugang zu fremdsprachigen Gesprächen zu finden (s. Abschnitt 11|11).

Ein weiterer Schritt ist die Entwicklung von Strategien, wie man im Gespräch auf Verständnisschwierigkeiten reagieren sollte und, sozusagen komplementär dazu, wie man mit eigenen Ausdrucksproblemen fertig wird (s. dazu die Abschnitte 11|12 u. 19|18). Viele fremdsprachliche Kommunikationsprobleme kann man vermeiden, wenn man Gespräche mit absehbaren Inhalten geschickt vorbereitet und einen Fundus an Routineformulierungen und Gesprächsbausteinen aufbaut (s. Abschnitte 11|13 u. 11|14).

Natürlich (und glücklicherweise) sind authentische Kommunikationsereignisse nie komplett planbar. Und es gilt ja auch, die nötigen fremdsprachlichen Ressourcen zu entwickeln, um auch die spontanen Äußerungen unserer Gesprächspartner zu verstehen, aufzugreifen und selbst im Gespräch genauso spontan mit eigenen Gedanken weiterzuführen. Doch gerade das Lernpotential spontaner Kommunikation wird häufig verschenkt. Sobald das Gespräch beendet ist, erinnert man sich zwar noch an den Inhalt, den ungefähren Verlauf und die Gesprächsstimmung, und man kann auch eine Einschätzung abgeben zum Thema »Wie war ich?«. Aber die genaue Erinnerung daran, wie der Gesprächspartner etwas ausgedrückt hat und was wir daraus lernen konnten, verfliegt meist genauso schnell wie die Erinnerung an die eigenen Ausdrucksprobleme, die man im Eifer des Gesprächs mehr oder weniger geschickt gelöst oder auch einfach nur durch Äußerungsverzicht umgangen hat. Um dieses Potential zu nutzen, sollte man deshalb unbedingt versuchen, möglichst viel von beidem festzuhalten, also sowohl vom Input der Gesprächspartner als auch von den eigenen Ausdrucksproblemen. Mittel der Wahl ist hier natürlich die Aufzeichnung mit dem Handy oder dem Voice-Recorder. Dies erlaubt eine spätere systematische Nachbearbeitung, bei der man die Äußerungen des Gesprächspartners wie Hörverstehensmaterial behandelt, d. h. eventuelle Verständnislücken systematisch schließt, ggf. auch unter Einsatz von Nachschlagewerken, und dann noch einmal mit einem Fokus auf das *Wie* der Äußerungen als sprachlichen Input bewusst verarbeitet. Wie man dazu am besten vorgeht, besprechen wir ausführlicher in Abschnitt 19|19).

Natürlich sind neben den Gesprächen mit Muttersprachlern auch alle anderen Arten von fremdsprachigem Input von Interesse. Es gilt, möglichst viel davon aufzunehmen, von der Werbung des örtlichen Supermarkts in unserem Briefkasten, die wir als ein perfekt bebildertes Vokabellernmaterial betrachten können, über die Schilder und Aushänge in Straßen, auf Plakaten und an Häuserwänden, bis hin zu den zahlreichen Radio- und Fernsehprogrammen, auf die wir Zugriff haben. Meist überfordert es uns, all das, was in der Fremdsprache auf uns einströmt, bewusst wahrzunehmen und sprachlich zu verarbeiten. Hier kann es helfen, eine große Kiste in unserem Zimmer aufzustellen, in die wir alles hineinwerfen, was potenziell interessanter fremdsprachiger Input ist, aber gerade nicht verarbeitet werden kann, vom Anzeigenblatt, das vor unserer Haustür lag, über die Werbeflyer, die wir irgendwo mitgenommen haben, bis hin zum Reiseprospekt, in dem wir amüsiert nachlesen können, wie Reisen nach Deutschland in der Sprache des Gastlandes angepriesen werden.

Manchen Lernern hilft es, während des Auslandsaufenthaltes ein Lerntagebuch zu führen (s. Abschnitt 6|5). Neben seiner möglichen Motivationsfunktion kann es vor allem auch die Aufgabe haben, den Verlauf des Lernprozesses im Auge zu behalten. Konkret bedeutet dies: sich sowohl Lernfortschritte bewusst zu machen als auch immer wieder Defizite festzuhalten, die man durch eine stärkere Fokussierung bei den Lernbemühungen angehen möchte. Das Tagebuchschreiben sollte dabei aber nicht zu einer Last werden, sondern eher eine angenehme Vergewisserungstätigkeit sein, die Lust auf das Weiterlernen und natürlich auch auf das weitere bewusste Genießen des Auslandsaufenthaltes macht.

19 | 18   Bereiten Sie fremdsprachige Gespräche vor

Sich auf ein Bewerbungsgespräch intensiv vorzubereiten ist für die meisten Menschen absolut selbstverständlich, auch wenn nur Deutsch gesprochen wird. Auch wenn wir ein schwieriges Reklamationsgespräch führen, legen wir uns oft vorher Strategien zurecht, wie wir unsere Ansprüche durchsetzen oder auf eine mögliche Abwiegelungshaltung der Angesprochenen reagieren. Und selbst wer zum Arzt geht, überlegt sich manchmal vorher, in welchen Worten er seine Beschwerden so aussagekräftig wie möglich beschreibt. Diese Beispiele zeigen: Auch wenn genaue Gesprächsverläufe selten vorauszusagen sind, kann man sich doch fast immer ein Stück weit auf Gespräche vorbereiten. Diesen Umstand können wir uns auch für Gespräche in der Fremdsprache zunutze machen. Denn eine gewisse Vorbereitung reduziert nicht nur die Zahl möglicher Kommunikationsprobleme, sondern erhöht gleichzeitig auch die Aussichten, das Gespräch als erfolgreich zu erleben. Und wie wichtig diese Art von *resultativer Motivation* für das Weiterlernen ist, habe ich bereits in Abschnitt 6 | 3 (»Verschaffen Sie sich Erfolgserlebnisse in der Anwendung der Sprache«) betont. Deshalb hier ein paar Tipps, wie man ein Gespräch in der Fremdsprache vorbereiten kann:

▶ Überlegen Sie sich zunächst, was der voraussichtliche Gegenstand Ihres Gesprächs sein wird, welche Themen voraussichtlich zur Sprache kommen, wer Ihr Gesprächspartner ist und was Ihr Anliegen in dem Gespräch sein wird. Das ist natürlich für manche Gespräche leichter vorherzusagen als für andere. Oft lässt sich aber doch zumindest teilweise absehen, was auf uns zukommt.

▶ Überlegen Sie sich dann, welche Wörter, Wendungen und sonstigen Redemittel voraussichtlich benötigt werden. Bei einem Gespräch in einer Autowerkstatt z. B. könnten Wörter wie *Kilometerstand, Fahrzeugschein, Serviceheft, Garantiezeit, Inspektionsintervall, Ölstand* und dgl. eine Rolle spielen. Bei einem Smalltalk auf einer Tagung könnte es z. B. um gemeinsame fachliche Interessen, Eindrücke von der Organisation der Tagung, Qualitätsurteile über gehörte Vorträge oder die Unterbringung gehen.

▶ Spüren Sie mit Blick auf die sich abzeichnenden kommunikativen Abläufe Lücken in Ihrer fremdsprachlichen Kompetenz auf und versuchen Sie, diese vorab mit den bereits weiter oben beschriebenen Strategien (s. Abschnitte ab 19 | 4) zu schließen. Können Sie z. B. das komische Geräusch, das Ihr Wagen macht, ausreichend gut beschreiben und dabei das Autoteil benennen, das nach Ihrer Vermutung die Ursache ist? Oder verfügen Sie über den nötigen Wortschatz, um ein angemessen differenziertes Urteil über den soeben gehörten Vortrag abzugeben, anstatt sich auf ein ziemlich plattes *good* oder *not so good* beschränken zu müssen?

▶ Spielen Sie mögliche Gesprächsverläufe mental durch, am besten in Form des Selbstgesprächs (s. Abschnitt 19 | 12). Beziehen Sie dabei die Wörter und Wendungen ein, die Sie zur Schließung Ihrer Lücken soeben recherchiert haben. Sprechen Sie laut an all jenen Stellen, an denen ein artikulatorisches Training sinnvoll ist (s. Abschnitt 19|11).

Natürlich ist es weder möglich noch nötig, sich auf jedes fremdsprachige Gespräch so intensiv vorzubereiten, wie es hier vorgeschlagen wird. Und natürlich können auch spontane und unvorbereitete Gespräche gut gelingen. Trotzdem empfehle ich, es auch einmal mit einer solch intensiven Vorbereitung zu versuchen, allein schon um den Unterschied zu einem unvorbereiteten Gespräch zu erleben und auf dieser Basis in Zukunft besser einschätzen zu können, wann eine Vorbereitung lohnt und zu einem besseren kommunikativen Ergebnis führt und wann nicht.

19 | 19   Zeichnen Sie Ihre Gespräche in der Fremdsprache auf und bearbeiten Sie sie systematisch nach

Fehler zu machen ist eine Sache. Aus Fehlern nicht zu lernen eine ganz andere. Jedes in der Fremdsprache geführte Gespräch bietet eine Fülle von Input, eine Fülle von Anwendungsmöglichkeiten und eine Fülle von Feedback. Es ist somit eine wahre Goldgrube für das Weiterlernen. Aber nur die wenigsten Lerner nutzen diese Goldgrube. Zwar hallt in ihnen vielleicht noch ein gesamthafter Eindruck vom Gesprächsverlauf nach, mit einem Gefühl von mehr oder weniger großer Zufriedenheit oder eben auch Unzufriedenheit. Aber ansonsten gilt: aus den Augen – aus dem Sinn, oder besser gesagt: aus den Ohren – aus dem Sinn. In diesem Abschnitt gebe ich deshalb eine Reihe von Tipps, wie Sie das Lernpotential fremdsprachiger Gespräche, die Sie geführt haben, effizient nutzen können. Gedacht ist dabei natürlich vor allem an längere Gespräche, in denen es einen intensiven Austausch von Redebeiträgen zwischen Ihnen und dem oder den fremdsprachigen Gesprächspartner(n) gegeben hat.

Zunächst gilt: Je besser Sie das Gespräch dokumentiert haben, desto leichter ist die Nachbearbeitung und damit die effiziente Nutzung für das Weiterlernen. Der mit Abstand günstigste Weg ist hier die komplette Audioaufzeichnung mit Handy oder Voice-Recorder. Wenn die Tonqualität stimmt, haben Sie anschließend alle Optionen für die Nachbereitung.

Eine Gesprächsaufzeichnung ist natürlich nur mit Zustimmung des Gesprächspartners vertretbar. Das kann ein wenig Überzeugungsarbeit kosten. Auf der Basis des Vertrauens, dass man solche Aufzeichnungen wirklich nur für den eigenen Spracherwerb nutzt, kann man aber oft trotz anfänglicher Skepsis die Zustimmung gewinnen. Man muss ja nicht gleich beim ersten Kontakt um diese bitten. Manchmal hilft es auch, wenn man den Gesprächspartnern die Aufzeichnung zukommen lässt (als Hördatei) und um »Freigabe« bittet. Zumindest bei Gesprächen mit dem Tandempartner dürfte die Zustimmung zur Aufzeichnung kein Problem sein. Sie vereinbaren am besten gleich zu Beginn Ihrer Zusammenarbeit, dass Sie Gespräche jederzeit aufzeichnen dürfen, natürlich auch hier nur zur persönlichen Nutzung.

Wenn Sie ein Skype-Tandem haben, können Sie auch hier die Gespräche mit entsprechenden Softwareprodukten mitschneiden, z. B. mit dem *Free Video Call Recorder for Skype* (Download möglich über die Internetseiten der Computerzeitschrift Chip, <www.chip.de>). Sollen nur die Audioanteile des Skype-Gesprächs aufgezeichnet werden, kann z. B. auch der *iFree Skype Recorder* eingesetzt werden (<www.ifree-recorder.com>).

Können oder wollen Sie aus welchen Gründen auch immer keine technischen Hilfsmittel einsetzen, sollten Sie sich zumindest nach der Beendigung eines Gesprächs, wenn die Erinnerung noch frisch ist, entsprechende Notizen machen oder, noch schneller und bequemer, diese auf Ihr Handy oder Ihren Voice-Recorder sprechen. Selbst wenn man aus jedem Gespräch nur einen einzigen neuen Ausdruck notiert oder umgekehrt ein einziges eigenes Ausdrucksproblem festhält, wird man im Laufe der Wochen und Monate viel für ein praxisnahes Lernen tun können. Voraussetzung ist natürlich, dass man solche Gesprächsmitschnitte oder Notizen regelmäßig nachbearbeitet. Zum genauen Vorgehen im Folgenden einige Vorschläge. Ich gehe vom Wunschfall einer vollständigen Audioaufzeichnung des Gesprächs aus. Denn dann sind folgende Nachbearbeitungsstrategien möglich:

- Hören Sie sich das Gespräch noch einmal an und achten Sie zunächst vor allem auf die Gesprächsbeiträge des Muttersprachlers. Stellen Sie fest, ob Sie diese vollständig und richtig verstanden haben. Versuchen Sie, alle Verständnislücken nachträglich noch zu schließen. Sie werden dabei möglicherweise feststellen, dass dies mehr waren, als Ihnen im Eifer des Gesprächs aufgefallen sind.

- Betrachten Sie die Gesprächsbeiträge des Muttersprachlers als fremdsprachigen Hörinput und bringen Sie auch hier die Input-Output-Spirale anhand der in Kapitel 18 beschriebenen Strategien in Gang. Fragen Sie sich dazu vor allem, was Sie selbst nicht hätten ausdrücken können in der Fremdsprache, was Sie unter dem Einfluss Ihrer Muttersprache ganz anders (und möglicherweise weniger idiomatisch) ausgedrückt hätten, was Sie von dem gehörten Input behalten wollen, was Sie auf eigene Kommunikationsbedürfnisse zuschneiden können usw. Halten Sie das Wichtigste davon auch schriftlich fest.

- Gehen Sie nun die eigenen Gesprächsbeiträge noch einmal durch und überprüfen Sie diese auf sprachliche Richtigkeit. Viele Fehler werden Ihnen bei dieser genaueren Prüfung ohne Zeitdruck von selbst auffallen. In anderen Fällen werden Sie die Richtigkeit mithilfe von Nachschlagewerken oder anderen Strategien überprüfen können. Alle Unklarheiten und Unsicherheiten, die dann noch verbleiben, halten Sie am besten stichwortartig als Fragen fest, um sie später mit Ihrem Tandempartner oder Lehrer oder anderen muttersprachigen Informanten zu klären.

▶ Gehen Sie schließlich Ihre eigenen Redebeiträge, auch die fehlerfreien, noch einmal unter dem Gesichtspunkt möglicher Verbesserungen durch: Wo und wie hätte man genauer, differenzierter, wirkungsvoller, überzeugender formulieren können? Und vor allem: Wo haben Sie bestimmte Dinge gar nicht erst versucht zu sagen, sei es, weil Sie Ausdrucksprobleme vorausgesehen haben, oder einfach nur, weil Sie nicht schnell genug waren und der Muttersprachler schon wieder »am Drücker« war? Jetzt ist der richtige Zeitpunkt, um solche Defizite in Ruhe nachzubearbeiten und dafür zu sorgen, dass diese Sie beim nächsten Mal nicht mehr so leicht kommunikativ ausbremsen können.

In wie vielen Durchläufen Sie diese vorgeschlagenen Aktivitäten durchführen, hängt von der Komplexität des Gesprächs ab. Für sehr komplexe und ertragreiche Gespräche mag es sinnvoll sein, tatsächlich jeden der vier Aspekte in einem eigenen Durchgang zu bearbeiten, für sehr einfache und glatt verlaufende lässt sich die Auswertung möglicherweise in einem Durchgang zusammenfassen. Auf jeden Fall lohnt es sich, die wichtigsten Ergebnisse der Auswertung schriftlich festzuhalten, z. B. aus den Äußerungen des Muttersprachlers herausgefilterte neue Wörter und Formulierungen oder aber auch die persönlichen Lieblingsfehler, die uns immer wieder unterlaufen, und die es in Zukunft zu vermeiden gilt.

Sie werden schnell ein Gespür dafür entwickeln, was es aus einem Gespräch zu lernen gibt. Hauptsache, Sie lassen das Potential nicht ungenutzt im Sumpf des Vergessens untergehen.

20 Die Spezialdisziplin – Schreibkompetenz erweitern

20 | 1 Machen Sie sich klar, was Schreiben schwierig macht

Ich hatte bereits im einführenden Abschnitt zum Kapitel über das Schreiben für Anfänger (s. Abschnitt 12 | 1) gezeigt, dass der Begriff *Schreiben* mehrdeutig ist und dass man im Zusammenhang mit dem fremdsprachigen Schreiben mindestens drei Dinge darunter verstehen kann:

1. Schreiben als die Beherrschung des Schriftsystems der Fremdsprache (insbesondere bei Fremdsprachen mit anderen Schriftsystemen),
2. Schreiben als Beherrschung der Rechtschreibung und
3. Schreiben als Fähigkeit, Texte verfassen zu können.

Im Anfängerteil des Buches haben wir uns auf die beiden ersten Aspekte konzentriert, weil sie notwendige Basis-Voraussetzungen für das Schreiben im Sinne des dritten Aspektes sind. Im Teil über das Fortgeschrittenen-Sprechen hatte ich dann die Lernstrategie des *schriftlichen Probesprechens* vorgestellt, die ein besonders hilfreiches Instrument zur Entwicklung der fremdsprachigen Produktion sowohl im Mündlichen wie im Schriftlichen ist. Damit hatten wir eine weitere Vorstufe des Schreibens entwickelt. In diesem Teil nun geht es um das »echte« Schreiben im Sinne der oben genannten Bedeutung Nr. 3, also um die Produktion fremdsprachiger Texte, die nicht dem Fremdsprachenlernen selbst dienen, sondern die in realen Kommunikationssituationen eingesetzt werden sollen, z. B. als E-Mail, Geschäftsbrief, Sitzungsprotokoll, Pressemitteilung, Firmenpräsentation, Fachaufsatz, Master- oder Doktorarbeit.

»Writing is easy. All you have to do is cross out the wrong words.« Mit diesem Bonmot ironisiert Mark Twain ganz bewusst die gegenteilige Erfahrung aus unserem Alltag: Den meisten Menschen fällt das Schreiben schwer, und zwar auch schon in der Muttersprache. Ob Schüler oder Lehrer, Student oder Professor, Journalist oder Schriftsteller – die meisten Menschen erleben das Verfassen von Texten als mühevoll und beschwerlich, als harte Arbeit. Auch erfahrene Schreibprofis ringen beim Schreiben um Wörter und Sätze, um Form und Inhalt, und klagen nicht selten über Schreibprobleme oder gar Schreibblockaden. Offensichtlich ist Schreiben eine Tätigkeit, die unsere sprachlichen und intellektuellen Fähigkeiten auf eine ganz besondere Weise herausfordert. Natürlich gilt dies umso mehr in der Fremdsprache. Bevor wir über geeignete Strategien nachdenken, wie wir mit dieser besonderen Schwierigkeit fertig werden können, wollen wir uns kurz bewusst machen, worauf sie eigentlich beruht. Hier einige der Gründe:

▶ Beim Schreiben geht es häufig um wesentlich längere kommunikative Einheiten als beim Sprechen. Und das Verfassen von längeren Texten erfordert logischerweise wesentlich mehr Überblick und interne Strukturierung als eine mündliche Äußerung in einem Gespräch, die meist nur einige Sätze umfasst.

▶ Im Gegensatz zum Sprechen ist das Schreiben meist von einer unmittelbar wahrnehmbaren kommunikativen Situation losgelöst. Wir sehen die Adressaten unseres Textes nicht vor uns, erleben ihre Reaktionen nicht unmittelbar, können keine Rückschlüsse aus Mimik und Gestik ziehen, haben keinen sprachlichen Input von ihnen, den wir aufgreifen und weiterentwickeln können, können nicht direkt feststellen, ob wir verstanden werden usw.

▶ Texte richten sich meist an viele Adressaten, über die wir nichts oder wenig wissen, die uns nicht persönlich bekannt sind und die mit sehr unterschiedlichen Voraussetzungen und aus sehr unterschiedlichen Gründen unseren Text lesen werden. Dies macht es schwierig, so zu schreiben, dass man allen oder zumindest vielen der potenziellen Leser gerecht wird.

▶ Beim Schreiben der meisten Texte müssen wir uns von der Umgangssprache lösen, in der wir doch ansonsten fast den ganzen Tag kommunizieren – und das schon seit den frühsten Kindestagen. Die Schriftsprache mit ihrer meist gewählteren Ausdrucksweise haben wir erst nach und nach erworben, selbst Schriftsprache zu produzieren lernen wir erst in der Schule und haben damit jahrelang zu tun.

▶ An schriftliche Texte werden häufig höhere Ansprüche gestellt als an mündliche Redebeiträge, und zwar sowohl sprachlich (z. B. was die Beachtung von Normen in Rechtschreibung, Zeichensetzung, Stil und Ausdruck betrifft) als auch inhaltlich (z. B. im Hinblick auf logischen Aufbau, überzeugende Argumentation, Vollständigkeit, Wahrheitsgehalt, Aktualität, Originalität usw.). Auch der Schwarz-auf-Weiß-Effekt, also die Tatsache, dass schriftliche Texte jederzeit nachlesbar sind und deshalb eine höhere Verbindlichkeit haben, erhöht die Ansprüche, die von außen, meist aber auch von den Schreibern selbst, an die eigenen Texte herangetragen werden.

Die Schreibforschung, eine wissenschaftliche Disziplin, die Schreibprozesse systematisch erforscht, hat noch eine weitere Ursache für die Schwierigkeit des Schreibens herausgefunden, die sie sogar als Hauptursache betrachtet: Es ist die Vielzahl der Teilprozesse, die beim Schreiben erfolgreich koordiniert werden müssen. Wenn wir einen umfangreicheren, anspruchsvollen Text produzieren möchten, egal ob es sich dabei um die Abschlussarbeit eines Studiums, einen Fachartikel, eine Unternehmenspräsentation oder einen Förderantrag handelt, müssen wir in der Regel die meisten der folgenden Teilaufgaben lösen: Wir müssen zunächst klären, ob es Vorgaben hinsichtlich Länge, Inhalt, Stil, äußerer Form, Zitierweisen usw. gibt, die wir zu beachten haben. Wir müssen uns fragen, was genau die Funktion des Textes ist, wer seine voraussichtlichen Leser sein werden, welches Vorwissen diese haben werden, was die Hauptaussagen des Textes sein sollen und wie diese für die voraussichtlichen Leser in dem vorgesehenen Umfeld passend gemacht werden können. Wir müssen mögliche Inhalte des Textes zusammentragen, fehlende Informationen recherchieren, dazu Quellen finden, Originaltexte lesen und auswerten, in diesen Texten das für unsere Zwecke Relevante vom Irrelevanten trennen und das Relevante für die spätere Berücksichtigung im eigenen Text in irgendeiner Form festhalten, um dem vorzeitigen Vergessen vorzubeugen. Wir müssen eine Gliederung für den Aufbau unseres Textes entwickeln, dann diese Gliederung schrittweise durch konkrete Formulierungen mit Inhalt füllen, dabei die Gliederung u. U. aber auch wieder verwerfen oder doch zumindest weiterentwickeln und ausdifferenzieren. Wir müssen Überschriften und Zwischenüberschriften finden und Textteile auf einzelne Absätze verteilen. Wir müssen kohärent und möglichst flüssig formulieren, auf die inhaltliche Richtigkeit der Aussagen, aber auch auf sprachliche Richtigkeit und guten Stil achten, den Leser möglichst durch Verständlichkeit, Anschaulichkeit und manchmal auch Auflockerungen bei der Stange halten. Außerdem müssen wir dabei auch noch das rein mechanische Schreiben mit der Hand oder am Computer bewerkstelligen, Tippfehler vermeiden, das Textverarbeitungsprogramm in Schach halten und möglichst das Zwischenspeichern (!) nicht vergessen. Und wenn der Text in einer ersten Rohfassung vorliegt, müssen wir kritisch lesen, Mängel aller Art (inhaltliche, grammatische, stilistische, orthografische, typografische usw.) erkennen und korrigieren. Und bei vielen Texten gehört heute auch noch dazu, sie durch Bilder, Grafiken, Tabellen usw. zu illustrieren, sie zu layouten, zu drucken, zu versenden und zu archivieren. Und bei all dem müssen wir es auch noch schaffen, unsere Konzentration und vor allem unsere Motivation während des ganzen anstrengenden Prozesses aufrechtzuerhalten.

Angesichts dieser Liste von Teilaufgaben beim Schreiben ist es wohl unmittelbar einleuchtend, dass wir allen Grund haben, das Schreiben zumindest längerer und anspruchsvollerer Texte bereits in der Muttersprache als mühsam und anstrengend zu empfinden. Und dies in der Fremdsprache umso mehr, weil wir hier diese komplexe Aufgabe auch noch mit einer im Vergleich zu unserer Muttersprache wesentlich eingeschränkteren Sprachbeherrschung lösen müssen.

Auf der anderen Seite bietet aber das Schreiben gegenüber dem spontanen Sprechen auch einen entscheidenden Vorteil: die verfügbare Zeit. Anders als beim Sprechen stehen wir hier nicht unter dem Druck, sofort reagieren zu müssen. Wir können Probleme bewusster wahrnehmen und systematisch mit Lösungsstrategien angehen (zumindest dann, wenn wir bei der Textproduktion ein einigermaßen vernünftiges Zeitmanagement betrieben haben).

Genau diesen Umstand, die günstigeren zeitlichen Bedingungen für die Reflexion des eigenen sprachlichen Tuns, werden wir uns in diesem Teil zunutze machen: Sie finden deshalb im Folgenden zum einen Ratschläge, wie Sie das Schreiben als komplexen Vorgang insgesamt in den Griff bekommen, Ratschläge, die so auch für das Schreiben in der Muttersprache gelten (s. Abschnitte 20|3 bis 20|8). Und zum anderen Ratschläge, wie Sie die speziellen Probleme angehen können, die sich aus der eingeschränkten Beherrschung der Fremdsprache ergeben (s. Abschnitte 20|9 bis 20|18). Rund 300 weitere Ratschläge speziell zum Schreiben wissenschaftlicher Texte finden Sie übrigens auf meinem kostenlosen Internetportal *Der Bremer Schreibcoach* (<www.bremer-schreibcoach.uni-bremen.de>), das jedes Jahr mehr als eine Million Mal angeklickt wird. Ein ähnliches Angebot speziell für das Schreiben akademischer Texte auf Englisch bietet das Online Writing Lab der Purdue University in den USA (<https://owl.english.purdue.edu>).

20 | 2 Überprüfen Sie die Ergebnisse der Strategien aus dem Anfängerteil

Ich hatte in Kapitel 12 bereits eine Reihe von Ratschlägen für den Einstieg in das fremdsprachliche Schreiben gegeben. Falls Sie Fortgeschrittener sind und deshalb gleich in dieses Fortgeschrittenenkapitel zum Schreiben eingestiegen sind, hier zunächst eine Checkliste, mit deren Hilfe Sie feststellen können, ob Sie die im Anfängerkapitel empfohlenen Strategien erfolgreich angewendet haben, wo Sie ggf. noch nachbessern können und vor allem, wo Sie das Anwendungsfeld der einzelnen Strategien als Fortgeschrittener vertiefen können. Folgende Bedingungen sollten für Sie als Fortgeschrittener erfüllt sein:

▶ Sie haben Ihren ganz persönlichen Bedarf an Schreibkompetenz in der Fremdsprache geklärt und dabei insbesondere auch, welche Texttypen Sie in der Fremdsprache schreiben wollen oder müssen. (Wenn diese Voraussetzung nicht erfüllt ist: s. Kap. 3, insbesondere die Abschnitte 3|4 und 3|5.)

▶ Sie haben Ihren aktuellen Schreibkompetenzstand mithilfe der Kategorien des Europäischen Referenzrahmens eingestuft. Die Beispiele für Schreibkompetenz im Deutschen, gestuft nach den GeR-Niveaus, waren Ihnen dabei möglicherweise von Nutzen. (Wenn diese Voraussetzung nicht erfüllt ist: s. Abschnitt 3|6.)

▶ Sie kennen das gesamte Lautinventar der Fremdsprache und wissen von allen Wörtern, die Sie aktiv verwenden, wie sie richtig ausgesprochen und betont werden und vor allem, wo Sie im Zweifelsfall die richtige Aussprache und Betonung nachschauen oder »nachhören« können. Diese Forderung erscheint im Zusammenhang mit dem Schreiben zunächst vielleicht paradox. Aber es gibt einen einfachen Grund, warum sie trotzdem sinnvoll ist: Wenn Sie die Aussprache der Wörter, die Sie schreiben, nicht sicher beherrschen, besteht die Gefahr, dass sich Falschaussprachen durch ständige Wiederholungen beim Schreiben so tief einschleifen, dass Sie sie später auch beim Sprechen nicht mehr so leicht loswerden. Auf die Kenntnis der richtigen Aussprache können Sie nur dann verzichten, wenn Sie absolut sicher sind, dass Sie die Fremdsprache nur schreiben, aber nie sprechen müssen. Und das dürfte eher selten der Fall sein. (Wenn diese Voraussetzung nicht erfüllt ist: s. Abschnitt 9|8.)

▶ Sie kennen die richtige Schreibung von mindestens 90 Prozent der Wörter, die Sie aktiv beim Schreiben benutzen. Für die restlichen Wörter wissen Sie, wo Sie die Schreibung effizient nachschlagen können. Insbesondere für Sprachen mit einem anderen Schriftsystem schließt dies die Fähigkeit ein, unbekannte Wörter in einem einsprachigen Wörterbuch oder in einem zweisprachigen im entsprechenden fremdsprachig-deutschen Teil an der richtigen Stelle nachschlagen zu können. (Wenn diese Voraussetzung nicht erfüllt ist: s. Abschnitte 9|13 sowie 12|2 u. 12|3.)

- Sie haben die Technik des »schriftlichen Probesprechens« (s. Abschnitt 19|3) ausgiebig angewandt und dabei alle Strategien erprobt, die zur Lösung der dabei auftretenden Probleme vorgeschlagen wurden. Hier sei speziell darauf hingewiesen, dass alle in Kapitel 19 empfohlenen Strategien zur Lösung von Versprachlichungsproblemen beim schriftlichen Probesprechen auch auf das »echte« Schreiben anwendbar sind, so wie es Gegenstand dieses Teils ist. (Lesen Sie diese Strategien ggf. noch einmal in den Abschnitten 19|4 bis 19|10 nach.)
- Sie haben erste eigene Schreiberfahrungen mit einfachen Texttypen gesammelt. (Wenn diese Voraussetzung nicht erfüllt ist: s. Abschnitt 12|4.)

20|3   Lernen Sie den Schreibprozess in Phasen zu zerlegen

Die zentrale Strategie zur Vereinfachung des Schreibprozesses ist folgende: Reduzieren Sie die Komplexität des Schreibprozesses, indem Sie ein systematisches *Prozessmanagement* entwickeln. Verteilen Sie dazu als erstes die verschiedenen Teilprozesse auf verschiedene Phasen des Schreibprozesses und konzentrieren Sie sich in jeder Phase nur auf so viele Teilprozesse, wie Sie mühelos bearbeiten können. Sehen Sie dazu für größere Schreibaufgaben mindestens folgende Phasen vor: eine Planungsphase, eine Recherchier- und Materialsammlungsphase, eine Strukturierungsphase, eine Formulierungsphase, eine Revisionsphase und eine Gestaltungsphase.

- In der Planungsphase legen Sie die Ziele für Ihren Text fest, grenzen das Thema ein, klären eventuelle Vorgaben und machen einen Arbeitsplan.
- In der Recherchier- und Materialsammlungsphase entwickeln Sie Ideen zum Inhalt des Textes, werten Quellen aus, recherchieren fehlende Informationen und halten alles, was Sie brauchen können, schriftlich fest.
- In der Strukturierungsphase bringen Sie Ordnung in Ihr Material, entscheiden, welche Inhalte Sie in Ihren Text tatsächlich aufnehmen wollen, und bringen diese Inhalte in die Reihenfolge, in der Sie sie im Text behandeln wollen.
- In der Formulierungsphase erstellen Sie eine erste Rohfassung Ihres Textes und achten dabei schwerpunktmäßig auf die inhaltliche Richtigkeit und Angemessenheit Ihres Textes.
- In der Revisionsphase machen Sie aus der Rohfassung eine Endfassung, achten dabei schwerpunktmäßig auf die sprachliche Richtigkeit und Angemessenheit und beseitigen dabei schrittweise alle noch verbliebenen Mängel in Ihrem Text.
- In der Gestaltungsphase geben Sie Ihrem Text ein ansprechendes Äußeres (Schriftbild, Layout, angemessene Zeilenabstände, angemessene Seitenränder usw.).

Stellen Sie fest, in welcher Phase Sie sich jeweils befinden, und konzentrieren Sie sich auf diese. Lassen Sie Aspekte der anderen Phasen dabei jeweils außer Acht. Versuchen Sie also z. B. nicht, gleichzeitig zu formulieren und zu revidieren, also einen ersten Textentwurf zu produzieren und dabei bereits systematisch auf Ausdrucks-, Satzbau- oder gar Tippfehler zu achten. Damit ist *nicht* gemeint, dass Sie jede Phase in sich komplett abgeschlossen haben sollten, bevor Sie zur nächsten übergehen. Gemeint ist nur, dass Sie sich in jedem Moment des Schreibprojektes auf einen Aspekt des Schreibens konzentrieren sollten, um so dessen Komplexität zu reduzieren.

In wie viele Phasen Sie die Produktion eines Textes sinnvollerweise zerlegen, hängt natürlich vom Schwierigkeitsgrad und von den Ansprüchen an den Text ab. Für eine 10zeilige Mail in der Fremdsprache an einen Kunden reicht vielleicht eine Formulierungsphase, in der Sie eine Rohformulierung erstellen, und eine kurze Revisionsphase, in der Sie den Text in einem Rutsch auf Stimmigkeit, Vollständigkeit und sprachliche Korrektheit durchsehen. Handelt es sich aber beispielsweise um eine Studienabschlussarbeit in der Fremdsprache, einen Fachartikel, den Sie einem ausländischen Journal zur Publikation anbieten wollen, oder um den fremdsprachigen Internetauftritt Ihrer Firma, dann sieht die Sache anders aus. Hier werden Sie gut daran tun, nicht nur alle sechs oben genannten Phasen vorzusehen, um sich auf jeweils eine konzentrieren zu können, sondern Sie werden möglicherweise sogar für einzelne Phasen Subphasen vorsehen müssen. Dies können z. B. mehrere Revisionsphasen sein, in denen Sie sich jeweils auf verschiedene Arten von möglichen Mängeln in Ihrem Text und deren Behebung konzentrieren (z. B. zunächst bezogen auf den Inhalt, dann bezogen auf die Strukturierung, dann auf den Satzbau, schließlich auf die Rechtschreibung und die Interpunktion).

Unabhängig von der Zahl der notwendigen Phasen gilt: Lernen Sie ganz bewusst, komplexe Schreibprozesse auf Phasen zu verteilen und sich in jeder Phase auf nur einen Hauptaspekt der Textproduktion zu konzentrieren.

20 | 4 Sorgen Sie für texttypspezifischen fremdsprachigen Input

Die generelle Bedeutung des fremdsprachigen Inputs für den Lernerfolg habe ich bereits an vielen Stellen in diesem Buch erwähnt und begründet. Für das fremdsprachige Schreiben gilt das Input-Prinzip in ganz besonderem Maße. Wie sollen Sie erfolgreich möglichst muttersprachlich klingende Geschäftsbriefe, Sitzungsprotokolle oder Pressemitteilungen in der Fremdsprache verfassen, wenn Sie vorher nicht eine ausreichende Zahl tatsächlich von Muttersprachlern verfasster Geschäftsbriefe, Sitzungsprotokolle oder Pressemitteilungen als Input aufgenommen und intensiv als sprachliche Muster verarbeitet haben? Selbst die Kleinanzeige, mit der Sie in einer französischen Tageszeitung nach einer Wohnung für Ihren Auslandsaufenthalt suchen, wird für Franzosen eher merkwürdig klingen, wenn Sie sie ausgehend von typisch deutschen Anzeigentexten formulieren. Auch bei einer so kurzen und funktional eindeutigen Textart werden Ihre Erfolgsaussichten deutlich höher sein, wenn Sie zunächst einmal intensiv die Kleinanzeigen anderer Wohnungssuchender studieren und diesen die notwendigen sprachlichen Muster entnehmen. Ganz zu schweigen von einem Bewerbungsschreiben, für das es erst recht viele landestypische Besonderheiten zu beachten gilt.

Wenn Sie den Ratschlag in Abschnitt 3|4 befolgt haben, dann haben Sie Ihren ganz persönlichen Bedarf an Schreibkompetenz in der Fremdsprache geklärt und dabei insbesondere auch, welche Texttypen Sie in der Fremdsprache schreiben wollen oder müssen. Genau für diese Texttypen gilt es, sich ausreichenden Input zu verschaffen. Tragen Sie also eine möglichst brauchbare Sammlung von Exemplaren dieser Texttypen zusammen.

Natürlich eignet sich nicht jedes Textexemplar als Beispieltext. Es muss einige Bedingungen erfüllen. Die wichtigste ist natürlich, dass der Beispieltext fehlerfrei ist. Das wird am ehesten der Fall sein, wenn der Autor ein Muttersprachler ist. Wo immer dies feststellbar ist, sollte man versuchen, dies sicherzustellen. Wo Zweifel bestehen, kann man vielleicht einen eigenen Muttersprachler, z. B. den Tandempartner, um ein Urteil bitten. Meist kann dieser bereits nach dem Lesen weniger Sätze einschätzen, ob es sich um muttersprachliches Englisch, Französisch, Spanisch, Russisch usw. handelt. Darüber hinaus sollte der Beispieltext auch ein möglichst typischer Vertreter seines Texttyps sein, also z. B. ein typisches Sitzungsprotokoll, ein typischer Geschäftsbrief, ein typischer Vertragstext, ein typisches Gutachten. Dann ist sichergestellt, dass wir in ihm eine Vielzahl von sprachlichen Elementen finden, die wir als Input für das Verfassen eigener Texte der gleichen Gattung nutzen können.

Wie leicht oder schwer es ist, eine entsprechend große Sammlung an Beispieltexten zusammenzustellen, hängt natürlich vom Texttyp ab. Wer eine Beispielsammlung von medizinischen Fachartikeln auf Englisch zusammenstellen möchte, wird die Auswahl zwischen Millionen Artikeln haben. Wer aber z. B. Gutachten oder Förderanträge schreiben muss, wird mehr Mühe haben, brauchbare Beispieltexte zu finden. Grundsätzlich gilt aber, dass wir möglichst alle Hebel in Bewegung setzen sollten, um an solche Texte heranzukommen. Bei selteneren Texttypen oder solchen, die überwiegend vertraulich gehandhabt werden, helfen am ehesten persönliche Kontakte. Nutzen Sie in diesem Fall jede Gelegenheit, bei Kollegen, Freunden oder Bekannten aus dem Ausland nach entsprechenden Mustertexten zu fragen. In einer großen Organisation oder einem Unternehmen mit vielen Auslandskontakten sind garantiert viele geeignete Texte auf den Rechnern irgendwelcher Mitarbeiter gespeichert. Man muss sie nur ausfindig machen und um Zur-Verfügung-Stellung bitten. Falls sie zufällig sensible personenbezogene Daten enthalten, können diese vor der Weitergabe ja immer noch aus den Dateien herausgelöscht oder einfach nicht mit ausgedruckt werden.

Auch auf Ihrem eigenen Rechner laufen wahrscheinlich Texte auf, die sich als Beispieltexte eignen, zumindest im Bereich der Mails. Oft haben wir schon hunderte oder tausende Mails von Muttersprachlern empfangen und gelesen, ohne das darin enthaltene sprachliche Inputpotential systematisch zu nutzen. Kein Wunder, denn im Alltag heißt das Ziel ja meist: im Arbeitsprozess funktionieren. Wenn man dann beim Verfassen einer eigenen Mail gern mal ein Muster hätte und sich sogar erinnert, dass man vor ein paar Monaten mal eine Mail bekommen hat, die sich hervorragend als Input eignen würde, dann hat man diese möglicherweise nach Erledigung gleich gelöscht oder muss sie mühsam in irgendeinem Mailordner suchen. Deshalb mein Tipp: Legen Sie für Beispielmails in der Fremdsprache einen eigenen Mailordner an und legen Sie darin eine Kopie aller fremdsprachigen Mails ab, die sich als sprachlicher Steinbruch für das Verfassen eigener Mails eignen, ggf. noch mit Unterordnern für häufig vorkommende Mailinhalte wie z. B. »Bestellungen«, »Bitten um Auskunft«, »Reklamationen«, »Dankesschreiben«, »Einladungen«, »Abstracts« usw.

Natürlich können Sie diese Technik auch auf andere Texttypen anwenden, falls solche bei Ihnen auflaufen. Und wenn dies nicht in elektronischer Form, sondern nur auf Papier geschieht, dann sollte auch das Sie nicht davon abhalten, eine Sammlung anzulegen, sei es, indem Sie die Texte einscannen oder ganz traditionell, indem Sie eine Papierkopie für Ihren Sprachlernordner machen.

Des Weiteren findet man für bestimmte Texttypen veröffentlichte Mustertextsammlungen. Dies gilt insbesondere für die häufig stark standardisierte Geschäftskorrespondenz. Ein Beispiel hierfür ist die Serie »PONS Bürokommunikation«, die es für Englisch, Französisch, Spanisch und Deutsch gibt. Sie bietet »Musterbriefe, Textbausteine und Übungen für jeden geschäftlichen Anlass«. Langenscheidt bietet eine ähnliche Produktserie unter dem Titel »Langenscheidt Geschäftsbriefe« mit dem Untertitel »Mustersätze und Briefe im Baukastensystem«. Weitere Beispiele findet man, wenn man in einem Bücherportal wie <www.buchhandel.de>, <www.buecher.de> oder <www.amazon.de> als Stichwörter »Musterbrief« und den Namen der jeweiligen Sprache eingibt, für die man nach solchem Material sucht. Auch im Internet finden sich Mustertexte für Briefe aller Art, so beispielsweise für Französisch auf den Service-Seiten des *Obs* (früher *Nouvel Observateur*) (<http://tempsreel.nouvelobs.com/abc-lettres/lettre.html>).

Schließlich ist auch das Internet eine fast unerschöpfliche Quelle für Beispieltexte aller Art. Man braucht jedoch meist etwas mehr Geduld und den richtigen »Riecher« für ergiebige Quellen. Interessant sind hier z. B. die Portale *Google Books* (<www.google.de/books>) und *Google Scholar* (<http://scholar.google.de>). *Google Books* durchsucht den Volltext aller Bücher, auf die Google Zugriff hat. *Google Scholar* erfasst nur wissenschaftliche Publikationen, dafür aber außer Büchern auch Fachzeitschriftenartikel. Mithilfe der erweiterten Suche kann man in beiden Portalen die Recherche auf eine bestimmte Sprache sowie auf solche Quellen einschränken, die komplett im Internet einsehbar sind.

Sobald Sie eine ausreichende Zahl von Beispieltexten für die Sie betreffenden Texttypen zusammengetragen haben, sollten Sie dieses Sprachmaterial wie anderen fremdsprachigen Leseinput behandeln und das Inventar an Lesestrategien darauf anwenden, das ich in den Kapiteln 9 (für Anfänger) und 16 (für Fortgeschrittene) vorgestellt habe. Besonders wichtig sind die Strategien, mit denen man den Schritt vom Input zum Output vorbereitet, also vor allem die Spot- und die Customize-Strategien aus Kapitel 18.

20 | 5   Nutzen Sie Formulierungshilfen

In Abschnitt 18|6 habe ich bereits darauf hingewiesen, dass man sich das Formulieren manchmal durch Rückgriff auf Quellen erleichtern kann, die uns fertige Versprachlichungen zur Verfügung stellen, sog. »Redemittelsammlungen«. Die Redemittelsammlungen, die ich dort vorgestellt habe, sind zwar überwiegend für die mündliche Kommunikation konzipiert, vieles von dem, was man darin findet, ist aber auch für die schriftliche Kommunikation zu gebrauchen. Denn die Formulierungen, die dort vorgeschlagen werden, sind selten rein umgangssprachlich, sondern meistens stilistisch so neutral, dass wir sie problemlos auch in schriftliche Texte übernehmen können. Lesen Sie also zunächst noch einmal die Empfehlungen in dem genannten Abschnitt und werten Sie bei Bedarf die dort empfohlenen Redemittelsammlungen für die Texte aus, die Sie schreiben wollen oder müssen. In dem Band »This is the manager speaking« (Linde Verlag) z. B. finden Sie zahlreiche Formulierungen, die Sie auch in geschriebenen Texten verwenden können. Und die Formulierungshilfen in »Scientific English für Mediziner und Naturwissenschaftler« (Langenscheidt) sind ohnehin zu großen Teilen auf das Verfassen von Texten ausgerichtet.

Es gibt aber auch einige ergiebige Quellen im Internet, die speziell Hilfe beim Formulieren von Texten anbieten. Exemplarisch soll hier die *Academic Phrasebank* der *University of Manchester* (<www.phrasebank.manchester.ac.uk>) kurz vorgestellt werden. Es handelt sich um die meines Wissens umfangreichste Sammlung von »gebrauchsfertigen« Formulierungen für wissenschaftliche Texte in englischer Sprache. Wenn es zum Beispiel um die Frage geht, wie man in einer eigenen wissenschaftlichen Publikation auf frühere Arbeiten Bezug nehmen kann (ein Standardelement in fast jeder wissenschaftlichen Veröffentlichung), dann finden wir hier in der entsprechenden Rubrik »Synopsis of literature« eine ganze Liste möglicher Formulierungen, z. B.:

▶ Previous studies have reported …
▶ Recent evidence suggests that …
▶ Several attempts have been made to …
▶ Studies of X show the importance of …

- A number of researchers have reported ...
- Recently investigators have examined the effects of X on Y.
- Factors found to be influencing X have been explored in several studies.
- In the past two decades a number of researchers have sought to determine ...
- A considerable amount of literature has been published on X. These studies ...
- Surveys such as that conducted by Smith (1988) showed that ...
- The first serious discussions and analyses of X emerged during the 1970s with ...
- There have been a number of longitudinal studies involving X that have reported ...
- What we know about X is largely based upon empirical studies that investigate how ...
- Smith (1984: 217) shows how, in the past, research into X was mainly concerned with ...

Jeder, der selbst wissenschaftliche Texte auf Englisch schreibt, wird sofort die Nützlichkeit solcher Formulierungen erkennen. Denn auch wenn sie ihm allesamt bereits vom eigenen Literaturstudium vertraut sind, bedeutet dies nicht automatisch, dass man sie beim eigenen Schreiben spontan abrufen kann. Und selbst wenn man einige von ihnen produktiv parat hat, kann es nicht schaden, einen Fundus an Alternativen zur Verfügung zu haben. Zumal die Anpassung an die speziellen Inhalte des eigenen Textes dabei leicht möglich ist.

Eine ähnlich nützliche Quelle für das Schreiben auf Englisch ist die Internetseite <www.monash.edu.au/lls/llonline/writing/index.xml> der Universität Monash. Sie enthält viele Ratschläge, praktische Beispiele und auch einige Übungen zum Schreiben von englischen Texten, beschränkt sich dabei aber nicht auf wissenschaftliche Texte. Im Abschnitt »general writing« finden sich auch Tipps zum Schreiben von Essays, Reports und Reviews, darunter auch wiederum Formulierungshilfen und Mustertexte.

Das Portal bietet hunderte solcher Formulierungshilfen für fast jede in wissenschaftlichen Texten typischerweise vorkommende textorganisatorische oder kommunikative Funktion. Die gerade aufgeführten Formulierungen der Rubrik »Synopsis of literature« sind nur eine Unterrubrik der Hauptrubrik »Introducing Work«, in der sich weitere Unterrubriken finden wie »Establishing the importance of the topic for the discipline«, »Highlighting a problem«, »Highlighting a controversy in the field of study«, »Highlighting a knowledge gap in the field of study«, »Stating the purpose of research«, »Research questions or hypotheses«, »Synopsis of the research design, method, source(s) of data«, »Giving reasons for personal interest«, »Outlining the structure« usw. Und neben der Hauptrubrik »Introducing Work« gibt es als weitere Hauptrubriken »Referring to Sources«, »Describing Methods«, »Reporting Results«, »Discussing Findings«, »Writing Conclusions« mit ähnlich vielen Unterkategorien. Auch wenn die Zusammenstellung der Formulierungen hier speziell mit Blick auf wissenschaftliche Texte vorgenommen wurde, sind viele von ihnen auch in anderen fachlichen oder argumentativen

Texten verwendbar, z. B. die Zusammenstellung zur Frage, wie man Kritik an anderen Texten äußert oder wie man Begriffe definiert. Insgesamt handelt es sich also um eine sehr nützliche Quelle.

Für andere Sprachen habe ich bisher noch keine vergleichbar breiten und gut strukturierten Inventare an Formulierungshilfen gefunden. Deutlich weniger umfangreich ist z. B. für Französisch die Zusammenstellung der Informationswissenschaftlerin Audrey Laplante von der Universität Montreal. Dafür findet man hier aber auch konkrete Hilfen zu vielen anderen Aspekten des wissenschaftlichen Schreibens auf Französisch. Man kann versuchen, zumindest kleinere Zusammenstellungen im Internet aufzuspüren. Dazu können Sie als Suchbegriffe die jeweiligen fremdsprachigen Äquivalente eingeben zu Begriffen wie »Formulierungen für«, »Phrasen für«, »Formeldatenbanken« und Ähnliches. Allerdings findet man so meistens nur Formulierungshilfen für Allerweltssituationen wie Glückwünsche oder Briefschlüsse (so z. B. für Französisch auf <www.lettres-utiles.com/lettres/formules-pour-souhaiter-un-anniversaire-281.html> oder <http://bdl.oqlf.gouv.qc.ca/bdl/gabarit_bdl.asp?id=2346> oder für Italienisch auf <www.pensieriparole.it>). Aber auch die können ja im Einzelfall nützlich sein.

20 | 6 Führen Sie eine gründliche Planungsphase durch

Die Produktion eines guten Textes ist wie der Bau eines neuen Hauses: Je besser die Planung, desto weniger kann bei der Ausführung schief gehen und desto besser ist in der Regel auch das fertige Produkt. Je größer das Haus bzw. der Text, desto wichtiger wird die Planung. Sowohl für Texte in der Muttersprache wie auch für solche in der Fremdsprache gilt deshalb ab einer gewissen Länge oder Komplexität, dass der Produktionsprozess immer mit einer gründlichen Planungsphase beginnen sollte. Denn für fast alle Texte gilt, dass sie leichter zu schreiben sind, je mehr Sie über die kommunikative Funktion, die voraussichtlichen Leser und über eventuelle Vorgaben wissen. Hier deshalb die wichtigsten Punkte, die Sie zur Planung vorab klären sollten:

▶ Klären Sie möglichst genau, welche Art von Text mit welcher kommunikativen Funktion aus welchem Anlass von Ihnen erwartet wird.
▶ Versuchen Sie, so viel wie möglich über die voraussichtlichen Leser des Textes herauszufinden.
▶ Klären Sie, in welchem Medium der Text zum Einsatz kommt (als Broschüre? als Internetseite? als Attachment einer Rundmail? Als Flyer zum Auslegen?).
▶ Klären Sie, ob in der Vergangenheit bereits vergleichbare Texte mit gleicher oder ähnlicher Funktion geschrieben worden sind und welche Erfahrungen damit gemacht wurden.

- Klären Sie, ob es eine Deadline für die Abgabe des Textes gibt, ob diese Deadline nur relativ willkürlich vom Auftraggeber gesetzt wurde und deshalb vielleicht noch verhandelbar ist oder ob sie sich eher aus technischen oder organisatorischen Zwängen ergibt (Produktionszeiten einer Druckerei, fester Termin einer Tagung oder einer Messe etc.) und deshalb in jedem Fall einzuhalten ist.
- Klären Sie, ob es Umfangsvorgaben für den zu produzierenden Text gibt. Wenn diese in Seiten statt in Zeichen angegeben sind, dann klären Sie, von wie vielen Zeichen pro Seite man ausgeht. Bei Zeichenangaben muss geklärt sein, ob die Angaben mit oder ohne Leerzeichen gelten. (Dies kann einen Unterschied von ca. acht Prozent im Deutschen machen, im Englischen liegt der Wert wegen der geringeren durchschnittlichen Wortlänge sogar noch höher.)
- Klären Sie, ob es Vorgaben für die äußere Gestaltung des Textes oder für das Layout gibt.
- Klären Sie, ob es Inhalte gibt, die in Ihrem Text aus unternehmens- oder organisationsinternen Gründen in jedem Fall vorkommen müssen oder auf keinen Fall vorkommen dürfen.
- Klären Sie, ob es Richtlinien, Style-sheets oder ähnliche Muster gibt, an denen Sie sich orientieren müssen (z. B. Vorgaben für die Veröffentlichung eines Fachartikels in einem ausländischen Journal).

Wo immer Sie Material zur Antwort auf die genannten Fragen auftreiben können, sollten Sie dieses auswerten und das Wichtigste stichwortartig festhalten, am besten gleich am Anfang Ihres Textdokuments. Dann werden Sie bereits beim Öffnen des Dokuments immer an diese Vorgaben erinnert und Sie haben sie bei der Arbeit am Text stets vor Augen. Ihre Notizen sollten dabei möglichst in der Fremdsprache sein, auch wenn sie später so im Text nicht vorkommen. Sie stimmen sich damit bereits auf das fremdsprachige Schreiben ein.

Bei Schreibaufgaben mit einer festen Deadline (heute meist die Regel) sollten Sie einen Zeit- und Arbeitsplan machen. Zerlegen Sie Ihr Gesamtschreibprojekt dazu zunächst in einzelne Arbeitsschritte (z. B.: erste Materialsammlung anhand vorhandener Unterlagen erstellen, Internetrecherchen machen, Kollegen befragen, Archive aufsuchen, Quellen beschaffen und lesen, Material gliedern, Rohfassung erstellen, einzelne Kapitel ausformulieren, Text überarbeiten, Korrektur lesen (lassen), formatieren, drucken, kopieren, binden lassen). Dann legen Sie für jeden dieser Schritte eine Zeitspanne fest. Dabei gehen Sie am besten rückwärts vor, d. h. vom Abgabetermin für Ihren Text. Ihre Zeitplanung sollte realistisch sein und Reserven für Unvorhergesehenes enthalten. (Der Drucker geht kaputt, der einzig gut informierte Informant ist auf Dienstreise, Sie fangen sich eine Erkältung ein, Sie haben zwischendurch mal einen »Durchhänger« usw.)

Wie detailliert Ihr Zeit- und Arbeitsplan sein muss, damit er eine echte Orientierungsfunktion für Sie hat, müssen Sie selbst herausfinden. Ein zu detaillierter Plan kann Ihre Kreativität eingrenzen, ein zu grober führt vielleicht zu einem Mangel an Arbeitsdisziplin. Je häufiger Sie bereits mit Zeit- und Arbeitsplänen gearbeitet haben, desto sicherer werden Sie in ihrer Anwendung.

Ihr Zeit- und Arbeitsplan kann, muss aber nicht in der Fremdsprache sein. Fixieren Sie ihn aber in jedem Fall schriftlich und werfen Sie immer wieder einmal einen Blick darauf. Sobald sich Abweichungen einstellen (wobei es sich meist um Verzögerungen und äußerst selten um Beschleunigungen handelt), sollten Sie den Plan aktualisieren und dabei feststellen, ob der Termin noch gehalten werden kann. Wenn sich herausstellt, dass dies nicht der Fall ist, sollten Sie rechtzeitig reagieren, z. B. durch Neuverhandlung der Deadline oder aber durch Reduzierung des gesetzten Ziels hinsichtlich Umfang oder Detailliertheit des Textes.

20 | 7   Führen Sie eine gründliche Materialsammlung in der Fremdsprache durch

Auf die Planungsphase sollte als nächstes eine Materialsammlungsphase folgen. Diese Phase umfasst nicht nur das Zusammenstellen von vorhandenen, sondern ggf. auch das Recherchieren von noch nicht vorhandenen Informationen. In welchem Verhältnis beides zueinander steht, hängt sehr vom Texttyp ab. So kann das Recherchieren beim Schreiben eines Protokolls gegen Null tendieren, beim Verfassen einer wissenschaftlichen Abschlussarbeit hingegen einen großen Teil des gesamten Schreibprojektes ausmachen.

Die häufigste Ursache für Probleme beim Schreiben ist die mangelnde Trennung der Materialsammlungs- von der Formulierungsphase oder, anders gesagt, die mangelnde Trennung des WAS vom WIE des Schreibens. Die meisten Menschen überfordern sich, wenn sie bei schwierigen Texten gleichzeitig den Inhalt und die genaue sprachliche Form festlegen wollen. Denn die beiden Aspekte erfordern von uns ganz unterschiedliche mentale Prozesse, die besser getrennt durchzuführen sind.

Das gilt für das Schreiben in einer Fremdsprache in ganz besonderem Maße. Denn wegen der zusätzlichen Probleme infolge der eingegrenzten sprachlichen Ausdrucksmöglichkeiten ist es hier noch folgenreicher, wenn man zu viel auf einmal will. Eine gründliche Materialsammlung ist der erste Schritt, dieses Problem zu vermeiden.

Welches Material wir benötigen oder brauchen können und wie viel davon, hängt, wie schon erwähnt, sehr stark von der Textart und der Textfunktion ab. Die Erfahrung zeigt aber, dass im Zweifelsfall mehr besser ist als weniger. Denn selbst wenn Teile des gesammelten Materials keinen Eingang in den späteren Text finden, kann es uns immer noch beim Schreiben helfen. Der Blick auf potenzielles Textmaterial ist meist inspirierender als der Blick auf einen leeren Bildschirm. Tragen Sie also im Zweifelsfall eher mehr als weniger Material zusammen.

Was die Frage der Sprache betrifft, in der Sie dies tun, so gehen Sie am besten nach der Faustregel vor: So viel Fremdsprache wie möglich, so viel Muttersprache wie nötig. Wo immer Sie also Material in der Fremdsprache finden, ist dies besonders wertvoll und sollte bevorzugt berücksichtigt werden. Andererseits sollten Sie aber nichts Brauchbares weglassen, nur weil es nicht in der Fremdsprache vorliegt und Sie es auch nicht spontan in die Fremdsprache übertragen können. Die Konzentration auf das WAS des Textes sollte Sie auch davon abhalten, sich jetzt schon mit dem Übertragen schwieriger deutscher Formulierungen in die Fremdsprache aufzuhalten. Wenn Ihnen spontan etwas einfällt, dann schreiben Sie es hin. Aber die systematische Suche nach der richtigen Wiedergabe sollten Sie auf die Formulierungsphase verschieben, damit Sie sich jetzt noch ganz auf den Inhalt konzentrieren können. Ihre Materialsammlung darf durchaus noch ein Sprachenmix aus der Fremdsprache und dem Deutschen sein.

Was Sie in dieser Phase allerdings auf keinen Fall tun sollten, ist das Produzieren von ausformuliertem deutschem Text. Denn der wird Sie später dazu verführen, nicht in der Fremdsprache zu formulieren, sondern nur vom Deutschen her zu übersetzen. Gerade durch das Ausformulieren von Gedanken in der Muttersprache legen Sie sich auf eine bestimmte sprachliche Form fest, von der Sie sich später beim Schreiben in der Fremdsprache nicht mehr so leicht lösen können. Eine Materialsammlung, die nicht durchgängig auf Deutsch ausformuliert ist, sondern nur Stichwörter und Versatzstücke in Deutsch und in der Fremdsprache enthält, wird Ihnen später beim Ausformulieren den nötigen Spielraum bei der Suche nach fremdsprachigen Formulierungen lassen. Außerdem werden Sie durch das Vorschreiben auf Deutsch mit anschließendem Übersetzen Ihre fremdsprachliche Schreibkompetenz nicht systematisch entwickeln.

Wenn Sie die Ratschläge in Abschnitt 16|2 (»Richten Sie Ihren Textinput an Ihrem Anwendungsbedarf aus«) und 18|5 (»Wenden Sie die *Customize*-Strategie an«) befolgt haben, verfügen Sie bereits über eine Beispielsammlung von Texten als Muster und auch über eine Sammlung von individualisierten Ausdruckselementen, die auf fremdsprachigen Originaltexten basieren. Diese können Sie jetzt ins Spiel bringen. Entnehmen Sie diesen Sammlungen alles, was Sie für den neu zu erstellenden Text an Versatzstücken brauchen können. Schneidern Sie diese Versatzstücke dabei weiter auf Ihren Text zu. Je mehr Sie gesammelt haben, desto eher werden Sie jetzt auch für den neuen Text fündig.

20 | 8 Erstellen Sie zunächst nur eine Rohformulierung

In diesem Abschnitt geht es um den Kern des Schreibprozesses, nämlich das Schreiben im engeren Sinne, das Formulieren. Formulieren heißt: Gedanken eine konkrete sprachliche Form geben. Genau das ist es, was oft schon in der Muttersprache, aber erst recht in der Fremdsprache so schwerfällt. Eine der Hauptursachen für diese Schwierigkeit ist ein zu hoher Anspruch an die eigenen Formulierungsfähigkeiten. Nur ganz wenige Menschen sind in der Lage, im ersten Anlauf einen druckreifen Text zu Papier zu bringen. Und diese Fähigkeit ist nicht einmal eine besonders erstrebenswerte. Denn sie behindert eine ganz wesentliche Funktion des Schreibens, nämlich die »allmähliche Verfertigung der Gedanken beim Reden«, wie Heinrich von Kleist es genannt hat, also die Rolle des Formulierens als Hilfe bei der Entwicklung eigener Gedanken.

Entlasten Sie sich also von dem Anspruch, gleich im ersten Anlauf etwas möglichst Gutes, Fertiges, Wohldurchdachtes, perfekt Strukturiertes zu Papier (oder auf den Bildschirm) zu bringen. Das Produkt Ihrer ersten Formulierungen sollte immer eine reine Rohfassung sein dürfen, die Sie erst nach und nach zu einem rundum gelungenen Text weiterentwickeln. Machen Sie deshalb auch einen sehr bewussten Unterschied zwischen der *Formulierungsphase*, in der Sie eine erste noch ganz unfertige Textfassung herstellen, und der *Revisionsphase*, in der Sie die erste Rohfassung schrittweise überprüfen und verbessern. Fordern Sie sich insbesondere bei längeren und schwierigeren Texten nicht ab, beide Phasen gleichzeitig abzuarbeiten.

Im Folgenden eine Liste von Techniken und Strategien, mit denen Sie das Ziel einer ersten Rohfassung leichter erreichen können:

▶ Passen Sie den Stil Ihres Textes Ihrem fremdsprachlichen Kompetenzstand an.
Manche Schreiber erliegen der Versuchung, beim Schreiben in der Fremdsprache einen besonders hochgestochenen Stil anzuvisieren. Sie suchen mithilfe von Wörterbüchern nach besonders gewähltem Sprachmaterial, dessen Verwendungsradius ihnen noch gar nicht bekannt ist, und bauen besonders komplizierte Satzgefüge, oft ausgehend vom Deutschen. Dies führt in der Fremdsprache leicht zu einem verschroben wirkenden Stil. Versuchen Sie stattdessen lieber, Ihren Formulierungsanspruch Ihren Möglichkeiten anzupassen. Konstruieren Sie z. B. bei einem geringeren Kompetenzstand eher einfache Sätze und verwenden Sie in erster Linie gängige und bekannte Wörter.

▶ Fangen Sie mit dem leichtesten Textteil an.
Bei schwereren Texten empfiehlt es sich, nicht mit dem Texteinstieg zu beginnen. Textanfänge sind besonders komplex und machen beim Formulieren häufig mehr Probleme als andere Textteile. Beginnen Sie deshalb mit dem Textteil, der für Sie der einfachste ist, auch wenn es sich dabei um einen Textteil mittendrin handelt. Sie

kommen so möglicherweise leichter in Schreibfluss und erwerben Selbstvertrauen und Motivation für das Weiterschreiben. Den Übergang zu diesem Textteil mittendrin bekommen Sie auch dann noch leicht hin, wenn der vorausgehende oder der nachfolgende Text erst später entsteht. In der Regel reichen einige kleinere Änderungen oder Ergänzungen an den Schnittstellen der einzelnen Textteile aus, damit die Chronologie der Textentstehung nicht mehr durchscheint.

▶ Übergehen Sie zunächst größere fremdsprachliche Probleme, aber merken Sie sie für die späteren Revisionsdurchgänge zur Bearbeitung vor.

Im fremdsprachlichen Schreibprozess treten in der Regel immer wieder sprachliche Lücken und Probleme auf, die nicht spontan lösbar scheinen, z. B. weil ein Fachausdruck fehlt, der vermutlich nicht im Wörterbuch steht, weil eine Grammatikregel recherchiert werden muss, weil zunächst Beispielformulierungen im Internet gesucht werden müssen oder weil man schlicht nicht weiß, wie man etwas in der Fremdsprache angemessen ausdrücken kann. Lassen Sie sich in solchen Fällen nicht automatisch in eine »Problemlösungsschleife« locken. Sie bleiben möglicherweise darin stecken und kommen so aus dem Schreibfluss. Oft ist es besser, an der entsprechenden Stelle einfach die deutsche Formulierung als Platzhalter einzufügen oder aber, bei komplexeren Problemen, eine kurze Notiz, in der Sie festhalten, was fehlt, was nachbearbeitet werden muss oder welches fremdsprachliche Problem Sie an dieser Stelle später noch lösen müssen. Hinter dieser Notiz schreiben Sie dann einfach in der Fremdsprache weiter. Die Notiz erleichtert Ihnen aber das Auffinden und spätere Nachbearbeiten solcher Stellen. Besonders effizient ist es, dafür ein eigenes kleines Notationssystem zu entwickeln, z. B. *F* für »Formulierung prüfen«, *Gr* für »Grammatik prüfen«, *Z* für »Zeichensetzung prüfen«, *S* für »Stil prüfen«, *SB* für »Satzbau prüfen« usw. Wem das zu detailliert ist, der sollte wenigstens durch ein bestimmtes Zeichen solche Stellen in seinem Text markieren, die in besonderem Maße der Prüfung bedürfen. Ein einfaches Fragezeichen eignet sich dafür nicht, weil dieses ja auch als normales Satzzeichen vorkommt. Besser sind beispielsweise drei Fragezeichen oder ein Zeichen, das sonst nicht im Text vorkommt (z. B. aus dem Inventar der Sonderzeichen, die auf Ihrem Rechner verfügbar sind). Auf diese Weise kann man beim Revidieren zielstrebig nach diesen Textstellen suchen, was vor allem bei längeren Texten sehr hilfreich ist.

▶ Wechseln Sie die Schreibbaustelle, wenn Sie nicht weiterkommen.

Wenn der Schreibfluss ins Stocken gerät, gibt es mehrere Möglichkeiten, darauf zu reagieren. Eine besteht darin, die »Schreibbaustelle« zu wechseln. Es kann sein, dass Sie sich an einer Stelle Ihres Textes »festgeschrieben« haben und dass es an einer anderen Stelle besser läuft. Kaum ein längerer Text wird von vorne nach hinten geschrieben. Das lässt sich gerade auch bei erfahrenen Schreibprofis beobachten.

▶ Halten Sie Formulierungsalternativen im Text fest.

Wenn wir im Schreibfluss sind, kommt es vor, dass uns mehrere alternative Formulierungen einfallen. Wenn sich eine davon nicht spontan als die bessere aufdrängt, sollte man sich nicht zu einer Entscheidung zwingen, sondern alle zwei, drei oder mehr Varianten notieren (voneinander abgegrenzt z. B. durch Querstriche). Oft ist es im größeren Zusammenhang leichter, die Überlegenheit einer Formulierung zu erkennen. Beim späteren Lesen und Revidieren größerer Textpassagen werden Sie sich wahrscheinlich leicht für eine der Alternativen entscheiden können.

20 | 9   Nutzen Sie fremdsprachliche Synonymwörterbücher und Thesauri

Die Suche nach dem richtigen Wort oder Ausdruck ist in der Muttersprache oft schon schwierig. Dies gilt natürlich umso mehr für die Fremdsprache. Es gibt jedoch eine ganze Reihe von Hilfen, die man dabei einsetzen kann. Es geht fast immer darum, ausgehend von einem Wort, das man bereits im Kopf hat, nach Alternativen zu suchen, die mit diesem Wort bedeutungsmäßig zusammenhängen. Solche Informationen liefern vor allem Synonymwörterbücher (auch »Synonymiken« genannt). Synonymwörterbücher listen die Wörter einer Sprache alphabetisch auf und geben zu jedem alle bedeutungsgleichen oder bedeutungsähnlichen Wörter an. Der Begriff »Bedeutungsähnlichkeit« wird dabei oft recht weit ausgelegt. Denn es gibt in einer Sprache meist nur wenige Wörter, die absolut bedeutungsgleich sind (so wie etwa *Samstag* und *Sonnabend*, *Orange* und *Apfelsine*, *Fahrstuhl* und *Aufzug* oder *Föhre* und *Kiefer*). Aufgeführt werden deshalb auch Wörter, die zwar inhaltlich das Gleiche bedeuten, aber stilistische Unterschiede aufweisen (z. B. *gucken* vs. *schauen*, *lila* vs. *violett*, *Pferd* vs. *Gaul*, *Großmutter* vs. *Oma*, *Gesicht* vs. *Antlitz* u. Ä.), oder solche Wörter, die zwar sinnverwandt sind, sich aber doch in der Bedeutung mehr oder weniger klar unterscheiden (z. B. *scheinen*, *strahlen*, *blenden*, *schimmern*, *flimmern*, *glänzen*, *leuchten*, *gleißen*, *blinken*, *blitzen*, *funkeln*, *glitzern*, *schillern*).

Je weiter der Begriff des Synonyms ausgelegt wird, desto mehr nähert sich das Nachschlagewerk einem sog. »Thesaurus«, ein Begriff, der vor allem im englischen Sprachraum sehr verbreitet ist. Ein Thesaurus geht über die reine Angabe von Synonymen hinaus und gruppiert den Wort-»Schatz« (die wörtliche Bedeutung des Wortes *Thesaurus*) in Gruppen von sinnverwandten Wörtern jeweils ausgehend von einem »Leitwort«. Das Leitwort einer Synonymgruppe ist dabei dasjenige, das den allgemeinsten Inhalt hat und der normalsprachlichen Stilschicht angehört. So findet man beispielsweise in einem englischen Synonymwörterbuch die Wörter *fellow, guy, gentleman, beau, blade, chap* usw. typischerweise unter dem Leitwort *man*. Thesauri gehen auch insofern über die Angabe von Synonymen hinaus, als sie nicht in der gleichen Wortklasse bleiben, sondern auch Wortverbindungen verschiedener Wortklassen auflisten, die mit dem Leitwort bedeutungsverwandt sind. So finden wir z. B. in einem deutschen Thesaurus unter dem Leitwort *ärgern* nicht nur bedeutungsverwandte Verben verschiedener Stilebenen wie *erbosen, erzürnen, verstimmen, verdrießen, erbittern, ergrimmen, vergrätzen, irritieren, reizen, verschnupfen, nerven, ätzen*, sondern auch Wortkombinationen aus verschiedenen Verben, Substantiven, Adjektiven, Präpositionen usw. wie *sauer machen, böse machen, rasend machen, auf den Geist gehen, auf die Nerven gehen, in Harnisch bringen, auf die Palme bringen, in Rage versetzen, auf den Wecker gehen* usw. Dazu dann schließlich auch noch entsprechend viele sinnverwandte Wörter und Ausdrücke zum reflexiven Gebrauch des Wortes *sich ärgern* (*sauer werden, aufbrausen, rot sehen, kochen, die Wände hochgehen, zuviel kriegen, an die Decke gehen, in die Luft gehen* usw.). Außerdem geben manche Thesauri auch noch die entsprechenden Gegenbegriffe (linguistisch: »Antonyme«) an. So finden wir im Thesaurus der Online-Version des Merriam-Webster (<*www.merriam-webster.com/thesaurus*>) unter *interesting* nicht nur zwölf »Synonyms« (wie *fascinating, intriguing, absorbing, engaging, involving, gripping, riveting* usw.) sowie 44 »related words« (wie *breathtaking, electrifying, exciting, exhilarating, inspiring, stimulating, stirring, thrilling, striking, bewitching, captivating, charming, enchanting, spellbinding, hypnotizing, mesmerizing, amazing, astonishing, eye-opening, fabulous, surprising, entertaining* usw.), sondern auch acht »Antonyms« (*boring, drab, dry, dull, heavy, monotonous, tedious, uninteresting*) sowie 15 »Near Antonyms« (*operose, tiresome, tiring, wearisome, wearying, sterile, unexciting, dreary, humdrum, pedantic, pedestrian, demoralizing, discouraging, disheartening, dispiriting*).

Wie die genannten Beispiele bereits zeigen, sind Synonymwörterbücher und Thesauri wahre Fundgruben für die Suche nach Formulierungen. Sie zeigen aber auch ein Problem auf, das wir mit ihnen selbst als weit fortgeschrittene Lerner haben können: Anders als in der Muttersprache kennen wir einen beträchtlichen Teil der aufgeführten Wörter möglicherweise noch gar nicht oder wissen doch zumindest nicht genau, welche Bedeutungsnuancen sie haben, zu welcher Stilebene sie gehören und in welchen Kontexten sie typischerweise verwendet werden. Genau diese weitergehenden Informationen sind aber für uns als Fremdsprachenlerner in der Regel notwendig, um eine sinnvolle Auswahl treffen zu können. Fehlen solche Angaben, kann es uns als Lerner leicht passieren, dass wir Wörter stilistisch unpassend kombinieren (à la: *Ich konnte in ihrem Antlitz lesen, dass sie stinksauer war* …).

Und hier ist festzustellen, dass nur ein Teil der Synonymwörterbücher und Thesauri diese Angaben machen. Sie heißen in der Fachsprache »distinktive Synonymiken« (im Gegensatz zu den rein auflistenden »kumulativen Synonymiken«). Als Fremdsprachenlerner sollten wir versuchen, solche zu finden und zu benutzen. Je ausführlicher die Bedeutungsabgrenzungen sind und je mehr sie durch Beispiele belegt werden, desto wertvoller sind sie für uns als Lerner.

Eine distinktive Synonymik, die diese Anforderungen in vorbildlicher Weise erfüllt, ist der *Longman Language Activator*, der sich zu Recht als »The World's First Production Dictionary« bezeichnet. Denn kaum ein anderes Wörterbuch hilft fortgeschrittenen Englischlernern so sehr bei der Suche nach dem richtigen Wort und damit auch beim Aufbau eines differenzierten eigenen Produktionswortschatzes. Wenn wir z. B. nach Alternativen für das von Deutschen meist überfrequentierte Allerweltswort *happy* suchen, dann finden wir unter diesem Schlagwort zunächst eine vorbereitende Differenzierung von elf Bedeutungsnuancen wie »feeling happy«, »feeling extremely happy«, »to make someone feel happy«, »words for describing someone who is happy most of the time«, »to start to feel happy again after being sad«, »to make someone happy«, »words for describing something such as a story or a piece of music that makes you feel happy« usw. Dann werden zu jeder dieser elf Bedeutungsnuancen mögliche Synonyme angegeben, zu *happy* im Sinne von »feeling happy« z. B. *cheerful, to be in a good mood, content* und *jaunty*, zu »feeling extremely happy« *to be on top of the world, blissfully happy, radiant, ecstatic, joyful*, zu »to make someone feel happy« *to cheer up, to please, to put somebody in a good mood, to make somebody's day, to raise/lift somebody's spirits* usw. Zu jedem dieser Synonyme werden wiederum genaue Bedeutungsangaben gemacht und schließlich auch Anwendungsbeispiele präsentiert.

Die Benutzung des Language Activator ist sicherlich ein wenig aufwändiger als das schnelle Nachschlagen in einem zweisprachigen Wörterbuch. Dafür ist er aber nicht nur eine große Hilfe beim Formulieren in differenziertem Englisch, sondern er ermöglicht auch ein systematisches Wortschatz- und Bedeutungslernen.

Sind für unsere Fremdsprache keine distinktiven Synonymiken verfügbar, müssen wir die uns fehlenden Informationen zu den aufgelisteten Wörtern in einem anderen Wörterbuch suchen, typischerweise in einem guten einsprachigen Wörterbuch. An dieser Stelle ist dann die Benutzung eines Online-Angebots sehr willkommen, bei dem die Einträge im Synonymwörterbuch direkt mit dem einsprachigen Wörterbuch verlinkt sind, sodass man mit einem Klick unbekannte oder unsicher beherrschte Wörter nachschlagen kann. Die bereits weiter oben genannte Online-Version des Thesaurus von Merriam-Webster (<www.merriam-webster.com/thesaurus>) bietet diese Funktion (weitere Online-Quellen: s. u.).

Die bequemste Art der Suche nach Synonymen ist der Aufruf des Thesaurus aus der Textverarbeitung heraus. In den meisten Versionen von Microsoft Word (z. B. in Word 2013) gelangen Sie zum Thesaurus, indem Sie mit einem Klick der rechten Maustaste das sog. »Kontextmenü« öffnen, dort die Funktion »Synonyme« auswählen und dann auf »Thesaurus« klicken. So finden Sie beispielsweise für das englische Wort *interesting* die Synonyme *attractive, motivating, appealing, exciting, fascinating, attention-grabbing, out of the ordinary, remarkable, worthy of note*. Es findet sich auch ein Hinweis auf das Antonym *boring*. Damit ist das Angebot für *interesting* hier zwar längst nicht so reichhaltig wie im Merriam-Webster (s. o.), aber für ein schnelles Nachschlagen beim Formulieren reicht es aus.

Sie können den Thesaurus in einem separaten Fenster öffnen und sich dort ausgehend von einem Suchbegriff sinnverwandte Wörter anzeigen lassen. In den meisten Programmversionen öffnet man dazu mit einem Klick der rechten Maustaste das Kontextmenü, lässt sich dann durch einen weiteren Klick auf die Funktion »Synonyme« sinnverwandte Wörter anzeigen und wählt daraus wiederum mit einem dritten Klick ein geeignetes aus. Das Ausgangswort im Text wird dann automatisch durch das gewählte sinnverwandte Wort ersetzt. Die Nutzung dieser Funktion für die fremdsprachige Textproduktion setzt voraus, dass Sie die Fremdsprache des Textes bestimmt und im entsprechenden Menü festgelegt haben (z. B. in Word 2013 im Menü »Überprüfen«, Untermenü »Sprache«). Nur dann wird auch der Thesaurus für diese Fremdsprache aufgerufen. Der englische Thesaurus ist bei den meisten Standardinstallationen bereits auf dem Rechner vorhanden. Bei anderen Sprachen werden Sie den Thesaurus ähnlich wie die Rechtschreibprüfung für diese Sprache nachinstallieren müssen, entweder von Ihrer Installations-CD oder direkt aus dem Netz über die Serviceseiten Ihrer Textverarbeitung.

Synonymiken und Thesauri in gedruckter Form finden Sie am besten über die Datenbanken des Buchhandels (<www.buchhandel.de>, <www.buecher.de>, <www.amazon.com>, <www.amazon.fr>, <www.amazon.es>, <www.amazon.it>) oder über die Online-Kataloge von Universitätsbibliotheken (ggf. gleich in dem Land, in dem Ihre Fremdsprache gesprochen wird). Es gibt mittlerweile aber zumindest für das Englische ein gutes Angebot an kostenlosen Synonymiken und Thesauri im Netz. Dazu gehört der bereits mehrfach erwähnte *Merriam-Webster* (<www.merriam-webster.com/netdict.htm>), aber auch die sehr ähnlich aufgebaute Seite des US-amerikanischen Anbieters *dictionary.com* (<http://dictionary.reference.com>). Bei Cambridge (<http://dictionary.cambridge.org>) ist der Thesaurus praktisch vollständig in das einsprachige Wörterbuch integriert. Man ruft also zunächst ein englisches Wort auf und klickt nach dessen Anzeige erst auf den Link »Smart Thesaurus«. Dieser bietet dann eine Art *tag cloud* mit zahlreichen bedeutungsverwandten Begriffen, von denen jedes wieder einen Link zu seiner jeweiligen Definition im einsprachigen Wörterbuch bietet. Eine echte distinktive Synonymik mit systematischen Abgrenzungen der Wörter gegeneinander liegt somit auch hier nicht vor, aber immerhin eine bequeme Verlinkung der aufgelisteten Synonyme mit ihren jeweiligen Erklärungen im einsprachigen Wörterbuch. Das Gleiche gilt für den Online-Thesaurus von Collins. Hier ist der Thesaurus aber direkt ansteuerbar (<www.collinsdictionary.com/english-thesaurus>) und die Synonyme werden strukturierter angeboten. Auch die Möglichkeit, sich gleich Äquivalente zu den Synonymen in zahlreichen anderen Sprachen anzeigen zu lassen, kann für uns als Lerner hilfreich sein. Eine Besonderheit der Seite <www.visualthesaurus.com> besteht darin, dass die Synonyme visuell in Form eines strahlenförmigen Wortclusters präsentiert werden. Nett anzusehen, aber ein echter sprachlicher Mehrwert für den Nutzer ist damit nicht unbedingt verbunden.

Hier noch je ein Link zu seriösen Synonymwörterbüchern in weiteren Sprachen:

- für Französisch: <www.synonymes.com>
  (Anbieter ist ein Institut der Universität Caen)
- für Spanisch: <http://servicios.elpais.com/diccionarios/sinonimos-antonimos/>
  (Anbieter ist der pädagogische Verlag *Santillana*)
- für Italienisch: <dizionari.corriere.it/dizionario_sinonimi_contrari>
  (Anbieter ist die italienische Tageszeitung *Corriere della sera*).

Angebote für diese und alle weiteren Sprachen lassen sich im Internet leicht finden, wenn man in eine Suchmaschine die Begriffe »Wörterbuch« und »Synonyme« eingibt. Um die Seriosität und den Umfang des erfassten Sprachmaterials einzuschätzen, gibt man am besten ein paar Testwörter ein, zu denen es in den meisten Sprachen zahlreiche Synonyme gibt. Gute Testwörter sind z. B. die jeweiligen fremdsprachigen Äquivalente von gängigen deutschen Wörtern mit einem großen Verwendungsradius wie *interessant, richtig, dumm, frei, klar, sprechen, lieben, fahren, kämpfen, Erklärung, Hilfe, Eigenschaft* usw. Hier sollte das getestete Onlineangebot eine entsprechend große Zahl von Synonymen bieten (und diese idealerweise auch gegeneinander abgrenzen).

Finden Sie allen Bemühungen zum Trotz für Ihre Fremdsprache weder ein Synonymwörterbuch in Papierform noch eines im Internet, bleibt nur die Möglichkeit, ein deutsches Synonymwörterbuch zu benutzen und die dort angegebenen Synonyme mithilfe eines zweisprachigen Wörterbuchs zu übertragen. In diesem Fall wird sich aber in vielen Fällen die Notwendigkeit ergeben, die gefundenen Äquivalente, insbesondere die bisher unbekannten Wörter und Ausdrücke, in einem guten einsprachigen Wörterbuch auf ihre genaue Bedeutung und Verwendung zu überprüfen (s. dazu auch Abschnitt 19|7). Für die schnelle Suche nach Synonymen und alternativen Formulierungen im Deutschen (übrigens auch beim Schreiben auf Deutsch) eignet sich der Klassiker »Sag es treffender. Ein Handbuch mit 25.000 sinnverwandten Wörtern und Ausdrücken für den täglichen Gebrauch« aus dem Rowohlt Verlag (Reihe rororo).

20 | 10   Nutzen Sie Kollokationswörterbücher

Wörter werden naturgemäß vor allem wegen ihrer Bedeutung und unter dem Gesichtspunkt der kommunikativen Absicht zu Sätzen und Texten verbunden. Dennoch gibt es in allen Sprachen eine Tendenz, bestimmte Wörter auch bei gleichem oder ähnlichem Sinn eher miteinander zu kombinieren als andere. Es haben sich sozusagen gewohnheitsmäßige Wortverbindungen herausgebildet, auf die wir besonders oft zurückgreifen; ähnlich wie sich in der Natur manchmal durch häufige Benutzung bestimmte Pfade und Wege herausbilden, die genauso gut auch an anderen Stellen hätten entstehen können, die aber nun, wo sie schon mal da sind, bevorzugt genutzt werden. So neigen wir im Deutschen dazu, Entscheidungen zu *treffen* oder manchmal auch zu *fällen*, obwohl wir weder auf Entscheidungen schießen noch die Axt an sie anlegen. Im Französischen, Spanischen oder Italienischen hingegen *nimmt* man Entscheidungen (*prendre une décision, tomar una decisión, prendere una decisione*) im Englischen macht man sie (*to make a decision*), kann sie aber beispielsweise auch erreichen (*to reach a decision*). Im Deutschen kann man auf etwas *Wert legen*, im Englischen hingegen nicht. Denn es heißt nicht *to lay value on something*, sondern *to put* oder *to set value on something*. Im Englischen kann man zwar wie im Deutschen einen *schweren Sturz* haben (*a heavy fall*) und auf *schwerer See* (*heavy sea*) *schwere Verluste* erleiden (*heavy losses*), dabei aber keine *heavy mistakes* machen, sondern höchstens *great, bad, serious, grave* oder *fatal mistakes*. Dass man im Englischen nicht nur *krank werden* (*to become ill*) sondern auch »krank fallen« kann (*to fall ill*), haben wir meist schon in der Schule gelernt. Und dass Träume nicht nur *wahr werden* (*to become true*), sondern auch »wahr kommen« können (*dreams come true*), kennen wir aus Songtexten. Überraschend sind aber die vielen Möglichkeiten, ein deutsches *werden* im Englischen mit *grow* wiederzugeben: *to grow pale, to grow rich, to grow sentimental* und sogar *to grow thin*, was fast wie in Widerspruch in sich wirkt. Wenn man annimmt, dass das dann aber auch für Träume gilt, man also außer *a dream comes true* auch sagen kann *a dream grows true*, irrt man wiederum, obwohl Träume ja bekanntlich wachsen können.

Solche typischen Wortverbindungen nennt man in der Linguistik »Kollokationen« (von *collocare*, lateinisch für »aufstellen«, »hinstellen«). Sie werden oft mit idiomatischen Wendungen in einen Topf geworfen, sollten aber besser von diesen unterschieden werden. Denn während wir bei idiomatischen Wendungen meist an eher längere und oft bildhafte Ausdrücke denken, die sich keineswegs für jedes Wort der Fremdsprache finden, sind Kollokationen ein Grundphänomen, das fast für jedes sinntragende Wort in der Fremdsprache zu beobachten ist.

Die genannten Beispiele zeigen deutlich, dass in kaum einem Bereich der Sprache so viel gewachsene Willkür zu beobachten ist wie im Bereich der Kollokationen. Worin besteht schon die Logik, dass Menschen *krank* und Flaschen *leer*, Maschinen aber nicht *kaputt werden* können oder dass man die Zeit *totschlagen*, aber nicht, wie im Französischen, einfach nur *töten* kann (*tuer le temps*)? Gerade diese Willkür macht Kollokationen für uns als Fremdsprachenlerner ziemlich lästig, denn im Grunde müssen wir sie genauso lernen wie Vokabeln und das zusätzlich zu den Wörtern selbst, die wir ja auch schon als einzelne Vokabeln lernen müssen. Und da man nie ganz sicher sein kann, ob eine bestimmte im Deutschen mögliche Kollokation auch in der Fremdsprache möglich ist oder eben nicht, muss man paradoxerweise oft auch die Kollokationen bewusst lernen, die in *beiden* Sprachen möglich sind, also z. B. dass im Englischen wie im Deutschen ein Bach *trocken laufen* kann (*to run dry*) oder dass im Französischen wie im Deutschen ein Projekt *von Erfolg gekrönt* sein kann (*couronné de succès*).

Zwei Umstände erschweren dabei die sichere Beherrschung von Kollokationen in der Fremdsprache weiter. Zum einen, dass ihnen in der Regel im Unterricht und auch in den Lehrwerken wesentlich weniger Beachtung geschenkt wird als den einzelnen Wörtern selbst. Und zum anderen die Tatsache, dass es meist eine »Grauzone« gibt zwischen Kollokationen, die zwar im Gebrauch selten, aber noch akzeptabel sind, und solchen, die bereits als Normabweichungen und somit als Fehler zu betrachten sind. So kann man zwar im Deutschen ziemlich eindeutig keine Entscheidung *nehmen* und im Englischen keine Entscheidung *treffen* (*to hit a decision*) oder *fällen* (*to fell a decision*). Aber kann man im Deutschen *ein Urteil treffen, eine Einschätzung treffen, eine Verfügung treffen, eine Bestimmung treffen*? Und wenn nicht, warum kann man dann *eine Anordnung treffen*? Wie diese Beispiele zeigen, führt uns die Frage nach der Akzeptabilität von Kollokationen fast immer in einen Bereich, wo klare Urteile schwer werden und auch verschiedene Muttersprachler zu unterschiedlichen Aussagen kommen.

Vor dem Hintergrund dieser Merkmale von Kollokationen ist es nicht verwunderlich, dass viele Lehrer dem Phänomen bei der Vermittlung der Fremdsprache eher aus dem Weg gehen und dass es folglich auch vielen Lernern nur peripher bewusst ist. Wer in der Fremdsprache schreibt, kommt aber nicht umhin, auch auf die richtigen Kollokationen zu achten. Dies ist schon deshalb nicht einfach, weil wir oft gar keinen »Anfangsverdacht« haben, dass eine bestimmte Wortverbindung für das Deutsche, aber nicht für unsere Fremdsprache typisch ist. Doch auch wenn wir einen solchen Verdacht haben und zur Klärung das zweisprachige Wörterbuch konsultieren, ist damit die richtige Antwort noch nicht zwangsläufig in Sicht. Denn die meisten Wörterbücher machen nur sehr lückenhafte Angaben zu Kollokationen. Aufgeführt werden meist nur die auffälligsten Kollokationsunterschiede zwischen den Sprachen. Einsprachige Wörterbücher liefern für ein gegebenes Wort meist schon etwas mehr Informationen zu seinen typischen Kollokationspartnern, aber auch hier sind die Angaben alles andere als reichhaltig. Das Mittel der Wahl ist deshalb die Benutzung eines eigenen Wörterbuchtyps, nämlich des sog. Kollokationswörterbuchs. Während einsprachige Wörterbücher versuchen, möglichst umfassend über die Bedeutung und Verwendung der erfassten Wörter zu informieren, beschränken sich Kollokationswörterbücher ganz darauf, für jedes Schlagwort zu zeigen, mit welchen anderen es typischerweise kombiniert werden kann. Dies hat den Vorteil, dass wir zielstrebig nach geeigneten Kollokationen für die jeweilige Formulierung suchen können. Betrachten wir ein konkretes Beispiel.

Zu den häufigsten Kommunikationsformen gehört das Danken. In unserer Muttersprache steht uns hierfür in der Regel ein ziemlich breites Repertoire an Formulierungen zur Verfügung, das wir je nach Anlass und Kommunikationspartner, aber auch nach dem kommunikativen Kontext variieren. So reicht vielleicht ein kurzes »danke«, wenn uns jemand etwas anreicht, während wir auf weitergehende Formen der Hilfe oder des emotionalen Beistandes mit aufwändigeren Formulierungen reagieren. Und in einer Rede bei der Verabschiedung eines verdienstvollen Kollegen oder in einem förmlichen Dankesschreiben nach einer Preisverleihung wird man die Dankesworte noch gründlicher wählen. Man kann sich bei jemanden bedanken *mit großem Dank, mit bestem Dank, mit tiefem Dank*; man kann jemandem *Dank sagen, seinen Dank aussprechen*, ihm *seinen Dank bekunden*, ihm *Dank zollen* oder *schulden*; man kann jemandem *ehrlich danken, aufrichtig danken, von ganzem Herzen danken*; man kann jemandem einfach nur *Dankeschön sagen* oder ihm versichern, dass man ihm *zutiefst dankbar ist* und vieles andere mehr.

Wenn wir uns nun fragen, ob wir in der Fremdsprache über ein ähnliches Repertoire an Ausdrucksmöglichkeiten verfügen, werden wohl die meisten diese Frage verneinen müssen. Als durchschnittlicher Englischlerner hat man zwar stets ein *thanks* oder *thank you* parat, aber die einzige Steigerungsform davon ist bei den meisten nur noch ein *thank you very much*, egal, ob jemand einem gerade in den Mantel geholfen oder eine Million Dollar vererbt hat. Hier hilft ein Blick ins Kollokationswörterbuch. Im *Oxford Collocations Dictionary for students of English* finden wir zum Beispiel die vier Schlagwörter *thank, thankful, thanks* und *thank you*, und zu jedem sind zahlreiche mögliche Wortverbindungen angegeben, insgesamt über 50, jeweils sortiert nach dem Kombinationstyp. So ist der Eintrag *thanks* unterteilt in Adjektive, die sich typischerweise mit *thanks* verbinden (*heartfelt, sincere, warm, grateful, personal, special, additional, extra*), in Verben, zu denen *thanks* typischerweise als Objekt vorkommt (*express, extend, give, offer, owe, nod, smile, get, receive, accept, deserve*), in Verben, zu denen *thanks* typischerweise als Subjekt vorkommt (*thanks go to somebody*), in Präpositionen, die regelmäßig mit *thanks* kombiniert werden (*as thanks for, in thanks for, thanks to*) sowie in feste phraseologische Verbindungen (»phrases«) wie *a letter of thanks, a vote of thanks, a word of thanks, many thanks, thanks be to God*. Wie dieses Beispiel schon ahnen lässt, sind Kollokationswörterbücher eine wahre Fundgrube zur Erweiterung des persönlichen Ausdrucksvermögens. Vor allem helfen sie dabei, unseren Sprachgebrauch in der Fremdsprache idiomatischer zu gestalten und nicht immer nur jene Ausdrucksmöglichkeiten zu benutzen, die mehr oder weniger parallel zur eigenen Muttersprache sind. Auf *sincere thanks* oder *special thanks* wären wir wahrscheinlich noch selbst gekommen, aber dass man auch *warm thanks* und *grateful thanks* sagen kann, ist für den typischen deutschen Lerner eher überraschend. Zumal er in der Regel als Standardentsprechung für *grateful* die deutsche Bedeutung »dankbar« abgespeichert hat; und wer käme schon auf die Idee, jemandem *dankbaren Dank* auszusprechen? Und gänzlich unbekannt ist deutschen Englischlernern meist die Wortverbindung *to smile thanks* oder *to nod thanks*. Denn als Deutscher *lächelt* man keinen Dank und *nickt* auch keinen.

Schließlich kann die Benutzung eines Kollokationswörterbuchs uns auch vor Fehlern bewahren. Wenn wir nämlich dort keine wörtliche Entsprechung zu einer im Deutschen sehr gängigen Kollokation wie z.B. *tiefer Dank* finden (»deep thank« findet sich nicht im genannten Wörterbuch), dann ist dies oft ein Hinweis darauf, dass diese Wortkombination in der Fremdsprache zumindest untypisch, wenn nicht sogar eindeutig fehlerhaft ist (ähnlich wie »warmer Dank« im Deutschen).

Kollokationswörterbücher sind Spezialnachschlagewerke, die keineswegs in der nächsten Buchhandlung im Regal stehen. Es gibt sie auch nicht für jede Sprache. Als fortgeschrittener Lerner sollten Sie diese wertvolle Nachschlagequelle aber kennen. Versuchen Sie deshalb, in Internetdatenbanken oder in den Bücherkatalogen einer großen Bibliothek festzustellen, ob es für Ihre Sprache Kollokationswörterbücher gibt und beziehen Sie sie ggf. in Ihren Schreibprozess ein.

Hier eine kurze Auswahl für die gängigsten Fremdsprachen:

- für Englisch: Oxford Collocations Dictionary for students of English (Oxford University Press)
- für Französisch: Dictionnaire combinatoire compact du français (La Maison du Dictionnaire)
- für Spanisch: Diccionario combinatorio práctico del español contemporáneo: Las palabras en su contexto (Ediciones SM)
- für Italienisch: Dizionario delle collocazioni. Le combinazioni delle parole in italiano (mit CD-Rom) (Zanichelli).

Auch im Internet finden sich verschiedene Angebote. Sie sind allerdings von unterschiedlicher Qualität und nicht für jeden Zweck geeignet. Es ist also im Einzelfall zu prüfen, ob man ihnen brauchbare Informationen entnehmen kann. Man findet sie am ehesten über die Suchmaschinen, wenn man die jeweiligen fremdsprachigen Äquivalente deutscher Begriffe wie »Kollokationswörterbuch«, »Kontextwörterbuch« oder »Kombinatorisches Wörterbuch« eingibt.

Auf eine hilfreiche Quelle im Internet sei aber explizit hingewiesen, und zwar die Seite <www.linguatools.de>, die sich selbst als »Kontextwörterbuch« bezeichnet. Grundlage ist wie bei <www.linguee.de> (näher beschrieben in Abschnitt 19|8) eine große Übersetzungsdatenbank mit 80 Millionen zweisprachigen Beispielsätzen. Diesen riesigen Fundus kann man nutzen, um sich zu einem beliebigen Wort oder einer Wortkombination Beispielsätze anzeigen zu lassen, in denen dieses Wort oder die Wortkombination vorkommt. Diese werden dann mit ihrer jeweiligen Übersetzung für das gewählte Sprachenpaar angezeigt. Derzeit sind zwölf Sprachenpaare anwählbar, und zwar jeweils Deutsch in Kombination mit Englisch, Französisch, Spanisch, Portugiesisch, Italienisch, Tschechisch, Polnisch, Niederländisch, Schwedisch, Griechisch, Rumänisch und Dänisch. Zwar ist das Angebot für die weniger gesprochenen Sprachen begrenzter, aber immer noch recht beachtlich. So umfasst die Datenbasis selbst für Rumänisch immer noch mehr als vier Millionen Beispielsätze. Man erhält deshalb zu praktisch jedem Wort, das man in die Suchmaske eingibt, eine lange Liste von Anwendungsbeispielen.

Diese fußen offensichtlich ähnlich wie der Datenschatz des Portals <www.linguee.de> in starkem Maße auf offiziellen EU-Dokumenten, haben also einen hohen Wert an Zuverlässigkeit. Sie sind deshalb eine Fundgrube für das Auffinden von Formulierungen und eben auch für die Klärung der Frage, wie das eingegebene Wort kontextuell typischerweise verwendet wird. Der Informationswert geht insofern deutlich über den eines Kollokationswörterbuchs hinaus. Dafür muss man allerdings in Kauf nehmen, dass der Treffer-Output einer Abfrage eher unstrukturiert ist. Zwischen den einzelnen Satzpaaren gibt es viele Dopplungen, Überschneidungen und Teilüberschneidungen. Den systematischen Aufbau eines gut gemachten Kollokationswörterbuchs sucht man hier natürlich vergeblich. Als Formulierungshilfe ist dieses Portal aber ein sehr nützliches Tool für den fortgeschrittenen Lerner.

20 | 11   Revidieren Sie in mehreren Textdurchgängen und fokussieren Sie dabei jeweils einen Aspekt

Das Revidieren ist die am häufigsten in ihrer Bedeutung unterschätzte und vernachlässigte Phase des Schreibens. Nur allzu oft wird sie auf ein reines Korrekturlesen kurz vor dem Abgabetermin reduziert. Wenn die erste Version eines Textes auf dem Papier steht, sind viele Schreiber darüber so erleichtert, dass sie sich schon am Ziel wähnen und auf die systematische Weiterarbeit an ihrem Text verzichten. Dabei entscheidet sich in der Revisionsphase erst, wie gut ein Text letzten Endes wird.

Der erste Grundsatz für diese Phase lautet deshalb: Nehmen Sie das Revidieren Ihres Textes ernst und planen Sie ausreichend Zeit dafür ein (Faustregel: mindestens ein Fünftel bis ein Viertel der insgesamt zur Verfügung stehenden Zeit). Wenn Sie in der Revisionsphase noch in größerem Umfang fremdsprachliche Probleme klären müssen, wird der Zeitbedarf eher darüber liegen. Akzeptieren Sie das Revidieren auf inhaltlicher, sprachlicher und formaler Ebene als integralen Bestandteil des Schreibprozesses. Oder anders ausgedrückt: Geben Sie nie die erste Version Ihres Textes ab. Sie werden mit Sicherheit noch Mängel entdecken.

Auch für das Revidieren gilt das Grundprinzip der Entzerrung der einzelnen Phasen. Planen Sie deshalb für das Revidieren von vornherein mehrere komplette Textdurchgänge ein, bei denen Sie sich jeweils auf einen Aspekt des Textes konzentrieren. Bei kürzeren Texten mit geringerem Qualitätsanspruch können ein Revisionsdurchgang für die Kontrolle des Inhalts und einer für die sprachliche Form ausreichend sein. Bei komplexeren Texten, insbesondere solchen mit hohen Qualitätsansprüchen (Prüfungsarbeiten, Bewerbungen, Publikationsmanuskripte), ist in der Regel ein fünffacher Durchgang empfehlenswert:

1. Prüfung des Inhalts (Vollständigkeit, Richtigkeit, Argumentation usw.)
2. Prüfung der Textstruktur (angemessene Gliederung, sinnvolle Verteilung der Inhalte auf Kapitel, Unterkapitel, Abschnitte, Absätze usw., aussagekräftige Überschriften, angemessene Einleitung, aussagekräftige Zusammenfassung usw.)
3. Prüfung der sprachlichen Richtigkeit mit dem Schwerpunkt Satzbau und Wortwahl (vollständige, syntaktisch richtig gebaute Sätze; angemessene Stilebene, richtige Verwendung von Fachwörtern usw.)
4. Prüfung der sprachlichen Richtigkeit mit dem Schwerpunkt Rechtschreibung, Zeichensetzung, Tippfehler
5. Prüfung von Typografie und Layout (Seitenränder, Schrifttyp, Schriftgröße, Zeilenabstände, Absatzmarkierungen, ansprechender Zeilen- und Seitenumbruch, richtig platzierte und einheitlich beschriftete Tabellen und Grafiken usw.)

Je nach Art, Umfang, Bedeutung, redaktionellem Zustand und Zahl noch vorhandener fremdsprachlicher Probleme können auch mehr Revisionsdurchgänge notwendig werden, insbesondere für Inhalt und Textstruktur. Auch bei der Überprüfung von formalen Merkmalen ist es oft besser, für jeden Checkpunkt einen eigenen Durchgang vorzusehen und sich dabei auf diesen einen Checkpunkt zu konzentrieren (z. B. die Rechtschreibung, die Zeichensetzung, das Layout von Tabellen und Grafiken, die Überschriften usw.). Die Wahrscheinlichkeit, Ungereimtheiten in der Formatierung von Tabellenunterschriften oder der Verwendung von Zitaten zu entdecken, ist wesentlich größer, wenn man sich jeweils auf einen dieser Aspekte konzentriert. Wenn Verständlichkeit und Lesbarkeit wichtige Anforderungen an den Text sind, kann es notwendig werden, auch dafür einen eigenen Revisionsdurchgang vorzusehen. Denn diese für die »Benutzerfreundlichkeit« eines Textes entscheidenden Merkmale hängen zwar mit allen anderen genannten Merkmalen eng zusammen, können in ihrem Zusammenspiel aber nur dann wirklich beurteilt werden, wenn man sich ganz bewusst in die Perspektive der Leser versetzt. Und die möchten dem Text auf möglichst bequeme Weise die sie interessierenden Informationen entnehmen, ohne dabei durch Schachtelsätze, Fachjargon oder zu viel vorausgesetztes Wissen unnötig behindert zu werden.

20 | 12 Machen Sie sich Ihre fremdsprachlichen Realisierungsprobleme bewusst

Beim Schreiben in der Fremdsprache treten meist zwei Arten von Problemen auf. Zum einen Probleme mit dem Text an sich, so wie sie auch beim muttersprachlichen Schreiben auftreten. Sie betreffen z. B. die Auswahl der Inhalte, die Gliederung und die Anordnung der Inhalte, die Wahl der richtigen Formulierungen, die Verständlichkeit und Lesbarkeit für die Adressaten usw. Zum anderen treten beim fremdsprachlichen Schreiben

Probleme auf, die unmittelbare Folgen unserer begrenzten Beherrschung der Fremdsprache sind. Gemeint sind alle Arten von fehlendem oder unsicherem Wissen, wie man etwas in der Fremdsprache richtig oder angemessen ausdrückt und welche Normen der Zielsprache dabei zu beachten sind. Das Spektrum umfasst hier orthografische Unsicherheiten und fehlende Vokabeln genauso wie Fragen bezüglich des richtigen Satzbaus oder der richtigen Stilebene und so manches mehr. Solche Probleme kann man als »fremdsprachliche Realisierungsprobleme« bezeichnen, weil sie die Realisierung einer Ausdrucksabsicht in der Fremdsprache betreffen. Sie fühlen sich im Moment des Schreibens oft wie zusätzlicher Sand im Getriebe des ohnehin schon mühevollen Schreibprozesses an.

Bei näherer Betrachtung zeigt sich jedoch, dass gerade diese fremdsprachlichen Realisierungsprobleme auch Chancen für den Lernprozess in sich bergen und dies gerade im Rahmen des Schreibens. Denn zum einen werden solche fremdsprachlichen Realisierungsprobleme beim Schreiben in besonderem Maße bewusst, weil wir in der Regel wesentlich länger und intensiver über Formulierungen nachdenken als beim Sprechen. Und zum anderen stehen wir beim Schreiben nicht unter dem unmittelbaren zeitlichen Äußerungsdruck wie beim Sprechen, sondern haben in der Regel die nötige Zeit, in Ruhe nach Lösungen für die einzelnen fremdsprachlichen Probleme zu suchen. Mehr noch: Das Schreiben ist eine ausgezeichnete Gelegenheit für das fremdsprachliche Hypothesentesten, das ich bereits in Abschnitt 2|7 als einen der »Big Five« des erfolgreichen Fremdsprachenlernens beschrieben hatte. Beim Schreiben werden genau solche Hypothesen in besonderem Maße bewusst. Damit wird es möglich, falsche Hypothesen systematisch zu falsifizieren, richtige zu verifizieren und so kontinuierlich unsichere in sichere Wissensbestände zu überführen. Und dies zudem im klaren kommunikativen Rahmen eines gegebenen Textes. Wir können also nicht nur lernen zu schreiben (*learning to write*), sondern auch schreiben, um zu lernen (*writing to learn*). Um dieses besondere Potential des Schreibens zu nutzen, empfehle ich im Folgenden ein Vorgehen in drei Schritten.

Entscheiden Sie zunächst in einem ersten Schritt, ob sich eine gegebene Schreibaufgabe überhaupt als Gelegenheit für das *writing to learn*, also für das bewusste Lernen an fremdsprachlichen Realisierungsproblemen eignet. Dies ist naturgemäß nicht immer der Fall. Wenn Sie beruflich schreiben und dabei möglichst schnell zum Ziel kommen müssen oder wenn Sie eine Studienabschlussarbeit in der Fremdsprache bis zu einem bestimmten Termin abzugeben haben, sind die Bedingungen dafür nicht gegeben. In solchen Fällen werden Sie sich auf ein zügiges Vorankommen konzentrieren und dazu auch zielstrebig Fehlervermeidungsstrategien einsetzen, also das Schreiben eher nicht dazu nutzen, Hypothesen zu testen. Aber immer dann, wenn Sie zu Übungszwecken schreiben oder wenn es keinen Zeitdruck für die Fertigstellung Ihres Textes gibt, besteht die Chance für ein explizites *writing to learn*.

Sind die Bedingungen für ein *writing to learn* gegeben, so sollten Sie in einem zweiten Schritt versuchen, sich möglichst alle fremdsprachlichen Realisierungsprobleme bereits im Moment des Auftretens bewusst zu machen und ggf. auch zu notieren, sodass sie jederzeit zum Gegenstand einer bewussten Problemlösungssuche gemacht werden können. Möglicherweise reicht in vielen Fällen ein Fragezeichen über, neben oder unter dem fraglichen Wort oder der fraglichen Passage Ihres Textes. Oft wird es aber auch sinnvoll sein, das Problem stichwortartig in Frageform festzuhalten: »Satzstellung korrekt?«, »Indikativ oder Konjunktiv?«, »richtig konjugiert?«, »richtige Stilebene?«, »angemessene Wortwahl?«, »Gibt es diese Wendung?«, »höflich genug formuliert?«, »Klingt das zu deutsch?« usw. Durch Verwendung vorab festgelegter Kürzel wie »R« für »Rechtschreibung«, »W« für »Wortwahl«, »VF« für »Verbform«, »T« für »Tempusgebrauch«, »I« für »Idiomatik« usw. kann der Aufwand für das Notieren dabei gering gehalten werden. Besonders wichtig ist der Verzicht auf Vermeidungsstrategien. Es gilt gerade, die Zweifel, Unsicherheiten und Lücken im Gebrauch der Fremdsprache ins Bewusstsein zu heben. Fällt Ihnen also zu einer Formulierung A, von der Sie nicht wissen, ob sie in der Fremdsprache möglich ist, eine Formulierung B ein, die dieses Problem umgeht, sollten Sie dennoch Formulierung A fixieren, um die Lücke in Ihrer fremdsprachlichen Urteilskompetenz anschließend bearbeiten zu können. Auch wenn Ihnen gleich mehrere Formulierungen durch den Kopf gehen und Sie sich letztlich für eine entscheiden, kann es sinnvoll sein, die erwogenen Formulierungsalternativen zu notieren, um sich nachher zu fragen, ob Sie sich wirklich für die bestmögliche entschieden haben. Kurzum: Der Fokus liegt explizit auf allem, was wir in der Fremdsprache gerade nicht wissen, nicht sicher beurteilen können oder nicht richtig auszudrücken vermögen.

Der dritte und entscheidende Schritt ist dann die Bearbeitung dieser Lücken mithilfe geeigneter Strategien. Dafür kommen grundsätzlich zwei Ansätze in Frage: die Benutzung von Nachschlagewerken oder anderen Informationsquellen in eigener Regie oder das Einholen eines Feedbacks von kompetenten Informanten. Natürlich ist die zweite Möglichkeit das Mittel der Wahl. Der ideale Informant ist hier wieder einmal der Tandempartner (s. auch Abschnitt 19|10). Mit seiner Hilfe kann man in kurzer Zeit alle notierten fremdsprachlichen Realisierungsprobleme besprechen, offene Fragen klären und sich Lösungen zeigen lassen bis hin zu Vorschlägen für treffendere Formulierungen. Auch Lehrer, insbesondere wenn sie Muttersprachler sind, kommen als Feedbackgeber in Frage, vorausgesetzt, sie nehmen sich die Zeit dafür, was bei größeren Kursen wohl nur ausnahmsweise einmal der Fall sein dürfte (s. dazu auch Abschnitt 19|9).

Stehen Ihnen keine kompetenten Feedbackgeber zur Verfügung, müssen Sie in eigener Regie nach der richtigen Lösung Ihres fremdsprachlichen Realisierungsproblems suchen. Auf welche Strategien Sie dabei zurückgreifen können, erfahren Sie in den nachfolgenden Abschnitten 20|13 bis 20|16. Flankierend sollten Sie aber auch noch einmal Abschnitt 16|7 (»Erweitern Sie Ihre Kenntnis von Wörterbuchtypen«) lesen, denn der souveräne Umgang mit Nachschlagewerken ist eine Grundvoraussetzung für das systematische Hypothesentesten.

20 | 13   Überprüfen Sie die Rechtschreibung Ihres Textes

Dies ist sicherlich in der Regel das am leichtesten zu überprüfende Merkmal eines fremdsprachigen Textes, sowohl sprachlich wie technisch. Wenn Sie am Computer schreiben, was heute sicherlich der Regelfall ist, werden Sie es als erstes mit der Rechtschreibprüfung der Textverarbeitungssoftware probieren. Diese hat den Vorzug, schnell und gezielt sowohl nach Tippfehlern als auch nach Rechtschreibfehlern zu suchen, eine Funktion, die wir bei fremdsprachigen Texten noch mehr zu schätzen wissen als bei Texten in der Muttersprache. Zwar moniert die Rechtschreibprüfung oft auch Wörter, die richtig geschrieben sind, weil es sie nicht kennt. Aber diese kann man nicht nur mit einem einfachen Klick übergehen, sondern auch in das Wörterbuch der Textverarbeitung übernehmen, sodass sie beim nächsten Auftreten nicht mehr moniert, sondern korrigiert werden.

Ähnlich wie bei der Verwendung des fremdsprachigen Thesaurus (s. Abschnitt 20|9) müssen zwei Bedingungen erfüllt sein, damit der Einsatz der fremdsprachigen Rechtschreibprüfung möglich wird. Zum einen müssen Sie sicherstellen, dass das Textverarbeitungsprogramm erkennt, dass der Text in einer bestimmten Fremdsprache geschrieben ist. Diese Erkennung nimmt Microsoft Word z. B. automatisch vor, wenn Sie im Menü für die Sprache die Option »Sprache automatisch erkennen« angeklickt haben. Wenn nicht, markieren Sie den ganzen Text und legen über das entsprechende Menü die Sprache fest. Dies ist vor allem auch dann zu empfehlen, wenn Sie nicht nur eine bestimmte Sprache, sondern auch eine bestimmte Variante dieser Sprache einstellen wollen, z. B. »Englisch (Großbritannien)« im Gegensatz zu »Englisch (USA)« oder »Französisch (Frankreich)« im Gegensatz zu »Französisch (Kanada)«. Zum zweiten muss die Rechtschreibprüfung für die jeweilige Fremdsprache auf Ihrem Rechner installiert sein. Ist dies nicht der Fall, müssen Sie sie nachinstallieren, entweder von der Installations-CD oder von den Seiten des Software-Anbieters im Internet.

Aufgrund der Schnelligkeit und der mittlerweile relativ hohen Trefferquote der elektronischen Rechtschreibprüfungen ist die manuelle Überprüfung mit einem einsprachigen oder zweisprachigen Wörterbuch der Zielsprache nur als zweitbestes Verfahren sinnvoll. Es sollte nur eingesetzt werden, wenn in der elektronischen Textverarbeitung keine Rechtschreibprüfung verfügbar ist. Hier macht es sich bezahlt, wenn Sie wenigstens ein elektronisches Wörterbuch mit Pop-up-Funktion haben (s. Abschnitt 9|22). Denn dann reicht ein Klick, um das Nachschlagen anzustoßen und die Schreibung zu überprüfen. Findet das elektronische Wörterbuch das zu überprüfende Wort nicht, ist es vermutlich falsch geschrieben. Wenn das elektronische Wörterbuch eine Formenerkennung hat (s. auch dazu Abschnitt 9|22), kann man mit ihm anders als mit einem Papierwörterbuch auch die Rechtschreibung von Wortformen überprüfen, die nicht die Grundform des Wortes sind. Wenn Sie z. B. wissen wollen, ob bei dem Wort *étudiées* als feminine Form Plural des Partizips des Verbs *étudier* die Akzente richtig gesetzt sind oder ob die richtige Schreibung nicht doch *étudièes* oder vielleicht sogar *étudieés* oder *etudieès* ist, können Sie dieses Problem mit einem Papierwörterbuch nicht lösen, wohl aber mit einem elektronischen Wörterbuch mit Formenerkennung. Das Programm *ifinger* von Klett für Französisch – Deutsch z. B. erkennt bei einem Klick auf *étudiées*, dass es sich um eine Wortform von *étudier* handelt, und zeigt den entsprechenden Wörterbuchartikel an. Bei einem Klick auf *étudièes*, *étudieés* oder *étudieès* hingegen kommt die Meldung »iFinger konnte bei der Suche nach ›étudièes‹ (bzw. ›étudieés‹ oder ›étudieès‹) nichts finden«.

Nur wenn alle elektronischen Prüf- und Nachschlagemöglichkeiten ausgeschöpft sind, sollte man zum reinen Nachschlagen per Hand übergehen. Dies kann z. B. an Stellen der Fall sein, an denen die elektronische Rechtschreibprüfung ein Wort nicht kennt und deshalb keinen sinnvollen Korrekturvorschlag machen kann. Dies dürfte beim heutigen Entwicklungsstand der elektronischen Rechtschreiberkennung aber höchstens bei sehr seltenen, historischen oder sehr fachlichen Wörtern der Fall sein.

20 | 14   Überprüfen Sie die Wortwahl Ihres Textes

Ich hatte schon an mehreren Stellen in diesem Buch auf die Nützlichkeit von Nachschlagewerken hingewiesen und empfohlen, sich nicht mit dem üblichen zwei- oder einsprachigen Wörterbuch zufrieden zu geben, sondern auch die große Zahl anderer Typen von sprachlichen Nachschlagewerken zu nutzen. Wenn Sie die Ratschläge in Abschnitt 16|7 (»Erweitern Sie Ihre Kenntnis von Wörterbuchtypen«) befolgt und sich anhand von Abschnitt 20|9 speziell mit Synonymwörterbüchern und Thesauri auseinandergesetzt haben, kennen Sie mittlerweile ein breites Spektrum von Nachschlagewerken. Diese können Sie jetzt bei der Überprüfung Ihres fremdsprachigen Textes auf die Richtigkeit und Angemessenheit Ihrer Wortwahl gut brauchen. Um Ihnen den Einsatz zu erleichtern, habe ich im Folgenden eine Reihe von Empfehlungen zu der Frage zusammengestellt, welches Nachschlagewerk sich für die Lösung welcher fremdsprachlichen Probleme am besten eignet.

▶ Ist das das richtige Wort oder der richtige Ausdruck?
    Dies ist wahrscheinlich eine der am häufigsten auftretenden Fragen beim Formulieren in der Fremdsprache: Wir wollen ein Wort oder einen Ausdruck benutzen und

wissen nicht, ob das, was wir sagen wollen, durch die fremdsprachigen Wörter, die wir benutzen, richtig wiedergegeben wird. Oft stammt das zu prüfende Wort dabei nicht aus unserem aktiven Wortschatz, sondern wir haben es in einem zweisprachigen Wörterbuch oder einer anderen Quelle gefunden, sind aber dennoch nicht sicher, ob es im gegebenen Kontext das richtige ist. Der erste Schritt zur Überprüfung ist hier die Benutzung eines einsprachigen Wörterbuchs, wie schon in Abschnitt 19|7 empfohlen. Dort hatte ich auch die Gründe genannt: Der Aufbau des Artikels im einsprachigen Wörterbuch ist ausschließlich aus der Fremdsprache selbst heraus entwickelt und bildet den Bedeutungs- und Verwendungsradius des gesuchten Wortes unabhängig von seinen möglichen Wiedergabemöglichkeiten im Deutschen ab. Aufgezeigt werden alle Haupt- und auch die meisten Nebenbedeutungen des Suchwortes. Des Weiteren enthalten einsprachige Wörterbücher in der Regel wesentlich mehr Anwendungsbeispiele als zweisprachige.

Beides können wir für die Überprüfung unserer Wortwahl nutzen: Das zu überprüfende Wort sollte in unserem Text in einer Bedeutung vorkommen, die durch mindestens eine der im einsprachigen Wörterbuch angegebenen Haupt- oder Nebenbedeutungen abgedeckt wird. Bleiben dabei noch Zweifel, klären manchmal die Verwendungsbeispiele unsere Frage, indem wir einfach einen Analogieschluss ziehen: Wenn eine Verwendung des Wortes wie in einem der Beispiele des Wörterbuchs möglich ist, dann wird wahrscheinlich auch die ähnliche Verwendung in unserem Text möglich sein. Je mehr Verwendungsbeispiele ein einsprachiges Wörterbuch gibt, desto besser eignet es sich unter diesem Aspekt zur Überprüfung unserer Wortwahl (s. dazu auch Abschnitt 19|6).

Allerdings wird damit natürlich auch der Eintrag länger und damit potenziell unübersichtlicher. Hier hilft wieder eine elektronische Version des Wörterbuchs, diesmal des einsprachigen. Gute elektronische Wörterbücher erlauben nämlich nicht nur die Suche innerhalb eines Wörterbuchartikels, sondern auch ein schrittweises »Aufklappen« der Struktur des Wörterbuchartikels: So kann man sich zunächst nur die Hauptbedeutungen anzeigen lassen, die fragliche aufklappen, selektiv lesen und vielleicht erst zum Schluss auch die Verwendungsbeispiele einblenden (so z. B. die elektronische Fassung des »Petit Robert«). Wer diesen Komfort nutzt, wird sich im einsprachigen Wörterbuch auch in längeren Artikeln schnell zurechtfinden.

Eine weitere Quelle für die Überprüfung der richtigen Wortwahl sind Synonymwörterbücher, die ich schon in Abschnitt 20|9 vorgestellt habe. Diese helfen insbesondere bei der Frage, ob Sie für Ihren Text aus einer Gruppe von mehreren sinnverwandten Wörtern das richtige ausgewählt haben. Dies leisten aber nur die sog. »distinktiven Synonymiken«, also solche, die die sinnverwandten Wörter nicht nur auflisten, sondern ihre Bedeutungen möglichst detailliert gegeneinander abgrenzen. Zwar könnten Sie auch einer rein auflistenden Synonym-Zusammenstellung oder einem Thesaurus Synonyme entnehmen und diese dann einzeln im einsprachigen Wörterbuch auf ihre Eignung prüfen; aber dieses Verfahren ist in der Regel wesentlich zeitaufwändiger und deshalb für längere Texte zu ineffizient.

▶ Ist das die richtige Wendung?

Auch als Nichtmuttersprachler möchte man in der Regel in seinen Texten auf Wendungen zurückgreifen, die für die Fremdsprache typisch sind. Zum einen weil das die Texte »idiomatischer« erscheinen lässt und zum anderen weil es oft ihre Wirkung auf die Leser erhöht. Manchmal haben wir dabei auch schon eine bestimmte Wendung ins Auge gefasst, der wir in der Fremdsprache schon einmal begegnet sind, sind uns aber nicht mehr ganz sicher, wie sie genau lautet. In solchen Fällen sollten wir den genauen Wortlaut der Wendung unbedingt überprüfen. Denn gerade bei Wendungen gilt: Selbst eine kleine Abweichung von der üblichen Form wirkt leicht unfreiwillig komisch (»Man soll den Tag nicht vor der Nacht loben« – »Eine Taube macht noch keinen Sommer« – »das hat weder Hand noch Bein« – »ich will nicht durch die Tür ins Haus fallen« – »wollen Sie mich auf die Arme nehmen?« usw.).

Eine Überprüfung kann man zwar grundsätzlich auch im einsprachigen Wörterbuch oder im fremdsprachlichen Teil des zweisprachigen Wörterbuchs versuchen. Ich empfehle aber die Benutzung eines Phraseologismen-Wörterbuchs (s. Abschnitt 16|7). Denn zum einen sind in einem Phraseologismen-Wörterbuch der Zielsprache nur Wendungen und keine Wortbedeutungen einzelner Wörter aufgeführt und erklärt. Sie enthalten also für die Suche nach Wendungen keinerlei »Ballast«. Das erlaubt eine effiziente Informationsentnahme. Zum anderen finden sich hier in der Regel wesentlich mehr Anwendungsbeispiele, was wiederum eine bessere Einschätzung der Verwendungsmöglichkeiten erlaubt.

Vorsicht ist hingegen beim Nachschlagen im deutsch-fremdsprachlichen Teil eines zweisprachigen Wörterbuchs geboten. Unter dem Druck, eine Entsprechung liefern zu müssen, finden sich hier häufig Übersetzungen, die keine wirklichen Äquivalente für die wiederzugebende deutsche Wendung sind. So ist die als Übersetzung angegebene fremdsprachige Wendung in der Fremdsprache oft wesentlich weniger gängig oder veraltet oder einer anderen Stilebene zuzuordnen oder es handelt sich überhaupt nicht um eine Wendung, sondern lediglich um eine Umschreibung, die keinerlei »idiomatischen Touch« hat. Wenn Sie beispielsweise in einem deutsch-französischen Wörterbuch für *ein Pfennigfuchser sein* die Wiedergabe *être avare* »geizig sein« finden, dann mag das zwar die Bedeutung des deutschen Ausdrucks wiedergeben, aber die spezielle Wirkung des deutschen Ausdrucks geht verloren. Wenn das nicht so wäre, dann hätten wir ja auch im Deutschen gleich das Wort *geizig* verwenden können. In diesem Fall lohnt es sich deshalb weiterzusuchen. Vielleicht stoßen wir dann auf den französischen Ausdruck *être grippe-sou*, der in der Tat dem stilistischen Wert des deutschen Pfennigfuchsers wesentlich näher kommt. Eine ziemlich verlässliche Quelle für die Übertragung deutscher Redewendungen in andere Sprache ist die Reihe »2000 Redewendungen« im Hueber-Verlag, die es für die Sprachrichtungen Deutsch – Englisch, Deutsch – Französisch, Deutsch – Spanisch und Deutsch – Italienisch gibt. Allerdings wird auch hier nicht angezeigt, ob die angebotene Übersetzung in der Zielsprache eine ähnliche Verbreitung hat wie im Deutschen oder ob es sich lediglich um eine Paraphrase ohne vergleichbare idiomatische Wirkung handelt.

Überprüfen Sie also sowohl den genauen Wortlaut von Wendungen, die Sie schon zu kennen glauben, als auch die Bedeutung von Wendungen, die Ihnen das zweisprachige Wörterbuch anbietet. Tun Sie dies möglichst schon beim geringsten Zweifel. Dies gilt im Übrigen erst recht, wenn es sich um Sprichwörter, geflügelte Worte oder bekannte Zitate handelt.

▶ Ist das die richtige Stilebene?

Eine weitere Frage, die beim schriftlichen Formulieren in der Fremdsprache auftreten kann, ist die nach der richtigen Stilebene. Insbesondere wer viel gesprochenen Input in der Fremdsprache aus informellen Kontakten mit Muttersprachlern bekommt, ist oft nicht sicher, welche der ihm bekannten Wörter und Ausdrücke der Standardsprache angehören und welche eher einem niedrigeren Stilniveau (gesprochene Umgangssprache, populärer oder gar derber Sprachgebrauch, jugend- oder modesprachliche Ausdrücke usw.). Hier empfiehlt sich ein Blick in ein Stil- oder Substandardismen-Wörterbuch, wie ich es bereits in Abschnitt 16|7 vorgestellt habe.

20 | 15   Überprüfen Sie die Grammatik Ihres Textes

Neben der Wahl der richtigen Wörter und Ausdrücke stellt sich bei selbst verfassten fremdsprachigen Texten regelmäßig auch die Frage nach der grammatischen Korrektheit. Wie jeder Lerner aus eigener Erfahrung weiß, ist diese Frage mithilfe von Nachschlagewerken nur in begrenztem Maße zu beantworten. Wenn mithilfe einer Grammatik jeder Fehler, den wir beim Schreiben eines fremdsprachigen Textes machen, aufdeckbar und jeder Zweifel, den wir haben, lösbar wäre, dann dürften wir eigentlich beim Schreiben in der Fremdsprache gar keine grammatischen Fehler mehr machen. Die Erfahrung lehrt, dass das nicht so ist. Hinzu kommt, dass die Benutzung einer systematisch aufgebauten Grammatik zur Klärung von grammatischen Fragen sehr aufwändig und zeitraubend ist und oft auch nicht zu dem gewünschten klaren Ergebnis im Sinne von »richtig« oder »falsch« führt. Denn bei der Beurteilung von grammatischen Problemen muss, anders als beim Wortschatz, fast immer von allgemeinen Regeln auf Einzelfälle geschlossen werden, und die dabei zur Anwendung kommenden Regeln überlagern, bedingen oder relativieren sich oft auch noch gegenseitig. Versuchen Sie z. B. einmal, für Ihre Muttersprache Deutsch mithilfe einer Grammatik einwandfrei nachzuweisen, dass die Sätze *Ich habe nicht daran gedacht* und *Daran habe ich nicht gedacht* grammatisch einwandfrei sind, die Sätze *Ich daran habe nicht gedacht* und *Daran nicht habe ich gedacht* aber nicht.

Die naheliegende Lösung, im Textverarbeitungssystem die sog. »Grammatikprüfung« zu nutzen, ist nach meinen Erfahrungen wenig sinnvoll, weil sie weder Fehler noch richtige Sätze als solche zuverlässig erkennt und deshalb oft unbrauchbare oder verwirrende Fehlermeldungen ausgibt. Wenn Sie es dennoch probieren möchten, rate ich dazu, erst einmal Sätze mit bekannten Fehlern einzugeben, um zu testen, wie das Programm darauf reagiert. Wahrscheinlich werden Sie dabei feststellen, dass die Grammatikprüfung zwar einige, aber längst nicht alle Grammatikfehler erkennt, insbesondere nicht solche, die den Satzbau in komplexeren Sätzen betreffen. Aber auch die beiden gerade genannten falschen Versionen des Satzes *Ich habe nicht daran gedacht* lässt die Grammatikprüfung meiner Word-Versionen anstandslos durchgehen, obwohl sie nur aus jeweils fünf Wörtern bestehen.

Dennoch gibt es Möglichkeiten, mithilfe von Nachschlagewerken zumindest einen Teil der auftretenden grammatischen Probleme zu klären. Zwei besonders einschlägige möchte ich im Folgenden nennen.

▶ Ist das die richtige Wortform?

Diese Frage tritt vor allem bei flektierenden Sprachen auf, d. h. bei Sprachen, in denen Verben konjugiert und Substantive dekliniert werden. So gibt es im Russischen sechs Fälle und im Finnischen sogar fünfzehn. Noch wesentlich größer ist die Zahl der Verbformen für die verschiedenen Personen (ich, du, er/sie/es, wir, ihr, sie), die verschiedenen Zeiten (Gegenwart, Vergangenheit, Zukunft), die verschiedenen Modi (Indikativ, Konjunktiv, Konditional), die verschiedenen Verbaspekte (z. B. Handlung ist abgeschlossen vs. Handlung dauert noch an) usw. Und dies vor allem dann, wenn es verschiedene Verbklassen bzw. eine größere Zahl unregelmäßiger Verben gibt, die sich hinsichtlich all dieser Verbformen noch einmal komplett oder teilweise unterscheiden. Selbst für die gängigsten Verben kommen wir in Sprachen wie z. B. dem Französischen oder Russischen auf tausende von Verbformen, die wir regelgerecht anwenden müssen. Da kann man leicht den Überblick verlieren. Oder könnten Sie nach jahrelangem Französischunterricht noch mit Sicherheit sagen, wie die zweite Person Plural des Konditionals von *s'ennuyer* also »ihr würdet euch langweilen« auf Französisch heißt?

Erfreulicherweise gehören jedoch gerade die Wortformen zu den am leichtesten nachzuschlagenden grammatischen Merkmalen. Gute ein- und zweisprachige Wörterbücher bieten im Anhang Konjugationstabellen für die verschiedenen Verbklassen und geben im alphabetischen Hauptteil zu jedem Verb mithilfe einer Referenznummer an, nach welchem Muster sie konjugiert werden. Die Anwendung auf das jeweilige Verb muss dann aber durch Übertragen der richtigen Endung vom Musterverb auf das gerade benutzte Verb von uns selbst vorgenommen werden – was nicht immer fehlerfrei gelingt. Bei anderen Wortklassen, z. B. Substantiven, die in unterschiedliche Deklinationsklassen fallen, wird in den Wörterbüchern meist genauso verfahren. Achten Sie also beim Kauf eines Wörterbuchs darauf, dass dieses auch tabellarische Musterdeklinationen oder -konjugationen enthält. Dies gilt auch für elektronische Wörterbücher. Hier ist allerdings oft aus der Programmbeschreibung nicht zu ersehen, ob solche wichtigen Zusatzinformationen enthalten sind. Im Zweifelsfall sollte man beim Kundenservice des Verlags nachfragen.

Das Nachschlagen wird leichter, wenn wir den Schluss von einem Musterverb oder Mustersubstantiv auf das von uns verwendete Wort nicht selbst vornehmen müssen. Deshalb gibt es auch für einige Sprachen eigene Nachschlagewerke, die zumindest für alle unregelmäßigen Verben eine eigene Konjugationstabelle angeben. Ein Klassiker für das Französische ist z. B. der »Bescherelle L'art de conjuguer«, der mittlerweile unter dem Titel »Bescherelle – La Conjugaison Pour Tous« erscheint. Hier finden wir auf 250 Seiten für alle Konjugationsgrundmuster sowie für alle unregelmäßigen französischen Verben eine übersichtliche Konjugationstabelle und für alle anderen Verben die Angabe, nach welchem Grundmuster sie konjugiert werden.

Noch besser und dabei sogar kostenlos ist das Nachschlagen im Internet. Besonders bequem in der Benutzung ist <http://dict.leo.org>. Man muss nur das entsprechende Verb oder Substantiv in die Suchmaske eingeben und dann auf das Tabellensymbol in der Trefferanzeige klicken. Sofort erhält man die gesamte Konjugations- oder Deklinationstabelle zu genau diesem Suchwort. Wenn Sie hier nicht fündig werden, können Sie auf weitere Quellen im Internet zurückgreifen, z. B. für Französisch auf die Seite <http://la-conjugaison.nouvelobs.com>. Wenn Sie hier ein beliebiges französisches Verb eingeben, generiert die Seite aus ihrer Datenbank von Verben und Endungen automatisch die Konjugationstabelle für genau dieses Verb. Auch hier entfällt das Umdenken von einem Musterverb auf ein Anwendungsverb und damit eine potenzielle Fehlerquelle. Entsprechende Seiten für andere Sprachen finden Sie durch die Eingabe geeigneter Suchbegriffe wie »Verbtabellen«, »Konjugationstabellen« in der betreffenden Sprache.

▶ Ist das der richtige Verbanschluss?
In einigen Sprachen ergeben sich häufig Unsicherheiten mit dem richtigen Anschluss nach Verben, Substantiven oder auch Adjektiven. So kann man im Deutschen die Verben *wagen* und *riskieren* beide sowohl mit einem Akkusativobjekt (*Ich wage/riskiere einen Versuch*) oder mit einem erweiterten Infinitiv mit *zu* konstruieren (*Ich wage/*

riskiere es, einen Versuch zu unternehmen). Die entsprechenden französischen Verben *oser* und *risquer* kann man zwar ebenfalls beide mit einem Akkusativobjekt konstruieren, aber in der Verwendung des Infinitivs gibt es entscheidende Unterschiede: *risquer* kann zwar auch mit einem erweiterten Infinitiv verwendet werden (*risquer de perdre sa vie*), aber nur in der Bedeutung »Gefahr laufen«, nicht in der Bedeutung »wagen«. *Oser* wiederum kann nur mit einem einfachen Infinitiv, also ohne *de* konstruiert werden: *J'ose faire un essai*. Andererseits kann man sich im Deutschen irgendwohin wagen (*Ich wage mich nicht in diese Straße*), aber nicht *riskieren* (*Ich riskiere mich nicht in diese Straße*), während es im Französischen genau umgekehrt ist: *Je ne me risquerais pas dans cette rue*, aber nicht: *Je ne m'oserais pas dans cette rue*. Wie dieses Beispiel zeigt, treten selbst bei sehr ähnlichen Wörtern Konstruktionsunterschiede auf, mit denen man als Lerner nicht rechnet. So überrascht es immer wieder, dass man im Englischen nicht sagen kann *We risk to make a mistake*, sondern nur *We risk making a mistake* oder *We run the risk of making a mistake*.

Was uns im Deutschen als Muttersprachler spontan klar ist, kann also in der Fremdsprache zu Unsicherheiten führen und ist eine bekannte Fehlerquelle. Es ist somit oft sinnvoll, sich zu fragen, welche Konstruktionen ein bestimmtes Verb der Fremdsprache möglich macht (und welche nicht). Über diese Frage gibt ein Typ von grammatischem Nachschlagewerk Auskunft, der den meisten Lernern unbekannt ist: das sog. »Valenzwörterbuch«. Ein Klassiker ist z. B. das »Französische Verblexikon« von Winfried Busse und Jean-Pierre Dubost, das leider nur noch antiquarisch zu erwerben ist, sich aber auch noch in Bibliotheken findet. In einem Valenzwörterbuch wie diesem sind alle Verben alphabetisch aufgeführt und zu jedem Verb alle Konstruktionen angegeben, die es erlaubt, einschließlich der damit verbundenen eventuellen Bedeutungsunterschiede. So finden wir hier z. B. alle Angaben zu den Verben *risquer* und *oser*, die ich oben als Beispiele angeführt habe.

Leider gibt es nur für einige Sprachen diese Art von Nachschlagewerk. Für das Italienische ist das »PONS Wörterbuch der italienischen Verben« von Peter Blumenthal und Giovanni Rovere zu nennen, für das Türkische das »Valenzwörterbuch deutsch-türkisch« von Şeyda Ozil. Auch diese beiden Titel sind nur antiquarisch oder bibliothekarisch zugänglich. Das »Valency Dictionary of English« (de Gruyter) von Thomas Herbst hingegen ist noch im regulären Handel erhältlich. Zu bedenken ist auch, dass Valenzwörterbücher meist von Linguisten erstellt werden und deshalb oft auch wissenschaftliche Terminologie oder spezielle Symbole verwenden, in die man sich erst eindenken muss. Ihre Benutzung ist deshalb eher etwas für Sprachlernerfahrene.

Für alle Sprachen, für die es keine eigenen Valenzwörterbücher gibt, bleibt nichts anderes übrig, als die Konstruktionsweise der Verben mithilfe eines anderen Wörterbuchtyps zu überprüfen. Am ehesten kommt hier ein ausführliches einsprachiges Wörterbuch mit vielen Beispielen in Frage. Allerdings listen diese praktisch nie die möglichen Konstruktionen systematisch auf. Man muss sie vielmehr aus den angeführten Anwendungsbeispielen erschließen.

Neben den bisher genannten Nachschlagemöglichkeiten möchte ich noch auf einen besonderen Typ hinweisen, in dem man manchmal Lösungen für Probleme findet, die man in anderen Quellen nicht finden kann. Er hat keine einheitliche Benennung. Man kann ihn am ehesten als *Schwierigkeiten-Wörterbuch* bezeichnen. Wörterbücher dieses Typs sind wie ein normales Wörterbuch alphabetisch aufgebaut, erfassen aber nur solche Wörter, mit denen spezielle Schwierigkeiten im Sprachgebrauch verbunden sind. Außerdem geben sie zu allen grammatisch relevanten Stichwörtern (wie »Pluralbildung«, »Partizip«, »Passiv«, »Konjunktiv«, »indirekte Rede«, »Steigerung von Adjektiven« usw.) einen kurzen Überblick über die Regeln, wobei auch diese Abschnitte alphabetisch angeordnet und deshalb leicht auffindbar sind (also »indirekte Rede« z. B. unter *I* oder »Adjektivstellung« unter A). Dies macht das Schwierigkeiten-Wörterbuch in vielen Fällen auch zu einer interessanten Alternative zur traditionellen, systematisch aufgebauten Grammatik.

Die Funktion dieses Wörterbuchtyps lässt sich gut an einem Exemplar für das Deutsche zeigen: Der Band 9 der Duden-Reihe, den die wenigsten Deutschen kennen, heißt »Richtiges und gutes Deutsch. Wörterbuch der sprachlichen Zweifelsfälle«. Er enthält auf ca. 1000 Seiten Angaben zu fast allen sprachlichen Zweifelsfällen, die sich speziell für Muttersprachler ergeben, wenn sie richtig reden und schreiben wollen. Durch den alphabetischen Aufbau ist dieses Nachschlagewerk effizienter zu konsultieren als jede Grammatik und enthält ungezählte Informationen, die sich im verbreiteten Rechtschreib-Duden nicht finden oder doch zumindest nicht als Schwierigkeiten thematisiert werden. Hier finden Sie z. B. Antworten auf folgende Fragen:

▶ Lautet die Steigerungsform von *naheliegend naheliegender* oder *näherliegend*? Von *schwerwiegend schwererwiegend* oder *schwerwiegender*? Von *gutaussehend gutaussehendst* oder *bestaussehend*?

▶ Heißt es *Essenmarke* oder *Essensmarke, Essenzeit* oder *Essenszeit, Essenausgabe* oder *Essensausgabe*?

▶ Heißt es *Solche schwere Fehler sind zu vermeiden* oder *Solche schweren Fehler sind zu vermeiden*?

▶ Heißt es *Klaus und du habt Unrecht* oder *Klaus und du haben Unrecht*?

▶ Heißt die Vergangenheitsform von *erschrecken ich bin erschreckt, ich bin erschrocken, ich habe mich erschreckt* oder *ich habe mich erschrocken*?

Der entscheidende Unterschied des Schwierigkeiten-Wörterbuchs zu anderen Nachschlagewerken besteht darin, dass es sich tatsächlich auf Schwierigkeiten konzentriert und dabei auch verbreitete Unsicherheiten und Fehler berücksichtigt. So gibt zwar auch ein normales Wörterbuch an, wie der Plural von *Morgen* lautet, aber im Schwierigkeiten-Wörterbuch wird unter dem Stichwort *Morgen* auch ausdrücklich auf die falsche Form hingewiesen: »Der Plural von *Morgen* heißt *die Morgen* (nicht: *die Morgende*)«. Oder unter dem Stichwort *brauchen* finden wir den Hinweis, dass die Form *bräuchte* (*er sagte, wir bräuchten nicht zu kommen*) eine zwar sehr verbreitete, aber standardsprachlich gesehen nicht korrekte Form von *brauchen* ist (weil *brauchen* ein regelmäßiges Verb ist genauso wie *rauchen* und folglich *wir bräuchten nicht* genauso falsch ist wie *wir räuchten nicht*). Sehr hilfreich sind zum Beispiel auch die Abschnitte über typische Probleme der Orthografie (wie Groß- vs. Kleinschreibung, Getrennt- vs. Zusammenschreibung) oder die Verwendung der einzelnen Satzzeichen, auch diese alphabetisch platziert unter den entsprechenden Stichworten (Punkt, Komma, Semikolon, Doppelpunkt, Bindestrich, Gedankenstrich usw.). Und wer weiß nach der Rechtschreibreform schon noch mit letzter Sicherheit, welche Wörter man im Deutschen getrennt schreiben muss, welche man getrennt schreiben kann und welche auf jeden Fall zusammengeschrieben werden?

Zweifelsfälle wie die soeben genannten kennt sicher fast jeder aus der eigenen Schreibpraxis, schon in der Muttersprache. Früher oder später stoßen wir aber auch als fortgeschrittene Fremdsprachenlerner auf solche Probleme. Während wir Zweifelsfälle beim Sprechen einfach mit einem Lächeln oder Schulterzucken übergehen können, besteht beim Schreiben oft ein Entscheidungszwang. Ein Nachschlagen in einem anderen Nachschlagewerk ist entweder aufwändig oder die Aussichten, fündig zu werden, sind gering. In solchen Fällen helfen Schwierigkeiten-Wörterbücher oft weiter.

Leider gibt es auch hier wieder kein flächendeckendes Angebot für alle Sprachen. Auch das Fehlen einer einheitlichen Benennung und ihr geringer Bekanntheitsgrad macht es oft schwierig, sie aufzuspüren. In Bibliotheken findet man sie meist bei den Nachschlagewerken unter »Vermischtes«. Einige Beispiele für diesen interessanten Typus unter den Nachschlagewerken möchte ich jedoch kurz nennen:

Für das Französische: *Pièges et difficultés de la langue française* von Jean Girodet (Bordas), *Dictionnaire des difficultés et pièges de la langue française* von Daniel Péchoin und Bernard Dauphin (Larousse) oder *L'essentiel des pièges et difficultés de la langue française pour les nuls* von Christine Bolton (Editions First).

Für das Spanische: *Diccionario de incorrecciones, particularidades y curiosidades del lenguaje* von Andres Santamaria und anderen (Paraninfo).

Für das Italienische: *Così si dice (e si scrive) – Dizionario grammaticale e degli usi della lingua italiana* von Giuseppe Pittano (Zanichelli).

Für das Englische ist mir kein unmittelbar vergleichbares Wörterbuch bekannt, das auch grammatische Aspekte systematisch einbezieht. Es gibt aber einige Wörterbücher, die die Grundidee der Spezialisierung auf besondere Schwierigkeiten zumindest für den lexikalischen Bereich übernommen haben und die deshalb nur die »hard words« erklären, so z. B. das *Oxford Essential Dictionary of Difficult Words*. Eine Teilfunktion des klassischen Schwierigkeiten-Wörterbuchs nimmt im Englischen auch das *New Oxford Dictionary for Writers and Editors* wahr, von dem 2014 eine neue Ausgabe erschienen ist. Es wendet sich an alle, die englische Texte schreiben oder redigieren müssen, und behandelt dabei Schwierigkeiten in den Bereichen *spelling, capitalization, hyphenation, proper names, foreign and specialist terms, abbreviations* u. Ä.

Die in diesem Abschnitt vorgestellten Typen von Nachschlagewerken sind, wie Sie beim Lesen sicher bemerkt haben, nur für weit Fortgeschrittene sinnvoll. Gerade ihnen können sie aber an Stellen weiterhelfen, wo andere Nachschlagewerke »mit ihrem Latein am Ende sind«.

20 | 16   Nutzen Sie das Internet als Corpus

Das Internet ist vor allem eines: eine unübersehbar große Menge von Texten in allen möglichen Sprachen. Genau diesen Umstand können wir uns bei der Überprüfung von Formulierungen in der Fremdsprache zunutze machen. Denn auch wenn der Text, den wir gerade in der Fremdsprache produzieren, als ganzer sicher einmalig ist, sind die meisten darin vorkommenden Formulierungen nichts Einzigartiges, sondern Teile des ganz normalen Sprachgebrauchs. Sie müssten sich deshalb auch im Netz tausendfach finden. Es ist somit keine schlechte Strategie, fremdsprachige Formulierungen einfach als solche in die Suchmaschinen einzugeben und festzustellen, ob man dabei fündig wird.

Nehmen wir noch einmal ein Beispiel, das wir weiter oben schon besprochen haben. Sie wollen auf Englisch sagen: *Wenn wir das tun, dann laufen wir Gefahr, einen Fehler zu machen.* Ihnen geht die Formulierung »*We risk to make a mistake*« durch den Kopf, haben aber irgendwie Zweifel, ob das korrektes Englisch ist. Natürlich könnten Sie jetzt ein zweisprachiges oder einsprachiges Wörterbuch benutzen und unter *risk* als Verb nachschlagen. Doch das wäre zum einen relativ zeitaufwändig, weil bei einem so gängigen Wort mit einem ziemlich langen Wörterbuchartikel zu rechnen wäre. Außerdem liefert ein Wörterbuch ja grundsätzlich nur Informationen über Gebrauchsweisen, die *möglich* sind, nicht über solche, die *nicht möglich* sind, und das immer nur anhand einer sehr geringen Zahl konkreter Beispiele. Das heißt: Aus der Tatsache, dass Sie keine vergleichbare Formulierung im Wörterbuch finden, folgt nicht, dass diese Formulierung nicht doch möglich sein könnte.

An dieser Stelle kann die Überprüfung im Internet weiterhelfen. Wenn Sie im Abschnitt 20 | 15 die Ausführungen über den Einsatz von Valenzwörterbüchern gelesen haben, dann kennen Sie bereits eine Möglichkeit, die Verbanschlüsse nach *to risk* zu überprüfen, und wissen auch schon, dass der Satz im Englischen grammatisch so nicht geht. Nun wollen wir prüfen, ob uns das Internet zum gleichen Ergebnis geführt hätte. Dazu geben Sie den fraglichen Satz *We risk to make a mistake* einfach in eine Suchmaschine wie Google ein. Wichtig dabei ist, dass Sie den Satz in Anführungszeichen setzen, denn nur dann wird genau diese Zeichenfolge gesucht und nicht irgendwelche Texte, in denen zufällig alle sechs Wörter an ganz verschiedenen Stellen vorkommen. Die Trefferquote von Google für diese Abfrage lag heute bei fünf. Das ist für so gängige Wörter wie diejenigen in diesem Satz unter den unzählbar vielen Sätzen im Internet ein äußerst geringer Wert. Der Verdacht erhärtet sich somit, dass das kein korrektes Englisch ist. Wenn Sie dennoch Zweifel haben, können Sie zur Sicherheit noch folgende Teilabfrage machen: »We risk« plus »to make a mistake«. Wenn Sie diese beiden Wortgruppen durch die Anführungszeichen so zu zwei getrennten »Strings« zusammenfassen, sucht die Suchmaschine nach Internetseiten, auf denen diese beiden Strings vorhanden sind, nur eben nicht zwingend direkt hintereinander. Mir zeigt Google dafür eine Trefferquote von 491.000 an. Es gab also sozusagen 491.000 Chancen für die beiden Ausdrücke, sich auf einer Internetseite einmal zu dem oben genannten Gesamtausdruck zu verbinden. Dass das nur fünfmal tatsächlich passiert, kann kein Zufall sein. Es kann nur noch daran liegen, dass es im Englischen nicht geht. Und wer sich dann noch fragt, warum denn trotzdem fünf Belege im Internet zu finden sind, kann sich die Mühe machen, die Seiten mit diesen Belegen anzuklicken. Sie führen nach China und zu einer Masterarbeit an der Universität Kiew. Damit dürften dann auch letzte Zweifel verfliegen, dass *we risk to make a mistake* im Englischen nicht geht. Auf die gleiche Weise können Sie ausschließen, dass *we are in the danger to make a mistake* oder (ohne Artikel vor *danger*) *we are in danger to make a mistake* eine Alternative sind. Hier ist die Treffermenge derzeit sogar Null.

Wenn Ihnen nun bei der Suche nach einer richtigen Formulierung die Idee kommt, dass der Anschluss nach *risk* vielleicht, wie so oft im Englischen, eine Form im Gerundium (*gerund*) sein muss, also *We risk making a mistake*, und Sie diese Formulierung im Internet 2700 mal finden, dann spricht dies klar dafür, diese Formulierung vorzuziehen.

Leider sind die Ergebnisse bei der Anwendung der beschriebenen Strategie, das Internet zum Überprüfen von Formulierungen zu nutzen, längst nicht immer so klar wie in diesem Fall. Im Gegenteil: Es besteht grundsätzlich eine nicht unerhebliche Gefahr, Formulierungen als normgerecht zu bestätigen, die es eindeutig nicht sind. Um sich davon zu überzeugen, braucht man nur einmal eine Formulierung in die Suchmaschinen einzugeben, von der man weiß, dass sie eindeutig falsch ist, so z. B. im Englischen Sätze mit Konditional nach *if*-Satz: *if I would have money* oder *if the weather would be fine*. Obwohl wir schon in der Schule gelernt haben, dass dies grundfalsches Englisch ist, werden wir hier im Internet tausendfach fündig. Der Grund sind natürlich die unzähligen Dokumente, die von Nichtmuttersprachlern ungeprüft auf Englisch ins Netz gestellt werden. Aus dem gleichen Grund finden wir im Internet sogar zahlreiche Belege für die Formulierung *to fell a decision* im Sinne von »eine Entscheidung fällen«. Wie schon in Abschnitt

20|10 beschrieben, kann man im Englischen zwar Bäume fällen (*to fell a tree*) aber keine Entscheidungen (*to take a decision*). Fast alle Belege finden sich auf Seiten aus nicht englischsprachigen Ländern, vor allem natürlich aus Deutschland.

Das Risiko, auf falsche Belege zu stoßen und deshalb falsche Schlüsse für den eigenen Text zu ziehen, lässt sich aber auch reduzieren. Eine Möglichkeit ist die gezielte Suche auf Seiten aus Ländern, in denen die Fremdsprache als Landessprache gesprochen wird. Wie schon in Abschnitt 16|5 für die Suche nach fremdsprachigen Texten als Lernmaterial beschrieben, nutzen Sie dazu die *erweiterte Suche* der Suchmaschinen. Bei Google (<*www.google.de/advanced_search*>) können Sie hier z. B. die Suche eingrenzen auf bestimmte Sprachen und vor allem auf bestimmte *Domains* und dadurch auf bestimmte einzelne Länder. Wenn Sie hier Länder auswählen, in denen Ihre Zielsprache Landessprache ist, erhöhen Sie die Chance, auf Texte zu stoßen, die von Muttersprachlern veröffentlicht wurden. Dies ist insbesondere bei solchen Sprachen sinnvoll, die international von vielen Nichtmuttersprachlern benutzt werden, allen voran natürlich Englisch. Eine Alternative ist die Benutzung landesspezifischer Suchmaschinen.

Eine weitere Möglichkeit, verlässlichere Treffer für den Sprachcheck via Internet zu bekommen, besteht darin, statt im gesamten Internet nur in Büchern zu suchen. Denn die Wahrscheinlichkeit, dass sich in veröffentlichten Büchern schwere sprachliche Fehler finden, ist viel geringer als bei beliebigen Internet-Seiten. Hier bietet sich z. B. die Suche in *Google Books* an (<*www.google.de/books*>). Wenn es sich um Formulierungen handelt, die auch in Fachtexten vorkommen, oder wenn Sie gar selbst an einem Fachtext schreiben, ist die Suche in *Google Scholar* sinnvoll (<*http://scholar.google.de*>). Hier sind vor allem wissenschaftliche Publikationen zu finden, nicht nur aus Büchern, sondern auch aus Fachzeitschriften. Die sprachliche Fehlerrate dürfte hier sehr gering sein. Mittlerweile sind in Google Scholar Texte in allen gängigen Fremdsprachen recherchierbar.

Trotz der genannten Möglichkeiten, die sprachliche Zuverlässigkeit der Quellen zu erhöhen, gilt die Grundregel, dass man auf keinen Fall dem Internet-Check blind vertrauen sollte, ganz besonders in einer international so verbreiteten Sprache wie Englisch nicht. Bei Zweifeln sollte man deshalb zusätzlich auf die Methoden der sprachlichen Prüfung zurückgreifen, die ich in den vorausgehenden Abschnitten beschrieben habe. Dabei kann insbesondere eine Überprüfung in <*www.linguee.de*> sinnvoll sein. Dieses Portal habe ich in Abschnitt 19|8 (»Reagieren Sie auf echte Lücken im Wörterbuch mit der richtigen Strategie«) näher beschrieben. Es ist hilfreich, weil ein beachtlicher Teil der zugrunde liegenden Textdatenbank auf veröffentlichten und geprüften Übersetzungen beruht, aber auch weil man hier zusätzlich von den deutschsprachigen Entsprechungen ausgehend suchen kann. Im oben genannten Beispielfall finden wir hier zwar nicht »*we risk making a mistake*«, aber wenn wir nur »*we risk*« eingeben, finden wir zahlreiche Formulierungen mit Gerundium wie *we risk falling behind, we risk ignoring the fact, we risk facing climate injustice* usw. Die dazu angegebenen Übersetzungen bestätigen, dass diese Formulierungen auch den von uns intendierten Sinn von »Gefahr laufen« abdecken. Statt auf <www.linguee.de> kann man natürlich auch auf andere Quellen im Internet zurückgreifen, die erklärtermaßen nur belegte Formulierungen auflisten, für Englisch z. B. auf die Seite <http://sentence.yourdictionary.com/bump>, die lange Listen von Formulierungen zu jedem Eintrag präsentiert. Auch hier hätten wir nur Beispiele mit Gerundium nach *risk* gefunden.

Halten wir also fest, dass es zwar grundsätzlich eine gute Idee ist, bei Formulierungszweifeln einen Internetcheck durchzuführen, um einen ersten Eindruck von der Akzeptabilität und dem Verbreitungsgrad von Formulierungen zu gewinnen, dass aber in der Regel Gegenchecks auf Seiten mit sprachlich kontrolliertem Inhalt notwendig sind, um sicher zu gehen, dass man nicht in die bekannte »Im-Internet-gibt's-alles-Falle« tappt.

20 | 17 Sorgen Sie für viel Schreibpraxis

Die Mühen des Schreibens veranlassen viele Menschen, es nur dann zu tun, wenn es unvermeidbar ist. Wenn der Erwerb von Schreibkompetenz in der Fremdsprache zu Ihren Lernzielen gehört, dann sollten Sie dieses Verhalten nicht auf die Fremdsprache übertragen. Fangen Sie nicht erst dann an, sich mit dem Schreiben zu befassen, wenn es unvermeidbar ist, z. B. weil Ihre Studienabschlussarbeit in der Fremdsprache verfasst werden muss oder weil Sie plötzlich in eine Abteilung Ihres Unternehmens versetzt werden, in der fremdsprachige Texte von Ihnen erwartet werden. Sinnvoller ist es, sich auch vorher schon schreibend in der Fremdsprache zu betätigen. Hier ein paar Vorschläge, wie Sie selbst Anlässe dafür schaffen können.

▶ Schreiben Sie E-Mails an Ihren Tandempartner.
E-Mails sind vermutlich der heute am weitesten verbreitete schriftliche Texttyp. Viele Berufstätige müssen täglich dutzende schreiben, manche sogar hunderte. Auch wenn das Schreiben von E-Mails sich im Moment bei Ihnen noch auf die Muttersprache beschränkt, sollten Sie nach Gelegenheiten suchen, es auch in der Fremdsprache zu tun. Eine Möglichkeit ist eine E-Mail-Tandem-Partnerschaft, wie ich sie bereits in Abschnitt 5|5 empfohlen habe. Vereinbaren Sie mit Ihrem E-Mail-Partner eine bestimmte Mailfrequenz (z. B. zweimal pro Woche) und versuchen Sie, diese Frequenz auch einzuhalten. Sie können sich z. B. gegenseitig schriftlich mitteilen, was Sie erlebt haben, oder auch speziellere Themen vereinbaren. Wenn Sie kein Freund der elektronischen Kommunikation sind, hält Sie natürlich nichts davon ab, auf das gute alte Medium des Briefes zurückzugreifen. Es kann sich sehr gut anfühlen, mit einem guten Tintenfederhalter ein edles Stück Briefpapier zu beschreiben. Probieren Sie es einfach mal wieder aus.

▶ Schreiben Sie einen Blog.

Blog ist eine die Kurzform des Wortes »Weblog«, also ein Tagebuch (log), das nicht auf Papier geführt wird und in irgendeiner versteckten Schreibtischschublade sein Dasein fristet, sondern das elektronisch im Internet (Web) platziert wird. Dies können Sie zwar auch in Eigenregie auf einem eigenen, gemieteten oder mitgenutzten Server tun. Wesentlich einfacher ist es jedoch, eine bereits vorhandene Plattform für Blogs zu benutzen wie z. B. *Blogger.com*, *WordPress* oder *Trumble*. Dabei handelt es sich zwar um kommerzielle Anbieter, das Anlegen und Betreiben eines Blogs ist aber kostenlos. Außerdem benötigen Sie in diesem Fall keinerlei EDV-Kenntnisse, sondern können nach der Registrierung gleich loslegen.

Wenn Sie noch kein Blog-Leser sind, sollten Sie sich zunächst einmal ein paar der unzähligen Blogs im Internet ansehen, bevor Sie einen eigenen anlegen. Am besten suchen Sie gleich nach Blogs zu Themen, die Sie interessieren, z. B. über und in der Fremdsprache, die Sie lernen wollen, oder zu Ihrem Hobby. Spezielle Blog-Suchmaschinen helfen dabei, entsprechende Blogs zu finden (z. B. <www.blogsearchengine.org> oder <www.icerocket.com>). Stöbern Sie einfach einmal auf den Blog-Seiten anderer Leute und lassen Sie sich inspirieren. Vielleicht entsteht so ja auch bei Ihnen die Lust, es einmal mit einem solchen Blog zu probieren.

Das Schreiben eines Blogs bietet viele Optionen: Sie können schreiben, wann Sie wollen, wie viel Sie wollen und worüber Sie wollen. Der besondere Reiz von Blogs im Internet besteht darin, dass Sie sie einer von Ihnen festgelegten Öffentlichkeit zugänglich machen können (aber nicht müssen) und dadurch Kommentare erhalten. Sie können z. B. nur geladenen Nutzern das Lesen Ihrer Seiten erlauben, die dazu von Ihnen eigens freigeschaltet werden müssen, oder auch den Zugang ganz öffentlich machen. Dass Sie in einer Sprache schreiben, die für Sie eine Fremdsprache ist, sollten Sie dabei sinnvollerweise gleich kundtun (am besten im sog. »Blog-Profil«). Wenn Sie auch um sprachliche Kommentare oder sogar Korrekturen bitten, bekommen Sie möglicherweise ein Feedback, das Sie sprachlich weiterbringt. Erfahrungsgemäß sind es aber vor allem die inhaltlichen Kommentare, die den Reiz eines Blogs ausmachen. Dass Sie bei allem, was Sie in Ihrem Blog von sich preisgeben, bedenken werden, dass Daten im Internet grundsätzlich der eigenen Verfügungsgewalt ein Stück weit entzogen sind und auch missbraucht werden können, ist Ihnen sicherlich nach all den Diskussionen über Datenschutz nicht neu. Doch dies muss ja auch bei fast jeder anderen Internetnutzung bedacht werden.

▶ Schreiben Sie in sozialen Netzen.

Trotz aller Bedenken von Datenschützern nutzen heute mehr als eine Milliarde Menschen soziale Netze wie Facebook. Hier ergibt sich somit ein weiteres großes Anwendungsgebiet für das fremdsprachliche Schreiben. Warum nicht Statusmeldungen auch einmal in der Fremdsprache schreiben? Oder warum nicht gleich das ganze Profil? Oder ein zweites Profil in der Fremdsprache anlegen, sich mit anderen vernetzen, die auch nach Gelegenheiten suchen, die Fremdsprache zu praktizieren? Mit etwas Geschick gelingt es vielleicht, auch Muttersprachler zu »Followern« zu machen und so Anlässe für authentische Kommunikation in der Fremdsprache auf deren Seiten zu schaffen. Durch die ziemlich zwanglose Art der Kommunikation in den meisten sozialen Netzen liegt die Hürde für das Schreiben in der Fremdsprache niedrig.

Eine Alternative zu den sozialen Netzen sind Diskussionsforen und Chatrooms. Darunter gibt es einige, die speziell für Fremdsprachenlerner angeboten werden, z. B. auf der Seite <*www.mylanguageexchange.com*>. Hier kann man Chat-Partner für mehr als 100 Sprachen suchen. Trotzdem braucht man sicher ein bisschen Glück, um einen wirklich ergiebigen Kontakt herzustellen. Frühere Chatroom-Erfahrungen sind dabei sicher hilfreich.

20 | 18   Sorgen Sie für ausreichendes Feedback auf Ihre Textentwürfe

Auch wenn wir alle Strategien zum Erkennen und Beheben von Defiziten in eigenen Texten systematisch einsetzen, werden wir sicher nicht alle Fehler selbst erkennen und beseitigen können. Wir brauchen also ein Feedback von anderen. Im Kapitel über das Sprechen habe ich mit Blick auf das »schriftliche Probesprechen« bereits Quellen für das Feedback genannt und Tipps gegeben, wie wir diese Quellen nutzen: Das Feedback kann vom Lehrer kommen (s. Abschnitt 19|9) oder auch vom Tandempartner oder einem anderen Muttersprachler (s. Abschnitt 19|10). Alle dort für das schriftliche Probesprechen gegebenen Empfehlungen gelten gleichermaßen auch für die authentische schriftliche Kommunikation, wie ich sie in diesem Teil behandele. Ich empfehle deshalb, zunächst noch einmal die Tipps in den genannten Abschnitten nachzulesen. Für Texte mit authentischer kommunikativer Funktion in realen Kommunikationssituationen sind aber noch einige weitere Dinge zu beachten, wenn Sie ein brauchbares Feedback erhalten wollen. Auf diese möchte ich im Folgenden eingehen.

Der wichtigste Unterschied zwischen dem Schreiben zu Übungszwecken und dem Schreiben für authentische schriftliche Kommunikation besteht darin, dass Sie im letzten Fall in der Regel auch an einem rein inhaltlichen Feedback interessiert sind. Dieses ist von einem rein sprachlichen Feedback deutlich zu trennen. Zum einen, weil die meisten Probeleser damit überfordert sind, sich in einem einzigen Lesedurchgang gleichermaßen auf inhaltliche wie auf sprachliche Aspekte zu konzentrieren. Und zum anderen weil für ein inhaltliches Feedback auch Nichtmuttersprachler, für ein rundum qualifiziertes sprachliches Feedback aber sinnvollerweise nur Muttersprachler in Frage kommen. Hinzu kommt noch, dass sich die Menschen ohnehin stark unterscheiden hinsichtlich ihrer Fähigkeiten, Texte kritisch zu lesen und Mängel festzustellen – von der unterschiedlichen Bereitschaft, sich überhaupt zu engagieren einmal ganz abgesehen. Es gilt also einiges zu bedenken, wenn man ein qualifiziertes Feedback auf eigene Texte erhalten will. Dies ist schon in der Muttersprache so, erst recht aber in der Fremdsprache. Deshalb im Folgenden eine Reihe von Empfehlungen, wie Sie möglichst gute Voraussetzungen für ein wertvolles Feedback schaffen.

▶ Formulieren Sie einen konkreten Auftrag für Ihren Probeleser.

Beim kritischen Lesen eines Textes kann man sich in der Regel nicht auf alle Aspekte gleichermaßen konzentrieren. Das gilt auch für Ihren Probeleser. Es ist deshalb sinnvoll, dessen Aufmerksamkeit von vornherein auf bestimmte Aspekte zu lenken. Dabei sollten Sie sich zunächst zwischen Ihrem Wunsch nach einem inhaltlichen und einem sprachlichen Feedback entscheiden und dann möglicherweise innerhalb dieses Schwerpunktes noch einmal nach Einzelaspekten, z. B. solchen, bei denen Sie noch die meisten Unsicherheiten haben oder aus früheren Erfahrungen heraus die meisten Mängel vermuten.

Wenn es um den Inhalt der Arbeit geht, formulieren Sie den Auftrag an Ihren Probeleser am besten in Form konkreter Fragen. Diese könnten z. B. lauten: Findest du den Aufbau des Textes schlüssig? Wird deiner Meinung nach klar, worum es mir geht? Vermisst du etwas? Ist etwas aus deiner Sicht überflüssig? usw. Wenn es aber um ein rein fremdsprachliches Feedback geht, sollte man mit einer möglichst allgemeinen Aufforderung arbeiten, damit alle möglichen sprachlichen Mängel sichtbar werden. Die Aufforderung könnte z. B. lauten: »Könntest du alles markieren, was dir als Muttersprachler sprachlich in meinem Text nicht richtig oder nicht angemessen formuliert erscheint, egal aus welchen Gründen?« Um zu verhindern, dass der Probeleser von inhaltlichen Aspekten abgelenkt wird, kann es sogar ratsam sein, folgende Aufforderung hinzuzufügen: »Bitte achte nicht weiter auf den Inhalt, sondern nur auf die sprachliche Form.«

Wenn Sie bereits sehr sicher im Gebrauch der Fremdsprache sind und nicht mit größeren Mängeln rechnen müssen, kann es natürlich sinnvoll sein, die Aufmerksamkeit des Probelesers auf bestimmte Aspekte zu lenken, bei denen Sie noch am ehesten Probleme vermuten: »Könntest du meinen Text noch mal speziell unter dem Gesichtspunkt durchsehen, ob alle Sätze richtig gebaut sind?« oder »Könntest du dir meinen Text noch mal speziell unter dem Gesichtspunkt der Rechtschreibung und der Zeichensetzung ansehen?« oder ähnliche Aufforderungen, auf spezielle Aspekte zu achten.

Wenn es sich bei Ihrem Text um einen Fachtext handelt, kann es u. U. wichtig sein, ein spezielles Feedback auf die Verwendung der Fachsprache zu erhalten. Der Arbeitsauftrag könnte dementsprechend lauten: »Achte doch bitte mal speziell darauf, ob ich mich überall fachlich richtig ausgedrückt habe und markiere alle Stellen, wo das nicht der Fall ist, egal aus welchem Grund«. Hier ist allerdings zu bedenken, dass ein durchschnittlicher Muttersprachensprecher dieses Feedback nicht geben kann. Sie brauchen dafür jemanden, der selbst Experte ist. Im Einzelfall kann es sogar sein, dass ein Experte, der nicht Muttersprachler ist, Ihnen ein besseres Feedback zu dieser Frage geben kann als ein Muttersprachler, der kein Experte ist.

Was in der Regel nicht zu zuverlässigem Feedback führt, ist eine Aufforderung wie: »Könntest du dir meinen Text noch mal durchlesen, ob alles so in Ordnung ist oder ob ich noch was ändern sollte?« Denn hier wird der Angesprochene ganz nach Gefühl und Wellenschlag entscheiden, wie gründlich er liest, worauf er achtet und worauf nicht.

▶ Halten Sie den Aufwand für Ihre Probeleser so gering wie möglich.
Wenn Ihnen weder ein Lehrer noch ein Tandempartner für ein Feedback zur Verfügung steht und Sie deshalb ganz auf den wohlwollenden Muttersprachler angewiesen sind, der Ihnen einen Gefallen tun möchte, dann halten Sie den Aufwand für diesen wenigstens so gering wie möglich. Sonst ist die Gefahr groß, dass er seinen Aufwand selbst reduziert, indem er Ihren Text nicht besonders gründlich liest. Und ein unverbindlich-oberflächliches Feedback nach dem Motto »Passt schon« wird Ihnen wenig nützen.

Eine einfache Methode, den Aufwand zu reduzieren, besteht in folgendem Vorgehen: Lassen Sie den Probeleser inhaltliche Mängel im Text zwar markieren, aber keine Begründungen schriftlich notieren, denn das erhöht den Zeitaufwand erheblich. Nehmen Sie das Feedback lieber mündlich entgegen, sobald der Probeleser Ihren Text gelesen hat. Ausgehend von den Markierungen im Text, z. B. der geschlängelten Linie am Rand eines Absatzes, können Sie dann nachfragen, was dem Probeleser an diesem Absatz nicht gefallen hat. Im Dialog kann man außerdem manches klären, was selbst bei einem längeren Kommentar am Rande noch Fragen offen gelassen hätte.

Auch bei sprachlichen Korrekturen gilt: den Aufwand so gering wie möglich halten. Besteht die Korrektur nur darin, eine falsche Wortform durch die richtige zu ersetzen oder eine notwendige Änderung in der Wortstellung vorzunehmen, so kann diese gleich im Text festgehalten werden. Klingt aber eine bestimmte Textpassage einfach nicht gut in der Fremdsprache, dann sollte der Probeleser nicht in die Pflicht genommen werden, gleich eine komplette Umformulierung vorzunehmen. Hier sollte sich seine Aufgabe zunächst darauf beschränken, die unglücklich formulierte Textpassage zu markieren und so für das spätere Gespräch mit Ihnen vorzumerken. Sie können dann ggf. gemeinsam nach einer besseren Formulierung suchen. Auf keinen Fall sollten Sie den Probeleser dazu »verdonnern«, Ihnen Begründungen dafür zu liefern, warum etwas falsch ist oder nicht gut klingt. Sein Urteil als Muttersprachler gilt es zu akzeptieren. Wenn Sie dennoch Zweifel an seinem Urteil haben, holen Sie einfach eine zweite Meinung von einem anderen Muttersprachler ein.

Wenn ein persönliches Treffen nicht möglich ist, z. B. weil Sie mit einem E-Mail-Tandem-Partner arbeiten, muss trotzdem nicht der Weg über zeitraubende schriftliche Kommentare gewählt werden. Man kann sich z. B. auch zu einem Feedback-Telefonat verabreden. In diesem Fall ist es allerdings sinnvoll, dass man mit identischen Ausdrucken des Textes arbeitet und diese möglichst vorab schon mit automatischen Zeilennummern versehen hat (eine Funktion in allen gängigen Textverarbeitungsprogrammen). So wird das Auffinden von Textstellen wesentlich erleichtert.

Scheidet auch eine solche »telefonische Redaktionskonferenz« aus, bleibt immer noch die Möglichkeit, die Kommentare mündlich aufzuzeichnen und sich diese dann zuzusenden. Ihr Probeleser sollte dazu einfach an allen Textstellen, zu denen es etwas zu sagen gibt, eine fortlaufende Nummerierung anfügen und seine Kommentare unter Angabe der jeweiligen Textstelle auf Tonträger sprechen, z. B. mithilfe eines Handys oder Voice-Recorders. Die so entstehende Audiodatei mit den Kommentaren kann dann als E-Mail-Anhang leicht an den jeweiligen E-Mail-Partner weitergeleitet werden.

▶ Wählen Sie bewusst zwischen einem Feedback in Papierform und in elektronischer Form.

Egal, wem Sie Ihren Text zum Probelesen vorlegen, Sie müssen immer entscheiden, ob Sie dies in elektronischer Form tun, also die Textdatei zur Verfügung stellen, oder doch lieber die Papierversion, also einen Ausdruck.

Es gibt zahlreiche Hinweise darauf, dass Mängel im Text eher erkannt werden, wenn wir den Text in gedruckter Form vor uns liegen haben. Deshalb drucken sich viele erfahrene Schreiber ihren Text spätestens zum Korrekturlesen aus. Manche tun dies aber auch schon in wesentlich früheren Phasen des Revisionsprozesses. Es spricht also einiges dafür, auch Ihrem Probeleser den Text als Ausdruck vorzulegen. Damit entfällt dann aber auf der anderen Seite die Möglichkeit, die Überarbeitungs- und die Kommentarfunktion Ihrer Textverarbeitung zu nutzen. Sie können also z. B. Änderungsvorschläge, die Ihnen einleuchten, nicht einfach mit einem Klick übernehmen. Es ist deshalb im Einzelfall sorgfältig abzuwägen, in welcher Form Sie den Text zum Probelesen vorlegen.

Dazu der folgende konkrete Vorschlag: Fragen Sie Ihren Probeleser zunächst, ob er von sich aus die elektronische oder die Papierform bevorzugt. Die Antwort wird von seinen eigenen Korrekturgewohnheiten abhängen und die sollten Sie respektieren. Denn sein Feedback wird in der Regel umso reichhaltiger sein, je eher der Probeleser seine eigenen Korrektur-Routinen ins Spiel bringen kann.

Hat der Probeleser keine Präferenz, sollten Sie ihm den Text als Ausdruck vorlegen, allerdings mit ausreichend großem Zeilenabstand und Rand für Markierungen und ggf. kurze Notizen als Erinnerungshilfen für das spätere Gespräch. Nur dann, wenn der Probeleser ganz konkrete Änderungen am Text bis in die Formulierung hinein machen möchte, sollten Sie mit der elektronischen Textfassung arbeiten. Denn in diesem Fall können Sie die Änderungsvorschläge per Mausklick annehmen oder ablehnen. Für Ihren fremdsprachlichen Lernprozess wird aber unabhängig von dem verwendeten Medium das Gespräch über die Korrekturen von besonderem Wert sein und sollte deshalb, wann immer möglich, geführt werden.

▶ Nehmen Sie auch negatives Feedback gelassen hin und drängen Sie nicht auf Rechtfertigungen.
Nehmen Sie das Feedback eines Probelesers immer offen entgegen, auch wenn es kritisch ist und auch wenn Sie die Einschätzung nicht teilen. Bei den sprachlichen Korrekturen mag das vielen noch leichter fallen, vor allem, wenn das Feedback von einem Muttersprachler kommt. Aber gerade die Unangreifbarkeit des Muttersprachlers in sprachlicher Hinsicht verleitet Textautoren manchmal dazu, umso widerspruchsbereiter auf inhaltliche Kritik zu reagieren. Machen Sie sich dennoch den Grundsatz zu eigen, jedes Feedback anzunehmen und in Ruhe zu würdigen. Auf keinen Fall sollten Sie sich zu umfangreichen Verteidigungen oder Rechtfertigungen Ihres Textes verleiten lassen oder sich in verbissenen Diskussionen mit Ihrem Probeleser verzetteln. Denn das bringt Sie bei der Arbeit an Ihrem Text nicht weiter und mindert zudem noch seine Bereitschaft, weitere Texte von Ihnen zu lesen. Hören Sie sich das Feedback deshalb möglichst neutral an, stellen Sie nur Rückfragen zum besseren Verständnis, zwingen Sie den Probeleser nicht, sich seinerseits für eventuelle kritische Einschätzungen zu rechtfertigen und verkünden Sie nicht, welche Verbesserungsvorschläge Sie annehmen werden und welche nicht. Dazu besteht schließlich auch nicht die geringste Veranlassung. Denn die Entscheidung darüber, welche Korrekturen und welche Kritik Sie annehmen, bleibt letztlich immer Ihnen überlassen.

SCHLUSSWORT

Mit den Empfehlungen zum Schreiben für fortgeschrittene Fremdsprachenlerner im vorausgehenden Kapitel schließt sich der Kreis meiner Ratschläge für ein ›Fremdsprachenlernen mit System‹. Es waren mehr als tausend solcher Ratschläge, die ich Ihnen in diesem Buch angeboten habe, verteilt auf 201 Abschnitte in 20 Hauptkapiteln, zu praktisch allen Aspekten des Fremdsprachenlernens.

Erklärtes Ziel dabei war es, Sie zu einem selbstbestimmten, autonomen Fremdsprachenlerner zu machen, der über ein breites Repertoire an fundierten Lernstrategien verfügt, diese seinen Zielen und Bedürfnissen entsprechend einsetzt und sein Fremdsprachenlernen auf diese Weise insgesamt reflektierter, effizienter und letztlich erfolgreicher gestaltet.

Als Autor, der viele Jahre darauf verwendet hat, die in diesem Buch vorgestellten Strategien zu sichten, ihre wissenschaftliche Fundierung zu prüfen, eigene wie fremde Erfahrungen in ihrer praktischen Anwendung zu erkunden und sie schließlich hier in Form verständlicher, konkreter Handlungsempfehlungen zusammenzutragen, würde ich mich glücklich schätzen, wenn ich bei möglichst vielen Lesern dieses Ziel erreicht hätte.

Nicht alles, was man lernen möchte, ist über ein Buch zu vermitteln. Ich biete deshalb auch Seminare an, in denen ich die besten Strategien für die Interessen und Bedürfnisse der jeweiligen Teilnehmergruppen aufbereite, Gelegenheit gebe, sie gleich praktisch für die eigene Zielsprache zu erproben und sich anschließend mit den anderen Teilnehmern über die dabei gemachten Erfahrungen auszutauschen. Die Unmittelbarkeit des praktischen Trainings und des interaktiven Austauschs in einem Seminar kann erheblich dazu beitragen, noch versierter in der Auswahl und Anwendung individuell wirksamer Strategien zu werden und dabei sein optimales persönliches Fremdsprachenlernprofil zu entwickeln.

Ansonsten bleibt mir nur, Sie an das zu erinnern, was am meisten hilft: Weiterlernen, und an das, was am meisten Spaß macht: die Erfolge des Lernens in der Kommunikation mit anderen Menschen genießen!

ANHANG

Alltagsenglisch (zu Abschnitt 2|4, Seite 29)

Womit hab ich das verdient?	What have I done to deserve this?
Das lasse ich mir nicht bieten!	I won't have it!
Ich hatte mich verhört.	I had misheard.
Er versteht keinen Spaß.	He can't take a joke.
Da haben wir die Bescherung!	That's done it!
Jetzt wir sind quitt.	Now we're quits.
I hätte beinahe meinen Kaffee verschüttet.	I almost spilled my coffee.
Ich zeig Sie an!	I will report you to the police.
Und ob ich mich an dich erinnere!	You bet I remember you!
Ich Dummkopf!	Silly me! Stupid me!
Wie steht es? – 2 : 0	What's the score? Two nil.
Er zuckte nur mit den Achseln.	He just shrugged his shoulders.
Ich werde daraus nicht schlau.	I can't make head or tail of it.
Vorsicht! Stoß dir nicht den Kopf!	Careful – don't bump your head.
Auf wie viel Uhr soll ich den Wecker stellen?	What time shall I set the alarm clock for?
Das war Pech.	That was bad luck.
Auf Deinen neuen Job! Prost!	Here's to your new job! Cheers!
Hau ab!	Beat it! Get lost!

Übung zum potenziellen Wortschatz (zu Abschnitt 9|18, Seite 241)

puntual	*pünktlich*	impuntual	*unpünktlich*
puntualidad	*Pünktlichkeit*	impuntualidad	*Unpünktlichkeit*
creíble	*glaubwürdig*	increíble	*unglaubwürdig*
credibilidad	*Glaubwürdigkeit*	incredibilidad	*Unglaubwürdigkeit*
legal	*legal*	ilegal	*illegal*
legalidad	*Legalität*	ilegalidad	*Illegalität*
útil	*nützlich*	inútil	*unnütz*
utilidad	*Nützlichkeit*	inutilidad	*Nutzlosigkeit*
tranquilo	*ruhig*	intranquilo	*unruhig*

tranquilidad	Ruhe	intranquilidad	Unruhe
parcial	parteiisch	imparcial	unparteiisch
parcialidad	Parteilichkeit	imparcialidad	Unparteilichkeit
permeable	durchlässig	impermeable	undurchlässig
permeabilidad	Durchlässigkeit	impermeabilidad	Undurchlässigkeit
moral	moralisch	inmoral	unmoralisch
moralidad	Sittlichkeit, Moral	inmoralidad	Unsittlichkeit
móvil	beweglich	inmóvil	unbeweglich
movilidad	Beweglichkeit	inmovilidad	Unbeweglichkeit
cómodo	bequem	incómodo	unbequem
comodidad	Bequemlichkeit	incomodidad	Unbequemlichkeit

Wörter mit *proof* (zu Abschnitt 9|19, Seite 244)

rainproof	regendicht
rustproof	rostfrei, rostbeständig
shockproof	stoßfest, stoßsicher
airproof	luftdicht, luftbeständig
bombproof	bombenfest, bombensicher
bulletproof	kugelsicher
burglarproof	einbruchsicher
childproof	kindersicher
earthquake-proof	erdbebensicher
fireproof	feuerfest
crease-proof	knitterfrei
foolproof	narrensicher
kissproof	kussecht, kussfest
lightproof	lichtundurchlässig
shatterproof	bruchsicher, splitterfrei
soundproof	schalldicht
weatherproof	wetterfest

Wunschwortschatz (zu Abschnitt 13|3, Seite 321)

Das Ergebnis des Wunschwortschatz-Tests werten Sie wie folgt aus: Ermitteln Sie die Zahl der Wörter, die Sie in Tabelle 13 mit einem Kreuz versehen haben und multiplizieren Sie diese dann mit 1200. Das Ergebnis zeigt Ihnen Ihren ungefähren Wunschwortschatz an. Es ist berechnet auf der Grundlage einer Zufallsauswahl von Wörtern aus einem großen deutschen Lexikon (*Wahrig Deutsches Wörterbuch*) in Relation zum erfassten Gesamtwortschatz in diesem Wörterbuch im Umfang von knapp 100.000 Stichwörtern. Da Sie vermutlich auch noch Äquivalente in der Fremdsprache zu einzelnen deutschen Wörtern benötigen, die nicht in *Wahrig Deutsches Wörterbuch* erfasst sind (z. B. Fachwörter aus Ihrem beruflichen Umfeld), liegt der Wert für Ihren Wunschwortschatz möglicherweise sogar noch höher.

Ich habe schon sehr viele Lerner diese Selbsteinschätzung vornehmen lassen. Das Ergebnis liegt meist irgendwo zwischen 30.000 und 50.000 Wörtern. Es liegt damit in der Regel um ein Mehrfaches über dem, was an realem Wortschatz vorhanden ist, sowohl rezeptiv wie produktiv. Dieses Ergebnis zeigt, dass wir uns eigentlich in der Fremdsprache einen sehr viel größeren Wortschatz wünschen als den, den wir im Zuge unserer normalen Lernbemühungen tatsächlich erwerben.

Und das ist auch nicht verwunderlich: Eigentlich möchten wir in der Fremdsprache nämlich keine allzu großen Abstriche von unserer Ausdrucksfähigkeit machen, über die wir in der Muttersprache verfügen. Dabei sind typische Wortverbindungen, idiomatische Ausdrücke und Redewendungen in diesem Schnelltest nicht einmal berücksichtigt. Sie kämen bei einer differenzierteren Berechnung noch in großer Zahl hinzu.

Daraus folgt zweierlei: Zum einen, dass wir dem Wortschatzlernen von Anfang an große Bedeutung im Lernprozess beimessen sollten. Und zum anderen, dass wir Strategien brauchen, um auch mit einem begrenzten Wortschatz in der Fremdsprache auszukommen, denn es wird Jahre dauern, bis wir unseren Wunschwortschatz in der Fremdsprache in dem ermittelten Umfang zur Verfügung haben. Näheres zum Wortschatzlernen finden Sie in den einzelnen Abschnitten von Kapitel 13, aber auch an vielen anderen Stellen in diesem Buch.

Anmerkungen

1. Statistisches Bundesamt (2014): Bildung und Kultur, allgemeinbildende Schulen. Schuljahr 2013/14. Wiebaden: Statistisches Bundesamt.

2. Institut für Demoskopie Allensbach (Juli 2012): Anzahl der Personen mit Fremdsprachenkenntnissen von 2007 bis 2012 (in Millionen). Statista. Zugriff am 05. November 2014. Verfügbar unter <http://de.statista.com/statistik/daten/studie/170895/umfrage/personen-mit-fremdsprachenkenntnissen>

3. Institut für Demoskopie Allensbach (Juli 2014): Bevölkerung in Deutschland nach Einschätzung zu den eigenen Englischkenntnissen von 2012 bis 2014 (in Millionen). Statista. Zugriff am 05. November 2014. Verfügbar unter <http://de.statista.com/statistik/daten/studie/170896/umfrage/einschaetzung-zu-eigenen-englischkenntnissen>

4. Institut für Demoskopie Allensbach (Juli 2014): Bevölkerung in Deutschland nach Einschätzung der eigenen Französischkenntnisse von 2012 bis 2014 (in Millionen). Statista. Zugriff am 05. November 2014. Verfügbar unter <http://de.statista.com/statistik/daten/studie/170897/umfrage/einschaetzung-zu-eigenen-franzoesischkenntnissen>

5. Eurostat. September 2009. Durchschnittliche Anzahl der erlernten Fremdsprachen pro Schüler der Sekundarstufe II in den EU-Ländern im Jahr 2006. Statista. Zugriff am 05. November 2014. Verfügbar unter <http://de.statista.com/statistik/daten/studie/3458/umfrage/erlernte-fremdsprachen-pro-schueler-in-den-eu-laendern>

6. Eurostat. Mai 2014. Anzahl der pro Schüler erlernten Fremdsprachen in Deutschland und der EU-27 von 1998 bis 2012. Statista. Zugriff am 05. November 2014. Verfügbar unter <http://de.statista.com/statistik/daten/studie/161312/umfrage/anzahl-der-pro-schueler-erlernten-fremdsprachen-in-deutschland-und-der-eu>

7. Spiegel. September 2008. Anteil der Studenten in europäischen Ländern, der zwei Fremdsprachen fließend sprechen kann. Statista. Zugriff am 05. November 2014. Verfügbar unter <http://de.statista.com/statistik/daten/studie/1909/umfrage/europaeische-studenten-die-zwei-fremdsprachen-sprechen>

8. Siegrist, O.K. (2003): Wörterbuch der englischen Falschaussprachen durch Deutschsprachige. Heidelberg: Winter.

9. Arthur, B. / Weiner, R. / Culver, M. / Lee, Y.J. / Thomas, D. (1980): The register of impersonal discourse to foreigners: verbal adjustments to foreign accent, in: Larsen-Freeman, D. (ed.): Discourse analysis in second language research, Rowley, Mass.: Newbury House, 111-124.

10. Der Satz stimmt aus M. Hutz / K. Khairi-Taraki (2008): Praktische Grammatik der englischen Sprache, Wilhelmsfeld: Gottfried Egert Verlag, S.205.

11. <www.coe.int/t/dg4/education/elp/elp-reg/Source/Key_reference/exampleswriting_EN.pdf> (5.11.2014)

12. Es handelt sich überwiegend um leicht abgewandelte Beispielsätze aus: Langenscheidt Grundwortschatz Englisch.

Danksagung

Dieses Buch wäre nicht möglich gewesen ohne die wertvolle Unterstützung einer Reihe wichtiger Helferinnen und Helfer.

Frau Dr. Imme Kuchenbrandt, Universität Wuppertal, hat mit großer Sorgfalt mein Manuskript durchgesehen und mich in vielen fachlichen Fragen kompetent beraten.

Lisa Nehls, Fremdsprachenzentrum der Hochschulen im Land Bremen, hat meine englischen Beispiele aus muttersprachlicher Sicht geprüft.

Marina Arend-Nijnikova hat mich mit beharrlichen Recherchen im Internet auf zahlreiche nützliche Seiten aufmerksam gemacht.

Ein herzliches Dankeschön geht auch an Brigitte Gröning, die meiner Familie so flexibel und zuverlässig bei der Kinderbetreuung geholfen hat.

Anne und Carolin haben unermüdlich Korrektur gelesen und viele wertvolle Anregungen für die Verständlichkeit des Textes gegeben.

Das Buch ist meinen Kindern und meiner Frau Carolin gewidmet, die mir trotz vieler eigener Projekte immer zur Seite stand.

Hans P. Krings, im Juni 2016

KENNEN WIR UNS SCHON?

Der **Buske Verlag** hat Bücher zu rund **80 Fremdsprachen** im Programm:

- Lehr- und Arbeitsbücher
- Grammatikübungsbücher
- Wörterbücher
- Schrifteinführungen
- Nachschlagewerke
- Monografien
- Sprachkalender

Abonnieren Sie unseren Newsletter und folgen Sie uns auf Facebook!

Buske.de   Fremde Sprachen · Sprachwissenschaft